# CATALOGUE
# DES LIVRES

DE LA BIBLIOTHÈQUE

DE M. LE BARON

## JAMES DE ROTHSCHILD.

TOME TROISIÈME.

# CATALOGUE
# DES LIVRES

COMPOSANT LA BIBLIOTHÈQUE
DE FEU M. LE BARON

## JAMES DE ROTHSCHILD.

TOME TROISIÈME.

PARIS,
DAMASCÈNE MORGAND, LIBRAIRE,
55, PASSAGE DES PANORAMAS.
1893.

# CATALOGUE
# DES LIVRES

DE LA BIBLIOTHÈQUE

DE M. LE BARON JAMES DE ROTHSCHILD.

## HISTOIRE.

### II. — HISTOIRE.

5. — *Histoire de France.*

B. — Histoire de France par époques.

d. — *Henri II.*

2142. LE SACRE ET COVRON || NEMENT du Roy Henry deuxieme de || ce nom. || *De l'imprimerie de Robert Estienne impri- || meur du Roy.* || Par commandement & priuilege || dudict Seigneur. *S. d.* [1547], gr. in-8 de 20 ff. non chiffr., sign. A-B par 8, C par 4, mar. bl. jans., tr. dor. (*A. Motte.*)

Au titre, la marque de *Robert Estienne* (Silvestre, n° 958).
Au v° du f. *A vj* un grand bois représentant le sacre.
Le v° du dernier f. est blanc.

Cette édition est imprimée en lettres rondes ; la marque ne porte pas la double croix de Lorraine, tandis que, d'après Brunet (V, 17), cette double croix accompagne la marque d'une autre édition imprimée en caractères un peu plus gras. Il existe en outre une édition en lettres italiques. Voy. Renouard, *Annales des Estienne*, 2ᵉ éd., p. 68, n° 25, et p. 93, n° 28.

La relation, dont on ignore l'auteur, a un caractère officiel. Elle donne les détails les plus minutieux sur les préparatifs faits pour le sacre et sur les cérémonies qui eurent lieu à cette occasion. Il est curieux de constater qu'Henri II fit placer sur les ornements royaux le chiffre et les emblèmes de Diane de Poitiers. Il se fit faire une tunique de satin azuré, enrichie de perles et portant dans la broderie « trois croissans lacez ensemble et chiffres de doubles DCC, liez et attachez d'une lettre de H ».

Le sacre eut lieu le 26 juillet 1547. Le roi séjourna à Reims le 27 et le 28, puis il partit pour Saint-Marcou, où il devait sans doute toucher les écrouelles.

Notre relation a été reproduite dans le *Recueil R* (1761), pp. 88-120.

2        HISTOIRE.

2143. La Magnifi- || cence des triumphes || faictz a Rome, pour || la natiuité de Monseigneur le Duc d'Or- || léans [*sic*] second filz du Roy tres chrestien || Henry deuxiesme de ce nom. || Traduicte d'Italien  en Francoys. || *A Paris,* || *On les vend en la rue de la Calendre à l'enseigne de la* || *boule, chez Iehan André. Et en rue de la vieille draperie* || *pres l'eglise saincte Croix, chez Gilles Corrozet.* || Auec priuilege. || 1549. In-4 de 7 ff. chiffr. et 1 f. non chiffr.

Au v° du titre est le texte de la supplique adressée au lieutenant de police de Paris par *Jehan André* et *Gilles Corrozet*. L'approbation donnée le 15 avril 1548 (1549, n. s.) confère aux deux libraires un privilège d'un an.

La relation, qui doit être rapprochée de la *Sciomachie* de Rabelais, a la forme d'une lettre adressée au cardinal de Ferrare, en date de Rome le 15 mars 1549; elle est signée : A. B.

Le v° du dernier f. est orné d'un petit bois.

Le dernier f. est occupé, au r°, par la marque de *G. Corrozet* (Silvestre, n° 145); il est blanc au v°.

Cet exemplaire porte au v° du dernier f. la signature : DE VILLEMOR, avec ces mots : Initium sapientiae timor Domini. Nous sommes tous foulz.

2144. Articles contenans les || causes qui ont meu le || Roy nostre sire Henry deuxiesme de ce nom || treschrestien, a faire la Procession gene- || rale a Paris, ville capitale de son || Royaume, le quatriesme iour || de Iuillet 1549. || *A Paris,* || *Chez Andry Roffet dict le Faucheur, demeurãt* || *en la rue neufue Nostre dame deuãt sainte Ge-* || *neuiefue des ardants, a l'enseigne du Faucheur.* || M.D.XLIX [1549]. || Auec Priuilege du Roy. In-4 de 4 ff. non chiffr., sign. A, mar. bl. jans., tr. dor. (*Trautz-Bauzonnet.*)

Au v° du titre est un extrait de la permission donnée pour un an à *Andry Roffet*, le 7 juillet 1549. Cette permission est signée de l'auteur des articles, PIERRE DU CHASTEL, évêque de Mâcon.

La procession, à laquelle assistèrent le roi, madame Marguerite, sa sœur, les princes et princesses du sang, plusieurs cardinaux et évêques, ainsi que tous les personnages de la cour, et où furent portées les plus précieuses reliques, telles que la couronne d'épines, la vraie croix, le fer de la lance, la robe de pourpre et le sceptre de roseau, avait été spécialement ordonnée « pour particuliére et expresse detestation de l'heresie des sacramentaires »; « pour la confusion et extirpation de l'erreur et impieté condampnable de l'heresie »; « pour la profession et protestation de la foy dudict seigneur roy et publication generale par tout son royaume de la volunté perpetuelle qu'il a hereditaire de ses predecesseurs, de demeurer avec l'Eglise catholique en la vraye confession de la trinité, etc. ». L'évêque de Mâcon vise expressément les erreurs « repetées des anciennes heresies par Martin Luther, Carolostadius, Œcolampadius, Zvinglius, Melanchthon, Bucerus, Calvin et autres heresiarques, monstrueuses personnes et pestilentes ». Il ajoute que le roi les « veult et entend exterminer et jetter hors son royaulme avec la grace et aide de Dieu, et, pour ce faire, punir selon l'exigence du blasphême les contaminez et convaincuz desdictes heresies ».

# HISTOIRE. 3

**2145.** Le siege de Mets, en || l'an M.D.LII. || *A Paris,* || *Chez Charles Estienne, Imprimeur du Roy.* || M.D.LIII [1553]. || Par priuilege dudict Seigneur. In-4 de 88 ff. non chiffr., sign. *A-Y*, plus un grand plan replié de la ville de Metz, mar. r. jans., tr. dor. (*A. Motte.*)

*II. 4. 43*

Au titre, une marque de *Charles Estienne* que Silvestre (n° 508) n'attribue qu'à *Robert Ier*.

Le 2e f. est occupé par une épître « Au Roy », datée de Paris le 25 mai 1553, épître à la fin de laquelle on trouve le nom de l'auteur, B. de SALIGNAC.

Le privilège, dont le texte est rapporté au r° du dernier f., est accordé pour six ans à *Charles Estienne*, à la date du 6 juin 1553.

M. Brunet (V, 76) donne à cette édition la date de 1552, ce qui est une erreur d'autant plus manifeste qu'il renvoie au Catalogue Solar, où la date indiquée est bien celle de 1553.

La relation de B. de Salignac a été reproduite dans la *Collection universelle des mémoires particuliers relatifs à l'histoire de France* (Londres et Paris, 1785-1789), t. XXXIX; dans la *Collection* Petitot, t. XXXII, 237-406; dans le *Choix de chroniques et mémoires* de Buchon, t. XII; dans la *Nouvelle Collection* de Michaud et Poujoulat, t. VIII.

Pour une traduction italienne, voy. le P. Lelong, II, n° 1766.

**2146.** Warhafftige Zeitvn- || gen / vnd grundtliche beschrei- bung / wel- || chermassen die Kün. würdin ausz En- || geland / vor Sant Quintin / den ze- || henden Augusti / Anno 57. durch || schickhung des Allmächtigen / || glücklichen Syg vnnd || Victory erlangt || haben. *S. l. n. d.* [1557], in-4 goth. de 8 ff. non chiffr. de 27 lignes à la page, sign. *A-B*.

*1520. 1. 33*

Cette relation est probablement celle que cite le P. Lelong sous le n° 17693. Elle commence ainsi : « Auff den 15. Tag Julij ist der Herzog von Sofoy zů Flory bey der Philipstatt, mit dem Grafen von Eggmundt unnd den ringen Pferden und Spaniern ankommen und angefangen das Leger alda zu versamlen, wie auch gleich darnach Claus von Hattstat unnd Graf Philips von Eberstein jre Regiment dahin gebracht.... » La bataille de Saint-Quentin eut lieu le 10 août et l'auteur écrit le 14. Il termine ainsi : « Auff heut dato, den 14. Tag Augusti, hat man angefangen die Statt anzuscbiessen an zweyen Orten. Was weiter volgt gibt die Zeit. »

Exemplaire NON ROGNÉ.

**2147.** Le || Discovrs de || la prinse de Calais, || faicte par Monseigneur le Duc de Guise, || Pair, & grand Chamberlam [*sic*] || de France, Lieutenāt || general du || Roy. || *A Paris,* || *Chez la veufue Nicolas Buffet pres le* || *College de Reims.* || 1558. In-8 de 8 ff. non chiffr., sign. *a-b* par 4.

*IV. 4. 144*

Au titre, un bois qui représente un roi couronné.

Ce *Discours* a été reproduit par MM. Cimber et Danjou dans leurs *Archives curieuses de l'histoire de France* (III, 237-247), d'après une édition de *Tours, Jehan Rousset*, 1558, in-8. La Bibliothèque nationale possède l'édition de *Rousset* et une édition parisienne, sans date, d'*Estienne Denise* (Lb31 69); elle ne possède pas la nôtre.

Exemplaire NON ROGNÉ.

Il est bon de rappeler ici *Le Discours du testament de la prinse de ville de Guines*, par Anthoine Fauquel (t. I, n° 666).

2148. LE TRESPAS & ORDRE || des Obseques, funerailles & enterrement de feu de tresheureuse me- || moire le Roy Henri deuxiesme de ce nom, Tres- || chrestiē, Prince belliqueux, accompli de bonté, || l'amour de tous estats, prompt & liberal, secours || des affligez. || Par || le seigneur de la Borde || François de Signac, Roy d'armes de Dauphiné. || *A Paris,* || *De l'Imprimerie de Robert Estienne.* || M.D.LIX [1559]. || Auec Priuilege de la Court. In-4 de 26 ff. non chiffr., sign. *a-f* par 4, *g* par 2.

> Au titre, la marque de *Robert Estienne* (Silvestre, n° 958).
> Le privilège, dont un *Extrait* se trouve au verso du dernier feuillet, est accordé pour trois ans à *Robert Estienne*, par « la court et chambre ordonnée au temps de vacations », à la date du 2 octobre 1559.
> Henri II, mortellement blessé dans un tournoi par Montgommery, le 30 juin 1559, succomba le 10 juillet suivant. Ses funérailles furent célébrées avec une grande pompe.
> Nous avons décrit dans notre tome I (n° 336), *Les deux Sermons funèbres es obsèques et enterrement du feu roy treschrestien, Henri, deuxième de ce nom,* de l'évêque de Toulon, Jérôme de La Rovère. La relation de La Borde nous fait connaître les moindres détails du cérémonial observé alors, les noms de tous les personnages qui assistèrent aux obsèques, etc. MM. Cimber et Danjou ont réimprimé ce morceau dans leurs *Archives curieuses* (III, 307-348).
> Aux pièces que nous venons de décrire sous les n°⁵ 2142-2148 et à celles que nous avons rappelées dans les notes, on peut ajouter deux pièces classées dans la poésie et qui se rapportent également à l'histoire d'Henri II, savoir : *Chant de joie de la paix faicte entre le roi de France Henri II, et Philippe, roi d'Espagne,* par *J.* Grevin, 1559 (t. I, n° 709), et *Les Regretz et tristes Lamentations sur le trespas du treschrestien roy Henry II.,* par François Habert, 1559 (t. I, n° 648).

*e. — François II.*

2149. HISTOIRE || de l'estat || de France, tant de || la Republique || que de la Re- || ligion : || Sous le Regne de || François II. || M.D.LXXVI [1576]. *S. l.,* in-8 de 765 pp. et 17 ff.

> Un *Advertissement au lecteur* qui occupe le second f., nous apprend que l'auteur de ce livre « estoit de la religion » et qu'il était mort avant l'impression de son ouvrage.
> Quel est cet auteur ? Pierre Dupuy avait inscrit sur le titre d'un exemplaire laissé par lui à la Bibliothèque du roi le nom du sieur de LA PLANCHE. André Du Chesne (*Bibliothèque des autheurs qui ont escrit l'histoire et topographie de la France,* 2ᵉ édit., 1627, p. 92) dit également : « LA PLANCHE, ministre, est tenu pour autheur de cette histoire. » On admet d'ordinaire que ce La Planche doit être identifié avec Louis Régnier de La Planche qui, d'après La Croix du Maine, est l'auteur probable du livre intitulé *Du grand et loyal devoir.... de messieurs de Paris envers le roy et couronne de France,* 1565. Cette attribution a cependant été combattue par La Monnoye, dans ses notes sur La Croix du Maine, et par le P. Lelong, dans sa *Bibliothèque historique.* Les deux critiques font observer que dans l'*Histoire de l'estat de France* il est question (pp. 397-404) de Louis Régnier, seigneur de La Planche, « qu'on estimoit dès lors servir de conseil bien avant au mareschal de Montmorency », et qu'il en est question dans des termes qui ne permettent

guère de penser que le livre soit sorti de sa plume. Après avoir reproduit l'exposé que ce gentilhomme aurait fait devant la reine-mère des causes de la conjuration d'Amboise, l'historien anonyme ajoute : « Tel fut le pourparler de La Planche, homme politique plustost que religieux, s'abusant en ce qu'il mit en avant des differents de la religion, non moins qu'en ce qu'il dit de l'intention qui avoit esmeu La Renaudie. » La Monnoye et le P. Lelong trouvent qu'aucun auteur n'eût parlé ainsi de lui-même; ils doutent fort en conséquence que le sieur de La Planche soit Louis Régnier. Ils inclinent à reconnaître en lui le ministre La Planche dont Théodore de Bèze parle dans son *Histoire ecclésiastique*, à la date de 1561.

Nous ne voyons pas, quant à nous, en relisant la longue déposition que l'historien attribue à Louis Régnier de La Planche, que rien s'oppose à ce qu'il se soit mis en scène lui-même. L'étendue qu'il donne à cet incident, le fait qu'il est aussi bien renseigné sur une entrevue secrète sont plutôt des arguments en faveur de l'opinion commune.

J.-A. de Thou, dans un passage du XXVe livre de son *Histoire universelle* (éd. française, 1734, III, 514), dit que le sieur de La Planche était neveu de Jean Du Tillet et l'un des confidents du duc de Montmorency. L'historien protestant qui a raconté le règne de François II parle très longuement de Jean Du Tillet (pp. 365-378). Rien, certes, n'indique qu'il y eût entre eux un lien de parenté, et cette parenté, si elle existait, ne pouvait être proche ; mais les développements dans lesquels entre l'auteur anonyme sont caractéristiques. Du Tillet ne lui était pas indifférent : s'il poursuivait en lui un catholique fanatique, peut-être avait-il aussi contre lui quelque rancune de famille. Quant aux relations de La Planche avec le duc de Montmorency, J.-A. de Thou ne fait que reproduire les termes employés par notre historien en parlant de Régnier de La Planche.

M. Mennechet à qui l'on doit une réimpression de l'*Histoire de l'estat de France* (Paris, Techener, 1836-1838, 2 vol. pet. in-8, et *Choix de chroniques* de M. Buchon, t. XIII) se prononce, lui aussi, en faveur de Régnier de La Planche. Les frères Haag partagent le même sentiment. Ces derniers auteurs croient, d'ailleurs, que Régnier vivait probablement encore en 1576. D'après eux, en effet, il avait épousé, en 1574, Françoise Flament, et il eut d'elle successivement trois fils : Abel, mort sans postérité ; Louis, marié en 1611 à Noémi Buor et mort en 1654 ; Pierre, dont le sort est inconnu. (*La France protestante*, VIII, 401).

On le voit, la question reste indécise, et l'obscurité calculée dont s'est enveloppé l'historien ne sera peut-être jamais dissipée.

Au règne de François II appartiennent deux pièces historiques précédemment décrites : *Oraison au senat de Paris pour la cause des chrestiens*, a *la consolation d'iceulx*, d'Anne Du Bourg, prisonnier pour la parole, 1560 (t. II, n° 2053), et *Defences de par le roy et les commissaires par luy deputez... de ne reprocher les uns aux autres, sur peine de la vie, d'estre luteriens, huguenots ou papistes*, 1560 (t. II, n° 2054).

Les pièces relatives à Marie Stuart sont classées à l'histoire d'Écosse.

*f. — Charles IX.*

2150. Discovrs || sur ce qu'aucuns || seditieux ont temerai- || rement dit & soustenu que pendāt la mi- || norité des Rois de Frāce, leurs meres || ne sont capables de la Regēce du || dict Royaume, ainsi qu'elle ap || partient seulemēt aux Prin || ces masles qui sont plus || proches & habiles || à succeder à la || Couronne. || *A Paris*, || *Pour Nicolas Roffet, demeurāt sur le* || *pont S. Michel, àl a* [sic] *Rose blanche.* || M.D.LXXIX [1579]. || Auec Priuilege du Roy. In-8 de 29 pp. et 1 f.

Au titre, une rose qui est la marque ordinaire de *Jean Dallier* (Silvestre, n° 308).

Au recto du dernier f., un bois qui représente les armes de France placées entre deux colonnes et surmontées d'une banderole soutenue par deux anges. La banderole porte ces mots : *Pietate et justitia.*

Le *Discours* est daté à la fin : « De Paris, ce mercredy 19. jour de mars 1560 », c'est-à-dire 1561 (n. s.). On voit par le titre courant qu'il est adressé à la reine ; c'est, en effet, un plaidoyer chaleureux en faveur des droits de Catherine de Médicis à la régence.

2151. SOMMAIRE || EXPOSITION || des Ordonnances || du Roy Charles IX. || Sur les plaintes des trois estats de son || Royaume, tenuz à Orleans, || l'an M.D.LX. || Par || Ioachim du Chalard, Aduocat, au grand || conseil, natif de la Souterraine, en Limosin. || Esaie xxv. || Parce qu'on a transgressé les Loix, qu'on a peruerty le || droict, malediction deuorera la terre : les habitans d'i- || celle deuiendront insensez & seront exterminez, || tellement qu'il en demeurera bien peu. || *A Lyon,* || *Par Benoist Rigaud.* || 1573. In-8 de 3 ff. lim., 133 ff. inexactement chiffr. et 24 ff. non chiffr.

Les 2 ff. qui suivent le titre contiennent une épître « A la magnifique et excellente republique françoise », épître datée de Paris, le 12 avril 1562 ; un sonnet de l'auteur, accompagné de la devise: *La est mon but* ; une épître latine « Clarissimo humanissimoque viro Gulielmo Sevino, consiliario regio in curia suprema Burdegalensi ». Cette dernière pièce est datée des ides d'avril (13 avril) 1562.

L'erreur que nous avons relevée dans le numérotage des ff. se produit au 1ᵉʳ cahier ; le n° 5 est répété deux fois. Les chiffres sont ensuite réguliers jusqu'à 132 (au lieu de 133).

L'ouvrage de Du Chalard est un commentaire de la célèbre ordonnance rendue à Orléans, le 31 janvier 1561. Cette ordonnance, rédigée par L'Hôpital, faisait droit aux principales réclamations exprimées par les représentants des trois ordres aux états généraux.

Les ff. qui terminent le volume renferment un *Indice*, très développé, et un *Extraict des registres de la cour de parlement [de Rouen]*, relatif à la publication de l'ordonnance qui avait été faite le 20 mars 1561 (v. s.).

La *Sommaire Exposition* avait paru d'abord à *Paris*, en 1562 ; il en fut fait successivement plusieurs réimpressions.

2152. LA || VRAYE ET ENTIE- || RE HISTOIRE des trou- || bles et choses memorables, aue- || nues tant en France qu'en Flandres, & pays circon- || uoisins, depuis l'an 1562. || Comprinse en quatorze liures : les || trois premiers, & dernier desquels sont nouueaux : les autres reueus, en- || richis, & augmentez de plusieurs choses notables. || Auec les considerations sur les guerres ci- || uiles des François. || Au Roy. || *A Basle,* || *Pour Pierre Dauantes.* || 1572. In-8 de 24 ff. lim. non chiffr., 481 ff. chiffr. et 47 ff. de *Table*, mar. r. jans., tr. dor. (*Trautz-Bauzonnet.*)

# HISTOIRE.

Au titre, la marque de *Pierre Davantes* (Silvestre, n° 262).

Les 22 premiers ff. qui suivent le titre contiennent : une épître « Au Roy » (6 ff.), une épître « A la noblesse » (13 ff.), un *Advertissement au lecteur* et une *Ode* (3 ff.). — Le 24° f. lim. est blanc.

L'auteur de cet ouvrage, LANCELOT DE VOISIN, SIEUR DE LA POPELINIÈRE, né en 1541, avait d'abord servi avec distinction dans les armées protestantes ; mais, bien que ses opinions religieuses et politiques fussent celles des réformateurs, il voulut, comme historien, se placer au-dessus des querelles de parti. Avec une singulière équité, il sut tenir la balance égale entre les catholiques et les protestants. Ce sentiment de justice, rare dans tous les temps, ne pouvait guère être compris au XVI° siècle ; aussi, La Popelinière fut-il en butte aux persécutions de ses coreligionnaires en même temps qu'aux attaques des catholiques. Après une vie d'incessant labeur, il mourut, dans la misère, le 8 janvier 1608.

La *Table* se termine par l'anagramme : *Le peché y rendra l'ire*. La Croix du Maine (éd. de 1772, II, 262) a trouvé dans cet anagramme le nom d'un personnage d'ailleurs inconnu : PIERRE LE CHANDELIER. Ce personnage était sans doute le correcteur chargé de diriger l'impression : on serait tenté de le confondre avec Pierre Le Chandelier qui exerça l'imprimerie à Caen de 1580 à 1591, et peut-être avant et après ces deux dates.

L'édition originale de *La vraye et entiére Histoire* parut à *Cologne* en 1571, in-8 ; elle ne comprend que dix livres. L'édition de *Bâle*, qui est la seconde, comprend quatre livres entièrement nouveaux.

2153. LA || VRAYE, & ENTIERE HISTOI- || RE des Troubles || et Choses memorables || aduenues, tant en France qu'en || Flandres, & pays circonuoisins, || depuis l'an mil cinq cents soixan- || te & deux. || Comprinse en dixhuit || Liures : dont les cinq derniers sont nouueaux : || & les autres reueus, enrichis, et au- || gmentez de plusieurs cho- || ses notables. || Premier volume. || *A Basle,* || *Pour Barthelemy Germain.* || 1578. — BREF || DISCOVRS des choses || plus remarquables, qui se sont pas- || sees, tant en France, Flandres, que || és autres pays circonuoisins : de- || puis l'an mil cinq centz septante || iusques à present. || Second volume. || 1578. — Ensemble 2 tom. en un vol. in-8, mar. r. jans, tr. dor. (*Trautz-Bauzonnet*.)

*Premier Volume* (contenant les treize premiers livres) : 40 ff. non chiffr. pour le titre, l'épître « Au Roy », l'épître « A la Noblesse », l'*Advertissement aux Lecteurs* et la *Table* ; 440 ff. chiffr.

*Second volume* (contenant les livres quatorzième à dix-huitième, nouveaux dans cette édition) : 192 ff. chiffr.

Quatrième édition de *L'Histoire* DE LA POPELINIÈRE. *Pierre Davantes*, qui avait transporté son officine de *Bâle* à *La Rochelle*, avait publié la troisième dans cette dernière ville en 1573. — L'anagramme : *Le peché y rendra l'ire* ne se lit plus à la fin de la *Table*.

Il existe des exemplaires de la quatrième édition à la date de 1579.

2154. LA || VRAYE ET || ENTIERE HISTOI- || RE des Troubles et Guer- || res ciuiles, aueunës de nostre temps, || pour le faict de la religion, tant || en France, Allemaigne || que païs bas. || Recueillie de plusieurs discours François & Latins. || &

reduite en dix-neuf liures. ǁ Par I. Le Frere, de Laual. ǁ *A Paris*, ǁ *Chez Marc Locqueneulx*, *Libraire*, *au mont sainct* ǁ *Hilaire*, *à la Concorde.* ǁ 1573. ǁ Auec Priuilege du Roy. In-8 de 4 ff. lim., 535 ff. chiffr., 1 f. blanc et 36 ff. non chiffr. pour la *Table*.

Au titre, la marque de *Locqueneulx* (Silvestre, n° 1261).

Le privilège, dont un *Extraict* occupe le v° du titre, est accordé pour dix ans à *Jean Helpeau, Marc Locqueneulx* et *Guillaume de La Noue*, libraires de l'université de Paris, le 10 février 1573.

Jean Le Frère ne se vante pas de publier une œuvre originale. « Pour parler rondement et à la françoise, sans se bragarder du plumage d'autruy, je proteste haut et clerc », dit-il dans son épître au lecteur, « ne me revendiquer ny arroger sinon la peine et le jugement d'ajancer et ramasser proprement en un corps le discours paravant demembré, et, reservé quelques piéces, rien outre la fourbissure d'aucuns membres tachez de scandaleux et horribles mensonges ». Cette modestie était de mise. Le livre imprimé à Paris en 1572 n'est, en effet, qu'une compilation dans laquelle le rôle du prétendu auteur se réduit à fort peu de chose. Nous n'avons pas eu le loisir de rechercher à qui Jean Le Frère a emprunté la matière de ses cinq premiers livres (il est peu probable, en effet, qu'il ait eu une grande part à leur rédaction) ; mais les livres VI° à XVIII° reproduisent les treize premiers livres de La Popelinière. L'écrivain catholique se borne à changer çà et là quelques mots et à modifier les passages dont les protestants pouvaient tirer avantage. Le dernier livre de La Popelinière ne renferme que des considérations générales sur la composition des armées, sur les vertus des capitaines, etc.; son copiste y substitue un récit sommaire de la prétendue conspiration des protestants et du massacre de la Saint-Barthélemi.

La compilation publiée par Jean Le Frère eut un grand succès auprès des lecteurs à qui elle était destinée. M. Hauréau (*Histoire littéraire du Maine*, 2° éd., VII, 135) en cite des réimpressions de 1574, 1575, 1576 et 1578, in-8. De son côté, La Popelinière continua et développa son ouvrage. Il le publia, en 1581, sous une forme toute nouvelle : *L'Histoire de France, enrichie des plus notables occurences survenues es provinces de l'Europe et pays voisins*, etc. (La Rochelle, Abr. Haultin, 2 vol. in-fol.). Dans la préface de cette refonte, l'auteur se plaint du plagiat dont il a été victime ; mais ces plaintes demeurèrent sans effet. Dès la même année 1581, Jean Le Frère, assisté, dit-on, de Paul-Émile Piguerre, conseiller au siège présidial du Mans, fit paraître une compilation intitulée : *L'Histoire de France, contenant les plus notables occurences et choses memorables advenues en ce royaume de France et Pays-Bas de Flandre*, etc. (Paris, J. Poupy, in-fol.), compilation dont la plus grande partie est également empruntée à La Popelinière. Le Frère donna encore en 1584 une édition de *La vraye et entière Histoire*, arrangée par lui ( Paris, G. de La Noue, 2 vol. in-8 ) ; il mourut au mois de juillet 1585.

2155. Histoire ǁ de ce qui est ad- ǁ uenu depuis le partement du Duc ǁ de Guise, Connestable, & au ǁ tres de la Cour, estant, ǁ à sainct Germain ǁ iusques à ce ǁ temps. ǁ ǁ Esaie xlv. ǁ Malediction à celuy qui contredit à son facteur : ǁ comme le pot enuers le potier de terre. ǁ *A Lyon*, ǁ 1562. In-8 de 38 pp. et 1 f. blanc.

Cette *Histoire* est l'œuvre d'un protestant attaché à la reine-mère et qui n'a de ressentiment que contre les Guise. Elle a été reproduite, d'après une édition moins correcte, dans les *Mémoires de Condé*, éd. de 1565, p. 29, et éd. de 1743, III, pp. 187-209.

## HISTOIRE. 9

2156. Recueil de pièces relatives au prince de Condé et à la première guerre de religion, 1562-1563. 14 pièces en un vol. in-4, vél. bl. (*Anc. rel.*)

*I (bas). d. 34*

Voici la description des pièces contenues dans ce recueil :

1. Declaration fai- || cte par Monsieur le Prin- || ce de Condé, pour monstrer les raisons qui || l'ont contrainct d'entreprendre la defense || de l'authorité du Roy, du gouuer- || nement de la Royne, & du re- || pos de ce Royaume. || 🙦🙦 || 🙦 || Auec la protestation sur ce requise. || M.D.LXII [1562]. *S. l.* [*Orléans*], in-4 de 12 ff. non chiffr.

La *Declaration* est datée d'Orléans, le 8 avril 1562. Elle a été réimprimée dans les *Mémoires de Condé*, éd. de 1743, III, 222-235.

2. Traicté d'associ- || ation faicte par Mon- || seigneur le Prince de Condé auec les Princes, Che- || ualiers de l'ordre, Seigneurs, Capitaines, Gen- || tilshommes & autres de tous estats, qui || sont entrez, ou entreront cy apres, en || ladicte association, pour mainte- || nir l'honneur de Dieu, le repos || de ce Royaume, & l'estat & || liberté du Roy soubs le || gouuernement de la || Royne sa mere. || 🙦🙦 || 🙦 || Pseau. 139. || Seigneur, n'auray-ie point en haine tes haineux, || & ne debatray-ie point auec ceux qui s'esleuët con- || tre toy ? || M.D.LXII [1562]. *S. l.* [*Orléans*], in-4 de 4 ff.

Daté d'Orléans, le 11 avril 1562.
*Mémoires de Condé*, éd. de 1743, III, 258-262.

3. Seconde Decla- || ration de Monsieur le || Prince de Condé, pour faire cognoistre les || autheurs des troubles qui sont auiour- || d'huy en ce Royaume, & le de- || uoir en quoy il s'est mis & || se met encores à pre- || sent pour les || pacifier. || 🙦🙦 || 🙦 || M.D.LXII [1562]. *S. l.* [*Orléans*], in-4 de 12 ff. non chiffr.

Datée d'Orléans, le 25 avril 1562.
*Mémoires de Condé*, éd. de 1743, III, 319-333.

4. 🙦 Lettre de || Monseigneur le || Prince de Condé en- || uoyée à la Cour de Parlement de || Paris auec la seconde declaration. || 🙦 || M.D.LXII [1562]. *S. l.* [*Orléans*], in-4 de 2 ff. non chiffr.

Datée d'Orléans, le 27 avril 1562.
*Mémoires de Condé*, éd. de 1743, III, 333-334.

5. Response des Ha- || bitans de la Ville de || Rouen, à ce que monsieur le Duc de Bouillon || Cheualier de l'ordre, & gouuerneur pour le || Roy en ce pays & Duché de Norman- || die, leur a dict & remonstré du || vouloir & commande- || ment du Roy. || 🙦🙦 || 🙦 || M.D.LXII [1562] *S. l.* [*Orléans*], in-4 de 4 ff. non chiffr.

Cette réponse fut présentée au duc de Bouillon le 20 avril 1562.
*Mémoires de Condé*, éd. de 1743, III, 302-305.

6. Remonstran- || ce enuoyée au || Roy par les Ha- || bitans de la ville du || Mans. || 🙦 || M.D.LXII [1562]. *S. l.* [*Orléans*], in-4 de 4 ff. non chiffr.

Datée du Mans, le 29 avril 1562.
*Mémoires de Condé*, éd. de 1743, III, 350-354.

7. Discovrs || sur la Liber- || té ou Captiuité || du Roy. || 🙦 || M.D.LXII [1562]. *S. l.* [*Orléans*], in-4 de 8 ff. non chiffr.

Ce *Discours* a dû être écrit vers la fin du mois d'avril.
*Mémoires de Condé*, éd. de 1743, III, 374-384.

8. Les Moyens || de pacifier le || Trouble qui est || en ce Royaume, enuoyez à la Royne || par monsieur le Prince || de Condé. || 🙦🙦 || 🙦 || M.D.LXII [1562]. *S. l.* [*Orléans*], in-4 de 4 ff.

Cette lettre est datée d'Orléans, le 2 mai 1562.
*Mémoires de Condé*, éd. de 1743, III, 384-387.

9. REQVESTE || presentee au || Roy et a la Roy-|| ne par le Tri-|| umuirat. || ❧ || Auec la response faicte par monseigneur || le Prince de Condé. || M.D.LXII [1562]. *S. l.* [*Orléans*], in-4 de 22 ff. non chiffr.

La requête présentée au roi par le duc François de Guise, le duc de Montmorency et le maréchal de Saint-André, est datée de Paris, le 4 mars 1562 ; elle est suivie d'une seconde requête présentée le même jour à la reine mère par les mêmes personnages. La réponse du prince de Condé est datée d'Orléans, le 19 mai 1562.
*Mémoires de Condé*, éd. de 1743, III, 388-393, 395-416. L'éditeur de ce recueil, Secousse, a fait suivre les deux requêtes de la réponse de la reine, empruntée à un manuscrit (pp. 393-395).

10. LES RECVSATIONS || enuoyees a la Cour de || Parlement de Paris, contre aucuns des Presi-|| dens & Conseilliers d'icelle, Par Monsei-|| gneur le Prince de Condé & || ses associez. || ❧ || Pseau. LVIII. ||

> Entre vous conseilliers, qui estes ||
> Liguez & bandez contre moy, ||
> Dites vn peu, en bonne foy, ||
> Est-ce iustice que vous faites ? ||

M.D.LXII [1562]. *S. l.* [*Orléans*], in-4 de 4 ff. non chiffr.

Ces *Recusations*, signées de « LOYS DE BOURBON, de COULIGNY, GENLYS et de plusieurs autres seigneurs et gentilshommes », sont datées d'Orléans, le 18 juillet 1562.
*Mémoires de Condé*, éd. de 1743, III, 549-554.

11. REMONSTRANCE de || Monseigneur le Prince || de Condé & ses associez à la Royne, sur le iugement || de rebellion donnée contre eux par leurs enne-|| mis se disans estre la Cour de Parlement || de Paris : Auec protestation des maux || & inconueniens qui en pour-|| royent aduenir. || ❧❧ || ❧ || M.D.LXII [1562]. *S. l.* [*Orléans*], in-4 de 14 ff. non chiffr.

Datée d'Orléans, le 8 août 1562.
*Mémoires de Condé*, éd. de 1743, III, 585-598.

12. DISCOVRS || des Moyens || que Monsieur le || Prince de Condé a || tenus pour pacifier les troubles qui sont à || present en ce Royaume : || Par lequel l'innocence dudict seigneur Prince est || verifiee, & les calomnies & impostures de ses || aduersaires clairement descouuertes. || M.D.LXII [1562]. *S. l.* [*Orléans*], in-4 de 32 ff. non chiffr.

Daté d'Orléans, le 1er octobre 1562, et signé : LOYS DE BOURBON.
*Mémoires de Condé*, éd. de 1743, IV, 1-38.

13. ❧ DISCOVRS || des Choses faictes || par Monsieur le Prince || de Condé, Lieutenant general du Roy, represen-|| tant sa personne par tous ses pays, terres & seigneu-|| ries, depuis son partement d'Orleans, & mesme-|| ment de ce qui s'est negocié touchant la Paix, pres || la ville de Paris au mois de Decembre, 1562. || Auec || Deux Epistres dudict Seigneur : L'vne, A la Royne mere || du Roy : l'autre, Au peuple François. || M.D.LXIII [1563]. *S. l.* [*Orléans*], in-4 de 30 ff. non chiffr.

Les deux épîtres annoncées sur le titre sont écrites en vers ; elles sont placées en tête du volume (fol. *Aij-Biiij*). Le f. *Biiij* est blanc. Le *Discours*, qui occupe les 22 ff. suivants, est daté du camp d'Arcueil, le 9 décembre 1562, et signé : LOYS DE BOURBON.
*Mémoires de Condé*, éd. de 1743, IV, 136-176.

14. RESPONSE || a l'interrogatoire, || qu'on dict auoir esté fait à vn nommé || Iean de Poltrot soy disant sei-|| gneur de Merey, sur la || mort du feu Duc || de Guyse. || Par Monsieur de || Chastillon, Admiral de France, &

autres || nommez audit interrogatoire. || *A Orleans*. || M.D.LXII [1563, n. s.], in-4 de 12 ff. non chiffr.

Au v° du titre est placé un avant-propos intitulé : *Epistre*.

Le factum, daté de Caen, le 12 mars 1562 (1563, n. s.) et signé : CHASTILLON, LA ROCHEFOUCAUT, TH. DE BESZE, réfute article par article les réponses attribuées à Poltrot dans l'interrogatoire qu'il avait subi au camp de Saint-Hilaire, le 21 février précédent.

La lettre de Coligny est également datée de Caen, le 12 mars 1562 (1563, n. s.).

*Mémoires de Condé*, IV, 285-304.

Pour une édition de petit format, voy. ci-après, n° 2158.

Ce recueil, qui dut être imprimé à Orléans, pendant que le prince de Condé séjournait dans cette ville, est la première ébauche de la compilation connue sous le nom de *Mémoires de Condé*. La quatorzième partie, qui porte en toutes lettres la rubrique d'*Orléans*, est imprimée en caractères plus petits que les treize premières; mais celles-ci offrent une particularité typographique que nous retrouvons dans un petit volume daté d'*Orléans*, 1562: *Histoire contenant en brief ce qui est advenu depuis le partement des sieurs de Guise, connestable et autres*, etc. (Biblioth. nat. Lb33. 48, 8°; un certain nombre de R majuscules italiques se trouvent mêlés aux R romains. L'*Histoire* étant imprimée avec les mêmes caractères que nos treize premières pièces, le détail que nous relevons rend à peu près certaine l'attribution à Orléans. Quant au nom de l'imprimeur, il nous a été impossible de le découvrir. On pourrait songer à *Loys Rabier*, le typographe protestant, qui s'établit par la suite à Montauban et à Orthez; mais l'aspect de ses premières productions est fort différent. Il est possible, toutefois, que notre quatorzième pièce sorte des pièces d'un imprimeur orléanais qui a signé des initiales P. P. une édition du *Traité d'association faite par monseigneur le Prince de Condé*, etc., 1562, in-8° (Biblioth. nat., Lb33. 66 D).

La reliure du recueil porte cette note, d'une main du temps : *Pour bailler au sire* JACQUES LE POULTRE, *marchand bourgeois, demeurant à Paris.*

2157. LITERÆ || Caroli Christianissimi || Francorum Regis ad sacro- || sanctam Synodum Tridentinam, || vnà cum oratione habita || a domino Raynaldo Ferrerio, eiusdem Regis || oratore, & Concilii responsione. || In Congregatione || generali die XI. Februarii || M.D.LXIII. || *Ripæ Ad instantiam Ioannis Baptistæ* || *Bozollæ*. M.D.LXIII [1563]. In-4 de 6 ff. non chiffr., sign. *A* par 4, *B* par 2.

Charles IX, dans sa lettre, datée de Chartres, le 18 janvier 1563, rappelle la victoire récemment remportée par les catholiques sur les protestants (il s'agit de la bataille livrée à Dreux, le 19 décembre 1562) et invite les pères du Concile à prendre des mesures propres à extirper l'hérésie. L'ambassadeur du roi, ARNAULD (et non Renaud) DU FERRIER développe la lettre de son maître et insiste sur la nécessité d'une réforme de la discipline ecclésiastique. Les décrets des conciles de Ferrare et de Florence, du dernier concile de Latran et du premier concile de Trente, n'ont pas empêché un grand nombre de provinces ou même de royaumes de se séparer de l'Eglise; il faut donc prendre des mesures plus efficaces.

La réponse du Concile à l'ambassadeur ne contient que des compliments et de banales félicitations au sujet de la victoire de Dreux.

L'imprimeur de ce volume n'eut à *Riva di Trento* qu'un établissement passager. Il y était venu en 1562, de *Brescia*, où il était associé avec *Damiano Turlino*; dès 1563, il retourna dans sa ville d'origine et continua d'y imprimer une partie des actes du Concile. Il y eut pour successeur T. *Bozzola*.

Il existe de la lettre et du discours une édition imprimée la même année à *Riva*, par *Pierantonio Alciate* (Biblioth. Chigi à Rome).

**2158.** Response || a l'interrogatoire, || qu'on dit auoir esté faict à vn nommé || Iehan de Poltrot soy disant sei- || gneur de Merey, sur la || mort du feu Duc || de Guyse, || Par Monsieur de || Chastillon, Admiral de France, & || autres nommez audit || interrogatoire. || M.D.LXIII [1563]. *S. l.* [*Orléans?*], in-8 de 14 ff. non chiffr.

Le 18 février 1563, François de Guise, le grand chef du parti catholique en France, avait été traîtreusement frappé par Poltrot de Méré ; six jours après, il était mort. La reine-mère dissimula la joie secrète que lui causait cet événement et voulut en profiter pour compromettre les chefs du parti protestant. Poltrot, espérant, sinon obtenir sa grâce, du moins retarder son supplice, prétendit qu'il avait agi à l'instigation de Coligny, de Théodore de Bèze et de La Rochefoucauld. L'interrogatoire du meurtrier fut aussitôt imprimé et répandu comme une arme de guerre ; aussi, les trois principaux personnages mis en cause se hâtèrent-ils de protester. Leur *Response* reçut aussi une grande publicité. Nous en avons décrit déjà une édition imprimée à *Orléans*, sous la date de 1562 (v. s.) et antérieure, par conséquent, au dimanche de Pâques (11 avril) 1563 (voy. n° 2156, art. 14). La Bibliothèque nationale en possède deux autres éditions orléanaises, également datées de 1562, et une édition sans date, de petit format (Lb$^{33}$. 116 à 116 c). M. Alfred Cartier nous signale une traduction latine conservée à la Bibliothèque de Genève (Gg. 228) : *Responsio ad falsum indicium quod professus est J. Poltrotius in quaestione de morte ducis Guisiani....,* s. l., 1563, in-16.

**2159.** La || Declaration || presentée au || Conseil priué par Mon- || seigneur le Prince de || Condé le xv. || de May, || 1563. || ❧ || Touchant la iuste deffense de Monsieur l'Amiral || sur le faict de la mort de Monsieur de Guyse, & le || sommaire de ce qui y fut lors dict : || Auec l'Arrest du Conseil sur || ce interuenu. || M.D.LXIII [1563]. *S. l.* [*Lyon*], in-8 de 7 ff. non chiffr. et 1 f. blanc.

L'édit d'Amboise ayant mis fin aux hostilités (19 mars 1563), le prince de Condé présente lui-même au conseil du roi une requête dans laquelle il déclare que Coligny est innocent du meurtre de François de Guise, et ajoute que « l'amiral s'offre de subir la voye de justice par devant juges, toutesfois non suspectz, à la charge que ses adversaires aussi ou tenans cause d'eux seront tenus subir pareilles voyes pour les cas à eux imposez, chacun selon l'ordre du temps et la gravité du crime ».
Le roi, après délibération prise en conseil privé, refuse de rouvrir la voie aux querelles des partis et fait défense à la duchesse douairière de Guise et à l'amiral de s'offenser ni de se poursuivre (16 mai 1563). Malgré ces défenses, la famille de Guise présenta au roi de nouvelles requêtes les 26 septembre, 17 octobre et 8 décembre 1563. L'amiral ne fut mis définitivement hors de cause que par un arrêt du 31 janvier 1566 (voy. ci-après, n° 2164). Ni la *Declaration* ni l'*Arrest* n'ont été reproduits dans les *Mémoires de Condé*.

**2160.** Lettre || D'vn cardinal en- || uoyée à la Roy- || ne de Nauarre. || Ensemble || La Responce d'icelle Dame || audit Cardinal. || *A Lyon* || 1563. In-8 de 27 pp.

Le cardinal qui écrit à la reine de Navarre est Georges d'Armagnac, archevêque de Toulouse. Dans sa lettre, datée de Belleperche, le 18 août 1563, il s'élève avec force contre les mesures prises par Jeanne d'Albret pour l'établissement du protestantisme dans le Béarn, en particulier contre les scènes de pillage dont Lescar avait été le théâtre. La reine répond avec une extrême hauteur en faisant le procès du catholicisme. Je vous prie, dit-elle en terminant, « que votre inutile lettre soit la dernière du langage ».

La réponse de Jeanne d'Albret est datée, comme l'épître du cardinal, du 18 août 1563, ce qui est une erreur manifeste. Le texte reproduit dans les *Mémoires de Condé* (V, 594-606) ne porte aucune date.

2161. Discovrs au vray || de la reduction || du Haure de Grace en l'o- || beissance du Roy : || Auquel sont contenus les Articles accordés entre || ledit Seigneur, & les Anglois. || *A Lyon,* || *Par Iean Saugrain.* || 1563. || Auec Permission. In-8 de 16 ff. non chiffr.

Au titre, un bois des armes de France.

En vertu du traité de Hampton-Court (20 septembre 1562), la reine Élisabeth s'était fait promettre par le prince de Condé la cession du Havre-de-Grâce en attendant qu'elle pût rentrer en possession de Calais. Le comte de Warwick avait, en effet, occupé la place le mois suivant ; mais une des conséquences de l'édit de pacification fut de rompre l'alliance des protestants et des Anglais. Ces derniers ne furent pas peu surpris quand ils virent Condé lui-même s'unir au connétable de Montmorency pour reprendre Le Havre. Le siège, commencé le 21 juillet 1563, se termina par une capitulation signée le 2 août suivant.

Le *Discours* est l'œuvre d'un protestant royaliste qui, dans son avis « Au Lecteur », constate les heureux effets du rétablissement de la paix intérieure. Cet avis manque à l'édition de *Robert Estienne*, reproduite dans les *Mémoires de Condé* (IV, 560-569) et dans les *Archives curieuses* de Cimber et Danjou (V, 229-243).

2162. Testament || d'Excellente || et || Vertueuse Dame, Leonor de || Roye, Princesse de || Condé. *S. l. n. d.* [1564], in-8 de 88 pp. et 1 f. blanc.

Cette pièce, qui n'a qu'un simple faux-titre, contient une « Epistre d'une damoiselle françoise à une sienne amie, dame estrangère, sur la mort d'excellente et vertueuse dame Leonor de Roye, princesse de Condé », lettre datée de Condé en Brie, le 31 juillet 1564, et signée J. V. D. L'auteur de la lettre reproduit *in extenso* le testament de la princesse.

M. le comte Jules Delaborde, dans le livre qu'il a consacré à *Éléonore de Roye, princesse de Condé* (Paris, 1876, in-8), parle (p. 244) de « l'amie vénérable qui l'a constamment suivie depuis son berceau et qui sera près d'elle encore, à l'heure suprême, pour recueillir son dernier soupir », mais il n'a pu indiquer le nom caché sous les initiales J. V. D.

On lira avec intérêt le jugement porté sur la princesse par M. le duc d'Aumale (*Histoire des princes de Condé*, I, 218).

2163. Recveil || des || choses notables, qui || ont esté faites à Bayonne, à || l'entreueue du Roy Tres- || chrestien Charles neuf- || ieme de ce nom, & la || Roine sa treshonoree || mere, auec la Roine || Catholique sa || sœur. *A Paris,* || *Par Vascozan Imprimeur* || *du Roy.* || M.D.LXVI [1566]. In-8 de 89 ff. non chiffr., sign. *A-K* par 8, plus 1 f. non sign., mar. bl. jans., tr. dor. (*A. Motte.*)

L'édit de pacification permit à Charles IX d'entreprendre une grande tournée en France. Au mois de janvier 1564, il se mit en route pour ce voyage dont Abel Jouan nous a laissé une relation détaillée (voy. notre tome II, n° 2095, art. 3). Après avoir séjourné à Fontainebleau, parcouru la Cham-

14  HISTOIRE.

pagne, la Bourgogne, le Lyonnais, la Provence et le Languedoc, il arriva à Bayonne, le 30 mai 1565. Catherine de Médicis y avait ménagé une entrevue avec sa fille, Élisabeth de Valois, reine d'Espagne. Le roi alla au-devant de sa sœur jusqu'à Irun, et la ramena à Bayonne, où eurent lieu des fêtes somptueuses. Comme le rapporte Brantôme (éd. Lalanne, VII, 370), la reine-mère voulait prouver aux étrangers que le trésor royal n'était pas aussi épuisé qu'on le disait.

On trouve dans notre relation la description détaillée de tous les costumes portés par le roi et les grands personnages de la cour, le récit de toutes les fêtes offertes à la reine d'Espagne, le texte des vers récités dans les carrousels et les ballets, enfin le dessin des bijoux que les chevaliers qui prirent part à ces réjouissances présentèrent à leurs dames. Ces bijoux se composaient de grands médaillons allégoriques suspendus à des chaînes d'or ; ils sont tous ici finement gravés, au nombre de 18.

Les mascarades et cartels insérés dans la relation pourraient bien être de Ronsard, quoiqu'ils ne figurent pas dans le recueil de ses œuvres.

2164. ARREST || de l'Innocence || de Messire Gaspard || de Coligny, Seigneur de Chastillon, || Grand Admiral de France. Donné || par le Roy en son Conseil priué, & || prononcé par sa Magesté, le dernier || iour de Ianuier Mil cinq cens soi- || xante six. || *L'an M.D.LXVI* [1566]. S. *l.*, in-8 de 7 ff. non chiffr. et 1 f. blanc.

Des requêtes présentées au roi par la mère, la veuve et les parents du duc François de Guise, les 26 septembre, 17 octobre et 8 décembre 1563, avaient mis en cause Coligny comme instigateur du meurtre commis par Poltrot de Méré. Après une longue procédure, le roi, statuant en conseil privé, proclame l'innocence de l'amiral et défend de rouvrir le débat sous aucun prétexte.

2165. LES || MEMOIRES || de Henry || de la Tour d'Auuergne, || souuerain Duc || de Boüillon. || Adressez a son fils || Le Prince de Sedan. || *A Paris*, || *En la boutique de Langelier*, || *Chez René Guignard, au* || *premier pilier de la grand' Salle du* || *Palais, proche les Consultations,* || *au sacrifice d'Abel.* || M.DC.LXVI [1666]. || Auec Priuilege du Roy. In-12 de 7 ff. et 359 pp., mar. r. jans., tr. dor. (*Cuzin.*)

Collation des ff. lim.: Titre ; 5 ff. pour la *Preface* ; 1 f., formant encart, pour un avis du *Libraire au lecteur*.
Le privilège, dont un extrait occupe le v° de la p. 359, est accordé pour sept ans à M. PAUL LE FRANC, « advocat en parlement », qui déclare céder son droit à *René Guignard*, marchand libraire.
L'achevé d'imprimer est du 10 juillet 1666.
Le duc de Bouillon, né en 1555, mort en 1623, écrivit ses mémoires en 1609 et en 1610, pour l'instruction de son fils ; mais il ne nous en est parvenu qu'un fragment qui commence vers 1567 et s'arrête à 1586. Ce fragment, publié par Paul Le Franc, a été reproduit dans la *Collection des mémoires relatifs à l'histoire de France* de Petitot (XXXV, 1-224), dans le *Choix de chroniques* de Buchon (t. XII) et dans la *Nouvelle Collection* de Michaud et Poujoulat (t. XI).

2166. EIN SCHÖN NEW || LIED / von dem Krieg inn || Franckreich vnd aller handlung || was sich zwischen dem König vnd || Prinzen von Conde verloffen || vnd zugetragen hat / Im ||

## HISTOIRE.  15

1568. Iar. *S. l.*, pet. in-8 goth. de 4 ff. non chiffr. de 27 lignes à la page pleine, sign. *A*.

<small>Au titre, un petit bois qui représente un combat.
Les vers sont imprimés comme de la prose.

Voici le début de la pièce, qui compte 28 couplets :

Nun wölln wir aber heben an
Wol von der frantzösischen Kron
Ein newes Lied zu singen.
Hilffreicher Christ von Himelreich,
Das mir nicht misselinge,
Ja gelinge.

Cette chanson n'est mentionnée ni par Gödeke, ni par Weller.</small>

2167. ARREST ǁ de la Court de ǁ Parlement, contre ǁ Gaspart de Colligny, ǁ qui fut Admiral ǁ de France. ǁ *A Paris,* ǁ *Par Iean Caniuet & Iean Dallier Libraire* [sic] ǁ *demeurant sur le Pont S. Michel,* ǁ *à la Rose blanche.* ǁ 1569. In-8 de 4 ff. non chiffr.

<small>Au titre, la rose de *J. Dallier* (Silvestre, n° 308).

L'arrêt, daté du 13 septembre 1569, constate que défaut a été régulièrement prononcé contre l'amiral et le déclare « criminaux de majesté au premier chef, perturbateur et violateur de paix, ennemy de repos, tranquillité et sureté publique, chef principal, autheur et conducteur de la rebellion et conjuration qui a esté faicte contre le roy et son estat ». En conséquence, Coligny est condamné « à estre pendu et estranglé à une potence qui pour ce faire sera mise et dressée en la place de Grève, devant l'hostel de ceste ville de Paris ; son corps mort illec demourer pendu l'espace de vingt quatre heures ; après, porté et pendu au gibet de Montfaucon, au plus hault et eminent qui y soit, si pris et aprehendé peult estre, sinon par figure et effigie. »

Les enfants de l'amiral sont, en outre, déclarés « ignobles, vilains, roturiers, intestables et infames, indignes et incapables de tenir estatz, offices, dignitez et biens en ce royaume ».</small>

2168. LE SIEGE DE ǁ POICTIERS. ǁ Et ample Discours ǁ de ce qui s'y est faict ǁ & passé és mois de Iuillet, ǁ Aoust & Septembre : ǁ Auec les noms & nombre des Seigneurs, Cheua- ǁ liers, Capitaines, Gentils-hommes & Compa- ǁ gnies, tant estrangeres que Françoises, qui ǁ estoient dedans la ville durant le siege, & de ǁ ceux qui y ont esté blessez ou tuez : Ensemble ǁ les Epitaphes Latins & François, de quelques ǁ vns des occis. ǁ Par Ma. Liberge. ǁ Reueu & corrigé de nouueau, & adiousté à la ǁ fin vne ample narration de la Bataille de ǁ Montcontour, & du Siege de S. Iean ǁ d'Angeli : tiré des plus fideles ǁ Historiens de France. ǁ Le tout aduenu en l'année 1569. ǁ *A Poictiers,* ǁ *Par Iulian Thoreau, Imprimeur* ǁ *du Roy, & de l'Vniuersité.* ǁ M.DC.XXI [1621]. Pet. in-8 de 6 ff. et 272 pp.

<small>Collation des ff. lim. : Titre, au v° duquel se trouve l'extrait du *Privilége*; 7 pp. pour un avis de *L'Imprimeur aux Lecteurs catholiques* et un *Adver-*</small>

16     HISTOIRE.

*tissement aux Lecteurs*, daté de Poitiers le 1ᵉʳ décembre 1569 ; 3 pp. contenant 3 sonnets et 3 pièces latines à la louange du duc de Guise, signés : REN. BELL., Ang., dit LA CHAP. [RENÉ BELLET, SIEUR DE LA CHAPELLE, Angevin], F. C., B. J., M. LIBERGE, N. RAPIN.

Le privilège, daté du 28 juin 1621, est accordé à *Julian Thoreau* ; la durée n'en est pas indiquée.

La relation de Liberge avait paru dès l'année 1569, d'abord sous une forme abrégée, puis sous une forme plus développée, d'où le titre d'*Ample Discours*, Voy. Brunet, II, 741.

2169. REMONSTRANCES || de Monsieur de Monluc || à la Maiesté du Roy, sur son gou- || uernement de Guienne. || Où est contenu vne grande partie de ses faicts || & de plusieurs autres Seigneurs & Ca- || pitaines de ce Royaume. || Enuoyé (comme il appert par la || lecture d'icelles) vn peu apres || les derniers troubles. || 1570. *S. l.*, in-8 de 11 ff. non chiffr., de 26 lignes à la page, et 1 f. blanc, sign. *A-C* par 4, cart.

Monluc a reproduit lui-même ces *Remonstrances* dans le livre VII de ses *Commentaires*. M. de Ruble, le dernier éditeur de notre historien, ne semble pas avoir connu l'édition que nous venons de décrire ; il ne cite (t. III, p. 449) que l'édition donnée par *Michel Joue*, à Lyon en 1571, avec la réponse du roi. L'imprimeur lyonnais donne aux *Remonstrances* la date du 25 novembre 1570 ; elles portent, au contraire, celle du 10 novembre dans une copie qui fait partie du fonds Gaignières (vol. 2793, fol. 67). Notre édition anonyme ne donne aucune date.

2170. BRIEF || DISCOVRS || sur la mort de || la Royne de Nauar- || re, aduenue à Paris le || IX. iour de Iuin || 1572. || 🌿 || 🌿 || Pseaulme 116. 15. || La mort des debonnaires du Seigneur || est en estime enuers luy. || M. D. LXXII [1572]. *S. l.*, in-8 de 71 pp.

Les pp. 2 et 3 sont occupées par une épître « A tres haute et tres excellente princesse, madame la princesse de Navarre », épître datée de Paris, le 28 juin 1572.

Le *Discours* occupe les pp. 4-46 ; il est suivi du testament de la reine, reçu par Jean Gaudicher et Eustace Goguyer, notaires à Paris, le 8 juin 1572 (pp. 47-55). Le reste du volume est occupé par : deux épitaphes en prose latine, signées J. L. H ; une épitaphe en distiques grecs, signée J. A. B. [JEAN-ANTOINE DE BAÏF ?] ; une épitaphe en vers latins, signée J. A. L. P. R. ; un sonnet de J. A. D. B. [JEAN-ANTOINE DE BAÏF ?] ; une pièce espagnole de J. L. H. ; deux épigrammes latines de H. D. T. ; un quatrain français anonyme ; une élégie latine d'O. F. ; deux sonnets français de C. B. D. C. ; quatre distiques latin de P. B. ; un sonnet italien de M. P. D. A. ; un double sonnet italien anonyme ; une élégie latine de S. P. ; une épigramme latine d'O. F. et deux élégies latines de C. B. D. C.

2171. BRIEF || DISCOVRS || sur la mort de || la Royne de Nauar- || re, aduenuë à Paris le || IX. iour de Iuin, || 1572. || 🌿 || 🌿 || Pseaulme 116. 15. || La mort des debonnaires du Seigneur || est en estime enuers luy. || M.D.LXXII [1572]. In-8 de 28 ff. non chiffr., sign. *A-G* par 4, mar. bl. jans., tr. dor. (*Cuzin*).

L'épître est placée au v° du titre ; le *Discours* occupe les ff. *Aij-Eij* r° ; le *Testament*, les ff. *Eij* v°-*Fi* v°. Les pièces encomiastiques qui terminent le volume sont moins complètes que dans l'édition en 72 pp. ; on n'y trouve ni la pièce grecque, ni les quatre distiques latins de P. B.

2172. COPPIE || du Testa- || ment de defun- || cte Tres-haute, vertueuse Dame & || Princesse Ieanne, Par la grace de || Dieu Royne de Nauarre, Dame sou- || ueraine de Bearn, Duchesse d'Ale- || bret, de Beaumont, & Duchesse dou- || ayriere de Vandoumois. || Mourir pour viure. || *Imprimé l'an de grace* || M. D. LXXII [1572]. *S. l.*, in-8 de 8 ff. non chiffr.

Le texte du testament commence au v° même du titre. Il diffère légèrement du texte joint au *Brief Discours* ; les noms des deux notaires en ont été supprimés.

A la fin est un avis « Au Lecteur », où il est dit que la publication a été faite pour l'édification des fidèles. Cet avis est signé de la devise *Finis coronat opus*.

La devise *Mourir pour vivre*, qui figure sur le titre, doit être celle de l'éditeur. Quel est cet éditeur ? Un nommé Le Noble a signé de la même devise une *Chanson sur la prise de Chasteau Double en Dauphiné* (1579) insérée dans *La Fleur des chansons nouvelles* (Lyon, 1580, in-16, n° 46) ; mais cet auteur est inconnu et, d'ailleurs, la même devise a pu être employée par plusieurs écrivains. Nombre d'hommes distingués du XVIᵉ siècle se sont en effet servis de formules presque semblables pour témoigner de leur foi en l'immortalité. Pierre Boton, de Mâcon, avait pour devise : *Moriar, post oriar* ; Jean de Boyssières disait *Moriar ut vivam* ; Jean de La Jessée : *Vita della morte* ; un anonyme, qui a joint un huitain à l'*Oraison funèbre... de... Cosme de Medicis*, par Arnauld Sorbin, 1574, disait simplement : *Moriens vivo*. La devise de Jean Gueullart, imprimeur à Paris, était : *Mori mihi vivere est* ; celle de Michel Sylvius imprimeur à Lyon : *Mors et Vita* ; celle de Thibaud Ancelin, autre imprimeur lyonnais : *Mors rediviva piis* ; celle du poète Paul Angier : *Mort en vie* ; enfin celle de l'auteur du *Blason des basquines et vertugalles* : *Mourir et vivre*.

2173. DISCOVRS || Sur les causes de || l'execution || faite és personnes de ceux || qui auoient conjuré || contre le Roy & || son Estat. || *A Paris*, || *A l'Oluuier de P. l'Huillier, rue* || *S. Iacques.* || M.D.LXXII [1572]. || Auec Priuilege. In-8 de 20 ff. non chiffr., sign. *A-E* par 4, mar. bl. jans., tr. dor. (*Trautz-Bauzonnet*.)

Cette apologie de la Saint-Barthélemy est très habilement écrite. Les faits mis à la charge de Coligny et du parti protestant y sont présentés avec beaucoup d'adresse, et la conclusion semble presque naturelle : « Adonc sa Majesté, bien et asseurément advertie de la sanglante conjuration faite contre sa personne, contre la royne sa mére et messeigneurs ses fréres, se résolut avec l'advis de ladicte dame, de mesdits seigneurs et autres siens plus speciaux et fidelles serviteurs, d'empescher leur conspiration par une prompte et souveraine execution, et la prevenir par une punition exemplaire. Pour cest effect il donna ordre que le dimanche matin, à l'aube du jour, on commençast à ladicte execution et à tuer ledit admiral et tous ceux de sa ligue et faction ; ce qui fut exécuté avec la félicité, diligence et celerité qu'on a veue, tellement qu'à sept heures du matin ledit admiral et les principaux chefs et autres de ladicte conspiration furent mis à mort, et bien peu se sont sauvez.... »

Le *Discours* peut être considéré en quelque sorte comme un document officiel. P. *L'Huillier* en publia coup sur coup deux éditions ; des réimpressions en furent données par *M. Jove*, à *Lyon*, *M. Le Mesgissier*, à *Rouen*, et *Chr. Plantin*, à *Anvers*.

2174. ERHEBLICHER VN̄ BEWEG ‖ LICHER VRSACHEN ANZIEHVNG / der Exe- ‖ cution vnd straff / gehalten uber die / so sich wider jren angebor- ‖ nen König vn̄ dessen standt / hetten verschworen vnd verknüpf- ‖ fet / Erstlich zu Parys durch P. Huillier im Oliuen- ‖ baum mit Priuilegio gedruckt / Darnach schier ‖ von wort zu wort ausz der Frantzösischen ‖ in diese sprach verändert / Durch Iu- ‖ stum Blanckwalt / der H. ‖ Schrifft Licenti- ‖ aten. ‖ *Gedruckt zu Cölln / durch Heinrich von Aich.* ‖ M.D.LXXIII [1573]. In-4 goth. de 20 ff.

Traduction allemande de la pièce décrite à l'article précédent.

2175. SCHRECKLICHE VND BETRAWERLI- ‖ CHE ZEYTVNG. ‖ Von dem unerhor- ‖ ten / Vnmenschlichen / vnd grewlichen ‖ Mord an den Christen in Franckreich / den 24. ‖ Augusti dis lauffenden 72. Iars / zu Paris vergan- ‖ gen : sampt den Namen vnd Anzal der Herren so ‖ vmbkomen : Aus dem Frantzösischen zu einem ‖ Vorbild Christlicher Verfolgung vnd ‖ Antichristlicher Blutpraticken ‖ in Teutsch gebracht. ‖ *Anno* 1572. In-4 goth. de 4 ff. de 33 lignes à la page.

Nous avons vainement cherché dans le P. Lelong et dans le Catalogue de la Bibliothèque nationale l'original français de cette pièce.

2176. ¶ DISCOVRS simple & verita- ‖ ble des rages exercées, par la France, ‖ des horribles et indignes ‖ meurtres commiz es personnes de Gaspar de Gol- ‖ ligni [*sic*] Admiral de France, & de plusieurs grandz ‖ Seigneurs gentils-hommes & aultres illustres & ‖ notables personnes, ‖ Et du lache et estrange car- ‖ nage faict indifferemment des Chrestiens qui se ‖ sont peu recouurer en la plus-part des villes de ‖ ce royaulme sans respect aulcun, de sang, sexe, ‖ age, ou condition. Le tout traduict en Fran- ‖ cois, du Latin d'Ernest Varamond de Frise. ‖ Auquel est adioustee en for- ‖ me de Paragon, L'histoire tragique de la ci- ‖ te [*sic*] de Holme saccagée contre la foy promise l'an 1517. ‖ par Christierne second, Roy de Dannemarch, Et de ‖ la punition diuinement faicte, de ce Tyran & de ‖ son Archeuesque Gostaue : Extraite ‖ de la Cosmographie ‖ de Monster. ‖ ¶ *Imprime à Basle par*

# HISTOIRE. 19

*Pieter Val-* || *lemand.Ann.* 1573. In-8 de 81 ff. et 1 f. blanc, sign. *A-T* par 4, *V* par 6, mar. bl. jans., tr. dor. (*Trautz-Bauzonnet.*)

<blockquote>
Les pp. 3-24 portent toutes le chiffre I; la p. 25 est cotée II et les chiffres se suivent jusqu'à cxviii ; les pp. 142-144 portent cxx-cxxii ; les derniers ff. ne sont pas cotés.

Le *Discours*, qui contient un récit très clair et assez détaillé du massacre de la Saint-Barthélemy, avait d'abord paru en latin, sous ce titre: *De furoribus gallicis, horrenda et indigna admirallii Castillionei, nobilium atque illustrium virorum caede scelerata, ac inaudita piorum strage passim edita per complures Galliae civitates, sine ullo discrimine generis, vera et simplex Narratio, Ernesto Varamondo Frisio auctore* (Edimburgi, 1573, pet. in-4 et pet. in-8). Le nom d'Ernest Varamond est un pseudonyme. M. A.-A. Barbier, dans une note ajoutée par lui aux *Supercheries littéraires* de Quérard (III, 912) et les frères Haag (*La France protestante*, V, 535) attribuent sans hésitation le *Discours* à François Hotman. Il nous paraît difficile d'admettre cette attribution. L'auteur dit, en effet, dès le début, qu'il a voulu « mettre par escrit la chose ainsi qu'elle s'est passée, comme celluy qui a heu le moyen de la bien remarquer, *tant pour avoir senti ma part de ceste calamité* que pour en avoir esté suffisamment informé de ceux desquels les yeux en ont esté pour la plus part tesmoins. » Cette phrase semble bien dire que Varamond faillit être au nombre des victimes ; or, Hotman ne courut aucun danger puisqu'il était à Genève depuis le 2 octobre 1570. Pour ce motif, nous considérons comme plus vraisemblable l'opinion qui attribue le *Discours* à Hubert Languet.
</blockquote>

2177. La Vie || de Messire || Gaspar de Colligny || Seigneur de Chastillon, || Admiral de France. || A || laquelle sont adiousté [*sic*] || ses Memoires sur ce qui se passa au || Siege || de || S. Quentin. || *A Leyde,* || *Chez Bonaventure & Abraham Elzevier.* || *Anno* cIɔ Iɔc xLIII [1643]. Pet. in-12 de 4 ff. lim. et 143 pp. — Memoires || de Gaspar de Colligny, || Seigneur de Chastillon, & || Admiral de France. || Ou sont sommairement contenues || les choses, qui sont[*sic*] || passees durant le Siege || de S. Quintin [*sic*], || En l'an D.M.LVII [*sic*]. || *A Leyde,* || *Chez Bonaventure & Abraham* || *Elzevier.* || *Anno* cIɔ Iɔc xLIII [1643]. Pet. in-12 de 88 pp. — Ensemble 2 part. en un vol., mar. bl., fil., comp., dos orné, doublé de mar. r., dent. à petits fers, tr. dor. (*Trautz-Bauzonnet.*)

<blockquote>
*Vie.* — Le titre porte la marque des *Elzevier* (le solitaire). Les 3 ff. qui suivent le titre contiennent une épître « A monseigneur le mareschal de Chastillon », épître datée, de Paris, le 15 novembre 1642, et signée D. L. H.

L'ouvrage français est la traduction d'un original latin intitulé : *Gasparis Collinii Castellonii, magni quondam Franciae amiralii, Vita* (s. l., 1575 et 1579, in-8). Cet original latin a été attribué par le P. Lelong à Jean de Serres ; mais il est établi aujourd'hui qu'il est de François Hotman. Non-seulement le traducteur fait figurer le nom d'Hotman au titre de départ de la première édition française (Amsterdam, pour les héritiers Commelin, 1643, in-4), mais nous possédons une lettre, datée du 15 janvier 1573, par laquelle la veuve de Coligny, Jacqueline d'Antremont, rappelle au grand juris-
</blockquote>

consulte la promesse qu'il lui avait faite d'écrire la vie de l'amiral (*La France protestante*, nouv. éd., IV, 215). Nous savons de plus, par une lettre d'Hotman, que messieurs de Genève ne lui permirent pas de faire imprimer son œuvre dans leur ville (*La France protestante*, 1$^{re}$ éd., V, 536).

*Mémoires.* — Ces mémoires avaient paru pour la première fois dans le *Recueil de plusieurs harangues, remonstrances, discours et avis d'affaires d'estat*, etc., publié par *J. de Lannel* (Paris, Pacart, 1622, in-8, et Paris, Chevalier, 1623, in-4). Du Bouchet les a reproduits dans ses *Preuves de l'Histoire genealogique de la maison de Coligny* (Paris, 1663, in-fol., p. 489). Une nouvelle édition, à laquelle est jointe une réimpression de la *Vie de Coligny*, parut trois ans plus tard (*Mémoires de messire Gaspar de Coligny*; Paris, C. Barbin, ou F. Mauger, 1665, in-12); enfin, le récit du siège de Saint-Quentin figure dans la *Collection universelle des mémoires particuliers relatifs à l'histoire de France* (t. XXXIX), dans la *Collection complète des mémoires relatifs à l'histoire de France* publiée par M. Petitot (t. XXXII), dans le *Choix de chroniques et mémoires* de M. Buchon (t. XII) et dans la *Nouvelle Collection* de MM. Michaud et Poujoulat (t. VIII).

Une note ajoutée à la dernière édition de la *Bibliothèque historique de la France* du P. Lelong (II, n° 17690) renvoie encore aux *Mémoires du sieur Mauléon de Granier*, p. 120.

Willems, *Les Elzevier*, n° 564.

Haut.: 185 mm.; larg.: 74 mm.

2178. EIN NEW LIED || von dem Gottsuerräh- || terischen Mörder inn || Franckreich. || Im thon. || Ich weisz mir ein stoltze || Müllerin. Oder / Ich gieng || ein mal spacie- || ren / &c. || M.D.LXXIII [1573]. *S. l.*, pet. in-8 goth. de 4 ff. non chiffr., sign. *A*.

Au titre, un bois des armes de France. — Une autre gravure des mêmes armes est placée au v° du 4$^e$ f., au-dessous du texte du dernier couplet.

Complainte en 30 couplets sur le massacre de la Saint-Barthélemy ; elle commence ainsi :

> Franckreich, du Christenmörder,
> Dein Reich hat schon ein Endt;
> Mit Abels Blut suff Erden
> Hast du befleckt dein Händt.
> Verloren hast dein Heyl,
> Meineydig bist du worden;
> Gehorst in Judas Orden:
> Ein Strick wirdt dir zu Theil.

Cette pièce n'est citée ni par Gödeke ni par Weller.

2179. ORDONNAN- || CE du Roy de Na- || uarre, par laquelle il || veut que la Religion Catholicque || Apostolicque & Romaine, soit re- || mise en tous les endroictz de ses || pays & Royaume. || Et que les Ministres de la nouuelle opinion, ayent || à vuider hors sesdictz Royaume & pays, || s'ilz ne se veulent reduire à ladicte Re- || ligion Catholicque Apostolicque || & Romaine, & abiurent || leurs erreurs. || Ensemble que tous les Euesques, Prelatz, Abbez || Chapitres, Curez, Commandeurs, & autres || personnes Ecclesiasticques, rentrent en l'en- || tiere possession & iouissance de leurs Be- || nefices. ||

*A Paris,* || *Chez Pierre l'Huillier rue S.* || *Iacques à l'Oliuier.* || 1572. || Auec Priuilege. In-8 de 8 ff. non chiffr., sign. *A-B*.

Le v° du dernier f. contient un *Extraict* du privilège accordé pour six mois à P. *L'Huillier*, le 13 décembre 1572.

Aussitôt après la Saint-Barthélemy, le roi de Navarre, qui venait d'épouser Marguerite de Valois, fut sommé par le roi d'abjurer le protestantisme. Il résista pendant plusieurs semaines, mais il fut enfin contraint d'envoyer au pape une abjuration solennelle (3 octobre 1572), puis de signer l'ordonnance qui rétablissait dans ses états la religion catholique. Ce dernier acte, contresigné de Brodeau, porte la date du 16 octobre 1572.

Dans une réimpression faite par les ligueurs en 1589, la même ordonnance est datée du 5 octobre. Voy. le n° 2242, art. 7.

2180. Copie || Des lettres du || Roy de Nauarre. || & de Messeigneurs le Cardi- || nal de Bourbon, & || Prince de Cõdé. || Enuoyées à nostre tressainct Pere le Pape : || Ensemble les Responses de sa Saincteté Latines, || & traduictes en Françoys. || *A Paris,* || *Chez Pierre l'Huillier rue S.* || *Iacques à l'Oliuier.* || 1573. || Auec Priuilege. In-8 de 28 ff. non chiffr., sign. *A-G* par 4.

Ce recueil contient les pièces suivantes :

1° (fol. *Aij*) Epître « A monseigneur l'illustrissime cardinal de Bourbon », épître datée du collège de Navarre, à Paris, le 1er janvier 1573, et signée : J. Touchard. (Jean Touchard est l'auteur d'un poème sur la Saint-Barthélemy intitulé *Allegresse chrestienne*.)

2° (fol. *Aiij-Aiiij*) Lettre du roi de Navarre au pape. (Par cette lettre, datée de Paris, le 3 octobre 1572, le roi de Navarre déclare vouloir rentrer dans le sein de l'église catholique et sollicite l'absolution du pape.)

3° (fol. *Bi-Ciij* r°) Bref du pape en date du 1er novembre 1572 (texte latin, suivi d'une traduction française).

4° (fol. *Ciij* v°-*Diiij*) Lettre du cardinal de Bourbon au pape, en date de Paris, le 3 octobre 1572 (texte latin et traduction française).

5° (fol. *Ei-Fi* v°) Réponse du pape au cardinal, en date du 1er novembre (texte latin et traduction française).

6° (fol. *Fi* v°-*Fiij* v°) Lettre du roi de Navarre au pape, en date du 3 octobre 1572.

7° (fol. *Fiiij-Giiij*). Réponse du pape au prince de Condé, en date du 1er novembre (texte latin et traduction française).

A la suite de ces pièces est un *Extraict* du privilège accordé à P. *L'Huillier*, pour un an, le 31 décembre 1572. Ce privilège concerne à la fois la *Copie des lettres* et un *Sommaire Discours des causes de tous les troubles de ce royaume*.

Les lettres du roi de Navarre et du cardinal de Bourbon, ainsi que les réponses du pape, ont été reproduites par les ligueurs, en 1589, dans le factum intitulé *Metamorphose d'Henry de Bourbon*, etc. Voy. le n° 2242, art. 7.

2181. Discovrs || sur l'heur || des Presages adue- || nuz de nostre temps, signifiantz la || felicité, du regne de nostre Roy || Charles neufiesme tres- || chrestien. || Par François de Belleforest Comingeois. || *A Paris,* || *Chez Vincent Norment libraire, tenant sa bou-* || *tique au Palais, en*

22    HISTOIRE.

*la galerie par ou on* || *va à la Chancellerie.* || 1574. || Auec Priuilege. In-8 de 35 ff., mar. r. jans., tr. dor. (*Cuzin.*)

<small>Au titre, la marque de *Vincent Norment.*
Le volume s'ouvre par une épître (en prose) à René de Voyer, vicomte de Paumy, etc., épître datée de Paris, le 18 novembre 1572.
Les ff. 32-34 sont occupés par un *Cantique de resjouissance à Dieu* (en vers).
Au v° du 34° f. est un sonnet de JACQUES MOYSSON.
Le 35° f. contient, au r°, deux sonnets, et, au v°, un *Extraict* du privilège, accordé pour deux ans à *Robert Le Mangnier* et à *Vincent Norment*, le 19 novembre 1572.</small>

2182. CLAVDII || ARNOLPHI Pari- || siensis theologi, || Pro Henrico Rege Nauarræ. || Oratio. || Ad Gregorium XIII. P. M. || *Parisiis,* || *Apud Thomam Brumennium, in* || *clauso Brunello, sub signo Oliuæ.* || 1573. || Cum Priuilegio. In-8 de 8 ff. non chiffr., sign. A-B.

<small>Au titre, la marque de *Th. Brumen* (Silvestre, n° 276).
Au v° du titre, une épigramme latine (*De Henrici regis Navarrae ad Gregorium XIII. legatione*), signée M. D. M.
On lit à la fin que Claude Arnoult prononça son discours à Rome, dans le consistoire public du 5 des ides de février (9 février) 1573.</small>

2183. NEWE ZEITVNG || Von der statt Roschell || vnd derer Belägerung, wie sie sich inn || derselben / vnnd darnach als sie mit verhäterey || solt uberfallen werden, gehalten / auch wie sie gewarnet / vnnd || endtlich wie die verhäter gerichtet sind wordend / wirt || alles der lenge nach klärlich vnnd warhafftig || angezeiget/ ꝛc. || Ietzt newlich ausz Frantzösischer vnd Lateinischer || sprach in vnsere gemeine Teutsche sprach || verdometschet. || *Getruckt zu Vrsel bey Ni-* || *clausz Heinrich.* || M.D.LXXIIII [1574]. In-4 goth. de 14 ff. non chiffr.

<small>La Rochelle fut assiégée par les catholiques du mois de décembre 1572 au mois de juillet 1573.</small>

2184. HISTOIRE ME- || MORABLE de la || ville de Sancerre. || Contenant les Entreprinses, Siege, Appro- || ches, Bateries, Assaux & autres efforts || des assiegeans : les resistances, faits ma- || gnanimes, la famine extreme & deli- || urance notable des assiegez. || Le nombre des coups de Canons par iournees distin || guees. Le catalogue des morts & blessez à la guer- || re, sont à la fin du liure. || Le tout fidelement recueilli sur le lieu, || par Iean de Lery. || Ieremie 15. 15. || O Seigneur, tu le cognois, aye memoire de moy, & me vi- || site, & me venge de ceux qui me persecutent : ne m'o- || ste point en la longue attente de ton ire : cognoy que || i'ay souffert opprobre pour toy. || M.D.LXXIIII [1574].

HISTOIRE. 23

S. l., in-8 de 8 ff. lim., 253 pp. et 1 f. blanc, mar. r. jans., tr. dor. (*Trautz-Bauzonnet.*)

<small>Au v° du titre est placé un *Sonet*.
Les ff. *a* 2-*a* 7, r°, sont occupés par un avis « Au Lecteur ». Le v° du f. *a* 7 et le 8° f. contiennent une *Complainte à Dieu tout bon, tout puissant* (en vers), pièce signée S. S. S.

Le siège de Sancerre par les catholiques dura du 3 janvier au 19 août 1573. Après mille privations, les assiégés affamés durent capituler. La relation de Jean de Léry nous fournit sur cet épisode les détails les plus circonstanciés.

Une traduction latine de cette relation parut à Heidelberg en 1576. Le texte français a été réimprimé à Bourges, par les soins de M. L. Reynal, en 1842, in-8. Un extrait en a été donné dans les *Archives curieuses* de MM. Cimber et Danjou (VIII, 21-82).

Sur Jean de Léry et ses voyages, voy. notre t. II, n°⁸ 1989 et 1990.</small>

2185. HARANGVE || faicte et pronon- || cee de la part du Roy || Tres-chrestien, le 10. || iour du mois d'Auril. 1573. Par Tres- || reuerend & Illustre Seigneur Iean de Montluc, Euesque & Conte de Valence & Dye, || Conseiller de sa Maiesté en son priué Conseil, || & son Ambassadeur par deuers les Tres-illustres, Illustres, Notables, Ma- || gnifiques, Nobles & Genereux Seigneurs, les || Archeuesques, Euesques, Palatins, Castellans, || Magistrats, Officiers, & generalement tout || l'ordre & Estat de la noblesse, du Tres-ample || & Tres-puissant Royaume de Poulonne, grād || Duché de Lituanie, Russie, Prusse, Masouie, || Samogitie, Kiouie, Vollinie, Podlachie, & Li- || uonie, en l'assemblée tenue à VVarssauie, pour || l'election du nouueau Roy, apres le decez du || Serenissime Sigismund Auguste. || *A Paris*, || *Chez Iean Richer Libraire, rue S. Iean de* || *Latran, à l'Arbre Verdoyant.* || 1573. || Auec Priuilege du Roy. In-8 de 69 ff. chiffr. et 1 f. non chiffr., cart.

<small>Le v° du titre est orné d'un grand écusson aux armes du nouveau roi de Pologne.
Le dernier f. contient, au r°, le texte du privilège accordé pour trois ans à *Jean Richer*, le 14 juin 1573.

Jean de Montluc, frère cadet de l'auteur des *Commentaires*, fut l'un des diplomates les plus habiles du XVI⁰ siècle. Le discours prononcé par lui à la diète de Varsovie, le 10 avril 1573, eut pour résultat l'élection du duc d'Anjou au trône de Pologne. Montluc avait eu la première idée de la candidature du prince, et, pour la faire réussir, il ne craignit pas de travestir étrangement la vérité. Le passage le plus célèbre de sa harangue est celui où il prétend prouver que le roi et son frère sont restés étrangers au massacre de la Saint-Barthélemy (pp. 42-48).</small>

2186. DECLARATION de Tres- || illustres Princes || & Seigneurs, les Duc d'Alençon || & Roy de Nauarre, portant tes- || moignage de leur droicte inten- || tion, & bonne volonté enuers la || Majesté du Roy : auec resolu- || tion de s'opposer & courre sus || à ceulx qui luy seront rebelles. || *A Paris*, || *Par F. Morel Imprimeur du Roy*, || M. D. LXXIIII [1574]. || Auec Priuilege dudit Seigneur. In-8 de 3 ff. non chiffr. et 1 f. blanc.

Au titre, une marque de *F. Morel*, représentant un arbre autour duquel s'enroule une banderole avec cette devise : *Omnis arbor bona fructus bonos faciet.*

L'intitulé de la pièce est inexact, car la déclaration, datée du bois de Vincennes, le 24 mars 1574, n'est signée que de François, duc d'Alençon.

Au v° du 3° f. est un *Sommaire* du privilège accordé à *Federic Morel* le 4 mars 1571.

Les pièces suivantes classées dans d'autres sections du catalogue complètent l'histoire de Charles IX : *Ample Discours des actes de Poissy*, 1561 (t. II, n°ˢ 2055, 2056) ; *Discours entier de la persecution et cruauté exercée en la ville de Vassy*, 1563 (t. II, n° 2057) ; *Ode hystoriale de la bataille de Sainct Gile*, 1563 (t. I, n° 98, art. 11) ; *Hymne de la paix*, par J. Passerat, 1563, (t. I, n° 714) ; *Commentaires des guerres civiles de nostre temps*, d'Honoré Henry, 1565 (t. I, n° 719) ; *Voyage de Charles IX en France*, par Abel Jouan, 1564-1565 (t. II, n° 2095, art. 3) ; *Ample Discours de l'arrivée de la royne catholique à Sainct Jehan de Luz*, 1565 (t. II, n° 2095, art. 9 d) ; *Lettre du roy à monseigneur le duc de Nemours*, 1565 (t. II, n° 2019, art. 7) ; *Remonstrance aux princes françoys*, par Fr. de Belleforest, 1567 (t. I, n° 724) ; *Pour la monarchie de ce royaume*, par J. Vauquelin de La Fresnaye, 1567 (t. I, n° 726) ; *Edict du roy, contenant interdiction et deffence de toute presche, assemblée*, etc., 1568 (t. II, n° 2058) ; *Edict du roy, contenant declaration qu'il ne se veult d'oresnavant plus servir de ses officiers... qui sont de la nouvelle pretendue religion.* 1568 (t. I, n° 2059) ; *Deploration de la France*, par P. Du Rosier, 1568 (t. I, n° 728) ; *Allegresse de la France pour l'heureuse victoire obtenue entre Coignac et Chasteauneuf*, par Arnaud Sorbin, 1569 (t. I, n° 729) ; *Chant triumphal sur la victoire obtenue par le roy à l'encontre des rebelles*, par Ant. Valet, 1569 (t. I, n° 730) ; *La Complainte du regret de Gaspard de Colligny*, 1569 (t. I, n° 784) ; *Articles accordez par le Grand Seigneur en faveur du roy et de ses subjects*, 1570 (voy. ci-après, Histoire des Turcs) ; *Hymne sur l'avant-mariage du roy*, par Scevole de Saincte Marthe, 1570 (t. I, n° 718) ; *Le magnifique Triomphe et Esjouissance des Parisiens faictes en la decoration des entrées du treschrestien roy Charles*, etc., par N. Natey de La Fontaine, 1571 (t. I, n° 785) ; *Inscriptions des appareils, arcs triumphaux, figures et portraictz dressez en l'honneur du roy, au jour de son entrée en la ville de Paris*, par Jacques Prevosteau, 1571 (t. I, n° 786) ; *Discours du triomphe des nopces du roy de Navarre avec M*ᵐᵉ *Marguerite de France*, 1572 (n° 2240. art. 1) ; *Tumbeaux des Brise-Croix*, 1572 (t. I, n° 787) ; *Deploration de la France sur la mort de hault et puissant prince, messire Claude de Lorraine, duc d'Aumale*, 1573 (t. I, n° 788) ; *Histoire des deux derniers sièges de La Rochelle, le premier... en l'année 1573, et le second... es années 1627 et 1628*, 1630 (voy. le règne de Louis XIII) ; *Complainte sur le trespas du feu roy Charles IX*, par J. A. de Baïf, 1574 (t. I, n° 685) ; *Oraisons funebres du... roy de France Charles IX.*, par A. Sorbin, 1574 (t. I, n° 339).

*g. — Henri III.*

2187. Iovrnal || des Choses || memorables ad- || uenuës durant tout le Regne || de Henry III. Roy de || France & de Pologne. || M. DCXXI [1621]. *S. l.*, in-4 de 133 pp. et 1 f. blanc. — Le Procez verbal || d'vn nommé Nicolas Pou- || lain, Lieu-

## HISTOIRE. 25

tenant de la Preuo- || sté de l'Isle de France, qui contient l'histoire || de la Ligue, depuis le second Ianuier 1585. || iusques au iour des Barricades, escheuës le || 12. May 1588. *S. l. n. d.*, in-4 de 49 pp. et 1 f. blanc.

Le *Journal des choses memorables* est un fragment des mémoires de PIERRE DE L'ESTOILE. D'après le président Bouhier, la publication de ce fragment aurait été faite par Pierre Dupuy. Il en fut donné, la même année, au moins trois réimpressions du format in-8. Le *Journal du règne de Henri III* reparut dans le *Recueil de diverses piéces servant à l'histoire de Henri III*, recueil qui, de 1660 à 1699, eut au moins 13 éditions. Dans cette collection le titre du *Journal* porte « composé par M. S. A. G. A. P. D. P. » Le Duchat interpréta ces initiales dans son édition de la *Satyre menippée* (1696) par « M. Servin, avocat général au parlement de Paris » ; mais il combattit lui-même, en 1709, l'attribution à Servin quand il eut connaissance du passage de l'*Histoire de l'Académie Françoise*, de Pélisson (1653), où il est parlé, à propos de Claude de L'Estoile, des journaux rédigés par son père. Les détails donnés par l'annaliste des règnes de Henri III et de Henri IV sur sa famille et sur ses affaires ne peuvent en effet se rapporter qu'à Pierre de L'Estoile, audiencier à la chancellerie de Paris, mort en 1611.

En 1719-1720, Jean Godefroy donna à Bruxelles, sous la rubrique de Cologne, une édition des mémoires de L'Estoile augmentée de nouveaux fragments empruntés aux manuscrits. D'autres fragments parurent en 1732 et 1736. En 1741, le P. Bouge publia l'édition du *Journal de Henri IV* qui sera décrite plus loin. Trois ans plus tard, Lenglet-Dufresnoy donna une édition du *Journal de Henri III*, également plus complète que les précédentes. Voy. le n° suivant.

Le *Procès verbal* de Nicolas Poulain n'a pas été recueilli par L'Estoile ; mais, depuis Pierre Dupuy, tous les éditeurs l'ont joint au *Journal de Henri III*.

2188. JOURNAL de Henri III. Roy de France & de Pologne : ou Memoires pour servir a l'histoire de France, Par M. Pierre de l'Estoile. Nouvelle Edition : Accompagnée de Remarques Historiques, & des Pieces manuscrites les plus curieuses de ce Regne. *A la Haye, Et se trouve A Paris, Chez la Veuve de Pierre Gandouin, Quay des Augustins à la Belle Image.* M. DCC. XLIV [1744]. 5 vol in-8, mar. r., fil., dos ornés, tr. dor. (*Anc. rel.*)

Édition publiée par LENGLET-DUFRESNOY.

*Tome I* : Portrait de Henri III, avec l'*excudit* de *Mariette* ; titre ; xl pp. pour la *Preface du nouvel editeur* (pp. i-xv), un *Avis au lecteur*, tiré de l'édition de Godefroy, 1719 (pp. xvj-xx), un *Avertissement sur la nouvelle impression de ce livre faite à Cologne (ou plutôt à Bruxelles) en* 1720 [par Jean Godefroy] (pp. xxj-xxiv), des *Notes posthumes de M. Le Duchat* (pp. xxv-xxxiij), des *Corrections et Observations* (pp. xxxiv-xxxviij) et la *Table des Piéces* (pp. xxxix-xl) ; 624 pp., y compris la *Table des matières*.— Les pièces ajoutées par Lenglet-Dufresnoy sont : 1° *Lettre du roy François I. à madame sa mére, regente en France, sur la défaite des Suisses à Marignan*, 1515 (p. 502) ; — 2° *Instruction du roy Charles IX*, *envoyée en Allemagne au sujet de la Saint-Barthelemi*, 1572 (p. 509) ; — 3°-7° Correspondance entre Charles IX et Schomberg au sujet de la Saint-Barthélemi et de l'élection de Pologne (pp. 514, 519, 526, 530, 535) ; — 8° *La Tragédie de feu Gaspar de Colligni*, par FRANÇOIS DE CHANTELOUVE, 1575 (pp. 549-598).

*Tome II* : Titre ; xvj et 591 pp., plus 3 figg. aux pp. 36, 160, 209. — La planche de la p. 209 (mort de Henri III et supplice de Jacques Clément) est signée *P. Tardieu.* — L'éditeur a placé à la suite du *Journal* diverses pièces

## HISTOIRE.

qui le complètent savoir : 1° *Certificat de plusieurs seigneurs de qualité qui assistérent le roy depuis qu'il fut blessé jusqu'à sa mort*, p. 214 ; — 2° *Lettre d'un des premiers officiers de la cour de parlement* [JACQUES DE LA GUESLE, procureur général], *écrite à un de ses amis sur le sujet de la mort du roy*, p. 220 ; — 3° *Le Procez verbal du nommé* NICOLAS POULAIN, p. 228 ; — 4° *Discours sur la vie du roy Henri III.*, par M. LE LABOUREUR, p. 268 ; — 5° *Discours merveilleux de la vie, actions et déportemens de la reine Catherine de Medicis*, [attribué à HENRI ESTIENNE], p. 299 ; — 6° *Journal des choses advenues à Paris depuis le 23 décembre 1588 jusqu'au dernier jour d'avril 1589*, p. 459 ; — 7°, p. 552, *Abregé de l'histoire de Henri III., roy de France et de Pologne*, par [LOUIS] MACHON, archidiacre de Toul, pièce empruntée à l'édition de la *Satyre menippée* publiée à Bruxelles, sous la rubrique de *Ratisbonne*, en 1726.

*Tome III :* 1 f., xij et 642 pp., plus 1 fig. à la page 369. Il y a de plus dans quelques exemplaires 1 f. final non chiffr. contenant au r° un *Avis* de la V°° Gandoin qui concerne le *Journal de Henri IV*, et, au-dessous un *errata* pour la p. 120 du T. III du *Journal de Henri III.* — Ce volume renferme diverses pièces publiées d'après des manuscrits ou des imprimés, et réunies par l'éditeur sous le nom de *Preuves*, savoir : 1° *Memoire du voyage de M. le duc de Guise en Italie, son retour, la prinse de Callais et de Thionville* (1556-1557), p. 3 ; — 2° *Voyage de M. de Guise en Italie* (1557), p. 26 ; — 3° *Serment des associez de la ligue chrestienne et royalle dans la province de Champagne, le 25 juin 1568*, p. 31 ; — 4° *Arrest contre Geoffroy Vallée, du 8 février 1574*, p. 35 ; — 5° *Traité fait entre le roy de France et le Grand Seigneur* (1575), p. 38 ; — 6° *Nouvelle Confirmation et Commandement du Grand Seigneur* (1575 et 1581), p. 43 ; — 7° *Confirmation faicte par sultan Murat* (1581), p. 46 ; — 8° *Relation des ambassadeurs envoyez par le Grand Seigneur, empereur des Turcs, vers le roi Henri III.* (1581), p. 57 ; — 9° *Harangue faite au roy par le sieur de Butterich, député de monsieur le duc Cazimir* (16 mars 1576), p. 60 ; — 10° *Journal des premiers estats tenus à Blois, le roy Henry III. y estant, l'an 1573*, par M. le DUC DE NEVERS, p. 66 ; — 11° *Lettre de monseigneur le* DUC D'ALENÇON *au roy son frére* (1578), p. 222 ; — 12° *Avis de M.ʳ* DE LA CHASTRE (1578), p. 225 ; — 13° *Discours tragique et veritable de Nicolas Salcedo, sur l'empoisonnement par lui entreprins*, etc. (1582), p. 230 ; — 14°, 15° *Copies de la deposition de Salcede* (1582), pp. 247 et 255 ; — 16° *Relation particuliére [de la conspiration de Salcede]*, p. 258 ; — 17° *Extrait de l'Apologie de M. de* VILLEROY, p. 265 ; — 18° *Avis donné à M. de Guise par M.* DE LA CHASTRE (1585), p. 269 ; — 19° *Discours de M.* DE LA CHASTRE *sur le voyage de M. de Mayenne en Guyenne* (1586), p. 273 ; — 20° *Resolution de ceux du parti de la Ligue assemblés à Orchan* (1586), p. 286 ; — 21° *Lettre à M. de La Chastre sur l'entreprise de M. de Guise sur la ville de Sedan* (1586), p. 288 ; — 22° *Lettre d'avis de M. le duc des Deux-Ponts, Jean Palatin, à M. de Schomberg* (1587), p. 292 ; — 23° *Lettre de P*** à M. de F*** touchant la négociation de la reine mère* (1587), p. 294 ; — 24° *Pourparler de la reine Catherine de Medicis avec le duc de Guise sur le fait des places de Picardie* (1587), p. 312 ; — 25° *Lettre de M. de Schomberg au roy* (juin 1587), p. 315 ; — 26° *Narration de la mort du prince de Condé* (1588), p. 320 ; — 27° *Procedure et autres Actes intervenus en la poursuite criminelle contre dame Charlotte-Catherine de La Trimouille, princesse de Condé* (1588-1596), pp. 323, 325, 328, 329, 385, 388, 342, 344, 346 ; — 28° *Remontrance faite par M.* DE VILLEROY *au roy Henri IV. touchant sa conversion* (1588), p. 349 ; — 29° *Lettre du roy* HENRI III *au sieur Miron, premier medecin* (1588), p. 359 ; — 30° *Lettre de M de La Chastre au prévôt des marchands de la ville de Paris* (décembre 1558), p. 360 ; — 31° *Traduction d'une dépêche du duc de Savoie au roi d'Espagne* (8 mars 1589), pp. 363, 366 ; — 32° *Les Sorcelleries de Henri de Valois*, etc. (1589), p. 369, avec une fig. (à la fin est un *Sonnet aux catholiques qui sont de l'Union*) ; — 33° *La veritable Fatalité de Saint Cloud*, [réponse au P. Bernard Guyard, par JEAN GODEFROY], p. 378 ; — 34° *Discours veritable de l'etrange et subite mort de Henri de Valois* (1589), p. 453 ; — 35° *Relation de la mort de messieurs le duc et cardinal de Guise, par le sieur Miron, medecin du roy* (1588), p. 461 ;

# HISTOIRE. 27

— 86° *Instructions données par le roy au sieur Alphonse d'Ornano* (1588), pp. 494, 499 ; — 87° *Mémoire baillé par le roy à M. de Maisse, allant trouver de sa part M. le duc de Ferrare* (1589), p. 507 ; — 88° *La Guisiade, tragedie nouvelle, par* PIERRE MATTHIEU (1589), p. 515 ; — 89° *La double Tragedie du duc et cardinal de Guise* (1588), p. 625. — Grâce à quelques subdivisions, l'éditeur a numéroté ces pièces de 1 à 49.

Tome IV : 1 f., xxxvj et 600 pp. — Ce volume ne contient, comme le précédent, que des pièces détachées destinées à faire connaître le règne de Henri III, savoir : 1° *Description de l'isle des Hermaphrodites*, suivie du *Discours de Jacophile à Limne*, [par ARTUS THOMAS, SIEUR D'EMBRY], p. 1 ; — 2° *Histoire des amours du grand Alcandre*, [attribuée, probablement à tort, à LOUISE DE LORRAINE, PRINCESSE DE CONTI, et que M. Paulin Paris croit être de ROGER DE BELLEGARDE], p. 337 ; — 3° *Lettres du roy* HENRI IV. *à madame la duchesse de Beaufort et à madame la marquise de Verneuil*, p. 433 ; — 4° *Apologie pour le roy Henri IV....*, par madame la DUCHESSE DE ROHAN, la douairière (1599), p. 468 ; — 5° *Divorce satyrique, ou les Amours de la reine Marguerite* [par PIERRE-VICTOR PALMA CAYET], p. 486 ; — 6° *Priviléges, Franchises et Libertés de la ville capitale de Boisbelle*, p. 521 ; — 7° *Recueil de quelques actions et paroles memorables de Henri le Grand*, p. 529 ; — 8° *Différences remarquées entre l'imprimé de la Confession de Sancy, tome V. de cette nouvelle édition, et le manuscrit in-4° n° 7892 de la bibliotheque de Sa Majesté, parmi ceux de M. de Bethune*, p. 568.

Tome V : 1 f., iv et 636 pp. — Ce volume ne contient que *La Confession de Sancy*, [par THÉODORE AGRIPPA D'AUBIGNÉ], avec les notes de LE DUCHAT et de JEAN GODEFROY, déjà publiées en 1720, et des notes nouvelles de LENGLET-DUFRESNOY.

Bien que le texte de L'Estoile ait été reproduit dans les diverses collections de mémoires relatifs à l'histoire de France et que MM. G. Brunet, A. Champollion, E. Halphen, Paul Lacroix, Charles Read, Tamizey de Larroque et Éd. Tricotel en aient donné en 1875-1876, pour la première fois, une édition conforme aux manuscrits, l'édition de 1744 conserve cependant sa valeur, grâce aux pièces qui la complètent et aux notes piquantes qui y sont jointes. Ces notes ont entraîné le libraire hollandais à faire disparaître, à l'aide de cartons, divers passages compromettants pour Lenglet-Dufresnoy. Nous donnons à l'article suivant la liste complète de ces cartons.

Exemplaire de BONNEMET (Cat. de 1772, n° 674), du DUC DE LA VALLIÈRE (Cat. de 1783, n° 5118), de PIXÉRÉCOURT (n° 1923) et de M. LE MARQUIS DE GANAY (n° 233). Cet exemplaire ne renferme que les cartons, c'est-à-dire les pages réimprimées. Pixérécourt ne l'avait sans doute pas remarqué quand il y a joint un volume relié en v. f., dos orné, tr. r., qui contient les cartons suivants : t. I, pp. 141, 161, 167, 251, 319, 353, 361, 365 423, 485 ; t. II, pp. 17, 29, 53, 59, 61, 93, 105, 119, 133, 169, 269, 317, 323, 343, 357, 381, 389, 391.

2188 *bis*. JOURNAL de Henri III. Roy de France & de Pologne : ou Memoires pour servir à l'histoire de France, Par M. Pierre de L'Estoile. Nouvelle Edition : Accompagnée de Remarques Historiques, & des Pieces manuscrites les plus curieuses de ce Regne. *A la Haye, Chez Pierre Gosse.* M.DCC.XLIV [1744]. 5 vol. in-8, v. f., fil., dos ornés, tr. r.

Cet exemplaire est semblable au précédent, mais tous les feuillets originaux y ont été conservés à leur place ; les cartons sont reliés à la fin de celui des volumes auquel ils correspondent. Voici la description de ces cartons et le relevé des passages principaux qu'ils ont pour but de supprimer. L'éditeur s'est particulièrement appliqué à faire disparaître les traits satiriques visant le parlement.

## HISTOIRE.

### Tome I.

Pp. 65-66. — On lit, p. 65, au milieu de la note 78 : « Le *Divorce Satyrique*, imprimé à la suite de ce Journal. » Le carton précise : « imprimé au Tom. IV. de ce Journal. »

Pp. 79-80. — On lit dans la note 8, page 80 : « La crainte d'un plus rude châtiment ne leur permit pas [au duc d'Alençon et au roi de Navarre] de s'opposer aux demandes de la reine en soutenant les Loix fondamentales & l'Ordre du Royaume, & les Droits des Premiers Princes du Sang, qui en pareil cas leur décernent la Régence du Royaume. » Le carton porte après « de la Reine » : « Des gens inquiets vouloient que ces Princes prétendissent à la Régence, etc. »

Pp. 91-92. — L'éditeur dit dans la note 22, p. 91, à propos du parlement : « Sur le champ, contestation, paroles très-vives, puis des injures, & enfin des insolences, c'est l'usage... » Le carton porte : « puis des injures, & d'autres contestations. »

Pp. 141-142. — La note 2, consacrée au baron de Viteaux, p. 141, commence dans la 1$^{re}$ colonne, où elle compte 4 lignes ; cette même note a été entièrement remaniée dans le carton, où elle ne commence qu'en tête de la 2$^e$ colonne.

Pp. 147-148. — La note 10 de la page 147 se termine ainsi : « [Henri III] passoit tous les jours à se promener avec la Reine, à visiter les Couvens des Religieuses, & d'autres lieux de plaisir. » Les mots « de plaisir » ont disparu du carton.

Pp. 161-162. — Les notes de la p. 161 se terminent ainsi : « & raluma la dévotion ambulante des Parisiens. »

Pp. 167-168. — On lit dans la note 46, consacrée à René Baillet, seigneur de Seaux et de Tresme (p. 168) : « il fut pourvû d'une Charge de Conseiller de la Cour en 1537 : pour son argent, c'est ainsi qu'il le faut entendre. »

Pp. 251-252. — On lit à la fin de la note 58, p. 251 : « & pour le dire en peu de mots, on s'est toujours plaint du peu de justice des parlemens, mais elle ne se rendoit pas mieux avant, qu'après la venalité des Offices. »

Pp. 319-320. — La note 51, p. 319, porte : « le Roy pour le contenter, priva sotement Beauvais-Nangis de sa Compagnie. »

Pp. 353-354. — La note 91, p. 353, se termine ainsi : « mais je crois qu'il n'y a plus aujourd'hui de Poisle à la Cour de Parlement. »

Pp. 361-362. — Les notes de la p. 361 accusent de trahison M. de V.... [Villeroy].

Pp. 365-366. — La note 1, consacrée à Philippe Strozzi, porte : « il reçut du moins une grande consolation en l'autre monde en apprenant que son manteau de l'Ordre du S. Esprit avoit été inhumé en sa place. »

Pp. 423-424. — On lit, p. 423, dans la note 65, où il est dit que Jacques Berson, le cordelier aux belles mains, avait à son service une fille déguisée en garçon, laquelle s'était vouée aux cordeliers par dévotion : « Une action si pieuse fut punie du fouet... »

Pp. 485-486. — La note 34, consacrée à Scipion Sardini, p. 485, porte : « C'étoit le plus grand Bourvalais de son temps. » Le carton substitue à ce nom propre le mot « Financier ».

### Tome II.

Pp. 17-18. — La note 29, consacrée à Bernard Gascon, p. 18, parle de « sa fanatique sainteté ». Le carton dit simplement « son fanatisme ».

Pp. 29-30. — On lit dans la note 46, p. 30 : « mais hélas, le bon Prince [Henri III] ne se donnoit pas de tels soins : il avoit ses Mignons à entretenir ; & à imaginer de quelle maniere il s'habilleroit le lendemain, & quelle nouvelle mode il inventeroit. »

Pp. 53-54. — On lit dans la note 13, p. 53 : « un Page (nommé *Belcastel*) qui avoit la plus grande part à cette intrigue, prit la fuite (au moyen de l'argent que la Princesse de Condé lui fit toucher chez son Tresorier)... »

Pp. 59-60. — La note 25, p. 60, se termine ainsi : « Le Duc de Nevers, son mari, étoit grand Politique & dévot. Ho, ce n'est pas ce qui convient toujours à certaines femmes, qui demandent quelque chose de moins spirituel & de plus sensible. »

Pp. 61-62. — La note 26, p. 61, contient ce passage : « Le Duc de Nevers qui avoit des principes de Religion, fut à Rome en 1585, pour consulter le brave Pape Sixte V, qui lui fit connoître toutes les horreurs de la Ligue; il en revint à demi converti, il voulut faire changer le sot Cardinal de Bourbon... »

Pp. 93-94. — La page 93 ne contient que la fin de la note 11 et la note 12 ; le carton ajoute une note 11*, en 3 lignes.

Pp. 105-106. — On lit vers la fin de la note 27, p. 106 : « Les Capucins voulurent être de la partie; car de quoi ne sont-ils pas. »

Pp. 119-120. — La note 44, p. 119, porte : « Le Ligueur et le Huguenot, tout est égal; c'est parti contre parti..... ce sont même, si l'on veut, .... mais je ne le dirai pas, etc. »

Pp. 133-134. — On lit dans les notes de la page 133 : « Il est honorable, quand on le peut, de justifier les Princes sur des démarches aussi importantes: on n'a pas toujours occasion de le faire avec autant de justice que je le fais ici. »

Pp. 169-170. — On lit dans les notes de la page 169 : « Cette Délibération ne fait honneur à la Faculté de Théologie. » Le carton porte : « Cette Délibération fit alors beaucoup de bruit. »

Pp. 269-270. — La note 3, p. 270, porte : « C'est ce que les Ligueurs reprocherent le plus à Henri III, de gouverner suivant les Maximes de Machiavel.... Et tel Prince affecte de les avoir en horreur, ou de les réfuter par ses paroles, qui en devient l'esclave dans sa conduite... »

Pp. 317-318. — La note 25, p. 317, porte : « Henri Estienne, qui croyoit à peine en Dieu. » Le carton dit : « qui parle ici en Catholique. »

Pp. 323-324. — La note 31, p. 323, porte : « La Conspiration d'Amboise fut projetée par les Huguenots...; mais ni les Chastillon, ni le Prince de Condé, ni même la Reine Catherine, n'y avoient aucune part... »

Pp. 343-344. — La note 53, p. 343, où est rapporté un discours de Henri III, se termine ainsi : « Tout cet endroit qui est vif ne demande point de Commentaires, que l'on ne sçauroit y faire, sans quelque application odieuse, ou du moins désagréable; ce qui ne convient pas. »

Pp. 357-358. — On lit dans la note 65, p. 358 : « Aussi depuis ce tems-là, tous les Montesquious sont en horreur à la Maison de Condé. »

Pp. 381-382. — On lit dans la note 84, p. 381 : « mais il faut remarquer cela, comme une preuve de la foiblesse de ce Roy. Si cela regardoit un particulier, on traiteroit cet aveu de témérité, mais il faut respecter les Rois ; & ce que dit ici notre Auteur, quoiqu'il soit fort satyrique, ne laisse pas d'être fort sensé. »

Pp. 389-390. — Après avoir rapporté dans la note 86, p. 389, l'opinion de Pierre Matthieu sur la Saint-Barthélemi, Lenglet-Dufresnoy ajoute : « Je l'avois dit de même quelque part, mais on a eu la bonté de me l'effacer, & d'en faire un carton ; mais je pense & penserai toujours de même. » — Le carton porte : « Il y a peu d'Auteurs modernes qui n'ayent parlé comme M. de Thou & Matthieu ; ce seroit faire languir cette note, que de rapporter leurs paroles. »

Pp. 391-392. — La note 89, p. 391, rappelant qu'on pendit l'amiral en effigie, ajoute : « contre lequel on engagea le Parlement à rendre un Arrêt ; mais Arrêt dont on se mocquoit alors, & que l'on fut obligé dans la suite de mettre à néant. »

Pp. 409-410. — La note 1, p. 409, commente ainsi l'avènement de Henri III : « la France eut le malheur de le voir monter sur un Trône, qui à la vérité lui étoit dû, mais qu'il remplit beaucoup plus mal que les Childerics et les Rois fainéans... »

M. Brunet ne mentionne ni les cartons des pp. 161 et 353 du tome I, ni ceux des pp. 17, 61 et 323 du tome II.

2189. LA || PRINSE de la || Ville de Sainct Lo, || le Ieudy dixieme iour de || Iuin, Mil cinq cens septante qua- || tre, par mon- IV. 4. 185

30                                   HISTOIRE.

sieur de Matignon, Lieutenant pour le Roy en la || basse Normandie, en l'absence || du Duc de Bouillon. || Auec les noms & le nombre de ceux || qui sont demourez à l'assaut tant || morts que blessez, d'vne || part & d'autre. || *A Paris,* || *Par Michel Buffet, demourant au mar-* || *ché neuf à l'enseigne de la Couronne.* || 1574. || Auec Priuilege. In-8 de 16 ff. chiffr., mar. r. jans., tr. dor. (*Trautz-Bauzonnet.*)

 Le v° du 13<sup>e</sup> f. est occupé par un extrait du privilège accordé pour un an à *M. Buffet* le 15 juin 1574.
 Les ff. 14-16 contiennent une *Exhortation à vivre pacifiquement en la France.*
 La prise du comte de Montgommery à Domfront amena bientôt pour les protestants la perte de Saint-Lô. La place fut emportée d'assaut le 10 juin 1574. M. de Colombières qui y commandait fut tué les armes à la main. Les rédacteurs de *La France protestante* n'ont pas consacré d'article à ce vaillant soldat.
 Cette relation a été réimprimée par M. le vicomte R. d'Estaintot, d'après une édition de *Troyes, Claude Garnier, s. d.* Voy. *Prise d'armes de Montgomery en l'année M. D. LXXIV; Recueil d'opuscules rares et de documents inédits*; Rouen, impr. de Henry Boissel, 1872, pet. in-4 (Société des Bibliophiles normands).
 Pour la fin de la campagne nous renverrons aux *Regrets et Lamentations du comte de Montgommery* de Claude de Morenne (t. I, n° 742).

 De la bibliothèque de M. le COMTE ALFRED D'AUFFAY (Cat., n° 489).

2190. BREFVE || HISTOIRE || touchant la sur- || prise de la cité de Besançon, par cer- || tains conspirateurs ramassez, tant de || ladicte Cité que des enuirons cy de- || nommez, & du succes d'icelle : || Auenue ceste presente annee, le mardy || vingtiesme iour de Iuin, mille || cinq cens septantecinq. || *A Lyon,* || *Par Benoist Rigaud.* || M. D. LXXV [1575]. || Auec permission. In-8 de 15 pp.

 Au titre, la marque de *B. Rigaud* (Silvestre, n° 1110).
 Dans la nuit du 20 juin 1575, quelques gentilshommes protestants, commandés par Le Goux, tentèrent de s'emparer de Besançon par surprise. Ils réussirent à pénétrer dans la place; mais, tandis qu'ils se livraient au pillage, l'archevêque et les gouverneurs reprirent l'avantage. La plupart des assaillants furent massacrés. L'auteur de la *Brefve Histoire* cite les noms d'un grand nombre de victimes tombées du côté des bourgeois : Jean Colon, le drapier Grosente et sa fille, Adrien Resy, maître de la monnaie, Nicolas Brion, Simon Belin, Pierre Montier, Claude Humbard, portier de la maison de ville, etc.
 Plusieurs Besançonnais qui avaient pactisé avec les assaillants furent tués par les soldats de l'archevêque, notamment Henry Paris, François Malin et Le Sage. Le portier de la porte de Baptant, accusé de négligence, fut pendu ; Thibaud Clerc, Blaise Clerc, son frère, et un nommé Garnier furent jetés en prison ; « toutes les maisons de ceux de la religion furent pillées et saccagées ». Les exécutions continuèrent pendant plusieurs jours.
 Le *Discours* a été reproduit par MM. Cimber et Danjou d'après une réimpression parisienne de *François Tabart* (*Archives curieuses*, IX, 147-168).

HISTOIRE.                                     31

2191. Bref || Discovrs sus || la mort de feu Mon- || sieur le Cardinal de Lor- || raine, extret [sic] d'vne lettre escripte || d'Auignon le vingt-septiesme du || moys passé par M. Maistre E- || mond auger de la compa- || gnée [sic] de Iesus enuoyee à || l'vn de ses amys. || *A Paris,* || *Par Michel de Roigny rue Sainct Iaques* || *à l'enseigne des quatre Elemens.* || Auec Permission. S. d. [1575], in-8 de 4 ff. non chiffr., cart.

 Le cardinal Charles de Lorraine mourut à Avignon, le 26 décembre 1574, après une maladie de dix-huit jours. L'auteur de cette relation, le P. Edmond Auger, l'avait assisté dans ses derniers moments. L'ami à qui la lettre est adressée est le P. Guillaume Creighton, dont nous parlons plus loin (p. 34).

2192. Advertissement || venu de Rheims, du || Sacre, Couronnement, & || Mariage de Henri III. tres- || chrestien Roy de France & || de Pologne. || Auec vn Epithalame. || *A Paris,* || *Par Denis du Pré, imprimeur demourāt* || *en la rue des Amandiers, à l'enseigne* || *de la Verité.* || 1575. In-8 de 31 pp., mar. bl., fil., dos orné, tr. dor. (*Andrieux.*)

 L'*Advertissement*, daté « de Rheims, ce quinziesme jour de fevrier 1575 », n'occupe que les pp. 3 à 8. Le reste du volume est rempli par l'*Epithalame*, poème écrit en strophes et signé F. R., Parisien.
 La Croix du Maine (éd. de 1772, II, 169) nous apprend que cette pièce est de Nicolas Du Mont.

2193. La || Defaite || des Reistres & au- || tres rebelles, || Par Monseigneur le Duc || de Guyse. || *A Paris,* || *Par Denis du Pré, Imprimeur demourant* || *en la rue des Amandiers, à l'enseigne* || *de la Verité.* || 1575. In-8 de 8 ff.

 Au titre, la marque de l'imprimeur (Silvestre, n° 768).
 Les ff. 2-5 contiennent un discours en prose relatif à la défaite des reîtres près d'Épernay, le 10 octobre 1575. Les ff. 6-8 sont occupés par deux sonnets et une ode signés de la devise *Vita della morte*, qui est celle de Jean de La Jessée.

2194. Premier Volvme || dv Recveil || contenant les choses memora- || bles aduenues soubs la Ligue, || qui s'est faicte & esleuee contre la || Religion Reformée, pour l'abolir. ||

Du Psaume 58. ||<br>
Entre vous Conseillers qui estes ||<br>
Liguez & bandés contre moy, ||<br>
Dites vn peu en bonne foy ||<br>
Est-ce iustice que vous faites ? ||

1587, S. l. [ *La Rochelle* ], pet.in-8 de 798 pp. et 1 f. blanc, plus 54 et 35 pp. pour deux pièces ajoutées. — Le || Second

## HISTOIRE.

|| Recveil, || contenant l'histoire || des choses plus memorables aduenues || soubs La Ligue. || Auec vne Exhortation || notable aux Rois des Estats Chrestiens || adioustee à la fin. || *Imprimé nouuellement.* || M.D.LXXXIX [1589]. *S. l.* [ *La Rochelle* ] pet. in-8 de 16 ff. lim., 1015 [*lis.* 1055] pp. et 2 ff. d'*Errata*. — Ensemble 2 vol. pet. in-8, mar. r., fil., dos ornés, tr. dor. (*Anc. rel.*)

Première édition des *Mémoires de la Ligue*.

*Premier Recueil* — Voici le fac-simile du titre :

PREMIER VOLVME
## DV RECVEIL
contenant les choses memorables aduenues soubs la Ligue,
*Qui s'est faicte & esleuée contre la Religion Reformée, pour l'abolir.*

DV PSEAVME 58.
*Entre vous Conseillers qui estes,
Liguez & bandés contre moy,
Dites vn peu en bonne foy
Est-ce iustice que vous faites?*

1587.

Les pp. 3-10 contiennent un avis de « l'Imprimeur au Lecteur » :

## L'IMPRIMEVR AV LEC-
### TEVR, SALVT.

*MY Lecteur, ſi iamais Satan ſe transfigura en Ange de lumiere pour nuire à l'Egliſe de Dieu, & la ruiner s'il luy eſtoit poſſible, c'eſt de noſtre temps, auquel il a faict liguer enſemble les plus grans de l'Europe auec l'Antichriſt ſon fils aiſné, par vne & ſoubs vne maudite & ſanglante Ligue, qu'ils oſent impudemment ſurnommer ſaincte, lequel titre de ſaincte luy conuient auſſi peu, que le titre de verité au pere de menſonge, qui les conduict & meine, comme iadis il manioit les Scribes & Phariſiens qu'il fit liguer enſemble pour faire la guerre à Jeſus Chriſt. Eux qui auoient le Diable qui les poſſedoit, accuſoient Ieſus Chriſt d'auoir le Diable, & qu'il faiſoit ſes miracles par Beelzebuth Prince des Diables. Eux qui eſtoient faux Prophetes, ſeducteurs & abuſeurs du peuple: accuſoient Ieſus Chriſt d'eſtre faux Prophete ſeducteur & abuſeur. Ils s'attribuent impudemment le titre d'E-*

A ij

Les pp. 11-16 sont occupées par la *Table*.

Les pièces contenues dans le volume sont au nombre de 42, savoir :

1. *Extraict d'un conseil secret tenu à Rome peu après l'arrivée de l'evesque de Paris* (pp. 17-27).
Voy. ci-après, n° 2196.

2. *Histoire veritable de la conspiration de Guillaume Parry, Anglois, contre la roine d'Angleterre, depuis l'an mil cinq cens quatre vingts quatre. Traduct d'anglois en françois* (pp. 28-90).
Dans l'édition de 1758, cette pièce porte le titre de : *Vraie Declaration de l'horrible trahison de Guillaume Parry contre la reine d'Angleterre*, etc.

L'original anglais de cette pièce est intitulé : *A true and plaine Declaration of the horrible Treasons practised by William Parry, the Traictor, against the Queenes Majestie*.... London, C. B. [Christopher Barker, 1584], 2 éditions in-4 goth. (Biblioth. de Trinity College, à Cambridge).

Il existe aussi de ce factum une traduction néerlandaise intitulée : *Een warachtich ende naect Verclaers vande verschrickelijcke verraderije ghepractikiert ende voorghenomen teghen de Con. Majest. van Englant*..... Middelburg, by Richard Schilders, 1585, in-4. (Biblioth. de l'Université de Gand).

Guillaume Parry fut exécuté le 2 mars 1585. Le jésuite William Creighton, qui avait été impliqué dans les poursuites, recouvra plus tard la liberté. Voy. sur ce personnage l'article de Bayle, éd. de 1730, II, 231.

3. *Discours sur le droit pretendu par ceux de Guise sur la couronne de France* (pp. 91-114).

Par PHILIPPE DE MORNAY, SIEUR DU PLESSIS-MARLY. Voy. ci-après, n° 2198.

Dans l'édition de 1758 cette pièce est placée la seconde (I, 7-20).

4. *Declaration des causes qui ont meu monseigneur le cardinal de Bourbon et les pairs, princes, seigneurs...., de s'opposer à ceux qui par tous moyens s'efforcent de subvertir la religion catholique et l'estat* (pp. 114-129).

Voy. ci-après, n° 2200.

Dans l'édition de 1758, la *Declaration* est placée après l'*Edict* (pp. 56-63).

5. *Edict du roy sur la deffence des armes* (pp. 129-133).

Voy. ci-après, n° 2199.

6. *Declaration de la volonté du roy sur les nouveaux troubles de ce royaume* (pp. 134-152).

Voy. ci-après, n° 2342, art. 4.

7. *Histoire veritable de la prinse de Marseille par ceux de la Ligue*... (pp. 153-162).

Biblioth. nat., Lb34.251.

8. *Responce aux declarations et protestations de messieurs de Guise faictes sous le nom de monseigneur le cardinal de Bourbon*.... (pp. 163-206).

Par PHILIPPE DE MORNAY, SIEUR DU PLESSIS-MARLY. Voy. ci-après, n° 2201.

9. *Protestation des catholiques qui n'ont voulu signer à la Ligue* (pp. 207-214).

Voy. ci-après, n° 2205.

10. *Le Veritable sur la sainte Ligue* (pp. 215-221).

Voy. ci-après, n° 2206.

11. *Readvis et Abjuration d'un gentil-homme de la Ligue*.... (pp. 221-238).

Il existe de cette pièce une édition datée, peut-être par erreur, de 1577 (Biblioth. nat., Lb34.159, 8°). Une autre édition porte 1584 (ibid., Lb34.249,8°).

12. *Declaration du roy de Navarre contre les calomnies publiées contre luy*... (pp. 239-289).

Par PHILIPPE DE MORNAY, SIEUR DU PLESSIS-MARLY. Voy. ci-après, n° 2204 et 2240, art. 3.

13. *Responce de par messieurs de Guise à un advertissement* (pp. 290-309).

Voy. ci-après, n° 2202.

## HISTOIRE.

14. *Instruction aux tresoriers generaux de France establis à Poictiers...* (pp. 310-323).

Voy. ci-après, n° 2207.

15. *Requeste au roy et dernière Resolution des princes, seigneurs gentils—hommes, villes et communautez catholiques....* (pp. 324-326).

Voy. ci-après, n° 2203.

16. *Lettre du roy de Navarre au roy* (pp. 326-343).

Lettre non datée, suivie d'une lettre datée de Nérac, le 10 juillet 1585.

Ces deux lettres avaient été rédigées par PHILIPPE DE MORNAY, SIEUR DU PLESSIS-MARLY. Voy. ses *Mémoires*, éd. de 1824-1825, III, 87 et 141.

Biblioth. nat., Lb34. 259. 8°.

17. *Edict du roy sur la reunion de ses sujects à l'Eglise catholique....* (pp. 344-351).

Voy. ci-après, n° 2208.

La Bibliothèque de l'Université de Gand possède de cet édit une traduction néerlandaise imprimée par *Jan Canin*, à *Dordrecht*, en 1585.

18. *Declaration et Protestation du roy de Navarre, de monseigneur le prince de Condé et de monsieur le duc de Montmorency* (pp. 352-383). Par PHILIPPE DE MORNAY, SIEUR DU PLESSIS-MARLY.

Voy. ci-après, n° 2209.

19. *Harangue du roy faicte à messieurs de Paris le onziesme d'aoust mil cinq cens quatre vingts cinq* (pp. 383-387).

Biblioth. nat., Lb34. 266, 8°.

20. *Articles et Conditions du traicté faict et conclu entre l'Altesse du prince de Parme.... et la ville d'Anvers.... le xvij. jour d'aoust l'an mil cinq cens quatre vings cinq* (pp. 387-405).

Cette pièce avait d'abord été imprimée en français par *Chr. Plantin*, à *Anvers*, et, en néerlandais, par *Daniel Vervliet*, dans la même ville (Biblioth. de l'Université de Gand).

21. *Propositions des deputez du roy envoyez au roy de Navarre.....* (pp. 405-409).

22. *La Declaration de notre sainct père le pape Sixtus cinquiesme à l'encontre de Henry de Bourbon....* (pp. 410-423).

Biblioth. nat., Lb34. 277 (\*\*\*).

Pour le texte latin, voy. ci-après le n° 2210.

23. *Remonstrance au rey par la cour de parlement* (pp. 424-434).

24. *Declaration du roy sur son edict du mois de juillet dernier touchant la reunion de tous ses sujectz à l'Eglise catholique....* (pp. 435-448).

Biblioth. nat., Lb34. 264 (\*).

25. *Declaration des causes qui ont meu les ducs, comptes, seigneurs barons et nobles du royaume d'Escosse ... à prendre les armes pour le restablissement de la personne et estat du roy...Traduict d'escossois en françois* (pp. 449-463).

L'original, daté de 1582, et réimprimé à Édimbourg en 1829, est intitulé :

*Ane Declaratioun of the just and necessar causis moving us of the*

*Nobilitie of Scotland and uthers, y° Kings Majesties faithful Subjectis, to repair to his Hienes presence and to remane with him for resisting to the present daingeris appearing to Goddis trew religion and professours thairof and to his Hienes awin person, estait and troun and his faithful subjectis that hee constantly continuis in his obedience....* Voy Hazlitt, *Collections and Notes*, Second Series, 1882, 537.

26. *Coppie de l'opposition faicte par le roy de Navarre et monseigneur le prince de Condé contre l'excommunication du pape Sixte cinquiesme....* (pp. 463-465).

Varillas prétend que Jacques Bongars, passant par Rome, à son retour de Constantinople, aurait lui-même affiché ce factum sur les murs de la ville ; mais les derniers éditeurs de *La France protestante* (II, 818) traitent avec raison de fable le récit de Varillas.

27. *Mandement du roy contenant injonction à ses officiers de se saisir des personnes et biens de ceux qui ont porté les armes pour monsieur le prince de Condé....* (pp. 465-469).

Daté de Paris, le 11 novembre 1585.

28. *Remontrance du clergé de France faicte au roi le xix. novembre 1585....* (pp. 470-514).

Le porte-parole du clergé était l'évêque de Saint-Brieuc, NICOLAS L'ANGELIER.

29. *Declaration du roy de Navarre sur les moyens qu'on doibt tenir pour la saisie des biens des fauteurs de la Ligue et leurs adherans* (pp. 515-519).

Donnée à Bergerac, le 30 novembre 1585.

30. *Reglement que le roy veut estre observé par les baillifs et seneschaux ou leurs lieutenans pour l'execution de Sa Majesté sur la reunion de ses sujects à l'Eglise catholique....* (pp. 519-527).

Biblioth. nat., Lb34. 288 (****).

31. *Manière de profession de foy que doivent tenir ceux du diocéze d'Angers....* (pp. 528-535).

Pièce publiée par l'évêque GUILLAUME RUSÉ.

32. *Lettres envoyées à l'eglise de Niort et Sainct-Gelais, par L. BLACHIÈRE, ministre de la parole de Dieu en ladite eglise...* (pp. 535-560).

Datées de La Rochelle, le 20 décembre 1585.

Les derniers éditeurs de *La France protestante* (II, 589) citent simplement « Blachière, ministre en Poitou, 1572 » ; ils ne mentionnent pas cette lettre.

33. *Lettres de M. JEAN DE L'ESPINE, ministre de la parole de Dieu, et* JEAN LE MERCIER, *ancien de l'eglise d'Angers* (pp. 561-577).

Datées de Saint-Jean d'Angely, le 25 février 1586.

34. *Lettres du roy de Navarre à messieurs des trois estats de la France et à messieurs de la ville de Paris* (pp. 577-596).

Ces lettres, datées de Montauban, le 1er janvier 1586, sont l'œuvre de PHILIPPE DE MORNAY, SIEUR DU PLESSIS-MARLY. Voy. ses *Memoires*, éd. de 1824-1825, III, 286-300.

Biblioth. nat. Lb34. 290.

35. *Lettres patentes de declaration du roy sur son edict du mois de juillet, pour l'execution de la saisie, vente des biens meubles.... de ceux de la nouvelle opinion....* (pp. 597-600).

Les lettres patentes sont datées de Paris, le 26 avril 1586.
Biblioth. nat., Lb34. 294 (*).

36. *Mandement du roy touchant l'execution de ses edicts precedens contre ceux de la nouvelle opinion* (pp. 601-602).
Daté du mois de mai 1586.
Biblioth. nat., Lb34. 294 (**).

37. *La vraye Copie d'une lettre envoyée par la Majesté de la royne d'Angleterre au seigneur maire de Londres.... Le tout traduit mot par mot d'anglois en françois* par CLAUDE DESAINLIENS [sic], dit HOLLIBAND (pp. 602-611).
La lettre, datée de Windsor, le 18 août 1586, est suivie d'une harangue du lord-maire JACQUES DOLTON.
L'original anglais, dont le Musée britannique possède un exemplaire, est intitulé : *The true Copie of a Letter from the Queene's Majestie to the Lord Maior of London and his brethren....* (London, Christopher Barker, 1586, in-4).

38. *Harangue des ambassadeurs des princes protestans d'Allemagne faicte au roy* (pp. 611-626).
La harangue est suivie de la *Responce du roy aux ambassadeurs* et de *La Substance des choses dictes par l'ambassadeur du roy.... au pape*.
Biblioth. nat., Lb34. 297.

39. *Remontrance aux trois Estats de France sur la guerre de la Ligue* (pp. 627-653).
Par PHILIPPE DE MORNAY, SIEUR DU PLESSIS-MARLY. Voy. ses *Mémoires*, éd. de 1824-1825, III, 415-484.

40. *Briéve Responce d'un catholique françois à l'Apologie ou Defence des Ligueurs* (pp. 654-681).
L'édition originale de cette *Responce* est datée de Troyes, 1586, in-8.
D'après Barbier, FR. PITHOU en est probablement l'auteur.
Biblioth. nat., Lb34. 309.

41. *L'Anti-Guisart* (pp. 681-790).
Voy. ci-après, n° 2216.

42. *Extraict et Aphorismes de la harangue de monsieur de Beliévre à la royne d'Angleterre pour la royne d'Escosse, par lesquels il veut conclure qu'elle ne doibt mourir* (pp. 791-796).
Les pp. 797-798 contiennent cinq versets extraits des Psaumes, traduits par Marot et Théodore de Bèze, et deux quatrains.

On a joint au volume les deux pièces suivantes en éditions séparées :

1. LETTRE d'vn || Gentilhomme ca- || tholique François, || contenant breue Responce aux ca- || lomnies d'vn certain pretendu An- || glois. || *Imprimé nouuellement*. || 1586. S. l., pet. in-8 de 54 pp.
Par PHILIPPE DE MORNAY, SIEUR DU PLESSIS-MARLY. Voy. ci-après le n° 2214.

2. FIDELLE || EXPOSITION || sur la Decla- || ration du Duc de Mayene, || contenant les Exploicts de guerre qu'il a fait || en Guyenne. || *Imprimé Nouuellement*. || 1587. S. l., pet. in-8 de 35 pp.
Cette pièce est, comme la précédente, l'œuvre de PHILIPPE DE MORNAY, SIEUR DU PLESSIS-MARLY.
Voy. ci-après le n° 2220.

*Second Recueil :* La justification est plus grande d'environ 6 mill. en hauteur et 3 mill. en largeur que celle du *Premier Volume*. — Le titre porte une marque employée précédemment à *Genève*, par *Conrad Badius* (Silvestre, n° 485).

# LE
# SECOND
## RECVEIL,
### CONTENANT L'HISTOIRE
des choses plus memorables aduenués
sous la Ligue.

*AVEC VNE EXHORTATION*
notable aux Rois & Estats Chrestiens
adioustee à la fin.

Imprimé nouuellement.

### M. D. LXXXIX.

Les 9 ff. qui suivent le titre contiennent une préface « A tous vrais chrestiens et fidéles François ». En tête de cette préface est un fleuron au milieu duquel sont placées sept lettres ainsi disposées :

```
        A.      H.
        B.      B.
        P.      E.
            B.
```

Le même fleuron et les mêmes initiales se retrouvent à la p. 1043. A la fin de la préface, on lit la date du 16 mai 1589, et les initiales D.H.B.C.

Les 6 ff. qui complètent le second cahier liminaire sont occupés par un *Advertissement necessaire au lecteur* et par la *Table*.

### ADVERTISSEMENT
### neceffaire au Lecteur.

Ien ne peut eftre fi ftudieufemēt elaboré, qu'il n'y ait quelque chofe à redire. Il eft furuenu par ie ne fçay quelle negligence, en l'Impreffion de ce liure plufieurs fautes, & affin que le Lecteur ne puiffe rien defirer de la diligence de l'Imprimeur, nous auons mis à la fin du liure vne petite table d'icelles que le Lecteur fera aduerti de lire auant que paffer outre, & principalement prendre garde au nombre des pages, a ce que la table le conduife droit au fueillet qu'il çerchera.

¶¶ iij

La dernière p. est cotée 1015, au lieu de 1055.

A partir du milieu de la p. 648, l'imprimeur a employé des caractères plus petits que dans la première partie du volume.

Le recueil contient un grand nombre de pièces reliées entre elles par des avertissements ou des commentaires On peut les classer ainsi :

1. *Discours du premier passage de monsieur le duc de Mercure au bas Poictou; de sa deroute et fuitte. Du siége de Brouage par monseigneur le prince de Condé et de son voyage d'Angers* (pp. 1-80).

2. *Discours sommaire des choses plus memorables qui se sont passées es sièges, surprises et reprises de l'isle de Maran en Onix es années 1585, 86, 87 et 88* (pp. 81-128).

## HISTOIRE.

3. *Lettre d'un gentilhomme françois à un sien amy estant à Rome* (pp. 132-151), précédée d'un *Advertissement au lecteur* (pp. 129-131).
Signée : S. C. P.
Biblioth. nat., Lb34, 305.

4. *Advertissement à la republique sur le concile national demandé par le roy de Navarre* (pp. 152-173).

5. *Au roy, mon souverain seigneur, sur les misères du temps present..., par un gentilhomme de l'Eglise* (pp. 175-184), pièce précédée d'un *Advertissement au lecteur* (p. 174), et suivie d'une *Ode à monsieur le prince de Condé*, d'une *Ode aux poétes françois* et d'un *Sonnet de l'autheur* (pp. 185-188).

Les pièces en vers n'ont pas été reproduites dans l'édition de 1758.

6. *Les Dangers et Inconveniens que la paix faite avec ceux de la Ligue apporte au roy et à son estat* (pp. 189-200).
Par PHILIPPE DE MORNAY, SIEUR DU PLESSIS-MARLY.

7. *Exhortation et Remonstrance faite d'un commun accord par les Françoys catholiques et pacifiques pour la paix...* (pp. 202-264), pièce précédée d'un *Advertissement au lecteur* (pp. 201).
Remaniement d'une *Remontrance* faite en 1576 par PHILIPPE DE MORNAY, SIEUR DU PLESSIS-MARLY.

8. *Abregé d'un discours fait avec Sa Saincteté par aucuns de ses confidans après le departement de M. l'evesque de Paris, de Rome, pour ruiner la maison de France.., trouvé es papiers et memoires de l'advocat David...* (pp. 265-280).

Ce factum complète celui que nous décrivons sous le n° 2196. Il manque dans l'édition de 1758, qui donne seulement une *Epitre contrefaite et ridicule du pape Étienne*, etc. (II, 151-152), et un *Advertissement à tous vrais François des legitimes occasions qu'ils ont de pourvoir à leur juste defense*, etc. (II, 153-155).

9. *Advertissement au lecteur par lequel est sommairement discouru de ce qui se passa en divers lieux de France après la rupture de l'armée de monsieur le prince de Condé delà Loire, à la fin de l'an mil cinq cens octante cinq, en l'an suyvant 1586* (pp. 281-320).

10. [*Evénements d'Angleterre. Conspiration de W. Parry*] (pp. 322-337).

11. *Ce qui est accordé entre la royne mére du roy et le roy de Navarre* (pp. 337-347).
Arrangement signé à Tors, le 19 décembre 1586.

12. *Edit du roy pour assembler son armée pour aller au devant des Allemands* (pp. 348-354).
Daté de Meaux, le 23 juin 1587.

13. *Memoires de ce qui s'est passé en Dauphiné depuis le mois d'avril jusques au vingtiesme de decembre 1587* (pp. 355-438).

Dans cette relation sont insérées les trois pièces suivantes :
*Articles et Capitulation faitte et arrestée par M. d'Espernon, pair et colonel de France, avec messieurs les chef et conducteurs de l'armée estrangére, baron d'Onau, colonnels, capitaines*, etc. (pp. 417-418), — *Cantique pour le roy de Navarre sur la signalée victoire qu'il a obtenue de l'armée de monsieur de Joyeuse* (pp. 431-433) ; — *Denombrement des places qui ont esté quittees, rendues ou prises.... sur la rivière de l'Isle*, etc.

La seconde pièce a été reproduite par M. H. Bordier dans *Le Chansonnier huguenot du XVI<sup>e</sup> siècle* (II, 312-315), d'après *L'Uranie, ou nouveau Recueil de chansons spirituelles et chrestiennes* ([Genève], Jaques Chouet, 1591, in-16).

14. [*Procès fait à François Texier, de Beaugency, bourrelier, pour cause de religion*] (pp. 438-454).

15. [*Advertissement et Instruction sur la mort de messieurs de Bouillon, Clervan et autres, après la dissipation de l'armée des Allemans*] (pp. 455-465).

16. *Aucuns Articles proposez par les chefs de la Ligue en l'assemblée de Nancy en janvier* 1588, etc., suivis d'un *Advertissement* (pp. 466-500).
Biblioth. nat., Lb34. 419.

17. *Declaration de monsieur* DE LA NOUE *sur la prise des armes pour la juste deffence des villes de Sedan et Jamets....* (pp. 501-519).
Voy. ci-après, nos 2224 et 2219, art. 8.

18. *Extraict d'un traitté fait par* LOUYS VIVANT, *docteur en medecine... sur le tremblement de terre advenu le vingt cinquiesme de mars* 1588... (pp. 520-521).
M. de La Borderie (*Archives du Bibliophile breton*, II, 152) déclare n'avoir pu découvrir aucun exemplaire du *Traité* de Louis Vivant.

19. *Advertissement sur la mort de monseigneur le prince de Condé* (pp. 522-529).

20. [*Discours sur l'audacieuse entreprise de M. de Guise pour se saisir de la ville de Paris*] (pp. 529-538).

21. *Lettres du roy addressantes à monseigneur de Bois-Seguin, gouverneur pour Sa Majesté en sa ville de Poictiers, sur l'esmotion advenue à Paris* (pp. 539-546).
Datées de Chartres, le 17 mai 1588.
Biblioth. nat., Lb34. 462.

22. [*Lettres du roy aux habitans des villes*] (pp. 547-550).
Même date.

23. [*Lettres du duc de Guise au roy*] (pp. 551-555).
Datées de Paris, le 17 mai 1588.
Biblioth. nat., Lb34 463.

24. *Extrait d'autres lettres escrites par ledit seigneur duc de Guyse* (pp. 556-561).
Cette pièce et les deux suivantes ont été publiées avec la lettre qui précède.
Biblioth. nat., Lb34. 464.

25. *Copie des lettres que le duc de Guyse escrivit aux manans et habitans du royaume...* (pp. 561-563).
Ces lettres sont, comme les précédentes, datées du 17 mai 1588.

26. *Copie des lettres que les habitans de Paris escrivent aux villes du royaume de France de la religion romaine, du dixhuictiéme de may* 1588 (pp. 563-566).

27. [*Lettres escrites de Paris à un grand seigneur par forme d'advis...*]
Datées de Paris, le 28 mai 1588.

28. *Requeste presentée au roy par messieurs les cardinaux, princes, seigneurs, et les deputez de la ville de Paris...* (pp. 569-583).
Biblioth. nat., Lb34. 478.

29. [*Responce du roy*] (pp. 585-589).
Datée de Chartres, le 29 mai 1588.
Biblioth. nat., Lb34. 465.

30. *Remontrance au roy, par un vray catholique romain, son serviteur fidèle....* (pp. 590-603).
Biblioth. nat., Lb34. 479.

## HISTOIRE.

**31.** *Propos que le roy a tenus à Chartres* (pp. 603-608).

Voy. ci-après, n° 2221, art. 13.

**32.** *Sommaire des demandes de messieurs les princes unis* (pp. 609-614).

**33.** *Edict du roy sur l'union de ses sujects catholiques* (pp. 615-624), suivi d'un long *Advertissement*.

Donné à Rouen, au mois de juillet 1588.

Biblioth. nat., Lb[34]. 491 (*).

**34.** *Discours de la reprise de l'isle, forts et chasteau de Marans....*, précédé d'un long *Advertissement* (pp. 631-639).

Par PHILIPPE DE MORNAY, SIEUR DU PLESSIS-MARLY. Voy. ses *Mémoires*, éd. de 1824-1825, IV, 212-218.

**35.** *De la mort de la royne d'Escosse et de la grand armée d'Espagne*, recueil de pièces suivi d'un long *Advertissement* (pp. 639-736). On y trouve (pp. 667-734) la *Copie d'une lettre envoyée d'Angleterre à dom Bernardin de Mendoze*, etc. Voy. ci-après, n° 2219, art. 5.

**36.** *Remonstrance d'un conseiller du duc de Savoye à Son Altesse pour le dissuader d'entreprendre sur la France* (pp. 737-757).

Voy. ci-après, n° 2219, art. 6.

**37.** *La Harangue faite par le roy Henri III. de France et de Pologne à l'ouverture de l'assemblée des trois Estats generaux de son royaume en sa ville de Blois, le seizième jour d'octobre 1588* (pp. 761-774), et autres pièces relatives à l'ouverture des états, précédées d'un *Advertissement* (pp. 758-760).

**38.** *Declaration du roy sur son edit de l'union de tous ses sujets catholiques* (pp. 785-787).

La *Declaration*, datée du 18 octobre 1588, est précédée et suivie d'*Advertissements* (pp. 774-785, 787-815).

**39.** *Discours sommaire du siége de Beauvais* (pp. 816-824), *de la prise de Mauleon* (pp. 824-826), *du siége de Montagu* (pp. 827-831), *du siége de La Ganache* (pp. 831-851), *de la mort de monsieur de Guyse* (p. 851).

Dans l'édition de 1758, le premier *Discours* est divisé en deux parties, dont la seconde est intitulée : *Assemblée generale des eglises reformées de France... à La Rochelle*.

Dans cette même édition, on a ajouté au dernier discours une *Sentence du chapitre de Reims en faveur de la Ligue* (II, 555-557) et cinq pièces relatives à Henri Le Compasseur, sieur de Dalcheux, puis baron de Courtivron (II, 558-562).

Ces pièces terminent le tome II de 1758.

**40.** *Lettres du roy aux gouverneurs des provinces, avec instruction sur la mort du feu sieur de Guyse* (pp. 852-855); — *à monsieur de Tajan* (pp. 855-856).

Ces lettres sont datées de Blois le 24 décembre 1588. Elles manquent, ainsi que la pièce suivante, à l'édition de 1758. Le tome III de cette édition débute par une longue *Préface* du compilateur, puis vient l'*Excellent et libre Discours sur l'état present de la France* [ de MICHEL HURAULT, SIEUR DU FAY]. A la suite, on trouve: *Articles accordez entre le roi, la reine sa mére... et M. le cardinal de Bourbon*, etc. (III, 52-59) ; *Brief et simple Discours des grands appareils de Philippe, roi d'Espagne* ( III, 60-95), *Harangue pour les États* (III, 96-100) ; *Remontrance au roi par les États de la France* (III, 101-111) ; *Remontrance au roi... faite par le sieur de Sindre* (III, 111-122) ; *Harangue du prévôt des marchands* (III, 123) ; *Remonstrances très-humbles de messire René, comte de Sansay* (III, 124-130) ; *Remerciment fait par le baron de Senecey* (III, 131) ; *Remontrance très-humble adressée au roi...* (III, 132-135).

**41.** *Amplification des particularitez qui se passèrent à Paris lorsque monsieur de Guise s'en empara et que le roy en sortit* (pp. 857-877).

Pièce reproduite à la suit de la *Satyre menippée*, (éd. de 1709, III, 64-76) et dans les *Archives curieuses* (1ʳᵉ sér., XI, 351-363).

# HISTOIRE.

42. *De la prise de Niort* (pp. 878-890).

Cette pièce et les dix-neuf suivantes se trouvent dans le même ordre dans l'édition de 1758.

43. *Du siége de la citadelle d'Orleans par monsieur le mareschal de Haulmont pour le roy* (pp. 891-893).

44. *Lettres d'union pour estre envoyées par toute la chrestienté touchant le meurtre et assassinat commis envers les personnes de monsieur le duc de Guyse et monsieur le cardinal de Guyse, son frère...* (pp. 894-897), suivies d'*Observations* (pp. 897-899).

Biblioth. nat., Lb34. 579.

45. *Declaration du roy portant oubliance et assopissement des contraventions qui ont esté faites par aucuns de ses subjets catholiques...* (pp. 900-905).

46. *Declaration des princes catholiques unis avesques les trois estats de France pour la remise et deschargé d'un quart des tailles et crues* (pp. 907-909).

47. [*Declaration faitte par la Ligue en forme de serment pour l'entretenement de leur union*], précédée d'un *Extrait des registres du parlement* (pp. 910-912).

48. [*Propositions faittes à toute la faculté de theologie de Paris par les magistrats de ladite ville contre le roy...*] (pp. 913-916), suivies d'un commentaire (pp. 916-920).

49. *Examen de la resolution prise et donnée par messieurs de la faculté de theologie de Paris aux prevost des marchans, eschevins et consuls de ladite ville...* (pp. 921-940).

50. *Declaration du roy sur l'attentat, felonnie et rebellion du duc de Mayenne, duc et chevalier d'Aumalle, et ceux qui les assisteront* (pp. 941-951).

Datée de Blois, au mois de février 1589.

Voy. ci-après, n° 2219, art. 11.

51. *Declaration du roy sur l'attentat, felonnie et rebellion des villes de Paris, Orleans, Amyens et Abbeville...* (pp. 952-957).

Même date.

Voy. ci-après, n° 2219, art. 9.

52. *Lettres patentes du roy à monsieur le seneschal de Poictou ou son lieutenant* (pp. 958-960).

Datées de Blois, le 22 et le 24 février 1589.

53. *Lettres patentes du roy sur le mandement de sa gendarmerie* (pp. 960-965).

Datée de Blois, le 6 février 1589.

54. [*Edict du roy contre les ducs de Mayenne, chevalier d'Aumalle et autres*] (pp. 966-969).

Daté de Blois, le 11 février 1589.

55. *Edit du roy par lequel sa cour de parlement qui souloit seoir à Paris est transferée à Tours, et aussi sa chambre des comptes* (pp. 969-973).

Daté de Blois, au mois de février 1589.

56. *Lettre du roy de Navarre aux trois estats de ce royaume contenant la declaration dudit seigneur sur les choses advenues en France depuis le vingt troisième jour de decembre mil cinq cens quatre vingts et huit* (pp. 977-993).

Cette lettre, datée de Châtellerault, le 4 mars 1589, est l'œuvre de PHILIPPE DE MORNAY, SIEUR DU PLESSIS-MARLY.

En tête est un *Advertissement* (pp. 974-976).

Voy. ci-après, n° 2219, art. 10.

57. *De la reduction d'Angers au service du roy* (p. 994) ; *de la prise de Nantes, prise et reduction de Rènes...* (pp. 995-1001).

58. *Declaration du roy de Navarre au passage de la riviére de Loire..* Faict à Saumur le 21. d'aoust 1589 (pp. 1002-1011).

Biblioth. nat., Lb34. 733.

La *Declaration* est l'œuvre de PHILIPPE DE MORNAY, SIEUR DU PLESSIS-MARLY. Voy. ses *Mémoires*, éd. de 1824-1825, IV, 356-367.

59. *Lettres patentes du roy par lesquelles Sa Majesté a transferé la justice et jurisdiction des grands maistres, en questeurs et generaux reformateurs... à Tours* (pp. 1012-1014).

Datées de Tours, le 18 avril 1589.

60. *Lettres patentes du roy par lesquelles Sa Majesté a transferé la recepte generalle et bureau des thresoriers generaux d'Auvergne, establie à Ryom, en la ville de Clermont* (pp. 1015-1018).

Datées de Tours, le 17 avril 1589.

61. *Edit du roy par lequel Sa Majesté declare tous les biens meubles et immeubles des duc de Mayenne, duc et chevalier d'Aumalle... acquis et confisquez...* (pp. 1019-1024).

Daté de Tours, le 27 avril 1589.

62. [*De l'armée d'Angleterre conduitte par le roy de Portugal et le seigneur Drake pour aller contre le roy d'Espagne*] (pp. 1025-1028).

Ce morceau a été remplacé dans l'édition de 1758 par la *Declaration des consuls, echevins, manans et habitans de la ville de Lyon... le 24. de fevrier 1589* (III, 271-284) : les *Articles de l'union jurée et promise par les consuls, echevins, manans et habitans catholiques... de Lyon* (III, 285-286), et le *Traité de la tréve de Dauphiné* (III, 287-296).

63. *Ce qui se passa depuis le vingt-huitiéme d'avril, que le roy de Navarre partit de Saumur, jusques au premier jour de may* (pp. 1028-1031).

Édition de 1758, III, 297-299.

64. *Declaration du roy sur la trefve accordée par Sa Majesté au roy de Navarre* (pp. 1032-1039).

Datée de Tours, le 26 avril 1589.

Biblioth. nat., Lb43. 737.

Éd. de 1758, III, 300-305.

65. *Declaration du roy de Navarre sur le traicté de la trefve...* (pp. 1039-1042).

Datée de Saumur, le 24 avril 1589.

Voy. ci-après, n° 2219, art. 12.

Édition de 1758, III, 306-308.

66. *Exhortation notable aux roys, princes et estats qui se disent chrestiens et principalement aux François* (pp. 1043-1055).

Ce discours, qui est l'œuvre du compilateur des mémoires, est précédé du même fleuron et des mêmes initiales que la préface.

On attribue d'ordinaire la compilation des *Mémoires de la Ligue* à Simon Goulard, de Senlis, qui paraît effectivement en avoir fait paraître les tomes III-VI sous le nom de DU LIS ; mais rien ne prouve que les premiers volumes aient été publiés par ses soins. Le *Recueil* de 1587 est la réimpression pure et simple de diverses pièces qui avaient paru séparément dans le cours des années précédentes. La publication dut être faite par l'imprimeur qui, en 1585 et 1586, avait déjà donné des reproductions isolées de la plupart de ces pièces. On peut même dire que ces reproductions isolées sont la forme originaire des *Mémoires de la Ligue*. Elles sortent évidemment des mêmes presses que les volumes à pagination suivie. Le tome I du *Recueil* porte au titre un fleuron composé d'un cartouche au-dessus duquel sont une tête et deux palmes croisées. Le même fleuron se retrouve sur le titre de plusieurs des pièces imprimées à part, notamment l'*Extraict d'un conseil secret tenu à Rome*, 1585 (n° 2196) et l'*Edict du roy sur la reunion de ses subjects à l'eglise catholique*, etc., 1585 (n° 2208). La tête-de-page qui surmonte l'avis de l'*Imprimeur au lecteur* (p. 3) se retrouve en tête de l'*Edict*. L'italique employée pour l'impression de cet avis est celle qui se voit au titre de la *Requeste au roy...*, 1585 (n° 2203). Le tome II, dont la justification est plus grande et qui est partiellement imprimé en caractères plus petits, est exécuté avec le même matériel. A la fin de la table et de l'errata est reproduit le fleuron qui orne le titre du tome I. La tête de page qui surmonte le titre de départ est celle qui figure à la page 3 du tome I. Les passe-partout dans lesquels sont insérées les lettres initiales se retrouvent en partie, soit dans le tome I, soit dans les pièces détachées que nous décrivons ci-après. L'encadrement que nous reproduisons en tête du second fac-simile donné sous le n° 2199 se retrouve ici aux pp. 81, 175, 321, 501, 816 du *Second Recueil*.

Le volume de 1589 est disposé tout autrement que celui de 1587. Le compilateur ne se borne pas à réimprimer des pièces déjà connues ; il fait entrer dans son œuvre beaucoup de mémoires et de discours qui semblent n'avoir pas été publiés auparavant. Les avertissements et les commentaires qu'il y a joints relient entre eux tous ces morceaux. De quelque manière qu'on tourne les initiales qui accompagnent la préface, il est bien difficile d'y retrouver le nom vrai ou supposé de Simon Goulart.

Dans quelle ville ont dû être imprimées les nombreuses pièces séparées qui permettent de suivre pas à pas les événements du temps de la Ligue et les deux recueils de 1587 et de 1589 ? On peut tout d'abord penser à Genève. Non seulement c'est à Genève que nous reporte la marque de *Conrad Badius* qui se voit sur le titre du *Second Recueil*, mais plusieurs des ornements employés par le typographe anonyme se retrouvent dans des impressions de cette ville ; ainsi le fleuron qui décore le titre du *Premier Recueil* se voit sur le titre d'une édition du *Traité de l'Eglise* de Philippe de Mornay, édition exécutée en 1579 « pour *Antoine Chuppin* », et qui par conséquent paraît être genevoise. Cependant ces motifs ne sont nullement décisifs. *Conrad Badius* était mort de la peste à Orléans en 1562, et sa marque avait pu être portée en France, soit par lui, soit par un de ses ouvriers. Quant aux fleurons, ils ne sont pas probants à eux seuls. Les imprimeurs genevois paraissent avoir tiré leur matériel de Lyon, où s'approvisionnaient sans doute aussi les officines protestantes établies en France. Il faut donc tenir compte de tous les détails typographiques et de l'aspect général des éditions. A notre avis, il est probable que les 19 pièces indiquées à l'article 2199, les deux volumes des *Mémoires de la Ligue* et les 15 pièces du recueil décrit sous le n° 2219 sortent des presses de *Hierosme Haultin* à *La Rochelle*.

Haultin paraît avoir travaillé fort activement à la propagation des documents utiles à la cause d'Henri IV. Pour des raisons politiques faciles à comprendre, son nom ne figure que sur un très petit nombre de ses productions. On les trouvera pour la plupart indiquées dans l'*Essai sur l'imprimerie en Saintonge et en Aunis*, de M. Louis Audiat (Pons, 1879, pet. in-8) et dans l'article consacré à cet ouvrage par M. Émile Picot (*Revue critique d'hist. et de littér.*, 1879, II, 469-478). Le matériel employé par Haultin comprenait plusieurs corps de romain et d'italique, mais ses fleurons et ses lettres ornées sont peu nombreux et se retrouvent invariablement dans tous les volumes dont nous parlons plus loin. Un point de comparaison certain nous est fourni par le recueil décrit sous le n° 2219.

Il est probable que des recherches faites dans les archives nous fourniraient de curieux détails sur les relations de l'imprimeur rochellais avec le roi de Navarre. M. Desmaze (*Curiosités des anciennes justices*, 1867, p.263) mentionne déjà une somme de 150 écus payée, en 1587, à Haultin (il s'agit de *Pierre* et non de *Hierosme*) pour l'impression de la *Loi salique* et de la *Vie des Bourbons* de Pierre de Belloy ; mais il n'indique pas la source où il a puisé ce renseignement qui prouve que Belloy est bien l'auteur du factum intitulé : *Mémoires et Recueil de l'origine, alliances et succession de la royale famille de Bourbon*.

Les deux volumes du *Recueil* furent réimprimés, au moins deux fois, en 1590, et quatre autres volumes parurent de 1590 à 1599. Une réimpression des six parties, publiée de 1602 à 1604, porte le titre de *Mémoires de la Ligue*. Ce titre a été conservé par les éditeurs de 1758 qui ont ajouté diverses pièces à la collection et l'ont enrichie de notes dues à l'abbé Goujet.

2195. MÉMOIRES de la Ligue, contenant les évenemens les plus remarquables depuis 1576, jusqu'à la Paix accordée entre le Roi de France & le Roi d'Espagne, en 1598. Nouvelle Edition, Revue, corrigée, & augmentée de Notes critiques & historiques. *A Amsterdam, Chez Arkstée & Merkus*, M.DCC.LVIII [1758]. 6 vol. in-4, v. f., fil., dos et coins ornés, tr. dor. (*Anc. rel.*)

Édition publiée par l'abbé C.-P. GOUJET.

*Tome premier* : xvj pp. pour le titre, l'*Avertissement* et la *Préface* ; 619 pp. — *Tome second* : 1 f., xxij et 567 pp. — *Tome troisième* : 1 f., xxxv et 758 p. — *Tome quatrième* : viij et 780 pp. — *Tome cinquième* : viij et 831 pp. — *Tome sixième* : 1 f., viij et 675 pp.

Le tome I contient de plus que l'édition originale : les deux pièces ajoutées en éditions séparées à notre exemplaire du *Recueil* de 1587, puis : *Histoire veritable du siège et prise du Fort fait en Irlande par les Italiens et Espagnols, au mois de novembre* 1580 (pp. 477-481) ; — *Voyage du chevalier François Drake aux Indes occidentales l'an* 1585 (pp. 481-501) ; — *Discours si le roi de Navarre doit aller en cour ou non*, [par PHILIPPE DE MORNAY, SIEUR DU PLESSIS-MARLY] (pp. 502-511) ; — *Avertissement sur la reception et publication du concile de Trente*, [par le même] (pp. 511-523) ; — *Instruction pour traiter avec la reine d'Angleterre et autres princes etrangers, baillée par le roi de Navarre au sieur de Segur*, 1583, dressée par M. DUPLESSIS (pp. 523-538) ; — *Justification des actions du roi de Navarre, baillée au sieur de Segur...*, 1583, [par le même] (pp. 539-545) ; — *Negociation de M.* DUPLESSIS *vers le roi Henri III en août* 1583 (pp. 545-553) ; — *Instruction à M. de Segur*, [par le même] (pp. 554-559) ; — *Lettre de M.* DUPLESSIS *au roi de Navarre, du 20 fevrier* 1584 (pp. 560-569) ; *Lettre de M.* DUPLESSIS *au roi de Navarre du 9 mars* 1584 (pp. 569-583) ; — *Lettre de discours sur les divers jugemens des occurrences du temps, faite par M.* DUPLESSIS; *du 18 mars* 1584 (pp. 584-595) ; — *Discours au roi Henri III sur les moyens de diminuer l'Espagnol, du 24 avril* 1584 (pp. 596-605) ; — *Instruction à M. le comte de Laval et à M. Duplessis, auxquels aussi a été adjoint le sieur Constant, de ce qu'ils auront à dire et remontrer à Sa Majesté; du 13 septembre* 1584, [par PHILIPPE DE MORNAY, SIEUR DU PLESSIS-MARLY] (pp. 606-614).

Le tome II ne correspond qu'aux 851 premières pages du *Recueil* de 1589. Nous avons indiqué ci-dessus les différences qu'offre l'édition de 1758 avec l'édition originale.

Le tome III s'ouvre par une *Preface de* SAMUEL DU LIS [SIMON GOULART ?] à D. M. D. T., « son frère et cher ami », préface datée du 15 février 1593. Le texte indique 70 pièces. Nous avons énuméré à l'article précédent les 37 premières, qui s'étendent jusqu'à la p. 308.

Le tome IV contient une nouvelle préface de SAMUEL DU LIS à D.M.D.T., en date du 18 mars 1595, et 60 pièces.

La préface à D. M. D. T. qui est placée en tête du tome V ne porte pas le nom de Samuel Du Lis; elle est datée du 17 février 1598. Le volume renferme 91 pièces.

En tête du tome VI est une dernière préface à D. M. D. T., datée du 22 février 1599. Le volume contient 77 pièces.

Exemplaire en grand papier.

## HISTOIRE. 47

**2196.** EXTRAICT ‖ d'vn conseil ‖ secret tenu à Rome peu ‖ apres l'arriuée de ‖ l'Euesque de ‖ Paris. ‖ ✿ ‖ Traduict de l'Italien en François. ‖ *Imprimé nouuellement.* ‖ M. D. LXXXV [1585]. *S. l.* [*La Rochelle*], pet. in-8 de 15 pp.

*1518. III. 10*

Les pp. 3-4 contiennent un avis « Au lecteur », daté de Lyon, le 15 novembre 1576, où il est dit que cet extrait « a esté prins d'un plus ample discours des choses naguéres desseignées au consistoire romain peu aprés l'arrivée de l'evesque de Paris. » Le traducteur ajoute: « Vray est que le tout contenait un grand nombre d'autres articles concernans les autres provinces ; mais, parce que l'escrit tout entier eust esté par trop prolixe, on s'est contenté d'en extraire ce qui concernoit nostre France. »

D'après ce factum, le pape déclarant « que, combien que la race de Capet aye succedé à l'administration temporelle du royaume de Charlemaigne, elle n'a point toutes fois succedé à la benediction apostolique affectée à la posterité dudit Charlemaigne », aurait décidé qu'il y avait lieu de mettre le roi en tutelle, et d'organiser une ligue générale des catholiques dirigée par les princes de la maison de Guise.

L'éditeur de l'*Extrait* dit que le complot est confirmé par les papiers trouvés dans le coffre de l'avocat Jean David, mort à Lyon, au retour de Rome où il avait accompagné l'évêque de Paris, Pierre de Gondi. Il est difficile de contester aujourd'hui les machinations auxquelles les Guise eurent alors recours ; mais il est fort douteux que Pierre de Gondi ait été leur instrument. Ce fut le cardinal de Pellevé, archevêque de Sens, qui se fit le porte-parole des Lorrains.

Notre factum, dont l'apparition causa une vive sensation, fut d'abord imprimé par *J. Pharine*, à *Lyon*, en 1576, in-8 (Biblioth. nat., Lb34. 147) ; c'est la première pièce reproduite dans les *Mémoires de la Ligue* (éd. originale, I, 17-27 ; éd. de 1758, I, 1-7). Notre édition est imprimée avec les caractères dont nous donnons un spécimen à l'article 2199.

Une édition latine (*Summa Legationis Guysiacae ad pontiflcem max., deprehensa nuper inter chartas Davidis, Parisiensis advocati*) parut en 1577, s. l., in-8.

**2197.** DISCOVRS ‖ sur l'Enterrement ‖ & cerimonies obseruees aux Fu- ‖ nerailles de Monsieur le Mareschal ‖ de Montmorancy. ‖ *A Paris*, ‖ *Par Pierre Cheuillot, demeurant de* ‖ *uant le petit Nauarre.* ‖ 1579. ‖ Auec Priuilege du Roy. In-8 de 11 pp.

*1518. II. 29*

François de Montmorency, fils du connétable, mourut dans son château d'Écouen, le 15 mai 1579. Ses obsèques furent célébrées avec une grande magnificence, à Montmorency, le 19 août suivant. Le *Discours*, daté de Paris, le 22 août, et signé J. D. P., a la forme d'une lettre adressée par un « gentilhomme françois à un de ses amis estant à Venise ».

Le v° de la p. 11 est occupé par un *Sonnet*.

**2198.** DISCOVRS ‖ sur le droit ‖ pretendu par ‖ ceux de Guise sur la ‖ Couronne de ‖ France. ‖ ⁂ ‖ *Imprime Nouuellement.* ‖ M. D. LXXXV [1585]. *S. l.* [*La Rochelle*], pet. in-8 de 29 pp. et 1 f. blanc.

*1518. III. 13*

Les Guise, pour appuyer leurs prétentions à la couronne, avaient fait publier par François de Rosières, archidiacre de Toul, un gros livre intitulé *Stemmatum Lothuringiae ac Barri ducis Tomi, ab Antenore Trojano ad Caroli III. ducis tempora* (Parisiis, Chaudière, 1580, in-fol.). Ce livre, rempli de documents fabriqués pour les besoins de la cause, donnait pour ancêtres à la maison de Lorraine à la fois Clodion et Charlemagne ; il s'ensuivait que les rois de France devaient être considérés comme de simples usurpateurs. Rosières, poursuivi pour crime de lèse-majesté, dut faire amende

48 HISTOIRE.

honorable au roi le 26 avril 1588 ; mais, comme son ouvrage pouvait encore séduire les simples, notre factum a pour but de le réfuter sommairement. L'auteur est PHILIPPE DE MORNAY, SIEUR DU PLESSIS-MARLY, qui avait adressé son travail au roi dès l'année 1583. Voy. *Mémoires de M$^{me}$ de Mornay*, éd. De Witt, I, 138, et Lelong, *Biblioth. hist.*, II, 25904.

Le *Discours* a été réimprimé dans les *Mémoires de la Ligue* (éd. de 1587, I, 91 ; éd. de 1758, I, 7) ; il a été reproduit également dans les *Mémoires de Du Plessis-Mornay*, (éd. de 1824-1825, II, 403-418).

Notre édition est imprimée avec les mêmes caractères que la pièce décrite à l'article suivant.

2199. EDICT du Roy || sur la deffence || des armes qu'il || faict contre ceux qui se || sont Liguez en son || Royaume. || ∴ || *Imprimé nouuellement* || 1585. S. l. [ *La Rochelle* ], pet. in-8 de 8 pp.

Cet édit est daté de Paris, le 28 mars 1585, et contresigné de BRULART.

Notre édition, très nettement imprimée en beaux caractères, paraît avoir été exécutée dans l'officine rochelloise d'où sont sortis les deux premiers volumes de l'édition originale des *Mémoires de la Ligue* (voy. ci-dessus n° 2194). Des mêmes presses sont sorties les pièces décrites sous les n°⁸ 2196, 2198, 2200-2209, 2211, 2213-2216, 2220.

Voici la reproduction du titre et de la 1ère page de l'*Edict* :

# Edict du Roy

## SVR LA DEFFENCE

### DES ARMES QV'IL

faict contre ceux qui se
font Liguez en fon
Royaume.

✱ ✱
✱

Imprimé nouuellement
1585.

HISTOIRE.  49

## DE PAR LE ROY

Ostre amé & feal nous vous enuoyons la coppie des lettres patentes que nous auons faict despecher pour empescher les leuées des gens de guerre, que nous auons entendu se faire en plusieurs endroictz sans nostre commandement, & nos commissions expediées de nostre Grand Seel: lesquelles lettres vous ferez publier en vostre ressort & Iurisdiction, & vous employerez de tout vostre pouuoir & diligéce en l'executiõ de ce qui vous est commandé par icelles: sans y vser d'aucune negligéce longueur ny cõniuence, sur tant que craignez de nous desobeyr & desplaire, & à ce ne faites faulte.

A 2

Le passe-partout qui entoure l'initiale se retrouve en divers endroits du recueil de 1589 (voy. le n° 2194, p. 44); il a aussi été employé, en 1587, par *Pierre Haultin* dans les *Memoires et Recueil de l'origine, alliance et succession de la royale famille de Bourbon*, de Pierre de Belloy, p. 23.

*Mémoires de la Ligue*, éd. orig., I, 129-133; éd. de 1758, I, 54-56.

2200. DECLARATION || des causes qui || ont meu Monseigneur || le Cardinal de Bourbon, & || les Pairs, Princes, Seigneurs, || Villes & les Communautez || Catholiques de ce Royau- || me de France : De s'opposer || à ceux qui par tous moyens || s'efforcẽt de subuertir la Re- || ligion Catholique & l'Estat. || A Peronne, || *Imprimé nouuellement.* || M. D. LXXXV [1855]. Pet. in-8 de 24 pp.

4

## HISTOIRE.

La déclaration faite à Péronne, par le cardinal de Bourbon, le 31 mars 1585, est l'acte qui rendit publique la constitution de la Ligue. Cette pièce fut immédiatement répandue par un grand nombre d'impressions (sept éditions sont portées au Catalogue de la Bibliothèque nationale, sous les cotes Lb³⁴ 234 et 235). La rubrique de *Péronne* est une simple supercherie ; notre édition est imprimée avec les caractères rochellois dont nous avons donné un spécimen à l'article 2199. La première lettre du texte est placée dans le passe-partout reproduit à l'article 2194, pp. 38.

*Mémoires de la Ligue*, éd. orig., I, 114-129 ; éd. de 1758, I, 56-63.

2201. Responce || aux declarations || & protestatiõs de Messieurs de || Guise, faictes sous le nom de || Monseigneur le Cardinal de || Bourbon, pour justifier leur in- || iuste prise des armes. || Prouerbes, 20. 26. || Le Roy sage dissipe les meschants, & faict tourner || la Rouë sur eux. || Prouerb. 16. 14. || La fureur du Roy est comme messagere de Mort : || mais l'homme sage l'appaisera. || I. Pierre, 2. 17. || Craignez Dieu honorez le Roy. || *Nouuellement Imprime*. || M. D. LXXXV [1585]. *S. l.* [*La Rochelle*], pet. in-8 de 70 pp. et 1 f. blanc.

Cette réponse est l'œuvre de Philippe de Mornay, sieur du Plessis-Marly. Elle a été imprimée dans ses *Mémoires* (éd. de 1824-1825, I, 49-81) sous le titre de *Remonstrance à la France sur la protestation des chefs de la Ligue*, titre que portent au moins huit éditions (Biblioth. nat., Lb³⁴ 238 à 238 G). Elle a été également reproduite dans les *Mémoires de la Ligue* (éd. orig., I, 163-206 ; éd. de 1758, I, 79-102).

L'édition est imprimée avec les caractères dont nous avons donné un spécimen à l'article 2199.

2202. Responce || de par Mes- || sieurs de Guise, || à vn aduertisse- || ment. || \*\*\* || *Imprimé Nouuellement* || 1585. *S. l.* [*La Rochelle*], pet. in-8 de 24 pp.

Réplique au factum qui précède. Dans la plupart des éditions, elle porte le titre suivant : *Aduertissement sur l'intention et but de messieurs de Guise en la prise des armes* (voy. Biblioth. nat., Lb³⁴ 238 A - Lb³⁴ 238 G). Le P. Lelong en attribue la rédaction à Pierre d'Espinac.

L'édition est imprimée avec les caractères dont nous avons donné un spécimen à l'article 2199.

*Mémoires de la Ligue*, éd. orig., I, 290-309 ; éd. de 1758, I, 149-159.

2203. Reqveste || au Roy, et der- || niere Resolution des || Princes, Seigneurs, Gentils-hommes, villes, || & communautez Catholiques, presentee à || la Royne mere de sa Majesté, le Dimanche || neufiesme Iuing, 1585. Pour monstrer clai- || rement que leur intention n'est autre que la || promotion & auancement de la gloire hon- || neur de Dieu, & extirpation des Heresies, || sans rien attenter à l'Estat. Comme fausse- || ment imposent les Heretiques malsentans de || la

HISTOIRE. 51

foy & leurs partizans. || *Imprimé Nouuellement.* || M. D. LXXXV [1585]. *S. l.* [*La Rochelle*], pet. in-8 de 16 pp.

<small>L'édition est imprimée avec les caractères dont nous avons donné un spécimen à l'article 2199.
*Mémoires de la Ligue*, éd. orig., I, 324-336 ; éd. de 1758, I, 167-178.</small>

2204. DECLARATION || du Roy de Na- || uarre contre les calomnies || publiees contre luy, & pro- || testations de ceux de la Li- || gue, qui se sont esleuez en ce || Royaume. || *Imprimé nouuellement.* || M. D. LXXXV [1585]. *S. l.* [*La Rochelle*], pet. in-8 de 56 pp.

<small>Cette déclaration, qui répond à celle du cardinal de Bourbon, est datée de Bergerac, le 10 juin 1585. Elle est l'œuvre de PHILIPPE DE MORNAY, SIEUR DU PLESSIS-MARLY, et a été reproduite dans ses *Mémoires* (éd. de 1824-1825, III, 89-126). Elle se retrouve dans les *Mémoires de la Ligue* (éd. orig., I, 239-289 ; éd. de 1758, I, 120-148).
Le Catalogue de la Bibliothèque nationale (Lb[34] 255) cite six éditions séparées de ce factum. Des traductions latine et néerlandaise (*Declaratio serenissimi regis Navarrae ad calumnias adversus se sparsas*, etc.; *Verclaringhe vanden Coninck van Navarre op de ghedichte loghenen teghon hem*, etc.) parurent, la même année, à *Leyde*, chez Thomas Basson, in-8.
L'édition est imprimée avec les caractères dont nous avons donné un spécimen à l article 2199. L'édition originale d'Orthez est décrite plus loin n° 2240, art. 3. Elle porte au titre *és protestations*. La réimpression donnée dans les *Mémoires de la Ligue* suit naturellement le texte rochellois.</small>

2205. PROTESTATION || des Catholiques || qui n'ont voulu || signer à la || Ligue. || *Imprimé nouuellement*, || M.D.LXXXV [1585]. *S. l.* [*La Rochelle*], pet. in-8 de 15 pp.

<small>L'édition est imprimée avec les caractères dont nous avons donné un spécimen à l'article 2199.
*Mémoires de la Ligue*, éd. orig., I, 207-214 ; éd. de 1758, I, 103-107.</small>

2206. LE || VERITABLE || sur la sainte || Ligue. || Il ni [*sic*] a au Royaume jamais de || societé feable, ainsi disoit en || Homere Vlysse. ||

<small>Celuy qui veut commander comme vn Dieu, ||
Ne doit souffrir compagnon en son lieu. ||</small>

*Imprimé nouuellement*, || M. D. LXXXV [1585]. *S. l.* [*La Rochelle*], pet. in-8 de 13 pp. et 1 f. blanc.

<small>L'édition est imprimée avec les caractères dont nous avons donné un spécimen à l'article 2199.
Le « Veritable » fait le procès de la Ligue et montre qu'elle ne peut que ruiner l'autorité royale.
*Mémoires de la Ligue*, éd. orig., I, 215-221 ; éd. de 1758, I, 107-110 ; *Satyre menippée*, éd. de 1709, I, 458-464.</small>

2207. INSTRVCTION aux Tre- || soriers generaulx de Fran- || ce establis à Poictiers, de ce qu'ils feront en || l'execution de la Commission que le Roy || leur à [*sic*] ce jourd'huy adressée, pour la leuée & || fourniture de la quantité de neuf cens cin- || quante muydz de bled, les deux tiers Fro- || mēt, & le tiers Seigle : cinq cēs quatre vingtz || pipes vin, & trois cens soixante muydz A- || uoine : Les dictz grains mesure de Paris. Dōt || sa Majesté veut faire magazins pour la nour- || riture de ses camps & Armées, és Villes cy || apres declarees. *S. l. n. d.* [*La Rochelle*, 1585], pet. in-8 de 16 pp.

<blockquote>
L'édition est imprimée avec les caractères dont nous avons donné un spécimen à l'article 2198 ; elle n'a qu'un simple titre de départ.

L'intruction et l'ordonnance royale qui la suit sont datées de Paris, le 18 juin 1585, et contresignées de BRULART.

*Mémoires de la Ligue*, éd. orig., I, 310-323 ; éd. de 1758, I, 160-167.
</blockquote>

2208. EDICT du Roy || sur la reunion || de ses subjects à l'Eglise Ca- || tholique, Apostolique & Ro- || maine. || Leu & publié en la Cour de Parlement, à || Paris, le Roy y seant, le 18. de Ieuillet [*sic*], || M. D. LXXXV [1585]. || *Imprimé nouuellement suiuant* || *la copie imprimée à* || *Paris.* || 1585. *S. l.* [*La Rochelle*], pet. in-8 de 15 pp.

<blockquote>
Cet édit est daté de Paris, au mois de juillet 1585 et contresigné de BRULART. A la suite est mentionné l'enregistrement fait à Paris, en parlement, le 18 juillet.

*Mémoires de la Ligue*, éd. orig., I, 344-351 ; éd. de 1758, I, 178-182.

L'édition est imprimée avec les caractères dont nous avons donné un spécimen à l'article 2199.
</blockquote>

2209. LA || DECLARATION & || protestation du Roy de Nauarre, || de Monsieur le Prince de Condé, || & de Monsieur le Duc de Mont- || morency, sur la paix faicte auec || ceux de la maison de Loraine, || Chefz & principaux autheurs de || la Ligue au prejudice de la maison || de France. || *Imprimé Nouuellement.* || 1585. *S. l.* [*La Rochelle*], pet. in-8 de 48 pp.

<blockquote>
Cette déclaration, donnée à Saint-Paul Cap de Joux, le 10 août 1585, vise le traité signé à Nemours, le 10 juillet précédent, par Catherine de Médicis avec les chefs de la Ligue. Elle est due, comme la déclaration du 10 juin, à PHILIPPE DE MORNAY, SIEUR DU PLESSIS-MARLY, et a été reproduite dans ses *Mémoires* (éd. de 1824-1825, III, 159-182). Elle se retrouve également dans les *Memoires de la Ligue*, éd. orig., I, 352-383 ; éd. de 1758, I, 182-198.

L'édition est imprimée avec les caractères dont nous avons donné un spécimen à l'article 2199.
</blockquote>

2210. SANCTIS. D. N. || Sixti Papæ V. || Declaratio || Contra Henricum Borbonium assertum || Regem Nauarræ, & Henricum item || Borbonium, prætensum Principem || Condensem Hæreticos, eorumque || posteros & successores : Ac liberatio || Subditorum, ab omni fidelitatis & || obsequij debito. *S. l. n. d.* [*La Rochelle*, 1585], in-8 de 22 pp. et 1 f. blanc.

HISTOIRE.   53

L'édition n'a qu'un simple faux-titre.

La célèbre bulle de Sixte-Quint est datée du 5 des ides, c'est-à-dire du 9 septembre 1585 ; elle est contre-signée d'A. DE ALESSI et de 25 cardinaux. A la suite est mentionnée la publication faite dans la basilique de Saint-Pierre, par Girolamo Luzio et Niccolò Taglietta, coureurs du pape, le 21 septembre de la même année.

La traduction française de la bulle figure dans les *Mémoires de la Ligue*, éd. orig., I, 410-423 ; éd. de 1758, I, 214-221.

2211. DECLARATI- || ON et Protesta- || tion de Monsieur le Duc de || Montmorency, sur la || prinse des armes, || \*₊\* || *Imprimé Nouuellement.* || 1586. *S. l.*[*La Rochelle*], pet.in-8 de 16 pp.

Cette pièce, datée de Pézénas, le 1ᵉʳ octobre 1585, est contresignée : VALERNOD.

L'édition est imprimée avec les caractères dont nous avons donné un spécimen à l'article 2199.

2212. LETTRES PARTI- || CVLIERES enuoyez [*sic*] || au Roy, par vn Gentil- || homme Fran- || çoys. || M. V. LXXXV [*sic* pour 1585]. *S. l.*, in-8 de 1 f., 11 pp. et 1 f. blanc.

Cette pièce, qui ne porte ici aucune signature, fut adressée au roi par PHILIPPE DE MORNAY, SIEUR DU PLESSIS-MARLY, au mois d'octobre 1585. Elle a été reproduite, d'après un ms. qui offre de nombreuses variantes, dans les *Mémoires et Correspondance de Duplessis-Mornay*, (éd. de 1824-1825, in-8) III, 199-208.

2213. REGLEMENT || que le Roy veut || estre obserué, par les Baillifs & Senes- || chaux ou leurs Lieutenants, pour l'execu- || tiō de l'Edict de sa Majesté sur la re-vniō || de ses subjects à l'Eglise Catholique : & i- || celuy estre leu & publié en leurs auditoi- || res, & a [*sic*] jour de pleds & de marché à ce || que vn chacun soit aduerti du contenu en || iceluy, & n'en puisse pretendre cause d'i- || gnorance. *S. l. n. d.*, [*La Rochelle*, 1586], pet. in-8 de 7 pp.

Ce règlement, signé par le roi et contresigné par PINART, est daté de Paris, le 23 décembre 1585. Il ordonne aux baillis et aux sénéchaux de dresser des listes des religionnaires et de les répartir en cinq catégories suivant la part plus ou moins directe qu'ils auront prise aux guerres civiles. Il sera procédé contre tous ceux qui persistent dans la rébellion, et leurs biens seront confisqués. Il y aura toutefois amnistie pour ceux qui auront fait abjuration entre les mains des évêques.

L'édition est imprimée avec les caractères dont nous avons donné un spécimen à l'article 2199 ; elle n'a qu'un simple titre de départ.

2214. LETTRE d'vn || Gentilhomme || catholique Fran- || çois, contenant breue Re- || sponce aux calomnies d'vn || certain pretendu Anglois. || *Imprimé nouuellement.* || M.D.LXXXVI [1586]. *S. l.* [*La Rochelle*], pet. in-8 de 84 pp. et 2 ff. bl.

La *Lettre* est l'œuvre de PHILIPPE DE MORNAY, SEIGNEUR DU PLESSIS-MARLY. Le « prétendu Anglois » est le ligueur Louis d'Orléans qui venait de publier un *Advertissement des catholiques anglois aux François catholiques sur le danger où ils sont de perdre leur religion et d'experimenter, comme en Angleterre, la cruauté des ministres s'ils reçoivent à la couronne un roy qui soit heretique.*

## HISTOIRE.

*Mémoires et Correspondance de Duplessis-Mornay*, 1824-1825, III, 335-386 ; — *Mémoires de la Ligue*, éd. de 1758, I, 415-451.

L'édition est imprimée avec les caractères dont nous avons donné un spécimen à l'article 2199.

Pour une autre édition, plus compacte, voy. ci-dessus, art. 2194, p. 86.

Les recherches faites par M. Alfred Cartier dans les registres des grands conseils de Genève nous permettent de mentionner en outre une édition qui dut être exécutée dans cette ville, bien qu'elle ne porte aucun nom de lieu.

Le 27 février 1587, le libraire *Antoine Chuppin* obtint la permission de publier un factum intitulé *Response à un ligueur masqué du nom de catholique anglois par un vray catholique bon François*. Cette pièce, dont la Bibliothèque nationale possède un exemplaire sous la cote Lb[34] 314 (in-8 de 133 pp.), est accompagnée d'une réimpression de la *Lettre d'un gentilhomme catholique* (in-8 de 71 pp.). L'édition genevoise diffère, autant par les caractères et par le format que par le nombre de pages, des éditions que nous attribuons à La Rochelle.

2215. REMONSTRANCE || aux Trois Estats || de France sur la guer- || re de la Ligue. || *Nouuellement Imprimé.* || 1586. S. l. [*La Rochelle*], pet. in-8 de 55 pp.

L'auteur de ce factum est encore PHILIPPE DE MORNAY, SIEUR DU PLESSIS-MARLY. Voy. ses *Mémoires*, éd. de 1824-1825, III, 415-434.
*Mémoires de la Ligue*, 1758, I, 327-340.

L'édition est imprimée avec les caractères dont nous avons donné un spécimen à l'article 2199.

2216. L'ANTI-GVISART. || *Imprimé nouuellement.* || M. D. LXXXVI [1586]. *S. l.* [*La Rochelle*], pet. in-8 de 126 pp. et 1 f. blanc.

L'édition est imprimée avec les caractères dont nous avons donné un spécimen à l'article 2199.
*Memoires de la Ligue*, 1758, I, 355-411.

2217. LA || NOVVELLE || DEFFAICTE des Rei- || stres, par Monseigneur || le Duc de Guyse, faicte le Diman- || che vingt-deuxiesme iour de Nouẽ- || bre, mil cinq cens quatre vingts-sept. || Ensemble le nombre des morts || & prisonniers. || *Chez Didier Millot, demeurant ruë de* || *la petite Bretonnerie, pres la* || *porte sainct Iacques.* || M. D. LXXXVII [1587]. || Auec permission. In-8 de 8 pp.

Au titre, un petit bois représentant un pèlerin. — Au v° du titre, un autre bois représentant un chevalier agenouillé devant le Christ.

2218. LA || NOVVELLE || DEFFAICTE et Sur- || prinse des Reistres, || faicte par Monseigneur le Duc || de Guyse, Mardy matin vingt- || quatriesme iour du present mois || de Nouembre, mil cinq cens || quatre vingts-sept, dedans Aul- ||. neau. || Ensemble comment ils furent sur- || prins, & le nombre des morts, || blessez & prisonniers. || *Chez Didier Millot, demeurant* || *ruë de la petite Bretonnerie,* || *pres la porte S. Iacques.* || M. D. LXXXVII [1587]. || Auec Permission. In-8 de 14 pp. et 1 f. blanc.

# HISTOIRE. 55

**2219.** Recueil de pièces sur les évènements des années 1586 à 1589. 15 pièces en un vol. pet. in-8, mar. or., fil., comp., dos orné, tr. dor.

Les pièces qui composent ce recueil sont toutes imprimées avec le même matériel typographique ; elles sortent de l'officine de *Hierosme Haultin* à *La Rochelle*, dont le nom figure sur l'une d'elles.
Voici la description des 15 pièces :

1. Le || Restavra- || tevr de l'Estat || François. || Où sont traittees plusieurs notables questions, sus les || Polices, la Iustice & la Religion : le som- || maire desquelles on pourra voir || en la page suyuante. || Pseaume 63. || La bouche de ceux qui parlent mensonge sera close. || CIƆ.IƆ. XIIC [1588]. *S. l.* [*La Rochelle*], pet. in-8 de 316 pp., 1 f. d'errata et 1 f. blanc.

2. Devx || Traitez, || L'vn || de la Guerre. || L'autre || du Duël. || Au Roy || de Nauarre. || Par || B. De Loque Daulphinois || M.D.LXXXVIII [1588]. *S. l.* [*La Rochelle*], pet. in-8 de 104 [*lis.* 114] pp. et 1 f. blanc.

Les pp. 3-5 contiennent une épître dédicatoire « Au roy de Navarre », datée de « Castel geloux, ce premier d'octobre 1588 ». A la p. 6 est un *Sonnet de l'autheur* ; à la p. 7, un sonnet de B. d'Avescat.
Le *Traité de la guerre* se termine à la p. 69. La p. 71 est occupée par un titre ainsi conçu : Traité || du Duël. || Auquel est vuidee la question, || Asçauoir, || S'il est loisible aux || Chrestiens de desmeler vn different par le || combat singulier. || Ou aussi est desmelee || la dispute du poinct d'honneur. || Au Roy || de Nauarre. || Par || B. De Loque Daulphinois. || M.D.LXXXVIII [1588].

Les pp. 73-75 sont occupées par une nouvelle épître dédicatoire datée de « Castel geloux, ce cinquième d'octobre 1588 ». Aux pp. 76-77 sont encore deux sonnets : l'un de l'auteur, l'autre de B. d'Avescat.

Le ministre *Bertrand de Loque* avait fait paraître, en 1577, chez *Eustache Vignon*, à *Genève*, un *Traité de l'Eglise*, dont la Bibliothèque nationale possède un exemplaire. En 1597, il publia chez *Hierosme Haultin*, à *La Rochelle*, un livre intitulé : *Les principaux Abus de la messe*, qui fut réfuté par le P. Jean de Bordes et par Hugues Burlat (Biblioth. nat.). En 1600, il donna chez le même imprimeur une *Response aux trois discours du jesuite Loïs Richeome sur le sujet des miracles, des saincts et des images* (Biblioth. Mazarine ; Cat. Génard, 1882, n° 54).

Il existe des *Deux Traitez*, *l'un de la guerre*, *l'autre du duel*, une réimpression de *Lyon*, par *Jacob Raloyre*, 1589, pet. in-8 de 104 pp., que ne cite pas M. de Rochas dans sa précieuse *Bibliographie du Dauphiné* (Cat. Génard, 1882, n° 105).

3. Lettre || d'un Gentilhom- || me catholique à || vn de ses amis de la Reli- || gion pretenduë re- || formée. || Auec la Responce. || *Suyuant la copie Imprimée à Bordeaux* || *par S. Millanges, Imprimeur ordi-* || *naire du Roy.* || 1586. *S. l.* [*La Rochelle*], pet. in-8 de 17 ff. non chiffr. et 1 f. blanc, sign. *A-B* par 8, *C* par 2.
Cette pièce est datée à la fin du 4 avril 1586.
La *Responce*, annoncée sur le titre, forme l'article suivant :

4. Responce || du Gentilhom- || me de la Religion, || A vne autre lettre à luy escrite, par vn Gentil- || homme Catholique Romain, Imprimée à || Bordeaux par S. Millanges. || *Imprimé nouuellement* || 1588. *S. l.* [*La Rochelle*], pet. in-8 de 23 ff. non chiffr. et 1 f. blanc, sign. *a-c*.
Cette lettre est datée du 15 avril 1586.

5. Copie d'vne || Lettre enuoyee || d'Angleterre à Dom Ber- || nardin de Mendoze Ambassadeur en || France pour le Roy d'Espagne. || Par laquelle est déclaré l'estat du Royaume || d'Angleterre, contre l'attente de Dom Ber- || nardin & de tous les partizans Espa- || gnols & aultres. || Encore que ceste lettre fust éuoyée à Dom Bernar- || din de Mendoze, toutesfois de bon heur, la Co- || pie d'icelle, tant en Anglois qu'en Fraçois, a || esté trouuée en la chábre de Richard || Leygh seminaire, lequel n'agueres fut || executé pour

crime de leze Ma- || iesté & trahison commise au têps || que l'armée d'Espagne estoit || en mer. || *Nouuellement Imprimé.* || 1588. *S. l.* [*La Rochelle*], pet. in-8 de 1 f., 75 pp. et 17 ff., sign. *A-G.*

La lettre d'Angleterre est datée de Londres, au mois de septembre 1588. Elle présente la situation des catholiques anglais et de leurs adhérents comme désespérée. A la suite sont diverses pièces parvenues à l'imprimeur pendant le cours de la publication : un avertissement envoyé d'Irlande le 17 septembre, et les dépositions faites par divers marins de la flotte espagnole naufragée en Irlande : l'Italien Jean-Antoine de Monona ; les Portugais Emanuel Fremosa et Emanuel Francisco, l'Espagnol Jean de Conido, Jean-Antoine de Moneke et Pierre Carre, Flamand.

A la fin est un état « des navires et des hommes coulez à fonds, noyez, tuez ou prins és costes d'Irlande, au mois de septembre 1588 ».

L'original anglais de ce factum est intitulé : *The Copie of a Letter sent out of England to Don Bernardin Mendoza, Ambassadour in France for the King of Spaine, declaring the state of England, contrary to the opinion of Don Bernardin and of all his partizans, Spaniards and others*.... Imprinted at London by T. Vautrollier for Richard Field , 1588 , in-4. Voy. Hazlitt, *Collections and Notes*, 1876, p. 395.

*Mémoires de la Ligue*, éd. de 1758, II, 405-460.

6. REMONSTRANCE || d'vn Conseiller || du Duc de Sauoye || à son Altesse : pour le || dissuader d'entre- || prendre sur la France. || *\*_\** || *Imprimé*, || M.D.LXXXVIII [1588]. *S. l.* [*La Rochelle*], pet. in-8 de 36 pp.

L'auteur de cette pièce pourrait bien être René de Lucinge, sieur des Alymes, ambassadeur du duc de Savoie en France, sur lequel on peut consulter une note de M. Émile Picot dans le *Bulletin de la Société de l'histoire de Paris*, XVI (1889), p. 37.

*Mémoires de la Ligue*, éd. de 1758, II, 452-479.

7. REMONTRAN- || CE [*sic*] à la Fran- || ce sur les || maux qu'elle || souffre : || et les remedes || qui luy sont necessaires. || *Imprimé nouuellement.* || 1588. *S. l.* [*La Rochelle*], pet. in-8 de [64] pp.

Le titre de départ est orné de la tête de page qui décore l'avis de l'imprimeur placé en tête du *Recueil* de 1587 (voy. le fac-simile sous le n° 2194, (p. 32). Ce fleuron est surmonté de même du chiffre indiquant la pagination, ce qui est une particularité typographique assez singulière. La lettre initiale est placée dans le passe-partout reproduit au n° 2199.

A la dernière p. est placé un grand fleuron à tête de Méduse, qui orne le titre de la pièce suivante.

8. DECLARA- || TION de Monsi- || eur de la Noue sur sa || prise des armes pour la deffen- || ce desVilles de Sedan, & Iametz, fron- || tieres du Royaume de France, & || soubs la protection de sa Maiesté. || *Imprimé Nouuellement* || 1589. *S. l.* [*La Rochelle*], pet. in-8 de 1 f. et 38 pp.

Nous décrivons plus loin (n° 2223) l'édition originale de cette pièce.

9. DECLARA- || TION du Roy sur || l'attentat, felonnie || & rebellion des villes de Paris, || Orleans , Amiens & Ab- || bcuille , & autres leurs || adherantes. || *Suyuant la copie Imprimee à Bloys.* || M.D.LXXXIX [1589]. *S. l.* [*La Rochelle*], pet. in-8 de 16 pp.

La déclaration est datée de Plois, en février 1589.

*Mémoires de la Ligue*, éd. de 1758, III, 211-215.

10. LETTRE || du Roy de || Nauarre aux || trois Estats de || ce Royaume, contenant la Decla- || ration dudit seigneur sur les || choses aduenues en Fran- || ce depuis le 23. iour de Decembre, || 1588. || M.D.LXXXIX [1589]. *S. l.* [*La Rochelle*], pet. in-8 de 37 pp. et 1 f. blanc.

Au titre, le fleuron circulaire reproduit à l'art. 12, ci-après.

Le titre de départ est surmonté de la tête de page que nous reproduisons également au même article. Le grand *M* initial se retrouve dans plusieurs des impressions que nous attribuons à *La Rochelle*, notamment à la p. 761 du *Recueil* de 1589.

La lettre du roi de Navarre, datée de Châtellerault , le 4 mars 1589, est l'œuvre de PHILIPPE DE MORNAY, SIEUR DU PLESSIS-MARLY. Voy. *Mémoires de la Ligue* (éd. de 1758, III, 230-245), et *Mémoires de Duplessis-Mornay*, éd. de 1824-1825, IV, 322-340.

11. DECLARA- || TION du Roy, sur || l'attentat, felonnie || & rebellion du Duc de Mayenne, || Duc & cheualier d'Aumalle || & ceux qui les assiste- || ront. || *Iouste la copie Imprimee à Bloys*. || 1589. S. l. [*La Rochelle*], pet. in-8 de 16 ff. non chiffr.

Au titre, le grand fleuron à la tête de Méduse. — Au r° du f. *Bvj*, un grand fleuron représentant une tête d'Indien grotesque.—Au r° du dernier f. le fleuron qui orne le titre du *Recueil* de 1587 (voy. le fac-simile au n° 2194).

La *Declaration* est datée de Blois, au mois de février 1589. A la suite est un *Extrait des registres du parlement* daté du 30 janvier 1589.

*Mémoires de la Ligue*, éd. de 1758, III, 203-211.

12. DECLARA- || TION du Roy de Nauarre, || sur le traitté de la Trefue, faitte || entre le Roy, & ledit Roy || de Nauarre. || *A la Rochelle*. || *Par Hierosme Haultin*. || M.D.LXXXIX [1589]. Pet. in-8 de 12 pp., 1 f. non chiffr. et 1 f. blanc.

Voici le fac-simile du titre de cette pièce que nous prenons pour type des impressions de *Hierosme Haultin* :

## DECLARATION
### DV ROY DE NAVARRE,
sur le traitté de la Trefue, faitte
entre le Roy, & ledit Roy
de Nauarre.

### À LA ROCHELLE.
Par Hierofme Haultin.

**M. D. LXXXIX.**

Nous donnons également le fac-similé de la première page du texte.

*DECLARATION
du Roy de Nauarre. Sur le Traitté
de la trefue, Faitte entre le Roy,
& ledit sieur Roy de
Nauarre.*

ENRY par la grace de Dieu, Roy
de Nauarre, premier Prince du
sang, premier Pair
& protecteur des Eglises reformees de France, &c. A tous
Gouuerneurs de Prouinces
Capitaines des villes, places &
Chasteaux, Chefs & côducteurs
de gens de guerre, Maires, Con-
A ij

La Déclaration est datée de Saumur, le 24 avril 1589, et contresignée : BERZIAU.

*Mémoires de la Ligue*, éd. de 1758, III, 306-308.

13. VRAY || DISCOVRS sur || la deffaicte des || Duc d'Aumalle & Sieur de Bal- || lagny avec leurs troupes, Par le || Duc de Longue-ville, & autres || Seigneurs, Et la leuee du siege || de la ville de Senlis en Picardie. || *Faict suiuant la copie imprimée à Tours,* || *Chez Iamet Mettayer Imprimeur* || *ordinaire du Roy.* || M.D.LXXXIX [1589] S. l [La Rochelle], pet. in-8 de 14 pp. et 1 f. blanc.

Le *Discours* n'est accompagné d'aucun nom ni d'aucune date. A la suite se trouve la *Copie d'une lettre escripte par un seigneur à un sien parent, du 20. de may* 1589, signée M. R.

# HISTOIRE. 59

La Bibliothèque nationale possède un exemplaire de l'édition de Tours (Lb$^{34}$. 771).

*Mémoires de la Ligue*, éd. de 1758, III, 550-554.

14. LETTRE d'vn || Gentil-Homme de || Beausse, à vn sien amy || Bourgeois de Paris, sur la deffai-cte des troupes de môsieur d'Au|| malle du Ieudy 18. May, 1589. || *Faict suyuant la copie Imprimée à* || *Tours, Chez Iamet Mettayer* || *Imprimeur ordinaire* || *du Roy.* || M.D LXXXIX [1589]. *S.l.* [*La Rochelle*], pet. in-8 de 14 pp. et 1 f. blanc.

La lettre, datée de Châteaudun, le 19 mai 1589, est signée : LA PLACE. A la suite est la *Copie d'une lettre escrite par un seigneur à un sien parent, sur la deffaicte des troupes du sieur d'Aumalle*, etc., pièce datée de Saint-Dié, le 19 mai, et signée M. N.

Des exemplaires de l'édition de *Tours* se trouvent à la Bibliothèque nationale (Lb$^{34}$. 764) et chez S. A. R. Mgr. le duc d'Aumale, à Chantilly.

*Mémoires de la Ligue*, éd. de 1758, III, 547-550.

15. LETTRE du Roy || de Nauarre, || à Messieurs d'Or-|| leans, du xxii. May 1589. || A. Beaugency. || *A Tours*, || M.D.LXXXIX [1589]. Pet. in-8 de 8 pp.

Malgré la rubrique de *Tours*, l'édition nous paraît être sortie des presses de *La Rochelle*. Elle est exécutée avec les petits caractères qui ont servi à l'impression du *Recueil* de 1589 à partir de la p. 643.

*Mémoires de la Ligue*, éd. de 1758, III, 554-558.

2220. FIDELLE || EXPOSITION || sur la Declara-|| tion du Duc de Maye-|| ne, contenant les Exploicts de || guerre qu'il a fait en Guyenne. || *Imprimé Nouuellement.* || 1587. *S. l.* [*La Rochelle*], pet. in-8 de 53 pp. et 1 f. blanc.

Ce factum est de PHILIPPE DE MORNAY, SIEUR DU PLESSIS MARLY. Il est daté dans ses *Mémoires*, (éd. de 1824-1825, III, 286-407), du 22 décembre 1586. Cf. *Mémoires de la Ligue*, 1758, I, 451-476.

L'édition est imprimée avec les caractères dont nous avons donné un spécimen à l'article 2199.

2221. RECUEIL DE PIÈCES sur les évènements de l'année 1588. 18 pièces en un vol. in-8, v. marbré, fil., dos orné, tr. dor. (*Anc. rel.*)

Voici la description des pièces contenues dans ce volume.

1. DISCOVRS || VERITABLE || sur ce qui est arri-|| ué à Paris le dou || ziéme de May || 1588, || Par lequel clairement on congnoit les men-|| songes & impostures des ennemis du re-|| pos public allencontre de Monseigneur || le Duc de Guise, Propagateur de l'Egli-|| se Catholique. || *A Paris*, || *Chez Didier Millot, demeurant en la* || *ruë de la petite Bretonnerie, pres* || *la porte sainct Iacques.* || Auec permission. In-8 de 18 pp.

Ce *Discours* ne doit pas être confondu avec une autre relation insérée dans les *Mémoires de la Ligue* ( éd. de 1758, II, 315-323 ), reproduite à la suite de la *Satyre menippée* (éd. de 1709, III, 64-67) et dans les *Archives curieuses* (XI, 351-368) : *Amplification des particularités qui se passèrent à Paris lorsque M. de Guise s'en empara et que le roi en sortit.*

2. HISTOIRE || TRES-VERITABLE || de ce qui est aduenu en || ceste ville de Paris, depuis le || septiesme de May 1588. iusques || au dernier iour de Iuin ensuy-|| uant audit an. || *A Paris*, || *Pour Michel Ioüin, ruë sainct* || *Iacques.* || Auec Permission. || M. D. LXXXVIII [1588]. In-8 de 32 pp.

Cimber et Danjou, *Archives curieuses*, XI, 325-350.

3. COPPIE || d'vne Lettre || escrite au Roy, et || Extraict d'vne || autre aux Princes & Sei-|| gneurs François, le 17. || iour de May || dernier, || Par Monseigneur le Duc de Guise, Pair || & grand Maistre de France. || *A Paris,* ||

# HISTOIRE.

*Chez Didier Millot, demeurant en* || *la ruë de la petite Bretonnerie,* || *prez la porte Sainct* || *Iaques.* || Auec Permission. S. d. [1588], in-8 de 1 f. et 14 pp.

*Mémoires de la Ligue*, éd. de 1758, II, 331 ; — Cimber et Danjou, *Arch. curieuses*, XI, 449-457.

4. LETTRE || PATENTE du Roy, || de pouuoir, donner [sic] || à Monseigneur le Duc de Guyse || de commander en ses Armees de || sa Majesté. || *A Paris.* || *Pour Iean dy Largent* [sic], *Imprimeur* || M. D. LXXXVIII [1588]. In-8 de 4 ff., avec le portrait du duc de Guise au titre.

Les lettres-patentes sont datées de Chartres, le 14 août 1588.

5. COPPIE || des Lettres || enuoyées par Nostre || Sainct Pere le Pape, à || || Monseig. le Cardinal de Bour- || bon, & à Monseigneur le || Duc de Guyse. || Traduites de Latin, en François. || Donnees à Rome le quinziesme de Iuillet, 1588. || *A Paris,* || *Chez Didier Millot, demeurant ruë de* || *la petite Bretonnerie, pres la porte* || *Sainct Iacques.* || 1588. In-8 de 14 pp.

Le texte latin est suivi d'une traduction française.

6. DISCOVRS || de l'Ordre || tenu par les ha- || bitans de la ville de Rouen, à || l'entree du Roy nostre Sire. || Auec deux Harangues y prononcees || à sa reception par Messieurs de || Parlement de Rouen, & || du Clergé. || *A Paris.* || *Iouxte la coppie imprimée à* || *Rouen*, 1588. In-8 de 16 pp.

L'entrée de Henri III à Rouen eut lieu le 11 juin 1588.

Le *Discours* se termine par un *Sonnet au roy*.

7. DISCOVRS || DE- || PLORABLE du || Meurtre et Assa- || sinat, traditoirement & inhu- || mainement commis & per- || petré en la ville de Blois, || les Estatz tenant. || De tres Haut, tres-Puis- || sant, & tres-Catholicque, feu Henry de Lor- || raine Duc de Guyse, Per & grand Maistre || de France, le vendredy vingt-quatries- || me iour de Decembre mil cinq || cens quatre vingts huict. || *Iouxte la copie Imprimé* [sic] *à Orleans.* || M. D. XXXXVIII [sic pour 1588]. In-8 de 6 ff. non chiffr.

Au v⁰ du titre est un sonnet adressé par l'auteur « Aux catholiques lecteurs ». Ce sonnet est signé de la devise : *Fides curiae nulla*.

8. POESME || Francois, || sur l'Annagrame || de Tres-Illustre, et || Catholique Prince, Henry de Lorrai- || ne, Duc de Guyse, Pair, grand Maistre || de France & Lieutenant general de sa || Majesté en toutes ses armees. || O. D. M. S. || *A Paris,* || *Pour Claude Monstroeil,* || *& Iean Richer. le ieune.* || 1588. || Auec Priuilege. In-8 de 39 pp.

Exemplaire semblable à celui que nous avons décrit précédemment, t. I, n⁰ 793.

9. LETTRE [sic] || PATENTES du Roy, || declaratiues des || Droicts, Priuileges & Preroga- || tiues de Monseigneur le Cardi- || nal de Bourbon. || Publié en la Cour de Parlement, le || vingtsixiesme iour d'Aoust, || l'an 1588. || *A Paris,* || *Iouxte la coppie de Federil* [sic], || *Morel, Imprimeur ordi-* || *naire du Roy.* || M. D. LXXXIII [sic pour 1588]. || Auec Priuilege dudict Seigneur. In-8 de 14 pp.

10. LA || DECLARATION || de la voulonté du || Roy faicte depuis son departement || de Paris, || *A Paris,* || *Sur la coppie Imprimée à Chartres,* || Auec permission. || 1588. In-8 de 14 pp. et 1 f.

Au titre un portrait du roi Henri III.

Le dernier f. porte, au r⁰, les armes de France et de Pologne ; il est blanc au v⁰.

11. LETTRE || de Monseigneur || de Neuers presen- || tee au Roy, estant en son || Conseil le 6. Aoust, || 1588. || M. D. LXXXVIII. S. *l.*, in-8 de 12 (*lis.* 13) pp.

# HISTOIRE.

**12.** DISCOVRS || des dessains et || entreprises vaines du Roy de || Nauarre, & de sa retraicte du || Païs d'Anjou. || *A Paris,* || *Par Pierre Mercier, ruë du bon* || *Puis a l'Escreuisse.* || M. D. LXXXVIII [1588]. In-8 de 14 pp.

Ce *Discours* est daté de Bourgueil, le 19 août 1588.

**13.** LES || PROPOS que || le Roy a tenuz a || Chartres aux Depu- || tez de sa Cour de Parlement || de Paris. || *A Paris,* || *A l'Oliuier de Pierre l'Huillier, ruë* || *Sainct Iaques.* || M. D. LXXXVIII [1588]. In-8 de 13 pp.

Les députés du parlement avaient quitté Paris le 15 mai 1588 ; ils furent reçus par le roi le lendemain ou le surlendemain.

Cimber et Danjou, *Archives curieuses*, XI, 459-465.

**14.** AV ROY || mon bon maistre || pour les affaires || expresses de sa Ma- || jesté || M. D. LXXXVIII [1588]. *S. l.*, in-8 de 11 pp.

Ce pamphlet est écrit sous le nom de CHICOT, le célèbre fou de Henri III, qui avait été, paraît-il, banni de la cour. On y trouve de violentes attaques contre le roi, la reine-mère et les favoris.

**15.** LA || PRINSE ET || REDVCTION en || l'obeissance du Roy, des pla- || ces & forteresses des Egaux || & Charrieres, en Limosin, || & de la ville & Chasteau || d'Angle en Poictou, occu- || pez par les Huguenots. || Par Monsieur le Vicomte de la Guierche || Gouuerneur & Lieutenant General || pour sa maiesté en ses pais de la || Haute & Basse Marche. || Auec les noms des Capitaines || qui y sont demeurez, & le || nombre des Soldats, || qui ont esté tuez. || *A Paris,* || *Par Pierre Des-Hayes, ruë du* || *bon Puits à l'Escreuice.* || 1588. In-8 de 13 pp.

**16.** ADVERTIS- || SEMENTS de l'Armee || que dresse le Roy de Frāce, con- || tre les Heretiques du pays de || Poictou. || Ensemble ce qui s'ect [*sic*] passe en la ville || d'Angoulesme, entre les habitās d'icelle || & Monsieur le Duc d'Espernon. || *A Paris.* || *Ioutes* [sic] *la coppie de Pierre Des-* || *Hayes,* || M. D. LXXXVIII [1588]. In-8 de 16 pp.

Au v⁰ du titre est un grand bois des armes de France.

Les *Advertissements* ont la forme d'une épître datée de Saumur, le 12 août 1588, et suivie d'un long post-scriptum relatif aux événements d'Angoulême.

**17.** LETTRE au Roy, || par monsieur le || Duc d'Espernon. || M. D. LXXXVIII [1588]. *S. l.*, in-8 de 12 pp.

Cette pièce, qui peut soutenir la comparaison avec les plus belles lettres émanées des grands seigneurs du XVIIe siècle, fut écrite par le duc d'Espernon au moment de sa disgrâce, vers le milieu du mois d'août 1588.

**18.** ORDŌNANCE du Roy, || contre les blasphema- || teurs, berlandiers, tauer- || niers, cabaretiers, Basteleurs & au- || tres personnes faisans exercice de || ieux dissolus. || Auec inionction aux Archeuesques, Euesques, || Pasteurs & Curés de resider sur leurs || benefices, aux peines y coneenues [*sic*]. || *A Paris,* || *Par Federic Morel, Imprimeu* [sic] || *ordinaire du Roy.* || 1588. || Auec Priuilege dudict Seigneur. In-8 de 16 pp.

L'ordonnance, qui n'est que le résumé d'anciens édits propres à faire triompher les doctrines de la Ligue, émane, non pas du roi lui-même, mais de la chambre du parlement de Paris maintenue en fonction pendant les vacations. Elle est datée du 15 octobre 1588, et la publication en fut faite à Paris le 22 octobre suivant.

Ce recueil a été formé par A.-A. RENOUARD, dont le nom est inscrit sur le premier plat de la reliure, il ne se trouve cependant pas dans les catalogues de cet amateur. Il provient, en dernier lieu, de la vente G. CHARTENER. (Cat., n⁰ 479).

2222. RECUEIL DE PIÈCES sur les évènements des années 1558 et 1589. 9 pièces en un vol. in-8, mar. citr., fil., dos orné, tr. dor. (*Anc. rel.*).

## HISTOIRE.

Voici la description des pièces contenues dans ce volume:

1. HISTOIRE || tragique et memora- || ble, de Pierre de Gauerston || Gentilhomme gascon, iadis le mignon || d'Edoüard 2. Roy d'Angleterre, tirée || des Chroniques de Thomas Valsin- || ghan, et tournée de Latin en François. || Dediée à Monseigneur le Duc d'Espernon. || M.D.LXXXVIII [1588]. S. l., in-8 de 6 ff. lim., 41 pp. et 1 f. blanc.

Au v° du titre est l'anagramme : *Pierre de Gaverston = Perjure de Nogarets*, suivi d'un quatrain et d'un passage de John Bale relatif à Thomas Walsingham.

Les 5 ff. qui suivent le titre contiennent une épître « A tres-haut et trespuissant Jean Louis de Nogaret, seigneur de Fontenay en Brie, duc d'Espernon, chevalier des deux Ordres, colonnel de l'infanterie françoise, admiral de France, etc. », épître datée du Havre de Grâce, le 16 mai 1588, et signée P. H. D. T. Cette épître est suivie d'un sonnet « Au roy ».

Ce célèbre pamphlet, dirigé contre le duc d'Espernon, fut, au dire de Palma-Cayet, attribué au curé de Saint-Benoist, le ligueur PIERRE BOUCHER (voy. la *Chronologie novenaire*, ap. Petitot, 1re série, XXXVIII, 414).

Un second exemplaire de la même édition sera décrit plus loin (n° 2240, art. 5).

2. DISCOVRS || ample et verita- || ble, de la defaite || obtenuë aux Fauxbourgs de || Tours, sur les trouppes de || Henry de Valois. || Par Monseigneur le Duc de Mayenne, Pair, || & Lieutenant general de l'Estat Royal || & Couronne de France. || *A Paris,* || *Chez Nicolas Niuelle, ruë S. Iaques, aux deux Colonnes.* || *Et Rollin Thierry, ruë des Anglois,* || *pres la place Maubert.* || *Libraire* [sic] *et Imprimeur* [sic] *de la saincte Vnion.* || M.D.LXXXIX [1589]. || Auec Priuilege. In-8 de 15 pp.

Ce *Discours* se rapporte, comme la pièce suivante, au combat du 8 mai 1589. On y voit que Crillon fut blessé, Bonneval, lieutenant du maréchal d'Aumont, tué, et Rubempré, blessé mortellement. C'est aussi à notre relation que L'Estoile (éd. Jouaust, III, 288) a emprunté le récit de la mort du sieur de Saint-Malin, qu'on accusait d'avoir porté le premier coup de poignard au duc de Guise.

Au v° du dernier f. est un extrait du privilège accordé à *Niuelle* et à *Thierry*, par le conseil général de la sainte Union des catholiques, le 18 avril 1589. La date de la bataille montre qu'il ne peut être question que d'un privilège général, bien que l'extrait ne vise que *La nouvelle Defaicte obtenue sur les trouppes de Henry de Valois, etc.*, c'est-à-dire la relation suivante. Le même privilège est mentionné à la fin de diverses autres pièces. Voy. notamment le n° 2242, art. 8.

3. LA || NOVVELLE || DEFFAICTE, obte- || nue sur les trouppes || d'Henry de Valois, dans les || Fauxbourgs de Tours, le hui- || ctiesme May, 1589. || Par Monseigneur le Duc de Mayenne, Pair, & || Lieutenant general de l'Estat Royal & || Coronne de France. || *Prins sur la copie imprimee* || *à Paris.* S. l. n. d. [1589], in-8 de 15 pp.

L'auteur de cette relation, qui écrit de Château-du-Loir, énumère avec détail les pertes subies par l'armée royale; il raconte notamment la mort de Crillon, de Rubempré et de Jarzay, tous trois maîtres de camp.

L'édition originale avait paru à *Paris, chez Nicolas Nivelle.* Voy. *Bibliopoliana* (Cat. de la Librairie Techener), 1888, n° 2259.

Une autre relation de la même bataille est décrite dans le catalogue de la Bibliothèque nationale (Lb. 34.761).

4. LES REGRETZ || Complaintes || et Confusion, || de Iean Vallette dit de Nogaret par || la grace d'Henry de Valois Duc || d'Espernon, grand Animal de Frâce || & bourgeois d'Angolesme sur son || despartement de la court. || De nouueau mis || en lumiere, par vn des valats || du premier tournebroche de la || cuysine du commun || dudit Espernon. || *En Angolesme* || *Par laucteur* || M. D. LXXXIX [1589]. In-8 de 15 pp.

Satire en vers qui commence ainsi:

O Dieu, que t'ay-je faict, moy paouvre miserable,
Quand aujourd'huy n'a lieu en le terte [sic] habitable....

# HISTOIRE. 63

Nous avons décrit précédemment (t. I, n° 796) une édition de la même pièce intitulée : *La grande Diablerie de Jean Vallette, dit de Nogaret.* Les *Regretz* ne contiennent ni le portrait qui se voit sur le titre de *La grande Diablerie*, ni la devise finale.

5. LE || REMERCIMENT || des Catholiques || vnis, || Faict à la Declaration & Protesta- || tion de Henry de Bourbon, || dict Roy de Na- || uarre. || *A Lyon*, || *Prins sur la coppie imprimee à Paris.* || 1589. || Auec Permission. In-8 de 22 pp. et 1 f. blanc.

Réponse à la déclaration publiée par le roi de Navarre le 4 mars 1589. Voy. le n° 2217, art. 10.

6. ARRESTZ || et Resolutions || des Docteurs de la || faculté de Paris, sur la que- || stion sçauoir s'il falloit prier || pour le Roy au Canon de la || Messe. || A laquelle sont adioustees auec licence || du superieur deux oraisons colli- gees || pour la conseruation des Princes || Catholiques et pour obtenir victoi- || re encontre les ennemis. || *A Paris*, || *Par Denis Binet.* || M. D. LXXXIX [1589]. In-8 de 14 pp. et 1 f.

Dans une assemblée générale tenue au collège de Sorbonne, le 5 avril 1589, il est décidé que le nom du roi ne sera plus prononcé au canon de la messe. La mention supprimée est remplacée par diverses oraisons dont nous avons ici le texte latin.

D'Argentré (*Collectio judiciorum*, II, 1, 483) dit qu'il n'a trouvé dans les archives de la Sorbonne aucune trace des arrêts pris contre Henri III et Henri IV les 7 janvier, 4 février et 5 avril 1589, au mois de septembre de la même année et le 7 mai 1590. Ces décisions étaient depuis longtemps reprochées à la Faculté de théologie de Paris, qui avait eu soin de faire disparaître le corps du délit. La Sorbonne fit d'ailleurs, le 1$^{er}$ février 1717, un désaveu formel des doctrines révolutionnaires qu'elle avait professées pendant la Ligue.

*Mémoires de la Ligue*, éd. de 1758, III, 240-243.

7. LA || RODOMONTADE || de Pierre || Baillony. || Discours sur vne lettre escripte par le- || dit Baillony, contenant la trahison || malheureuse cõspiree par ledit Bail- || lony et ses complices, contre la ville || de Lyon. || Auec la coppie de ladicte lettre. || Ensemble le proces verbal de la || recognoissance d'icelle. || *A Lyon*, || *Par Iean Pillehotte.* || 1589. || Auec Permission. In-8 de 28 pp. et 2 ff. blancs.

Pierre de Baillon, sieur de Saillant, après avoir été détenu par les ligueurs de Lyon, était parvenu à s'échapper et à trouver un refuge dans sa maison de Saillant. De là, il écrivit à M. de La Guiche, grand maître de l'artillerie, une lettre datée du 9 avril 1589, où il lui donnait des renseignements sur l'état des esprits dans la ville et sur les moyens de s'en saisir. La lettre tomba entre les mains des autorités de Lyon qui ouvrirent aussitôt une instruction en vue de vérifier l'écriture de Baillon, laquelle fut trouvée authentique. Les ligueurs lyonnais, impuissants à se venger sur le fugitif, retinrent en prison sa femme, et ordonnèrent la publication de la lettre saisie, en l'accompagnant d'un commentaire des plus injurieux.

La Bibliothèque nationale possède sous la cote Lb.$^{34}$ 752 une réimpression parisienne de la *Rodomontade* sous un nouveau titre (*La Trahison conspirée par Pierre Baillony, etc.*).

8. LETTRES || d'vnyon pour estre || enuoyes [*sic*] par toute la Chre- || stienté. || Touchant le meurtre & assassinat || commis enuers les personnes de mon- || sieur le Duc de Guyse, & monsieur || le Cardinal de Guyse son frère , & || autres Princes & Seigneurs Catho- || liques . lesquels ont euité le cruauté || commise en la ville de Blois. || M.D.LXXXIX [1589]. S. l., in-8 de 11 pp., 1 f. non chiffr. et 1 f. blanc.

Au titre, la double croix de Lorraine.
Au v° du titre, le portrait de Henri de Lorraine, duc de Guise.
Le r° de l'avant-dernier f. porte les armes du duc de Guise ; le v° en est blanc.

Les lettres, écrites un mois après la mort des Lorrains (c'est-à-dire en janvier 1589), sont adressées aux ligueurs que l'auteur engage à se tenir sur leurs gardes.

9. DISCOVRS || pitoiable des || execrables cruautés || et inhumaines barbaries || Comises par les hereticque [*sic*] hugue- || notz & leurs complices contre les || catholicques [*sic*] de la ville de Nyort || en poitou apres la prinse de ladite || ville. || *A Lyon.* || *Pour Ian patrasson.* || M. D. LXXXIX [1589]. || Auec permission. In-8 de 13 pp. et 1 f. blanc.

La p. 13 est occupée par un sonnet anonyme.
La ville de Niort fut prise par les protestants le 27 décembre 1588, et ce factum fut publié aussitôt après ; aussi l'impression en est-elle des plus fautives. La Bibliothèque nationale possède deux éditions postérieures de la même pièce qui portent un titre un peu différent (Lb.$^{34}$ 718 et 718 A).
Les protestants ne tardèrent pas à réfuter les reproches de barbarie que leur adressaient les catholiques. Voy. les *Mémoires de la Ligue*, éd. de 1589, 878-890 ; éd. de 1758, III, 152-162.

Ce recueil provient de la bibliothèque de M. A.-A. RENOUARD (voy. *Cat. de la bibliothèque d'un amateur*, IV, p. 130, et Cat. de 1854, n° 2903).

La 8$^e$ pièce, qui était incomplète, a été remplacée par une autre du même temps.

2223. KVRTZE vnd zur War- || nung nutzliche beschreibung desz Ausz- || zugs Donneti vnd der Caluinisten wider die || Catholischen in Franckreich, &c. Gestellt || auff den 113. Psalmen. || In exitu Israel. || *Anno* M. D. LXXXVIII [1588] *S. l.*, in-4 de 8 ff.

Le baron Dohna, dernier chef des reîtres venus en France, fut exécuté le 2 février 1588. Une relation de sa mort parut en français sous la forme d'une lettre signée Wolfgang Dürlin. La Bibliothèque nationale, qui possède cette relation (Lb$^{34}$ 450), ne possède pas la nôtre.
La seconde partie de la pièce se compose du *Psalmus CXIII. in Exitu Israel, super exitu Donaci et Calvinistarum e Germania contra Catholicos in Galliam.*

2224. DECLARATION || de Monsieur || de la Noue, || 🜚 || Sur la prise des armes pour la iuste || defense des villes de Sedan & Ia- || mets, frontieres du Royaume de || France, & sous la protection de sa || Maiesté. || *A Sedan*, || M. D. LXXXVIII [1588]. In-8 de 21 pp. et 1 f. blanc.

Guillaume-Robert de La Marck, duc de Bouillon, mort à Genève le 11 janvier 1588, avait, par son testament, en date du 31 décembre précédent, institué François de La Noue son exécuteur testamentaire, et l'avait chargé « de la tutelle pour les terres souveraines, avec pouvoir d'y commander ». La Noue, après mille difficultés, prit possession de son gouvernement. Jametz était alors assiégé par le duc de Lorraine. Le roi, qui avait promis d'envoyer Antoine de Moret, sieur des Réaux, pour faire lever le siège, n'exécuta pas sa promesse. La Noue dut lui-même marcher contre les agresseurs, malgré l'engagement qu'il avait pris, pour obtenir sa liberté, de ne pas porter les armes en France. La *Declaration* contient la justification de la conduite observée dans cette circonstance par le célèbre homme de guerre. Elle complète les pièces insérées dans les *Mémoires de la Ligue*, II, 261-268.
Une réimpression, que nous attribuons à *Pierre Haultin* à *La Rochelle*, figure dans un des recueils décrits ci-dessus (n° 2219, art. 8).

## HISTOIRE. 65

**2225.** Discovrs || et Traité, de la || Prise des Ville, et || Chasteau de Mauleon, || par Monsieur le Duc || de Neuers. || *A Paris,* || *Chez Geoffroy Perichet, tenāt sa* || *boutique contre les meurs du* || *Palais, au Chef S. Iehan.* || M. D. LXXXVIII [1588]. || Auec Permission. In-8 de 19 pp., mar. r. jans., tr. dor. (*Masson et Debonnelle.*)

Le *Discours* a la forme d'une « lettre d'un gentil-homme de l'armée de Poictou à un sien amy estant en cour ». Il est daté du « camp devant Mauléon le 13. jour de novembre mil cinq cens quatre vingts huict ».

**2226.** Le bon || François, || ou || de la foy des Gaulois. || Traduit du Latin de Mº. Michel du Rit, || Docteur és Droicts, & Aduocat au siege || Presidial d'Orleans. || Psal. 24. || Quis ascendet in montem Domini ? aut quis stabit in lo- || co sancto eius ? || Innocens manibus & mundo corde, qui non accepit in || vano animam suam, nec iurauit in dolo proximo suo. || *A Lyon,* || *Imprimé sur la copie de Paris.* || M. D. LXXXIX [1589]. In-8 de 42 pp., cart.

Michel Du Ry est un ardent ligueur qui reproche aux catholiques de se montrer tièdes et indifférents. Son discours est précédé (pp. 3-10) d'une véhémente épître « A messire François de Balsac, sieur d'Antragues », qu'il accuse d'avoir renié ses serments passés, et d'avoir, sans droit, mis le siège devant Orléans.

**2227.** La Ligve || Tres-Sainte, || Tres-Chrestienne, || & tres-Catholique. *S. l. n. d.*, [*v.* 1589], in-8 de 31 pp.

L'auteur de ce factum, qui se dit âgé de 64 ans et rapporte avoir été « nourry dès son jeune age à la guerre en plusieurs endroicts de l'Europe », propose l'établissement d'une ligue entre le pape, l'empereur, les rois de France, d'Espagne et de Pologne. Cette ligue permettrait de chasser les Turcs auxquels, depuis le roi François 1er, la France a le tort d'accorder son soutien moral ; elle permettrait également d'exterminer les hérésies.

**2228.** Les Vrais || Pieges et Moiens || pour atraper ce fau [*sic*] || Heretique & cauteleux grison. || Auec vne remonstrance à tout bon Catholique, en- || uoyé à Paris, le quinziesme de Feurier, || mil cinq cens quatre vingts || & neuf. || *A Paris,* || *Pour Iacques Varangue ruë S.* || *Iacques, au pres le College* || *du Plaissis.* || Auec permission. *S. d.*, [1589], in-8 de 22 pp. et 1 f.

L'auteur de cet odieux factum engage les catholiques à recourir à l'assassinat pour se débarrasser du roi.

Le dernier f. contient un sonnet « à messieurs de Paris » et un sonnet « au Peuple ».

Le libraire-éditeur est appelé *Varangles* sur le titre d'un volume précédemment décrit (t. I, nº 758, art. 3) ; le factum décrit à l'article suivant porte *Varangues*.

Nous décrivons plus loin un second exemplaire de la même pièce (nº 2243, art. 1).

2229. ORIGINE || de la maladie || de la France, avec les Re- || medes propres à la guarison d'i- || celle, auec vne exortation à l'en- || tretenement de la guerre. || *A Paris,* || *Pour Iacques Varangues ruë S.* || *Iacques pres le College* || *du Plaissis.* || Auec permission. *S. d.* [1589], in-8 de 12 pp. et 2 ff. blancs.

Le fanatique à qui l'on doit ce pamphlet estime que la France « ne pourra relever de ceste maladie que si on luy donne un breuvage meslé de sang des heretiques ».

2230. LETTRE d'vn Me- || decin de Paris, à vn sien amy || de la Cour, cōtenant la nou- || uelle de la deffaite des troup- || pes du Sieur Duc d'Aumalle || deuant Senlis. *S. l. n. d.* [1589], in-8 de 8 pp.

Le médecin, qui signe J. R. et qui écrit de Blois, le 20 mai 1589, rattache la défaite des ligueurs devant Senlis aux signes observés précédemment près de Rome. Il envoie à son ami une pièce intitulée : *Lettre de monsieur le president d'Assy à monsieur le duc de Mayenne, contenant l'advertissement de la bataille donnée devant Senlis par monsieur le duc de Longueville, en laquelle monsieur le duc d'Aumalle a esté blessé à mort, deux mille hommes tuez et dix canons pris* (pp. 5-8). Dans cette pièce, datée de Paris le 18 mai 1589, le président d'Assy (c'est-à-dire Antoine Hennequin, seigneur d'Assy, président aux requêtes du palais) peint sous des couleurs fort sombres la situation de la Ligue. Le duc d'Aumale va mourir, M. de Balagny est blessé ; les ligueurs ont grand'peine à se procurer l'argent dont ils ont besoin. L'Estoile a donné le texte de la lettre primitive du président « laquelle », dit-il, « une heure ou deux après on lui fist changer en quelque chose et retranscrire, avant que l'envoyer au duc de Maienne, telle que depuis ceux de Tours l'ont imprimée. » Voy. L'Estoile, éd. de 1875 et années suiv., III, 291-293.

2231. LETTRE del || Seignor Ber- || nardino, A monsieur || du Mayne, par laquelle luy || faict entendre toutes les par- || ticularitez, tāt de la deffaite || de ceux de la Ligue pres Senlis & la cause d'icelle, que des || mandemens & affaires sur- || uenuz en la Ville de Paris, || depuis ladicte deffaite. || M. D. LXXXIX [1589]. *S. l.*, in-8 de 7 pp.

L'auteur de cette lettre prétend avoir été envoyé par M$^{me}$ de Montpensier et messieurs du conseil pour rendre compte au duc du Maine de la défaite de Senlis (17 mai). D'après les chefs de la Ligue à Paris, le duc d'Aumale aurait été la seule cause de cette défaite. Le messager italien écrit de Chartres, où un échec subi par M. de Saveuse le force de s'arrêter.

Bernardino était un des hommes de confiance du duc de Mayenne. Son nom se retrouve dans plusieurs pièces du temps, notamment dans le *Deschiffrement d'une lettre escrite par le commandeur Moreo au roy d'Espaigne, son maistre, du 28. octobre 1589* (Tours, Jamet Mettayer, 1590, in-8).

Pour d'autres pièces relatives à la bataille de Senlis, voy. ci-dessus, n° 2219, art. 13 et 14.

2232. LE || DISCOVRS || au vray, sur || la mort et trespas || de Henry de Valois, || lequel est decedé le 2. iour de ce || present

. mois d'Aoust, 1589. || *A Paris,* || *Pour François Tabart* || *Libraire, demeurant sur le pont aux* || *Musniers à l'enseigne de la* || *Limace.* || 1589. || Auec Permission. Pet. in-8 de 15 pp., cart.

> Violente diatribe contre le feu roi, accompagnée d'un panégyrique de l'assassin : « O tres-heureux personnage », s'écrie l'auteur, « par lequel la France pourra désormais vivre en repos ! O tres-sainct et religieux homme qui, sans suscitation de personne, as voulu exposer ta vie à la mort pour le salut et repos des catholiques !... »

2233. Le || Martyre || de Frere Iacques || Clement de l'Ordre || S. Dominicque. || Contenant au vray toutes les particulari- || tez plus remarquables de sa saincte reso- || lution & tresheureuse entreprise à || l'encontre de Henry de Valois. || *A Paris,* || *Chez Robert le Fizelier, ruë S.* || *Iacques à la Bible d'or.* || 1589. || Auec Permission. In-8 de 62 pp. et 1 f., mar. r., fil., dos orné, tr. dor. (*Anc. rel.*)

> Au v° du titre se trouvent un *Sonet* et un *Quatrain* non signés.
> Le dernier f. contient, d'un côté, un *Sonet* et deux distiques latins et, de l'autre, une figure représentant, au centre, l'assassinat du roi, et, dans quatre compartiments, les diverses phases du supplice de Jacques Clément. La figure est ici placée au r° du f. et le sonnet au v°.
> L'auteur de cette relation est Charles Pinselet, chefcier de Saint-Germain l'Auxerrois, le ligueur féroce qui avait précédemment signé de ses anagrammes (*Y presche le salut* et *La richesse peult*) un factum intitulé : *Le Martyre des deux frères,* etc. (voy. Cimber et Danjou, *Archives curieuses,* XII, 57-107). Le nom de Pinselet nous est révélé par un passage de Jean Bouillart, qui rapporte dans son *Histoire de Saint-Germain des Prés* (p. 204) que ce fanatique fut poursuivi par les religieux de Saint-Germain pour les avoir accusés de favoriser les huguenots. L'auteur du libelle, parlant d'un projet de massacre conçu par les adversaires de la Ligue, dit en effet (p. 31) : « Le signal s'estoit ja donné par deux fois à l'une des tours de Sainct-Germain des Prez, ce que j'ay veu avec plusieurs honnestes personnes ; lequel signal estoit d'un flambeau qui se paroissoit en ladicte tour, sur les dix heures, etc. » Les religieux ayant porté plainte au parlement, Pinselet fut mandé devant la cour, le 12 septembre 1589, et condamné à donner satisfaction aux plaignants. « Il fut dit que l'article en question seroit ôté du livre ; que l'imprimeur y mettroit un autre feuillet, et qu'en attendant l'exécution, les religieux pourroient faire saisir tous les exemplaires et faire imprimer le présent arrest. » Voy. Lelong, *Biblioth. historique,* II, n° 19064, et Brunet, III, 1508.
> Nous avons ici le feuillet original, non cartonné. La relation complète a été réimprimée par MM. Cimber et Danjou (*Archives curieuses,* XII, 397-414).
> Exemplaire aux armes de Jeanne-Antoinette Poisson, marquise de Pompadour (Cat., 1765, n° 2769), ayant appartenu plus tard à Fr.-C. Le Tellier, marquis de Courtenvaux, à M. Bourdillon, à M. L. Double (Cat. de 1863, n° 259) et à M. le marquis de Ganay (n° 234).

2233 *bis.* Le || Martyre || de Frere Iacques || Clement de l'Ordre || S. Dominicque. || Contenant au vray toutes les particulari- || tez plus remarquables de sa saincte reso- || lution & tresheureuse entreprise à || l'encontre de Henry de Valois. || *A Paris,* || *Chez Robert le Fizelier, ruë S.* || *Iacques à la*

68        HISTOIRE.

*Bible d'or.* || 1589. || Auec Permission. In-8 de 62 pp. et 1 f. réglé, mar. bl., fil., dos orné, tr. dor. (*Trautz-Bauzonnet.*)

Exemplaire en tout semblable au précédent, sauf que la figure est bien placée au v° du dernier f. et le *Sonet* au r°.

De la bibliothèque de M. le BARON DE LA ROCHE LACARELLE.

Nous mentionnerons ici les pièces classées dans d'autres divisions qui se rapportent à l'histoire de Henri III : *Les Obsèques et Funerailles de Sigismond-Auguste, roy de Pologne, dernier defunct, plus l'Entrée, Sacre et Couronnement de Henry, à present roy de Pologne*, 1574 (voy. ci-après Histoire de Pologne); — *Les Honneurs et Triomphes faits au roy de Pologne*, 1574 (id.); — *In Henrici III, regis Galliae et Poloniae foelicem reditum Versus*, 1574 (voy. Histoire de Paris, n° 2319); — *Première Salutation au roy sur son avenement à la couronue de France*, par J.-A. de Baïf, 1575 (t. I, n° 685); — *Cantique sur la delivrance de monseigneur le duc d'Alençon*, 1575 (t. I, n° 984); — *Histoire des deux siéges de Sommières*, par Estienne Giry (t. II, n° 2095, art. 10); — *Diogenès, ou du moien d'establir après tant de misères et calamitez une bonne et asseurée paix en France*, 1581 (t. I, n° 789); — *Le grand et espouvantable Purgatoire des Prisonniers*, 1583 (t. I, n°s 790, 791); — *Larmes et Regretz sur la maladie et trespas de monseigneur François de France*, par J. de La Jessée, 1584 (t. I, n° 751); — *Le Boutefeu des calvinistes* .., 1584 (n° 2242, art. 1); — *Double d'une lettre envoiée à un certain personnage, contenante le discours de ce qui se passa au cabinet du roy de Navarre...*, 1585 (n° 2242, art. 3); — *Declaration de la volonté du roy sur les nouveaux troubles de ce royaume*, 1585 (n° 2241, art. 4); — *Voyage de l'amiral de Joyeuse en Gevaudan*, 1586 (t. II, n° 2095, art. 5); — *Journal du voyage des reitres en France*, par La Huguerie, 1587 (t. II, n° 2095, art. 9 *f*); — *Protestation et Declaration du roy de Navarre sur la venue de son armée en France*, 1587 (n° 2240, art. 2); — *Advertissement fait au roy de la part du roy de Navarre et de monsieur le prince de Condé*, 1587 (n° 2242, art. 5); — *Accord et Capitulation faict entre le roy de Navarre et le duc de Cazimir*, 1488 (n° 2241, art. 6); — *Traicté sur la declaration du roy pour les droits de prerogative de monseigneur le cardinal de Bourbon*, 1588 (n° 2240, art. 4); — *Responce aux principaux articles et chapitres de l'Apologie du Belloy...*, 1588 (n° 2240, art. 6); — *Discours* fait par Michel Quillian, Breton, 1588 (t. I, n° 758); — *Action de graces à Dieu et Chant de triomphe au roy pour sa victoire*, 1588 (t. I, n° 792); — *La Description du politicque de nostre temps*, [par Louis d'Orléans], 1588 (t. I, n° 794); — *Du Coq à l'Asne, sur les tragedies de France*, 1588 (t. I, n° 795); — *La grande Diablerie de Jean Vallette, dit de Nogaret*, 1589 (t. I, n° 796); — *La Confession et Repentance d'Espernon*, 1589 (t. I, n° 797); — *Recepte pour la toux du regnard de la France*, 1589 (t. I, n° 798); — *Le Tyrannicide*, [par Claude de Kerquifinen?], 1589 (t. I, n° 799); — *Discours sur la tréve accordée par le roy tres-chrestien Henri III.... au roy de Navarre*, 1589 (n° 2239, art. 7).

Plusieurs pièces relatives à François, duc d'Anjou, sont en outre placées à l'histoire des Pays-Bas.

*h.* — *Henri IV.*

2234. PETIT || SOMMAIRE || de la vie, actes || et faits de tres- | heureuse memoire Henry || IIII. Roy de France, || & de Nauarre. || *A Paris,* || *Chez Pierre Ramier, ruë des Car-* || *mes à l'imàge sainct Martin.* || M.D.C.X [1610]. In-8 de 14 pp. et 1 f.

Le dernier f. contient une pièce intitulée : *A la Reine, sonnet acrostic pour le couronnement*, au bas de laquelle on lit : Par F. JOLLY, Saintongeois.

## HISTOIRE. 69

**2235.** HISTOIRE || du Roy || Henry || le Grand. || Composee ||
Par Messire Hardouin de Perefixe. || Evesque de Rodez, cy-
devant || Precepteur du Roy. || *A Amsterdam,* || *Chez Louys
& Daniel Elzevier.* || M.DC.LXI [1661]. Pet. in-12 de 6 ff.
et 514 pp. mal chiffr., mar. r., fil., dos orné, tr. dor. (*Anc. rel.*)

*VI. 3. 59*

Les ff. lim. contiennent : un frontispice gravé ; le titre (lequel est orné de la marque des imprimeurs : la Minerve) ; une épître de l'auteur « A monseigneur l'eminentissime cardinal Mazarini » ; un avis « Au Lecteur ».

La pagination offre deux irrégularités : il y a 2 feuillets cotés 95-96, et les chiffres sautent de 420 à 431. La dernière page est cotée, en conséquence, 522 (elle devrait porter 514).

Les mêmes irrégularités se retrouvent dans deux éditions publiées sous la même date. Notre exemplaire appartient à celle de ces deux éditions que M. Willems (*Les Elzevier*, n° 1272) considère comme la première.

L'*Histoire du roy Henry le Grand* venait seulement de paraître chez *E. Martin, à Paris*, quand elle fut réimprimée par les *Elzevier*. Ce livre, dont le succès s'est continué jusqu'à nos jours, a eu depuis lors plus de cinquante éditions.

La reliure est en tout semblable à celle des *Prudentii Opera*, décrits dans notre tome I (n° 416), sauf qu'elle n'est pas doublée de tabis.

De la bibliothèque de M. HENRI BORDES (Cat. de 1878, n° 570).

Haut.: 183 ; larg.: 70 mm.

**2236.** JOURNAL du Regne de Henry IV. Roi de France et de
Navarre. Par M. Pierre de l'Etoile, Grand Audiencier en la
Chancellerie de Paris. Avec des Remarques Historiques &
Politiques du Chevalier C. B. A. Et plusieurs Pieces Histo-
riques du même tems. *A la Haye, Chez les Freres Vaillant.*
M.DCC.XLI [1741]. 4 vol. in-8, mar. r., fil., dos ornés, tr.
dor. (*Anc. rel.*)

*III. 6. 28-31*

*Tome premier* : Portrait de Henri IV (AVANT TOUTE LETTRE) ; titre, imprimé en rouge et en noir ; 4 ff. pour un *Avertissement* ; 502 pp. ; 14 ff. de *Table* et un f. blanc. — *Tome second* : 1 f., 587 pp. et 18 ff. de *Table*. — *Tome troisième* : 1 f., 552 pp. et 18 ff. de *Table*. — *Tome quatrième* : 1 f., 534 pp. et 17 ff. de *Table*.

Les initiales placées sur le titre désignent, dit Barbier, le P. C. BOUGE, augustin.

Le *Journal du règne de Henri IV* parut pour la première fois en 1732 (*s. l.*, 2 vol. in-8). En 1736, le président Bouhier publia un *Supplément* dont l'auteur est resté inconnu. Depuis lors, ce *Journal* a été inséré, comme celui de Henri III, dans toutes les collections de mémoires relatifs à l'histoire de France. M. E. Halphen a donné au public, en 1862, un fragment, encore inédit, qui s'étend du 1er janvier 1589 à la fin de février 1602. Quelques autres fragments ont été ajoutés à l'édition entreprise en 1875 par la librairie des Bibliophiles ; mais la hâte avec laquelle a été faite cette dernière édition, l'absence de notes, les nombreuses erreurs qui défigurent les noms propres feront longtemps encore apprécier les éditions, moins complètes, mais plus soignées, données par le P. Bouge et par Lenglet-Dufresnoy.

Le texte de L'Estoile se termine à la p. 226 du tome IV. Les pièces suivantes ont été imprimées à la fin, sous le titre de *Pièces justificatives* : 1. *Extrait d'un manuscrit trouvé après la mort de monsieur le duc d'Aumalle en son cabinet, icelui étant signé de sa main pour approbation et cachetté de ses armes* (pp. 227-234). — 2. *Factum de* PIERRE DU JARDIN, *sieur et capitaine de Lagarde*, [1615] (pp. 235-251). — 3. *Manifeste de* PIERRE DU JARDIN, *sieur et capitaine de Lagarde, prisonnier en la conciergerie du Palais à Paris*, [1619] (pp. 252-255). — 4. *Interrogatoire et Declaration de mademoiselle de Coman*, [1611] (pp. 256-265). — 5. *Rencontre de monsieur le duc d'Espernon et de François Ravaillac, executé à mort dans la ville de Paris en l'année* 1610 (pp. 266-271). — 6. *Arrest du XII. aoust mil six cens seize,* [*ordonnant une enquête sur les dires de Pierre Du Jardin*] (pp. 272-273). — 7. *La Chemise sanglante d'Henry le Grand en l'année* 1615 (pp. 274-282). — 8. *Récit véritable de ce qui s'est passé au voyage du roy Henry quatriéme, de Dieppe jusques à son retour, depuis le decès du roy Henry troisiéme ; par* CHARLES DUCHESNE, *medecin du roy...* (pp. 283-313).— 9. *Discours veritable de la victoire obtenue par le roy en la bataille donnée près le village d'Evry, le mercredy quatorziéme jour de mars mil cinq cens nonante.* A Tours, chez Jamet Mettayer... 1590 (pp. 314-339). — 10. *Discours de ce qui s'est passé en l'armée du roy depuis la bataille donnée près d'Evry, le quatorziesme de mars jusqu'au deuxiesme du mois de may mil cinq cens nonante.* A Tours, chez Jamet Mettayer..., 1590 (pp. 340-349). — 11. *Discours de ce qui s'est passé en l'armée du roy depuis le* 13. *du mois d'avril dernier jusqu'au* 2. *du mois de may ; envoyé par un gentilhomme qui est près sa Majesté à un sien amy.* A Tours, chez Jamet Mettayer..., 1590 (pp. 350-357) ; — 12. *Discours de ce qui s'est passé en l'armée du roy depuis son arrivée devant Paris jusques au neufiesme de juillet* 1590... A Tours, chez Jamet Mettayer..., 1590 (pp. 358-371). — 13. *Discours de ce qui s'est passé en l'armée du roy depuis le vingt-troisiesme juillet jusques au septiesme aoust mil cinq cens nonante...* A Tours, chez Jamet Mettayer..., 1590 (pp. 372-388). — 14. *Memoire de ce qui est advenu en l'armée du roy depuis le quinziesme septembre jusques au quatriesme novembre mil cinq cens nonante.* A Tours, chez Jamet Mettayer..., 1590 (pp. 389-399).— 15. *Discours sur la venue en France, proggrez et retraicte du duc de Parme, et des grands, haults et genereux exploicts d'armes par luy faicts pour le secours des ligueurs et rebelles du roy.* A Tours, chez Jamet Mettayer..., 1590 (pp. 400-420). — 16. *Sommaire Discours de ce qui est advenu en l'armée du roy depuis que le duc de Parme s'est joinct à celle des ennemis jusques au XV. de ce mois de septembre...* A Tours, chez Jamet Mettayer..., 1590 (pp. 421-440). — 17. *Memoire de ce qui est advenu en la retraitte et deslogement du duc de Parme et de ses forces hors de France.* A Tours, chez Jamet Mettayer..., 1590 (pp. 441-451). — 18. *Continuation de ce qui est advenu en l'armee du roy depuis la prinse des faux bourgs de Paris jusques à celle de la ville de Falaize.* A Tours, chez Jamet Mettayer..., 1590 (pp. 452-478). — 19. *Discours succinct du voyage de sa Majesté en Lorraine*, 1591. Janvier (pp. 479-485). — 20. *Discours veritable des particularitez qui se sont passées en la reduction de la ville de Marseille en l'obeyssance du roy.* Imprimé en la ville d'Avignon, 1596 (pp. 486-519). — 21. *Discours de ce qui s'est passé en la prise de la ville de Marseille pour le service du roy...* A Lyon, par Thibaud Ancelin, 1596 (pp. 520-524). — 22. *Discours veritable de ce qui s'est passé en la guerre de Savoye et en la prise du chasteau de Mont-Millan par le tres-chrestien roy de France et de Navarre, Henry IIII...* A Rouen, chez Pierre L'Oyselet, 1600 (pp. 525-531). — 23 *Arrest de la court de parlement donné contre monsieur* [*le*] *duc de Biron, pair et mareschal de France, gouverneur de Bourgongne, le* 29. *juillet* 1602 (pp. 532-534).

Les pièces indiquées sous les n°s 3 et 4 ont été réimprimées par MM. Cimber et Danjou dans leurs *Archives curieuses* (XV, 145-175) et les pièces indiquées sous les n°s 9-14, dans le *Recueil M* (Paris, 1760, in-12), pp. 1-162.

Lenglet-Dufresnoy, en 1744, a joint au *Journal du règne Henri III* un grand nombre de pièces qui complètent les documents relatifs au règne de Henri IV déjà recueillis par le P. Bouge. Voy. le n° 2188 ci-dessus.

Cet exemplaire est recouvert de la même reliure que le *Journal du règne de Henri III* précédemment décrit (n° 2188) ; il provient des mêmes bibliothèques.

2236 *bis*. JOURNAL du Regne de Henry IV. Roi de France et de Navarre. Par M. Pierre de l'Estoile, Grand Audiencier en

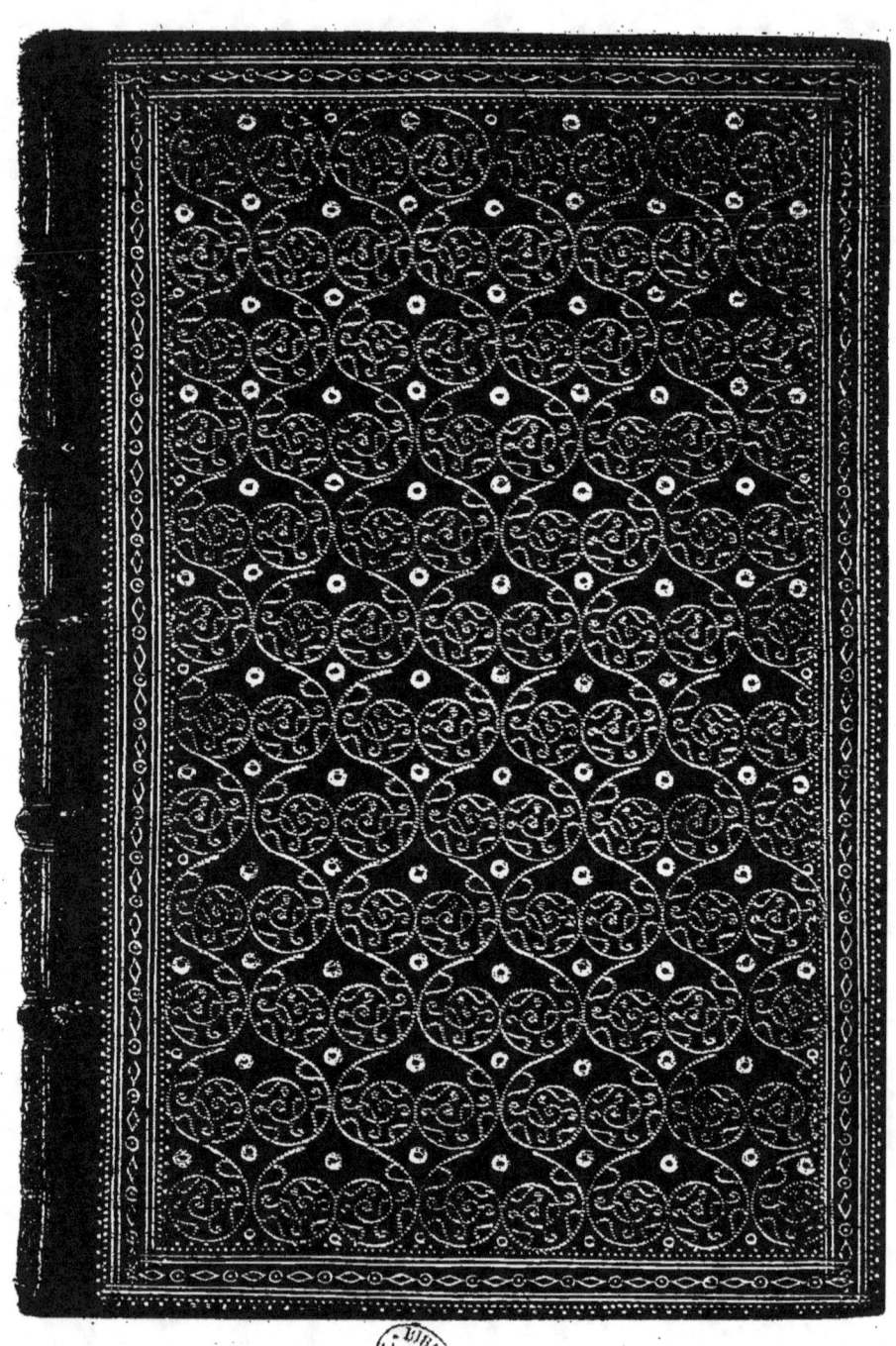

N° 2237. — MÉMOIRES DE LA ROINE MARGUERITE.

la Chancellerie de Paris. Avec des Remarques Historiques & Politiques du Chevalier C. B. A. Et plusieurs Pieces Historiques du même tems. *A la Haye, Chez les Freres Vaillant.* M.DCC.XLI [1741]. 4 vol. in-8, v. f., fil., dos ornés, tr. r.

> Exemplaire semblable au précédent. La reliure est la même que celle du *Journal de Henri III* décrit sous le n° 2188 *bis.*

2237. Les || Memoires || de la Roine || Marguerite. || *A Paris,* || *Par Charles Chappellain, ruë de* || *la Bucherie, à l'image saincte Barbe.* || M. DC. XXVIII [1628]. || Auec priuilege du Roy. In-8 de 4 ff., 362 pp. et 3 ff. blancs, réglé, mar. r., fil., riches comp. à petits fers, dos orné, tr. dor. (*Anc. rel.*)

> Édition originale.
> Les ff. lim. contiennent : le titre, un avis « Au Lecteur », les *Fautes à corriger et Obmissions à remettre*, l'*Extraict du privilège*. Le privilège, daté du 31 octobre 1628, est accordé à *Ch. Chappellain* pour six ans.
> Marguerite de Valois, fille de Henri II et sœur des rois François II, Charles IX et Henri III, avait épousé le roi de Navarre le 18 août 1572, six jours avant la Saint-Barthélemy. Elle vécut presque toujours séparée de son mari, dont l'éloignaient à la fois leurs communs désordres et les hasards de la politique. Le 29 juillet 1599, elle donna son consentement au divorce, que le pape prononça le 10 novembre suivant. Elle mourut à Paris, le 27 avril 1615.
> Les *Mémoires* de Marguerite, rédigés par elle-même, ont été publiés par l'abbé AUGER DE MAULÉON, SIEUR DE GRANIER, l'un des premiers membres de l'Académie Française. Cet éditeur, trompé par l'intitulé de la copie qu'il avait sous les yeux, a cru que la reine avait dédié son œuvre à Charles de Vivonne, sieur de La Chateigneraye ; l'étude du texte a fait reconnaître depuis que le confident choisi par Marguerite était Pierre de Bourdeille, seigneur de Brantome.
> Les *Mémoires* ont été souvent réimprimés. Les éditions les plus récentes et les plus correctes sont celles de M. F. Guessard (Paris, J. Renouard, 1842, in-8), et celle de M. Lud. Lalanne (Paris, Jannet, 1858, in-16).
> Exemplaire en GRAND PAPIER fort, revêtu d'une reliure dorée au pointillé, ordinairement attribuée à *Le Gascon* (voy. la reproduction ci-contre). Un des anciens propriétaires a collé sur une des gardes le portrait de Marguerite emprunté à *L'Europe illustre* d'Odieuvre.
> Des bibliothèques de M. ALEXIS-FERRÉOL, PERRIN DE SANSON, de M. J.-CH. BRUNET (Cat., n° 662) et de M. ODIOT.

2238. Memoires de Maximilien de Bethune, Duc de Sully, Principal Ministre de Henry le Grand. Mis en ordre : avec des Remarques. Par M. L. D. L. D. L. *A Londres*, M.DCC.XLV [1745]. 3 vol. in-4, mar. r., fil., dos ornés, tr. dor. (*Anc. rel.*)

> Édition publiée à *Paris* sous la rubrique de *Londres*. Les initiales placées sur les titres désignent M. l'abbé DE L'ESCLUSE DES LOGES.
> *Tome premier :* Titre, imprimé en rouge et en noir et orné d'un fleuron de *Duflos ;* xxxvj et 596 pp., 1 f. d'*Errata*, plus 25 portr.
> *Tome second :* 2 ff.; x et 664 pp.; 1 f. d'*Errata*, plus 21 portraits

*Tome troisième :* 2 ff., vj et 563 pp., plus 1 f. pour la *Liste des portraits* et 11 portraits.

Les titres des tomes II et III sont ornés du même fleuron que le titre du tome I.

Les portraits sont au nombre de 57, bien que la table placée à la fin du tome III n'en n'indique que 56 ; ce nombre peut varier, du reste, d'après les exemplaires, car M. Brunet en annonce 58. Le portrait ajouté dans notre exemplaire est celui d'Anne d'Autriche (t. II, p. 86). Il y a lieu aussi de remarquer qu'au portrait de Charles, cardinal de Lorraine (t. I, p. 38), l'éditeur a substitué celui de Charles, cardinal de Bourbon (t. I, p. 245).

Tous les portraits dont nous parlons sont empruntés à *L'Europe illustre* d'Odieuvre ; nous en indiquerons les graveurs en décrivant cet ouvrage (voy. ci-après la section de BIOGRAPHIE). Ils sont tous tirés dans des encadrements de style rocaille.

Les mémoires de Sully n'ont pas été rédigés par lui-même ; ils sont l'œuvre de ses secrétaires. L'épître qui précède le tome I de l'édition originale émane de quatre d'entre eux, « que vous cognoissez assez », disent-ils à leur maître. Le grand ministre avait en temps ordinaire six secrétaires en chef auxquels s'adjoignaient des clercs ou copistes. Il énumère lui-même les principaux (t. III, p. 285 de la présente édition) : « J'avais accordé une protection particuliere aux quatre freres ARNAUD. L'aîné de tous mourut jeune et avant le roi. J'aimai assez le second pour le faire, de mon simple secretaire, conseiller d'etat et intendant des finances. Le troisieme prit le parti des armes et devint mestre-de-camp d'un régiment de cavalerie, et je fis prendre au dernier une charge de thrésorier de France et celle de thresorier de la grande voyerie. Tous les autres avoient été partagés à proportion...... [CHARLES] DURET, [seigneur de Chevry et de La Grange], devint thresorier de France, président de la chambre des comptes et contrôleur general des finances ; RENOUARD, correcteur des comptes ; LA CLAVELLE, intendant des Ponts et Chaussées ; [BENJAMIN AUBERY] DU MAURIER, qui avait quitté le duc de Bouillon pour moi, fut, selon son goût et son talent, employé dans les affaires publiques ; il a été ambassadeur en Hollande ; [ANTOINE DE] MURAT, thresorier de l'extraordinaire des guerres ; LA FONT, dont j'ai plusieurs fois fait mention dans ces mémoires, s'attira la confiance du feu roi, qui, entr'autres bienfaits, le fit l'intendant de ses meubles ; GILLOT, secrétaire de l'artillerie ; LE GENDRE, etc. »

Les quatre Arnaud dont il est ici question étaient les frères du célèbre avocat Antoine Arnauld, les oncles, par conséquent, d'Arnauld d'Andilly, du marquis de Pomponne et du grand Arnauld. Celui qui mourut jeune était Claude Arnauld, trésorier de France à Paris, mort en 1602, à l'âge de 27 ans. Isaac, son frère, portait avant 1610 les titres de conseiller d'État et d'intendant des finances. Le troisième Arnauld, Pierre, mourut en 1624, avec le grade de maréchal de camp. Quant au quatrième, l'on doit reconnaître en lui David, contrôleur général des rentes.

La première partie des mémoires de Sully fut imprimée au château de Sully. Cette édition, dite édition aux trois V verts, parut, vers 1638, sous la rubrique d'*Amstelredam, Aletinosgraphe de Clearetimelee et Graphexrecon de Pistariste* (2 vol. in-fol.), fut réimprimée à Paris en 1652, 4 vol. in-12. La seconde partie ne fut donnée au public qu'en 1662 par les soins de Jean Le Laboureur. Depuis lors, ces mémoires ont été souvent reproduits, soit à part, soit dans les grandes collections historiques.

L'abbé de L'Escluse des Loges, trouvant la compilation des secrétaires de Sully trop indigeste, l'a complètement transformée. Non seulement il y a pratiqué de nombreuses suppressions, il en a rajeuni et embelli le style, mais il en a changé toute la physionomie en faisant parler Sully sous la forme directe. Ce procédé littéraire convenait à merveille aux lecteurs du XVIIIe siècle ; aussi le remaniement de l'abbé de L'Escluse obtint-il un grand succès, attesté par de nombreuses réimpressions. Il a même été publié de nouveau en 1822 et en 1827.

HISTOIRE.                73

2239. MEMOIRES de Maximilien de Bethune, Duc de Sully, principal Ministre de Henri le Grand ; mis en ordre, avec des Remarques par M. L. D. L. D. L. Nouvelle Édition revue & corrigée. *A Londres*, M.DCC.LXVII [1767]. 8 vol. in-12, mar. r, fil., dos et coins ornés, tr. dor. (*Anc. rel.*)

VI. 8. 11-18

 Réimpression de l'édition de l'abbé de L'Escluse des Loges.
 *Tome I* : viii pp. pour les titres et l'*Avertissement*, plus un portrait de Henri IV; lx pp. pour la *Préface* et les *Sommaires des livres*, et 415 pp. — *Tome II* : 2 ff. pour les titres; plus un portrait de Sully; viii et 560 pp. — *Tome III* : 2 ff. pour les titres ; x et 565 pp. — *Tome IV* : 2 ff., vi et 454 pp. — *Tome V* : 2 ff., viii et 484 pp. — *Tome VI* : 2 ff., vi et 475 pp. — *Tome VII* : 2 ff., vi et 488 pp. — *Tome VIII* : 2 ff., vi et 375 pp.
 Exemplaire aux armes de JEANNE GOMART DE VAUBERNIER, COMTESSE DU BARRY.
 Le *Catalogue* publié par M. P. Lacroix en 1874 nous apprend (p. 22) que le blanc des 8 volumes avait coûté 12 livres, et la reliure, 18 livres.

2240. RECUEIL de pièces relatives au règne de Henri IV, roi de Navarre, puis roi de France. 11 part. en un vol. in-8, mar. r., fil., dos orné, tr. dor. (*Anc. rel.*)

VI. 6. 48

 Voici la description des pièces contenues dans ce volume :

 1. DISCOVRS || du Triomphe || des Nopces du Roy || de Nauarre auec Madame || Marguerite de France, || sœur du Roy tres- || chrestien. || Auec ample narration de l'occurrance || de la mort de l'Admiral & || ses complices. || *A Lyon*, || *Par Michel Ioue, à l'enseigne du Iesus*. || 1572. || Auec permission. In-8 de 16 ff. non chiffr. sign. *A-D* par 4.
 Au titre, une marque formée des emblèmes de la compagnie de Jésus.

 Henri IV fut fiancé à Marguerite de Valois le 17 août 1572 ; son mariage fut célébré le lendemain à Notre-Dame. Pendant la célébration de la messe, il se retira, en compagnie du prince de Condé, de l'amiral et des autres seigneurs protestants, dans un lieu qui avait été préparé près du chœur, et le duc d'Anjou prit sa place sous le poêle.
 Les fêtes du mariage royal n'étaient pas encore terminées quand eut lieu le massacre de la Saint-Barthélemy.

 2. PROTESTA- || TION ET DECLA- || RATION du Roy de Nauarre sur || la venue de son armee en France. || M.D.LXXXVII [1587]. *S. l.*, in-8 de 7 ff. non chiffr.
 Cette pièce, rédigée par PHILIPPE DE MORNAY, SIEUR DU PLESSIS MARLY (voy. ses *Mémoires*, éd. de 1824-1825, III, 508-518). est datée de Fontenay-le-Comte, le 14 juillet 1587, et contresignée : L'HUILLIER.

 3. DECLARATION || du Roy de || Nauarre sur les || calomnies publiees || contre luy és Protestations || de ceux de la Ligue qui se || sont esleuez en ce || Royaume. || Auec Priuilege. || *A Ortés*. || M.D.LXXXV [1585]. In-8 de 58 pp.
 Au v° du titre est un extrait (en béarnais) du privilège accordé à l'imprimeur *Loys Rabier*, le 11 juin 1585, par le roi et prince souverain de Béarn.
 Le second f. est occupé par une épître « Au roy », signée du roi de Navarre.
 La *Declaration* est l'œuvre de PHILIPPE DE MORNAY, SIEUR DU PLESSIS MARLY. Voy. ci-dessus n° 2204.

 4. TRAICTE. || sur la De- || claration du || Roy pour les droits || de prerogatiue de Mö- || seigneur le Cardinal || de Bourbon. || *A Paris*, || *Chez Guillaume Bichon Ruë* || *Saint Iacques au bichot*. || M.D.LXXXVIII [1588]. In-8 de 7 ff. lim. et 158 pp.

74    HISTOIRE.

Au titre, la marque de *G. Bichon* (Silvestre, n° 380).

Les 6 ff. qui suivent le titre contiennent : une épître « A monseigneur, monseigneur le cardinal de Bourbon », la *Coppie des lettres patentes du roy declaratives des droits, priviléges et prerogatives de monseigneur le cardinal de Bourbon* (lettres données à Chartres, le 17 août 1588, et enregistrées au parlement le 26 du même mois) ; le *Sommaire Argument du present traitté*.

Le *Traicté* est l'œuvre d'ANTOINE HOTMAN qui, à l'inverse de son frère François, resta catholique et consacra toute une série de pamphlets à la défense des prétendus droits du cardinal de Bourbon au trône.

5. HISTOIRE || tragique et memora- || ble, de Pierre de Gauerston || Gentilhomme gascon, iadis le mignon || d'Edoüard 2. Roy d'Angleterre, tirée || des Chroniques de Thomas Valsin- || ghan, & tournée de Latin en François. || Dediée à Monseigneur le Duc d'Espernon. || M.D.LXXXVIII [1588]. *S. l.*, in-8 de 6 ff. lim. et 41 pp.

Voy. ci-dessus, n° 2222, art. 1.

6. RESPONCE || aux principaux || Articles & chapitres de l'Apo- || logie du Belloy, faulsement & || à faux tiltre inscrite Apologie || Catholique, pour la succession || de Henry roy de Nauarre à la || couronne de France. || Traduit nouuellement du Latin sur la copie || imprimée à Rome, par M. M. || M.D.LXXXVIII [1588]. *S. l.*, in-8 de 144 pp.

En 1585 avait paru une défense des droits éventuels de Henri IV intitulée : *Apologie catholique contre les libelles , declarations, advis et consultations faictes, escrites et publiées par les liguez, perturbateurs du repos du royaume de France, etc.*, par E. D. L. J. C. (voy. le *Catalogue de la Bibliothèque nationale, Hist. de France*, I, p. 307). Les initiales paraissaient désigner Edmond de L'Alouette, jurisconsulte ; d'après le traducteur français de la *Responce* ce serait, au contraire, un masque employé par PIERRE DE BELLOY, professeur de droit à Toulouse, puis conseiller en la sénéchaussée de cette ville et chargé d'une mission auprès de la cour. Le titre latin de la *Responce* est : *Responsio ad praecipua capita Apologiae quae falso catholica inscribitur pro successione Henrici Navarreni in Francorum regnum, auctore Francisco Romulo*, 1587. On admet d'ordinaire que sous le nom de Romulus s'est caché le cardinal ROBERT BELLARMIN.

7. DISCOVRS || sur la treue || accordee par le Roy || Tres-Chrestien Henri III. || Roy de France & de Polongne, au Roy || de Nauarre. || Pseaume 118. || Loquar de testimoniis tuis in conspectu Regum || & non confundar. || A Tours , || *Chez Iamet Mettayer Imprimeur* || *ordinaire du Roy.* || M.D.LXXXIX [1589]. || Auec priuilege de sadite Maiesté. In-8 de 48 pp.

Au titre, les armes de France et de Navarre.

Henri III et le roi de Navarre avaient conclu une trève le 26 avril 1589. Le *Discours*, publié à cette occasion par un auteur resté fidèle à la cause royale, ressemble plus à un sermon qu'à un factum historique.

8. ADVERTIS- || SEMENT aux || Francois || Catholiques. || *Mille cinq cens quatre vingts & neuf. S. l.*, in-8 de 8 pp.

Cet *Advertissement*, écrit après la mort de Henri III, est une apologie de la Ligue.

9. DISCOVRS || veritable de ce qui || s'est passé en la guerre || de Sauoye, & en la prise du || chasteau de Mont-millan, || Par le Tres-Chrestien Roy de France & de || Nauarre, Henri IIII. || Auec le nombre des Canons & munitions || que sa Maiesté a gaignez dans || Mont-millan. || *A Paris , || Pour Guillaume Auuray, rüé sainct || Iean de Latran , au Bellerophon.* || 1600. || Auec Permission. In-8 de 13 pp.

Au v° de la p. 13 est le texte de la permission accordée à *Auvray* le 28 novembre 1600.

L'armée française s'était emparée, presque sans coup férir, de toute la Savoie. Montmélian , la plus forte place du pays , avait d'abord obtenu une trève d'un mois; mais, le duc de Savoie n'ayant pu y jeter du secours, M. de Brandy, qui y commandait, dut capituler. Les troupes royales y entrèrent le 16 novembre 1600.

10. NEVF ADVERTISSEMENTS || pour seruir à l'vtilité publicque, aduenus || sur le bon-heur de la naissance de || Mon-seigneur le Dauphin. || Assauoir est, d'vn bon et ra- || re ouurier François || Faire fil d'or au tiltre de Milan. || Faire croistre le ris en France. || Bluter Les farines par des enfans. || Faire fromage à la vraye mode de Milan. || Faire croistre esperges grosses de deux poulces, & || longues d'vn grand pied. || Comme les estrangers possedent la nauigation de la || mer, & les richesses des foires. || Certain aduis de fabriquer toutes étoffes [sic] en France. || Le desordre des monnoyes, auec le remède du bien. || Faict par B. D. L. || *A Paris,* || *Par Pierre Pautonnier, Imprimeur* || *& Libraire, demeurant au mont* || *S. Hillaire ruë Chartiere, de-* || *uant les trois Croissans.* || 1601. In-8 de 12 pp.

Au v° du titre est un extrait du privilège général accordé, le 21 juillet 1598, à BERTHELEMY DE LAFFEMAS, valet de chambre du roi, natif de Beau-Semblant en Dauphiné, et lui permettant de faire imprimer « toutes remonstrances pour servir à l'establissement du commerce, manufactures et ouvrages. »

Les *Neuf Advertissements* semblent être restés inconnus aux divers biographes du célèbre économiste.

11. PARENETIC, || ou || Discours de remon || strances au peuple || François, Sur le subiet de la || coniuration contre || l'Estat. || *A Paris,* || *Chez Pierre Cheualier, au mont* || *S.-Hilaire, à la Court d'Albret.* || 1602. In-8 de 38 pp.

Au titre, une marque que Silvestre reproduit en grand (n° 727) et qu'il attribue à l'imprimeur *Pierre Huby* (1585-1627).

Ce recueil provient d'une vente faite par Mme Labitte au mois de mars 1888 (Cat., n° 147).

2241. RECUEIL de pièces relatives au règne de Henri IV. 7 part. en un vol. in-8, mar. citr., fil., dos orné, tr. dor. (Anc. rel.)

Voici la description des pièces qui composent ce recueil :

1. LE MARTIRE || et cruelle Mort || du Prieur des Iacobins de || Paris, faict a Tours le 23. de || Feurier. 1590. || Ensemble la cruauté faicte enuers || vne dame deuote, & sa cham- || briere dans ladite ville de || Tours. || *Iouxte la coppie imprimee a Orleans* || *pour Iacques Lucas Colporteur.* || Auec Permission. In-8 de 13 pp. et 1 f. blanc.

Frère Bourgoing, prieur des jacobins, était sorti de Paris, avec divers bourgeois, écoliers et religieux, pour faire tête aux troupes de Henri IV, lorsque le roi se présenta devant la capitale, le 1er novembre 1589. Il fut fait prisonnier et fut emmené à Tours. Là il fut interrogé sur le crime de Jacques Clément, qu'il refusa de blâmer. Dès lors le parlement de Tours le regarda comme un complice de l'assassin et le condamna à être écartelé et brûlé. Une dame de la ville ayant voulu faire recueillir par sa chambrière des cendres de celui qu'elle considérait comme un martyr, vit ses biens confisqués, et la servante fut battue de verges.

2. LE KARESME || et Mœurs du || Politique, || Où il est amplement discouru || de sa maniere de viure, de || son Estat & Religion. || Par P. V. B. C. || *A Paris,* || *Par Pierre des-Hayes, Imprimeur. demeurant* || *en la rue du bon Puis, à l'enseigne* || *de l'Escreuisse.* || M.D.LXXXIX [1589]. || Auec permission. In-8 de 20 pp. et 2 ff.

Le titre de départ porte que ce factum est dédié « à monseigneur le baron d'Autrey ».

L'auteur accuse les politiques de ne pratiquer aucune religion et de remplacer en carême le poisson par les gibiers les plus exquis.

Les 2 ff. qui terminent l'édition contiennent une ode « à monsieur Perdulcis, excellent medecin », et une épigramme latine au même.

3. RAISONS || des Politiques || qui veullent faire Henry de || Bourbon Roy de France, & celles || des Catholiques, par lesquelles est || prouué qu'il ne le doit estre : || Auec les responses aux arguments || & repliques des Biarnois. || *A Lyon,* || M.D.XC [1590]. In-8 de 20 pp.

La p. 3 contient un avis « Au Lecteur ».

Les allégations des politiques sont développées une à une et immédiatement réfutées par un catholique partisan de la Ligue.

4. LETTRE || escrite à || Madame de || Tinteuille. || Par laquelle on cognoist le but des adherans de || Henry de Bourbon n'estre autre que d'oster || la Religion Catholique Apostolique & Ro- || maine, & se descouurent les artifices par les- || quels ils y pretendent paruenir. || *A Paris,* || *Chez Guillaume Chaudiere, ruë Sainct Iaques,* || *à l'enseigne du Temps, & de* || *l'Homme Sauuage.* || M.D.LXXXIX [1589]. In-8 de 7 pp.

Au titre, la marque de *G. Chaudière* (Silvestre, n° 286).

La lettre, qui paraît être l'œuvre d'un protestant fervent, mais qui est probablement apocryphe, est datée « du camp » le 22 août 1589 ; elle est signée : « Celuy que sçavez, de la suitte ordinaire de monsieur de Chastillon. » En tête est un avis « Au zelé et catholique lecteur ».

La *Lettre* a été réimprimée à *Lyon*, par *Jean Patrasson*, en 1589, in-8 de 7 pp. (Biblioth. de Genève, Gg. 281).

5. ARTICLES || accordez, iurez, || et signez à Melun par . || Henry de Bourbon, pretendu Roy || de Nauarre, & les Prelats, Princes, || Seigneurs, Gentilshommes, Soldats || François et Estrangers estans à || sa suyte, lors qu'il pensoit entrer dans || Paris. || Par lesquels lon peut veoir le desir qu'il || a d'exterminer la Religion Ca- || tholique de ce Royaume || de France. || M.D.LXXXX [1590]. S. *l.*, in-8 de 8 ff. non chiffr.

Henri IV s'empara de Melun le 17 avril 1590 ; il espérait pouvoir entrer quelques jours après dans Paris. C'est alors, suivant l'auteur de ce factum, qu'il aurait d'avance distribué à ses partisans, les biens et les femmes des Parisiens. Les prétendus articles ne sont qu'une invention grossière d'un ligueur féroce.

6. LA || DESCONFITV- || RE des Huguenots || en l'entreprinse qu'ils auoient || dressé contre le Chasteau de || Dampmartin, le 6. Ian- || uier 1590. || *A Paris,* || *Chez Nicolas Niuelle, ruë S. Iaques,* || *aux deux Colonnes.* || *Et Rolin Thierry, ruë des Anglois,* || *pres la place Maubert.* || Libraire [sic] & Imprimeur [sic] *de la saincte Vnion.* || M.D.LXXXX [1590]. || Auec Priuilege. In-8 de 11 pp.

Au v° de la p. 11 est un extrait du privilège général accordé à *Nicolas Nivelle* et à *Rolin Thierry*, par messieurs du conseil général de la sainte Union des catholiques, le 18 avril 1589.

Le capitaine Tremblay qui commandait pour Henri IV à Dammartin, avait été obligé de rendre cette place aux ligueurs le 25 novembre 1589. Il s'entendit avec M. de La Noue et avec M. de Thoré, gouverneur de Senlis, pour reprendre la petite ville ; mais cette tentative échoua, grâce à l'énergie du sieur de Moris, gentilhomme savoyard, que Mayenne y avait établi avec quelques soldats.

7. LES || CRVAVTEZ || commises contre || les Catholiques de la ville de Ven- || dosme, par le Roy de Nauarre & || ses supposts. || Auec les derniers propos de monsieur Iessé, Prouincial de || l'ordre sainct François, miserablement || executé & mis à mort. || *A Troyes,* || *Par Iean Moreau, M. Imprimeur* || *du Roy.* || Auec Priuilege dudit Seigneur. S. *d.*[1590], in-8 de 8 ff. non chiffr.

Au titre, les armes de France.

L'auteur de la relation prétend que, Henri IV s'étant rendu maître de Vendôme, le 19 novembre 1589, les Anglais qui étaient dans son armée commirent les plus affreuses cruautés. M. de Bénehar, gouverneur de la ville, eut la tête tranchée. Le maréchal d'Aumont et le grand prévôt Richelieu se rendirent chez les cordeliers, enlevèrent le P. Jessé, provincial de l'ordre, qui avait prêché dans nombre de villes de France, et le firent pendre sans pitié.

Ce recueil provient de la même vente que le précédent (Cat., n° 149).

2242. RECUEIL de pièces relatives à l'histoire de Henri IV. 12 part. en un vol. in-8, mar. citr., fil., dos orné, tr. dor. (*Anc. rel.*)

Voici la description des pièces qui composent ce recueil :

1. LE BOVTEFEV || des Calui- || nistes. || Depuis n'aguere enuoyé en Ambassade par le || Roy de Nauarre, à quelque partie des Estatz de || l'Empire. pour troubler la Religion & Repu- || blique : & rallumer les feus des guerres Ciuiles, || par toute la Chrestienté. || Traduict de Latin en || Francois. || Pour le bien et proffit de toutes gens de bien, || & amateurs de leur salut. || || *A Francfort.* || 1584. In-8 de 1 f. et 142 [*lis.* 143] pp.

La pagination est des plus fautives. Les pp. chiffrées 78, 85, 86, 93 sont blanches d'un côté.

L'original latin est intitulé : *Incendium calvinisticum regis Navarri legatione apud quosdam imperii status nuper admodum ad certam religionis ac reip. conturbationem procuratum...* (S. l., 1584, in-8).

Ce factum contient : *Formulaire des lettres du roy de Navarre envoyées en Allemaigne aux princes protestans de la confession d'Ausbourg*, lettres datées de Nérac, le 31 juillet 1583 (pp. 14 [*lis.* 15]-18 [*lis.* 19]); — *Instructions et Memoires donnees par le roy de Navarre à Jacques Segur Pardillian, son ambassadeur...* (pp. 19 [*lis.* 20] - 26 [*lis.* 27]); — *Autres Instructions...* (p. 27 [*lis.* 28] - 31 [*lis.* 32]); — *Aultres instructions plus secretes...* (pp. 32 [*lis.* 33] - 37 [*lis.* 38]). — *Response des deputés par les principaux protestans aux lettres du roy de Navarre...*(pp. 38 [*lis.* 39]-81[*lis.* 82] );— *Lettres et Escrits mentionnez en la Responce au roy de Navarre* (pp. 82 [*lis.*83]-113 [*lis.* 112]); — *Copie des lettres de l'electeur de Brandebourg au docteur Chemnice touchant la legation du roy de Navarre* (pp. 114 [*lis.* 113]-116 [*lis.* 115]); — *Responce de [Martin] Chemnice* (pp. 116 [*lis.* 115]-123 [*lis.* 122]); — *Copie des lettres de l'ambassadeur du roy de Navarre* (pp. 124 [*lis.* 123]-130 [*lis.* 129]; — *Lettres de creance du roy de Navarre à la Majesté imperiale...* (pp. 131 [*lis.* 130]-132 [*lis.* 131]; — *Memoires et Informations suyvant lesquelles le sieur Jacques Segure Pardilian... traictera de nostre part avec le tres-invincible... empereur* (pp. 133 [*lis.* 132]-142 [*lis.* 141]).

Ces diverses pièces sont précédées d'un avis « Au lecteur » qui est un violent pamphlet contre le roi de Navarre accusé de vouloir convertir les luthériens au calvinisme. L'auteur de cet avis, qui pourrait bien être un Français et un catholique, s'attache à démontrer que la Navarre n'existe pas comme royaume et que son prince est un pauvre hère.

2. STANCES || sur la mort de || Henry le Grand || P. P. G. P. || *A Paris,* || *Chez Iean Libert,* dameurant [sic] ruë || *Sainct Iean de Latran, près le Col-* || *lege de Cambray.* || M.DC.X [1610]. In-8 de 12 pp., car. ital.

Exemplaire semblable à celui qui est décrit dans notre t. I, n° 890, art. 10.

3. DOVBLE d'vne || lettre enuoiee à vn || certain personage con- || tenante le discours de ce qui se passa au || Cabinet du Roy de Nauarre, & en sa presence : lors que Mon- || sieur le Duc d'Espernon || fut vers luy en || l'an, || 1584. || *A Francfort,* || 1585. In-8 de 1 f. et 86 pp.

La lettre, datée de Nérac, le 15 juillet 1584, contient un long récit d'une conférence qui aurait eu lieu entre le roi de Navarre et MM. Du Ferrier, de Roquelaure et Marmet. Après la mort du duc d'Anjou, le duc d'Espernon avait été député vers le Béarnais, devenu héritier présomptif de la couronne, pour le décider à changer de religion. Le roi de Navarre hésitait ; ce serait alors qu'il aurait mis aux prises M. de Roquelaure, représentant des catholiques, et le ministre Marmet. Arnaud Du Ferrier, qui professait en secret la religion protestante, aurait fait pencher la balance en faveur de Marmet.

Divers auteurs ont révoqué en doute la conférence de Nérac, probablement à tort. Péréfixe reproche, non sans raison, aux huguenots d'avoir froissé les catholiques en en publiant le récit.

4. DECLARATION || de la volonté du Roy || sur les nouueaux trou- || bles de ce Royaume. || *A Paris,* || *Par Federic Morel Imprimeur* || *ordinaire du Roy.* || 1585. || Auec Priuilege dudict Seigneur. In-8 de 24 pp.

Au titre, une petite marque de *F. Morel.*

La déclaration est datée de Paris au mois d'avril 1585.

*Mémoires de la Ligue,* éd. de 1758, I, 68-78.

5. ADVERTISSEMENT || fait au Roy, de la part || du Roy de Nauarre et de || Monsieur le Prince de Condé, touchant || la derniere declaration de la guerre, || 1587. || *Imprimé à la Rochelle par Iean Portost* || *Imprimeur de la ville.* In-8 de 7 ff.

Cet *Advertissement,* qui a la forme d'un sermon, fut imprimé au moment où le roi de Navarre prenait les armes pour donner la main aux reîtres de Jean-Casimir.

6. ACCORT || et Capitulation || faict entre le Roy || de Nauarre & le Duc de Cazi- || mir pour la leuee de l'armee || des Reistres venus en || France en l'année || 1587. || *A Strasbourg,* || *Chez Gillot le Porché Imprimeur.* || M.D.LXXXVIII [1588]. In-8 de 82 pp.

L'accord, conclu à Friedelheim, le 11 janvier 1587, est signé, pour le roi de Navarre, par ses ambassadeurs : Jacques de Segur, sieur de Pardaillon, Claude-Antoine de Vienne, sieur de Clevant, et Jean de Chaumont, sieur de Guitry, et, pour Jean Casimir de Bavière, comte palatin du Rhin, par le prince lui-même.

*Recueil G* (Paris, 1760, in-12), 160-200.

7. METAMORPHOSE || d'Henry || de Bourbon || iadis Roy de Na- || uarre, faussement & ini- || quement pretendant || d'estre Roy de || France. || En laquelle se monstre ce qu'il fit l'an 1572. feignant || d'estre conuerti à nostre Religion Catholique, Apo- || stolique & Romaine. Ensemble la Bulle de nostre S. || Pere le Pape Sixte V. par laquelle il est auec le feu || Prince de Côdé, declare heretique relaps, & priué || de son Royaume & Seigneuries, & incapable à || iamais succeder à la Coronne de France. || Extraict des Annales de France, & du liure || des Bulles des Papes. || Auec vne lettre dudict Henry de Bourbon aux Bernois. || L'homme sainct demeure en sapience comme le soleil, mais le fol || se change comme la lune. Eccles. 27. 12. || *A Lyon,* || *Par Iean Pillehotte,* || *Libraire & Imprimeur de la S. Vnion.* || 1589. || Auec priuilege. In-8 de 48 pp.

Les pp. 3-4 contiennent avec avis de « L'Imprimeur au vray et naturel François. »

Le factum se compose : 1º de la lettre du roi de Navarre au pape Grégoire XIII, lettre datée de Paris, le 3 octobre 1572 ; — 2º de la réponse du pape, en date de Rome, le 1ᵉʳ novembre 1572 ; — 3º de la lettre du cardinal de Bourbon au pape, en date de Paris, le 3 octobre [1572] ; — 4º de la réponse du pape, en date du 1ᵉʳ novembre 1572 ; — 5º de l'*Edict du roy de Navarre pour la reduction de ses pays sous l'obeyssance de l'Eglise catholique,* en date de Paris, le 6 octobre 1572 ; — 6º de la *Bulle de nostre sainct pere le pape Sixte V., contenant la declaration contre Henry de Bourbon,* etc. Voy. ci-dessus, nᵒˢ 2179 et 2180.

Le recueil se termine par un *Sonnet sur les ruses et finesses d'Henry de Bourbon,* etc., et par un avis de l'imprimeur qui met le lecteur en garde contre l'*Apologie* signée E. D. L. J. C., c'est-à-dire « Epicure, Diagoras, Lucien, impie, caffard, » et lui recommande, au contraire, la *Responce* signée « Romulus ». Voy. sur ces dernières pièces le n° 2240, art. 6.

8. ARREST de la Cour de || Parlement de Paris, || Contre ceux qui tiennent le party de || Henry de Bourbon, declaré heretique || par nostre S. Pere le Pape, & qui luy || prestent ayde, secours & faueur. || Et enioinct à toutes personnes de quelque estat qualité || & condition qu'ils [*sic*] soient, de s'en retirer & revnir [*sic*] auec || les Catholiques dans vn mois, autrement declarez || criminels de leze Majesté diuine & humaine, deser- || teurs de la cause de Dieu & ennemis de son Eglise || leurs estats, charges, offices vaquans et leurs || biens declarez et confisquez au Roy. || *A Paris,* || *Chez Nicolas Niuelle, ruë S. Iacques,* || *aux deux Colonnes.* || *Et Rolin Thierry, ruë des Anglois,* || *pres la place Maubert.* || *Libraire* [sic] *& Imprimeur* [sic] *de la saincte Vnion.* || M. D. LXXXIX [1589]. || Auec Priuilege. In-8 de 8 pp.

L'arrêt est daté du 14 octobre 1589. A la suite est mentionnée la publication faite à Paris, par Thomas L'Auvergnat, crieur juré, accompagné de Philippe Noyret, trompette, le 16 octobre.

La p. 8 contient un extrait du privilège général accordé par le « conseil general de la saincte Union des catholiques » à *Nicolas Nivelle* et à *Rolin Thierry,* le 18 avril 1589.

9. LAMENTATION et || Regrets sur la mort || de Henry le Grand || A l'imitation Paraphrastique de la Mo- || nodie Grecque & Latine de Fed. || Morel Interprete du Roy. || Par Isaac de la Grange. || *A Paris,* || *Chez Iean Libert, demeurant ruë* || *Sainct Iean de Latran, pres le Col-* || *lege de Cambray.* || M.DC.X [1610]. In-8 de 7 pp.

Exemplaire semblable à celui que nous avons décrit sous le n° 890, art. 6.

10. LE || DISCOVRS || veritable de ce qui || s'est passé au voyage de || la Royne, depuis son departe- || men [*sic*] de Florence, iusques à son || arriuee, en la ville de Marseille, || auecq les magnificences faites à || l'entrée de sa Maiesté. || *A Paris.* || *Pour Benoist Chalonneau, de-* || *meurant ruë des sept voyes* || *à la corne de cerf.* || *Et* || *Pour Siluestre Moreau demeurant* || *ruë du Coq, au nom de Iesus,* || Auec Permission. || 1600. In-8 de 11 pp.

La page 11 ne contient que le texte de la permission accordée pour deux ans aux libraires par le prévôt de Paris, Miron, le 19 décembre 1600.

11. LE || PASSE-PAR-TOVT des || Peres Iesuites, || Apporté d'Italie, || Par le Docteur de Palestine gentil- || homme Romain. || Ensemble L'A. banny du François. || Et nouuellement traduit de || l'Italien Imprimé à || Rome. ||

Ne cerchez plus de Passe-ports, ||
La France est de tous bons accords, ||
Et cognoissant les grands merites ||
Qui sont aux Peres Iesuites, ||
Elle est en fin venue à bout ||
D'auoir eu leur Passe-partout. ||

*L'An* M. DC. VII [1607]. *S. l.,* in-8 de 164 pp. et 4 ff.

Cette satire, écrite en prose et en vers, est de CÉSAR DE PLAIX SIEUR DE L'ORMOYE, avocat à Orléans, qui paraît avoir également composé *L'Anti-Coton*. Voy. Quérard, *Supercheries,* t. I, 968 c.

*L'A banny des françois,* qui occupe les 4 derniers ff., est une satire en vers de douze syllabes.

12. DISCOVRS sur || l'attentat || à la personne du Roy || par Nicole Mignon. || Dedié à Sa Maiesté. || Par le Sieur du Souhait. || *A Paris,* || *Pour Anthoine du Brueil,* || & || *Gilles Robinot.* || 1600. || Auec Priuilege du Roy. In-8 de 14 pp. et 1 f.

Nicole Mignon, qui avait voulu attenter à la vie de Henri IV, était femme d'un cuisinier du roi. Elle fut brûlée vive le 2 juin 1600.

La p. 3 contient une épître « Au roy ». Le *Discours* (pp. 5-14) est écrit en prose. Il est suivi d'un sonnet et d'un extrait du privilège général accordé à *Jacques Rezé*, libraire à Paris, le 16 février 1599, pour les œuvres du sieur Du Souhait « faites et à faire ». Ledit Rezé déclare avoir cédé ses droits à *Anthoine Du Brueil* et à *Gilles Robinot*, le 22 septembre suivant.

Ce recueil provient, comme les deux précédents, d'une vente faite par M<sup>me</sup> Labitte au mois de mars 1888 (Cat., n° 148).

2243. RECUEIL de pièces relatives au règne de Henri IV. 21 part. en un vol. in-8, mar. v., fil., dos orné, tr. dor. (*Anc. rel.*)

Voici la description des pièces contenues dans ce volume :

1. LES VRAIS || PIEGES et Moiens || pour atraper ce fau [*sic*] || Heretique & cauteleux grison. || Auec vne remonstrance à tout bon Catholique, en- || uoyé à Paris, le quinziesme de Feurier, || mil cinq cens quatre vingts || & neuf. || *A Paris,* || *Pour Jacques Varangue ruë S.* || *Iacques au pres le College* || *du Plaissis* || Auec permission. In-8 de 12 [*lis.* 22] pp. et 1 f.

Nous avons décrit ci-dessus (n° 2228) un autre exemplaire de cette pièce.

2. LE CEVRRIER Picard. *S. l. n. d.* [*v.* 1615], in-8 de 16 pp., avec un simple titre de départ.

Violent factum contre le maréchal d'Ancre.

3. BVLLES || de N. S. Pere le || Pape Gregoire XIIII. || L'vne || Contre toutes personnes Ecclesiastiques, suyuans le || party de Henry de Bourbon, iadis Roy de Nauarre. || L'autre || Aux Princes, Seigneurs, Nobles et autres personnes || laïques suyans le mesme party. || *A Paris,* || *Chez Robert Niuelle, ruë S, Iaques,* || *aux Cigognes* || *Et Rolin Thierry, ruë S. Iaques, au Lis blanc.* || *Imprimeur* [sic] *de la saincte Vnion.* || M. D. XCI [1591]. || Auec Priuilege. In-8 de 32 pp.

Au titre, les armes du pape.

Le recueil contient le texte latin des deux bulles du 1<sup>er</sup> mars 1590. L'une et l'autre sont suivies des délibérations prises par le Parlement de Paris le 3 juin 1591 pour l'enregistrement et la publication desdites bulles. Ces délibérations sont aussi rédigées en latin.

4. LE FRANCOPHILE || Pour tres-grand, tres-chrestien, || tres-magnanime & tres-belli- || queux Prince, Henry Auguste || 4°, Roy de France & de Na- || uarre. || Contre les conspirations du Roy || d'Espagne, du Pape, & des re- || belles de France. || || *A Chartres.* || M. D. XCI [1591]. In-8 de 85 pp.

Les pages 3-4 contiennent une épître « Au roy », datée de Chartres, le 6 août 1591, et signée A. M. Ces initiales sont celles d'ANDRÉ MAILLARD.

5. LE DOVX || et gracieux || Traictement des || Partisans du Roy de Na- || uarre à l'endroit des Catholiques ; || C'est à dire : || Le cruel assassinat, ou plustost, si i'ose dire, glo- || rieux Martyre de deux Iesuistes, commis par || iceux en la ville d'Aubenas le 8. iour de Fe- || urier de ceste année 1593. D'où l'on || peut veoir aisément le dessein qu'ils || ont d'exterminer la Religion || Catholique. || *A Paris,* || *Chez Robert Niuelle, ruë S. Iaques* || *Et* || *Rolin Thierry, en la mesme ruë* || *S. Iaques, au Lis Blanc,* || M.D.XCIII [1593]. In-8 de 16 pp.

Il s'agit du P. Jacques Sales, docteur en théologie, d'un frère coadjuteur et du curé de la ville, tués à Aubenas le 8 février 1593.

6. DISCOVRS || d'Estat sur || la blessure || du Roy. || *A Lyon,* || *Par Guichard Iullieron,* || *et Thibaud Ancelin,* || *Imprimeur du Roy.* || M. D. XCV [1595]. || Auec Permission. In-8 de 15 pp.

Au titre, les armes de France et de Navarre.

Les pp. 3-4 contiennent une épître « A tres-illustre seigneur, monseigneur

# HISTOIRE. 81

Du Harlay [*sic*], conseiller du roy en son conseil privé et d'estat, chevalier et prince du senat de Paris, etc. », épître signée : PONTAIMERY.

Le *Discours*, inspiré par l'attentat de Jean Chastel, est suivi (p. 15) d'un *Hymne au roy*.

*Mémoires de Condé*, VI (1743), II, 186-190 ; *Mémoires de la Ligue*, éd. de 1758, VI, 250-257.

7. PROPHETIES de Maistre || Noel Leon Morgard, professeur és Mathemati- || ques presentees au Roy Henry le Grand, pour ses || estrennes en l'an 1600. contreuenât plusieurs predi- || ctions sur l'alliance d'Espagne. *S. l. n. d.*, in-8 de 8 ff. non chiffr.

L'édition n'a qu'un simple titre de départ. — Le v° du dernier f. est blanc.

Les prophéties se composent de 68 sixains fort obscurs ; elles sont suivies d'une *Interpretation des noms*.

8. L'ORDRE des || Ceremonies || du Sacre et Couron- || nement du treschrestien || Roy de France et de Nauarre || Henry IIII. du nom, faict en l'E- || glise de Nostre Dame de la || ville de Chartres, le Diman- || che xxvij de Feurier || M. D. XCIIII. || *A Chartres*, || *Chez Claude Cottereau, Imprimeur* || *ordinaire du Roy.* || 1594. || Par commandement dudit Seigneur. In-8 de 55 pp.

Au v° du titre est un avis de « L'Imprimeur au Lecteur ».

Cette relation a été reproduite par MM. Cimber et Danjou (*Archives curieuses*, XIII, 399-431), d'après une édition de *Tours, Jamet Mettayer*, 1594.

9. EPISTRE || de Yues, || Euesque de || Chartres, touchant le || Sacre des Roys || de France. || *A Chartres*, || *Chez Claude Cottereau, Imprimeur* || *ordinaire du Roy.* || M. D. XCIIII [1594]. In-8 de 14 pp.

Yves, évêque de Chartres de 1090 à 1115, s'attache à démontrer que le sacre des rois de France peut être fait valablement ailleurs qu'à Reims. Son épître se rapporte au sacre de Louis le Gros fait à Orléans en 1109.

A la suite de la dissertation est un sonnet français, un *Carmen ad Remos*, signé H. D. B., et un quatrain, signé N. F.

10. POMPE FVNEBRE || du tres-chrestien, || tres-puissant et tres- || victorieux Prince, Henry le || Grand, Roy de France & || de Nauarre : || Faicte à Paris & à S. Denys, les 29. et 30. || Iiours du mois de Iuin, & le 1. de || Iuillet, 1610. || Recueillie par C. M. I. D. M. L. D. D. M. || *A Lyon*, || *Par Claude Morillon, Libraire &* || *Imprimeur de Madame la Duchesse* || *de Montpensier.* || M. D. C. X [1610]. || Auec permission. In-8 de 32 pp.

Au titre, les armes de France et de Navarre.

Les pp. 3-4 contiennent une épître « A monseigneur, monseigneur d'Alincourt, chevalier des deux ordres du roy..., gouverneur et lieutenant general pour sa Majesté és pays de Lyonnois, Forests et Beaujolois, etc. », épître datée de Paris, le 2 juillet 1610. Claude Morillon y raconte qu'il a fait lui-même un recueil de la pompe funèbre dont il a été témoin pendant son séjour à Paris. C'est, en effet, l'imprimeur lyonnais que désignent les initiales placées sur le titre : Claude Morillon, imprimeur de madame la duchesse de Montpensier.

11. L'ORDRE || de la Pompe || funebre obseruee || au Conuoy et Funerailles || de Henry le Grand, Roy de || France & de Nauarre : Prince tres- || puissant & inuincible, qui commen- || ça à marcher le Mardy 29. iour de || Iuin, depuis le Louure iusques à No- || stre Dame, & de là le lendemain à S. || Denys. || *A Lyon*, || *Par Iean Poyet.* || 1610. In-8 de 16 pp.

Au titre, les armes de France et de Navarre.

12. LE || CONVOY du || Cœur de Tres-auguste || Tres-clement et Tres-victo- || rieux Henry le Grand IIII. du nom || Tres-Chrestien Roy de France & de Nauar- || re, depuis la ville de Paris iusque au Colle- || ge Royal de la

6

82          HISTOIRE.

Fleche. || *A Paris,* || *Chez François Rezé Marchant Libraire,* || *ruë des Amandiers.* || MD.C.X [1610]. || Auec Priuilege du Roy. In-8 de 32 pp.

Au titre, les armes de France et de Navarre.

Au bas de la page 32 est un extrait du privilège accordé pour six ans à Fr. Rezé, le 6 juillet 1610.

13. DISCOVRS || veritable sur la || Mort de Henry || le Grand. || Contenant les dernieres paroles qu'il profera ; En- || semble les actions de pieté qu'il fit peu || d'heures deuant sa mort. || Par Iacques de la Fons Angeuin. || A Monseigneur de Souuray. || *A Lyon,* || *Par Nicolas Iullieron,* || *Imprimeur ordinaire du Roy.* || M.DC.X [1610]. || Auec Permission. In-8 de 24 pp.

Au titre, les armes de France et de Navarre.

Les pp. 3-4 contiennent une épître de J. de La Fons « A monseigneur de Souuray, marquis de Courtenvaux, chevalier des ordres du roy, son gouverneur et lieutenant general en Touraine ».

14. LES || IMPRECATIONS || et Furies, || Contre le parricide commis en la personne sacree || de Henry IIII. Tres-Chrestien || Roy de France & de Nauarre. || Traduictes du Latin de N. Borbonius, || par I. Preuost, du Dorat. || Auec quelques autres vers || sur le mesme suiect. || *A Paris,* || *De l'Imprimerie de Robert Estiene* [sic], || *en la rue S. Iean de Beauuais.* || M.DC.X [1610]. In-8 de 16 pp.

Au titre, une petite marque de *Robert III Estienne*, avec la devise *Noli altum sapere, sed time.*

La pièce principale est une traduction en vers des *Dirae in parricidam* de Nicolas Bourbon (voy. t. I, n° 890, art. 14). Elle est suivie (p. 12) de stances *Contre le parricide execrable de Henry IIII*, stances signées F. D. S. P., et (p. 16) d'un sonnet de DU PEYRAT, « aumosnier servant du roy ».

15. STANCES || de Madamoyselle || Anne de Rohan, sur || la mort du || Roy. || *A Lyon,* || *Pour Francois Yura.* || 1610. In-8 de 8 pp.

Nous avons décrit au tome I (n° 890, art. 8) une édition parisienne de cette même pièce.

16. DISCOVRS || sur la seure- || té de la vie et || de l'estat || des Roys. || M.DC.XIII [1613]. *S. l.*, in-8 de 40 pp.

Ce *Discours* est relatif au pouvoir temporel du pape, et tend à prouver que le chef de l'Église n'a pas le droit de déposer les rois ; il ne contient rien de spécial à l'année 1613.

17. ARREST de la || Cour de Parlement du || 2. Ianuier 1615. || Touchant la souueraineté || du Roy au temporel, & contre la pernicieuse || Doctrine d'attenter aux personnes sacrées || des Roys. || *A Paris,* || *Chez F. Morel, P. Mettayer,* || *Imprimeurs & Libraires ordinaires* || *du Roy.* || M.DC.XV [1615]. In-8 de 6 pp.

Au titre, les armes de France et de Navarre.

Le parlement, informé que certaines personnes ont publié des discours révoquant en doute la souveraineté du roi, ordonne que les arrêts du 2 décembre 1561, 29 décembre 1594, 7 janvier et 19 juillet 1594, 27 mai, 8 juin et 26 novembre 1610 et 26 juin 1614 soient gardés et observés.

18. L'ASSASSINAT || du Roy, || ou || Maximes du Vieil de || la Montagne Vatica- || ne, & de ses assassins, practi- || quees en la personnes de def- || funct Henry le Grand. || *Imprimé nouvellement* [sic]. || M.DC.XV [1615]. *S. l.*, in-8 de 82 pp.

Les pp. 3-4 contiennent une épître « A monseigneur le duc de R. [Rohan] », épître signée D. H. Ces initiales sont celles de DAVID HOME.

A la p. 82 est un *Extraict des actes du synode national des eglises de France tenu à Tonneins le 1. de may et [jours] suivans de ceste année 1614.*

L'imprimeur a observé la distinction des *u* et des *v*, des *i* et des *j*.

*Mémoires de Condé*, Supplément, IVe Partie, 1744, pp. 103-168.

## HISTOIRE. 83

19. DISCOVRS || de la Statue et || Representation || d'Henry le Grand, mise || & esleuee au milieu du Pont Neuf. || Dedié aux Genereux & Magnanimes Françoys. || Par le Sieur Iean Philippe || Varin, Bernois. || *A Paris.* || *Chez Iean Brunet, ruë Sainct Ger-* || *main, aux trois Pigeons.* 1614. In-8 de 14 pp.

Au titre, les armes de France et de Navarre.

Le *Discours* se termine par quatre quatrains sur la justice, la force, la prudence et la clémence.

20. ESSAIS || de Poesie || dediee à || Henry le Grand || ou plustost à sa || Statuë de Bronze || de Paris. ||

   Ie suis sectateur de Barthole : ||
   Mais qui fais voir le Capitole ||
   Aux grands Roys couuerts de Lauriers, ||
   I'ay bien encor un autre office : ||
   Car certes ie sers de supplice ||
   Aux coulpables et roturiers. ||

M.DC.XXIII [1623]. *S. l.*, in-8 de 13 pp.

21. METEOROLOGIE || ou || Excellence || de la Statuë || de Henry le Grand, || esleuee sur le Pont-neuf, || Auec vn Discours au Roy, & quelques || Eloges François & Latins sur || le mesme subiet. || Le tout par D. L. C. TH. Presenté au Roy. || In magno labor est : & labor iste || grauis. || *A Paris,* || *Chez Ioseph Guerreau, ruë S.* || *Iacques à la Nef d'Argent, deuant* || *S. Benoist.* || M.DC.XIV [1614]. || Auec Priuilege du Roy. In-8 de 37 pp.

Les pp. 3-4 contiennent un avis « Au Lecteur », où l'auteur dit qu'il vient d'achever ses études de théologie.

Au v° de la p. 37 est un extrait du privilège accordé pour six ans à l'imprimeur *Joseph Guerreau*, en septembre 1614.

Ce recueil provient de la même vente que les trois précédents (Cat., n° 150).

2244. LE FLEAV || de Henry soy || disant Roy || de Nauarre. || Par lequel auec viues raisons il est chassé de la cou- || ronne de France, qu'impiement & tyranni- || quement il se veut vsurper. || Proiecit eū Dominus ne regnet super Israel. 1 Reg. 16. || In manu Dei potestas terræ & vtilem rectorem suscita- || bit in tempus super illam. Eccl. 10. || Ipsi regnauerunt & non ex me, principes extiterunt & || non cognoui. Oseæ. 8. || *A Paris,* || *Chez Guillaume Chaudiere, ruë S.* *Iaques, à l'enseigne* || *du Temps, & de l'Homme Sauuage.* || M.D.LXXXIX [1589]. || Auec Permission. In-8 de 44 pp. et 2 ff., mar. r., fil., dos orné, tr. dor. (*Anc. rel.*)

Au titre, la marque de *Guillaume Chaudière* (Silvestre, n° 286).
Au v° du titre est un *Sonnet*.

Ce factum, écrit peu de temps après l'assassinat de Henri III, est un des plus violents qu'ait enfantés la rage des Ligueurs. Non seulement l'auteur prêche l'extermination des huguenots, mais il soutient que le roi de Navarre est un fils adultérin, et que le cardinal de Bourbon (Charles X) est le roi légitime.

Les deux derniers ff. contiennent un sixain et un sonnet sur le roi Charles X, puis une épigramme ainsi conçue :

   Plus que tous les saincts dont la feste
   On solennizoit en ce mois,
   Sainct Barthelemy j'estimois,
   Dont le cousteau trancha la teste

84    HISTOIRE.

> Au chef des treistres huguenots ;
> Mais seinct Pierre, enviant ce los
> Du cousteau ayant souvenance
> Dont jadis Malchus il blessa,
> A un jacobin l'addresse
> Pour tuer le tyran de France.
> Craignez donc, ô perfides rois,
> De ce cousteau la juste paine,
> Car Jesus ne va plus en croix
> Pour commander qu'on le rengaine.

*Le Fleau* n'est cité ni dans la *Bibliothèque* du P. Lelong, ni dans le *Catalogue de la Bibliothèque nationale*. Cet exemplaire, qui porte les armes de JEANNE-ANTOINETTE POISSON, MARQUISE DE POMPADOUR (Cat., n° 2767), a appartenu depuis à F.-C. LE TELLIER, MARQUIS DE COURTENVAUX et à M. L. DOUBLE (Cat. de 1863, n° 260).

IV. 3. 151

2245. LA PRINSE || de la ville et chas || teau de Gournay en || Normandie, par Monseigneur || le Duc de Mayenne, le septiesme || de ce present moys : auec les noms || & nombre des prisonniers. || *A Paris,* || *Pour Hubert Velu deuant le College de* || *Bon cour.* 1589. || Auec Permission. In-8 de 14 pp. et 1 f., mar. r. jans, tr. dor. (*Trautz-Bauzonnet.*)

Au titre, un portrait, gravé sur bois, de Charles de Lorraine, duc du Meine [*sic*].
Le dernier f. porte, au r°, les armes de France et, au v°, les armes de Mayenne.
Gournay était occupé par M. de Rubempré et quelques centaines de partisans de Henri IV. Mayenne força la place le 7 septembre 1589, et en donna le gouvernement au marquis de Menelay.

1518. V. 1

2246. LETTRES || de Monseigneur || le Duc de Mayenne, || Pair, & Lieutenant general de || l'Estat Royal & Coronne || de France : || Enuoyees à Monsieur le Seneschal de Lyon, || ou son Lieutenant. || Pour choisir & eslire Deputez, pour se trouuer à || l'assemblee generale des Estats de ce || Royaume, assignez à Melun le || 3. iour du mois de Feurier || prochain. || *A Lyon,* || *Par Iean Pillehotte,* || *Libraire de la S. Vnion.* || 1590. || Auec priuilege dudict Seigneur Duc || de Mayenne. In-8 de 13 pp. et 1 f. blanc, cart.

Dans cette lettre, datée de Paris, le 1ᵉʳ décembre 1589, le duc de Mayenne invite le sénéchal de Lyon à faire procéder le plus tôt possible à l'élection des députés. « Je vous envoye, » dit-il, sous forme de post-scriptum, « la coppie des deux arrests que la cour de parlement a donnez, tant sur la recognoissance que nous devons faire de nostre roy [le cardinal de Bourbon], que sur la convocation et assemblée des estats generaux... »
Au v° de la p. 13 est rapporté un extrait du privilège général accordé par Mayenne à *Pillehotte* le 17 octobre 1589.
Le titre de cet exemplaire porte la signature de JULLES DE ZANOBRE.

IV. 3. 103

2247. LA PRINSE || de la Ville || et Chasteau || de Solignac. || Par les Sieurs de Marminhac, de Pousols, assistez || des Capitaines Yrail & Rochette, & des au- || tres vrais et zelez Catholiques de la ville du || Puy en Velay, le 17. Ianuier, 1590. || *A Lyon,* || *Par Iean Pillehotte,* || *Libraire de la S. Vnion.* || 1590. || Auec priuilege de Monseigneur le Duc || de Mayenne. In-8 de 11 pp., mar. r. jans., tr. dor. (*Raparlier.*)

<blockquote>
La ville du Puy s'étant prononcée pour la Ligue, M. de Chaste, qui commandait en Velay pour Henri IV, avait dû se retirer dans le château de Solignac, où il mit une petite garnison composée d'hommes réunis à la hâte. Les ligueurs parvinrent, le 17 janvier 1590, à placer un pétard sous la porte du château et, le lendemain, réussirent à s'en emparer.
</blockquote>

2248. BREF || DISCOVRS || et veritable des || choses plus notables || arriuees au siege memorable de la || renommee ville de Paris, & || defence d'icelle par Monseigneur || le Duc de Nemours, contre le || Roy de Nauarre. || Par Pierre Corneio. || *A Paris,* || *Chez Didier Millot, rue Sainct Iacques,* || *à l'enseigne de l'Elephant, deuant* || *les Mathurins.* || M. D. LXXXX [1590]. || Auec Permission. In-8 de 66 pp., mar. r. jans., tr. dor. (*A. Motte.*)

<blockquote>
Les pp. 3-6 sont occupées par une épître de Cornejo « A treshaulte et trespuissante dame, madame la duchesse de Nemours », et par un sonnet « A P. Cornejo ».

Avant de combattre dans les rangs des ligueurs parisiens, Pedro Cornejo avait fait la guerre dans les Pays-Bas et il nous a laissé un *Sumario de las guerras civiles y causa de la rebellion de Flandres* (Leon, Phelipe Tinghi, 1577, in-8), traduit en français par Gabriel Chappuis (1577, 1579, etc.) et en italien par Camillo Camilli (1582), puis un factum intitulé *Origen de la civil dissension de Flandres* (Turin, en casa de los herederos de cl Bebilaqua, 1580, in-4).

La relation du siège de Paris est le plus intéressant ouvrage de Cornejo. *Didier Millot* en fit paraître à la fois un texte espagnol et un texte français. Le texte espagnol fut réimprimé par *Roger Velpius*, à *Bruxelles*, en 1591, et par *Pedro Madrigal*, à *Madrid*, en 1592 (Cat. Salvá, II, n°ˢ 3240 et 3241). Quant au texte français, des réimpressions en furent faites, en 1590, par *Jehan Pillehotte*, à *Lyon*, par *Roger Velpius*, à *Bruxelles*, et par un imprimeur anonyme, puis par *Jean Moreau*, à *Troyes*, s. d. (Biblioth. nat. Lb$^{35}$, 249 à 249 D) ; il a été reproduit dans les *Mémoires de la Ligue* (éd. de 1758, IV, 276-308), à la suite de la *Satyre menippée* (éd. de 1709, t. I, pp. 387-428 (voy. ci-après, n° 2251) et dans les *Archives curieuses* de MM. Cimber et Danjou (1ère série, XIII, 227-270). Une nouvelle traduction en a été imprimée chez *H. Fournier*, à *Paris*, en 1834, in-8.

En même temps que le *Discours*, Cornejo fit paraître un autre ouvrage intitulé : *Compendio y breve Relacion francesa* (Paris, D. Millot, 1590 ; Bruxelles, R. Velpius, 1591 ; Madrid, P. Madrigal, 1592, in-8), dont on ne cite pas de traduction française.
</blockquote>

2249. LA SOVFFRANCE || de la ville || de Paris : le nom- || bre du peuple qui y est || mort de faim : le discours d'une [*sic*] Da- || me Parisienne, laquelle mãgea deux || de ses enfants & Interpretation des || bestes venimeuses, lesquelles se sont || engendrêes [*sic*] par la ville, à cause de la || mortalité, laquelle interpretation a || esté faicte à Monsieur de Nemours, || par

Panigerolle Cordelier, & || Belerminus Iesuitte. || *A Langres,* || *Par Iehan de Tours.* 1591. In-8 de 10 ff. non chiffr., mar. r. jans., tr. dor. (*Trautz-Bauzonnet.*)

<small>Le titre est orné d'un fleuron à tête de satire.
Malgré la rubrique de *Langres*, cette pièce a dû être imprimée dans les Pays-Bas. C'est un plaidoyer en faveur de Henri IV. En voici le début : « Henry de Bourbon, par la grace de Dieu roy de France et de Navarre, legitimement venant à la succession de la couronne de France, il l'a treuvée en un piteux estat..... »
Cette relation a été réimprimée, sous le titre de *Brief Discours des misères de la ville de Paris*, dans les *Mémoires de la Ligue* (éd. de 1758, IV, 304-314) et à la suite de la *Satyre menippée* (éd. de 1709), I, 428-444.</small>

2250. DISCOVRS || au vray du || siege et de la prise || de la ville de Noyon, fai- || cte, à la veüe du Duc de Mayenne & de || toute son armee, le dixneufiesme iour || d'Aoust, mil cinq cens nonante & vn. || Auec la Capitulation. || *A Tours,* || *Chez Iamet Mettayer, Imprimeur or-* || *dinaire du Roy.* || M.D.XCI [1591]. || Auec priuilege dudit Seigneur. In-8 de 24 pp.

<small>Au titre, les armes de France et de Navarre.
Henri IV investit Noyon le 26 juillet 1591. Malgré la vigoureuse défense de M. de Villes, qui y commandait pour la Ligue, et le secours amené de Pierrefonds par M. de Rieux, la place capitula conditionnellement le 17 août suivant. Le duc de Mayenne n'ayant pu y faire entrer les forces qu'attendaient les assiégés, ceux-ci ouvrirent leurs portes le lundi 19 août.
*Mémoires de la Ligue*, 1758, IV, 617-626.</small>

2251. SATYRE Menippée de la vertu du Catholicon d'Espagne, et de la tenue des Etats de Paris, A laquelle est ajoutée un Discours sur l'interpretation du mot de Higuiero del Infierno, & qui en est l'Auteur. Plus le Regret sur la mort de l'Asne Ligueur d'une Damoiselle, qui mourut pendant le Siege de Paris. Derniere Edition divisée en trois Tomes, enrichie de Figures en taille douce, augmentée de nouvelles Remarques & de plusieurs piéces qui servent à prouver & à éclaircir les endroits les plus difficiles, avec des Tables très-amples des Matiéres. *A Ratisbonne, Chez les Heritiers de Mathias Kerner.* M.DCC.IX [1709]. 3 vol. in-8, mar. r., fil., dos ornés, tr. dor. (*Anc. rel.*)

<small>Édition publiée par JACOB LE DUCHAT, qui y a joint les notes de PIERRE DUPUY. Elle sort des presses de *Fr. Foppens* à *Bruxelles*.
*Tome premier* : Titre, imprimé en rouge et en noir et orné d'une marque copiée sur celle de *Nicolas Lescuyer*, imprimeur à *Rouen* (Silvestre, n° 986); 2 ff. pour un *Avertissement du libraire*; 2 ff. de *Table*; xxxvj pp. pour l'*Explication du frontispice*, pour un *Abregé de l'histoire de la Ligue*, et pour le *Discours de M. LE DUC DE ROHAN sur l'affaire de la Ligue*; 464 pp. de texte; 14 ff. pour la *Table des matiéres*, plus un frontispice gravé et</small>

6 figg. aux pp. 3, 9, 12, 27, 221 et 344. — Le frontispice est signé : *Cornelius Severus* ; les 3 dernières figg. sont signées de *Harrevyn*.—Ce volume contient le texte complet de la *Satyre menippée* ; l'éditeur y a joint les pièces suivantes : 1° *Histoire des singeries de la Ligue*, [par JEAN DE LA TAILLE] (pp. 328-352) ; — 2° *Abregé des estats de la Ligue* (pp. 353-386) ; — 3° *Discours bref et veritable des choses plus notables arrivées au siége memorable de la renommée ville de Paris....*, *par* PIERRE CORNEJO, *ligueur* (pp. 387-428) ; — 4° *Brief Traité des misères de la ville de Paris* (pp. 423-444); — 5° *Autre Discours sur le sujet precedent* (pp. 444-448) ; — 6° *Recueil de ce qui s'est passé en la conference des sieurs cardinal de Gondi et archevesque de Lion* [Pierre d'Espinac] *avec le roy*, [1590] (pp. 448-458) ; — 7° *Le Veritable sur la saincte Ligue*, [1585] (pp. 458-464).

Nous n'avons pas à faire ici l'histoire de la *Satire menippée*, œuvre collective de PIERRE LE ROY, de JACQUES GILLOT, de FLORENT CHRESTIEN, de NICOLAS RAPIN, de PIERRE PITHOU et de JEAN PASSERAT. La première pièce : *La Vertu du catholicon d'Espagne*, parut à *Tours*, *chez Jamet Mettayer*, en 1593 ; l'*Abregé des estats de la Ligue* parut ensuite. La *Satyre* ne fut complète que vers le mois de mars 1594. Dès lors, les éditions s'en multiplièrent. Il en fut fait plus de dix réimpressions en 1594 et 1595 (l'une d'elles porte la fausse date de 1593) et peu d'ouvrages ont été aussi souvent reproduits.

*Tome second :* 3 ff., 522 pp. et 19 ff. *de Table*. — Ce volume contient : 1° les notes et remarques des éditeurs (pp. 1-485) ; — 2° *La Fatalité de S. Cloud près Paris*, [par le P. BERNARD GUYART, *jacobin*], pièce publiée en 1672 (pp. 435-515) ; — 3° notes diverses (pp. 515-522).

*Tome troisiéme :* 2 ff., 585 pp. et 17 ff. *de Table*. — Ce volume contient les pièces suivantes : 1° *Brief Discours et veritable des principales conjurations de ceux de la maison de Guyse contre le roy et son royaume....*, [1565] (pp. 1-39) ; — 2° *Histoire tres-veritable de ce qui est advenu en ceste ville de Paris depuis le vii. may 1588 jusques au dernier jour de juin ensuyvant audit an* (pp. 39-64) ; — 3° *Amplification des particularitez qui se passérent à Paris lorsque monsieur de Guyse s'en empara et que le roy en sortit*, [1588] (pp. 64-76) ; — 4° *Coppie de la lettre escrite au roy par monseigneur le duc de Guyse, le xvij. de may dernier* [1588] (pp. 76-79) ; — 5° *Extraict d'autres lettres escrites par ledict seigneur duc de Guyse*, [1588] (pp. 79-84) ; — 6° *Excellent et libre Discours sur l'estat present de la France*, par MICHEL HURAULT, SIEUR DU FAY, [1588] (pp. 84-159) ; — 7° *Discours de ce qui est arrivé à Blois jusques à la mort du duc et du cardinal de Guise*, 1588 (pp. 159-169) ; — 8° *Lettres des ligueurs au pape, aux cardinaux, au cardinal de Montalto, au cardinal de S. Severin,* [en date du 23 mai 1589] ; *Pouvoir des deputez de la Ligue*, [en date du 24 mai 1589] (pp. 169-176) ; — 9° *Memoires et Instructions à messieurs le commandeur de Diou, Coquelei, conseiller en la cour de parlement de Paris, de Piles, abbé d'Orbais, et Frison, doyen de l'eglise de Reims, deputez à nostre sainct Pére de la part de monseigneur le duc de Mayenne....*, [en date du 25 mai 1589] (pp. 177-191) ; — 10° *Traitté necessaire pour toutes les autres villes et places faisans ou estant sur le point de faire profession de la Ligue*, [1589] (pp. 191-267] ; — 11° *Conseil salutaire d'un bon François aux Parisiens, contenant les impostures et monopoles des faux predicateurs ; avec un Discours veritable des actes plus memorables de la Ligue depuis la journée des barricades jusques à la fin de may 1589* (pp. 268-343) ; — 12° *Discours veritable de l'estrange et subite mort de Henry de Valois, advenue par permission divine... le mardy premier jour d'aoust 1589* (pp. 344-350) ; — 13° *Recit de ce qui s'est passé à Paris après la mort du roy Henry III* (350-352) ; — 14° *Arrest donné en la cour de parlement de Paris le 28. jour de juin 1593* ; *Recit du different entre le duc de Mayenne et le president Le Maistre au sujet de l'arrest precedent* (pp. 352-357) ; — 15° *La Dæmonologie de Sorbonne la nouvelle* (pp. 357-364) ; — 16° *Copie des lettres du docteur Mauclerc, envoiées de Paris au docteur de Creil, à Rome*, [en date du 4 août 1593] (pp. 364-366) ; — 17° *Dialogue d'entre le maheustre et le manant*, [1594], pièce attribuée successivement à divers auteurs et qui, d'après une note manuscrite reproduite par Barbier (I, 940) doit être du procureur CRUCÉ, l'un des Seize (pp. 367-585).

Exemplaire de M. DE LA BÉDOYÈRE (Cat. de 1887, n° 1470), de M. J.-CH. BRUNET (n° 660) et de M. ODIOT.

2252. SERMONS || de la simulée || conuersion, et nullité || de la pretendue absolution || de Henry de Bourbon, Prince de Bearn, || à S. Denys en France, le Dimenche || 25. Iuillet 1593. || Sur le Sujet de l'Euangile du mesme iour, || Attendite à falsis Prophetis, &c. Mat. 7. || Prononcez en l'Eglise S. Merry à Paris, depuis le || premier iour d'Aoust prochainement suyuant, || iusques au neufiesme dudict mois. || Par M° Iean Boucher, docteur || en Theologie. || Nonne qui oderunt te, Domine, oderam, & super || inimicos tuos tabescebam. Psal. 138. || *̣*̣ || *A Paris,* || *Chez G. Chaudiere, R. Niuelle,* || *& R. Thierry, ruë S. Iaques.* || M.D.XCIIII [1594]. || Auec Priuilege. In-8 de 6 ff. lim., 408 pp. et 8 ff. de *Table*, mar. r., fil., dos orné, tr. dor. (*Anc. rel.*)

Au v° du titre est la *Censura theologorum parisiensium*.

Les 5 autres ff. lim. contiennent : une épître « A monseigneur l'illustrissime reverendissime cardinal de Plaisance, legat du S. Siége apostolique au royaume de France », épître datée de Paris, le 1ᵉʳ mars 1594 ; un avis « Au Lecteur » et la *Table generale*.

Au v° du dernier f. est un extrait du privilège accordé pour sept ans à *Guillaume Chaudière, Robert Niuelle* et *Rolin Thierry*, par « monseigneur le duc de Mayenne, lieutenant general de l'estat royal et couronne de France », le 1ᵉʳ mars 1594.

Les sermons de Jean Boucher, restés célèbres comme les diatribes les plus longues et les plus violentes qu'ait produites la Ligue, sont au nombre de neuf.

Cet exemplaire porte sur le titre la signature de BALLESDENS.

2253. DISCOVRS || sur la mort || de Monsieur le || President Brisson. || Ensemble les Arrests donnez à || l'encontre des assas- || sinateurs. || *A Paris.* || *Par Claude de Montr'œil,* || *& Iean Richer.* || 1595. || Auec Priuilege du Roy. In-8 de 4 ff., 51 pp. et 2 ff. blancs, cart.

Les 3 ff. qui suivent le titre contiennent une épître « A messieurs les presidens et conseillers de la cour de parlement », épître signée : DENISE DE VIGNY, et trois sonnets en l'honneur de Brisson et contre ses assassins.

Barnabé Brisson avait refusé en 1588 de suivre le parlement de Paris à Tours. Les ligueurs le nommèrent premier président ; mais il ne tarda pas à leur devenir suspect. Le 15 novembre 1591, les Seize le firent arrêter et le firent pendre à une poutre de la chambre du conseil. Dès que les circonstances le permirent, la veuve de Brisson, Denise de Vigny, poursuivit les assassins de son mari. Le 27 août 1594, elle obtint un premier arrêt condamnant à la potence Hugues Danel, sergent à verge au châtelet de Paris, Jean Rozeau, exécuteur des sentences criminelles en la prévôté de Paris, Aubin Blondel, prêtre, et Adrian Fromentin, sergent à verge au châtelet. Un second arrêt du 3 septembre 1594 prononça la peine des galères contre

# HISTOIRE.

Guillaume Prévost, dit Bazinville, marchand de chevaux, Estienne Doullie, juré maçon et commis voyer à Paris, Nicolas Du Chesne, procureur au châtelet, Alexis de Cornouaille, capitaine des arbalétriers de Paris, Anthoine Sommereul, prêtre habitué en l'église Saint-Leu, Claude Cochart, sergent à verge au châtelet, Gabriel Cressonnet, archer, François Gueffier, libraire, et Jean Aubert, non qualifié.

Un troisième arrêt du 11 mars 1595 concerne vingt-six autres personnes exécutées par effigie en place de Grève.

Le texte des arrêts occupe les pp. 35-51 du volume. Tous les parents de Brisson qui se sont associés à la poursuite y sont dénommés.

Le privilège, dont le texte occupe le v° de la p. 51, est accordé pour six ans à *Claude de Montr'œil* et à *Jean Richer*, le 7 avril 1595.

2254. APOLOGIE || pour Iehan || Chastel Parisien, ex- || ecute a mort, et pour les || peres & eschollïers, de la Société || de Iesus, bannis du Roy- || aume de France. || Contre l'Arrest de || Parlement, donné contre eux à Paris, || le 29. Decembre, 1594. || Diuisée en cinq parties. || Par François de Verone Constantin. || Deus conteret dentes eorum in ore ipso- || rum, molas leonum confringet || Dominus. Psal. 57. || *L'An* cIɔ.cI.xcv [1595]. *S. l.*, in-8 de 6 ff. lim., 243 pp. et 1 f., mar. r., fil., dent., dos orné, tr. dor. (*Anc. rel.*)

Édition originale de ce factum célèbre. L'impression indique une officine étrangère. Il est probable qu'elle aura été exécutée dans les Pays-Bas.

Les ff. lim. comprennent : le titre, 2 ff. pour un résumé de l'attentat commis par Jean Châtel, le 27 décembre 1594, et pour un *Extraict des registres de parlement* ; 2 ff. pour le *Sommaire des matiéres* ; 1 f. pour les *Faultes survenues en l'impression* et pour un *Sonnet*.

L'*Apologie* est ordinairement attribuée à Jean Boucher, sans autre motif que la violence des invectives adressées à Henri IV. Elle a été réimprimée en 1610, sans nom d'auteur, et reproduite dans les *Mémoires de Condé* (t. VI, 1743, *Supplément*).

Exemplaire de COULON (Cat. n° 3062) et de MASSÉNA, DUC DE RIVOLI (n° 1879).

2255. COPIE || d'une Lettre || contenant la description de l'entrée triomphale || de Don Pedro de Tholedo faicte à Fontainebleau, || le dixneufiesme de Iuillet, 1608. || Ensemble un Sonet & quelques petits Discours || sur la mort de Bartholomæo Borghese, executé à Paris, || le vingtiesme de Novembre, l'an 1608. || *A Venise,* || *Par Corneille le Caillier.* || *L'An* 1609. In-4 de 4 ff. non chiffr., mar. r. jans., tr. dor. (*Motte*.)

Les caractères, les fleurons et le papier indiquent que ce factum sort de presses hollandaises.

Don Pedro de Toledo, cousin de Marie de Médicis, avait été chargé par le roi d'Espagne de se rendre en France, comme ambassadeur extraordinaire, pour y négocier les mariages projetés entre les deux couronnes. Après s'être fait longtemps attendre, Don Pedro arriva en France où il reçut de grands honneurs, mais où il se rendit insupportable à tous par sa morgue et ses prétentions ridicules. La relation officielle de son entrée à Fontainebleau a été publiée sous le titre suivant : *Discours sur l'ordre observé à l'arrivée de dom Pedro de Theolede, de la maison d'Espagne, ambassadeur extraordinaire envoyé par le roy d'Espagne à Sa Majesté, lequel arriva au chasteau de Fontaine-Belleau le samedy 19. juillet mil six cens huict.* Paris, Fleury-Bourriquant, 1608, in-8 (Bibliot. nat., Lb³⁵.848). Les adversaires de l'Espagne et les ennemis que don Pedro avait semés sur son passage firent courir des relations satiriques du même événement. La présente pièce est un pamphlet très violent, que les Hollandais s'empressèrent de faire circuler.

M. Ernest de Fréville, qui a consacré à ce pamphlet une étude spéciale (*Bibliothèque de l'École des Chartes*, II⁰ sér., I, 1844, 344-366), n'a pas eu connaissance de notre édition; il a reproduit le texte de la lettre d'après un manuscrit de la Bibliothèque nationale (fr. 3834, anc. 9328, fol. 107) qu'il attribue à une plume aristocratique. Ce manuscrit donne, sauf quelques légères variantes, le même texte que l'imprimé de 1609; il se termine de même par la signature, évidemment apocryphe, de JEAN BAUCE, « medecin ordinaire des pages et laquais de la court ». Il contient de plus la date du 22 juillet (M. de Fréville imprime par erreur le 12 ), date que ne porte pas l'édition.

La lettre de Fontainebleau se retrouve dans un dossier des archives nationales (cartons des rois, K. 108) et dans le manuscrit franç. 2945, fol. 47, de la Bibliothèque nationale. Ce dernier texte est le seul que M. F. Perrens ait connu quand il s'est occupé de don Pedro ; il a donné lui-même un abrégé de cette satire qu'il croyait inédite (*Les Mariages espagnols sous le règne de Henri IV et la régence de Marie de Médicis.* Paris, Didier. [1869], in-8, pp. 117-119).

Au rº du 4ᵉ f. de notre pamphlet se trouvent une épigramme et trois bons mots *sur la mort du fils du pape*, Bartholomæo Borghese, *appellé par aucuns Bartholomeo Lanteschy*. Ce personnage, jeune homme de bonne mine, avait passé quelque temps à Paris. Il était toujours avec les plus qualifiés de la cour, à qui il avait offert des festins. L'Estoile, qui nous donne ce renseignement (éd. de 1741, III, 472), ajoute qu'il fut arrêté le 29 juin 1608. Il fut brûlé comme imposteur le 20 novembre suivant.

Voy., sur le fils du pape, l'*Almanach envoyé à Rome à nostre S. Pére le Pape l'an mil six cens douze*.

1518.VIII.6

2256. ARREST || de la Court de || Parlement. || Contre le tres-meschāt parricide Frā- || çois Rauaillac. Auec les Arrests de || la Cour, pour la Regence de la Roy- || ne pendant le bas aage du Roy. || *Imprimé.* || *A Orleans par Pierre Mercier, demourant à* || *la Couronne Impariale* [sic], *pres S. Liphard,* || *jouxte la coppie imprimee à Paris.* || Auec permission. S. d. [1610] ; in-8 de 8 pp.

Au titre, un bois des armes de France et de Navarre.

Henri IV, frappé par Ravaillac, mourut le 14 mai 1610. L'arrêt condamnant l'assassin à être tenaillé, rompu et brûlé, fut prononcé et exécuté le 27 mai.

A la suite de l'arrêt on a imprimé des extraits des registres du parlement, en date des 14 et 15 mai 1610, relatifs à la régence.

1518.VIII.S

2257. DISCOVRS || lamentable, || Sur l'attentat & parricide commis en || la personne de tres-heureuse me- || moire Henry IIII. Roy de France || & de Nauarre. || *A Paris* || *Par François Huby, rue sainct* || *Iacques au soufflet vert deuant le* || *College de Marmoutier.* || M.DC.X [1610]. || Auec permission. In-8 de 15 pp.

Ce *Discours* est signé à la fin : PELLETIER.

HISTOIRE. 91

2258. Discovrs || lamentable, || Sur l'attentat & parricide commis en || la personne de tres-heureuse me- || moire Henry IIII. Roy de France || & de Nauarre. || *A Orleans,* || *Par Saturnin & Laurens les Hotots, suy-* || *uant la coppie imprimee à Paris* || *par Françoys Huby.* || 1610. || Auec Permission. In-8 de 8 ff.

1518. VIII. 9

<small>Réimpression du *Discours* de Pelletier.</small>

2259. Larmes || sur || la memoire || de Henry || le Grand. || *A Paris,* || *Chez François Iacquin, Imprimeur,* || *demeurant ruë des Maçons, au tenant du* || *College du Thresorier.* || M.DC.X [1610]. || Auec Priuilege du Roy. In-8 de 24 pp.

1518. VIII. 7

<small>Le titre est orné des armes de France et de Navarre.
Au v⁰ du titre est un extrait du privilège accordé pour six ans à Fr. *Jacquin,* le 25 août 1610. Il est dit dans cet extrait que l'opuscule a été « composé par Jean d'Aultruy, bachelier en theologie et regent en philosophie en l'université de Paris. »
Les pp. 3-4 contiennent une épître « A messire Sylvie de Pierrevive, chanoine et chancellier de l'eglise de Paris », épître signée : « J. d'Aultruy, de la maison de Sorbonne. »</small>

2260. Les || Tiltres || d'heur et || de Vertu || de feu tres-chre- || stien Henry IIII. du nom, Roy de || France & de Nauarre. || Accommodez au noble || & glorieux surnom de Grand à luy publi- || quement donnè [*sic*] pour epithete || d'honneur, apres sa mort. || Par André Du Chesne Tourangeau. || *A Paris,* || *Chez Iean Petit-Pas, ruë sainct Iean de* || *Latran au College de Cambray.* || M.DC.X [1610]. || Auec priuilege du Roy. In-8 de 4 ff. et 96 pp.

1518. VIII. 3

<small>Collation des ff. lim. : Titre ; 3 pp. pour l'épître « A la Royne Mére, regente en France » ; 3 pp. pour le *Privilège.*
Le privilège daté du 31 juillet 1610, est accordé pour six ans à *Petit-Pas.*
Il existe une autre édition de ce livre qui n'a que deux ff. lim. et dont le titre est ainsi conçu :
L'Epithete || d'honneur || d'Henry le Grand || IIII. du nom, Roy de France || & de Nauarre. || Où par abregé sont representées les plus grandes || actions de sa vie, son lamentable trespas ; || Ensemble ses Obseques. || Dedié a la Royne mere Regente en France. || Par André du Chesne Tourangeau. || *A Paris,* || *Chez Iean Petit-pas, ruë de S. Iean de Latran, au* || *College de Cambray.* || M.DC.X [1610]. || Auec Priuilege du Roy. In-8.</small>

2261. Observations || mathematiques du || nombre de quatorze, tant || sur la Naissance, mort & principalles a- || ctions de feu Henry le Grand, || viuant Roy de France & de Nauarre, que || sur le terme de l'an 1610, en laquelle [*sic*] ledict || deffunct est decedé, où l'on verra chose || digne d'admiration. || Suyuie de la recapitulation de l'Epitafe dudict Seigneur, &

1518. XIII. 4

|| des quatre choses memorables qui se sont passees le iour & || le lendemain de sa mort, le tout dedié au Roy, par Estie- || ne Deselles maistre Escriuain Podografe, et Arithmeti- || cien Iuré à Paris demeurant à Aucerre. || *A Paris,* || *Par François du Carroy, Imprimeur & Li-* || *braire tenant sa boutique au bout de la rue* || *Dauphine deuant le Pont neuf* || M.DC.XI [1611]. || Auec Priuilege du Roy. In-8 de 15 pp.

Au verso du titre est un *Extraict* du privilège accordé pour six ans à « Estienne Deselles, maistre escriuain podografe et arithmeticien juré à Paris, demourant à present en la ville d'Auxerre », à la date du 21 février 1611, et cédé par Deselles à *François Du Carroy*, le 2 juillet suivant.

Les pièces suivantes dont nous avons donné la description dans d'autres divisions du Catalogue se rapportent à l'histoire de Henri IV : *Le Testament de la Ligue*, 1594 (t. I, n° 800) ; *Le Jeu de l'Afflac*, 1595 (n° 801); *Discours ou Epithalame sur le mariage du roy*, 1600 (n° 802); *Regrets sur la mort de Madame, sœur unique du roy*, 1604 (n° 888); *Le Triomphe du sacre et couronnement du roy*, 1610 (n° 889); collections de pièces en vers sur la mort du roi Henri IV (n°⁵ 890 et 891).

*i. — Louis XIII.*

2262. MEMOIRES || contenant || Ce qui s'est passé en France de || plus considerable depuis || l'an 1608, jusqu'en || l'année 1636. || *A Paris,* || *Chez Claude Barbin, Au* || *Palais, sur le second perron* || *de la sainte Chapelle.* || M.DC.LXXXV [1685]. || Avec Privilége du Roy. In-12 de 4 ff. et 360 pp.

Mémoires de JEAN-BAPTISTE-GASTON DE FRANCE, DUC D'ORLÉANS, rédigés par Ét. ALGAY DE MARTIGNAC.
Édition originale.
Le privilège, rapporté par extrait en tête du volume, est accordé pour six ans au S$^r$ de Martignac, à la date du 12 mai 1685. Martignac déclare en faire cession à *Barbin* suivant l'accord fait entre eux. L'achevé d'imprimer est du 4 août 1685.
Les mémoires du duc d'Orléans ont été reproduits dans la *Collection* de M. Petitot (II$^e$ sér., t. XXXI) et dans la *Nouvelle Collection* de MM. Michaud et Poujoulat (II$^e$ sér., t. IX).

2263. MEMOIRES du Duc de Rohan, sur les choses qui se sont passées en France depuis la mort de Henri le Grand jusqu'à la paix faite avec les Réformés, au mois de Juin mil six cent vingt-neuf. Augmentés de divers Discours politiques du même Auteur, et de son Voïage en Italie, en Allemagne, dans les Païs-bas, en Angleterre et en Ecosse, l'an mil six cent. *A Amsterdam, Aux dépens de la Compagnie.* M.DCC.LVI [1756]. 4 tom. en 2 vol. in-12, mar. r., fil., dos et coins ornés, tr. dor. (*Anc. rel.*)

T. Ier, 1re partie : 8 ff. et 267 pp.; 2e partie : 2 ff. et 264 pp. — T. IIe, 1re partie : 2 ff. et 288 pp.; 2e partie : 2 ff. et 246 pp.

Henri, duc de Rohan, né en 1579, mourut en Suisse le 13 avril 1688. La première édition, encore incomplète, de ses *Mémoires* fut donnée par Samuel Sorbière en 1644 (Willems, *Les Elzevier*, n° 1016); deux éditions plus complètes parurent en 1646 (Willems, n° 1044) ; enfin des réimpressions virent le jour en 1661 et en 1665. L'abbé Goujet, qui a surveillé l'édition de 1756, y a fait entrer les *Discours politiques* et le *Voyage du duc Rohan*, pièces que *Louis Elzevier* avait publiées en 1646 en même temps que les *Mémoires*. Les reproductions données dans la *Collection* de M. Petitot (IIe série, XVIII et XIX) et dans la *Nouvelle Collection* de MM. Michaud et Poujoulat (IIe série, V) ne comprennent que des extraits de ces compléments.

Exemplaire aux armes de MARIE-JEANNE GOMART DE VAUBERNIER, COMTESSE DU BARRY, cité dans le catalogue de 1771, où l'on voit que le blanc avait coûté 4 livres, et la reliure, 4 livres 10 sous (*Catalogue des Livres de madame du Barry avec les prix*, etc., publié par P. L. Jacob, 1874, p. 23).

2264. MEMOIRES || d'Estat ; || Contenans les choses plus re- || marquables arriuées sous || la Regence de la Reyne || Marie de Medicis, & du || Regne de Louys XIII. || *A Paris,* || *Chez Claude Barbin, au Palais,* || *sur le second Perron de la Ste Chapelle.* || M. DC. LXVI [1666]. || Auec Priuilege du Roy. In-12 de 12 ff. lim., 350 pp. et 1 f., mar. r. jans., tr. dor. (*Trautz-Bauzonnet.*)

Mémoires de FRANÇOIS-ANNIBAL, MARQUIS DE COEUVRES, puis DUC ET MARÉCHAL D'ESTRÉES, frère de la belle Gabrielle.

Le titre est orné d'une jolie vue de Paris. Les 2 ff. qui suivent immédiatement le titre sont occupés par un avis non signé ; les 9 autres ff. lim. contiennent une *Lettre écrite à une personne de qualité, où il est parlé de l'autheur, du sujet et du caractére de ces memoires*, pièce signée : le P.L.M. [le P. LE MOYNE].

Le privilège, dont le texte est rapporté au dernier f., vise les *Memoires D.M.L.M.D.D.* [de M. le maréchal duc d'Estrées]; il est accordé pour dix ans à *Cl. Barbin* le 5 juillet 1665. Barbin déclare en céder la moitié à *Denis Thierry*. L'achevé d'imprimer est du 28 janvier 1666.

François-Annibal, né en 1573, était encore vivant lors de la publication de ce volume ; il ne mourut que le 5 mai 1670. Ses mémoires, qui s'étendent de 1610 à 1617, ont été reproduits dans les *Memoires particuliers pour servir à l'histoire de France sous les règnes de Henri III, Henri IV et Louis XIII* (Paris, 1756, 4 vol. in-12), dans la *Collection* de M. Petitot (IIe sér., XVI, 167-388) et dans celle de MM. Michaud et Poujoulat (IIe sér., t. VI).

2265. LES || MEMOIRES || de Michel || de || Marolles, || Abbé de Villeloin. || Diuisez en trois Parties, || Contenant ce qu'il a vû de plus remarquable en sa vie, de- || puis l'année 1600. || Ses entretiens avec quelques-vns des plus sçauants hom- || mes de son temps. || Et || Les Genealogies de quelques familles alliées dans la sien- || ne, auec vne brieue description de la tres-illustre Mai- || son de Mantouë & de Neuers. || Alteri viuas oportet, si tibi vis viuere. || *A Paris,* || *chez Antoine de Sommauille, au Palais, en* || *la Gallerie des Merciers, à l'Escu de France.* || M. DC. LVI [1656]. || Auec

Priuilege du Roy. In-fol. — SVITTE || DES MEMOIRES || de Michel || de Marolles, || Abbé de Ville-Loin. || Contenant douze Traitez || sur diuers Suiets Curieux, dont les Noms sont || imprimez dans la page suiuante. || *A Paris*, || *Chez Antoine de Sommauille, au* || *Palais, sur le deuxiesme Perron, allant à la Sainte-* || *Chapelle, à l'Escu de France.* || M. DC. LVII [1657]. || Auec Priuilege du Roy. In-fol. — Ensemble 2 part. en un vol., mar. r. jans., tr. dor. (*Trautz-Bauzonnet.*)

*Memoires :* Portrait de M. de Marolles, daté de 1648 ; titre ; 3 ff. pour une épître « A mes proches et à tous mes illustres amis », pour un avis et pour l'*Extraict du privilége* ; portrait d'Agathe de Chastillon, née en 1571, morte en 1630, mère de l'auteur ; portrait de Claude de Marolles, né en 1564, mort en 1633, père de l'auteur ; 448 pp.; 4 ff. de *Table*. — Les deux premiers portraits sont signés du monogramme de *Cl. Mellan* ; le troisième porte son nom en toutes lettres. — On remarque aux pp. 342, 361, 365, 376 et 398 des blasons tirés en taille-douce dans le texte. Le premier, qui est le plus grand et le plus beau, est signé de *Michel L'Asne*.

*Suitte :* Titre, orné des armes royales (au v⁰ est la liste des douze traités ou discours); 272 pp. ; 4 ff. pour la *Table* et l'*Extraict du privilége*.

Le privilège, daté du 17 décembre 1655, est accordé pour dix ans à M. de Marolles, qui déclare en faire cession à *Sommaville*. L'achevé d'imprimer est, pour la première partie, du 5 janvier 1656 ; pour la seconde, du 21 avril 1657.

Michel de Marolles, né en 1600, ne mourut qu'en 1681 ; ses mémoires, qui commencent à sa naissance, mais qu'à partir de 1611, n'embrassent donc qu'une partie de sa vie. De bonne heure, l'abbé de Villeloin avait été en relations avec tous les hommes marquants de son temps. Il recherchait surtout la société des savants et des artistes, et il nous a laissé, presque à chaque page, des renseignements curieux sur ses contemporains. Il nous suffira de citer entre autres morceaux du plus haut intérêt les deux discours sur Paris placés au commencement et à la fin de la *Suitte*. Dans le second, l'auteur cite une foule d'hommes distingués dans tous les genres : des reliseurs comme Pierre Gaillard et Pierre Portier, des miniaturistes, comme Richardière, Hans et Garnier, des graveurs, des musiciens, des danseurs, etc.

Les *Memoires* de Marolles étaient déjà rares au XVIII⁰ siècle. En 1755, l'abbé Goujet en donna, sous la rubrique d'*Amsterdam* (Paris), une nouvelle édition en 3 vol. in-12 ; mais il jugea inutile de reproduire les généalogies qui donnent tant de prix à l'édition originale.

2266. CONSOLATION de || la Paix. || Et Couronnement de la Royne, & de || Louis Treziésme [*sic*] Roy de France, & || & [*sic*] de Nauarre. Auec les complainte & || regrets du Roy, & la Royne, Sur || l'Assasinat [*sic*] du Tres-Chrestiẽ, Henry 4. || Roy de France & de Nauarre. || *A Orleans chez Oliuier Boynard.* || Auec Permission. *S. d.* [1610], in-8 de 15 pp.

Louis XIII fut sacré à Reims le dimanche 17 octobre 1610. On trouve dans *Le Mercure françois* la description de cette cérémonie, description reproduite séparément par le libraire *Jean Richer*.

Notre pièce se termine par douze couplets de six vers intitulés : *Sizains en françois sur la deploration de la France*.

2267. LE || TRIOMPHE || de la || Fleur de Lys ; || presenté au Roy.

HISTOIRE.  95

le || Mardy huictiesme de Iuillet à son en- || tree, en sa ville d'Orleans. || *A Paris,* || *De l'Imprimerie d'Anthoine du Breuil, ruë* || *S. Iacques, au dessus de S. Benoist,* || *à la Couronne.* || M. DC. XIV [1614]. In-8 de 15 pp.

    Discours en prose.
    Au titre la marque d'*Ant. Du Breuil* (Silvestre, n° 456).

2268. Les || Magnificences || faites en la ville de Bour- || deaux à l'entree du Roy || le Mercredy 7. de ce moys || *A Paris* || *De l'Imprimerie d'Anthoine du Breuil,* || *entre le Pont S. Michel & la ruë de* || *la Harpe, à l'Estoille cou-* || *ronnee.* || M. DC. XV [1615]. In-8 de 13 pp. et 1 f. blanc.

    Au titre, les armes de France et de Navarre, accompagnées de cette devise : *Duo protegit unus.*
    L'entrée du roi à Bordeaux eut lieu le 7 octobre 1615.

1518. XXVII. 29

2269. L'Ordre || prescrite des || Ceremonies || faictes et obseruees à S. || Iean de Lus, à l'Echange des Infantes de Fran- || ce & d'Espagne: Auec les Harangues faictes || par les Ambassadeurs de part & d'autre. || *A Paris,* || *Pour Sylvestre Moreau, en la cour du Palais,* || *pres la Chambre des Comptes.* || M. DC. XV [1615]. || Auec permission & deffence. In-8 de 14 pp. et 1 f.

    Détail du cérémonial arrêté et publié d'avance, après des négociations minutieuses entre les représentants de la France et de l'Espagne. L'échange des deux princesses eut lieu le 9 novembre.
    Au titre, les armes de France et de Navarre.
    Le dernier f. contient le texte de la permission accordée à *Sylvestre Moreau*, « marchant libraire et colleporteur » ; la date n'en est pas indiquée.

1518. XXVII. 36

2270. La || Reception || de Madame, || Sœur du Roy, faicte || par les Deputez du Roy d'Es- || pagne à la deliurance qui leur || en a esté faicte en la ville de || Ronceuaux, & les triomphes, || honneurs, & solemnitez qui y || ont esté faictes et obseruees, || tant d'vne part que d'autre. ||. *A Paris,* || *Pour Melchior Mondiere ;* || *ruë Sainct Iacques.* || M. DC. XV [1615]. In-8 de 16 pp.

1518. XXVIII. 40

2271. Les Pompes, || Magnificences || et Ceremonies, || Faictes dans l'Eglise S. André de la ville || de Bordeaux, pour le mariage de Phi- || lipes Prince d'Espagne, auec Madame || Elizabet de France sœur du Roy. || *Iouxte la copie imprimee à Bordeaux* || *par Iacques Marchand Imprimeur.* || *A Paris,* || *De l'Imprimerie d'Antoine Champenois,* || *ruë de la vieille Drapperie, deuant la* || *grand'porte du Palais.* || M. DC. XV [1615]. In-8 de 16 pp.

1518. XXVII. 5

## 96 HISTOIRE.

1518, XXXI, 43

2272. La || svperbe || et || magnifique Entree || De la Royne, en la ville || de Tours. || Le Lundy 25. de Ianuier. || *A Paris, || De l'Imprimerie d'Anthoine du Brueil, || ruë Macon pres le carrefour de S. Se-|| uerin à la Couronne.* || M. DC. XVI [1616]. In-8 de 7 pp.

<small>Au titre, les armes de France et de Navarre accompagnées de la devise : *Duo protegit unus*.</small>

1518, XXIX, 28

2273. Les || Ceremonies || faictes à l'entrée || du Roy, & de la Royne, en leur || bonne ville d'Orleans. || Le Dimanche huictiesme de May. || *A Paris* || *De l'Imprimerie d'Anthoine du Brueil,* || *ruë Macon pres le carrefour* || *Sainct Seuerin.* || M.DC.XVI [1616]. || Auec Permission. In-8 de 8 pp.

<small>Au titre, les armes de France et de Navarre.
Le texte de la permission n'est pas rapporté.</small>

1518, XXXI, 13

2274. L'Ordre tenu || à la || reception du Roy et de la || Royne en leur bonne || ville de Paris. || Le Lundy seiziesme de May. || *A Paris* || *De l'Imprimerie d'Anthoine du Brueil,* || *ruë Macon, pres le carrefour S.* || *Seuerin.* || M. DC. XVI [1616]. || Auec Permission. In-8 de 8 pp.

<small>Au titre, un petit bois des armes de France et de Navarre.
Le texte de la permission n'est pas rapporté.</small>

I. 2. 26

2275. La || Conivration || de Conchine. || *A Paris,* || *Chez Pierre Rocolet, en la grande* || *Sale du Palais, joignant la Chambre des* || *Consultations.* || M.DC.XVIII [1618]. || Auec Priuilege du Roy. In-8 de 4 ff., 327 pp., 2 ff. pour le *Priuilège* et 2 ff. blancs.

<small>Cet ouvrage est généralement attribué à l'historien Pierre Mathieu. Le privilège, daté du 9 novembre 1617, est accordé pour dix ans à *Michel Thévenin*. Le P. Lelong a pris ce dernier pour le véritable auteur du livre; mais *Thévenin* était un simple libraire, que Lottin indique à l'année 1619.</small>

1518, XL, 45

2276. Resiovissance || publique || sur l'arriuee de || la Royne Mere || en la ville de Tours. || Et autres Nouuelles asseurees de || la Cour. || *A Paris,* || *Chez Nicolas Alexandre, ruë S.* || *Estienne des Grecs.* || M.DC.XIX [1619]. In-8 de 6 pp. et 1 f.

<small>L'auteur de la relation annonce que le roi, revenant du Lude, est arrivé à Tours le vendredi 30 août. La reine-mère, que M. de Brande est allé chercher jusqu'à Angoulême, se dirige vers la même ville.
Exemplaire imprimé en bistre.</small>

1518, XL, 51

2277. Reception || faicte à la Royne || Mere du Roy, en la Ville de || Tours le Vendredy 6. iour de || Septembre ||

# HISTOIRE. 97

Ensembles [sic] les honneurs Ceremonies, || noms & qua- litez des Princes & Sei- || gneurs qui l'ont assistée & accompa- || gnée tant à son voyage qu'à son || entrée audit Tours. || *A Paris.* || *Chez Siluestre Moreau, en sa Boutique au* || *Palais, deuant l'Escalier de la Cham-* || *bre des Comptes.* || DC.XIX [sic pour 1619]. In-8 de 14 pp. et 1 f. blanc.

<small>Au titre, les armes de France et de Navarre.</small>

2278. Svplica- || tions du || Sieur de Soubize. || faicte [sic] || Au tres Magnanime & tres-vertueux || Prince Charles I Roy d'Angleterre, || Irlande, Escosse, &c. || Auec la response ausdites suplications. || *A Paris,* || *Chez la veufue du Carroy, ruë des* || *Carmes, à la Trinité.* || M.DC.XXV [1625]. In-8 de 15 pp.

<small>Curieuse pièce que MM. Haag n'ont pas citée dans leur article sur Benjamin de Soubise (*La France protestante*, VIII, 502-505). Avant de prendre les armes pour la troisième fois contre Louis XIII, en 1625, le célèbre chef huguenot s'efforça de rentrer en faveur auprès du roi. Tel était le but de la lettre qu'il écrivit à Charles I<sup>er</sup>. « Vostre Majesté, dit-il, n'aura à desdain les humbles supplications que vous faict en toute humilité un grand nombre de seigneurs et gentils hommes, et particuliérement moy, qui sont, Sire, de nous tant obliger que d'estre nostre intercesseur envers le Tres-Chrestien roy de France, nostre seigneur et maistre, où jusques à present un nombre de personnes nous ont rendus tellement odieux envers Sa Majesté, qu'il ne nous a pas esté possible par tous les moyens que nous ayons peu rechercher, par plusieurs deputez que souventefois nous avons envoyé en sa cour, qui avoient charge, de nous et d'un grand nombre de personnes de la Religion, de manifester à Sadicte Majesté et à son conseil, la pureté et sincerité de nos cœurs, et le tres-grand zéle que nous avons de luy faire aparoistre le contraire des prejugez dont diverses personnes nous accusent, par les tres-humbles et tres-affectueux services que, tant que nous sommes, [nous sommes] desireux de porter à son service... »

La lettre est accompagnée d'une réfutation ou *Relation des maleßces commis par le sieur de Soubize*, où sont exposés tous les griefs que Louis XIII et Richelieu avaient contre lui.</small>

2279. Pieces du Procès de Henri de Tallerand, Comte de Chalais. Décapité en 1626. *Londres.* 1781. In-12 de 2 ff., IV et 256 pp., plus 2 figg. — Lettre de Marion de Lorme, aux Auteurs du Journal de Paris. *A Londres.* 1780. In-12 de 60 pp. plus 6 figg. — Ensemble 2 part. en un vol. in-12.

<small>Recueil publié, à *Paris*, par Jean-Benjamin de Laborde, l'auteur bien connu des *Chansons* (1773) et de l'*Essai sur la musique* (1780). Laborde s'occupait aussi d'histoire à sa manière. Dans cette même année 1781 il fit paraître des *Mémoires historiques sur Raoul de Coucy*, également ornés d'élégantes figures.

Le faux-titre qui précède la première partie porte : *Recueil de Pieces intéressantes, pour servir à l'histoire des regnes de Louis XIII et de Louis XIV.*

La seconde partie porte la date de 1780, parce qu'elle répond à des articles</small>

du *Journal de Paris*, publiés cette même année, mais elle ne dut voir le jour qu'en 1781. Une note, placée au bas de la p. 3, porte que « cette Lettre devait paraitre il y a plus de six mois ».

Les figures, dessinées par *Dugoure* et pour la plupart gravées par *Le Bert*, sont des médaillons d'une jolie exécution. En voici la liste :

Première Partie : 1° Henry de Tallerand, comte de Chalais ; 2° Marie de Rohan, duchesse de Chevreuse. — Seconde partie : 1° Marion de Lorme ; 2° le duc de Buckingham ; 3° Cinq-Mars (gravé par *Droyer*) ; 4° Marie de Gonzague (*id.*) ; 5° Philibert, comte de Gramont ; 6° Ninon de Lenclos (grav. par *Masquelier*).

2280. HISTOIRE || des deux || derniers Sieges || de la || Rochelle, || Le premier soubs le Regne du Roy || Charles IX. en l'année 1573. || Et le second soubs le Roy Louys XIII. || à present heureusement regnant, || és années 1627. & 1628. || *A Paris.* || *Chez François Targa, au premier* || *Pilier de la grand' Salle du Palais,* || *deuant les Consultations.* || M.DC.XXX [1630]. || Auec Priuilege du Roy. In-8 de 4 ff., 283 pp. et 5 ff. pour la *Table*, mar. r. jans, tr. dor. (*Trautz-Bauzonnet.*)

Au verso du dernier f. se trouve un extrait du privilège accordé à *François Targa*, le 15 mars 1630. Cet extrait se termine par un achevé d'imprimer du 12 avril 1630.

Le volume s'ouvre par un avis « Au lecteur », puis par un chapitre intitulé *La Situation, Origine et Progrès de La Rochelle*.

Le *Recit veritable du siége de La Rochelle sous le régne de Charles IX*, occupe les pp. 80-112. On peut en rapprocher la relation dont nous avons décrit ci-dessus un texte allemand (n° 2183) et les pièces citées par le P. Lelong (II, n°s 18205-18210).

L'*Histoire des deux siéges* est l'œuvre d'un auteur catholique.

2281. HISTOIRE CVRIEVSE || de tout ce qui c'est [*sic*] passé || à l'entree || de || la Reyne Mere || du || Roy Treschrestien || dans les villes || des Pays Bas ; || Par le S<sup>r</sup> de la Serre || Historiographe de France. || *A Anvers, en l'Imprimerie Plantinienne de Balthasar Moretus*, M.DC.XXXII [1632]. In-fol. de 6 ff., 74 pp. et 1 f. pour l'*Approbation*, mar. bl. jans., tr. dor. (*A. Motte.*)

Collation des ff. lim. : Faux-titre ; frontispice gravé représentant Marie de Médicis et Isabelle-Claire-Eugénie, infante d'Espagne, veuve de l'archiduc Albert, couronnées ensemble par la Justice, la Force et la Prudence (une draperie suspendue au-dessus de leur tête porte le titre, tandis que le nom de l'imprimeur est inscrit au bas de la planche ; la gravure est signée de *Corn. Galle*) ; 1 pl. non signée, contenant un portrait de Marie de Médicis, entourée de rameaux qui portent ses enfants ; 2 ff. pour une épître « A la reyne, mere du roy », et un sonnet adressé à l'auteur par FRANÇOIS DE LISOLA ; 1 pl. représentant l'entrée de la reine à Mons.

Une planche signée d'*A. Paulus*, et qui représente l'entrée de la reine à Bruxelles, occupe la p. 14 ; une autre planche du même artiste (p. 36) représente le « Triomphe de l'entrée de la reyne » à Anvers.

Ce fut six mois après la Journée des dupes, le 18 juillet 1631, que Marie de Médicis, battue par Richelieu, s'échappa de Compiègne, et prit le chemin de la Hollande, dans le dessein de se retirer auprès de son gendre Charles I<sup>er</sup>

# HISTOIRE.

d'Angleterre. Elle ne devait plus revenir en France ; elle resta dans les Pays-Bas et en Hollande, d'où elle ne cessa de travailler contre Louis XIII et contre son ministre.

Ainsi qu'il est dit dans la notice qui précède le présent catalogue (p.xviij), la collection de pièces historiques relatives au règne de Louis XIII, acquise de M. Pécard et complétée depuis la mort de cet amateur, a été jugée trop considérable pour pouvoir être décrite ici. Voici, par contre, l'indication de diverses pièces classées dans d'autres sections qui se rapportent à la même époque : *L'Hymne de la paix*, 1614 (n° 892, art. 1) ; — *Le Cantique de la paix*, 1614 (n° 892, art. 2); — *Alegresse pour le bonheur de la reunion de messieurs les princes*, 1614 (n° 892, art. 3); — *La Conference entre l'empereur et le comte Palatin, arrestée par l'entremise du roy de France*, 1620 (t. III, n° 2420, art. 35) ; — *Recit veritable de ce qui s'est passé en la frontière de Champagne*, 1620 (t. III, n° 2420, art. 67) ; — *Les Differents arrivez à Rome entre les ambassadeurs de France et d'Espagne à la nouvelle eslection du pape*, 1621 (voy. le Supplément) ; — *La Retraite du comte de Mansfeld et de toute son armée hors les frontières du royaume de France*, 1622 (n° 2420, art. 68-69) ; — *Pour le roy allant chastier la rebellion des Rochelois, etc.*, ode, [par Malherbe], 1628 (n° 819) ; — *Le Tableau de la vie et du gouvernement de messieurs les cardinaux Richelieu et Mazarin et de monsieur Colbert*, 1693 (n° 950).

*j. — Louis XIV.*

2282. MEMOIRES || de || M. D. L. R. || Sur les Brigues à la mort de Louys XIII. || Les Guerres de Paris & de Guyenne, || & la Prison des Princes. || Lettre du Cardinal à Monsieur de Brienne. || Articles dont sont convenus Son Altesse Royale || & Monsieur le Prince pour l'expulsion du || Cardinal Mazarin. || Apologie pour Monsieur de Beaufort. || Memoires de Monsieur de la Chastre. || *A Cologne,* || *Chez Pierre van Dyck.* || M.DC.LXIV [1664]. In-12 de 2 ff. et 400 pp., mar. r. jans., doublé de mar. r., dent. (*Trautz-Bauzonnet.*)

Mémoires de FRANÇOIS, DUC DE LA ROCHEFOUCAULD.

Ces mémoires avaient paru pour la première fois en 1662, date sous laquelle il en existe au moins quatre éditions. Ils furent réimprimés en 1663, 1664 et 1669. M. Willems (*Les Elzevier*, n° 1997) a établi que *Pierre van Dyck* est le masque de l'imprimeur bruxellois *François Foppens*. L'édition que nous avons décrite constitue le 3ᵉ état de la publication. Le titre est suivi d'un *Advis au lecteur sur cette nouvelle edition*, où il est dit que l'impression a été faite plus correctement que les précédentes.

Les mémoires de La Rochefoucauld, publiés sur une copie subreptice et désavoués par lui, n'en sont pas moins d'une authenticité incontestable. Il est certain pourtant qu'il en avait fait deux rédactions successives. Un fragment qui paraît appartenir au premier jet et où est racontée la jeunesse de l'auteur, a été publié en 1817, par M. Renouard, d'après un manuscrit provenant de Louis de Bouthillier de Pont-Chavigny. Ce fragment a été reproduit depuis par Petitot, Michaud et Poujoulat, et les éditeurs des œuvres de La Rochefoucauld, qui ont de plus revu et complété les mémoires sur d'autres manuscrits.

Les mémoires d'Edme, comte de La Chastre et marquis de Nancey, ancien colonel général des Suisses, mort le 3 septembre 1645, ne se rapportent qu'aux années 1642 et 1643 ; ils sont l'œuvre d'un écrivain des plus distingués, aussi ont-ils toujours été joints aux Mémoires de La Rochefoucauld. Certaines assertions de La Chastre ayant été jugées inexactes et offensantes par le comte de Brienne, donnèrent lieu, de la part de ce dernier, à une réponse dont il sera parlé à l'article suivant.

Exemplaire NON ROGNÉ.

**2283.** RECUEIL ‖ de ‖ diverses Pieces ‖ curieuses ‖ pour servir à l'histoire. ‖ Voyez la Page suivante. ‖ *A Cologne, ‖ Par Jean du Castel.* ‖ M.DC.LXIV [1664]. Pet. in-12 de 297 pp. et 1 f. blanc, mar. r. jans. (*Trautz-Bauzonnet.*)

Le titre est orné d'une sphère.

Le recueil contient 5 pièces, savoir :

1° *Response faite aux Memoires de monsieur le comte de La Chastre, par* M. LE COMTE DE BRIENNE, *ministre et secretaire d'estat* (pp. 7-42).

Les mémoires d'Edme, comte de La Chastre et marquis de Nancey, avaient paru pour la première fois à *Bruxelles*, en 1662, avec les mémoires de La Rochefoucauld (Willems, *Les Elzevier*, n° 1997); nous venons d'en décrire une réimpression de 1664 (n° 2282). Henri-Auguste de Loménie, comte de Brienne, ancien ami de La Chastre, crut devoir protester contre certains passages de ces mémoires, et faire en même temps l'apologie de la reine Anne d'Autriche. Sa réponse a été reproduite dans *Le Conservateur*, juillet 1760, p. 133. Quelques passages en ont été joints sous forme de notes, par M. Petitot, à sa réimpression des mémoires de La Chastre.

2° *Conjuration de la donna Hyppolite d'Arragon, baronne d'Alby, sur la ville de Barcelonne, en faveur du roy Catholique en l'an 1645, 1646, 1647 et 1648* (pp. 43-76).

3° *Relation de la mort du marquis de Monaldeschi, grand escuyer de la reine Christine de Suéde. Fait par le reverend pére* LE BEL, *ministre de la Sainte Trinité du couvent de Fontaine-Bleau. Le 6 novembre 1657* (pp. 77-92).

Le P. Le Bel avait confessé Monaldeschi, dont il avait vainement sollicité la grâce. Ce fut lui qui fit enterrer l'ancien favori de la reine.

4° *Motifs de la France pour la guerre d'Allemagne et quelle y a esté sa conduitte* (pp. 93-196).

Cette pièce se rapporte aux campagnes de 1645 et 1646. L'auteur prétend justifier la France aussi bien au point de vue religieux qu'au point de vue politique.

5° *Lettre au nom d'un estranger au sujet de la paix entre la France et l'Espagne. A Paris ce quinziéme d'avril 1661* (pp. 197-242).

Cette lettre est aussi une apologie de la France.

6° *Relation de la conspiration de Valstein* (pp. 243-297).

Cette relation est un simple fragment; la fin manque.

M. Willems (*Les Elzevier*, n° 2006) range ce recueil parmi les productions de *François Foppens* à *Bruxelles*.

Exemplaire NON ROGNÉ.

**2284.** MEMOIRES du Duc de Navailles et de la Vallette, Pair et Maréchal de France, & Gouverneur de Monseigneur le Duc de Chartres. *A Paris, Chez la Veuve de Claude Barbin, au Palais, sur le second Perron de la Sainte Chapelle.* M.DCCI [1701]. Avec Privilege du Roy. In-12 de 2 ff. et 349 pp., mar. r. jans., tr. dor. (*Trautz-Bauzonnet.*)

Édition originale. Ces mémoires s'étendent de 1635 à 1683, mais ne sont un peu développés que pour les premières années du règne de Louis XIV. Philippe de Montaut de Bénac, duc de Navailles, né en 1619, était mort le 5 février 1684.

L'édition ne contient aucun extrait du **privilège**.

## HISTOIRE. 101

2285. MÉMOIRES du Cardinal de Retz, Contenant Ce qui s'est passé de remarquable en France pendant les premiéres années du Regne de Louis XIV. Nouvelle Edition, Revue exactement, Augmentée de plusieurs Eclaircissemens historiques, & de quelques Pieces du Cardinal de Retz & autres servant à l'Histoire de ce tems-là. *A Amsterdam, Chez J. Frédéric Bernard.* M.DCC.XXXI [1731]. 4 vol. pet. in-8. — MÉMOIRES de Gui Joly Conseiller au Chatelet &c: Contenant l'Histoire de la Regence d'Anne d'Autriche & des premieres années de la Majorité de Louis XIV. jusqu'en 1666. les Intrigues du Cardinal de Retz à la Cour, ses vojages [*sic*] en divers païs de l'Europe & la vie privée de ce Cardinal jusqu'à sa mort &c. Ouvrage qui sert de supplement aux Memoires du Cardinal de Retz Nouvelle Edition, Augmentée de Remarques & d'éclaircissemens curieux sur l'Histoire de ce tems là. *A Amsterdam, Chez Jean Frederic Bernard.* M.DCC.XXXVIII [1738]. Pet. in-8. — MÉMOIRES de Madame la Duchesse de Nemours : Contenant ce qui s'est passé de plus particulier en France pendant la Guerre de Paris, jusqu'à la prison du Cardinal de Rets en 1652. avec les differens caracteres des Personnes de la Cour. *A Amsterdam, Chez Jean Frederic Bernard.* M.DCC.XXXVIII [1738]. Pet. in-8. — Ensemble 7 vol. pet. in-8, mar. r., fil., dos ornés, tr. dor. (*Derome le jeune.*)

*Mémoires de Retz. — Tome premier* : Portrait gravé par *Thomassin* ; titre imprimé en rouge et en noir ; 10 ff. pour l'*Avertissement donné par le libraire à la tête de l'édition de 1719* (cette pièce est signée des initiales B. D. M. E. A. A., que Barbier traduit par « BERNARD DE M., établi à Amsterdam » ; 3 ff. pour un *Eloge du cardinal de Retz*, signé des mêmes initiales ; 4 ff. pour une *Lettre au libraire*, contenant divers errata, et pour le *Catalogue des livres imprimés chez J. Frédéric Bernard*; 390 pp. — *Tome second*: 1 f. et 399 p. — *Tome troisième* : 1 f. et 452 pp. — *Tome quatrième*: 1 f., 331 pp. et 15 ff. — Ce dernier volume, dont le titre porte un fleuron avec les mots « A l'immortalité », contient : *La Conjuration du comte Jean-Louis de Fiesque* (pp. 1-68) ; *Sermon de S. Louis* (pp. 69-90) ; *Procez verbal de la conférence faite à Ruel*, et diverses autres pièces (pp. 91-162) ; *Le Trictrac* (pp. 163-165) ; *Lettre présentée au Sacré Collége de la part du cardinal de Retz* (pp. 166-169) ; *Mémoire touchant les affaires du cardinal de Retz avec la cour* (pp. 170-244) ; *Avis à monsieur le cardinal Mazarin sur les affaires de monsieur le cardinal de Retz* (pp. 245-255) ; *Le Courrier burlesque de la guerre de Paris* (pp. 256-331) ; *Table*.

Les *Mémoires* du cardinal de Retz, dont la première édition, fort incomplète, avait peru à *Nancy* en 1717 (3 vol. in-12), ont été reproduits dans la *Collection* de M. Petitot (IIe série, t. XLIV-XLVI) et dans la *Nouvelle Collection* de MM. Michaud et Poujoulat (IIe série, t. I). Des éditions modernes en ont été données par M. Geruzez (1842), par M. Aimé Champollion-Figeac (1859) et, en 1865, par M. Feillet, dont le travail a été repris dans la *Collection des grands écrivains de la France*. Depuis MM. Michaud et Poujoulat, le manuscrit original, conservé à la Bibliothèque nationale, a servi de guide aux éditeurs.

*Memoires de Gui Joly*. — [*Premiére Partie*] : Titre ; 2 ff. pour une épître de J. Fr. Bernard « A monsieur Nicolas Sautyn, fils de monsieur Sautyn, ancien echevin d'Amsterdam » ; 3 ff. pour un *Avertissement du libraire* ; 1 f. contenant des vers *Sur la manière d'écrire des François modernes* ; 1 f. blanc ; 244 pp. — [*Seconde Partie*] : 1 f. et 300 pp.

Les *Mémoires* de Guy Joly s'étendent de 1648 à 1665 ; ils ont été reproduits par M. Petitot (II<sup>e</sup> série, t. XLVII) et par MM. Michaud et Poujoulat (II<sup>e</sup> série, t. II). Les éditeurs modernes y ont joint les mémoires de son oncle Claude Joly, fragment tiré d'une *Histoire de l'église de Paris* que le fougueux chanoine avait composée.

*Memoires de M<sup>me</sup> la duchesse de Nemours* : Faux-titre et titre ; 3 ff. pour un *Avertissement* ; 1 f. blanc ; 167 pp. ; 2 ff.

Les *Mémoires* de Marie d'Orléans, duchesse de Nemours, se rapportent aux années 1649-1652 ; ils ont été reproduits par M. Petitot (II<sup>e</sup> série, t. XXXIV) et par MM. Michaud et Poujoulat (1<sup>re</sup> série, t. IX).

Le tome I de la collection porte une étiquette ainsi conçue :

> *Relié par*
> DEROME *le jeune*,
> *rue S<sup>t</sup> Jáque audessus*
> *de S<sup>t</sup> Benoist.*

Cet exemplaire est revêtu des ex-libris de MM. E. Odiot, Henri Bordes et E. Quentin-Bauchart (*Mes Livres*, n° 218).

2286. Memoires de Mademoiselle de Montpensier, Fille de Gaston d'Orléans, Frere de Louis XIII. Roi de France. Nouvelle Edition, Où l'on a rempli les Lacunes qui étoient dans les Editions précédentes, corrigé un très-grand nombre de fautes, & ajouté divers Ouvrages de Mademoiselle trèscurieux. *A Amsterdam, Chez J. Wetstein & G. Smith* MDCCXXXV [1735]. 8 tom. en 4 vol. in-12, mar. bl. jans., tr. dor. (*A. Motte*.)

*Tome premier :* Portrait de Mademoiselle gravé par *P. Tanjé* ; xxi et 246 pp., plus 1 f. blanc. — *Tome second* : 1 f., 307 pp. et 1 f. blanc. — *Tome troisiéme* : 1 f. et 247 pp. — *Tome quatriéme* : 1 f. blanc, 1 f. de titre, 251 pp. et 1 f. blanc. — *Tome cinquiéme* : 1 f. blanc, 1 f. de titre et 264 pp. — *Tome sixiéme* : 1 f. blanc, 1 f. de titre, 285 pp. et 1 f. blanc. — *Tome septiéme* : 1 f. blanc, 1 f. de titre et 229 pp. — *Tome huitiéme* : 1 f. blanc, 1 f. de titre, 848 pp., 33 ff. non chiffr. pour la *Table*, et 1 f. blanc.

Les titres des volumes impairs ( I, III, V, VII ) sont imprimés en rouge et en noir, et ornés d'une jolie marque tirée en taille-douce ; les volumes pairs n'ont qu'un titre noir et une marque grossièrement tirée avec le texte. Ces marques portent toutes la devise *Terar dum prosim*. Celle qui figure sur le titre du tome II et qui est répétée au tome VIII est signée : *Jackson.*

L'édition de 1735, publiée d'après un manuscrit que Mademoiselle avait elle-même donné au président de Harlay, est beaucoup plus complète que celle de 1729 ; elle a été suivie dans les réimpressions modernes. M. Chéruel a donné le premier une collation complète du manuscrit original que possède la Bibliothèque nationale (Paris, Charpentier, 1858-1859, 4 vol. in-12).

Les pièces ajoutées à cette édition sont les suivantes :

1° *Lettres de Mademoiselle à madame de Motteville* [*et Reponses de madame de Motteville*] (VII, 119-150).

2° *Les Amours de Mademoiselle et de M. de Lauzun* (VII, 151-229).

HISTOIRE. 103

Cette pièce se retrouve dans deux éditions de l'*Histoire amoureuse des Gaules* qui ont été décrites ci-dessus (t. I, n<sup>os</sup> 1685 et 1686.)

3° *La Relation de l'Isle invisible* (VIII, 1-34).

4° *Histoire de la princesse de Paphlagonie* (VIII, 34-70).

L'édition originale de ce roman et du précédent a été décrite dans notre tome II, n° 1530. On y a joint ici la clef, tirée du *Segraisiana*.

5° *Divers Portraits, imprimés en l'année* M.DC.LIX (VIII, 71-848).

Les éditions originales des *Portraits* de Mademoiselle sont des livres d'une grande rareté. M. G. de Villeneuve, qui a la bonne fortune de posséder à la fois un exemplaire de l'édition in-4 que l'on sait avoir été imprimée à *Caen*, et un exemplaire de l'édition parisienne in-8, en a fait récemment l'objet d'une très intéressante étude dans laquelle il a relevé les différences considérables qui existent entre les deux recueils. Voy. *Bulletin du bibliophile*, 1889, pp. 447-453.

L'éditeur de 1735 a reproduit les 59 portraits qui figurent dans l'édition in-4. Une nouvelle édition en a été donnée, en 1860, par M. Ed. de Barthélemy (Paris, Didier, in-8).

Exemplaire relié sur brochure.

2287. Le || Cardinal || Mazarin, || Joué || Par un Flamand. || Ou || Relation de ce qui se passa à Ostende || le 14 de May, de l'année 1658. || *à Cologne*, || *Chez Pierre Marteau*. 1671. Pet. in-12 de 16 ff., 131 [*lis.* 133] pp. et 1 f. blanc, mar. r. jans. (*Trautz-Bauzonnet*.)

L'erreur de pagination que nous avons fait remarquer se produit aux pp. 71 et 72. Les mêmes numéros sont répétés deux fois.

M. Willems (*Les Elzevier*, n° 1848) fait observer que le récit contenu dans ce petit volume est parfaitement authentique. Le traité par lequel les prétendus conjurés s'engageaient à livrer Ostende au roi existe encore aux archives communales de la ville.

Exemplaire NON ROGNÉ.

2288. Histoire de Madame Henriette d'Angleterre Premiére Femme de Philippe de France Duc d'Orleans. Par Dame Marie de la Vergne Comtesse de la Fayette. *A Amsterdam, Chez Michel Charles le Cene*. M.D.CCXX [1720]. Pet. in-8 de 4 ff. lim., 223 pp. et 12 ff. de *Catalogue*, mar. br. jans. (*Trautz-Bauzonnet*.)

Édition originale.

Le titre, imprimé en rouge et en noir, est orné d'un fleuron gravé en taille-douce qui est accompagné de la devise de Le Cène: *Finis ab origine pendet.* — Les 3 ff. qui suivent le titre contiennent la *Preface*.

Nous ne savons pas pourquoi M. Brunet dit que cette édition paraît avoir été imprimée en France ; elle a, dans ses moindres détails, l'aspect d'une impression hollandaise. D'ailleurs le *Catalogue des livres qui se trouvent à Amsterdam chez Michel Charles Le Cene*, pièce qui commence au v° de la p. 223 et qui occupe les 12 ff. suivants, lui donne un caractère d'authenticité incontestable.

Henriette d'Angleterre, née en 1644, mariée en 1661, était morte en 1670. M<sup>me</sup> de La Fayette elle-même était morte depuis vingt-sept ans quand l'*Histoire de madame Henriette* vit le jour. Cet ouvrage a été réimprimé, en 1855, par le libraire *Techener*, à *Paris*.

Exemplaire NON ROGNÉ.

104             HISTOIRE.

2289. LE || BOURGUIGNON || interessé. || Concordiâ res parvæ crescunt, || Discordiâ magnæ || dilabuntur. || *A Cologne,* || *Chez Pierre ab Egmont S. d.* [*v.* 1669], pet. in-12 de 6 ff. lim., 157 pp. et 1 f., mar. r. jans., tr. dor. (*Trautz-Bauzonnet.*)

    Les ff. lim. contiennent: le titre, une épître « Au roy » et un avis de « La Verité au lecteur ».

    L'ouvrage est un plaidoyer en faveur des droits de la maison d'Autriche sur la Franche-Comté, publié à l'occasion de la conquête de cette province par Louis XIV. Il a été composé après la signature du treité d'Aix-la-Chapelle (2 mai 1668), mais avant 1670, date inscrite, dit-on, sur certains exemplaires. L'auteur anonyme de cet opuscule, CLAUDE-ÉTIENNE BIGEOT, était lieutenant général du bailliage de Pontarlier; il mourut en 1675. Le P. Lelong, dans sa *Bibliothèque historique,* lui attribue *Le Bourguignon désintéressé* qui est probablement le même ouvrage. On sait que la Franche-Comté fut conquise par Louis XIV en 1668, et restituée la même année, à l'Espagne, par le traité d'Aix-la-Chapelle. La France n'en obtint la possession définitive qu'en 1674. Bigeot, qui avait été l'agent le plus actif de l'Espagne en Bourgogne, se retira alors dans les Pays-Bas, où il mourut.

    D'après M. Willems (*Les Elzevier*, n° 2051) le volume a été imprimé par *Ph. Vleugart,* à *Bruxelles.*

2290. MÉMOIRES de Charles Perrault, De l'Académie Françoise, Et premier Commis des bâtimens du Roi. Contenant Beaucoup de particularités & d'Anecdotes intéressantes du ministere de M. Colbert. *A Avignon,* M.DCC.LIX [1759]. In-12 de 2 ff. et 204 pp.

    Ces *Mémoires* ont été publiés par l'architecte PIERRE PATTE d'après le ms. original donné à la Bibliothèque du roi par l'abbé de Fleury, chanoine de Notre-Dame de Paris.

    Le volume semble avoir été imprimé à *Paris,* malgré la rubrique d'*Avignon.*

2291. MEMOIRES || de || ce qui s'est passé || de || plus considerable || pendant || la guerre, || depuis l'an 1688. jusqu'en 1698. || Par M. de Massiac, Lieutenant || des Grenadiers dans le Régiment || de la Reine. || *A Paris,* || *Chez Nicolas le Clerc, Quay* || *des Augustins, du côté du Pont Saint* || *Michel, à l'Image S. Lambert.* || M.DC.XCVIII, [1698]. || Avec Privilege du Roy. In-12 de 8 ff. lim., 200 pp. mal chiffr. et 6 ff., mar. v. jans., tr. dor. (*Trautz-Bauzonnet.*)

    Les ff. lim. contiennent: le titre, une épître « Au roi » et un *Avis au lecteur.*

    La pagination saute de 168 à 179 et se continue, avec une erreur de dix unités en plus, jusqu'à la dernière page, cotée 210.

    Les ff. qui terminent le volume sont occupés par la table et par un *Extrait* du privilège accordé pour huit ans au libraire *Nicolas Le Clerc,* le 12 décembre 1697. L'achevé d'imprimer est du 4 mars 1698.

2292. MEMOIRES de Madame la Comtesse de M***. *A Paris, Chez Claude Barbin, au Palais, sur le second Perron* *de la Sainte-Chapelle.* M. DC.XCVII [1697]. Avec Privilege du Roy. 2 vol. in-12.

> Édition originale.
>
> *Tome premier*: Titre; 2 ff. pour l'*Avertissement*; faux-titre; ensemble 4 ff. lim., 368 pp. et 1 f. pour l'*Extrait du privilége*. — *Tome second*: 396 pp.
>
> Le privilège, daté du 2 août 1696, est accordé pour huit ans à *Cl. Barbin*. L'achevé d'imprimer est du 29 décembre 1696.
>
> L'auteur de ces mémoires romanesques est **HENRIETTE-JULIE DE CASTEL-NAU**, née en 1670, mariée en 1686 à **NICOLAS, COMTE DE MURAT**, morte en 1716, et restée célèbre par ses galanteries, ses poésies et ses contes.
>
> Au règne de Louis XIV se rapportent encore les pièces suivantes décrites dans d'autres divisions du Catalogue: *La Muze historique*, par Jean Loret, 1650-1665 (t. I, n°ˢ 894-897); — *Lettres en vers*, par La Gravette de Mayolas, 1665-1666 (n° 898); — *Lettres en vers*, par Charles Robinet, 1666-1667 (n° 899); — *La Muse dauphine*, par le sieur de Subligny, 1665-1666 (n°ˢ 901 et 902); — *Ode du dieu d'Amour au dieu Mars*, par La Gravette de Mayolas, 1660 (n° 900); — *Histoire amoureuse des Gaules*, [par Bussy-Rabutin], v. 1665 (t. II, n°ˢ 1684-1686); — *Oraisons funèbres d'Anne d'Autriche*, par Jules Mascaron, par Jean-François Senault, par François Faure, par André Carmagnole, par l'abbé Le Clerc, par l'abbé Fernier et par l'abbé de Drubec), 1666 (t. I, n°ˢ 355 et 356); — *Ode aux muses sur le portrait du roy*, par le comte de Modène, 1667 (n° 838); — *Poëme sur les victoires du roy*, par Pierre Corneille, 1667 (n° 903); — *Lettres en vers à monseigneur Talon*, 1669 (n° 904); — *Oraisons funèbres de Henriette-Anne d'Austriche, duchesse d'Orleans*, par Bossuet et par Mascaron, 1670 (n°ˢ 350, 355); — *Les Portraits de monseigneur le dauphin*, [par Charles Robinet], 1679 (n° 905); — *A Monseigneur sur son mariage*, [par Pierre Corneille], 1680 (n° 906); — *Oraisons funèbres de Marie-Thérése d'Austriche*, par Bossuet, par Therville, par Jules de Bollogne, par Fléchier, par Des Alleurs, 1683 (n°ˢ 351 et 369); — *Réflexions sur la cruelle persecution que souffre l'Eglise reformée de France*, [par Pierre Jurieu], 1685 (t. II, n° 2065); — *Oraisons funèbres de Marie-Anne-Christine-Victoire de Bavière*, *dauphine de France*, par Pierre de La Broue, par Fléchier, par Du Jarry, 1690 (t. I, n° 374); — *Scarron aparu à madame de Maintenon*, etc., 1694 (t. II, n° 1690); — *Histoire du soulevement des fanatiques dans les Sevénes, lequel a commencé en 1702*, [par Fr. Duval] (n° 2034); — *Histoire des troubles des Cevennes ou de la guerre des Camisars*, [par Antoine Court] (n° 2037); — *Oraisons funèbres de Louis, dauphin, fils de Louis XIV*, par le P. Delarue et par M. Mathieu, 1711 (t. I, n° 387); — *Oraisons funèbres de Louis, dauphin, petit-fils de Louis XIV, et de Marie-Adélaïde de Savoie, sa femme*, par le P. Gaillard et par le P. Delarue, 1712 (n° 389).

*k. — Louis XV.*

2293. MEMOIRES presentés A Monseigneur le Duc d'Orleans, Regent de France. Contenant Les moyens de rendre ce Royaume très puissant, & d'augmenter considerablement les revenus du Roi & du Peuple. Par le C. de Boulainvilliers. *A la Haye & A Amsterdam Aux dépends de la Compagnie.* M.DCC.XXVII [1727]. 2 tom. en un vol. in-12, mar. bl., fil., dos orné, tr. dor.

> *Tome I:* Titre rouge et noir; 2 ff. pour un *Avis des libraires*; 158 pp., 1 f. blanc. — *Tome II:* Titre noir; 230 pp.; 1 f. pour la *Table* et les *Errata*.
>
> Henri, comte de Boulainvilliers, célèbre de son temps par ses études historiques, était mort en 1722 sans avoir livré à la publicité aucun de ses

travaux. Les libraires associés de Hollande (*P. Gosse et J. Néaulme, R.-C. Alberts, P. De Hondt, A. de Rogissart, M.-G. de Merville*, à La Haye ; *F. Changuion et J.-F. Bernard*, à *Amsterdam*) réussirent à se procurer des copies de ses principaux ouvrages et en entreprirent l'impression. Le présent recueil fut le premier qu'ils publièrent. Il contient un *Mémoire sur la convocation d'une assemblée d'etats generaux* ; un *Memoire pour rendre l'etat puissant et invincible, et tous les sujets de ce même état heureux et riches* ; un *Mémoire touchant la taille réelle et proportionelle* ; un *Mémoire touchant l'affaire de Mrs. les princes du sang* ; un *Memoire concernant les moyens d'établir le droit d'amortissement des gabelles, etc.*, et un *Memoire au sujet des domaines du roi*.

Exemplaire de M. Odiot. La reliure est semblable à celle qui recouvre les trois volumes intitulés *Histoire de l'ancien gouvernement de la France*, etc., 1737. Voy. plus loin, n° 2358.

2294. Anecdotes sur M. [*sic*] la Comtesse du Barri.

Hæc ubi supposuit dextro corpus mihi lævum,<br>Ilia et Egeria est : do nomen quodlibet illi.<br>Horat. L. I. Sat. II. vs. 125, 126.

*A Londres*, MDCCLXXV [1775]. In-12 de 350 pp. et 1 f. bl., mar. r., fil., dos orné, tr. dor. (*Anc. rel.*)

Ces anecdotes, souvent plus que suspectes, sont d'ordinaire attribuées à Pidansat de Mairobert. Quérard, dans *La France littéraire*, les donne à Charles Théveneau de Morande.

2295. Memoire pour la Compagnie des Indes. Contre le Sieur Dupleix. M.DCC.LXII [1762]. *S. l.*, in-4 de 230 et 161 pp., mar. r., fil., large dent., dos orné, tr. dor. (*Anc. rel.*)

Dupleix, victime de l'incurie du roi Louis XV et de ses ministres, avait été sacrifié aux Anglais et rappelé en France au moment même où il dotait son pays de l'empire des Indes (1754). Dépouillé de son commandement, il essaya d'échapper à une ruine complète en réclamant à la Compagnie des Indes une somme de treize millions qu'il avait payée pour elle. Les directeurs de la Compagnie répondirent en faisant le compte des guerres inutiles et dangereuses, disaient-ils, que Dupleix avait entreprises sans leur ordre. Ils arrivaient ainsi à le constituer en débet. Le Mémoire de 1762 est signé : Montmorency-Laval, Masson, Panier de Saint-Bal, Saint-Martin, syndics ; Godeheu, David, Michel, Gilly, Magon, J. Cottin, Roffay, directeurs.

Dupleix mourut dans la misère le 10 novembre 1764. Il a fallu qu'un siècle entier s'écoulât pour que la postérité lui rendît justice.

Exemplaire en grand papier aux armes de Louis, dauphin de France, fils de Louis XV.

Au règne de Louis XV se rapportent en outre le *Recueil de piéces choisies sur les conquêtes et la convalescence du roy*, 1745 (n° 907) et le *Poëme de Fontenoy*, [par Voltaire], 1745 (n° 908).

*l. — Louis XVI.*

2296. La Cour Plénière, Héroï-Tragi-Comedie. En trois Actes et en Prose, Jouée le 14 Juillet 1788, Par une Société d'Amateurs, dans un château aux environs de Versailles. Par M. l'Abbé de Vermond, Lecteur de la Reine.

HISTOIRE.   107

.....La chétive pécore
S'enfla si bien, qu'elle creva.
LA FONTAINE.

*A Baville, Et se trouve à Paris, Chez la Veuve Liberté, à l'Enseigne de la Révolution.* 1788. In-8 de vij et 86 pp., plus 1 f. — SUPPLÉMENT à la Cour Pléniere, en un Acte, avec des Notes interessantes, Auquel on a ajouté le véritable Testament de Desbrugnières. Pour servir de suite aux premieres Editions de cet Ouvrage. *A Baville, Chez la Veuve Liberté, à l'enseigne de la Révolution.* 1788. In-8 de 26 pp. et 1 f. blanc, plus viij pp. (*Supplément aux Notes*) intercalées entre la p. iv et la p. [5]. — APOLOGIE de la Cour plénière, Par M. l'Abbé Velin, de l'Académie des Inscriptions & Belles-Lettres, de la Société des Antiquaires de Londres, de l'Académie des Antiquaires de Hesse, &c. *S. l. n. d.*, in-8 de 15 pp. — Ensemble 3 part. en un vol. in-8, mar. r., fil., tr. dor. (*Duru*, 1854.)

 Édition originale de ce célèbre pamphlet, composé à l'occasion de l'exil du parlement à Troyes, par l'avocat HONORÉ-NICOLAS-MARIE DUVEYRIER (mort en 1839), père du vaudevilliste Mélesville. L'abbé de Vermond, sous le nom de qui l'ouvrage fut publié, avait usé de son influence sur la reine pour faire nommer président du conseil des finances l'archevêque de Sens, Étienne-Charles de Loménie de Brienne, dont le public connaissait l'incapacité. L'archevêque est devenu le principal personnage de la pièce.

 La *Cour plénière* fut tout d'abord attribuée à Beaumarchais, contre qui Duveyrier venait justement de plaider. L'impression fut faite, dit-on, à Dieppe.

 On peut voir au Catalogue Soleinne (II, n<sup>os</sup> 2355 et 2356) la description de deux autres éditions de la tragi-comédie. On y trouve aussi l'indication de diverses pièces qui s'y rattachent : *Premières Variantes de la Cour plénière*; *Le Lever de Baville*, drame héroïque pour servir de suite à la Cour plénière, par messire Jean-Georges Le Franc de Pompignan, archevêque de Vienne [Antoine-Joseph Gorsas?]; *Valérie ou la Rentrée des parlements*, etc.

 Exemplaire portant l'ex-libris de M. le COMTE DE LA BÉDOYÈRE.

m. — *La Révolution française et les gouvernements qui l'ont suivie jusqu'à nos jours.*

2297. ETRENNES Nationales dédiées à la Liberté Française, Ornées de huit portraits de MM. les Députés à l'Assemblée Nationale, et de sept gravures representant les principaux événements arrivés depuis l'ouverture des Etats Généraux jusqu'au mois de decembre, avec leur explication, contenant les noms, qualités et demeures de MM. les Députés, par ordre alphabétique de Baillages et Sénéchaussées. *A Paris, chez le Mercier, rue des Cannettes, à côté de la rue*

*Guisard, N° 33, et chez les Marchands de Nouveautés, Année 1790.* Pet. in-12 de 60 pp., plus un front. gravé, 7 figg. et 8 portr.

<small>Les sept figures qui représentent les premiers événements de la Révolution sont de *Duplessis-Bertaux* ; les huit portraits, exécutés à la manière noire, sont d'un anonyme.</small>

2298. Précis historique de la Révolution françoise, par J. P. Rabaut; suivi de l'Acte constitutionnel des François : Ouvrage orné de gravures d'après les dessins de Moreau. Seconde édition, augmentée de Réflexions politiques sur les circonstances présentes, par le même auteur. *A Paris, Chez Onfroy, Libraire, rue S.-Victor, N° 11. A Strasbourg, Chez J. G. Treuttel, Libraire. De l'Imprimerie de P. Didot l'aîné.* 1792. In-18 de LXXVJ (en réalité LXXIJ) et 257 pp., plus 6 figg.

<small>La pagination de la *Table des principaux décrets, etc.*, qui forme la partie liminaire, commence à xj, au lieu de commencer à vij ; de là vient l'erreur que nous avons signalée.

Les figures, gravées par *J.-B. Simonet, V. Langlois, L.-M. Halbou, J.-J. Hubert, Coiny, de Longueil*, sont placées aux pp. 1, 85, 106, 111, 185 et 254.

Exemplaire en papier vélin ; figures AVANT LA LETTRE.</small>

2299. Histoire de la Révolution française, accompagnée d'une Histoire de la révolution de 1355, ou des états-généraux sous le roi Jean, par MM. A. Thiers et Félix Bodin [à partir du tome III : par M. A. Thiers]. *Paris, Lecointe et Durey, libraires, quai des Augustins, n° 49.* [*Imprimerie de Cosson.*] 1823-1827. 10 vol. in-8, cart., n. r.

<small>Édition originale.

*Tome premier*, 1823 : vj et 436 pp. (Les pp. v-vj sont occupées par un *Extrait du prospectus*, dans lequel les éditeurs déclarent que l'*Histoire des états-généraux de 1355*, destinée à former un volume à part, est l'œuvre de M. Félix Bodin, tandis que l'*Histoire de la Révolution française* est de M. Thiers seul.) — *Tome deuxième*, 1823 : 2 ff. et 391 pp. — *Tome troisième*, 1824 : xij et 435 pp. (Une note des libraires placée au v° du titre porte que l'*Histoire des états-généraux de 1355*, destinée à être publiée en même temps que l'*Histoire de la Révolution française*, ce qui avait autorisé les éditeurs à placer sur les titres les noms des deux auteurs, formera un ouvrage séparé, composé de deux volumes). — *Tome quatrième*, 1824 : 2 ff. et 372 pp. — *Tome cinquième*, 1825 : 2 ff. et 472 pp. — *Tome sixième*, 1825 : 2 ff. et 496 pp. — *Tome septième*, 1827 : 2 ff. et 550 pp. — *Tome huitième*, 1827 : 2 ff., 574 pp. et 1 f. blanc, plus une carte pliée (les pp. 225-226 qui ont été cartonnées se trouvent ici en double : dans leur forme primitive et avec la correction). — *Tome neuvième*, 1827 : 2 ff. et 401 pp. — *Tome dixième*, 1827 : 2 ff. et 598 pp.</small>

2300. Histoire de l'Empereur, Racontée dans une Grange par un Vieux Soldat, et recueillie par M. de Balzac. Vignettes par Lorentz. Gravures par MM. Brevière et Novion. *Paris, J.-J. Dubochet et C*$^{ie}$. — *J. Hetzel et Paulin, rue de Seine, 33. Aubert et Comp., place de la Bourse.* [*Typ. Lacrampe et Comp., rue Damiette, 2.*] 1842. Pet. in-16 carré de 2 ff. et 104 pp.

Extrait du *Médecin de campagne*.
Édition originale.

2301. Revue rétrospective ou Archives secrètes du dernier Gouvernement. Recueil non périodique. *Paris, Paulin, éditeur, rue Richelieu, 60, Mars*, 1848. 31 n$^{os}$ en un vol. in-4 de 495 pp. impr. à 2 col., plus 2 ff. pour la Table, et 2 n$^{os}$ supplémentaires (32 et 33, paginés de 497 à 523), cart., n. r.

Recueil publié par Jules Taschereau.

On a joint à cet exemplaire un grand placard replié intitulé : *Réponse du citoyen* Auguste Blanqui. Cette réponse se rapporte au premier des documents publiés par M. Taschereau (*Affaire du 12 mai 1839*).

A l'histoire du XIX$^e$ siècle se rapportent encore les *Messéniennes* de Casimir Delavigne, 1818-1827 (t. I, n$^{os}$ 862-864) ; *Le Sacre de Charles dix, ode*, par Victor Hugo, 1824 (n° 871) ; *Némésis*, par Barthélemy, 1832 (n° 953) ; *Le Retour de l'Empereur*, par Victor Hugo, 1840 (n° 877).

C. — Histoire des provinces de France.

*a.* — *Histoire de Paris.*

1. — Description de Paris.

2302. ¶ Les rves et egli || ses de Paris Auec || la despēce q̃ se fait || chascun iour a pa || ris. Le tour et lenclos de ladicte ville Auec lēclos du || boys de vicennes [*sic*] / ¶ les epitaphes de la grosse tour du || dict boys Qui la fonda / qui la parfist et acheua. Et || auec ce la longueur/ la largeur. Et la haulteur de la || grant eglise de Paris Auec le blason de ladicte ville. || ¶ Item plus les cris que len crie parmy ladicte vil- || le de Paris. ¶ Item les noms des coleiges de ladi- || cte ville de Paris. — ¶ *Finis. S. l. n. d.* [*v.*1520], pet. in-8 goth. de 12 ff. non chiffr., sign. *A* par 8, *B* par 4, mar. r. jans., tr. dor (*Trautz-Bauzonnet*.)

Au titre, un bois qui représente le trépassement de la Vierge :

**¶ Les rues et egli
ses de Paris Auec
la despéce q̄ se fait
chascun iour a pa**
ris. Le tour et cenclos de ladicte Ville Auec lelos du
boys de Vicennes/ȝ les epitaphesde la grosse tour du
dict boys Qui la fonda/qui la parfist et acheua. Et
auec ce la longueur/la largeur. Et la haulteur de la
grant eglise de Paris Auec le blason de ladicte Ville.
¶ Item plus les cris que len crie parmy ladicte Ville de Paris ¶ Item les noms des colleiges de ladicte Ville de Paris.

Les caractères sont ceux qu'ont employés *Jehan Trepperel* et ses successeurs, rue Neufve Nostre Dame, à l'enseigne de l'Escu de France.

M. Alfred Bonnardot a réimprimé à la suite de ses *Études sur Gilles Corrozet* (1848) et dans une publication séparée (Paris, Willem, 1876, in-8) l'édition de ce petit livret sortie des presses de *Pierre Le Caron*, dans les dernières années du XVe siècle. Notre édition est plus complète. Elle reproduit avec d'assez nombreuses variantes le texte donné par Le Caron jusqu'à la fin des cris de Paris, puis elle y ajoute *Les Noms des colliéges fondez en la ville de Paris*, au nombre de 47 (de 51 si l'on y ajoute les Cordeliers, les Jacobins, les Augustins et les Carmes qui terminent l'énumération). La liste, ainsi complétée, se retrouve dans la *Fleur des antiquitez* de Gilles Corrozet (voy. le nº 2303.)

Voici quelques-unes des variantes que nous avons relevées dans la liste des rues :

| Éd. de *Pierre Le Caron*. | Édition anonyme. |
|---|---|
| 7. Rue au Lyon. | Rue du petit Lyon. |
| 9. Rue de Merderel. | Rue de Mercederel. |
| 10. Rue au Cyne. | Rue au Signe. |

| | |
|---|---|
| 15. Rue de la Chanvoirrie. | Rue de la Chavoirie. |
| 25. Rue Sainct Germain l'Auxerrois | Rue Sainct Germain. |
| 28. Rue Guillaume Porée. | Rue Martin Porée. |
| 42. Rue Jehan Tison. | Rue Jehan Tiron. |
| 45. Grant rue Saint Honoré. | Rue Sainct Honoré. |
| 46. Rue Saint Thomas du Louvre. | Rue Sainct Thomas. |
| 54. Rue du Pellicon. | Rue du Pellican. |
| 65. Place aux Chatz. | Rue aux Chatz. |
| 79. Rue Jehan le Mire. | Rue de Jehan le Maire. |
| 83. Rue de Quocqueron. | Rue de Mocqueron. |
| 84. Grant rue Saint Martin. | Grant rue Sainct Marry. |
| 89. Rue du Cymitiére Saint-Nicolas. | Rue du Cymetiére. |
| 99. Rue de Maroye de Roucy. | Rue de la Marioir Oucy. |
| 113. Carrefour Guillory. | Rue Carrefour Guillory. |
| 131. Rue de la Clouterie. | Rue de la Coutellerie. |
| 137. Rue de la Plastrerie. | Rue de la Platriére. |
| 155. Vieille rue des Rosiers. | Rue des Rosiers. |
| 156. Rue des Escouffes. | Rue des Escouffles. |
| 157. Rue au roy de Cecille. | Rue de Secille. |
| 158. Rue des Balays. | Rue du Palais. |
| 166. Rue des Nonnandiéres. | Rue des Nonnains d'Ierre. |
| 174. Rue de Boutibourg. | Rue Bourtibourg. |
| 178. Le Martellet Saint Jehan. | Le Martel Sainct Jehan. |
| 195. Rue aux Févres. | Rue au Feurre. |
| 196. Rue des Marmouretz. | Rue des Marmousetz. |
| 202. Rue de la Kalende (placée après la rue de la Saveterie). | Rue de la Kalendre (placée avant la rue de la Saveterie). |
| 203. Rue de la Barillerie. | Rue de la Babillerie. |
| 226. Rue de Sac a lye. | Rue Sacalie. |
| 234. Grant rue Saint Jaques. | Rue Sainct Jacques. |
| 236. Rue aux Cordeliers. | Rue aux Cordiers. |
| 242. Rue des Bernardins. | Rue des Benardins. |
| 246. Rue du Clos Bruneau (placée après la rue des Carmes). | Rue du Clou Bruneau (placée avant la rue des Carmes). |
| 248. Rue des Noyers. | *Manque.* |
| 251. Rue de la Gallande. | Rue Galande. |
| 259. Rue Raisin. | Rue Susse Raisin. |
| 260. Rue du franc Murier. | Rue du Murier. |

La liste des églises présente aussi quelques variantes. Pierre Le Caron dit : la chapelle « des Dormans »; notre édition porte : la chapelle « des Normans »; Pierre Le Caron dit : la « chapelle Estienne Haudry, religieuses »; notre texte porte : la « chapelle des Hauldriettes ». Pierre Le Caron omet Saint-Martin avant l'église du Temple; enfin il imprime « Saint Liefroy », tandis que notre imprimeur dit : « Sainct Geffroy ».

2303. La Flevr des || Antiquitez, singularitez & excellẽ || ces de la noble & triumphante ville & cite de Pa || ris, capitalle du roy- || aulme de France || adioustees oultre || la premiere || impres- || sion || Plusieurs sin- || gularitez estans en || ladicte ville. Auec la || genealogie du roy Fran || coys premier de ce nom. || 1533 — [A la fin :] *Ce present traicte* || *A este acheue le septiesme iour de* || *Mars mil cinq cens trente & troys* [1534, n. s.] || *Par Guillaume de bossozel demou* || *rant a la grant rue sainct Iasques* || *au Chasteau Rouge pres les*

IV. 6. 177

112                HISTOIRE.

Ma- || *thurins*. Pet. in-8 de 47 ff. chiffr. et 1 f. blanc, mar. r. jans., tr. dor. (*Duru*, 1855.)

Troisième édition du célèbre ouvrage de GILLES CORROZET.

Le v⁰ du titre et le II⁰ f. sont occupés par une épître en vers de Corrozet « Aux illustres et notables bourgeois et citoyens de la ville de Paris », et par le *Prologue*.

Les ff. III et IV contiennent *La Table*.

*La Fleur des antiquitez* avait paru pour la première fois en 1532 chez *Denys Janot*, avec un privilège accordé pour un an à l'imprimeur *Nicolas Savetier*, le 19 mars 1531 (v. s.). La seconde édition avait paru chez le libraire *Galiot Du Pré*, sous la date de 1532, c'est-à-dire évidemment 1533 (n. s.).

M. Paul Lacroix a donné une réimpression de la 1ʳᵉ édition à laquelle il a joint les variantes de la seconde (Paris, Willem et Daffis, 1874, in-16). La seule variante importante qu'il ait relevée est l'addition des *Noms des rues, esglises et Colléges de Paris*. Cette liste est la reproduction de celle dont nous avons décrit ci-dessus une édition gothique (n⁰ 2302) ; elle n'est cependant tout à fait conforme ni au texte de *Pierre Le Caron*, ni à celui que nous attribuons à l'officine de *Trepperel*.

La réimpression de *Guillaume de Bossozel* reproduit purement et simplement celle de *Galliot Du Pré*.

Les diverses éditions du manuel de Corrozet ont été étudiées dans deux publications successives de M. Alfred Bonnardot : *Études sur Gilles Corrozet et sur deux anciens ouvrages relatifs à l'histoire de la ville de Paris*, 1848, in-8° ; *Gilles Corrozet et Germain Brice, études bibliographiques sur ces deux historiens de Paris*, 1880, in-16.

2304. LEZ || ANTIQVITEZ || Croniques et Singula- || ritez de Paris, Ville capi- || talle du Royaume de France. Auec les fonda- || tions & bastiments des lieux : les Sepulchres || & Epitaphes des Princes, Princesses, & au- || tres personnes illustres. || Par Gilles Corrozet, Parisien, & depuis || augmentees par N. B. Parisien. || *A Paris*, || *Par Nicolas Bonfons, rue neufue nostre Dame*, || *à l'enseigne S. Nicolas*. || 1586. || Auec Priuilege du Roy. — [A la fin :] *A Paris*, || *De l'Imprimerie de Nicolas Bonfons, Libraire Iuré, de-* || *meurant rue neuue nostre Dame, à l'enseigne Sainct Nicolas*. In-8 de 16 ff. lim. et 212 ff. chiffr.— LES || ANTIQVITEZ || et Singularitez de Paris. || Liure second. || De la Sepulture des Roys, & Roynes de France, || Princes, Princesses & autres persōnes illustres : || Representez par figures ainsi qu'ils se voyent || encores a presēt es Eglises ou ils sōt inhumez. || Recueilliz par Iean Rabel, M. paintre. || *A Paris*, || *Par Nicolas Bonfons, demeurāt rue neu* || *ue nostre Dame, enseigne S. Nicolas*. 1588. || Auec Priuilege du Roy. In-8 de 4 ff. lim., 119 ff. chiffr. et 3 ff. de *Table*. — Ensemble 2 part. en un vol. in-8, mar. bl., fil. à froid, tr. dor. (*Duru*, 1842.)

[*Livre premier*]. — Le titre porte la marque de l'imprimeur (Silvestre, n° 126). A la suite du titre sont : 2 ff. pour un avis « Au Lecteur », daté du 22 décembre 1585 et signé N. B. [NICOLAS BONFONS] ; 1 f. pour une épître de G. Corrozet « Aux nobles et illustres familles de Paris », épître datée du 1er mai 1561 et accompagnée de la devise *Plus que moins* ; 1 f. contenant, au r°, *Le Blason des armes de la ville de Paris* (12 vers signés de la devise de Gilles Corrozet), et, au v°, un *Sonnet par le filz de l'autheur* [GALLIOT CORROZET].

Gilles Corrozet, qui avait publié en 1532 le petit livret décrit à l'article précédent, fit paraître en 1550 un ouvrage entièrement différent du premier, qu'il déclarait avoir supprimé et mis à néant : *Les Antiquitez, Histoires et Singularitez de Paris, etc.* Cet ouvrage fut réimprimé sans date, mais vers 1551, puis en 1555 et enfin en 1561. L'édition de 1561, la dernière de celles qui purent être revues par l'auteur (mort le 4 juillet 1568), offre d'assez notables additions. Un confrère de Corrozet, Nicolas Bonfons, donna peu de temps après, vers 1570, une édition revue et augmentée, qui fut éditée par sa mère, la veuve de Jean Bonfons. Nicolas, devenu à son tour maître imprimeur et libraire, réimprima le livre en 1576, 1577, 1581 et 1586, chaque fois avec des additions nouvelles. L'édition de 1586 mentionne (ff. 198 v°-201) divers faits appartenant aux années 1581-1585; elle se termine, comme les précédentes, par la liste des évêques, la liste des magistrats et officiers de la prévôté, du châtelet et de l'hôtel de ville ; par un tableau des juridictions temporelles et des prisons ; par *Les Noms des rues, eglises, chapelles et collèges de la cité, ville et université de Paris*; en dernier lieu, par la liste des *Principales Maisons et Hostels des grands seigneurs*, la liste des portes, ponts, fontaines et faubourgs.

*Livre second.* — Le titre est orné des armes de la ville de Paris, accompagnées d'une figure de fleuve et d'une figure de rivière (la Seine et la Marne). Au v° du titre est un extrait du privilège accordé pour dix ans à Nicolas Bonfons, « imprimeur libraire juré en l'université de Paris », le 13 avril 1588. — Les 2 autres ff. lim. contiennent une épître « Aux nobles et illustres familles de Paris ». Cette pièce, datée du 10 avril 1588 et signée N. B., insiste sur l'intérêt que présentent les belles sépultures élevées aux rois, reines, princes et princesses.

Le second livre, dont nous avons ici l'édition originale, contient 56 dessins de monuments et de tombeaux finement gravés par *Rabel*. De ces figures, une représente un tombeau appartenant à l'abbaye de Sainte-Geneviève ; sept se rapportent à Saint-Germain des Prés (y compris une vue générale de l'abbaye); trente-trois représentent les monuments de l'abbaye de Saint-Denis ; cinq, les tombeaux des princes d'Orléans au monastère des Célestins, à Paris; quatre, des tombeaux élevés en l'église des Jacobins ; une, le monument de Christophe de Thou à Saint-André des Arts ; deux, les tombeaux de René de Birague, chancelier de France, et de Valence Balbiani, sa femme, à Sainte-Catherine du Val des Écoliers; trois, les tombeaux élevés par Henri III, en l'église Saint-Paul, à la mémoire de ses mignons, François de Maugeron, Paul de Caussade, seigneur de Saint-Mégrin, et Jacques de Lévis, comte de Quélus.

Les tombeaux sont accompagnés d'épitaphes latines et françaises. Treize de ces dernières (y compris celle de Maugeron) sont empruntées à RONSARD. Cinq autres sont signées, savoir : une de JODELLE (épitaphe latine de l'amiral Chabot, fol. 82, v°), une de DES PORTES (sonnet français sur Belleau, fol. 96), une de JEAN DORAT (distiques latins sur le même, fol. 97, r°), une de DU BARTAS (sonnet français sur Christophe de Thou, fol. 102), et une de CL. BINET (sonnet français sur le même, fol. 102 v°).

Le recueil se termine par un sonnet à la louange de Bonfons, signé de la devise *Bâti lieu d'honneur*, anagramme d'ANTOINE DU BREUIL.

Exemplaire aux armes et au chiffre de M. le BARON J. PICHON (Cat., n° 1008).

2305. LES FASTES Anti- || quitez et Choses || plus remarquables || de Paris. || Labeur de curieuse et diligente recherche, di-

|| uisé en trois liures. || Par || M. Pierre Bonfons, Parisien, || Controlleur au Grenier à sel de Pontoise. || *A Paris.* || *Par Nicolas Bonfons, Rue Neufue nostre* || *Dame, enseigne Sainct Nicolas.* || M. DC. VII [1607]. || Auec Priuilege du Roy. In-8 de 16 ff. lim. et 336 ff. chiffr., mar. r., fil., comp., dos orné, tr. dor. (*Trautz-Bauzonnet.*)

Collation des ff. lim.; Titre, orné du bois des armes de Paris employé en 1588 sur le titre du livre second des *Antiquitez* ; 1 f. pour une épître « A monsieur Myron, seigneur de Tremblay, conseiller du roy en ses conseils d'Estat et privé, lieutenant civil en ses ville, prevosté et vicomté de Paris, et prevost des marchands de ladite ville » ; 3 pp. pour un avis « Aux Lecteurs » ; 24 pp. pour les *Tables* ; 1 p. pour l'*Extraict du privilége*.

*Les Fastes* ne sont pas simplement une édition développée des *Antiquitez* de Gilles Corrozet et Nicolas Bonfons ; Pierre Bonfons a refondu tout l'ouvrage de son père et lui a donné un caractère de précision qu'il n'avait pas encore. Il a supprimé en même temps qu'il ajoutait ; c'est ainsi que les épitaphes poétiques admises dans le second livre de 1588 ont disparu ; les épitaphes ayant un caractère historique ont seules été conservées. Pierre nous fait connaître lui-même, dans son avis « Aux Lecteurs », les difficultés qu'il a rencontrées dans l'accomplissement de sa tâche, et déclare qu'il a beaucoup emprunté à divers historiens antérieurs, surtout à Estienne Pasquier, auteur des *Recherches de la France*.

La première édition des *Fastes* parut en 1605 ; Nicolas Bonfons vivait encore et son nom figure sur le titre du livre, comme celui de l'éditeur, à côté du nom de Pierre.

On retrouve dans le volume de 1607 les 56 bois de Rabel, plus un dessin de l'inscription commémorative de la donation du roi à Saint-Germain des Prés (fol. 45 v°).

Le privilège, daté du 8 février 1605, est accordé à Pierre Bonfons pour dix ans. L'*Extraict* est suivi d'un rappel de l'achevé d'imprimer du 25 février 1605.

2306. ABRÉGÉ || DES || ANTIQVITEZ ||de la || Ville de Paris; ||contenant les choses || les plus remarquables, tant || anciennes que modernes. || Tres-vtile à tous Estrangers, & particu- || lierement aux Bourgeois de Paris. || *A Paris,* || *Chez N. Pepingué, au premier pilier de la* || *grande Salle du Palais, vis à vis les* || *Consultations, au Soleil d'Or.* || M. DC. LXIV [1664]. || Auec Priuilege du Roy. In-12 de 6 ff., 342 pp., 6 ff. pour la *Table* et 1 f. blanc.

Ce petit volume, où l'on trouve comme un résumé des descriptions précédentes, est l'œuvre de **FRANÇOIS COLLETET**.

Les liminaires comprennent : 1 f. blanc; le titre ; 2 ff. pour une épître « A monsieur d'Efita, conseiller du roy en ses conseils d'Estat et privé, etc. », épître signée de *C. de Sercy, N. Pepingué* et *J. Guignard* ; 1 f. pour un avis *au Lecteur* ; 1 f. pour l'*Extrait du privilége*.

Le privilège, daté du 22 novembre 1662, est accordé pour sept ans à *Pépingué*, qui y associe *C. de Sercy* et *J. Guignard fils*.

François Colletet, fils de Guillaume, essaya plusieurs fois de gagner sa vie à l'aide d'ouvrages consacrés à la description et à l'histoire de Paris. En 1666 il fit paraître *Le Tracas de Paris, ou la seconde Partie de la Ville de Paris* (de Berthod), en vers burlesques. Dix ans plus tard, en 1676, il entreprit la publication d'un *Journal de la ville de Paris*, et d'un *Journal des avis et des affaires de Paris*, curieuses gazettes de chacune desquelles

HISTOIRE. 115

on ne possède plus que le premier numéro, réimprimé par M. A. Heulhard dans le *Moniteur du Bibliophile* (1878). Enfin, en 1689 et 1692, Colletet publia un livret intitulé : *La Ville de Paris, contenant le nom de ses rues, de ses faubourgs, etc.* (Paris, Ant. Raffié, in-12), qui est en grande partie extrait de l'*Abrégé* de 1664.

2307. DESCRIPTION || NOUVELLE || de ce qu'il y a de plus || remarquable || dans la ville || de Paris. || Par M. B**** || *Au Palais.* || *Chez Nicolas le Gras, au* || *troisième Pillier de la Grand' Salle,* || *a L. couronnée.* || M. DC. LXXXIV [1684]. || Avec Privilege du Roy. 2 tomes en un vol. in-12, mar. r. jans., tr. dor. (*Trautz-Bauzonnet.*)    V. 8. 68

Édition originale de l'ouvrage de GERMAIN BRICE.

*Tome premier* : Titre; 4 ff. pour un *Avertissement*; 269 pp.; 1 f. non chiffr. contenant la fin de l'*Extrait du privilége* (lequel commence au v° de la p. 269); 1 f. pour les *Additions*; 6 ff. de *Table*.

*Tome second* : Titre (avec cette rubrique : *Au Palais,* || *Chez la Veuve Audinet, à l'entrée* || *de la Gallerie des Prisonniers, à* || *la Verité Royale*); 296 pp.; 7 ff. pour la *Table*, l'*Extrait du privilége* et les *Additions*.

Le privilège, daté du 15 novembre 1683, est accordé pour dix ans au sieur B****, lequel déclare avoir cédé son droit à *Nicolas Le Gras*, marchand libraire. Le Gras s'associe pour moitié la veuve *Audinet*.

L'achevé d'imprimer est pour les deux volumes du 30 mars 1684.

La *Description* de Brice est un véritable guide destiné aux étrangers. Tous les renseignements donnés par l'auteur sont groupés par quartier, afin d'éviter aux visiteurs les recherches et la perte de temps. Le succès de cet ouvrage est attesté par une dizaine d'éditions publiées de 1684 à 1752. Brice, né en 1652, était mort en 1727. Voy. l'étude déjà citée de M. Alfred Bonnardot : *Gilles Corrozet et Germain Brice* ; Paris, Champion, 1880, in-16.

2308. PARIS || ANCIEN || ET || NOUVEAU. || Ouvrage tres-curieux, || ou l'on voit || la Fondation, || les Accroissemens, le nombre des || Habitans, & des Maisons de cette || grande Ville. || Avec une Description || Nouvelle de ce qu'il y a de plus remarquable || dans toutes les Eglises, Communautez, & || Colleges; dans les Palais, Hôtels & Maisons || Particulieres ; dans les Ruës & dans les Places || Publiques. || Par M. Le Maire. || *A Paris,* || *Chez Michel Vaugon, sur le Pont au* || *Change, à l'Image Saint Michel.* || M. DC. LXXXV [1685]. || Avec Privilege du Roy. 3 vol. in-12.    VI. 7. 41-43

Édition originale.

*Tome premier* : 10 ff., pour le titre, une épître « A messire Henry de Fourcy, comte de Chessy, conseiller du roy en ses conseils, président aux enquestes de son parlement, et prevost des marchands », l'*Extrait du privilége*, les *Fautes d'impression* et une première *Table*; 597 pp. et 16 ff. pour la *Table*. — *Tome second* : 6 ff., 619 p. et 10 ff. — *Tome troisième* : 6 ff., 614 p. et 7 ff.

Le privilège, daté du 26 mai 1685, est accordé pour douze ans à *Théodore Girard*, qui déclare y associer *Michel Vaugon*.

L'achevé d'imprimer est du 21 avril 1685.

2309. LE VOYAGEUR fidele, ou le Guide des Etrangers    V. 2. 36

dans la ville de Paris. Qui enseigne tout ce qu'il y a de plus curieux à voir : les noms des Ruës, des Fauxbourgs, Eglises, Monasteres, Chapelles, Places, Colleges, & autres particularitez que cette Ville renferme ; les Adresses pour aller de quartiers en quartiers ; & à y trouver tout ce qu'on souhaite, tant pour les besoins de la vie, que pour autres choses. Avec une Relation en forme de Voyage, des plus belles maisons qui sont aux environs de Paris ; le tout pour l'usage & l'utilité des Etrangers. Le prix est de quarante-cinq sols. *A Paris, Chez Pierre Ribou, Quay des Augustins. à la Descente du Pont-Neuf, à l'Image S. Louis.* M. DCC. XVI [1716]. Avec Approbation, & Privilege du Roy. In-12 de 4 ff., 517 pp. et 1 f.

<small>Les ff. lim. contiennent : le titre, un avis du *Libraire au Lecteur* et la Table.— Le privilège, dont le texte occupe le verso de la p. 518 et se développe sur le f. suivant, est daté du 8 octobre 1715 ; il est accordé pour dix ans à Jean Ribou.

Le titre de cet exemplaire est anonyme; mais un autre titre, daté de 1715, que possède l'exemplaire de la Bibliothèque nationale (Lk⁷ 6008) porte en toutes lettres : Par le sieur L. LIGER.</small>

2310. DESCRIPTION HISTORIQUE de la Ville de Paris et de ses Environs. Par feu M. Piganiol de la Force. Nouvelle édition, Revue, corrigée & considérablement augmentée. Avec des Figures en Taille-douce.

<small>Magna situ, major Populis, sed maxima Sceptro
Lutetia est uno, scilicet, Orbe minor.
Le P. CHEVALIER, J. 1672.</small>

*A Paris, Chez G. Desprez, Imprimeur du Roi & du Clergé de France, rue Saint-Jacques.* M. DCC LXV [1765]. Avec Approbation & Privilege du Roi. 10 vol. in-12.

<small>*Tome premier* : xliv et 466 pp., plus un plan plié et 7 figg. — On trouve au v° du faux titre la liste des libraires chargés de la vente de l'ouvrage :

*Nyon*, à l'Occasion,
*Barrois*, à la Ville de Nevers,
*Bauche*, à sainte Geneviève,
*Hochereau*, au Phénix,
*Le Clerc*, à la Toison d'Or,       } Quai des Augustins.
*Guillyn*, au Lis d'or,
*Didot*, à S. Augustin,
*Musier, Fils*, à Saint-Etienne,
*Desprez*, Imprimeur du Roi et du
   Clergé de France,
*Veuve Savoye*, à l'Esperance,       } Rue Saint-Jacques.
*Despilly*, à la Croix d'or,
*Knapen*, à l'L couronnée, au Palais.
*Panckouke*, à côté de la Comédie.
*Lambert*, au College de Bourgogne, rue des Cordeliers.

Les ff. lim. contiennent, outre les titres: un *Avertissement* consacré à l'éloge du nouvel éditeur M. D. L. F. de S. Y. [M. DE LA FONT DE SAINT-YENNE] et de l'auteur ; la *Préface* de M. Piganiol; l'*Approbation* ; le *Privilège du roi* et la *Table*.</small>

HISTOIRE. 117

*Tome second* : 2 ff., 496 pp. et 17 figg. — *Tome troisieme* : 2 ff., 501 pp. et 1 f. blanc , plus 12 figg. — *Tome quatrieme* : 2 ff., 482 pp. et 1 f. blanc, plus 19 figg. — *Tome cinquieme* : 2 ff., 487 pp. et 9 figg. — *Tome sixieme* : 2 ff., 445 p. et 1 f. blanc, plus 10 figg. — *Tome septieme* : 2 ff., 422 pp. et 1 f. blanc , plus 7 figg. — *Tome huitieme* : 2 ff., 466 pp. et 1 f. blanc, plus 11 pp. chiffr. (335) - (845) après la p. 884, et 8 figg. — *Tome neuvieme* : viij et 586 pp., plus 4 figg. — *Tome dixieme*, *Contenant la Liste des Rues, &c.*, *la Table générale des Matieres des neuf volumes, & celle de toutes les figures qui entrent dans l'Ouvrage* (l'épigraphe a été remplacée sur le titre par la mention que nous venons de reproduire) : 1 f. blanc , 1 f. pour le titre , 564 pp.

Les pp. 559-563 du tome X contiennent une *Table générale des plans et figures*. Plusieurs erreurs se sont glissées dans cette table. La vue du château d'eau doit être placée au tome II, p. 347, et non 247 ; la vue de la Sorbonne appartient au tome VI (p. 350) et non au t. V; la vue de l'autel de Saint-Germain des Prés doit être placée au t. VIII (p. 12), et non au t. VII.

Des 97 plans et figures, 50 seulement sont signés; ils portent les noms des dessinateurs *Delamence* (8), *Bretez* (1), *T. Evrier* (1); des graveurs *F. Bailleul l'ainé* (1), *J.-B. Scotin* (23), *C. Lucas* (8), *Hérisset* (11), *Aveline* (3) et de l'écrivain *N. Bailleul le jeune* (4). *Scotin* a signé la plupart des plans et une seule figure, la vue de la Samaritaine (t. II, p. 51).

Le privilège, daté du 13 mars 1765 , est accordé à l'imprimeur *Desprez* pour neuf ans.

Jean-Aymar Piganiol de La Force, né en 1673, était mort en 1753. Son ouvrage, publié pour la première fois en 1742, est une compilation de seconde main ; mais, grâce au plan suivi par l'auteur et aux excellentes tables dues à l'éditeur de 1765 , c'est encore aujourd'hui la plus commode et la plus utile des descriptions de Paris.

2311. MEMORIAL DE PARIS et de ses environs. Nouvelle Edition. Considérablement augmentée. *A Paris*, 1749, *Chez Bauche, fils, Quay des Augustins*, à S<sup>te</sup> *Genevieve*. Avec Privilége du Roy. 2 vol. in-12.

*I. 2. 30 - 31*

*Premiere Partie* : Frontispice et titre gravés par *J. Robert* ; 2 ff. pour une épître « A monsieur Berryer, chevalier, conseiller du roy en ses conseils , maître des requêtes ordinaire de son hôtel, et lieutenant général de police de la ville, prévôté et vicomté de Paris » ; 4 ff. pour un *Avertissement du libraire* et pour la *Table* ; ensemble 8 ff. lim., 324 et 13 pp., plus un plan de Paris plié.

*Seconde Partie* : Frontispice et titre gravés par *J. Robert* (les mêmes que pour le t. I<sup>er</sup>, sauf qu'on a changé l'indication du volume), xxxvi et 396 pp., plus une carte pliée.

Le privilège, daté du 17 août 1748, permet au sieur *** de donner une nouvelle édition du *Mémorial de Paris et de ses Environs*, par l'ABBÉ ANTONINI, et garantit ses droits pendant six ans. Antonini déclare ensuite faire cession du privilége au sieur *Bauche fils* , libraire.

L'ouvrage de l'abbé italien Annibal Antonini avait paru, pour la première fois, en 1732 ; il avait été réimprimé en 1744. La troisième édition fut donnée par l'abbé GUILLAUME-THOMAS RAYNAL. La *Dissertation sur l'origine des François* qui ouvre le tome II ( p. i-xxxvj ) est donc l'œuvre du célèbre philosophe.

Les vues des monuments de Paris contenues dans les recueils que nous avons décrits dans notre t. I, sous les n<sup>os</sup> 248-251 et 244 sont le complément naturel des descriptions de Paris.

2312. PLAN DE PARIS , commencé l'année 1734, dessiné et gravé sous les ordres de Messire Michel Étienne Turgot, Marquis de Sousmons , Seigneur de S<sup>t</sup> Germain sur Eaulne,

*1519. 3. 2*

Vatierville et autres Lieux, Conseiller d'Etat, Prevôt des March^ds, Henri Millon, Ecuier, Con^er du Roi, Quartinier, Philippes le Fort, Ec^er, Jean Claude Fauconnet de Vildé, etc., etc., achevé de graver en 1739. Levé et dessiné par Louis Bretez, *gravé par Claude Lucas, et écrit par Aubin*. 20 pll. et 1 carte d'assemblage, gr. in-fol., mar. r., large dent., dos orné, doublé de tabis, tr. dor. (*Padeloup*).

Exemplaire aux armes du roi LOUIS XV et de la ville de PARIS.

#### 2. — Histoire générale de Paris.

2313. LES || ANNALES || GENERALES || de la Ville de Paris. || Representant tout ce || que l'Histoire a peu remarquer de ce qui s'est passé || de plus memorable en icelle, depuis sa premiere || fondation, iusques à present. || Le tout par l'ordre des années || & des regnes de nos Roys de France. || A Monseigneur le Chancelier. || *A Paris,* || *Chez* || *Pierre Rocolet, Imp. ordinaire du Roy.* || *Cardin Besongne.* || *Henry le Gras, en la grand' Salle.* || & *la Vefue Nicolas Traboüillet.* || *Au Palais, en* || *la Gallerie des* || *Prisonniers.* || M. D. XL [1640]. || Auec Priuilege du Roy. Infol. de 6 ff., 759 pp., et 12 ff. pour la *Table*, réglé, mar. r., fil., dos orné, tr. dor. (*Anc. rel.*)

Le titre, imprimé en rouge et en noir, porte une grande marque aux armes de la ville de Paris et aux initiales de *P. Rocolet*.
Les 5 ff. qui suivent le titre contiennent : une épître « A monseigneur messire Pierre Seguier, chancelier de France »; la *Preface*; des *Paralleles de Paris avec les plus celebres villes du monde*; le *Privilège du roy*.
Le privilège, daté du 6 novembre 1637, est accordé pour seize ans à « CLAUDE MALINGRE, dict DE S. LAZARE, historiographe de France », qui déclare en faire cession à *Pierre Rocolet, Cardin Besongne, Henry Le Gras* et *Nicolas Traboüillet*. L'achevé d'imprimer est du 21 mars 1640.
Les *Annales* sont très sommaires pour l'histoire de Paris jusque vers la moitié du XVI^e siècle; mais elles deviennent ensuite très détaillées. Les événements accomplis sous le règne de Louis XIII, de 1610 à 1639, n'occupent pas moins de 212 pp.
Claude Malingre fit paraître en même temps, sous le titre d'*Antiquitez de la ville de Paris*, une refonte du *Theatre des antiquitez* de dom Jacques Du Breul.

Exemplaire en GRAND PAPIER, aux armes de la ville de PARIS.

2314. HISTOIRE ET RECHERCHES des Antiquités de la Ville de Paris. Par M^e Henri Sauval, Avocat au Parlement. *A Paris, Chez Charles Moette, Libraire, rue de la Bouclerie, à St Alexis, près le Pont St Michel. Jacques Chardon, Imprimeur-Libraire, rue du Petit Pont, au bas de la rue St Jacques à la Croix d'Or.* M. DCC XXIV [1724]. Avec Privilege du Roy. 3 vol. in-fol.

## HISTOIRE. 119

*Tome premier* : Titre ; 2 ff. pour la *Preface* ; 4 ff. pour la *Table* ; 2 ff. paginés 9-11 pour un *Avant-Propos* ; 8 plans de Paris ; 672 pp., plus 112 pp., chiffr. * 617-728 *, à la fin du *Livre cinquiéme*, entre les pp. 616 et 617. — On lit à la fin de la *Table* : *De l'Imprimerie de J. Chardon*. — Le fleuron qui surmonte le titre de départ est signé *V. LS*.

Les plans de Paris, accompagnés d'une explication gravée, qui est placée en regard, portent le nom du S$^r$ *de Fer, dans l'isle du Palais, sur le quay de l'Orloge, à la Sphére royale*, 1614.

*Tome second* : Titre ; 8 et 759 pp. — Le fleuron qui surmonte le titre de départ est signé *P. DC*.

*Tome troisieme* : *Titre* ; 4 et 682 pp., plus 89 pp. pour la *Table generale*, 1 f. pour le *Privilége* et 40 pp. pour un supplément intitulé : *Amours des rois de France sous plusieurs races*.

Le privilège, daté du 5 juin 1722, est accordé pour quinze ans à *Charles Moette*, libraire à Paris. Moette déclare y avoir associé le sieur *Chardon*.

Les *Amours des rois de France* ont été reproduits, en 1789, dans les *Mémoires historiques* dont un exemplaire a été décrit ci-dessus (t. II, n° 1683).

L'auteur de ce grand ouvrage, Henri Sauval, était mort en 1673, laissant son manuscrit à Claude-Bernard Rousseau, auditeur des comptes, qui l'avait aidé dans ses recherches. On ignore les noms des éditeurs anonymes qui firent paraître le livre en 1724, non sans lui avoir fait subir diverses corrections. Voy. Le Roux de Lincy, *Mémoires critiques sur la vie et les manuscrits de Henri Sauval*, 186.

2315. HISTOIRE de la Ville de Paris, composée par D. Michel Felibien, Reveue, augmentée et mise au jour Par D. Guy-Alexis Lobineau, tous deux Prêtres Religieux Benedictins, de la Congregation de Saint Maur. Justifiée par des preuves autentiques, & enrichie de Plans, de Figures, & d'une Carte Topographique. Divisée en cinq Volumes in-folio. *A Paris, Chez Guillaume Desprez, Imprimeur & Libraire du Roi. Et Jean Desessartz, rue Saint Jacque, à Saint Prosper, & aux trois Vertus*. M. DCC. XXV [1725]. Avec Privilege & Approbation. 5 vol. in-fol., mar. r., fil., dos ornés, tr. dor. (*Anc. rel.*)

*Tome premier* : Faux-titre ; frontispice gravé par *Ph. Simonneau fils*, d'après *Hallé* ; titre orné d'une marque qui représente la Foi, avec cette devise : *Ardet amans spe nixa Fides* (le même fleuron est répété sur le titre de chacun des volumes suivants); 6 ff. pour la *Preface* ; 2 ff. pour un *Avis au relieur* et pour les *Sommaires* ; ensemble 11 ff. lim. cc et 675 pp., plus un grand plan et 6 planches.

Les pp. cotées i-cc contiennent : une *Dissertation sur l'origine de l'hôtel-de-ville de Paris*, suivie d'un *Recueil de piéces* (pp. i-cxxvij); une *Dissertation ou Observations sur les restes d'un ancien monument trouvez dans le chœur de l'eglise de Nôtre-Dame de Paris le 16. mars* 1711 (pp. cxxix-clij), le *Sommaire des matiéres contenues dans la premiére et seconde partie*.

En tête des dissertations est un grand fleuron gravé par *C.-N. Cochin*, d'après *Hallé*. — La pl. de la p. cxxix est signée de *Ph. Simonneau fils*. *Chevotet* a dessiné les pll. des pp. 258, 433 et 619, lesquelles ont été gravées par *C. Lucas* (2) et *A. Aveline*.

*Tome second* : Titre, 868 pp., chiffr. [677]-1544, pour le texte, et lvj pp. pour la *Table alphabetique*, plus 26 pll., dont plusieurs sont tirées en deux parties. 19 de ces planches sont signées : 6 portent le nom du graveur *Lucas* (dont 2 d'après *J.-M. Chevotet*) ; 1 a été gravée par *Duperons*, d'après J.

*Chaufourier*; 1 a été dessinée et gravée par *J. Chaufourier*; 3 ont été gravées par *A. Aveline*, d'après *J.-M. Chevotet*; 5, par *A. Hérisset* (dont 3 d'après *J.-M. Chevotet* et 1 d'après *Le Blond*); 2 ont été dessinées et gravées par *Ph. Simonneau*; 1 a été gravée par *P. Sanry* d'après *Chaufournier*.

*Tome troisième*, *Contenant le premier Volume des pieces justificatives* : cij et 819 pp.

*Tome quatrième*, *Contenant le second Volume des pieces justificatives* : 1 f. et 889 pp. — Un grand fleuron placé à la fin du volume est signé : *J. P. f.*

*Tome cinquième*, *Contenant le troisième Volume des pieces justificatives* : 1 f. et 944 pp. — Le fleuron de *J. P.* est répété à la fin de ce volume.

Les pièces justificatives sont imprimées sur deux colonnes.

D. Félibien, déjà connu par son *Histoire de l'abbaye de Saint-Denis*, entreprit, en 1711, d'écrire l'histoire de Paris, à la requête de Jérôme Bignon, prévôt des marchands. Il mourut le 25 septembre 1619, avant d'avoir achevé son ouvrage. La congrégation de Saint Maur chargea D. Lobineau de le terminer. Celui-ci se hâta d'y mettre la dernière main et de l'envoyer à l'imprimerie, en raison de la publication annoncée des *Antiquitez* de Sauval. Le plan des deux historiens était fort différent; mais la concurrence pouvait être désastreuse pour les libraires. D. Félibien, qui avait eu à sa disposition, pendant quatre ans, les manuscrits de Sauval, se flattait d'en avoir extrait tout ce qui était utile. Il est certain pourtant que les deux ouvrages ne font nullement double emploi.

Le privilège, daté du 10 juillet 1722, et relatif à divers ouvrages (notamment à *La Logique* [de Port-Royal], à l'*Histoire des variations*, avec les *Avertissemens aux protestans*, par Bossuet, et aux *Pensées* de Pascal), est accordé pour vingt ans au libraire *Jean Desessarts*. Il y est dit que l'impression de l'*Histoire de la ville de Paris*, avec ses preuves, devra être terminée en deux ans et demi, à peine de nullité des lettres de privilège.

Desessartz déclare avoir cédé la moitié de ses droits à *M. Desprez*, son associé, le 14 juillet 1722.

3. — Histoire ecclésiastique.

2316. HISTOIRE de la Ville et de tout le Diocese de Paris...... Par M. l'Abbé Lebeuf, de l'Academie des Inscriptions & Belles-Lettres. *A Paris, Chez Prault Pere, Quai de Gêvres au Paradis*. M. DCC. LIV [1754-1757]. Avec Approbation & Privilege du Roi. 15 tom. en 11 vol. in-12, v. f., fil., dos ornés, tr. r. (*Anc. rel.*)

*Tome premier, Premiere Partie, Contenant les Eglises de cette Ville & de ses Fauxbourgs qui sont Séculieres ou qui l'ont été primitivement, distribuées les unes selon l'antiquité de leur fondation, & les autres sous celles dont elles ont dépendu ou dépendent encore. Avec un Détail circonstancié de leur Territoire & le denombrement de toutes celles qui y sont comprises, ensemble diverses Remarques sur le Temporel desdits lieux* : 2 ff. pour les titres; xlvj pp. pour la *Preface*, un *Avertissement sur le tome preliminaire*, le *Catalogue de la plupart des manuscrits qui ont servi à composer l'histoire de tout le diocése de Paris*, la *Table des chapitres* et le *Catalogue des livres d'histoire, géographie*, etc., qui se vendent chez le même libraire; carte d'une *Partie du diocése de Paris*, par le S. ROBERT DE VAUGONDY, *géog. ord. du roy*; 368 pp.

*Tome premier. Seconde Partie. Contenant les Eglises de cette Ville & de ses Faubourgs qui sont Regulieres ou Monastiques, ou qui l'ont été primitivement, distribuées les unes selon l'antiquité ou l'espece de leur Fondation, & les autres sous celles dont elles ont dépendu & dépendent encore. Avec le Détail circonstancié de l'étendue de leur Territoire & le denombrement de toutes celles qui y sont comprises, ensemble diverses Remarques tant sur le Civil ou Temporel des mêmes lieux, & notamment d'une très-ancienne*

*Description des Rues de Paris en Vers* : 1 f., 316 pp., chiffr. 365 - 680, et 2 ff. pour l'*Approbation et le Privilége*.

En continuant son ouvrage, l'abbé Lebeuf pensa qu'il était plus simple de compter pour un volume chacune des deux parties du tome I$^{er}$. Le volume suivant, qui ne porte pas de tomaison, compte donc pour le tome III.

*Histoire de la Banlieue ecclesiastique de Paris, Contenant douze Paroisses, plusieurs Abbayes, & une Succursale de Saint Merry de Paris, Suivie de l'Histoire de plusieurs autres Paroisses situées tant à Saint Denis, qu'autour de la même Ville & aux environs ; lesquelles forment le commencement du Doyenné de Montmorenci. Avec L'Histoire des anciennes Communautez, contenuës dans la même étenduë, soit Abbayes, Collegiales ou Prieurez, & en particulier l'Histoire du Landit de la Plaine de Saint Denis : le tout enrichi de diverses remarques sur le Temporel desdits lieux* : Titre, v et 432 pp.

*Histoire du Diocese de Paris, Contenant la suite des Paroisses du Doyenné de Montmorency. Tome quatriéme...*, 1755 : Titre, 2 ff. pour l'*Approbation et le Privilége*, et 556 pp.

*Histoire du Diocese de Paris, Contenant la fin des Paroisses du Doyenné de Montmorency & le commencement de celles du Doyenné de Chelle. Tome cinquiéme...*, 1755 : 2 ff. et 172.pp.

*Histoire du Diocese de Paris, Contenant la suite du Doyenné de Chelle. Tome sixiéme...*, 1755 : 2 ff., 315 pp. et 3 ff.

Ce volume est réuni au précédent.

*Histoire du Diocese de Paris, Contenant les Paroisses et Terres du Doyenné de Châteaufort. Tome septiéme...*, 1757 : 2 ff. et 518 pp.

*Histoire du Diocese de Paris. Tome huitiéme. Contenant la suite des Paroisses du Doyenné de Châteaufort...*, 1757 : 2 ff. et 142 pp.

*Histoire du Diocese de Paris, Contenant la suite des Paroisses du Doyenné de Châteaufort. Tome neuviéme...*, 1757 : 2 ff., 318 pp., chiffr. 143-460, xv pp. et 2 ff.

Ce volume est réuni au précédent.

*Histoire du Diocese de Paris, Tome dixiéme. Contenant les Paroisses du Doyenné de Montlhery...*, 1757 : 2 ff. et 284 pp.

*Histoire du Diocese de Paris, Tome onziéme. Contenant la suite des Paroisses du Doyenné de Montlhery...*, 1757 : 2 ff. et 294 pp.

Ce volume est réuni au précédent.

*Histoire du Diocese de Paris, Tome douziéme. Contenant la fin des Paroisses du Doyenné de Montlhery, & les onze premieres du Doyenné du Vieux Corbeil...*, 1757 : 2 ff. et 198 pp.

*Histoire du Diocese de Paris. Contenant les Paroisses et Terres du Doyenné du Vieux Corbeil. Tome treiziéme....*, 1757 : 2 ff., 342 pp., 1 f., viij et xiij pp.

Ce volume est réuni au précédent.

*Histoire du Diocese de Paris, Contenant les Paroisses et Terres du Doyenné de Lagny. Tome quatorziéme....*, 1758 : 2 ff. et 455 pp.

*Histoire du Diocese de Paris, Contenant les Paroisses et Terres du Doyenné de Lagny. Tome quinziéme....*, 1758 : 2 ff. et 464 pp.

Le privilège, daté du 29 décembre 1753, est accordé pour quinze ans à l'abbé Le Beuf (*sic*), qui déclare en faire cession à *M. Prault père*, imprimeur libraire.

M. Hippolyte Cocheris, qui avait entrepris en 1863 la publication d'une nouvelle édition de l'ouvrage de Lebeuf, a mis en pleine lumière les mérites du savant abbé. Il n'y a rien à retirer à cet éloge ; il est seulement à jamais regrettable que les additions recueillies par M. Cocheris durant une vie de labeur, aient été détruites pendant le siège de Paris, et que sa réimpression soit restée inachevée. Les 3 forts volumes in-8 publiés de 1863 à 1867 ne correspondent qu'aux deux premiers volumes de Lebeuf et n'embrassent par conséquent que l'histoire des églises de Paris, et non celle de sa banlieue

122    HISTOIRE.

1519.1.15

2317. HISTOIRE de l'Abbaye Royale de Saint Germain des Prez. Contenant la Vie des Abbez qui l'ont gouvernée depuis sa fondation : les Hommes Illustres qu'elle a donnez à l'Eglise & à l'Etat : les Privileges accordez par les Souverains Pontifes & par les Evêques : les Dons des Rois, des Princes & des autres Bienfaicteurs. Avec la Description de l'Eglise, des tombeaux & de tout ce qu'elle contient de plus remarquable. Le tout justifié par des Titres authentiques, & enrichi de Plans & de Figures. Par Dom Jacques Bouillart, Religieux Bénédictin de la Congrégation de saint Maur. *A Paris, Chez Gregoire Dupuis, ruë saint Jacques, près saint Benoist, à la Couronne d'or.* M.DCCXXIV [1724]. Avec Privilege du Roy. In-fol. de 10 ff. lim., 328 et clxxxviij pp., plus 15 ff. et 24 plans ou figg., mar. r., fil., dos orné, tr. dor. (*Anc. rel.*)

Les ff. lim. comprennent : le faux-titre, le titre, la *Preface*, le *Sommaire des livres* et le *Catalogue des Abbez de Saint-Germain des Prez.*
Le titre est orné d'une jolie marque gravée en taille douce qui représente l'enseigne et le monogramme de *Gr. Dupuis*, et qui est accompagnée de cette devise : *Non coronabitur nisi qui legitimè certaverit.*
En tête de la *Préface* et des livres II-V sont des fleurons signés des initiales *P. L. S.*— Le départ du livre I est orné d'un bel en-tête de *Cazes*, gravé par *Tardieu.*
Un *Avis au relieur*, qui occupe le vº du faux-titre, indique le placement des planches. Le *Plan du faubourg St-Germain* est signé de *P. Starckman*, « graveur du roy en geographie, fortifications et marines » ; le *Plan general de l'abbaye* n'est pas signé. Des 22 planches, 21 ont été dessinées par *J. Chaufourier*, la 22ᵉ (p. 270) est de *Bullet*. Les gravures ont été exécutées par *Lucas* (4), *Bacoi* ou mieux *Baquoy* (4), *A. Hérisset* (7), *Fonbonne* (2), *N. Pigné* (3), *G. Scotin* (1). Une pièce p. 12, nº 5) ne porte aucun nom de graveur.
A la fin des *Piéces justificatives* est un *Catalogue des livres composez par les religieux de S. Germain des Prez et autres de la congregation de S. Maur* (pp. clxxvj-clxxxviij).
Les ff. qui terminent le volume contiennent : le *Catalogue des piéces justificatives* ; la *Permission du reverend Pére General* [DENIS DE SAINTE MARTHE] (en date du 13 juin 1722) ; l'*Approbation de monsieur* D'ARNAUDIN, *docteur de Sorbonne, censeur royal des livres, etc.* (en date du 10 mai 1722) ; le *Privilége du roi* (accordé à *Gr. Dupuis*, pour dix ans, le 22 mai 1722) ; la *Table des matieres.*
Exemplaire en GRAND PAPIER, provenant de la bibliothèque du DUC DE LA VALLIÈRE (Cat. de De Bure, III, nº 4666).

4. — Histoire par époques.

IV.3.89

2318. ¶ EXTRAICT DE PARLEMENT. || ❧ La confirmation || des grans Preuileges et Ordonnances / donnees || par le Roy Francoys / aux Seigneurs / Bourge- || oys ₵ habitans de la Ville de Paris / Et a tous || Marchans qui vouldront amenez [*sic*]

viures et au- || tres marchandises / tant par eaue que par terre /
a || la dicte ville / pour la prouision du Roy et de tout || le
peuple. Sont frans de toutes impositions / tri- || bus ⁊ Succides.
Fors les anciēnes Coustumes / || bien aplain desclarees en
ces presentes. || ☾ Publiees a son de Trōpe a Paris par les
ca- || refours. Le.xiii. iour de septembre. Mil cinq cēs ||
Trente et vng. || Auec Priuilege. *S. l. n. d.* [*Paris*, 1531],
in-8 goth. de 8 ff. de 26 lignes à la page, sig. *a-b*, mar. r.
jans., tr. dor. (*Trautz-Bauzonnet.*)

Voici un spécimen des caractères employés pour l'impression de cette pièce :

☾ Extraict de Parlement.
**La confirmation**
des grans Priuileges et Ordōnances / donnees
par le Roy francoys / aux Seigneurs / Bourge/
oys ⁊ habitans de la Ville de Paris / Et a tous
Marchans qui voulbront amener viures et au/
tres marchandises / tant par eaue que par terre / a
la dicte ville / pour la prouision du Roy et de tout
le peuple. Sont frans de toutes impositions / tri=
buz ⁊ Succibes. fors les anciēnes Coustumes /
bien aplain desclarees en ces presentes.

☾ Publiees a son de Trōpe a Paris par les ca=
refours. Le.xiii. iour de septembre. Mil cinq cēs
Trente et vng.

**Auec Priuilege.**

124  HISTOIRE.

Au recto du 8⁰ f. se trouve une marque d'imprimeur que nous avons vainement cherchée dans Silvestre :

Les initiales S. M. conviendraient à *Sulpice Mérenget*, que Lottin cite à l'année 1548, et qui publia en effet sous cette date *Le Livre de la nature humaine faict par Hippocrate, traduit par Jehan de Bourges* (Brunet, III, 176.)

Au r⁰ du dernier f. est un bois dont voici la reproduction :

2319. In HENRICI III, Regis Galliæ, || et Poloniæ, fœlicem || Reditum, Versus, in fronte Domus || publicæ Lutetiæ vrbis ascripti, quo || die Supplicationes & Ignes || solēnes publico conuen- || tu celebrati sunt : || Qui dies fuit mensis Septembris XIIII. || Anno M.D.LXXIIII. || Vrbis iterùm Præfecto Io. Charonæo, || viro amplissimo. || Ædilib. Io. Iaio, Iacobo Perdrerio, || Cl. Daubræo, Guil. Perfecto, || viris sui ordinis ornatissimis. || *Parisiis.* || *Ex officina Federici Morelli Typographi Regij.* || M.D.LXXIIII [1574]. In-4 de 6 ff. non chiffr.

IV. 4. 21

Au titre, une marque de *Féd. Morel* qui n'a pas été reproduite par Silvestre. Elle représente un mûrier qu'entoure une banderole sur laquelle on lit ces mots : *Omnis arbor bona fructus bonos facit* (c'est la traduction de la devise grecque qui se trouve sur les marques données par Silvestre) ; en bas se voient les initiales F. M.

Au verso du titre, deux distiques latins de JEAN DORAT en l'honneur de l'édilité parisienne.

Ce volume, que M. Marty-Laveaux n'a pas cité dans sa bibliographie de Dorat (voy. *Œuvres poétiques de Jean Dorat et de Pontus de Tyard* ; Paris, Lemerre, 1875, in-8, 1re part., p. lxxvj), contient deux pièces latines de ce poète ; la première : *In Henrici III, regis Galliae et Poloniae, foelicem reditum*, la seconde : *De regis Henrici III foelici Auspicio*. Ces pièces sont accompagnées l'une et l'autre d'une traduction française par J. A. DE BAIF, « secretaire de la chambre du roy ».

Les pièces suivantes, qui appartiennent à d'autres divisions, se rapportent à l'histoire de Paris :

*Le Pas des armes de l'arc triumphal ou tout honneur est enclos, tenu a l'entrée de la royne a Paris...* [par Guillebert Chauveau, dit Montjoie], 1514 (t. II, n° 2113) ; — *L'Ordre des joustes faictes a Paris, le Pas des armes de l'arc triumpal...* (réimpression de la pièce précédente), 1514 (n° 2114).

*La Publication des joustes publiées a Paris, a la table de marbre....* 1515 (t. II, n° 2119).

*Le Livre et Forest de messire Bernardin Rince, Millanoys, docteur en medecine, contenant et explicant briefvement l'appareil, les jeux et le festin de la Bastille*, 1518 (voy. le Supplément ci-après).

*L'Entrée triumphante et sumptueuse de.. madame Lyenor d'Austriche, seur aisnée de l'empereur, royne de France, en la noble ville et cité de Paris*, 1531 (t. II, n° 2137).

*Triumphe ende Eere ghedaen by bevele van den coninck van Vranckerijcke der K. M. binnen der stede van Poictiers...., dyesgheliicx vander grooter Eere ende Triumphe der selvere K. M. ghedaen te Parijs*, 1540 (t. II, n° 2140) ; — *Warhaffte, auch gantz glaubwirdige newe Zeytung wie Keyserlich Majestat..... zu Paris in Franckreych ankummen ist*, 1540 (n° 2141).

*Le Recueil des inscriptions, figures, devises et masquarades ordonnées en l'hostel de ville, à Paris, le jeudi 17. de fevrier 1558*, par Estienne Jodelle (t. I, n° 697).

*Articles contenans les causes qui ont meu le roy nostre sire, Henry, deuxiesme de ce nom......, a faire la procession generale a Paris*, 1549 (t. III, n° 2144).

*Le Trespas et Ordre des obsèques, funerailles et enterrement de.... Henri II.*, par le seigneur de La Borde, François de Signac, 1559 (t. III, n° 2148).

*Discours sur les causes de l'execution faite es personnes de ceux qui avoient conjuré contre le roy et son estat*, et autres pièces relatives au massacre de la Saint-Barthélemy (t. III, n°⁸ 2173-2176) ; — *Deluge des huguenotz*, etc., par Jacques Coppier de Velay, 1572 (voy. le Supplément) ; — *Tumbeaux des brise-croix*, 1573 (t. I, n° 787).

*Le magnifique Triomphe et Esjouissance des Parisiens faictes en la decoration des entrees du tres-chrestien roy Charles, faicte le vj. mars*...1571 ; par Nicolas Natey de La Fontaine (t. I, n° 785) ; — *Description des appareils, arcs triumphaux, figures et portraictz dressez en l'honneur du roy au jour de son entrée en la ville de Paris* ; [par Jacques Prevosteau], 1571 (t. I, n° 786).

*Amplification des particularitez qui se passérent à Paris lorsque M. de Guise s'en empara et que le roi en sortit*, mai 1588 (t. III, n° 2194, p. 42 ; n° 2221, art. 1) ; — *Histoire tres-veritable de ce qui est advenu dans ceste ville de Paris, depuis le septiesme de may 1588 jusques au dernier jour de juin ensuyvant*, 1588 (n° 2221, art. 2) ; — *Discours veritable sur ce qui est arrivé à Paris le douziéme de mai 1588* (n° 2221, art. 1).

*Brief Discours et veritable des choses plus notables arrivées au siége de la ville de Paris*, par Pierre Cornejo, 1590 (t. III, n° 2248) ; — *La Souffrance de la ville de Paris....*, 1591 (n° 2249).

*La triste et lamentable Complainte du capitaine La Quinte et de ses compagnons, justiciez dans Paris et à Chalon sur Saone*, 1607 (t. I, n° 113).

*La triste et lamentable Complainte faicte par François de La Motte, lieutenant en la garnison de Mets... et a eu la teste tranchée à Paris*, 1608 (t. I, n° 114).

*Discours lamentable sur l'attentat et parricide commis en la personne de Henry IV*, 1610 (t. III, n°⁸ 2257 et 2258) ; — *Discours veritable sur la mort de Henry le Grand*, par J. de La Fons, 1610 (n° 2243, art. 13) ; — *Pompe funébre du tres-chrestien.... prince Henry le Grand*, [par Claude Morillon], 1610 (n° 2243, art. 10) ; — *L'Ordre de la pompe funébre observée au convoy et funerailles de Henry le Grand*, 1610 (n° 2243, art. 11) ; — *Le Convoy du cœur de... Henry le Grand*, 1619 (n° 2243, art. 12).

*Discours de la statue et representation d'Henry le Grand, mise et eslevée au milieu du Pont Neuf* ; par Jean Philippe Varin, 1614 (t. III, n° 2243, art. 19) ; — *Meteorologie ou Excellence de la statue de Henry le Grand eslevée sur le Pont Neuf* ; par D. L. C. Th., 1614 (n° 2243, art. 21).

*L'Ordre tenu à la reception du roy et de la royne en leur bonne ville de Paris*, 1616 (n° 2274).

*L'espouventable et prodigieuse Apparition advenue à la personne de Jean Helias..... au fauxbourg S. Germain* ; [par Vital d'Audiguier], 1623 (t. II, n° 1729).

*Recueil de pièces sur un prétendu assassinat commis par les juifs à Paris en 1652* (t. II, n° 2071).

*Execution remarquable de la Voisin...*, 1680 (t. I, n° 997) ; — *Execution et Punition remarquable et veritable d'une femme* (la Voisin), 1680, (n° 998).

### 5. — Annuaires parisiens.

2320. LES ADRESSES || de la || Ville de Paris, || avec || le Tresor || des || Almanachs. || Livre commode || En tous lieux, en tous temps & en || toutes conditions. || Par Abraham du Pradel, Astrologue || Lionnois. || *A Paris,* || *Chez la Veuve de Denis Nion, Marchand Libraire,* || *sur le Quay de Nesle, au coin de la ruë de* || *Guenegaud, à l'Image Sainte Monique.* ||

# HISTOIRE.

M.DC.XCI [1691]. || Avec Privilege du Roy. In-8 de 113 pp. et 4 ff. pour la *Table*, mar. r., fil., dos orné, tr. dor. (*Trautz-Bauzonnet.*)

Le privilège, daté du 14 juillet 1690, est donné pour six ans à *Elizabeth Frosne, veuve de Denis Nion.*
L'achevé d'imprimer est du 26 octobre 1690.

L'annuaire publié sous le nom de Du Pradel est l'œuvre de NICOLAS BLÉGNY, ou DE BLÉGNY, apothicaire, chirurgien, médecin et surtout charlatan. Blégny fit paraître de 1673 à 1694 divers ouvrages qui tous décèlent son esprit d'intrigue et son imperturbable effronterie; le Livre d'adresses est le seul qui ait une valeur sérieuse. Si l'auteur y a glissé en maint endroit des réclames intéressées, il nous a du moins transmis les renseignements les plus précieux sur les établissements publics, les domiciles particuliers et le commerce de Paris.

2321. LE || LIVRE COMMODE || Contenant || les Adresses || de la Ville de Paris, || et || le Tresor || des Almanachs || Pour l'Année Bissextile 1692. || Avec les sceances et les vacations || des Tribunaux, l'ordre & la discipline des exercices || publics, le prix des Matereaux [*sic*] & des Ouvrages || d'Architecture, le Tarif des nouvelles Monnoyes, || le Depart des Couriers & des voitures de Routes, || & generalement toutes les commoditez sujettes aux || mutations. || Par Abraham du Pradel, Philosophe || & Mathematicien. || *A Paris,* || *Chez la Veuve de Denis Nion Marchand Libraire,* || *sur le quay de Nesle, devant l'Abrevoir* [sic] *de Guenegaud,* || *à l'image Sainte Monique.* || M.DC.XCII [1692]. || Avec Privilege du Roy. In-8 de 4 ff. et 194 pp., mar. r., fil., dos orné, tr. dor. (*Trautz-Bauzonnet.*)

Y. 3. 20

Le cahier lim. est signé *à* et les signatures se suivent d'*A* à *Aa* par 4, plus *Bb* par 2. Les pp. 150-152 ne sont pas chiffrées ; elles sont suivies d'un titre ainsi conçu :
LE TRESOR || DES || ALMANACHS || Pour l'année bissextile 1692. || Avec || vne [*sic*] exacte Description || de l'œconomie universelle & des parties || principales du Monde. || Un Abregé de la science des temps, le lever & || le coucher du Soleil, le Tarif des nouvelles || monnoyes, l'Ordre du Département des Cou- || riers, & diverses autres pieces également utiles & || curieuses. || Par Abraham du Pradel, Philosophe || & Mathematicien. || *A Paris,* || *Chez la Veuve de Denis Nion Marchand* || *Libraire, sur le quay de Nesle devant l'Abrevoir* || *de Guenegaud,* à *l'image Sainte Monique.* || M.DC.CXII [1692]. || Avec Privilege du Roy.

La page qui devrait être cotée 152 contient un extrait du privilège accordé pour six ans à la veuve de *Denis Nion* le 14 juillet 1690. On lit ensuite : *Achevé d'imprimer pour la seconde fois le 26 novembre 1691. De l'Imprimerie de Laurent Rondet.*

La seconde édition du livre de Blégny diffère très sensiblement de la première ; elle est à certains égards plus complète, mais on y relève aussi beaucoup de suppressions. L'auteur ne récolta pas les fruits qu'il s'était proposé de tirer de son travail. Dès le 29 février 1692, la veuve Nyon et l'imprimeur Rondet se virent confisquer 2500 exemplaires non vendus et furent même dépouillés de leur privilège. M. Edouard Fournier, à qui nous empruntons ces renseignements, a donné une réimpression du *Livre commode* (Paris, Daffis, 2 vol. in-16); il y a joint de très intéressantes notes; mais le texte qu'il reproduit avait été inexactement copié et présente un nombre considérable de fautes.

I.6.36

2322. ALMANACH DAUPHIN, ou Tablettes Royales du vrai mérite des Artistes célebres, et d'indication générale Des principaux Marchands, Banquiers, Négocians, Artistes & Fabricans des Six-Corps, Arts & Métiers de la Ville & Faubourgs de Paris, & autres Villes commerçantes du Royaume, &c. Présenté & dédié à Monseigneur le Dauphin, pour la premiere fois, en 1772. Année M.DCC.LXXVII [1777]. *A Paris, Chez Lacombe, libraire, rue Christine. Edme, libraire, rue Saint-Jean-de-Beauvais. L'Auteur, au Bureau d'Indication et Négociations générales, rue Comtesse-d'Artois, vis-à-vis celle de la Comédie Italienne.* Avec Approbation & Privilege du Roi. In-8 de 230 ff. non chiffr., texte encadré, mar. r., fil, dos orné, tr. dor. (*Anc. rel.*)

Annuaire publié par ROZE DE CHANTOIZEAU.

Au v° du faux-titre est un *Avis intéressant à tous les marchands, banquiers, négocians*, etc.

Le f. qui suit le titre contient une épître de Roze de Chantoiseau, « ancien directeur du Bureau général d'indication », à monseigneur le Dauphin.

Le volume s'ouvre par un *Calendrier curieux, instructif et amusant pour l'année M. DCC. LXXVII,* dans lequel on remarque un mélange singulier du sacré et du profane. On lit par exemple à la date du lundi 6 janvier : « Les Rois. Fête des papetiers-cartiers. Salut en musique à S. Leu. Le soir, bal à l'Opéra. Ce jour on suit en France l'ancien usage, dans les repas, de couper un gâteau, etc. »

A la suite du *Calendrier* vient une première partie, en 115 ff., contenant l'édit du roi, du 23 août 1776, portant nouvelle création de six corps de marchands et de quarante-quatre communautés d'arts et métiers, puis les adresses des membres renommés de chaque corps ou communauté. Une seconde partie intitulée : *Tablettes royales de renommée, ou le Correspondant, pour servir de suite à l'Almanach general d'indication,* contient, en 96 ff., la description des principales villes commerçantes du royaume, avec la liste des principaux négociants ; un tableau des monnaies, poids et mesures, une liste des courtiers, des rues de Paris, etc., etc. Les ff. n'étant pas chiffrés ont pu être facilement réimprimés ou modifiés. C'est ainsi que les 2 ff. de la 1ʳᵉ partie consacrés aux *Comédiens* paraissent avoir été imprimés après coup. Il en est de même du f. consacré à la ville de *Bordeaux*, dans la 2ᵉ partie.

L'avant-dernier f. du volume contient le texte de l'*Approbation*, en date du 18 mai 1772, et le texte du privilège accordé pour six ans à Roze de Chantoiseau, le 31 août 1770. Le dernier f. est occupé par des annonces.

Exemplaire aux armes de MARIE DE SAVOIE, COMTESSE D'ARTOIS.

6. — Histoire des mœurs.

IV.9.11

2323. TABLEAU de Paris, ou Explication de différentes figures, gravées à l'eau-forte, pour servir aux différentes éditions du Tableau de Paris, par M. Mercier. *Yverdon*, M.DCC.LXXX

VII [1787]. Pet. in-4, mar. citr. jans., tr. dor. (*Trautz-Bauzonnet.*)

Ce *Tableau* satirique est composé d'un frontispice et de 96 figg. gravées à l'eau-forte. Deux figg. sont signées *Dünker*; onze autres portent l'initiale *D*.
Pour les éditions du *Tableau de Paris* que les figures de Dünker devaient accompagner, on peut consulter Lacombe, *Bibliographie parisienne*, 1887, n°⁸ 808-310. M. Lacombe dit en parlant de ces figures (n° 311) : « Il est visible qu'elles sont l'œuvre d'un artiste qui n'est jamais venu à Paris. » C'est là une erreur, puisque Dünker avait passé près de dix ans à Paris avant de se fixer en Suisse : il a péché plutôt par exagération que par ignorance en représentant les Parisiens sous des dehors peu flatteurs. Voy. Portalis, *Les Dessinateurs d'illustrations au dix-huitième siècle*, I, 179-183.

2324. UN HIVER A PARIS, par M. Jules Janin. *Paris, L. Curmer, 49, rue Richelieu, au 1ᵉʳ; Aubert et Cᵉ, Place de la Bourse, 12*. [*Typ. Lacrampe et Cᵉ.*] M DCCC XLIII [1843]. Gr. in-8 de 2 ff. et 283 pp., plus 18 figg.   I.3.2

Première édition.
Ce volume est illustré de vignettes sur bois et de 18 grandes figures d'*Eugène Lami*, gravées sur cuivre par *C. Mottram, Ch. Rolls, L. Stocks, E. Radclyffe, J.-B. Allen, R. Wallis, Charles Heath, R. Staines, W. Wallis, Frederick Heath* et *J. C. Varrall*, imprimées par *Mᶜ Queen*, à Londres, et d'un grand nombre de vignettes gravées sur bois d'après *Lami* et *Pauquet*.
Voy. Brivois, *Bibliographie des ouvrages illustrés du XIXᵉ siècle*, p. 207, et Lacombe, *Bibliographie parisienne*, n°⁸ 883-887.

2325. L'ÉTÉ A PARIS. *Paris, chez L. Curmer, rue Richelieu, 49, au 1ᵉʳ.* [*Typ. Lacrampe et Comp.*] S. d. [1844], gr. in-8 de VIII et 279 pp., plus 18 figg.   I.3.3

Le faux-titre porte: Par M. Jules Janin.
Le volume est illustré de 18 grandes figures d'*Eugène Lami*, gravées par *J.-B. Allen* (2), *H. Robinson, Wm Wallis, R. Staines* (2), *J.T. Willmore* (2), *J. C. Varrall, J. Mottram* (2), *Ch. Roberts* (2), *C. Mottram, E. Roberts, R. Wallis, Frederick A. Heath, Alfred T. Heath*, d'un frontispice et de vignettes gravées sur bois d'après *Lami* et autres.
Brivois, p. 208 ; Lacombe, n° 888.
Aux tableaux de mœurs que nous venons de décrire on peut en ajouter un grand nombre d'autres dispersés dans les diverses sections de ce catalogue :
*La Reformation des dames de Paris faicte par les dames de Lyon*, v. 1500; *La Replicque faicte par les dames de Paris contre celles de Lyon*, v. 1500 (voy. le Supplément ci-après) ; — *Le Banissement de l'esperance des chambriéres de Paris*, v. 1595 (t. II, n° 1796, art. 20); — *La Resjouissance des harangéres et poissonniéres des halles de Paris sur les discours de ce temps*, 1614 (n° 1796, art. 22) ; — *Le Reveil du chat qui dort, etc.*, 1616 (n°⁸ 1796, art. 25) ; — *Les Regrets des filles de joie de Paris sur le subject de leur bannissement*, v. 1620 (n° 1796, art. 30) ; — *Arrest de querelle des serviteurs de la ville de Paris contre leurs maistres*, v. 1620 (n° 1796, art. 21) ; — *Recueil general des caquets de l'acouchée*, [1620] (n° 1796) ; — *La Responce des dames et bourgeoises de Paris au Caquet de l'acouchée*, 1622 (n° 1796, art. 3) ; — *Les grands Jours tenus à Paris par M. Muet*, 1612 (n°⁸ 1796, art. 11 ; 1802) ; — *Les Assizes tenues à Gentilly par le sieur Baltazar*, [1623] (n° 1808) ; — *Les Estats tenus à La Grenouilliére*, 1623 (n° 1804) ; — *Le Caquet des femmes du faux-bourg Montmartre, avec la Response des filles du faux-bourg Sainct Marceau*, 1622 (n° 1796, art. 2); — *Le grand Procez et la Querelle des femmes du faux-bourg*

S. *Germain avec les filles du faux-bourg de Mont-Marte...*, 1623 (n° 1797, art, 18); — *Le Caquet des poissonniéres sur le departement du roy et de la cour*, [1623] (n° 1796, art. 9) ; — *L'Affliction des dames de Paris sur le despart de leurs serviteurs et amis suivant la cour*, 1623 (n° 1796, art. 24); — *Histoire comique de Francion*, [par Charles Sorel], 1623 et 1636 [voy. le Supplément ci-après); — *La Chasse des dames d'amour*, 1625 (t. II, n° 1796, art. 27) ; — *Reigles, Statuts et Ordonnances de la caballe des filous reformez*, v. 1625 (n° 1807) ; — *Procès nouvellement intenté entre messieurs les savatiers savatans de la ville et faux-bourg de Paris et les courtissans de la necessité*, 1634 (n° 1808) ; — *La Deffence des servantes de Paris pour la conservation de leurs moustaches*, 1689 (n° 1809) ; — *Le Roman bourgeois*, [par Furetière], 1666 (n° 1532) ; — *La Deroute et l'Adieu des filles de joye de la ville et faubourgs de Paris*, 1668 (n° 1689) ; — *Les Parisiennes*, [par Restif de La Bretonne], 1787 (n° 1916, art. 22) ; — *Les Nuits de Paris*, [par Restif de La Bretonne], 1788-1794 (n° 1916, art. 23); — *Tableaux de la bonne compagnie*, [par Restif de La Bretonne], 1787-1788 (n° 1916, art. 27) ; — *Le Palais Royal*, [par Restif de La Bretonne], 1790 (n° 1916, art. 28); — *Sakontala à Paris*, par Eusèbe de La Salle, 1833 (n° 1628) ; — *Scènes de la vie parisienne*, par M. de Balzac, 1835 (n° 1592) ; — *Histoire de la grandeur et de la décadence de César Birotteau*, par M. de Balzac, 1838 (n° 1594) ; — *Un grand Homme de province à Paris*, par H. de Balzac, 1839 (n° 1596) ; — *Splendeurs et Misères des courtisanes*, par M. de Balzac, 1845 (n° 1601).

*b. — Histoire de l'Ile de France, de la Picardie, de la Brie et du Gâtinais.*

2326. LA DESCRIPTION || du || Chasteau || de || Versailles. || *A Paris*, || *Chez Anthoni Vilette*, || *Marchand Libraire.* 1685. Pet. in-12 de 1 f. pour le titre et 102 pp., plus 16 figg., mar. r. jans., tr. dor. (*A. Motte.*)

Ce petit volume, sorti de presses hollandaises, est la réimpression de l'ouvrage de FÉLIBIEN, dont la première édition avait paru chez *G. Desprez*, à *Paris*, en 1674, in-12.

Au titre se trouve un joli fleuron gravé par *Schoenebeck*. Les figures sont au nombre de 16, sur lesquelles deux sont repliées. Elles donnent deux vues générales du château de Versailles et 25 vues de détail. Une table spéciale, qui occupe la p. 102, en indique le placement.

2327. RELATION || DES || ASSEMBLÉES || Faites à Versailles dans le grand || Apartement du Roy pendant || ce Carnaval de l'an 1683. & || des Divertissemens que sa || Majesté y avoit ordonnés. || Adressés à son Altesse Serenissime || Madame la Princesse de Brons- || vvic & de Lunebourg Duchesse || d'Hanover. || Avec deux Epistres en Vers, qui n'a- || voient point encore veu le jour, & qui || parlent à l'envy des Victoires du Roy. || *A Paris*, || *Chez Pierre Cottard, sur le Quay* || *de la Tournelle, à l'Etoile.* || M. DC. LXXXIII [1683]. || Auec Permission. In-12 de 26 ff. et 127 pp., mar. r., fil., dos et coins ornés, tr. dor. (*Anc. rel.*)

Les ff. lim. contiennent le titre et un *Avant-Propos*, où il est parlé du style et des ouvrages de l'auteur anonyme. Il y est prié de donner au public

## HISTOIRE.    131

les beaux traités de doctrine « qu'il a composés, traités qui seront d'une tres-grande utilité pour la connoissance de la nature ».

La *Relation* occupe les pp. 1-79; elle est suivie de trois petites pièces de vers qui doivent être du même auteur, d'un sonnet français de l'abbé TALLEMAN et d'un sonnet italien de MARCANTONIO CAMPO PIO.

Les pp. 84-113 contiennent une *Lettre ecrite à madame la duchesse de Sforze à Rome, en lui envoyant une relation du bal et de la comedie donnés au roy par madame la marquise de Tianges à Versailles.*

Le volume se termine par une épître en vers de M. le DUC DE NEVERS à M. l'abbé Bourdelot, et par la réponse, également en vers, de ce dernier. Ces deux pièces nous révèlent le nom de l'auteur de la relation, le célèbre médecin PIERRE MICHON, connu sous le nom d'abbé BOURDELOT.

A la p. 127 se trouvent dix vers et un permis d'imprimer du 20 avril 1683, signé: DE LA REYNIE. Au v° de cette page est une liste d'errata.

2328. HISTOIRE de l'Abbaye Royale de Saint-Denys en France, Contenant La Vie des Abbez qui l'ont gouvernée depuis onze cens ans: les Hommes Illustres qu'elle a donnez à l'Eglise & à l'Etat: les Privileges accordez par les Souverains Pontifes & par les Evêques: les Dons des Rois, des Princes & des autres Bienfacteurs. Avec la Description de l'Eglise & de tout ce qu'elle contient de remarquable. Le tout justifié par des Titres authentiques & enrichi de Plans, de Figures & d'une Carte Topographique. Par Dom Michel Felibien, Religieux Bénédictin de la Congrégation de Saint-Maur. *A Paris, Chez Frederic Leonard, Imprimeur ordinaire du Roy, ruë Saint Jacques, à l'Ecu de Venise.* M.DCCVI [1706]. Avec Privilege de Sa Majesté. In-fol. de 16 ff. lim., 592 et ccxxiij pp., plus 12 ff., un frontispice gravé, une carte et 12 planches, mar. r., fil., dos orné, tr. dor. (*Anc. rel.*)

Les ff. lim. comprennent: le titre (lequel est orné d'un charmant fleuron aux armes de l'Abbaye); 8 ff. pour la *Preface*, l'*Approbation* et le *Privilège*; 7 ff. pour une *Dissertation préliminaire*; 4 ff. pour le *Sommaire des livres*; 1 f. pour le *Catalogue des abbez*.

Le volume est orné de 13 grands fleurons formant tête de page. Ces fleurons ont été gravés par *Simonneau fils* (5), *Ph. Simonneau* (5), *C. Simonneau aîné* (2) et *B. Audran* (1) d'après *Hallé* (7), *Boulogne le jeune* (3) *Rubens* (1), *Oppenord* (1) et un anonyme (1). La vignette gravée d'après *Rubens* (p. 380) représente le sacre de Marie de Médicis. L'en-tête gravé par *B. Audran* d'après *Oppenord* est à la p. 565.

On trouve dans le texte, à la p. 555, une gravure exécutée par *Ph. Simonneau*, d'après *Alexandre Le Blond*. Le volume est orné en outre de charmantes lettrines et de plusieurs culs-de-lampe non signés.

Le frontispice a été gravé par *J.-B. de Poilly* d'après une peinture de *Boulogne le jeune*. La carte, dressée par *Dumesnil-Voyer*, a été gravée par *Anselin*. Les planches ont été exécutées par *Lucas*, d'après *Alexandre Le Blond* (1), par *Giffart*, d'après le même (3), par *J.-B. de Poilly* d'après le même (1), par *Ph. Simonneau* seul (1), par *N. Guérard* seul (4), par *C. Simonneau* d'après *C. Le Brun* (1) et par un anonyme (p. 545).

L'approbation, signée de LAMARQUE-TILLADET, est datée du 28 juin 1703.

Le privilège, daté du 1er juillet 1703, est accordé pour quinze ans à D. Michel Félibien, qui déclare en avoir fait cession à *Fréd. Léonard.*

Exemplaire en GRAND PAPIER, aux armes du roi LOUIS XIV, acquis à la vente de M. le BARON FRANCHETTI (Cat., 1890, n° 306).

2329. Le Tresor de l'Abbaye Royale de S. Denis en France, Qui comprend les Corps Saints & autres Reliques précieuses qui se voyent, tant dans l'Eglise, que dans la Salle du Trésor. *A Paris, De l'Imprimerie de Chardon, rue Galande.* M. DCC. LXII [1762]. Avec Approbation & Permission. In-8 de 16 pp. — Les Tombeaux des Rois, des Reines, & des autres, qui sont dans l'Eglise Royale de Saint Denis. *A Paris, De l'Imprimerie de Chardon, rue Galande.* M. DCC. LXII [1762]. Avec Approbation & Permission. In-8 de 16 pp. — Les Raretés qui se voyent dans l'Eglise Royale de S. Denis ; avec des Remarques curieuses. *A Paris, De l'Imprimerie de Chardon, rue Galande.* M. DCC. LXII [1762]. Avec Approbation & Permission. In-8 de 16 pp. — Ensemble 3 part. en un vol. in-8, mar. r. jans., tr. dor.

<small>Le titre de chaque partie est orné d'un grand bois des armes de l'abbaye. Au v° du titre de la 1<sup>re</sup> partie est un plan du chevet de l'église. — La seconde partie contient, au v° du titre, un plan des tombeaux du chœur ; à la p. 7, un plan de la partie méridionale, et, à la p. 12, un plan de la crypte.

L'approbation et la permission, rapportées au v° du titre de la 3<sup>e</sup> partie, sont datées des 11 et 12 mai 1715. L'ouvrage a été tenu à jour depuis lors ; on y trouve exactement indiqués tous les princes enterrés à Saint-Denis jusqu'à Louis-Joseph-Xavier de France, duc de Bourgogne, mort le 22 mars 1761.</small>

2330. Discovrs merueilleux d'vn ‖ Acte remarcable ‖ & deplorable aduenu le seiziesme ‖ iour de Septembre dernier, mil cinq ‖ cens soixante & dixhuict, au villa-‖ge de Bescourt, chemin de Beauuais ‖ en Picardie, par l'effort luxurieux ‖ d'un Capitaine François. ‖ *A Verdun,* ‖ *Par Pierre Pedie.* ‖ 1578. ‖ Auec Permission. In-8 de 7 ff. non chiffr. et 1 f. blanc, sign. A-B, mar. r. jans., tr. dor. (*Capé.*)

<small>Un capitaine, appelé Le Pont, avait quitté Paris, avec sa compagnie, pour se rendre en Flandre. Après avoir longtemps battu le pays, il arriva, le 16 septembre 1578, au village de Bescourt. Il y trouva bon gîte chez un laboureur nommé Jean Millet ; mais il reconnut cette hospitalité en violant la fille aînée du laboureur. La victime réussit à se saisir d'un couteau et tua son ravisseur : elle fut à son tour massacrée par les soldats. Le père courut alors dans les villages des environs, assembla les gentilshommes et les paysans, et réussit avec leur aide à défaire cette troupe de bandits.

La pièce est suivie d'un sonnet de Hierosme Le Jeune, Parisien, accompagné de la devise: *Fy d'avoir sans sçavoir*. Cette devise nous fait connaître l'auteur de deux chansons insérées dans des recueils contemporains : *Chanson contenant les regrets des princesses et dames de la cour sur le decès de... Madame, fille unique du feu roy Charles,* [1578], dans *Le Printemps des chansons nouvelles* (Lyon, 1588, in-16, fol. 8) ; — *Chanson en forme de complainte...,* dans *Le plaisant Jardin des belles chansons....,* 1580 (voy. notre t. I, n° 983), p. 88</small>

**2331.** HISTOIRE DU DUCHÉ DE VALOIS, ornée de cartes et de gravures, contenant ce qui est arrivé dans ce pays depuis le temps des Gaulois, & depuis l'origine de la Monarchie Françoise, jusqu'en l'an 1703. *A Paris, Chez Guillyn, Libraire, Quai des Augustins, au Lys d'or. Et à Compiegne, Chez Louis Bertrand, Libraire-Imprimeur du Roi & de la Ville.* M. DCC. LXIV [1764]. Avec Approbation et Privilege du Roi. 3 vol. in-4, v. f., dos ornés, tr. dor.

Par l'abbé CARLIER, prieur d'Andrésy.

*Tome premier* : 4 ff., xxvj et lv pp. ; 2 ff. pour le *Sommaire du premier Livre*, et 562 pp., plus une carte pliée (p. 1), 3 ff. pour le *Sommaire du second Livre* (p. 139), une *Vue de la Tour et de l'ancien Chateau de Bétysi* (p. 248), une pl. représentant une inscription grecque (p. 268), 2 ff. contenant le *Sommaire du troisieme Livre* (p. 343).

*Tome second* : 3 ff. pour le titre et le *Sommaire du quatrieme Livre*, et 693 pp., plus 2 ff. pour le *Sommaire du cinquieme Livre*, une pl. représentant une *Vue du second Chateau de Pierrefonds* (p. 358), 3 ff. pour le *Sommaire du sixieme Livre* (p. 363) et 4 ff. pour le *Sommaire du septieme Livre*.

*Tome troisième* : 3 ff. pour le titre et le *Sommaire du huitième Livre*, 462 pp. (dans lesquelles sont intercalés 1 f. pour le *Sommaire des Considerations* (p. 135) et 1 f. pour le *Sommaire du Supplément* (p. 363) ; 3 ff. pour le *Sommaire des Piéces justificatives*, ccxiv pp. pour ces mêmes *Piéces* ; 1 *Tableau du rapport des principales mesures du Duché de Valois* ; 52 pp. pour la *Table*.

L'ouvrage est imprimé par *Louis Bertrand* à *Compiègne*. Les fleurons ont été gravés par un artiste de la même ville, *Vignon*, qui en a signé plusieurs : (voy. notamment t. I, p. 139).

Le privilège, rapporté en tête du t. I, est daté du 7 juillet 1762 et est accordé pour trois ans à *P. Guillyn*, qui a cédé tous ses droits à *Bertrand*.

**2332.** HISTOIRE || de Melun. || Contenant || plusieurs raretez notables, et non || descouuertes en l'Histoire generale de France. || Plus la Vie de Bourchard, || Conte de Melun, soubs le regne de Hues Capet. || Traduicte du Latin d'vn Autheur du temps. || Ensemble la vie de Messire, Iacques Amyot, Euesque d'Auxerre, || & grand Aumosnier de France. || Auec le Catalogue des Seigneurs, & Dames Illustres, || de la Maison de Melun. || Le tout recueilly de diuerses Chroniques, & Chartres manuscriptes, || par M. Sebastian Roulliard, Aduocat en Parlement. || *A Paris,* || *Chez Iean Guignard, au second pillier de la grand' Salle* || *du Palais.* || 1628. || Auec Priuilege du Roy. In-4 de 759 pp.

Le titre est imprimé en rouge et en noir ; il est orné d'une marque représentant le globe terrestre placé sur un bûcher et surmonté d'une salamandre. Deux amours, qui attisent le feu, tiennent une banderole sur laquelle on lit : *Nous brulons le monde ; c'est pour le conserver.* Au-dessus de la salamandre on lit : *En bruslant je vis.*

La p. 4 contient un joli portrait de Rouillard, gravé en taille-douce.

134                               HISTOIRE.

Les pp. 5-13 sont occupées par une épître « A la ville de Melun », datée de Paris, en août 1627.
Les pp. 15-20 renferment un avis aux lecteurs bénévoles.
La *Vie d'Amyot* n'a pas de titre spécial ; elle s'étend de la p. 605 à la p. 615.
La *Vie de hault et puissant seigneur, M. Bourchard, conte de Melun, Corbeil et Paris*, composée en latin par F. ODON, religieux de Saint-Maur des Fossés, vers 1058, est précédée d'un titre qui occupe la place des pp. 639-640.
*Le Denombrement ou Catalogue de plusieurs seigneurs et dames illustres de la maison de Melun* commence à la p. 678 et s'étend jusqu'à la p. 703.
Le reste du volume est occupé par la *Table* et par l'*Extraict du privilége*.
Le privilège, daté du 1er décembre 1627, est accordé pour six ans à Rouillard, qui déclare en avoir fait cession à *Guillaume Loison* et à *Jean Guignard*, libraires.
L'auteur de cet ouvrage, Sebastien Rouillard, avocat au parlement de Paris, est plus connu par ses compilations juridiques que par ses travaux historiques. Il se flatte pourtant en plusieurs endroits d'avoir donné l'immortalité à ses compatriotes. Il n'a pas laissé échapper l'occasion de nous montrer le caractère vantard et suffisant que nous révèle déjà *Le Lumbifrage* (voy. t. II, n° 1846).

2333. DESCRIPTION historique des Chasteau, Bourg et Forest de Fontainebleau, Contenant Une Explication Historique des Peintures, Tableaux, Reliefs, Statuës, ornemens qui s'y voient ; & la vie des Architectes, Peintres & Sculpteurs qui y ont travaillé. Enrichie de plusieurs Plans & Figures. Par M. l'Abbé Guilbert, P. d. P. du Roy. *A Paris, Chez André Cailleau, Place du Pont Saint Michel, du côté du Quay des Augustins, à S. André.* [De l'Imprimerie de J. Chardon.] M. DCC. XXXI [1731]. Avec Approbation & Privilege du Roy. 2 vol. in-12, mar. r., fil., dos ornés, tr. dor. (*Anc. rel.*)

*Tome I.* : Titre ; 2 ff. pour une épître « A monsieur de Beringhen, premier écuyer du roy, ancien mestre de camp de cavalerie, etc. » ; 3 ff. pour un *Avertissement*; ensemble 6 ff. lim.; lxix pp. pour les *Temoignages et Eloges de quelques historiens ou poëtes etrangers et françois en faveur de Fontainebleau* ; 1 f. de *Table* ; 1 plan plié ; 242 pp. et 3 ff. pour l'*Approbation*, le *Privilége* et les *Fautes à corriger* ; plus 5 figg. aux pp. 15, 46 (2), 66, 131.

*Tome II.* : Titre ; 7 ff. pour une *Seconde Lettre à M. de \*\*\*\*\* sur la fondation de Fontainebleau*, et pour la *Table* ; 309 pp. et 1 fig. (p. 94.)
Le privilège, daté du 15 septembre 1730, est accordé pour six ans à l'abbé Guilbert, précepteur des pages de l'écurie du roi. Guilbert déclare en avoir fait cession au libraire *Cailleau*.
Le plan et deux des figures sont signés de *J.-B. Scotin.*
Exemplaire de dédicace aux armes de HENRI-CAMILLE, MARQUIS DE BERINGHEN, provenant du cabinet de M. LE MARQUIS DE COISLIN (Cat., 1857, n° 338).

Les descriptions des fêtes données à Versailles en 1664 et 1668 (t. II, n°s 1192, 1193, 1209), les relations des obsèques de Henri II et de Henri IV à Saint-Denis (n°s 2148, 2276, art. 10-12), le recueil intitulé *Les Plaisirs de Saint-Germain*, 1665 (t. I, n° 836) et les deux éditions précédemment décrites de l'*Ample Discours des actes de Poissy*, 1561 (t. II, n°s 2055 et 2056) se rapportent à l'histoire de l'Ile de France.

# HISTOIRE.

Plusieurs pièces relatives à la Picardie sont classées dans d'autres divisions de ce catalogue, savoir : *Warhafftige Zeitungen... ausz... Sant Quintin*, 1557 (n° 2146) ; — *Discours au vray du siége et de la prise de la ville de Noyon*, 1591 (n° 2249) ; — *Vray Discours sur la deffaicte des duc d'Aumalle et sieur de Ballagny... et la levée du siége de la ville de Senlis*, 1589 (n° 2219, art. 18) ; — *Lettre d'un medecin de Paris... contenant la nouvelle de la deffaicte des trouppes du sieur duc d'Aumale devant Senlis*, 1589 (n° 2230) ; — *Lettre del signor Bernardino à monsieur du Mayne, par laquelle luy faict entendre toutes les particularitez... de la deffaicte de ceux de la Ligue près Senlis*, 1589 (n° 2281) ; — *La Desconfiture des huguenots en l'entreprinse qu'ils avoient dressé contre le chasteau de Dampmartin*, 1590 (n° 2241, art. 6).

Quatre autres pièces se rapportent à l'histoire du Gâtinais, savoir : *Discours veritable de la conference tenue à Fontainebleau le 4. de may 1600* (t. II, n° 2062) ; — *Copie d'une lettre contenant la description de l'entrée triomphale de don Pedro de Tholedo faicte à Fontainebleau, le 19. de juillet 1608...* (n° 2255) ; — *Le Voyage de Fontainebleau, faict par monsieur Bautru et Desmarets*, 1623 (n° 1798, art. 9) ; — *Le Pasquil du rencontre des cocus à Fontainebleau*, 1623 (n°s 1796, art. 4 ; 1798, art. 10 et 1805).

Nous indiquerons encore ici quatre pièces relatives à la Beauce : *Les Propos que le roy a tenuz à Chartres*, 1588 (n° 2221, art. 13) ; — *L'Ordre des ceremonies du sacre et couronnement du... roy... Henry IIII... en l'eglise... de Chartres*, 1594 (n° 2243, art. 8) ; — *La nouvelle Deffaicte et Surprinse des reistres [à Auneau]*, 1587 (n° 2218) ; — *Les Cruautez commises contre les catholiques de la ville de Vendosme*, 1590 (n° 2241, art. 7).

*c. — Histoire de la Flandre et de l'Artois.*

2334. CHRONIQUE de Jehan Molinet. Ms. in-fol. sur papier du XVIe siècle, divisé en 2 vol., demi-rel. v. f., dos ornés, tr. dor. (*Rel. du XVIIIe siècle.*)

I.7.18

*Premier Volume* : 4 ff. pour la *Table*, 1 f. blanc, 1 f. de titre, 269 ff. chiffr. — Le titre, placé au 6e f., est ainsi conçu : *En cest present premier volume sont redigiés par escript les Cronicques de feu maistre Jehan Molinet, indiciaire et historiographe des tresillustres maisons d'Austrice et de Bourgonne, commenchans icelles cronicques en l'an mil iiijc lxxiiij, lors que le tresredoupté et trespuissant duc Charles de Bourgonne assiega la tresforte ville de Nus, en continuant icelles, tant de loables gestes, glorieuses processes et tresnobles faictz d'armes achevés par les chevalereux champions et suppos d'icelles maisons, comme d'aultre[s] advoue* [sic pour *advenuz*] *en ce temps, jusques au lamentable trespas du roy domp Philippes de Castille, etc., quy fut en l'an xvc et vj, quy sont pour le terme de xxiiij ans recoëllées, escriptes et mises au net par* AUGUSTIN MOLINET, *chanoine de Condet, filz dudit Me Jan Molinet, et ce au commandement de l'imperiale majesté, Maximilian, par la grace de Dieu empereur des Allemaignes, toujours auguste, etc.*

Le texte commence ainsi (fol. 1) : « *Prologue. Fundata est domus Domini super verticem montium. La tresillustre et refulgent maison du seigneur et duc de Bourgonne est magnifiquement fondé[e] sur la somité des montaignes.* » Le volume se termine par le chapitre intitulé *La Reparation des Ganthois*, dont les derniers mots sont : « On luy avoit fait ceste representacion comme digne d'estre decollé. Ledict Guillaume estoit mesme en la ville de Gand au jour que ladicte representacion fut ostée. »

*Deuxiesme Volume* : 8 ff. de *Table* et 448 ff. chiffr., plus 3 ff. non chiffr. et 1 f. blanc. — La chronique se termine au fol. 448 v°, de la façon suivante : « Ainsy souscript : Vostre cousin, HENRY, roy ; et de secretaire : MEAUTIUS, et sur le doz : A nostre trescher et tresaimé cousin, le seigneur de Chiéve, lieutenant de nostre bon filz, le roy de Castille, en ses pays d'embas. — *Icy*

« Le second volume des Chronicques de feu M. Jean Molinet, en son vivant indiciaire de la tresillustre maison d'Austrice, iceluy second volume commenchant en l'an mil iiij<sup>c</sup> et 4<sup>xx</sup> et 5, lors que tresvictorieulx prince, Maximilien, archiduc d'Austrice, se prepara pour aller es Allemaignes par devers son pére l'empereur Frederic; et continuant iceux jusques au lamentable trespas du roy Catholique Philippes de Castille, archiduc d'Austrice, qui fut en l'an mil v<sup>c</sup> et six, qui sont pour le terme de xxij ans; et le premier volume commenche en l'an mil iiij<sup>c</sup> lxxiiij, alors que le tresredouté et puissant duc Charles de Bourgonne assiega la ville de Nuisse en Allemaigne; et continuant iceux jusques en l'an mil iiij<sup>c</sup> iiij<sup>xx</sup> et v, qui sont pour xij ans; et les deux volumes ensemble recœuillez sont pour le terme de xxxiiij ans.

La chronique de Molinet est écrite dans un style des plus pénibles, mais elle est du plus haut intérêt pour l'histoire des Pays-Bas et du nord de la France. Les manuscrits en sont nombreux. La seule Bibliothèque royale de Bruxelles n'en possède pas moins de 17, dont 8 remontent au XVI<sup>e</sup> siècle; d'autres manuscrits existent à Paris, à Arras, à Amiens, etc. Il est probable qu'ils se rattachent tous à la récension d'Augustin Molinet, fils de l'auteur, comme cela est dit expressément en tête de notre manuscrit et de plusieurs autres. Nos deux volumes, élégamment écrits, appartiennent au dernier tiers du XVI<sup>e</sup> siècle, et le texte en est généralement correct.

La compilation historique de Molinet a été publiée pour la première fois par M. Buchon dans sa *Collection des chroniques nationales françaises*, t. XLIII-XLVII.

Les 4 ff. qui terminent le t. II de notre manuscrit ont été ajoutés au XVIII<sup>e</sup> siècle; ils contiennent une copie de la pièce intitulée: *Le lamentable Trespas du roy Philippes de Castille, archiduc d'Austrice.* « Après que le roy Fernand d'Arragon eut baillié la possession et gouvernement des roiaumes de Castille, Leon et Grenate au roy Philippes et a la royne Johane... »

Vente DIDOT, 1881 (Cat., n° 28).

Sans parler des *Chroniques* de Monstrelet et de Froissart (t. II, n<sup>os</sup> 2097 et 2098), les pièces suivantes, qui appartiennent à d'autres divisions, se rapportent à l'histoire de l'Artois et des provinces voisines: *Cronicques abregiez*, par Nicaise Ladam, 1492-1519 (t. I, n° 490); — *La Paix faicte a Cambray...*, par Nicaise Ladam, dit le Songeur, dit Béthune, [1508] (n° 489); — *Newe Gezeitigung ausz romischer kaiserlicher Maiestat und des Künigs von Engellandt Here vor Terebona....*, 1513 (t. II, n° 2112); — *La Description et Ordre du camp et festins et joustes....* [1520] (voy. le Supplément ci-après); — *Le Recœul du triumphe solempnel faict et celebré en la tresnoble cité de Cambray*, [1529] (ibid); — *Le Triumphe de la paix celebrée en Cambray...*, par Jehan Thibault, 1529 (t. II, n° 2135); — *De Morini quod Terouanam vocant, atque Hedini expugnatione, deque praelio apud Rentiacum...*, Jacobo Marcheto, despota Sami authore, 1551 (voy. le n° 2416, ci-après); — *Le Discours de la prinse de Calais*, 1558 (n° 2147); — *Le Discours du testament de la prinse de la ville de Guines*, par Antoine Fauquel (t. I, n° 666); — *La Bellone belgique, contenante la prinse des villes de Calais, Ardres et Hulst*, par Henri de Wachtendonck, 1596 (n° 761).

*d. — Histoire de la Lorraine.*

2335. AVSTRASIAE || Reges et Duces. || Epigrammatis, || Per || Nicolaum Clementem Trelæum || Mozellanum descripti. || Coloniæ, || M. D. XCI [1591]. Pet. in-4 de 4 ff. lim. et 130 pp., mar. r., fil., dos orné, tr. dor. (*Trautz-Bauzonnet.*)

Le titre est orné d'une superbe marque, aux armes du duc de Lorraine.

## HISTOIRE.

Les 3 ff. qui suivent le titre contiennent : une épître latine de FRANÇOIS GUIBAUDET, de Dijon ; six distiques de Nicolas Clement, de Treille ; et une épître dédicatoire du même au duc Charles III de Lorraine.

Guibaudet nous apprend que, Clément étant mort, ses épigrammes risquaient fort d'être perdues ; mais qu'elles avaient été sauvées de la destruction par un gentilhomme, M. de Blondefontaine (nobilis Blondefontanus), qui s'en était rendu acquéreur, les lui avait données à retoucher, et avait pris à sa charge les frais de l'impression. Guibaudet ajoute qu'il a fait de tout l'ouvrage une traduction française ; mais que cette traduction paraît séparément.

L'épître de Clément est datée de Vézelise, le 2 juin 1578.

Le volume est orné de 63 beaux portraits gravés en taille-douce par P. *Woeriot*. Chaque portrait est accompagné d'une épigramme latine et d'un petit résumé historique, également rédigé en latin. Après les rois d'Austrasie, on trouve 4 distiques de François Guibaudet sur Louis III d'Outremer, et 15 vers hexamètres de N. LOMBARD au prince Henri de Lorraine, marquis de Pont-à-Mousson (p. 67).

Les portraits sont ici en premières épreuves ; le dernier représente le duc Charles III tête nue.

Le texte français (*Les Rois et Ducs d'Austrasie* de N. Clement, etc.) parut à Cologne, sous la même date. Il offre cet intérêt que, dans une épître dédicatoire à Henri de Lorraine, marquis de Pont, Guibaudet dit expressément que les portraits ont été « taillez en cuivre par *Bozey* ». Woeriot signait quelquefois *Bozaeus*, parce qu'il prétendait descendre par sa mère de la maison de Bouzey, qui appartenait à l'ancienne chevalerie lorraine. Voy. Beaupré, *Recherches historiques et biographiques sur les commencements de l'imprimerie en Lorraine*, 1845, p. 916.

2336. MEMOIRES pour servir à l'histoire des Hommes illustres de Lorraine, Avec Une Réfutation de la Bibliothéque Lorraine de Dom Calmet, Abbé de Senones. Par M. de Chevrier. —Sapiens consulit Patriæ. Capt.—*A Bruxelles*. M.DCC.LIV [1754]. 2 vol. in-12, mar. r., fil., dos et coins ornés, tr. dor. (*Anc. rel.*)

*Tome premier* : Frontispice gravé par *François Letha* ; titre ; xv pp. pour l'*Explication du frontispice*, une épître « A son Altesse Royale », la *Preface* et un *Avis de l'éditeur*, 362 pp.

*Tome second* : 300 pp. et 15 ff.

On peut rappeler ici les titres de plusieurs pièces relatives à la Champagne, à la Lorraine et aux Trois-Evêchés : *L'Ordre du sacre et couronnement du roy... Françoys de Valoys... en l'eglise... de Reims*, 1515 (t. II, n° 2120) ; — *Le Sacre et Couronnement du roy Henry, deuxième de ce nom [à Reims]*, 1547 (n° 2142) ; — *Advertissement venu de Rheims du sacre, couronnement et mariage de Henri III.*, [par Nicolas Du Mont], 1575 (n° 2192) ; — *La Defaite des reistres et aultres rebelles [près d'Epernay]*, 1575 (n° 2198) ; — *Histoire horrible et effroyable d'un homme plus qu'enragé qui a egorgé et mangé sept enfans dans la ville de Chaalons en Champagne*, 1619 (t. I, n° 120) ; — *Oraison funèbre de.... Claude de France,.... duchesse de Lorraine*, par Arnauld Sorbin, 1575 (n° 341) ; — *Declaration de monsieur de La Noue sur sa prise des armes pour la deffence des villes de Sedan et Jametz*, 1589 (n°s 2224 et 2219, art. 8) ; — *Le Siége de Metz*, par B. de Salignac, 1553 (n° 2145) ; — *Histoire tragique et pitoiable sur la mort d'une jeune demoiselle... executée dans la ville de Metz*, 1623 (t. I, n° 121).

Diverses relations insérées dans le grand recueil que nous décrivons sous le n° 2420 (art. 65-67, 97, 98, 182) se rapportent en outre à l'histoire de la Lorraine de 1622 à 1635.

*c.* — *Histoire de la Normandie, de la Bretagne, de l'Anjou et de la Touraine.*

2337. HISTOIRE de la Ville de Rouen. Divisée en Six Parties. Troisiéme Edition.... Par un Solitaire, & revûë par plusieurs personnes de merite.... *A Rouen, Chez Louis du Souillet, Libraire sur le Quay de Luxembourg.* M. DCC. XXXI [1731]. Avec Approbation et Privilege du Roy. 2 vol. in-4, v. f., tr. marbr. (*Anc. rel.*)

Ouvrage composé par FR. FARIN, qui l'avait publié sous son nom en 1668. Une seconde édition, revue par JEAN LE LORRAIN, chapelain de la cathédrale de Rouen, et le libraire JACQUES AMYOT, avait paru en 1710. La troisième édition, considérablement augmentée, vit le jour par les soins réunis de dom IGNACE, chartreux rouennais, alors réfugié à Utrecht, et du libraire L. DU SOUILLET.

*Tome premier. Il contient les trois premieres Parties. La premiere, sa Description, l'état où elle étoit autrefois, & ce qu'elle est a present, & les Ducs de Normandie. La seconde, la Noblesse, les Cours de Judicature, les Jurisdictions Subalternes, & les Grands-Hommes. La troisiéme, la Cathédrale, les Dignitez, & ce qui est arrivé de plus mémorable sous le gouvernement des Archevêques....* Le Libraire a paraphé ce Tome à la premiere Partie, N° I : 1 f. pour un *Avertissement au lecteur* ; 1 f. pour le titre ; 2 ff. pour une épître de Louis Du Souillet « A monseigneur Geofroy-Macé Camus de Pontcarré, premier president du parlement de Normandie »; 1 f. pour un *Avis du libraire*; 2 ff. pour la *Table*, l'*Approbation* et le *Privilége* ; ensemble 7 ff. lim. ; 1 plan de Rouen gravé par *Gaspard de Baillieul* ; 192 pp. et 1 f. d'*Errata* ; 1 f., servant de faux-titre à la *Seconde Partie*, et 176 pp. dont les chiffres sont placés entre deux croix ; 1 f. servant de faux-titre à la *Troisiéme Partie* ; 186 pp.

*Tome second. Il contient les trois dernieres Parties. La quatriéme, les Conciles, & les Eglises Paroissiales qui sont dans l'enceinte de la Ville. La cinquiéme, les Paroisses des Fauxbourgs, les Chapelles, les Hôpitaux, les Abbayes, & une partie des Prieures. La sixiéme, la suite des Prieurez, & autres Communautez Religieuses....* Le Libraire a paraphé ce Tome à la quatriéme Partie, N° I : 3 ff. pour le titre et la *Table* ; 174 pp.; 1 f. servant de faux-titre à la *Cinquiéme Partie* ; 160 pp., dont les chiffres sont placés entre deux astérisques ; 1 f. servant de faux-titre à la *Sixiéme Partie* ; 152 pp. dont les chiffres sont placés entre parenthèses.

Le texte est imprimé sur deux colonnes. — Les titres des deux volumes portent les armes de Rouen. Le fleuron aux armes de M. Camus de Pontcarré qui est placé en tête de l'épître est signé *P.LS.f.* Un fleuron à la devise *Laurus semper viret*, qui orne la p. 1 de la 1<sup>re</sup> partie, est également signé P. LS.

Le privilège, daté du 24 février 1730, est accordé à *Louis Du Souillet* pour huit ans. Il vise à la fois l'*Arithmetique universelle* du sieur de Blainville et l'*Histoire de Rouen*.

2338. HISTOIRE || prodigieuse || et admirable, || Arriuée en Normandie & pays du || Mayne, du rauage qu'y ont fait vne || quantité d'oyseaux estrangers & inco- || gneus, sur les fruicts & arbres desdits || pays, & ont ruyné & infecté plusieurs || villes & villages, mesmes causé la || mort de plusieurs personnes, au grand || estonnement du peuple. || *A Paris,* ||

HISTOIRE. 139

*Chez Isaac Mesnier, ruë S.* || *Iacques, au Chesne verd.* || M.DC.XVIII [1618]. In-8 de 15 pp.

Ces oiseaux inconnus s'abattirent sur la Normandie au mois de juillet 1618, et détruisirent tous les fruits. Les habitants se livrèrent à une chasse acharnée. Quelques-uns eurent l'idée de prendre leur revanche en mangeant les oiseaux, mais la chair en était si amère, si infecte, que plusieurs de ceux qui en avaient goûté moururent.

« Les Normands, dit l'auteur en finissant, ont perdu leurs poulles par la guerre, les années passées, et leur vendange en la presente par la persecution des oyseaux, qui est cause que les cydres seront chers et la biére de saison. Dieu y conserve le reste! »

2339. Les croniques Annal- || les des pays dangleterre et bre- taigne / contenant les faictz || et gestes des roys et princes qui ont regne oudit pays / || et choses dignes de memoire aduenues durant || leurs regnes puis Brutus iusques au trespas || du feu duc de bretaigne Françoys second du || nom dernier decede. Faictes et redigees || par noble homme et sage maistre Alain || bouchard en son viuant aduocat en || la court de parlement et depuis || augmentees et continuees || iusques en Lan Mil || cinq cens. xxxi. || ☙ Auec priuilege. || ☙ *On les vend a Paris en la grant salle du palais* || *au premier pillier en la bouticque de Galiot du pre* || *marchant Libraire iure de luniuersite.* || *Mil. V. C. xxxi.—* ☙ *Fin des cronicques annalles des pays dangleterre et bre-* || *taigne armoricque faictes et compilees par noble homme et* || *sage maistre Allain bouchart en son viuant aduocat en* || *la court de parlemēt a paris esquelles sont adioustees* || *puis le trespas du feu duc Iehan de Bretaigne .xii*[e]. || *du nom les choses dignes de memoyre aduenues* || *esditz pays iusques en lan mil cinq cens. xxxi. || Nouuellement reueues et corrigees et Impri-* || *mees a Paris par Anthoine cousteau im-* || *primeur le vnziesme iour de Septem-* || *bre Mil cinq cens. xxxi* [1531]. *Pour hō-* || *norables personnes Iehan petit* || *et Galliot du pre libraires* || *iurez de Luniuersite* || *dudit lieu.* In-fol. goth. de 10 ff. lim. et 233 ff. chiffr., mar. r. jans., tr. dor. (*A. Motte.*)

Π. 8. 23

Le titre, imprimé en rouge et en noir, est orné d'un grand encadrement qui porte le nom de *Galliot Du Pré.*
Au v° du titre sont *Les Noms des roys bretons de la Grande Bretaigne.*
Les 7 ff. qui suivent sont occupés par la *Table.*
Au r° du 1ᵉʳ f. est une grande initiale, dans l'intérieur de laquelle on voit l'acteur écrivant devant un pupitre qui porte les armes du dauphin.
Les *Chroniques* d'Alain Bouchart, où sont résumées toutes les légendes fabuleuses qui se rattachent à l'origine des Bretons, et qui, pour la période de l'histoire vraie, contiennent une foule de renseignements du plus haut intérêt, avaient paru pour la première fois, au mois de novembre 1514, chez *Galliot*

*Du Pré* à *Paris.* Une seconde édition, maladroitement corrigée, mais accompagnée d'additions précieuses, en fut donnée par *Michel Angier*, à *Caen*, en 1518. Nous avons ici la troisième édition.

Le volume de 1531 est orné de neuf grands bois qui décorent déjà le texte de 1514 et qui ont été gravés spécialement pour les *Croniques*. Galliot Du Pré a supprimé trois autres bois, représentant des sujets religieux, qu'il avait donnés dans la première édition.

Les *Additions* de 1531 n'occupent que 10 ff. et 1/2 ; elles commencent au f. 223 et se continuent jusqu'au f. 233 r°. Elles sont beaucoup moins développées que celles de 1518, que le libraire parisien n'a pas cru devoir reproduire.

Une quatrième édition, qui ne porte aucun nom de lieu ni d'imprimeur, parut en 1532, avec des additions en grande partie empruntées au texte de 1518 et continuées jusqu'en 1531. Cette édition, que M. de La Borderie croit avoir été exécutée à *Rennes*, probablement par *Jehan Baudouyn*, n'était pas encore épuisée en 1541. Elle paraît être passée entre les mains d'un libraire poitevin qui fit imprimer un nouveau titre accompagné de vers latins signés de Gilles Bigot, d'Usson, et substitua au dernier f. 12 ff. contenant de nouvelles additions.

On trouvera sur ces remaniements des *Croniques* de Bouchart de très curieux renseignements dans la notice bibliographique que M. de La Borderie a jointe à la réimpression donnée par M. Le Meignen pour la Société des Bibliophiles bretons (Nantes, 1886, gr. in-4).

2340. HYSTOIRE AGREGATIVE || des Annalles et cronicques daniou / contenant le com- || mencement et origine / auecques partie des cheualeu- || reux et marciaulx gestes des magnanimes prin- || ces / consulz / contes et ducz daniou. Et pareil- || lement plusieurs faictz dignes de memoi- || re / aduenuz tant en France / Italie / || Espaigne Angleterre / Hieru || salem et autres royaulmes || tant chrestiens que sarrazins / || depuis le temps du deluge iusques || a present / tres vtille / proffitable et recreati- || ue a tous nobles et vertueux espritz. Recueil- || lies et mises en forme par noble et discret missire || Iehan de bourdigne prestre / docteur es droictz / || et depuis reueues et additionnees par le || Viateur. || ☙ Auec priuilege. || ☙ *On les vend a Angiers en la boutique de* || *Charles de boingne et Clement alexandre mar-* || *chans libraires iurez de lunuersite dudit lieu.* — ☙ *Fin des Annales & cronicques des pays daniou et du Mai-* || *ne. Nouuellement imprimees a Paris par Anthoyne cou-* || *teau imprimeur. Pour honnestes personnes Char-* || *les de boigne / et Clement alexandre / marchans* || *libraires demourans a Angiers. Et fu-* || *rent acheuees de imprimer au moys* || *de Ianuier. Lan Mil cinq cens. xxix* [1530, n. s.]. In-fol. goth. de 4 ff. lim., 207 ff. chiffr. et 1 f. pour la marque du libraire, mar. r. jans., tr. dor. (*A. Motte.*)

Le titre, imprimé en rouge et en noir, est orné du grand encadrement de *Galliot Du Pré*, avec son nom.

Au verso du 4ᵉ f. se trouve un grand bois représentant l'auteur qui offre son livre à la « Pallas de Savoie », c'est-à-dire à la reine-mère, Louise de Savoie. — Le privilège, dont le texte se trouve au verso du titre, est accordé pour trois ans à *Galliot Du Pré*, à la date du 3 décembre 1529.

L'auteur de cette *Hystoire*, Jehan de Bourdigné, né vers 1480, fut d'abord official du doyen de l'église Saint-Laud, d'Angers ; il obtint, en 1526, la chapellenie de la Charpenterie, dépendance du chapitre de Saint-Maurice, devint peu de temps après curé de Boussé (près de Clisson?), puis enfin, en 1538, chanoine de Saint-Maurice. Il mourut à Angers le 19 avril 1547 (voy. Port. *Dictionnaire de Maine-et-Loire*, I, 445). On ignore ce qui l'empêcha de mettre la dernière main à son œuvre. Le réviseur désigné sous le nom de Viateur paraît être, non pas Jehan Bouchet, comme on l'a dit quelquefois sans preuve, mais JEHAN PÉLERIN, surnommé Viator. Pélerin était chanoine de Toul en Lorraine, mais il était angevin d'origine ; nous savons de plus qu'il faisait de fréquents voyages ; rien ne l'empêchait donc d'entretenir des rapports suivis avec l'Anjou et d'écrire l'histoire de cette province. Son grand âge lui permettait de corriger le travail de Bourdigné. Pélerin mourut à Toul, en janvier 1524, à plus de quatre-vingts ans. Voy. Montaiglon, *Notice historique et bibliographique sur J. Pelerin*, 1861, et Port, *loc. cit.*, III, 66. L'*Hystoire agregative* a été réimprimée par les soins de MM. de Quatrebarbes et Godard-Faultrier (Angers, 1841, 2 vol. in-8).

2341. DISCOVRS || espouuentable || de l'horrible trem- || blement de terre ad= || uenu és villes de Tours, Orleans & || Chartres, le Lundi xxvj. iour de || Ianuier, dernier passé, 1579. || *A Paris,* || *Par Iean d'Ongoys, en la rue du bon* || *Puits, pres la porte S.* || *Victor.* || Auec Priuilege du Roy. In-8 de 12 ff.

Le titre est orné d'un bois symbolique qui représente l'Astronomie.
Le *Discours* est suivi d'une approbation de J. HERVY, curé de Saint-Jean-en-Grève, et du texte de la permission donnée à *J. d'Ongoys*, le 29 janvier 1579.
Le dernier f. contient au r° un fleuron ; le v° en est blanc.
Il a été fait en 1874 une réimpression de ce livret par *Louis Perrin*, à *Lyon*, pour le libraire *Claudin*, à *Paris*.
Nous rappellerons ici les titres de diverses pièces qui intéressent l'histoire de la Normandie, du Maine, de la Touraine, du Blaisois et de l'Orléanais :

*Copie des lettres du treschrestien roy de France envoyées a... l'archevesque de Rouen pour faire processions generalles*, etc., 1538 (t. II, n° 2139); — *Response des habitans de la ville de Rouen à ce que monsieur le duc de Bouillon... leur a dit et remonstré...*, 1562 (t. III, n° 2156, art. 5); — *Discours au vray de la reduction du Havre de Grace*, 1563 (n° 2161); — *La Prinse de la ville de Sainct Lo*, 1574 (n° 2189) ; — *Discours de l'ordre tenu par les habitans de la ville de Rouen à l'entrée du roy*, 1588 (n° 2221, art. 6) ; — *La Prinse de la ville et chasteau de Gournay*, 1589 (n° 2245).

*Remonstrance envoyée au roy par les habitans de la ville du Mans*, 1562 (t. III, n° 2156, art. 6).

*Discours ample et veritable de la defaite obtenue aux faux-bourgs de Tours sur les trouppes de Henry de Valois...*, 1589 (t. III, n° 2222, art. 2); — *La nouvelle Deffaicte obtenue sur les trouppes d'Henry de Valois dans les fauxbourgs de Tours*, 1589 (n° 2222, art. 3); — *Discours lamentables de trois jeunes enfans, lesquels ont esté executez et mis à mort dans la ville de Tours*, 1611 (t. I, n° 115) ; — *La superbe et magnifique Entrée de la royne en la ville de Tours*, 1616 (t. III, n° 2272) ; — *Resjouissance publique sur l'arrivée de la royne mère en la ville de Tours*, 1619 (n° 2276) ; — *Reception faicte à la royne mère du roy en la ville de Tours*, 1619 (n° 2277).

*Discours deplorable du meurtre et assassinat... commis et perpetré en la ville de Blois*, 1588 (t. III, n° 2221, art. 7); — *Histoire prodigieuse...*

142   HISTOIRE.

*d'un homme , Provençal de nation, presenté à la royne mére du roy estant au chasteau de Blois,* 1618 (t. II, n° 1727).

*L'Histoire et Discours au vray du siége qui fut mis devant la ville d'Orleans par les Anglois, le mardy 12. jour d'octobre 1428,* éd. de 1576, 1606 et 1619 (t. II , nᵒˢ 2100-2102) ; — *Aureliae urbis memorabilis ab Anglis Obsidio,* authore Jo. Lodoico Micquello, 1560 (n° 2103) ; — *L'Exercice de l'Ame fidéle,* par Daniel Toussain [avec une préface sur les massacres d'Orléans en 1568 et en 1578], 1588 (n° 2060) ; — *Lettre du roy de Navarre à messieurs d'Orleans,* 1587, (t. III, n°2219, art. 15) ; — *Le Triomphe de la Fleur de Lys..., presenté au roy... à son entrée en sa ville d'Orleans,* 1614 (n° 2267) ; — *Les Ceremonies faictes à l'entrée du roy et de la royne en leur bonne ville d'Orleans ,* 1616 (n° 2279) ; — *L'Hercule Guespin , ou l'Himne du vin d'Orleans,* par Simon Rouzeau, 1605 (t. I, n° 770).

*f. — Histoire de l'Aquitaine (Poitou, Berry, Saintonge, Limousin, etc.).*

2342. Les || Annales || d'Aquitaine. || Faicts et Gestes en sommaire || des Roys de France et d'Angleterre, || Pays de Naples & de Milan. || Par Iean Bouchet. || Augmentees de plusieurs Pieces Rares et || Historiques extraictes des Bibliothecques, & recueillies || par A. Mounin. || Dediées || A Monseigneur le Duc de la Roche-Foucault. || Edition derniere, et noüuelle. || *A Poictiers,* || *Par Abraham Mounin Imprimeur & Libraire.* || M.DC.XXXXIIII [1644]. || Auec Permission et Priuilege. — Les || Memoires || et Recherche || de France, et de || la Gaule Aquitanique, du || Sieur Iean de la Haye, Baron des Coutaux, || Lieutenant general en la Seneschaussée de || Poictou,& Siege Presidial de || Poictiers. || Contenant l'origine des Poicteuins || Et les faicts, & gestes des premiers Roys, Princes, Comtes & Ducs, || leurs genealogies , alliances , armoiries , & deuises , & constitutions || escrites, comme elles ont esté trouuées,choses tres- || rares , & remarquables. || Ensemble l'Estat de l'Eglise, et Religion || de la France, depuis l'an quatre cent trente-six || iusques à ce iourd'huy. || *A Poictiers* || *Par Abraham Mounin Imprimeur & Libraire.* || M.DC.XLIII [1643]. — De || l'Vniversité || de la ville de Poic- || tiers, du temps de son || erection, du Recteur, et Of- || ficiers et Priuileges || de ladite Vniuersité. || Extraict d'vn ancien || Manuscript Latin, gardé en || la Bibliotecque de Me. Iean Filleau || Docteur Regent és Droicts en ladite Vniuersi- || té, Conseiller du Roy, & son Aduocat au || Siege Presidial dudit Poictiers. || *A Poictiers,* || *Par Abraham Mounin, Imprimeur & Libraire.* || M.DC.XLIII [1643]. — Ensemble 3 part. en un vol. in-fol., v. f., tr. marbr. (*Anc. rel.*)

*Annales :* Frontispice gravé, orné des armes de La Rochefoucauld et portant le titre et la date de 1644 ; titre, orné d'une marque qui représente un château bâti sur un pic inaccessible, avec cette devise : *Inter pericula constans* ; portrait de François de La Rochefoucauld, gravé par *Bachellier* ; 1 f. pour une épître d'**Abraham Mounin** au même seigneur, en date de Poitiers, le 4 mars 1644 ; 14 ff. contenant les divisions, le *Prologue* et l'*Éloge des Annales d'Aquitaine*, « par le sieur [**Jean**] **Quentin**, Austunois, docteur regent és decrets en l'université de Paris, etc. »; ensemble 18 ff. lim., 666 pp. et 1 f. blanc.

Les *Annales* de Jehan Bouchet avaient paru pour la première fois en 1524, à Poitiers, et avaient été réimprimées dès l'année suivante, avec additions et corrections. L'auteur lui-même en donna en 1531 une troisième édition continuée jusqu'à cette année. L'ouvrage tomba alors entre les mains des libraires parisiens *Galliot Du Pré*, *Richard Du Hamel*, *Ambroise Girault* et autres, qui firent rédiger une suite par un compilateur anonyme, et publièrent deux nouvelles éditions en 1537 et 1540. Jehan Bouchet protesta contre cette usurpation de ses droits, et publia de nouveau ses *Annales* en 1545, « quartement reveues et corrigées par l'autheur mesmes ». Une dernière édition, dont il avait sans doute commencé la préparation, vit le jour à Poitiers en 1557. *Abraham Mounin* s'est borné à reproduire cette édition, où les événements sont conduits jusqu'en 1556.

*Mémoires :* 69 pp., y compris le titre. Ce titre est orné de la même marque que celui des *Annales*.

*De l'Université :* Titre, orné des armes de France et de Navarre; 4 ff. lim. contenant la bulle du pape Eugène IV sur l'érection de l'université en 1431, et les lettres patentes de Charles VII en date du 16 mars 1432 (n. s.); 58 pp.; 1 f. contenant un second titre, conçu dans les mêmes termes que le premier, mais dont les lignes sont autrement coupées (*De || l'Vniuersité || de la Ville de Poic- || tiers, du temps de son || erection, du Recteur, et || Officiers*, etc.) ; 8 ff. non chiffr.; 17 pp., chiffr. 59-75, et 3 ff. — Le dernier f. contient le texte de la permission accordée à *Mounin*, pour neuf ans, le 17 février 1644, par Martin Reveau, écuyer, sieur des Cirières, conseiller du roi, assesseur civil et lieutenant particulier en la sénéchaussée et siège présidial de Poitou.

Cette partie ne contient pas seulement l'histoire de l'université de Poitiers; on y trouve aussi une série de pièces relatives aux églises Sainte-Radegonde, Sainte-Croix et Saint-Hilaire, puis des actes qui se rapportent à l'intendance de Poitou et aux grands jours de 1634, la liste des officiers du siège présidial de Poitiers en 1644, la liste des maires de la ville, etc.

2343. Histoire || de Berry, || Contenant l'origine, antiqui- || té, gestes, prouësses, pri- || uileges, & libertés des || Berruyers: || Auec particuliere description du- || dit païs. Le tout recueilly par Iean Chaumeau, || seigneur de Lassay, || aduocat au sie- || ge presidial || de Bour- || ges. || *A Lyon,* || *par Antoine* || *Gryphius,* || 1566. || Auec Priuilege du Roy. In-fol. de 4 ff. lim., 365 pp., 1 f. blanc et 12 ff. de *Table*, plus une carte et un plan pliés, réglé, mar. r., fil., tr. dor. (*Rel. du XVI<sup>e</sup> siècle.*)

Le titre est imprimé dans un grand frontispice gravé sur bois et qui porte la devise de *Gryphius : Virtute duce, comite foriuna*. Ce frontispice a été employé la même année pour les *Annales de Bourgongne* de Guillaume Paradin (voy. le n° 2352).

Le 2<sup>e</sup> f. contient une épître « A tresillustre dame et princesse, madame Marguerite de France, duchesse de Savoye et de Berry ».

Le 3<sup>e</sup> f. est occupé par une épître latine de **François Le Febvre** [Franc. Fevraeus], Med. C. C. L. R. S., épître datée du 12 septembre (pridie idus) **1560**.

144    HISTOIRE.

Le 4ᵉ f. contient une *Ode dediée à l'auteur*, pièce signée à la fin de la devise *Sejour, un jour.*

En tête du livre V est une épître de Chaumeau « A mes tres-hennorez seigneurs, messieurs les maire et eschevins de l'illustre cité de Bourges », et, en tête du livre VI, une seconde épître « A monseigneur messire Michel de L'Hospital, chevalier, chancellier de France et de Berry ».

La carte, placée après la p. 222, représente le Berry tout entier. La planche, dont les côtés sont découpés en ovale, se trouve après la page 226. Elle contient une vue de Bourges signée dans le cadre IO. Æ. FA. 1566, c'est-à-dire peut-être *Joannes Arnoullet faciebat,* 1566. Voy. Nagler, *Monogrammisten,* IV, 42.

On remarque en outre dans le volume les écussons du Berry et de Bourges, les armoiries, finement gravées sur bois, de 118 officiers municipaux, et les monnaies de Bourges (p. 242).

Jean Chaumeau, seigneur de Lassay et du Portail de Milly, était fils de Guillaume Chaumeau, procureur de la ville de Bourges. Il fut lui-même échevin en 1540. Son ouvrage contient des fables ridicules sur l'origine et l'antiquité de la capitale du Berry ; mais toute la partie moderne offre un grand intérêt.

Exemplaire aux armes de JACQUES-AUGUSTE DE THOU et de MARIE BARBANSON, sa première femme, porté au Cat. de Thou, 1679, t. I, p. 871.

2344. L'EFFROYABLE || DELVGE et innon- || dation arriué en || la Ville de Briue la Gaillarde, en || Lymousin, le dernier de May || 1634. || *A Paris,* || *Chez Iean Martin, sur* || *le Pont Sainct Michel* || *à l'Anchre-double.* || M.DC.XXXIV [1634]. || Auec Permission. In-8 de 14 pp. et 1 f. blanc, mar. r., tr. dor. (*Cuzin.*)

L'auteur parle d'une trombe qui fit de grands ravages à Brives-la-Gaillarde. Il prend prétexte de cet événement pour prêcher la pénitence.

2345. RECIT des || miraculeux || effects, || Qui sont arriuez en l'Armee du Roy || en presence de sa Majesté. || Auec la conuersion de plusieurs Seigneurs, || Chefs, & Soldats de ladite Armee, à || la Foy Catholique, Apostolique || & Romaine. || Par le Reuerend Pere Texier, de la || Compagnie de Iesus. || *A Lyon,* || *Chez Claude Armand, dict* || *Alphonse, en ruë Ferrandiere,* || *à l'enseigne du Pelican.* || M.DC.XXI [1621]. || Auec Permission. In-8 de 16 pp.

Au titre, un petit bois des armes de France.
Ce récit se rapporte au siège de Saint-Jean d'Angely, où divers seigneurs catholiques virent des balles ou des boulets percer leurs vêtements, tuer leurs chevaux ou renverser des palissades sans être atteints eux-mêmes. Le P. Texier, qui accompagnait l'armée royale, s'efforça de prouver que la façon miraculeuse dont les soldats catholiques avaient été épargnés était une marque de la faveur céleste et parvint, dit-on, à faire plusieurs conversions.

2346. RECIT des || miraculeux || effects, || Qui sont arriuez en l'Armée du || Roy en presence de sa Maiesté. || Auec la conuersion de plusieurs Seigneurs, || Chefs, & Soldats de ladite

Armée, à la || Foy Catholique, Apostolique || & Romaine. || Par le Reuerend Pere Texier, de la || Compagnie de Iesus. || *A Rouen*, || *Chez Jacques Besongne, tenant sa boutique* || *dans la Cour du Palais.* || *Iouxte la coppie Imprimée à Paris.* || M.DC.XXI [1621]. || Auec Permission. In-8 de 16 pp.

Cette réimpression offre une particularité curieuse : toutes les dates ont été avancées de dix jours, afin que les événements parussent plus récents aux lecteurs rouennais.

Les pièces suivantes, classées dans d'autres divisions du catalogue, sont relatives au Poitou, à l'Aunis, à la Guyenne, à l'Agénois, au Berry, au Limousin et au Velay :

*Triumphe ende Eere ghedaen....* binnen der stede van Poictiers, 1540 (t. II, n° 2140) ; — *Le Siège de Poictiers*, 1569 (t. III, n° 2168) ; — *Discours et Traité de la prise des ville et chasteau de Mauleon*, 1588 (n° 2225).

*Newe Zeytung von der Statt Roschell*, 1574 (n° 2188) ; — *Histoire des deux derniers sièges de La Rochelle*, 1573, 1628 (n° 2280) ; — *Pour le roy allant chastier la rebellion des Rochellois*, [par Malherbe] (t. I, n° 819).

*Les Magnificences faites en la ville de Bordeaux à l'entrée du roy*, 1615 (t. III, n° 2268) ; — *Les Pompes, Magnificences et Ceremonies faictes dans l'eglise S. André de la ville de Bordeaux pour le mariage de Philipes, prince d'Espagne*, etc., 1615 (n° 2271) ; — *Histoire lamentable d'une jeune damoiselle laquelle a eu la teste tranchée dans la ville de Bourdeaux*, 1618 (t. I, n° 119).

*Anti-Joseph, ou bien plaisant et fidelle Narré d'un ministre de la religion pretendue, vendu publiquement à Clerac, ville d'Agenois*, 1615 (t. II, n° 1796, art. 37).

*Histoire memorable de la ville de Sancerre*, par Jean de Lery, 1574 (t. III, n° 2184).

*La Prinse et Reduction en l'obeissance du roy des places et forteresses des Egaux et Charriéres en Limosin*, etc., 1588 (n° 2221, art. 15).

*La Prinse de la ville et chasteau de Solignac*, 1590 (n° 2247).

*g. — Histoire du Languedoc et de la Provence.*

2347. HISTOIRE GENERALE de Languedoc, Avec des Notes & les Pieces justificatives : Composée sur les Auteurs & les Titres originaux, & enrichie de divers Monumens. Par deux Religieux Benedictins de la Congregation de S. Maur. *A Paris, Chez Jacques Vincent, Imprimeur des Etats Generaux de la Province de Languedoc, rue & vis-à-vis l'Eglise de S. Severin, à l'Ange.* M.DCC.XXX [1730-1745]. Avec Approbation et Privilege du Roy. 5 vol. in-fol., mar. r., fil., dos ornés, tr. dor. (*Anc. rel.*)

*Tome premier* : Titre imprimé en rouge et en noir, et orné d'un fleuron de *Cazes*, gravé par *C.-N. Cochin* (le même fleuron est répété sur le titre de chacun des volumes suivants) ; 2 ff. pour une épître « A nos seigneurs des Etats de Languedoc », épître signée: Fr. CLAUDE DE VIC et Fr. JOSEPH VAISSETE (le titre de départ est accompagné d'un grand fleuron gravé par *Magdeleine Hortemels Cochin*, qui représente les états, et d'une initiale de *P.-J. Cazes*, gravée par *Cochin*) ; 10 pp. cotées [vij]-xvj pour la *Preface* ; 4 pp. cotées xvij-xx pour le *Sommaire des notes*, un *Avertissement* concernant une inscription de Narbonne, l'*Explication des sujets des lettres grises*, et un *Avis aux relieurs* ; 758 pp., 1 carte et 4 planches, pour le texte ; 4 planches et 54 ff. pour les *Preuves*.

En tête de chacun des dix livres contenus dans ce volume, il y a un grand fleuron historique et une lettre grise. Les fleurons, dessinés par *P.-J. Cazes* (7), *Humblot* (2) et *Jean Retout* (1), ont été gravés par *C.-N. Cochin* (6) et *N. Tardieu* (4). Des dix lettres grises, huit ont été dessinées par *Cazes*; une, par *H*[*umblot*] ; deux, celles des livres V et VII, ne portent pas le nom du dessinateur. Les gravures ont été exécutées par *Cochin* (7), *Nicolas-Henri Tardieu* (2) et par un anonyme (au livre V).

La carte, dessinée par *J.-B. Nolin*, a été gravée par *C.-A. de Bercy*. Les planches, dessinées par *Rollin*, architecte, ont été gravées par *Claude Lucas*.

Les 4 planches qui précèdent les preuves représentent des monuments épigraphiques ; la première est surmontée d'un bel en-tête de *Humblot*, gravé par *N. Tardieu*.

Les 53 ff. qui suivent sont chiffrés par colonne de 5 à 214. — Le dernier f. contient l'*Approbation* (donnée par le censeur LANCELOT, le 1er août 1727) et le *Privilège*. Le mémoire des frais faits par les états de Languedoc, que les éditeurs modernes nous ont fait connaître, nous donne de plus amples détails sur les dessinateurs et les graveurs. Nous y voyons en particulier que les vignettes et culs-de-lampe gravés sur bois sont de *Jackson*.

*Tome second*, 1733 : Titre ; 2 ff., 648 pp.; 176 ff., chiffr. par colonne de 1 à 703, plus 2 cartes et 2 planches.

Les fleurons des livres XI à XVIII et celui des *Preuves*, dessinés par *Cazes*, ont été tous les neuf gravés par *C.-N. Cochin*. Les neuf lettres grises sont signées des mêmes artistes. Les deux cartes, dessinées par *J.-B. Nolin*, ont été gravées par *Le Parmentier* ; les deux planches ne sont pas signées.

*Tome troisième*, 1737 : x et 606 pp.; 177 ff. chiffr. par colonne de 1 à 706 pour les *Preuves* et la *Table*, plus 2 planches doubles.

Le titre de ce volume et des suivants ne porte plus : « Par deux Religieux », mais « Par un Religieux Bénédictin, etc. ». — Les dix têtes de pages et les dix lettres grises qui ornent le texte ont été dessinées par *Cazes* et gravées par *C.-N. Cochin*. — Les deux planches ont été dessinées par l'architecte *Rollin*.

*Tome quatrième*, 1742 : xxij pp., 1 f., 600 pp., 143 ff., chiffr. par colonne de 1 à 570 ; plus une grande carte et 9 planches, dont 2 sont doubles.

Les dix têtes de pages et les dix lettres grises ont été dessinées par *Cazes* et gravées par *C.-N. Cochin*, sauf l'en-tête et la lettre des *Preuves*, dont la gravure est de *N.-J.-B. de Poilly*. — La carte ne porte aucune signature. — Les sept premières planches ont été gravées par *Cl. Lucas*, trois sur des dessins d'*A. Cadas*, quatre sur des dessins de *Gleyse*. Les deux autres planches dessinées, l'une par *A. Cadas*, l'autre par *Du Four*, ont été gravées par *C.-N. Cochin*.

A la fin du volume est une *Approbation* du censeur SOUCHAY, en date du 6 novembre 1741, et une *Approbation du T. R. P. Général*, en date du 9 novembre.

*Tome cinquième*, 1745 : vii pp., 1 f., 688 pp., 124 ff., chiffr. par colonne de 1 à 494, plus 14 planches. — Les onze têtes de page et les onze lettres grises ont été dessinées par *Cazes* et gravées par *C.-N. Cochin*. — Des 14 planches, trois ont été dessinées par *Despax* et gravées par *L. Mag*[*deleine*] *Hortemels* (femme de *Cochin*) ; trois ont été gravées par *C.-L. Lucas*, dont deux sur les dessins de *Despax* et une sur le dessin d'un anonyme. Les huit planches de *Sceaux* et de *Monnoies*, doivent être de *L. M. Hortemels*, bien qu'elle n'ait signé que les six premières (son nom y est écrit *Horthemels*). L'*Approbation*, signée SOUCHAY, est datée du 4 août 1745.

Le privilège, daté du 25 septembre 1727, est accordé pour vingt ans aux États de Languedoc, qui, par l'organe de M. de Montferrier, leur syndic général, déclarent en avoir fait cession à *Jacques Vincent*.

Ce fut en 1708 que les États de Languedoc, à la sollicitation de l'archevêque de Narbonne, Charles Le Goulx de La Berchère, chargèrent les bénédictins de Saint-Maur d'écrire l'histoire de leur province. Dom Pierre Auzières et dom Antoine-Gabriel Marcland furent d'abord désignés pour l'exécution de cette vaste tâche ; mais ces deux religieux étaient déjà vieux ; ils

HISTOIRE.   147

imprimèrent à leur travail une direction que l'archevêque de Narbonne trouva mauvaise. A la demande du prélat, le supérieur général de la congrégation lui donna deux autres bénédictins : dom Claude Devic et dom Joseph Vaissète se mirent à dépouiller les archives et recommencèrent les recherches déjà faites par leurs prédécesseurs (1715). Dom Auzières ne tarda pas à se retirer, tandis que dom Marcland, secrètement soutenu par ses supérieurs, disputait à ses confrères, plus jeunes que lui, l'honneur de composer l'histoire du Languedoc. La mort de Marcland arrivée en 1727 mit seule fin à un conflit qui faillit plus d'une fois compromettre le sort de l'entreprise.

A ce moment, dom Devic et dom Vaissète s'occupaient déjà de la publication de leur ouvrage. Un traité fut passé par M. de Montferrier, agissant au nom des États de Languedoc, avec l'imprimeur parisien *Vincent*, le 9 octobre 1727 ; ce traité fut ratifié par les États le 13 janvier suivant. Dom Vaissète, assisté de M. de Montferrier, s'occupa de faire graver les planches, vignettes et lettres grises nécessaires à l'ornementation du livre. Le premier volume fut achevé au commencement de 1728 ; le tome second ne fut terminé qu'au mois de novembre 1733. Deux mois plus tard dom Devic mourut, au moment d'aller occuper le poste, longtemps ambitionné par lui, de procureur général à Rome. Dom Vaissète publia seul les trois derniers volumes (1737-1740).

L'*Histoire de Languedoc* est un des plus beaux monuments élevés par la science des bénédictins, et peut être considérée comme la base des travaux historiques relatifs à cette province. Une nouvelle édition, augmentée de quelques additions, a été donnée de 1840 à 1846, par M le chevalier du Mège, chez *J.-B. Paya*, à *Toulouse* (10 vol. gr. in-8 à 2 col.) ; une seconde réimpression, enrichie d'annexes beaucoup plus considérables, a été entreprise par le libraire *Privat*, à *Toulouse*, en 1874, sous la direction de feu M. Édouard Dulaurier ; elle doit former 14 forts vol. in-4 à 2 col.

Une notice très développée, qui ouvre le premier volume de la nouvelle édition, nous donne les détails les plus circonstanciés sur l'œuvre de dom Devic et de dom Vaissète. On y trouve notamment les mémoires des frais faits pour le dessin et la gravure des planches qui accompagnent l'ouvrage.

Exemplaire aux armes de Charles O'Brien, comte de Thomond de Clare, pair du royaume d'Irlande et maréchal de France (1757), mort en septembre 1761 (voy. Pinard, *Chronol. militaire*, III, 324). Le maréchal de Thomond commanda en chef en Languedoc depuis le 1er novembre 1757 jusqu'à sa mort (voy. la nouvelle édition de l'*Histoire de Longuedoc*, XIII, 92 et 1178). Ses armes sont données par Dubuisson (*Armorial*, II, p. 86) ; elles sont accompagnées ici des colliers des ordres et des bâtons de maréchal.

2348. Tableau || de || l'Histoire || des Princes et Principauté || d'Orange || Divisé en quatre Parties || Selon les quatre Races qui y ont regné || Souverainement depuis l'an 793. || Commençant à || Guillaume au Cornet || Premier Prince d'Orange. || Jusques a || Frederich Henry de Nassau || à present Regnant. || Illustré de ses Genealogies & enrichi de plusieurs belles || Antiquités avec leurs Tailles douces. || *A la Haye*, || *De l'Imprimerie de Theodore Maire*. || M.DC.XXXIX [1639]. || Avec Privilege de Messieurs les Estats Generaux des Provinces Vnies, Pour dix Ans. In-fol. de 9 ff., 903 pp. et 6 ff. pour l'*Indice general* et les *Corrections*, plus 14 planches et 3 ff. tirés hors texte.

Collation des ff. lim.: Titre ; 2 ff. pour une épître à Frederich-Henry, prince d'Orange, etc., signée : Joseph de La Pise ; 4 ff. pour un *Advertissement* ; 2 ff. pour des vers adressés à l'auteur par B. Aymard, « advocat au

148      HISTOIRE.

Parlement d'Orange »; D. M. F. D. L., et P. MENSE, Provençal, D. E. M. (c'est-à-dire docteur en médecine).

Les planches ou figures sont placées aux pp. 1, 16, 17, 24, 25, 26, 27, 28, 29, 31, 34, 49, 64, 89. Les 3 ff. non cotés se trouvent : l'un après la p. 22 ; les deux autres après la p. 26. — Un grand tableau généalogique qui suit la p. 200 est compté pour les pp. 201-204, tandis qu'il forme à lui seul le cahier Cc correspondant à 4 ff. ou 8 pp.

Le comté d'Orange appartint successivement à quatre familles : à la maison d'Orange, à celle de Baux, qui transforma le comté en principauté, à celle de Chalon et à celle de Nassau. Le *Tableau*, que nous venons de décrire, avait été commencé par M. de La Pise, père ; il fut achevé par Joseph de La Pise, garde des archives de la principauté, né vers 1590. On prétend que le prince Frédéric-Henri ne sut pas reconnaître le labeur de l'auteur. Voy. Le Long, *Bibliothèque*, III, n° 38280.

La principauté d'Orange, confisquée par Louis XIV sur le prince Guillaume-Henri, en 1673, entra dans le domaine royal et fut conférée au prince de Conti. Sa réunion définitive à la France n'eut lieu qu'en vertu du traité d'Utrecht (1713).

2349. DISCOVRS || PRODIGIEVX || de ce qu'est arriué || en la Compté || d'Auignon. || Contenant tant le de- || luge, degast des eaux, & feu tombé du || Ciel, que les ruynes du pont de Sorgues, || Bederide & Aubainien, Et autres prodiges || estranges arriuez aux-dicts lieux, le Diman || che vingt vniesme iour d'Aoust, mil six || cens seize. || *A Auignon,* || *Par Thomas Arnaud,* || 1616. || Auec Permission. In-12 de 7 pp.

Au titre, un bois des armes d'Avignon.

*Thomas Arnaud* n'est pas cité dans le travail que Mlle Pellechet a publié sur les *Imprimeurs du Comtat Venaissin* (Paris, 1887, gr. in-8).

2350. MEMOIRE INSTRUCTIF concernant la nature et les avantages du Canal de Provence, composé à l'occasion de l'acquisition qu'a fait une nouvelle Compagnie des droits d'une Compagnie précédente. 1759. Ms. in-fol. sur papier de 140 pp., plus un titre calligraphié, une carte et un grand tableau plié, mar. r., large dent. à petits fers, dos orné, tr. dor. (*Anc. rel.*)

Le titre est signé : *De Caisne de Lanvoisin in. et scrip.*

La maison d'Oppède avait obtenu le privilège du canal de Provence par divers actes des rois Louis XII, Louis XIII et Louis XIV, en 1507, 1619, 1648, 1677 et 1710. Des actions furent émises en 1718 ; mais, le pape n'ayant pas voulu permettre que le canal traversât le comté Venaissin, l'entreprise n'eut pas de suite. En 1751, le projet fut repris par l'ingénieur Floquet, cessionnaire des marquis d'Oppède ; une nouvelle compagnie fut formée et c'est au nom de la nouvelle compagnie que le présent mémoire est présenté au roi.

Notre volume, orné d'une très riche reliure, porte en effet les armes et le chiffre du roi LOUIS XV. Une autre copie de ce mémoire, reliée en maroquin bleu, fut remise en même temps à Mme de Pompadour et figure dans le catalogue de ses livres (n° 3056). C'est à ce catalogue que les continuateurs du P. Lelong en ont emprunté la mention (*Biblioth. de la France*, I, n° 979).

Les ouvrages suivants, qui figurent dans d'autres sections du catalogue, se rapportent à la Gascogne, au Languedoc et à la Provence : *Recueil des choses notables qui ont esté faites à Bayonne*, 1566 (t. III, n° 2163) ; —

HISTOIRE.            149

*L'Ordre prescrite des ceremonies faictes et observées à S. Jean de Luz*, 1615 (n° 2269) ; — *La Reception de Madame, sœur du roy, faicte..... en la ville de Roncevaux*, 1615 (n° 2270) ; — *Histoire admirable advenue en la ville de Thoulouse d'un gentil-homme qui s'est apparu par plusieurs fois à sa femme*, 1623 (t. II, n° 1781) ; — *Histoire des Albigeois*, par F. Pierre des Valées Sernay, 1569 ( n°ˢ 2028, 2029) ; — *Histoire du soulevement des fanatiques dans les Sevenes*, [par Fr. Duval], 1713 (n° 2034) ; — *Histoire tragicque d'un jeune gentil-homme et d'une grand' dame de Narbonne*, 1611, 1623 (t. I ; n°ˢ 116, 117) ; — *Histoire des guerres du Comté Venaissin, de Provence*, etc., par Louis de Perussis, et autres pièces recueillies par le marquis d'Aubais, 1759 (t. II, n° 2095) ; — *Histoire memorable de la persecution et saccagement du peuple de Merindol et Cabrières*, 1556 (n° 2033) ; — *L'Entrée du pape, du roy, de la royne, etc., en la noble... cité de Marseille*, 1533 (t. III, n° 2410) ; — *Le Discours veritable de ce qui s'est passé au voyage de la royne depuis son departement de Florence jusques à son arrivée en la ville de Marseille, avecq les magnificences faites à l'entrée de S. M.*, 1600 (n° 2242, art. 10) ; — *L'Abouchement de nostre sainct pére le pape, l'empereur et le roy, faicte* [sic] *a Nice*, 1538 (voy. le Supplément ci-après).

*h. — Lyonnais, Bourgogne, Franche-Comté, Savoie.*

2351. MIRACLE || et bataille || sanglante veue au || Ciel ce Dimanche dernier XII. || Septembre, par la garnison des || Suisses de Lyon, & par plusieurs || autres personnes dignes de foy. || *A Lyon,* || *Par Guichard Pailly.* || M.DC.XXI [1621]. || Auec permission. In-8 de 8 pp.

IV. 3. 141

Au titre, un petit bois représentant une bataille.
L'auteur prend acte d'une prétendue apparition vue dans le ciel par les troupes suisses de Lyon pour se livrer à de vives attaques contre les protestants, qui font passer avant toute chose le triomphe de leur secte, « prians plustost Dieu... pour Bethlehem Gabor que pour nostre roy et pére tout ensemble. »

2352. ANNALES || DE || BOVRGONGNE || par Guillaume Para- || din de Cuy- || seaulx. || * || Auec vne table des choses || memorables contenues || en ce present liure. || *A Lyon,* || *par Antoine* || *Gryphius,* || 1566. || Auec Priuilege du Roy pour dix-ans. In-fol. de x pp., 1 f., 995 pp., 16 ff. pour l'*Indice* et 1 f. d'*Errata*, mar. bl., fil. comp., dos orné, tr. dor. (*Rel. du XVII*ᵉ *siècle.*)

III. 7. 12

Le titre est imprimé dans un grand frontispice gravé sur bois et qui porte la devise de *Gryphius* : *Virtute duce, comite fortuna* (cf. n° **2344**).
Les pp. iij-viij contiennent une épître « A tresillustre, treshault et puissant prince, monseigneur François de Bourbon, prince dauphin d'Auvergne, gouverneur et lieutenant general pour le roy en ses duchés de Touraine, Orleans et Estempes, païs du Maine, Bloys, le Perche et Lodunois, etc. » Cette épître est datée de Beaujeu, le 27 avril 1566.
La p. ix est occupée par une pièce latine adressée à Estienne Fergon, conseiller et premier secrétaire du duc ; la p. x , par la division de l'ouvrage.
Le f. qui suit la p. x contient , au r°, un *Extraict* du privilège accordé pour dix ans à *Antoine Gryphius*, le 8 juillet 1566, et, au v°, l'écu de Bourgogne ancien.
On lit à la fin du texte (p. 995) : *Fin des Annales de Bourgongne, acheuees à Beauieu, le dixse-* || *ptieme iour de May, l'an de salut mille cinq cens soixante &* || *cinq, par Guillaume Paradin de Cuyseaulx.*
Cet exemplaire porte l'ex-libris du président HÉNAULT, de l'Académie Française.

150   HISTOIRE.

2353. Icones || et Epitaphia || quatuor postremorum || Ducum Burgundiæ ex augustissima || Valesiorum familia. || Les Pourtraits || des quatre derniers || Ducs de Bourgongne de la Royale || maison de Valois. || *A Paris,* || *Chez Iean Richer, rue S. Iean de Latran,* || *à l'Arbre verdoyant.* || 1587. || Auec Priuilege. In-8 de 22 ff. chiffr. et 2 ff. blancs, mar. or. jans., tr. dor. (*Trautz-Bauzonnet.*)

<small>Au titre, la marque de *Jean Richer* (Silvestre, n° 250).

Le v° du titre et les 3 pp. suivantes contiennent le texte latin et français d'une épître d'Estienne Tabourot « A messieurs les venerables prieur, dom Antoine Du Bois, et religieux des chartreux de Dijon ». Le célèbre avocat dijonnais dit en parlant des ducs de Bourgogne : « Je me suis advisé, pour complaire aux studieux de les faire tirer au naturel sur les peintures et statues qui sont en vostre maison par le moyen de maistre *Nicolas d'Hoey*, peintre excellent, etc. » Au v° du 3° f. est un distique latin de François Juret, accompagné de l'anagramme : *Unus sic ferit arcus* ; au r° du 4° f est la traduction de ce distique en deux vers français, par Guill. Le Goux sieur de Valepesle.

Le volume renferme les portraits, finement gravés en taille-douce, de Philippe le Hardy, Jean sans peur, Philippe le Bon et Charles le guerrier. Chacun des portraits est accompagné d'une note indiquant les documents qui ont servi à l'artiste, et d'une courte biographie. Le texte est, comme la préface, écrit en latin et en français.</small>

2354. Histoire || miraculeuse || des eaux rouges || comme sang, tombees dans la || ville de Sens & és enuirons, le || iour de la grand Feste Dieu || derniere, 1617. || Extraicte d'vne Lettre de Maistre || Thomas Mont-Sainct, M. Chirur- || gien en ladicte ville, escripte à vn sien || amy à Paris. || *A Lyon,* || *Par Dominique Rolan.* || M.DC.XVII.[1617]. || Auec Permission. In-8 de 7 pp.

<small>Le v° du dernier f. contient le texte de la permission donnée à *Sylvestre Moreau*, libraire et colporteur à Paris, le 4 juin 1617.

Les pluies de sang, dont il est facile aujourd'hui de donner l'explication, étaient au nombre des phénomènes qui frappaient le plus l'imagination populaire dans les derniers siècles. Il est donc curieux de voir ici un médecin observer avec soin une pluie rouge et mettre ses contemporains en garde contre les exagérations dans lesquelles leur surprise aurait pu les faire tomber « Chacun croit, » dit Thomas Mont-Sainct, « que ce fut sang : de vray la vraye couleur de sang y est, mais à la destrempe avec le doigt et la salive il se trouvera que c'est comme vermillon fort rouge. Vous en pourrez faire l'experience. Je vous en envoye, d'entre plusieurs feuilles que je garde, une... »</small>

2355. Les grans croniqves des || gestes et vertueux faictz des tresexcellens catholiques / illustres et victorieux ducz || et princes des pays de Sauoye et piemōt. Et tāt en la saincte terre de Iherusalem || cōme es lieux de Sirie Turquie Egipte Cypre Italie Suysse Daulphine et au- || tres plusieurs pays Ensemble les genealogies ҫ antiquitez de Gaulle ҫ des tres-

|| chrestiens magnanimes et tresredoubtez roys de France auecq̄s aussi la genealogie || et origene [sic] des dessusditz ducz et princes de Sauoye *nouuellemēt imprimees a Pa-* || *ris pour Iehan de la garde.*    Champier.    || Cum puillegio. — ¶ *Cy finissent les cronicques de sauoye les-* || *quelles ont este acheuees Lan mil cinq cens et* || *quinze par Simphorien champier conseillier et* || *premier medecin de treshault prince mōseigneur* || *Anthoine duc de calabre/ de lorraine et de bar* || *composees a lhonneur et gloire de treshaulte et* || *tresexcellente princesse ma dame Loyse de sa-* || *uoye mere du treschrestien et tresexcellent Roy* || *de frāce Frācoys premier de ce nom. Et impri-* || *mees a paris Lan mil cinq cēs et seize le. xxvii*e || *iour de mars pour Iehan de la garde libraire* || *demourant audit lieu sus le pont nostre dame* || *a lenseigne sain̄ct Iehan leuangeliste Ou au* || *palais au premier pillier deuant la chappelle ou* || *len chante la messe de messeignr̄s les presidēs.* In fol. goth. à 2 col. de 9 ff. lim., 131 ff. chiffr. et 1 f. pour la souscription, plus 1 tableau plié entre le vj$^e$ et le vij$^e$ f., réglé, velours r., fermoir d'argent, tr. dor.

Cet exemplaire, imprimé sur VÉLIN, présente quelques particularités qui le distinguent des exemplaires imprimés sur papier. Un feuillet de garde, que nous ne comptons pas dans les ff. lim., porte, au r°, cette inscription, d'une main du XVIII$^e$ siècle : FRANCESCO ANDREA, CONTE DI LARISSE. Au v° de ce même f. se voient les armes de la maison d'AMBOISE (palé d'or et de gueules, de six pièces), supportées par deux hommes sauvages (cf. Anselme, *Hist. généal.*, VII, 119).

Le titre, imprimé en rouge et en noir, est orné d'un grand bois des armes de Savoie, supportées par deux anges agenouillés. Cet écu est ici supérieurement enluminé. La *Table*, qui suit le titre, occupe 8 ff.

Les exemplaires sur papier (Biblioth. nat., Lk$^2$. 1536. Rés.) contiennent au v° du titre un extrait du privilège accordé pour trois ans à *Jehan de La Garde*, par arrêt du 10 mars 1515 [1516, n. s.], et fixant pour l'ouvrage un prix maximum de huit soulz parisis.

Au f. chiffré i commence une épître de l'auteur « A la tresnoble et illustre princesse, madame Loyse, mére du tresexcellent et treschrestien roy de France, Françoys, le premier de ce nom », épître qui se termine au r° du f. ii. — Au commencement est un grand bois qui représente l'acteur assis dans une chaire gothique et écrivant à un pupitre. Ce bois est ici enluminé, et l'artiste a peint en outre, dans la marge inférieure, les armes de JACQUES D'AMBOISE, SEIGNEUR DE BUSSY, etc., et d'ANTOINETTE D'AMBOISE, DAME DE RAVEL, sa femme. Antoinette était veuve alors ; elle venait de perdre son mari, tué à Marignan ; elle se remaria par la suite à Antoine de La Rochefoucauld, seigneur de Barbezieux, puis à Louis de Luxembourg, comte de Roussy, et mourut en 1552. Voy. Anselme, *Hist. généalogique*, VII, 125 E.

Le corps du volume est orné au total de 35 bois : 3 grands, 8 moyens et 24 petits. Ces figures sont finement miniaturées, ainsi que les 5 tableaux généalogiques et toutes les grandes initiales. La marque du libraire qui devrait se trouver au v° du dernier f., au-dessous de la souscription, a été remplacée par une miniature représentant de nouveau les armes d'Amboise, avec les deux hommes sauvages qui les supportent.

*Les Chroniques de Savoie* sont un tissu de contes et d'aventures romanesques. Symphorien Champier s'est borné à remanier les *Chroniques*

# HISTOIRE.

écrites par CABARET au commencement du XV⁰ siècle. La plupart des chapitres ont conservé leur intitulé ; les additions de l'auteur lyonnais se bornent à fort peu de chose. L'ouvrage de Cabaret avait déjà été remanié de 1464 à 1466 par Jehan Servion, familier de Philippe, comte de Bresse. Voy. *Monumenta historiae patriae*, Scriptorum tomus I (Augustae Taurinorum, 1840, in-fol.), col. 1-382 ; cf. Allut, *Étude sur Symphorien Champier*, 1859, pp. 174-178.

Cet exemplaire provient, en dernier lieu, de la collection de M. le MARQUIS DE GANAY (Cat., n° 256). L'exemplaire offert à Louise de Savoie, à qui le livre est dédié, est également imprimé sur vélin. Voy. Van Praet, *Catalogue des livres imprimés sur vélin de la bibliothèque du roi*, V, p. 86.

Les pièces suivantes, classées dans d'autres sections du Catalogue, se rapportent à l'histoire du Lyonnais, du Nivernais, de la Franche-Comté, du pays de Gex et de la Savoie.

*La grant Triumphe faicte des nobles princes, monsieur le daulphin et le noble duc d'Orleans, et de la reyne, madame Alienor, en la noble ville et cité de Lyon*, [1530] (t. II, n° 2136) ; — *Histoire miraculeuse avenue au mont S. Sebastian*, par Barthemy Aneau, 1552 (t. I, n° 641); — *La Polymachie des marmitons*, recueil de vers satiriques distribués à Lyon lors d'une procession organisée par les protestants dans cette ville en 1562 (I, n° 98, art. 1); — *La Rodomontade de Pierre Baillony... contre la ville de Lyon*, 1589 (t. III, n° 2222, art. 7) ; — *Lettres de Mgr. duc de Mayenne... envoyées à M. le seneschal de Lyon*, 1590 (n° 2246) ; — *Histoire nouvelle et facetieuse de la femme d'un tailleur d'habits de la ville de Lyon*, 1625 (t. II, n°⁸ 1796, art. 26, et 1806).

*Brefve Histoire touchant la surprise de la cité de Besançon*, 1575 (t. III, n° 2190).

*Raemondi Massaci Pugeae*, 1605; *Les Fonténes de Pougues de M⁰ Raimond de Massac*, mises en vers françois par Charles de Massac, son fils, 1605 (t. I, n° 771).

*Le cruel Assiegement de la ville de Gais*, 1589 (n° 1024).

*Remonstrance d'un conseiller du duc de Savoye à son Altesse*, 1588 (t. III, n° 2219, art. 6) ;— *Discours veritable de ce qui s'est passé en la guerre de Savoye et en la prise du chasteau de Mont-millan*, 1600 (n° 2240 art. 9) ;— *Histoire miraculeuse advenue en La Rochette, ville de Mourienne en Savoye*, 1613 (t. II, n° 1726).

D. — Mélanges historiques. — Histoire des institutions.

2356. LES || RECHERCHES || DE LA FRANCE || d'Estienne Pasquier, || Conseiller et Aduocat || general du Roy en la Chambre des || Comptes de Paris. || Augmentées en ceste derniere || edition de trois Liures entiers, outre plusieurs Chapitres entre- || lassez en chacun des autres Liures, tirez de la || Bibliotheque de l'Autheur. || *A Paris*, || *Chez Laurens Sonnius, ruë Sainct Iacques au Coq*, || *& Compas d'or.* || M.DC.XXI [1621]. || Auec Priuilege du Roy. In-fol. de 10 ff., 1019 pp. et 38 ff., mar. r., fil., dos orné, tr. dor. (*Anc. rel.*)

Les ff. lim. contiennent : le titre, lequel est imprimé en rouge et en noir, et est orné d'un fleuron en taille-douce, aux armes de France ; l'avis du *Libraire au Lecteur*, la table des *Chapitres adjoutez* et la *Table des chapitres contenus es dix livres* ; un grand portrait de Pasquier gravé par *L. Gaultier* en 1617.

Au-dessous de ce portrait, on trouve le célèbre distique : *Nulla hic Paschasio manus*, etc. Voy. t. I, n° 737.

Au r° du dernier f. est un *Extraict* du privilège donné pour dix ans aux libraires *Laurens Sonnius* et *Jean Petit-Pas*, le 10 janvier 1621.

Les *Recherches* de Pasquier ont pour objet principal l'étude des origines de notre histoire nationale ; cependant l'auteur, en sa qualité de jurisconsulte, s'est particulièrement attaché à faire connaître nos anciennes institutions. A ses dissertations purement historiques, il en a joint un grand nombre d'autres qui se rapportent à notre langue et à nos proverbes.

Pasquier commença en 1560 la publication de ses *Recherches* ; il n'en donna d'abord que le premier livre contenu dans un petit volume in-8. Le second livre parut en 1565, in-4. Dès lors l'ouvrage eut de nombreuses éditions, auxquelles s'ajoutèrent successivement de nouveaux livres. Voy. Brunet, IV, 407, et le *Catalogue de la Bibliothèque nationale*, Hist. de France, I, p. 114.

Exemplaire en GRAND PAPIER.

2357. HISTOIRE de l'ancien Gouvernement de la France. Avec XIV. Lettres Historiques sur les Parlemens ou Etats-Generaux. Par feu M. le C. de Boulainvilliers. *A la Haye & A Amsterdam. Aux dépends de la Compagnie.* M.DCC.XXVII [1727]. 3 vol. in-12, mar. bl., fil., dos ornés, tr. dor. (*Anc. rel.*)

*Tome I*: Titre ; 16 ff., 352 pp. — *Tome II* : Titre ; 224 pp. — *Tome III* : Titre ; 240 pp., 3 ff. pour la *Table* et 1 f. blanc.

Exemplaire de M. ODIOT.

La reliure est semblable à celle des *Memoires presentés à monseigneur le duc d'Orleans* (n° 2293).

2358. L'ETAT DE LA FRANCE. *A Paris, Chez David pere, Quay des Augustins. à la Providence.* [ *De l'Imprimerie de Ballard Fils.*] M.DCC.XLIX [1749]. Avec Privilege du Roy. 6 vol. in-12, mar. r., fil., dos ornés, tr. dor. (*Anc. rel.*)

*Tome premier* : Des Qualités et Prerogatives du Roi. Généalogie abbregée de la Maison Royale. Du Clergé de la Cour. Des Officiers de la Chapelle-Musique du Roi, de sa Maison, de sa Chambre, de sa Garde-Robe, des Bâtimens et Maisons Royales : titre, xxiv et 555 pp. — *Tome second* : Des Troupes de la Maison du Roi. Du Grand Ecuyer, des Officiers de la Grande et Petite Ecurie. Des Plaisirs du Roi. Du Juge de la Cour. Du Grand-Maître. Des Tresoriers, Marchands et Artisans suivans la Cour. De la Maison de la Reine, des Enfans de France, Princes et Princesses du Sang, Princes Légitimés et Princes Etrangers : titre, 623 pp. — *Tome Troisiéme*, Du Clergé de France, de tous les Bénéfices à la nomination du Roi et de l'Ordre de Malthe. Des Pairies et Duchez de France: titre, 624 pp. — *Tome Quatriéme* : Des Ordres du Roi. Des Chevaliers du S. Esprit, de S. Michel, de la Toison d'Or et de S. Lazare. Du Connétable, des Maréchaux de France et autres Officiers de Guerre. Du Grand-Maître de l'Artillerie. De l'Amiral et de la Marine. Du Général des Galeres. Des Conseils du Roi et Gouvernemens des Provinces : titre, 548 pp. — *Tome Cinquiéme* : De l'établissement des Parlemens, Cours supérieures et autres Jurisdictions du Royaume. Des Generalités, Intendances et Recettes Générales : titre, 629 pp. — *Tome Sixiéme* : Des Universités et Académies du Royaume. Des différentes Bibliothèques de la Ville de Paris. Des Ambassadeurs, Envoyés et Résidens dans les Cours Etrangeres, avec une Table Générale de tout l'Ouvrage : titre, 178 pp., 3 ff. pour l'*Approbation*, la *Permission* du supérieur général de la Congrégation de Saint-Maur, et le *Privilége* ; 1 f. pour la *Table des Sommaires* ; 455 pp. pour la *Table alphabétique*.

Le privilège, daté du 22 août 1738, est accordé à *Denis Mouchet*, libraire à Paris, pour une durée de neuf ans ; et s'applique en même temps à l'*Etat de la France* et aux *Œuvres de M. Gomez*.

L'*Approbation* et la *Permission* sont datées de 1748.

L'utile compilation connue sous le nom d'*Estat de la France* a été bien étudiée par le P. Lelong et par Barbier, et le Catalogue de la Bibliothèque nationale (*Hist. de France*, IV, 606-608) permet d'en suivre le développement. L'*Estat de la France* parut pour la première fois en 1649 et fut réimprimé avec divers changements en 1650. C'était alors un modeste petit volume dont PINSON DE LA MARTINIÈRE revendiqua la paternité. L'année suivante, le sieur de LINGENDES, l'un des gentilshommes ordinaires du roi, obtint un privilège en son nom ; mais, par une bizarrerie difficile à expliquer, le même personnage est appelé LA LANDE dans l'extrait du privilège de 1651 qui est joint à l'édition de 1653. En 1652, ANTOINE MARCHAIS en avait donné à Blois une imitation, ou une copie, plus ou moins modifiée ; mais il fut copié à son tour par GILBERT SAULNIER DU VERDIER, historiographe de France (1654). De 1656 à 1698, le recueil fut rédigé et publié par le libraire N. BESONGNE, puis il passa entre les mains du libraire L. TRABOUILLET (1699-1718). La publication, abandonnée alors, fut reprise en 1722 par FR. VAFFARD, en religion le P. ANGE DE SAINTE-ROSALIE, augustin déchaussé. L'édition de 1727 fut publiée par un autre augustin, Frère SIMPLICIEN, de son nom laïc, PAUL LUCAS. Des religieux du même ordre revirent l'édition de 1736 ; quant à celle de 1749 elle est l'œuvre de trois bénédictins, dom J. DE BAR, dom FR. PRADIER et dom NIC. JALABERT. L'*Almanach royal*, qui avait commencé de paraître en 1700, avait singulièrement diminué la valeur des renseignements donnés par l'*Estat de la France* sur les personnages pourvus d'un emploi public ; aussi le recueil était-il devenu peu à peu un guide administratif dont il était inutile de faire d'aussi fréquentes réimpressions. L'édition de 1749 ne fut plus suivie que d'une reproduction donnée à Londres en 1752. Le titre fut repris en 1789 par le comte de Waroquier, qui fit paraître un *État général de la France*, rédigé sur le même plan.

Exemplaire aux armes de MARIE-THÉRÈSE DE SAVOIE, COMTESSE D'ARTOIS.

E. — Histoire militaire.

2359. HISTOIRE de la Milice Françoise, Et des changemens qui s'y sont faits depuis l'établissement de la Monarchie dans les Gaules jusqu'à la fin du Regne de Louis le Grand. Par le R. P. Daniel, de la Compagnie de Jesus, Auteur de l'Histoire de France. *A Paris, Chez Jean-Baptiste Coignard, Imprimeur ordinaire du Roy, ruë saint Jacques, à la Bible d'or.* M.DCC.XXI [1721]. Avec Approbation et Privilege de Sa Majesté. 2 vol. in-4 mar. r., fil., dos ornés, tr. dor. (*Hardy-Mennil.*)

*Tome I* : Titre, 2 ff. pour une épître « Au Roy », xxxviij et 626 pp., plus 48 planches numérotées. — *Tome II* : xx et 770 pp., plus 1 f. pour le *Privilége*, et 22 planches.

La planche n° 2 du tome I et la planche n° 1 du tome II sont signées *Cars filius*.

Le privilège, daté du 12 janvier 1719 est accordé au P. Daniel pour quinze ans.

Exemplaire aux armes de M. le COMTE DE MORNAY-SOULT.

2360. CHRONOLOGIE HISTORIQUE-MILITAIRE Contenant l'Histoire de la création de toutes les Charges, Dignités & Grades Militaires supérieurs; de toutes les Personnes qui les ont possédés, ou qui y sont parvenues depuis leur création jusqu'à présent. Des Troupes de la Maison du Roi, & des Officiers supérieurs qui y ont servi. De tous les Régimens & autres Troupes, & des Colonels qui les ont commandés. Les Etats d'Armées par chaque année, les Officiers Généraux qui y ont été employés depuis la premiére création des Régimens, & les opérations réelles de chaque Armée, avec leur véritable époque. Enfin une Table raisonnée des Ordonnances Militaires, tant imprimées que manuscrites, rendues depuis le regne de Louis XIV, jusqu'à présent. Tirée sur les originaux. Avec des éclaircissemens en Notes critiques des Auteurs qui ont travaillé à l'Histoire de France & Militaire. Dédiée à M. le Duc de Belle Isle, Pair & Maréchal de France, Prince du S. Empire, Ministre d'Etat, Chevalier des Ordres du Roi & de la Toison d'Or. Par M. Pinard, Commis au Bureau de la Guerre. *A Paris, Chez Claude Herissant, Imprimeur-Libraire, rue Notre-Dame, à la Croix d'or, & aux trois Vertus.* [Pour le tome VIII: *Chez Eugene Onfroy, Libraire, rue du Hurepoix, au Lys d'or.*] M.DCC.LX [1760-1778]. Avec Approbation et Privilége du Roi. 8 vol. in-4, v. f., tr. r. (*Anc. rel.*)

*I. 4. 6 - 13*

> *Tome premier*, 1760 : xxxvj et 602 pp., plus 1 f. pour l'*Approbation* et le *Privilége*. — *Tome second*, 1760 : x et 650 pp. — *Tome troisiéme*, 1761 : xvj et 616 pp., plus 2 ff. — *Tome quatriéme*, 1761 : xix et 684 pp.— *Tome cinquiéme*, 1762: xx et 701 pp., plus 1 f. — *Tome sixiéme*, 1763: xlviij, lxxx et 618 pp., plus 1 f. — *Tome septiéme*, 1764: xxxvj et 617 pp., plus 1 f. — *Tome huitiéme*, [*imprimerie de la veuve Herissant*], 1778 : 1 f. et 534 pp.
> Le privilège, daté du 12 novembre 1758, est accordé à Pinard pour vingt ans.

> L'ouvrage de Pinard, si utile aujourd'hui pour les recherches historiques, aurait compris de 15 à 20 volumes si l'auteur avait eu le temps de le terminer tel qu'il l'avait conçu ; malheureusement Pinard mourut pendant l'impression du tome VIII consacré à la chronologie des brigadiers. On ne trouve donc dans les huit volumes publiés ni l'histoire de la maison du roi, ni celle des régiments, ni les autres compléments annoncés sur le titre.

2361. ABREGÉ chronologique et historique de l'Origine, du Progrés, et de l'Etat actuel de la Maison du Roi et de toutes les Troupes de France, tant d'Infanterie que de Cavalerie et Dragons, Avec des Instructions pour servir à leur Histoire, & un journal Historique des Sieges, Batailles, Combats & Ataques, où ces Corps se sont trouvés depuis leurs Institu-

*VII. 3. 6 - 8*

tions. Le tout tiré des Livres des Gages de la Chambre des Comptes, Extraordinaire des Guerres, Manuscrits tant de la Bibliotheque du Roi, que des particuliers. Par Mr. Simon Lamoral le Pippre de Nœufville, Chanoine de la Colegiale de Notre-Dame à Huy, Aumônier de l'Ordre de St-Michel de S. A. S. E. de Cologne, & ci-devant Conseiller Ecclesiastique & Aumosnier de feu S. A. S. E. de Cologne Joseph-Clement. *A Liege, Chez Everard Kints, Libraire & Imprimeur présentement à la Nouvelle Imprimerie en Souverain-Pont.* M.D.CC.XXXIV [1734-1735]. 3 vol. in-4, v. f., tr. jasp. (*Anc. rel.*)

*Tome premier. Contenant les Gardes du corps et gendarmes de la Garde* : Faux-titre; portrait du roi Louis XV gravé par *Jacques Chéreau* ; titre, imprimé en rouge et en noir ; 2 ff. pour une épître « Au roi »; 5 ff. pour la *Preface;* ensemble 10 ff. lim., 546 pp. et 13 ff. de *Table.*

*Tome second. Contenant les Chevaux-Legers de la Garde, les deux Compagnies des Mousquetaires, les Grenadiers à cheval, et toute la Gendarmerie* : 2 ff., 648 pp., 17 ff. de *Table*, 8 pp. d'*Additions* et 1 f. d'*Errata.*

*Tome troisième. Contenant les Gardes Françoises et les Gardes Suisses*, 1735 : 3 ff., xj pp. et 1 f.; ensemble 10 ff. lim., 622 pp., 20 ff. de *Table* et d'*Errata*, plus un tableau plié après la p. 280.

Les titres sont imprimés en rouge et en noir. — Les volumes contiennent un grand nombre de blasons gravés en taille-douce et tirés dans le texte. Ils sont ornés de 41 têtes de page gravées par *Q.-P. Chedel* et dessinées, soit par lui, soit par un artiste qui signe *T.-L.* (17 dans le tome I, 15 dans le tome II, et 9 dans le tome III).

Un en-tête gravé sur bois et signé *Gr. P.* est répété quatre fois dans le tome I et une fois dans le tome II.

2362. ESSAIS historiques sur les regimens d'infanterie, cavalerie et dragons, par M. de Roussel. *A Paris, Chez Guillyn, Libraire, Quai des Augustins, au Lys d'or.* M.DCC.LXV [1765-1767]. 10 vol. in-12, v. f., tr. r. (*Anc. rel.*)

Les volumes de cet ouvrage ne portent pas de tomaison ; nous les décrirons dans l'ordre de leur publication.

*Picardie*, 1765 : xij et 415 pp., plus 2 ff. pour l'*Approbation* et le *Privilége*, qui commencent au v° de la p. 415. — L'approbation est datée du 15 avril 1765.

*Béarn*, 1765 : vj et 281 pp., plus 2 ff. — L'approbation est datée du 1er novembre 1765.

*Champagne*, 1766 : viij et 290 pp., plus 2 ff. non chiffr. et 1 f. blanc. — L'approbation est datée du 4 novembre 1766.

*Navarre*, 1766 : 4 ff., 310 pp., 2 ff. et 1 f. blanc. — L'approbation est du 15 juin 1766. — Le volume est dédié à monseigneur le duc de Choiseul d'Amboise, pair de France, lieutenant général des armées du roi, etc., ancien colonel du régiment.

*Piémont* : 2 ff., 358 pp. et 1 f. — L'approbation est datée du 15 juin 1766.

*Royal*, 1766 : 2 ff. et 180 pp. — *Dauphin* , 1766 : 181 pp. et 1 f. blanc. L'approbation est datée du 1er août 1766. La seconde partie est précédée d'une épître à monseigneur le dauphin.

*La Marine*, 1767: 2 ff. et 143 pp. — *Flandre*: 96 pp. — *Dauphiné*: 90 pp. et 1 f. blanc. — *Médoc*: 59 pp. — Ce volume ne contient ni approbation ni privilège.

*Orléans*, 1767: 2 ff. et 84 pp. — *Condé*, 1767: 91 pp., y compris une épître « A Son Altesse Sérénissime monseigneur le prince de Condé. » — *Bourbon*: 92 pp. — *Chartres*: 59 pp. — L'approbation est du 1er avril 1767.

*Normandie*, 1767: 2 ff. et 123 pp. — *Bourbonnois*: 122 pp. — *Guyenne*: 70 pp. — *Royal-Vaisseaux*: 59 pp. — L'approbation est datée du 15 juin 1767.

*Auvergne*, 1767: 2 ff., 196 pp. et 2 ff.

*Cambresis*: 29 pp. — *Foix*: 75 pp. — L'approbation est datée du 15 juillet 1767.

L'auteur dit, dans l'avertissement qui précède l'histoire du régiment de Picardie, qu'il a eu à sa disposition quelques manuscrits laissés par l'abbé Le Pippre de Nœufville; qu'il a profité ensuite des détails historiques joints par les régiments à l'*État militaire* qu'il publiait lui-même depuis quelques années; enfin qu'il a utilisé divers autres documents, sans avoir la prétention de faire plus qu'un essai.

L'ouvrage de Roussel est resté inachevé; il est même difficile de dire avec certitude combien il en a été publié de volumes. Quérard en indique neuf; la Bibliothèque nationale n'en possède également que neuf; nous en possédons dix; il pourrait se faire qu'il en eût paru un onzième.

Le privilège, daté du 22 mai 1765, est accordé au sieur Roussel pour douze ans.

2363. ETAT des Troupes, et des Etats Majors des Places. 1762. In-12 de 6 ff. et 203 pp., mar. v., fil., dos orné, tr. dor. (*Anc. rel.*)

Exemplaire aux armes de JEANNE-ANTOINETTE POISSON, MARQUISE DE POMPADOUR. Le titre imprimé a été remplacé par un joli frontispice dessiné par *Eisen* et lavé à l'aquarelle. On y voit l'écusson de la marquise soutenu par les Grâces et les Amours.

Dans cette forme galante, l'annuaire militaire était présenté à Mme de Pompadour, comme au véritable chef de l'armée. Pareille présentation avait lieu chaque année. L'annuaire de 1758, orné d'un dessin analogue, mais relié en maroquin bleu, est porté dans le *Bulletin de la Librairie Morgand*, sous le n° 12969; il appartient aujourd'hui à M. Savigny de Moncorps. L'annuaire de 1759, également décoré d'un frontispice d'*Eisen*, et relié en maroquin vert, comme celui de 1763, a figuré en 1889, à la vente Techener (Cat., n° 206), où il a été acquis par M. G. de Villeneuve.

Ce volume provient de la bibliothèque de M. L. DOUBLE (Cat. de 1863, n° 324).

2364. AGENDA de Marine. 1680. Ms. in-4 de 49 ff., vél. bl., fil., dos orné, tr. dor. (*Anc. rel.*)

Recueil exécuté par un habile calligraphe, pour J.-B. COLBERT, dont la reliure porte les armes. On y trouve les détails les plus précis sur la situation de la marine en 1680. Voici les titres des chapitres dont il se compose: *Liste generale des vaisseaux du roy*, fol. 2 v°. — *Nombre total desdits vaisseaux*, fol. 15. — *Constructions*, fol. 16. — *Memoire des bonnes et mauvaises qualitez desdits vaisseaux*, fol. 17. — *Liste generale des officiers de marine*, fol. 20. — *Nombre total desdits officiers*, fol. 26. — *Armement des vaisseaux du roy en 1680*, fol. 27. — *Nombre desdits vaisseaux*, fol. 30 v°. — *Nombre des officiers servans dans lesdits vaisseaux*, fol. 31. — *Vaisseaux qui resteront dans les ports*, fol. 31 v°. — *Nombre desdits vaisseaux*, fol. 34 v°. — *Officiers qui resteront dans les ports*, fol. 35. — *Nombre desdits officiers*, fol. 39. — *Table generale de l'artillerie de la marine au dernier decembre 1679*. — *Comparaison de l'artillerie de la marine de l'année 1661 à celle de l'année 1680.— Comparaison de la marine desdites années*, fol. 40 v°. — *Abregé des principales marchandises et munitions trouvées dans les magazins au dernier decembre 1679*, fol. 41 v°. — *Liste generale des galéres*, fol. 48.

### 6. — Histoire d'Angleterre et d'Écosse.

2365. DESCRIPTION || des Royaul- || mes d'Angle- || terre et || d'Escosse. || Composé [*sic*] par Maistre Estien- || ne Perlin. || *A Paris,* || *Chez François Trepeau, demeu-* || *rant rue Sainct Victor, de-* || *uant le Colleige du* || *Cardinal le* || *moyne.* || 1558. In-8 de 37 ff. chiffr. et 3 ff. blancs, réglé, mar. bl. jans., tr. dor. (*Trautz-Bauzonnet*.)

Au v° du titre est un *Extraict* du privilège accordé pour un an à Estienne Perlin, « estudiant en l'université de Paris », le 27 mai 1558.

Les ff. 2 et 3 sont occupés par une épître « A treshaulte et magnanime princesse, madame, madame Marguerite, duchesse de Berri, seur unique du tresnoble roy de France, Henry de Valloys, futur monarque et empereur de tout le monde ». Dans cette épître Perlin raconte que, étant à Villers-Cotterets le 8 mai précédent, il a fait agréer au roi la dédicace d'un « œuvre en latin, d'un hault stille et d'un labeur non pareil, traictant du corps humain et de plusieurs sortes de maladies », et qu'il a obtenu un privilège pour l'impression de ce livre. Il s'adresse maintenant à la princesse qu'il sait être « amatrice des lettres et des hommes doctes ».

Perlin avait passé un certain temps en Angleterre et en Écosse et il a la prétention de raconter ce qu'il a vu; aussi sa *Description* contient-elle divers passages curieux. Il semble, par contre, n'avoir fait aucune étude de la langue anglaise; les quelques mots qu'il en cite sont absolument inintelligibles. «Si un Anglois vous veult traiter », raconte-t-il (fol. 19 v°), «vous dira en son langage: *Vis dring a quarta rim oim gasquim, oim hespaignol, oim malvoysi*, c'est-à-dire : Veulx tu venir boire une quarte de vin de Gascongne, une autre d'Espaigne et une autre de Malvoisie. »

La description de l'Écosse est plus intéressante que celle de l'Angleterre et Perlin s'étend un peu plus sur un pays que les Français étaient désireux de connaître depuis le mariage du dauphin avec Marie Stuart. Il fait un grand éloge des Écossais, de leur fidélité et de leur application au travail. Il convient cependant qu'ils sont moins riches que les Anglais. Leur capitale, dit-il (fol. 30), « est grande comme Pontoyse, et non poinct d'avantage, à raison aussi que autresfois a esté bruslée des Anglois. »

2366. HISTOIRE || d'Angleterre, || d'Escosse, et || d'Irlande, || Contenant les choses les plus dignes de memoire, || auenuës aux Isles & Royaumes de la Grande Bretagne, d'Irlande, de Man, || & autres adjacentes. || Tant sous la domination des anciens Bretons et Romains, || que durant les regnes des Anglois, Saxons, Pictes, Escossois, Danois, & Normans. || Ensemble l'Estat et Succez des affaires des Anglois || en France, en la Terre Sainte, en Castille, Portugal, Galice, || & autres Prouinces estrangeres. || Par André du Chesne, Historiographe de France. || Nouuelle Edition, reueue et corrigée, || Et continuée depuis six cens quarante-vn iusques

# HISTOIRE. 159

à present, || Par le S<sup>r</sup> du Verdier, Historiographe de France. || *A Paris,* || *Chez Thomas Iolly, Libraire Iuré, au Palais en la salle des Merciers, au* || *coin de la Galerie des Prisonniers, à la Palme & aux Armes d'Hollande.* || M.DC.LXVI [1666]. || Auec Priuilege du Roy. 2 vol. in-fol., mar. r., fil., dos ornés, tr. dor. (*Anc. rel.*)

> *Première Partie* : Titre, imprimé en rouge et en noir, et orné d'une grande marque combinant la palme et les armes de Hollande (enseignes de *Th. Jolly*) avec la palme et le grand César (enseignes de *Louis Billaine*) ; 1 f. pour un *Advertissement au lecteur* et pour le texte du *Privilége* ; 4 ff. pour le *Dessein de l'Histoire d'Angleterre, d'Escosse et d'Irlande* ; ensemble 6 ff. lim., 970 pp. et 17 ff. de *Table*.
> *Seconde Partie* : 2 ff. pour le titre et le *Privilège*, 720 [lis. 722] pp. et 21 ff. de *Table*.
> Le privilège, daté du 6 août 1665, est accordé pour dix ans à *Thomas Jolly*. Ce dernier déclare y associer *Denys Bechet* et *Louys Billaine*. L'achevé d'imprimer est du 7 janvier 1666.
> L'*Histoire d'Angleterre* de Du Chesne avait paru pour la première fois en 1614 chez *Jean Petit-Pas*, à *Paris* ; une réimpression en avait été donnée en 1634. Du Chesne avait lui-même continué son ouvrage jusqu'à sa mort arrivée en 1640. A cette date commence la continuation due à Gilbert Saulnier du Verdier, historiographe de France.
> Exemplaire relié aux armes de JEAN-BAPTISTE COLBERT. Les dos sont ornés des lettres *J. B. C.*, en monogramme, timbrées d'une couronne de marquis.

2367. L'HISTOIRE || de la Guer- || re d'Escosse, trai- || tant comme le Royaume fut assailly, & || en grād' partie occupé par les Anglois, & || depuis rendu paisible à sa Reyne, & re- || duit en son ancien estat & dignité. || A Monseigneur Messire || François de Montmorency. Cheualier de l'or- || dre, Capitaine de cinquante hommes d'armes, || Gouuerneur de Paris, & de l'isle de France. || Par Ian de Beaugué, gentilhom- || me François. || *A Paris,* || *Pour Estienne Groulleau, libraire, demeurant* || *en la rue neufue nostre Dame, à l'image* || *sainct Ian.* || 1556. || Auec Priuilege du Roy. — *Fin.* || *Imprimé à Paris par Benoist Preuost,* || *en la rue Frementel, à l'enseigne* || *de l'Estoille d'or.* In-8 de 119 ff. chiffr. et 1 f. blanc, mar. bl., dos orné, tr. dor. (*Trautz-Bauzonnet.*)

> Au v° du titre est un extrait du privilège accordé pour six ans au libraire *Gilles Corrozet*, le 6 septembre 1556. A la suite est un achevé d'imprimer du 12 septembre.
> Les ff. 2-6 contiennent une *Ode de* JAN DE BAROT, BARON DE TAYE, et la *Table des chapitres* ; les ff. 7-8 sont occupés par une épître à François de Montmorency.
> Jean de Beaugué raconte avec beaucoup de charme l'expédition faite par les Français en Écosse au début du règne de Henri II. Au printemps de 1548 une flotte, partie de Nantes, avait jeté en Écosse une petite armée commandée par André de Montalembert, sieur d'Essé. L'historien suit pas à

pas ce personnage, mais ne conduit pas son récit jusqu'à la paix de 1550; il s'arrête au moment où M. d'Essé rentra en France et céda le commandement au maréchal de Thermes.

Le livre de Jean de Beaugué a été réimprimé en 1830, à *Édimbourg*, par les soins de M. William Smith, pour les membres du Maitland Club. Il en existe une traduction anglaise de Patrick Abercromby, imprimée dans la même ville en 1707, pet. in-8.

2368. ORAISON || funebre es Obseques || de tres Haute, tres Puissante, & || tres Vertueuse Princesse, Marie || par la grace de Dieu Royne || douairiere d'Escoce. || Prononcee à nostre Dame de Paris, || le douziesme d'Aoust, mil cinq || cens soixante. || *A Paris,* || *De l'imprimerie de M. de Vasco-* || *san, Rue S. Iaques, à l'ensei-* || *gne de la Fontaine.* || M.D.LXI [1561]. || Auec Priuilege du Roy. In-8 de 110 pp. et 1 f. blanc, chagr. n., tr. dor.

Les pp. 3-17 contiennent une épître « A la royne Marie, royne d'Escoce, douairière de France », épître datée de Paris, le 21 janvier 1560 [1561, n.s.], et signée : CLAUDE D'ESPENCE.
Les pp. 95-96 sont blanches.

Marie de Lorraine, née vers 1515, morte à Édimbourg le 10 juin 1560, était fille de Claude, duc de Guise, et d'Antoinette de Bourbon. Veuve en premières noces de Louis II d'Orléans, duc de Longueville, elle avait épousé en 1538 le roi d'Écosse Jacques V, dont elle avait eu Marie Stuart. Le roi étant mort en 1542, la reine fut chargée de la régence ; mais la faiblesse avec laquelle elle suivit les conseils de ses frères, la rigueur avec laquelle elle poursuivit les partisans de la Réforme, lui aliénèrent ses sujets, et préparèrent la ruine des Stuarts.

Exemplaire de M. G. CHARTENER (Cat., 1885, n° 207).

2369. BRIEF || DISCOVRS || de la tempeste et || fouldre aduenue en la cité || de Londres en Angleterre, sur le grand temple || & clocher nommé de sainct Paul le quatriesme || Iuin || *A Paris.* || *Pour Christofle Royer, tenant sa bouti-* || *que deuant le College* || *de Boncourt.* S. d. [1561], in-8 de 8 ff. non chiffr.

Au titre, un bois qui représente des torches et des colonnes enflammées.

Le *Discours* est présenté au public omme la traduction d'une pièce anglaise, mais l'original n'est cité ni par Lowndes ni par Hazlitt. Ce dernier bibliographe (*Hand-Book to the popular, poetical and dramatic Literature of Great Britain*; London, 1867, in-8, 342) ne mentionne qu'une pièce latine intitulée *Exemplum literarum amici cujusdam ad amicum quemdam suum de vera origine conflagrationis pyramidis et templi Paulini Londinensis*; excussum Londini in officina Johannis Day, 1561, in-8 de 4 ff.

L'éditeur français a fait précéder le *Discours* d'un avis « Au lecteur benevolle », où l'on voit qu'il était protestant. Il y a joint un verset du Psaume CIV d'après la traduction de Marot, et trois petites pièces de vers de sa composition. Ces vers ont été copiés en 1574 par un plagiaire appelé J. DU LAC, qui les a appliqués à l'incendie de Venise (voy. ci-après, n° 2449).

Le libraire *Christophe Royer* manque à la liste de Lottin. Son nom se retrouve sur le titre d'une pièce qui sera décrite plus loin : *Le grand Tremblement et espouventable Ruine qui est advenue en Jerusalem*, etc.

2370. HISTOIRE || de Marie Royne || d'Escosse, touchant la || conjuration faicte contre le Roy, || & l'adultere commis auec le Comte de || Bothvvel, histoire vrayement || tragique, traduicte de Latin || en François. || *A Edimbourg,* || *Par Thomas Vvaltem.* || 1572. — [A la fin :] *Acheué d'imprimer à Edimbourg, ville ca- || pitalle d'Escosse, le 13. de Feurier, 1572.* || *Par moy Thomas Vvaltem.* Pet. in-8 de 88 ff., mar. bl., dos orné, tr. dor. (*Trautz-Bauzonnet.*)

Cette histoire, ou plutôt ce pamphlet, est l'œuvre du célèbre poète latin GEORGE BUCHANAN. Après mille tergiversations politiques, Buchanan s'était rallié au parti de son ancien élève Jacques Stuart, comte de Murray. Il mit alors son talent d'écrivain au service des ennemis de l'infortunée reine. Son ouvrage parut d'abord en latin sous ce titre : *De Maria, regia Scotorum, totaque ejus contra regem conjuratione.... plena et tragica plane Historia* (s. l., mais probablement à Londres, par John Day, 1571, in-8 de 1 f., 122 pp. et 1 f., non compris 2 ff. ajoutées à certains exemplaires et contenant des vers satiriques). La publication eut lieu vers le 15 novembre 1571. Marie Stuart écrit, en effet, le 22 novembre, de Sheffield, à M. de La Mothe Fénelon, ambassadeur de France auprès de la cour d'Angleterre, qu'un libelle latin vient de lui être apporté par M. Battman, qui en avait sans doute exprès commandement. Elle prie le roi de France d'intervenir auprès d'Élisabeth pour en obtenir la suppression (*Lettres, Instructions et Mémoires de Marie Stuart, publiés par le prince Al. Labanoff,* IV, 1844, p. 3). Le 5 décembre, l'ambassadeur écrivait à Catherine de Médicis, qu'il allait faire une démarche auprès de la reine d'Angleterre, « et ne fauldray », ajoutait-il, « de luy incister vifvement... qu'elle veuille faire supprimer le livre qui a esté imprimé en ceste ville contre l'honneur de la royne d'Escoce, lequel livre a esté réimprimé de nouveau en anglois avec l'adjonction de quelques rithmes françoises qu'on impute à ladicte dame qu'elle les a composées, qui sont pires que tout le demourant du livre » (Francisque-Michel, *Les Écossais en France, les Français en Ecosse,* 1862, II, 103). La démarche de M. de Fénelon échoua (voy. sa dépêche du 10 décembre analysée par Labanoff, *loc. cit.,* IV, 9). La traduction anglaise, qui avait suivi de près l'apparition du texte latin, est intitulée : *Ane Detectioun of the duinges of Marie Quene of Scottes... translatit out of the Latine quhilke was written by G. B.* (s.l.n.d., mais probablement à Londres, par John Day, 1571, in-8 de 87 ff. et 1 f. blanc ; ou Sanctandrois, be Robert Leckprevick, 1572, pet. in-8).

François de Belleforest, auteur de la réfutation que nous décrivons ci-après, nous apprend, dans son *Advertissement au lecteur* (fol. *aiij* v°), que la traduction française fut publiée « par un huguenot poitevin, advocat de vocation, CAMUZ, soy disant gentilhomme, et un des plus remarquez seditieux de France ». L'impression en fut sans doute faite à *Londres.* M. Hazlitt (*Collections and Notes,* II, 387) suppose sans preuves qu'elle a été exécutée à *Liège.*

Le texte latin a été réimprimé par Jebb (*De vita et rebus gestis Mariae, Scotorum reginae* ; Londini, 1725, 2 vol. in-fol., t. I) sous le titre de *Detectio Mariae,* etc. La version anglaise a été reproduite par Anderson dans sa *Collection relating to Mary Queen of Scots* (t. II). Il en existe du reste plusieurs réimpressions séparées, notamment une de 1651, in-12 (Biblioth. nat., N° 134). Quant à la version française, François de Belleforest parle d'une réimpression augmentée « d'un abregé d'un livret publié en Angleterre le 13. d'octobre l'an 1571, avec la souscription de ces deux lettres R et G, portant pour tiltre en françoys : *Le Recueil des conspirations faites par la royne d'Escosse,* etc. » La version de Camuz se retrouve d'ailleurs dans les *Mémoires du regne de Charles IX* (Middelbourg, 1578, in-8), I, 110.

2371. L'INNOCENCE || de la tresillu- || stre tres-chaste, et de- || bonnaire Princesse, Madame || Marie Royne d'Escosse. ||

11

Ou sont amplement refutées les calomnies faulces, & || impositions iniques, publiées par vn liure secrette- || ment diuulgué en France, l'an 1572. touchant || tant la mort du Seigneur d'Arley son espoux, que || autres crimes, dont elle est faulcement accusée. || Plus, vn autre discours auquel sont descouuer- || tes plusieurs trahisons tant manifestes, || que iusques icy, cachées, perpetrées || par les mesmes calom- || niateurs. || *Imprimé l'an 1572. S. l.*, in-8 de 20 ff. non chiffr., et 100 ff. inexactement chiffr. plus 78 ff. chiffr. et 2 ff. blancs, mar. r. jans. doublé de mar. bl., dent., tr. dor. (*Trautz-Bauzonnet*.)

Réfutation du livre de Buchanan attribuée par La Croix du Maine (édition Rigoley de Juvigny, I, 206) à FRANÇOIS DE BELLEFOREST, Comingeois.
La Croix du Maine a consacré à Belleforest un article très détaillé et très précis; aussi pouvons-nous avoir confiance dans son attribution.
La collation du volume présente certaines irrégularités qui se retrouvent du reste dans l'exemplaire de la Bibliothèque nationale avec lequel nous avons comparé le nôtre.
Les ff. lim. sont régulièrement signés *a-b* par 8, *c* par 4. Les 100 ff. suivants sont signés *A-M* par 8, *N* par 4, et le numérotage des ff. est régulier jusqu'au f. 79; mais le n° 79 est suivi du n° 90, et les chiffres se suivent ainsi jusqu'à 107, puis viennent les n°ˢ 109, 58 et 1 f. non chiffr.
Il n'y a pas de signature *O*. La seconde partie du volume, le *Discours contre les conspirations pretendues estre faites sur l'estat d'Angleterre*, etc., commence au cahier *P*, et les signatures se suivent régulièrement jusqu'à *Aa*.
Dans certains exemplaires, on a utilisé les deux ff. blancs pour y imprimer une liste des *Fautes et Omissions*. Tel est le cas de l'exemplaire de la bibliothèque de l'Université de Gand (Hist. n° 4219), qui présente, d'ailleurs, exactement les mêmes irrégularités de pagination que le nôtre.

2372. APOLOGIE ou De- || fense de l'honorable || sentence & tres-juste execution de || defuncte Marie Steuard der- || niere Royne d'Ecosse. || Enrichie de plusieurs exemples par comparaisons || & diuerses histoires d'Empereurs, Rois & Papes || ci deuant aduenues : Auec les opinions d'hommes || entendus en tel cas, & plusieurs raisons tirées tant || du droit Ciuil, que du droit Canon : Ensemble aussi || la responce à certaines obiections faites par ceux qui || tiennent le parti de ladite Royne d'Ecosse, selon le || contenu qu'on peut voir de tous les chapitres, en la || page suiuante. || Aprez la fin du liure sont adioustées les copies || des lettres, actes & articles, qui seruent à décou- || uir [*sic*] & à bien verifier la trahison de ladite Royne || d'Ecosse &c. à l'encontre de la Royne, de la || Noblesse & de l'estat d'Angleterre. || Le tout traduit d'Anglois en François, suiuant || l'original imprimé à Londres, par || Iean Ouinted, 1587. || Vlpian Maxim. || Iuris executio nullam habet iniuriam. || L'exsecution du droit ne fait tort à personne. ||

*Imprimé nouuellement.* 1588. *S. l.*, in-8 de 6 ff. lim., 287 pp. et 4 pp. d'errata.

Traduction de l'ouvrage de MAURICE KYFFIN intitulé : *A Defense of the honorable sentence and execution of the Queene of Scots: Exemplified with Analogies and diverse presidents (?) of Emperors, Kings and Popes*... (At London, printed by John Windet, [1587], in-4 de 54 ff.). Voy. Hazlitt, *Hand-Book*, 323.

Les ff. lim. comprennent : le titre, au v° duquel est le *Contenu du livre* ; une épître adressée par « le translateur au lecteur françois, vrayement françois » ; 1 f. blanc.

Le traducteur s'élève dans son épître contre les cruautés commises par « les Scythes liguez », c'est-à-dire par les ligueurs. Il s'excuse des fautes survenues dans l'impression qu'il n'a pu corriger lui-même. Ces fautes ont motivé l'errata final.

2373. MARTYRE || de la Royne || d'Escosse, Douairiere || de France. || Contenāt le vray discours des trahi- || sons à elle faictes à la suscitation || d'Elizabet Angloise, par lequel les || mensonges, calomnies & faulses || accusations dressees contre ceste || tres-vertueuse, tres-Catholique & || tres-illustre Princesse sont esclar- || cies & son innocence auerée. || Auec son oraison funebre prononcée en || l'Eglise nostre dame de Paris. || *Pretiosa in conspectu Domini mors* || *sanctorum eius.* || *A Edimbourg.* || *Chez Iean Nafeild.* || 1588. In-12 de 10 ff. lim., 472 et 53 pp., plus 8 ff., mar. bl., fil., dos et coins ornés, doublé de mar. r., fil., tr. dor. (*Trautz-Bauzonnet.*)

Les ff. lim. contiennent : le titre ; un avis « Au lecteur » ; le *Monumentum Mariae Scotorum reginae*, la *Vitae Summa* et le *Monumentum regale* (signé P. C.) ; trois sonnets intitulés : *Les Vertus de Jesabel Angloise, Aux Anglois affligez pour la religion catholique*, et *Comparaison de Londres à Rome*. Le texte commence au v° du 10° f., qui est paginé 1. Les chiffres se suivent ainsi, les nombres pairs étant placés au r°, et non au v°, des ff. — Au v° de la p. 472 sont deux épitaphes latines de Marie Stuart.

L'auteur du *Martyre* est ADAM BLACKWOOD, gentilhomme écossais qui, depuis sa jeunesse, s'était fixé en France et y avait obtenu de Marie Stuart une charge de conseiller au siège présidial de Poitiers. Blackwood prit avec chaleur la défense de sa bienfaitrice. Il publia d'abord, en 1581, à Poitiers, une apologie intitulée *Adversus Georgii Buchanani dialogum de jure regni apud Scotos Apologia*. La relation du *Martyre de la royne* paraît avoir été imprimée à Paris. L'édition que nous venons de décrire est la seconde. On y a joint l'*Oraison funèbre de la royne d'Escosse sur le subject de celle prononcée par monsieur de Bourges* [Renaud de Beaune]. A la suite de cette pièce se trouvent : une épitaphe en vers latins ; une épitaphe en cinq quatrains français ; un tombeau en trois distiques latins, signé N. P. A. ; la reproduction du *Regale Monumentum* de P. C. ; un sonnet de N. R. P. [NICOLAS RAPIN, Parisien] ; une ode signée R. G. P. T. ; une ode anonyme.

Voy. Niceron, *Vies des hommes illustres*, XXII, 44 ; Francisque-Michel, *Les Ecossais en France, les Français en Ecosse*, II, 205-211, 521, et Brunet, III, 1509.

2374. RECUEIL de pièces relatives à l'histoire d'Angleterre de 1619 à 1630. 9 part. en un vol. in-8.

Voici la description des pièces contenues dans ce volume :

1. LES || ACCORDS || et || Promesses d'ami- || tié traictées entre les || Roys d'Espagne, & || d'Angleterre. || Ensemble les articles faicts par leurs di- || ctes Maiestez sur ce subiect. || *A Paris* || *De l'Imprimerie d'Anthoine du Brueil,* || *ruë Macon pres le carrefour* || *Saint Seuerin.* || M.DC.XVI [1616]. || Auec Permission. In-8 de 8 pp.

L'auteur de ce factum rappelle toutes les alliances précédemment conclues entre l'Angleterre et l'Espagne.

2. L'ORDRE et || Ceremonies || obseruees, à || l'Enterrement de || la Royne d'Angleterre. || Depuis sa maison iusques en l'Eglise || d'Ouestmest à Londres. || Le 23. May 1619. || *A Paris,* || *Chez Abraham Saugrain, à* || *l'entrée de l'Isle du Palais, allant par* || *le Pont de bois.* || M.DC.XIX [1619]. In-8 de 7 pp.

Anne de Danemark, femme du roi d'Angleterre Jacques I$^{er}$, mourut le 2 mars 1619.

3. LA || DECLARATION || du Serenissime || Roy de la Grand' || Bretagne. || Contenant sa resolu- || tion proposee à sa Majesté Catholique. || *A Paris.* || *Chez Pierre Rocolet, au Palais en* || *la Gallerie des Prisonniers.* || 1621. || Auec permission. In-8 de 13 pp. et 1 f. blanc.

Les événements qui s'étaient accomplis après la mort de l'empereur Mathias : l'acceptation de la couronne de Bohême par l'électeur palatin et son entrée à Prague (1619), avaient surpris le roi Jacques I$^{er}$, beau-père de ce prince. Pressé par les Anglais de se déclarer en faveur du représentant de la cause protestante, le roi craignait de se brouiller avec l'Espagne et avec les Impériaux. Après une longue hésitation, il se déclara neutre, voulant calmer les souverains catholiques par une déclaration solennelle.

Cette pièce, signée G. BUCQUINQHAN, dégage la responsabilité du roi et affirme qu'il n'a nullement encouragé les entreprises du prince palatin.

Au v° de la p. 13 est le texte de la permission obtenue par *Pierre Rocolet* le 26 mars 1621.

4. RELATION de || l'arriuée en la cour || du Roy || d'Espagne || du Serenissime || Charles || Prince de Galles || fils du Roy de la grand'Bretagne. || Apportée d'Espagne par vn Courrier || extraordinaire. || Traduit d'Espagnol en François, sur la coppie Escritte || à Madrid, le 20. Mars dernier. || *A Paris,* || *De l'Imprimerie de Iean Laquehaÿ,* || *ruë S. Estienne des Grecs, contre le* || *College de Lizieux.* || M.DC.XXIII [1623]. || Auec Permission de nos Superieurs. Et deffences || à tous Autres, à peine de nullité. In-8 de 16 pp.

Le roi Jacques I$^{er}$, voyant la fortune abandonner le parti de son gendre l'électeur palatin, voulut essayer de lui venir en aide par une alliance avec la cour d'Espagne. Il négocia le mariage du prince de Galles (plus tard Charles I$^{er}$) avec l'infante Marie-Anne, sœur d'Anne d'Autriche et de Philippe IV. Après avoir obtenu le consentement du pape, le prince de Galles partit secrètement de Londres ; il arriva à Madrid le 17 mars 1623, accompagné seulement du comte de Buckingham. Les deux voyageurs s'étaient mis en route sous le nom de John et Thomas Smith, et ne se firent connaître que chez l'ambassadeur d'Angleterre, Lord Digby, comte de Bristol. Le roi d'Espagne reçut son hôte avec de vives démonstrations de joie et des honneurs longuement racontés dans la présente relation.

5. LA RESPONCE || du Prince de Galles || aux dernieres propo- || sitions du Roy d'Espa- || gne, sur le faict de son || Mariage || Auec l'establissement de la liberté || de Conscience en Angleterre. || Traduict d'Espagnol en François par || le sieur Demalespert. || *A Paris par Guillaume Citerne, ruë* || *Puits d'Aras* [sic], *à l'Image N. Dame,* || *prés la porte S. Victor,* 1623. || Auec Permission. In-8 de 16 pp.

Le prince de Galles répond ici à des mémoires que le roi d'Espagne et le comte d'Olivares lui avaient remis le 2 et le 3 juin. Il réfute très habilement les objections élevées par les théologiens, promet pour les catholiques anglais la liberté de conscience, et presse Philippe IV de hâter la conclusion du mariage projeté.

## HISTOIRE. 165

6. **Lettre** || du || Serenissime || Prince de Galles. || Enuoyee au Pape. || *Iouxte la coppie Imprimée* || *en Espagne.* || M.DC.XXIII [1623]. In-8 de 15 pp.

Le prince Charles remercie le pape de lui avoir écrit dans des termes affectueux, et déclare que son projet d'union avec une infante d'Espagne est la meilleure preuve des sentiments de tolérance et de respect dont il est animé à l'égard de l'Église catholique.

7. **Presens** || admirables || du Roy d'Espagne || au Prince de Gales || & seigneurs de sa suitte || en Espagne. || Et ceux du Prince de Gales re- || ciproquement faicts au Roy d'Espa- || gne, & à l'Infante Dona Maria. || & aux seigneurs de sa Cour, lors || de son depart, pour retourner en An- || gleterre. || Avec Pouuoir qu'il a laissé au Prince || Don Charles, d'espouser la || susdite Infante en son nom. || Auant propos, au Lecteur, sur ce sujet. || *A Paris,* || *Chez Robert Feugé, au mont S.* || *Hilaire, à l'Image S. Sebastien,* || *deuant le Puits-Certain.* || M.DC.XXIII [1623]. In-8 de 16 pp.

Les présents du roi d'Espagne au prince de Galles se composaient de chevaux, d'armes et de deux tableaux célèbres : « l'excellente peinture de Venus, du fameux peintre Tisiano ; la belle peinture de Nostre Dame, sainct Joseph et le doux Jesus. » Le roi avait, dit-on, dépensé plus d'un million d'or pour recevoir son hôte.

Le prince de Galles, de son côté, remit à Philippe et aux grands personnages de la cour divers présents que le roi Jacques lui avait fait parvenir. Le 10 septembre, il quitta Madrid, laissant procuration à l'infant don Carlos pour épouser la princesse espagnole. Il rentra en Angleterre « pour y faire executer quelques poincts favorables à la religion catholique », dont le mariage dépendait.

8. **Hara gve** [*sic*] || prononcée par || le Serenissime Roy || de la grand Bretagne, à l'ou- || uerture de ses Estats, tenus en || la presente année 1624 M.DC.XXIII [1624]. In-8 de 14 pp.

9 **L'Ordre** || et Ceremo- || nies obseruees au Bap- || tesme du Prince d'An- || gleterre. || *A Paris,* || *Chez Iean Martin, Maistre,* || *Imprimeur, demeurant sur le Pont.* || *S. Michel à l'Anchre double.* || M.DC.XXX [1630]. || Auec Permission. In-8 de 15 pp.

Le projet de mariage entre le prince de Galles et l'infante d'Espagne n'ayant pu être réalisé. Charles 1er, monté sur le trône le 27 mars 1625, avait épousé, le 11 mai suivant, non plus la sœur de la reine de France, mais la sœur du roi de France, Henriette. Charles II, son fils aîné, né le 29 mai 1630, fut baptisé à Saint-James, le lundi 27 juin.

Plusieurs ouvrages précédemment décrits se rapportent à l'histoire d'Angleterre. Nous rappellerons: l'*Histoire des nouveaus presbyteriens anglois et escossois*, 1660 (t. II, n° 2042) et l'*Oraison funèbre de Jacques II*, par Emmanuel de Roquette, 1702 (t. I, n° 381).

## 7. — *Histoire des Pays-Bas.*

2375. **La Description** || de l'Estat || Succes et Occuren- || ces, adeunues au Pais bas au faict || de la Religion. || Le Premier Liure, || Contenant || La narration des Affaires y succedees alen- || droict la Religion, depuis l'an 1500, & sig || nâment depuis que le Roy Philippe le 2. || en a esté Prince : aussi cōment apres gran || des difficultez la mutacion en la Religiō || soit illecq l'an 1566. manifestee & finable || ment tolleree & admise, auec la plus am || ple declaration de ce que audict Pais- || bas en icelle Annee est aduenu. || Rom. II. || O profondes richesses de la sapience & cognoissance || de Dieu, que ses iugemens sont incomprehensibles, & || ses voyes impossibles a trouuer. Car qui est ce qui a cog || nu la pensee du Seigneur ? ou qui a esté son Conseillier ? || *Imprimé en Aougst.* 1569. In-8 de 8 ff. et 364 pp., mar. r. jans., tr. dor. (*A. Motte.*)

Édition originale de cet ouvrage, dont l'auteur est JACQUES DE WESEMBEKE. C'est, dit M. Brunet, le livre le plus rare de tous ceux qu'ont fait naître les troubles des Pays-Bas sous Charles V et Philippe II. » Il n'en a paru que cette première partie.

Les ff. lim. comprennent: le titre, une *Declaration de l'imprimeur au lecteur* et la *Table*.

Le volume a été imprimé, soit à *Dillembourg*, comme le marque une note manuscrite qui se lit sur un exemplaire conservé à la Bibliothèque royale de Bruxelles, soit à *Cologne*, comme le soutiennent MM. Bakhuizen vanden Brink et Fruin. Le texte néerlandais, publié sous la fausse rubrique de 1559 pour 1569, sort des mêmes presses. Les deux textes français et néerlandais sont réunis dans l'édition de *Breda*, 1616. L'édition de *Middelburg*, 1616, ne donne que le second. C'est au contraire le texte français qui a été reproduit par M. Ch. Rahlenbeck dans un volume qui forme le tome V de la *Collection de mémoires relatifs à l'histoire de Belgique* (1859, in-8). Voy. Vander Haeghen, *Bibliotheca belgica*.

Exemplaire sorti comme double de la Bibliothèque royale de Munich.

2376. LA TRESADMIRABLE, TRESMAGNIFIQVE, & TRI- || VMPHANTE ENTREE, du treshault & trespuis- || sant Prince Philipes, Prince d'Espaig- || nes, fils de Lempereur Charles .V°., en- || semble la vraye description des Specta- || cles, theatres, archz triumphaulx, &c. || lesquelz ont esté faictz & bastis a sa || tresdesiree reception en la tresre- || nommee florissante ville || d'Anuers. || Anno 1549. || Premierement composee & descripte en || langue Latine, par Cornille Grapheus || Greffier de ladicte ville d'Anuers, & || depuis traduicte en Franchois. || Par Grace & Priuilege || de la Cæs. Maieste, & le tout par appro- || bation de la Chancelerie de || Brabant, & soubsigne || P. de Lens. — [A la fin :] *Imprimé a Anuers, pour Pierre Coeck d'Allost,* || *libraire iuré de l'Emperialle Maieste* || *par Gillis van Diest.* || 1550. Pet. in-fol de 58 ff. non chiffr., sign. *A* par 6, *B-O* par 4.

Le volume est précédé d'un frontispice gravé sur bois et portant ce titre: *Le triumphe* || *d'Anuers,* || *faict en la susception* || *du Prince Philips,* || *Prince d'Espaign.* — Au v° de ce frontispice se trouvent deux huitains français.

Le texte est orné de 28 figg. gravées sur bois et représentant les arcs de triomphe et les théâtres. Une de ces figures, celle qui représente le palais bâti sur le grand Marché, a nécessité une rallonge au feuillet.

Au r° du dernier f. est un cartouche contenant les mots *Cum priuilegio*.

Le nom néerlandais de l'auteur était CORNEILLE DE SCHRIJVER.

L'entrée de Philippe II à Anvers eut lieu le 5 juillet 1549.

La relation latine dont nous avons ici une traduction avait paru à *Anvers*, chez le même imprimeur et le même libraire, au mois de juin 1550 (Brunet, II, 1711). PEETER COECKE, l'habile artiste qui a gravé les planches, serait, d'après Paquot, l'auteur de la version française et de la version néerlandaise. Voy. *Mémoires pour servir à l'hist. littéraire des dix-sept pro-*

*vinces des Pays-Bas*, etc., édit. in-fol., I, 605; II, 664; éd. in-8, VI, 194; XII, 416. Cf. *Catalogus van de tractaten, pamfletten, enz., over de geschiedenis van Nederland, aanwezig in de bibliotheek van Isaac Meulman; bewerkt door J. K. van der Wulp* (1866, in-4), I, p. 11.

Exemplaire de LE TELLIER DE COURTANVAUX et de M. JULES CAPRON (Cat., 1875, n° 283).

2377. COMMEN- ‖ TAIRE premier et ‖ second du Seign. ‖ Alphonse d'Vlloë, ‖ Contenant le voyage du duc d'Albe ‖ en Flandres, ‖ auec l'armee Espaignole : & la punition faite du ‖ comte d'Aiguemont, & autres : & la guerre cō- ‖ me elle s'est passée contre le Prince d'Orenge, & ‖ autres rebelles, iusques à ce que ledict seign. Duc ‖ eust chassé des païs bas le susdict Prince, & s'en ‖ fut retourné à Bruxelles, l'an de grace 1568. ‖ *A Paris*, ‖ *Par Iean Dalier, marchant Libraire de-* ‖ *mourant sur le pont sainct Michel, à* ‖ *l'enseigne de la Rose blanche.* ‖ 1570. ‖ Auec Priuilege du Roy. In-8 de 102 ff. chiffr., mar. r. jans., tr. dor. (*Trautz-Bauzonnet.*)

L'ouvrage d'Alonso de Ulloa avait d'abord paru en espagnol, chez *Domingo de Farris*, à *Venise*, en 1569 (Catal. Salvá, II, n° 3203). Une version italienne fut publiée dans la même ville en 1570.

L'édition française est précédée d'une dédicace du traducteur, FRANÇOIS DE BELLEFOREST, à « Just-Loys, seigneur de Tournon, et comte de Roussillon. »

Le privilège dont un extrait est placé au verso du dernier f., est accordé à *Jean Dallier*, à la date du 21 janvier 1570.

Exemplaire de M. J. CAPRON (Cat. 1875, n° 608).

2378. LA VICTOIRE obte ‖ nuë par le duc d'Albe sur le Prīce ‖ d'Orenge & ses gens, peu àpres [*sic*] la ‖ reductiō par luy faicte de la ville ‖ de Malines en Brabant, en l'o ‖ beissance du Roy Philippe Catho ‖ lique d'Espagne. ‖ Ensemble ‖ Les noms & nombre des occis en ladicte ‖ rencōtre, & des Prisonniers : aucuns desquelz ont ‖ depuis esté iusticiez par le commandement du ‖ Roy d'Espagne. ‖ Plus ‖ Vn bref recit des Triumphes & Manificences ‖ faictes au coronnemēt du Serenissi. S$^r$. Raoul, filz de l'Em ‖ pereur Maximilien Roy des Romains. ‖ *A Paris,* ‖ *Par Guillaume de Nyuerd, Impri-* ‖ *meur ordinaire du Roy.* ‖ Auec Priuilege dudict Seigneur. *S. d.* [1572], in-8 de 7 ff. chiffr. et 1 f. non chiffr., mar. r. jans., tr. dor. (*A. Motte.*)

Lettre datée de Vienne, le 20 septembre 1572.

Le privilège, dont un *Extraict* occupe le r° du dernier f., est un privilège général accordé à *Guillaume de Nyverd* pour toutes ses impressions. La date n'en est pas rapportée.

Cette pièce n'est citée ni par Tiele dans la *Bibliotheek van nederlandsche Pamfletten* de Fréd. Muller, 1858, ni par Vander Wulp dans son *Catalogus van I Meulman*.

168    HISTOIRE.

2379. RESPONSE || a vn petit Liuret || n'agueres publié, et || intitulé, || Declaration de l'intention du Seig<sup>r</sup>. || Don Iehan d'Austrice: || En laquelle la vraye intention dudit S<sup>r</sup>. Don Iehan est || manifestement descouuerte; & l'origine des presen- || tes guerres & troubles de par deçà bien || clairement & à la verité exposee. || *A Anuers,* || *De l'Imprimerie de Christophle Plantin.* || M.D.LXXVIII [1578]. In-4 de 41 pp. et 1 f. blanc.

> Au titre, une marque de *Plantin* qui se rapproche de celle que Silvestre a reproduite sous le n° 1014.
> Au verso de la p. 41 est un extrait du privilège accordé à *Plantin*, le 18 mars 1578, par Mathias, archiduc d'Autriche, duc de Bourgogne.
> La *Declaration* de don Juan avait paru à *Luxembourg* le 25 janvier 1578. Vander Wulp (*Catalogus van I. Meulman*, I, n° 336) n'en cite qu'une traduction néerlandaise imprimée par *Jan Maes*, à *Louvain*, le 18 février suivant).
> Exemplaire de M. J. CAPRON (Cat. n° 618).
> Pour une édition néerlandaise de la *Response*, voy. Tiele, *Bibliotheek van Pamfletten*, I, n° 171, et Vander Wulp, I, n° 342.

2380. LETTRE || contenant l'e- || claircissement des actions et || deportemens de Monsieur filz & fre- || re de Roy Duc d'Anjou, || d'Alençon &c. || Tant pour le regard des choses qui sont auenues || es guerres ciuiles de la France, comme en ce || qui concerne le faict & deffence des pays bas || contre les Espagnols. || *A Roüen.* || *Pour Iean Ysoret. l'An 1578.* In-4 de 1 f. et lxxxij pp.

> Panégyrique du duc d'Anjou, destiné à soutenir les prétentions de ce prince sur la Flandre et l'Artois. La pièce est datée, à la fin, de Rouen, le 24 mai 1578.
> L'édition sort de presses hollandaises.
> Vander Wulp, *Catalogus van I. Meulman*, I, n° 356.
> Exemplaire de M. J. CAPRON (Cat., n° 620).

2381. REQVESTE || presentee à Son || Alteze & Messeigneurs du Conseil d'Estat par les || habitans des païs Bas, Protestans vouloir || viure selon la Reformation de || l'Euangile, le xxij<sup>e</sup>. Iour || de Iuin. 1578. || Psal. 2. || Erudimini qui iudicatis terram. *S. l.*, in-4 de 1 f., 20 pp. et 1 f. blanc.

> Impression hollandaise.
> VanderWulp, *Cat. Meulman*, I, n° 361.

2382. LA PROPOSITION || de Monsieur de || Bellieure Ambassadeur du || Roy de France, faicte à son || Alteze & Messieurs des Estats || du Païs bas le 4. d'Aoust. || 1578. || *Anno* M.D.LXXVIII. *S. l.*, in-4 de 1 f. et v pp.

> Au nom du roi, l'ambassadeur propose la médiation française entre les Pays-Bas et l'Espagne.

Vander Wulp, *Cat. Meulman*, I, n° 878.
Exemplaire de M. J. CAPRON (Cat., n° 622).
Pour un texte néerlandais, voy. Bor, *Nederl. Orlog.*, I, 978.

2383. PETIT TRAICTÉ || seruant d'instruction à || Messieurs les Estatz et touts || bons patriots, à fin qu'ils s'efforcent pour remectre || le païs en repos par moyen d'vne paix asseuree || sans se laisser abuser des offres amiellees || qui ne tendent que pour nous re- || duire soubz le ioug de la pri- || stine seruitude. || (*) || *A Gand*, || *Chez Iean Mareschal*. || M.D.LXXIX [1579]. In-4 de 17 ff.

IV, 6, 59

« Pamphlet habile contre le roi d'Espagne, en faveur des États généraux et de la religion réformée. L'auteur commente tous les articles de la pacification de Gand, en concluant que le roi ne désire pas sincèrement la paix, et que ses propositions ne sont qu'un piège pour châtier plus sévèrement ses anciens adversaires. »

M. Vander Haeghen, à qui nous empruntons cette note (*Bibliographie gantoise*, I, 225, n° 319), croit que le nom de *Jean Mareschal* est supposé, et que le volume a dû être imprimé par *Gautier Manilius*.

Exemplaire de M. J. CAPRON (Cat., n° 630).

Le *Petit Traicté* manquait aux collections décrites par Tiele et par Vander Wulp.

2384. LETTRES || des Estats || d'Artois, et des || Deputés de Haynaut & Douay, aux || Deputés des Estats generaux des païs || bas, assemblés en la ville d'Anuers : || Auec la Responce sur icelles || donnee par lesdits Deputés des Estats generaux. || Par où lesdits Estats generaux sont purgés des || crimes qu'on leur impose touchant l'infraction || de la Pacification de Gand. || *A Anuers*, || *De l'Imprimerie de Christofle Plantin*, || *Imprimeur du Roy*. || M.D.LXXIX ]1579]. In-4 de 14 ff. non chiffr.

IV, 6, 53

Le titre est orné des armes du roi d'Espagne.

Au v° du titre est un extrait du privilège général accordé à *Plantin*, comme imprimeur des États généraux, le 29 avril 1578.

Le recueil contient 4 pièces, savoir :

1° *Lettres des Estats d'Artois et des deputez de Haynaut et Douay aux deputés des Estats generaux des Pays Bas, rassemblés en la ville d'Anvers*, pièce datée « du lieu abbatial Sct Vaast d'Arras », le 23 février 1579, et signée « par ordonnance » : P. MARCHANT.

2° *Lettres du roy* [*d'Espagne*] *aux estats d'Artois*, datée de Madrid, le 7 février 1579, et contresignée : A. D'ENNETIÈRES.

3° *Declaration de l'évêque d'Arras* [MATTHIEU MOULART], [DU BARON DE SELLES, *et du*] *seigneur* DE VALHUON, en date de Saint-Vaast d'Arras, le 23 février 1579, attestant que le roi d'Espagne a l'intention de faire respecter les articles de la pacification de Gand.

4° *Responce des deputez des Estats generaux assemblés en Anvers*, datée du 3 mars 1579, et contresignée : HOUFFLIN.

Vander Wulp, *Cat. Meulman*, I, n° 408.

Exemplaire de M. J. CAPRON (Cat., n° 632).

Pour une traduction néerlandaise, voy. Vander Wulp, I, n° 409.

2385. RECVEIL || des Lettres, Actes, || et Pieces plus signalees || du progres et besongne faict || en la ville d'Arras & ailleurs,

IV, 5, 18

170　　　　　HISTOIRE.

pour paruenir à || vne bonne paix & reconciliation auec sa Maie- || sté Catholicque, par les Estatz d'Arthois & de- || putez d'autres Prouinces. || Par ou chascun peult cognoistre la bonne & since- || re intention desdictes Prouinces reconciliées. || *A Dòuay.* || *De l'Imprimerie de Iean Bogard, Im-* || *primeur iuré de sa Maiesté à la Bible* || *d'or*, 1579. In-8 de 62 ff. non chiffr. et 2 ff. blancs.

Au titre, la marque de *Jean Bogard* (Silvestre, n° 325).
Les ff. *A2-A3* sont occupés par un *Advertissement au lecteur*.
Le recueil s'ouvre par le texte de l'union formée à Bruxelles, par les États généraux des Pays-Bas, le 9 janvier 1577. Les pièces qui suivent sont comprises entre le 7 janvier et le 30 avril 1579. La dernière est un discours prononcé par **Philippe Broide**, conseiller-pensionnaire de la ville de Douai.
Vander Wulp, *Cat. Meulman*, I, n° 410.
Exemplaire de M. J Capron (Cat., n° 631).

IV.9.18

2386. Advis d'vn || Affectionné || au Pays Bas. || A Messieurs les trois Estats dudict Pays, les || admonestant de promptement prouuoir à || leurs affaires, pour euiter le torrent impe- || tueux, qui vat [sic] faire son cours sur eulx. || *Imprimé à Lyon.* || M.D.LXXIX [1579]. In-4 de 6 ff. non chiffr. — Advijs van eenen lief- || hebber des Neder-landts. || Aen Mijn-heeren de dry Staten des voorseyden || landts: de selue vermanende dat sy hen vlytich- || lick versien aengande haere saecken, om te || schouvven den ghevveldighen aenstoot die te- || ghen hen-lieden vvordt aengherlcht. || M.D.LXXIX [1579]. In-4 goth. de 8 ff. non chiffr. — Ensemble deux parties en un vol. in-4, v. f., tr. r. (*Anc. rel.*)

Ce factum est l'œuvre d'un partisan du duc d'Anjou, qui s'efforce de faire de la propagande en sa faveur. Il est daté, à la fin, de Lyon, le 3 septembre 1579.
L'édition sort de presses flamandes.
Vander Wulp, *Cat. Meulman*, I, n°s 440, 441.
Exemplaire de M. J. Capron (Cat., n° 629).

IV.6.26

2387. Lettres || interceptes || de quelques || Patriots masqués. || Afgheworpene || Brieuen || van sommighe || vermommede ende valsche || Patriotten. || *A Anuers,* || *Imprimé par Guillaume Riuiere* || *Imprimeur & libraire iuré* || M.D.LXXX [1580]. In-4 de 47 pp.

Le v° du titre est occupé par un avis « Au Lecteur ».
Voici la liste des lettres interceptées :
1°-2° *Lettres de l'abbé de Marolles* (Frédéric d'Yve, abbé de Saint-Bertin, à Maroilles) *au cardinal de Granvelles*, en date de Cologne, les 25 et 27 juin 1580.
3° *Lettres de l'abbé de Marolles au roy*, en date de Cologne le 25 juin.
4°-5° *Literae* Gasparis Scheti (Jaspar Schetz, sieur de Grobbendonck et de Wesemael) *ad praesidem Fonckium*, en date de Cologne, le 26 et le 24 juin.

# HISTOIRE. 171

Jean Fonck, prévôt de l'église Sainte-Marie de Cologne, était président du conseil de Flandre en Espagne, etc. Les lettres qui lui sont adressées sont accompagnées ici d'une traduction française.

6°-7° *Lettres de l'abbé de Marolles au president Fonck*, en date de Cologne, le 27 et le 25 juin.

8° *Lettre du* SEIGNEUR DE GROBBENDONCK [JASPAR SCHETZ] *au cardinal de Granvelles*, en date de Cologne, le 26 juin.

9° *Lettre du S<sup>r</sup>* VORMES *au S<sup>r</sup> de Gommicourt, gouverneur de Mastricht*, en date d'Andernach, le 2 juillet.

M. Vander Haeghen, qui a donné dans sa *Bibliotheca belgica* une note détaillée sur les *Lettres interceptes*, nous apprend que le volume sort des presses de *Christophe Plantin*. *Guillaume Rivière*, ou mieux *de La Rivière*, fils de Richard, était né à Caen en 1548. Il était parent de la femme de Plantin, Jeanne de La Rivière, et le grand typographe l'appelait son cousin. De 1569 à 1591, Guillaume figure dans les registres de l'imprimerie Plantinienne, ce qui ne l'empêcha pas, de 1575 à 1577, d'exercer le métier de libraire en compagnie d'un nommé Jean Du Moulin. Le 27 juin 1576, il avait obtenu de Plantin le certificat nécessaire pour s'établir maître imprimeur ; mais il ne semble pas avoir jamais possédé personnellement une officine jusqu'au jour où il s'établit à Arras. Plantin, qui était « architypographe du roi d'Espagne », hésitait à signer des pièces favorables à la cause du prince d'Orange. Il jugea prudent, ou tout au moins convenable, de mettre le nom d'un tiers sur ce factum. Une partie même de l'édition est anonyme.

Vander Wulp, *Cat. Meulman*, I, n° 471.

Pour une réimpression française et pour deux éditions néerlandaises, voy. *ibid.*, I, n<sup>os</sup> 472-474.

**2388.** DIVERSES || LETTRES || interceptes || du Cardinal de || Granuelle, || à diuers personnges du party || des Malcontens ; || Item || deux du President Foncq. || *A Anuers,* || *Chez François de Ravelenghien.* || M.D.LXXX [1580]. || Par ordonnance des Superieurs. In-4 de 26 ff. non chiffr.

IV. 6. 32

Au v° du titre commence un avis « Au Lecteur » qui se développe sur le f. *A2*. L'éditeur y remercie le ciel de sa protection qui a livré plusieurs fois aux insurgés des Pays-Bas les secrets de leurs ennemis.

Trois des lettres du cardinal de Granvelle sont adressées à Morillon, « prevost d'Ayre, grand archidiacre de Malines », deux à la date du 6 juillet 1580, et la troisième à la date du 11 juillet. Des autres lettres, une est adressée au comte de Mansfeld (8 juillet) ; deux, au conseiller d'Assonleville (30 juin et 6 juillet) ; une, à M. Richardot, « conseiller et maistre aux requestes de sa Majesté en son grand conseil, à Malines » (30 juin) ; une, au comte de Busquoy [*sic*], seigneur de Vaulx (8 juillet), et une à M. LeVasseur, « secretaire d'estat et du conseil de Sa Majesté és Païs d'embas » (6 juillet).

Les lettres du président Jehan Fonck sont adressées à M. de Vaulx, [comte de Bucquoy], « conseiller d'estat et chief des finances de Sa Majesté », et au cardinal duc de Bouillon, évêque de Liège. Ces deux lettres sont datées de Madrid, le 11 juillet 1580. La seconde, écrite en latin, est accompagnée d'une traduction française.

Pour les raisons indiquées à l'article précédent, *Chr. Plantin* n'a pas voulu mettre son nom sur ce volume ; il l'a signé du nom de son beau-fils : *François de Raphelingen*.

M. Muller ne possédait pas ce recueil ; M. Meulman n'en possédait que la traduction néerlandaise (Vander Wulp, I, n° 475).

**2389.** RESPONCES || de Messire || Iehan Sceyfue || Cheualier, Seigneur || De sainct Aechtenrode, || Ortenborch, Nethene

IV. 6. 24

&c. iadis || Chancellier de Brabant, || Sur certaines lettres du || Cardinal de Granuelle. || *A Anuers,* || *Par Corneille de Bruyn.* || M.D.LXXX [1580]. In-4 de 18 ff. non chiffr.

<small>Le cardinal de Granvelle, dans une de ses lettres au prévôt Morillon, traitait fort rudement l'ancien chancelier de Brabant. « Il mourra, disait-il, en une peau de sot, qui ne l'escorchera. » C'est à ces injures que répond Sceyfve.

Le volume sort, comme les deux précédents, des presses de *Christophe Plantin.*

Vander Wulp, *Cat. Meulman*, I, n° 476.</small>

2390. PLACCART des || Estats Generaux || des Prouinces Vnies || du Païs Bas. || Par lequel (pour les || raisons en iceluy au au long contenuës) on || declare le Roy d'Espaigne decheu de || la seigneurie & principauté de ces Païs : || & se defend de plus vser d'ores-en-auāt de || son nom & seau és mesmes Pays-bas, &c. || *A Anuers,* || *En l'Imprimerie de Christofle Plantin,* || *par commandement des Estats.* || M.D.LXXXI [1581]. In-4 de 12 ff. non chiffr.

<small>Au titre, un écu qui ne porte que le lion néerlandais.

Le *Placcart* contient le texte de la fameuse déclaration d'indépendance du 26 juillet 1581.

Cette déclaration avait calmé les scrupules de *Plantin*, qui ne craignit plus désormais de mettre son nom sur les factums hostiles à l'Espagne.

Vander Wulp, *Cat. Meulman*, I, n° 517.

Pour des éditions néerlandaises, voy. *ibid.*, I, n° 513-516, et Tiele, *Bibliotheek van pamfletten*, I, n°s 236-237.</small>

2391. DISCOVRS || fait par vn Gentil- || homme Tournesien, a vn || Seigneur de Henault, sur le droit que || Monseigneur d'Anjou fils de Fran- || ce, à [sic] de faire guerre au Roy || || d'Espaigne. || *A Enuers.* || 1581. In-8 de 61 pp. et 1 f. blanc, mar. r. jans., tr. dor. (*Cuzin.*)

<small>Factum destiné à soutenir les droits du duc d'Anjou. La rubrique d'*Anvers* est fausse; le volume a dû être imprimé en France.

Vander Wulp, *Cat. Meulman*, I, n° 495. Le même bibliographe décrit, sous le n° 538, une édition augmentée d'un *Dialogue pour parler, de deux personnages, desquels l'un est le bienueillant public, et l'autre, le tres-puissant prince, monseigneur le duc d'Anjou, nostre tres-redouté seigneur.*</small>

2392. LA IOYEVSE || & MAGNIFIQVE || ENTRÉE de || Monseigneur || Françoys || de France, Frere || vnicque du Roy, par la grace || de Dieu, Duc de Brabant, || d'Anjou, Alençon, Berri, &c. en sa || tres-renommée ville d'Anuers. || *A Anuers,* || *De l'Imprimerie de Christophle Plantin,* || M.D.LXXXII [1582]. In-4 de 60 pp.

<small>Au titre, une petite marque de *Plantin*, avec la devise *Labore* et *constantia*.

Au v° du titre est un *Sommaire* du privilège général accordé par le duc d'Anjou à *Plantin*, le 17 avril 1582.

Les pp. 3-4 contiennent la *Preface*.</small>

Les pp. 5-16 sont occupées par une première relation intitulée : *Le Partement d'Angleterre de monseigneur le duc d'Anjou, et sa Reception en Zeelande* (février 1582).

L'entrée du duc d'Anjou à Anvers, entrée dont la description remplit les pp. 17-48, eut lieu le 19 février. Elle fut troublée par une attaque du duc de Parme, qui surprit l'escorte du prince français aux portes mêmes de la ville.

On trouve à la fin du volume *Le Serment faict par monseigneur François, duc de Brabant, aux membres de la tres-renommée ville d'Anvers, etc* (pp. 49-60).

Tiele, *Bibliotheek van pamfletten*, I, n° 245.

2393. BREF RECVEIL || de l'Assasinat, || commis || en la personne || du tres illustre Prince, || Monseigneur le Prince d'Orange, || Conte de Nassau, Marquis de || la Vere, &c. par Iean Iau- || regui Espaignol. || *A Anuers,* || *En l'Imprimerie de Christophle Plantin,* || M.D.LXXXII [1582]. In-4 de 32 ff. non chiffr.

Relation de l'attentat commis contre le prince d'Orange par un jeune Espagnol appelé Jean Jauregui, serviteur de Gaspard Añastro. Jauregui, poussé au crime par le ban que le cardinal de Granvelle avait prononcé contre le chef des mécontents, tira contre le prince un coup de pistolet, et le blessa au-dessous de l'oreille droite (18 mars 1582). Il fut exécuté le 28 mars suivant. La relation du crime est suivie du texte et de la traduction des papiers trouvés sur ce fanatique, et des pièces de son procès.

Au verso du titre, se trouve un *Sommaire* du privilège général accordé par les Estats des Provinces Unies à *Christophe Plantin*, à la date du 3 septembre 1581.

Le *Bref Recueil* a été réimprimé par M. de Reiffenberg dans son édition de l'*Histoire des troubles des Pays-Bas* de L.-J. Vander Vinckt (Bruxelles, 1822, 3 vol. in-8).

Tiele I, n° 249.

Exemplaire de M. J. CAPRON (Cat., n° 641).

2394. DISCOVRS || sur la blessure || de Monseigneur || le Prince || d'Orange. || *Imprimé en l'An* M.D.LXXXII [1582]. *S. l.* [Anvers], in-4 de 15 ff. non chiffr. et 1 f. blanc.

Ce *Discours* contient, moins une relation de l'attentat commis contre le prince d'Orange, qu'un examen des causes de cet attentat et des conséquences qu'eût pu avoir le succès de l'assassin.

L'auteur débute ainsi : « En l'une des lettres interceptes que le cardinal de Granvelle escrit à Morillon, parlant de monseigneur le prince d'Orange, il dit ces mots; « Si ce malheureux d'Orange fust tumbé mort du coup, il y eust eust meilleur espoir, etc. Ces parolles du cardinal m'ont donné occasion d'entrer en un discours... »

M. Vander Haeghen (*Bibliotheca belgica*, art. *Discours*) dit que Jean-François Le Petit, greffier de Béthune, pourrait bien être l'auteur de ce pamphlet. Il ajoute que l'édition est probablement sortie des presses de Plantin.

Vander Wulp, *Cat. Meulman*, I, n° 536.

Pour des éditions néerlandaises, voy. Tiele, I n° 250, et Vander Wulp, I, n° 537.

2395. LETTRES || interceptes || du Cardinal de || Granuelle || & autres. || *A Anuers,* || *En l'Imprimerie de Christofle* [sic] *Plantin,* || M.D.LXXXII [1582]. In-4 de 29 ff. non chiffr. et 1 f. blanc.

Au titre, une marque de *Plantin*, avec la devise *Labore et constantia*.

**174**  HISTOIRE.

Au v° du titre est un extrait du privilège accordé pour un an à *Plantin*, par le duc d'Anjou, le 26 juin 1582.

Le recueil contient 17 lettres, savoir :

Deux lettres du cardinal de Granvelle à messire Maximilian Morillon, prévôt d'Aire et grand archidiacre de Malines, en date des 19 et 25 avril 1582;

Une lettre du même à M. d'Assonleville, « conseiller et du conseil privé de Sa Majesté és Pays d'embas » (Madrid, 25 avril 1582);

Une lettre du même à Madame, « és propres mains de son Alteze » (Madrid, 27 avril);

Une lettre italienne du même au duc de Parme, accompagnée de la traduction française (Madrid, 26 avril);

Six lettres du même au marquis de Roubais, « gouverneur d'Arthois et d'Hesdin », à M. de Montigny, à M. le comte de Hennin-Liétart, seigneur de Cappres, à M. de Gongnies, à M. Sterck, « tresorier general des finances de Sa Majesté és Pays d'embas », et à M. de Billy (Madrid, 16 et 25 avril);

Une lettre d'A. D'ENNETIÈRES au baron de Rassenghien, « du conseil d'estat et chief des finances du roy Catholicque des Espaignes en ses Pays bas » (Madrid, 19 avril);

Une lettre de JEAN [SARRAZIN], abbé de S. Vaast, à M. « de Richardot, president d'Arthois et du conseil privé de sa Majesté » (Madrid, 19 avril);

Une lettre italienne de PIETRO ALDOBRANDINO à la duchesse de Parme, accompagnée d'une traduction française (Lisbonne, 8 avril);

Une lettre espagnole non signée, adressée à Gaspar de Añastro, à Tournai, et accompagnée d'une traduction française (Madrid, 30 avril);

Une lettre espagnole de FRANCISCO GUILLAMAS au duc de Parme, accompagnée d'une traduction française (Madrid, 30 avril);

Une lettre espagnole de P. YSUNÇA à Pedro de Olave, « tresorier general du tresheureux exercite que la Majesté Catholicque tient en ses estatz de Flandres, etc. », accompagnée d'une traduction française (Madrid, 30 avril).

L'éditeur du recueil y a joint le texte portugais et la traduction française d'une lettre écrite par le roi de Castille au docteur Cipriaõ de Figueiredo, à Praya, dans l'île de Tercera (Lisbonne, 14 décembre 1581), et de la réponse dudit Figueiredo, qui refuse de reconnaître l'autorité des Espagnols

Tiele, *Bibliotheek van pamfletten*, I, n° 257.

Ⅳ.6.23

2396. VRAY DISCOVRS || de ce qui est aduenu en la || Ville de Bruges, au mois de Iuillet 1582. || Contenant || Les moyens desquels le Roy Philippe d'Espaigne s'est vou- || lu nouuellement seruir, pour faire assasiner [*sic*], ou tuer par || poison, Monseigneur le Duc de Brabant, Gueldres, || Aniou, Alençon, &c. Conte de Flandres, Hollande, || Zelande, &c. & attanter le mesme en la personne de || Monsieur le Prince d'Orange. || *Imprimé en l'an* M.D.Lxxxii [1582]. *S. l.* [*Anvers?*], in-4 de 4 ff. non chiffr.

Relation de l'attentat commis sur le duc d'Anjou par l'Espagnol Nicolas Salzedo, assisté de l'Italien Francesco Basa et d'un Wallon appelé Nicolas Hugot, dit de La Borde, le 21 juillet 1582. Basa, soumis à la torture, avoua que ses compagnons et lui avaient été chargés de tuer le prince.

D'autres éditions sont intitulées: *Discours veritable de ce qui est advenu en la ville de Bruges...* (Bruges, Thomas Moerman, 1582, in-8) et *Discours tragique et veritable de Nicolas Salcedo, sur l'empoisonnement par luy entrepris*, etc. (s. l. n. d., in-8). Ces éditions ne sont pas absolument semblables. M. Vander Haeghen (*Bibliotheca belgica*, art. *Discours*) suppose que ce sont des traductions différentes, soit du texte flamand (*Warachtich Verhael van tghene dat binnen der stadt Brugge geschiet is*), soit d'un texte latin ou espagnol resté inconnu.

Le *Vray Discours* a été réimprimé dans les *Annales de la Société d'ému-*

# HISTOIRE. 175

*lation* (Bruges, 1844, 2⁰ sér., II, 103-118), et tiré à part à 23 exemplaires.
Le *Discours tragique* a été reproduit par MM. Cimber et Danjou (*Archives curieuses*, X, 189).

Le *Vray Discours* manquait aux collections décrites par Tiele et par Vander Wulp.

Pour les traductions néerlandaises voy. Vander Haeghen, *Bibliotheca belgica*.

2397. PREMIERE || APOLOGIE || pour || Monseigneur, || et les Estats || des Pays-Bas. || Respondant entre autres choses || aux ordinaires calumnies, mensonges, & fausses || nouuelles, que le Prince de Parme, & ses adhe- || rentz, sement & publient temerairement : & con- || tre toute raison, & verité. || M.D.LXXXII [1582]. *S. l.*, in-4 de 38 pp.

Vander Wulp, *Catal. Meulman*, I, n° 540.
Exemplaire de M. J. CAPRON (Cat., n° 642).

2398. L'ENTREE || magnifique || de Monseigneur || Francoys || Filz de France, Fre- || re vnique du Roy, par la gra- || ce de Dieu Duc de Lothier, de Brabant, d'Anjou, || d'Alençon, &c. Comte de Flandres, &c. Faicte en sa || Metropolitaine & fameuse ville de Gand le xx<sup>me</sup> || d'Aoust, Anno 1582. || *A Gand, || Chez Cornille de Rekenare, demourant || au Pigeon blanc pres le Belfort, avec vanden || Steene sur la place de S. Pharahilde* : 1582. || Avec privilege de Son Alteze. In-4 de 10 ff. non chiffr. sign. *A-B* par 4, *C* par 2.

Au titre, la marque de *Gislain Manilius* (Vander Haeghen, *Bibliographie gantoise*, I, p. 176, n° 3).
Au v° du titre est le *Sommaire* du privilège accordé par le duc d'Anjou à *C. De Rekenare* et à *J. Vanden Steene*, le 27 avril 1582. La date de ce privilège s'explique par ce fait que l'entrée du prince avait été reculée de plusieurs mois.
La description des fêtes célébrées à Gand contient les inscriptions en vers français et latins qui se lisaient sur divers monuments. Sur le fronton d'un théâtre élevé près de l'hôtel de ville, « estoient escrits ces vers desquels tous les mots commencent par un F :

    François Flamen, Fidelle Fleur Françoise,
    Faisant Fuyr Force, Foule, Fureur,
    Faitez Florir Florestiere Flandroise :
    Froissant Fouleurs, Fourfoulerez Frateur.

M. A. Voisin a donné, en 1841, chez *C. Annoot*, à *Gand*, une réimpression de cette relation, qu'il croit pouvoir attribuer au peintre et poète Luc d'Heere.
M. Vander Haeghen (*Bibliographie gantoise*, I, p. 367, n° 706) se demande si l'auteur n'est pas Corneille De Rekenare lui-même. Le savant bibliographe (*ibid*, n°⁸ 707 et 708) décrit une édition française in-8 et une traduction néerlandaise.

2399. PLACCAET || Van onsen Ghenadigen || Heere den Hertoghe/ aengaende || den goedē toebehoorende sijne vyaenden/ || oft die houdende zijn hen partye/ ende || vaude absenten/ residirende buyten dese || sijnen landen/ soo in steden ende plaetsen/ || wesende/ onder het ghebiedt vande voorsz. || vyanden als in andere neutrale. || *Ghedruct t' Antwerpen by Chri-* || *stoffel Plantijn s' Hertochs drucker.* || M.D. LXXXII [1582]. In-4 goth. de 7 ff. non chiffr. et 1 f. blanc.

Au titre, les armes du duc d'Anjou.

Cette ordonnance, datée d'Anvers, le 10 septembre 1582, et contresignée : J. VAN ASSELIERS, est une odieuse mesure de confiscation prise par le duc d'Anjou à l'instigation de son favori Fervaques. Il se rendit de la sorte impopulaire, avant même que son projet de livrer le pays à la France eût été dévoilé.

Tiele, I, n° 262; Vander Wulp, I, n°ˢ 545, 546.

2400. LETTRES || venant d'An- || uers d'vng Amy incognu, || adressant à aultre gentilhomme, || qu'il appelle S<sup>r</sup> de Belcourt : par lesquelles se || descouurent de grands secretz & practiques trainees [*lis.* tramees?] entre le Duc || d'Aniou & Prince d'Oranges, pour mettre en seruage les prouinces || vnies selon leur repartition. || *A Douay,* || *L'an* D.M.LXXXIII [sic pour 1583]. In-4 de 8 ff.

Cette lettre, datée d'Anvers le 27 février 1583, et signée C. G., contient des détails curieux sur la tentative faite par le duc d'Anjou, au mois de janvier précédent, pour se rendre maître d'Anvers. L'imprimeur anonyme (qui n'exerçait certainement pas à Douai) dit qu'il a voulu la publier afin de « desabuser le povre peuple obfusqué de tenebres, tant par le prince d'Oranges pour maintenir son credit, que le duc d'Anjou pour se faire maître absolut des Pays-Bas, et pour s'en prevaloir et enrichir aux despens des bonnes gens. »

Exemplaire de M. J. CAPRON (Cat., n° 643).

Ni Tiele, ni Vander Wulp ne décrivent cette pièce.

2401. ARTICLES || ET || ORDONNANCES sur la Discipline militaire. || Faictes & arrestées le xiij<sup>e</sup>. d'Aougst, || XV<sup>e</sup>. quatre-vingts & dix. || *A la Haye,* || *Chez Albert Henry, Imprimeur ordinaire de Messieurs* || *les Estats Generaulx.* 1602. In-4 de 11 ff. non chiffr. et 1 f. bl.

Tiele (I, n° 358) et Vander Wulp (I, n° 739) ne décrivent de ces *Articles* que des éditions néerlandaises.

2402. TRANSLAT || de certaine Let- || tre Espaignolle, escritte par || Iean Baptista de Tassis, Con- || seiller d'Estat du Roy d'Espaigne à Bruselles, le dernier || de May l'an 1595. & interceptée sur la mer Mediter- || ranée, dont l'original est au greffe des S<sup>rs</sup> || Estats Generaulx des Pro- || vinces unies : || Par laquelle il appert clairement, que l'Espaignol, & le Conseil || d'Espagne continuent encore presentement en leur intention, pour asseurer || par force, faulceté, & trom-

## HISTOIRE.

perie leur pretendue monarchie generalle, ou || tyrannie par tout; & principallement en ces Païs bas. || Servant d'advertissement à touts amateurs de la patrie. || *A la Haye* || *Chez Albert Henry, Imprimeur Ordinaire des S<sup>rs</sup>* || *Estats generaux, l'an* CIƆ.IƆ.XCVI [1596]. In-4 de 26 pp. et 1 f. blanc.

<small>Tiele n'indique que des éditions néerlandaises de cette lettre (*Bibliotheek van pamfleten*, I, n<sup>os</sup> 883-886); Vander Wulp n'en fait aucune mention.</small>

2403. PLACCART || sur le faict des || Monstres, pour prevenir || || à toutes fraudes, & tenier [sic] les Com- || paignies Completes. || Renouvé [sic] & arresté le quatriesme || en Feburier [sic]. 1599. || *A la Haye, || Chez Albert Henri Imprimeur ordinaire de || Messieurs les Estatz Generaulx.* 1599. In-4 de 8 ff. non chiffr.

<small>Tiele (I, n° 439) et Vander Wulp (I, n° 891) ne citent qu'une édition néerlandaise de cette pièce.</small>

2404. LE PLAIDOYER || de l'Indien || Hollandois, || contre le pre- || tendu Pacificateur || Espagnol. || Ἐν θύρᾳ κακός. || Fistula dulce canit, volucrem dum decipit auceps. || *Imprimé l'an* 1608. S. l. [La Haye], in-4 de 4 ff.

<small>Ce *Plaidoyer* se compose de deux pièces: 1° *Lettre missive d'un estranger à l'autre touchant l'estat des Provinces Unies*; 2° *Raisons desquelles il seroit à souhaitter que Mss. les Estatz des Provinces Unies se resouvinssent pour ne condescendre à la demande de l'Espagnol touchant la renonciation à la traffique et navigation des Indes.* La seconde pièce est signée J.-B. DE WALERANDE.
Vander Wulp, *Catal. Meulman*, I, n° 1100.</small>

2405. RECUEIL de pièces relatives à l'histoire des Pays-Bas de 1619 à 1634. 27 parties en un vol. in-8.

<small>Voici la description des pièces contenues dans ce volume:

1. ARREST || donné, prononcé || et exeeuté contre Iean || d'Oldenbarnevelt [sic] n'agueres Ad- || uocat d'Hollande & Vvestfrise: le || treiziéme de May 1619. en la Cour || du Chasteau, deuant la grande Salle || à la Haye. || Traduit de Flamen en François. || *Iouxte la Copie Imprimée* || *A la Haye* || *Chez Loys Elzevir Marchand Libraire,* || *à la Salle An.* M.DC.XIX [1619]. || Auec Priuilege, || On ne tient pour Copies autentiques, celles qui ne || sont Imprimees chez ledict Loys Elzevir. In-8 de 24 pp.
    Au v° du titre est réimprimé le privilège accordé par les Etats généraux à *Louis Elzevir*, pour deux ans, le 14 mai 1619. Ce privilège ne vise que la traduction française de l'arrêt; le texte néerlandais fut imprimé par *Hill. Jacobszz*, et le texte latin, par *Arnold Meuris*. La contrefaçon française que nous venons de décrire est restée inconnue à M. Willems (*Les Elzevier*, n° 953).

2. LA || REDVCTION || de la Ville de || Iulliers, par l'ar- || mee Catholicque. || Ensemble les Articles de la Capitulation, & || autres particularitez. || *A Paris.* || *Pour Abraham Saugrain.* || M.DC.XXII [1622]. || Auec Permission. In-8 de 18 pp.</small>

La ville de Juliers n'ayant pas été secourue à temps, la garnison que les États de Hollande y entretenaient, dut se rendre aux Espagnols. Ceux-ci y entrèrent le 8 février 1622, sous le commandement du comte Henri de Berg.

Ni cette pièce, ni aucune des huit suivantes, ne faisaient partie des collections décrites par Tiele et par Vander Wulp.

3. L'ENTRE-VEVE || du Comte || de || Mansfeld || et du Marquis || Spinola. || Ensemble, || Le recit veritable de ce qui s'est passé en- || tr'eux, & des preparatifs que l'vn & l'au- || tre firent s'attendans au combat. || Le 18 du mois de Iuin dernier. || *A Paris,* || *Chez Iean de Bordeaux, rue* || *Daufine, au bout du Pont Neuf,* || *pres les Augustins.* || M.DC.XXIII [1623]. In-8 de 26 pp.

L'auteur de cette relation raconte que Spinola, voulant se renseigner sur les projets de Mansfeld, et n'ayant pas sous la main d'agent qui lui inspirât toute confiance, se glissa lui-même dans l'armée ennemie et y passa quatre jours sans être reconnu.

4. LA || DEFFAICTE || des trouppes || Holandoises, sorties || de Bergue sur le Ion, sur l'armee || du Marquis Spinola. || Ensemble le siege mis || deuant ladite place par ledit Marquis, || & tout ce qui s'est passé en Flandres || depuis le premier Iuillet, ius- || ques à present. || Plus la nouuelle deffaicte de quatre Cornette [*sic*] de || Caualerie du Prince d'Orange, & la prise de || trois places au Duché de Cleues, par || le comte Henry de Berghe, || Lieutenant de l'Infante. || *A Paris,* || *Chez Iean de Bordeaux, rue* || *S. Iacques pres S. Seuerin.* || M.DC.XXII [1622]. || Auec permission. In-8 de 15 pp.

La permission donnée à *Jean de Bordeaux* est datée du 29 août 1622.

5. HISTOIRE || iournaliere || du siege de Bergues || sur le Zoom. || Où est compris tout ce qui s'est faict depuis le || commencement dudit siege iusques à la || leuee d'iceluy. || Ensemble tout ce qui s'est faict & passé || du depuis, tant en l'Armée des Estats || de Hollande que de celle du || Marquis de Spinola || M.DC.XXIII [1623]. S. *l.*, in-8 de 30 pp., plus un plan plié.

Le marquis Spinola, qui avait mis le siège devant Berg-op-Zoom le 18 juillet 1622, fut obligé de le lever le 2 octobre suivant.

Le plan, gravé en taille-douce est intitulé : *Vrai Portraict de la ville de Berges sur le Zoom, assiegée le 18. juillet par le tresillustre marquis Spinolla.*

6. RECIT || VERITABLE || du Siege de || Breda, || et autres || affaires de || Flandres. || *A Paris,* || *Chez Nicolas Rousset, tenant sa boutique en* || *la grand'salle du Palais.* || M.DC.XXIV [1624]. In-8 de 12 pp.

Rousset publie deux lettres contradictoires. Dans la première, datée de La Haye, le 5 septembre 1624, il est dit que Spinola bloque la ville de Breda plutôt qu'il ne l'assiège ; que ses troupes sont réduites à seize ou dix-sept mille hommes de pied ; que les assiégés ont reçu le secours d'un excellent ingénieur nommé le capitaine Hansnort, et de plusieurs gentilshommes et soldats français, etc. La seconde lettre, datée de Bruxelles, le 6 septembre, annonce au contraire que l'armée espagnole est à même de bombarder cinq quartiers de la ville, et qu'on va lever quarante compagnies nouvelles pour remplacer ce qu'elle a perdu.

7. RECIT || veritable || de ce qui s'est fait || et passé au siege de || Breda, entre l'armee Espagnole & || celle des Estats de Holande. || Ensemble l'arriuee du Comte de Mansfeld, || & du Duc Chrestien de Brunsuic à Bergue || Obzoom, auec leur armee, qui est au || nombre de soixante mil hommes ou plus. || Et la prise de trois cents chariots chargez || de viures, sortans d'Anuers. La defaite du || conuoy, dont plusieurs ont été prins pri- || sonniers. || *A Paris,* || *Iouxte la coppie Imprimée au Liege,* || *Chez Leonard Street, Imprimeur* || *& Libraire.* || M.DC.XXV [1625]. In-8 de 14 pp. et 1 f. blanc.

# HISTOIRE. 179

Cette pièce a été écrite au printemps de l'année 1625 ; elle est antérieure, en tout cas, à la mort du prince d'Orange, Maurice de Nassau (23 avril 1625). L'auteur se montre plus favorable aux Hollandais qu'aux Espagnols.

L'édition de *Streel*, dont nous avons ici une copie, est restée inconnue à M. de Theux, l'auteur de la *Bibliographie liégeoise*.

8. L'HORRIBLE || ET ESPOVVEN- || TABLE EMBRASEMENT || fait en l'armee du Marquis de Spinola || pour secourir la ville de Breda. || Auec le denombrement de la perte des munitions || & viures, de la valeur de trois milions d'or. || Traduit de Flaman en François. || *A Paris* , || *De l'Imprimerie de Iean Martin.* || *Iouxte la copie Imprimee à Guertrude bergh.* || M.DC.XXV [1625]. In-8 de 15 pp.

Relation d'un incendie qui détruisit les magasins de Spinola au mois de mars 1625. Cet incendie aurait été allumé par « un certain quidam cherchant fortune, et qui se mesloit de faire des feux d'artifices ».

9. LA || SOMMATION || faite par le Marquis || de Spinola au Gouuerneur de || la ville de Breda || Auec la responce dudit Gouuerneur || à icelle sommation. || Ensemble plusieurs particularitez de tout || ce qui s'est passé, tant en Amerique, qu'en plusieurs endroits de || l'Europe. || *A Paris,* || *Chez Iean Martin, rue de* || *la vieille Bouclerie à l'Escu de* || *Bretagne.* || *Iouxte la copie Imprimee à Amsterdam.* || M.DC.XXV [1625]. In-8 de 16 pp.

Ces nouvelles ne sont pas datées, mais elles ne sont que de peu postérieures à l'incendie des magasins de Guinnèques, dont il est parlé dans la relation qui précède.

Les informations de Hollande sont suivies (pp. 10-16) d'informations venues de Londres, de Venise, de Madrid, etc.

10. LA || DEFAITE || totale du || Conuoy du Marquis || de Spinola par le Prince d'Orenge, || estant deuant Breda. || Ensemble, tant la prise des viures que du || Chasteau de Lon, & quelques Redoutes, || Rauelins & Trenchees. || Auec plusieurs autres particularitez de ce qui || s'est passé au mois de May, tant en l'armee || dudit Marquis de Spinola, qu'en celle || dudit Prince d'Orenge. || Iouxte la copie Imprimee à Amsterdam, Traduite de || Flamand en François. || *A Paris,* || *Chez Iean Martin, ruë de la vieille* || *Bouclerie à l'Escu de Bretagne.* || M.DC.XXV [1625]. In-8 de 16 pp.

Nouvelles datées de l'armée du prince d'Orange, les 13 et 14 mai; de Gertrudebergh, le 15 mai, et d'Anvers, le 22 mai 1625.

11. LETTRE || du Gouuerneur || de Breda, au Com- || te Henry de Nassau, & à Mes- || sieurs les Estats de Holande. || Escrite du 26. May 1625. || Touchant l'estat où sont maintenant || les assiegez. || *A Paris,* || *Chez la veufue du Carroy, ruë* || *des Carmes, à l'enseigne* || *de la Trinité.* || M.DC.XXV [1625]. In-8 de 13 pp.

Le gouverneur de la place assiégée écrit qu'il a encore des vivres et que, bien que le siège dure depuis plus d'un an, il n'en est pas encore réduit à capituler.

Vander Wulp, *Catal. Meulman*, I, n° 1946.

12. REDVCTION || veritable || de la ville || de Breda, || et de son chasteau. || Ensemble les Articles accordez tant || d'vne part que d'autre. || M.DC.XXV [1625]. S. l., in-8 de 14 pp. et 1 f. blanc.

Breda dut capituler le 2 juin 1625. Les bourgeois obtinrent les conditions les plus douces, et Spinola permit à la garnison de sortir avec ses armes, ses drapeaux et ses bagages. Il fournit même des chariots pour le transport des gens et des bagages.

Il existe de cette pièce une autre édition intitulée: *Relation* || *veritable* || *de la fin* || *de Breda,* || *et de son chasteau.* || M.DC.XXV [1625]. S. l., in-8 de 15 pp.

Vander Wulp, *Catal. Meulman*, I, n° 1947.

13. LA || NOVVELLE || DEFAITE des || Espagnols pres || d'Anuers, par ceux de Bergue || Opzoom, depuis la reduction || de Breda. || Plus l'arriuee de la puissante armee du Roy de || Dannemarc en Frise Orientale, pour le secours || des Hollandois, & la restitution du || Palatinat. || *A Paris,* || *Chez Iean Martin, ruë de la* || *vieille Bouclerie à l'Escu de Bretagne.* || M.DC.XXV [1625]. In-8 de 15 pp.

L'auteur s'étonne à bon droit de l'acharnement que tous les États de l'Europe apportent à la guerre des Pays-Bas, soit qu'ils se prononcent pour les Espagnols, soit qu'ils soutiennent les Hollandais. Les Danois viennent maintenant au secours des protestants; d'ailleurs la lutte se poursuit chaque jour plus acharnée. C'est ainsi que des bourgeois d'Anvers, qui étaient allés en simples curieux voir la sortie de la garnison de Breda, ont été fort malmenés par un parti de cavalerie accouru de Berg-op-Zoom.

*Ni Tiele ni Vander Wulp ne mentionnent cette pièce, non plus qu'aucune des trois suivantes.*

14. LE || GRAND || BVTIN, que || les Hollandois ont || fait sur l'Espagnol auprès de Breda, || auec le nombre de prisonniers. || Plus la prise faite sur les Espagnols par les || Anglois & Hollandois, d'vne Nauire || chargee de six tonnes d'Or. || Auec plusieurs autres particularitez d'Angle- || terre, Allemagne, &c. Traduite de Flamand en François. || *A Paris,* || *Chez Iean Martin, ruë de la vieille* || *Bouclerie à l'Escu de Bretagne.* || *Iouxte la coppie Imprimee à Amsterdam chez le* || *grand Courantier de l'armee de son Excellence.* || M.DC.XXV [1625]. In-8 de 16 pp.

Ces nouvelles remontent aux derniers jours du mois de juin 1625.

15. LA || NOVVELLE || DEFFAICTE || des Trouppes du || Comte Henry de Bergue || Conducteur de l'armée || Imperialle. || Faicte par les Hollandois. || Ensemble l'arriuee du Comte de Mansfeld, deputé par || Messieurs des Estats de Hollande, & Prouinces vnies || vers le Roy de Dannemarc, & de Suede. || Le tout suiuant les derniers memoires enuoyez || le 81. Octobre 1625. || *A Paris,* || *Chez la vefue du Carroy, ruë des Carmes,* || *à la Trinité.* || M.DC.XXV [1625]. Auec Permission. In-8 de 14 pp.

Le comte de Berg ayant voulu assiéger la ville de Lunel, fut repoussé par les Hollandais et obligé de se retirer vers Francfort.

16. RECIT || veritable || de la prise. || de Vezel. || Ensemble ce qui s'est faict & passé au siege || de Bolduc, depuis le 21. d'Aoust || iusques à present. || *A Paris,* || *Chez Iean Martin, au bout du* || *Pont Sainct Michel, pres le* || *Chasteau S. Ange.* || M.DC.XXIX [1629]. || Auec Permission. In-8 de 13 pp. et 1 f. blanc.

Les Espagnols, dirigés par le comte Ernest de Montecuculli, se sont emparés d'Amersfoort. Le comte de Berg a envoyé un autre détachement assiéger Hattum, (c'est-à-dire Huys ter Eem); mais, pendant ce temps, le gouverneur hollandais d'Emmery, frère du baron d'Oye, a enlevé Weesel (19 août 1629). Le prince d'Orange presse le siège de Bois-le-Duc.

Tiele (*Bibliotheek van Pamfl.*, I, n° 2270) décrit une relation néerlandaise de la prise de Weesel. Il est parlé du même événement dans une pièce allemande citée par Vander Wulp (I, n° 2061).

17. RELATION || et Memoire des || munitions qui ont esté trouuees || dans la ville de Vezel, tant de || bouche que de guerre, pour || donner secours à la ville de || Bolduc, & le nombre des pri- || sonniers qui ont esté pris: En- || semble la grande quantité d'or || & d'argent qui l'ont [*sic*] trouué || dans ledit Vezel. || *A Paris,* || *Chez Iean Brunet,* || *demeurant à la ruë neufue sainct* || *Louis au bout du pont* || *sainct Michel.* || M.DC.XXIX [1629]. Auec Permission. In-8 de 16 pp.

Relation écrite par un partisan des Hollandais. Elle se termine par la liste des prisonniers: le gouverneur Francisco Lozano, le lieutenant-colonel Ketteritz, le baron de Liques, le capitaine La Creux, etc., etc.

*Ni Tiele ni Vander Wulp ne mentionnent cette pièce.*

## HISTOIRE.

**18.** La || Reduction || de la ville de || Bois-leduc aux || Estats d'Holande. || Auec les Articles || accordez par Monsieur le Prince || d'Orange, au Gouuerneur de la ville || de Bois-leduc, & aux Capitaines || & gens de guerre estans en icelle. || *A Paris,* || *Chez Pierre des-Hayes; ruë* || *de la Harpe à l'Escu de France.* || *Et Iean Martin au bout du pont* || *S. Michel pres le Chasteau S. Ange.* || M.DC.XXIX [1629]. Auec Permission. In-8 de 16 pp.

Capitulation souscrite par la garnison de Bois-le-Duc, le 14 septembre 1629. Voy. Dumont, *Corps universel diplomatique*, V, II, 593.
Vander Wulp, I, n° 2067.

**19.** Articles || accordez || par Monsieur le || Prince d'Orange, et || les Deputez de Messieurs les Estats || Generaux des Prouinces Vnies, || aux Ecclesiastiques, Magistrats, & || Bourgeois de la ville de Bois-le-Duc. || *A Paris,* || *Chez Iean Martin, au bout du* || *Pont Sainct Michel, prés le* || *Chasteau S. Ange.* || *Et Pirre* [sic] *des Hayes, ruë de la* || *Harpe, à l'Escu de France,* || M.DC.XXIX [1629]. || Auec Permission. In-8 de 14 pp. et 1 f.

Ces articles, signés, d'une part, du prince d'Orange, Henri de Nassau, et, d'autre part, de Fr. Michel [Ophove], évêque de Bois-le-Duc, Fr. Joannes Mors, abbé de Bernts, etc., sont datés du 14 septembre 1629. Ils concèdent aux bourgeois une amnistie, avec l'oubli complet du passé, et reconnaissent tous leurs anciens privilèges.
Tiele (I, n°s 2275-2278) et Vander Wulp (I, n°s 2068-2069) décrivent deux autres éditions françaises et trois éditions néerlandaises de ces articles. Dumont ne les a pas reproduits, bien qu'il ait donné la capitulation qui précède.

**20.** Relation || veritable || de ce qui s'est passé || pres de Vvesel entre les || gens de guerre des Estats Generaux des || Pays-bas, sous la conduitte du Colonel || Yuelstein, & le Comte Iean de Nassau || General de l'armée du Roy d'Espagne. || Auec la Prise dudit Comte Iean de Nassau, & || le nom des Officiers de guerre trouuez blessez || & morts en la desroutte. || *A Paris,* || *Chez Iean Martin sur le Pont* || *sainct Michel à l'Ancre Double.* || M.DC.XXX [1630]. || Auec Permission. In-8 de 14 pp. et 1 f. bl.

Relation d'un combat livré le 6 juillet 1630. Le colonel Offenberg et le capitaine Graignard, de l'armée espagnole, y furent tués. Le comte Jean de Nassau Siegen, qui s'était fait catholique et avait pris parti dans les rangs des Espagnols, fut au nombre des blessés.

**21.** Taxes et Im- || positions qui se le- || uent dans le Pays et Duché de Bra- || bant pour le payement des gens de || Guerre, suiuant le consentement || porté par les trois Estats dudit Pays, || & accepté par son Altesse Serenis- || sime, au nom & de la part de sa || Majesté, par actes des 7. Feurier & 5. de Mars 1631. || *Iouxte la copie imprimée* || *A Bruxelles* || *Chez la vefue de Hubert Antoine* || *dit Velpius, Imprimeur iuré de la* || *Cour, à l'Aigle d'or.* || M.DC.XXXI [1631]. In-8 de 26 pp.

Cette curieuse liste donne aussi bien le détail des parties prenantes que celui des parties payantes.
Le titre de l'édition de Bruxelles est quelque peu différent. Voy. Vander Wulp, n° 2151.

**22.** Relation || de la notable || deffaicte || des trouppes || Espagnoles & Flamandes || par les Holandois. || *A Paris,* || *Chez Michel Blageart, ruë* || *Neufue sainct Louys, vis à vis* || *la petite porte du Palais.* || M.DC.XXXI [1631]. || Auec Permission. In-8 de 13 pp. et 1 f. blanc.

Relation de la défaite d'une petite flotte espagnole qui avait passé devant Berg-op-Zoom et avait mouillé à Tertote. Le prince d'Orange en eut raison, grâce à la flotte zélandaise et à quatre régiments d'infanterie commandés par le colonel Morgant (12 septembre 1631). Le duc de Vendôme et le duc de Mercœur, son fils, le duc de Bouillon, MM. de Beringhen et de Saint-Surin secondèrent le prince d'Orange dans cette affaire.
Les collections décrites par Tiele et par Vander Wulp ne possédaient ni cette pièce, ni aucune des cinq suivantes.

23. RELATION || veritable || de la quantité des || Officiers detenus pri- || sonniers au Camp du Prince d'Orange. || Auec le nombre de toutes les Chaloupes, Pontons, || Pleytes, & Canons gaignez par les Hollandois, en la derniere deffaite des Espagnols, prés || l'Isle Tertolen. || *A Paris,* || *Chez Iean Martin, sur le Pont S.* || *Michel, à l'Anchre Double.* || M.DC.XXXI [1681]. Auec Permission. In-8 de 16 pp.

Liste complète des prisonniers faits par les Hollandais le 12 septembre. La liste des navires est également fort curieuse.

24. MANIFESTE || du || Comte Henry || de Bergh, Maistre || de Camp general de || l'armee du Roy d'Espagne. || Auec ses Lettres à l'Infante, aux Prelats, || Nobles, & aux villes des Pays-Bas, sur || le sujet de la prise de ses armes contre les || Espagnols. || *A Paris,* || *Chez Iean Martin, sur le Pont S.* || *Michel, à l'Anchre double.* || M.DC.XXXII [1632]. || Auec Permission. In-8 de 18 pp. et 1 f. blanc.

Ce manifeste est daté de Liège, le 18 juin 1632.
Vander Wulp (I, n° 2203) décrit de cette pièce une édition française imprimée à *La Haye*. Pour des éditions néerlandaises, voy. Tiele, I, n° 2479, et Vander Wulp, I, n°s 2204-2206.

25. LA || REDVCTION || de la ville de Limbourg || & de toute la Prouince || Auec les Articles accordés aux habitans, || Par le Seigneur de Stackembroek, Lieutenant General de la || Cauallerie, commendant au siege de || laditte ville, de la part de S. E. le || Prince d'Orange. || Du 8. Septembre, 1632. || *A Paris,* || *Chez Iean de la Tourette, en* || *l'Isle du Palais.* || M. DC. XXXII [1632]. || Auec Permission. In-8 de 15 [*lis.* 14] pp.

26. LE GRAND || ETONNEMENT || donné à la ville || d'Anuers, & aux Duchez de Gueldre || & de Brabant. || Par la puissante armée || de Monsieur le Prince d'Orange. || Auec la Deroute des || Troupes de Cauallerie & Infanterie Espagnolle. || Et la Prise de Trente & deux chariots de viures, || & munitions de guerre. || Par les Troupes Hollandoise [*sic*]. || *A Paris,* || *Par P. Mettayer, Imprimeur* || *ordinaire du Roy.* || M.DC.XXXIV [1634]. In-8 de 15 pp.

27. LA FVRIEVSE || DEFFAICTE || des Trouppes || de Cauallerie, & Infanterie Im- || perialles, & Espagnolles. || Aux approches de la ville de Mastrich || par les Hollandois. || *A Paris,* || *Par P. Mettayer, Imprimeur* || *ordinaire du Roy.* || M.DCXXXIV [1634]. In-8 de 14 pp.

2406. MEMOIRES || de Messire || Louis Aubery || Chevalier || Seigneur de Maurier, || pour servir à l'his- || toire de Hollande & des autres || Provinces-unies. || Où l'on void les vrayes causes des divisions qui sont || depuis soixante ans en cette Republique, || & qui la menacent de ruine. || *Au Maurier,* || *De l'Imprimerie de Jacques Laboe* || *Imprimeur & Libraire de la Flèche.* || M.DC.LXXX [1680]. || Avec Privilege du Roy. In-8 de 12 ff., 436 pp. et 2 ff. pour la *Table* et le *Privilége.*

Les ff lim. comprennent : le titre, une épître « A monseigneur l'illustrissime et reverendissime evéque du Mans, Louis de La Vergne de Montenard de Tressan, conseiller du roy en ses conseils, etc. », et la *Preface.*

Le privilège, daté du 2 juillet 1679, est accordé pour six ans à l'auteur. Il est suivi d'un achevé d'imprimer du 15 juin 1680.

Louis Aubery du Maurier était le second fils de Benjamin Aubery, qui avait été ministre de France en Hollande de 1613 à 1624. Louis, né en 1609, fut lui-même élevé en Hollande, et il a recueilli dans ses mémoires les souvenirs de son père et les siens. Ces souvenirs, où l'on trouve d'importantes révélations, sont divisés en huit parties qui se rapportent : 1° à Guillaume de

# HISTOIRE. 183

Nassau, prince d'Orange; 2° à Louise de Coligny, « derniére et quatriéme femme de Guillaume, prince d'Orange » ; 3° à Philippe-Guillaume, prince d'Orange, et à Eléonore de Bourbon, sa femme; 4° à Maurice de Nassau, prince d'Orange, et « par occasion », au comte Ernest de Mansfeld, au duc Christian de Brunswic, etc.; 5° à Henri-Frédéric de Nassau et à sa postérité ; 6° à Jean de Barneveld ; 7° à François Aersens, seigneur de Sommerdyck et de La Plaate ; 8° à Hugues Grotius.

Louis avait abjuré le protestantisme, et s'était flatté d'obtenir de Richelieu un emploi. N'ayant pu réussir dans ses démarches, il se retira dans ses terres, et se mit à écrire ses mémoires pour se « des-ennuyer dans le triste loisir de la solitude....., n'ayant pas été nourri à la chasse qui rend le séjour de la campagne moins désagréable. »

Les *Memoires* de Du Maurier ont été plusieurs fois réimprimés. L'édition de 1754, à laquelle sont jointes des notes d'Amelot de La Houssaye, est intitulée : *Histoire de Guillaume de Nassau*, etc.

Cet exemplaire porte sur la garde un envoi autographe : « Pour monsieur SAINT ROMAIN. Par son tres-humble et tres-obeissant serviteur. DU MAURIER. » La signature de l'auteur se trouve aussi à la fin de la *Preface*.

2407. ADVIS || FIDELLE || aux || veritables Hollandois. || Touchant ce qui s'est passé dans les Villages de Bodegra- || ve & Swammerdam, & les cruautés inouïes, || que les François y ont exercées. || Avec || Un Memoire de la derniere marche de l'Armée || du Roy de France en Brabant & || en Flandre. || CIƆ IƆC LXXIII [1673]. S. l., in-4 de 1 f., 202 pp. et 8 figg., réglé, mar. r., fil., dos orné, tr. dor. (*Anc. rel.*)

*I, 6, 18*

Le titre est orné d'une sphère.

L'édition sort des presses des frères *Jean et Daniel Steucker* à *La Haye*. Voy. Willems, *Les Elzevier*, n° 1874.

L'*Advis* se termine à la p. 72. Dans une note qui occupe la p. 73, l'imprimeur dit qu'il se proposait de donner à la suite « une relation pertinente des violences que le[s] François ont faites dans les autres provinces conquises, où leur inhumanité s'est portée jusques à violer les sepulcres et à déterrer les morts pour se chauffer au bois des bieres, et pour se parer du linge dont ils estoient ensevelis » ; mais que, n'ayant pu recouvrer les memoires qui lui avaient été promis par une personne « de grande qualité », il a complété le volume par des extraits du registre des estats de la province d'Utrecht.

Les 8 figures, tirées sur des ff. doubles et montées sur onglets, sont placées après les pp. 48 (2), 50, 52, 54 (2), 196, 200. Plusieurs portent en toutes lettres la signature de *Romain De Hooghe*.

L'*Advis fidelle* est ordinairement attribué au célèbre ABRAHAM DE WICQUEFORT, le personnage équivoque qui servit successivement le Brandebourg, la France, les Provinces-Unies et le Brunswick, fut condamné comme traître par les Hollandais, en 1675, et alla mourir misérablement à Zell en 1682 ; mais cette attribution est aujourd'hui très sérieusement contestée. Voy. Willems, *loc. cit.*

Exemplaire du PRINCE RADZIWILL (Cat., n° 1512).

A l'histoire des Pays-Bas se rapportent encore divers ouvrages que nous avons cités à l'article 2335, puis : *La Pompe funeralle de Philippe le Beau*, 1507 (voy. ci-après, Histoire d'Espagne, n° 2432) ; — *Discours miraculeux, inouy et epouventable avenu à Envers*, 1582 (t. II, n° 1725) ; — *Chanson lamentable contenant les infortunes et desastres survenuz au prince d'Espinoy*, 1581 (t. I, n° 987) ; — *Chanson nouvelle pour encourager les catholicques à se prevalloir contre le prince d'Oranges*, 1581 (n° 988) ; — *Histoire curieuse de tout ce qui c'est passé à l'entrée de la reyne mère du roy Treschrestien dans les villes des Pays Bas*, par La Serre, 1632 (t. III, n° 2281).

## 8. — *Histoire d'Allemagne.*

2408. HISTOIRE GÉNÉRALE D'ALLEMAGNE, Par le P. Barre, Chanoine Régulier de Sainte Geneviéve. & Chancelier de l'Université de Paris. *A Paris, rue S. Jacques, Chés Charles J. B. Delespine, à la Victoire et au Palmier. Jean Thomas Herissant, à S. Paul & à S. Hilaire.* [De l'Imprimerie de Ch. J. B. Delespine, Impr. Libr. ord. du Roi, ruë S. Jacques au Palmier, 1747]. M.DCC.XLVIII [1748]. Avec Approbation et Privilege du Roy. 10 tom. en 11 vol. in-4, mar. r., fil., dos ornés, tr. dor. (*Anc. rel.*)

Tome I : Front. gravé par *Le Bas*, d'après *Cazes* ; titre ; portrait de Frédéric-Auguste III, roi de Pologne et duc de Saxe, gravé par *J. Daullé* d'après *Silvestre* ; 3 ff. pour épître dédicatoire adressée au même prince ; xxxiij pp.; 1 f.; 612 pp.; 10 ff. pour la *Table*, plus une grande carte pliée (p. 32). — Tome II : 3 ff.; 644 pp.; ix pp.; 11 ff. pour la *Table* ; 1 f. blanc, plus une carte pliée, placée en tête du volume. — Tome III : 4 ff.; 684 pp.; viij pp.; 12 ff. pour la *Table*. — Tome IV : 3 ff.; 708 pp.; 16 ff. pour la *Table*, plus une carte pliée. — Tome V : 3 ff.; 776 pp.; xj pp.; 16 ff. pour la *Table*. — Tome VI : 4 ff.; 868 pp.; 12 ff. pour la *Table*. — Tome VII : 3 ff.; 784 pp. ; 18 ff. pour la *Table*. — Tome VIII, I. Partie : 3 ff. ; 344 pp. (chiffr. 785-1128) ; 344 pp. ; 1 f. d'*Eclaircissement* ; 20 ff. pour la *Table*. — Tome VIII, II. Partie : 3 ff.; 660 pp. (chiffr. 345-1004) ; xj pp.; 17 ff. pour la *Table*. — Tome IX : 3 ff.; 896 pp.; 15 ff. pour la *Table*. — Tome X : 3 ff.; 938 pp.; 19 ff. pour la *Table*.

Chaque volume est orné d'un fleuron sur le titre et d'un en-tête placé au-dessus du titre de départ. Le fleuron du premier volume a été dessiné et gravé par *J.-Ph. Le Bas* ; ceux des dix autres volumes ont été gravés par le même d'après *Eisen*. — Les en-tête des tomes I, II, III, IV, VIII 1re partie et 2e partie sont de *J.-Ph. Le Bas* ; celui du tome V est de *Gravelot* ; ceux des tomes VI, VII, IX et X, plus un en-tête placé au milieu du tome VIII, 1re partie, sont de *Canot* ; tous ont été gravés par *J.-Ph. Le Bas*.

Le privilège, daté du 12 octobre 1747, est accordé pour vingt ans à *Charles-Jean-Baptiste Delespine*, imprimeur ordinaire du roi, qui déclare y associer *Jean-Thomas Hérissant*.

Exemplaire de dédicace, en GRAND PAPIER, aux armes de FRÉDÉRIC-AUGUSTE III, roi de Pologne, qui provient de la vente BÉHAGUE (Cat., n° 1877).

2409. ÉLOGE de Charles Quint, empereur, Traduit du Poeme Latin de Jacques Masenius, dédié à Madame la Dauphine, Par Dom André-Joseph Ansart, Religieux Bénédictin, de la Congrégation de Saint-Maur, des Académies d'Arras & des Arcades de Rome. *A Paris, Chez J. Barbou, rue des Mathurins.* M.DCC.LXXIV [1774]. In-8 de 3 ff., 52 et 32 pp., mar. r., fil., dos orné, tr. dor. (*Anc. rel.*)

Les ff. lim. comprennent : Un portrait de la dauphine Marie-Antoinette, gravé par *Le Beau* d'après *Marillier*, le titre et l'*Epître dédicatoire*.

Le poème latin traduit par dom Ansart avait paru d'abord dans un vaste recueil publié par le jésuite liégeois Jacques Masen sous ce titre : *Anima historiae hujus temporis, hoc est Historia Caroli V. et Ferdinandi I.* (Coloniae, 1672, 2 vol. in-4). L'ouvrage le plus connu de Masen est la *Sarcotis*, poème relatif à la chûte de l'homme, qu'un littérateur écossais, W. Lauder, dans un factum imprimé en 1753, accusa sottement Milton d'avoir copié.

La première partie de notre volume est occupée par la *Préface*, l'*Epître dédicatoire* de Masen et la traduction française. La seconde partie contient le texte latin du poème.

Exemplaire de dédicace, aux armes de MARIE-ANTOINETTE D'AUTRICHE, DAUPHINE DE FRANCE.

2410. ❡ Les cerimonies obser- || uees au coronement de || Lempereur le iour de || saict Mathias a Bo || logne la grasse le || xxiiij. de feburier || Mccccxxx. *S. l. n. d* [1530], pet. in-8 goth. de 8 ff. non chiffr. de 31 lignes à la page, impr. en petites lettres de forme, sign. *a*. — ❡ Lentree du Pape || du Roy / de la Royne / du Daulphin || De la duchesse Durbin / Et du ma- || riage de ladicte dame auecq̃s mõsei || gneur le duc Dorleãs / Faicte en la || noble ꝟ antiq̃ssime cite de Mar- || seille. Le xij. iour du moys Do || ctobre / Lan .M.ccccc.xxxiij. || auecque lantiquité de ladicte || cite. *Imprimee nouelle-* || *ment.* — ❡ *Finist. S. l. n. d.* [1533], pet. in-8 goth. de 12 ff. non chiffr. de 23 lignes à la page, sign. *A-C*. — Ensemble 2 part. en 1 vol. pet. in-8, mar. r., fil., dos orné, tr. dor. (*Ducastin*.)

*Cerimonies*. — L'édition n'est ornée d'aucun bois. Voici la reproduction du titre :

❡ Les cerimonies obser-
uees au coronement de
Lempereur le iour de
saict Mathias a Bo
logne la grasse le
xxiiij. de feburier
Mccccxxx.

Le v° du titre est blanc, ainsi que le v° du dernier f.

La relation commence ainsi : Premiérement, laissant la coronation de la corone d'argent faicte le mardi. xxij. dudict moys de febvrier, laquelle corone se souloit prendre a Milan, parleray seulement de la coronation de la corone d'or, laquelle, et pour derniére, se souloit prendre a Rome. »

Le récit est divisé en 21 chapitres, et se termine par l'*Entrée du tresnoble duc de Savoye en la cité de Bologne la grasse, faicte le. xxiiij. de febvrier* 1530. Il se confond probablement avec la relation imprimée par *Guill. Vosterman*, à *Anvers*, sous ce titre : *La Couronnation de l'empereur Charles cinquiesme de ce nom faicte a Boloigne la grasse*, etc. Voy. Cat. Vergauwen, 1884, II, n° 413.

*Entrée.* — Le titre est orné des armes de France supportées par deux anges :

La relation commence ainsi : « France avoyr esté universellement esjouye du tresheureux et desiré advenement de sa souveraine princesse, dame Leonore, royne de France ; les villes et cités principales luy avoyr faict entrée tresmagnifique.... »
Exemplaires de M. C. Coppinger.

2411. Copie dune lettre || mandee de Thuniz de la prinse de la Gollette au sei- || gneur Gaspard de mandoze gentil home de lēpreur. — Copie des auis ven⁹ || du vice Roy de Cecile et de loccision de la prinse du ba || stion [*sic*] faict par Barberousse de ceulx qui estoient en || la guarde dudit bastion auec la rancontre de Barbe- || rouse et de la route de son excercite et prise et sac de || la ville de Tuniz. *S. l.* [1535], in-4 goth. de 4 ff. non chiffr. dont la page la plus pleine a 36 lignes, mar. r. jans., tr. dor. (*Trautz-Bauzonnet.*)

Le recto du 1ᵉʳ f. ne porte pas de titre ; il contient une très curieuse carte

de Tunis et de ses environs qui occupe toute la page et qui est accompagnée d'un texte italien (voy. le fac-simile p. 187).

Le texte commence au v° du 1er f. Nous en reproduisons les premières lignes pour faire connaître les caractères qui ont servi à l'impression :

> ☙ **Copie dune lettre**
> mandee de Thunis de la prinse de la Gollette au sei=
> gneur Gaspard de mandoze gentil home de lepreur.
>
> La prise d ela Gollette auec aultres siennes et pro
> pres particularitez Cest assauoir de la maniere
> et ordre que atenu la cesaree maieste auecques
> aultres ses valleureux Capitaines des Turchs mors
> et prins de lartuce prinse et artillerie grosse et menue
> et aultres choses en telle victoire aduenues.
>
> Il nest a doubter mon Illustrissime. S. q̃ parla grãt
> tardite que cest faicte depuis les p̃miers aduis
> et nouuelles vrayemẽt plusieurs ne se soiẽtplus
> tost esmerueillez q̃ aultremẽt soubsounãt plus tost le
> mal q̃ le bien et mesmemẽt de ceulx q̃ se vont delectãt
> en pronostications Lesq̃lz ou soit pour les choses su=

La lettre, signée de FRANÇOIS DE FERRARE, est datée de La Gollette, le 15 juillet 1535.

Le 2e titre est placé au verso du 3e f. Il faut lire : « de la prinse du bastion faict par Barberousse, et de l'occision, etc. » Les *Avis*, qui ne sont pas signés, sont datés de Naples le 2 août 1535.

Le verso du 4e f. est blanc.

2412. KEYSERLICHER MAIESTAT || EROBERVNG des Königreychs Thunisi/ || wie die vergangener tag von Rom/ Neapls/ || vnd Venedig/ gen Augspurg gelangt || hat/ vnd von Genua den xij. Au- || gusti hieher geschriben ist. || *Getruckt zu Nürnberg. xiij. Augusti.* || 1535. In-4 goth. de 4 ff. de 28 lignes à la page.

Au titre, les armes impériales, avec la devise *Plus ultre*.
La relation, qui n'est pas signée, commence ainsi :

« Erstlich ist die Kay. May. am xvij. Tag Junij in den Canal zū Thunis ankommen, mit ihrer May. Schiffung und Armada, unn hatt sich ungefeerlichen auff vier Meyl Wegs nahent für Tunisz gelegeret..... »

A la suite est une lettre de Gênes dont voici le début :

« Aus Genua schreibt man das ain kayserlicher eylender Postcurrir angezeigt hab, Ka. May. hab La Galeta [*sic*] den xiiij. Julij mit dem Sturm, der von angeendem Tag bisz auf Mittag gewert hab, erobert.... »

Kertbeny (*Ungarn betreffende deutsche Erstlings-Drucke*, 1880, n° 491) cite le titre de cette pièce et dit qu'elle contient probablement la lettre de Fernand de Gonzague, duc d'Arriano, à son frère le cardinal de Mantoue. On vient de voir que notre relation est très différente. La lettre de Fernand de

Gonzague se trouve dans un autre livret intitulé : *Warhafftige Newe Zeitung* || *des Kayserlichen Sigs| zu* || *Galetta vnd Thunis geschehen|* || M.D.XXXV. *S. l.* in-4 goth de 8 ff. Elle a été reproduite par Voigt (*Geschichtschreibung über den Zug Karl's V. gegen Tunis*, p. 217). Un manuscrit de la Bibliothèque nationale (Suppl. franç., 434) en contient un texte français.

2413. ¶ La cõplaincte || des citoyens de || Milan. || Enuoyee a lempereur. || ¶[Mil. D. xlii [1542]. || ¶ *On les vend a Paris en la rue sainct Ia-* || *ques a lenseigne des troys Brochetz|* || *par Be-* || *noist de Gourmont.* || ¶ Auec priuilege. In-8 goth. de 8 ff. non chiffr. de 26 lignes à la page pleine, mar. r. jans., tr. dor. (*Trautz-Bauzonnet*.)

 Au v° du titre est un avis « Au Lecteur », où il est dit que cette traduction française de la *Complaincte des Milanoys* a été publiée afin que les sujets du roi de France voient combien leur condition est préférable à celle des sujets de l'empereur.
 La *Bibliografia enciclopedica milanese* de Predari (1857) ne fait aucune mention de cette pièce ni même de l'original italien.

2414. Respõse aux || Remonstrances || Faictes à l'Empereur par aul- || qun de ses subiectz, sur la || restitution du Roy- || aulme de Nauar- || re, & Duché de || Milan. || Auec Priuilege de la court. || *On les vend au palais en* || *la gallerie par ou on va* || *à la chãcellerie, par* || *Nicolas l'heritier.* — [A la fin :] *Imprime nouuelement a Paris,* || *par Estiene caueiller imprimeur,* || *demourant en la rue du* || *bon puits, a l'ensei-* || *gne des cinq mi-* || *rouers.* Pet. in-8 de 28 ff., sign. A-G, mar. r. jans., tr. dor. (*Capé*.)

 Le volume est imprimé en lettres rondes, sauf le *Privilége*, placé au verso du titre, qui est en caractères gothiques. Ce privilège, daté du 23 août 1542, est accordé à *Nicolas L'Héritier*, sans limite de temps.
 La *Response* fut publiée six semaines après la déclaration de guerre de François Ier à Charles-Quint (10 juillet 1542). La cause avouée de la guerre était la répétition de la Navarre et du Milanais, par le roi de France ; aussi l'empereur avait-il eu soin de se faire adresser des suppliques tendant à conservation de ces provinces. Nous n'avons pas retrouvé ces *Remonstrances* dont nous avons ici la réfutation.
 Exemplaire de M. Solar (Cat., 2898) et de M J. Capron (n° 588).

2415. ¶ Dovble dune Lettre Faisãt mã || tion de la suplication faicte par La || maieste Imperialle de Lempereur enuoye aux || princes Electeurs de Lempire demandant pas- || sage pour aller en Espagne Auec la responce des Protestans a la maieste Imperialle. plus est || faict mention de la defaicte des gens dudict em- || pereur. || ¶ Translate de Allemant en Frã || coys *Et Imprime a lyon par Frã-* || *coys Iuste le.xvii.* *iour de feburier.* || *Mil cinq cens. xl. sept* [1547] Pet. in-8 goth. de 4 ff. non chiffr. de 21 lignes à la page, impr. en grosses lettres de forme, mar. br. jans., tr. dor. (*E. Petit.*)

L'auteur de cette lettre, qui écrit de Bâle, le 15 février 1547, raconte que l'empereur a demandé passage aux protestants pour se rendre en Espagne avec l'intention d'y tenir un concile général ; mais que les protestants ont refusé le passage et ont déclaré s'opposer au concile. Il raconte alors la prise d'armes des Impériaux et les échecs partiels qui précédèrent leur victoire de Mühlberg.

La lettre, écrite à Bâle, le 15 février, en allemand, était imprimée à Lyon, en français, deux jours plus tard ; aussi le texte en est-il des plus incorrects. On remarquera que *François Juste* a conservé la date de 1547 donnée par son correspondant suisse, au lieu de se conformer à l'usage généralement suivi en France, où l'année ne commençait qu'à Pâques, et de dire le 15 et le 17 février 1546.

2416. De Morini || quod Terouanā vocant, || atque Hedini expugnatione, deqʒ præ- || lio apud Rentiacum, & omnibus ad || hunc vsque diem vario euentu || inter Cæsarianos & Gallos || gestis, breuis & vera || narratio. || Iacobo Basilico Marcheto, || Despota Sami Authore. || *Antuerpiæ*. || *Apud Ioannem Bellerum* || *sub insigni Falconis*. || M.D.LV [1555]. || Cum Priuilegio. In-8 de 16 ff. non chiffr., sign. *A-D* par 4, car. ital. — ¶ Cōmentarivm || seu potius Diarium, || expeditionis Tuniceæ, || a Carolo V. Imperatore, || semper Augusto, Anno M. D. || XXXV. susceptæ. || ¶ Ioanne Etrobio interprete. || ¶ *Louanii excudebat Iacobus Batius* || *An. 1547. Mens. De.* || ¶ Cum priuilegio Cæs. || *Impensis Petri Phalesii, ac Martini Rotarii*. In-8 de 67 ff. non chiffr. et 1 f. blanc, sign. *A-H* par 8, I par 4. — Ensemble deux part. en un vol. in-8, mar. amar. jans., tr. dor. (*Chambolle-Duru.*)

*Narratio.* — Cette pièce, qui a la forme d'un dialogue entre Hercule et Nestor, est l'œuvre du célèbre aventurier Jacques ou Jean Basilic, qui s'empara du trône de Moldavie au mois de novembre 1561 et fut tué deux ans après. L'original latin fut traduit en français la même année. M. L. Alvin a réimprimé, en 1872, le texte français, et M. Le Sergeant de Monnecove, en 1874, les deux textes latin et français. Sur ces diverses éditions et sur Jean Basilic lui-même, voy. Urechi, *Chronique de Moldavie*, éd. Picot, pp. 392-447.

En tête du volume que nous décrivons est un extrait du privilège accordé pour deux ans à *Jean Bellère*, le 28 février 1555, et une épître de l'auteur au roi Philippe II.

*Commentarium.* — Le titre est orné d'une marque qui représente un caducée porté par deux mains et surmonté d'un hibou, le tout contenu dans une couronne de feuilles de laurier. Autour de la couronne on lit cette devise : *Prudenter vigili gloria tuta comes.*

En tête de l'ouvrage est une épître de Jean Berot, de Valenciennes (Joannes Berotius, Valencenas) « Reverendiss. D. D. Georgio d'Egmont, episcopo Trajectensi, Divi Amandi administratori dignissimo, comiti in Pabula, etc. » Cette épître, qui occupe les ff. *A 2-A 5*, est datée de Louvain, aux ides de décembre (13 décembre) 1547. *A 6*, est datée de Louvain, aux ides de décembre (13 décembre) 1547.

« L'amitié, dit Bérot, crée des liens plus solides parfois que les liens du sang. J'ai éprouvé un violent chagrin en apprenant la mort de mon ami Etrobius et j'ai voulu honorer sa mémoire. J'ai eu la pensée, ajoute-t-il, de faire imprimer un commentaire de l'expédition de Tunis, « quod a se [Etrobio] e gallico in latinum fideliter versum, pridem vivus mihi tradiderat et adhuc apud me asservabatur. » Comme le remarque Paquot (*Mémoires*, éd. in-fol., I, 322), une déclaration aussi formelle permet difficilement d'admettre, ainsi qu'on le fait d'ordinaire, que le nom d'Etrobius soit un simple anagramme de Berotius. Ce nom peut n'être qu'une altération de *Heterobius*, *Hetrobius* ('Ετεροβίος), et désigner un défunt, celui qui est passé dans l'autre vie », ou encore traduire un nom tel qu'Autrevie, Anderleben, etc. On a vu du reste qu'Etrobius était un simple traducteur.

L'original français suivi par Etrobius est resté longtemps inconnu ; mais M. Gachet en a découvert un manuscrit à la Bibliothèque de Lille (voy. *Compte-rendu des séances de la commission royale d'histoire*, VIII — Bruxelles, 1844, in-8 —, pp. 9-12). Un autre manuscrit, plus complet, mais d'une rédaction postérieure, est conservé à la Bibliothèque nationale (fr. 5582). Ce dernier volume, dédié par Guillaume de Montoiche, écuyer, à Claude-François de Neufchastel, seigneur dudict lieu, Rye, Rahon et Gevrey, est postérieur à la mort de Charles-Quint ; mais Montoiche reproduit plus ou moins fidèlement le texte du *Diurnal* de Lille, et il est peut-être l'auteur primitif de la relation. L'ouvrage de l'écuyer bourguignon a été imprimé par MM. Gachard et Piot dans leur *Collection des voyages des souverains des Pays-Bas*, III (1881), pp. 315-448.

En comparant la version d'Etrobius à l'original français, M. Gachet a constaté que le traducteur latin avait fait d'assez nombreuses additions, et qu'en un passage il se réfère à un historien italien, Antonio Pio Consentini, dont la relation paraît s'être perdue.

Le *Commentarium* d'Etrobius a été reproduit par le diplomate Corneille De Sceppere dans le recueil intitulé : *Rerum a Carolo V. Caesare Augusto in Africa gestarum Commentarii* (Antverpiae, apud Joan. Bellerum, 1554, ou 1555, in-8), p. 1 ; dans l'édition latine de Chalcondyle, *De origine et rebus gestis Turcorum* (Basileae, J. Oporinus, 1556, in-fol., p. 547, et par Schardius, dans les *Rerum germanicarum Scriptores* (Basileae, en offic. Henricpetriana, 1574, in-fol), II. p. 1341. Ces diverses réimpressions ne donnent pas l'épître de J. Berot.

De la bibliothèque de M. le BARON ACH. SEILLIÈRE (Cat. de 1890, n° 1059).

2417. LES || GRANDES || ET SOLENNELLES POM || PES funebres faictes en la ville de Bru- || xelles, en Brabāt, les XXIX. & XXX. iours || du mois de Decembre. Mil cinq cens || cinquante huict pour le seruice de tres || hault, trespuissant, & tresmagnanime || Charles cinquiesme du nom Empe- || reur tres auguste, escriptes aux habitās || de Grenate en Espaigne. || Traduict de langage Espagnolz [*sic*] en Francois. || ¶ *A Paris*, || *Chez la veufue N. Buffet, pres le* || *College de Reims*. || 1559. In-8 de 11 ff. non chiffr. et 1 f. blanc, mar. r. jans., tr. dor. (*A. Motte*.)

> Cette pièce, dont nous n'avons pas vu l'original espagnol, commence ainsi: « Messieurs, je vous puis advertir de la tristesse et douleur que porte à present le roy Philippes, nostre souverain seigneur.. . »

2418. LES || OBSEQVES || et grandes || pompes funebres de l'Empe- || reur Charles cinquiéme, || faictz à la ville de || Bruxelles. || Traduitz d'Italien en François. || *A Paris*, ||

*Chez Martin l'homme Imprimeur, demeurant* || *en la rue du Meurier, pres la rue* || *Sainct Victor.* || 1559. || Auec Priuilege. In-8 de 8 ff. non chiffr. de 30 lignes à la page, sign. *A-B*, mar. r. jans, tr. dor. (*A. Motte.*)

Au v° du titre est placé un *Extraict* du privilège accordé pour six mois à *Martin L'Homme*, le 24 avril 1559.

La relation, dont nous n'avons pas retrouvé l'original italien, commence ainsi : « Monseigneur, Les funerailles de l'empereur Charles cinqiéme, lesquelles se preparoyent, comme je vous ay desja par cy devant escript, commencérent hier, qui fut le xxix. de decembre 1558, à deux heures apres midy, et sont finies ce jourd'huy, xxx. dudit mois, avec si bel ordre et magnificence que je vous en ay bien voulu donner ce peu d'advertissement.... »

M. Brunet (IV, 146) ne cite de cette pièce qu'une édition de *Lyon, Jean Saugrain* ; encore ne la cite-t-il que d'après Du Verdier.

Il existe plusieurs autres relations des obsèques de Charles-Quint. Les plus importantes sont *La magnifique et sumptueuse Pompe funebre*, publiée par Christophe Plantin, à Anvers, en 1559, in-fol. (avec 33 planches), et la *Pompa funebris*, gravée par *Jean* et *Lucas de Duetecum* en 87 planches (Hagae Comitis, 1619, in-fol.).

2419. DESCRIPTION || DE TOVS POTENTATS, || Princes, electeurs (tant spirituelz que || temporelz) Ducz, Comptes, Cheua- || liers, Barons & deputez d'iceux : les- || quelz ont esté au Couronnement de || Maximilian Roy des Romains à || Francfort, L'an 1562. || Translaté du hault Aleman || en François. || *A Paris,* || *Pour Iean Dallier Libraire, demeurant sur le pont sainct* || *Michel, à l'enseigne de la Rose blanche.* || 1563. || Auec Priuilege. In-8 de 24 ff. chiffr., mar. r. jans., tr. dor. (*A. Motte.*)

Au titre, la rose de *Jean Dallier* (Silvestre, n° 308).

Au v° du dernier f. est un *Extraict* du privilège accordé à ce libraire pour un an, le 9 mars 1562.

Le couronnement de Maximilien comme roi des Romains eut lieu à Francfort le 21 septembre 1562.

Notre *Description*, rédigée dans un langage très incorrect, paraît avoir été traduite en français par un Flamand. Nous n'en avons pas retrouvé l'original allemand.

La liste des personnages ayant assisté à la cérémonie du couronnement commence au 2° f. et ne se termine qu'au v° du 18°. Elle se termine par les noms des *Hommes sçavans qui ont composé des livres, lesquels on trouve presentement auprès des librairiers*. Voici ces noms, qu'on ne lira pas sans intérêt :

En theologie :

Jean Agricola Eysleben, auprès le duc de Brandembourg.
George Wicelius, demeurant à Malence.
Jean Brentius, auprès le duc de Wirtemberch.
Abdias Pretorius Gotschalcq.

Sçavans en loix :

Melchior Kling, de Meyborch.
François Hottemanus, juriste.
Christophle Ehem, d'Ausborch.
Nicolas Cisnerus, auprès le comte Palatin electeur.
Symon Schardius, pour soy mesme.

# HISTOIRE.

**Historiographes :**
Michaël Peuterus, juriste.
Jean Voerthusius, prevost de Deventer.
Samuel de Quickelberch, auprès le duc de Bavière.
Laurent Schradeus, antiquarius.
Jean de Francolin, huissier d'arme d'empereur.
Henricus Milius, auprès le comte Gunther de Schwartzerborch.

**Orateurs et Poëtes.**
Jean Sturmius, orateur de Straesborch.
Cyprianus Vomelius, poëte de Coulongne.
Michael Toxites, poëte et orateur.
Andrieu Rapitius, poëte et juriste.
Jean Postius, Germerszheimius, Poëte.
Jean Lauterbachius, Poëte.
Martin Hubert, de Basle.

**Mathematiciens et Musiciens :**
Jean Taisnerus, J. U. D., mathematicien.
Orlandus de Lassus, musicien auprès le duc de Bavière.

Au f. 18 v° commence la *Harengue d'*EBRAHIM, *embassadeur turquois, à Ferdinand l'empereur, faicte à Francfort en langue sclavonique,* etc. Ce discours est suivi de la liste des personnages qui composaient la mission turque.

Ibrahim-Pacha était un renégat serbe originaire de Kanizsa ; il devint par la suite grand-vizir (1596, 1597 et 1599) et mourut le 10 juillet 1601. Il existe plusieurs éditions allemandes de son discours, auquel est jointe la liste des présents apportés par lui. Voy. Kertbeny, *Ungarn betreffende deutsche Erstlings-Drucke,* 1880, n°s 708, 704.

Les ff. 21-24 contiennent des *Lettres missives déclarans la solemnité du couronnement du roy des Romains.* Ces lettres, adressées à une dame, sont datées de Nancy, le 24 décembre [1562].

2420. RECUEIL de pièces relatives à l'histoire de l'Allemagne et de l'Empire de 1616 à 1641. 106 parties en 4 vol. in-8.

Voici la description des pièces qui composent ce recueil :

1. RECIT veritable || de la grande || Execution || faite || en la ville de || Francfort, || D'vne grande quantité de rebelles de || la Majesté Imperiale. || Le neufiesme de Mars mil six cents seize. || *A Paris* || *Par Iean Bourriquant, au mont sainct Hi-*|| *laire, prés le puits Certain, au Lys* || *fleurissant.* || Auec Permission. S. d. [1616], in-8 de 7 pp.

Exécution de Vincent Vetmelch (?), faiseur de pain d'épices, de Conrad Schop, tailleur d'habits, de Conrad Gherugros (?), menuisier, d'un teinturier en soie, dont le nom n'est pas indiqué, d'Adolphe Cauton, de Hermann Geiss, cordonnier, et de Hans Stevens, cordier. Neuf autres rebelles furent battus de verges et huit autres simplement bannis.

2. RECIT || veritable || de ce qui s'est || passé à Prague en || Boheme, le vingt-troisiesme || May dernier & iours ensui- || uans ; contre le Conseil de || l'Empereur, & du Roy Ferdi- || nand son Cousin & successeur || designé ; & comme les Estats || du Royaume se sont retirez || de l'obeyssance & subjection || de la maison d'Austriche. || M.DC.XVIII [1618]. S. l., in-8 de 15 pp.

Cette pièce contient le récit de la défénestration de Prague et des événements qui amenèrent la guerre de trente ans.

3. LES || CEREMONIES || obseruees au || couronnement du Roy || de Hongrie, en ceste || presente année 1618. || *A Paris.* || *Chez Abraham Saugrain, ruë sainct* || *Iacques, au dessus de S. Benoist.* || 1618. In-8 de 14 pp.

L'empereur Mathias fut couronné roi de Hongrie, à Presbourg (Pozsony), le dimanche 1er juillet 1618. La relation est l'œuvre d'un témoin oculaire, qui écrit de Vienne, le 4 juillet.

**4.** LE || MASSACRE || commis en la || ville imperiale || de Vienne en Au- || striche. || Ensemble les troubles & diui- || sions arriuées en Allemaigne, || entre l'Empereur & les Princes || Protestans. || Auec les leuées de gens de guerre, || surprises de Places, l'interest || des Princes Estrangers, & le fort || & puissant secours enuoyé en || Hongrie, par sa Majesté Ca- || tholique, pour les mesmes fins. || *A Paris.* || *Chez Isaac mesnier, ruë Sainct* || *Iacques, au Chesne vert.* 1618. || Auec priuilege du Roy. In-8 de 1 f., 10 pp., 1 f. non chiffr. et 1 f. blanc.

Le f. non chiffr. de la fin contient un extrait du privilège accordé pour un an à *Isaac Mesnier*, le 4 septembre 1618.

**5.** LE || MERCVRE || d'Alemagne : || Racontant brieuement ce qui s'est || passé à l'Empire sur le subiect || de la mort de l'Em- || pereur. || *A Paris,* || *Chez Isaac Mesnier, ruë* || *S. Iacques au Chesne verd.* || M.DC.XIX [1619]. In-8 de 7 pp.

L'empereur Mathias, profondément atteint par le soulèvement de la Bohême, mourut le 20 mars 1619. L'auteur de la relation annonce sa mort, et ajoute que le duc de Nevers, qui doit, dit-on, être établi lieutenant-général de l'empire, « alentira par ses vertus les ardeurs de ceste guerre et fera, par sa prudence et par l'authorité mesme de Sa Majesté Tres-Chrestienne, convertir tous ces different [*sic*] en quelque sorte de paix. »

**6.** LETTRE du || Tres-haut et Tres- || puissant Prince & Seigneur, le Sei- || gneur Comte Palatin du Rhin, Prin- || ce-Electeur du sainct Empire, Duc de || Bauiere, &c. à present Lieutenant & || Vicaire dudit Empire, és pays du Rhin || de Sueuie, & ceux du droict Franconi- || que, en date du 22. de Mars dernier || 1619. traduite de la langue Germani- || que en François. || Ladite Lieutenance & Vicariat, digni- || té hereditaire en laite [*sic*] maison || Electorale, toutes & quan- || tes fois que ledit Em- || pire est vacant. || *A Paris.* || *Chez Iean Berjon Imprimeur & Libraire,* || *ruë sainct Iean de Bauuais, au* || *Cheual Volant.* || M.DC.XIX [1619]. Auec Permission. In-8 de 8 pp.

Dans cette lettre, donnée à Heidelberg, le comte Frédéric, duc de Bavière, annonce aux princes allemands que, en vertu de la Bulle d'or, il vient de prendre en main la lieutenance de l'Empire vacant par la mort de l'empereur Mathias.

**7.** LA LETTRE || Patente du Serenissime, Tres- || haut, & Tres-puissant Seigneur, || Comte Palatin du Rhin, &c. Pu- || bliee à cry public, & affichee és || villes & places du ressort de son || Estat de Lieutenant, & Vicaire || du S. Empire Romain. || Traduit d'Allemand en François. Iouxte || la coppie imprimee à Heidelberg, le 22. || Mars 1619. Par I. D. L. || *A Paris,* || *Chez Iean Berjon Imprimeur & Libraire,* || *ruë sainct Iean de Beauuais, au* || *Cheual Volant.* 1619. || Avec permission. In-8 de 14 pp. mal chiffr.

Autre traduction du manifeste publié par le comte Frédéric. Cette traduction est très différente de la précédente. A la fin est un avis du traducteur « au Lecteur » qui déclare avoir mis en français la lettre du lieutenant de l'Empire parce qu'on lui avait assuré auparavant qu'elle contenait « des commandemens et citations à l'élection d'un autre empereur, chose dont elle ne fait aucune mention. »

**8.** LE || MANIFESTE || de || Ferdinand || Duc de Bauiere, || Roy des Romains. || Enuoyé à tous les Roys, || Princes & Republiques Chrestienes & || Catholiques, pour la conseruation des droits || des Princes Catholiques à l'Empire; contre || les desseins des Protestans. || *A Paris,* || *Chez Thomas Menard.* || M.DC.XIX [1619]. || Auec priuilege du Roy. In-8 de 12 pp., 1 f. non chiffr. et 1 f. blanc.

Le f. non chiffr. contient un extrait du privilège accordé pour trois ans à *Thomas Menard*, imprimeur en l'université de Paris, le 29 mai 1619.

Le manifeste du roi des Romains n'est reproduit qu'en analyse; il est spécialement adressé au roi de France.

**9.** L'ELECTION || nouuelle de || l'Empereur, || faicte à Francfort || le 21.

# HISTOIRE. 195

iour du mois d'Aoust || dernier, en presence de tous || les Esta s [sic] d'Allemaigne. || *A Paris.* || *Chez Siluestre Moreau, en sa Boutique au* || *Palais, deuant l'Escalier de la Cham-* || *bre des Comptes.* || M.DC.XIX [1619]. In-8 de 12 pp.

L'empereur Mathias était mort le 20 mars 1619; son cousin, Ferdinand II, fils de l'archiduc Charles de Carinthie et de Styrie, et de Marie de Bavière, ne fut élu empereur que six mois plus tard.

10. LES || SIEGES || et || Massacres || Faicts en diuerses Villes || d'Allemaigne, || depuis l'Election de l'Empereur || iusques à present. || Par les Armees Imperialle [sic] conduitte [sic] || par le Comte de Buquoy General || desdites Armées. || *A Paris* , || *Iouxte la cappie* [sic] *Imprimee en Flamen* || *par Abraham Varhouem Libraire* || *& Imprimeur, en la Ville* || *Danuers.* 1619. In-8 de 12 pp.

Relation des mouvements des Impériaux et des Bohêmes pendant les premiers jours du mois de juillet 1619.

11. LETTRES || de Milan, de || Lorraine et d'Al- || lemagne. || Sur l'estat present de l'Empire. || Et || Eslection de S. A. El. Palatine || à la Royauté de Boheme. || *A Paris,* || M.DC.XIX [1619]. In-8 de 16 pp.

Sept fragments de lettres écrites pendant les mois d'août et septembre 1619.

12. SOMMAIRE || veritable de ce qui || s'est passé en Boheme, || Morauie, Austriche, & Hongrie, || depuis le 18. Septembre iusque au || 26. de cette annee 1619. || Le tout par lettres qui s'en sont escrites. || *A Paris,* || *Chez I. Berjon, rue S. Iean de Beau-* || *uais, au cheual Volant.* || M.DC.XIX [1619]. || Auec permission. In-8 de 8 pp.

Résumé de lettres de Linz et de Prague.

13. REPRESENTATION || des Occurren- || ces d'Allemalgne, Bo- || heme, Morauie, Au- || striche, & Hongrie, || par lettres escrites du 9. || & 10. d'Octobre 1619. || M.DC.XIX [1619]. *S. l.*, in-8 de 8 pp.

La nouvelle la plus importante c'est que l'électeur Palatin a quitté Heidelberg pour se rendre à Prague.

14. COPIE || de la Lettre || du Roy de Boëme, enuoyee au || Roy Tres-Chrestien de || France, d'Amberg le 20. d'O- || ctobre 1619. || M.DC.XIX [1619]. *S. l.*, in-8 de 6 pp. et 1 f. blanc.

L'électeur Palatin Frédéric V, élu roi de Bohême, notifie au roi de France son élévation au trône, et proteste de ses bonnes intentions. Louis XIII, dit-il, a dû être informé des événements par le sieur de Sainte-Catherine, son agent.

La lettre est datée du 20 octobre; l'entrée du roi à Prague n'eut lieu que le 31 octobre, et son couronnement, le 4 novembre.

15. LE GRAND || ET || MEMORABLE || SECOVRS arriué || au Comte de Buquoy, contre || les Heretiques Protestans || d'Allemagne. || La desroute merueilleuse des Bohemes. || La honteuse fuitte du Prince de Trãsyluanie. || L'arriuée du Roy de Pologne pour le secours || de l'Empereur. || L'Ambassade du nouueau Roy de Boheme à || Vienne vers l'Archiduc Leopolde. || Les Diettes assemblées de part & d'autre, & || autres choses remarquables. || *A Paris,* || *Chez Syluestre Moreau dans la Cour du* || *Palais, deuant la Chambre des Comptes.* || M.DC.XIX [1619]. In-8 de 16 pp.

La rencontre dont il est ici question eut lieu aux portes de Vienne, le 24 et le 25 octobre 1619.

16. DECLARATION || du Roy Frideric || premier de Boheme, || contenant les raisons de son acce- || ptation de ceste Couronne, & des || Prouinces incorporees. || Traduit de l'Allemand en François. || *A Paris,* || *Chez I. Berjon, Iouxte la coppie imprimee* || *à Prague, par commandement exprez* || *de sa*

*Majesté, chez Ionathan* || *Bohutsky de Hranitz,* || *l'An* M.DC.XIX [1619]. In-8 de 24 pp.

Cette déclaration est datée de Prague, le 7 novembre 1619.

L'original allemand est intitulé : *Unser, Fridericks, von Gottes Gnaden Königs in Böheim, Pfaltzgraven bey Rhein, und Churfürsten, etc., offen Auszschreiben warumb Wir die Cron Böheim und der incorporirten Länder Regierung auff Uns genommen.* Prag., Jonathan Bohutsky von Hranitz, 1619. In-4 de 23 pp. (Biblioth. nat., Inv. M. 8544).

17. DISCOVRS || et || Aduis, || sur les causes des || mouuemens de l'Europe. || Enuoyé aux Roys & Princes, pour || la conseruation de leurs Royau- || mes & Principautez. || Fait par Messire Alerimand || Cunrad, Baron d'Infridembourg, & || Comte du Palatinat. || Et presenté au Roy par le Comte de || Fistemberg, Ambassadeur de || l'Empereur. || Traduit par le commandement de || sa Majesté. || *A Paris,* || *Chez Abraham Saugrin* [sic], *en* || *l'Isle du Palais.* || M.DC.XX [1620]. || Auec priuilege du Roy. In-8 de 1 f. pour le titre et 28 ff. chiffr.

A la fin du volume est un extrait du privilège accordé pour deux ans à *Joseph Bouillerot*, imprimeur et libraire à Paris, le 11 janvier 1620. Bouillerot déclare y associer *Abr. Saugrain*.

L'original latin du *Discours* est intitulé : *Oratio paraenetica de authoritate regum et principum.*

18. ADVIS sur || les causes || des mouuemens || de l'Europe. || Enuoyé aux Roys & Princes, pour la || conseruation de leurs Royaumes || & Principautez. || Fait par Messire Alerimand || Conrad, Baron d'Infridembourg, & || Comte du Palatinat. || Et presenté au Roy, par le Comte de || Fistemberg, Ambassadeur de || l'Empereur. || Traduict par le Commandement de sa Majesté. || *A Paris,* || *Chez Pierre Rocolet, au Palais, en* || *la galerie des prisonniers.* || M.DC.XXI [1621]. || Auec Priuilege du Roy. In-8 de 39 pp.

La p. 39 se termine par un extrait du privilège accordé pour deux ans à *Pierre Rocolet*, le 10 janvier 1620. On lit à la fin : *Seconde edition.*

19. LA || DEROVTE || de douze mille || hommes Hongrois, || alliez des Bohemes, faite par || les amis de l'Empereur. || La Reünion de la Hongrie en l'obeyssance || de Ferdinand. || Auec la forte & puissäte armee Catholique || preparée à Cologne pour la défense || de l'Empereur. || Le tout selon la derniere Lettre de Cologne, en || datte du 30. Nouembre 1619. || *A Paris,* || *Par Charles Chappelain, ruë vieille* || *Drapperie*, 1620. In-8 de 7 pp.

20. LETTRE || d'vn Gentil-homme || François, estant en || l'armee du Roy de Boheme, || Escrite à vn sien ami || & voisin de Poictou, sur le sujet du voiage || de l'Ambassadeur de l'Empereur Ferdinand, || enuoié en France. S. l. n. d., in-8 de 14 pp. et 1 f. blanc, avec un simple titre de départ.

La lettre, datée de Prague, le 20 janvier 1620, est signée : FRANÇOIS DE SAINCTE FOY.

21. MANIFESTE || De l'Empereur Ferdi- || nand, enuoyé aux Prin- || ces de la Chrestienté, || touchant la guerre de || Boëme. || *A Paris,* || *De l'Imprimerie de Fleury Bourri-* || *quant, aux Fleurs Royales.* || M.DC.XX [1620]. || Auec Permission. In-8 de 23 pp.

Ce manifeste, daté de Vienne, le 17 février 1620, est contresigné d'HERMANN QUESTEMBERGH.

22. LA || NOVVELLE || DEFAITE des || troupes du Prin- || ce Palatin faicte en Silezie || & Morauie. || Par le secours de Pologne || arriué à l'Empereur, & par le Comte || de Bucquoy. || Ensemble la Responce du || Turc aux Ambassadeurs de sa Ma- || jesté Imperiale. || Le tout extraict des dernieres lettres escrites || d'Allemagne. || *A Paris,* || *Chez Anthoine du Brueil,* || *Ruë de la Pelleterie, aux Singes.* || M.DC.XX [1620]. In-8 de 14 pp. et 1 f. blanc.

# HISTOIRE. 197

Les lettres reproduites ici sont datées de Vienne, le 19 février, et de Gratz, le 21 février 1620 ; elles sont précédées d'un avant-propos dont l'auteur exalte la victoire remportée par les catholiques sur les protestants.

23. LE || MONITOIRE || de || l'Empereur || signifié au Comte || Palatin. || Ensemble la nouuelle deroute de l'Infan- || terie & Cauallerie des Protes- tans, || faicte par les troupes d'Italie & de || Pologne, sous la conduicte du Comte || Dampierre, Lieutenant de l'Empe- || reur. || Auec la prise du Lieutenant Colonnel du Comte || de Mansfeld, le tout extraict des dernieres || lettres de Vienne en Austriche. || En datte du sixiesme May dernier 1620. || *A Paris,* || *Chez Syluestre Moreau en la Cour* || *du Palais, deuant la Chambre des comptes* || M.DC.XX [1620]. || Auec Permission. In-8 de 12 pp.

L'empereur Ferdinand, refusant d'accorder une trêve aux Bohêmes, rouvrit, au mois d'avril 1620, les hostilités un instant interrompues.

24. LETTRE || et Aduis de || l'assignation donnée || par Messieurs les Princes protestans, à || Monseigneur d'An- || goulesme pour l'ac- || commodement des || affaires d'Allema- || gne. || Et autres nouuelles de l'Estat || present de l'Empire. || 1620. *S. l.*, in-8 de 8 pp.

Au printemps de l'année 1620, le duc de Luynes essaya d'intervenir comme médiateur dans les affaires d'Allemagne. Il y envoya une ambassade composée du duc d'Angoulême, fils de Diane de France (fille légitimée de Henri II), du comte de Béthune et de l'abbé de Préaux. Ces ambassadeurs se mirent en route avec des instructions tout à fait favorables aux catholiques ; aussi furent-ils reçus avec empressement par les Impériaux.

La lettre, datée « de l'armée de Nancy, le 20. may 1620 », est signée : SIGOUGNE. Peut-être ce personnage est-il le même que le poète ami de Théophile.

25. RECIT || veritable || de ce qui s'est passé || à Nancy, Ville capitale || de Lorraine à la reception de Mon- || seigneur le Duc d'Angoulesme || Comte d'Auuergne, Messieurs de || Bethune & de Preaux, tous trois d'e- || stinez [*sic*] à l'Ambassade, pour apaiser || en la Germanie les troubles esleuez || en l'Empire pour la Couronne de || Boheme. || Ensemble toutes les || seremonies [*sic*] qui s'y sont faictes. || *A Paris,* || *Chez Pierre des Hayes en l'Isle* || *du Palais, vis à vis des Augustins.* || M.DC.XX [1620]. In-8 de 14 pp. et 1 f. blanc.

Les trois ambassadeurs firent leur entrée à Nancy le dimanche 17 mai ; le duc de Lorraine alla lui-même à leur rencontre avec toute sa cour.

26. RESPONSE à la question, || si l'Empereur, || qui est à present, || peut estre Iuge competent du || differend de la Couronne de || Boheme. || Ensemble, || Vn extrait des Actes de la Diete Imperialle || tenuë à Ausbourg l'an 1548, touchant || ladite Couronne. || M.DC.XX [1620]. *S. l.*, in-8 de 24 pp.

Factum favorable à la cause des Bohêmes et de Frédéric V. L'auteur fait observer avec raison que la Bohême n'est pas pays d'Empire.

27. COLLOQVE || entre le Pape, || l'Empereur, et || autres Princes Catholiques, || & les Iesuites. || Auec le Roy de Boheme, les Princes, || Protestans & Estats Euangeliques || d'Allemagne. || Traduict du langage Bohemien || en François. || M.DC.XX [1620]. *S. l.*, in-8 de 21 pp.

Ce *Colloque* est presque entièrement composé de passages de l'Écriture mis dans la bouche de tous les grands personnages de l'Europe : les jésuites, l'empereur, Clesel, conseiller de l'empereur, les Bohémiens, les Silésiens, etc., etc.

L'original tchèque de cette satire n'est cité ni dans l'*Historie literatury české* de Jungmann, ni dans l'appendice au *Catalogue des ouvrages français traduits en tchèque*, 1889.

28. ADVIS || sur les Affaires || presentes d'Allemagne || & de Boëme. || M.DC.XX [1620]. *S. l.*, in-8 de 1 f. et 13 pp.

L'auteur de cette pièce combat les Impériaux et défend la cause des Bohêmes et des princes protestants.

29. LA || TREFVE || accordee || au Prince Palatin, || de la part de l'Empereur : || Et autres nouuelles d'Allemaigne || touchant l'estat auquel sont || maintenant les Armées. || *A Paris,* || *Chez Syluestre Moreau deuāt* || *la grand'porte du Palais.* || M.DC.XX [1620]. In-8 de 14 pp. et 1 f. blanc.

Après la publication du monitoire adressé à l'électeur Palatin, l'empereur lui avait laissé un dernier délai de huit jours pour se soumettre (juin 1620); il a consenti à donner à la diète de Bohême une nouvelle trève de quinze jours.

30. RECVEIL || des choses || les plus remar- || quables faictes en || Allemagne, auec les || combats & surprises des places || prises par l'Empereur en Bohe- || me, & defaicte du secours que || les Geneuois & Suisses enuoye- || rent au Comte Palatin, du 12. || Iuin 1620. || Auec les prodiges arriuez au couronnement du || Comte Palatin. || *A Lyon,* || *Par Guichard Pailly* || *Imprimeur en ruë Tupin.* || M.DC.XX [1620]. || •Auec Permission. In-8 de 14 pp.

Le titre de départ porte : *Choses memorables qui sont arrivées sur le nouveau coronnement de l'herdelbert* [sic] *ou comte Palatin, traduites de latin, d'un reverend père chartreux, qui dit avoir veu la plupart d'icelles.*

31. LES || SIGNES || prodigieux et || espouuantables, arriuez en diuers || endroits en [sic] d'Allemagne, en ceste || presente annee 1620. || Suyuant les nouuelles enuoyees à Messieurs || de la ville de Strasbourg, & imprimees || en Alleman. || *A Paris,* || *Chez Abraham Saugrain en l'Isle* || *du Palais.* || M.DC.XX [1620]. || Auec permission. In-8 de 7 pp.

Les signes observés en Allemagne sont fort singuliers. A Cobourg, il est sorti d'un étang un bras qui jetait du sang; près de là, trois cloches ont sonné d'elles-mêmes ; il s'est formé d'une enclume une main qui sue du sang quand on la touche. Le 14 juin, un grand incendie a ravagé la place du marché de la vieille Boucherie, à Vienne, etc., etc. A la suite du récit de ces prodiges, l'auteur de la relation a placé un fragment du Psaume XI, en français, en italien et en allemand. Ces extraits sont empruntés aux psautiers protestants.

32. NOVVELLE || LETTRE de Rome, || enuoyee || A || l'Empereur. || Iouxte la copie imprimee. || enuoyée de Mayence. || *A Paris,* || *Chez Syluestre Moreau, au Palais, deuāt* || *la chambre des Comptes.* || 1620. In-8 de 16 pp.

Les auteurs de cette lettre, qui se disent les plus affectionnés de l'empereur, de l'Église romaine, engagent Ferdinand à poursuivre la ruine des protestants.

33. LE GRAND || EQVIPAGE || des gens de guerre || du Marquis de Spinola, Lieutenant || General de l'armée de Flandres & || d'Espagne en Allemaigne. || La publication du Ban Imperial contre le Prince || Palatin, & l'exécution d'iceluy par les || Ducs de Saxe & de Bauiere. || L'entrée de l'armée de l'Empereur en Bo- || heme : Et ce qui s'est passé depuis le 1. || Iuin iusques à present à l'Empire. || *A Paris,* || *Chez Syluestre Moreau, au Palais* || *deuant la Chambre des Comptes.* || M.DC.XX [1620]. In-8 de 15 pp.

L'auteur, qui écrit vers la fin du mois de juin 1620, annonce que l'empereur voyant l'inefficacité du monitoire publié contre le comte Palatin le 20 avril, a résolu d'attaquer le Palatinat et a chargé le marquis Spinola de conduire la campagne.

## HISTOIRE. 199

**34.** ARTICLES || de l'accord faict & || passé entre les Princes || & Estats vnis, tant || Catholiques qu'E- || uangelistes à Vlm. le || le [*sic*] iij. Iuillet 1620. sty- ||le nouueau. || Traduict d'Allemand en François. || *A Paris.* || *Chez Antoine Vitré.* || M.DC.XX [1620]. In-8 de 16 pp.

Les articles sont publiés par Maximilien, duc de Bavière, comte palatin du Rhin, et Joachim-Ernest, marquis d'Anspach et de Brandebourg.

L'original allemand est intitulé : *Copia der Friedens Puncten, welche zwischen den Evangelischen und Catholischen Unirten, zu Ulm den 23. Juni auffgericht worden.* 1620. *S. l.*, in-4 de 4 ff. (Brockhaus, *Bibliotheca historica*, 1866, n° 2279.)

**35.** LA || CONFERENCE || entre || l'Empereur || et le Comte || Palatin : || Arrestée par l'entremise du Roy || de France. || La deffaicte de dix-huict cens Che- || uaux Bohemiens faicte par le Comte || de Buquoy, Lieutenant general de || l'Empereur: || Et tout ce qui s'est passé à l'Empire de- || puis le 10. Iuillet iusques à present. || Extraict des dernieres lettres de Lintz, de Liege, & || d'Vlmits. || *A Paris*, || *Chez Syluestre Moreau, de-* || *deuant* [sic] *le Palais.* || M.DC.XX [1620]. In-8 de 13 pp. et 1 f. blanc.

La lettre de Lintz est datée du 21 juillet, celle de Liège, du 13 juillet et celle d'Olmütz, du 9 juillet. La conférence qui devait avoir lieu à Lintz, à l'instigation du duc d'Angoulême, entre les représentants de l'empereur et ceux du comte Palatin, ne put se réunir par suite des obstacles apportés à cette assemblée par le landgrave de Hesse.

**36.** L'ENTREE || du Marquis || Spinola || au Palatinat, || auec trente mil hom- || mes & trente || Canons. || La conqueste des Villes et Citez faicte par || l'Armée Catholique sur les Heretiques, || & la reduction de l'Austriche au || seruice de l'Empereur. || *A Paris,* || *Chez Charles Chappelain, ruë* || *vieille Drapperie, pres le* || *Palais.* || M.DC.XX [1620]. || Auec Permission. In-8 de 14 pp. et 1 f. blanc.

Le marquis Spinola s'est mis en marche vers l'Allemagne, sur la fin du mois de juillet, avec 22,000 hommes de pied et 3,000 chevaux; il vient encore d'être rejoint par 4,000 fantassins et 1,200 cavaliers. Il a déjà passé le Rhin. Les protestants font, de leur côté, de grands préparatifs. Leurs forces sont commandées par le comte palatin Maximilien de Bavière, le landgrave de Hesse, le marquis de Bade et le comte de Hanau.

Le 20 juillet, l'empereur a reçu à Vienne la déclaration d'obéissance de la Basse-Autriche. L'armée impériale, conduite par le duc de Bavière, l'archiduc Léopold et le comte de Vaudemont, a enlevé Linz au Palatin.

**37.** TRES-HVMBLE || REQVETE presentée à || sa Majesté imperial- || le, par les Deputez || des Estats, & Offi- || ciers de la basse Au- || striche. || Importante pour || son Estat, & ses Païs || & subjets. || M.DC.XX [1620]. *S. l.*, in-8 de 16 pp.

Les malheureux députés font de la guerre un tableau navrant, et supplient l'empereur de leur rendre la paix.

Rien n'indique la date exacte de la *Requeste.*

**38.** EXTRAICT de || Lettres d'Allemagne, || dés [*sic*] 14. & 15. Aoust 1620. receuës || le 27. || M.DC.XX [1620]. *S. l.*, in-8 de 7 pp.

Ces lettres émanent d'un partisan du roi de Bohême. Il y est dit que Frédéric a ordonné un jeûne général pour le jour anniversaire de sa naissance et que ses généraux s'apprêtent à combattre Spinola.

**39.** ARTICLES || faites [*sic*] || Par le Comte Palatin, || Sur les presentes affaires d'Al- || lemagne. || Accordées en la ville de Pragues [*sic*] || le quatriesme Septembre || mil six cens vingt. || Ensemble les deux tres-sanglantes deffaites || contre les Protestans, peu aupara- || uant les dites Articles. || Traduit d'Allemand en François. || *A Paris,* || *Iouxte la copie imprimee à Anuers* || *par Adrien Vernouillet Impri-* || *meur en ladite ville.* || 1620. || Auec Permission. In-8 de 14 pp.

## HISTOIRE.

Le comte Palatin, apprenant que le marquis Spinola envahit le Palatinat, publie ces articles destinés à rassurer ses partisans. Il rappelle l'alliance avec la Hongrie et fait espérer l'appui du Danemark et de l'Angleterre. Il annonce l'envoi d'une ambassade au Turc, etc. L'auteur de la relation ajoute que, pendant que les protestants s'amusaient à lire les articles, ils ont subi deux sanglantes défaites. Le baron de Rehmann leur a fait perdre 1,200 hommes et le capitaine français La Borderie leur en a tué six cents près de Brissac.

40. DECLARATION || des heureux succez || en Allemagne, du- || rant ce mois || d'Octobre 1620. || Ensamble la mort du Comte de || Dampierre || *A Paris,* || *De l'Imprimerie de Ioseph* || *Boutllerot, ruë vieille* || *Drapperie au Lyon d'Or.* || M.DC.XX [1620]. || Auec permission. In-8 de 11 pp. et 2 ff. blancs.

Le duc de Bavière et le comte de Buquoy ont enlevé diverses places de Bohême et sont arrivés, le 7 octobre, aux portes de Prague.
Le prince de Transylvanie, Gabriel Bethlen, a été grièvement blessé devant Hainbourg sur le Danube ; il a dû se replier sur Œdenbourg (Sopron). Le comte de Dampierre, qui avait battu les Hongrois, a été tué devant Presbourg au commencement d'octobre.

41. LA || PRINSE || et Reduction || de la ville de || Prague en l'obeïssance || de l'Empereur || & La fuitte du Prince Palatin, & la desrou- || te de l'armee des Bohemes : || Le tout fait par Messieurs les Ducs de || Bauiere & de Saxe. || Suyuant les nouuelles qui en ont esté fraische- || ment enuoyees à son Altesse de Lorraine || A Nancy le 11. d'Octobre. || *A Paris,* || *Chez Pierre Rocolet, en la gallerie* || *des prisonniers.* || M.DC.XX [1620]. || Auec Permission. In-8 de 14 pp.

Le correspondant de Nancy annonce que le comte Palatin, sa famille et ses principaux adhérents ont quitté Prague pour se réfugier auprès de Gabriel Bethlen, et que la capitale de la Bohême s'est rendue à l'empereur le 3 octobre. La nouvelle était encore prématurée, la reddition de Prague n'ayant eu lieu qu'un mois plus tard.

42. LA || GRANDE || ET || MEMORABLE || VICTOIRE obtenue || sur le Prince Palatin, || par les Duc de Bauiere et Comte de || Bucquoy Lieutenant de l'Empereur || dans le champ de bataille. || La prise du ieune Prince d'Anhalt, d'où || s'est ensuiuie la Reduction de la ville de || Prague, en l'obeyssance de sa Majesté || Imperialle, le nombre des morts. || Aussi tout ce qui s'est fait par le Marquis de Spinola || au Palatinat du Rhin en ce present mois de Nouembre. || *A Paris.* || *Chez Pierre Rocollet, en la* || *Palais, en la* || *Gallerie des Prisonniers,* 1620. || Auec Permission. In-8 de 14 pp.

L'auteur de cette relation raconte les succès des Impériaux en Bohême et en Hongrie. Il dit ensuite que le marquis Spinola a déjà pris vingt-quatre places et sera bientôt maître de tout le Palatinat.

43. RELATION || veritable de ce || qui s'est passé en la || Bataille de Boheme, || & en la || reddition de la Ville || de Prague. || M.DC.XX [1620]. *S. l.,* in-8 de 7 pp.

Une grande bataille a eu lieu aux portes de Prague le 7 novembre, et, le lendemain, les Impériaux sont entrés dans la ville.
La pièce française est peut-être traduite sur la relation allemande intitulée : *Warhafftige Beschreibung der Schlacht so zu Prag den 7. Novembris ihre Keys. May. und der Fürst in Beyern mit dem König in Böhmen gehalten.* 1620. *S. l.,* in-4 de 4 ff. (Brockhaus, *Bibliotheca historica,* 1866, nº 2276).
En réalité, la bataille de la Montagne-Blanche, qui livra la Bohême à la réaction catholique, eut lieu, non pas le 7, mais le 8 novembre. La Bibliothèque nationale possède plusieurs autres relations du même événement : *De Praelio Pragensi Pragaeque Deditione.* Augustae Vindel., per Andream Aspergerum, 1621, in-4 (Inv. M. 3599) ; — *Relatione del seguito contra il conte Palatino e Rotta d'esso, con la presa di Praga, inviata dal*

## HISTOIRE. 201

*signor conte di Buquoy alla Maestà dell' Imperatore per mano del conte Antonio Biglia ; cavata dal spagnuolo in italiano*. Milano, Marco Tullio Malatesta, 1620, in-4 (Inv. M. 3600) ; — *Compita e vera Relatione di tutto quello è occorso trà l'armate imperiale et della Lega, con quella di Friderico, conte Palatino, et della battaglia et vittoria contro di lui conseguita nella presa di Praga e regno di Bohemia*. Milano, Marco Tullio Malatesta, 1621, in-4 (Inv. M. 3601).

**44.** LES || PROTESTATIONS || faictes || à l'Empereur || par les Bourgeois || & Habitans de la Ville de || Prague. || Traduictes d'Alemand en François. || *Iouxte la coppie imprimée à Ausbourg par* || *Iean Carle*. || *Et se vendent à Paris chez Syluestre Moreau* || *deuant la porte du Palais*. || 1620. || Auec Permission. In-8 de 16 pp.

Cette pièce, écrite au mois de novembre, par un partisan de l'Empire, est signée : JOANNES GEORGIUS EYLENBERG.

**45.** LETTRE de || Monsieur le Duc de || Bauiere, escrite au Prince Ele- || cteur de Mayence. || Sur la deffaicte de l'armée du Prince || Palatin, & prise de Prague. || Du neufiesme Nouembre dernier. || Traduict d'Alleman en François. || *A Paris,* || *Chez Pierre Rocollet,* || *au Palais, en la Gallerie des* || *Prisonniers*. || M.DC.XX [1620]. || Auec Permission. In-8 de 7 pp.

La lettre de Maximilien, datée de Prague, le 9 novembre 1620, n'est accompagnée d'aucun commentaire.

**46.** ADVIS || donné || à l'Archeduc || de Flandres, || Par les Duc de Bauiere & || Comte de Bucquoy, || De l'emprisonnement des Princes || Protestants ; Et de la sanglante ren- || contre entre le Marquis de Spinola || & le reste de l'armee du Prince Pa- || latin, le 29. Nouembre 1620. || Auec les noms tant de ceux qui ont esté || tuez que arrestez prisonniers, Et de la || reduction des plus notables villes || du Palatinat, au seruice de || l'Empereur. || *A Paris,* || *Chez Nicolas Alexandre, ruë de la* || *Calendre*. 1620. || *Suiuant la coppie Imprimée à Bruxelles*. In-8 de 12 pp.

**47.** DECLARATION || des Protestants || d'Allemagne, || au Roy d'Angleterre. || Sur l'Estat present des affaires du Prin- || ce Palatin son Gendre. || *A Paris,* || *Suiuant la coppie imprimee à Bruxelles,* || *Par Hubert Anthoine, Im-* || *primeur de la Cour, à l'Aigle d'or* || *pres du Palais de son Altesse*. || M.DC.XX [1620]. || Auec Permission. In-8 de 18 pp.

Cette pièce, écrite vers la fin de l'année 1620, fait mention d'un avis envoyé au roi d'Angleterre par les sieurs de Kerbach et d'Ardoncourt pour l'engager à désavouer les entreprises du prince Palatin son gendre. L'auteur qui prétend indiquer le sens de cet avis, y a joint quelques observations favorables au parti de l'empereur.

Le désaveu du roi Jacques ne fut publié qu'au printemps de 1621. Voy. ci-dessus, n° 2374. art. 3.

**48.** LE || MERCVRE Allemand || ou Histoire veritable de ce || qui c'est [*sic*] passé de plus *memorable* tant es hautes que || basses Allemagne [*sic*], Boheme, Hongrie, Austriche, Pal- || latinat, & autres Prouinces depuis le mois de Iuillet || de la presente Année 1620. Iusque au present Mois || de Decembre. || Recueilli & mis en lumiere par Iacob Franc Historien || Allemand traduit de ladite langue en Francois. || *A Francfort,* || *De l'Imprimerie d'André Weschel* || M.DC XX [1620]. In-8 de 27 [*lis*. 26] ff.

Traduction d'un numéro de la gazette sémestrielle fondée vers 1590 par Conrad Lautenbach, autrement dit Memmius, sous le nom latin de Jac. Francus, ou le nom allemand de Jac. Frey. Cette gazette, qui paraissait, à l'époque des foires de Francfort, s'est continuée jusqu'en 1792.

**49.** LA || DESPESCHE || du Postillon. faicte || par le Comte de Bucquoy, || pour chercher le Palatin. || Ensemble l'In-Exitu, & le Cate- || chisme. || M.DC.XXI [1621]. *S. l.*, in-8 de 18 pp.

Le *Postillon*, qui, dit le titre de départ, est traduit de flamand en français par L. S. D. D. D. B.. est une chanson satirique en 14 couplets. Voici le premier couplet ·

> Je suis le grand postillon,
> Qui en boste et esperon
> Est despeché de Bucquoy
> Pour chercher le nouveau roy
> Qui, vaincu, s'en est enfuy
> De Bohême sans·faire bruit.
> Dictes, n'avez vous pas veu
> Le Palatin qui est perdu ?

(Quatorze couplets terminés par le même refrain.)

Les deux autres pièces commencent ainsi :

*Chants de triomphe faicts en Flandres sur la victoire de l'empereur :*
In exitu Spinola de Brabantia, domus Martis de populo florido :
Facta est Judaea glorificatio ejus, Palatinatus potestas ejus.

*Le Catechisme du Palatin.*
Ne recognoistre pas son Dieu,
Vouloir chasser qui tient son lieu,
Et faire contre sa deffence,
Il n'y a pas de différence.
*Date Deo quae sunt Dei*
*Et quae Caesaris, Caesari :*
C'est un oracle tout divin.
Quoi ! n'entendez vous, Palatin ?

(Quatre strophes de même mesure.)

Weller, *Annalen der poetischen National-Literatur der Deutschen*, I, 129.

50. LE || PRINCE PALATIN assiegé || en personne par le || Comte de Buquoy || dans la Ville de Brin || en Morauie. || La Paix par lui demâdée à l'Empereur. || Et || l'Assemblée des Princes Catholiques || auec sa Maiesté Imperialle, assignée || à Salsbourg, pour disposer de son || Electoral [sic]. || Le tout suyuant les dernieres nouuelles d'Al- || lemagne en datte du xviij. & 23. De- || cembre. || *A Paris,* || *Chez Syluestre Moreau, deuant le* || *Palais.* || M. DC. XXI [1621]. || Auec Permission. In-8 de 12 pp.

Le comte Palatin, après sa fuite de Prague, a vainement attendu quelque secours de Gabriel Bethlen ou du Turc. Il s'est réfugié dans la capitale de la Moravie, où M. de Bucquoy le tient assiégé. M. de Prenel, qui a remplacé le comte de Dampierre à la tête de l'armée impériale en Hongrie, s'est emparé d'Altenbourg. Un des ambassadeurs français, M. de Préaux, s'est rendu auprès de Bethlen pour sonder ses dispositions. L'empereur a déjà désigné don Balthasar de Maradas pour être gouverneur de la Hongrie, dès que le prince de Transylvanie en aura été chassé.

51. CONDEMNATION || & Hautban Imperial, || à l'encontre de Iean || George l'aisné, Mar- || quis de Brandeburg, || Chrestien Prince d'An- || halt, & George Fride- || ric, Comte de Hohen- || loe. || Traduict d'Allemand en Français. || *A Paris,* || *Chez Antoine Vitray, proch* [sic] || *l'Horloge & du Palais, au College* || *S. Michel, à la place Maubert.* || M. DC. XXI [1621]. In-8 de 16 pp.

Le ban impérial est daté de Vienne, le 22 janvier 1621. Cette pièce venait de paraître en allemand sous le titre suivant : *Copia, Kayserl : Aachts Erklerung, wider Hansz Georgen den Eltern, Marggraffen zu Brandenburg, Christian Fürsten von Anhalt, und Georg Friederichen Grafen zu Hohenloe.* S. l. n. d. [Wien, 1621], in-4 de 6 ff. Voy. Anton Mayer, *Wiens Buchdrucker-Geschichte,* I (1883, in-4), p. 200. Une autre édition allemande, qui porte : Erstlich gedruckt zu Wien, bey Johann Zeszlawen, 1621, in-4 de 12 ff. est conservée à la Bibliothèque nationale. (Inv. M. 3590). Une troisième édition allemande est décrite dans la *Bibliotheca historica* de Brockhaus, 1866, n° 2301. Une traduction italienne : *Copia della dichiaratione del bando imperiale seguito contra il conte palatino Federico, elettore...* In Milano, per Pandolfo Malatesta, 1621, in-4 de 6 ff., est à la Bibliothèque nationale (Inv. M. 3591).

**52.** LA PRISE ∥ de la ∥ Forteresse ∥ et Chasteau ∥ de Stain. ∥ Par Dom Gonzales de Cordoüa, ∥ Lieutenant des trouppes du ∥ Roy d'Espagne, au ∥ Palatinat. ∥ Auec vn recit au vray de la suitte des affaires ∥ du Marquis de Spignola, & ce qui se ∥ passe en son Armée. ∥ *A Paris.* ∥ *Chez Pierre Rocolet, au Palais, en* ∥ *la Gallerie des Prisonniers*, 1621. ∥ Auec Permission. In-8 de 15 pp.

La date exacte de cette affaire n'est pas rapportée, mais on voit qu'elle est du commencement de l'année 1621.

**53.** ARTICLES ∥ accordez, ∥ entre ∥ le Marquis ∥ de Spinola et les ∥ Princes Protestans. ∥ Sur les affaires du Prince Palatin ∥ & Palatinat. ∥ *A Paris*, ∥ *Chez Nicolas Alexandre*, ∥ *ruë de la Calandre*. ∥ M. DC. XXI [1621]. In-8 de 12 pp.

Cette convention, conclue à Mayence le 12 avril 1621, est signée: « Ambroise Spinola; Jean Schweik-hardi (c'est-à-dire Schweickhart), électeur de Mayence; Louys, landgrave de Hessen; Joachim-Ernest, marquis de Brandenburg; Jean-Frideric, duc de Wurtenberg. » L'édition allemande est intitulée: *Vertrags Artickul welche, vermittelst Unterhandlung ihrer Churf. Gn. zu Maintz und Ludwigen Landgraffen zu Hessen, zwischen Spinola an einem Theil und J. Ernsten Marggrafen zu Brandenburg, etc. beschlossen worden.* Nürnberg, 1621. In-4 de 6 pp. (Brockhaus, *Bibliotheca historica*, 1866, n° 2311). Cf. Dumont, *Corps universel diplomatique*, V, II, 391.

**54.** LA ∥ MEMORABLE ∥ EXECVTION de qua- ∥ rante trois traistres ∥ & rebelles, tous Person- ∥ nages de qualité. ∥ Faicte en la ville de Prague, par Commandement ∥ de l'Empereur. ∥ *A Paris*, ∥ *De l'Imprimerie de Ioseph Bouïllerot*, ∥ *Imprimeur & Libraire demeurant en* ∥ *la ruë de la vieille Bouclerie*, *à* ∥ *l'Escu de Bretaigne*. ∥ M. DC. XXI [1621]. ∥ Auec permission. In-8 de 16 pp.

Cette effroyable exécution eut lieu le 21 juin 1621. L'auteur de la relation donne la liste complète et les qualités des condamnés. Les deux premiers, le baron Guillaume Popel de Likvic et le baron Paul Richean, furent, par grâce de l'empereur, retenus provisoirement en prison. Les premiers exécutés furent: le comte André Skulik, le baron Vencel Vodovic, le baron Koraut, le baron Vasecki, le baron Gaspard Cappelier ou Caplier, le baron Mikelovic, Frédéric de Bikla, etc.

Nous avons vu à la Bibliothèque nationale (Inv. M. 3603) la traduction italienne d'une relation allemande du même événement: *Vera Relatione della gran giustitia seguita per ordine della Sac. Ces. Maestà alli xxi Giugno 1621 nella città vecchia di Praga*... Milano, Gio: Battista Malatesta, 1621, in-4.

**55.** LE ∥ GRAND ∥ ARMEMENT du ∥ Prince Palatin, ∥ les ∥ nouuelles ∥ Commissions de l'Em- ∥ pereur, enuoyées au Duc de Ba- ∥ uieres, pour l'execution du ban ∥ Imperial. ∥ Extraict des dernieres nouuelles d'allemaigne. ∥ *A Paris*, ∥ *Chez Pierre Rocolet en sa boutique*, ∥ *au Palais, en la gallerie des* ∥ *prisonniers*. ∥ M. DC. XXI [1621]. ∥ Auec permission. In-8 de 13 pp.

Ces nouvelles sont datées du mois de juillet 1621.

**56.** LA ∥ MORT ∥ deplorable ∥ du Comte de Buc- ∥ quoy, Lieutenant General ∥ des armées de l'Empereur: ∥ Arriuée au lict d'honneur deuant le ∥ Siege de Neuuensoll en Hongrie. ∥ *A Paris*, ∥ *Chez Pierre Rocolet, en sa* ∥ *Boutique au Palais, en la ga-* ∥ *lerie des prisonniers.* ∥ M. DCXXI [1621]. ∥ Auec permission. In-8 de 12 pp.

Après ses succès en Bohême, le comte de Bucquoy, lieutenant général de l'empereur, entra en Hongrie pour en chasser le prince de Transylvanie, Gabriel Bethlen. Il reprit sur lui Œdembourg (Sopron), Presbourg (Pozson) et diverses petites places, puis mit le siège devant Neusohl (Benská Bystrice, Besztercæbánya); mais il fut tué le 10 juillet 1621.

Charles-Bonaventure de Longueval, comte de Bucquoy, né en 1561, était originaire de l'Artois.

**57. La Mort** || de Bethleen || Gabor Prince de || Transsyluanie. || Auec || La deffaicte entiere de toute son || armée par l'armée de l'Empereur. || *A Paris,* || *Chez Abraham Saugrain*, 1621. || Auec Permission. In-8 de 13 pp.

L'auteur de la relation annonce que Gabriel Bethlen, ayant voulu profiter de la mort du comte de Bucquoy pour s'emparer de Presbourg, a été tué devant cette ville le 14 septembre 1621. Cette nouvelle était fausse, ainsi qu'on ne tarda pas à l'apprendre. Le prince de Transylvanie assiégea, il est vrai, Presbourg; mais il reconnut vite qu'il ne pouvait s'en emparer et se retira vers la Moravie. Voy. Fessler, *Geschichte von Ungarn*, bearb. von Klein, IV, 187.

**58. Coppie** de || quelques Lettres || de l'Empereur interceptes, & dont || les originaux sont entre les mains || du Roy de Boheme. *S. l. n. d.* [1621], in-8 de 36 pp.

Ce recueil contient dix pièces, savoir :

1° Lettre de l'empereur au roi d'Espagne, en date de Vienne, le 15 octobre 1621 (en italien).

2° Lettre de l'empereur à don Balthasar de Zuñiga, même date (en italien).

3° Lettre de Stralendorf, chancelier de l'empereur, au même (en latin, avec un post-scriptum italien de Ferdinand).

4° Lettre de l'empereur au père Giacinto da Casale, capucin, se rendant en Espagne, même date (en italien).

5° et 6° Deux lettres de Carlo Caraffa, évêque d'Aversa, nonce du pape à Vienne, au même père Giacinto, en date de Vienne, les 16 et 21 octobre (en italien).

7° Lettre du même à Gianfrancesco Guidi Bagni, archevêque de Patras, nonce à Bruxelles, sans date (en italien).

8° Lettre du même au cardinal Ludovisi à Rome, en date de Vienne, 2 octobre (en italien).

9° Lettre du comte d'Oñate, ambassadeur d'Espagne à Vienne, au pape, sans date (en espagnol).

10° Lettre du cardinal Ludovisi au nonce du pape à Vienne, portée par le P. Giacinto, en date de Rome (en italien).

On ne dit pas comment ces lettres sont tombées entre les mains du roi de Bohême.

**59. La Paix** || accordee || entre l'Empereur || & Bethleen Gabor. || Et autres particularitez d'Allemagne & || de Flandres. || *A Paris.* || *Pour Abraham Saugrain*, || M. DC. XXII [1622]. || Auec Permission. In-8 de 13 pp.

Le traité de paix entre l'empereur et Gabriel Bethlen fut signé le 31 décembre 1621, et les ratifications en furent échangées le 7 janvier suivant. La présente relation donne des extraits de lettres de Vienne, du 6 janvier, et de Bruxelles, du 22 janvier, qui font sommairement connaître la situation des armées belligérantes et ne parlent du traité qu'en peu de mots.

**60. Arrivee** du || Roy de Boheme || au Palatinat, estant || party de la Haye en Hol- || lande luy troisiesme le 8. || d'Auril 1622. || M. DC. XXII [1622]. *S. l.*, in-8 de 14 pp.

Le roi de Bohême a quitté secrètement La Haye, avec un baron de Bohême et un marchand de Strasbourg, pour se rendre dans le Palatinat. Il a gagné Calais, et traversé en poste la France, la Lorraine et l'Alsace. Il a même dû passer au milieu des troupes de l'archiduc Léopold, qui ont fourni une escorte aux voyageurs. Le 11 avril, le prince est arrivé à Landau, ville de son obéissance.

**61. La Grande** || et Signalee Victoire || emportee en champ de bataille par || l'armee Catholique sur l'armee Pro- || testante allant au nombre de vingt || mille combattans au secours du Prince || Palatin. || La deffaicte de l'armee, auec le nombre des || morts & prisonniers. || Les noms des Princes tuez & deffaits au || combat. || La prise de cinquante deux pieces de canon, || armes, munitions, enseignes, bagages, ri- || chesses, & autres particularitez de la ba- || taille dignes de remarque. || *A Paris,* || *Chez Pierre Ramier, ruë des Carmes,* || M. DC. XXII [1622]. || Auec Permission. In-8 de 19 pp.

Le marquis de Bade Zurlach ayant voulu conduire un corps d'armée au secours du comte de Mansfeld et de l'électeur Palatin, a été attaqué par Tilly et par don Gonzalez de Córdova, avant d'avoir pu opérer sa jonction avec ses alliés. La rencontre a eu lieu sur les bords du Neckar, entre Heilbronn et Wimpfen, le 6 mai 1622 ; elle s'est terminée par la défaite complète des protestants.

La relation est suivie du texte de la permission accordée au libraire *Silvestre Moreau*, le 19 mai 1622 ; il n'est fait aucune mention d'une cession consentie à *Pierre Ramier*.

La même bataille est racontée dans une relation tchèque intitulée : *Co se s panem generalem Dilli a markrabětem z Durlachu zběhlo 6. dne měsíce Máje.* W Praze, u Štěp. Biliny, 1622, in-4 (Jungmann, *Historie literatury české,* 1849, p. 271, n° 260).

62. La || Defaitte || de trois mille || cinq cens hommes || de l'armee Protestante. || Par l'armee Catholique. || La prise du vray Comte de Mansfeld, || Du Comte Palatin de Birckenfelt, || & deux autres Grands. || Auec la desroute de l'armee Palatine, || faicte au Palatinat les 10 & 11. || Iuin dernier. || *A Paris* || *Chez Iean Martin demeurant ruë de la* || *vieille Bouclerie au gros tournois.* || M. DC. XXII [1622], || Auec Permission. In-8 de 14 [*lis.* 15] pp.

L'électeur Palatin, ayant obtenu passage sur les états du landgrave de Hesse, y a conduit ses troupes qui s'y sont livrées au pillage. A cette nouvelle, Tilly et Gonzalez de Córdova ont attaqué les protestants et leur ont infligé une sanglante défaite.

Le comte de Mansfeld, qualifié ici de « vray », devait être le représentant d'une des branches légitimes de la famille, tandis que le fameux comte Ernest était un fils naturel de Pierre-Ernest.

A la fin de la pièce est le texte de la permission accordée à *Jean Martin* le 23 juin 1622.

63. La || Deffaicte || des troupes du || Duc de Vvittemberg, & Mar- || quis de Tourlack, qui venoient || ioindre les Comtes Palatin & || Mansfeld. || Faicte entre Horneck & Vvimpf- || fem [*sic*], par le sieur de Tilly, Con- || ducteur des troupes Imperiales. || Ensemble le nombre des tuez & prison- || niers, les noms & surnoms des Capi- || taines & autres Seigneurs remarqua- || bles, aussi prisonniers, la prise des Ca- || nons, Chariots, Bagage, & autres mu- || nitions de guerre. || *A Paris,* || *Chez Iean Barbote, ruë Sainct* || *Iacques, à la Sereine.* || *Iouxte la copie imprimee à Lille, par* || *Christophle Beys,* M. DC. XXII [1622]. || Auec permission. In-8 de 14 pp. et 1 f.

Cette relation se rapporte à la même affaire que la précédente. Elle contient une liste détaillée des morts et des blessés de l'armée protestante. Parmi les morts on cite le duc de Wurtemberg et le marquis Charles de Bade. Il n'est pas parlé ici de Mansfeld.

Le dernier f. contient, au r°, le texte de la permission accordée à *Jean Barbote* le 7 juillet 1622.

64. La || Grande || et || Signalee || Bataille donnée || Entre l'Armée Catholique, & l'Ar- || mée Protestante du Duc Chri- || stian de Brunsuic, Euesque d'Al- || berstad, allant au secours du Prin- || ce Palatin. || En laquelle ont esté def- || faits Quatorze mille Protestans, Six cens Cha- || riots de bagage gaignez, tout le Canon, attirail, || munitions, & grand nombre de prisonniers. || *A Paris,* || *Chez Ioseph Bouïllerot, ruë* || *de la vieille Bouclerie.* || M. DC. XXII [1622]. || Auec Permission. In-8 de 12 pp. et 1 f.

L'évêque de Halberstadt, qui amenait une nouvelle armée à l'électeur Palatin après sa défaite des 10 et 11 juin, a été attaqué, le 20 du même mois, sur les bords du Mein, par les troupes de Tilly et de Gonzalez de Córdova. Il a été battu et n'a réussit qu'à grand'peine à gagner Mannheim.

Au r° du dernier f. est le texte de la permission accordée à *Joseph Bouillerot* le 7 juillet.

65. LA || DEFFAICTE || du Comte de || Mansfeld auec || huict cens Reistres, tail- || lez & mis en pieces || par Môsieur le Duc || de Lorraine. || Ensemble la || prise de quatre Chariots de || son bagage. || *A Paris,* || *Chez Iean Bessin, ruë de* || *Reims, prés le College.* || M. DC. XXII [1622]. || Auec Permission. In-8 de 13 pp.

Relation sommaire d'un combat livré près d'un village appelé Saint-Blaise (?) ; la date n'en est pas indiquée.

La permission, dont le texte occupe le v° de la page 13, est datée du 1er août 1622.

66. NOTABLE || DEFFAICTE || sur les trouppes || du Comte de || Mansfeld. || par Môsieur le Duc de Lorraine. || Ensemble la prise de quatre Chariots de || son bagage. || *A Orleans,* || *Chez René Fremont, ruë de* || *l'Escriuinerie.* || *Sur la coppie imprimée a* [sic] *Paris ,* || *par Iean Bessin , ruë de Reims* || *prés le College.* 1622. || Auec permission. In-8 de 8 pp.

Réimpression de la pièce précédente.

67. RECIT || veritable || de ce qui s'est passé || en la frontiere de Cham- || pagne, depuis que l'armee du Com- || te de Mansfeld est partie du Palati- || nat pour venir en France. || Ensemble la defaite de plusieurs des siens, || par le Sr Marquis de Dampierre. || Et la redition de Canon entre les mains || de Mr. le Comte de Grand-pré, Gou- || uerneur de la ville de Mouzon. || *A Paris,* || *Chez François Pomeray, ruë sainct* || *Iacques, à la Vigne d'or- fin.* || M. DC. XXII [1622]. || Auec Permission. In-8 de 13 pp.

Mansfeld, qui a obtenu du duc de Lorraine libre passage sur son territoire, s'est brouillé avec les Lorrains, et, le 8 août, a investi Mouzon ; mais il a été défait par le marquis de Dampierre, « jeune seigneur plein de courage et de mérite ». Diverses escarmouches ont eu lieu les jours suivants, en même temps que Mansfeld négociait pour entrer au service de France.

Au v° de la p. 13 est un extrait du privilège accordé à *Pommeray*, le 23 août 1622 ; la durée n'en est pas indiquée.

68. LA || RETRAITTE || du || Comte || de || Mansfeld, || et || De toute son Armée hors les fron- || tieres du Royaume de France. || La furieuse pour-suitte qui luy est faitte par || l'armée d'Espagne és pays bas. || Auec le brus-lement de trois cens de || ses Chariots. || *A Paris,* || *Chez Ioseph Bouillerot, ruë vieille* || *Boucleri̇e.* || M. DC. XXII [1622]. || Auec Privilege du Roy. In-8 de 15 pp.

Le comte de Mansfeld, poursuivi par Tilly, avait été obligé, ainsi que l'évêque de Halberstadt et les princes de Saxe-Weimar, de chercher un refuge en Lorraine. Après être resté quelques jours aux environs de Sedan et de Mouzon, il passa le long de la Meuse, et pénétra dans le Cambrésis ; mais, avant qu'il eût pu gagner le Hainault, il fut attaqué par les troupes du baron d'Anhalt et de Gonzalez de Córdova. Il dut brûler lui-même une partie de ses bagages et faire monter à cheval une partie de ses fantassins, afin d'échapper à ses adversaires.

Le privilège, dont un *Extraict* occupe le v° du dernier f., est accordé pour trois mois à l'imprimeur *Bouillerot*, le 31 août 1622.

69. LA || FVITTE || du || Comte || de || Mansfeld, || et || De toute son Armée hors les frontieres du || Royaume de France. || La furieuse poursuite qui luy est faite par l'armée || d'Espagne és Pays bas. || Auec le Bruslement de trois cents de ses || Chariots. || *A Lyon,* || *Par Claude Armand, dit Alphonse,* || *en ruë Ferrandiere, à l'Enseigne du Pelican.* || M. DC. XXII [1622]. || Auec Permission. In-8 de 15 pp.

Réimpression de la relation précédente. Au v° de la p. 15 est le texte de la permission accordée au libraire, par le procureur du roi à Lyon, le

7 septembre 1622. Claude Armand aura sans doute modifié le titre pour ne pas laisser voir qu'il réimprimait une pièce protégée par un privilège.

70. LA || DEFFAITE || generale de l'armée || du Comte de Mansfeld, || & de l'Euesque d'Alberstad, par || l'armée d'Espagne. || En laquelle ont esté mis & taillez en pieces || plus de huict mille hommes ennemis. || La prise de l'Euesque d'Alberstad, mené || prisonnier à Bruxelles. || Et autres particularitez de la bataille donnée és || Pays-Bas, prés S. Fiacre le 29. Aoust 1622. || *A Paris,* || *Chez Pierre Rocolet, au Palais en la* || *galerie des prisonniers.* || M. DC. XXII [1622]. || Auec Permission. In-8 de 13 pp.

Relation d'une victoire remportée par Gonzalez de Córdova.
Au v° de la p. 13 est le texte de la permission donnée à *P. Rocolet* le 2 septembre.

71. RECIT || veritable || de la derniere def- || faitte de l'Armée du Comte Mans- || feld, par l'armée d'Espagne. || La mort de l'Euesque d'Albertad, & de deux || autres Princes. || La prise de tout le Canon, bagage, or, ar- || gent, cheuaux & chariots, dudit || Mansfeld. || Auec la quantité des Enseignes & Drappeaux en- || uoyez à la Serenissime Infante à Bruxelles. || Extraict des dernieres lettres de Bruxelles. || *A Paris,* || *Chez Ioseph Bouïllerot, ruë vieille* || *Bouclerie.* || M. DC. XXII [1622]. || Auec Permission. In-8 de 15 pp.

Ce récit se rapporte aux mêmes faits que le précédent.
La permission, dont le texte occupe le v° de la p. 15, est datée du 10 septembre 1622.

72. LES EXPLOICTS || de guerre || Batailles, et || genereux Succez || du Comte || Mansfeld, || en la Comté d'Embden || & pays circonuoisins. || Ensemble le Siege mis deuant Lippestad || par monsieur de Tilly. || *A Paris,* || *Chez Iean de Bordeaux, ruë Dau-* || *fine, au bout du Pont Neuf.* 1623. || *Iouxte la coppie imprimée à la Haye, par* || *Gilles Elzevier.* In-8 de 14 pp.

Tilly et Gonzalez de Córdova ayant voulu forcer Emden, Mansfeld prit position entre cette ville et Meppen et les força de livrer bataille. Cette fois il resta victorieux. La date de la rencontre n'est pas indiquée.
Notre édition soulève un petit problème bibliographique. On peut admettre que *Jean de Bordeaux* a fidèlement reproduit l'adresse du livret qu'il avait sous les yeux ; or, *Gilles Elzevier*, troisième fils de Louis I$^{er}$, ne semble s'être occupé de librairie qu'en 1599. On ne connaît du moins qu'un seul volume qui porte son nom, et ce volume est daté de 1599. Depuis lors, Gilles s'était établi à Leyde pour y faire le commerce. Il faut croire qu'il remplaça temporairement son frère Louis II à la tête de l'officine de La Haye, au moment où leur neveu Jacob en prit possession. Voy. Willems, *Les Elzevier*, p. cliij.

73. LETTRE de || Monsieur le || Comte de Mansfeld, || Enuoyee || A Monseigneur || le Duc de Mont- || morency, Admiral || de France || *A Paris,* || *De l'Imprimerie de Iean Barbote,* || *en l'Isle du Palais, ruë de Harlay,* || *à l'Alloze.* || M. DC. XXV [1625]. In-8 de 7 pp.

Dans cette lettre datée de Sainte-Marie du Palatinat, le 20 septembre 1625, Mansfeld rappelle la part prise par lui au siège de Breda, où il a combattu contre les Espagnols, et se dit « tres-cher, aymé et subject à la couronne de France ».

74. LA || DERNIERE || DES-ROVTE du || Comte de Tilly. || Auec la prise de son Canon & mu- || nitions de guerre au siege qu'il || auoit mis deuant la ville || de Nembuis. || Extraict d'vne lettre escrite du || quinziesme Octobre 1625. || *A Paris,* || *Chez Pierre Ramier, ruë des Carmes,* || *à l'image sainct Martin.* || M. DC. XXV [1625]. || Auec Permission. In-8 de 12 pp.

75. RECIT || veritable || de la || sanglante || rencontre aduenue || les 25. et 26. d'Auril 1626, en la basse || Saxe entre les Armees de l'Empereur, || soubz la conduitte du Duc de Frid- || lant, Prince de Vvalstein General : Et || le Comte de Mansfelt pour les Princes || protestans, & de la part du Roy de || Dennemarcq, & autres de la Ligue, || Escrit de l'Armee dudit Vvalstein le

26. || d'Auril 1626. || *A Paris,* || *Chez Iean Bessin, ruë de Reims* || *prés le College.* || M. DC. XXVI [1626]. In-8 de 8 pp.

76. ARTICLES || que les Paysans || d'Austriche ont pro- || posez aux Comissaires de l'Em- || pereur, pour remettre le pays de || Linths en son obeyssance. || Ensemble la prise de Linths par || lesdits Puysans [sic]. || M. DC. XXVI [1626]. S. l., in-8 de 14 pp. et 1 f. blanc.

Au mois de mai 1626, les paysans de la Haute-Autriche, exaspérés des exactions dont ils étaient victimes, se soulevèrent en grand nombre. Les conditions posées par eux à l'Empereur sont : la liberté de conscience, le bannissement du gouverneur de Lintz, la suppression d'une foule d'abus, l'adoucissement des impôts, l'expulsion des jésuites, l'amnistie, etc.

77. ESMOTION || populaire en || la Haute Austriche, || commencee en May 1626. || Auec l'execution d'iceux Rebel- || les par supplice extraordinaire, || iusques a present. || *A Paris,* || *Chez Iean Bessin, ruë de Reims, prés* || *le College.* || M. DC. XXVI [1626]. In-8 de 13 pp.

Le soulèvement des paysans de la Haute-Autriche fut comprimé dans le sang. Le supplice infligé à 170 des principaux rebelles fut effroyable. « Après leur avoir fait des grandes ouvertures sur les genoux et sur la poictrine, de sorte que chacun d'eux se pouvoit voir à soy mesme son cœur et autres parties y attachées, ainsi que tous autres spectateurs de ce supplice, ils ont esté attachez à la potence soubs les aisselles, où on les a laissez mourir sans aucun aliment ny assistance ; de sorte que plusieurs sont demeurez six jours entiers à ce supplice avant qu'expirer. »

78. RECIT || veritable || de la vie et de || la mort du Comte || de Mansfelt. || Ensemble les dernieres paroles qu'il a tenuës, estant || vestu de ses plus riches habits, ayant l'espee au || costé, & soutenu par dessous les bras par deux || de ses domestiques, qui par commandement ex- || pres luy ont rendu ce dernier office, n'ayant vou- || lu mourir en son lict. || *A Paris,* || *Chez Iean Martin, au bout du Pont* || *Sainct Michel proche le Chasteau* || *Sainct Ange.* || M. DC. XXVII [1627]. In-8 de 15 pp.

Mansfeld, qui avait échappé à tant de dangers, qui le plus souvent malheureux dans ses entreprises guerrières, avait presque toujours trouvé moyen de ramener à lui la fortune, mourut de phtisie, à Sarajevo, en Bosnie, le 20 novembre 1626. Fils naturel de Pierre-Ernest, comte de Mansfeld, il était né en 1585.

79. LES || DERNIERES || NOVVELLES d'Al- || lemagne, de Hongrie, || & de Hollande. || Ensemble le mescontentement des chefs des ar- || mees de l'Empereur, & la saincte resolution || du General Tilly de se retirer en vn Monastere. || Plus la deffaite du Duc de Saxe, par les || trouppes du Roy de Dannemarc. || Et la prise d'vn des forts qui gardent le Canal du || Rhin, sur l'Espagnol, par les Hollandois. || *A Paris,* || *Chez Iean Martin, au bout du* || *Pont Sainct Michel, prés le* || *Chasteau S. Ange.* || M. DC. XXVII [1627]. In-8 de 12 pp.

Don Balthaser de Maradas s'est retiré mécontent en Silésie ; le duc de Friedland ne veut plus retourner en Hongrie, et Tilly désire se faire moine : tel est le découragement qui s'est emparé des généraux de l'empereur.

80. LETTRES || du Roy de || Suede escrites aux || Electeurs de l'Empire. || Auec la Response des || Electeurs au Roy de Suede. || D'où apparoissent euidemment les iustes causes || qui ont poussé le Roy de Suede à porter ses || armes dans l'Allemagne. || Traduict d'Alleman en François. || *A Paris,* || *Chez Iean Martin, sur le Pont* || *S. Michel, à l'Anchre Double.* || M. DC. XXXI [1631]. || Auec Permission. In-8 de 16 pp.

La première lettre de Gustave-Adolphe est datée de Stockholm, le 7 avril 1630 ; la réponse des électeurs est datée de Ratisbonne, le 10 août. La seconde lettre du roi de Suède est écrite à Stralsund, le 13 septembre. Ces pièces avaient paru séparément en allemand.

# HISTOIRE.

**81.** MANIFESTE || ou || Declaration des causes || principalles qui ont meu || le Serenissime Roy de || Suede à prendre les ar- || mes & entrer en l'Alle- || magne. || Traduit de l'Alleman en François. S. l. n. d. [1630], in-8 de 31 pp.

Le manifeste de Gustave-Adolphe n'est accompagné ici d'aucune date. A la suite est une *Coppie de la lettre escrite à l'empereur par le duc de Pomeranie*, etc. Cette pièce, signée BOGISLARW [sic], est datée de Stettin, le 14 juillet 1630.

Le *Manifeste* paraît être traduit sur le factum allemand intitulé : *Ursachen, warumb Gustavus Adolphus der Schweden König..., entlich genötiget ist, mit einem Kriegs-Herr auff den Teutschen Boden sich zu begeben*. Stralsund, 1630. In-4 de 4 ff. (Brockhaus, *Bibliotheca historica*, 1866, n° 2359).

**82.** RELATION || veritable || de ce qui s'est fait || et passé entre les Ar- || mees de l'Empereur & celle du Roy || de Suede en la presente annee 1630. || Selon les Memoires enuoyez || d'Allemagne. || Ensemble l'Estat de l'Armee du Roy de || Suede, le nombre de la Cauallerie & || Infanterie, auec le nom des Chefs. || *A Paris*, || *Chez Iean Martin, sur le Pont sainct* || *Michel à l'Ancre Double.* || M. DC. XXX [1630]. || Auec Permission. In-8 de 30 pp. et 1 f. blanc.

Cette relation conduit le récit de la guerre jusqu'au milieu du mois d'août.

L'état de l'armée du roi de Suède énumère 50 compagnies de cavalerie allemande, 77 compagnies de cavalerie finlandaise et suédoise, 104 compagnies d'infanterie allemande et 184 compagnies d'infanterie finlandaise et suédoise, plus les garnisons de Stralsund, de Rügen et autres places, et diverses troupes volantes.

L'extrait de la permission qui termine la pièce n'est pas daté.

**83.** LA || DEFFAITE || des Imperialistes || par le Roy de Suede, || mis en desroute & en gran- || de confusion, chassez de toute || la Pomeranie & la Neumarc. || Auec la prise de deux passages tres-impor- || tans, plusieurs Forts, & de tout leur || bagage, artillerie et munitions. || *A Paris*, || *Chez Iean Martin, sur le* || *Pont Sainct Michel, à* || *l'Anchre Double.* || M. DC. XXXI [1631]. || Auec Permission. In-8 de 16 pp.

Le 25 décembre 1630, Gustave-Adolphe s'empara de Greifenhagen, où commandait don Fernando de Capoue; deux jours après, il emporta Gartz. Ces nouvelles sont annoncées dans des lettres de Königsberg (bourg situé sur la rive droite de l'Oder, à peu de distance du fleuve), 27 décembre 1630, Stettin, 1er janvier 1631, et Brême, 10 janvier.

**84.** LA || DEFAICTE || de sept vieux || Regiments de l'Em- || pereur par le Roy de || Suede, dans la ville de Franc- || fort. || Ensemble vne Lettre escritte de Staden || par vn Imperialiste le trentiesme || Auril 1631. || *A Paris*, || *Chez Michel Blageart, ruë neufve* [sic] || *S. Louys, vis à vis la petite porte du Palais.* || M. DC. XXXI [1631]. || Auec Permission. In-8 de 13 pp.

Le roi de Suède s'étant emparé de Müncheberg, à l'est de Berlin, le 25 mars, poussa une pointe jusqu'à Zehdenik, puis il revint en arrière et se dirigea vers Francfort-sur-Oder, tandis que le maréchal Gustave Horn prenait le chemin de Landsberg. Le 3 avril, Gustave-Adolphe entra dans Francfort, où il tua six mille hommes de l'armée impériale et fit un grand nombre de prisonniers.

**85.** HISTOIRE || iournaliere || de quatre Victoires || du Roy de Suede, obtenuës || contre l'Empereur. || *A Paris*, || *Chez Michel Blageart, ruë Neufve* [sic] || *S. Louys, vis à vis la petite porte du Palais.* || M. DC. XXXI [1631] || Auec Permission. In-8 de 13 pp.

Il s'agit de quatre avantages remportés par Gustave-Adolphe sur les bords de l'Elbe, à Tangermünde, Havelberg, etc., du 1er juillet au 3 août 1631.

**86.** LA || REDVCTION || de la ville || de Brunsuic, || Ensemble || La deliurance de l'Administrateur de Hal || Oncle de la Royne de Suede detenu pri- || sonnier par les Imperialistes dans la || ville d'Alberstat depuis la prise || de

Magdebourg. || Auec la deffaitte de la garnison de ladite ville || d'Alberstat par le Roy de Suede, || le 15. Aoust 1681. || *A Paris*, || *Chez Iean Brunet, ruë neuue Sainct* || *Louis, à l'enseigne du Trois de chiffre.* || M. DC. XXXI [1631]. In-8 de 14 pp. et 1 f.

Au r° du dernier f. on lit un sonnet et un quatrain signés d'un ami de l'auteur : P. LE COMTE.

87. L'ENTIERE || DEFAICTE || du || General Tilly || par le Roy de Suede, || en laquelle il a esté || tué apres auoir laissé quatorze || mille hommes sur la place. || *A Paris*, || *Chez Michel Blageart, ruë Neufve* [sic] || *S. Louys, vis à vis la petite porte du Palais.* || M. DC. XXXI [1631]. || Auec Permission. In-8 de 15 pp.

Relation de la bataille de Leipzig (17 septembre 1631).

88. LA PRISE || de la Ville || de Rostoc, || par les Ducs de || Meklebourg. || Ensemble les Ceremonies || solennelles qui ont esté obseruées en la || restitution du Duché de Meklebourg, || entre les mains de ses Princes legitimes, || reconquis par les armes victorieuses du || Roy de Suede sur les Imperiaux. || *A Paris*, || *Chez Iean Martin, sur le Pont* || *Sainct-Michel, à l'Anchre double.* || M. DC. XXXI [1631]. || Auec Permission. In-8 de 15 pp.

Rostock se rendit au roi de Suède le 16 octobre, après un siège de quatre mois. Gustave-Adolphe avait déjà remis les ducs Jean-Albert et Adolphe-Frédéric en possession de leurs états.

89. LA || PRISE || de || la Ville || de Francfort, || par le Roy || de Suede. || Auec l'entrée dudit Roy dans ladite ville, || & le serment de fidelité presté par les || Magistrats & habitans. || *A Paris*, || *Chez Pierre des-Hayes*, || *ruë de la Harpe, à l'Escu* || *de France.* || M. DC. XXXI [1631]. || Auec Permission. In-8 de 14 pp.

Le roi de Suède fit son entrée à Francfort-sur-Mein le 29 novembre 1631.

90. RELATION || veritable du || Combat entre le Roy || de Suede, & le Duc de Fridlandt, || General de l'Armee de l'Empereur || à Altemberg, en Franconie, entre || les Villes de Nuremberg, & de || Vvinsheim, le troisiesme Septem- || bre l'an mil six cens trente-deux. || De Franconie le dixiesme iour de Septem- || bre l'an mil six cens trente-deux. || *A Paris*, || *Chez Iean Martin, sur le Pont* || *Sainct-Michel, à l'Ancre double.* || M. DC. XXXII [1632]. In-8 de 14 pp. et 1 f. blanc.

91. RECIT || de la || Bataille || d'entre les || Imperiaux || et les Suedois. || Auec la Harangue || du Roy de Suede à ses soldats auant [sic] || que mourir, & ses autres || particularitez. || Escrit d'Erfort le 22. Novembre [sic] 1632. || *Du Bureau d'adresse, au grand Coq*, || *ruë de la Calandre, sortant au Mar-* || *ché neuf, pres le Palais, le 15. De-* || *cembre 1632.* Avec Privilege. In-8 de 16 pp.

Relation de la bataille de Lützen.

L'imprimeur a fait presque partout la distinction de l'*u* et du *v*.

92. LA PRISE || par force || de l'importante Ville, || Chasteau et Citadelle || de Paderborn, sur l'Empereur. || Auec tout ce qui s'est passé de plus memorable || en icelle. || Et l'inuentaire general des grandes munitions & || prouisions de guerre qui y ont esté enleuées. || Ensemble la nouuelle || defaite des trouppes Imperialles & Espagnolles, || & la mort du Colonel Pallant, par || l'armée des Suedois. || *A Paris*, || *Chez Iacques Dugast, ruë S. Iean* || *de Beauuais.* M. DC. XXXIII [1633]. || Auec Permission. In-8 de 15 pp.

Les Suédois s'emparèrent de Paderborn le 10 avril 1633, après six jours de siège.

93. LA PRISE || de la Ville || et Chateau [sic] de Heidelberg || & deliurance de tout le Palatinat hors || des mains des Imperiaux, par les Sue- || dois. || Auec le nombre des munitions de guerre & de || bouche qui se sont trouuées dans le Chasteau, || & tout ce qui s'est passé de plus memorable || durant le Siege. || *A Paris*, || *Chez Iean Martin, sur le Pont S.* || *Michel, à l'Anchre double.* || M. DC. XXXIII [1633]. || Auec Permission. In-8 de 13 pp.

# HISTOIRE. 211

Tilly s'était emparé de Heidelberg qu'il avait assiégé pendant toute une année. Après la bataille de Leipzig, les Suédois voulurent reprendre cette place ; ils réussirent à y entrer le 5 juin 1633.

94. La fvrievse || Deffaicte || des Trouppes de || l'Armée Espagnolle conduite || par le Duc de Feria. || Par les Habitans de la ville de Vvalcourt, & || tout ce qui s'est passé en icelle, || Auec la || Deliberation || de || l'Assemblée || des Suisses || Protestans. || Contre les Armées Imperiales & || Espagnolle [*sic*]. || *A Paris,* || *Chez P. Mettayer, Imprimeur &* || *Libraire ordinaire du Roy.* || M. DC. XXXIV [1634]. In-8 de 16 pp.

Cette affaire eut lieu sur les confins de l'Alsace, dans la nuit du mercredi 28 au jeudi 29 décembre 1633.

95. Les grandes || Divisions || suruenues, || Entre les Trouppes des Armées Impe- || rialles & Espagnolles, Et le subiect || pourquoy. || Auec le furieux Combat || & Meurtre d'vn grand nombre d'Officiers || & Soldats de part & d'autre. || Le Bruslement de la Ville de Bourmontier, & || tout ce qui s'est passé en icelle. || *A Paris,* || *Par P. Mettayer, Imprimeur &* || *Libraire ordinaire du Roy.* || M. DC. XXXIIII [1634]. In-8 de 14 pp.

Les troupes impériales, poursuivies par les Suédois, occupèrent, le 30 décembre 1633, la petite ville de Beromünster, où les Espagnols devaient prendre leurs quartiers ; ce fut alors que se produisit le conflit dont il est ici question.

96. Le grand || Combat, || et furieuse || Deffaicte || de l'auant-garde || de l'Armée Impérialle. Auec la || prise de leur Canon & bagage, || le 21. de Ianuier 1634. || Par l'Armée des Suedois. || *A Paris,* || *Par Pierre Mettayer, Im-* || *primeur ordinaire du Roy.* || M.DCXXXIIII [1634]. In-8 de 15 pp.

Le titre est orné d'un bois représentant une bataille.

Le combat eut lieu en Westphalie, sur les bords de la Lippe. Les Impériaux étaient commandés par Aldringer, et les Suédois par Horn. L'auteur de la relation mentionne (p. 12) un gentilhomme breton, M. de La Monetterie, qui fut chargé de porter au général suédois cinq drapeaux pris sur l'ennemi.

97. La novvelle || Deffaicte || generalle, || De l'Armée du Duc || de Lorraine. || Auec la Prise du Prince de Salm, || et du sieur de Bassompier- || re, & autres Chefs & || Seigneurs de qualité. || Par le Comte Ringraue Ottho, Suedois. || *A Paris,* || *Chez Matthieu Colombel,* || *ruë Neufue Saincte Anne, près le* || *Palais, à la Colombe.* || M. DC. XXXIV [1634]. In-8 de 14 pp.

M. de La Blocquerie, qui occupait Haguenau pour le roi de France, reçut avis que les troupes du duc de Lorraine devaient traverser la forêt voisine. Il en informa le comte Otto, et celui-ci put surprendre l'ennemi, le dimanche 12 mars 1634. Le comte, et non prince, de Salm était Otto-Ludovic, fils du rhingrave Frédéric, comte de Salm-Neufville. Anne-François, marquis de Bassompierre, était le propre neveu du maréchal. Il avait été obligé de quitter la France au moment où son oncle était emprisonné à la Bastille.

98. La || Derovtte || generalle, || et derniere || Deffaicte || des troupes de || l'Armée Imperialle, conduit- || tes par Monsieur le Duc de || Lorraine. || Aux approches, & à la poursuitte de || Monsieur le Mareschal de la Force, || General de l'Armée du Roy. || *A Paris,* || *Chez Matthieu Colombel,* || *ruë neufue S. Anne, prés le Pa-* || *lais, à la Colombe.* || M. DC. XXXIV [1634]. In-8 de 14 pp.

Le duc de Lorraine ayant voulu, au commencement du mois de mai 1634, débloquer la forteresse de Bitsch que le maréchal de La Force tenait assiégée, fut défait par les troupes françaises.

99. Le fvrieux || Combat || donné || a l'assaut || general || Contre l'importante Ville de Ra- || tisbonne : || Par le Roy de Hongrie. || Valeureusement Soustenu & Repoussé par || les Suedois, le 12. Iuillet 1634. || Auec perte de trois à quatre mil hommes || de l'armée Imperiale & la prise de || quatre-

vingts **chariots** de viures. || *A Paris,* || *Chez Iean Brunet, ruë Neufue* || *sainct Louis au trois de Chiffre.* || 1634. In-8 de 15 pp.

Ferdinand III, à qui l'empereur Ferdinand II, son père, avait cédé la couronne de Hongrie en 1625, était sur le point d'emporter Ratisbonne, investie depuis dix-huit mois, quand le duc Bernard de Saxe-Weimar et le maréchal de Horn l'obligèrent à lever le siège.

100. **LA VERITABLE** || **RETRAICTE** || du Roy de Hongrie, || Et la Leuée du Siege de deuant la || Ville de Ratisbone, || Auec la grande || Deffaicte || de l'Armée Imperiale, || la Prise d'vn nombre de Chefs, de || tout le Canon, Argent, & Baga- || ges des Imperiaux, || Par les Suedois : || Ensemble, les grandes Diuisions & Meur- || tres nouuellement arriuez dans le || Royaume de Hongrie, contre les- || dits Imperiaux. || *A Paris,* || *Chez Iean Brunet, ruë Neufue Saint* || *Louis au trois de Chiffre.* || 1634. In-8 de 15 pp.

L'auteur de cette seconde relation place la levée du siège de Ratisbonne, non pas au 12, mais au 18 juillet 1634.

101. **LES PLAINTES** || d'Ossa, || Commissaire || General, || Voulant quitter le service [*sic*] de || l'Empereur. || Contenuës en vne Lettre intercepte, || || escrite du Vesterwald à sa femme, || à Constance, le 10. du passé. || *A Paris,* || *Au Bureau d'Adresse.* 1634. In-8 de 13 pp. et 1 f. blanc.

Cette lettre est datée du 10 octobre 1634.

102. **LE NOVVEAV** || **DEFILLEMENT** || de l'Armee Imperialle, || Par les pour- suittes & vigilances des || Armées du Roy. || La separation du Duc Charles d'auec || Iean de Vverth Imperial, & sa retraite || à Besançon. || L'achemine- ment de la Royne de Suede || auec quarante mil hommes. || *A Troyes,* || *Chez Iean Iacquard, ruë Corderie, Iouxte* || *la copie imprimée à Paris, chez P. Methayer* [sic] || *Imprimeur du Roy.* 1635. In-8 de 8 pp.

Lettre datée du camp de Lais-le-Bas, le 22 novembre 1635.

103. **DISCOVRS** || funebre ; || sur la mort de || L'Empereur Ferdinand II. || En la ville de Vienne, le 15. || Feurier 1637 || *A Paris,* || *Chez Claude Morlot, en la* || *Ruelle deuant la petite porte* || *Sainct Seuerin.* || M. DC. XXXVII [1637]. In-8 de 14 pp. et 1 f. blanc.

104. **LETTRE** || des Estats || de l'Empire || Tenus à Ratisbonne || à ceux de Suede. || *Sur l'Imprimé A Paris,* || *En l'Isle du Palais,* Auec permission. 1641. In-8 de 7 pp.

Cette pièce est datée du 18 janvier 1641. *Mercure françois,* XLVII, 356.

L'édition sort des presses de *Maria Paris,* à *Orléans,* comme le prouve la comparaison avec d'autres impressions signées de lui, notamment avec la suivante.

105. **LA NOVVELLE** || **DEFFAITTE** de deux mil || cinq cens Imperiaux, || par le Comte d'E- || brestein. || *A Orleans,* || *Par Maria Paris, Imprimeur* || & *Libraire, demeurant en la* || *Grand'ruë, pres l'Eglise* || *Sainct Liphard.* S. d. [1641], in-8 de 8 pp.

Cette relation est datée de Hambourg, le 13 juillet 1641.

106. **LA LETTRE** || de || l'Ambassadeur de Suede || à celuy du Roy de Hon- || grie, contenant ses plain- || tes du refus qu'il fait de || vouloir trauailler à la || Paix vniuerselle. || *Sur l'imprimé A Paris,* || *En l'Isle du Palais.* Auec permission. 1641. In-8 de 7 pp.

Lettre datée de Hambourg, le 31 août 1641, et signée : SALVIUS.

L'édition sort des presses de *Maria Paris,* à *Orléans,* comme le prouve la comparaison avec la pièce précédente.

A l'histoire d'Allemagne se rapportent encore les pièces suivantes :

*Newe Gezeitigung ausz romischer kaiserlicher Majestat und des Künigs von Engellandt Here vor Terebona,* 1513 (t. II, n° 2112) ; — *Anzaygendt new Zeyttung, wie es eygendtlich mit der Schlacht vor Pavia.... ergan- gen,* et autres pièces sur le même sujet, 1525 (n°ˢ 2125-2130) ; — *Apologia Madriciae Conventionis,* 1526, (voy. le Supplément ci-après) ; — *Responce du puissant et tresinvict empereur... sur les lettres du roy de France,*

1527 (ibid.); — *La Manière de la deffiance faicte par les heraulx des roys de France et d'Engleterre a l'empereur*, 1528, et la traduction allemande de cette pièce (n°ˢ 2133, 2134); — *La Deffense du roy treschrestien contre l'esleu en empereur*, 1528 (voy. le Supplément); — les pièces relatives à la paix de Cambrai, 1529 (n° 2135, t. I, n° 194, et Supplément) ; — *Recueil d'aucunes lectres et escriptures*, etc., 1536 (t. II, n° 2138) ; — *La Conversion et Revocation des Lutheriens*, 1538 (n° 2050) ; — *L'Abouchement de nostre sainct père le pape, l'empereur et le roy*, 1538 (voy. le Supplément) ; — *Triumphe ende Eere ghedaen... der K. M.*, et autres pièces relatives au voyage de Charles-Quint en France, 1539-1540 (t. II, n°ˢ 2140, 2141 et Supplément) ; — *Double de la publication d'une lettre du discord du roy... et de l'empereur*, 1542 (voy. le Supplément) ; — *Translation de l'epistre du roy Treschrestien... a nostre sainct père le pape*, etc., 1543, (ibid.); — *La Deffaicte et Destrousse du conte Guillaume devant Luxembourg*, 1543 (ibid.) : — *Defense pour le roy de France*, 1544 (id.); — *Response a une epistre envoyée de Spire par ung secretaire allemand...*, 1544 (ibid.) ;— *Le Siége de Mets en 1552*, [par B. de Salignac], (t. III, n° 2145); *Epitaphe de la mort de.... Wolfgang, comte palatin du Rhin*, [par Antoine de La Roche Chandieu], 1569 (t. I, n° 731); — *La Defaite des reistres et autres rebelles*, 1575 (t. III, n° 2193) ; — *La nouvelle Deffaicte des reistres*, 1587 (n° 2217); — *La nouvelle Deffaicte et Surprinses des reistres*, 1587 (n° 2218); — *Oraison funèbre de.... Anne de Gonzague de Cléves, princesse Palatine*, [par J.-B. Bossuet], 1685 (t. I, n° 852).

## 9. — Histoire de Suède, de Pologne, de Russie et de Moldavie.

2421. HISTOIRE des Revolutions de Suede, où l'on voit les changemens qui sont arrivés dans ce Royaume, au sujet de la Religion et du Gouvernement. Par M. l'Abbé de Vertot, de l'Académie Royale des Inscriptions & Belles-Lettres. Nouvelle édition. *A Paris, Chez Durand Neveu, Libraire, rue S. Jacques, à la Sagesse.* M. DCC. LXVIII [1768]. Avec Approbation & Privilege du Roi. 2 vol. in-12, mar. r., fil., dos ornés, tr. dor. (*Anc. rel.*)

Tome premier : 8 ff. pour le titre , une épître « A monseigneur le Chancelier » et un *Avertissement* ; 401 pp. et 2 ff. pour le *Privilége*.
Tome second : 2 ff. et 362 pp.
Le privilège, daté du 18 février 1767, est accordé à *Jean-Luc Nyon* pour six ans, et se rapporte à la réimpression des œuvres de Vertot.
*L'Histoire des révolutions de Suède* avait paru pour la première fois chez *Brunet*, à Paris, en 1695-1696 (2 vol. in-12).
Exemplaire aux armes de JEANNE GOMART DE VAUBERNIER, COMTESSE DU BARRY. Le catalogue imprimé par M. Paul Lacroix en 1874 nous apprend que l'ouvrage avait été payé 3 livres , et la reliure, exécutée par *Redon*, 4 liv. 10 s.

Diverses pièces décrites dans le recueil n° 2420 se rapportent à la période suédoise de la guerre de Trente Ans et peuvent être rappelées ici.

2422. LA || DESCRIPTION du || royaume de Poloigne, || et pays adiacens : auec || les statuts, constitutions, mœurs, || & façons de faire d'iceux. || Par Blaise de Vigenere, Secretaire de feu Mon- || seigneur le Duc de Niuernois. || *A Paris*. || *Chez Iean Richer, Libraire, rue sainct Iean de Latran,*

214    HISTOIRE.

|| *à l'enseigne de l'arbre Verdoyant.* || 1573. || Auec Priuilege du Roy. In-4 de 2 ff. lim. et 94 ff. chiffr., plus une carte pliée, mar. r. jans., tr. dor. (*A. Motte.*)

> Le titre est orné des armes de Henri de Valois, roi de Pologne.
> Le 2ᵉ f., blanc au rᵒ, contient au vᵒ un *Extraict* du privilège accordé pour six ans à *Jean Richer*, au mois de juillet 1573.
> Cette *Description* fut rédigée à la hâte par Vigenère, d'après les historiens latins de la Pologne, au moment de l'élection du duc d'Anjou, plus tard Henri III. Outre la carte, placée après le f. ix, on y trouve de grands bois représentant un urus ou auroch (f. xxiij vᵒ), un bison (f. xxiv vᵒ) et un élan (f. xxvj, rᵒ et vᵒ). L'ouvrage se termine par divers itinéraires de France en Pologne.

2423. Les || Chroniqves || & Annales de || Poloigne. || Par Blaise de Vigenere, Secretaire de feu || Monseigneur le Duc de Nyuernois. || *A Paris,* || *Chez Iean Richer Libraire, rue S. Iean de Latran,* || *à l'enseigne de l'Arbre Verdoyant.* || 1573. || Auec Priuilege du Roy. In-4 de 6 ff. lim. et 487 pp., mar. r. jans., tr. dor. (*A. Motte.*)

> Le titre est orné des armes de Henri de Valois, roi de Pologne. — Au vᵒ du titre est un *Extraict* du privilège du mois de juillet 1573, comme en tête de la *Description*.
> Les ff. qui suivent le titre contiennent une *Liste ou Cathalogue de ceux qui ont regné en Poloigne...*, un avis « Aux Lecteurs », et une épître « A treshaut, trespuissant, tresillustre et invincible prince, Henry, fils et frere de roy, duc d'Anjou..., esleu roy de Pologne.... » Cette épître est datée de Paris, le 20 août 1573.

2424. Les || Obseqves || et Fvnerailles || de Sigismond Auguste, Roy de || Pologne, dernier defunct. || Plus l'Entree, Sacre & Couronnement de || Henry, à present Roy de Pologne. || Le tout faict à Cracouie, ville capitale dudict || roiaume, au mois de Feburier, 1574, & recité || par deux lettres missiues d'vn Gen- || til-homme François. || *A Paris,* || *Par Denis du Pré Imprimeur, demou-* || *rant en la rue des Amandiers, à* || *l'enseigne de la Verité.* || 1574. || Auec Priuilege. In-8 de 29 pp. et 1 f. blanc, mar. r. jans., tr. dor. (*A. Motte.*)

> Au titre, la marque de *Denis Du Pré* (Silvestre, nᵒ 768).
> La relation, dont l'auteur est inconnu, commence ainsi : « Monsieur, Il m'est assez mal aisé de pouvoir satisfaire à ce qu'il vous a pleu me commander de vous escrire les choses dignes de memoire qui se passèrent en nostre voyage de Pologne.... » A la suite se trouvent deux épigrammes latines et deux sonnets français.
> Le privilège, dont un extrait est rapporté au vᵒ de la p. 29, est accordé à *Denis Du Pré*, pour trois mois, le 15 avril 1574.

2425. Les || Honnevrs || et Triomphes faits || au Roy de Pologne, tant par les Prin- || ces Alemans en son voyage, que par || ses subiects à sa reception : || Qui fut à Miedzeris, le xxiiii iour de || Ianuier dernier passé, 1574. || Briefuement recitez par vne lettre missiue, qu'vn || Gentil-homme Françoys escrit de Posnanie. || *A Paris,* || *Par Denis du Pré Imprimeur, demou-* || *rant en la rue des Amandiers, à* || *l'enseigne de la Verité.* || 1574. || Auec Priuilege. In-8 de 62 pp. et 1 f. blanc, mar. bl. jans., tr. dor. (*Trautz-Bauzonnet.*)

Au titre, la petite marque de *D. Du Pré.*

Henri III était parti de Paris le 4 novembre 1573 ; il avait pris congé du roi son frère à Vitry-le-François, et s'était arrêté en Lorraine. Ce fut à Blamont qu'il se sépara de la reine-mère, du duc d'Alençon et de la reine de Navarre. Il quitta cette ville le 4 décembre, accompagné du duc de Nevers, du duc du Maine, du marquis d'Elbeuf, du maréchal de Retz et d'environ six cents gentilshommes. La suite comprenait encore : l'évêque de Saint-Flour (Pierre Prosper de La Baume), Gilles de Noailles, abbé de Lisle, Pomponne de Bellièvre, ambassadeur de France en Pologne, et Guy Du Faur de Pibrac, avocat du roi en la cour de parlement.

L'auteur de la lettre est, d'après La Croix du Maine (éd. Rigoley de Juvigny, II, 170), NICOLAS DU MONT, Angevin. Cette attribution est d'autant plus certaine que Du Mont a surveillé l'impression de la *Bibliotheque françoise*.

Le f. qui termine notre exemplaire est blanc ; l'exemplaire porté au cat. Ruggieri (n° 279) se terminait au contraire par un extrait du privilège.

2426. DISCOVRS || AV VRAY de || tout ce qui s'est || fait & passé pour l'entiere nego- || ciation de l'Election du Roy de || Polongne, diuisé en trois Liures. || Faict par Iehan Choisnyn de Chastelleraud, || Secretaire du Roy de Polongne. || Dedié à la Royne, Mere des Roys. || *A Paris,* || *Chez Nicolas Chesneau, rue Sainct* || *Iacques, au Chesne verd.* || M. D. LXXIIII [1574]. || Auec Priuilege du Roy. In-8 de 4 ff. lim. et 124 ff. chiffr., vélin bl., fil., dos et mil. ornés, **tr. dor.** (*Anc. rel.*)

Au titre, la marque de *N. Chesneau* (Silvestre, n° 915).

Les 2 ff. qui suivent contiennent une épître « A tres-haute, tres-puissante et tres-vertueuse princesse, Katherine de Medicis, par la grace de Dieu, royne de France, mére des roys », épître datée de Paris, le 16 mars 1574, et un *Extraict* du privilège accordé pour six ans à *N. Chesneau*, le 25 mars 1574. Le 4° f. lim. contient les errata et un avis « Au Lecteur ».

Le *Discours* de J. Choisnyn a été reproduit par M. Petitot (*Collection complète des mémoires relatifs à l'histoire de France*, t. XXXVII), par M. Buchon (*Choix de chroniques*, t. XII) et par MM. Michaud et Poujoulat (*Nouvelle Collection*, t. XI). Il en a été fait une traduction polonaise (*O elekcyi Henryka Valeziusza na króla polskiego* ; Wilno, 1818, in-8).

Nous avons précédemment décrit (n° 2185) la *Harangue faicte et prononcée de la part du roy Tres-Chrestien, le 10. jour du mois d'Avril 1573*, par... Jean de Montluc.

2427. HISTOIRE || ET RELATION du Voyage || de la Royne || de Pologne, || et du Retour de Madame la || Mareschalle de Guébrian, Ambassadrice Extraordinaire, || & Sur-Intendante de sa conduitte. || Par la Hongrie, l'Austriche, || Styrie, Carinthe [*sic*], le Frioul, l'Italie. || Avec vn Discours historique de toutes || les Villes & Estats, par où elle a passé. ǁ Et vn Traitté Particulier du royaume ǁ de Pologne, de son Gouvernement Ancien & Moderne, de ses Provinces ǁ & de ses Princes, auec [sic] plusieurs tables Genealogiques de Souverains. ǁ Dedié à Son Altesse, Madame la Princesse ǁ Doüairiere de Condé. ǁ Par Iean le Laboureur. S. de Bleranval, l'vn des Gentilshommes ǁ Servans du Roy. ǁ *A Paris*, ǁ *Chez Robert de Nain, au Palais, en la Sale Daufine, à* ǁ *l'Annonciation,* ǁ M. DC. XLVIII [1648]. ǁ Avec Privilege du Roy. In-4, mar. r. jans., tr. dor. (*Thibaron et Joly*.)

Le volume se compose de 3 parties, réunies sous un même titre, mais avec pagination différente.

[*Première partie*]. *Relation du Voyage de la Royne de Pologne* : Titre, épître « A Son Altesse Serenissime madame la Princesse », et avis *Au Lecteur* ; ensemble 4 ff. lim. et 215 pp.

[*Seconde partie*]. *Traité du Royaume de Pologne* : 264 pp., plus 6 tableaux pliés.

*Troisieme et Derniere Partie de la Relation du Voyage de Pologne* : 365 pp. et 1 f. pour les *Errata* et le *Privilege*.

Sur le titre et dans une partie du volume, l'imprimeur a essayé de distinguer les *u* et les *v*.

Le privilège, daté du 13 mai 1647, est accordé pour dix ans à Le Laboureur. Il est suivi d'un achevé d'imprimer du 30 juillet 1647. On voit, par cet achevé d'imprimer, que le livre fut publié aux frais de l'auteur.

Marie-Louise de Gonzague, fille de Charles Ier de Gonzague, duc de Nevers et de Mantoue, épousa en 1646 le roi de Pologne Vladislas IV. La maréchale de Guébriant fut chargée de l'accompagner en qualité d'ambassadrice extraordinaire de France. La princesse, que l'évêque de Warm, Venceslas Leszczyński, et le palatin de Posnanie, Christophe Opaliński, étaient venus chercher au nom du roi de Pologne, partit de Paris le 27 novembre 1645, et fit son entrée à Varsovie le 10 mars suivant.

Le récit du voyage est un document des plus curieux. On y trouve une foule de renseignements importants sur les contrées traversées par la reine : les Pays-Bas, Brême, la Prusse et la Pologne. Le retour de Mme de Guébriant par la Hongrie, l'Autriche et l'Italie n'est pas décrit avec moins de détails.

Nous n'avons pas à raconter ici la vie de Marie de Gonzague, qui exerça pendant vingt ans, sur les affaires de Pologne, l'influence la plus funeste. Devenue veuve en 1648, elle se remaria l'année suivante avec son beau-frère Jean-Casimir, le dernier des Vasa. A la mort de Marie (1667), Jean-Casimir abdiqua et se retira en France, où il reçut plusieurs abbayes, et où il mourut en 1672.

Le titre de notre exemplaire porte cette annotation manuscrite : « Je doibs ce livre à la civilité de Mad{e} de Guébriant. Viteau. »

2428. Estat ǁ de l'Empire ǁ de Russie et Gran- ǁ de Duché de Moscouie. ǁ Auec ǁ Ce qui s'y est passé de plus memorable & Tragi- ǁ que, pendant le regne de quatre Empereurs: à ǁ sçauoir depuis l'an 1590. iusques en l'an 1606. ǁ en Septembre. ǁ Par le Capitaine Margeret. ǁ *A Paris*, ǁ *Chez Mathieu Guillemot, marchant* ǁ *Libraire au Palais, à la gallerie par où on va* ǁ *à la Chancellerie.* ǁ M. D. C. VII [1607]. ǁ Auec priuilege du Roy. In-8 de 4 ff. lim., 54 ff.

chiffr., 1 f. d'*Errata* et 1 f. blanc, mar. r. jans., doublé de mar. r., dent., tr. dor. (*Trautz-Bauzonnet.*)

Édition originale.
Au titre la marque de M. Guillemot avec la devise *Per opposita* (Silvestre, n° 887 ).
Au v° du titre est un extrait du privilège accordé pour six ans à M. Guillemot, le 2 mars 1607.
Les 3 ff. qui suivent sont occupés par une épître « Au roy » et un *Advertissement au Lecteur*.

La relation de Margeret est d'une haute importance pour la connaissance de l'histoire de Russie au commencement du XVII° siècle ; elle a été réimprimée en 1668, époque où les exemplaires de l'édition originale étaient déjà presque introuvables, en 1821 et en 1855 ; elle a été traduite en russe par M. Ustrjalov (1837).

2429. HISTOIRE || SOMMAIRE des choses || plus memorables aduenues || aux derniers troubles de Moldauie. || Où sont descrites plusieurs batailles gaignées || tant par les Princes Polonois, que par les || Turcs, & Tartares : Ensemble l'euasion || admirable du Prince Correcky des Tours || noires du grand Turc, par l'inuention & || assistance d'vn Parisien. || Composée par M. I. B. A. en P. sur les memoires || de Charles de Ioppecourt Gentil-homme || Lorrain, qui portoit les armes durant ces || troubles à la suitte des Princes Polonois. || *A Paris,* || *Chez Toussainct du Bray, ruë S. Iacques,* || *aux Epics-meurs : Et en sa boutique au Palais* || *en la gallerie des prisonniers.* || M. DC. XX [1620]. || Auec Priuilege du Roy. In-8 de 12 ff., 374 pp. et 9 ff., mar. r., fil., dos orné, tr. dor. (*A. Motte.*)

Les ff. lim. comprennent : le titre ; une épître « A monseigneur, monseigneur le comte de Chombert, chevalier des ordres du roy, gouverneur et lieutenant general pour Sa Majesté és païs de haute et basse Marche, etc. », épître signée : J. BARET ; un avis « Au Lecteur » ; cinq distiques latins de NANCEL ; une épigramme latine de LOUIS D'ORLEANS ( anno aetatis 74.) ; la *Version* du *premier epigramme* (en quatre quatrains) par J. B. [J. Baret] ; un *Sonnet* de B. L. R. ; des *Stances* d'ANT. DE COURGENAY ; une *Ode* de NERVÈZE ; l'*Extraict du privilège*.

Le privilège, daté du 7 août 1620, est accordé pour dix ans à *Toussainct Du Bray*, marchand libraire juré à Paris. Le nom de l'auteur y est cité en toutes lettres, comme à la fin de l'épître : « J. BARET, advocat au parlement. »

Les pp. 372-374 contiennent une ode latine « Ad illustrissimum invictissimumque principem Correckium a Correck ». Les 9 ff. qui terminent le volume sont occupés par le *Sommaire des chapitres*.

Baret nous apprend dans son avis « Au Lecteur » qu'il rencontra chez un ami un gentilhomme lorrain qui fit part à la société des événements dont il avait été témoin en Moldavie et à Constantinople de 1608 à 1619, et que le maître de la maison demanda audit gentilhomme d'écrire cette histoire. Celui-ci, s'excusant sur son peu d'habitude à manier la plume, consentit à fournir des matériaux que Baret mit en œuvre à la prière de leur ami commun.

Le récit de Baret commence à la mort de Jérémie Movilă (1608) et retrace la lutte qui s'engagea entre son fils Constantin et un rival que les uns font fils de Jean-le-Cruel et les autres, fils d'Aaron, Étienne Tomşa (1612).

L'auteur nous donne ensuite de longs détails sur l'arrivée au pouvoir d'Alexandre Movilă, frère de Constantin (octobre 1615), sur le retour offensif d'Étienne Tomșa et sa disgrâce, sur la fin misérable de la veuve et des deux fils survivants de Jérémie Movilă, et sur l'avénement du prince valaque Radu, fils de Mihnea (1616). La partie la plus attachante de la relation est l'histoire du prince Korecki, dernier gendre de Jérémie Movilă, qui, après avoir fait des prodiges de valeur, tomba entre les mains des Turcs, et parvint à recouvrer sa liberté dans les circonstances les plus romanesques.

À part quelques erreurs de noms et de dates, les faits racontés par Baret sont d'une parfaite exactitude, et permettent de rectifier sur un grand nombre de points la chronique de Miron Costin.

M. Papiu Ilarian a donné dans son *Tesauru de monumente istorice pentru Romania* (II —Bucuresci, 1863, in-4 —, pp. 1-136) une réimpression complète de l'*Histoire des troubles de Moldavie*, accompagnée d'une traduction roumaine.

### 10. — *Histoire d'Espagne et de Portugal.*

2430. EPITOME || des Histoires || Des Roys d'Espaigne & Castille. || Des Rois d'Arragon. || Des ducz & Roys de Boheme. || Des Roys de Hongrie. || Des maisons d'Absbourg & Autriche. || Par Gilles Corrozet Parisien. || *A Paris.* || *Chez Guillaume Cauellat, à l'enseigne de la poulle*|| *grasse, deuāt le college de Cambray.* || 1553. || Auec Priuilege du Roy.— *Fin.* || *Imprimé à Paris par Benoist Preuost, demeurant* || *en la rue Frementel, à l'enseigne* || *de l'Estoille d'or.* || 1553. In-8 de 40 ff. chiffr.

Au titre, la marque de *Cauellat* (Silvestre, n° 112).
Au v° du titre, un extrait du privilège accordé pour six ans à Corrozet, le 15 mars 1552 [1553, n. s.]

Cet *Epitome*, que Corrozet déclare avoir tiré « de la masse des histoires escrites par bons et bien famez auteurs », se termine par une *Genealogie de l'empereur Charles, cinquiesme du nom*, qui fait descendre ce prince de Clovis, « premier roy de France chrestien ».

2431. COMIENÇA LA CORONICA de don Al || uaro de Luna Condestable de || los Reynos de Castilla y de Le- || on : Maestre y administrador de la or- || den y caualleria de Santiago. — [A la fin :] ❧ *Fue Impressa la presente obra en la çibdad de Milan* || *por Iuan Antonio de Castellono Impressor :* || *A xxiiij. dias del Mes de Otubre* || *de M. D. xlvj. Años.* In-fol. de 4 ff. non chiffr. et 94 ff. chiffr., impr. à 2 col.

Le titre est imprimé en rouge au milieu d'un grand bois qui représente un chevalier l'épée à la main. Dans l'encadrement on remarque les armes de la famille de Luna. — Le v° du titre est blanc, ainsi que le 2ᵉ f. ; le 3ᵉ f. contient le *Prólogo* ; le 4ᵉ f. est blanc.

La souscription reproduite ci-dessus se trouve au r° du 94ᵉ f., au-dessous de la marque de l'imprimeur ; le v° de ce même f. est blanc.

Don Álvaro de Luna, le célèbre connétable qui gouverna la Castille sous le nom de Jean II, se rendit coupable des plus odieuses exactions et subit la peine des criminels ; il eut la tête tranchée le 2 juin 1453 (voy. Mendez, *Tipografía espanola*, éd. de 1861, p. 123). La Chronique, où les faits sont présentés sous un jour favorable au connétable, fut publiée par les soins de

HISTOIRE. 219

son arrière-petit-fils, D. Alvaro de Luna. Il en a été fait une réimpression à Madrid en 1785. Cf. Cat. Salvá, II, n° 2890.

2432. ❡ LA POMPE FVNERALLE des obseques du || feu Roy dom Phelippes. filz vnicque de || lempereur Maximilian cesar auguste.:. || ❡ Vng chant nouuel touchant laliance dangleterre.:. || ❡ Lepitaphe de feux messire george chastelain || et maistre Iehan molinet Iadis Indiciaires et || historiographes de la tres Illustre maison de Bourgoigne. || Par Iehan Lemaire Belgijen || leur hūble successeur disciple et || loingtain Imitateur. *S. l. n. d.* [*Anvers, Guill. Vosterman*, 1507], in-4 goth. de 14 ff. de 31 lignes à la page, impr. en lettres de forme, sign. *A - B* par 4, *C* par 6, mar. r. jans., tr. dor. (*Trautz-Bauzonnet.*)

IV. 4. 131

La relation des obsèques de Philippe le Beau se termine au f. *Ciij* v°. A la suite est un morceau en prose *De la nouvelle alliance d'Angleterre*, suivi d'un *Chant nouvel* (en 20 vers) qui commence ainsi :

Plus nulz regretz, grandz, moyens ne menuz,
De joye nudz ne soient dictz n'escriptz...

*L'Epitaphe de feux, d'eternelle memoire, maistre Jehan Molinet et messire George Chastelain*, commence au v° du f. *Ciiij* ; elle compte 36 vers dont voici les premiers :

Dy moy qui gist icy, sans que point tu m'abuses.
— Cy gist l'amy privé d'Apollo et des muses...

Le volume se termine par une épître à Charles Le Clerc, trésorier des guerres, portant « humainement amour et reverence aux œuvres des princes orateurs et monarques poétes de nostre langue gallicane ». Ce personnage avait offert de faire graver l'épitaphe de Molinet et de Chastelain « en cuivre ou en marbre, ou l'enrichir en tableau de peinture, pour le poser ou lieu ouquel ils sont sepulturez » ; aussi Le Maire lui dédie-t-il son œuvre. L'épître est datée d'Anvers le 15 février 1507.

Le r° du dernier f. contient dix lignes de texte, suivies de deux sentences empruntées à Périandre et à Cicéron, et d'une signature de l'auteur dont les lettres sont placées à rebours :

ERIAMEL,
belgijen indiciaire.

Le v° du même f. contient la grande marque de *Vosterman* (voy. notre t. I, n° 2133, p. 584).

M. J. Petit a fait imprimer à 12 exemplaires, par *Enschedé*, à Harlem, pour les frères *Tross*, à *Paris*, en 1868, un texte entièrement tronqué de *La Pompe funeralle*. Notre exemplaire, qui provient de la bibliothèque de M. R.-S. TURNER, de Londres, et qui est le seul connu, a servi à l'éditeur actuel des *Œuvres de Jehan Le Maire*, M. J. Stecher, de Liège.

Nous avons précédemment décrit *L'Epitaphe de... Phelippes d'Austrice, roy de Castilles, de Leon et de Grenade, etc.*, [par Nicaise Ladam], 1506 (t. I, n° 488).

Pour l'histoire de Charles-Quint, voy. ci-dessus l'Histoire d'Allemagne, n°s 2409-2418, et les articles rappelés dans notre note sur le n° 2420.

2433. ADVERTIS- || SEMENT certain || contenant les pertes aduenues || en l'armee d'Espagne, vers le || Noest [*sic*], de la coste d'Irlande, en || leur voyage intenté depuis les || Isles du Nord, par delà l'Escos- || se enuers Espagne. || Et du nombre des hommes & || nauires perdus. || Auec deux lettres, l'vne

IV. 3. 83

d'vn **Flamen**, Ca- || tholique zelé, demeurant à Londres, à vn || Seigneur Espagnol, & l'autre de Mon- || sieur Candiche, qui a passé le destroit de || Magellan, pour aller aux Indes, & est re- || tourné par le Cap de Bonne Esperance. || M. D. LXXXVIII [1588]. *S. l.*, in-8 de 28 pp. et 2 ff., mar. r. jans., tr. dor. (*Trautz-Bauzonnet.*)

Relation des pertes subies par la flotte que Philippe II envoya contre l'Angleterre en 1588 (l'invincible armada). L'auteur y décrit la retraite de l'escadre et les désastres qu'elle eut à subir.

En tête du volume est une *Lettre d'un Flament, catholique zelé, demeurant à Londres, à un seigneur de qualité, Espagnol*, lettre datée de Londres, le 4 octobre 1588, et signée : « Celuy que sçavez ».

A la suite de cette lettre, qui occupe les pp. 3-6, vient la relation proprement dite, intitulée : *Advertissement certain d'Irlande, contenant les pertes advenues en l'armée d'Espagne*, etc. Nous avons déjà parlé de cette pièce qui a été reproduite par un traducteur différent à la suite de la *Copie d'une lettre envoyée d'Angleterre à dom Bernardin de Mendoze, ambassadeur en France pour le roy d'Espagne*, etc. ( voy. le n° 2219, art. 5). Ce dernier texte ajoute ( fol. *Gvij*) le résumé d'un *Advertissement du quatorziesme de septembre*, addition que nous n'avons pas ici. Le tableau des pertes est le même dans les deux impressions. On y voit que 17 navires et 5.394 hommes périrent pendant le mois de septembre, sans compter les 15 grands vaisseaux de combat qui furent perdus pendant les mois de juillet et d'août. Le total des pertes fut de 32 navires et de 10.185 hommes.

Nous avons indiqué plus haut ( p. 56) le titre du factum anglais à la suite duquel notre *Advertissement* fut tout d'abord publié. Pour des éditions néerlandaises, voy. Tiele, *Catal. van pamfletten*, I, n°s 343-345, et Vander Wulp, *Cat. Meulman*, I, n° 699.

La lettre de Candish, annoncée sur le titre de notre édition, occupe le dernier f. du volume.

Nous avons précédemment décrit un *Cantique d'action de graces pour la deffaicte et dissipation de l'armée d'Espagne*, 1588 (t. I, n° 990).

2434. LE || PATISSIER || de Madrigal || en Espagne. ||. Estimé estre Dom Carlos, fils du Roy || Philippe. || *A Paris,* || *Par Iean Le Blanc, ruë sainct* || *Victor au Soleil d'or.* || 1596. In-8 de 15 pp. mar. r. jans., tr. dor. (*Trautz-Bauzonnet.*)

Au titre la marque de *J. Le Blanc* (Silvestre, n° 1118).

Voici en quelques mots de quoi il s'agit dans ce livret. En 1594, un pâtissier du bourg de Madrigal, en Castille, appelé Spinoza, entreprit de se faire passer pour le roi D. Sébastien de Portugal, qu'il prétendit n'avoir pas été tué dans son expédition contre les Maures. Spinoza ne parvint pas à se maintenir ; il fut pendu la même année avec son complice, le moine de Los Santos. Cependant le bruit de son aventure passa les monts, et l'on crut en France que le pâtissier de Madrigal avait voulu ressusciter don Carlos. L'histoire fournissait ainsi matière à des attaques contre Philippe II, dont le nom était encore exécré en France.

Cette pièce a été reproduite par M. Édouard Fournier, dans ses *Variétés historiques et littéraires* ( II, 27-36). M. Leber, qui ne possédait qu'un exemplaire d'une réimpression exécutée à *Poitiers*, par *Blanchet*, citait son volume comme un livre unique et fort précieux. Voy. *Cat. Leber*, II, n° 4182.

2435. RECUEIL de pièces relatives à l'histoire d'Espagne en 1596. 3 part. en un volume in-8, cart.

# HISTOIRE. 221

Voici la description des pièces qui composent ce recueil :

1. COPIE d'vne || Missiue escrite || de Seuille en Espagne, Contenant || les executions de l'armée Angloise || du 29. et 30. Iuin 1596, en la pri- || se des Haures [sic] & ville de Calix en || Espagne. || *A Paris,* || *Pour Claude de Monstr'œil* || *tenant sa boutique en la Cour du* || *Palais, au nom de Iesus.* || 1596. In-8 de 1 f., 12 pp. et 1 f. blanc.

Cette lettre est datée de Séville, le 9 juillet 1596.
Pour d'autres pièces sur l'expédition anglaise en Espagne, voy. Vander Wulp, *Cat. Meulman*, I, n°ˢ 821-824.

2. NOVVELLES || de ce qui s'est || passé en Espagne depuis la des- || cente de l'armée Angloise à Ca- || lix. || Auec autres particularitez de ce qui || se passe à Bayonne & en || Bretagne. || *A Paris,* || *Pour Claude de Monstr'œil* || *tenant sa boutique en la Cour du* || *Palais, au nom de Iesus.* || 1596. In-8 de 1 f., 7 [*lis.* 8] pp. et 3 ff. blancs.

Ces nouvelles témoignent de l'émotion causée par le débarquement des Anglais en Espagne. Les navires espagnols qui avaient pénétré dans le Blavet, en Bretagne, sous le commandement de don Juan de l'Aguilla, battirent immédiatement en retraite.

3. DISCOVRS || de la deffaicte || des garnisons Espa- || gnoles du pays de Haynault, par || Monsieur le Mareschal de Ba- || lagny. || *A Paris,* || *Par Claude de Monstr'œil* || *& Iean Richer.* || 1596. In-8 de 1 f. et 6 pp.

Au titre les armes de France et de Navarre.

Récit de deux petits combats livrés près de Marly en Hainaut, le 27 juillet 1596. MM. de Montigny, de Gié, le marquis de Boissy, le comte de Charlus, de Villiers-Houdan, de Montmartin, le baron de Canillac, de Beauverger, etc., y prirent part aux côtés du maréchal de Balagny.

2436. DISCOVRS || de ce qui c'est [sic] passé || en la celebration du || Mariage, d'entre le Roy d'Espagne || & Marguerite d'Austriche, & de la || Serenissime Isabel d'Espagne, auec || l'Archiduc Albert. || *A Lyon,* || *Par Thibaud Ancelin,* || *et Guichard Iullieron,* || *Imprimeur ordinaire du Roy.* || M. D. XCIX [1599]. || Avec permission. In-8 de 16 pp.

Philippe III, né en 1578, n'avait que 21 ans quand il épousa sa cousine Marguerite d'Autriche. Le mariage eut lieu à Ferrare, au mois d'avril 1599, et fut béni par le pape, en même temps que le mariage de l'archiduc Albert et de l'infante Isabelle. L'auteur de la relation décrit toutes les fêtes qui eurent lieu à cette occasion. Il nous apprend entre autres choses que « la veille du départ des princes fut recité en vers latins la tragédie de *Holoferne*, estan vestus de fort riches habits ceux qui la jouèrent. »
Le roi d'Espagne passa trois jours à Mantoue, où il vit représenter « la pastoralle du *Berger fidelle* [le *Pastor fido* de Guarini], avec les intermédes et scène fort superbes ».

2437. LES || GRANDES || ACTIONS et || notables Chan- || gements que le Roy || d'Espagne Philippe IIII. a || fait à son aduenement à la Couronne, || en la direction des affaires de son || Estat, apres le decez & funerailles du || feu Roy Philippe III. son pere. || Ensemble la remise de la Valtoline || accordee en faueur du Roy. || 1621. *S. l.*, in-8 de 16 pp.

Cette pièce se compose de plusieurs relations datées de Madrid, les 8, 15, 27 et 28 avril 1621.

2438. DISCOVRS || funebre sur le || sujet des obseques de tres-haut || & tres-puissant Philippe III. Roy || d'Espagne. || Fait par M. Francois || Lecharron, Prothonotaire du sainct || siege, Orateur du Roy, Conseiller & || Aumosnier de la Reine, Chanoine || & Archidiacre de Iosas en l'Eglise || de Paris, Prieur Commendataire || des Prieurez de Maintenay, du || Cormier, de Cheffois. || *A Paris,* || *Chez Antoine Vitray, proche l'Orloge* || *du Palais, & au College sainct Michel.* || M. DC. XXI [1621]. In-8 de 38 pp. et 1 f. blanc.

Les 2 pp. qui suivent le titre contiennent une épître « A la reine ».
Philippe III était mort le 31 mars 1621. Il n'avait pas encore 43 ans.

2439. RELATION || veritable de la de- || liurance de dix- || huict cens prison- || niers, faite par le || Cardinal Infant. || *A Orleans,* || *Par Maria Paris, Imprimeur* || *& Libraire, demeurant en la* || *grand' ruë, pres l'Eglise S.* || *Liphard.* 1641. || Auec permission. In-8 de 7 pp.

Rachat de dix-huit cents prisonniers espagnols détenus à Rotterdam.

2440. LETTRE || du Gouuerneur de || Taragone, escrite || au Secretaire d'Estat du Roy || d'Espagne, sur la necessité || où ils sont reduits || a present. || *Sur l'imprimé A Paris,* || *En l'Isle du Palais.* || Auec permission. 1641. In-8 de 7 pp.

Édition publiée par *Maria Paris*, à *Orléans*. Elle est imprimée avec le même matériel que la pièce précédente et la pièce décrite sous le n° 2420, art. 104.
La relation est datée de Barcelone le 5 août 1641. La lettre du prince Botero, gouverneur de Tarragone, est du 4 juillet. M. de La Motte-Houdancourt pressait alors la place de capituler.
Le roi Philippe IV mourut le 15 septembre 1665. Nous avons précédemment décrit son *Oraison funèbre*, par François Ogier, 1666 (t. I, n° 357).
Au règne de Charles II se rapporte la *Relation du voyage d'Espagne* de M<sup>me</sup> d'Aulnoy, 1691 et 1699 (t. II, n°s 1926, 1927).

2441. HISTOIRE || de || la Conjuration || de Portugal. || *A Paris,* ||

*Chez* { *la Veuve d'Edme Martin,* / *Jean Boudot,* / *&* / *Estienne Martin,* } *ruë S. Jacques, au Soleil d'or.*

|| M. DC. LXXXIX [1689]. || Avec Privilege du Roy. In-12 de 12 ff., 278 pp. et 1 f., mar. bl. jans., tr. dor. (*Trautz-Bauzonnet.*)

Édition originale du célèbre ouvrage de l'abbé RENÉ AUBERT DE VERTOT.
Les ff. lim. comprennent : un frontispice gravé, le titre, une épître « A madame la dauphine » et un *Avertissement*.
Le v° du dernier f. est occupé par un *Extrait* du privilège accordé à

Jean Boudot, pour six ans, le 23 mai 1689. L'achevé d'imprimer est du 18 juin 1689.

Vertot fit subir par la suite diverses modifications à son livre, qui fut désormais réimprimé sous le titre d'*Histoire des révolutions de Portugal.*

2442. HISTOIRE des Revolutions de Portugal. Par M. l'Abbé de Vertot, de l'Académie Royale des Inscriptions & Médailles. *A Paris, Chez Michel Brunel, Grand' Salle du Palais, au Mercure Galant.* M. DCCXI [1711]. Avec Approbation & Privilege du Roy. In-12 de 6 ff., 407 pp. et 12 ff. pour la *Table* et le *Privilége,* mar. r., fil., dos orné, tr. dor. (*Anc. rel.*)

Collation des ff. lim. : Front. gravé, non signé; titre ; 4 ff. pour la *Préface.*

Le privilège, daté du 31 octobre 1710, est accordé pour huit ans au sieur \*\*\*. L'abbé de Vertot déclare en faire cession au libraire *Michel Brunet.*

2443. SOMMAIRE || DECLARATION || des iustes causes et || raisons qui ont meu & meuuent le || treshault & trespuissant Prince Dom || Anthoine Roy de Portugal, des Algar- || bes, &c. de faire, & de continuer la || guerre, tant par mer que par terre. || au Roy de Castille, & à tous ceux qui || luy donnent & donneront faueur & || ayde en quelque maniere que ce soit. *S. l. n. d.* [*Hollande,* 1582], in-4 de 3 ff. non chiffr. et 1 f. blanc.

Cette pièce, datée de Tours, le 15 mai 1582, émane de dom Antoine, bâtard d'un frère du cardinal-archevêque de Bragance. A l'instigation de Catherine de Médicis, qui, au mois de juillet 1582, envoya une flotte française aux Açores, dom Antoine déclare maintenir ses droits à la couronne de Portugal, usurpée par Philippe II.

2444. HISTOIRE de D. Juan de Portugal, fils de D. Pedre et d'Ines de Castro. *A Paris, Chez Pissot, Quay des Augustins, à la descente du Pont-neuf, à la Croix d'Or.* M. DCCXXIV [1724]. Avec Approbation & Privilege. In-12 de 16 ff. et 187 pp.

Par l'abbé GUYOT-DESFONTAINES.

Collation des ff. lim. : Titre; 2 ff. pour la dédicace à M. de P\*\*\*, signée : PISSOT ; 21 pp. pour la *Préface ;* 3 pp. pour l'*Approbation* et le *Privilége.*

Le privilège, daté du 23 septembre 1723, est accordé à *Noël Pissot,* pour six ans.

## 11. — *Histoire d'Italie.*

2445. ABYSME || arriué || à la ville de Pleurs || depuis trois septmaines en ça, par || vn estrange & prodigieux trem- || blement de terre : || Ensemble la perte de plus de deux milles || Ames, & generalle Conflagration || des arbres &

forets du terri- || toire de ladicte ville. || *A Paris*, || *Chez Isaac Mesnier, ruë Sainct Iacques* || *au Chesne-verd.* || M. DC. XVIII [1618]. In-8 de 8 pp.

Pleurs, ou plus exactement Plurs (en latin *Plurium*), était un gros bourg du comté de Chiavenna ; une catastrophe analogue à celle qui dans notre siècle a causé la ruine de Goldau le détruisit au commencement du mois de septembre 1618. La ville fut subitement ensevelie sous d'énormes masses de rochers détachées des montagnes; tous ses bâtiments, parmi lesquels il n'y avait pas moins de huit monastères, furent détruits et tous les habitants périrent. On montre aujourd'hui le théâtre de l'événement dans une petite île formée par la Mera, à quelques kilomètres au-dessus de Chiavenna.

Une autre relation du même désastre, dont S. A. R. Mgr. le duc d'Aumale possède un exemplaire, est intitulée : *Discours deplorable* || *d'vn estrange ac-* || *cident suruenu le* || *septiesme Septē-* || *bre, au Bourg de* || *Plurs en la vallee* || *de Vvaltoline, sujets* [sic] *des Grisons* || *scis sur la riuiere* || *de Maira.* || A Lyon, || Auec Permission. S. d., in-8 de 11 pp.

IV.6.129

2446. L'EMBRASEMENT || espouuentable || de trois Eglises, plus de sept cents || Maisons, quelques forges de fer, || & plusieurs moulins. || Auec la mort d'vne infinité de person- || nes, & ruyne d'vn pays, en Lom- || bardie, ceste presente année, || mil six cens dix neuf. || *Iouxte la copie Italiēne, imprimée* || *à Padoüe.* || Auec Permission. || M. DC. XIX [1619]. In-8 de 16 pp.

Le pays détruit est le bourg de Collio, dans le val Trompia, au nord-est de Brescia.

A l'histoire du Piémont et de la Lombardie se rapportent en outre les ouvrages suivants : *Les grans Croniques des pays de Savoye*, par Symphorien Champier, 1515 (n° 2315) ; — *Complainte faicte pour ma dame Marguerite, archeduchesse d'Austriche, duchesse doagiére de Savoye*, 1530 (t. I, n° 537) ; — *Epithalame ou Nosses de... Emanuel Philibert, duc de Savoye*, par Claude de Buttet, 1559 (n° 708) ; — *Discours à monseigneur le duc de Savoye, etc.*, par P. de Ronsard, 1559 (n° 674) ; — *L'Antrée du roy a Millan*, 1509 (t. II, n° 2108) ; — *L'Ordonnance faicte a l'entrée du treschrestien roy de France... dedans sa ville de Millan*, 1515 (n° 2123) ; — *La Forme du traicté et appointement fait entre le... roy de France et Maximilian Sforce*, 1515 (n° 2124) ; — *Anzoygendt new Zeytung, wie es eygendlicth mit der Schlacht vor Pavia... ergangen*, et autres pièces sur la bataille de Pavie, 1521 (n°s 2125-2130).

IV.8.62

2447. LA || CONIVRATION || du Comte || Iean-Louis || de Fiesque. || *A Paris,* || *Chez Claude Barbin, sur* || *le grand Perron de la Sainte* || *Chapelle.* || M. DC. LXV [1665]. || Auec Priuilege du Roy. Pet. in-8 de 2 ff. et 208 pp., mar. r. jans., tr. dor. (*A. Motte.*)

Par JEAN-FRANÇOIS-PAUL DE GONDI, CARDINAL DE RETZ.

Cette histoire, bien qu'elle paraisse ici pour la première fois, est une œuvre de jeunesse du cardinal. Sous le prétexte de raconter la conspiration dont le doge André Doria faillit être victime le 2 janvier 1547, il voulut composer un violent pamphlet contre Richelieu. Celui-ci en eut connaissance alors que des copies en étaient répandues par la ville, et dit que Retz était « un dangereux esprit ».

Le f. qui suit le titre contient un *Extraict du privilège* accordé pour sept

# HISTOIRE. 225

ans à *Cl. Barbin*, le 14 mars 1665. L'extrait n'est suivi d'aucun achevé d'imprimer.

A l'histoire de Gênes se rapportent en outre les pièces suivantes : *Jean Marot, de Caen, sur les deux heureux voyages de Genes et Venise*, [1507] (t. I, nos 595, 599, 600, 602-604, 616) ; — *Das Enreyten des Konigs von Franckreich in Jenua*, 1507 (t. II, n° 2106) ; — *Appologia*, per G. Briçonnetum, 1507 (n° 2107).

2448. LE DISCOVRS sur || l'espouuentable, horrible, & mer- || ueilleux tremblement de terre || aduenu en la ville de Ferrare. || Plus, || La Copie d'vne lettre || contenant les noms de plusieurs lieux de || renom, & rues veüez en ruynes, de- || puis le xvj de Nouembre, iusques au || xxviij ensuyuant. M. D. LXX. || *A Paris*, || *De l'Imprimerie de Guillaume de* || *Nyuerd, Imprimeur ordinaire du* || *Roy, en langue Françoise.* || Auec priuilege dudict Seigneur. In-8 de 12 ff. non chiffr.

 Le dernier f., blanc au r°, est occupé, au v°, par un joli fleuron.
 La *Lettre*, plus curieuse encore que le *Discours*, énumère les familles qui se trouvèrent sans abri à la suite du tremblement de terre.
 Le Catalogue de M. Horace de Landau (II, 1890, p. 501) nous fait connaître une pièce allemande sur le même sujet: *Waare Zeytung vom dem grossen und grusammen Erdbidem so zu Ferrär in Italia und zu Florentz beschähen ist*... Zurich, bij Christofel Schwytzer, in-4 de 8 ff.

2449. BRIEF || DISCOVRS du || merueilleux & terrible || accident aduenu || par feu, en la ville de || Venise, apres les triumphes & magni- || fiscences faictes à l'election du Duc. || Auec vne exortation faicte au peuple par || vn docteur en theologie d'icelle ville. || Dedié à Monsieur le Cardinal de Lorraine. || *A Paris*, || *Pour Pierre des-Hayes imprimeur de-* || *meurant pres la porte S. Marcel.* || 1574. || Auec Priuilege. In-8 de 15 ff. non chiffr.

 Cette pièce est précédée d'une épître « A monseigneur illustrissime et reverendissime, cardinal de Lorraine, archevesque duc de Reims, et premier pair de France », épître signée J. DU LAC.
 L'auteur de l'épître nous apprend qu'il n'a fait que traduire un original italien. Cet original, aussi bien que la traduction, est resté inconnu à Cigogna qui ne cite sur l'incendie de 1574 qu'un poème latin de Francesco Aquilario : *Vulcanus, sive Carmen de duobus incendiis quae Venetiis evenerunt anno a nativitate Christi* 1574 (Voy. *Saggio di bibliografia veneziana* ; Venezia, 1848, gr. in-8, n° 1932).
 Le *Discours* est suivi d'un verset du Psaume CIV, emprunté à la traduction de Marot, et de 3 pièces de vers empruntées au *Discours de la Tempeste et fouldre aduenue en la cité de Londres*, 1561 (voy. le n° 2369). Comme J. DU LAC était certainement catholique et que le traducteur de la relation anglaise de 1561 était protestant, nous ne croyons pas que les vers soient de DU LAC, et nous voyons en lui un simple plagiaire.

2450. LA MORT || de deux Ducs || de Venise. || Et le Tumulte || Aduenu après l'election du || premier Duc. || *A Paris*, || *Chez Pierre de Lon, ruë de Ver-* || *saille, à l'image S. Ni-*

15

colas, pres || *la porte sainct Victor.* || M. DC. XVIII [1618]. || Auec Priuilege du Roy. In-8 de 14 pp. et 1 f. blanc.

<blockquote>
Au v° du titre, est un extrait du privilège accordé à *Pierre de Lon*, le 28 juin 1618. La durée n'en est pas indiquée.

Après la mort de Jean Bembo, les Vénitiens conférèrent la dignité de doge à un vieillard de 80 ans, Nicolas Donato. Cette élection fut le signal de graves désordres dans la ville. Donato parvint pourtant à calmer les esprits ; mais il mourut après un règne d'un mois et trois jours. Son successeur fut Antoine Priuli.
</blockquote>

2451. CONJURATION || des || Espagnols || contre || la Republique || de Venise || en l'année M. DC. XVIII. || *A Paris.* || *Chez Claude Barbin, au Palais,* || *sur le Perron de la sainte* || *Chapelle.* || M. DC. LXXIV [1674]. || Avec Privilege du Roy. In-12 de 2 ff., 327 pp., 1 f. non chiffr. et 1 f. blanc, mar. bl. jans., tr. dor. (*Trautz-Bauzonnet*).

<blockquote>
Par CÉSAR VICHARD DE SAINT-RÉAL.
Edition originale.
Le f. qui suit le titre contient un *Avis*, où sont indiquées sommairement les sources auxquelles l'auteur a puisé.
Le f. non chiffré qui termine le volume contient un *Extrait du privilége*. Ce privilège, daté du 21 décembre 1673, est accordé au sieur ***** pour six ans.
</blockquote>

2452. ARREST || du tres- || haut Conseil || des Dix. || Contre George Corner, fils du || Duc de Venise, & autres || siens Complices. || Publié sur les degrez de Sainct Marc, || & de Rialte || Traduict de l'Italien. || *A Paris,* || *Chez Iean Martin, au bout du Pont S.* || *Michel, prés le Chasteau S. Ange.* || *Iouxte la coppie imprimée à Venise par* || *l'Imprimeur Ducal.* || M. DC. XXVIII [1628]. || Auec Permission. In-8 de 16 pp.

<blockquote>
L'arrêt est daté du 10 janvier 1628.
</blockquote>

2453. RELATION de la || pompeuse Entrée || faicte à Venise, || par la Serenissime || Republique ; || A tres-haut, & tres-puissant || Seigneur, || Messire Charles, Sire de || Crequy, Prince de Pois, Duc Desdi- || guieres, Pair & Mareschal de France, Con- || seiller du Roy en ses Conseils d'Estat & || Priué, Cheualier de ses Ordres, premier || Gentil-homme de sa Chambre, & Lieute- || nant General pour sa Majesté en Dauphiné. || Traduite de l'Italien imprimé à Venise, || Par L. G. || *A Lyon,* || *Par Claude Cayne, en ruë Noire,* || *au Lyon d'Or.* || M. DC. XXXIV [1634]. || Auec Permission. In-8 de 16 pp.

<blockquote>
Le duc de Créquy fit son entrée à Venise le 18 juillet 1634 ; il fut traité avec le plus grand éclat durant quatre jours.
</blockquote>

L'original italien de la relation est intitulé : *Relatione dall' entrata pomposa fatta in Venetia dall' illustrissimo et eccellentissimo Sig. de Créquy, prencipe di Poix, ec., ambasciador d'ubbidienza di S. M. Christianissima, di ritorno dalla Santità di N. S. alla Serenissima Repubblica.* Venetia, Pinelli, 1634, in-4 (Cicogna, *Saggio di bibliografia veneziana*, n° 1682).

A la fin de la traduction française on trouve un sonnet de L. GARON « A monseigneur le duc de Créquy », et le texte des permissions données à *Cl. Cayne*, par le procureur du roi et par le lieutenant-général, le 19 octobre 1634.

Louis Garon, l'auteur bien connu du *Chasse-ennuy*, est le traducteur désigné par de simples initiales.

Nous avons décrit précédemment un grand nombre de pièces relatives à l'expédition de Louis XII contre les Vénitiens, savoir : *Les Ballades de Bruyt commun.* par A. de La Vigne, 1509 (t. I, n° 480) ; — *L'Entreprise de Venise*, par P. Gringore, 1509 (n° 496) ; — *Le grant Credo de Venise*, 1509 (n° 540) ; — *La Lamentation de Venise*, 1509 (n° 569) ; — *Lettres envoyées à Paris de par le roy*, 1509 (t. II, n° 2109) ; — *La tresnoble et tresexcellente Victoire du Roy... sur les Venitiens*, 1509 (n° 2110) ; — *L'Ordre du camp des Venitiens*, 1509 (n° 2110) ; — *Dye Verzaychnusse des Heeres so der Kunge von Franckreych wider die Venediger gehabt*, 1509 (n° 2111) ; — *Frotola nova contra Venetiani*, et autres pièces italiennes, 1509-1518 (t. I, n°ˢ 1039-1047) ; — *La totale et vraye Description de tous les passaiges, etc.*, [par Jacques Signot], 1515 (t. II, n° 2122) ; — *La Pace da Dio mandata*, 1516 (t. I, n° 1048).

2454. HISTOIRE || DES HOMMES ILLV- || STRES de la Maison || de Medici, || auec vn Abbrege des || Comtes de Bolongne || et d'Auuergne. || A la Roine, Mere du Roi. || *A Paris,* || *Chez Charles Perier, rue S. Iean de* || *Beauuais, au Bellerophon.* || 1564. || Auec Priuilege du Roy. In-4 de 6 ff., 233 pp., 1 f. pour la *Copie du Privilége* et 2 ff. blancs, plus 1 tableau généal. plié, placé à la fin ; réglé, vél. bl., dos orné, comp., tr. dor. (*Anc. rel.*)

Collation des feuillets lim. : Titre ; 5 ff. pour la dédicace « A tres-auguste et honorée princesse, madame Catherine de Medici, roine mere du roi de France », et un *Advertissement au Lecteur*.

La dédicace, datée de Paris, le 20 juillet 1564, est signée : JEAN NESTOR, médecin.

Le privilège, daté du 8 mars 1563 (1564), est accordé pour sept ans au libraire *Charles Périer*.

Exemplaire de dédicace, en GRAND PAPIER, aux armes du roi CHARLES IX.

A l'histoire des Médicis se rapportent encore les deux pièces suivantes : *Proëme sur l'histoire des François et hommes vertueux de la Maison de Medici*, [par Jacques Grevin], 1567 (t. I, n° 712) ; — *Oraison funèbre... du serenissime prince Cosime de Medicis*, par Arnauld Sorbin, 1574 (n° 838).

Pour l'histoire de Bologne nous citerons *Les Cerimonies observées au coronement de l'empereur... a Bologne la Grasse*, 1530 (t. III. n° 2410).

2455. CONJURATION de Nicolas Gabrini, dit de Rienzi Tyran de Rome en 1347. Ouvrage posthume du R. Pere Du Cerceau de la Compagnie de Jesus. *A Paris, Chez la Veuve Etienne, rue S. Jacques, à la Vertu.* M. DCC. XXXIII [1733]. Avec Approbation et Privilege du Roy. In-12 de XXIV et 600 pp., mar. r., fil., dos orné, tr. dor. (*Anc. rel.*)

Édition originale, publiée par le P. BRUMOY.

## HISTOIRE.

Les liminaires comprennent : le titre; une *Lettre de l'éditeur à M\*\*\**, ami particulier du Pere Du Cerceau, lettre signée : P. BRUMOY, J. ; l'*Eloge du R. P. Antoine Du Cerceau*, tiré du *Mercure de France*, mois de septembre *1730*, page 1962 ; l'*Approbation*.

Le volume se termine par *Les Incommoditez de la grandeur*, comédie héroïque (pp. 459-572) et *Diverses Pieces de Poësie* (pp. 573-600).

Exemplaire aux armes du MARQUIS DE CHANALEILLES (Guigard, *Armorial du Bibliophile*, 1890, II, 124).

2456. RELATION || DE || ROME. || Tirée d'vn des plus || curieux Cabinets de Rome. || *A Paris,* || *Chez Louis Billaine, au second pillier de la* || *grand' Salle du Palais, à la Palme, & au* || *grand Cesar.* || M. DC. LXII [1662]. || Auec Priuilege du Roy. In-12 de 8 ff. et 148 pp.

Collation des ff. lim. : Titre avec la marque de *Jolly ;* 3 ff. pour une épître « A monseigneur le comte de S. Aignan », épître signée C. C. [CHARLES LE COINTE] ; 3 ff. pour un *Advis au Lecteur* et pour l'*Extrait du privilége* ; 1 f. blanc.

Le privilège, daté du 28 octobre 1662, est accordé pour neuf ans à *Thomas Jolly*, qui déclare y associer *Louis Billaine*.

L'achevé d'imprimer est du 24 novembre 1662.

L'*Advis au Lecteur* nous fait immédiatement connaître la nature des renseignements recueillis par l'auteur : « Cette Relation, y est-il dit, contient le gouvernement de la ville de Rome ; les revenus certains et incertains du pape ; les noms et qualitez de toutes les maisons et familles qui y ont ou pretendent tiltre de noblesse, et en quoy consistent leurs revenus ; l'estat et description de la datterie et chancellerie ; la forme, la qualité et la quantité des tribunaux, avec la maniére dont ils usent à rendre la justice ; les noms, la valeur et les revenus de tous les offices, tant venaux que non venaux ; un discours des congregations des cardinaux ; les qualitez, gages et salaires des officiers de la maison du pape, etc. »

2457. RECIT || veritable || du miserable et || memorable accident || arriué en la descente de la tres-renom- || mée Montagne de Somma, autrement || le Vesuue, enuiron trois lieües loing || de la ville de Naples. || Depuis le Lundy 15. Decembre 1631 sur les 9. heures du || soir, iusques au Mardy suiuant 23. du mesme : dé- || crit iour par iour, & heure par heure. || Par le R. P. Iaques Milesius Hiber- || nois, Obseruantin Reformé, residant au || Conuent Royal de la Croix du || Palais, à Naples. || *A Lyon,* || *Chez Iean Iullieron Imprimeur* || *ordinaire du Roy.* || M. DC. XXXII [1632]. || Traduit de la copie imprimée à Naples. In-8 de 13 pp. et 1 f. blanc.

L'original italien de cette relation de Giacomo Milesio da Ponta est intitulé : *Dell' incendio del Monte di Somma, con altri trattati italiani e latini di diversi autori sopra lo stesso soggetto* (Napoli, per Ottavio Beltrano, 1631, in-4).

La Bibliothèque Chigi, à Rome, possède deux autres pièces intitulées : *Osservazioni giornali del successo nel Vesuvio, dalli 16. Decembre 1631. sino alli 10. di Aprile 1632*, per Cesare de Martino (Napoli, per Ottavio Beltrano, 1632, in-8) ; — *Incendio del Monte di Somma, discorso di Giovanni Orlandi* (Napoli, per Lazaro Scoriggio, 1631, in-4).

Nous rappellerons ici les titres de deux ouvrages relatifs à l'histoire de Naples : *Le Vergier d'honneur*, par Octovien de Sainct-Gelais, 1495 (t. I, nº 479) ; — *Lamento delo sfortunato reame de Neapoli*, 1504 (nº 1088).

## 12. — *Histoire des Turcs.*

2458. ⁋ Le dovble de ‖ loriginal/ q̄ a este escript ⁊ mād̄e par le grād̄ ‖ Turcq/ ensemble le roy de Cathey/ ⁊ le roy ‖ de perse / a tous princes ⁊ seigneurs ⁊ estatz ‖ de toute la chrestiēte de Lēpire Rōmain. *S. l. n. d.* [1526], pet. in-8 goth. de 4 ff. de 24 lignes à la page pleine, mar. r. jans. (*Trautz-Bauzonnet.*)

Au titre, un bois qui représente le sultan :

Soliman annonce à tous les princes chrétiens qu'il va combattre le roi de Hongrie. Il est dit à la fin que l'original, écrit en grec à Trébizonde, avait été traduit en latin à Venise, puis de latin en allemand. Le texte allemand dont Kertbeny (*Ungarn betreffende deutsche Erstlings-Drucke*, nᵒˢ 249-253) ne décrit pas moins de cinq éditions, porté la date du 13 janvier 1526 ; cette date ne figure pas dans notre traduction française. On y trouve le défi spécialement adressé par le sultan au roi de Hongrie ; mais les éditions allemandes contiennent de plus une lettre de l'infortuné Louis II.

2459. CAPITULA sanctissi || mi fœderis initi inter summum Pont. Cæsa || reamq3 Maiestatem, & Venetos || Contra Turcas || ⚜ *S. l. n. d.* || [*Venise ?* 1533], in-4 de 4 ff. non chiffr. de 41 lignes à la page pleine.

>    Le titre, dont la première ligne est imprimée en lettres gothiques, est orné de trois bois représentant : au centre, les armes du pape, à gauche, celles de l'empereur, à droite, celles de Venise.
>    Le f. qui suit le titre contient une introduction où il est dit que, le 8 février 1533, le pape Paul III a conclu un traité d'alliance contre le Turc avec l'empereur Charles-Quint et Ferdinand, roi des Romains, tous deux représentés par Juan Manrique, marquis d'Aguilar, et avec la Seigneurie de Venise, représentée par Marcantonio Cantareno.
>    Le traité, qui manque au grand recueil de Dumont, comprend 18 articles. Le texte en occupe le 8ᵉ f. et le rᵒ du 4ᵉ. — Le vᵒ du 4ᵉ f. est orné d'un grand bois des armes impériales.

2460. ARTICLES || accordez par le || Grand Seigneur en faueur || du Roy & de ses subiects à mesire [*sic*] || Claude du Bourg, Cheualier, sieur de || Guerine Conseiller du Roy & Tre- || sorier de France, pour la liberté & || seureté du trafficq, commerce & pas- || sage es païs & mers de Leuant. || *A Paris,* || *Chez Iean de Bordeaux, au clos Bru* || *neau, à l'enseigne de l'Occasion.* || 1570. || Auec priuilege du Roy. In-8 de 12 ff. non chiffr.

>    Au titre, la marque de *Jean de Bordeaux* (Silvestre, nᵒ 1127).
>    Claude Du Bourg avait reçu du roi, le 23 mars 1569, une mission temporaire à Constantinople, mission qui se rattachait, à ce qu'il semble, à des questions financières, où il était personnellement intéressé (voy. Charrière, *Négociations de la France dans le Levant,* III, 64). Il obtint de sultan Sélim la confirmation des anciennes capitulations. L'iradé impérial est daté de Constantinople au mois d'octobre 1569. La traduction française, signée de l'interprète royal DOMENICO OLIVERI (ou mieux OLIVIERI), fut publiée en vertu d'un ordre de Charles IX daté du 17 juin 1570.
>    Les articles ont été reproduits en 1619 dans les *Meslanges historiques* de Nicolas Camuzat ; ils ont été insérés également par le comte d'Hauterive et le chevalier de Cussy dans leur *Recueil des traités de commerce et de navigation* (1733-1836). M. Charrière n'en a donné que des extraits.
>    Le dernier f. de notre livret contient le texte de la requête adressée par *Jean de Bordeaux* au prévôt de Paris pour obtenir un privilège, et le visa favorable donné par le prévôt Miron, le 27 novembre 1570.

2461. LA VRAYE || HISTOIRE || du Siege et de la || Prinse de Famagoste, l'vne des principales villes du Royaume de Cy- || pre, n'agueres appartenant aux Venitiẽs : escrite || en Italien, par le seigneur Nestor Marti- || nengo, Capitaine d'vne des compa- || gnies qui estoyent dedãs : & par || luy addressee au Duc || de Venize. || Et depuis mise en François. || *A Paris.* || *De l'Imprimerie d'André Wechel.* || 1572. || Auec priuilege du Roy. In-8 de 19 ff.

>    Au titre, la marque d'*André Wechel*.
>    Au vᵒ du titre est un extrait du privilège accordé pour six ans à *Wechel* le 16 février 1572.

HISTOIRE.   231

L'original italien, dont il existe plusieurs éditions, est intitulé : *Relatione di tutto il successo di Famagosta, dove s'intende minutissimamente tutte le scaramuccie, batterie, mine et assalti dati ad essa fortezza*, etc. Voy. Cicogna, *Saggio de Bibliografia veneziana*, p. 121.

2462. AMPLE || DISCOVRS, || ET ADVIS de || l'estat et assiette des armées Chre || stiennes et Turquesques : & des || rencontres & escarmouches qui || se sont faictes depuis le moys || d'Aoust .1572. iusques au 18. || Octobre dernier. || *A Paris*, || *Chez Nicolas Chesneau, rue Saint* || *Iaques, au Chesne verd*. || M. D. LXXII]. || Auec Priuilege. In-8 de 12 ff. non chiffr. de 22 lignes à la page, sign. *A-C* par 4.

Au titre, la marque de *N. Chesneau* (Silvestre, n° 502).
Au v° du titre est un *Extrait* du privilège accordé pour un an à *N. Du Chemin*, le 10 novembre 1572.
Le *Discours* est précédé d'une épître datée de Rome le 24 octobre 1572 et signée P. D. L. Il est suivi d'un *Advis de Naples*, du 12 octobre, et d'un *Advis de Venise*, du 18 octobre.
Toutes ces pièces se rapportent aux combats livrés dans l'Archipel. Le *Discours* contient sans doute les mêmes faits qu'un livret sommairement décrit par Kertbeny (n° 859) : *Zeittung und Bericht was... 1572... zwischen christlicher und türkischer Armada zerloffen* (Augspurg, Michael Manger, 1572, in- ).

2463. COPPIE d'vne || lettre escripte de || Constantinople. || Laquelle raconte le tresgrand deluge d'eau || & furie de flesches flamboyantes, cheutes || sur ladite Cité. || Auec la ruine de maisons, palais, metairies, || champs, & terres, à la valeur de trois milliõs || d'or, & auec grand peril de la mort du grãd || Turc. || Traduite d'Italien en François. || *A Paris*, || *Pour Guillaume Iulien, demeurãt rue S. Iean* || *de Latran à l'enseigne de l'Amitié*. || 1586. || Auec Priuilege. — [Au r° du dernier f.] : *Imprimé à Paris, par Pierre Ramier, pour* || *Guillaume Iulien*. || 1586. In-8 de 11 pp. et 1 f. non chiffr.

Cette lettre, datée de Constantinople, le 24 mai 1586, et adressée à Annibal Landi, est signée : JEAN ZEGHEDI. Le nom de ce personnage indique qu'il était Hongrois (Szegedi János) ; il appartenait sans doute à la mission autrichienne à Constantinople.
Le traducteur français a fait précéder la lettre d'un *Avant-Propos* dans lequel il montre la colère céleste s'abattant sur les infidèles.
Le v° de la p. 11 contient l'approbation donnée par les docteurs d'Italie.
Le r° du dernier f. porte la marque de *Ramier*, au-dessous de laquelle est la souscription. Cette marque avait appartenu auparavant à *Conrad Neobar* (voy. Silvestre, n° 99).

2464. DISCOVRS || VERITABLE || des visions adue || nues au premier et se- || cond iour d'Aoust dernier, 1589. || à la personne de l'Empereur || des Turcs Sultan Amurat, en la ville || de Constantinople, auec les pro- || testations qu'il a fait pour la ma- || nutētion du Christianisme qu'il || pretend receuoir. || Ensemble la lettre qu'il a enuoyée au Roy d'Es- || paigne, par le conseil d'vn Chrestien, & les guerres qu'il a contre ses vassaux, pour ceste || occasion comme verrez par ce discours, || A Paris, || *Pour Hubert Velu, deuant le College de* || *Boncourt.* || Auec Permission. S. d. [1589], in-8 de 15 pp.

<small>Cette pièce, publiée avec le visa de « messieurs du conseil de la saincte Union », n'est en réalité qu'une apologie des doctrines de la Ligue. Les visions que sultan Murad est censé avoir eues l'éclairent tout-à-coup sur la vérité du christianisme tel que l'entend le roi d'Espagne; aussi se décide-t-il à lui écrire et à lui faire part de sa résolution de se faire chrétien. La lettre du sultan n'est pas rapportée, bien qu'elle soit annoncée sur le titre. Elle était d'ailleurs inutile. Les lecteurs devaient comprendre que le 1er août 1589 le ciel avait manifesté sa puissance d'un bout à l'autre de l'Europe. Le même jour, Henri III était tombé sous les coups de Jacques Clément, et le sultan, touché de la grâce, était devenu subitement un allié des ligueurs. Tels étaient les artifices auxquels les chefs de la faction anti-royaliste avaient recours pour frapper l'imagination populaire.</small>

2465. DE L'HEVREVSE VIC- || TOIRE des Chrestiens obte- || nue contre les Turqs en Vngrie, auec la deffaicte de || quelques mil desdicts Turqs, & prinse de leurs na- || uires, argent & ammonition de guerre, sur la ri- || uiere de Danube, aduenue en la vigile de S. Iean || le 23. de Iuing .1599. || *A Bruxelles,* || *Par Rutger Velpius, Imprim. Iuré.* In-4 de 4 ff. non chiffr.

<small>Au titre, la marque de l'imprimeur.</small>

<small>Une flottille, envoyée de Belgrade par les Turcs pour ravitailler les forteresses de Bude et de Pest, fut arrêtée et défaite près de Tolna par un corps de haïdouks et de volontaires hongrois, le 23 juin 1599. Kertbeny (n° 1305) décrit une relation allemande de cette rencontre.</small>

2466. CONFIRMATION || et Ratification || de la Paix conclue || entre l'Empereur & le Grand || Seigneur des Turcs. || Selon les Capitulations arrestees en la Cour Impe- || riale de Vienne par les Deputez de Matthias à || present Empereur d'vne part, & Sultan Achmet || premier du nom Empereur des Turcs d'autre. || Et confirmees par l'vn & l'autre Empereur. || Traduict du Latin imprimé par commandement de l'Empe- || reur à Vienne d'Austriche l'an 1616. || *A Paris,* || *De l'Imprimerie de François Iulliot, tenant* || *sa boutique sur le premier perron de la* || *grand'Salle du Palais.* || 1617. || Auec permission. In-8 de 16 pp.

<small>Au titre, une marque représentant un soleil entouré d'une couronne de lauriers.</small>

<small>Au v° du titre est un avis « Au Lecteur », où il est dit que la pièce est</small>

traduite sur une édition latine dont un gentilhomme allemand a rapporté de Vienne un exemplaire. L'éditeur pense que « par cette lecture les sçavans en l'histoire turquesque jugeront combien la ferocité, rudesse et aigreur ancienne de ceste nation contre nous est à présent adoucie, et combien ces traictez sont differents de ceux jadis faicts par les sultans avec les precedens empereurs. »

Le traité de Zsitvatorok, conclu au mois d'octobre 1606 entre l'empereur Rodolphe et sultan Ahmed avait rétabli la paix entre la Porte et les pays soumis à l'empereur, pour une durée de vingt ans, à partir du 1er janvier 1607. L'exécution de ce traité rencontra plus d'une fois des difficultés, et la paix fut sérieusement menacée en 1613 et en 1614 par le grand-vizir Nasuh. Ce dernier fut tué, et l'auteur du traité, Ali-Pacha, devint, au mois d'octobre 1614, gouverneur de Bude.

Ali et le nouveau grand-vizir Ahmed Etmekdžizade se montrèrent favorables à un renouvellement de l'acte de Zsitvatorok. Des négociations s'ouvrirent à Vienne et aboutirent à un traité signé le 1er mai 1616. C'est de ce traité que nous avons ici un extrait. Le texte latin suivi par *François Julliot* est intitulé: *Articulorum Pacis ad Sitva-Torok anno MDC VI. conclusorum nova Confirmatio, Ratificatus et in quibusdam punctis Complanatio*..... Ex mandato Sacrae Caesareae Regiaeque Maiest. Impressum Viennae Austriae [per Greg. Gelbhaar], 1616, in-4 de 33 pp. (Anton Mayer, *Wiens Buchdrucker-Geschichte*, I, 330, n° 2136).

Le traité porte les signatures des commissaires d'Ali, pacha de Bude, et de Gaspard Graziani, ambassadeur du sultan. Il est daté ici de Vienne, le 1er mars (au lieu de 1er mai) 1616. L'empereur Mathias le publie par un acte daté de Prague, le 10 mai suivant.

Notons en passant que le plénipotentiaire turc, Gaspard Graziani, monta en 1619 sur le trône de Moldavie.

L'édition se termine par le texte de la permission accordée à *F. Julliot*, le 6 avril 1617.

Cf. Dumont, *Corps universel diplomatique*, V, II, 280.

2467. ARTICLES || generalles || de la Paix || nouuellement accor- || dee entre l'Empereur & le || Grand Turc à present || regnant, || Auec l'Establissement de la Religion || Catholique Apostolique & Romai- || ne, dans le pays des Turcs, || Par le commandement du Grand || Seigneur. || *A Paris*, || *Chez Mathieu le Blanc*, || *Sur la Coppie imprimée en Latin à Vienne* || *d'Austriche, par le commandement* || *de l'Empereur*. || M. DC. XXIII [1623]. In-8 de 16 pp.

Il ne s'agit pas ici, comme on pourrait le croire, d'un nouveau traité; *Mathieu Le Blanc* se borne à reproduire certaines dispositions du traité du 1er mai 1616. L'article qui paraît avoir motivé en 1623 la publication de ce factum est ainsi conçu: « Les prestres, religieux et jesuites, d'entre les peuples du sainct Jesus qui suivent la religion du pape, pourront bastir des temples en nos royaumes, y faire le service divin à leur mode et lire l'Evangile, etc. » Cet article, introduit sans doute à la requête des évêques qui assistaient aux négociations, refusait implicitement aux protestants le droit d'exercer leur culte dans les états du grand seigneur (voy. Fessler, *Geschichte von Ungarn*, bearbeitet von Ernst Klein, IV (1877), p. 118). L'éditeur français ne se propose probablement pas d'autre but que de mettre en lumière la faveur accordée par les Turcs aux catholiques et, en particulier, aux jésuites.

2468. LETTRES || PATENTES || du Grand Turc, || Enuoyees à nostre S. Pere le Pape, & || à l'Empereur, se disant Roy de

|| Hongrie, & à tous les Rois & Prin- || ces Chrestiens. || Auec la permission & liberté à ceux qui de- || sirent faire le voyage de la Terre Saincte. || Traduites d'Hebrieu en Italien. || *A Paris.* || *Iouxte la Copie imprimee à Lyon.* || M. DC. XXIII [1623]. || Auec Permission. In-8 de 14 pp. et 1 f. blanc.

La date de ces lettres n'est pas indiquée, mais elles émanent de sultan Ahmed et doivent avoir été écrites en 1616, peu après le traité de Vienne.

2469. DE LA GRANDE || BATAILLE don- || nee entre les Turcs et || les Perses : Et de l'Espée rouge, & de cou- || leur de sang, qui s'est veuë sur la ville de || Constantinople, le quinziesme Nouem- || bre dernier. || *A Paris,* || *Chez Iean Richer, ruë Sainct Iean de Latran* || *à l'Arbre verdoyant.* || M. DC. XIX [1619]. || Auec Permission. In-8 de 8 pp.

L'auteur de cette relation fait allusion aux négociations que sultan Osman engagea dès son avénement avec l'Empire par l'intermédiaire de son agent Graziani et avec la France par l'intermédiaire du tchaouch Vreju; mais la nouvelle qu'il donne, d'après une lettre de Constantinople, d'une grande victoire que les Turcs auraient remportée sur les Persans, paraît être tout aussi imaginaire que le récit du prodige observé dans le ciel le jour anniversaire de la mort de sultan Ahmed, c'est-à-dire le 15 novembre.

2470. LA || FVRIEVSE || ALLARME || Donnee à la ville de Con- || stantinople. || Par l'Armee de Pologne. || Apres la deffaicte de quarante mille || Turcs & Tartares. || *A Paris,* || *Chez Abraham Saugrain.* || M. DC. XXI [1621]. || Auec permission. In-8 de 12 pp. et 2 ff. blancs.

L'auteur de cette relation parle d'une pointe hardie que les Cosaques et les Podoliens auraient poussée, dès le début de la campagne de 1621, jusqu'à une journée et demie de marche de Constantinople. Une grande bataille aurait été livrée le 19 juillet, et, sur cent cinquante mille janissaires, quarante mille à peine seraient parvenus à se sauver. Nous n'avons guère besoin de dire que tous ces événements sont imaginaires. L'objectif de Chodkiewicz, qui commandait les forces polonaises, fut la Moldavie. Il prit pour base d'opérations la forteresse de Chocim (en roumain Hotin), sur le Dniester; mais dès la fin d'août cette place fut investie par les Turcs.

2471. LA || GRANDE || ET || MEMORABLE || DEFFAICTE, nouuel- || lement arriuee de cent || cinquante mille Turcs, par l'Armee || Chrestienne. || Auec la fuitte du Grand Seigneur, || prise de ses Bachas, Tentes, Pauil- || lons. Artillerie & Bagage. || *A Paris,* || *Chez Abraham Saugrain.* || M. DC. XXI [1621]. || Auec Permission. In-8 de 13 pp. et 1 f. blanc.

Saugrain prétend publier des extraits de lettres venues de Varsovie, de Cracovie (17 septembre), de Leipzig (1er octobre) de Nuremberg (22 octobre) et de Vienne ( 14 octobre ); mais les renseignements qu'il nous fournit ne sont guère plus exacts que les précédents. Les Polonais firent, il est vrai, grand bruit de quelques avantages remportés par eux sous les murs de Chocim ; mais ils furent cruellement éprouvés par les maladies et la disette ; Chodkiewicz, qui les commandait, mourut lui-même le 24 septembre, et les conditions de la paix furent en somme peu favorables aux chrétiens.

2472. Copie d'vne || Lettre || escrite || de Leopole || en Pologne. || Par M. Riffart à Monsieur de || Sancerre. || Par laquelle se void l'heureux succés de || l'armée contre le Turc. || Auec les articles principaux de la paix faite || auec iceluy Seigneur aprés || sa déroute. || *A Paris*, || *Chez Clouis Eue Relieur ordinaire du* || *Roy, rue S. Iaques, au Lyon d'argent.* || M. D. C. XXI [1621]. || Auec Permission. In-8 de 14 pp.

Au titre, un joli bois représentant la création d'Ève.
A la différence des deux relations qui précèdent, la lettre de M. Riffart, datée du 15 octobre 1621, contient des renseignements parfaitement authentiques. Le correspondant raconte en détail les maux dont les Polonais ont eu à souffrir et la mort du général en chef, mort que l'on a tenue cachée autant qu'on a pu. Il est vrai que les Turcs avaient subi de grandes pertes devant Chocim. La Pologne était tellement épuisée que la conclusion d'une paix médiocre était saluée avec plus d'enthousiasme qu'une victoire.
Nous ignorons en quelle qualité M. Riffart se trouvait dans l'armée polonaise. Il y avait du reste aussi un Français dans l'autre camp. Une relation allemande intitulée *Zeitung aus Walachey : Was sich Anno 1621. vom 26. Augusto.... begeben und zugetragen....* (s. l., 1622, in-4) contient le passage suivant : « Den 1. Octobr. ist ein statlicher walachischer Herr mit einem Frantzosen in unser Läger ankommen, welche, wie man sagt, sich zwischen den Türcken und Polen in Friedeszhandlung brauchen lassen. »

2473. La || Declaration || du Grand Turc. || Contre || Bethleem || Gabor : || En faueur de l'Empereur. || Auec la Conclusion de la paix arrestée || entre le Roy de Pologne & le || grand Turc. || *A Paris,* || *De l'Imprimerie de N. Alexandre.* || M. DC. XXII [1622]. || Auec Permission. In-8 de 12 pp. et 1 f.

Cette pièce contient les articles de la paix signée à Léopol, entre les Polonais et les Turcs, le 2 octobre 1621, traité dont les articles 5 à 8 concernent Gabriel Bethlen. L'éditeur a joint au traité une introduction où il en fait ressortir les conséquences. A la fin est le texte de la permission accordée à *N. Alexandre*, le 10 décembre 1622.

2474. Le || Massacre || du || Grand Turc. || et du Souuerain || Pontife de Constantinople, || nouuellement aduenu par || la rebellion de ses || subiets : || Auec le nombre des || Villes & Pays conquis sur eux || par leurs Princes voisins. || *A Paris,* || *Chez Nicolas Rousset,* || *Libraire au Palais.* || 1622. || Auec Permission. In-8 de 14 pp. et 1 f.

A la suite de la campagne de Pologne, les janissaires, blessés des reproches que sultan Osman leur avait adressés, se révoltèrent contre lui, le mirent à mort et replacèrent sur le trône sultan Mustapha, que l'auteur de la relation appelle Amurath (24 mai 1621).

Le dernier f. contient le texte de la permission accordée à *N. Rousset*, le 8 juillet 1622.

2475. LA || GRANDE || REVOLTE et || Rebellion arriuée || aux Estats du grand Turc, par la || prattique des Bachas & Gouuer- || neurs des Prouinces. || Et autres nouuelles du Leuant, de ce qui || s'est passé depuis la mort de || Sultan Osman. || Extraict d'vne lettre d'vn soldat, || escrite de Constantinople à vn || sien amy, dans Paris. || *A Paris,* || *De l'Imprimerie de François Huby* || *ruë S. Iacques, à la Bible d'Or.* || M. DC. XXIII [1623]. || Auec permission. In-8 de 13 pp. et 1 f. blanc.

    Cette relation est plus détaillée et plus exacte que la précédente. On y trouve des renseignements sur l'ambassadeur polonais, Christophe duc de Zbaraz (appelé ici duc de Barroqui) et sur l'ambassadeur moscovite, son rival.

2476. LA || DEFFAICTE || des Turcs. || Auec || la prise, || saccage- ment || et bruslement de || la ville de saincte Maure en Albanie, || dependante du grand Seigneur. || Faicte par les Cheualiers et Galleres || de Malte. || Ensemble le nombre desdicts Cheualiers tant || François qu'Estrangers, qui ont esté tuez || en combatant valeureusement. || Le 25. May iour de la Trinité. 1625. || *A Paris,* || *De l'Imprimerie de Nicolas Alexandre.* || M. DC. XXV [1625]. In-8 de 14 pp. et 1 f. blanc.

    Cette expédition, dirigée par M. de Talmey, bailli de Laigle, comme lieutenant du grand-maître, n'eut qu'un succès médiocre. Les chevaliers ne purent conserver la ville dont ils s'étaient emparés, et se retirèrent après y avoir mis le feu. Vertot (*Histoire des chevaliers hospitaliers de S. Jean de Jérusalem,* IV, 135) avoue que l'avantage resta aux Turcs. « L'Ordre, dit-il à l'année 1625, fait une entreprise sur l'isle de Sainte Maure occupée par les Turcs, qui ne réussit point; douze chevaliers y furent tuez, sans un grand nombre de blessez. » Nous trouvons ici les noms des douze chevaliers tués: Alfonse de Brichanteau-Nangis, de la langue de France ; Jean de Sainct-Remy, id.; Claude La Richardie, de la langue d'Auvergne ; Charles de Balore, id.; Francisco Bessera, de la langue de Castille ; Alfonso Montefosco, de la langue d'Italie; Ant. Merieu, de la langue d'Auvergne ; Claude de Sainct-Aubin Saligny, id.; Cristoforo Peruzzi, de la langue d'Italie ; Arnaud Rodolphe Beauveser, de la langue de Provence ; Henry de Saumur, de la langue de France ; François Voyssan, de la langue d'Auvergne.

2477. LES || PRESENS || inestimables || enuoyez par le || grand Turc au Roy || d'Espagne. || Auec vne lettre sur le suiet de la paix faite || entre luy & l'Empereur. || Ensemble ce qui s'est passé depuis le 24. Iuillet, || tant à l'armée Hollandoise

HISTOIRE. 237

qu'Espagnolle || au pays-bas. || *Ioute* [sic] *la copie imprimée à Coulon-* || *gne en Allemagne. S. d.* [1625], in-8 de 15 pp.

<blockquote>
Cette pièce, qui n'est pas datée, n'a pu être imprimée qu'en 1625. A la vérité, le sultan est appelé « Soliman Ameth », tandis qu'Amurath IV occupait depuis 1623 le trône impérial ; mais le grand seigneur fait allusion à la paix qu'il vient de conclure avec l'empereur (il s'agit du traité signé à Gyarmat le 2 mai 1625). D'autre part, les nouvelles de Hollande font allusion à la paix de Breda comme à un événement récent (la place avait capitulé le 2 juin ; voy. le n° 2405, art. 12).

Quant aux présents envoyés à Philippe IV, ils se composaient de quatre lions, deux coutelas de Damas, quatre grands étuis contenant chacun quatre coutelas, quatre cornes de licornes, richement gravées, vingt tapisseries représentant les victoires de Philippe II, etc., etc.
</blockquote>

2478. La grande || et memorable || Deffaite de cin- || quante & deux mille Turcs, par || le roy de Pologne. || Auec ce qui s'est passé à Rome entre le Pape || & le General des Iesuites touchant || le Liure de Santarelly. || Le tout suiuant la lettre enuoyée de Rome || le 16. May 1626. || *A Paris,* || *Chez Adrian Bacot ruë des* || *Carmes à l'Image de S. Iean,* || M. DC. XXVI [1626]. In-8 de 13 pp. et 1 f. blanc.

<blockquote>
La bataille dont parle l'auteur de cette lettre paraît avoir été purement imaginaire ; aussi bien n'en marque-t-il ni le temps ni le lieu. Nous apprenons seulement que 40.000 Tatars et 12.000 janissaires sont restés sur le terrain.

Quant au livre de Santarelli (*De haeresi, schismate, apostasia, sollicitatione in sacramento poenitentiae, et de potestate summi pontificis in his delictis puniendis*), il avait paru à Rome en 1625. La doctrine soutenue dans cet ouvrage, doctrine qui prétendait subordonner au pape les rois et les empereurs, causa une émotion générale. Sans parler des polémiques qui s'engagèrent alors, le traité de Santarelli fut condamné solennellement par la Sorbonne et par le parlement de Paris. Il est dit ici que le pape Urbain VIII a sévèrement reproché au général des jésuites la publication d'un livre qui ne pouvait que compromettre le Saint-Siège.
</blockquote>

2479. Lettre || des Peres Ca- || pucins nouuel- || lement establis en la ville || de Constantinople. || Enuoyee à vne grande Dame de la Cour || par le Pere Archange Des- || fossez Capucin. || Escrite de Constantinople le 15. || d'Auril 1627. || *A Paris,* || *Chez la veufue Ducarroy ruë des* || *Carmes, à la Trinité.* || M. D. CXXVII [1627]. In-8 de 12 pp.

<blockquote>
Le P. Archange nous apprend que les pères capucins viennent de s'établir à Constantinople au nombre de quatre. Il raconte quelques vexations dont il a été victime au début ; mais il reconnaît que les Turcs sont en somme favorablement disposés envers les religieux, et qu'ils ont plutôt à craindre l'hostilité des Grecs, que celle des musulmans.
</blockquote>

2480. Lettre || d'vn des Se- || cretaires de Monsieur le || Comte de Cesy, Ambassa- || deur pour le Roy en Leuãt, || sur l'Estat present des affaires de Turquie. Et le grand em- || brazement arriué à Constan- || tinople, le 7. Aoust. 1628. es-

|| critte à vn de ses amis. || *A Paris,* || *Chez Adrian taupinart, ruë* || *sainct Iacques à la Sphere.* || M. DC. XXVIII [1628]. || Auec Permission. In-8 de 13 pp. et 1 f.

<small>Cette lettre, datée « de Pera lez Constantinople, le 20. aoust 1628 », est signée : D'ORGEMONT. On y trouve surtout des renseignements sur l'incendie qui causa la ruine de deux cents sérails ou palais, soixante mosquées et plus de six mille maisons.</small>

2481. RECIT veritable || des visions espouuantables || & Cometes apparuës au || Grand Seigneur, auec || leur interpretation. || || *Sur l'Imprimé à Paris,* || *En l'Isle du Palais,* 1641. In-8 de 8 pp.

<small>Les prodiges dont nous trouvons ici l'énumération reviennent sans cesse dans des relations populaires, imprimées depuis le commencement du XVI<sup>e</sup> siècle. Le *Récit* doit être la traduction d'un factum allemand. On lit en tête de la pièce : « On s'est fort estonné qu'au mesme temps que le conseil imperial travailloit à l'accommodement du roy de Hongrie avec le grand seigneur, on publiast, comme on a faict par toute l'Allemagne, des pronostics de la ruine de l'empire des Turcs par celui de l'Allemagne. »
Au moment où ces visions étaient répandues dans le public, André Izdenczi négociait en effet avec la Porte au nom de l'empereur.
L'édition sort des presses de *Maria Paris*, à *Orléans*, comme le prouve la comparaison avec le n° 2420, art. 104-106.</small>

2482. HISTOIRE de l'État present de l'Empire Ottoman: Traduit de l'Anglois de Monsieur Ricaut, Ecuyer, Secretaire de Monsieur le Comte de Winchelsey Ambassadeur extraordinaire du Roy de la Grand'Bretagne Charles II. vers Sultan Mehemet Han Quatriéme du nom, qui regne a present. Par Monsieur Briot. Augmentée d'une Seconde Partie. Le contenu de tout l'Ouvrage se trouve à la page suivante. *Iouxte la copie. A Amsterdam, Chez Abraham Wolfgank.* M. DC. LXXII [1672]. 3 part. en un vol. pet. in-12.

<small>[*Première Partie*] : Front. gravé par *Fr. Diodati*, titre, 8 ff. pour la *Preface*, 6 ff. pour des quatrains sur les sultans, 4 ff. de *Table* ; ensemble 15 ff. lim., 726 pp. et 17 figg. aux pp. 10, 91, 106, 115, 118, 125, 134, 136, 141, 386, 390, 478, 510, 523, 626, 656, 672.
*Partie seconde de l'Empire Ottoman ou l'Ambassade à la Porte Ottomane, ordonnée Par sa Majesté Imperiale Leopold I. Executée par Gaultier de Leslie Comte du S. Empire. Commencée le 2<sup>e</sup> May de l'an* 1665, *& finie le 26<sup>e</sup> Mars de l'an suivant* 1666. M. DC. LXXII : 5 ff. et 222 pp.
*Journal de Monsieur Colier Resident à la Porte Pour Messieurs les Estats Generaux des Provinces Vnies. Traduit du Flamand.* M. DC. LXXII : 4 ff. et 96 pp.
La première partie seule est traduite du livre de Sir Paul Rycaut : *The present State of the Ottoman Empire in three Books*, qui parut à Londres en 1668, in-fol. La version française, publiée à Paris, chez *Sébastien Mabre-Cramoisy* en 1670, in-4, fut réimprimée par *Wolgang* en 1670 et en 1671: mais l'édition de 1672 est de beaucoup préférable aux précédentes à cause des deux pièces qui y sont jointes. Une autre traduction de l'ouvrage de Ricaut par le sieur Bespier parut à Rouen en 1677 (Cat. de Silvestre de Sacy, III, n° 4980).
Voy. Willems, *Les Elzevier*, n° 1872.</small>

HISTOIRE.   239

Les pièces suivantes, classées dans d'autres divisions, se rapportent aux luttes entre les chrétiens et les Turcs :

*Le Double des lettres que le grant Turc escript a monsieur le grant maistre de Rodes*, 1523, (t. I, n° 491) ; — *Copie der brieven van den grooten Turck*, etc., 1522 (n° 492) ; — *La grande et merveilleuse et trescruelle Oppugation de... Rhodes*, redigée par frère Jaques, bastard de Bourbon, [1522] (t. II, n° 2018) : — *Advis par lettres du succès des Turcs, arrivé en l'isle de Malte*, et autres pièces sur le siège de Malte, 1565 (n° 2019) ; — *A Jesu Christ, cantique pour la memorable et insigne victoire des chrestiens contre les Turcs devant l'ile de Malte*, par Guillaume de Poetou, Betunois, 1565 (t. 1, n°721)—*Chant triumphal de la victoire obtenue par les chrestiens contre les Turcs devant la ville de Malte*, [par Pierre Tamisier], 1565 (voy. le Supplément ci-après) ; — *La Nereïde ou Victoire navale...*, [1571], par Pierre de Deimier, 1605 (t. I, n° 766).

Mentionnons encore, pour compléter l'histoire des Turcs, le *Discours du voyage de Constantinople*, par La Borderie, 1587 (t. I, n° 806, art. 9) et la *Nouvelle relation de l'interieur du serrail du grand seigneur*, par J.-B. Tavernier, 1675 et 1678 (t. II, n°s 1932, 1933).

## 13. — Histoire du Maroc

**2483.** BREF & FIDELLE || RECIT || des inhumaines || & barbares cruautez de Moley || Abdelmelec, Empereur de Mar- || roque dernier decedé, exercées || tant à l'endroit des pauures Chre- || stiens, que plusieurs de ses dome- || stiques. || Signamment le Martyre de plusieurs || saincts personnages massacrez || par luy pour la saincte Foy. || *A Paris*, || *Chez Edme Marlin, ruë sainct Iac-* || *ques, au Soleil d'or.* || M. DC. XXXI [1631]. || Auec Permission. In-8 de 24 pp.

IV. 3. 8

L'auteur raconte longuement toutes les cruautés commises par le féroce Muley Abd-el-Melek non-seulement contre les chrétiens tombés entre ses mains, mais contre les musulmans eux-mêmes. Parmi les premiers il nomme : le R. P. Jean Du Corail, augustin, de Lisbonne, âgé d'environ soixante ans; le R. P. Cyprien, de l'ordre saint François ; frère Pierre Morel, de Rouen, de l'ordre de saint Dominique ; le P. Pierre d'Alençon et le P. Michel de Vesins, capucins ; enfin le neveu du chevalier de Razilly. Un renégat provençal, appelé Chaban, tua ce monstre pendant qu'il dormait. Le cardinal de Richelieu avait envoyé sur les côtes du Maroc une expédition commandée par le commandeur de Razilly et par M. Du Chalard ; ces deux habiles marins réussirent à faire remettre en liberté un grand nombre d'esclaves. Cf. t. II, n° 1945.

**2484.** ARTICLES || de la Paix || Accordée entre le tres-Auguste, tres- || Puissant, tres-Chrestien, tres-Pi- || toyable, & tres-Charitable, tres- || Grand, & tres-Victorieux Loüis le || Iuste Roy de France & de Nauarre, || fils aisné de l'Eglise, Protecteur du || Saint Siege : || Et le Roy de **Marroque** Empereur || d'Afrique. || *A Paris*, || *Chez Sebastien Cramoisy, Imprimeur* || *ordinaire de la Marine.* || M. DC. XXXI [1631]. || Auec Permission. In-8 de 15 pp.

IV. 4. 190

Le traité se compose de deux actes distincts : l'un, conclu à Maroc le 17 septembre 1631 et originairement rédigé en arabe, porte la signature de sultan Muley el Qalid el Fatimi el Khasni, et l'ampliation de MM. de Razilly et Du Chalard; l'autre, rédigé en français, dans la rade de Saffi, le 24 septembre de la même année, est signé des deux amiraux français.

En tête des articles (pp. 3-6) est un préambule en l'honneur du roi.

Dumont, *Corps universel diplomatique*, VI, I, 19-20.

### 14. — *Histoire de Siam.*

2485. HISTOIRE CIVILE ET NATURELLE du Royaume de Siam, Et des Révolutions qui ont bouleversé cet Empire jusqu'en 1770; Publié par M. Turpin, Sur des Manuscrits qui lui ont été communiqués par M. l'Evêque de Tabraca, Vicaire Apostolique de Siam, & autres Missionnaires de ce Royaume. *A Paris, Chez Costard, Libraire, rue S. Jean de Beauvais. [De l'Imprimerie de la veuve Regnard & Demonville, Libraires, rue basse de l'hôtel des Ursins.]* M. DCC. LXXI [1771]. Avec Approbation & Privilége du Roi. 2 vol. in-12, mar. r., fil, dos ornés, tr. dor. (*Anc. rel.*)

*Tome premier :* Faux-titre; titre; xij pp. pour une épître « A monseigneur de Boine, secrétaire d'État, et ministre de la Marine », et pour la *Préface*; 450 pp. et 1 f. de *Table.* — *Tome second :* 2 ff., 444 pp. et 8 ff.

Le privilège, daté du 16 juillet 1770, est accordé pour six ans au « sieur Brigot, conseiller en nos conseils, évêque de Tabraca ». Le missionnaire trouva que Turpin s'était trop écarté de ses idées et des notes qu'il lui avait communiquées; il obtint contre lui un arrêté du conseil supprimant l'ouvrage.

Exemplaire aux armes de MARIE-ANTOINETTE D'AUTRICHE, DAUPHINE DE FRANCE.

## III. — PARALIPOMÈNES HISTORIQUES.

### 1. — *Histoire de la noblesse et de la chevalerie.*

2486. LES DEUX LIVRES de || la Noblesse Ciuile, du Seigneur || Iherome des Osres de Portugal, || traduitz de Latin en Françoys, || par R. R. S. D. L. G. P. || & par luy adressez au || Treschrestien Roy || Henry II. || Τῷ πόνῳ καὶ ἀγρυπνίᾳ. || *A Paris,* || *Chés Iaques Keruer Libraire iuré de-* || *meurant en la rue saint Iaques* || *aux deux Cochetz.* || 1549. || Auec Priuilege. In-8 de 79 ff. et 1 f. blanc, mar. bl. jans., tr. dor. (*Trautz-Bauzonnet.*)

Les initiales placées sur le titre désignent ROBERT RIVAUDEAU, SIEUR DE LA GUILLOTIÈRE, Poitevin.

Au v° du titre est un *Extraict* du privilège accordé pour trois ans à *Jacques Kerver* le 1ᵉʳ juillet 1549.

Le f. *aij* et le f. *aiij* r° contiennent une épître de Kerver où il est dit que l'ouvrage est publié « au desceu et, comme croy, contre le gré de monsieur de La Guillotiére ».

Le v° du f. *aiij* et les 5 ff. suivants sont occupés par une pièce latine de SALMON MACRIN à La Guillotière; un sonnet « Aux gentilz hommes françois », signé de J. M., dit L. P. A. [JEAN MAUGIN, dit LE PETIT ANGEVIN]; un dixain de C. G. P. [CLAUDE GRUGET, Parisien] « Aux Lecteurs », et un sonnet de F. D. V. D. Q. [FRANÇOIS DE VERNASSAL de Quercy,] « Au Lecteur », sonnet accompagné de la devise *Avec le temps*; la *Table des chapitres*; les *Fautes avenues par inavertance*, et une épître « Au roy », signée, comme le titre, des initiales R. R. S. D. L. G. P.

Le traité original de dom Jeronymo Osorio est intitulé : *Hieronymi Osorii Lusitani de nobilitate civili Libri duo* (Olyssiponae, Lud. Rodericus, 1542, in-4). L'auteur devint en 1560 évêque de Silves dans les Algarves; il mourut à Tavira le 20 août 1580. Voy. I. F. da Silva, *Diccionario bibliographico portuguez*, III, 272.

2487. HISTOIRE genealogique et chronologique de la Maison Royale de France, des Pairs, Grands Officiers de la Couronne & de la Maison du Roy : & des anciens Barons du Royaume : Avec les Qualitez, l'Origine, le Progrès & les Armes de leurs Familles; Ensemble les Statuts & le Catalogue des Chevaliers, Commandeurs, & Officiers de l'Ordre du S. Esprit. Le tout dressé sur Titres originaux, sur les Registres des Chartes du Roy, du Parlement, de la Chambre des Comptes, & du Châtelet de Paris, Cartulaires, Manuscrits de la Bibliotheque du Roy, & d'autres Cabinets curieux. Par le P. Anselme, Augustin Déchaussé; continuée par M. du Fourny. Troisième Edition, Revûë, corrigée & augmentée par les soins du P. Ange & du P. Simplicien, Augustins Déchaussez. *A Paris, Par la Compagnie des Libraires*.M. DCC. XXVI [1726-1733]. Avec Approbation et Privilege du Roy. 9 vol. in-fol., v. f., tr. marbr. (*Anc. rel.*)

*Tome premier, Contenant la Maison Royale de France* : Frontispice gravé par C.-N. *Cochin*, d'après Ch. *Coypel*; titre imprimé en rouge et en noir; 1 f. pour une épître adressée « Au roy » par « les religieux augustins dechaussez du couvent de la place des Victoires, à Paris »; 2 ff. pour la *Preface*; 2 ff. pour la *Table des chapitres*, l'*Approbation* et le *Privilège*; ensemble 7 ff. lim. et 805 pp. — Le titre de départ est orné d'un en-tête dessiné et gravé par N. *Tardieu*. — Les fleurons qui précèdent les divers chapitres ne sont pas signés.

*Tome second, Contenant les douze anciennes Pairies, tant Ecclesiastiques que Laïques* : 2 ff., 942 pp. et 1 f., plus 11 ff. intercalaires paginés *95-*98, *143-*145, *259-*262, *311-*314, *389-*391, *459-*460. Le titre de départ et la p. 459 sont ornés d'en-tête de N. *Tardieu*.

*Tome troisième. Suite des Pairs de France*, 1728 : 6 ff., 920 pp. de texte et 37 pp. de Table. — L'en-tête de la p. 1 a été gravé par Ph. *Simonneau*, d'après J.-B. *Martin*.

*Tome quatrième. Suite des Pairs de France*, 1728 : 4 ff., 900 pp. de texte et 51 pp. de Table. — L'en-tête de la p. 1, gravé par Ph. *Simonneau fils*, reproduit un ancien tableau conservé à la chambre des Comptes de Paris.

*Tome cinquieme.* [*Suite des Pairs de France, etc.*], 1730 : 5 ff., 932 pp., 1 f. et 47 pp. de *Table*. — L'en-tête placé au titre de départ est la reproduction par le graveur *Buquoy* d'une miniature représentant le lit de justice de 1527.

*Tome sixiéme.* [*Senechaux, Connétables, Chanceliers, & Maréchaux de France.*] 1730 : 2 ff. pour les titres, 1 f. pour un *Carton* relatif à la famille de Montmorency-Châteaubrun, vj pp., 1 f., 807 pp. de texte et 56 pp. de *Table*. — A la p. 1 est un en-tête gravé par *S. Thomassin* d'après *S. Le Clerc*; aux pp. 39 et 615, des fleurons de *J. Jackson*, et, à la p. 287, un fleuron non signé.

*Tome septiéme.* [*Maréchaux, Amiraux & Generaux des Galeres de France.*] 1733 : 2 ff., vj, 940 et 72 pp. — A la p. 1 est un en-tête gravé par *Beaumont* d'après *Papillon*. Un fleuron, formé d'emblèmes maritimes et signé de *Papillon*, est répété aux pp. 781 et 921.

*Tome huitiéme.* [*Grands-Maistres des Arbalestriers, Grands-Maistres de l'Artillerie, Portes-Oriflamme, Colonels Generaux de l'Infanterie, Grands-Aumôniers, Grands-Maitres, Chambriers, Grands-Chambellans, Grands-Ecuyers, Grands-Bouteillers & Echansons, Grands-Pannetiers & Grands-Veneurs, Grands-Fauconniers, Grands-Louvetiers, Grands-Queux & Grands-Maitres des Eaux & Forêts de France.*] 1733 : 2 ff., vj, 948 et 70 pp., 1 f. blanc, plus 2 ff. paginés *593-596 et 4 ff. paginés 809*-812*, 809**-812**. — A la p. 1 est un en-tête gravé par *Beaumont* d'après *Papillon*; aux pp. 125, 195, 213, 463, 841, des fleurons signés de *Papillon*, et aux pp. 229, 309, 393, 487, 513, 603, 683, 743, 781, 825, des fleurons non signés, qui sont probablement du même artiste.

*Tome neuviéme.* [*Statuts et Catalogue des Chevaliers de l'Ordre du Saint Esprit....*] 1733 : 2 ff., 484 pp., plus 2 ff. paginés *449-452* pour le texte ; 354 pp. pour la *Table générale* et les *Additions survenues pendant l'impression de la Table generale*; 2 ff. pour la *Permission du Vicaire General des Augustins Déchaussez*, l'*Approbation*, le *Privilege du Roy*, la liste des libraires dépositaires de l'ouvrage, et une *Addition pour la Genealogie de la maison de Sully*.

Les armes, gravées sur bois, de tous les personnages à qui des articles sont consacrés, sont insérées dans le texte.

La *Preface* contient quelques renseignements sur les auteurs de ce grand ouvrage. PIERRE GUIBOURS, en religion le P. Anselme de la Vierge Marie, était né à Paris en 1625 ; il fit profession chez les Augustins déchaussés en 1644, et, après avoir publié divers ouvrages préparatoires, donna en 1674 son *Histoire genealogique* (2 vol. in-4) ; il mourut en 1694, laissant à son ami HONORÉ CAILLE, SEIGNEUR DU FOURNY, les matériaux qu'il avait rassemblés en vue d'une seconde édition. Du Fourny, qui n'était guère plus jeune que le P. Anselme (il était né à Paris au mois de septembre 1630), se mit immédiatement à l'œuvre, et fit paraître la seconde édition en 1712 (2 vol. in-fol.) Il mourut le 20 février 1713. Le soin de revoir et continuer l'ouvrage fut alors remis au P. ANGE DE SAINTE-ROSALIE (de son nom laïc FRANÇOIS RAFFARD). Ce religieux, né à Blois en 1655, mourut, en 1726, avant d'avoir achevé sa tâche. Il avait eu soin de s'associer le P. SIMPLICIEN (de son nom laïc PAUL LUCAS). Ce dernier eut la gloire de publier la troisième édition et d'en faire un ouvrage indispensable pour la connaissance de nos anciennes familles historiques.

L'approbation, datée du 1er août 1726, et renouvelée le 16 juin 1733, est signée du célèbre généalogiste CLAIRAMBAULT. Le privilège, daté du même jour, est accordé pour quinze ans au libraire *Claude Robustel*, lequel déclare y associer *Guillaume Cavelier père, Henry Charpentier et Compagnie*.

Les libraires associés dont la liste est donnée à la fin du tome IX étaient :
*Charpentier*, au Palais.
*Nyon*, au Pavillon du College Mazarin.
*Danmoneville*, Quay des Augustins.
*David l'aîné*, Quay des Augustins.
*Cavelier*, ruë Saint Jacques.
*Leclerc*, Quay des Augustins.

*Barbou*, ruë Saint-Jacques.
*Saugrain*, Quay de Gesvres.
*Mouchet*, grand'Salle du Palais.
*Prault*, Quay de Gesvres.
*David*, ruë de la Bouclerie.
*Didot*, ruë du Hurepoix.
*Huart*, ruë Saint-Jacques.
*Quilleau*, rnë Galande.
*David*, ruë du Hurepoix.
*Saugrain fils*, au Palais.
*Deneully*, au Palais.

Exemplaire avec blasons coloriés.

2488. LIVRE DE L'ORDRE de Treschrestien roy de France, Loys xj°. a l'onneur de sainct Michel. Ms. in-4 sur vélin de 36 ff. non chiffr., mar. br., plats ornés du collier de S. Michel, doublé de vélin bl., tr. dor. (*Trautz-Bauzonnet*.)

    Les statuts de l'ordre de S. Michel sont datés d'Amboise le 1ᵉʳ août 1469. Ce manuscrit, élégamment exécuté, est un de ceux qui furent offerts aux premiers chevaliers. Le 1ᵉʳ f. est décoré d'une grande initiale aux armes du roi ; au bas est un écu écartelé : au 1ᵉʳ et 4ᵉ d'azur, au sautoir de gueules, cantonné de 4 fleurs de lys d'or ; au 2ᵉ et 3ᵉ contre-écartelés : au 1ᵉʳ et 4ᵉ d'argent, au roc de sable ; au 2ᵉ et 3ᵉ de sable, au roc d'argent ; à l'écu d'azur chargé d'une fleur de lys d'or brochant sur les 2ᵉ et 3ᵉ quartiers. Ces armes, accompagnées d'une crosse, sont celles de GUY BERNARD, évêque et duc de Langres, pair de France, abbé de Saint-Remi de Reims. Guy, élu évêque de Langres en 1453, fut nommé chancelier de l'ordre de Saint-Michel lors de l'institution ; il mourut le 28 avril 1481. Voy. Anselme, *Hist. généal.*, II, 220.
    A la fin du manuscrit on lit : GALTERI *scripsit, anno lxix*.
    Le f. de garde de la fin est occupé par une note écrite au XVIIIᵉ siècle.

2489. LE LIVRE des || Statuts et Or- || donnances de l'Ordre || du benoist Sainct Esprit, || establi par le Tres-Chrestien || Roy de France & de Pologne Henry || Troisiesme de ce nom. *S. l. n. d.* [*Paris, v.* 1580], in-4 de 6 ff. lim., 27 ff. non chiffr. et 1 f. blanc, réglé, mar. br., fil., dos orné, tr. dor. (*Rel. du XVIᵉ siècle*.)

    Les statuts de l'ordre institué par Henri III sont datés de Paris, au mois de décembre 1578.
    Cet exemplaire, imprimé sur GRAND PAPIER, est recouvert d'une riche reliure aux armes du roi et de la reine. Le premier plat offre les armes de France et de Pologne, telles que les donne M. Guigard (*Nouvel Armorial des bibliophiles*, I, p. 18, col. 2) ; la couronne est accompagnée de la devise : *Manet ultima caelo*. L'écusson central est cantonné de quatre petits emblèmes du Saint-Esprit ; les coins sont ornés des chiffres H. Λ. Λ. en monogramme, c'est-à-dire : HENRI, LOUISE, LORRAINE (voy. Guigard, I, p. 90). Dans le second plat, le centre est occupé par l'écu de France, entouré du collier de l'ordre ; les ornements accessoires sont les mêmes.

2490. LES VERITABLES || CEREMONIES || royales, || Faicte [*sic*] à la Reception de Messieurs les Cheualiers || de l'Ordre du S. Esprit dans le Chasteau de Fon- || taine-bleau. || Ensemble toutes les Particularitez qui se sont passées en || icelles, le

244      HISTOIRE.

14. 15. et 16. May. 1633. || Les Ordonnances faictes par le Roy, touchant les || rangs & seances des Cardinaux, Prelats, Com- || mandeurs & Officiers de l'Ordre, pour empescher || les differents qui pourroient suruenir à ce suiect. || Auec les noms & qualitez des Cardinaux, Prelats, || Commandeurs, qui ont esté reçeus Cheua- || liers, & associez de l'Ordre. || *A Paris*, || *Par P. Mettayer, Imprimeur & Li-* || *braire ordinaire du Roy.* || M. DCXXXIII [1633]. || Auec Priuilege de Sa Majesté. In-8 de 16 pp.

<small>Au titre, les armes de France et de Navarre.
La promotion du 5 mai 1633 comprenait 5 prélats et 43 chevaliers. En tête des prélats figurait le cardinal de Richelieu.</small>

## 2. — *Blason.*

2491. LA VRAYE || ET || PARFAITE SCIENCE || des Armoiries, || ou l'Indice armorial || de feu maistre || Louuan Geliot, Aduocat || au Parlement de Bourgongne. || Apprenant, et expliquant sommaire- || ment les Mots & Figures, dont on se sert au Blason des || Armoiries, & l'origine d'icelles. || Augmenté de nombre de Termes, || & enrichy de grande multitude d'exemples des Armes de familles || tant Françoise [*sic*] qu'estrangeres ; des Institutions des Ordres, & leurs || Colliers ; des marques des Dignités & Charges ; des ornemens des || Escus ; de l'Office des Roys, des Herauds, & des Poursuiuans || d'Armes ; & autres curiosités despendantes des Armoiries. || Ouurage vtile à la Noblesse & autres personnes de condition, qui doiuent || & desirent sçauoir l'art & pratique du Blason ; comme aussi aux Peintres, || Graueurs, Sculpteurs, Brodeurs, & autres qui trauaillent en Armoiries. || Par Pierre Palliot, Parisien, Historiographe || du Roy, & Genealogiste. || *A Diion*, || *Chez l'Autheur à la Reine de Paix, deuant la Cour du Palais, &* || *A Paris*, || *Chez Frederic Leonard, ruë St. Iacques à l'Escu* || *de Venise.* || M. DC. LXIV [1664]. || Auec Priuilege du Roy. In-fol. de 16 ff. non chiffr., 678 pp. et 25 ff. pour la *Table*.

<small>Collation des ff. lim. : Faux-Titre ; — front. signé de G. LE BRUN, représentant un palais orné des statues de Mars et de Minerve, entre lesquelles se déploie une draperie qui porte le titre ; au-dessus de cette draperie on voit la Renommée qui souffle dans une trompette ; — titre dont le verso est blanc ; — 4 ff. pour deux épîtres « A messeigneurs, messeigneurs des Estats du pays et duché de Bourgongne », et « A messieurs, messieurs les Eslus des Trois Estats du duché de Bourgongne » ; — 2 ff. pour l'avis *Au Lecteur* ; — 7 ff. pour la *Table des mots et figures*, les *Autheurs* cités et le *Privilége*.
Le privilège, daté du 18 mars 1655, est accordé pour vingt ans à Pierre</small>

# HISTOIRE. 245

Paillot, « nostre imprimeur ordinaire, marchand libraire et graveur en nostre ville de Dijon ».

L'achevé d'imprimer est du 31 mars 1660.

Le volume contient un grand nombre de figures gravées en taille-douce et tirées dans le texte. On y remarque deux transpositions de planches qui ont été dissimulées par des cartons. La figure de la p. 115 a été imprimée p. 118 et vice versa; le même accident s'est produit aux pp. 117 et 178. Les cartons laissés volants permettent de voir les planches qu'ils recouvrent.

L'*Indice armorial* de Louvan Géliot avait paru pour la première fois en 1635, in-fol. Géliot, avocat et poète à ses heures, cultivait depuis longtemps la science héraldique; il avait même déjà formé un élève en la personne de Pierre Paillot. Pierre, né à Paris le 19 mars 1608, était fils d'un orfèvre; il s'était dès l'enfance appliqué au dessin et à la gravure. Son parent Louvan Géliot lui inspira le désir d'étudier à fond le blason. Vers 1632, il le suivit à Dijon et entra dans la maison de l'imprimeur *Nicolas Spirinx*, dont il ne tarda pas à épouser la fille. De 1635 à 1687, il imprima un assez grand nombre d'ouvrages, presque tous accompagnés de figures dues à son burin. En 1687, il céda son officine à *Louis Secard*; mais il ne termina sa longue carrière qu'en 1698.

La *Science des armoiries* est le livre le plus important qui porte le nom de Paillot, il en existe des exemplaires sous les dates de 1660, 1661 et 1664.

2492. LA VRAYE || ET || PARFAITE SCIENCE || des Armoiries, || ou l'Indice armorial || de feu maistre || Louuan Geliot, etc. (comme ci-dessus). In-fol.

Y. 1. 8

Autre exemplaire du beau livre de Paillot. Il présente cette particularité qu'au verso du titre se trouve une grande planche allégorique. On y voit l'Angleterre personnifiée par une femme qui tient un écu aux armes britanniques ; devant cette femme est une autre femme, coiffée de la tiare pontificale et tenant dans la main un encensoir et un calice, puis deux hommes, dont l'un porte une ruche et l'autre un laurier.

On peut supposer que Palliot, qui gravait lui-même ses planches, a fait tirer ainsi des exemplaires destinés à être vendus en Angleterre.

Il n'y a plus dans ce tirage qu'une seule des transpositions dont il a été parlé plus haut, celle des pp. 115 et 118. Elle est également rectifiée à l'aide de cartons volants.

2493. CARTES DE BLAZON par Chevillard. 84 planches en un vol. in-plano, v. f., dent., dos orné, tr. dor. (*Anc. rel.*)

1519. 3. 1

Ce recueil, dont la reliure ne mesure pas moins de 0m,775 sur 0m,570, se compose d'une table manuscrite et des planches suivantes :

1. Tableau de l'honneur, ou Abregé Methodique de la Science du Blazon. *Jans scup.* [sic], *Rousseau scrip.* 1 feuille double.

En bas de ce tableau sont les armes de Chevillard. Ces armes sont supportées par deux levriers et accompagnées de la devise : *Je rapporte fidelement ce que je decouvre.*

2. Arbre de la Genealogie de Notre Sauveur, Des Patriarches et de leurs descendans, tirée [sic] de la Sainte Ecriture, de Joseph, d'Eusebe, de Seuere Sulpice, de Bede, de Serrarius, de Petan, de Tirin et de quelques autres Historiens ou Chronologistes, par ROBERT LE CHANTRE, Curé de Ste Croix, Diocese de Laon ; dédié et présenté au Roy par led.Curé, le 16e d'Aoust 1698. 2 *feuilles doubles pliées.* — On lit au bas de la 2e feuille : *A Paris chez le Sieur Chevillard ruë N. Dame, avec privilege du Roy.*

3. Chronologie des Papes, 1 feuille.double pliée.— Le dernier pape qui figure sur la planche gravée est Clément XI, élu en 1700. On a collé dans les cases restées vides les armes, également gravées, des deux papes suivants : Innocent XI, élu en 1721, et Benoist XIII, dit XIV, élu en 1724.

4. Papes et Cardinaux François.... Par Iacques Cheuillard, Genealo-

giste du Roy, Historiographe de France, en 1698 ; auec priuilege du Roy. *Chez l'Autheur rüe neuue N. D. vis à vis les enfants trouués.* 1 feuille double pliée. — Le dernier des blasons gravés sur la planche est celui du cardinal Henry Thiard de Bissy (1715). Les cases restées vides contiennent trois autres blasons dessinés à la main : Léon Potier de Gesvres (1719), François de Mailly (1719), Guillaume Du Bois (1721).

5. Conclave ou à [sic] esté esleu Pape Innocent 12e le 12. Juillet 1691... *Chez l'Autheur J. Cheuillard, rüe des Fossés, Chez vn Boulanger, Faubourg St. Germain.* C. P. R. 1 feuille simple.

6. Conclave pour l'election d'un nouveau Pape, ou a Esté Elu Clement XI le 28 Nouembre 1700. *A Paris, Chez Jaques Chevillard, Historiographe de France, Rüé Neuue Nôtre Dame, auec privilege du Roy.* 1 feuille simple.

7. Le Sacré College des Cardinaux come il étoit le Pr Jour de l'An 1721. *A Paris chez l'Auteur, le S.r Jacques Chevillard le Pere, Genealogiste du Roy et Historiographe de France, au coin de la rüe Neuve Nôtre-Dame.* C. P. R. 1 feuille simple.

8. La France chretienne, divisée en Archevéchéz et Evéchéz, Et les Armes des Archevéques, Evéques, Generaux des Ordres et Grands Prieurs de France Vivans en 1691. A Monseigneur Lillustrissime et Reuerendissime Francois de harlay, Archeuesque de Paris.... Par son tres humble et tres obeissant seruiteur, Iâque Cheuillard, genealogiste du Roy. *A Paris, chez l'Autheur, rüe neuue Notre Dame, Chez vn Apoticaire. Auec priuilege du Roy.* R. Coquin sc. — Adition [sic] a la France Chretienne. — Ensemble 1 feuille double et 1 feuille simple. — Les additions sont plus importantes que le tableau primitif ; elles comprennent tous les dignitaires ecclésiastiques nommés ou élus jusqu'en 1721.

9. Les Noms, Qualitez, Armes et Blazons de leurs Eminances Mrs les Grands Maistres de l'Ordre de Saint Iean de Ierusalem, dits [sic] de Malthe, depuis leurs [sic] origine jusques à present. Par Iacques Cheuillard, Genealogiste du Roy, 1697. *A paris, Chez l'Auteur rüe neuve nostre Dame, Chez vn Apoticaire.* C. P. R. 1 planche simple signée : *T. Rousseau fecit.*

10. Chronologie des Empereurs et des Imperatrices d'Occident depuis Charlemagne iusques a present. *On trouve cette Carte chez l'Autheur, I. Chevillard, Genealogiste du Roy, Chronologiste et Historiographe de France, à Paris, rüe neuve Nôtre Dame. Auec priuilege du Roy.* 1 feuille double. — Le dernier empereur qui figure dans ce tableau est Charles VI, élu en 1711.

11. Sacre du Roy Louis XV. *A Paris, chez l'Autheur, Jacqs Chevillard le pere, Historiographe de France et Genealogiste du Roy, Au coin de la rüe Neuve N. Dame,* [1722]. 1 feuille double pliée.

12. Chronologie des Rois et Reines de France depuis Faramond jusqu'à present. Dedié au Roi. Et presenté à sa Majesté le 16e Auril 1701. Par son tres humble, tres obeissant et tres fidele sujet et serviteur, J. Chevillard. *A Paris, chez l'Autheur, Jacques Chevillard, Genealogiste du Roy et Historiographe de France, rue Neuve Nôtre Dame.* C. P. R. *Jac. Chevillard sculpsit; écrit par M. du Plessy.* 1 feuille double. — Les armes de Louis XV et de Marie Leszczińska ont été ajoutées à la main.

13. Plan de l'Église Royale de St. Denis en France, sepulture de nos Roys. *A Paris, Chez Jacques Chevillard, Génealogiste du Roy et Historiographe de France, rüé neuve NôtreDame. Ce plan a été acheué de graver le 5e septembre 1705.* 1 feuille double.

14. Succession Chronologique des Rois et Reines de Castille et de Leon... Dedié au Roy d'Espagne Philippe V. Par son tres humble, tres obeissant et tres fidele serviteur, I. Chevillard, Historiographe de France, et Genealogiste du Roi. *A Paris Chez l'Autheur, Iacques Chevillard, Rüé Neuue Nôtre Dame, auec priuilege du Roy.* 1 feuille simple. — On lit au centre du tableau : *Presenté au Roy tres Chrestien le 16e Auril 1701.*

15. Chronologie des Rois et Reines de Portugal et des Algarbes. *a Paris,*

*Chez l'Autheur, I. Chevillard*.... 1714. *Gravé par Rousseau*. 1 feuille simple.

16. Rois des Deux Siciles. *A Paris, Chez l'Autheur I. Chevillard*.... 1714. Auec Priuilege du Roy. 1 feuille double.

17. Chronologie des Roys d'Angleterre depuis Egbert I{{r}}, Roy des Saxons Occidentaux, jusqu'à present. Par I. Chevillard, Genealogiste du Roy.... 1714. C. P. R. 1 feuille double. — Le blason du roi George I{{er}} (1714) a été ajouté à la main.

18. Regents et Regentes du Royaume de France. Dedié à Son Altesse Royale Monseigneur, Monseigneur Philippe, Petit-Fils de France, Duc d'Orleans, Regent du Royaume, pendant la Minorité du Roy Louis XV{{e}}. Par son tres humble et tres Obeissant Serviteur, I. Chevillard, Historiographe de France, et Genealogiste du Roy. *a Paris, chez le s{{r}} I. Chevillard, Généalogiste du Roy, et Historiographe de France, Ruë Neuve Nôtre-Dame, chez un Perruquier*. Avec Privil. du Roy. *Gravée par T. Rousseau*. 1 feuille simple.

19. Genealogie de Messeigneurs les Princes Ducs de Bourgogne, Anjou et Berry.... A Monseigneur, Monseigneur Loüis de France, Duc de Bourgogne. Par son tres humble et tres obeissant Serviteur, Jacques Chevillard, Genealogiste du Roy. *A Paris, Chez l'Autheur.... demeurant Ruë Neuve Nôtre Dame, chez vn Apoticaire*. H. Jansens sculp. 1 feuille simple.

20. Les Dauphins de France. A Monseigneur, Monseigneur Louis Dauphin de France..... Avec privilege du Roy. *Gravé par T. Rousseau*. 1 feuille simple.

21. Nosseigneurs les Ducs-Pairs de France et autres Ducs vivans en 1701.... Cette Carte sert de titre et de plan aux dix autres Cartes de la Chronologie de tous les Ducs depuis leur origine jusqu'à present. Par Iacques Chevillard....*A Paris, chez l'Autheur, Iacques Chevillard, ruë Neuve Notre Dame. Ecrite par du Plessy*. 1 feuille double. — Dans l'angle inférieur de droite est rapporté le texte d'un privilège, en date du 29 août 1697, confirmant à Jacques Chevillard le privilège de quinze ans, obtenu par lui le 19 février 1692, et le prorogeant de quinze autres années. — Les trois derniers blasons, ceux de Philippe-Jules-François Mazarini Mancini, duc de Nevers (1721), d'Armand-Charles de Gontauld, duc de Biron (1723) et de François de La Baune Le Blanc, duc de La Vallière et de Vaujour (1723), sont ajoutés à la main.

22. Chronologie de Nosseigneurs les Archevesques de Reims et Evesques de Laon et de Langres....*A Paris, Chez l'Auteur, I. Chevillard*....1 feuille double. — Les derniers blasons, ceux de François de Mailly, archevêque de Reims (1710), d'Armand-Jules de Rohan de Guémené, id. (1722), de Charles de Saint-Albin, évêque de Laon (1722), de Henry-Xavier de Belzunce, id. (1723), d'Estienne-Joseph de La Fare, id. (1723) et de Pierre de Pardaillan de Gondrin d'Antin, évêque de Langres (1724), sont ajoutés à la main.

23. Chronologie de Nos Seigneurs les Evesques de Beauvais Chalons et Noyon. *A Paris, Chez l'Autheur, I. Cheuillard*.... 1 feuille double. — Les armes de Nicolas-Charles de Saux de Tavannes, évêque de Châlons (1721), sont ajoutées à la main.

24. Chronologie des anciens Princes, Ducs et Comtes Pairs de France, etc. 8 feuilles doubles. — La 1{{re}} feuille (*Champagne, Flandre et Toulouse*) porte : *Jac. Chevillard sculpsit. Est écrite par du Plessi*; la 2{{e}} (*Bretagne, Bourbon, Orléans, Bar, Anjou*, etc.) et la 3{{e}} (*Valois, Nemours, Alençon*, etc.) sont signées du graveur *T. Rousseau*; la 4{{e}} (*Chartres, Estouteville, Estampes*, etc.), la 5{{e}} (*Chasteauthierri, Rouanez, Penthièvre*, etc.), la 6{{e}} (*Beaufort, Biron, Crouy*, etc.) et la 7{{e}} (*La Rochefoucault, La Valette*, etc.). ne sont accompagnées d'aucune signature ; la 8{{e}} (*Mortemar, Créquy*, etc.) porte : *Ecrite par du Plessy*. — Ces 8 cartes font suite à la Chronologie des pairs ecclésiastiques et sont numérotées de 3 à 10. La gravure a dû être exécutée de 1706 à 1712. Le n° 6 ajoute en manuscrit : Philippe-Jules-François Mazarini Mansiny, duc de Nevers ; le n° 5 (*Valois*, etc.), présente aussi une addition manuscrite : la *Nouvelle Erection de Valentinois* (1716).

**25.** Chronologie du Comté et Duché de Bar.... *A Paris, Chez l'Auteur, Iacques Cheuillard, Historiographe de France et Genealogiste du Roy, Rue Neuve Nôtre Dame, auec priuilege du Roy.* 1 feuille simple.

**26.** Les Noms, Qualitez, Armes et Blasons des Grands Sénéchaux et Connestables de France.... Par I. Cheuillard, Genealogiste du Roy. *A Paris, rüe neuve Nôtre Dame, 1697.* Avec Privil. du Roy. *Le tout Gravé par T. Rousseau.* 1 feuille simple.

**27.** Les Noms et Armes des Chanceliers et Gardes des Sceaux de France. A Monseigneur, Monseigneur Louis Phelypeaux, Cher, Comte de Pontchartrain, Chancelier de France.... *A Paris, Chez l'Auteur, Jacques Cheuillard, Genealogiste, demī rüe neuue Nôtre-Dame, chez vn Apoticaire. Auec priuilege du Roy. H. Jansens sculp.* 1 feuille double (non coloriée). — Les mots *Genealogiste du Roy* ont été gravés après coup au bas de la planche, au-dessous du nom de Chevillard.

**28.** Les Noms, qualitez, Armes et Blazons de Nos Seigneurs les Marechaux de France.... Dedié A Monseigneur, Monseigneur Francois Henry de Montmorency, Duc de Luxembourg et de Piney... Par son tres humble.... serviteur, Iacque Cheuillard, Genealogiste du Roy (ces trois derniers mots ajoutés à la main). *A Paris, chez l'Auteur, Iaque Chevillard, Genealogiste, rüe neuue Nôtre Dame, Chez vn Apoticaire.* Avec Priuilege du Roy. 1 feuille double et 1 f. simple. — La feuille double porte : *R. Coquin sculpsit.* — La feuille simple donne les maréchaux depuis 1703 jusqu'au 16 décembre 1759.

**29.** Les Noms, Qualitez, Armes et Blasons de Nos seigneurs les Grands Amiraux et Generaux des Galeres de France.... Dedié A son Altesse Monseigneur Louis Alexandre de Bourbon, legitimé de France, Comte de Toulouze... Par... I. Cheuillard, Genealogiste du Roy. *A Paris, Chez l'Auteur, rüe neuue Nôtre Dame.* Avec privilege du Roy. 1695. *T. Rousseau scrip. R. Coquin scup.* 1 feuille double (non coloriée).

**30.** Grands Maistres des Arbalestriers et Grands Maistres de l'Artillerie de France. *à Paris, chez l'Auteur....* 1 feuille double.

**31.** Portes-Oriflâme de France. Dedié A Son Altesse Serenissime Monseigneur Louis d'Orleans, Duc de Chartres... *A Paris, chés l'Autheur, J. Chevillard, Historiographe de France et Généalogiste du Roy, au coin de la rüe neuve Nostre-Dame.* 1 feuille simple. — Au-dessus de l'adresse est un carton gravé constatant que le duc de Chartres a été pourvu de la charge de porte-oriflamme et a prêté serment le 15 mai 1721.

**32.** Grands Aumoniers de France. *à Paris,* etc. C. P. R. *Gravé par Jacques-Louis Chevillard,* 1717. 1 feuille simple.

**33.** Grands Maistres de France. A Tres haut.... Prince Monseigneur Henry-Iules de Bourbon, Prince de Condé.... Par son tres humble et tres obeissant Serviteur, I. Chevillard. *Gravé par T. Rousseau.* 1 feuille simple.

**34.** Grands Ecuiers de France. Dedié à son Altesse Monseigneur Charles Pce. de Lorraine, Gd Ecuier de France....*à Paris, Chez le Sr Jacques Chevillard, rüe Neuve Nôtre-Dame, Chez vn Peruquier.* avec Privil. du Roy, 1718. *Jacques Louis Chevillard sculpsit.* 1 feuille simple.

**35.** Grands Chambriers de France. *à Paris, Chez l'Auteur, I. Chevillard le Pere, Historiographe.... au Coin de la rüe neuve Nostre Dame.* C. P. R. 1721. 1 feuille double.

**36.** Les Grands Bouteillers et Echansons, Grands Pannetiers et Grands Queux de France.... par Cheuillard le Pere.... 1 feuille double.

**37.** Les Noms, Qualitez, Armes et Blasons des Grands Veneurs, Grands Louvetiers et Grands Fauconniers de France... par le Sr Cheuillard le Pere, Historiographe de France.... 1 feuille double (non coloriée).

**38.** Les Noms, Qualitez, Armes et Blazons de tous les Chevaliers, Commandeurs et Officiers de l'Ordre du St Esprit... Par Jacques Chevillard, Historiographe de France... Au Roy. 7 feuilles doubles. — La 6e f.

contient des additions gravées donnant les promotions de 1725. — La 7e feuille, qui continue la série jusqu'en 1759, porte : *A Paris, chez l'Auteur, P. P. Dubuisson, Généalogiste et Doreur du Roy, rue St Jacques, prés la Fontaine St Benoist, avec Privilege.* M<sup>lle</sup> *le Mire Scrip.* 1758.

39. Chronologie des principaux Ministres d'Estat, Surintendans et Controlleurs Generaux des Finances... Par le S<sup>r</sup> Chevillard, Genealogiste du Roy... 1 feuille double (non coloriée).

40. Premiers Presidens au Parlement de Paris. Dedié à Haut et Puissant Seigneur, Monseigneur Jean-Antoine de Mesmes, Che<sup>r</sup>., Comte d'Avaux... Par Jacques Chevillard... 1718. C. P. R. *a Paris, chez Jacques Louis Chevillard, ruë Neuve Nôtre Dame.* 1 feuille simple. — On a ajouté à la main les armes d'André Potier, marquis de Nouvion (1723) et d'Antoine Portail, seigneur de Vaudreuil (1724).

41. Les Noms et Armes de Nos Seigneurs du Conseil d'Estat. 1 feuille double, gravée, donnant les conseillers et maîtres des requêtes jusqu'en 1716, et 2 feuilles simples, dessinées et écrites à la main, donnant 119 blasons, de 1707 à 1724.

42. Les Noms, Qualitez, Armes et Blasons de Messieurs les Secretaires d'Estat... Par leur tres Humble et tres Obeissant Serviteur, I. Chevillard, Genealogiste du Roy. A Monseigneur, Monseigneur le Marquis de Barbezieux... *A Paris, chez l'Auteur, ruë neuue Nôtre Dame, Chez vn Apoticaire.* 1 feuille simple, contenant 4 additions manuscrites, de 1716 à 1718.

43. M<sup>rs</sup> les Secretaires d'Estat par departement. *A Paris, chés l'auteur, J. Chevillard le Pere, au Coin de la rue neuve nostre dame.* 1722. Dedié A Monseigneur, Monseigneur Louis Phelypeaux, Chevalier, Marquis de la Vrilliere et de Chasteauneuf... 1 feuille double (non coloriée).

44. Les Noms, Qualitez, Armes et Blazons de Nos Seigneurs de la Cour du Parlement de Paris en L'année 1693. Par Leurs [sic] tres humble Serviteur, Jâque Chevillard, Genealogiste du Roy. 1 feuille double. — Suitte du Parlement de Paris, depuis le 28<sup>e</sup> janvier 1709. 1 feuille simple. — Les armes d'André Potier, marquis de Novion (1723) et d'Antoine Portail, seigneur de Vaudreuil, sont ajoutées à la main. — Suitte du Parlement. 1 feuille simple contenant des blasons dessinés à la main.

45. Les Noms et Qualitez, Armes, Blasons de Nosseigneurs de la Cour des Aides de Paris... Dedié A Messire Nicolas le Camus, Chevalier, Seig<sup>r</sup> de la Grange Bligny... Premier President... Par son tres humble et tres Obeissant Serviteur, I. Chevillard.... C. P. R. 2 feuilles simples. — La 1<sup>re</sup> f. est signée : *T. Rousseau fecit;* la seconde contient divers cartons gravés et diverses additions manuscrites jusqu'en 1730.

46. Les Noms, Qualitez, Armes et Blasons de Nosseigneurs de la Cour des Monoies, comme elle étoit en 1694, avec les additions jusqu'à present. Dedié à Messire Jacques Hosdier, Conseiller du Roi en tous ses Conseils, Premier President. Par... Jacques Chevillard... 1708. 2 feuilles simples. — On lit au bas de chaque feuille : *Messieurs qui seront cy-après receus, auront la bonté d'envoyer leurs noms et armes chez le S<sup>r</sup> Chevillard, ruë Nôtre-Dame, pour les ajouter à cette carte.* — Les additions vont jusqu'en 1720. Un des blasons est ajouté à la main.

47. Noms, Qualitez et Armes des Gouverneurs, Capitaines et Lieutenans Generaux de la Ville, Prevôté et Vicomté de Paris. Dedié et presenté A Monseigneur le Duc de Gesvres... Par... Chevillard l'aisné. *à Paris, chez l'Auteur, a Petit pont, rue du Marche Palu, au Bras d'Or, vis-à-vis la ruë neuve Nôtre Dame. 1731.* 2 feuilles simples (non coloriées).

48. Chronologie Des Prevosts des Marchands, Echevins, Procu<sup>rs</sup>. du Roy, Greffiers, et Receveurs de la Ville de Paris. Dedié A Mesdits Sieurs.... Par.... J. Chevillard, Genealogiste du Roy.... *A Paris, rue neuve notre Dame, Chez l'Autheur,* 2 feuilles doubles. — Les additions, de 1716 à 1725, sont faites à la main.

250    HISTOIRE.

49. Les Noms, Qualitez, Armes et Blasons de Messieurs les Con<sup>ers</sup>. de la Ville de Paris... Par... J. Chevillard. 1 feuille double. — Les sept derniers blasons (1716-1722) sont manuscrits.

50. Les Noms, Qualités, Armes et Blasons de Messieurs les Conseillers du Roy, Quartiniers de la Ville de Paris... Par le Sieur Chevillard... *A Paris, Chez le Sieur Chevillard, Historiographe de France... auec priuil.* 1 feuille double. — Le dernier blason, celui de Claude L'Homme (1722), est ajouté à la main.

51. Cronologie de tous les Seigneurs et Chastellains de Famechon sous Poix. 1 feuille simple.

52. Nobiliaire de Picardie. *a Paris, Chez l'Auteur, I. Chevillard, Historiographe de France et Genealogiste du Roy, au Coin de la Rue Neuve Nostre Dame,* 1720. 1 feuille double.

53. Nobiliaire de Champagne. *Gravée par Jacques-Louis Chevillard. a Paris, Chez Jacques-Louis Chevillard le Fils, au milieu de la rüe Neuve Nostre Dame, a la Providence, chez un Libraire,* 1721. *I. B. T. Rousseau Scripsit.* 2 feuilles doubles.

54. Nobiliaire de Bretagne... Par Jacques Chevillard... *à Paris, Chez l'Autheur, I. Chevillard, Genealogiste du Roy, au Coin de la rüe Neuve Nôtre-Dame.* Avec Privil. du Roy. 1720. 5 feuilles doubles.

55. Armorial de Bourgogne et de Bresse. Dedié A S. A. S. Monseigneur le Duc de Bourbon. Par... Jacques Chevillard. 3 feuilles simples.

56. Armorial marin, ou Receuil [*sic*] des Familles qui portent des Navires pour leurs Armes... 1 feuille double.

57. Généalogie et Descendance de la Maison de Croy... Scohier Geneal. de cette Maison. 1 feuille quadruple.

La reliure de ce recueil porte les armes de GABRIEL BERNARD DE RIEUX, président de la seconde chambre des enquêtes au parlement de Paris, mort le 13 décembre 1745, second fils du célèbre financier Samuel Bernard. Plusieurs planches ont été ajoutées après la mort de cet amateur et ne sont pas portées à la *Table*.

2494. DICTIONNAIRE HERALDIQUE contenant les Armes et Blazons des Princes, Prelats, Grands Officiers de la Couronne et de la Maison du Roy, des Officiers de l'Epée, de la Robe, et des Finãces. Avec celles de plusieurs Maisons et Familles du Royaume Existantes. Par Jaques Chevillard le Fils Genealogiste. *A Paris, Prix 7 lt. 10 s. Chez l'Auteur, rue de la lanterne proche la Madeleine au bout du pont N. D. chez M. Beauvais Limonadier.* 1722. In-18 de XXIV et 194 pp., plus 20 ff. pour la *Table*, 2 ff. blancs et 1 f. d'*Avertissement*, v. f., tr. r. (*Anc. rel.*)

Ce volume, entièrement gravé, contient 1778 blasons. En tête est placée une épître « Au roy », puis viennent une *Preface* (pp. v-xj) et une *Premiere Table alphabetique des pieces, figures et traits de l'ecu* (pp. xij-xxiv).

2495. ARMORIAL GENERAL de la France. *A Paris, De l'Imprimerie de Jacques Collombat, Premier Imprimeur ordinaire du Roy, du Cabinet, Maison & Bâtimens de sa Majesté, Académie des Arts & Manufactures Royales.*

## HISTOIRE. 251

[A partir du Registre II : *Chez Prault Pere*; puis : *De l'Imprimerie de Pierre Prault.*] M. DCC. XXXVIII [1738-1768]. 6 tomes en 10 vol. in-fol., v. marbré, dos ornés, tr. r. (*Anc. rel.*)

*Registre premier. Premiere Partie:* Portrait du roi Louis XV, gravé par J. Daullé, d'après H. Rigaud; titre, orné d'un joli fleuron de *Beaumont*, « graveur ordinaire de la Ville »; 2 ff. pour une épître « Au roi », signée : D'HOZIER; xxxij pp. pour la *Preface* et l'article consacré au roi Louis XV; 4 ff. contenant 7 planches d'armoiries gravées par *Beaumont*; 400 pp. — Le volume est orné de 4 grandes têtes de page et de 4 culs-de-lampe du même artiste. Les blasons insérés dans le texte sont gravés en taille-douce; le premier est signé de *Beaumont*.

*Registre premier. Seconde Partie* : Titre ; 477 pp., cotées 401-877.

*Registre second. Premiere Partie. A Paris, Chez Prault Pere, Imprimeur des Fermes & Droits du Roi, Quai de Gèvres, au Paradis.* M. DCC. XLI : xxxj pp. (y compris le titre), 1 f. pour un *Avertissement sur la dissertation*; 20 pp. pour la *Liste des articles contenus dans les deux premiers volumes de l'Armorial general*; 54 articles ayant chacun une pagination distincte, savoir : *Abzac* (80 pp.), *Allard* (8), *Andigné* (10), *Andrey de Fontenai* (4), *Anstrude* (4), *Arboussier* (2), *Arthuys de Vaux* (8), *Aymini* (4), *Le Bachelier des Vigneries* (4), *Balay* (24), *Banne d'Avéjan* (32), *Bargeton de Cabriéres* (10), *Batut de la Peyrouze* (4), *Baudrand de Pradel* (4), *Beccarie de Pavie* (42), *Bégasson* (16), *Belot de Pezay* (4), *Béraud de Courville* (10), *Bernard de Beaulieu* (12), *Bertet de Gorze* (4), *Billi* (10), *Boisgelin* (7), *Bonchamp* (3), *Bonot* (5), *Breda de Guisbert* (4), *Le Breton de la Doineterie* (10), *Briqueville-Bretteville* (36), *Bruet de La Garde* (8), *Carrion de Nisas* (10), *Chavagnac* (28), *Du Chemin du Mesnil-Durand* (8), *Collin de l'Isle* (3), *Constantin de la Lorie* (4), *Crugi de Marcillac* (18), *Dorat* (4), *Droullin de Mesniglaise* (7), *L'Empereur de Morfontaine* (6), *Estresses* (2), *Farci* (14), *Fénis de La Prade* (8), *Le Fessier du Fay* (2), *Fontanges* (11), *Gaugy* (2), *Gayardon* (8), *Gazeau de Champagné* (24), *Gervais de La Vallée* (4), *Giraud de Crezol* (4), *Givès* (8), *Guérin de Sauville* (12), *Guerri-d'Izy* (4), *Hardi de La Trousse* (10), *Hérault* (18), *Hodeneau de Breuignon* (4), *Hugues de Beaujeu* (14), *Jambon de S. Cir* (3). — A partir de ce volume le mode de la publication a été entièrement changé. Aux gravures en taille-douce succèdent des fleurons et des blasons gravés sur bois ou sur métal et tirés typographiquement dans le texte. Les articles, destinés à être vendus séparément aux familles, n'ont plus de lien entre eux. Ils sont signés uniformément de la façon suivante : *Vû & vérifié par Nous, Conseiller du Roi en ses Conseils, Juge d'Armes de France.* D'HOZIER.

*Registre second. Seconde partie*, 1741 : Titre : 61 articles ayant chacun une pagination distincte, savoir : *O-Kéeffe* (3 pp.), *Laisné de Parvilli* (5), *Lambert* (10), *Lambilli* (5), *Lanci* (4), *Langle* (3), *Languet* (90), *Lavier* (16), *La Laurencie* (14), *Lériget de La Faye* (4), *Leshénaut de Bouillé* (3), *Lespinay de Marteville* (6), *Loir du Lude* (6), *Longueval* (4), *Loyac-La Bachellerie* (4), *Marches* (3), *Margat* (3), *Mazade* (2), *Du Merle* (11 pp. et 2 cartons paginés 3\*-6\*), *Mongeot* (8), *Montfort* (10), *Montillet* (4), *Montrond* (8), *Moullart de Vilmarest* (4), *Nicolas de La Coste* (2), *Noblet* (16), *Du Nod de Charnage* (4), *Nompére de Pierrefitte* (10), *Osmont* (16), *Pasquier de Franclieu* (6), *Del Peirou de Bar* (6), *Pellas de Maillane* (2), *Du Perenno* (10), *Pertuis* (7), *Petit* (3), *Picot de Closriviére* (8), *La Planche de Mortieres* (6), *Plusbel de Saules* (2), *Pluvié de Ménéhouarn* (12), *La Porte de Lissac* (4), *Poussemothe* (9), *Prunier de S. André* (12), *Roux de Gaubert* (8), *Des Ruaux* (7), *S. Denis du Plessis-Hugon* (4), *La Salle* (8), *Saporta de Chasteauneuf* (2), *Semin de Bransac* (3), *Le Sénéschal de Carcado* (36), *Silhouette* (1), *Solages* (12), *Thibault de La Carte* (10), *Du Tillet de Montramé* (3), *Tristan de Houssoy* (4), *Vanel* (1), *Vassaux* (2), *Vaucel de Vaucardel* (3), *Vaucenné* (6), *Vignolles* (12), *Villaines* (12), *Vimeur de Rochambeau* (18); —

252        HISTOIRE.

*Concession d'armoiries pour l'ordre de S. Antoine* (2); 48 pp. pour la *Table des noms de famille*; 98 pp. pour la *Table des noms de terre*; 3 pp. pour les *Additions* et *Corrections.*

*Registre troisiéme. Premiere Partie.* De *l'Imprimerie de Pierre Prault, Imprimeur des Fermes & Droits du Roy, Quai de Gévres, au Paradis,* 1752: 2 ff. pour le titre et l'*Avertissement*; 27 pp. pour la *Liste des articles*; 31 articles ayant chacun une pagination distincte, savoir: *Aluye* (52), *Alés* (14 pp.), *Alés de Corbe* (1 tableau plié et 24 pp.), *Arnaud* (4), *Baillard des Combaux* (8), *Billet* (6), *Billy* (4), *Bonin du Cluseau* (6), *Boucher de Morlaincourt* (6), *Bouet du Portal* (3), *Braque* (1 tableau plié et 106 pp., dont les huit premières portent chacune deux chiffres 1-2, 3-4..., 15-16), *Brillet* (8 pp.), *Chamborant* (1 tableau plié et 94 pp., dont les deux premières sont cotées 1-2, 3-4), *Chancel de La Grange* (6), *La Chapelle* (4), *Chapt de Rastignac* (1 tableau plié, 114 et x pp.); *Collas du Longprey* (4) *Crespin de Billy* (6), *Entraigues du Pin* (2), *Foucques* (2), *Gaillard de Boencourt* (10), *Garrigues La Devéze* (4), *Gérin* (18), *Gosselin de Boismontel* (4), *Guillier* (4), *Hozier* (1 tableau plié, 40 et lviij pp.), *Larrey* (8), *Lavaur de Gaignac* (2), *Lestang* (8), *Lissalde* (4), *La Loëre* (6).

*Registre troisieme. Seconde Partie,* 1752: Titre; 30 articles ayant chacun une pagination distincte, savoir: *Malbosc de Miral* (1 tableau plié et 44 pp.), *Mareschal, sieurs de La Bergerie* (4), *Marliave* (2), *Des Michels de Champorcin* (4), *Le Miere* (4), *Mons* (6), *Montdor* (4), *Du Mouchet de la Mouchetiere* (8), *Moulins de Rochefort* (1 tableau plié et 18 pp.), *Orléans* (1 tableau plié et 88 pp.), *Parchappe de Vinay* (1 tableau plié et 10 pp.), *Pelet de Salgas* (6), *Pene* (14), *Pitois* (14), *Pons* (10), *Pracomtal* (1 tableau plié, 22 et L pp.), *Prost* (4), *Ramade de Friac* (4), *Ravenel* (6), *Robert* (6), *La Roque* (8), *Roux de Sainte Croix* (2), *Du Ruel* (8), *S. Just* (4), *Teyssier de Chaunac* (4), *Tullieres* (26), *Vassart* (6), *Virieu de Beauvoir* (1 tableau plié, 22 et xxxij pp.), *Yver de Saint-Aubin* (4), *Yversen de Saint Fons* (6); 123 pp. pour la *Table des noms de famille*; 89 pp. pour la *Table des noms de terre*; 1 f. pour l'*Explication des sceaux*; 6 planches de *Sceaux*; 5 pp d'*Additions et Corrections.*

*Registre quatriéme* (même adresse qu'au Registre III), 1752: Titre; 26 pp. pour la *Liste des articles*; 42 articles ayant chacun une pagination disticte, savoir: *Aroux de la Serre* (1 tableau plié, 20 et xviij pp.), *Arrac de Vignes* (6), *Aumale* (18), *Balathier* (1 tableau plié et 14 pp.), *Bardon* (6), *Le Bas* (12), *Bezannes* (22), *Bollioud de Saint Julien* (6), *Castillon de Mouchan* (6), *Chabot de Souville* (4), *Coatarel* (6), *La Croix* (4), *Le Doulcet* (1 tableau plié et 14 pp.), *Espie* (10), *Frémont* (1 tableau plié et 12 pp.), *Gailhac de Pailhès* (6), *Gestart de Valville* (4), *Gillebert de La Jaminiere* (4), *Gripiere de Moncroc* (4), *Guiscard* (1 tableau plié, 28 et xxxviij pp.), *Heurtault de Lammerville* (6), *Hugo* (8), *Lamirault* (18), *Lespinay* (1 tableau plié et 12 pp.), *Malart* (10), *Marguerit* (16), *Nicolau* (2), *Olivier* (4), *Olymant de Kerneguès* (6), *Oudet d'Angecourt* (6), *Du Puis* (4), *Quarré d'Aligny* (8), *Du Quesnoy* (1 tableau plié, 18 et x pp.), *Du Rastel de Rocheblave* (1 tableau plié et 40 pp.), *Rechignevoisin de Guron* (1 tableau plié et 50 pp.), *Reines* (4), *Roussel* (1 tableau plié et 18 pp.), *Salmon* (1 tableau plié et 16 pp.), *Le Trésor de Fontenay* (4), *Le Turquier de Cardonville* (4), *Le Vacher de La Chaise* (14), *Vanolles* (6); 52 pp. pour la *Table des noms de famille*; 51 pp. pour la *Table des noms de terre*; 2 pp. d'*Errata.*

*Registre cinquiéme.* [*Première Partie.*] De l'*Imprimerie de Prault,* etc., 1764: Titre; 1 f. d'*Avertissement*; 1 f. pour le *Privilege*; 4 pp. pour la *Table des articles*; 67 articles ayant chacun une pagination distincte, savoir: *Ailhaud de Méouille* (5 pp.), *Albertas* (17), *André de Montfort* (8), *Argoud* (8), *Auber* (6), *Aubert, seigneurs du Petit Thouars* (10), *Baillehache* (12), *Batz* (4), *Batz de Trenquelléon* (6), *Beauharnois* (12), *Beaupoil* (11), *Bertin* (5), *Bigos* (4), *Bigot* (19), *Bigot, seigneurs du Pontbodin* (4), *Du Bois, dit de Hoves* (7), *Bordes* (5), *Bourgevin* (4), *Bouvier* (6), *Du Breuil* (8), *Brueys* (18), *Brunes de Montlouet* (7), *Buissy* (7), *Burin* (6), *Calabre* (2), *Cappy* (4), *Le Carlier* (7), *Caze* (12), *Chalvet de Rochemonteix* (17), *Chalup* (7), *Chambre* (6), *Champagne* (18), *Des Champs* (9), *Chappuis* (21), *Chastellard*

(1 tableau plié, 12, xx et 12 pp.), *Chéverue* (6), *Chieusses* (5), *Claris* (6), *Colnet de Monplaisir* (8), *Combles* (14), *Combys* (2), *Le Compasseur* (7), *Coquet* (4), *Coucy* (34), *La Croix de Castres* (24), *Cromot* (4), *Crugi de Marcillac* (1 tableau plié et 4 pp.), *Danguy* (2), *Dassier* (9), *Durat* (12), *Estelle* (3), *Estiévre* (6), *Falantin* (4), *Fay de Villiers* (4), *Fayel* (5), *Flécelles* (8), *Fleury* (11), *Fougeret* (1), *Fousteau* (6), *Fremyn* (10), *Galliffet* (14), *Gantés* (8), *Du Garreau* (6), *Gaulmyn* (1 tableau plié et 14 pp.), *Geoffroy* (4), *La Grange* (4), *Gualy* (9), *Guislain* (7); 23 pp. pour la *Liste des articles contenus dans les huit volumes*.

*Registre cinquième. Seconde Partie*, 1764: Titre ; 60 articles ayant chacun une pagination distincte, savoir : *Haincque* (3 pp.), *Hennequin* (6), *Hocart* (18), *Jaubert* (4), *Le Jeune de Créquy* (12), *Julianis* (5), *Laurenti*, ou des *Laurents* (1 tableau plié et 13 pp.), *Laurés* (2), *Lisle* (7), *La Loëre* (2), *Loisson* (3), *Lorgeril* (10), *Macé de Gastines* (5), *Malvin* (57), *Marquet* (4), *La Marteliére* (6), *Mascarene de Riviere* (3), *Mélet* (12), *Meynier* (6), *Montbel* (1 tableau plié et 23 pp.), *Montigny* (1 tableau plié et 4 pp.), *Montillet* (8), *La Myre* (7), *Navier* (5), *Le Neuf* (1 tableau plié et 8 pp.), *Nicolay* (27), *Palhasse* (6), *Parisot* (3), *Payan* (11), *Pelet* (4), *La Pivardiére* (4), *Poterat* (6), *Prévost* (3), *Le Quien de la Neufville* (4), *Ramey* (4), *Redon* (12), *Rémond* (20), *Révilliasc* (10), *Reynaud des Monts* (9), *Ridouet* (7), *Riencourt* (22), *Du Rieu* (4), *Riquéty* (20), *Le Roy de Macey* (8), *Saulieu* (4), *Serre* (4), *Le Seurre* (4), *Sibert* (4), *Sicard* (4), *Simon* (4), *Soyres* (5), *Thonier* (3), *Troterel* (4), *Vaillant* (7), *Valier* (8), *Vaucelles* (4), *Venel* (5), *Verdelhan* (20), *Vergnette* (8), *Villette* (11); 74 pp. pour la *Table des noms de famille*; 5 pp. pour un *Supplément*; 112 pp. pour la *Table des noms de terre*; 9 pp. pour un *Supplément*; 9 pp. d'*Additions et Corrections*.

*Registre sixième. De l'Imprimerie de Prault, Quay de Gesvres, au Paradis*, 1768: Titre; 2 pp. pour la *Table des articles*; 11 pp. pour la *Liste des articles contenus dans les dix volumes*; 49 articles ayant chacun une pagination distincte, savoir: *Aloigny de Rochefort* (11 pp.), *Beguin* (6), *Billault* (10), *Blanchard* (8), *Boucher* (20), *Bourgevin* (7), *Du Caylar* (8), *Chastellier du Mesnil* (22), *Du Chic* (12), *Du Clos Lestoille* (5), *Cottin* (8), *Dornant* (4), *Durand* (6), *Faulong* (5), *Fergeol* (3), *Flavigny* (13), *Fournas de La Brosse* (10), *Le Franc, marquis de Pompignan* (22), *Frevol* (8), *Gayon* (4), *Girard de Langlade* (8), *Grenier* (4), *Guillaume* (5), *La Haye* (3), *Jausselin de Brassay* (5), *Larrard* (10), *Lauris* (1 tableau plié, 12 et xij pp.), *Law* (4), *Limosin d'Alheim* (8), *Lustrac* (5), *Marin* (7), *Mengin* (7), *Meulh* (4), *Moliéres* (5), *Du Mont, barons de Courset* (5), *Pagés* (6), *Rigaud de Vaudreuil* (1 tableau plié, 55 et lxxiij pp.), *Rigollot* (4), *Riom de Prolhiac* (7), *Le Roux, seigneurs de Kerninon* (7 pp.), *Le Roux, seigneurs du Chastelet* (4), *Rozet* (14), *Saguez* (7), *Sentis* (3), *La Serre* (5), *Thierry* (4), *Le Vaillant* (10), *Varange* (4), *Viart* (20); 46 pp. pour la *Table des noms de famille*; 24 pp. pour la *Table des noms de terre*.

Le privilège, dont le texte est rapporté en tête du V$^e$ Registre, est accordé pour vingt ans à Pierre d'Hozier, juge général d'armes de France, chevalier doyen de l'ordre de Saint-Michel, le 18 mars 1757.

Louis-Pierre d'Hozier mourut le **25** septembre 1767, laissant inachevé le vaste recueil dont il avait entrepris la publication. Son fils, Antoine-Marie d'Hozier de Sérigny, qui avait travaillé avec lui (il est, dit-on, l'auteur des registres IV$^e$ et V$^e$), et son petit-neveu, Ambroise-Louis-Marie d'Hozier, essayèrent sans succès d'en publier la suite.

2496. ARMORIAL des principales Maisons et Familles du Royaume, particulierement de celles de Paris et de l'Isle de France. Contenant les Armes des Princes, Seigneurs, Grands Officiers de la Couronne & de la Maison du Roi, celles des Cours souveraines, &c. avec l'explication de tous les

Blasons. Par M. Dubuisson. Ouvrage enrichi de près de quatre mille Ecussons gravés en taille douce. *A Paris, aux dépens de l'Auteur, Chez H. L. Guerin & L. F. Delatour, rue S. Jacques. Laurent Durand, rue du Foin. La Veuve J. B. T. le Gras, au Palais.* M. DCC. LVII [1757]. Avec Approbation & Privilege du Roi. 2 vol. in-12, mar. r., fil, large dent., dos ornés, tr. dor. (Anc. rel.)

*Tome premier*: xvj pp. pour le titre, une épître « A monseigneur le comte de S. Florentin, ministre et secretaire d'Estat », la *Préface* et les *Principes du blason* ; 6 planches paginées 12-23 ; 191 pp. cotées [24]-215, plus 189 planches placées en regard des pp. 24-215. — Le v° du titre contient la note suivante : « Le Sieur Dubuisson, Auteur de cet Ouvrage, dessine toutes sortes d'Armes & dresse toutes sortes de Cartes héraldiques dans le goût de celles du sieur Chevillard, avec beaucoup de soin & de correction ; il applique toutes sortes d'Armoiries en or. *Sa demeure est rue S. Jacques, vis-à-vis les Charniers de Saint Benoît.* » — La préface nous apprend que Dubuisson avait acquis les planches du *Dictionnaire héraldique* après la mort du sieur Chevillard. Il y est dit que ces planches offraient de nombreuses inexactitudes, qu'il était nécessaire de corriger.

*Tome second*: Titre, 212 pp., 2 ff. pour les *Errata*, l'*Approbation* et le *Privilége*, plus 168 planches placées en regard des pp. 2-169.

Le privilège, daté du 9 juillet 1757, est accordé à Pierre-Paul Dubuisson pour six ans.

On a vu ci-dessus (n° 2493, art. 88) le nom de *Dubuisson* figurer au bas d'une des cartes qui complètent le grand Atlas de Chevillard ; mais, tandis que ce dernier était, comme Paillot, graveur et généalogiste, Dubuisson était à la fois relieur, doreur et généalogiste. Les beaux exemplaires de l'*Armorial* que les amateurs recherchent aujourd'hui ont été sans nul doute reliés par lui. Cf. *Bulletin de la librairie Morgand et Fatout*, t. II, p.829, n° 6090, et Marius Michel, *La Reliure française*, 1880, p. 134.

Exemplaire aux armes d'ANNE-ROBERT-JACQUES TURGOT, BARON DE L'AULNE, mort en 1781. La couronne est surmontée de la toque de magistrat en raison des fonctions de maître des requêtes auxquelles Turgot avait été appelé en 1753.

De la bibliothèque de M. DE CHATEAUGIRON.

2497. GOUVERNEURS Lieutenans de Roy Prevôts des Marchands Echevins Procureurs Avocats du Roy Greffiers Receveurs Conseillers et Quarteniers de la Ville de Paris. *Gravees* [sic] *Par Beaumont Graveur ord<sup>re</sup> de la Ville.* S. d. [v. 1741], in-fol., mar. r., dent., dos et coins fleurdelisés, tr. dor. (*Anc. rel.*)

Recueil composé d'un frontispice et de 117 planches numérotées, contenant les noms et les armes des magistrats municipaux. Les planches 1-4 sont doubles. A la suite de chaque série le graveur a laissé du blanc pour continuer le recueil à la main. Après les planches 82, 84, 85, 86, 106 et 117, il y a en outre des feuilles contenant des titres et des écus vides pour recevoir les additions.

La pl. 83 mentionne messire Félix Aubery, reçu prévôt des marchands le 16 août 1740, Thomas-Léonard Lagneau et Etienne-Pierre Darlu, reçus échevins en 1741. Ce sont les dates les plus récentes de l'ouvrage.

Nº 2496.— VALERIUS PROBUS, ETC. 1525.

## 3. — Archéologie.

**2498.** Hoc in volvmine || hæc continentvr. || M: Val: Probus de No || tis Roma. ex Codice manu || scripto castigatior, au || ctiorque, quam vn- || quam antea, || factus. || Petrus Diaconus de eadem re || ad Conradum Primum Imp. Rom. || Demetrius Alabardus de Minutiis. || Idem de Ponderibus. || Idem de Mensuris. || Ven. Beda De Computo per gestum Argitorum. || Idem de Loquela. || Idem de Ratione vnciarum. || Leges XII Tabularum. || Leges Pontificiæ Ro. || Variæ verborum conceptiones quibus antiqui cuɜ in rebus || sacris, tum prophanis vterentur, sub titulo de Ritibus || Romanorum collectæ. || Phlegontis Trallani Epistola De Moribus Ægyptiorum. || Aureliani Cæsaris Epistola de Officio Tribuni Militum. || Iscriptiones [*sic*] Antiquæ variis in locis repertæ, atq; aliæ, quæ || in Romano codice continentur. || Hæc omnia nunc primum edita. — [A la fin :] *Venetiis, in œdibus Ioannis* || *Tacuini Tridinensis.* || *Mense Februario.* || M. D. XXV [1525]. In-4 de 4 ff. lim., lxxxj ff. chiffr. et 1 f. blanc. v. f., fil., comp., tr. dor. (*Rel. du XVI*ᵉ *siècle.*)

Les ff. lim. contiennent : le titre, un avis du libraire Giovanni Tacuino, un extrait de Suétone relatif à Valerius Probus, un extrait du privilège accordé pour dix ans à Tacuino par la République de Venise (la date n'en est pas indiquée) et 1 fig. qui représente un arc portant une inscription sibylline.

Exemplaire de Jean Grolier, provenant de la bibliothèque des Augustins déchaussés de Paris. Nous donnons ci-contre la reproduction d'un des plats de la reliure. M. Le Roux de Lincy n'a pas cité ce volume dans la monographie qu'il a consacrée à Grolier.

**2499.** L'Antiquité expliquée, et représentée en Figures. Par Dom Bernard de Montfaucon Religieux Bénédictin de la Congrégation de S. Maur. *A Paris, Chez Florentin Delaulne, Hilaire Foucault, Michel Clousier, Jean-Geoffroy Nyon, Etienne Ganeau, Nicolas Gosselin, Et Pierre-François Giffart.* M. DCC. XIX [1719]. Avec Privilege du Roy. 5 tomes en 10 vol. in-fol. — Supplement au Livre de l'Antiquité expliquée et representée en Figures. Par Dom Bernard de Montfaucon Religieux Bénédictin de la Congrégation de S. Maur. *A Paris, Chez La Veuve Delaulne, La Veuve Foucault, La Veuve Clousier, Jean-Geoffroy Nyon, Etienne Ganeau, Nicolas Gosselin, Et Pierre-François Giffart.* M. DCC. XXIV [1724]. Avec Privilege du Roy.

## HISTOIRE.

5 vol. in-fol. — Ensemble 10 tom. en 15 vol. in-fol., mar. r., fil., dos ornés, tr. dor. (*Anc. rel.*)

*Tome premier. Les Dieux des Grecs & des Romains. Premiere Partie. Les Dieux du premier, du second & du troisiéme rang, selon l'ordre du tems :* Frontispice gravé d'après *Séb. Le Clerc* ; titre ; 1 f. pour le portrait de Victor Marie, comte d'Estrées et de Nanteuil le Hautdouin, premier baron du Boulonnois, vice-amiral et mareschal de France, etc., gravé par *J. Audran* d'après *N. Largillière* ; 2 ff. pour une épître au même comte d'Estrées ; c iv pp. pour la *Preface*, la *Table des chapitres*, l'*Approbation de M. l'abbé* CHERRIER, *censeur royal des livres*, le *Privilége* et le *Discours preliminaire*; 194 pp. et 125 planches, dont 7 sont doubles. Les planches sont numérotées de 1 à 122, 3 planches sans numéros sont intercalées après les n°ˢ 5, 72 et 122. — De beaux fleurons ornent le titre, le départ de l'épître et celui du texte.

*Tome premier. Seconde Partie. Les Heros parvenus à la Divinité* : Titre, faux-titre, 258 pp. cotées 195-452, plus 102 planches, numérotées de 123 à 224, et 2 planches non cotées après les n°ˢ 145 et 224. Huit des planches sont doubles.

*Tome second. Premiere Partie. Le Culte des Grecs et des Romains :* Titre, faux-titre, 267 pp. et 104 planches chiffrées, dont 19 sont doubles.

*Tome second. Seconde Partie. La Religion des Egyptiens, des Arabes, des Syriens, des Perses, des Scythes, des Germains, des Gaulois, des Espagnols et des Carthaginois* : Titre, faux-titre, 204 pages cotées [269]-472, 90 planches chiffrées 105-194 et dont 6 sont doubles et une, quadruple (n° 188), et 1 planche non chiffrée avant la *Table des matieres*.

*Tome troisieme. Les Usages de la vie. Premiere Partie. Les Habits, les Meubles, les Vases, les Monoyes, les Poids, les Mesures, des Grecs, des Romains & des autres Nations:* Titre, 198 pp., 121 planches chiffr., dont 13 sont doubles, et 2 planches additionnelles, dont une double, après les n°ˢ 26 et 97.

*Tome troisieme. Seconde Partie. Les Bains, les Mariages, les grands & les petits Jeux, les Pompes, la Chasse, la Péche, les Arts, &c.:* Titre, 192 pp. cotées [199]-390, 75 planches, chiffr. de 122 à 197, et dont 16 sont doubles.

*Tome quatrieme. La Guerre, les Voitures, les grands Chemins, les Ponts, les Aqueducs, la Navigation. Premiere Partie. Les Levées des Gens de guerre, les Habits, les Magazins, les Travaux, les Signes & les Combats militaires, les Armes de toutes les Nations, les Marches d'armées, les Machines de guerre, &c.*: Titre, 174 pp., 113 planches chiffrées, dont 42 sont doubles, plus 1 pl. simple après le n° 7, 2 pll. doubles et 1 pl. simple après le n° 108.

*Tome quatrieme. Seconde Partie. Les Chemins publics, les Aqueducs, & la Navigation* : Titre, 140 pp. chiffrées de [175] à 316, 31 planches, chiffrées de 114 à 143 (au lieu de 144), et dont 10 sont doubles, plus 1 pl. double et 1 pl. simple à la fin du volume, après le n° 143.

*Tome cinquieme. Les Funerailles, les Lampes, les Supplices, &c. Premiere Partie. Les Funerailles des Grecs et des Romains* : Titre, 170 pp. et 131 planches chiffr., dont 10 sont doubles.

*Tome cinquieme. Seconde Partie. Les Funerailles des Nations barbares, les Lampes, les Supplices, &c.*: Titre, faux-titre, 267 pp., chiffr. de 171 à 437, 73 pll., chiffr. de 132 à 204, et dont 3 sont doubles. — On lit à la fin du volume: *De l'Imprimerie de Florentin Delaulne, Libraire-Imprimeur.* M. DCCXIX.

*Supplement.*

*Tome premier. Les Dieux des Grecs et des Romains :* Titre, xxiv pp. pour la *Préface*, [xxxvj] pp. pour la *Table des Chapitres*, l'*Approbation* et le

## HISTOIRE. 257

*Privilege*, 258 pp., 82 planches chiffr., dont 16 doubles, plus 15 planches non chiffr., après les n°s 2, 17, 19 (pl. double), 20, 22, 36, 37, 38, 44, 48, 49, 53, 54, 59, 67.

*Tome second. Le Culte des Grecs, des Romains, des Egyptiens et des Gaulois* : 1 f., viij et 248 pp., 60 planches chiffr. de 1 à 13 et de 15 à 61, et 17 planches additionnelles après les n°s 1, 16, 29, 32, 33 (2), 37, 43, 44, 50, 51 (2), 52 (2), 59 (3). Treize des planches chiffrées sont doubles, et deux, quadruples. Quatre des planches additionnelles sont doubles. Une des planches qui suivent le n° 33 est chiffrée 32 ; la planche qui suit le n° 43 porte 42.

*Tome troisieme. Qui comprend les habits & les usages de la vie* : 3 ff., viij et 252 pp., 84 planches chiffr., dont 24 sont doubles (la planche 79 porte par erreur 81), plus 11 planches additionnelles, dont une double, après les n°s 4, 7 (lisez 5), 9, 11 (2), 21, 50, 63, 64, 67, 69.

*Tome quatrieme. Qui comprend la Guerre, les Ponts, les Aqueducs, la Navigation, les Phares et les Tours octogones* : 1 f., vj et 173 pp., 60 planches chiffr., dont 25 doubles, et 7 planches additionnelles, dont 3 doubles, après les n°s 5, 11, 12, 13, 41, 49, 51.

*Tome cinquieme. Les Funerailles* : 1 f., vij et 239 pp., 72 planches chiffrées de 1 à 73 (la planche qui suit le n° 41 porte deux numéros : 42-43) et 3 planches additionnelles après les n°s 2, 12, 29. Dix-neuf des planches chiffrées et deux des planches additionnelles sont doubles.

Les titres sont imprimés en rouge et en noir. Les planches ne portent aucun nom de graveur, non plus que les ornements du texte.
Le texte français est accompagné d'une traduction latine.
Le texte du privilège est imprimé en tête du t. I de l'ouvrage, et répété en tête des t. I et V du *Supplément*. Ce privilège, daté du 10 mai 1719, est accordé pour dix-huit ans à *Florentin Delaulne*, imprimeur et libraire, syndic de sa communauté. *Delaulne* déclare y avoir associé les sieurs *Foucault, Clousier, Nyon l'ainé, Ganeau, Gosselin* et *Giffart*.
Le grand ouvrage de Montfaucon, à la publication duquel avaient concouru ses confrères Charles de La Rue, Martin Bouquet et Joseph Doussot, produisit, lorsqu'il parut, la plus vive sensation. Jamais on n'avait entrepris de réunir sur tous les points de l'archéologie une masse de documents comparable à celle qu'avaient recueillie les savants bénédictins. Depuis un siècle et demi la science a marché ; mais, si le texte de Montfaucon a vieilli, les planches nous ont conservé le souvenir d'un grand nombre de monuments qui ont été détruits depuis. Il suffit de rappeler ceux du trésor de Saint-Denis, du cabinet de Sainte-Geneviève, etc.
Exemplaire du Prince S. Radziwill (Cat., 1865, n° 1623).

2500. Les Ruines de Palmyre, autrement dite Tedmor au desert. *A Londres, Chez A. Millar, dans le Strand*. MDCCLIII [1753]. In-fol. de 3 ff., 50 pp. et 57 pll. dont la première est divisée en 3 segments, mar. r., fil., dos orné, tr. dor. (*Anc. rel.*)

L'auteur de cet ouvrage, le célèbre archéologue Robert Wood, entreprit, en 1750, une grande expédition à Palmyre, en compagnie de ses amis Bouverie et Dawkins, et de l'architecte italien Borra. Bouverie mourut avant d'arriver sur les ruines que les voyageurs se proposaient d'explorer ; mais ses compagnons firent une abondante moisson de plans, de dessins et de documents divers. Wood en entreprit la publication dès son retour à Londres. Il fit paraître en même temps une édition anglaise (*The Ruins of Palmyra, otherwise Tedmor in the Desert*; London, 1753, in-fol.) et l'édition française que nous venons de décrire. Les planches, dessinées par *Borra*, ont été gravées par *Th. Major* (3), *P. Fourdrinier* (36), *T.-M. Müller junior* (7). *J. S. Muller* (9). Les n°s 17 et 36 ne portent aucun nom.

17

2501. LES MONUMENS de la Monarchie Françoise, qui comprennent l'histoire de France, avec les Figures de chaque Regne que l'injure du temps a épargnées. Par le R. P. Dom Bernard de Montfaucon, Religieux Benedictin de la Congregation de S. Maur. *A Paris, Chez Julien-Michel Gandouin, Quai de Conti, aux trois Vertus : Et Pierre-François Giffart, ruë S. Jacques, à Sainte Therese.[De l'Imprimerie de Claude Simon.]* M. DCC. XXIX [1729-1733]. Avec Privilege du Roi. 5 vol. in-fol, mar. r., fil., dos ornés, tr. dor. (*Anc. rel.*)

*Tome premier. L'origine des François & la suite des Rois jusqu'à Philippe I. inclusivement*: Faux-titre, titre, portrait de Louis XV, gravé par C. *Mathey*, 2 ff. pour une épître « Au roi »; ensemble 5 ff. lim.; xxxviij pp. pour la *Preface* et le *Discours preliminaire*; 1 f. pour l'*Approbation*, la *Permission du R. P. General* et le *Privilége*; 402 pp.; 11 ff. de *Table*; 58 planches chiffr., dont 24 sont doubles.

*Tome second. La Conquête de l'Angleterre par Guillaume, Duc de Normandie, dit le Bâtard, tirée d'un Monument du tems. Et la suite des Rois depuis Louis VI. dit le Gros, jusqu'à Jean II. inclusivement.* 1730 : Faux-titre et titre; 342 pp.; 16 ff. de *Table*; 63 planches chiffr., dont 23 sont doubles, et 1 planche additionnelle après le n° 13.

*Tome troisiéme. La suite des Rois depuis Charles V. jusqu'à Louis XI. inclusivement*, 1731 : 2 ff.; 356 pp.; 15 ff. de *Table*; 69 planches chiffr., dont 27 sont doubles et une quadruple.

*Tome quatriéme. La suite des Rois depuis Charles VIII. jusqu'à François I. inclusivement.* 1732: Faux-titre; titre; 10 ff. pour une *Preface*, une note *Sur la couronne d'Eude, duc de Toulouse*, et le texte du *Privilége*; 368 pp.; 14 ff. de *Table*; 65 planches chiffr., dont 15 sont doubles, plus 1 planche additionnelle placée après la *Preface ;* 3 planches doubles ajoutées après le n° 7, 1 planche simple ajoutée après le n° 20, et 1 double après le n° 28. — L'en-tête qui précède le titre de départ est signé de *Mathey.*

*Tome cinquiéme. La suite des Rois depuis Henri II. jusqu'à Henri IV. inclusivement*, 1733 : 3 ff.; 434 pp.; 12 ff. de *Table* ; 58 planches chiffrées, dont 21 sont doubles. — Le fleuron qui précède le titre de départ est signé du graveur *D. Sornique.*

Le texte de l'ouvrage, comme celui de l'*Antiquité expliquée*, est accompagné d'une traduction latine. Les titres sont imprimés en rouge et en noir. Aucune des planches ne porte de signature. Le privilège, daté du 13 février 1727, est accordé pour quinze ans au P. dom Bernard de Montfaucon, qui déclare en avoir fait cession, le 21 avril 1729, à *P.-F. Giffart* et à *J.-M. Gandouin.*

Exemplaire du PRINCE S. RADZIWILL (Cat., 1865, n° 1623).

## IV. — BIOGRAPHIE.

2502. DICTIONNAIRE HISTORIQUE ET CRITIQUE, Par M$^r$ Pierre Bayle. Troisieme Edition, revue, corrigée et augmentée par l'Auteur. *A Rotterdam, Chez Michel Bohm,* M DCCXX

[1720]. Avec Privilege, 4 vol. in-fol., mar. r., fil., dos ornés, tr. dor. (*Anc. rel.*)

*Tome premier (A-C)*: Faux-titre; titre, 2 ff. pour une épître de Bohm « A Son Altesse Roiale monseigneur le duc d'Orléans, régent de France »; ensemble 4 ff. lim., xx pp. pour la *Preface de la premiere edition*, les *Avertissemens sur la seconde edition*, un *Avertissement du libraire au lecteur* et le *Privilège*; 942 pp. et 1 f. blanc.

*Tome second (D-L)*: 2 ff., 886 pp. chiffr. [945]-1830, et 1 f. blanc.—Après la p. 962 se trouvent 3 ff., chiffrés 963\*-968\*, qui contiennent un second article sur David.

*Tome troisieme (M-S)*: 2 ff. et 848 pp., chiffr. [1833]-2680.

*Tome quatrieme (T-Z)*: 2 ff., 452 pp., chiffr. 2681-3132, plus 48 ff. pour la *Table*.

Les titres sont imprimés en rouge et en noir et ornés d'un grand fleuron gravé par *W. De Broen*, d'après *A. Vander Werff*. L'épître dédicatoire est précédée d'un grand en-tête de *Bernard Picart* contenant le portrait du prince.

Le privilège, daté du 28 novembre 1715, est accordé par les Etats de Hollande à *Michel Bohm* et à son associé, *Charles Levier*.

Le premier volume du *Dictionnaire* de Bayle, ce grand ouvrage qui devait si puissamment contribuer à développer l'esprit critique en Europe, parut à *Rotterdam*, chez *Reinier Leers*, au mois d'août 1695, et le succès en fut tel qu'il dut en être fait immédiatement une réimpression. Le second volume vit le jour deux ans plus tard. Bayle publia lui-même à *Rotterdam*, en 1702, une seconde édition sur laquelle fut faite la contrefaçon de *Rotterdam (Genève)*, 1705. L'édition de 1720, dont PROSPER MARCHAND dirigea la publication, est la première qui contienne toutes les additions de Bayle.

Exemplaire en GRAND PAPIER, aux armes de LOUIS-MARIE-AUGUSTIN DUC D'AUMONT. Le catalogue des livres de cet amateur, imprimé en 1782 (n° 3089), le qualifie de « superbe exemplaire ». Il est dit dans l'*Avertissement* qui précède ledit Catalogue: « La condition de tous les livres est en général très belle, et presque tous ceux reliés en maroquin et en veau marbré doré sur tranche, le sont par M. *Padeloup*, très célèbre relieur. »

2503. AEMILII PROBI viri clarissimi de vita || excellentium liber incipit feliciter. — [Au r° du dernier f.:] *Probi Aemilii de virorum excellen-* || *tium vita per. M. Nicolaum Ienson* || *Venetiis opus foeliciter impressum* || *est anno a Christi incarnatione*. || M. CCCC. LXXI [1471]. *VIII. idus Martias*. In-4 de 52 ff. non chiffr. de 31 et 32 lignes à la page, mar. br., riches comp. à mosaïque de mar. r. et n., tr. dor. (*Capé*.)

Première édition de l'ouvrage généralement attribué aujourd'hui à CORNELIUS NEPOS.

Elle contient les vies de Miltiade, Thémistocle, Aristide, Pausanias, Cimon, Lysandre, Alcibiade, Thrasybule, Conon, Dion, Iphicrate, Chabrias, Timothée, Datame, Epaminondas, Pélopidas, Agésilas, Eumène, Phocion et Timoléon. Ces biographies sont suivies de trois chapitres intitulés *De regibus*, qui sont relatifs à divers rois de Perse et de Macédoine, puis viennent les biographies d'Hamilcar et d'Hannibal, lesquelles terminent le volume

Une seconde édition vénitienne, publiée par Bernardino Veneto, ajouta la vie de Caton, chapitre qui fut restitué à Cornelius Nepos dans une édition strasbourgeoise de l'année 1506. Ce ne fut qu'en 1569 que Denis Lambin revendiqua tout l'ouvrage pour Nepos; mais cette attribution est loin d'être certaine. Plusieurs critiques modernes supposent, non sans vraisemblance, que la rédaction qui nous est parvenue est un simple abrégé des biographies de Nepos dont Æmilius Probus serait véritablement l'auteur.

Sardini (*Principij della francese ed italiana tipografia relativi all'istoria di Nicolao Jenson*, III, 1798, in-fol., p. 14) prétend rectifier Panzer qui donne 52 ff. à ce volume ; il en compte 56.

Hain, n° 5783.

Cet exemplaire porte sur le 1ᵉʳ f. la marque de S. A. R. Mgr. LE DUC D'AUMALE.

2504. LES VIES || des plus || celebres et || anciens Poetes || prouensaux, qui || ont floury du temps des || Comtes de Pro- || uence. || Recueillies des Oeuures de diuers Autheurs, || nommez en la page suyuante, qui les ont escrites, || & redigees premierement en langue Prouensale, || & depuis mises en langue Françoyse par Iehan de || nostre Dame Procureur en la Cour de Parlement || de Prouence. || Par lesquelles est monstrée l'ancienneté de plusieurs || Nobles maisons tant de Prouence, Lan- || guedoc, France, que d'Italie, || & d'ailleurs. || *A Lyon,* || *Pour Alexandre Marsilij.* || M. D. LXXV [1575]. — [Au r° de l'avant-dernier f.:] A *Lyon,* || *Par Basile Bouquet.* || M. D. LXXV. In-8 de 258 pp., 1 f. bl., 6 ff. non chiffr. pour la *Table,* 1 f. pour le nom de l'imprimeur et 1 f. blanc, mar. r. jans., tr. dor. (*Thibaron et Joly.*)

Au v° du titre est placée une liste des *Autheurs qui ont recueilly les œuvres et vies des Poëtes Provensaux.*
Les pp. 3-5 sont occupées par une épître « A la tres-chrestienne royne de France », épître datée d'Aix, le 1ᵉʳ juin 1575. — A la p. 6 est un sonnet italien.
La p. 258 contient une *Epigramme* signée des initiales : B. A. A. P.
Les travaux de Diez et de Paul Meyer ont mis en lumière les erreurs, souvent volontaires, dans lesquelles est tombé Jean de Nostre-Dame. Son ouvrage est pourtant resté un document essentiel pour l'histoire de la littérature provençale.
Une traduction italienne due à G. Giudici, parut à *Lyon,* chez *Marsilj,* la même année ; on y trouve quelques corrections. Des additions plus importantes ont été faites par G.-M. Crescimbeni, auteur d'une seconde traduction imprimée à Rome en 1710, in-4.

2505. LE VITE || de piu eccel- || lenti Architet- || ti, Pittori, et Scul- || tori Italiani, da Cimabue || insino a' tempi nostri: descrit- || te in lingua Toscana, da Giorgio Vasari || Pittore Aretino. Con vna sua vtile || & necessaria introduzzione || a le arti loro. || *In Firenze* || M D L [1550]. — [A la fin de la 3ᵉ partie :] *Stampato in Fiorenza appresso Lorenzo* || *Torrentino impressor Ducale* || *del mese di Marzo l'anno* || *M D L.* || Con priuilegi di Papa Giulio III. Car- || lo V. Imperad. Cosimo de || Med. Duca di Fiorenza. || ✻ part.

en 2 vol. gr. in-8, mar. v., fil. à froid, dent. dor., tr. dor. (*Trautz-Bauzonnet.*)

> Édition originale. La pagination se suit dans les 3 parties de 1 à 992, et l'ouvrage se termine par 22 ff. de table.
> La 1<sup>re</sup> partie se compose du titre, lequel est entouré d'un bel encadrement gravé sur bois ; d'une épître : « Allo illustriss. et excellentiss. signore, il signor Cosimo de Medici, duca di Fiorenza » (pp. 3-6), du *Proemio* (pp. 7-22) ; de trois discours : *De la architettura, De la scultura* et *De la pittura* (pp. 23-110), du *Proemio delle Vite* (pp. 111-125) et de 97 pp. de texte (126-222).— La 2<sup>e</sup> partie comprend un *Proemio* en 12 pp. (223-234) et 318 pp. de texte (231-552). — La 3<sup>e</sup> partie se compose d'un titre, qui correspond aux pp. 553-554, de 7 pp. pour un *Proemio* (555-561) et de 430 pp. de texte (562-991). — Au v° de la page 991, qui est coté 992, commence la *Conclusione della opera*, laquelle se développe sur le f. suivant. La *Tavola de' capitoli della introduzzione*, la *Tavola delle Vite* et les *Errori corretti* occupent ensemble 19 ff. L'ouvrage se termine par un f. contenant le *Registre* et la souscription, et par 1 f. orné, au r°, d'un grand bois représentant l'Architecture, la Sculpture et la Peinture, et dont le v° est blanc.
>
> Peintre et architecte, Vasari ne réussit pas à s'élever au premier rang ; mais les vies qu'il nous a laissées des maîtres italiens, dont beaucoup avaient été ses amis, sont pour lui un titre de gloire des plus durables. Il eut le mérite de comprendre la grandeur des artistes de son temps, et la partialité qu'on lui a reprochée en faveur des Toscans, les erreurs qui lui ont échappé, ne diminuent pas sérieusement la valeur de son ouvrage. On ne peut que déplorer qu'il n'ait pas eu d'imitateurs en France.

2506. L'EUROPE ILLUSTRE, contenant l'Histoire abregée des Souverains, des Princes, des Prélats, des Ministres, des grands Capitaines, des Magistrats, des Savans, des Artistes et des Dames célebres en Europe, Dans le XV<sup>e</sup> Siécle compris, jusqu'à présent. Par M. Dreux du Radier, Avocat. Ouvrage enrichi de portraits, gravés par les soins du Sieur Odieuvre. *A Paris, Chez Odieuvre, Marchand d'Estampes, rue des Postes, cul-de-sac des Vignes, faubourg Saint-Marceau; Le Breton, Imprimeur ordinaire du Roi, rue de la Harpe*, M.DCC.LV [1755-1765]. Avec Approbation et Privilege du Roi. 6 vol. in-4, mar. r., fil., dos ornés, tr. dor. (*Derome.*)

> *Tome premier* : Front. gravé par *D. Sornique* d'après *Eisen* ; titre ; 3 ff. pour l'*Approbation* et le *Privilége* et pour une dédicace « A Son Altesse Serenissime, monseigneur le duc d'Orleans »; 99 portraits, accompagnés chacun d'un f. de texte, et 1 f. pour la *Table*. — *Tome second*, 1755: 2 ff. pour le titre et les *Fautes à corriger*, 102 portr., 102 ff. de texte et 1 f. pour la *Table*. La table ne mentionne que 99 portraits. Ceux du cardinal G. Briçonnet (après Jules II), de Marie de Bourgogne (après Maximilien I) et de François de Scepeaux (après Anne de Montmorency) n'y figurent pas. — *Tome troisieme*, 1755: 2 ff. pour le titre et les *Corrections et Additions*, 105 portr., 105 ff. de texte et 1 f. pour la *Table*. Le portrait de Nicolas de Harley, placé après celui de Crillon, n'est pas indiqué à la table. — *Tome quatrieme*, 1755: Titre, 90 portr., 90 ff. de texte et 1 f. pour la *Table*. Le portrait de Mehemet Effendy, tefterdar, placé après celui de Thomas Koulikan, ne figure pas à la table.— *Tome cinquieme*, 1765: Titre, 108 portr., 108 ff. de texte et 1 f. pour la *Table*. — *Tome sixieme* : Titre ; 96 portr., 96 ff. de texte et 1 f. pour la *Table*. Trois des portraits sont omis dans la

table: Lucas de Leyde (après André del Sarte), Auguste Carrache (après Pierre Breughel), Michelange Merigi, dit le Caravage (après Annibal Carrache).

Les tomes IV-VI ne portent que l'adresse de *Le Breton* ; Odieuvre, né en 1687, était mort en 1756.

L'éditeur de l'*Europe illustre* possédait un grand nombre de cuivres gravés par les maîtres du XVIIe siècle, et il avait considérablement augmenté cette collection, soit en acquérant des portraits exécutés pour ses prédécesseurs, soit en faisant graver lui-même tous ceux qui pouvaient compléter la série des hommes célèbres. La liste de tous les artistes dont nous avons ici les œuvres serait extrêmement longue, et serait d'autant plus difficile à dresser qu'il faudrait déchiffrer une centaine de monogrammes. Nous citerons du moins quelques-uns des peintres ou des dessinateurs d'après qui les portraits ont été gravés : *Bell, Boettiers, Ant. Boizot, B. Boitard, Bouis, J.-B. Champagne, Ph. de Champaigne, Elisabeth Chéron, J. Chevalier, N. Coypel, Coyzevox, van Dyck, Dumoustier, Ferdinand, Ferrand, Fontaine, C. Grandon, Fr. Hals, E.-C. Heiss, Holbein, G. Kneller, La Florentina, Q. de La Tour, C. Le Febvre, Le Gros, J.-B. Le Moine, J. Mandelaar, Nic. Mignard, Nanteuil, J.-M. Nattier, C. Nocret, Ant. Pesne, J. Raoux, H. Rigaud, J. Robert, Saint-Jean, J.-B. Santerre, Raphael Sanzio, P. Schenck, Silvestre, J. van Somer, P. Soutman, L. Toqué, de Troye, Valade, Vander Werf, J.-B. Vanloo, Tiziano Vecelli, Vertue, Vigé, Vivien*, etc. Les principaux graveurs dont nous relevons ici les noms sont : *Audran, F. Aveline fils, Aveline junior, M. Aubert, Aubrier, J. Balechou, Basan, S. Baudet, G. Benoist, L. Boudan, Mr Salvador Carmona, Chaulet, Chenu, Chéreau, Alb. Clouvet, Daret, J. Daullé, G. Duchange, P. Dupin, C. Dupuis, N. Dupuis, A. J. de Fehrt, Et. Fessard, Ficquet, Fillœul, François, R. Gaillard, L. Gaultier, Marie Horthemels,* [femme de *Cochin*]*, Michel Lasne, B. Lépicié, P. de Leu, Th. de Leu, E. Marlié, Mathey, Cl. Melland, P.-E. Moitte, J. Oubrier, Pelletier, Petit, B. Picart, Pinssio, N. Piteau, Ravenet, C. Roy, P.-G. Schmidt, C. Simonneau, D. Sornique, L. Surugue, Tardieu fils, J.-G. Wille*, etc.

Odieuvre a fait ajouter sur chacune de ces planches son nom et l'une de ses adresses successives :

*Quai de l'Ecole, à la belle Image, vis-à-vis la Samaritaine ;*
*Rue des Mathurins, chez Mr Joubert ;*
*Rue d'Anjou-Dauphine, la deuxième Porte cochere ;*
*Cul-de-sac des Vignes*, ou *cul-de-sac des Vignes, chez G. D. B.*

Les planches portent, en outre, pour la plupart, la mention C. P. R (cum privilegio regis).

Les portraits réunis dans l'*Europe illustre* avaient précédemment servi à orner plusieurs autres ouvrages, tels que l'*Histoire universelle* de De Thou, les *Mémoires* de Commines, de Condé, de Sully, etc. Voy. ci-dessus, n° 2238.

Le privilège, daté du 27 mai 1754, est accordé pour quinze ans au sieur Odieuvre.

Exemplaire de M. L. DOUBLE (Cat. n° 294).

2507. LES || HOMMES || ILLUSTRES || qui ont paru en France || pendant ce Siecle : || Avec leurs Portraits au naturel. || Par Mr Perrault, de l'Academie Françoise. || *A Paris,* || *Chez Antoine Dezallier, ruë Saint Jacques, à la* || *Couronne d'or.* || M. DC. XCVI [1696-1700]. || Avec Privilege du Roy. 2 tom. en un vol. in-fol.

[*Tome I*] : Titre ; frontispice gravé par *Edelinck* d'après *Bonet* ; 3 ff. pour la *Preface* et le *Privilége* ; portrait de Perrault, gravé par *Edelinck* d'après *Tortebat* : ensemble 6 ff. lim., 100 pp. et 1 f. de *Table*, plus 50 portraits. —

Le volume est orné de 3 fleurons de *Séb. Le Clerc*. Il contient les vies et les portraits d'Antoine Arnaud et de Pascal remplacés dans certains exemplaires par les vies et les portraits de Thomassin et de Du Cange (voy. Brunet, IV, 509). Sur les 50 portraits, 7 seulement portent la signature du peintre ou du dessinateur: *Nanteuil* (3), *Eust. Le Sueur*, *H. Rigault*, *Vercelin*, *Champagne*; 47 sont signés par les graveurs: *Jacques Lubin* (31), *Edelinck* (12), *P. van Schuppen* (2), *Namur* (1), *Louis Simonneau* (1). Ce dernier artiste a gravé le portrait d'Arnauld. — Le portrait de Pontchartrain a pour légende ces mots: *Paul Phelypeaux de Ponchartrain, Secrétaire d'Estat.*

Le privilège, daté du 12 février 1696, est accordé pour quinze ans à *Ch. Perrault*, qui déclare en faire cession à *A. Dezallier*. L'achevé d'imprimer est du 28 septembre 1696.

*Tome II.* 1700: Titre, 1 f. d'*Avertissement*, 102 pp., 1 f. pour le *Privilége* et 50 portraits. — 13 portraits sont accompagnés de la signature du peintre ou du graveur, savoir: *Ferdinand Voet*, *Bonet*, *de Pilles*, *de La Mare Richart*, *Lefebvre* (2), *Simon François*, *La Grange*, *H. Rigault*, *Mignard*, *Jacques van Schuppen*, *Jacques Blanchard*, *P. Merelle*; 49 portraits sont signés des graveurs, savoir: *Edelinck* (34), *Cl. Duflos* (4), *P. van Schuppen* (4), *Jacques Lubin* (6), *Nanteuil* (1).
L'achevé d'imprimer est du 30 mai 1700.

Nous savons par le *Mercure galant* (Janv. 1697, p. 247) que tous les beaux portraits, auxquels Perrault a joint un texte, avaient été gravés aux frais de M. Bégon, intendant du Maine.

2508 ELOGIORVM || Ciuium Cadomensium || Centuria prima. || Authore Iacobo Cahagnesio || Cadomensi, Medicinæ Professore Regio. || *Cadomi*, || *Ex Typographiâ Iacobi Bassi*, || *Typographi Regij*. || 1609. Pet. in-4 de 6 ff. et 152 pp. — IAC. CAHAGNESII, || Medicinæ Professoris || Regij, Oratio de vnitate, || Habita ad ciues Cadomenses, in Scholis publicis Acade- || miæ, 5. Non. Maii, anno 1609. || *Cadomi*, || *Ex Typographia Iacobi Bassi*, || *Typographi Regij*. || 1609. Pet. in-4 de 14 pp. et 1 f. blanc. — Ensemble 2 part. en un vol., vél. bl. (*Anc. rel.*)

*Elogia.* — Au titre, une petite marque de *J. Le Bas*, représentant un oiseau.

L'ouvrage de Jacques de Cahaignes est de la plus haute importance pour l'histoire des hommes illustres de Caen. Il a été particulièrement mis en honneur par M. de Blagy qui en a donné, en 1880, une traduction française accompagnée de précieuses notes.

2509. LES GROTESQUES, par Theophile Gautier. *Paris, Desessart, éditeur, rue des Beaux-Arts, 8.* [*Typographie de Firmin Didot Frères, rue Jacob, 56.*] M.DCCCXLIV [1844]. 2 vol. in-8, cart., n. r.

Édition originale.

I: 2 ff., 331 pp. et 1 f. de *Table*. — Notices sur: François Villon, Scalion de Virbluneau, Théophile de Viau, Pierre de Saint-Louis, Saint-Amant et Cyrano de Bergerac.

II: 2 ff., 326 pp., et 1 f. — Notices sur Colletet, Chapelain, Georges de Scudéry et Paul Scarron.

2510. La Vita || di Consaluo || Ferrando di || Cordoua det- || to il Gran Ca- || pitano, || Scritta per Mons. Paolo Giouio || Vescouo di Nocera, & tra- || dotta per M. Lodouico || Domenichi. || *In Fiorenza* || M. D. L [1550]. — [A la fin :] *Stampato in Fiorenza appresso Lorenzo* || *Torrentino impressor ducale* || *del Mese di Settembre l'anno* || *M D L.* || Con priuilegio di Papa Giulio III. || di Carlo V. Imperatore, & di Cosmo || de Medici Duca di || Fiorenza. In-8 de 8 ff. lim., 300 pp., 1 f. non chiffr. et 1 f. blanc, v. f., à comp. de mosaïque, tr. dor. ciselée (*Rel. du XVI*ᵉ *siècle.*)

> Collation des ff. lim.: 3 ff. pour une épître de L. Domenichi « All illustrissimo signore, il signor Gonzalo Hernandez di Cordova, duca di Sessa et conte di Capra », en date de Florence, le 29 août 1550 ; 1 f. blanc ; 4 ff. pour une épître de « Paolo Giovio, vescovo di Nocera, al S. Consalvo Hernandez Cordova, duca di Sessa », en date de Rome, le 13 septembre 1547.
> A la p. 295 est une épitaphe de Gonsalve, en vers hexamètres latins, par M. Gabriel Faerno, Cremonese. Les pp. 297-300 sont occupées par une épître de Domenichi « Al molto magnifico signore, il signor Francesco Osorio, gentilhuomo spagnuolo ».
> Le dernier f. ne contient que la souscription.
> La reliure porte l'écu mi-partie des Orsini et des Medicis avec cette inscription : *Paul Iordan. Orsini D. Aragon.* — Paolo Giordano Orsini, fils de Jérôme, était né vers 1541 ; il fut créé duc de Brancciano en 1560 par le pape Pie IV, et mourut en 1585. Il avait épousé en premières noces Marie de Médicis, fille de Cosme 1ᵉʳ, qu'il étrangla, dit-on, de ses propres mains en 1578.
> Nous avons précédemment reproduit un autre volume décoré des mêmes armes (t. I, n° 1031).

2511. Vie du Cardinal d'Amboise, Premier Ministre de Louis XII. Avec un Parallèle des Cardinaux célébres qui ont gouverné des Estats. Dédié au Roy par M. Louis Le Gendre, Souchantre et Chanoine de l'Eglise de Paris, Abbé de Claire-Fontaine. Il y a des Figures et un Recueil de Pieces. *A Rouen, Chez Robert Machuel, derriere le Chœur de Saint-Martin-sur-Renelle.* M. DCCXXVI [1726]. Avec Approbation et Privilege. In-4 de 4 ff. et 564 pp., plus 3 figg. tirées hors texte, mar. r., fil., dos orné, tr. dor. (*Anc. rel.*)

> Les figures se composent d'un portrait de l'auteur, placé en face du titre, d'un portrait du cardinal d'Amboise, placé en face du titre de départ (p. 3), et du tombeau du cardinal à Rouen (p. 474).
> Exemplaire aux armes de la reine Marie Leszczinska.

2512. Don Ivan || de || Avstria. || Historia; || Por || Don Lorenzo vander || Hammen y Leon, Natural || de Madrid, y Vicario || de Iubiles. || Año 1627. || Con Priuilegio. || *En Madrid, Por Luis Sanchez, impressor* || *del Rey, y del Reyno* || *A costa de Alonso Perez, Mercader de libros.* In-4 de 4 ff. lim., 327 ff. chiffr. et 1 f., mar. r., fil., dos orné, tr. dor. (*Anc. rel.*)

Le titre porte un fleuron typographique dans lequel est inscrite cette devise: *Ad omnia summa natus.*

Les 3 ff. qui suivent le titre contiennent: le texte du privilège accordé pour dix ans à l'auteur le 16 juillet 1627 ; les errata, la taxe, les approbations et la préface (*Proemio*).

On lit au r° du dernier f : *En Madrid* || *Por Luis Sanchez,* || *Año M DC. XXVII.*

Exemplaire aux armes du prince EUGÈNE DE SAVOIE, sorti comme double de la Bibliothèque impériale de Vienne. Par suite d'une erreur, le relieur a placé les ff. 165 à 188 en tête du volume, immédiatement après le *Proemio*.

2513. Victor Hugo. — ÉTUDE sur Mirabeau. *Paris, Adolphe Guyot, 18, place du Louvre.— Urbain Canel, 104, rue du Bac. [Imprimerie de Decourchant.]* 1834. In-8 de 91 pp. plus un catalogue en 16 pp.

Édition originale.

2514. VIE DE ROSSINI, par M. De Stendhal ; Ornée des Portraits de Rossini et de Mozart. *Paris, Chez Auguste Boulland et C<sup>ie</sup>, libraire, rue du Battoir, n° 12. [Imprimerie de Huzard-Courcier.]* 1824. 2 vol. in-8.

*Première Partie* : viij et 306 pp., plus un portr. de Rossini, gravé par A. *Tardieu*, d'après *Léopold Beyer*. — *Seconde Partie*: 2 ff., 819 pp., chiffrées de 305 à 628, et un portr. de Mozart non signé.

Les titres portent cette épigraphe : Laissez aller votre pensée comme cet insecte qu'on lâche en l'air avec un fil à la patte. Socrate, *Nuées d'Aristophane.*

## V. — BIBLIOGRAPHIE.

2515. PREMIER VOLVME de || la Bibliotheque || du Sieur de la Croix-du Maine. || Qui est vn catalogue general de toutes sortes d'Autheurs, qui ont escrit en || François depuis cinq cents ans & plus, iusques à ce iourd'huy : auec || vn Discours des vies des plus illustres & renommez entre les || trois mille qui sont compris en cet œuure, ensemble || vn recit de leurs compositions, tant impri- || mees qu'autrement. || Dedié et presenté au Roy. || Sur la fin de ce liure se voyent les desseins & proiects dudit sieur de la Croix, lesquels il presenta || au Roy l'an 1583. pour dresser vne bibliotheque parfaite & accomplie en toutes sortes. || Dauantage se voit le Discours de ses œuures & compositions, imprimé derechef || sur la copie qu'il fist mettre en lumiere l'an 1579. || *A Paris,* || *Chez Abel l'Angelier, Libraire Iuré tenant sa boutique au premier* || *pillier de la grand Salle du Palais.* || M. D. LXXXIIII [1584]. || Auec Priuilege du Roy. In-fol. de 22 ff. lim., 558 pp. et 3 ff. non chiffr.

Collation des ff. lim.: Titre orné de la grande marque d'*Abel L'Angelier* (Silvestre, n° 708); au v° est un portrait du roi Henri III gravé sur bois; — 3 ff. pour une épître « Au tres-chrestien roy de France et de Polongne », et pour l'*Extrait du privilége*; — 4 ff. pour une *Preface ou Advertissement,* en date de Paris, le 19 mai 1584; — 14 ff. pour la *Table* et un nouvel *Advertissement aux lecteurs.*

Les pp. 550-558 contiennent deux sonnets de monsieur LE GRAS, « advocat au parlement de Rouen »; une ode d'ANDRÉ DE ROSSANT, signée de son nom et de son anagramme (*Art donné des arts*); deux épigrammes latines de JEAN DORAT; une pièce latine et un sonnet français de JEAN DES CAURRES, de Morœul; un sonnet de PASCHAL ROBIN, SIEUR DU FAUX; un sonnet de JULIEN DU THIER; une pièce latine et un sonnet français de JEAN EDOUARD DU MONIN; un sonnet de HIEROSME D'AVOST, de Laval, accompagné de la devise *De muerte vida*; un sonnet du sieur DU BREIL; deux sonnets d'HONORÉ DU TEIL.

Les trois derniers ff. sont réservés aux corrections et additions.

Le privilège, daté du 4 mai 1584, est accordé pour neuf ans à l'auteur, qui déclare en faire cession à *L'Angelier.*

Il est singulier que deux auteurs aient eu au même moment l'idée de publier une Bibliothèque française. La Croix du Maine se défend d'avoir eu connaissance du travail de son concurrent: « L'on ne me peut mettre à sus sans par trop s'abuser », dit-il dans sa *Preface,* « que j'aye usurpé sur aucun en cet œuvre. Que s'il y en a qui ayent de pareils desseins (comme j'ay entendu que le seigneur de Vauprivaz, Anthoine Du Verdier, en avoit entrepris), celà n'est pas avoir rien usurpé sur ses inventions, ny avoir esté soulagé par ses memoires; car jamais je ne l'ay veu ny cogneu, et avons toujours esté esloignez l'un de l'autre plus de cent lieues. Et mon entreprise en cecy estoit il y a plus de quinze ans, comme pourroit tesmoigner un nombre infini d'honnestes hommes qui m'ont cogneu et visité ma bibliothéque encommencée depuis ce temps là.... »

2516. LA || BIBLIOTHEQVE || d'Antoine || du Verdier, || seigneur de || Vaupriuas, || Contenant le Catalogue de tous ceux qui ont escrit ou traduict en François, & au- || tres Dialectes de ce Royaume, ensemble leurs œuures imprimees et non impri- || mees, l'argument de la matiere y traictee, quelque bon propos, sentence, doctri- || ne, phrase, prouerbe, comparaison, ou autre chose notable, tiree d'aucunes d'icel- || les œuures, le lieu, forme, nom, & datte, où, comment, & de qui elles ont esté mi- || ses en lumiere. Aussi y sont contenus les liures dont les autheurs sont incertains. || Auec vn discours sur les bonnes lettres, seruant de Preface. || Et à la fin un supplement de l'Epitome de la Bibliotheque de Gesner. || *A Lyon,* || *Par Barthelemy Honorat.* || M.D.LXXXV[1585]. || Auec Priuilege du Roy. In-fol. de xxviij et 1233 pp., plus 1 f. — SVPPLEMENTVM || Epitomes Bibliothecæ || Gesnerianæ,

‖ Quo longè plurimi libri continentur qui Conrad. Gesnerum, Ios. ‖ Simlerum & Io. Iac. Frisium postremum huiusce Bibliothecæ ‖ locupletatorem latuerunt, vel post eorum editiones ty- ‖ pis mandati sunt Antonio Verderio ‖ Domino Vallispriuatæ collectore. ‖ Adiecta est ob subiecti similitudinem Bibliotheca Constantinopolitana. ‖ Qua antiquitates eiusdem vrbis & permulti libri manuscripti in ‖ hac extantes recensentur. Accessit & de Calcographiæ inuen- ‖ tione Poëma encomiasticum, olim a Io. Arnoldo ‖ Bergellano conscriptum : núncque suo ‖ candori restitutum. ‖ *Lugduni* ‖ *Apud Bartholomeum Honorati.* ‖ CIƆ.IƆ.IƆXXCV [1585]. In-fol. de 68 pp. et 1 f.—Ensemble 2 part. en un vol.

Au titre de la 1ʳᵉ partie, la grande marque d'*Honorat*. — Au v° de la p. 1233, on lit : *Achevé d'imprimer le* 15 *de decembre* 1584, *à Lyon, par Jean d'Ogerolles*. Au v° du dernier f. (dont le r° est blanc), une petite marque d'*Honorat*.
Le titre de la 2ᵉ partie est imprimé dans un encadrement et orné de la petite marque d'*Honorat*.
Au v° de ce titre est un portrait de Du Verdier.
Au v° du dernier f. on lit : *Lugduni, ex Calcographia Theobaldi Ancelin*. CIƆ.IƆ. LXXXV [1585].
Le privilège, dont le texte occupa les pp. 1231 et 1232 de la 1ʳᵉ partie, est accordé pour dix ans à Antoine Du Verdier, seigneur de Vauprivas, « controlleur general de nos finances en la charge et generalité de Lyon », à la date du 18 juillet 1583.

2517. Les Bibliothèques Françoises de la Croix du Maine et de du Verdier Sieur de Vauprivas ; Nouvelle Édition, dédiée au Roi, Revue, corrigée & augmentée d'un Discours sur le Progrès des Lettres en France, & des Remarques Historiques, Critiques & Littéraires de M. de la Monnoye & de M. le Président Bouhier, de l'Académie Françoise ; de M. Falconet, de l'Académie des Belles-Lettres. Par M. Rigoley de Juvigny, Conseiller Honoraire au Parlement de Metz. *A Paris, Chez Saillant & Nyon, Libraires, rue S. Jean de Beauvais. Michel Lambert, Imprimeur, rue de la Harpe, près S. Côme.* [*De l'imprimerie Michel Lambert.*] M.DCC. LXXII [1772-1773]. 6 vol. in-4, mar. citr., fil., tr. dor. (*Anc. rel.*)

*Tome premier* (La Croix du Maine, t. I) : 92 pp. pour les titres, une épître « Au roi », la *Préface* et le *Discours sur le progrès des lettres en France* ; 608 pp. de texte. — *Tome second* (La Croix du Maine, t. II) : 2 ff., 444 et civ pp., plus 108 pp. pour la *Table* et les *Errata*, et 1 f. pour le *Privilége*.— *Tome troisième* (Du Verdier, t. I) : 2 ff., viij, xliij et 698 pp., plus 1 f. pour l'*Approbation*. — *Tome quatrième* (Du Verdier, t. II), 1773 : 2 ff., 650 pp. et 1 f. pour l'*Approbation*. — *Tome cinquième* (Du Verdier, t. III), 1773 : 2 ff. et 571 pp. — *Tome VI* (*Supplementum Epitomes Bibliothecae Gesne-*

*rianae*), 1778 : viij, iv et 359 pp., plus 118 pp. pour les *Tables*, et 1 f. d'*Errata*.

Les notes de La Monnoye donnent un grand prix à l'édition de Rigoley de Juvigny; mais il faut reconnaître que le plan adopté par le magistrat messin est des plus défectueux. Il eût fallu disposer les auteurs cités dans l'ordre alphabétique des noms de famille, et rapprocher les articles de Du Verdier de ceux de La Croix-du Maine ; il convenait tout au moins de ne faire pour les deux ouvrages qu'une seule table, qui eût grandement facilité les recherches.

Exemplaire en GRAND PAPIER, provenant de la collection de M. DURAND DE LANÇON. Ce savant bibliophile a couvert les marges de tous les volumes d'additions écrites en caractères très serrés, mais très nets. Il a reproduit en grande partie les notes de l'abbé Mercier de Saint-Léger qui sont jointes à l'exemplaire de la Bibliothèque nationale, et il en a ajouté un grand nombre d'autres dues à ses recherches personnelles.

2518. COLLECTIO || in vnum corpus, || omnium Librorum He- || bræorum, Græcorum, Lati- || norum necnon Germanicè, Italicè, || Gallicè, & Hispanicè scriptorum, qui in nundinis Francofurtensibus ab || anno 1564. vsque ad nundinas Autumnales anni 1592. partim noui, par- || tim noua forma, & diuersis in locis editi, venales extiterunt : desumpta ex || omnibus Catalogis VVillerianis singularum nundinarum, & in tres To- || mos distincta, melioriḉue ratione quàm hactenus disposita, vniuersis & || singulis disciplinarum omnium & facultatum professoribus ac stu- || diosis, Theologis, Iurisconsultis, Medicis, &c. || necessaria & vtilis. || Vtilitas huius operis et || dispositionis ratio in || Præfatione habetur. || Pleriq; in ædibus Georgij VVilleri ciuis & Bibliopolę Augu- || stani, venales habentur. || Cum gratia & priuilegio Cæs. Maiest. speciali ad decennium. || *Francofurti*. || *Ex officina Typographica Nicolai Bassœi*. || M. D. XCII [1592]. In-4. — CATALOGI Librorum Germa- || nicorum alphabetici : || Das ist : || Verzeichnusz der Teudt- || schen Bücher vnd Schriften, in allerley Fa- || cultaten vnd Künsten, so seyther Anno 1564. bisz auff die || Herbstmesz Anno 1592. auszgangen, vnd in die gewöhnliche Franck- || furtische Catalogos sind gebracht worden, nach Ordnung der || vnderschiedlichen Materien vnd desz Alphabets. in || ein Corpus zusammen gezogen. || Secunda Pars. || Mit Römischer Key. May. Priuilegien auff zehen || Iahr nicht nachzudrucken, begnadet. || *Gedruckt zu Franckfort am Mayn, bey Nicolao Bassœo.* || M. D. XCII [1592]. In-4. — COLLECTIO || in vnum corpus, || Librorum Italice, Hi- || spanice, et Gallice in lucem || editorum a nundinis Franco- || furtensibus anni 68. vsque ad nundinas Au- || tumnales anni 92. &c. || C'est a dire, || Recueil en vn corps || des liures Italiens, Espa- || gnols, et François, qui ont este ex- || posez en vente en la boutique des Imprimeurs frequentans les foires de || Francfort depuis l'an 1568. iusques à la foire de Septembre 1592. || extraict des Catalogues desdictes foires, & reduict en || methode conuenable, & tresutile. || Pars tertia. || Cum gratia & priuilegio Cæsareæ Maiestatis, ad decennium. || *A Francfort sur le Maine* : || *Par Nicolas Basse.* || M D XCII [1592]. In-4. — Ensemble 3 part. en 2 vol. in-4, vél. bl., fil. et comp. à froid, fermoirs. (*Anc. rel.*)

[*Prima Pars :*] Titre orné de la marque de *Bassé*; 7 ff. pour une épître « Illustri ac generoso domino, D. Philippo Ludovico, comiti zu Hanaw et Rheineck, domino in Mintzenberg, etc. », épître datée de Francfort, le 4 septembre 1592 ; 636 pp. — Les livres sont rangés sous huit rubriques différentes, savoir : *Libri theologici protestantium, Libri theologici pontificiorum, Libri facultatis juridicae, Libri facultatis medicae, Libri historici, Libri philosophici, Libri poetici, Libri musici* ; ils sont classés par ordre alphabétique à l'intérieur de chaque classe.

*Secunda Pars :* 372 pp., 1 f. pour la souscription et 1 f. blanc. — Les cinq premières classes sont les mêmes que dans le catalogue latin, puis viennent : *Musicalische Bücher* et *Mancherley Bücher in allerley Künsten.* C'est dans cette dernière classe que sont rangés les ouvrages de poésie.

*Pars tertia :* Titre ; 7 ff. pour une épître « A monseigneur, monseig. Albert, illustre et genereux conte de Hanau et Rhieneck, seigneur de Mintzenberg, etc. » ; 62 pp. et 1 f. blanc. — Les livres sont ici répartis en 30 classes différentes, et le recueil s'ouvre, non plus par la théologie protestante, mais par la théologie catholique. Dans l'épître au comte Albert de Hanau, frère du comte Philippe-Louis, à qui est dédiée la partie latine, Bassé retrace à grands traits l'histoire des origines de l'imprimerie et rappelle les services rendus aux lettres par le feu comte de Hanau, à qui notamment Hubert Languet et André Wechel durent la vie lors du massacre de la Saint-Barthélemy.

M. Gustave Schwetschke a donné une bibliographie complète des catalogues des foires de Francfort, depuis leur origine en 1564, jusqu'à la fondation de l'union des libraires allemands en 1765 (*Codex nundinarius Germaniae literatae bisecularis; Mess-Jahrbücher des deutschen Buchhandels ;* Halle, 1850, in-fol., et suite, de 1766 à 1846 ; Halle, 1877, in-fol.). On y voit que les premiers catalogues furent des publications privées. *Georges Willer*, libraire à Augsbourg, en publia une série qui commença de paraître en 1564, et que ses fils, *Élie et Georges Willer*, continuèrent au moins jusqu'en 1627. C'est la collection que Bassé a refondue en un seul corps jusqu'à l'année 1592. D'autres libraires d'Augsbourg, les héritiers de *Jean Portenbach* et *Thobie Lutz* (1577-1580), *Hans Georges Portenbach* et *Thobie Lutz* (1581-1590), *Hans Georges Portenbach* seul (1591-1599), *Thobie Lutz* seul (1590-1613), *Hans Georges Lutz* seul (1614-1616, et peut-être plus tard), entreprirent des publications analogues. *Pierre Fabricius* ou *Schmidt*, à Francfort (1590), les héritiers de *Christian Egenolph*, dans la même ville (1594), *Paul Brachfeld*, à Francfort-sur-Mein, Leipzig et Francfort-sur-Oder (1595-1598), firent quelques tentatives dans la même voie.

En 1598, le conseil de ville de Francfort résolut de faire publier sous sa surveillance les catalogues des foires. *Jean Feyerabend* fut chargé de ce soin en 1598 et 1599, puis cette mission fut confiée à l'imprimeur *Jean Saur* (1599-1608) et à l'imprimeur *Sigismond Latomus* ou *Maurer* (1608-1617). Les nouveaux catalogues marquaient une réaction favorable aux protestants, qui s'étaient plaints de ce que plus d'une fois, à l'instigation des jésuites, les ouvrages des théologiens dissidents avaient été classés sous la rubrique :

*Fabulae Aesopi* ou *Epistolae obscurorum virorum*. Les catholiques fondèrent alors un catalogue spécial de leurs livres, qui parut de 1614 à 1619, et peut-être plus tard. A partir de 1616, le *Catalogus universalis* devint une publication officielle. Le notaire Henri Kroner obtint un privilège impérial qu'il mit lui-même à profit en 1616 et 1617 ; mais le libraire *Sigismond Latomus* parvint alors à faire reconnaître des droits antérieurs, et ses successeurs en ont joui jusqu'en 1749. La foire de Leipzig se substitua définitivement alors à celle de Francfort.

L'éditeur de notre recueil, *Nicolas Bassé*, était originaire de Valenciennes, ce qui explique qu'il ait publié divers ouvrages français. Il fut reçu bourgeois de Francfort le 11 août 1561. M. H. Pallmann, dans son histoire de *Sigismond Feyerabend*, a donné quelques renseignements sur cet imprimeur et sur sa famille. Voy. *Archiv für Frankfurts Geschichte und Kunst*, neue Folge, VII (1881), ii et passim.

Les deux volumes sont ici dans leur reliure officinale en vélin cordé. La 1ʳᵉ partie est réunie à la 3ᵉ, tandis que la 2ᵉ forme à elle seule le second volume. L'un des plats de la reliure est orné d'une plaque imprimée à froid qui représente le Crucifiement, avec ces mots empruntés à Saint Jean (I, 29): *Ecce agnus Dei qui tollit peccata mundi* ; l'autre plat est décoré d'une plaque qui représente la Résurrection, avec ces mots tirés d'Osée (XIII, 14): *Ero mors tua, o Mors; morsus tuus ero, Inferne.*

On lit en tête de chaque volume : *Collegii societatis Jesu Neoburgi.* Le tome I porte de plus la date de 1617.

2519. Vnivs Secvli ; || Eiusque || Virorum Litera- || torum Monumentis || tum florentissimi, tum ferti- || lissimi : ab Anno Dom. 1500. ad 1602. || Nundinarum Autumnalium inclusiue, || Elenchus consummatissimus || Librorum; Hebræi, Græci, Latini, || Germani, aliorumque Europæ Idiomatum : typorum æternitati consecra- || torum. Quo quicquid in rebus diuinis, & humanis à magni nominis Theo- || logis, Iureconsultis, Medicis, Philosophis, Historicis, &c. literis || demandatum est, commodissima Methodo de- || prehendere licet. || Desumptus partim ex singularum || Nundinarum Catalogis, partim ex instructissimis vbiq; locorum Biblio- || thecis : atque in Tomos duos partitus ; quorum vtilitas, || & dispositionis ratio in Præfatione || habetur. || Auctore || Ioanne Clessio VVineccensi, Hannoio, || Philosopho, ac Medico. || Cum gratia & priuilegio Cæs. Maiest. speciali ad decennium. || *Francofurti,* || *Ex Officina Typographica Ioannis Saurii,* || *impensis Petri Kopffij.* || Anno M. DC. II [1602]. In-4 de 6 ff. et 563 pp. — Catalogvs || Librorum || Musicorum, || Qui venales reperiuntur in Officina || Ioannis à Doorn Bibliopole Trajectensis. || *Ultrajecti,* || *Ex Officinâ Ioannis a Doorn Bibliopolæ* 1639. In-4 de 16 ff. — Libri mss. Arabici || & alii, quos pro Academia ex Oriente || advexit Jacobus Golius || Ubi ex voto Philarabum, atque in eorum usum præfiguntur || genuini Librorum tituli. S. l. n. d. [*Lugduni Batavorum, c.* 1629], in-4 de 21 pp. et 1 f. — Ensemble 3 part. en un vol. in-4, v. f., fil., dos et mil. ornés, tr. jasp. (*Anc. rel.*)

> *Elenchus.* — Les ff. lim. comprennent le titre et une épître de PIERRE KOPFF, « civis et bibliopola francofurtensis », « Strenuo, nobilissimo atque amplissimo Dn. Joan. Reichardo Brombsero à Ruidisheim, reverendissimi archiepiscopi et electoris Moguntinensis consiliario, ejusdemque in comitatu Königstein præfecto laudatissimo », épître datée de Francfort, « in die Laurentii », c'est-à-dire le 10 août, 1602. — Le 6° f. est blanc.
> Les livres latins sont répartis par Clessius en huit classes, savoir : *Libri theologici protestantium*, *Libri theologici pontificiorum*, *Libri jurisconsultorum*, *Libri medicorum*, *Libri historicorum*, *Libri poetici*, *Libri musici*, *Libri philosophici;* puis viennent les livres français et les livres italiens, divisés de même.
> Nous ne possédons pas la seconde partie qui doit contenir les livres allemands, hébreux et grecs.
>
> *Catalogus librorum musicorum.* — Le titre est orné d'une marque représentant le sacrifice d'Abraham avec cette devise : *Obedientia potior victima.*
>
> *Libri mss. arabici.* — Le célèbre Jacques Golius, qui voulait être aussi capable d'entendre l'arabe et de le parler que de le lire et de l'écrire, visita d'abord le Maroc, avec l'ambassade que les États généraux y envoyèrent en 1622, puis il entreprit un long voyage en Orient. Parti de Hollande en 1625, il n'y rentra qu'en 1629 ; ce fut alors qu'il rapporta les manuscrits dont nous avons ici la liste. Les États généraux avaient autorisé Golius à dépenser 2000 florins pour enrichir la bibliothèque de Leyde; ils ne lui en voulurent pas d'avoir excédé ce crédit.
> La liste de Golius a été réimprimée dans le *Catalogus Bibliothecae publicae Lugduno Batavae* (Lugd. Bat., apud viduam et heredes Johannis Elsevirii, 1674, in-4), pp. 291-315.

2520. BIBLIOTHECA CLASSICA, || Siue || Catalogus Officinalis. || In quo singuli || singularum facul- || tatum ac professionum Li- || bri, qui in quauis fere lingua extant, || quique intra hominum propemodum memoriam in publicum prodierunt, || secundum artes & disciplinas, earumq; titulos & locos communes, || Autorumque cognomina singulis classibus & rubricis || subnexa, ordine alphabetico re- || censentur: || Additisq; vbiuis loco, tempore ac forma impressionis, iusta || serie disponuntur. || Vsque ad annum M. DC XXIV. inclusiuè. || Accesserunt hincinde præter eas, quas ex Catalogis nundinarum collegimus, haud in- || fimæ notæ materiæ ac rubricæ, non tam ex peculiaribus Officinarum catalogis, || quam etiam alicunde congestæ, quæq; in prima editione non habentur. || Quinetiam norit Emptor; || Bibliothecæ Classicæ, quæ Anno 1611. in lucem prodiit (ne Bibliothecæ istius em- || ptio Emptori sit fraudi) Supplementum, ab Anno 1611. vsque ad An- || num 1624 inclusiue, propediem separatim e- || ditum iri. || Accessit Authorum in toto opere dispersorum, iuxta ordinem Alphabeticum || obseruata cognominum ratione dispositio. || Omnia & singula, colligente ac disponente ||

M. Georgio Draudio. || *Anno M. DC. XXV* [1625]. || *Francofurti ad Mœnum, impensis Balthasaris Ostern.* In-4. — BIBLIOTHECA EXOTICA ; || Siue || Catalogus || Officinalis || Librorum peregrinis lin- || guis vsualibus scriptorum, videlicet || Gallica, Italica, Hispanica, Belgica, Anglica, Danica, Bohemica, Vngarica, || &c. omnium quotquot in Officinis Bibliopolarum indagari potue- || runt, & in Nundinis Francofurtensibus prostant, ac ve- || nales habentur. || La || Bibliotheque vniuersail [*sic*], || Contenant le Catalogue de tous les Li- || ures, qui ont estè imprimes ce siecle passè, aux langues Françoise, Italienne, || Espaignole, & autres, qui sont auiourd'huy plus communes, depuis l' || An, 1500. iusques à l'an present M. DC. XXIV. distribuée en certain || ordre selon les matieres y contenues, & les surnoms || des Autheurs. || *A' Frankfourt, par Balthasar Ostern,* || *Anno M. DC. XXV* [1625]. In-4. — BIBLIOTHECA LIBRORVM GERMA- || NICORVM Classica, || Das ist : || Verzeichnusz aller vnd jeder || Bücher, so fast bey dencklichen Iaren, bisz auffs || Iahr nach Christi Geburt 1625. in Teutscher Spraach von || allerhand Materien hin vnd wider in Truck auszgangen, vnd noch || den mehrertheil in Buchläden gefunden werden || Darinnen || Jedere Facultet in jhre besondere Classes der ge- || stalt ist abgetheilet, dasz so wol die Materien, als auch die || Autores (besonderlich nach jhren Zunamen) ordine alphabetico, sampt || Anzeigung wann, wo, vnd in was Format oder Grösse ein jedes ge- || truckt, ganz leichtlich vnd ohne besondere Mühe || zu finden: || Durch M. Georgium Draudium. || Adrianus Iunius inquit ; Prurientem quiduis chartis illinendi || libidinem infeliciter abortiri, cœcosque parere catulos. || *Getruckt zu Franckfurt am Mayn, bey Egenolff Emmeln,* || *in Verlegung Balthasaris Ostern.* || M. D. XXV [1625]. In-4. — Ensemble 3 part. en 2 vol. in-4, v. f., dos ornés, tr. r. (*Anc. rel.*)

*Bibliotheca classica :* Titre orné de la marque d'*Ostern* (cette marque représente un ange annonçant la résurrection, avec la devise : *In Deo laetandum*); 1 f. contenant une dédicace aux professeurs de l'académie de Marbourg, dédicace signée : M. Georgius Draudius, « pastor Ostenbergensis » ; 2 ff. pour une épître « Ad Lectorem benevolum » ; ensemble 4 ff. lim., 1654 pp., 1 f. blanc et 54 ff. pour l'*Index*. — La *Bibliotheca classica* est divisée en deux parties : la 1re se termine à la p. 1304 ; il y a ensuite un titre placé en tête de la 2e partie (et du tome II). Ce titre correspond aux pp. 1305-1306. Les chiffres suivants sont fautifs ; mais la pagination se rétablit exactement à partir du n° 1313. — La *Bibliotheca* comprend sept classes : *Libri theologici, Libri juridici, Libri medici, Libri historici, geographici et politici, Libri philosophici, Libri poetici, Libri musici*. Dans chacune de ces classes, les livres sont rangés sous des rubriques alphabétiques.

# HISTOIRE.

*Bibliotheca exotica :* 802 pp. et 1 f. blanc. — Les livres français occupent les pp. 3-212 ; les livres italiens, les pp. 213-270 ; les livres espagnols, les pp. 271-279 ; les livres néerlandais, les pp. 280-290 ; les livres anglais, les pp. 291-301, et les livres magyars, la p. 302.

*Bibliotheca librorum germanicorum :* Titre, 2 ff. pour une dédicace à l'académie de Marbourg et pour une préface « An den gütigen Leser », 1 f. pour une pièce latine de HENRICUS DRAUDIUS, « ecclesiastes Lispergensis », frère de l'auteur, et pour une épître « Ad Lectorem », signée JOANNES DRAUDIUS, theologico-philosophiae studiosus, et auctoris filius haud degener ; ensemble 4 ff. lim., 759 pp. et 16 ff. pour le *Register*.

Les Bibliothèques étrangère et allemande sont conçues sur le même plan que la Bibliothèque latine ; les titres sont ornés de la même marque.

## VI. — HISTOIRE LITTÉRAIRE.

2521. MÉMOIRES DE LITTÉRATURE. *A La Haye, chez Henri du Sauzet, Et se vendent a Paris chez Antoine Urbain Constelier* [sic], *sur le Quai des Augustins.* 1715 [— M.DCC. XVII]. 2 vol. in-8, mar. r., fil., dos ornés, tr. dor. (*Anc. rel.*)

Par A.-H. DE SALLENGRE.

*Tome premier :* 8 ff. (front. gravé, signé de *F. Bleyswyk* ; titre ; 4 ff. pour la *Préface* ; 1 f. de Table ; portr. de Guillaume Postel par *F. Bleyswyk*) 464 pp., 5 ff. de *Table* et 1 f. blanc. Après la p. 207 se trouvent un titre et 1 f. de *Table* pour la seconde partie. Ce f. est compté dans la pagination.

*Tome second :* 4 ff. (front. gravé — le même que pour le Tome premier ; — titre, portant : Par M. de S\*\*\*, et où le nom du libraire parisien a été omis ; 1 f. de Table ; portr. du Poge par *F. Bleyswyk*) ; 240 pp. ; titre pour la seconde partie ; 1 f. de *Table* ; portr. de Tanegui Le Fèvre, par *F. Bleyswyk*, 299 pp. et 2 ff. de *Table* et d'*Errata.*

Exemplaire en GRAND PAPIER provenant des ventes PIXERÉCOURT (Cat., n° 1557), J. PICHON (n° 165) et O. DE BÉHAGUE (n° 1431).

Au v° des titres se trouve la signature de M. DE CROZAT.

La reliure est ornée du fleuron à l'oiseau qui décore nos exemplaires du *De Inferno* de Rusca (ci-dessus, n° 42) et des *Chansons* de M. de La Borde (n° 1002) ; elle a dû être exécutée par *Derome le jeune* vers 1780.

2522. RELATION || contenant || l'histoire || de || l'Academie || Françoise. || *A Paris,* || *Chez Pierre le Petit, Imprimeur* || *& Libraire ordinaire du Roy, ruë S.* || *Iacques, à la Croix d'Or.* || M. DC. LIII [1653]. Auec Priuilege du Roy. In-8 de 2 ff. (dont le premier est blanc), 590 pp. et 3 ff. pour le *Privilége* et les *Errata.*

Par PELLISSON.

Le privilège, daté du 14 novembre 1652, est accordé pour dix ans à Paul Pellisson Fontanier, conseiller, secrétaire du roi et de la couronne de France, lequel déclare en faire cession à *Augustin Courbé, Pierre Le Petit* et *Dufaure-Fondamente.*

L'ouvrage de Pellisson, réimprimé en 1671, 1672 et 1700, a été augmenté de notes et d'additions, d'abord par l'abbé d'Olivet (1729, 1730, 1743), puis par M. Ch.-L. Livet (Paris, 1858, 2 vol. in-8).

Exemplaire en GRAND PAPIER.

## VII. — ENCYCLOPÉDIES ET JOURNAUX.

2523. Encyclopédie, ou Dictionnaire raisonné des Sciences, des Arts et des Métiers, Par une Société de Gens de Lettres. Mis en ordre & publié par M. Diderot, de l'Académie Royale des Sciences et des Belles-Lettres de Prusse ; &, quant à la Partie Mathématique, par M. d'Alembert, de l'Académie Royale des Sciences de Paris, de celle de Prusse, & de la Société Royale de Londres.

> Tantùm series juncturaque pollet,
> Tantùm de medio sumptis accedit honoris !
> Horat.

*A Paris, Chez Briasson, rue Saint Jacques, à la Science. David l'aîné, rue Saint Jacques, à la Plume d'or. Le Breton, Imprimeur ordinaire du Roy, rue de la Harpe. Durand, rue Sainct Jacques, à Saint Landry, & au Griffon.* [*De l'Imprimerie de Le Breton.*] M. DCC LI [1751-1756]. Avec Approbation et Privilege du Roy. [A partir du t. VIII : *A Neufchastel, Chez Samuel Faulche & Compagnie, Libraires & Imprimeurs.* M. DCC. LXV [1765]. 17 vol. in-fol. — Supplément à l'Encyclopédie, ou Dictionnaire raisonné des Sciences, des Arts et des Métiers, Par une Société de Gens de lettres. Mis en ordre et publié par M***.

> Tantùm series juncturaque pollet,
> Tantùm de medio sumptis accedit honoris ! Horat.

*A Amsterdam, Chez M.M. Rey, Libraire.* M.DCC.LXXVI [1776-1777]. 4 vol. in-fol. — Recueil de Planches, sur les Sciences, les Arts libéraux, et les Arts méchaniques, Avec leur explication. *A Paris, Chez Briasson, rue Saint Jacques, à la Science. David, rue & vis-à-vis la Grille des Mathurins. Le Breton, Imprimeur ordinaire du Roy, rue de la Harpe. Durand, rue du Foin, vis-à-vis la petite Porte des Mathurins.* M. DCC LXII [1762-1772]. Avec Approbation et Privilege du Roy. 11 vol. in-fol. — Suite du Recueil de Planches, sur les Sciences, les Arts libéraux et les Arts méchaniques, Avec leur explication. — Deux cens quarante-quatre Planches. — *A Paris, Chez Panckoucke, Libraire, rue des Poitevins, à l'Hôtel de Thou. Stoupe, Imprimeur-Libraire, rue de la Harpe, vis-à-vis la rue S. Severin. Brunet, Libraire, rue des Écrivains,* cloître S. Jacques de la Boucherie. A Amsterdam, Chez M. M. Rey, Libraire. M. DCC. LXXVII [1777]. Avec Approbation, et Privilege du Roi. In-fol. — TABLE analytique et raisonnée des Matieres Contenues dans les XXXIII Volumes in-folio du Dictionnaire des Sciences, des Arts et des Métiers, et dans son Supplément. A Paris, Chez Panckoucke, hôtel de Thou, rue des Poitevins. A Amsterdam, Chez Marc-Michel Rey. M. DCC. LXXX [1780]. 2 vol. in-fol. — Ensemble 35 vol. in-fol., mar. r., fil., larges dentelles aux armes et aux chiffres du roi, dos ornés, tr. dor. (Le Monnier.)

Tome premier (A) 1751 : Faux-titre; frontispice, dessiné par C. N. Cochin fils, Chev$^r$ de l'Ordre du Roi, de l'Acad. R$^{le}$ de Peinture, 1764, et gravé par B. L. Prevost, Graveur de L.L. M.M. Imp$^{les}$ et R$^{le(s)}$, 1772 ; titre; 1 f. pour l'Explication du frontispice ; ensemble 4 ff. lim., ij pp. pour un Avertissement ; lij pp. pour le Discours préliminaire des editeurs, un Avertissement donnant le nom des collaborateurs, une Explication détaillée du système des connoissances humaines et des Observations sur la division des sciences du chancelier Bacon ; 914 pp. de texte et 1 f. contenant une correction à l'article Asple. — Tome second (B-Cez), 1751 ; 2 ff. pour les titres, IV pp. pour un Avertissement des editeurs et des Corrections et Additions, 871 pp. — Tome troisieme (Ch-Cons), 1753 : 2 ff., xvj et 905 pp., plus 1 f. blanc. — Tome quatrieme (Cons-Diz), 1754 : 2 ff., iv et 1098 pp. plus 1 f. blanc. — Tome cinquième (Do-Esy), 1755 : 2 ff., xviij pp. pour un Avertissement des editeurs et un Eloge de M. le Président de Montesquieu, 1011 pp. de texte. — Tome sixieme (Et-Fn), 1756 : 2 ff., viij et 926 pp., plus 1 f. d'Errata. — Tome septieme (Fo-Gy), 1756 : 2 ff., xiv pp. pour l'Eloge de M. du Marsais et les Noms des auteurs qui ont fourni des articles ; 1030 pp.

Ces sept volumes sont les seuls qui aient été imprimés à Paris. Le privilège dont le texte devait être donné à la fin de l'ouvrage, ne s'y trouve pas.

Tome huitieme (H-It), 1765: 1 f. et 936 pp., plus 1 tableau placé à la p. 934. — Le nom de Diderot et celui de d'Alembert ont disparu du titre, qui porte désormais : Par une Société de Gens de lettres. Mis en ordre et publié par M$^r$ ***. — Tome neuvieme (Ju-Mam), 1765: 1 f. et 956 pp. — Tome dixieme (Mam-My), 1765: 1 f. et 927 pp. — Tome onzieme (N-Pari), 1765: 1 f. et 963 pp — Tome douzieme (Pari-Pol), 1765 : 1 f. et 965 pp. — Tome treizieme (Pom-Regg), 1765: 1 f. et 914 pp., plus 34 pp. contenant une Table pour trouver les diviseurs des nombres jusqu'à 100 000, et 1 f. blanc. — Tome quatorzieme (Reggi-Sem), 1765: 1 f. et 949 pp. — Tome quinzieme (Sem-Tch), 1765: 1f., 950 pp. et 1 f. blanc. — Tome seizieme (Te-Venerie), 1765: 1 f., 962 pp. et 1 f. blanc. — Tome dix-septieme (Venerien-Z), 1765: 1 f., 890 pp. et 1 f. blanc.

Supplément à l'Encyclopédie.

Tome premier (A-Bl), 1776: 2 ff., iv et 926 pp. — Tome second (Bo-Ez), 1776 : 2 ff et 933 pp. — Tome troisieme (F-My), 1777 : 2 ff. et 984 pp. — Tome quatrieme (N-Z), 1777: 2 ff. et 1004 pp.

Recueil de planches.

[I.] Deux cens soixante & neuf Planches, premiere Livraison : Faux-titre et titre, 4 pp. pour les divisions ; 18 pp. et 80 pll. comptées pour 83 parce que 3 sont doubles (Agriculture) ; 2 pp. et 4 pll. (Aiguillier) ; 21 pp. et 33 pll. (Anatomie) ; 1 f. et 11 pll. comptées pour 12 parce que la 8$^e$ est double (Antiquités) ; 19 pp. et 81 pll. dont 13 sont doubles (Architecture) ; 1 f. et 2 pll. (Argenteur) ; 1 f. et 2 pll. (Armurier) ; 8 pp. et 6 pll. comptées pour 7 parce que la 1$^{re}$ est double (Arquebusier) ; 7 pp. et 38 pll. (Art militaire) ; 2 pp. et 7 pll.

## HISTOIRE.

(*Artificier*); 2 ff. pour la *Table alphabétique* et l'*Etat général des Volumes de Discours & de Planches qui completent l'Encyclopédie*. — Le volume renferme donc au total 263 planches comptées pour 269. Sur ce nombre, 43 ont été dessinées par *Goussier* et 12 par *Lucotte*; 52 ont été gravées par *Prévost*, 56 par *Defehrt*; 1 réunit les noms de ces deux artistes; 16 des planches d'architecture sont signées de *Le Canu*.

Seconde Livraison, en deux parties. Premiere Partie. 233 Planches, 1763. 2 ff. pour les titres; 10 pp. pour un *Etat détaillé, la Distribution des planches*, un *Etat par ordre alphabétique des Matieres*, un *Certificat de l'Académie*, l'*Approbation* et le *Privilege*; 2 pp. de texte et 5 pll. (*Balancier*); 3 pp. et 11 pll. dont 8 sont doubles (*Faiseur de métier à bas et Faiseur de bas*); 1 p. et 2 pll. (*Batteur d'or*); 1 p. et 1 pl. (*Blanc de baleine*); 1 p. et 2 pll. (*Blanchissage des toiles*); 26 pp. et 27 pll. dont la 21ᵉ est triple (*Blason*); 1 p. et 2 pll. (*Boissellier*); 1 p. et 2 pll. (*Bonnetier de la foule*); 1 p. et 2 pll. (*Boucher*); 1 p. et 1 pl. (*Bouchonnier*); 1 p. et 1 pl. (*Boulanger*); 3 pp. et 7 pll. (*Bourrelier*); 1 p. et 3 pll. (*Boursier*); 2 pp. et 6 pll. (*Boutonnier*); 1 p. et 1 pl. (*Boyaudier*); 1 p. et 5 pll. (*Brasserie*); 1 p. et 2 pll. (*Brodeur*); 3 pp. et 8 pll. (*Fonderie en caractères*); 17 pp. et 25 pll. (*Caracteres et Alphabets*); 16 pp. et 16 pll. (*Ecritures*); 1 p. et 1 pl. (*Cardier*); 5 pp. et 6 pll. (*Cartier*); 1 p. et 2 pll. (*Cartonnier*); 1 p. et 2 pll. (*Ceinturier*); 1 p. et 3 pll. (*Chainetier*); 2 pp. et 5 pll. (*Chamoiseur et Megissier*); 1 p. et 2 pll. (*Chandelier*); 1 p. et 3 pll. (*Chapelier*); 11 pp. et 70 pll. dont 17 sont doubles (*Charpenterie*). — Un grand nombre de planches ne portent aucune signature; 55 sont signées du dessinateur *Goussier* et 9 de *Rojau*; 14 planches d'écritures ont été dessinées par *Hauterayes*; 13 autres par *Paillasson*; enfin 41 planches de l'article *Charpenterie* sont de *Lucotte*. 130 planches représentant des sujets divers sont accompagnées des noms des graveurs: *Prevost* (65), *Defehrt* (63), *Le Canu* (2); 35 planches d'alphabets et d'écritures sont signées des graveurs *Niodot* (19), *P.-L. Charpentier* (1), *Cocquelle* (1), *Aubin* (14).

Seconde Livraison.... — Seconde Partie. 201 Planches, 1763 : 2 ff. pour les titres; 2 pp. et 6 pll., dont une double comptée pour deux (*Charron*); 31 pp. et 28 pll. (*Chasses*); 2 pp. et 4 pll. (*Chaudronnier*); 4 pp. et 24 pll. dont une double comptée pour 2 (*Chimie*); 4 pp. et 39 pll. (*Chirurgie*); 1 p. et 2 pll. (*Chorégraphie*); 1 p. et 3 pll. (*Blanchissage des cires*); 2 pp. et 4 pll. (*Cirier*); 1 p. et 2 pll. (*Fabrique de la cire d'Espagne ou à cacheter*); 1 p. et 2 pll. (*Ciseleur*); 1 p. et 2 pll. (*Cloutier grossier*); 1 p. et 2 pll. (*Cloutier d'épingles*); 1 p. et 3 pll. (*Coffretier*); 3 pp. et 5 pll. (*Confiseur*); 2 pp. et 4 pll. dont la 2ᵉ et la 3ᵉ sont doubles et la 3ᵉ est comptée pour 2 (*Corderie*); 1 p. et 2 pll. (*Cordonnier*); 1 p. et 2 pll. (*Corroyeur*); 1 p. et 2 pll. (*Coutelier*); 1 p. et 3 pll. (*Découpeur et Gaufreur d'étoffes*); 1 p. et 3 pll. (*Dentelle*); 12 pp. et 38 pll., dont une double comptée pour 2 (*Dessein*); 1 p. et 3 pll. (*Diamantaire*); 1 p. et 1 pl. (*Distillateur d'eau de vie*); 2 pp. et 4 pll. (*Doreur*); 2 pp. et 11 pll., dont 2 doubles, comptées ensemble pour 13 (*Draperie*). — 119 planches ont été dessinées par L. T. *Goussier* et 1 par *Desgerantins*. L'article *Dessein* contient en outre divers modèles d'après les maîtres *Raphael Sanzio* (1), *Bouchardon* (2), *C.-N. Cochin fils* (4), *Fragonard* (3), *J. Jouvenet* (1), *C. Le Brun* (3), *de La Hire* (1), *Poussin* (1), *A. Carrache* (1). 90 planches sont signées du graveur *Defehrt*, 74, de *Prevost*, 3, d'*Aubin*, 1, de *Niodot*, et 5 de *Le Canu*.

Troisieme Livraison, 298 Planches, 1765: 2 ff. pour les titres; 8 pp. pour un *Etat détaillé*, la *Table des arts*, le *Certificat de l'Académie*, l'*Approbation* et le *Privilege*; 1 f. pour un *Avis aux relieurs*; 2 pp. et 11 pll. (*Ebenisterie*); 1 p. et 5 pll. (*Emailleur*); 3 pp. et 16 pll. (*Eperonnier*); 8 pp. et 3 pll., dont 2 doubles (*Epinglier*); 15 pp. et 15 pll. (*Escrime*); 2 pp. et 4 pll. (*Eventailliste*); 5 pp. et 12 pll. (*Fayancerie*); 1 f. et 2 pll. (*Ferblantier*); 1 p. et 5 pll. (*Fil et Laine*); 2 pp. et 8 pll., dont une double (*Fleuriste artificiel*); 45 pp. et 51 pll., dont 13 doubles (*Forges*); 1 p. et 4 pll. (*Formier*); 2 pp. et 10 pll. (*Fourbisseur*); 1 p. et 6 pll. (*Fourreur*); 1 p. et 6 pll. (*Gainier*); 1 p. et 5 pll. (*Gantier*); 9 pp. et 47 pll., dont 8 dou-

## HISTOIRE. 277

bles (*Manufacture des glaces*) ; 25 pp. et 64 pll. (*Horlogerie*). — 61 planches ont été dessinées par *Lucotte*, 162 par *Goussier*, 2 par *Prevost*, 19 par *Bourgeois*, 4 par *d'Heuland* ; 130 planches ont été gravées par *Defehrt*, 54 par *Prevost*, 5 par *La Chaussée*, 68 par *Benard*.

*Quatrieme Livraison*, 248 *Planches*, 1767 : 3 ff. pour les titres et un *Avis aux relieurs* ; 6 pp. pour l'*Etat détaillé* ; 1 f. pour la *Table des matieres*, le *Certificat de l'Académie*, l'*Approbation* et le *Privilege* ; 15 pp. et 102 pll., dont 101 seulement sont indiquées dans l'*Avis aux relieurs*, parce qu'il y a une erreur au mot *Geographie* (*Mathématiques*) ; 17 pp. et 25 pll., dont 5 doubles (*Fonderie des canons*) ; 8 pp. et 8 pll., dont une double (*Fonte des cloches*) ; 1 p. et 6 pll. (*Fonte de l'or, etc.*) ; 1 p. et 8 pll. (*Fonte de la dragée, etc.*) ; 9 pp. et 9 pll. (*Gravure*) ; 1 f. et 8 pll. (*Gravure en pierres fines*) ; 3 pp. et 2 pll. (*Gravure en lettres, etc.*) ; 1 f. et 5 pll. (*Gravure en médailles, etc*) ; 1 f. et 3 pll. (*Gravure en bois*) ; 1 f. et 2 pll (*Layetier*) ; 1 f. et 4 pll. (*Lunettier*) ; 7 pp. et 34 pll., dont une double (*Lutherie*) ; 1 f. et 2 pll. (*Marbreur de papier*) ; 2 pp. et 14 pll., dont 3 doubles (*Marbrerie*) ; 2 pp. et 14 pll., dont une double (*Papeterie*). — 155 planches sont signées du dessinateur *Goussier*, 8 de *Prevost*, 8 de *Boucher* fils, 19 de *Lucotte*. *Benard* a exécuté ou dirigé la gravure de 161 planches ; *Prevost* en a gravé 32 ; *Defert*, 28 ; *C. A. Littret*, 1 ; *Aubin*, 1 ; M<sup>me</sup> *de Lusse* a gravé de la musique.

*Cinquieme Livraison, ou Sixieme Volume*, 294 *Planches*, 1768 : 2 ff. pour les titres ; 6 pp. pour l'*Exposition des Planches* ; 1 f. pour l'*Etat alphabétique* ; 1 f. pour l'*Avis aux relieurs*, le *Certificat*, l'*Approbation* et le *Privilege* ; 13 pp. et 29 pll. (*Histoire naturelle : Quadrupedes, Amphibies, etc.*) ; 11 pp. et 22 pll. (*Oiseaux*) ; 18 pp. et 43 pll., dont une triple et une double, comptées ensemble pour 46 (*Poissons. etc.*) ; 3 pp. et 11 pll. (*Regne végétal*) ; 4 pp. et 47 pll., dont 7 doubles et 1 triple (*Regne minéral*) ; 4 pp. et 9 pll. (*Mineralogie*) ; 1 f. et 1 pl. (*Metallurgie*) ; 1 f. et 2 pll. (*Mineralogie, Calcination des mines*) ; 1 f. et 1 pl., 1 f. et 3 pll. (*Minéralogie et Métallurgie*) ; 1 f. et 10 pll., dont une double (*Métallurgie*) ; 1 f. et 6 pll., 1 f. et 1 pl., 4 pp. et 3 pll., 1 f. et 5 pll., dont une double (*Minéralogie*) ; 1 f. et 1 pl., 1 f. et 1 pl. (*Metallurgie*) ; 1 f. et 1 pl., 1 f. et 1 pl., 1 f. et 3 pll. (*Minéralogie*) ; 1 f. et 4 pll., 1 f. et 5 pll., dont 2 doubles (*Salpêtre*) ; 7 pp. et 19 pll., dont 7 doubles (*Poudres*) ; 1 f. et 1 pl., 1 f. et 1 pl., 3 pp. et 11 pll., dont 3 doubles, comptées ensemble pour 14, 1 f. et 5 pll., dont 3 doubles, 1 f. et 1 pl., 1 f. et 2 pll., 3 pp. et 4 pll., 12 pp. et 7 pll., 1 f. et 1 pl. (*Minéralogie*) ; 1 f. et 2 pll., 3 pp. et 2 pll. (*Fromages*).— 101 planches ont été dessinées par *Martinet*, 92 par *Goussier*, 44 par *de La Rue*, 2 par *de Boissieu*, 3 par *Prevost* et 5 par *de La Croix*. La gravure de 260 planches a été faite ou dirigée par *Bénard*, et celle de 4 planches par *Prévost*.

*Sixieme Livraison, ou Septieme Volume*, 259 *Planches*, 1769 : 3 ff. pour les titres et l'*Avis aux relieurs* ; 4 pp. pour l'*Etat alphabétique*, le *Certificat de l'Académie* et le *Privilege* ; 1 f. et 3 pll. (*Hongroyeur*) ; 1 f. et 5 pll. (*Maroquinier*) ; 12 pp. et 19 pll. (*Imprimerie en caracteres*) ; 1 f. et 2 pll. (*Imprimerie en taille-douce*) ; 9 pp. et 33 pll. (*Manege et Equitation*) ; 1 f. et 7 pll., dont une double (*Maréchal ferrant*) ; 1 f. et 10 pll. (*Maréchal grossier*) ; 12 pp. et 37 pll., dont 6 doubles, 2 triples et 2 quadruples, comptées ensemble pour 52 (*Marine*), 1 f. et 7 pll. (*Marine, Evolutions*) ; 11 pp., 1 f. et 13 pll. (*Fonderie des ancres*) ; 16 pp. et 38 pll. (*Menuisier en bâtimens*) ; 5 pp. et 20 pll. (*Menuisier en meubles*) ; 6 pp. et 30 pll. (*Menuisier en voitures*) ; 22 pp. et 19 pll., dont 2 doubles (*Musique*). — Le nom du dessinateur *Goussier* figure au bas de 71 planches, celui de *Harguiniez*, au bas de 46, celui de *Lucotte*, au bas de 88. Il est dit en outre que 2 des planches ont été primitivement dessinées par l'architecte *Soufflot*, et 26 par l'ingénieur hydrographe *Belin*. *Bénard* a signé la gravure de 213 planches, *Laurent*, de 2, *Defehrt*, de 4, *Prévost*, de 4.

*Septieme Livraison, ou Huitieme Volume*, 254 *Planches*, 1771 (le titre de ce volume et des suivants ne porte plus que le nom de *Briasson*) ; 3 ff. pour les titres, l'*Etat... des Planches*, le *Certificat de l'Academie*, l'*Approbation* et le *Privilege* ; 2 pp. et 6 pll. (*Miroitier*) ; 3 pp. et 19 pll. (*Monnoyage*), 1 f.

et 5 pll., dont une double (*Mosaïque*) ; 4 pp. et 19 pll. (*Orfevre grossier*) 2 pp. et 7 pll. (*Orfevre bijoutier*) ; 3 pp. et 11 pll. (*Orfevre jouaillier*); 2 pp. et 7 pll. (*Parcheminier*) ; 1 f. et 2 pll. (*Patenôtrier*) ; 1 f. et 2 pll. (*Pâtissier*); 2 pp. et 9 pll. (*Paumier*) ; 3 pp. et 12 pll., dont 3 doubles, comptées ensemble pour 15 (*Perruquier, Barbier, etc.*) ; 9 pp. et 35 pll. (*Pêches*) ; 1 f. et 8 pll. (*Peinture*) ; 2 pp. et 7 pll. (*Plombier*) ; 6 pp. et 12 pll., dont 3 doubles et 3 triples, comptées ensemble pour 18 (*Laminage du plomb*) ; 1 f. et 5 pll. (*Plumassier*) ; 3 pp. et 18 pll., dont une double, comptées ensemble pour 19 (*Potier de terre*) ; 3 pp. et 9 pll., 1 f. et 6 pll. (*Potier d'étain*) ; 2 pp. et 6 pll. (*Relieur*) ; 4 pp. et 24 pll. (*Sculpture*) ; 2 pp. et 6 pll., dont 4 doubles et une triple, comptées ensemble pour 12 (*Fonte des statues*). — Toutes les planches ont été gravées par *Bénard*, ou sous sa direction ; 140 ont été dessinées par *Lucotte*, 1 par *Schenau*, 36 par *Bourgeois*, 47 par *Goussier*, 1 par *Prévost*, 2 par *Radel*, 3 par *Degerantins* ; 9 pll. ne portent aucun nom de dessinateur. P. *Falconet fils* a en outre dessiné 9 intérieurs d'ateliers de sculpture, qui font partie des planches de *Bourgeois*.

Huitieme Livraison, ou Neuvieme Volume, 253 *Planches*, 1771 : 4 ff. pour les titres, l'*Etat des....Planches*, le *Certificat*, l'*Approbation*, le *Privilège* et un *Avis du Libraire* ; 2 pp. et 5 pll., dont 4 doubles, comptées pour 9 (*Savonnerie*) ; 4 pp. et 25 pll., dont 14 doubles, comptées pour 39 (*Sellier-Carrossier*) ; 12 pp. et 57 pll., dont 2 doubles, comptées pour 59 (*Serrurier*) ; 1 f. et 2 pll. (*Piqueur de tabatieres, etc.*) ; 3 pp. et 16 pll. (*Tabletier-Cornetier*); 1 f. et 4 pll. (*Tabletier*) ; 4 ff. et 12 pll. (*Taillandier*) ; 4 pp. et 24 pll. (*Tailleur*) ; 6 pp. et 12 pll., dont 6 doubles et 2 triples, comptées pour 22 (*Tanneur*) ; 2 pp. et 8 pll., dont 2 doubles, comptées pour 10 (*Tapis*) ; 2 pp. et 14 pll., dont 4 doubles, comptées pour 18 (*Tapissier*) ; 2 pp. et 13 pll., dont 2 doubles, comptées pour 15 (*Tapisserie de haute-lisse*) ; 3 pp. et 18 pll., dont 5 doubles comptées pour 23 (*Tapisserie de basse-lisse*). — Les planches, dont le nombre réel est de 210, ont été dessinées par *Radel* (57), *Lucotte* (137), *Goussier* (16). Toutes les gravures sont de *Bénard*.

Neuvieme Livraison, ou Dixieme Volume, 337 *Planches*, 1772 : 3 ff. pour les titres, l'*Etat des Planches*, le *Certificat*, l'*Approbation* et le *Privilège* ; 2 ff. et 11 pll., dont 3 doubles, comptées pour 14 (*Teinture des Gobelins*) ; 2 pp. et 8 pll. dont 1 double, comptées pour 9 (*Teinturier en soie*) ; 4 pp. et 31 pll., dont 7 doubles, comptées pour 38 (*Théâtres*) ; 8 pp. et 49 pll., dont 36 doubles et 4 triples, comptées pour 93 (ces planches sont « dessinées & expliquées par M. *Radel*, Pensionnaire du Roi, & Architecte-Expert, sous la direction de M. *Giraud*, Architecte des Menus Plaisirs, & Machiniste de l'Opéra de Paris ») ; 3 pp. et 12 pll. (*Tireur et Fileur d'or*) ; 3 pp. et 8 pll. (*Tonnelier*) ; 19 pp. et 87 pll. (*Tourneur*) ; 1 f. et 3 pll. (*Vannier*) ; 9 pp. et 54 pll., dont 15 doubles, comptées pour 69 (*Verrerie*) ; 1 f. et 4 pll. (*Vitrier*). — Sur les 267 pll., 122 ont été dessinées par *Radel*, 8 par *Dumont*, 1 par *de La Guépierre*, 107 par *Lucotte*, 7 par *Bourgeois*, 22 par un anonyme (probablement *Dumont*). Les 267 gravures sont de *Bénard*.

Dixieme et derniere Livraison, ou Onzieme et dernier Volume, 239 *Planches*, 1772 : 3 ff. pour les titres, l'*Etat des Planches*, le *Certificat de l'Académie*, l'*Approbation* et le *Privilege* ; 2 pp. et 8 pll., dont 2 doubles, comptées pour 10 (*Tisserand*) ; 6 pp. et 29 pll., dont 3 doubles, comptées pour 32 (*Passementier*) ; 1 f. et 8 pll., dont 7 doubles, comptées pour 15 (*Métier à faire du marli*) ; 1 f. et 4 pll. (*Gazier*) ; 3 pp. et 10 pll. doubles, comptées pour 20 (*Rubanier*) ; 39 pp. et 135 pll., dont 23 doubles, comptées pour 158 (*Soierie*). — Des 190 pll., 55 sont signées du dessinateur *Lucotte*, et 135, de *Goussier*. Toutes les gravures ont été exécutées par *Bénard*, ou sous sa direction.

Les tomes II-XI reproduisent un *Certificat* délivré aux auteurs du *Recueil*, par les membres de l'Académie des Sciences, le 16 janvier 1760. Ce certificat est signé : MORAND, NOLLET, DE PARCIEUX, DE LA LANDE. — L'*Approbation* est signée de DE PARCIEUX pour les tomes II-VI ; de BÉZOUT, pour les tomes VIII-XI. Il n'y en a pas pour le tome VII, non plus que pour le tome I.

Le privilège, dont le texte accompagne les tomes II-VIII, est accordé pour quinze ans à *André-François Le Breton*, le 8 septembre 1759. Le privilège, joint aux tomes IX-XI, est daté du 4 décembre 1771 ; il a pour titulaire *Briasson*, et n'a qu'une durée de trois ans.

*Suite du Recueil :* 2 ff. pour les titres, 22 pp. de texte, 1 f. contenant un *Avertissement* et l'*Etat des Planches*, 215 pll., dont 29 doubles, comptées pour 244. — Les planches ont été pour la plupart gravées par *Bénard* ou sous sa direction ; cependant 4 planches d'architecture sont signées de *Desprez*, 21 planches de musique ont été exécutées par *Richomme*, la vue d'un moulin (partie de la pl. 201) est de *B.-L. Prévost*. Les noms des dessinateurs ne sont pas indiqués comme dans le *Recueil* ; cependant 2 pll. portent : *J. Dreppe del.*, 2 autres ont été gravées d'après *Raphael*, et 3 d'après *Annibal Carrache*. Le bagne de Brest (3 pll.) est reproduit d'après l'ingénieur *Choquet*. Les 4 planches d'architecture gravées par *Desprez* ont été dessinées par *de Wailly*. 5 cartes de géographie (n°s 160-163, 168) ont été dressées par *Robert de Vaugondy*, géographe ordinaire du feu roi de Pologne, etc. ; une carte (n° 165) est de *Phil. Buache*, premier géographe du roi ; une autre (n° 166), de M. *de L'Isle*, de l'Académie des Sciences ; une (n° 167), de *Thomas Jefferys*, géographe du roi à Londres.

*Table :*

*Tome premier* (A-H) : 2 ff. pour les titres et pour un *Avertissement* ; grand tableau gravé sous la direction de *Bénard* (ce tableau est intitulé : *Essai d'une distribution généalogique des Sciences et des Arts principaux..., réduit en cette forme pour découvrir la Connoissance Humaine d'un coup d'œil*. Par CHRÉTIEN FRÉDÉRIC GUILLAUME ROTH. A Weimar, 1769) ; 944 pp. — *Tome second :* 2 ff. et 907 pp. — La page 907 contient l'*Approbation*, signée : SUARD, et le texte du *Privilege*. Ce privilège, qui ne se rapporte qu'à la *Table*, est daté du 20 octobre 1779 ; il est accordé au sieur *Panckoucke* pour dix ans. — On lit à la fin : *A Paris, de l'Imprimerie de Stoupe, rue de la Harpe*, 1780

Il est dit dans l'*Avertissement* que la *Table* a été rédigée par M. MOUCHON, ministre de l'église française à Bâle.

Faire l'histoire de l'*Encyclopédie*, ce serait écrire l'histoire littéraire de toute la seconde moitié du XVIII° siècle. Nous nous bornerons donc à rappeler que ce fut en 1749 que Diderot commença l'exécution de ce grand ouvrage. Il ne s'agissait d'abord que d'une traduction de l'Encyclopédie anglaise de Chambers ; mais le plan primitif n'avait pas tardé à se développer, de sorte que le *Dictionnaire raisonné des sciences, des arts et des métiers* résuma et propagea les doctrines des philosophes indépendants. Il ne fallut rien moins que l'indomptable persévérance de Diderot pour résister aux cabales dirigées contre lui par les jésuites et une foule d'autres puissants adversaires. D'Alembert n'eut pas la même constance, et se retira de l'entreprise après la publication du tome VII°.

On trouve dans le *Mercure* d'avril 1758 (t. II, pp. 97-104) un *Mémoire des Libraires associés à l'Encyclopédie sur les motifs de la suspension actuelle de cet ouvrage.*

Les collaborateurs de l'*Encyclopédie* n'ont le plus souvent signé leurs articles que de simples initiales ; mais leurs noms sont relevés en tête des premiers volumes et du *Supplément* ; c'est pour les volumes publiés à *Neufchâtel* qu'il est difficile de les faire connaître. La liste suivante contient les noms cités dans les avertissements ; nous y avons joint quelques noms qui figurent au bas des articles. On pourra y ajouter ceux des dessinateurs qui ont rédigé le texte accompagnant les planches :

ABBES [DE CABREROLLES], correcteur à la Chambre des Comptes de Languedoc, m. v. 1785.

ADANSON (MICHEL), membre de l'Académie des Sciences (1727-1806).

ALEMBERT (JEAN LE ROND D') (1717-1773).

ALLARD.

ALLUT fils, auteur de la description des planches qui accompagnent l'article *Verrerie*.

ARGENVILLE (ANTOINE - NICOLAS DEZALLIER D'), m. en 1794.

AUMONT (ARN. D'), docteur en médecine de la faculté de Montpellier; professeur en l'université de Valence, né en 1720.

BARBEU DU BOURG, docteur en médecine de la faculté de Paris (1709-1779).

BARTHEZ (P. JOSEPH), docteur en médecine de la faculté de Montpellier (1734-1806).

BEAUZÉE (NICOLAS), professeur de grammaire à l'École royale militaire (1717-1789).

BÉGUILLET (EDME), avocat et notaire des États de Bourgogne, m. en 1786.

BELLIN (JACQUES-NICOLAS), ingénieur de la marine (1703-1772).

BERNOUILLY (JEAN), membre de l'Académie des sciences de Berlin (1742-1807).

BERTHOUD (FERDINAND), horloger, membre de l'Académie des Sciences (1727-1807).

BLONDEL (JACQUES-FRANÇOIS), architecte (1705-1774).

BORDEU (THÉOPHILE DE), docteur de la faculté de Montpellier, médecin à Paris (1722-1776).

BOUCHAUD (MATHIEU-ANTOINE), jurisconsulte (1719-1804).

BOUCHER D'ARGIS (ANTOINE-GASPARD), jurisconsulte (1708-1780).

BOUCHU (ÉTIENNE-JEAN), maître de forges à Veux-Saules, près Châteauvillain (1714-1770).

BOUILLET (JEAN), docteur en médecine de la faculté de Montpellier, professeur de mathématiques (1690-1777).

BOUILLET (JEAN-HENRI-NICOLAS), fils, docteur en médecine de la faculté de Montpellier, né en 1729.

BOULANGER (NICOLAS-ANTOINE), sous-ingénieur des Ponts et Chaussées dans la généralité de Tours, puis inspecteur dans celle de Paris (1722-1759).

BOURGELAT (CLAUDE), écuyer du roi, chef de son académie à Lyon, médecin vétérinaire, plus tard membre de l'Académie des Sciences (v. 1712-1779).

BROSSES (CHARLES DE), COMTE DE TOURNAY ET DE MONTCALCON, président à mortier au parlement de Dijon, membre de l'Académie Françoise et de l'Académie des Inscriptions et Belles-Lettres (1709-1777).

BUFFON (GEORGES-LOUIS LE CLERC, COMTE DE), de l'Académie Française (1707-1788).

CADET DE GASSICOURT (LOUIS-CLAUDE), membre de l'Académie des Sciences (1731-1799).

CAHUSAC (LOUIS DE), membre de l'Académie des Sciences de Berlin, m. en 1759.

CARRA (JEAN-LOUIS) (1743-1793).

CASBOIS (Dom NICOLAS), bénédictin, principal du collège de Metz.

CASTILHON (LOUIS), (1720-v. 1793).

CASTILLON (JEAN DE) ou CASTIGLIONE (1708-1791).

CASTILLON (FRÉDÉRIC DE), fils du précédent.

CHABROL (MATHIEU), chirurgien de l'École du génie à Mézières (1735-1815).

CHOQUET DE LINDU, ingénieur de la marine (1713-1790).

COMPT (L'abbé DE), curé de L'Aleu, près de La Rochelle.

COURTÉPÉE (L'abbé CLAUDE), professeur au collège de Dijon (1721-1782).

DAUBENTON (LOUIS-JEAN-MARIE), membre de l'Académie des Sciences (1716-1799).

DESMAHIS (JOSEPH-FRANÇ.-ÉDOUARD DE CORSEMBLEU), auteur de la comédie de *L'Impertinent* (1722-1761).

DESMAREST (NICOLAS), membre de l'Académie des Sciences (1725-1815).

DIDEROT (DENIS), éditeur (1713-1784).

DODART, maître des requêtes et intendant de Bourges.

DOUCHET (JACQUES-PHILIPPE-AUGUSTE), professeur de grammaire à l'École royale militaire.

DUCLOS (CHARLES PINOT, SIEUR), historiographe de France, membre de l'Académie Française et de l'Académie des Inscriptions et Belles-Lettres (1706-1772)

DUFOUR, auteur d'articles sur les finances.

DU MARSAIS (CÉSAR CHESNEAU,

# HISTOIRE. 281

sieur), avocat au parlement de Paris (1676-1756).

Durant, peintre en émail.

Durival (Nicolas Luton), dit l'aîné, magistrat (1723-1795).

Durival le jeune. Nous ne savons s'il s'agit de Jean-Baptiste Luton Durival (1725-1810), ou de Claude Luton Durival (1728-1805).

Eidous (Marc-Antoine).

Engel (Samuel), membre du conseil souverain de Berne.

Faiguet de Villeneuve (Joachim), maître de pension, plus tard trésorier de France au bureau de Châlons en Champagne (1703-1780).

Forbonnais (Fr. Véron de), inspecteur général des monnaies (1722-1800).

Fouquet (Henri), docteur en médecine de la faculté de Montpellier, auteur de l'article *Sensibilité* (1727-1806).

Gastelier de La Tour (Denis-François), généalogiste (1709-1781).

Genson, auteur de l'article *Dessoler*.

Goussier (Louis-Jacques), professeur de mathématiques et dessinateur (1722-1799).

Grimm (Frédéric-Melchior, baron), auteur de l'article sur le *Poëme lyrique* (1723-1807).

Grosley (Pierre-Jean), grandmaire de Saint-Loup à Troyes, membre de l'Académie des Inscriptions et Belles-Lettres (1718-1785).

Gruenwald, médecin.

Gueneau de Montbeillard (Philibert), naturaliste (1720-1785).

Guyton de Morveau (Louis-Bernard), avocat général au parlement de Dijon, et chimiste, plus tard membre de la Convention nationale et membre de l'Institut (1737-1816).

Haller (Albert, baron), de Berne (1708-1777).

Holbach (Paul-Thyry, baron d') (1723-1789).

Jaucourt (Louis, chevalier de) (1704-1779).

La Chapelle (L'abbé de), mathématicien (v. 1710-1792).

La Condamine (Charles-Marie de), membre de l'Académie des Sciences et de l'Académie Française (1701-1774).

La Fosse (J.-F.), docteur en médecine de la faculté de Montpellier.

Laire (de). Voy. Leyre.

La Lande (Joseph-Jérôme Le François de), membre de l'Académie des Sciences (1732-1807).

La Motte-Conflant, avocat au parlement de Paris.

Landois (Paul).

La Rozière (Louis-François Carlet, marquis de), brigadier des armées du roi (1785-1808).

Lavirotte (Louis-Anne), docteur en médecine de la faculté de Paris, censeur royal (1725-1759).

Le Blond (Guillaume), ingénieur et mathématicien (1704-1781).

Le Febvre de Beauvray (Pierre), avocat au parlement de Paris (1724-v. 1800).

Le Monnier (Pierre-Charles), membre de l'Académie des Sciences, médecin ordinaire du roi à Saint-Germain (1715-1799).

Lenglet du Fresnoy (L'abbé Nicolas) (1674-1755).

Le Romain, cité dans l'avertissement qui précède le t. IV)

Le Roy (Charles), docteur en médecine de la faculté de Montpellier (1726-1779).

Le Roy (Charles-Georges), lieutenant des chasses du parc de Versailles (1723-1789).

Leyre (Alexandre de), philosophe (1726-1797), appelé de Laire dans l'avertissement qui précède le t. V.

Liébaut, chargé du dépôt de la Guerre.

Louis (Antoine), chirurgien, professeur et censeur royal (1723-1792).

Magimel, orfèvre.

Mairan (Jean-Jacques Dortous de), membre de l'Académie Française, secrétaire perpétuel de l'Académie des Sciences (1678-1771).

Mallet (L'abbé Edme), docteur et professeur royal en théologie, de la faculté de Paris (1713-1755).

MALOUIN (PAUL-JACQUES), médecin ordinaire de la reine, membre de l'Académie des Sciences (1701-1777).

MARET (HUGUES), docteur en médecine de la faculté de Montpellier, secrétaire perpétuel de l'Académie de Dijon (1726-1786).

MARGENCY (ADRIEN QUIRET DE), gentilhomme ordinaire de la chambre du roi.

MARMONTEL (JEAN-FRANÇOIS), historiographe de France, secrétaire perpétuel de l'Académie Française (1723-1799).

MONTDORGE (ANTOINE GAUTIER DE) (1701-1768).

MONTIGNY (CHARLES-CLAUDE DE), avocat au parlement de Paris (1744-1818).

MORAND (SAUVEUR-FRANÇOIS), chirurgien, membre de l'Académie des Sciences (1697-1778).

MORELLET (L'abbé ANDRÉ), licencié en théologie de la faculté de Paris, plus tard membre de l'Académie Française (1727-1819).

MORVEAU (GUYTON DE). Voy. GUYTON.

NECKER (JACQUES), citoyen de Genève (1732-1804).

PAPILLON (JEAN-MICHEL), graveur sur bois (1698-1776).

PARIS DE MEYZIEU (JEAN-BAPTISTE), ancien conseiller au parlement, intendant en survivance, et directeur général des études à l'École royale militaire, m. en 1778.

PENCHENIER, docteur en médecine à Montélimart.

PERRINET D'ORVAL (JEAN-CHARLES), pyrotechnicien (1707-1780).

PERRONET (JEAN-RODOLPHE), inspecteur général des Ponts et Chaussées (1708-1794).

PESSELIER (CHARLES-ÉTIENNE), employé dans les fermes du roi (1712-1763).

QUESNAY (FRANÇOIS), médecin et économiste (1694-1774).

RALLIER DES OURMES (JEAN-JOSEPH), conseiller d'honneur au présidial de Rennes (1701-1771).

RATTE (CLAUDE ROUCHER DE). Voy. ROUCHER.

ROBERT DE VAUGONDY (GILLES), géographe ordinaire du roi (1688-1766).

ROMILLY (JEAN), horloger (1714-1796).

ROUCHER DE RATTE (CLAUDE), secrétaire perpétuel de la Société royale des Sciences de Montpellier.

ROUELLE (GUILLAUME-FRANÇOIS), apothicaire à Paris, membre de l'Académie des Sciences (1703-1770).

ROUSSEAU (JEAN-JACQUES), de Genève (1712-1778).

SACY (CLAUDE-LOUIS-MICHEL DE), censeur royal, né en 1746.

SAUVAGES DE LA CROIX (L'abbé PIERRE-AUGUSTIN BOISSIER DE), naturaliste (1710-1795).

SULZER (JEAN-GEORGES), auteur de la *Théorie générale des beaux-arts*, dont plusieurs fragments sont donnés en traduction dans le *Supplément à l'Encyclopédie* (1720-1779).

TARIN (PIERRE), médecin, m. en 1761.

TOUSSAINT (FRANÇOIS-VINCENT), littérateur (1715-1772).

TRESSAN (LOUIS-ÉLISABETH DE LA VERGNE DE BROUSSIN, COMTE DE), lieutenant-général des armées du roi (1705-1783).

TSCHUDI (THÉODORE-HENRI, BARON DE), ancien bailli de robe courte à Metz (1724-1769).

TURGOT (ÉTIENNE-FRANÇOIS), MARQUIS DE COUSMONT, dit le chevalier Turgot (1721-1789).

TURPIN (FRANÇOIS RENÉ), historien (1709-1799).

VANDENESSE (DE).

VENEL (GABRIEL-FRANÇOIS), médecin ordinaire du duc d'Orléans, professeur de chimie à Montpellier (1723-1775).

VILLIERS (JACQUES-FRANÇOIS DE), docteur régent de la faculté de médecine de Paris, né en 1727.

VOLTAIRE (FRANÇOIS-MARIE AROUET DE), auteur de plusieurs articles (1694-1778).

WATELET (CLAUDE-HENRI), peintre, membre de l'Académie Française (1718-1786).

YVON (L'abbé), né vers 1720.

HISTOIRE. 283

Chaque volume de cet exemplaire porte au v° du premier plat une étiquette surmontée des armes royales et contenant la mention suivante : *Donné par la Cour des Comptes, Aides et Finances de Montpellier à M°. Gaultier, avocat.*

Au v° du second plat est une étiquette, entourée d'un joli encadrement aux armes d'Orléans, sur laquelle on lit : *Le Monnier, seul Relieur Doreur de Livres de Monseigneur le Duc d'Orléans et de sa Maison, Rue de la Parcheminerie vis-à-vis du passage St. Severin, à Paris.* Cette seconde étiquette est signée : *Liot inv.*

2524. LE MERCURE GALANT. *Paris*, 1672-1673. 6 vol. pet. in-12. — LE NOUVEAU MERCURE GALANT. *Paris*, 1677. 10 vol. pet. in-12. — MERCURE GALANT. *Paris*, 1678 - *Avril* 1714. 511 vol. in-12, plus 2 vol. ajoutés.—NOUVEAU MERCURE GALANT. *Paris, May* 1714-1716, 33 vol. in-12. — LE NOUVEAU MERCURE. *Paris,* 1717-*May* 1721. 53 vol. in-12. — LE MERCURE. *Paris, Juin* 1721-*Juin* 1768. 690 vol. in-12.— MERCURE DE FRANCE. *Paris, Juillet* 1768 - *Mai* 1778. 156 vol. in-12. — MERCURE DE FRANCE [à partir du 17 décembre 1791 : MERCURE FRANÇAIS] et JOURNAL POLITIQUE de Bruxelles. *Paris, Juin* 1778-1792. 330 vol. in-12. — Ensemble 1787 tom. en 1060 vol. in-12, v. f. (*Rel. du temps.*)

Rotonde

Voici la description, année par année, des volumes qui composent cette collection :

I. — MERCURE GALANT.

1672-1673 (6 vol.)

LE || MERCVRE || GALANT. || Contenant plusieurs || Histoires veritables, || Et tout ce qui s'est passé depuis || le premier Janvier 1672. jusques || au Depart du Roy. || *A Paris,* || *Chez Claude Barbin, au Palais,* || *sur le second Perron de la S. Chapelle.* || M. DC. LXXII [1672]. || Avec Privilege du Roy. Pet. in-12 de 12 ff., 340 pp. et 1 f. pour le *Privilège.*

Les ff. lim. comprennent: le titre, une épitre « Au roy », un avis du Libraire « Au lecteur » et la *Table.*

Le privilège, daté du 15 février 1672, permet au sieur DAN.(lisez DONNEAU DE VISÉ) de publier *Le Mercure galant,* et garantit ses droits pendant dix ans après la publication de chaque volume. Le sieur Dan. déclare céder ses droits, pour le présent volume seulement, à *C. Barbin* et à *T. Girard.* L'achevé d'imprimer est du 25 mai 1672.

LE || MERCVRE || GALANT, || Contenant toute la Campagne || du Roy. || Tome II. || *A Paris,* || *Chez Claude Barbin...* || M. DC. LXXIII [1673]... Pet. in-12 de 14 ff. et 347 pp.

Dédicace « A monseigneur le garde des sceaux ». Cession à *Cl. Barbin* et à *Th. Girard.* — Achevé d'imprimer du 27 décembre 1672.

LE || MERCVRE || GALANT, || Contenant plusieurs || Histoires veritables, & autres choses || curieuses.... || Tome III. || *A Paris,* || *Chez Claude Barbin...* || M. DC. LXXIII [1673]... Pet. in-12 de 4 ff. et 358 pp.

LE || MERCVRE || GALANT, || Tome IV. || *A Paris,* || *Chez Theodore Girard, au Palais,* || *dans la Grand'Salle, du costé de la* || *Cour des Aydes, à l'Envie.* || M. DC. LXXIII [1673]...Pet. in-12 de 4 ff. et 350 pp.

Cession du privilège, pour ce volume, à *Cl. Barbin* et à *Th. Girard.* — Achevé d'imprimer du 14 juin 1673.

LE || MERCVRE || GALANT, || Contenant tout ce qui s'est passé dans || les Armées du Roy, & dans les || Ruelles pendant l'année 1673.... || Tome V. || *A Paris,* || *Chez Henry Loyson, au Palais, dans* || *la Salle Royale, à l'entrée en montant par* || *le grand Escalier qui regarde la Place* || *Dauphine, aux*

*Armes de France.* || M.DC.LXXIV [1674].... Pet. in-12 de 8 ff., 269 pp. et 1 f.

Cession du privilège, pour ce volume, au libraire *Henry Loyson.* — Achevé d'imprimer du 7 décembre 1673.

Tome VI (même titre) : 6 ff., 283 pp. et 1 f.
Même cession, même achevé d'imprimer.

## II. — LE NOUVEAU MERCURE GALANT.

### 1677 (10 vol.)

LE NOUVEAU || MERCURE || GALANT. || Contenant tout || ce qui s'est passé de curieux de- || puis le premier de Janvier, jus- || ques au dernier Mars 1677. || Tome I. || Seconde Édition. || *A Paris,* || *Chez la Veuve O. de Varennes, au* || *Palais, dans la Salle Royale,* || *au Vase d'Or.* || M. DC LXXVII [1677]. || Avec Privilège du Roy. Pet. in-12 de 6 ff. lim. et 214 pp.

Le f. qui suit le titre contient un avis « Au Lecteur » ainsi conçu : « On donnera un Tome du *Nouveau Mercure Galant,* le premier jour de chaque Mois sans aucun retardement. On le vendra vingt sols relié en Veau, et quinze, relié en Parchemin ».

Le privilège est celui du 15 février 1672, avec cession consentie par le sieur Dan. à *C. Blageart.* — Achevé d'imprimer pour la première fois le 1ᵉʳ avril 1677.

Tome II. || Seconde Édition. || *A Paris,* || *Au Palais, dans la Salle Royale,* || *à l'Image S. Loüis.* || M. DC. LXXVII...: 6 ff. lim. et 288 pp.

Les 3 ff. qui suivent le titre contiennent une épître « A madame la comtesse de Bregy ».

Tome III. || Seconde Édition. || *A Paris,* || *Chez Estienne Loyson, au Palais, à* || *l'entrée de la Galerie des Prisonniers,* || *au Nom de Jesus.* || M. DC. LXXVII.... Pet. in-12 de 6 ff. lim. et 264 pp.

Le titre est suivi d'une épître de D. « A monseigneur le duc de St. Aignan, pair de France ».

Tome IV. || Seconde Édition. || *A Paris,* || *Chez Theodore Girard, au Palais, dans la Grand'Salle, à l'Envie.* || M. D. LXXVII [sic]... Pet. in-12 de 4 ff. et 267 pp.

Le titre est suivi d'une épître de D. « A madame la marquise de Thiange ».

Un avis, placé au bas de la p. 267, porte que le *Mercure galant* « se distribuera toûjours en blanc chez le sieur *Blageart,* imprimeur-libraire, rue S. Jacques, à l'entrée de la rue du Plastre ». — Au v° de ce même f. est un *Extrait* du privilège du 15 février 1672, avec cession à *Blageart* et achevé d'imprimer du 1ᵉʳ juillet 1677.

Tome V. || Seconde Édition. || *A Paris,* || *Chez la Veuve O. de Varennes, au* || *Palais, dans la Salle Royale, au Vase d'Or.* || M. D. LXXVII [sic]... Pet. in-12 de 283 pp. et 2 ff.

Le volume se termine par un *Extrait du privilége* semblable au précédent. — L'achevé d'imprimer est du 1ᵉʳ août 1677.

Tome VI. || *A Paris,* || *Chez Theodore Girard...* || M. DC. LXXVII... Pet. in-12 de 1 f., 306 pp. et 2 ff.

Tome VII. || *A Paris,* || *Chez Pierre Traboüillet, au Palais,* || *au premier Pillier de la Grand'Salle,* || *au Sacrifice d'Abel.* || M. D. LXXVII [sic]... Pet. in-12 de 6 ff., 295 pp. et 2 ff.

Le titre est suivi d'une épître « A monseigneur le duc de Montausier, pair de France, etc. »

Le volume se termine par un *Extrait du privilége* et un achevé d'imprimer du 1ᵉʳ octobre.

Tome VIII. || *A Paris,* || *Chez Pierre Traboüillet...* || M.D.LXXVII [sic]. Pet. in-12 de 341 pp. et 3 ff., plus une fig. pliée (p. 224), représentant la disposition du couvert mis pour une collation donnée par le roi à Fontainebleau.

A la fin, *Extrait du privilége* et achevé d'imprimer du 1ᵉʳ novembre.

Tome IX. || *A Paris,* || *Au Palais, dans la Salle Royale,* || *à l'Image*

# HISTOIRE.

*S. Loüis.* || M. D. LXXVII [*sic*]... Pet. in-12 de 5 ff. lim., 259 pp. et 4 ff., plus un tableau plié (p. 130) contenant le *Rolle des vaisseaux*.

Epître « A monseigneur le chancelier ».— A la fin, *Extrait du privilége* et achevé d'imprimer du 1er novembre.

Tome X. || *A Paris,* || *Chez Guillaume de Luyne, au Palais, dans la Salle des Merciers,* || *à la Justice.* || M D. LXXVII [*sic*]... Pet. in-12 de 6 ff., 320 pp. et 2 ff.

Les 5 ff. qui suivent le titre contiennent un long avis « Au Lecteur », où il est dit que « le succés de ce livre a esté extraordinaire ».

## III. — MERCURE GALANT.

### 1678 (16 vol.).

MERCURE || GALANT || Janvier 1678. || *A Paris* || *Au Palais.* In-12 de 12 ff. lim., 304 pp. et 4 ff. pour le *Privilége*, plus une fig. représentant l'Obélisque d'Arles (p. 38), la Carte de *L'Empire de la Poesie* (p. 147) et 2 planches de musique (pp. 226 et 230).

Les ff. lim. comprennent : un frontispice, gravé par *De La Boissière* ; le titre, lequel est également gravé ; 5 ff. pour une épître « A monseigneur le dauphin » ; 2 ff. pour un avis « Au lecteur » ; 3 ff. pour la *Table*.

Le privilège, rapporté à la fin du volume, est un privilège nouveau accordé à JEAN DANNEAU [*sic*], SIEUR DE V[ISÉ], le 31 décembre 1677, et garantissant ses droits pendant six ans après la publication de chaque volume. — L'achevé d'imprimer est du 31 janvier.

Au v⁰ du titre sont les noms des libraires dépositaires du *Mercure* : *Guillaume de Luyne, Charles de Sercy, Estienne Loyson, Jean Guignard, Claude Barbin, Théodore Girard, la Veuve Olivier de Varennes, Charles Osmont* et *Quinet*, ayant tous des boutiques au Palais. A la suite est la date de M. D. LXXVIII [*sic*].

A partir de 1678, le format adopté par les libraires est le format in-12 ordinaire.

*Février* : Frontispice gravé ; titre gravé ; 2 ff. pour une épître (en vers) « A monseigneur le dauphin » ; 3 ff. pour un avis « Au Lecteur » et l'*Extrait du privilége* ; ensemble 7 ff. lim., 338 pp. et 3 ff. de *Table*, plus 4 planches de musique et 3 figg.

*Mars* : Front. gravé ; titre ; 4 ff. pour l'épître « A monseigneur le dauphin » ; 4 ff. pour un avis « Au lecteur » ; 3 ff. pour la *Table* ; ensemble 13 ff. lim., 383 pp., 4 planches de mus., 3 plans et une fig.

*Avril* : 5 ff. pour le front. gravé, le titre, l'épître « A monseigneur le dauphin » et la *Preface* ; 414 pp., 4 ff. pour la *Table* et l'*Extrait du privilége*, 1 f. blanc, plus 4 planches de mus., 2 plans et 3 figg.

*May* : 7 ff. pour le front. gravé, le titre, l'épître « A monseigneur e dauphin » et la *Preface* ; 376 pp. ; 4 ff. pour la *Table* et l'*Extrait du privilége*, plus 4 planches de mus., un plan et 8 figg.

*Juin* : 13 ff. pour le front. gravé, le titre, l'épître, un *Dialogue du Fleuret et de l'Epée* (en vers), la *Preface*, l'*Avis pour placer les figures*, l'*Extrait du privilége* et la *Table* ; 368 pp., plus 4 planches de mus. et 4 figg.

*Juillet* : 12 ff. lim. (il n'y a plus de front. gravé), 384 pp., 4 planches de mus. et 4 figg.

*Aoust* : 6 ff. lim., 364 pp., 2 ff. pour la *Table* et l'*Extrait du privilége*, 1 f. blanc, plus 5 planches de mus., et 3 figg.

*Septembre* : 6 ff. lim., 381 pp., 1 f. pour l'*Extrait du privilége*, plus 4 planches de mus. et 4 figg.

*Octobre* : 7 ff. lim. (y compris le frontispice gravé par *De La Boissière*), 378 pp. et 4 ff., plus 4 planches de mus. et 5 figg. — Les 2 dernières figures représentent les modes d'hiver pour 1678.

*Novembre* : 7 ff. lim. (y compris le front. gravé), 369 pp. et 1 f., plus 3 planches de mus. et 4 figg. — Les libraires dont les noms sont inscrits au v° ne sont plus désormais que : *Guillaume de Luyne, Claude Blageart et Théodore Girard.*

*Decembre* : 13 ff. lim. (y compris le front. gravé), 320 pp., 2 ff., plus 4 planches de mus. et 3 figg.

EXTRAORDINAIRE || DU || MERCVRE || Quartier de Ianuier || 1678 || *A Paris* || *Au Palais.* In-12 de 14 ff. lim., comprennant le titre, un avis « Aux dames », une *Preface*, un *Extrait* du privilège du 31 decembre 1677, et le texte complet d'un privilège accordé pour six ans, le 16 avril 1678, au sieur *Thomas Amaulry*, libraire à Lyon, cessionnaire du sieur de Visé, par le vice-légat d'Avignon, François Nicolini ; 547 pp., plus 3 planches de musique, 1 fig. représentant une lettre chiffrée et 7 figg. de modes. — Il est dit dans le texte (p. 544) que les figures de modes on été dessinées par *Bérain* et gravées par *Le Pautre*.

L'*Extraordinaire* contient dans ce premier volume un grand nombre de lettres de félicitation adressées à l'éditeur du *Mercure*. — L'achevé d'imprimer est du 15 mai 1678.

*Quartier d'Avril 1678.* || Tome II : 4 ff. lim., 412 pp. et 5 figg. — L'achevé d'imprimer est du 20 juillet. — *Quartier de Juillet 1678.* || Tome III : 6 ff., 407 pp. et 1 f. blanc, plus 3 figg. et 2 planches de mus.— L'achevé d'imprimer est du 15 octobre. — Au v° du titre de chacun des trois volumes qui viennent d'être décrits, on trouve les noms des mêmes libraires qu'au v° du titre du *Mercure* proprement dit pour les mois de janvier à octobre. Le volume suivant ne porte plus que les noms de *G. de Luyne, Cl. Blageart* et *Th. Girard*. — *Quartier d'Octobre 1678.* || Dédié au Roy.|| Tome IV : 2 ff., 392 pp., plus une grande planche gravée contenant l'épître dédicatoire « Au roy », et 2 figg.

### 1679 (17 vol.)

*Janvier* : 7 ff. (y compris le front. gravé), 348 pp., 6 ff., 3 planches de mus. et 3 figg. — *Fevrier* : 6 ff., 360 pp., 3 planches de mus. et 4 figg. — *Mars* : 5 ff. lim. (y compris le front. gravé), 361 pp., 1 f. non chiffr. et 2 ff. blancs, plus 2 planches de mus. et 3 figg. — *Avril* : 8 ff. lim., 364 pp. et 2 ff., plus 2 planches de mus. et 3 figg. — On trouve dans les ff. lim. le *Catalogue des pieces contenues dans le V. Extraordinaire*. Il en est de même dans les volumes correspondant aux autres extraordinaires. — *May* : 4 ff., 360 pp. et 2 ff., plus 2 pll. de mus. et 3 figg. — *Juin* : 8 ff. lim. (y compris un front. gravé), 343 pp., plus 2 pll. de mus. et 3 figg. — *Juillet* : 8 ff. lim., 366 pp., 1 f., 2 pll. de mus. et 3 figg. — *Aoust* : 5 ff. lim. (y compris un front. gravé), 364 pp., 2 pll. de mus. et 3 figg. — *Septembre* : 2 ff., 365 pp., 1 f., 1 pl. de mus. et 3 figg. — *Octobre. Divisé en deux Parties.* — *Premiere Partie* : 6 ff., 355 pp., 2 ff., 2 pll. de mus. et 2 figg. —*II. Partie. Contenant la Relation du Mariage de Mademoiselle avec le Roy d'Espagne* 4 ff., 255 pp. et 3 figg. — *Novembre* : 5 ff. lim. (y compris un front. gravé), 352 pp., et 1 f. blanc, plus 2 pll. de mus. et 3 figg. — *Decembre* : 8 ff. lim. (y compris un front. gravé), 353 pp. et 1 f., 2 pll. de mus. et 3 figg.

*Extraordinaire* || *du Mercure* || *Galant.* || *Quartier de Janvier 1679.* || *Dédié à Madame Royale.* || Tome V...: 16 ff. lim., 421 pp. et 1 f., plus un portr. de Madame, ajouté aux lim., et 3 figg.—*Quartier d'Avril*. Tome VI : 2 ff., 380 pp. et ? figg. — *Quartier de Juillet*. Tome VII : 1 f., 358 pp., 2 figg. et 1 pl. de mus. — *Quartier d'Octobre*. Tome VIII : 2 ff., 355 pp. et 2 figg

### 1680 (19 vol.)

*Janvier.* [*I. Partie*] : 12 ff. (y compris un front. gravé), 312 pp., 1 pl. de mus. et 3 figg. — *II. Partie. Contenant les Cérémonies du Mariage de Monsieur le Prince de Conty avec Mademoiselle de Blois...* : 2 ff., 212 pp., 2 ff. blancs et 2 figg.—*Fevrier* : 4 ff., 349 pp., 1 f non chiffr. et 2 ff. blancs, plus 2 pll. de mus. et 3 figg. — *Mars. Premiere Partie* : 4 ff. et 319 pp., plus 2 pll. de mus. et 3 figg. — *Seconde Partie. Contenant les Cérémonies du Mariage de Monseigneur le Dauphin* : 4 ff., 304 pp., un tableau généalog.

# HISTOIRE. 287

et 2 figg. — *Avril*: 6 ff., 235 pp., 2 pll. de mus. et 3 figg. — *May*: 4 ff., 351 pp., 2 pll. de mus. et 3 figg. — *Juin*: 4 ff., 327 pp., 2 pll. de mus. et 3 figg. — *Juillet*: 3 ff., 348 pp. et 2 ff., plus 2 pll. de mus. et 3 figg. — *Aoust*: 4 ff., 340 pp., 2 pll. de mus. et 3 figg. — *Septembre. Premiere Partie*: 4 ff., 347 pp., 2 ff. non chiffr. et 1 f. blanc, plus 2 pll. de mus. et 2 figg. — *Seconde Partie. Contenant le Voyage que le Roy a fait en Flandre...* 2 ff., 320 pp. et 2 figg. — *Octobre*: 6 ff., 355 pp. et 2 ff., plus 2 pll. de mus. et 3 figg. — *Novembre*: 4 ff., 349 pp., 1 f., 2 pll. de mus. et 3 figg. — *Decembre*: 6 ff., 385 pp., 2 pll. de mus. et 3 figg.

*Extraordinaire* || *du Mercure* || *Galant*. || *Quartier de Janvier* 1680. || Tome IX : 2 ff., 391 pp. et 2 figg. — *Quartier d'Avril*. Tome X : 1 f,, 382 pp. et 2 figg. — *Quartier de Juillet*. Tome XI : 2 ff., 377 pp., 1 f. et 2 figg. — *Quartier d'Octobre*. Tome XII : 1 f., 365 pp. et 3 figg.

## 1681 (17 vol.)

*Janvier* : 3 ff., 343 pp., 3 figg. et 2 pll. de mus.— *Fevrier* : 4 ff., 340 pp., 2 pll. de mus et 3 figg. — *Mars* : 4 ff., 350 pp., 2 figg. et 2 pll. de mus. — *Avril* : 1 f., 377 pp., 2 ff., 2 figg. et 2 pll. de mus. — *May* : 6 ff. lim., 383 pp., 2 pll. de mus. et 2 figg. — *Juin* : 4 ff., 352 pp., 2 pll. de mus. et 2 figg. — *Juillet. Premiere Partie* : 6 ff., 341 pp., 2 ff., 1 f. blanc, 2 pll. de mus. et 2 figg. — *Seconde Partie. Contenant la Négotiation du Mariage de Son Altesse Royale de Savoye avec la Serénissime Infante de Portugal...* : 1 f. pour le titre, 10 ff. pour une épître « A Son Altesse Royale Victor-Amedée II, duc de Savoye, prince de Piémont, roy de Chypre, etc. », signée: DEVIZÉ; 283 pp., 1 f. bl., 1 fig. — *Aoust* : 4 ff., 354 pp., 2 ff., 2 figg. et 2 pll. de mus. — *Septembre* : 1 f. bl., 5 ff. lim., 383 pp., 2 figg. et 2 pll. de mus. — *Octobre* : 2 ff., 380 pp., 2 figg. et 2 pll. de mus. — *Novembre* : 6 ff., 334 pp., 1 f., 2 pll. de mus. et 2 figg. — *Decembre* : 4 ff., 338 pp., 1 f., 2 figg. et 2 pll. de mus.

*Extraordinaire du Mercure Galant. Quartier de Janvier 1681. Tome XIII* : 2 ff., 390 pp., 1 f., 2 figg. — *Quartier d'Avril. Tome XIV* : 4 ff., 372 pp., 2 figg. — *Quartier de Juillet. Tome XV* : 4 ff., 376 pp., 2 figg — *Quartier d'Octobre. Tome XVI* : 4 ff., 360 pp., 2 figg.

## 1682 (18 vol., plus 1 vol. double.)

*Janvier* : 1 f., 354 pp., 2 ff., 2 figg. et 2 pll. de mus. — *Fevrier* : 6 ff., 348 pp., 2 figg. et 2 pll. de mus. — Le portrait de l'ambassadeur du Maroc (p. 322) est signé : *Trouvain sculp.* — *Mars* : 1 f., 343 pp., 1 f. non chiffr., 1 f. bl., 2 figg. et 2 pll. de mus. — *Avril* : 6 ff., 348 pp., 1 fig. et 2 pll. de mus.— La fig. (p. 4) contient des anagrammes gravées par *R. Michault*.— *May* : 4 ff., 352 pp., 2 figg. et 2 pll. de mus. — *Juin* : 1 f., 329 pp., 2 ff., 2 pll. de mus. et 2 figg. — *Juillet* : 1 f., 365 pp., 2 ff. non chiffr., 1 f. bl., 2 pll. de mus. et 2 figg. — *Aoust* : 4 ff., 337 pp., 1 f. et 2 figg. — La seconde fig. est signée : *Le Clerc*. — *Septembre. Premiere Partie* : 6 ff., 320 pp., 2 ff., 1 fig. et 1 pl. de mus. — *Seconde Partie* : 2 ff., 266 pp., 1 f., 2 pll. de mus. et 2 figg. — *Octobre. Premiere Partie* : 6 ff., 348 pp., 1 fig. de *J. Le Pautre* et 1 pl. de mus. — *Seconde Partie* : 1 f., 370 pp., 1 f. bl., 1 pl. de mus., 1 plan d'Alger et 1 tableau généal. écrit par *R. Michault*. — *Novembre* : 1 f., 373 pp., 3 ff., 1 f. bl., 2 figg. et 2 pll. de mus. — *Decembre* : 1 f., 391 pp., 1 f., 2 figg. et 1 pl. de mus.

*Extraordinaire* || *du Mercure* || *Galant*. || *Quartier de Janvier* 1682. || *Tome XVII* : 1 f., 382 pp., 1 f. bl. et 2 figg. — *Quartier d'Avril. Tome XVIII* : 2 ff., 401 pp., 1 f. et 2 figg. — *Quartier de Juillet. Tome XIX* : 1 f., 405 pp., 1 f. bl. et 2 figg. — *Quartier d'Octobre. Tome XX* : 1 f., 350 pp., 2 ff., 1 f. bl. — On a joint à ce volume un second exemplaire semblable au premier, si ce n'est que le titre, au lieu d'être orné d'un grand fleuron aux armes du dauphin, ne porte qu'un petit fleuron composé de rinceaux, accompagné de la rubrique suivante: *Imprimé à Paris, & se vend* || *A Lyon,* || *Chez Thomas Amaulry, Ruë* || *Merciere, au Mercure Galant.* || M.DC LXXXIII. || *Avec Privilege du Roy*. Le v° du titre contient les mêmes mentions que celui des exemplaires vendus à Paris, c'est-à-dire les noms de *G. de Luyne, C. Blageart* et *T. Girard*.

# HISTOIRE.

### 1683 (17 vol.)

*Janvier* : 6 ff., 334 pp., 2 pll. de mus. et 1 fig. gravée par *Jacques Le Pautre.* — *Fevrier* : 1 f., 330 pp., 2 ff., 1 pl. de mus. et 2 figg.— *Mars* : 4 ff., 364 pp. 1 pl. de mus. et 2 figg. — *Avril* : 1 f. bl., 3 ff., 364 pp., 1 pl. de mus. et 1 fig. — *Mai* : 4 ff. et 340 pp., 1 fig. et 2 pll. de mus. — *Juin* : 6 ff., 348 pp., 2 pll. de mus., 1 fig. et 1 tableau plié.—*Juillet* : 1 f., 370 pp., 5 ff., 1 pl. de mus. et 2 figg. — *Aoust* : 4 ff., 358 pp., 3 ff., 2 figg. — Le portrait de la reine (p. 354) est signé de *Jac. Le Pautre.* — *Septembre* : 2 ff., 392 pp., 1 pl. de mus. et 3 figg.— *Octobre. Premiere Partie* : 5 ff., 347 pp., 5 ff., 1 f. bl., 2 figg. et 1 pl. de mus. — *Seconde Partie. Contenant la Relation du Siege de Vienne* : 6 ff., 324 pp. et 2 figg. — Les lim. de cette seconde partie contiennent, pour la première fois, le texte d'un nouveau privilège daté du 18 juillet 1683, et accordé pour dix ans à JEAN DANNEAU [*sic*], écuyer, sieur DEVIZÉ, lequel déclare en faire cession à *C. Blageart.* — Le portrait du comte de Starenberg est signé de *Jacques Le Pautre.* — *Novembre* : 6 ff., 372 pp., 2 figg. et 1 pl. de mus. — *Decembre* : 6 ff., 359 pp., 2 figg. et 1 pl. de mus.
*Extraordinaire* || *du Mercure* || *Galant.* || *Quartier de Janvier 1683.* || *Tome XXI* : 1 f., 358 pp., 1 f. bl. et 2 figg. — *Quartier d'Avril. Tome XXII* : 1 f., 355 pp., 1 f., 1 f. bl. et 2 figg. — *Quartier de Juillet. Tome XXIII* : 1 f., 335 pp., 1 f., 1 f. bl., 1 fig. — *Quartier d'Octobre. Tome XXIV* : 1 f., 344 pp. et 1 fig.

### 1684 (18 vol.)

*Janvier* : 3 ff., 345 pp., 3 ff., 1 f. bl., 2 figg. et 2 pll. de mus.—*Fevrier* : 2 ff., 392 pp., 2 pll. de mus. et 1 fig. gravée par *Dolivar.* — *Mars* : 6 ff., 357 pp., 1 f., 1 fig. et 2 pll. de mus. — *Avril* : 4 ff., 360 pp., 1 fig. et 2 pll. de mus. — *May* : 4 ff., 376 pp., 2 figg. et 1 pl. de mus. — *Juin.* [*Premiere Partie*] : 1 f., 331 pp., 1 f., 1 fig. et 2 pll. de mus. — *Histoire du Siege de Luxembourg. Juin. Seconde Partie* : 12 ff., 428 pp. et 1 fig. — *Relation historique de tout ce qui a été fait devant Génes par l'Armée Navale de Sa Majesté. Juin, Troisième Partie* : 6 ff., 320 pp., 1 f. pour l'*Extrait du privilege* et un achevé d'imprimer du 19 juillet 1684, 1 f. bl. et 1 grand plan gravé par *Dolivar.* — *Juillet* : 2 ff., 332 pp., 1 pl. de mus., 1 fig. gravée par *Dolivar* et 1 tabl. plié. — *Aoust* : 2 ff., 356 pp., 1 fig. gravée par *Dolivar* et 2 pll. de mus.—*Septembre* : 6 ff., 321 pp., 1 f., 1 fig. et 2 pll. de mus. et 1 tableau plié. — *Octobre* : 2 ff., 323 pp., 4 ff., 2 pll. de mus. et 1 pl. d'alphabets. — *Novembre* : 5 ff., 312 pp., 6 ff., 2 pll. de mus. et 1 plan de Bude. — *Decembre* : 11 ff., 321 pp., 1 f., 2 pll. de mus. et 1 fig.
*Extraordinaire* || *du Mercure* || *Galant.* || *Quartier de Janvier 1684.* || *Tome XXV* : 1 f., 321 pp., 1 f. et 1 fig. — *Quartier d'Avril. Tome XXVI* : 2 ff., 332 pp. et 1 fig. — *Quartier de Juillet. Tome XXVII* : 2 ff., 318 pp., 1 f. et 1 fig. — *Quartier d'Octobre. Tome XXVI*[*II*] : 2 ff., 343 pp. et 1 fig.

### 1685 (16 vol.)

*Janvier* : 2 ff., 335 pp., 2 ff., 1 fig. et 2 pll. de mus. — *Fevrier* : 2 ff., 323 pp., 4 ff., 2 pll. de mus. et 1 fig. — *Mars* : 4 ff., 321 pp., 3 ff., 1 f. bl., 2 pll. de mus. et 1 fig. — *Avril* : 4 ff., 324 pp., 2 ff., 2 pll. de mus. et 1 fig. — Le nom du libraire *C. Blageart* est désormais remplacé par celui de sa veuve. — *May* : 2 ff., 380 pp., 2 pll. de mus. et 1 fig. gravée par *M. Ogies.* — *Juin* : 1 f. bl., 7 ff. lim., 338 pp., 3 ff., 2 pll. de mus. et 1 fig. — *Juillet* : 2 ff., 353 pp., 1 f., 1 pl. de mus. et 1 fig. — *Aoust* : 6 ff., 324 pp., 1 pl. de mus. et 1 plan de Tripoli, dessiné par *J. Minuty*, gravé par *Dolivart.* — *Septembre* : 2 ff., 329 pp., 1 f., 1 pl. de mus. et 2 figg. — *Octobre* : 1 f. bl., 3 ff., 357 [*lis.* 358] pp., 1 f., 2 pll. de mus. et 1 ng. — *Novembre* : 3 ff., 327 pp., 4 ff., 1 fig. et 2 pll. de mus. — *Decembre* : 3 ff., 320 pp., 4 ff., 2 pll. de mus. et 1 fig.
*Extraordinaire* || *du Mercure* || *Galant.* || *Quartier de Janvier 1685.* || *Tome XXIX* : 1 f., 319 pp., 1 f. bl. et 1 fig. — *Quartier d'Avril. Tome XXX* : 3 ff., 279 pp. et 1 fig. — *Quartier de Juillet. Tome XXXI* :

## HISTOIRE.

2 ff., 332 pp. et 1 fig. — *Quartier d'Octobre. Tome XXXII* : 1 f. 322 pp., 1 f. bl.

### 1686 (18 vol.)

*Janvier* : 12 ff., 291 pp., 4 ff., 1 pl. de mus. et 2 figg. — L'avis qui occupe tous les lim. fait savoir aux lecteurs que le *Mercure* donnera désormais « une liste des belles estampes qui se gravent et des tableaux sur lesquels on les tire, avec les noms des graveurs et du marchand qui les débite, etc. » Visé ne parle pas d'un changement plus important introduit dans sa publication. Il renonce désormais aux *Extraordinaires*, et les remplace par des volumes supplémentaires, paraissant à des intervalles irréguliers et contenant la relation de quelque fait particulier. — *Fevrier*. [*Premiere Partie*] : 12 ff., 317 pp., 3 ff., 2 pll. de mus. et 1 fig. — *Seconde Partie* : 10 ff., 333 pp., 3 ff. et 1 fig. dessinée par *de Brosse*, gravée par *Dolivar*, et représentant le temple de Charenton. — *Mars* : 4 ff., 312 pp., 2 ff., 2 pll. de mus. et 1 fig. — *Avril* : 1 f. bl., 3 ff. lim., 352 pp., 2 pll. de mus. et 1 fig. — *May* : 2 ff., 345 pp., 1 f., 2 pll. de mus et 1 fig. — *Juin* : 4 ff., 337 pp., 1 f., 1 fig., gravée par *J. Hainzelman*, et 2 pl. de mus. — *Juillet*. [*Premiere Partie*] : 4 ff., 325 pp., 1 f., 1 pl. de mus. et 1 fig.— *Seconde Partie* : 2 ff., 327 pp., 2 ff. — Cette seconde partie ne contient que la suite de la relation du voyage fait par le chevalier de Chaumont, ambassadeur à Siam, pièce qui commence à la p. 185 de la 1re partie. — *Aoust* : 1 f. bl., 3 ff. lim., 325 pp., 3 pll. de mus. et 1 plan de Bude. — *Septembre*. [*Premiere Partie*] : 6 ff., 321 pp., 1 f., 2 pll. de mus. et 1 fig. — *Voyage || des || Ambassadeurs || de Siam || en France. || Contenant la Reception || qui leur a esté faite dans les Villes || où ils ont passé, leur Entrée à Paris,* || …. *Septembre*. | *Seconde Partie* : 6 ff. lim., 375 pp., 3 ff. et 1 fig. gravée par *Dolivar*. — Le *Voyage* est dédié « A Son Altesse Serenissime monseigneur le Duc ». — *Octobre*. [*Premiere Partie*] : 2 ff., 331 pp., 2 pll. de mus. et 1 fig. — *Histoire || du Siege || de Bude*. [*Seconde Partie*] : 12 ff., 324 pp. et 1 plan — Ce volume est dédié " A Son Altesse Serenissime monseigneur Ernest-Auguste, duc de Brunsvic-Lunebourg, de Hanover, de Calemberg, de Gottinghen, de Grubenhagen, prince d'Osnabruc, etc. » — *Novembre*. [*Premiere Partie*] : 6 ff., 330 pp., 2 ff., 1 pl. de mus. et 1 fig. gravée par *J. Dolivar* (Armes des cardinaux promus en septembre 1686). — *Suite du Voyage || des Ambassadeurs || de Siam en France. || Contenant ce qui s'est passé || à l'Audiance de Madame la Dauphine, des || Princesses du Sang*…. *Novembre. Seconde Partie* : 1 f. bl., 7 ff. lim., 356 pp., 1 f., 1 f. bl., 2 ff. — Ce volume est dédié « A monseigneur, monseigneur le comte de Thoulouse, grand amiral de France. » — *Decembre*. [*Premiere Partie*] : 4 ff., 336 pp., 2 ff., 2 pll. de mus. et 1 fig. — *Troisième Partie || du Voyage || des Ambassadeurs || de Siam en France*…. *Decembre 1686. Seconde Partie* : 20 ff., 336 pp. et 1 fig. gravée par *J. Dolivar*. — Ce volume est dédié « A Son Altesse Royale monseigneur le duc d'Orleans, frere unique du roy ».

### 1687 (16 vol.)

*Janvier*. [*Premiere Partie*.] : 4 ff., 326 pp., 1 f., 1 fig. gravée par *Dolivar*, et 2 pll. de mus. — *IV. et derniere Partie || du Voyage || des Ambassadeurs || de Siam en France*…. *Ianvier 1687. Seconde Partie* : 12 ff. et 348 pp. — Ce volume est dédié « A monsieur le comte de S. Aignan ». — *Fevrier* : 4 ff., 347 pp., 1 f., 1 f. bl., 2 figg., dont une est signée de *Dolivar*, et 1 pl. de mus. — *Mars*. [*Premiere Partie*] : 2 ff., 375 pp., 1 f., 1 f. bl., 2 pll. de mus. et 1 fig. — *Seconde Partie* : 18 ff., 432 pp. et 1 pl. de mus. — On remarque à partir du mois de mars un changement dans les noms des libraires qui figurent au v° du titre. Au lieu de *G. de Luyne, la veuve C. Blageart* et *T. Girard*, on lit : *G. de Luyne, T. Girard* et *Michel Guerout*. Ce dernier demeurait « Courtneuve du Palais, au Dauphin », c'est-à-dire qu'il avait succédé à la veuve *Blageart*. D'après Lottin, l'imprimerie de Blageart passa entre les mains de *N. Muguet*. — *Avril* : 4 ff., 325 pp., 1 f., 2 pll. de mus. et 1 fig. gravée par *Dolivar*. — Le nouveau libraire (*M. Guerout*) promet, dans un

290                                HISTOIRE.

avis « Au Lecteur de la campagne », d'éviter désormais dans la distribution des volumes les retards qu'avait causés la maladie de son prédécesseur. — On lit à la p. 325 : *De l'Imprimerie de A. Lambin.* — *May* : 4 ff., 352 pp., 2 pll. de mus. et 1 fig. — *De l'Imprimerie de C. Guillery.* — *Juin.* [*Premiere Partie*] : 2 ff., 335 pp., 4 ff., 2 pll. de mus. et 1 fig. — La fig., gravée en Angleterre et communiquée à Visé par M. Hubin, émailleur du roi, représente Thomas Parr, qui était âgé de 152 ans en 1635.— *Journal* || *du Voyage* || *de Sa Majesté* || *à* || *Luxembourg.* || *Juin 1687.* || *Seconde Partie* : 1 f. bl., 9 ff. lim., 337 pp. et 1 fig. gravée par *Dolivar.* — *Juillet* : 4 ff., 343 pp., 4 ff., 2 pll. de mus. et 1 fig. gravée par *Dolivar.* — *De l'Imprimerie de C. Guillery.* — *Aoust* : 3 ff., 339 pp., 2 pll. de mus. et 1 fig. gravée par *Dolivar.* Impr. de *C. Guillery.* — *Septembre* : 1 f., 353 pp., 1 f., 2 pll. de mus. et 1 fig. gravée par *Dolivar.* — *Defaites* || *des Armées* || *Othomanes,* || *par les Armées* || *chrestiennes* || *En Hongrie, & dans* || *la Morée.* || *Avec la Prise de Plusieurs* || *Places sur les Infidelles.* || A Paris, || Chez Michel Guerout, Court-neuve du Palais, || au Dauphin. || M.DC.LXXXVII. || *Avec Privilege du Roy* : 14 ff., 214 pp., 1 f. — Ce volume, qui ne fait pas nécessairement partie de la collection du *Mercure,* est dédié « A Son Altesse Electorale monseigneur l'Electeur de Baviere ». — *Octobre* : 6 ff., 384 pp., 2 pll. de mus. et 1 fig. gravée par *Dolivar.*—Impr. de *C. Guillery.*—*Novembre* : 8 ff., 304 pp., 7 ff., 1 f. bl., 2 pll. de mus. et 1 fig. gravée par *Dolivar.* — *Decembre* : 7 ff., 334 pp., 1 fig. et 2 pll. de mus. — Impr. de *C. Guillery.*

### 1688 (20 vol.)

*Janvier* : 345 pp., 7 ff., 2 pll. de mus. et 1 fig. gravée par *Dolivar.* — *Fevrier* : 311 pp., 6 ff., 2 pll. de mus. et 1 fig. gravé par *Dolivar.* — *Mars* : 347 pp., 6 ff., 2 pll. de mus. et 1 fig. — *Avril.* [*Premiere Partie*] : 347 pp., 6 ff., 2 pll. de mus. et 1 fig. — *Histoire* || *de* || *Mahomet IV.* || *depossedé* || *Ou l'on voit beaucoup de choses* || *concernant l'Empire Othoman.* . . . || A Paris, || Chez Michel Guerout, Court-neuve || du Palais, au Dauphin. . . : 7 ff. lim., 298 pp., 1 f. bl. et 1 fig. — Ce volume est dédié « A monseigneur le duc de Noailles, pair de France, premier capitaine des gardes du corps du roy, etc. ». — *May.* [*PremierePartie*] : 330 pp., 3 ff., 1 fig. gravée par *Dolivar* et 1 pl. de mus. — *Suite* || *de* || *l'Histoire* || *de* || *Mahomet IV.* || *depossedé.* . . : 7 ff., 373 pp. et 1 fig. — Ce volume est dédié « A madame madame la duchesse de Noailles ». — *Juin.* [*Premiere Partie*] : 337 pp., 5 ff., 2 pll. de mus. et 1 fig. gravée par *Dolivar.* — *Histoire* || *de* || *Soliman III.* || *Servant de troisiéme Partie* || *à l'Histoire* || *de Mahomet IV.* || *depossedé* : 2 ff. et 392 pp. — *Juillet* : 338 pp., 5 ff., 2 pll. de mus. et 1 fig. — *Aoust* : 323 pp., 7 ff., 1 pl. de mus. et 1 fig. — *Septembre.* [*Premiere Partie*] : 333 pp., 1 f., 2 pll. de mus. et 1 fig. — *La* || *Feste* || *de* || *Chantilly.* || *Contenant tout ce* || *qui s'est passé pendant le sejour que* || *Monseigneur le Dauphin y a fait,* . . . || *Septembre 1688.* Seconde Partie : 1 f., 322 pp., 5 ff. — *Octobre.* [*Premiere Partie*] : 328 pp., 4 ff., 2 pll. de mus. et 1 fig. gravée par *Dolivar.* — *Affaires* || *du* || *Temps.* || *Octobre 1688.* || Seconde Partie : 5 ff., 361 pp. et 1 f. bl. — *Novembre.* [*Premiere Partie*] : 337 pp., 5 ff., 2 pll. de mus. et 1 fig. gravée par *Dolivar.* — *Suite* || *des* || *Affaires* || *du Temps.* . . : 3 ff., 334 pp. et 1 f. bl. — *Troisiéme Partie* || *des* || *Affaires* || *du Temps.* . . : 2 ff. et 392 pp. — *Decembre.* [*Premiere Partie*] : 352 pp., 2 ff., 1 fig. et 1 pl. de mus.— *Campagne* || *de* || *Monseigneur* || *le Dauphin* : 1 f., 274 pp., plus 84 pp. et 1 pl. de mus. pour le *Recueil* || *de* || *divers Ouvrages* || *faits* || *à la gloire* || *de Monseigneur* || *le Dauphin,* || *sur la Prise* || *de Philisbourg.*

### 1689 (19 vol.)

*Janvier* : 384 pp., 6 ff., 2 pll. de mus. et 1 fig. gravée par *Dolivar.* — *Fevrier.* [*Premiere Partie*] : 330 pp., 3 ff., 1 fig. gravée par *Dolivar* et 2 pll. de mus. — *Quatriéme Partie* || *des* || *Affaires* || *du Temps.* . . : 1 f., 338 pp. et 1 f. bl. — *Mars.* [*Premiere Partie*] : 334 pp., 1 f., 2 pll. de mus. et 1 fig. gravée par *Dolivar.* — *Cinquiéme Partie* || *des* || *Affaires*

## HISTOIRE. 291

|| *du Temps* : 1 f. et 504 pp. — *Avril* : 345 pp., 1 f., 2 pll. de mus. et 1 fig.
— *May*. [*Premiere Partie*] : 372 pp., 1 pl. de mus. et 1 fig. gravée par
Levesque.— *Sixiéme Partie* || *des* ||*Affaires* || *du Temps* : 6 ff. et 359 pp.
— *Juin*. [*Premiere Partie*] : 358 pp., 1 f., 2 pll. de mus. et 1 fig. gravée
par *Dolivar*. — *Septième Partie* || *des* || *Affaires* || *du Temps*.. : 16 ff.,
293 pp. et 5 ff. — *Juillet*. [*Premiere Partie*] : 355 pp., 2 ff., 2 pll. de
mus. et 1 fig. gravée par *Dolivar*. — *Huitiéme Partie* || *des* ||*Affaires* || *du
Temps*...: 17 ff., 317 pp., 4 ff. et 1 f. bl. — *Aoust*. [*Premiere Partie*] :
420 pp., 6 ff., 2 pll. de mus. et 1 fig. gravée par *Dolivar*. — *Affaires* || *du
Temps*. || *IX. Partie*. || *Contenant ce qui s'est passé* || *en Irlande & en
Ecosse*...: 48 ff. et 288 pp. — *Septembre* : 382 pp., 1 f., 2 pll. de mus.
et 1 fig. gravée par *Dolivar*. — *Octobre* : 336 pp., 6 ff., 2 pll. de mus. et
1 fig. gravée par *Dolivar*. — *Novembre* : 358 pp., 1 f., 2 pll. de mus.
et 1 fig. gravée par *Dolivar*. — *Decembre*. [*Premiere Partie*] : 324 pp.,
2 ff., 2 pll. de mus. et 1 fig. gravée par *Dolivar*. — *Affaires* || *du
Temps*. || *Dixieme Partie*...: 4 ff. et 399 pp.

### 1690 (13 vol., plus 1 vol. ajouté.)

*Janvier* : 301 pp., 4 ff., 2 pll. de mus. et 1 fig. gravée par *Dolivar*. —
*Fevrier* : 333 pp., 1 f., 1 pl. de mus. et 1 fig. gravée par *Dolivar*. —*Mars* :
333 pp., 1 f. 2 pll. de mus. et 1 fig. gravée par *Dolivar*. — *Avril* : 333 pp.,
1 f., 2 pll. de mus. et 1 fig.—*May* : 346 pp., 1 f., 1 pl. de mus. et 1 fig. —
*Juin* : 354 pp., 3 ff., 2 pll. de mus. et 1 fig — *Juillet*. [*Premiere Partie*] :
359 pp., 2 pll. de mus. et 1 tableau plié. — *Relation* || *de* || *la Bataille* ||
*donnée* || *Auprès de Fleurus par l'Armée du* || *Roy, le 1. Iuillet 1690.
sous les* || *ordres de M. le Maréchal Duc* || *de Luxembourg*... : 10 ff.,
274 et 76 pp., plus un grand plan dessiné par *F. de La Pointe*, gravé par
*Dolivar*. — Ce volume est dédié « A Son Altesse Royale monseigneur le duc
de Chartres ». — *Aoust* : 382 pp., 3 ff., 1 pl. de mus., 1 fig. gravée par
*Dolivar*, et 1 grand tableau. — *Septembre* : 342 pp., 3 ff., 2 pll. de mus.
et 1 fig. gravée par *Dolivar*. — *Octobre* : 325 pp., 1 f. et 2 pll. de mus. —
*Novembre* : 317 pp., 3 ff., 2 pll. de mus. et 1 fig. de *Dolivar*. —*Decembre* :
340 pp., 3 ff., 2 pll. de mus. et 1 fig. de *Dolivar*.

On a joint à ces 13 volumes :

Journal || de la Campagne || de Piemont, || Sous le Commandement || de
M<sup>r</sup> de Catinat, || Lieutenant General || des Armées de Sa Majesté. || L'Année
1690. || Par Monsieur Moreau de Brasey, || Capitaine dans le Regiment de
la Sarre. || *A Paris*, || *Chez Jean-Baptiste Langlois, dans la* ||*grande Salle
du Palais, vis à vis la grande* || *Chambre, à l'Ange Gardien*. || M. DC. XCI
[1691]. || Avec Privilege du Roy. In-12 de 1 f., 218 pp. et 1 f.

Le dernier f. contient un *Extrait* du privilège accordé pour six ans à
J.-B. *Langlois*, le 25 mai 1691. L'achevé d'imprimer est du 30 juin de la
même année.

### 1691 (12 vol., plus 1 vol. ajouté.)

*Janvier* : 339 pp., 3 ff., 2 pll. de mus. et 1 fig. gravée par *Vermeulen*.
— *Fevrier* : 304 pp., 2 ff., 2 pll. de mus., 1 fig. de *Dolivar*, plus 14 pp.
pour le *Catalogue des Livres nouveaux qui se débitent chez le Sieur
Guerout*, et 1 f. bl. — *Mars* : 414 pp., 2 ff., 1 f. bl., plus 2 pll. de mus. et
1 fig. de *Dolivar*. — *Avril* : 371 pp., 2 ff., 1 pl. de mus. et 1 fig. de
*Dolivar*. — *May* : 337 pp., 1 f., 2 pll. de mus. et 1 fig. de *Dolivar*. —
*Juin* : 351 pp., 1 f., 2 pll. de mus., 1 fig. de *Dolivar*, plus 6 pp. de *Catalogue* et 1 f. bl. — *Juillet* : 341 pp., 2 ff., 1 pl. de mus., 1 fig. de *Dolivar*,
1 tableau, 2 pp. de *Catalogue* et 1 f. bl. — *Aoust* : 344 pp., 2 ff., 2 pll.
de mus. et 1 fig. gravée par *J. Dolivar*. — *Septembre* : 366 pp., 3 ff.,
2 pll. de mus. et 1 fig. de *J. Dolivar*. — Le nom du libraire *M. Guerout*
est désormais remplacé au v° du titre par celui de sa veuve. — *Octobre* :
332 pp., 2 ff., 1 fig. de *J. Dolivar* et 1 pl. de mus. — *Novembre* : 321 pp.,
1 f., 1 fig. de *J. Dolivar* et 1 pl. de mus.—*Decembre* : 329 pp., 1 f., 1 fig.
de *J. Dolivar* et 1 pl. de mus., plus 4 pp. de *Catalogue*.

On a joint à l'année 1691 le volume suivant : Journal || de la Campagne
|| de Piemont, || Pendant l'Année 1691. || Et du Siege || de Montmelian, ||

292              HISTOIRE.

Sous le Commandement || de M^r de Catinat, || General des Armées || de Sa Majesté en Italie. || Par Monsieur Moreau de Brasey, || Capitaine dans le Regiment de la Sarre. || *A Paris,* || *Chez Claude Mazuel, Imprimeur & Libraire,* || *ruë Saint Jacques, devant la ruë du Plâtre,* || *dans la maison de la vieille Poste.* || M. DC. XCII [1692]. || Avec Privilege du Roy. In-12 de 201 pp. et 3 ff.

Le privilège, daté du 14 mai 1692, est accordé pour six ans à Jacques Moreau, qui déclare en faire cession à *Mazuel.* L'achevé d'imprimer est du 13 mai 1692.

### 1692 (13 vol.)

*Janvier* : 326 pp., 2 ff., 1 fig. de *Dolivar* et 1 pl. de mus., plus 6 pp. de *Catalogue* et 1 f. bl.— *Fevrier* : 353 pp., 1 f., 1 pl. de mus. et 2 figg., plus 4 pp. de *Catalogue.* — *Mars* : 333 pp., 1 f., 1 fig. et 1 pl. de mus. — *Avril* : 325 pp., 1 f., 1 fig. gravée par *F. Ertinger* et 1 pl. de mus., plus 8 pp. de *Catalogue.* — *May* : 337 pp., 1 f., 1 fig. de *F. Ertinger,* 1 tableau plié et 1 pl. de mus. — Le nom de la veuve *M. Guérout* est remplacé au v° du titre par celui de *Michel Brunet.* Ce nom est toujours précédé de ceux de *G. de Luyne* et de *T. Girard.*— *Juin* : 322 pp., 1 f., 1 fig. et 1 pl. de mus. — *Histoire* || *du* || *Siege* || *du Chasteau* || *de Namur,* || *A Paris,* || *Chez Michel Brunet,* || *Galerie-neuve du Palais,* || *au Dauphin.* || M. DC. XCII [1692]. || Avec Privilege du Roy. In-12 de 12 ff. lim. (dont le 1^er est blanc), 357 pp. et 1 f. bl., plus un grand plan gravé par *F. Ertinger.* Les ff. lim. contiennent une épître de Visé « A monseigneur, monseigneur le comte de Toulouze, amiral de France », et un avis. — *Juillet* : 334 pp., 1 f., 1 fig. et 1 pl. de mus.—*Aoust* 334 pp., 1 f., 1 fig. gravée par *F. Ertinger* et 1 pl. de mus.—*Septembre* : 341 pp., 1 f., 2 pll. de mus. et 4 pp. de *Catalogue.* — *Octobre* : 326 pp., 4 ff., 1 f. bl., 1 fig. gravée par *F. Ertinger* et 1 pl. de mus. — *Novembre* : 325 pp., 2 ff., 1 f. bl., 1 fig. de *F. Ertinger* et 1 pl. de mus. — *Decembre* : 330 pp., 3 ff., 1 fig. et 1 pl. de mus.

### 1693 (15 vol.)

*Janvier* : 333 pp., 1 f., 1 fig. gravée par *F. Ertinger* et 1 pl. de mus. — *Fevrier* : 330 pp., 2 ff., 1 fig. d'*Ertinger* et 1 pl. de mus. — *Etat present* || *des* || *Affaires* || *de* || *l'Europe.* || *A Paris,* || *Chez Michel Brunet,* || *Galerie-neuve du Palais,* || *au Dauphin.* || M. DC. XCIII [1693]. || *Avec Privilege du Roy.* 4 ff., dont le premier est blanc, et 352 pp. — *Mars* : 340 pp., 2 ff., 1 fig. et 1 pl. de mus. — *Avril* : 331 pp., 2 ff., 1 fig. et 1 pl. de mus. — *May* : 338 pp., 1 f., 1 fig. de *F. Ertinger* et 1 pl. de mus. — *Juin* : 336 pp., 2 ff., 1 fig. de *F. Ertinger* et 1 pl. de mus. — *Juillet* : 332 [*lis.* 333] pp., 1 f., 1 fig. de *F. Ertinger* et 1 pl. de mus. — *Aoust* : 333 pp., 1 f., 1 fig. de *F. Ertinger* et 1 pl. de mus. — *Relation* || *de la* || *Bataille* || *de* || *Neervvinde.* || *Gagnée par l'Armée* || *du Roy, commandée par M.* || *le Marechal Duc de Luxem-* || *bourg.* || *A Paris,* || *Chez Michel Brunet,* || *Galerie-neuve du Palais,* || *au Dauphin.* || M. DC. XCIII. || *Avec Privilege du Roy.* In-12 de 17 ff. lim. et 240 pp. — En tête de ce volume est une longue épître de Visé « Au roy ». — *Septembre* : 333 pp., 1 f., 1 fig. signée des initiales de *F. Ertinger,* et 1 pl. de mus. — *Octobre* : 334 pp., 1 f., 1 pl. de mus. et 1 fig. d'*Ertinger.* — *Novembre* : 327 pp., 2 ff. et 1 pl. de mus. — *Journal* || *de* || *la Campagne* || *de* || *Piémont.* || *Avec le détail de la Ba-* || *taille donnée à la Mar-* || *saille le 4.* *Octobre 1693.* || *A Paris,* || *Chez Michel Brunet,* || *Grand Salle du Palais,* || *au Mercure Galant.* || M. DC. XCIII. || *Avec Privilege du Roy.* In-12 de 10 ff. et 362 pp. — Ce volume est dédié « A Son Altesse monseigneur le duc de Vendosme ». — *Decembre* : 349 pp., 1 f., 1 fig. de *F. Ertinger* et 1 pl. de mus.

### 1694 (12 vol.)

*Janvier* : 326 pp., 2 ff., 1 fig. de *F. Ertinger* et 1 pl. de mus.— *Fevrier* : 346 pp., 1 f., 1 fig. de *F. Ertinger* et 1 pl. de mus. — *Mars* : 330 pp., 2 ff., 1 f. bl., 1 fig. d'*Ertinger* et 1 pl. de mus. — *Avril* : 344 pp., 2 ff., 1 fig. et 1 pl. de mus. — *May* : 341 pp., 3 ff., 1 fig. d'*Ertinger* et 1 pl.

# HISTOIRE. 293

de mus. — *Juin* : 365 pp., 3 ff., 1 plan gravé par *Ertinger* et 1 pl. de mus. — *Juillet* : 342 pp., 2 ff., 1 f. bl. et 2 plans gravés par *Ertinger*.— *Aoust* : 343 pp., 2 ff., 1 fig. d'*Ertinger* et 1 pl. de mus. — *Septembre* : 356 pp., 2 ff., 1 f. bl., 1 fig. d'*Ertinger* et 1 pl. de mus. — *Octobre* : 329 pp., 3 ff. et 2 figg. — *Novembre* : 325 pp., 2 ff., 1 f. bl., 1 fig. et 1 pl. de mus. — *Decembre* : 328 pp., 2 ff., 1 fig. d'*Ertinger* et 1 pl. de mus.

### 1695 (12 vol.)

*Janvier* : 344 pp., 2 ff., 1 fig. d'*Ertinger* et 1 pl. de mus. — *Fevrier* : 320 pp., 2 ff., 1 fig. d'*Ertinger* et 1 pl. de mus. — *Mars* : 334 pp., 1 f., 1 fig. d'*Ertinger* et 1 pl. de mus. — *Avril* : 330 pp., 2 ff., 1 f. bl., 1 fig. d'*Ertinger* et 1 pl. de mus. — *May* : 332 pp., 2 ff., 1 fig. d'*Ertinger* et 1 pl. de mus.— *Juin* : 333 pp., 1 f., 1 tableau plié et 1 pl. de mus.— *Juillet* : 343 pp., 2 ff., 1 tableau plié et 1 pl. de mus.— *Aoust* : 341 pp., 2 ff., 1 fig. d'*Ertinger* et 1 pl. de mus. — *Septembre* : 333 pp., 2 ff., 1 fig. d'*Ertinger* et 1 pl. de mus.— *Octobre* : 326 pp., 2 ff., 1 fig. et 1 pl. de mus. — *Novembre* : 333 pp., 1 f., 1 fig. et 1 pl. de mus. — *Decembre* : 326 pp., 4 ff., 1 f. blanc, 1 fig. et 1 pl. de mus.

### 1696 (12 vol.)

*Janvier* : 335 pp. et 2 pll. de mus. — *Fevrier* : 329 pp., 3 ff., 1 fig. d'*Ertinger* et 1 pl. de mus. — *Mars* : 329 pp., 2 ff., 1 f. bl., 1 fig. d'*Ertinger* et 1 pl. de mus. — *Avril* : 338 pp., 1 f. et 1 pl. de mus.— *May* : 333 pp., 1 f., 1 fig. et 1 pl. de mus.— *Juin* : 335 pp., 1 tableau plié et 1 pl. de mus. — *Juillet* : 334 pp., 1 f., 1 fig. d'*Ertinger* et 1 pl. de mus. — *Aoust* : 337 pp., 1 f., 1 fig. d'*Ertinger* et 1 pl. de mus.—*Septembre* : 332 pp., 1 f., 1 f. bl., 1 fig. et 1 pl. de mus. — *Octobre* : 326 pp., 3 ff., 1 fig. d'*Ertinger* et 1 pl. de mus. — *Novembre* : 333 pp., 1 f., 1 fig. d'*Ertinger* et 1 pl. de mus.— *Decembre* : 310 pp., 1 f., 1 fig. de *V. Hantier* et 1 pl. de mus.

### 1697 (12 vol.)

*Janvier* : 298 pp., 1 f., 1 fig. gravée par *F. Ertinger* et 1 pl. de mus.— *Fevrier* : 286 pp., 1 f., 1 fig. [de *V. Hantier*] et 1 pl. de mus. — *Mars* : 276 pp., 2 ff., 1 pl. de mus. et 1 fig. d'*Ertinger*. — *Avril* : 281 pp., 3 ff. et 1 pl. de mus. — *May* : 293 pp., 1 f., 1 fig. d'*Ertinger* et 1 pl. de mus. — *Juin* : 285 pp., 1 f., 1 plan gravé par *Ertinger* et 1 pl. de mus. — *Juillet* : 305 pp., 1 f., 1 pl. de mus. et 1 plan. — *Aoust* : 285 pp., 1 f., 1 fig. d'*Ertinger* et 1 pl. de mus. — *Septembre* : 290 pp., 1 f., 1 fig. d'*Ertinger* et 1 pl. de mus. — *Octobre* : 282 pp., 2 ff., 1 f. bl., 1 fig d'*Ertinger* et 1 pl. de mus. — *Novembre* : 282 pp., 2 ff. et 2 pll. de mus. — *Decembre* : 284 pp., 2 ff., 1 fig. et 1 pl. de mus.

### 1698 (12 vol.)

*Janvier* : 210 pp., 1 f. et 1 fig. — On ne lit plus au v° du titre que les noms de *G. de Luynes* (sic) et de *Michel Brunet*. Le nom de *Th. Girard* a disparu. — *Fevrier* : 287 pp. et 2 pll. de mus. — *Mars* : 286 pp., 1 f. et 2 pll. de mus.— *Avril* : 269 pp., 3 ff. et 2 pll. de mus. — *May* : 284 pp., 2 ff. et pll. de mus. — *Juin* : 282 pp., 3 ff. et 2 pll. de mus. — *Juillet* : 286 pp., 1 f. et 1 pl. de mus. — *Aoust* : 285 pp., 1 f. et 2 pll. de mus. — *Septembre* : 278 pp., 2 ff., 1 f. bl. et 2 pll. de mus. — *Octobre* : 288 pp., 2 ff. et 2 pll. de mus. — *Novembre* : 308 pp., 2 ff., 1 f. blanc et 2 pll. de mus. — *Decembre* : 285 pp., 1 f. et 2 pll. de mus.

### 1699 (12 vol.)

*Janvier* : 285 pp., 1 f. et 1 grande fig. gravée par *Ertinger*. — *Fevrier* : 292 pp., 2 ff. et 2 pll. de mus. — *Mars* : 275 pp., 2 ff. et 2 pll. de mus. — *Avril* : 276 pp., 2 ff. et 2 pll. de mus. — *May* : 281 pp., 1 f. et 2 pll. de mus. — *Juin* (le titre porte par erreur *May*) : 278 pp., 3 ff. et 2 pll. de mus. — *Juillet* : 284 pp., 2 ff. et 2 pll. de mus. — *Aoust* : 294 pp., 2 ff., 1 f. blanc et 1 pll. de mus. — *Septembre* : 283 pp., 2 ff. et 2 pll. de mus. — *Octobre* : 282 pp., 1 f. et 1 fig. de mode gravée par *Ertinger*.— *Novembre* : 290 pp., 3 ff. et 2 pll. de mus. — *Decembre* : 286 pp., 1 f. et 2 pll. de mus.

## 1700 (12 vol.)

*Janvier* : 286 pp., 1 f. et 1 fig. gravée par *Ertinger*. — *Fevrier* : 285 pp., 1 f. et 1 fig. d'*Ertinger*. — *Mars* : 280 pp., 3 ff. et 1 fig. d'*Ertinger*. — *Avril* : 298 pp., 1 f. et 2 pll. de mus. — *May* : 284 pp., 2 ff. et 2 pl. de mus. — *Juin* : 281 pp., 2 ff., 1 f. blanc et 2 pll. de mus. — *Juillet* : 302 pp., 3 ff. et 2 pll. de mus. — *Aoust* : 274 pp., 3 ff. et 2 pll. de mus. — *Septembre* : 285 pp., 1 f. et 2 pll. de mus. — *Octobre* : 281 pp., 1 f. et 1 fig. (Le v° du titre ne porte plus que le nom de *Michel Brunet* ; le nom de *G. de Luyne* a disparu). — *Novembre* : 277 pp., 2 ff., 1 f. blanc et 2 pll. de mus. — — *Decembre* : 287 pp. et 1 pl. de mus.

## 1701 (14 vol.)

*Janvier* : 390 pp., 3 ff. et 2 pll. de mus. — *Fevrier* : 368 pp., 3 ff., 1 f. blanc et 1 fig. gravée par *F. Ertinger*. — [*Mars.*] *Dedié à S. E. Monseigneur l'Ambassadeur d'Espagne* : 8 ff. pour le titre et pour une épître « A Son Excellence monseigneur D. Emanuel d'Oms et de Santa-Pau, Sant-Manat et Lanuza, marquis de Castel dos Rius, etc. », 544 pp., 8 ff., et 1 f. blanc. — *Avril. Tome I* : 332 pp. et 2 ff. — *Tome II* : 320 pp., 2 ff. et 1 fig. gravée par *Ertinger*. — *May. Tome I* : 377 pp. et 3 ff. — *Tome II* : 354 pp., 2 ff. et 1 f. blanc. — *Juin* : 403 pp., 2 ff. et 2 pll. de mus. — *Juillet* : 374 pp., 3 ff. et 1 fig. gravée par *F. Ertinger* d'après *Bérain*. — *Aoust* : 369 pp., 1 f. et 2 pll. de mus. — *Septembre* : 438 pp., 2 ff., 1 f. blanc et 2 pll. de mus. — *Octobre* : 438 pp., 3 ff. et 2 pll. de mus. (Un avis placé au v° du titre annonce que le prix des volumes du *Mercure* est légèrement augmenté. Une augmentation avait déjà été faite au mois de juin. Les volumes reliés en veau se vendaient une pièce de 30 sols, monnaie courante, et les volumes reliés en parchemin, 33 sols.) — *Novembre. Dedié à Sa Majesté Catholique Philippe V* : 12 ff., 427 pp., 2 ff. et 2 pll. de mus. — *Decembre* : 428 pp., 2 ff. et 2 pll. de mus., plus 1 f. et 12 pp. de *Catalogue*.

## 1702 (14 vol.)

*Janvier* : 456 pp., 1 f. et 1 fig. signée des initiales d'*Ertinger*. (Le prix des volumes est porté à 38 sous avec reliure en veau, et à 35 sous, avec reliure en parchemin.) — *Fevrier* : 414 pp., 3 ff. et 2 pll. de mus. — *Relation de la Journée de Cremone, et de la Défaite des Troupes Imperiales, avec la Suite des Affaires d'Italie*. A Paris, Chez Michel Brunet.... M. DCCII. Avec Privilege du Roy : 2 ff. et 456 pp. (Ce volume, publié en quelques jours, est imprimé avec des caractères de plusieurs corps.) — *Mars* : 452 pp., 4 ff. et 2 pll. de mus. — *Avril* : 462 pp., 3 ff. et 2 pll. de mus. — *May* : 448 pp., 3 ff., 1 f. blanc et 2 pll. de mus. — *Juin* : 501 pp., 1 f. et 2 pll. de mus. (En même temps que ce volume en parut un second que nous ne possédons pas : *Relations diverses contenant la journée de Nimegue, et tout ce qui s'est passé ce jour-là à l'armée de monseigneur le duc de Bourgogne, etc.*) — *Juillet* : 404 [lis. 402] pp., 3 ff. et 2 pll. de mus. — *Aoust* : 415 pp., 2 ff. et 2 pll. de mus. — *Affaires de la Guerre, contenant le Journal du blocus de Mantoue et la suite du Journal de l'armée de Monseigneur le Duc de Bourgogne*. A Paris, au Palais, chez Michel Brunet... M. DCCII : 1 f., 346 pp. et 1 f. blanc. — *Septembre* : 452 pp., 2 ff. et 2 pll. de mus. — *Octobre* : 452 pp.. 2 ff. et 1 fig. — *Novembre* : 405 pp., 1 f. et 2 pll. de mus. — *Decembre* : 414 pp., 2 ff., 1 f. blanc et 1 pl. de mus.

## 1703 (11 vol.)

*Janvier* : 434 pp., 1 f. et 1 fig. gravée par *F. Ertinger*. — *Fevrier* : 482 pp., 2 ff., 1 fig. et 1 pl. de mus. — *Mars* : 391 pp., 2 ff. et 2 pll. de mus. — *Avril* : 429 pp., 3 ff. et 2 pll. de mus. — *May* : 409 pp., 3 ff. et 2 pll. de mus. — *Juin* : 454 pp., 4 ff., 1 f. blanc et 2 pll. de mus. — *Juillet* : 404 pp., 2 ff. et 2 pll. de mus. — *Aoust* : 408 pp., 4 ff., 2 pll. de mus. et un Catalogue de *M. Brunet* en 36 pp. — *Septembre* : 396 pp., 3 ff., 1 f. blanc et 2 pll. de mus. — *Octobre et Novembre* : 448 pp., 2 ff. et 2 pll. de mus. (Une maladie des yeux dont Visé souffrit pendant plusieurs mois entrava la publication du *Mercure*, et fit suspendre l'impression d'un supplé-

# HISTOIRE. 295

ment annoncé sur le siège de Brissac.) — *Decembre* : 408 pp., 3 ff., 1 f. blanc et 2 pll. de mus.

### 1704 (13 vol.)

*Janvier* : 414 pp., 3 ff., 1 fig. gravée par *F. Ertinger* et un *Catalogue* en 36 pp. — *Fevrier* : 394 pp., 3 ff., 1 f. blanc et 2 pll. de mus. — *Mars* : 379 pp., 2 ff. et 2 pll. de mus. — *Avril* : 408 pp., 5 ff., 1 f. blanc et 2 pll. de mus. — *May* : 368 [*lis.* 458] pp., 3 ff. et 2 pll. de mus. — *Juin* : 428 pp., 5 ff., 1 f. blanc et 1 plan gravé par *A. Coquart.* — *Juillet. Premiere Partie* : 449 pp.. 3 ff. et 2 pll. de mus. — *Rejouissances faites pour la naissance de Monseigneur le Duc de Bretagne. Juillet 1704. Seconde Partie* : 406 pp. (lis. 408 pp., parce que les nos 71-72 sont doubles). — *Aoust* : 443 pp., 3 ff., 1 f. blanc et 2 pll. de mus. — *Septembre* : 452 pp., 2 ff. et 2 pll. de mus. — *Octobre* : 451 pp., 2 ff. et 2 pll. de mus. — *Novembre* : 426 pp., 3 ff. et 2 pll. de mus. — *Decembre* : 414 pp., 3 ff. et 1 fig.

### 1705 (12 vol.)

*Janvier* : 412 pp., 3 ff., 1 f. blanc et 1 fig. gravée par *J. F. Bernard*. — *Fevrier* : 408 pp., 2 ff. et 2 pll. de mus. — *Mars* : 391 pp.. 2 ff. et 1 fig. — *Avril* : 449 pp., 3 ff. et 2 pll. de mus. — *May* : 468 pp., 3 ff., 1 f. blanc et 2 pll. de mus. — *Juin* : 395 pp., 3 ff., 1 f. blanc et 2 pll. de mus. — *Juillet* : 420 pp., 4 ff. et 2 pll. de mus. — *Aoust* : 416 pp., 2 ff. et 2 pll. de mus. — *Septembre* : 379 pp., 2 ff. et 2 pll. de mus. — *Octobre* : 413 pp., 3 ff. et 2 pll. de mus. — *Novembre* : 414 pp., 3 ff., et 2 pll. de mus. — *Decembre* : 425 pp., 3 ff. et 2 pll. de mus.

### 1706 (12 vol.)

*Janvier* : 436 pp., 2 ff. et 1 fig. — *Fevrier* : 403 pp., 2 ff. et 2 pll. de mus. — *Mars* : 411 pp., 2 ff. et 1 fig. — *Avril* : 540 pp., 4 ff. et 1 pl. de mus. — *May* : 428 pp., 2 ff. et 2 pll. de mus. — *Juin* : 416 pp., 2 ff. et 1 pl. de mus. — *Juillet* : 450 pp., 3 ff. et 2 pl. de mus. (Avec ce volume parut un *Journal du siège de Turin*, que nous ne possédons pas.) — *Aoust* : 441 pp., 1 f. et 2 pll. de mus. — *Septembre* : 379 pp., 2 ff. et 2 pll. de mus. — *Octobre* : 393 pp., 1 f. et 2 pll. de mus. — *Novembre* : 379 pp., 2 ff., 1 fig. gravée par *F. Ertinger* et 1 pl. de mus. — *Decembre* : 367 pp., 2 ff. et 2 pll. de mus.

### 1707 (13 vol.)

*Janvier* : 411 pp., 2 ff. et 1 fig. gravée par *F. Ertinger* — *Fevrier* : 400 pp., 3 ff., 1 f. blanc et 2 pll. de mus. — *Mars* : 414 pp., 3 ff. et 2 pll. de mus. — *Avril* : 405 pp., 1 f. et 2 pll. de mus. — *May* : 452 pp., 2 ff., 2 pll. de mus., plus un *Catalogue* du libraire *Brunet* en 36 pp. et 2 ff. — *Juin* : 409 pp., 3 ff., 1 f. blanc et 2 pll. de mus. — *Juillet* : 393 pp., 1 f. et 2 pll. de mus. — *Aoust* : 392 pp., 2 ff. et 2 pll. de mus. — *Septembre* : 428 pp., 2 ff. et 2 pll. de mus. — *Octobre* : 426 pp., 3 ff. et 2 pll. de mus. — *Histoire du siege de Toulon. Où l'on voit les raisons politiques qui ont fait agir ceux qui l'ont entrepris ; & tout ce qui s'est passé depuis le jour que Mr de Savoye est entré en Provence, jusqu'au jour que ce Prince en est sorty. Avec un Plan qui n'a point encore esté vû. Divisée en II Parties.* A Paris, Chez Michel Brunet.... M. DCCVII. *Avec Privilege du Roy.* [*Premiere Partie* :] 20 ff. pour le titre, une épître « Au roy », signée DEVIZÉ, et la *Preface* ; un grand plan gravé par *Liébaux*, « geografe » ; 545 pp. et 1 f. blanc. — *Seconde Partie* : 352 et 186 pp. — On lit à la fin : *De l'Imprimerie de D. Jollet, au Livre Royal.* — *Nov. et Dec.* : 691 pp., 2 ff. et 2 pll. de mus. (Le prix de ce volume double était exceptionnellement de 55 s. en veau, de 52 s. en parchemin, et de 50 s. en feuilles.)

### 1708 (13 vol.)

*Janvier* : 416 pp., 3 ff., 1 f. blanc et 1 fig. gravée par *F. Ertinger.* — *Fevrier* : 365 pp., 2 ff., 1 f. blanc et 2 pll. de mus. — *Mars* : 384 pp., 2 ff. et 2 pll. de mus. — *Avril* : 392 pp., 2 ff. et 2 pll. de mus. — *May* : 413 pp., 3 ff. et 2 pll. de mus. — *Juin* : 436 pp., 3 ff., 1 f. blanc et 2 pll. de mus.

## HISTOIRE.

— *Juillet* : 396 pp., 3 ff., 1 f. blanc et 2 pll. de mus. — *Supplement du Mercure du mois de Juillet, contenant Tout ce qui s'est passé en Flandre...* : 480 pp. — *Aoust* : 401 pp., 3 ff. et 2 pll. de mus. — *Septembre* : 403 pp., 2 ff. et 2 pll. de mus. — *Octobre* : 370 pp., 1 f. et 2 pll. de mus. — *Novembre* : 366 pp., 3 ff. et 2 pll. de mus.— *Decembre* : 390 pp., 3 ff. et 2 pll. de mus.

### 1709 (12 vol.)

*Janvier* : 368 pp., 2 ff. et 1 fig. de F. *Ertinger*. — *Fevrier* : 392 pp., 2 ff. et 2 pll. de mus. — *Mars* : 366 pp., 3 ff. et 2 pll. de mus. — *Avril* : 448 pp., 3 ff. et 2 pll. de mus. — *May* : 408 pp., 3 ff., 1 f. blanc et 2 pll. de mus. — *Juin* : 383 pp., 2 ff. et 2 pll. de mus. — *Juillet* : 410 pp., 5 ff. et 2 pll. de mus. — *Aoust* : 421 pp., 3 ff. et 2 pll. de mus. — *Septembre* : 413 pp., 2 ff. et 2 pll. de mus. — *Octobre* : 390 pp., 3 ff. et 2 pll. de mus. — *Novembre* : 377 pp., 3 ff. et 2 pll. de mus. — *Decembre* : 351 pp., 2 ff. et 2 pll. de mus.

### 1710 (9 vol.)

*Janvier* : 393 pp., 1 f. et 2 pll. de mus. — *Fevrier* : 356 pp., 2 ff. et 1 fig. non signée. — *Mars* : 386 pp., 2 ff., 1 f. blanc et 2 pll. de mus. — *Avril* : 350 pp., 1 f. et 2 pll. de mus. — *May* : 294 pp., 3 ff. et 2 pll. de mus.— *Juin, Juillet & Aoust* : 12 ff., 282 pp., 6 ff. (Jean Donneau de Vizé étant mort le 8 juillet 1710, la publication du *Mercure* fut quelque temps interrompue. Le journal fut repris au mois de septembre par CHARLES DU FRESNY, SIEUR DE LA RIVIÈRE. Le présent volume et les suivants portent au titre les mots : *Mercure galant*, et un fleuron représentant Mercure et l'Amour. Au v° du titre on lit : *Mercure galant. Par le Sieur Du F\*\*\*. Mois de Juin , Juillet & Aoust.* A Paris, Chez Daniel Jollet, au Livre Royal, au bout du Pont S. Michel du côté du Palais. Pierre Ribou, à l'Image S. Louis, sur le Quai des Augustins. & Gilles Lamesle, à l'entrée de la ruë du Foin, du côté de la ruë Sainct Jacques. — Le privilège, daté du 30 août 1710, n'est accordé à l'éditeur que pour trois ans.) — *Septembre & Octobre* : 359 pp., 4 ff. et 3 pll. de mus., plus 2 ff. pour un Catalogue de Ribou. — *Novembre* : 306 pp., 3 ff. et 1 pl. de mus. — *Decembre* : 396 pp., 1 f.

### 1711 (12 vol.)

*Janvier* : 341 pp., 3 ff. — *Fevrier* : 240 (lis. 252), xij et 140 pp., 2 ff. — *Mars* : 36 ff. non chiffr., 300 pp., cotées 25-324, 4 ff. — *Avril* (le titre est modifié ; le fleuron a disparu ; par contre les initiales de l'éditeur et les noms des libraires sont placés au r°, au lieu d'être au v°) : 46 pp., 1 f. bl., 60, 120, 88 et 72 pp. — *May* (le titre de ce volume et des suivants est disposé comme au mois de juin 1710) : 60, 144, 96, 40 et 72 pp., 2 ff. — *Juin* : 132 et 72 pp., 2 pll. de mus., 120 et 92 pp., 2 ff., plus 4 pp. pour un Catalogue de *P. Ribou*, et 1 f. blanc. — *Juillet* : 64, 156, 48 et 164 pp., 1 f. de Table et 1 f. blanc. — *Aoust* : 96, 132, 59 et 72 pp., plus le Catalogue de *P. Ribou*. — *Septembre* : 84, 108, 86, 93 pp., 1 f., plus le Catalogue de *P. Ribou*. — *Octobre* : 76, 84, 60 et 136 pp., 4 ff., 1 pl. de mus., plus le catalogue de *P. Ribou*. — *Novembre* : 60, 120, 60 et 119 pp., plus 1 pl. de mus et le Catalogue de *P. Ribou*.— *Decembre* : 120, 72, 48 et 117 pp., 1 f., 1 pl. de mus. et le Catalogue de *P. Ribou*.

### 1712 (12 vol.)

*Janvier* : 329 pp., 3 ff., 1 pl. de mus., plus le Catalogue de *P. Ribou*. — *Fevrier* (le titre est disposé par exception comme au mois d'avril 1711) : 18 ff., 308 pp. cotées 25-332, 1 f. — *Mars* : 328 pp., 3 ff. — *Avril* : 318 pp., 2 ff., 1 f. blanc, plus le Catalogue de *P. Ribou*. — *May* : 305 pp., 2 ff., 1 f. blanc, plus un Catalogue de *P. Ribou* en 15 pp.— *Juin* : 306 pp., 2 ff., 1 f. blanc. — *Juillet* : 298 pp. 2 ff., 1 f. blanc, plus le Catalogue de *P. Ribou*.— *Aoust* : 306 pp., 2 ff., 1 f. blanc, plus le Catalogue. — *Septembre* : 306 pp., 2 ff. et 1 f. blanc. — *Octobre* : 306 pp., 2 ff. et 1 f. blanc. — *Novembre* : 297 pp., 1 f., plus le Catalogue. — *Decembre* : 295 pp. et 2 ff.

# HISTOIRE.

### 1713 (12 vol.)

*Janvier* : 296 pp., 2 ff., plus le Catalogue de *P. Ribou* en 15 pp.— *Fevrier* : 295 pp., 1 f. et 1 f. blanc. — *Mars* : 286 pp. et 1 f. — *Avril* : 288 pp. et 1 f. — *May* : 281 pp., 2 ff. et 1 f. blanc. — *Juin* : 284 pp. et 2 ff. — *Juillet* : 283 pp., 1 f. et 1 f. blanc. — *Aoust* : 282 pp. et 2 ff. — *Septembre* : 284 pp. et 2 ff. — *Octobre* : 284 pp. et 2 ff. — *Novembre* : 281 pp. et 1 f.— *Decembre* : 284 pp. et 2 ff.

### 1714 (12 vol.)

*Janvier* : 285 pp. et 1 f. — *Fevrier* : 282 pp., 2 ff. et 1 f. blanc. — *Mars* : 284 pp., 1 f. et 1 f. blanc. — *Avril* : 282 pp., 2 ff. et 1 f. blanc.

### IV. — NOUVEAU MERCURE GALANT.

*May* : 288 pp. (Ce volume et les suivants portent le titre de *Nouveau Mercure galant*. Le fleuron inauguré en 1710 a été conservé ; mais la publication est passée entre les mains d'un nouvel éditeur. On lit au vº du titre, au-dessus des noms des libraires : Par le Sieur L. F., c'est-à-dire : LE FÈVRE DE FONTENAY. Celui-ci avoue que le *Mercure* est en décadence ; mais il espère que son attachement et son attention le mettront à l'abri des reproches qu'on a pu faire à son associé. Ces mots prouvent que Le Fèvre de Fontenay travaillait précédemment au *Mercure*.) — *Juin* : 295 pp., 1 f. et 1 f. blanc. — *Juillet* : 296 pp. et 2 ff. — *Aoust* (le nom de *Gilles Lemesle* est remplacé au vº du titre par celui de *Pierre Huet*, sur le second perron de la Sainte Chapelle, au Soleil levant) : 368 pp., 4 ff. et 1 pl. de mus. — *Septembre* : 353 pp., 3 ff. et 1 pl. de mus. — *Octobre* : 355 pp., 2 ff. et 1 pl. de mus.— *Novembre* : 358 pp., 1 f. et 1 pl. de mus. — *Decembre* : 342 pp., 3 ff. et 1 pl. de mus. (Le nom de l'éditeur : LE FÈVRE se trouve désormais en toutes lettres au vº du titre.)

### 1715 (14 vol.)

*Janvier* : 356 pp., 2 ff., 1 fig. et 1 pl. de mus. — *Journal historique du Voyage de l'Ambassadeur de Perse en France. Février 1715*. A Paris, Chez D. Jollet & J. Lamesle, au bout du Pont Saint Michel, au Livre Royal. M DCCXV. Avec Privilege du Roy : 284 pp. et 2 ff. — *Mars* (on ne lit plus au vº du titre que les noms de *D. Jollet* et *J. Lamesle*) : 302 pp., 2 ff., 1 f. blanc et 1 pl. de mus. — *Avril* : 330 pp., 3 ff. et 1 pl. de mus. — *May* : 316 pp., 2 ff. et 1 pl. de mus. — *Juin* : 307 pp., 2 ff. et 1 pl. de mus. — *Aoust* : 331 pp., 3 ff. et 1 pl. de mus. — *Septembre* : 310 pp., 1 f. et 1 pl. de mus. — *Octobre* : 282 pp., 3 ff. et 1 pl. de mus. — *Journal historique de tout ce qui s'est passé depuis les premiers jours de la Maladie de Loüis XIV. jusqu'au jour de son Service à Saint Denis. Avec une Relation exacte de l'avénement* [sic] *de Loüis XV. à la Couronne de France*. A Paris, Chez D. Jollet, & J. Lamesle, etc. : 322 pp., et 1 f. — *Novembre* : 308 pp., 2 ff. et 1 pl. de mus. — *Decembre* : 310 pp., 1 f., 1 pl. de mus. et 1 fig.

### 1716 (11 vol.)

*Janvier* : 262 pp., 1 f. et 1 pl. de mus., plus une seconde partie intitulée : *Critique sur l'Examen pacifique de M. l'Abbé de Fourmont. Supplément du Mercure de Decembre 1715. Nouvelles littéraires*. A Paris, Chez D. Jollet, & J. Lamesle, etc. : 48 pp. — *Fevrier* : 297 pp., 1 f. et 1 pl. de mus. — *Mars* : 292 pp. et 2 ff. — *Avril* : 284 pp., 2 ff. et 1 pl. de mus. — *May* : 312 pp., 1 f. et 1 pl. de mus. — *Juin* : 310 pp., 1 f. et 1 pl. de mus. — *Juillet* : 296 pp., 2 ff. et 1 pl de mus. — *Aoust* : 285 pp., 1 f. et 1 pl. de mus.— *Septembre* : 297 pp., 1 f. et 1 pl. de mus. — *Octobre* : 286 pp., 1 f. et 1 pl. de mus.

### V. — LE NOUVEAU MERCURE.

### 1717 (12 tom. en 6 vol.)

*Le nouveau Mercure. Le prix est de 30. sols relié en veau, & 25. sols broché. Janvier 1717*. A Paris, Chez Pierre Ribou, Quay des Augustins, à l'Image S. Louis. Et Gregoire Dupuis, rue S. Jacques, à la Fontaine d'or.

M. D. CC. XVII. Avec Approbation & Privilege du Roy : 8 ff., 265 pp., 3 ff. et 1 pl. de mus. (Un arrêt du conseil du 28 novembre 1716 ayant fait défense à Le Fèvre de Fontenay de continuer la publication du *Mercure*, à cause des choses scandaleuses qui s'y étaient glissées, l'abbé FRANÇOIS BUCHET obtint du roi un nouveau privilège de six ans à la date du 19 janvier 1717. En tête du présent volume est une préface où Buchet fait en quelques mots l'histoire du journal et parle des améliorations qu'il se propose d'y introduire. La principale est que le *Mercure* est mieux imprimé et que le format en est notablement agrandi. On lit à la p. 265 du présent volume : *De l'Imprimerie de J. François Grou, rue de la Huchette, au Soleil d'or*. Les derniers ff. contiennent la *Table*, les *Errata*, l'*Approbation* et le *Privilége*. — *Fevrier* : 184 pp. et 3 ff. — *Mars* (le titre porte désormais un fleuron avec cette devise : *Mandata per auras refert*) : 195 pp. et 1 pl. de mus. — *Avril* : 215 pp. — *May* : 190 pp., 1 f. et 1 pl. de mus. — *Juin* : 215 pp., 1 f. et 1 pl. de mus. — *Juillet* : 215 pp. et 1 pl. de mus. — *Aoust* : 191 pp. et 1 pl. de mus. — *Septembre* : 191 pp., 1 carte des environs de Belgrade et 1 pl. de mus. — *Octobre* : 192 pp. et 1 pl. de mus. — *Novembre* : 227 pp. et 1 pl. de mus. — *Decembre* : 299 pp. et 1 pl. de mus.

### 1718 (12 tom. en 6 vol.)

*Janvier* (les volumes portent désormais les noms de *Guillaume Cavelier*, au Palais, *Pierre Ribou*, quay des Augustins, etc., et *Gregoire Dupuis*) : 203 pp. et 1 pl. de mus. — *Fevrier* : 238 pp., 1 f. et 1 pl. de mus. — *Mars* (le nom de *Gregoire Dupuis* est remplacé sur le titre par celui de *Guillaume Cavelier fils, rue S. Jacques, à la Fleur de Lys*) : 216 pp. et 1 pl. de mus. — *Avril* : 216 pp. et 1 pl. de mus. — *May* : 215 pp. et 1 pl. de mus. — *Juin* : 216 pp. et 1 pl. de mus. — *Juillet* : 216 pp. et 1 pl. de mus. — *Aoust* (*De l'Imprimerie de J. Josse, rue saint Jacques, à la Colombe royale*) : 200 pp. et 2 pll. de mus. — *Septembre* (ce volume et les suivants portent : *De l'Imprimerie de Jacques Chardon, rue du Petit Pont, proche le petit Châtelet, à la Croix d'or*) : 216 pp. et 1 pl. de mus. — *Octobre* : 194 pp. et 1 pl. de mus. — *Novembre* : 192 pp. et 1 pl. de mus. — *Decembre* : 203 pp. et 1 pl. de mus.

### 1719 (12 tom. en 6 vol.)

*Janvier* : 201 pp. et 1 pl. de mus. — *Février* : 192 pp. et 1 pl. de mus. — *Mars* : 192 pp. et 1 pl. de mus. — *Avril* : 214 pp., 1 f. et 1 pl. de mus. — *May* : 203 pp. et 1 pl. de mus. — *Juin* (le nom de *Pierre Ribou* est remplacé par celui de sa veuve) : 203 pp. et 1 pl. de mus. — *Juillet* : 191 pp. et 1 pl. de mus. — *Août* : 202 pp. et 1 pl. de mus. — *Septembre* : 215 pp. et 1 pl. de mus. — *Octobre* : 213 pp. et 1 pl. de mus. — *Novembre* (ce volume et les suivants portent : *De l'Imprimerie de C. I. Thiboust, place de Cambrai*) : 216 pp. — *Decembre* : 191 pp. et 1 pl. de mus.

### 1720 (12 tom. en 6 vol.)

*Janvier* : 216 pp. et 1 pl. de mus. — *Février* : 192 pp. et 1 pl. de mus. — *Mars* : 191 pp. et 1 pl. de mus. — *Avril* : 192 pp. et 1 pl. de mus. — *May* : 177 pp., 1 f. et 1 pl. de mus. — *Juin* : 188 pp., 1 f. et 1 pl. de mus. — *Juillet* : 179 pp. et 1 pl. de mus. — *Aoust* : 191 pp. et 1 pl. de mus. — *Septembre* : 190 pp., 1 f. et 1 pl. de mus. — *Octobre* : 175 pp., 2 ff. et 1 pl. de mus. — *Novembre* : 189 pp., 2 ff. et 1 pl. de mus. — *Decembre* : 191 pp. et 1 pl. de mus.

### 1721 (12 tom. en 6 vol.)

*Janvier* : 190 pp., 1 f. et 1 pl. de mus. — *Février* : 188 pp., 1 f. et 1 pl. de mus. — *Mars* : 192 pp. et 1 pl. de mus. — *Avril* : 191 pp., 1 pl. de mus et 1 placard contenant des lettres patentes données par le roi au sieur Duperier pour la fabrication exclusive des pompes portatives. — *May* : 192 pp. et 1 pl. de mus.

### VI. — LE MERCURE.

*Juin & Juillet. Premiere Partie* (le nom du libraire *André Cailleau*, à l'Image saint André, place de Sorbonne, est désormais ajouté à ceux de

# HISTOIRE. 299

*Guillaume Cavelier*, de la *veuve de Pierre Ribou* et de *Guillaume Cavelier fils*) : xij et 179 pp., plus 1 pl. de mus. (Buchet, dont la *Nouvelle Biographie générale* place la mort au 21 mai 1749, le confondant sans doute avec un de ses frères, mourut au mois de juin 1721. Du Fresny, DE LA ROQUE et FUZELIER obtinrent, le 3 juillet suivant, un nouveau privilège de douze ans pour la publication du *Mercure*, et firent paraître simultanément les deux mois de Juin et Juillet. On trouve en tête du présent volume le texte du *Privilége* et un *Avertissement* des éditeurs Une importante innovation de ces derniers est la désignation d'un administrateur, dit commis au Mercure. Ces fonctions sont dévolues à M. MOREAU, qui les exerce jusqu'au mois d'octobre 1744.— *Juin & Juillet. Seconde Partie* : 181 pp. — *Aoust* : 214 pp., 1 f. et 1 pl. de mus. — *Septembre* : 227 pp. et 1 pl. de mus. — *Octobre* : 218 pp. et 1 f — *Novembre* : 232 pp., 3 ff. et 1 pl. de mus. — *Decembre* : 214 pp., 1 f. et 1 pl. de mus.

### 1722 (16 tom. en 6 vol.)

*Janvier* : 218 pp., 1 f., 1 pl. de mus, et 1 fig. gravée par *Poilly*. — *Fevrier* : 188 pp., 2 ff., 1 pll. de mus. et 1 fig. (Le nom de la veuve de *Pierre Ribou* a disparu du titre. Le *Mercure* se vend désormais, chez *Guillaume Cavelier, Guillaume Cavelier fils, André Cailleau* et *Noel Pissot*, quay des Augustins, à la descente du Pont-Neuf, à la Croix d'Or.) — *Mars. Premier Volume* : 2 ff., 178 pp., 1 pl. de mus. et 1 fig. non signée. — *Second Volume* : 2 ff., 198 pp., 1 f. et 1 fig. — *Avril* : 2 ff., 209 pp., 1 f., 1 pl. de mus. et 1 fig. — *May* : 2 ff., 207 pp., 1 f., 1 pl. de mus. et 1 fig.—*Supplément du Mercure de May 1722. Contenant une Dissertation Historique du Sacre & Couronnement des Rois de France, depuis Pepin, jusqu'à Louis le Grand,* [par l'abbé FRANÇOIS DE CAMPS] : 2 ff., 209 pp., 1 f. et 2 figg. — *Juin* : 2 ff., 197 pp., 1 f., 1 pl. de mus. et 1 fig.— *Juillet* : 213 pp., 1 f., 1 pl. de mus. et 1 fig. — *Aoust* : 223 pp., 2 ff., 1 pl. de mus. et 1 fig. — *Septembre* : 226 pp., 2 ff., 1 pl. de mus. et 1 fig. — *Octobre* : 201 pp., 1 f. et 1 pl. de mus. — *Novembre. Journal du voyage du Roy à Rheims. Contenant ce qui s'est passé de plus remarquable à la Ceremonie de son Sacre....* *Premier Volume* : 227 pp. et 1 fig. — *II. Volume* : 211 pp., 2 ff. et 1 pl. de mus. — *Decembre* : 192 pp., 12 ff. pour la *Table generale de l'année 1722*, 1 pl. de mus. et 1 fig.

Le mois de *Septembre* devrait avoir une seconde partie, contenant l'attaque du fort de Montreuil et du camp près de Versailles ; mais cette partie manque à notre exemplaire.

### 1723 (13 tom. en 6 vol.)

*Janvier* : 2 ff., 212 pp., 2 ff., 1 pl. de mus. et 1 fig. — *Fevrier* : 1 f., pp. 213-424, 1 pl. de mus. et 1 fig. — *Mars* : 1 f., pp. 425-634, 2 ff. et 1 fig. — *Avril* : 1 f., pp. 635-845, 1 f., 1 fig. et 1 pl. de mus. — *May* : 1 f., pp. 847-1058, 1 f., 1 fig. et 1 pl. de mus. — *Juin* : vij pp., pp. 1059-1256, plus 5 ff. pour la *Table generale des six premiers mois*, et 1 pl. de mus. — *Juillet* : 1 f., 212 pp., 1 f. et 1 pl. de mus. — *Aoust* : 1 f., pp. 213-426, 2 ff. et 1 pl. de mus. — *Septembre* (le nom d'*André Cailleau* disparaît désormais du titre) : 1 f., pp. 427-638, 1 f., 1 fig. et 1 pl. de mus. — *Octobre* : 1 f., pp. 639-850, 1 f. et 1 pl. de mus. — *Novembre* : 1 f., pp. 851-1048, 2 ff. et 1 pl. de mus. — *Decembre. I. Volume* : 1 f., pp. 1063-1258, 2 ff. et 1 pl. de mus. On lit à la fin : *De l'imprimerie de J. B. Lamesle.* — *Decembre II. Volume* : 1 f., pp. 1251-1442, 5 ff. pour les tables.

### 1724 (14 tom. en 6 vol.)

*Janvier* : 4 ff., 184 pp., 2 ff., 2 figg. et 1 pl. de mus. — *Fevrier* : 1 f., pp. 185-396, 1 f., 1 pl. de mus. et 1 fig. — *Mars* : 1 f., pp. 397-606, 2 ff., 1 pl. de mus. et 1 fig. — *Avril* : 1 f., pp. 607-816, 2 ff., 1 pl. de mus. et 1 fig. — *May* : 1 f., pp. 817-1038, 1 f., 1 pl. de mus. et 1 fig. — *Juin. Premier Volume* : 1 f., pp. 1039-1248, 2 ff. et 1 fig.\— *Deuxième Volume* : 1 f., pp. 1249-1440, 1 f. et 1 pl. de mus. — *Juillet* : 1 f., pp. 1441-1652, 1 f. et 1 pl. de mus. — *Aoust* : 1 f., pp. 1653-1864, 1 f. et 1 pl. de mus.— *Septembre* : 1 f., pp. 1865-2076, 1 f. et 1 pl. de mus. — *Octobre* : 1 f., pp. 2077-2290, 1 f., 1 pl. de mus. et 1 fig. — *Novembre* : 1 f., pp. 2291-2502, 1 f., 1 pl. de mus. et 1 fig. — *Decembre. I. Volume* : 1 f., pp. 2503-2712, 2 ff. et 1 pl. de mus. — *Decembre. II. Volume* : 3 ff., pp. 2719-2917, plus 7 ff. pour les tables et 1 fig. — En tête de ce volume est le texte d'un nouveau privilège accordé pour douze ans à ANTOINE DE LA ROQUE, écuyer, ancien gendarme dans la compagnie des gendarmes ordinaires du roi, et chevalier de l'Ordre militaire de saint Louis, le 9 novembre 1724. Il est dit dans le dispositif que le sieur Du Fresny est décédé, et que le sieur de La Roque a obtenu, dès le 17 octobre, un brevet royal pour la publication du *Mercure*.

### 1725 (15 tom. en 6 vol.)

*Janvier* : 3 ff., 208 pp., 1 f., 1 pl. de mus. et 1 fig. — *Fevrier* : 1 f., pp. 209-420, 1 f., 1 pl. de mus. et 1 fig. — *Mars* : 1 f., pp. 421-634, 1 f. et 1 pl. de mus. — *Avril* : 1 f., p. 635-846, 1 f., 1 fig. et 1 pl. de mus. — *May* : 1 f., pp. 347-1058, 1 f. et 1 pl. de mus. — *Juin. I. Volume* : 1 f. pp. 1059-1269, 1 f. et 1 pl. de mus. — *Juin. II. Volume* : 1 f., pp. 1271-1482, 1 f., 1 fig. et 1 pl. de mus. — *Juillet* : 1 f., pp. 1483-1692, 1 f. et 1 pl. de mus. — *Aoust* : 1 f., pp. 1693-1915, 1 f. et 1 pl. de mus. — *Septembre. I. Volume* : 1 f., pp. 1905-2116, 1 f. et 1 pl. de mus. — *Septembre. II. Volume. Contenant la Suite de la Relation de tout ce qui s'est passé au Mariage du Roi, etc.* : 1 f., pp. 2117-2327, 1 f. et 1 fig. — *Octobre* : 1 f., pp. 2329-2548, 1 f., 1 fig. et 1 pl. de mus. — *Novembre* : 1 f., pp. 2549-2759, 1 f., 1 pl. de mus. et 1 fig. — *Decembre. I. Volume* : 1 f., pp. 2761-2972, 1 f. et 1 fig. — *Decembre. II. Volume* : 1 f., pp. 2973-3186, 1 pl. de mus. et 1 fig.

### 1726 (14 tom. en 6 vol.)

*Janvier* : 1 f., 216 pp. et 2 fig. — *Fevrier* : 1 f., pp. 215-428, 1 pl. de mus. et 1 fig. — *Mars* : 1 f., pp. 429-642, 1 pl. de mus. et 1 fig. — *Avril* : 1 f., pp. 643-864 et 1 pl. de mus. — *May* : 1 f., pp. 865-1086, 1 fig. et 1 pl. de mus. — *Juin. Premier Volume* : 1 f., pp. 1087-1288 et 1 pl. de mus. — *Juin. Second Volume* : 1 f., pp. 1301-1514, 1 fig. et 1 pl. de mus. — *Juillet* : 1 f., pp. 1515-1728 et 1 pl. de mus. — *Aoust* : 1 f., pp. 1729-1958 et 1 fig. — *Septembre* : 1 f., pp. 1959-2182, 1 f. et 1 pl. de mus. — *Octobre* : 1 f., pp. 2183-2396, 1 fig. et 1 pl. de mus. — *Novembre* : 1 f., pp. 2397-2610, et 1 pl. de mus. — *Decembre : Premier Volume* : 1 f., pp. 2611-2816 et 1 pl. de mus.— *Decembre. Second Volume* : 1 f., pp. 2825-5078 [*lis.* 3058] et 1 pl. de mus.

### 1727 (14 tom. en 6 vol.)

*Janvier* : 208 pp., 1 fig. et 1 pl. de mus. — *Fevrier* : 1 f., pp. 209-412, 1 fig. et 1 pl. de mus. — *Mars* (le nom de *Guillaume Cavelier* [*père*] est remplacé sur le titre par celui de *la veuve Cavelier*, au Palais) : pp. 413-630 et 1 pl. de mus. — *Avril* : pp. 431-854 et 1 pl. de mus. — *May* : pp. 855-1070 et 1 pl. de mus. — *Juin. Premier Volume* : pp. 1071-1274 et 1 pl. de mus. — *Juin. Second Volume* : 1 f., pp. 1289-1494 et 1 fig. — *Juillet* : pp. 1495-1710 et 1 pl. de mus. — *Août* : pp. 4711-1932, 1 f. et 1 pl. de mus. — *Septembre* : pp. 1935-2150 et 1 pl. de mus. — *Octobre* : pp. 2151-2364, 1 fig. et 1 pl. de mus. — *Novembre* : pp. 2365-2572, 1 fig. et 1 pl. de mus. — *Decembre. Premier Volume* : pp. 2573-2790 et 1 pl. de mus. — *Decembre. Second Volume* : 1 f., pp. 2791-3004 et 1 fig.

### 1728 (14 tom. en 6 vol.)

*Janvier* (le nom de la *veuve Cavelier* a disparu du titre, qui porte désormais les noms de : *Guillaume Cavelier*, rue St-Jacques, au Lys d'Or ; *la veuve Pissot*, Quay de Conti, à la descente du Pont-Neuf, au coin de la rue de Nevers, à la Croix d'Or ; *Jean de Nully*, au Palais) : 208 pp., 1 fig. et 1 pl. de mus. — *Fevrier* : pp. 209-424, 1 fig. et 1 pl. de mus. — *Mars* : pp. 425-648 et 1 pl. de mus. — *Avril* : pp. 649-866, 1 f., 1 tableau plié et 2 pl. de mus. — *May* : 1 f., pp. 867-1077, 1 f. et 1 pl. de mus. — *Juin. Premier Volume* : 1 f., pp. 1079-1269, 1 f. et 1 pl. de mus. — *Juin. Second Volume* : 1 f., pp. 1295-1494, 1 f. et 1 fig. — *Juillet* :

# HISTOIRE. 301

1 f., pp. 1495-1705, 1 f. et 1 pl. de mus. — *Août* : 1 f., pp. 1705-1917 et 1 pl. de mus. — *Septembre* : 1 f. , pp. 1717-2132, 1 f. , 1 fig. et une pl. de mus. — *Octobre* : 1 f., pp. 2133-2344, 1 f. et 1 pl. de mus. — *Novembre* : 1 f., pp. 2345-2568, 1 f. et 1 pl. de mus. — *Decembre. Premier Volume* : 1 f., pp. 2568-2774, 1 f., 1 fig. et 1 pl. de mus. — *Decembre. Second Volume* : 1 f., pp. 2775-2974, 7 ff. et 1 pl. de mus.

### 1729 (15 tom. en 6 vol.)

*Janvier* : 5 ff., 204 pp., 1 f., 1 fig. et 1 pl. de mus. — *Fevrier* : 1 f., pp. 205-418, 1 pl. de mus. et 1 fig. — *Mars* : 1 f., pp. 419-630, 1 f., 1 pl. de mus. et 1 fig. — *Avril* : 1 f., pp. 631-840, 2 ff. et 1 pl. de mus. — *May* : 1 f., pp. 841-1052, 1 f. et 1 pl. de mus. — *Juin. Premier Volume* : 1 f., pp. 1053-1265 et 1 pl. de mus. — *Juin. Second Volume* : 1 f., pp. 1263-1474, 1 f. et 1 pl. de mus. — *Juillet* : 1 f., pp. 1475-1694, 1 f. et 1 pl. de mus. — *Aoust* : 1 f., pp. 1695-1966, 1 f. et 1 pl. de mus. — *Septembre. Premiere Partie, Contenant diverses Fêtes à l'occasion de la Naissance de Monseigneur le Dauphin* : 1 f., pp. 1909-2118, 1 f. et 1 pl. de mus. — *Septembre. Seconde Partie* : 1 f., pp. 2121-2331, 1 pl. de mus. et 1 fig. — *Octobre* : 1 f., pp. 2331-2542, 1 f. et 1 pl. de musique. — *Novembre* : 1 f., pp. 2543-2753, 1 f. et 1 pl. de mus. — *Decembre. Premier Volume* : 1 f., 2755-2966, 1 f., 1 fig. et 1 pl. de mus. — *Decembre. Second Volume* : 1 f., pp. 2967-3167, 6 ff., 1 tableau pl. et 1 pl. de mus.

### 1730 (14 tom. en 6 vol.)

*Janvier* : 6 ff., 202 pp., 1 f., 1 fig. et 1 pl. de mus. — *Fevrier* : pp. 203-414, 1 f., 1 pl. de mus. et 1 fig. — *Mars* : 1 f., pp. 425-635, 1 f. et 1 pl. de mus. — *Avril* : 1 f., pp. 635-847 et 1 pl. de mus. — *May* : 1 f., pp. 847-1058, 1 f. et 1 pl. de mus. — *Juin. Premier Volume* : 1 f., pp. 1059-1262, 1 f. et 1 pl. de mus. — *Juin. Second Volume* : 1 f., pp. 1263-1479. — *Juillet* : 1 f., pp. 1479-1690, 1 f., et 1 pl. de mus. — *Aoust* : 1 f., pp. 1691-1902, 1 f. et 1 pl. de mus. — *Septembre* : 1 f., pp. 1903-2114, 1 f. et 1 pl. de mus. — *Octobre* : 1 f., pp. 2115-2330, 1 f., 1 pl. de mus. et 1 fig. — *Novembre* : 1 f., pp. 2331-2551, 1 fig. et 1 pl. de mus. — *Decembre. Premier Volume* : 1 f., pp. 2551-2768 et 1 pl. de mus. — *Decembre. Second Volume* : 1 f., pp. 2761-2970, 6 ff. et 1 fig.

### 1731 (14 tom. en 6 vol.)

*Janvier* : 6 ff., 203 pp., 1 fig. et 1 pl. de mus. — *Fevrier* : 1 f., pp. 203-415 et 1 pl. de mus. — *Mars* : 1 f., pp. 415-627, 1 fig. et 1 pl. de mus. — *Avril* : 1 f., pp. 627-828, 2 ff. et 1 pl. de mus. — *Relation historique, exacte et detaillée de la derniere Revolution arrivée à Constantinople, écrite d'abord en Turc par un Effendi; avec plusieurs circonstances de cet Evenement, tirees d'autres Memoires. Supplement du Mercure de France du mois d'Avril* 1731.... : 1 f., pp. 824-993. — *May* : 1 f., pp. 993-1204, 1 f. et 1 pl. de mus. — *Juin. Premier Volume* : 1 f., pp. 1205-1413, 2 ff., 1 fig. et 1 pl. de mus. — *Juin. Second Volume* : 1 f., pp. 1415-1626 et 1 f. — *Juillet* : 1 f., pp. 1627-1839 et 1 pl. de mus. — *Aoust* : 1 f., pp. 1839-2050, 1 f., 1 fig. et 1 pl. de mus. — *Septembre* : 1 f., pp. 2051-2270, 1 f., 1 fig. et 1 pl. de mus. — *Octobre* : 1 f., pp. 2271-2482, 1 f., 1 fig. et 1 pl. de mus. — *Novembre* : 1 f., pp. 2483-2694, 1 f. et 1 pl. de mus. — *Decembre. Premier Volume* : 1 f., pp. 2695-2914, 1 f. et 1 pl. de mus. — *Decembre. Second Volume* : 1 f., pp. 2915-3102, 6 ff.

### 1732 (14 tom. en 6 vol.)

*Janvier* : 8 ff., 198 pp., 1 f., 1 fig. et 1 pl. de mus. — *Fevrier* : 1 f., pp. 199-413 et 1 fig. — *Mars* : 1 f., pp. 413-624, 1 f., 1 fig. et 1 pl. de mus. — *Avril* : 1 f., pp. 625-835, 1 f., 1 fig. et 1 pl. de mus. — *May* : 1 f., pp. 837-1048, 1 f., 1 fig. et 1 pl. de mus. — *Juin. Premier Volume* : 1 f., pp. 1049-1260, 1 f. et 1 pl. de mus. — *Juin. Second Volume* : 1 f., pp. 1259-1469. — *Juillet* : 1 f., pp. 1463-1674, 1 f. et 1 pl. de mus. — *Aoust* : 1 f., pp. 1675-1886, 1 f. et 1 pl. de musique. — *Septembre* : 1 f., pp. 1887-2098, 1 f., 1 fig. et 1 pl. de mus. — *Octobre* : 1 f., pp. 2099-

2310, 1 f., 1 fig. et 1 pl. de mus. — *Novembre* : 1 f., pp. 2311-2520, 1 f. et 1 pl. de mus. — *Decembre. Premier Volume* : 1 f., pp. 2521-2732, 1 f. et 1 pl. de mus. — *Decembre. Second Volume* : 1 f., pp. 2735-2939 et 5 ff.

### 1733 (14 tom. en 6 vol.)

*Janvier* : 8 ff., 197 pp., 1 f., 1 fig. et 1 pl. de mus. — *Fevrier* : 1 f., pp. 199-410, 1 f., 1 fig. et 1 pl. de mus. — *Mars* : 1 f., pp. 411-620, 2 ff et 1 pl. de mus. — *Avril* : 1 f., pp. 621-832, 1 f. et 1 pl. de mus. — *May* : 1 f., pp. 833-1044, 1 f. et 1 pl. de mus. — *Juin. Premier Volume* : 1 f., pp. 1045-2256, 1 f. et 1 fig. — *Juin. Second Volume* : 1 f., pp. 1257-1466, 2 ff., 1 fig. et 1 pl. de mus. — *Juillet* : 1 f., pp. 1467-1686, 1 f. et 1 pl. de mus. — *Aoust* : 1 f., pp. 1689-1902, 1 f. et 1 pl. de mus. — *Septembre* : 1 f., pp. 1901-2114, 1 f., 1 pl. de mus. et 2 figg. d'après *Le Roux*, dont une a été gravée par *Blondel*. — *Octobre* : 1 f., pp. 2115-2329, 1 f. et 1 pl. de mus. — *Novembre* : 1 f., pp. 2331-2543 et 1 pl. de mus. — *Decembre. Premier Volume* : 1 f., pp. 2543-2754 et 1 pl. de mus. — *Decembre. Second Volume* : 1 f., pp. 2755-2947, 6 ff. et 1 pl. de mus.

### 1734 (14 tom. en 6 vol.)

*Janvier* : 8 ff., 198 pp., 1 f., 1 fig. et 1 pl. de mus. — *Fevrier* : 1 f., pp. 199-410, 1 f. et 1 pl. de mus. — *Mars* : 1 f., pp. 411-622, 1 f. et 1 pl. de mus. — *Avril* : 1 f., pp. 623-834, 1 f. et 1 pl. de mus. — *May* : 1 f., pp. 835-1046, 1 f. et 1 pl. de mus. — *Juin. Premier Volume* : 1 f., pp. 1047-1258, 1 f. et 1 pl. de mus. — *Juin. Second Volume* : 1 f., pp. 1259-1470, 1 f. et 1 fig. — *Juillet* : 1 f., pp. 1471-1690, 1 f. et 1 pl. de mus. — *Aoust* : 1 f., pp. 1691-1902, 1 f., 1 fig. et 1 pl. de mus. — *Septembre* : 1 f., pp. 1903-2124, 1 f., 1 fig. et 1 pl. de mus. — *Octobre* : 1 f., pp. 2125-2336, 1 f., 1 fig. et 1 pl. de mus. — *Novembre* : 1 f., pp. 2337-2545, 2 ff. et 1 pl. de mus. — *Decembre. Premier Volume* : 1 f., pp. 2547-2750, 1 f. et 1 pl. de mus. — *Decembre. Second Volume* : 1 f., pp. 2751-2952, 6 ff. et 1 pl. de mus.

### 1735 (14 tom. en 6 vol.)

*Janvier* : 9 ff., 196 pp., 1 f., 1 fig. et 1 pl. de mus. — *Fevrier* : 1 f. pp. 197-408, 1 f., 1 fig. et 1 pl. de mus. — *Mars* : 1 f., pp. 409-620, 1 f., 1 fig. et 1 pl. de mus. — *Avril* : 1 f., pp. 621-832, 1 f. et 1 pl. de mus. — *May* : 1 f., pp. 833-1044, 1 f. et 1 pl. de mus. — *Juin. Premier Volume* : 1 f., pp. 1045-1256, 1 f. et 1 pl. de mus. — *Juin. Second Volume* : 1 f., pp. 1257-1460, 1 f. et 1 fig. — *Juillet* : 1 f., pp. 1461-1672, 1 f. et 1 pl. de mus. — *Aoust* : 1 f., pp. 1673-1892, 1 f. et 1 pl. de mus. — *Septembre* : 1 f., pp. 1893-2120, 1 f. et 1 pl. de mus. — *Octobre* : 1 f., pp. 2121-2339, 1 fig. et 1 pl. de mus. — *Novembre* : 1 f., pp. 2339-2542, 1 fig. et 1 pl. de mus. — *Decembre. Premier Volume* : 1 f., pp. 2543-2753 et 1 pl. de mus. — *Decembre. Second Volume* : 1 f., pp. 2755-2955, 6 ff., 1 fig. et 1 pl. de mus.

### 1736 (14 tom. en 6 vol.)

*Janvier* : 9 ff., 187 pp., 1 f., 1 fig. gravée par *Beaumont*, et 1 pl. de mus. — *Fevrier* : 1 f., pp. 189-400, 1 f., 1 fig. gravée par *D. Sornique*, 1 pl. de mus. et 1 tableau pl. — *Mars* : 1 f., pp. 401-612, 1 f., 1 pl. de mus. et 1 tabl.— *Avril* : 1 f., pp. 613-822, 1 f. et 1 pl. de mus.— *May* : 1 f., pp. 823-1042, 1 f. et 1 pl. de mus. — *Juin. Premier Volume* : 1 f., pp. 1043-1254, 1 f. et 1 pl. de mus. — *Juin. Second Volume* : 1 f. pp. 1255-1474, 1 f. et 1 pl. de mus. — *Juillet* : 1 f., 1475-1735 et 1 pl. de mus. — *Aoust* : 1 f.. pp. 1737-1949 et 1 pl. de mus. — *Septembre* : 1 f., pp. 1949-2160, 1 f., 1 fig. gravée par *Mathey*, et 1 pl. de mus. — *Octobre* : 1 f., pp. 2161-2378, 1 f. et 1 pl. de mus. — *Novembre* : 1 f., pp. 2380-2590, 1 f. et 1 pl. de mus. — *Decembre. Premier Volume* : 1 f., pp. 2591-2802, 1 f., 1 fig. et 1 pl. de mus. — *Decembre. Second Volume* : 1 f., pp. 2801-3001 et 6 ff.

### 1737 (14 tom. en 6 vol.)

*Janvier* : 9 ff., 196 pp., 1 f., 1 fig. gravée par *D. Sornique*, et 1 pl. de mus. (Les ff. lim. contiennent le texte d'un nouveau privilège accordé pour douze ans à ANTOINE DE LA ROQUE, le 10 décembre 1786). — *Fevrier* : 1 f., pp. 198-408, 1 f. et 1 pl. de mus. — *Mars* : 1 f. pp. 410-620, 1 f. et 1 pl. de mus. — *Avril* : 1 f., pp. 621-832, 1 f. et 1 pl. de mus. — *May* : 1 f., pp. 833-1044, 1 f. et 1 pl. de mus. — *Juin. Premier Volume* : 1 f., pp. 1045-1256, 1 f. et 1 pl. de mus. — *Juin. Second Volume* : 1 f., pp. 1257-1468, 1 f. et 1 pl. de mus. — *Juillet* : 1 f., pp. 1469-1680, 1 f. et 1 pl. de mus. — *Aoust* : 1 f., pp. 1681-1892, 1 f. et 1 pl. de mus. — *Septembre* : 1 f., pp. 1893-2104, 1 f. et 1 pl. de mus. — *Octobre* : 1 f., pp. 2105-2316, 1 f. et 1 pl. de mus. — *Novembre* : 1 f., pp. 2317-2526, 1 f. et 1 pl. de mus. — *Decembre. Premier Volume* : 1 f., pp. 2537-2748, 1 f. et 1 pl. de mus. — *Decembre. Second Volume* : 1 f., pp., 2749-2949, 6 ff.

### 1788 (14 tom. en 6 vol.)

*Janvier* : 9 ff., 196 pp., 1 f., 1 fig. gravée par *D. Sornique*, et 1 pl. de mus. — *Fevrier* : 1 f., pp. 197-407, 1 f., 1 fig. gravée par *Du Vin* et 1 pl. de mus. — *Mars* : 1 f., pp. 409-610, 1 f., 1 fig. et 1 pl. de mus. — *Avril* : 1 f., pp. 611-821, 1 f. et 1 pl. de mus. — *May* : 1 f., pp. 823-1035, 1 f. et 1 pl. de mus. — *Juin. Premier Volume* : 1 f., pp. 1035-1246, 1 f. et 1 pl. de mus. — *Juin. Second Volume* : 1 f., pp. 1247-1457 et 1 f. — *Juillet* : 1 f., pp. 1459-1670, 1 f. et 1 pl. de mus. — *Aoust* : 1 f., pp. 1671-1882, 1 f. et 1 pl. de mus. — *Septembre* : 1 f., pp. 1883-2094, 1 f. et 1 pl. de mus. — *Octobre* : 1 f., pp. 2095-2306, 1 f. et 1 pl. de mus. — *Novembre* : 1 f., pp. 2307-2517; 1 f., 1 pl. de mus. — *Decembre. Premier Volume* : 1 f., pp. 2519-2729, 1 f. et 1 pl. de mus. — *Decembre. Second Volume* : 1 f., pp. 2731-2929, 7 ff. et 1 fig.

### 1739 (15 tom. en 6 vol.)

*Janvier* : 9 ff., 196 pp., 1 f., 1 fig. et 1 pl. de mus. — *Fevrier* : 1 f., pp. 197-408, 1 f. et 1 pl. de mus. — *Mars* : 1 f., pp. 409-620, 1 f. et 1 pl. de mus. — *Avril* : 1 f., pp. 621-832, 1 f. et 1 pl. de mus. — *May* : 1 f., pp. 833-1044, 1 f., 1 fig. et 1 pl. de mus. — *Juin. Premier Volume* : 1 f., pp. 1045-1256, 1 f. et 1 pl. de mus. — *Juin. Second Volume* : 1 f., pp. 1257-1468, 1 f., 1 fig. et 1 grande pl. pliée représentant l'illumination de l'hôtel de Nesle. (Cette dernière planche, ordonnée par Berthelin de Neuville, illuminateur des Menus Plaisirs du roi, et dessinée par *Desmarais*, est accompagnée d'un joli cartouche gravé par *C. A. Belmondo* d'après *F. Boucher*.) — *Juillet* : 1 f., pp. 1469-1681, 1 fig. gravée par *Du Vivier*, et 1 pl. de mus. — *Aoust* : 1 f., pp. 1681-1892, 1 f. et 1 pl. de mus. — *Septembre. Premier Volume* : 1 f., pp. 1891-2102, 1 f. et 1 pl. de mus. — *Septembre. Second Volume* : 1 f., pp. 2103-2314 et 1 grande pl. gravée d'après *Servandoni*. — *Octobre* : 1 f., pp. 2315-2526, 1 f. et 1 pl. de mus. — *Novembre* : 1 f., pp. 2529-2739, 1 f. et 1 pl. de mus. — *Decembre. Premier Volume* : 1 f., pp. 2741-2952, 1 f. et 1 pl. de mus. — *Decembre. Second Volume* : 1 f., pp. 2955-3154 et 7 ff.

### 1740 (14 tom. en 6 vol.)

*Janvier* : 9 ff., 188 pp., 1 f., 1 fig. gravée par *D. Sornique*, et 1 pl. de mus. — *Fevrier* : 1 f., pp. 191-400, 1 f. et 1 pl. de mus. — *Mars* : pp. 401-614, 1 f. et 1 pl. de mus. — *Avril* : pp. 615-828, 1 f. et 1 pl. de mus. — *May* : pp. 829-1042, 1 f., 1 fig. et 1 pl. de mus. — *Juin. Premier Volume* : pp. 1043-1256, 1 f. et 1 pl. de mus. — *Juin. Second Volume* : pp. 1257-1470 et 1 f. — *Juillet* : pp. 1471-1684, 1 f. et 1 pl. de mus. — *Aoust* : pp. 1685-1910, 1 f. et 1 pl. de mus. — *Septembre* : pp. 1911-2125 et 1 pl. de mus. — *Octobre* : pp. 2127-2340, 1 f. et 1 pl. de mus. — *Novembre* : pp. 2341-2554, 1 f. et 1 pl. de mus. — *Decembre. Premier Volume* : 1 f., pp. 2555-2765, 1 f. et 1 pl. de mus — *Decembre. Second volume* : pp. 2767-2968 et 7 ff.

### 1741 (14 tom. en 6 vol.)

*Janvier* : 7 ff., 200 pp., 1 f., 1 fig. gravée par *D. Sornique*, et 1 pl. de mus. — *Fevrier* : pp. 201-414, 1 fig. et 1 pl. de mus. — *Mars* :

pp. 415-628, 1 f. et 1 pl. de mus. — *Avril* : pp. 629-842, 1 f., 1 fig. et 1 pl. de mus. — *May* : 1 f., pp. 843-1054, 1 f., 1 fig. et 1 pl. de mus. — *Juin. Premier Volume* : pp. 1055-1267, 1 f. et 1 pl. de mus. — *Juin. Second Volume* : pp. 1269-1482 et 1 f. — *Juillet* : pp. 1483-1696, 1 f. et 1 pl. de mus. — *Aoust* : pp. 1697-1910, 1 f. et 1 pl. de mus. — *Septembre* : pp. 1911-2124, 1 f., 1 fig. et 1 pl. de mus. — *Octobre* : pp. 2125-2388, 1 f. et 1 pl. de mus. — *Novembre* : pp. 2389-2552, 1 f., 1 fig. gravée par *D. Sornique*, et 1 pl. de mus. — *Decembre. Premier Volume* : pp. 2553-2767, 1 fig. gravée par *D. Sornique*, et 1 pl. de mus. — *Decembre. Second Volume* : pp. 2569-2971, 6 ff. et 1 fig. tirée en couleur.

### 1742 (14 tom. en 6 vol.)

*Janvier* : 6 ff., 199 pp., 1 f., 1 fig. gravée par *D. Sornique*, et 1 pl. de mus. — *Fevrier. Premier Volume* : pp. 201-411, 2 ff. et 1 pl. de mus. (Il devait y avoir un *Second Volume* ; mais un *Avertissement*, placé au v° de la p. 311, nous apprend que l'éditeur dut y renoncer.) — *Mars* : 1 f., pp. 417-628, 1 f., 1 fig. et 1 pl. de mus. — *Avril* : pp. 629-842, 1 f., 1 fig. et 1 pl. de mus. — *May* : 1 f., pp. 1057-1268, 1 f. et 1 pl. de mus. — *Juin* : pp. 1269-1482, 1 f. et 1 pl. de mus. — *Juin* [*Contenant L'Ambassade solemnelle de la Porte Ottomane à la Cour de France*] : 1 f., pp. 845-1063, 1 f., plus un portrait de l'ambassadeur, gravé par *Petit* et 4 figg., dont une est signée de *D. Sornique*. (Ce volume avait dû paraître deux mois plus tôt, c'est ce qui explique que la pagination continue celle du mois d'*Avril*). — *Juillet* : pp. 1483-1696, 1 f., 1 fig. et 1 pl. de mus. — *Aoust* : pp. 1697-1910, 1 f., 1 fig. gravée par *Sornique*, et 1 pl. de mus. — *Septembre* : pp. 1921-2124, 1 f. et 1 pl. de mus. — *Octobre* : pp. 2125-2337, 1 f., 1 fig. et 1 pl. de mus. — *Novembre* : pp. 2389-2552, 1 f., 1 fig. et 1 pl. de mus. — *Decembre. Premier Volume* : pp. 2553-2764, 2 ff., 1 fig. et 1 pl. de mus. — *Decembre. Second Volume* : pp. 2765-2965, 7 ff.

### 1743 (14 tom. en 6 vol.)

*Janvier* : 7 ff., 196 pp., 2 ff., 1 pl. de mus. et 1 fig. gravée par *D. Sornique*. — *Fevrier* : pp. 197-410, 1 f. et 1 pl. de mus. — *Mars* : pp. 411-622, 2 ff. et 1 pl. de mus. — On lit à la fin : *De l'Imprimerie de Boudet*. Le même Boudet a joint au volume un *Catalogue* des livres qui se vendaient chez lui, « rue S. Jacques, à la Fontaine d'or ». — *Avril* : pp. 623-824, 1 f., 1 fig. et 1 pl. de mus. — *May* : pp. 825-1038, 1 f. et 1 pl. de mus. — *Juin. Premier Volume* : pp. 1041-1258, 1 f. et 1 pl. de mus. — *Juin. Second Volume* : pp. 1255-1467, 1 f. — *Juillet* : pp. 1467-1667 (non compris 10 pp. portant la double pagination 1625-1634) et 2 ff. — *Aoust* : 1 f., pp. 1683-1894, 2 ff., 1 fig. gravée par *D. Sornique*, et 1 pl. de mus. — *Septembre* : pp. 1899-2112, 1 f. et 1 pl. de mus. — *Octobre* : pp. 2113-2325, 1 f., 1 fig. et 1 pl. de mus. — *Novembre* : pp. 2329-2540, 2 ff. et 1 pl. de mus. — *Decembre. Premier Volume* : pp. 2545-2757, 1 f. et 1 pl. de mus. — *Decembre. Second Volume* : pp. 2761-2961, 6 ff., 1 fig. et 1 portr. gravé par *F. Desrochers*.

### 1744 (14 tom. en 6 vol.)

*Janvier* : 7 ff., 197 pp., 2 ff., 1 fig. gravée par *D. Sornique*, et 1 pl. de mus. — *Fevrier* : pp. 201-412 pp., 2 ff. et 1 pl. de mus. — *Mars* : pp. 417-627, 2 ff. et 1 pl. de mus. — *Avril* : pp. 633-844, 2 ff. et 1 pl. de mus. — *May* : pp. 849-1060, 2 ff. et 1 pl. de mus. — *Juin. Premier Volume* : pp. 1065-1276, 2 ff. et 1 pl. de mus. — *Juin. Second Volume* : pp. 1281-1492, 2 ff. et 1 fig. — *Juillet* : pp. 1497-1705, 3 ff. et 1 pl. de mus. — *Aoust* : pp. 1713-1925, 1 f. et 1 pl. de mus. — *Septembre* : pp. 1929-2140, 2 ff., 1 pl. de mus. et 1 fig. gravée par *D. Sornique*. — *Octobre* : pp. 2145-2357, 1 f., 1 fig. gravée par *D. Sornique* d'après *A. Gosmond*, et 1 pl. de mus. — *Novembre. Premier Volume* : xj et 202 pp., 1 f. et 1 pl. de mus. (En tête de ce volume on trouve une épître « Au Roi », signée : FUSELIER et DE LA BRUERE, et une *Préface du Nouveau Mercure de France*). — *Novembre. Second Volume* : 207 pp. et 4 ff. — *De l'Imprimerie de Joseph Bullot*. (Les ff. qui terminent le volume contiennent le texte du

## HISTOIRE.

nouveau privilège accordé pour vingt ans, après le décès d'Antoine de La Roque (mort le 3 octobre 1744), à Louis Fuselier et à Charles-Antoine Le Clerc de La Bruère, le 18 novembre 1744. A partir du mois de Novembre, M. Moreau, commis au *Mercure*, vis-à-vis la Comédie Française, cesse les fonctions qu'il remplissait depuis le mois de juin 1721. Il est d'abord remplacé par La Bruère lui-même, puis à partir du mois de mars 1745, par M. de Clèves d'Arnicourt, demeurant rue du Champ-Fleuri, dans la maison de M. Lourdet, correcteur des comptes.) — *Décembre* . 214 pp. et 1 f. *De l'Imprimerie de Robustel, rue de la Calendre, près le Palais.*

### 1745 (14 tom. en 6 vol.)

*Janvier* : 218 pp., 1 f. et 1 pl. de mus. *Imprimerie de Robustel.* — *Fevrier* : 216 pp. et 1 pl. de mus. — *Fevrier. Second Volume* : 212 pp., 1 f. et 1 pl. de mus. — *Mars* : 236 pp., 1 f. et 1 pl. de mus. — *Avril* : 210 pp., 2 ff. et 1 pl. de mus. — *Mai* : 214 pp., 1 f., 1 pl. de mus. et 1 plan de la bataille de Fontenoy. — *Juin. Premier Volume* : 208 pp., 2 ff., 1 pl. de mus. et 1 plan. — *Juin. Second Volume* : 215 pp. et 1 pl. de mus. *De l'Imprimerie de Robustel.* — *Juillet* : 214 pp., 1 f., 1 pl. de mus. et 1 plan. — *Aoust* : 237 pp., 1 f. et 1 pl. de mus. — *Septembre* : 225 pp., 1 f. et 1 pl. de mus. — *Octobre* : 202 pp., 1 f. et 1 pl. de mus. — *Novembre* : 238 pp., 1 f. et 1 pl. de mus. — *Decembre. Premier Volume* : 188 pp., 2 ff. et 1 pl. de mus. *De l'Imprimerie de Robustel.* — *Decembre. Second Volume* : 190 pp., 1 f. et 1 pl. de mus. *De l'Imprimerie de Robustel.*

### 1746 (14 tom. en 6 vol.)

*Janvier* : 212 pp., 2 ff. et 1 pl. de mus. *De l'Imprimerie de Robustel.* — *Fevrier* : 214 pp., 1 f., 1 pl. de mus. et 1 fig. gravée par *D. Sornique.* — *Mars* : 214 pp., 1 f. et 1 pl. de mus. *De l'Imprimerie de Jean-Fr. Robustel.* — *Avril* : 212 pp., 1 f. et 1 pl. de mus. (même imprimerie). — *Mai* : 211 pp., 2 ff. et 1 pl. de mus. — *Juin. Premier Volume* : 214 pp., 1 f. et 1 pl. de mus. — *Juin. Second Volume* : 216 pp. — *Juillet* : 214 pp., 1 f. et 1 pl. de mus. — *Aoust* : 214 pp., 1 f. et 1 pl. de mus. — *Septembre* : 212 pp., 2 ff. et 1 pl. de mus. — *Octobre* : 222 pp., 2 ff. et 1 pl. de mus. — *Novembre* : 213 pp., 1 f. et 1 pl. de mus. — *Decembre. Premier Volume* : 205 pp., 1 f. et 1 pl. de mus. — *Decembre. II. Vol.* : 217 pp. et 1 f.

### 1747 (14 tom. en 5 vol.)

*Janvier* : 213 pp., 1 f. et 1 pl. de mus. — *Fevrier* : 208 pp., 1 f., 1 pl. de mus. et 1 fig. gravée par *D. Sornique.* — *Mars* : 212 pp., 2 ff. et 1 pl. de mus. *De l'Imprimerie de J. Bullot.* — *Avril* (le nom de *Guillaume Cavelier* disparaît du titre, où on lit désormais : Chez la *Veuve Pissot*, Quai de Conty, à la descente du Pont-Neuf. *Jean de Nully* au Palais. *Jacques Barrois*, Quai des Augustins, à la ville de Nevers) : 212 pp., 1 f. et 1 pl. de mus. *De l'Imprimerie de J. Bullot.* — *Mai* : 212 pp., 1 f. et 1 pl. de mus. (même imprimerie). — *Juin. Premier Volume* : 214 pp., 1 f. et 1 pl. de mus. (même impr.) — *Juin. Second Volume* : 214 pp. et 1 f. (même impr.) — *Juillet* (le titre ajoute aux trois noms cités ci-dessus celui d'*André Cailleau*, rue Saint Jacques, à S. André) : 214 pp., 1 f. et 1 pl. de mus. (même impr.) — *Aoust* : 214 pp., 1 f. et 1 pl. de mus. (même impr.) — *Septembre* : 214 pp., 1 f. et 1 pl. de mus. (même impr.) — *Octobre* : 214 pp., 1 f. et 1 pl. de mus. (même impr.) — *Novembre* : 211 pp., 1 f. et 1 pl. de mus. (même impr.) — *Decembre. Premier Volume* : 214 pp., 1 f. et 1 pl. de mus. (même impr.) — *Decembre. Second Volume* : 214 pp. et 1 f. (même impr.)

### 1748 (14 tom. en 7 vol.)

*Janvier* : 214 pp., 1 f. et 1 pl. de mus. — *Fevrier* : 214 pp., 1 f., 1 pl. de mus. et 1 fig. gravée par *Sornique.* — *Mars* : 214 pp., 1 f. et 1 pl. de mus. — *Avril* : 215 pp. — *Mai* : 214 pp., 1 f., 1 pl. de mus. et 1 grand plan plié. — *Juin. Premier Volume* : 214 pp., 1 f. et 1 pl. de mus. — *Juin. Second Volume* : 213 pp. et 1 f. — *Juillet* : 214 pp., 1 f. et 1 pl. de mus. (Le Clerc de La Bruère, qui rédigeait à lui seul le *Mercure*, en raison de l'état de santé de Fuzelier, accepte à ce moment les fonctions de secrétaire d'ambassade à Rome, où il accompagne le duc de Nevers. Il est remplacé par RÉMOND DE SAINTE-ALBINE, dont le nom est mentionné au v° du titre, à partir du mois de septembre. M. de Clèves d'Arnicourt continue ses fonctions de commis.) — *Aoust* : 214 pp., 1 f. et pl. de mus. — *Septembre* : 237 pp., 1 f. et 1 pl. de mus. — *Octobre* : 237 pp., 1 f. et 1 pl. de mus. — *Novembre* : 214 pp., 1 f. et 1 pl. de mus. — *Decembre. Premier Volume* : 238 pp., 1 f., 1 plan et 1 pl. de mus. — *Decembre. Second Volume* : 226 pp. et 1 f. — Tous ces volumes sont signés de l'imprimeur J. *Bullot.*

### 1749 (14 tom. en 7 vol.)

*Janvier* : 226 pp., 1 f. et 1 pl. de mus. — *Fevrier* : 215 pp., 1 pl. de mus., 1 petite figure et une grande (cette dernière signée de D. *Sornique*). — *Mars* : 214 pp., 1 f. et 1 pl. de mus. — *Avril* : 239 pp. et 1 pl. de mus. — *Mai* : 239 pp., 1 carte et 1 pl. de mus. — *Juin. Premier Volume* : 215 pp. et 1 pl. de mus. — *Juin. Second Volume* : 214 pp. et 1 f. — *Juillet* : 227 pp., 1 fig. gravée en couleurs par *Gautier*, et 1 pl. de mus. — *Aoust* : 213 pp., 1 f. et 1 pl. de mus. — *Septembre* : 214 pp., 1 f. et 1 pl. de mus. — *Octobre* : 214 pp., 1 f., et 1 pl. de mus. — *Novembre* : 218 pp., 1 f. et 1 pl. de mus. — *Decembre. Premier Volume* : 218 pp., 1 f. et 1 pl. de mus. — *Decembre. Second Volume* : 214 pp. et 1 f. — Tous ces volumes sortent de l'imprimerie de J. *Bullot.*

### 1750 (14 tom. en 5 vol.)

*Janvier* : 217 pp., 1 f. et 1 pl. de mus. — *Fevrier* : 213 pp., 1 f. et 1 pl. de mus. — *Mars* : 216 pp., 2 ff., 3 fig., dont une est signée de D. *Sornique*, et 1 pl. de mus. — *Avril* : 225 pp., 1 f., 1 fig. et 1 pl. de mus. — *Mai* : 213 pp., 2 ff., 1 fig. et 1 pl. de mus. (A la fin de ce volume est un *Avertissement* de M. RÉMOND DE SAINTE-ALBINE, qui déclare devoir remettre la direction du *Mercure* à l'abbé RAYNAL, à partir du second volume de Juin.) — *Juin. Premier Volume* : 214 pp., 1 f. et 1 pl. de mus. (A la p. 214 est une nouvelle note de Rémond de Sainte-Albine, qui prend congé de ses lecteurs et les remercie. Le *Mercure*, dit-il, est tiré chaque mois à trois cents exemplaires de plus que lorsqu'il en avait pris la rédaction.) — *Juin. Second Volume* : 213 pp., 1 f. et 1 pl. de mus. — *Juillet* : 215 pp. et 1 pl. de mus. — *Aoust* : 214 pp., 1 f. et 1 pl. de mus. — *Septembre* : 214 pp., 1 f. et 1 pl. de mus. — *Octobre* : 215 pp. et 1 pl. de mus. — *Novembre* : 239 pp. et 1 pl. de mus. — *Decembre. Premier Volume* : 214 pp., 1 f. et 1 pl. de mus. — *Decembre. Second Volume* : 213 pp., 1 f. et 1 fig. — Tous ces volumes sortent de l'imprimerie de J. *Bullot.*

### 1751 (14 tom. en 5 vol.)

*Janvier* : 214 pp., 1 f. et 1 pl. de mus. — *Fevrier* : 214 pp., 1 f. et 1 pl. de mus. — *Mars* : 214 pp., 1 f. et 1 pl. de mus. — *Avril* : 213 pp., 1 f., 1 fig. gravée par D. *Sornique*, et 1 pl. de mus. — *Mai* (Andre Cailleau étant mort, son nom est remplacé sur le titre par celui de la *Veuve Cailleau*, rue Saint-Jacques, à S. André) : 214 pp., 1 f. et 1 pl. de mus. — *Juin : Premier Volume* : 215 [*lis.* 214] pp., 1 f. et 1 pl. de mus. — *Juin. Second Volume* : 113 [*lis.* 213] pp. (M. de Clèves d'Arnicourt est remplacé comme commis au *Mercure* par M. Merien, demeurant rue de l'Echelle Saint-Honoré, à l'Hôtel de la Roche-sur-Yon.) — *Juillet* : 215 pp. et 1 pl. de mus. — *Aoust* : 214 pp., 1 f. et 1 pl. de mus. — *Septembre* : 214 pp., 1 f. et 1 pl. de mus. — *Octobre* : 115 [*lis.* 215] pp., 1 fig. et 1 pl. de mus. — *Novembre* : 113 [*lis.* 213] pp., 1 f. et 1 pl. de mus. — *Decembre. Premier Volume*: 214 pp., 1 f. et 1 pl. de mus. — *Decembre. Second Volume* : 116 [*lis.* 216] pp. — Tous ces volumes sont imprimés par J. *Bullot.*

### 1752 (15 tom. en 5 vol.)

*Janvier. Premier Volume* : (la *veuve Cailleau* disparaît du titre, où figurent désormais : La *veuve Pissot*, Quai de Conty, à la descente du Pont-Neuf; *Jean de Nully*, au Palais ; *Jacques Barrois*, Quai des Augustins, à la ville de Nevers, et *Duchesne*, rue Saint Jacques à S. André) : 216 pp. et

# HISTOIRE. 307

1 pl. de mus. — *Janvier. Second Volume* : 245 pp. — *Fevrier* (le libraire Duchesne prend désormais son enseigne bien connue : « au Temple du Goût ») : 215 pp. et 1 pl. de mus. — *Mars* : 216 pp. et 1 pl. de mus. — *Avril* : 215 pp. et 1 pl. de mus. — *Mai* : 215 pp. et 1 fig. gravée par *J. Renou*. — *Juin. Premier Volume* : 214 pp. et 1 pl. de mus. — *Juin. Second Volume* : 216 pp. — *Juillet* (l'adresse de M. Merien, commis au *Mercure*, est désormais: rue des Fossez-S.-Germain-l'Auxerrois, au coin de celle de l'Arbre sec) : 214 pp., 1 f. et 1 pl. de mus. — *Aoust* : 216 pp. et 1 pl. de mus. — *Septembre* : 216 pp. et 1 pl. de mus. — *Octobre* : 216 pp. et 1 pl. de mus. — *Novembre* : 216 pp. et 1 pl. de mus. — *Decembre. Premier Volume* : 216 pp. et 1 pl. de mus. — *Decembre. Second Volume* : 216 pp. — (Un changement se produit dans les noms des libraires-éditeurs du *Mercure* : *Jacques Barrois* est remplacé par *Hugues Daniel Chaubert*. Le titre mentionne : *La Veuve Pissot*, Quai de Coniy, etc.: *Chaubert*, rue du Hurepoix, *Jean de Nully*, au Palais ; *Duchesne*, rue Saint-Jacques, etc.) Tous ces volumes sont imprimés par *J. Bullot*.

### 1753 (14 tom. en 5 vol.)

*Janvier* : 216 pp. et 1 pl. de mus. — *Fevrier* : 216 pp. et 1 pl. de mus. — *Mars* : 216 pp. et 1 pl. de mus. — *Avril* : 216 pp. et 1 pl. de mus. — *Mai* : 216 pp. et 1 pl. de mus. — *Juin. Premier Volume* : 216 pp. et 1 pl. de mus. — *Juin. Second Volume* : 216 pp. — *Juillet* (Catherine Bauchon, veuve de *Noel Pissot*, étant morte le 3 mai 1753, son nom, qui avait été provisoirement maintenu sur le titre, est désormais remplacé par celui de [*Noel-Jacques*] *Pissot*, son fils. Les volumes portent : *A Paris, Chez Chaubert*, rue du Hurepoix ; *Jean de Nully*, au Palais ; *Pissot*, Quai de Conty, à la descente du Pont-Neuf ; *Duchesse*, rue Saint-Jacques, au Temple du Goût : 215 pp. et 1 pl. de mus. — *Aoust* : 216 pp. et 1 pl. de mus. — *Septembre* : 216 pp. et 1 pl. de mus. — *Octobre* : 216 pp. et 1 f. — *Novembre* : 216 pp. et 1 pl. de mus. — *Decembre. Premier Volume* : 216 pp. et 1 pl. de mus. — *Decembre. Second Volume* : 216 pp. — Tous ces Volumes sont signés de l'imprimeur *J. Bullot*.

### 1754 (14 tom. en 5 vol.)

*Janvier* : 211 pp. et 1 pl. de mus. — *Fevrier* : 216 pp. et 1 pl. de mus. — *Mars* : 216 pp. et 1 pl. de mus. — Ces trois volumes sortent de l'imprimerie de *J. Bullot*. — *Avril* : 216 pp., 1 fig. gravée par *J. Renou*, et 1 pl. de mus. — *Mai* : 216 pp. et 1 pl. de mus. — *Juin. Premier Volume* : 216 pp. et 1 pl. de mus. — *Juin. Second Volume* : 216 pp. — *Juillet* : 216 pp. et 1 pl. de mus. — *Aoust* (Le *Mercure* a maintenant un nouveau commis ; M. Merien est remplacé par M. Lutton, demeurant « rue Ste Anne, Butte S. Roch, vis-à-vis la rue Clos Georgeot, entre deux Selliers, au second ». ) : 216 pp. et 1 pl. de mus. — *Septembre* : 232 pp. et 1 pl. de mus. — *Octobre* : 216 pp. et 1 pl. de mus. — *Novembre* : 217 pp. et 1 pl. de mus. *Decembre. Premier Volume* : 216 pp. et 1 pl. de mus.— *Decembre. Second Volume* : 218 [*lis.* 216] pp. Au bas de la p. 215 est un *Avertissement* de M. *l'Abbé* RAYNAL ainsi conçu : « Les infirmités de feu **M. FUZELIER** (Fuzelier était mort le 19 septembre 1752) et l'absence de feu **M. DE LABRUERE** (Le Clerc de La Bruère mourut le 18 septembre 1754) ont fait que j'ai été chargé seul durant quatre ans et demi du *Mercure*. Cet Ouvrage périodique passe par brevet à M. de BOISSY, dont l'esprit et le goût sont généralement connus. Personne ne paraît plus propre que cet Académicien a porter le *Mercure* au degré de perfection dont il est susceptible. » — L'imprimeur du *Mercure* change également. Joseph Bullot, dit Lottin, ne mourut que le 24 juin 1770 ; mais on voit que, le 30 janvier 1754, il s'était démis de son imprimerie. Les trois premiers mois de 1754 sont cependant encore signés de lui ; les onze autres volumes sortent de l'imprimerie de *Charles-Antoine Jombert*.

### 1755 (14 tom. en 5 vol.)

*Janvier* (le titre porte cette épigraphe : *Diversité, c'est ma devise*. La Fontaine. Il est orné d'un nouveau fleuron, dessiné par *Cochin fils*, et gravé par *Papillon*) : 216 pp. et 1 pl. de mus. — En tête de ce volume est un *Avant-Propos* du nouvel éditeur. Le bureau du *Mercure* continue d'être chez M. Lutton, avocat et greffier-commis au Greffe civil du parlement, etc. — *Fevrier* : 216 pp. et 1 pl. de mus. — *Mars* (le nom du libraire [*Michel*] *Lambert* est ajouté sur le titre, entre ceux de *Pissot* et de *Duchesne*) : 215 pp. et 1 pl. de mus. — *Avril* : 214 pp., 1 pl. de mus. et 1 fig. double. — *Mai* : 216 pp. et 1 pl. de mus. — *Juin* : *Premier Volume* (le nom de *Lambert* disparaît, et le titre ne mentionne plus que quatre libraires, comme ci-devant) | : 214 pp. et 1 pl. de mus. — *Juin. Second Volume* : 240 pp. — *Juillet* : 240 pp. et 1 pl. de mus. — *Aoust* : 264 pp. et 1 pl. de mus. — *Septembre* : 240 pp. et 1 pl. de mus. — *Octobre* : 240 pp. et 1 pl. de mus — *Novembre* : 240 pp. et 1 pl. de mus. — *Decembre. Premier Volume* : 252 pp. et 1 pl. de mus. — *Decembre. Second Volume* : 240 pp. et 1 pl. de mus. — Tous ces volumes sont imprimés par *Ch.-A. Jombert*.

### 1756 (16 tom. en 6 vol.)

*Janvier. Premier Volume* (aux quatre libraires précédemment énumérés le titre ajoute : *Cailleau*, quai des Augustins) : 240 pp. et 1 pl. de mus. — *Janvier. Second Volume* : 240 pp. — *Fevrier* : 240 pp. et 1 pl. de mus. — *Mars* : 240 pp., 1 pl. de mus. et 1 fig. double. — *Avril. Premier Volume* : 240 pp. et 1 pl. de mus. — *Avril. Second Volume* : 236 pp. — *Mai* : 264 pp. et 1 pl. de mus. — *Juin* : 240 pp. et 1 pl. de mus. — *Juillet. Premier Volume* : 240 pp. et 1 pl. de mus. — *Juillet. Second Volume* : 240 pp. (la mus. est comprise dans la pagination). — *Aoust* : 240 pp. et 1 pl. de mus. — *Septembre* : 252 pp. et 1 pl. de mus. — *Octobre. Premier Volume* : 240 pp., 1 pl. de mus. et 1 fig. — *Octobre. Second Volume* : 240 pp. et 1 pl. de mus. — *Novembre* : 240 pp. et 1 pl. de mus. — *Decembre* : 240 pp. et 1 pl. de mus. — Tous ces volumes sont imprimés par *Ch.-A. Jombert*. — La plupart des planches de musique portent : *Imprimé par Tournelle*. Celle du mois d'*Aoust* porte en outre : *Gravé par Mlle Leclair, la fille*.

### 1757 (16 tom. en 6 vol.)

*Janvier. Premier Volume* (au commencement de l'année 1757 le libraire *Jean-Jacques de Nully* se retire du *Mercure* ; il est remplacé dans l'association par *Louis Cellot*, gendre de l'imprimeur *Charles-Antoine Jombert*. Les titres portent : *A Paris, Chez Chaubert*, rue du Hurepoix ; *Pissot*, quai de Conti ; *Duchesne*, rue Saint-Jacques ; *Cailleau*, quai des Augustin ; *Cellot*, grande salle du Palais) : 240 pp. et 1 pl. de mus. — *Janvier. Second Volume* : 240 pp. — *Fevrier* : 232 pp. et 1 pl. de mus. — *Mars* : 240 pp. et 1 pl. de mus. — *Avril. Premier Volume* : 216 pp. et 1 pl. de mus. — *Avril. Second Volume* : 216 pp. et 1 fig. double. — *Mai* : 216 pp. et 1 pl. de mus. — *Juin* : 216 pp. et 1 pl. de mus. — *Juin. Second Volume, Qui tiendra lieu du second Volume de Juillet* : 216 pp. — *Juillet* : 216 pp. et 1 pl. de mus. — *Aoust* : 216 pp. et 1 pl. de mus. — *Septembre* : 240 pp. et 1 pl. de mus. — *Octobre. Premier Volume* : 216 pp. et 1 pl. de mus. — *Octobre. Second Volume* : 216 pp. — *Novembre* : 216 pp. et 1 pl. de mus. — *Decembre* : 216 pp. et 1 p. de mus. — Tous ces volumes sont imprimés par *Ch.-Ant. Jombert*. — Les planches de musique sont imprimées par *Tournelle*; celles des neuf premiers mois portent : *Gravé par Labassée* ; celles du dernier trimestre : *Gravé par Mlle Labassée*.

### 1758 (16 tom. en 8 vol.)

*Janvier. Premier Volume* : 216 pp. et 1 pl. de mus. — *Janvier. Second Volume* : 216 pp. — *Fevrier* : 116 [*lis*. 216] pp. et 1 pl. de mus. — *Mars* : 116 [*lis*. 216] pp. et 1 pl. de mus. — *Avril. Premier Volume* : 216 pp., 1 pl. de mus. et 1 fig. double. — *Avril. Second Volume* : 214 pp. — *Mai* : 216 pp. et 1 pl. de mus. — *Juin* : 216 pp. et 1 pl. de mus. — *Juillet. Premier Volume* : 216 pp. et 1 pl. de mus. — *Juillet. Second Volume* : 216 pp. — *Aoust* : 216 pp. et 1 pl. de mus. (En tête du volume est un *Avant-Propos* du nouvel auteur du *Mercure*, JEAN-FRANÇOIS MARMONTEL, qui succède à LOUIS DE BOISSY, mort le 19 août 1758 ; le nom de Mar-

# HISTOIRE. 309

montel est cité dans l'*Avertissement* qui suit le titre. Le commis au *Mercure*, M. Lutton, reste en fonctions, et rien n'est changé dans l'association des libraires-éditeurs.) — *Septembre* : 216 pp. et 1 pl. de mus. — *Octobre. Premier Volume* : 216 pp., 1 pl. de mus. et 1 fig. — *Octobre. Second Volume* : 216 pp. — *Novembre* : 216 pp. et 1 pl. de mus. — *Decembre* : 216 pp. et 1 pl. de mus. — Tous ces volumes sont imprimés par *Ch.-Ant. Jombert.* —Les planches de musique, gravées par *Mlle Labassée*, ont été imprimées par *Tournelle*.

### 1759 (16 tom. en 8 vol.)

*Janvier. Premier Volume* : 216 pp. et 1 pl. de mus. (Le titre porte un sixième nom de libraire, celui de *Jorry*, vis-à-vis la Comédie Françoise, qui est placé le second, après le nom de *Chaubert. Sebastien Jorry* est désormais l'imprimeur du *Mercure*.) — *Janvier. Second Volume* : 216 pp. — *Fevrier* : 216 pp. et 1 pl. de mus. — *Mars* : 227 pp. et 1 pl. de mus. — *Avril. Premier Volume* : 216 pp. et 1 pl. de mus. — *Avril. Second Volume* : 216 pp. — *Mai* : 216 pp. et 1 pl. de mus. — *Juin* : 216 pp. et 1 pl. de mus. — *Juillet. Premier Volume* : 228 pp. et 1 pl. de mus. — *Juillet. Second Volume* : 215 pp. — *Aoust* : 216 pp. et 1 pl. de mus. — *Septembre* : 216 pp. et 1 pl. de mus. — *Octobre. Premier Volume* : 240 pp. et 1 pl. de mus. — *Octobre. Second Volume* : 216 pp. — *Novembre* : 216 pp. et 1 pl. de mus. — *Decembre* : 226 pp. et 1 pl. de mus. — Tous ces volumes sont imprimés par *Séb. Jorry*. — La musique de février est gravée par *P.-L. Charpentier*; celle d'avril, de juillet et de décembre est gravée par *Me Charpentié* [sic]. Les planches qui portent la signature du graveur portent aussi celle de l'imprimeur *Tournelle*.

### 1760 (16 tom. en 6 vol.)

*Janvier. Premier Volume* : 287 pp. et 1 pl. de mus. — *Janvier. Second Volume* : 216 pp. (A la p. 199 est une *Protestation de M.* MARMONTEL, qui se dit obligé de quitter la rédaction du *Mercure* en raison des vers punissables qu'on a répandus sous son nom dans le public, bien qu'ils ne viennent pas de lui, qu'il ne les ait jamais écrits, jamais dictés, jamais récités, jamais sus. Ces vers punissables étaient une parodie d'une scène de *Cinna*, dans laquelle le duc d'Aumont, premier gentilhomme de la chambre, étoit fort maltraité. Pour n'avoir pas voulu dénoncer l'auteur : Cury, intendant des Menus-Plaisirs, Marmontel perdit le privilège du *Mercure*, et fut envoyé à la Bastille. Le privilège fut donné à M. DE LA PLACE, qui venait de publier un *Nouveau Choix de Pieces tirées des Mercures et autres journaux*.) — *Fevrier* : 261 pp. et 1 pl. de mus. — *Mars* : 240 pp. et 1 pl. de mus. — *Avril. Premier Volume* : 262 pp. et 1 pl. de mus. — *Avril. Second Volume* : 240 pp. — *Mai* : 216 pp. et 1 pl. de mus. — *Juin* : 264 pp. et 1 gr. pl. de mus. — *Juillet. Premier Volume* (le nom de *Pissot* est remplacé sur le titre, et à la même place, par celui de *Prault*, demeurant de même quai de Conti) : 216 pp. et 1 pl. de mus. — *Juillet. Second Volume* : 216 pp. — *Aoust* : 214 pp. et 1 pl. de mus. — *Septembre* : 228 pp. et 1 pl. de mus. — *Octobre. Premier Volume* : 216 pp., 1 pl. de mus. et 1 f. plié contenant le prospectus de l'*Almanach des Associés*. — *Octobre. Second Volume* : 216 pp. — *Novembre* : 216 pp. et 1 pl. de mus. — *Decembre* : 216 pp., 1 pl. de mus., plus 4 pp. pour un *Avis concernant le Journal encyclopédique établi à Bouillon, pour l'année* 1760. — Tous ces volumes sont imprimés par *Séb. Jorry*. — 4 des planches de musique ont été gravées par *M<sup>e</sup> Carpentié* et imprimées par *Tournelle*.

### 1761 (16 tom. en 6 vol.)

*Janvier. Premier Volume* : 216 pp. et 1 pl. de mus — *Janvier. Second Volume* : 216 pp. — *Fevrier* : 228 pp. et 1 pl. de mus. — *Mars* : 226 pp. et 1 pl. de mus. — *Avril. Premier Volume* : 216 pp. et 1 double pl. de mus. — *Avril. Second Volume* : 216 pp. — *Mai* : 240 pp. et 1 pl. de mus. — *Juin* : 228 pp. et 1 pl. de mus. — *Juillet. Premier Volume* : 216 pp. et 1 pl. de mus. — *Juillet. Second Volume* : 216 pp. — *Aoust* : 216 pp. et 1 pl. de mus. — *Septembre* : 240 pp et 1 pl. de mus. — *Octobre. Premier*

*Volume* : 228 pp. et 1 pl. de mus. — *Octobre. Second Volume* : 240 pp. — *Novembre* : 216 pp. et 1 pl. de mus. — On trouve dans ce volume (pp. 165-172) une lettre qui nous fait connaître un des collaborateurs du *Mercure*. Cette pièce est adressée « A M. DELAGARDE, Pensionnaire adjoint au Privilége du Mercure pour la Partie des spectacles ». Le nom de M. de La Garde est plusieurs fois cité dans les volumes suivants. — *Decembre* : 216 pp. et 1 pl. de mus. — Tous ces volumes sont imprimés chez *Séb. Jorry*. — 7 des planches de musique ont été gravées par *M° Charpentié* et imprimées par *Tournelle*.

### 1762 (16 tom. en 6 vol.)

*Janvier. Premier Volume* : 216 pp. et 1 pl. de mus. — *Janvier. Second Volume* : 244 pp. — *Fevrier* : 215 pp. et 1 pl. de mus. — *Mars* : 264 pp. et 1 pl. de mus. — *Avril. Premier Volume* : 216 pp. et 1 pl. de mus. — *Avril. Second Volume* : 216 pp. — *Mai* : 216 pp. et 1 pl. de mus. — *Juin* : 216 pp. et 1 pl. de mus. — *Juillet. Premier Volume* : 216 pp. et 1 pl. de mus. — *Juillet. Second Volume* : 216 pp. — *Aoust* : 216 pp. et 1 pl. de mus. — *Septembre* : 216 pp. et 1 pl. de mus. — *Octobre. Premier Volume* : 212 pp. et 1 pl. de mus. — *Octobre. Second Volume* : 214 pp. — *Novembre* : 216 pp. et 1 pl. de mus. — *Decembre* : 240 pp. — Tous ces volumes sont imprimés par *Séb. Jorry*. — 4 des planches de mus. ont été gravées par *M° Charpentié* et imprimées par *Tournelle*.

### 1763 (16 tom. en 5 vol.)

*Janvier. Premier Volume* : 216 pp. et 1 pl. de mus. — *Janvier. Second Volume* : 116 [lis. 216] pp. — *Fevrier* : 214 pp. et 1 pl. de mus. — *Mars* : 240 pp. et 1 pl. de mus. — *Avril. Premier Volume* : 216 pp. et 1 pl. de mus. — *Avril. Second Volume* : 216 pp. — *Mai* : 216 pp. et 1 pl. de mus. — *Juin* : 236 pp., plus 1 f. formant encart après le titre, et 1 pl. de mus. — *Juillet. Premier Volume* : 220 pp., 1 f. formant encart après le titre, et 1 pl. de mus. — *Juillet. Second volume* : 216 pp. — *Aoust* : 215 pp., 1 pl. de mus. et 1 grande fig. dessinée et gravée par *Parizeau*, qui représente la place Louis XV à Paris. — *Septembre* : 216 pp. et 1 pl. de mus. — *Octobre. Premier Volume* : 216 pp. et 1 pl. de mus. — *Octobre. Second Volume* : 216 pp. — *Novembre* : 220 pp. et 1 pl. de mus. — *Decembre* : 204 pp. et 1 pl. de mus., plus 48 pp. pour le *Tableau du débit du Mercure*, 11 ff. non chiffr. et 1 f. bl. pour une *Lettre aux Auteurs du Mercure de France, sur le Comte de Warwick, Tragédie nouvelle, en cinq Actes et en Vers, Représentée, pour la première fois, le Lundi 7 Novembre 1763*. Cette dernière pièce est signée : JOUBERT. — Tous ces volumes sont imprimés par *Séb. Jorry*. — La musique de juin est signée de *M° Charpentié*, graveur, et *Tournelle*, imprimeur.

### 1764 (16 tom. en 6 vol.)

*Janvier. Premier Volume* : 216 pp. et 1 pl. de mus. — *Janvier. Second Volume* : 216 pp. — *Fevrier* : 240 pp. et 1 pl. de mus. — *Mars* : 226 pp. et 1 pl. de mus. — *Avril. Premier Volume* : 216 pp. et 1 pl. de mus. — *Avril. Second Volume* : 216 pp. — *Mai* : 216 pp. et 1 pl. de mus. — *Juin* : 216 pp. et 1 pl. de mus. — *Juillet. Premier Volume* : 216 pp. et pl. de mus. — *Juillet. Second Volume* : 216 pp. — *Aoust* : 216 pp. et pl. de mus. — *Septembre* : 220 pp. et 1 pl. de mus. — *Octobre. Premier Volume* : 220 pp. et 1 pl. de mus. — *Octobre. Second Volume* : 216 pp. — *Novembre* : 216 pp. et 1 pl. de mus. — *Decembre* : 216 pp. et 1 pl. de mus. — Tous ces volumes sont imprimés par *Séb. Jorry*. — La musique du mois de mars est gravée par *M° Charpentié* et imprimée par *Tournelle*.

### 1765 (16 tom. en 5 vol.)

*Janvier*. [*Premier Volume*] : 216 pp. et 1 pl. de mus. — *Janvier*. [*Second Volume*] : 214 pp. — *Fevrier* : 216 pp. — *Mars* : 216 pp. et 1 pl. de mus. — *Avril. Premier Volume* : 227 pp. et 1 pl. de mus. — *Avril. Second Volume* : 216 pp. — *Mai* : 216 pp., 1 pl. de mus. et 1 fig. — *Juin* : 216 pp. et 1 pl. de mus. — *Juillet* [*Premier Volume*] : 216 pp. et 1 pl. de mus. — *Juillet*

## HISTOIRE. 311

*Second Volume* : 216 pp. — *Aoust* : 216 pp. et 1 pl. de mus. — *Septembre* : 215 pp. et 1 pl. de mus. — *Octobre. Premier Volume* : 215 pp. et 1 pl. de mus. — *Octobre. Second Volume* : 216 pp. — *Novembre* : 216 pp. et 1 pl. de mus. — *Décembre* : 288 pp. et 1 pl. de mus. — Tous ces volumes sortent de l'imprimerie de *Louis Cellot*, rue Dauphine. — La musique du mois d'août est signée de M<sup>lle</sup> *Durey d'Harnoncourt*, graveur, et de*Tournelle*, imprimeur.

### 1766 (16 tom. en 5 vol.)

*Janvier. Premier Volume* : 216 pp. et 1 pl. de mus. — *Janvier. Second Volume* : 216 pp. — *Fevrier* : 216 pp. et 1 pl. de mus. — *Mars* : 216 pp. et 1 pl. de mus. — *Avril. Premier Volume* : 219 [lis. 216] pp. et 1 pl. de mus. — *Avril. Second Volume* : 216 pp. — *Mai* (Le nom de *Chaubert* disparaît du titre, qui ne compte plus que cinq noms. *Hugues-Daniel Chaubert* était mort le 28 janvier 1766.) : 216 pp. et 1 pl. de mus. — *Juin* : 216 pp. et 1 pl. de mus. — *Juillet. Premier Volume* : 216 pp. et 1 pl. de mus. — *Juillet. Second Volume* : 216 pp. — *Aoust* : 216 pp. et 1 pl. de mus. — *Septembre* : 216 pp. et 1 pl. de mus. — *Octobre. Premier Volume* : 216 pp. et 1 pl. de mus. — *Octobre. Second Volume*: 216 pp. — *Novembre* : 216 pp. et 1 pl. de mus. — *Decembre* : 216 pp. et 1 pl. de mus. — Tous ces volumes sortent de l'imprimerie de *Louis Cellot*. — La musique du mois de janvier a **été imprimée par** *Recoquillée*.

### 1767 (16 tom. en 5 vol.)

*Janvier. Premier Volume* : 216 pp. et 1 pl. de mus. — *Janvier. Second Volume* : 216 pp. — *Fevrier* : 216 pp. et 1 pl. de mus. — *Mars* : 218 pp. et 1 pl. de mus. — *Avril. Premier Volume* : 216 pp. et 1 pl. de mus. — *Avril. Second Volume* : 215 pp. — *Mai* : 212 pp. et pl. de mus. — *Juin* : 216 pp. et 1 pl. de mus. — *Juillet. Premier Volume* : 216 pp. et 1 pl. de mus. — *Juillet. Second Volume* : 216 pp. — *Aoust* : 216 pp. et 1 pl. de mus. — *Septembre* : 216 pp. — *Octobre. Premier Volume* : 216 pp. et 1 pl. de mus. — *Octobre. Second Volume* : 216 pp. — *Novembre* : 216 pp. et 1 pl. de mus. — *Decembre* : 264 pp. et 1 pl. de mus. — Tous ces volumes sortent de l'imprimerie de *Louis Cellot*.

### 1768 (16 tom. en 6 vol.)

*Janvier. Premier Volume* : 264 pp. et 1 pl. de mus. — *Janvier. Second Volume* : 216 pp. — *Fevrier* : 216 pp. et 1 pl. de mus. — *Mars* : 216 pp. et 1 pl. de mus. — *Avril. Premier Volume* : 216 pp. et 1 pl. de mus. — *Avril. Second Volume* : 216 pp. — *Mai* : 216 pp. et 1 pl. de mus. — *Juin* : 216 pp. et 1 pl. de mus. — Un *Avertissement* qui suit le titre nous apprend que « M. DE LA PLACE, dont le nom et les ouvrages sont si avantageusement connus, ayant désiré de quitter les occupations assujettissantes du *Mercure*, à cause de sa santé qui exige du repos, elles viennent d'être transportées par brevet au sieur LACOMBE, libraire à Paris, quai de Conti ». Le bureau de *Mercure* n'est plus chez M. Lutton ; il est chez Lacombe même. Quant aux cinq libraires éditeurs, ils restent les mêmes pour le mois de juin.

### VII. — MERCURE DE FRANCE.

*Juillet. Premier Volume* (Le titre porte désormais : *Mercure de France, dédié au Roi. Par une Société de gens de lettres.... Mobilitate viget. Virgile.* A Paris, Chez Lacombe, Libraire, quai de Conti. *Avec Approbation & privilége du roi.* — Le fleuron gravé par *Papillon* d'après *Cochin fils* a été conservé.) : 216 pp. et 1 pl. de mus. — *Juillet. Second Volume* : 216 pp. — *Aoust* (Lacombe inaugure un nouveau fleuron gravé sur bois par *Beugnes*.) : 216 pp. et 1 pl. de mus. — *Septembre* (Le libraire *Lacombe* habite désormais rue Christine, près la rue Dauphine.) : 216 pp. et 1 pl. de mus. — *Octobre. Premier Volume* : 216 pp. et 1 pl. de mus. — *Octobre. Second Volume* : 216 pp. — *Novembre* : 216 pp. et 1 pl. de mus. — *Decembre* : 216 pp. et 1 pl. de mus. — Les mois de *Janvier* à

*Juillet* sortent de l'imprimerie de *Louis Cellot*. Les mois d'*Aoust* à *Decembre*, dont le texte est plus compact, sont imprimés par *M. Lambert*, rue des Cordeliers. — Quatre des planches de musique sont signées de *Recoquillée*, imprimeur, rue du Foin Saint-Jacques.

### 1769 (16 tom. en 8 vol.)

*Janvier. Premier Volume* : 216 pp. et 1 pl. de mus. — *Janvier. Second Volume* : 216 pp. — *Fevrier* : 228 pp. et 1 pl. de mus. — *Mars* : 240 pp. et 1 pl. de mus. — *Avril. Premier Volume* : 216 pp. et 1 pl. de mus. — *Avril. Second Volume* : 228 pp — *Mai* : 216 pp. et 1 pl. de mus. — *Juin* : 228 pp. et 1 pl. de mus. — *Juillet. Premier Volume* : 228 pp. — *Juillet Second Volume* : 232 pp. — *Aoust* : 216 pp. et 1 pl. de mus. — *Septembre* : 228 pp. et 1 pl. de mus. — *Octobre. Premier Volume* : 228 pp. et 1 pl. de mus. — *Octobre. Second Volume* : 216 pp. — *Novembre* : 228 pp. et 1 pl. de mus. — *Decembre* : 240 pp. et 1 pl. de mus. — Le texte de tous ces volumes est imprimé par *M. Lambert*. — Neuf des planches de musique sont imprimées par *Recoquillée*.

### 1770 (16 tom. en 6 vol.)

*Janvier. Premier Volume* : 216 pp. et 1 pl. de mus. — *Janvier. Second Volume* : 216 pp. — *Fevrier* : 216 pp. et 1 pl. de mus. — *Mars* : 216 pp., 1 pl. de mus. et 1 fig. — *Avril. Premier Volume* : 228 pp. et 1 pl. de mus. — *Avril. Second Volume* : 216 pp. — *Mai* : 216 pp. et 1 pl. de mus. — *Juin* : 252 pp. et 1 pl. de mus. — *Juillet. Premier Volume* : 232 pp. et 1 pl. de mus. — *Juillet. Second Volume* : 216 pp. — *Aoust* : 232 pp. et 1 pl. de mus. — *Septembre* : 232 pp. et 1 pl. de mus. — *Octobre. Premier Volume* : 216 pp. et 1 pl. de mus. — *Octobre. Second Volume* : 216 pp. — *Novembre* : 228 pp. et 1 pl. de mus. — *Decembre* : 228 pp. et 1 pl. de mus. — Tous ces volumes sortent de l'imprimerie de *M. Lambert*. — Sept des planches de musique sont signées de l'imprimeur *Recoquillée*.

### 1771 (16 tom. en 6 vol.).

*Janvier. Premier Volume* : 232 et 1 pl. de mus. — *Janvier. Second Volume* : 228 pp. — *Fevrier* : 216 pp. et 1 pl. de mus. — *Mars* : 216 pp. et 1 pl. de mus. — *Avril. Premier Volume* : 316 pp. et 1 pl. de mus. — *Avril. Second Volume* : 216 pp. — *Mai* : 216 pp., 1 f. d'errata et 1 pl. de mus. — *Juin* : 240 pp. et 1 pl. de mus. — *Juillet. Premier Volume* : 216 pp. et 1 pl. de mus. — *Juillet. Second Volume* : 216 pp. — *Aoust* : 216 pp. et 1 pl. de mus. — *Septembre* : 216 pp. et 1 pl. de mus. — *Octobre. Premier Volume* : 228 pp. et 1 pl. de mus. — *Octobre. Second Volume* : 216 pp. et 1 pl. de mus. — *Novembre* : 216 pp. et 1 pl. de mus. — *Decembre* : 216 pp., 1 pl. de mus. et 4 fig. — Tous ces volumes sortent de l'imprimerie de *M. Lambert*. — Trois des planches de musique sont signées de l'imprimeur *Recoquillée*, dont l'adresse est désormais : rue de la Huchette, au Panier fleuri.

### 1772 (16 tom. en 8 vol.)

*Janvier. Premier Volume* : 216 pp. et 1 pl. de mus. — *Janvier. Second Volume* : 216 pp. — *Fevrier* : 216 pp. et 1 pl. de mus. — *Mars* : 216 pp. et 1 pl. de mus. — *Avril. Premier Volume* : 228 pp. et 1 pl. de mus. — *Avril. Second Volume* : 216 pp. — *Mai* : 216 pp. et 1 pl. de mus. — *Juin* : 228 pp. et 1 pl. de mus. — *Juillet. Premier Volume* : 216 pp. et 1 pl. de mus. — *Juillet. Second Volume* : 216 pp. — *Aoust* : 216 pp. et 1 pl. de mus. — *Septembre* : 216 pp. et 1 pl. de mus. — *Octobre. Premier Volume* : 216 pp. et 1 pl. de mus. — *Octobre. Second Volume* : 216 pp. — *Novembre* : 216 pp. et 1 pl. de mus. — *Decembre* : 216 pp. et 1 pl. de mus. — Tous ces volumes sortent de l'imprimerie de *M. Lambert*. — L'imprimeur *Recoquillée* a signé deux des planches de musique.

### 1773 (16 tom. en 8 vol.)

*Janvier. Premier Volume* : 216 pp. et 1 pl. de mus. — *Janvier. Second*

# HISTOIRE. 313

*Volume* : 216 pp. — *Fevrier* : 216 pp. et 1 pl. de mus. — *Mars* : 216 pp. et 1 pl. de mus. — *Avril. Premier Volume* : 216 pp. et 1 pl. de mus. — *Avril. Second Volume* : 216 pp. — *Mai* : 216 pp. et 1 pl. de mus. — *Juin* : 216 pp. et 1 pl. de mus. — *Juillet. Premier Volume* : 216 pp. et 1 pl. de mus. — *Juillet. Second Volume* : 216 pp. — *Aoust* : 116 [*lis*. 216] pp. et 1 pl. de mus. — *Octobre. Premier Volume* : 216 pp. et 1 pl. de mus. — *Octobre. Second Volume* : 216 pp. — *Novembre* : 216 pp. et 1 pl. de mus. — *Décembre* : 232 pp. et 1 pl. de mus. — Ces volumes sortent tous de l'imprimerie de *M. Lambert*. — Aucune des planches de musique n'est signée, ni du graveur, ni de l'imprimeur.

### 1774 (11 tom. en 6 vol.)

*Janvier. Premier Volume* : 232 pp. (La musique est désormais imprimée en caractères mobiles dans le texte.) — *Janvier. Second Volume* : 216 pp. — *Février* : 216 pp. — *Mars* : 216 pp. — *Avril. Premier Volume* : 216 pp. — *Avril. Second Volume* : 216 pp. — *Mai* : 228 pp. — *Juin* : 240 pp. — *Juillet. Premier Volume* : 216 pp. — *Juillet. Second Volume* : 216 pp. — *Aoust* : 216 pp. — *Septemrbe* [sic] : 252 pp. — *Octobre. Premier Volume* : 240 pp. — *Octobre. Second Volume* : 216 pp. — *Novembre* : 240 pp. — *Décembre* : 276 pp. — De l'imprimerie de *M. Lambert*.

### 1775 (16 tom. en 6 vol.)

*Janvier. Premier Volume* : 240 pp. — *Janvier. Second Volume* : 216 pp. — *Février* : 240 pp. — *Mars* : 240 pp. — *Avril. Premier Volume* : 216 pp. — *Avril. Second Volume* : 216 pp. — *Mai* : 228 pp. — *Juin* : 240 pp. — *Juillet. Premier Volume* : 216 pp. — *Juillet. Second Volume* : 216 pp. — *Aoust* : 216 pp. — *Septembre* : 228 pp. — *Octobre. Premier Volume* : 216 pp. — *Octobre. Second Volume* : 216 pp. — *Novembre* : 240 pp. — *Décembre* : 240 pp. — De l'imprimerie de *M. Lambert*.

### 1776 (16 tom. en 6 vol.)

*Janvier. Premier Volume* : 216 pp. — *Janvier. Second Volume* : 216 pp. — *Fevrier* : 216 pp. — *Mars* : 240 pp. — *Avril. Premier Volume* : 240 pp. — *Avril. Second Volume* : 216 pp. — *Mai* : 216 pp. — *Juin* : 240 pp. — *Juillet. Premier Volume* : 240 pp. — *Juillet. Second Volume* : 216 pp. — *Aoust* : 216 pp. — *Septembre* : 216 pp. — *Octobre. Premier Volume* : 216 pp. — *Octobre. Second Volume* : 228 pp. et 1 pl. de mus. (Le Mercure abandonne la musique composée en caractères mobiles, et revient à la musique gravée.) — *Novembre* : 216 pp. et 1 pl. de mus. — *Décembre* : 240 pp. et 1 pl. de mus. — De l'imprimerie de *M. Lambert*.

### 1777 (16 tom. en 8 vol.)

*Janvier. Premier Volume* (Le libraire *Lacombe* demeure désormais rue de Tournon, près le Luxembourg.) : 240 pp. et 1 pl. de mus. — *Janvier. Second Volume* : 216 pp. — *Février* : 228 pp. et 1 pl. de mus. — *Mars* : 240 pp. et 1 pl. de mus. — *Avril. Premier Volume* : 216 pp. et 1 pl. de mus. — *Avril. Second Volume* : 216 pp. — *Mai* : 219 [*lis*. 216] et 1 pl. de mus. — *Juin* : 216 pp. et 1 pl. de mus. — *Juillet. Premier Volume* : 216 pp. et 1 pl. de mus. — *Juillet. Second Volume* : 216 pp. — *Aoust* : 216 pp. et 1 pl. de mus. — *Septembre* : 216 pp. et 1 pl. de mus. — *Octobre. Premier Volume* : 216 pp. et 1 pl. de mus. — *Octobre. Second Volume* : 216 pp. — *Novembre* : 216 pp. et 1 pl. de mus. — *Décembre* : 216 pp. et 1 pl. de mus. — De l'imprimerie de *M. Lambert*.

### 1778 (14 tom. en 6 vol.)

*Janvier. Premier Volume* : 232 pp. et 1 pl. de mus. — *Janvier. Second Volume* : 216 pp. — *Février* : 216 pp. et 1 pl. de mus. — *Mars* : 216 pp. et 1 pl. de mus. — *Avril. Premier Volume* : 216 pp. et 1 pl. de mus. — *Avril. Second Volume* : 216 pp. — *Mai* : 216 pp. et 1 pl. de mus.

## VIII. — MERCURE DE FRANCE et JOURNAL POLITIQUE DE BRUXELLES.

*Juin* : 72 pp. — Le mois de Juin est le premier d'une série nouvelle. Le *Mercure* est fondu avec le *Journal de politique*, et le titre est modifié de la façon suivante: *Mercure de France, Dédié au Roi, par une Société de Gens de lettres, Contenant Le Journal Politique des principaux événemens de toutes les Cours ; les Pièces fugitives nouvelles en vers & en prose ; l'Annonce & l'Analyse des Ouvrages nouveaux ; les Inventions & Découvertes dans les Sciences & les Arts ; les Spectacles ; les Causes célèbres ; les Académies de Paris & des Provinces ; la Notice des Edits, Arrêts ; les Avis particuliers, &c. &c.....* A Paris, Chez Panckoucke, Hôtel de Thou, rue des Poitevins. *Avec Approbation & Brevet du Roi.* — Le titre ne porte plus qu'un tout petit fleuron aux armes royales. — Les pp. 3-6 contiennent un *Avertissement* où il est dit que : M. DE FONTANELLE, ancien rédacteur du *Journal de politique* [de *Bruxelles*], continuera de parler des questions politiques ; M. D'AUBENTON [ sic ] se chargera des articles d'histoire naturelle ; MM. MACQUER et BUCQUET, de l'Académie des Sciences, traiteront de la médecine et de la chimie ; M. l'abbé REMY et M. GUYOT s'occuperont de la jurisprudence ; M. l'abbé BAUDEAU, de l'économie politique ; M. SUARD, de la philosophie, des sciences et des arts ; M. DE LA HARPE, de la littérature et des spectacles. D'autres auteurs, MM. IMBERT, DORAT, BERQUIN, D'ALEMBERT, MARMONTEL, etc., ont promis leur collaboration au *Mercure*. — 5 *Juillet 1778* : 72 pp. — *15 Juillet* : pp. 121-192. — *25 Juillet* : pp. 241-312. — *5 Août* : 72 pp. — *15 Août* : pp. 121-192. — *25 Août* : pp. 241-312. — *5 Septembre* : 72 pp. — *15 Septembre* : pp. 121-192. — *25 Septembre* : pp. 241-312. — *5 Octobre* : 72 pp. — *15 Octobre* : pp. 121-192. — *25 Octobre* : pp. 244-312. — *5 Novembre* : 72 pp. — *15 Novembre* : pp. 121-192. — *25 Novembre* : pp. 241-312. — *5 Décembre* : 72 pp. — *15 Décembre* : pp. 121-192. — *25 Décembre* : pp. 241-312. — Les pp. 73-120, 193-240, 313-360 de chaque mois sont réservées à la partie politique intitulée : *Journal politique de Bruxelles*. Cette feuille, primitivement appelée *Journal de politique et de littérature*, avait été fondée par Panckoucke en 1776. Elle paraissait sous la rubrique de *Bruxelles*, bien qu'elle fût rédigée et imprimée à *Paris*. — Tous les volumes sortent de l'imprimerie de *Michel Lambert*. — Les cahiers consacrés aux nouvelles politiques sont reliés à part en deux volumes.

### 1779 (12 tom. en 8 vol.)

Les six premiers mois de cette année se collationnent comme les derniers de l'année 1778. Chaque mois, il paraît un volume de 360 pp. divisé en trois parties, subdivisées elles-mêmes en deux moitiés. Le *Mercure* littéraire occupe les pp. 1-72, 121-192, 241-312 ; le *Journal politique de Bruxelles* remplit le reste. — A partir du mois de *Juillet*, le mode de publication est changé. Il paraît chaque samedi un cahier littéraire et un cahier politique, comptant chacun 48 pp. Pendant le mois de *Juillet* les cahiers du *Journal* continuent de s'intercaler dans ceux du *Mercure* : *Samedi 10 Juillet* : *Mercure*, pp. 1-48 ; *Journal* : pp. 49-96. — *17 Juillet* : *Mercure* : pp. 97-144 ; *Journal* : pp. 145-192, etc. (en tout 484 [ *lis.* 384] pp. pour le mois). — A dater du mois d'*Août*, chaque partie porte une pagination distincte : *Août* : *Merc.* 192 pp. ; *Journ.* 192 pp. — *Septembre* : *Merc.* 192 pp. ; *Journ.* 192 pp. — *Octobre* : *Merc.* 240 pp. ; *Journ.* 240 pp. — *Novembre* : *Merc.* 144 [*lis.* 192] pp. ; *Journ.* 192 pp. et 2 pp. de *Supplément*. — *Décembre* : *Merc.* 203 [*lis.* 204] pp. ; *Journ.* 192 pp., plus 2 pp. de *Suppl.* après la p. 48 et 2 pp. de *Suppl.* après la p. 96. — De l'imprimerie de *M. Lambert*.

### 1780 (24 tom. en 8 vol.)

Il paraît chaque semaine un cahier du *Mercure* et un cahier du *Journal* ayant chacun 48 pp. Les mois de *Janvier, Avril, Juillet, Septembre* et *Décembre* ont ainsi 240 pp. pour chaque partie ; les sept autres mois n'ont que 192 pp. Le *Journal* publie en outre quelques suppléments : *Mars* : 2 pp. après la p. 96 ; *Avril* : 2 pp. après la p. 48, après la p. 96, après

la p. 240 ; *Mai* ; 2 pp. après la p. 96 ; *Septembre*: 4 pp. après la p. 48 ;
2 pp. après la p. 144 ; *Octobre* : 2 pp. après la p. 96 ; *Novembre* : 4 pp.
à la fin ; *Décembre* : un grand plan, plus 8 pp. à la fin. — De l'imprimerie
de *Michel Lambert*.

### 1781 (24 tom. en 8 vol.)

Les mois de *Janvier*, *Février*, *Avril*, *Mai*, *Juillet*, *Août*, *Octobre* et
*Novembre* ont 192 pp. pour chaque partie ; les mois de *Mars*, *Juin* et
*Septembre*, 240 pp. Au mois de *Décembre*, le *Mercure* a, par exception,
300 pp. ; le *Journal* n'en a que 240. Le *Journal* contient un supplément de
2 pp. après la p. 96 du mois de *Mars* ; des suppléments de 4 pp. après les
pp. 48 et 144 du mois d'*Avril*, après la p. 144 du mois de *Mai*, après les
pp. 192 et 240 du mois de *Juin*, après les pp. 48 et 144 du mois de *Juillet*,
après la p. 144 du mois d'*Août* ; un supplément de 2 pp. après la p. 240 du
mois de *Septembre* ; un supplément de 12 pp. après la p. 144 du mois de
*Novembre*, et un prospectus plié de l'*Encyclopédie*, après la p. 48 du mois
de *Décembre*. — De l'imprimerie de *Michel Lambert*.

### 1782 (24 tom. en 8 vol.)

Les mois de *Janvier*, *Février*, *Avril*, *Mai*, *Juillet*, *Septembre*, *Octobre*,
*Décembre* ont 192 pp. pour le *Mercure* et autant pour le *Journal politique
de Bruxelles*. Les quatre autres mois ont 240 pp. Le *Journal* a des cartons
supplémentaires de 2 pp. après la p. 96 et la p. 144 de *Janvier* ; après les
pp. 48 et 96 de *Février* ; après la p. 96 de *Mai* ; après la p. 144 de *Juillet*, et
après la p. 144 d'*Octobre*. — L'impression est faite par *Michel Lambert*
jusqu'au mois d'*Août* inclusivement. A partir du 2 *Septembre* les volumes
sortent de l'imprimerie de *M. Lambert* et *F.-J. Baudouin*, rue de la Harpe,
près S. Cosme.

### 1783 (24 tom. en 8 vol.)

Les mois de *Janvier*, *Février*, *Avril*, *Juillet*, *Septembre*, *Octobre* et
*Décembre* ont 192 pp. pour le *Mercure* et autant pour le *Journal* ; les mois
de *Mars*, *Mai*, *Août*, *Novembre* ont 240 pp. Le mois de *Juin* a 204 pp. pour
le *Mercure* et 192 pour le *Journal*. La pagination du *Mercure* d'*Avril* est
fautive. Il y a dans le *Journal* des cartons de 2 pp. après les pp. 192 de
*Février*, 48 de *Mars*, 96 et 144 d'*Avril*, et 48 de *Septembre*. — De l'imprimerie de *M. Lambert* et *F.-J. Baudouin*.

### 1784 (24 tom. en 8 vol.)

Les mois de *Janvier*, *Mai*, *Juillet* et *Octobre* ont 240 pp. pour le *Mercure*
et autant pour le *Journal*. Les huit autres mois ont 192 pp. — A partir du
26 juin, M. DE FONTANELLE prend la rédaction de *La Gazette de France* et
M. MALLET-DUPAN, demeurant rue de Tournon, n° 5, est chargé du *Journal
politique*. — A partir du mois de *Septembre*, *F.-J. Baudouin* cesse d'être
associé avec *Michel Lambert*, et ce dernier continue seul l'impression.

### 1785 (24 tom. en 8 vol.)

Les mois de *Janvier*, *Avril*, *Juillet*, *Octobre* et *Décembre* ont 240 pp.
pour le *Mercure* et autant pour le *Journal politique de Bruxelles*. Les sept
autres mois n'ont que 192 pp. — De l'imprimerie de *M. Lambert*.

### 1786 (24 tom. en 8 vol.)

Les mois de *Janvier*, *Février*, *Mars*, *Mai*, *Juin*, *Août*, *Octobre* et *Novembre*
ont 192 pp. pour chaque partie ; les quatre autres mois ont 240 pp. A partir
du mois de *Février*, le nom de *Panckoucke* disparaît du titre, où on lit : *A
Paris, Au Bureau du Mercure, Hôtel de Thou, rue des Poitevins, N° 17.*
— A partir du mois de *Juin*, le *Mercure* inaugure un nouveau système
d'annonces. Les avis divers sont réunis dans des cahiers de *Supplément*,
ayant une pagination distincte. Il y a ainsi des suppléments de 24 pp. aux
mois de *Juin*, *Juillet*, *Novembre* et *Décembre*. Le *Journal politique de
Bruxelles* a un supplément de 2 pp. après les pp. 144 des mois de *Novembre*
et de *Décembre*. — De l'imprimerie de *M. Lambert*.

### 1787 (24 tom. en 8 vol.)

Les mois de *Janvier, Février, Mai, Juillet, Août, Octobre* et *Novembre* ont 192 pp. pour chaque partie. Les mois de *Mars, Septembre* et *Décembre* ont 240 pp. Le mois d'*Avril* a 192 pp. pour le *Mercure* et 204 pour le *Journal* ; le mois de *Juin*, 240 pp. pour le *Mercure* et 252 pour le *Journal* — Le *Mercure* publie les suppléments suivants : *Janvier* : 24 pp.; *Mars* : 47 pp. après la p. 192, et 12 pp. à la fin ; *Avril* : 24 pp. après la p. 144, et 7 pp. à la fin ; *Mai* : 24 et 4 pp. à la fin ; *Juin* et *Juillet* : 24 pp. après la p. 192; *Septembre* : 16 pp. après la p. 144 ; *Décembre* : 24 pp. après la p. 192 et 12 pp. à la fin. — Le *Journal politique de Bruxelles* a des suppléments de 2 pp. après la p. 96 et de 4 pp. après la p. 144 de *Janvier* ; de 12 pp. après la p. 144 de *Février* ; de 7 pp. à la fin d'*Avril*; de 4 pp. à la fin de *Mai* ; de 4 pp. après la p. 204 de *Juin* ; de 4 pp. à la fin de *Juillet*; de 2 pp. après les pp. 48 d'*Octobre* et de *Novembre*; de 4 pp. après la p. 96 de *Décembre*. — A partir du mois d'*Octobre*, l'impression est faite chez *Moutard*, rue des Mathurins, hôtel de Cluni.

### 1788 (24 tom. en 8 vol.)

Les mois de *Janvier, Février, Avril, Juin, Septembre* et *Décembre* ont 192 pp. pour le *Mercure* et autant pour le *Journal politique de Bruxelles* ; les mois de *Mars, Mai, Août* et *Novembre* en ont 240 ; le mois de *Juillet* a 204 pp. pour le *Mercure* et 192 pour le *Journal*. — Le *Mercure* a des suppléments de 12 pp. après la p. 96 du mois de *Mars*, après la p. 144 du mois d'*Avril*, après les pp. 144 et 192 du mois de *Novembre* — Le n° du *Mercure* du 8 août est précédé d'un *Avertissement*, où il est dit que la suppression de la censure donne aux articles un surcroît d'intérêt. M. IMBERT devient le principal rédacteur de la partie littéraire ; M. FRAMERY traite des théâtres de musique ; M. DE CHARMOIS, de la Comédie française et de la Comédie italienne. M. MALLET DU PAN, citoyen de Genève, continue de rédiger la partie politique. En raison des évènements, le *Journal politique* remplira désormais plusieurs des feuilles précédemment réservées au *Mercure*. — De l'imprimerie de *Moutard*.

### 1789 (24 tom. en 12 vol.)

*Janvier* : *Mercure*, 240 pp.; *Journal* 264 pp.; *Suppléments* de 4 pp. après les pp. 48, 168 et 216. — *Février* : *M.*, 192 pp.; *J.*, 192 pp., plus des *Suppléments* de 4 pp. après les pp. 48, 96, 144 — *Mars* : *M.*, 204 pp.; *J.*, 192 pp. plus des *Suppl.* après les pp. 96, 144 et 24 pp. de prospectus à la fin : *Souscriptions de tous les Dictionnaires séparés de l'Encyclopédie, par ordre de Matieres.* (De l'imprimerie de Laporte, rue des Noyers.) — *Avril* : *M.*, 192 pp.; *J.*, 192 pp. plus un *Suppl.* de 4 pp. après la p. 48. — *Mai* : *M.*, 240 pp. et 12 pp. de *Supplément* ; *J.*, 240 et 24 pp., plus des *Suppl.* de 4 pp. après les pp. 48, 144, 192. — *Juin* : *M.*, 192 pp., *J.*, 192 pp., plus des *Suppl.* de 4 pp. après les pp, 60 et 192, et de 12 pp. après la p. 96. — *Juillet* : *M.*, 192 pp.; *J.*, 192 et 24 pp., plus des *Suppl.* de 4 pp. après les pp. 60 et 96, un *Suppl.* de 12 et un *Suppl.* de 4 pp. après la p. 144. — *Août* : *M.*, 144 pp.; *J.*; 407 pp — *Septembre* : *M.*, 96 pp.; plus 12 pp. de *Suppl.* après la p. 72 ; *J.*, 348 pp. — *Octobre* : *M.*, 120 pp.; *J.*, 420 pp. — *Novembre* : *M.*, 108 pp. (la dernière p. est cotée 96 ; mais les pp. 73-84 sont doubles) ; *J.*, 336 pp.

### IX. — MERCURE DE FRANCE et MERCURE HISTORIQUE ET POLITIQUE.

*Décembre* (Le titre porte désormais : *Mercure de France, Dédié au Roi, Composé & rédigé, quant à la partie littéraire (à commencer au mois de Janvier 1790), par MM.* MARMONTEL, DE LA HARPE & CHAMFORT, *tous trois de l'Académie Françoise* ; & *par M.* IMBERT, *ancien Editeur : quant à la partie historique & politique, par M.* MALLET DU PAN, *Citoyen de Genève.*): *Mercure de France*, 168 pp. et un *Suppl.* de 12 pp.; Le *Journal* perd son titre et prend le suivant : *Mercure historique et politique de Bruxelles*, 384 pp. — De l'imprimerie de *Moutard*. Par exception le mois de *Mars* a été imprimé par *Stoupe*, rue de la Harpe.

## HISTOIRE.

#### 1790 (24 tom. en 12 vol.)

*Janvier* (les mots *à commencer au mois de Janvier 1790* disparaissent naturellement du titre) : *M.*, 240 pp.; *J.*, 396 pp. — *Fevrier* : *M.*, 156 pp.; *J.*, 312 pp. — *Mars* : *M.*, 144 pp.; *J.*. 348 pp.; — *Avril* : *M.*, 192 pp.; *J.*, 424 pp. — *Mai* : *M.*, 192 pp.; *J.*, 396 pp. — *Juin* : *M.* 168 pp.; *J.*, 323 pp. — *Juillet* : *M.*, 204 pp.; *J.*, 384 pp. — *Août* : *M.*, 156 pp. — *J.* 348 pp., plus 4 pp. de *Suppl.* après la p. 192 et 2 pp. à la fin. — *Septembre* : *M.*, 156 pp.; *J.*, 396 pp. — *Octobre* : *M.*, 192 pp.; *J.*, 324 pp. — *Novembre*. (Le titre porte : *Composé & rédigé, quant à la partie littéraire, par MM.* MARMONTEL, DE LA HARPE & CHAMFORT, *tous trois de l'Académie Françoise ; & par MM.* FRAMERY & BERQUIN, *Rédacteurs : quant à la partie historique & politique, par M.* MALLET DU PAN, *Citoyen de Genève*). Le *Journal*, qui avait déjà changé de titre au mois de décembre 1789, ne s'intitule plus que : *Mercure historique et politique*. M., 156 pp.; J., 312 pp. — *Décembre* : *M.*, 168 pp.; *J.*, 311 pp. — De l'imprimerie de *Moutard*.

#### 1791 (24 tom. en 12 vol.)

*Janvier* : *M.*, 192 pp.; *J.*, 384 pp., plus 2 *Suppl.* de 2 pp. — *Février* :*M.* 156 p ; *J.*, 312 pp., plus de 2 *Suppl.* de 2 et de 4 pp. — *Mars* : *M.*, 156 pp.; *J.*, 300 pp., plus 3 pp. de *Suppl.* après le p. 84. — *Avril* : *M.*, 204 pp.; *J.*, 384 pp. — *Mai* : *M.*, 156 pp.: *J.*, 324 pp. — *Juin* : *M.*, 156 pp.; *J.*, 300 pp. et 4 pp. de *Suppl.* — *Juillet* : *M.*, 202 pp.; *J.*, 408 pp. — *Août* (le titre contient un nom nouveau : *par* MM. MARMONTEL, DE LA HARPE & CHAMFORT..., *par M.* GINGUENÉ, & *par* MM. FRAMERY & BERQUIN, *Rédacteurs*...) : *M.*, 132 pp.; *J.*, 360 pp. et 1 *Suppl.* de 2 pp. — *Septembre* : *M.*, 156 pp.; *J.*, 336 pp. et 1 *Suppl.* de 4 pp. — *Octobre* : *M.*, 192 pp.; *J.*, 360 pp. — *Novembre* : *M.*, 132 pp.; *J.*, 312 pp. — *Décembre* : *M.*, 144 pp.; *J.*, 350 pp. — Le n° du 17 Décembre est exceptionnellement précédé d'un titre dont la teneur est nouvelle : *Mercure Français, politique, historique et littéraire; Composé par M.* DE LA HARPE, *quant à la partie Littéraire ; par M.* MARMONTEL, *pour les Contes ; & par M.* FRAMERY, *pour les Spectacles*. — M. MALLET DU PAN, *Citoyen de Genève, est seul chargé du Mercure Politique & Historique*. — De l'imprimerie de *Moutard*.

#### 1792 (23 tom. en 12 vol.)

*Janvier* : *Mercure* (Le titre porte : *Composé par* M. DE LA HARPE, *quant à la partie Littéraire ; par* M. MARMONTEL, *pour les Contes; & par* M. FRAMERY, *pour les Spectacles* M. MALLET DU PAN, *Citoyen de Genève, est seul chargé du Mercure Politique & Historique*.), 108 pp.; *Journal*, 288 pp. — *Fevrier* : *M.*, 108 pp.; *J.*, 288 pp. — *Mars* : *M.*, 132 pp.; *J.*, 372 pp. — *Avril* : *M.*, 108 pp.; *J.*, 288 pp. — *Mai* : *M.*, 108 pp.; *J.*, 288 pp. — *Juin* : *M.*, 132 pp.; *J.*, 348 pp. — *Juillet* : *M.*, 108 pp.; *J.*, 288 pp. — *Août* : *M.*, 84 pp.; *J.*, 264 pp. — *Septembre* : *M.* (Le titre porte : *Mercure Français, Par une Société de Patriotes*. — *Liberté, Égalité.*), 108 pp.; *J.*, 287 pp. — *Octobre* : *M.*, 108 pp.; *J.*, 288 pp. — *Décembre* : *M.*, 336 pp. — Le *Mercure Français (politique)*. dont le format est agrandi, paraît désormais tous les jours. Le mois de décembre, que nous ne possédons pas, compte 140 pp.

Les volumes qui forment la tête de la collection, jusqu'en 1697, portent la signature de [NICOLAS-GABRIEL] DE LA REYNIE, le célèbre lieutenant de police, qui resta en charge de 1667 à 1697. Ces mêmes volumes et quelques autres qui suivent ont appartenu ensuite à GUILLAUME-HECTOR SCOURJON.

Les volumes de 1747 et de quelques années suivantes portent l'ex-libris de messire JEAN-FRANÇOIS PALISOT, CHEVALIER, SEIGNEUR DE BEAUVOIS. Ceux de 1767 et de quelques années postérieures ont appartenu à M. CAULET D'HAUTEVILLE.

2525. JOURNAL ENCYCLOPEDIQUE, par une Société de Gens de Lettres, Dédié à Son Alt. Ser. & Em. Jean-Theodore, Duc de Baviere, Cardinal, Evêque & Prince de Liege, de Freysing & Ratisbonne, &c. *A Liege, Chez Everard Kints, Imprimeur de S. S. E.*, 1756-[1759]. 32 vol. in-12. — JOURNAL ENCYCLOPÉDIQUE. Dédié à Son Altesse Serenissime Mgr. le Duc de Bouillon &c. &c. &c. *A Bouillon, De l'Imprimerie du Journal*. Avec Approbation & Privilege. 1760-[1792], 266 vol. in-12. — Ensemble 298 vol. in-12, basane.

Voici la description, année par année, de ces 298 volumes :

1756 : 8 vol. divisés chacun en 3 parties. Chaque partie compte 144 pp., sauf la 3° partie du t. VIII qui a 165 pp. et 2 ff. Il y a de plus 1 fig. à la fin du t. III.

Le tome I est ici de la *Deuxieme Edition*.

Un avis placé en tête de chaque n° porte que le journal paraît tous les quinze jours et que le prix de l'abonnement est de 20 fl. de Liège ou 24 livres de France. Les agents sont : M. DURAND, à Liège, en son bureau, derrière St Thomas, et M. MÉRIEN, rue des Arcis, au Château-Fort, à Paris.

1757 : 8 vol. divisés en 3 part. de 167 pp. chacune. — Le tome II compte 165 pp., 1 f., 1 carte, 167 et 167 pp. — Le tome III se compose de 167, 167 et 179 pp. — La 1ʳᵉ partie du tome VI n'a que 168 pp. — A la 2ᵉ partie du tome VIII est joint un portrait de Sam. Butler. — A compter de la 3ᵉ partie du t. V, le titre porte : *A Liège, De l'Imprimerie du Bureau du Bureau du Journal, Ruë St. Thomas*.

A partir du 15 novembre 1757, M. DORMAL remplace M. Durand comme agent à Liège.

1758 : 8 vol. divisés en 3 parties de 167 pp. chacune.

A partir du 15 septembre 1758, le sieur LUTTON, commis au Mercure de France, à Paris, rue Sᵗᵉ Anne, est le correspondant du journal à Paris, à la place de M. Mérien.

1759 : 3 vol., même collation. — A la 1ʳᵉ partie du tome I est joint un portrait de Frédéric, roi de Prusse, gravé par *J. E. Gericxe*, à Berlin.

A partir du 15 mars 1759 le sieur WEISSENBRUCK remplace le sieur Dormal comme agent à Liège.

PIERRE ROUSSEAU, qui avait fondé le *Journal encyclopédique*, fut dénoncé en 1759 par les chanoines de Liège, et l'évêque Jean-Théodore lui retira son privilège. Les six derniers nᵒˢ de 1759 portent encore la rubrique de *Liège* ; mais les mots : *Dédié à Son Alt. Ser. & Em.*, etc., disparaissent du titre, ainsi que les mots *Avec Privilege*. Le n° du 1ᵉʳ octobre contient un long récit des intrigues dont Rousseau était victime. Il est probable que l'impression de ce n° et des cinq suivants ne fut pas faite à Liège. Le n° du 15 décembre annonce le transfert du journal à *Bouillon*.

1760 : 8 vol. divisés chacun en 3 parties de 167 pp. — En tête du n° 1 est une épître de Rousseau au duc de Bouillon. — Un tableau plié est joint au n° du 1ᵉʳ septembre.

M. Lutton continue de représenter le journal à Paris, et M.Weissenbruck, à Liège. Les deux commis furent les précieux auxiliaires de Rousseau, dont Weissenbruck devint même le beau-frère. Tous deux étaient encore en fonctions en 1793 quand le journal cessa de paraître.

1761 : 8 vol., même collation, sauf pour les quatre derniers nᵒˢ, qui ont chacun 179 pp.

1762 : 8 vol., même collation qu'en 1760.

1763 : 8 vol., même collation, sauf pour le t. VIII, qui compte : 179, 171, 178 pp. et 1 f.

1764 : 8 vol. — T. I : 167, 175 et 173 pp. — T. II : 167, 179 et 167 pp. — T. III : 167, 167 et 167 pp. — T. IV : 167, 179 et 167 pp. — T. V, VI, VII :

# HISTOIRE.

167, 167 et 167 pp. — T. VIII : 167, 191 et 167 pp. — A partir du 1$^{er}$ mars 1764 les titres portent les armes du duc de Bouillon.

1765 : 8 vol. — T. I : 179, 191 et 167 pp. — T. II, III : 167, 179 et 167 pp. — T. IV-VIII : 167, 167 et 167 pp.

1766 : 8 vol., divisés en 3 part. de 167 pp. chacune, sauf la 3$^e$ partie du t. IV qui a 179 pp.

1767 : 8 vol., divisés en 3 parties de 167 pp. chacune.

1768 : 8 vol., même collation.

1769 : 8 vol. de 494 pp., plus 2 ff. entre les pp. 166 et 167, 2 ff. entre les pp. 330 et 331 et 1 f. à la fin. — Le t. III a, par exception, 498 pp. et 5 ff. placés comme ci-dessus.

1770 : 8 vol. de 494 pp., plus 5 ff. placés comme ci-dessus.

1771 : 8 vol., même collation.

1772 : 8 vol., même collation.

1773 : 8 vol. de 564 pp., plus 2 ff. après la p. 190, 2 ff. après la p. 378 et 1 f. à la fin. — Le tome III a 566 pp. et 5 ff. — La justification du texte est agrandie et l'impression plus serrée.

1774 : 8 vol. de 566 pp., plus 5 ff. placés comme ci-dessus.

1775 : 8 vol., même collation. — Au n° du 15 mars est jointe (p. 520) une fig., gravée par *Bertin*, qui représente une voiture mécanique.

1776 : 8 vol., même collation. — Au n° du 1$^{er}$ avril (p. 132) est jointe une figure gravée par *Bertin*.

1778 : 8 vol., même collation.

1779 : 8 vol., même collation.

1780 : 8 vol., même collation.

1781 : 8 vol., même collation.

1782 : 8 vol., même collation. — Le n° du 1$^{er}$ janvier contient une fig. placée à la p. 140. Le n° du 15 octobre contient un tableau placé à la p. 347.

1783 : 8 vol., même collation.

1784 : 8 vol., même collation.

1785 : 8 vol., même collation, sauf pour le t. III, qui compte 590 pp. et 3 ff. placés après les pp. 214, 402, 590.

1786 : 8 vol., même collation qu'en 1783 et 1784.

1787 : 8 vol., même collation.

1788 : 8 vol., même collation.

1789 : 8 vol., même collation.

1790 : 8 vol., même collation.

1791 : 9 vol., divisés chacun en 4 parties. — Le journal paraît désormais le 10, le 20 et le 30 de chaque mois. — Le tome I (10 janv.-10 févr.) compte 517 pp., plus 1 f. après la p. 141, 1 f. après la p. 283, 1 f. après la p. 425, 2 ff. à la fin. — T. II (20 févr.-20 mars) : 567 pp., plus 1 f. après la p. 141, 1 f. après la p. 283, 1 f. après la p. 405 (les pp. 406-427 n'existent pas) et 1 f. à la fin. — Les t. III-IX ont 567 pp., plus 4 ff. placés comme ci-dessus.

A partir du 20 janvier, les mots *Avec Approbation et Privilege* disparaissent du titre.

1792 : 9 tom. reliés en 12 vol. — T. I : 559 pp., plus 1 f. après la p. 141, 1 f. après la p. 284, 1 f. à la fin. — T. II : 568 pp., plus 4 ff. placés de même. — T. III-VIII : même collation, sauf que les tables sont plus ou moins longues et commencent tantôt au v° de la p. 141, tantôt au f. qui suit la p. 142 ; tantôt au v° de la p. 283, tantôt au f. qui suit la p. 284, etc. — Dans le t. VIII les n$^{os}$ 489-490 sont doubles, en sorte que le volume paraît n'avoir que 566 pp.

A partir du 20 octobre, la dédicace au duc de Bouillon est supprimée. Le titre porte simplement : *Journal encyclopédique ou universel*. — A partir du 20 novembre, Lutton et Weissenbruck sont appelés le « citoyen » Lutton et le « citoyen » **Weissenbruch** [*sic*]. Le premier demeure à Paris, rue Helvetius, n° 613 (ci-devant Ste-Anne, n° 9).

PIERRE ROUSSEAU, de Toulouse, s'était fait connaître par diverses publications quand il eut l'idée de fonder à Liège un journal qui échappât aux tracasseries de la censure royale, et qui fût à même de renseigner les lecteurs sur les œuvres littéraires et scientifiques publiées dans les différents pays de l'Europe. La situation géographique de Liège était des plus favorables. Rousseau fut d'abord protégé par le comte d'Horion, grand-maître et premier ministre du cardinal de Bavière ; mais il eut bientôt à lutter contre l'hostilité déclarée des chanoines. L'un d'eux, Ransonnet, fut député à Paris par ses confrères afin de dénoncer le *Journal encyclopédique* à la Sorbonne. Nous avons déjà dit que Rousseau dut émigrer à Bouillon. Il y fut soumis à la censure ; mais les censeurs Thibault (1760-1774) et Degive (1775 et années suivantes) ne semblent pas lui avoir causé d'embarras. Le visa du représentant de l'autorité ducale est intermittent, et disparaît même tout à fait. En 1789 et 1790, on rencontre un nouveau censeur, Arwans, qui est lui-même emporté par la Révolution.

Rousseau fit assez rapidement fortune après son établissement à Bouillon. Il fit aussi la fortune de la ville par les divers journaux qu'il créa et par les grandes éditions qui sortirent de ses presses. Retiré à Paris vers 1780, il y mourut en 1785. Son beau-frère Weissenbruck, ou Weissenbruch, continua les publications qu'il avait entreprises.

M. Ulysse Capitaine a consacré au *Journal encyclopédique* une notice insérée dans *Le Bibliophile belge*, III (1868), p. 111, et a relevé les noms d'un certain nombre d'écrivains célèbres qui ont publié dans le recueil de Rousseau des lettres ou des articles. Il serait plus intéressant de faire connaître les collaborateurs ordinaires de Rousseau.

2526. LETTRES sur quelques Ecrits de ce temps. — Parcere personis, dicere de vitiis. Martial. *A Geneve*, M. D. C. C. XLIX [1749-1754]. 13 vol. in-12. — L'ANNÉE LITTÉRAIRE ou Suite des Lettres sur quelques Ecrits de ce Temps, Par M. Fréron des Académies d'Angers, de Montauban & de Nancy. — Parcere personis, dicere de vitiis. Martial. *A Amsterdam, Et se trouve à Paris, Chez Michel Lambert, Libraire, rue & à côté de la Comédie Françoise, au Parnasse*. M.DCC.LIV [1754-1790]. 293 vol. in-12. — Ensemble 306 vol. in-12, v. f. (*Rel. du temps*.)

*Lettres.*

*Tome premier.* Le titre porte : par M. FRERON, puis les mots : *Nouvelle Edition*, et l'adresse suivante : *A Londres. Et se trouvent à Paris, Chez Duchesne, Libraire, rue Saint Benoist, au-dessous de la Fontaine Saint Benoist, au Temple du Goût.* M.D.CC. LII : 368 pp. et 2 ff. — *Tome second. A Geneve*, M. D.C.C. XLIX : 360 pp. — *Tome troisiéme. A Geneve, et à Amsterdam, chez Pierre Mortier, Libraire.* M. DCC. L. : 360 pp. plus 3 fois IV pp. pour les tables des trois premiers volumes. — *Tome quatriéme. A Geneve, Et se trouve à Paris, chez la Veuve Cailleau, rue St. Jacques, à S. André*, 1751 : 360 pp. — *Tome cinquieme. A Londres. Et se trouvent à Paris, Chez Duchesne, Libraire, rue Saint Jacques, au-dessous de la Fontaine Saint Benoist, au Temple du Goût*, 1751 : 360 pp. — *Tome sixiéme*, 1752 (ce volume et les suivants portent : Par M. Fréron) : 368 pp. — *Tome septiéme*, 1752 : 357 pp. et 1 f. — *Tome huitiéme. A Nancy. Et se trouvent à Paris, Chez Duchesne, etc.*, 1753 : 360 pp. — *Tome neuvieme*, 1753 (au nom de Fréron sont ajoutés les titres suivants : de la Société Royale & Litté-

# HISTOIRE.

raire de Nancy & de l'Académie des Belles-Lettres de Montauban): 360 pp. *Tome dixième*, 1753 : 360 pp. — *Tome onzième*, 1753 : 360 pp. — *Tome douzième*, 1753 : 360 pp., plus un Catalogue de *Duchesne* en 22 pp. et 1 f. blanc. — *Tome treizième*, 1754 : 360 pp.

### Année littéraire.

1754 : 7 vol. — Les 6 premiers ont 369 pp.; le 7ᵉ en a 367.

1757-1762 : 8 vol. de 360 pp. pour chaque année.

1763 (Le titre porte désormais : *A Amsterdam. Et se trouve à Paris, Chez Ch. J. Panckoucke, Libraire, rue & à côté de la Comédie Françoise, au Parnasse*) : 8 vol. de 360 pp.

1764-1765 : 8 vol de 360 pp. pour chaque année.

1766 : 8 vol. de 360 pp.

A partir du tome II, *L'Année littéraire* change d'éditeur. Le libraire *Lacombe* la reprend dans la faillite de *Panckoucke*. Le titre porte désormais : *A Amsterdam. Et se trouve à Paris, Chez Lacombe, Libraire, Quai de Conty*.

1767-1769 : 8 vol. de 360 pp. pour chaque année.

1770 (Le nom d'*Amsterdam* disparaît du titre, où on lit simplement : *A Paris, Chez Delalain, Libraire, rue & à côté de la Comédie Françoise, au Parnasse*) : 8 vol. de 360 pp.

1771 : 8 vol. de 360 pp.

1772 (Le titre porte : *A Paris, Chez le Jay, rue S. Jacques au-dessus de la rue des Mathurins, au grand Corneille*) : 8 vol de 360 pp.

1773-1775 : 8 vol. de 360 pp. pour chaque année.

1776 (Le titre porte désormais : L'Année littéraire. Année M. DCC. LXXVI [ou suiv.]. Par M. l'Abbé Grosier & M. Fréron. Parcere personis, dicere de vitiis. Mart. *A Paris, Chez le Jay*, etc.) : 8 tom. de 360 pp., rel. en 4 vol.

1777 (Le titre porte : *A Paris, Chez Mérigot le jeune, Libraire, Quai des Augustins, au coin de la rue Pavée*) : 8 tom. de 360 pp., reliés en 4 vol.

1778 : 8 tomes de 360 pp., reliés en 6 vol.

Le titre ne porte plus que : Par M. Fréron.

A la fin du t. II est 1 f. qui contient un *Avis concernant les Mélanges littéraires, ou Journal des Dames, par M. Dorat*.

1779 : 8 tom. de 360 pp., reliés en 4 vol.

1780 : 8 tom. de 360 pp., reliés en 4 vol.— On lit à la fin de ces volumes : *A Paris, Chez Knapen et fils, lib.-impr. de la Cour des Aides, au bas du Pont Saint-Michel*.

1781 : 8 tom. de 360 pp., rel. en 4 vol. — *De l'imprimerie de Knapen et fils*. — A partir du t. V le nom de Fréron disparaît du titre.

1782 : 8 tom. de 360 pp., rel. en 4 vol. — Mêmes imprimeurs.

1783 : *Tome premier* : 368 pp. — *Tome second* : 432 pp. — *Tome troisième* : 288 pp. — *Tome quatrième-huitième* : 360 pp. — Mêmes imprimeurs.

1784-1786 : 8 tom. de 360 pp., rel. en 4 vol. pour chaque année. — Les volumes ne portent plus de nom d'imprimeur.

1787-1789 : 8 vol. de 360 pp. pour chaque année, sauf le t. III. de 1788, qui a 384 pp.

1790 (Le titre porte : L'Année littéraire et politique. — Parcere personis, dicere de vitiis. Mart. — *A Paris, Chez Crapart, Libraire, rue d'Enfer, près la place Saint-Michel*. M.DCC.XC [1790]) : *Tome premier* : 336 pp.— *Tome second* : 191 pp. — *Tome troisième* : 336 pp. — *Tome quatrième* : 412 pp. — Après le mois de mai 1790, la publication fut interrompue. Le n° 26 ne parut qu'en février 1791. *Crapart*, cessionnaire des droits de Mᵐᵉ Fréron, promit que la publication serait régulière, mais ne put tenir parole. — *Tome cinquième*. Ce volume, qui nous manque et qui manque aussi à

l'exemplaire de la Bibliothèque nationale, ne doit comprendre que le n° 81.
— *Tome sixième* : 312 pp.
Notre dernier n° est le n° 87.

L'éditeur de *L'Année littéraire*, ÉLIE-CATHERINE FRÉRON, que les épigrammes de Voltaire ont surtout rendu célèbre, mourut à 57 ans, le 10 mars 1776. Son fils, Louis-Stanislas, avait à peine onze ans ; il obtint cependant un privilège pour continuer la publication entreprise par son père. *L'Année littéraire* fut alors rédigée par l'abbé GROSIER, puis par l'abbé ROYOU, oncle du jeune Fréron, et par l'abbé GEOFFROY. Louis-Stanislas, bien qu'il eût eu pour parrain le roi de Pologne, se jeta dans le parti des Jacobins ; mais ses violences ne réussirent pas à le tirer de l'obscurité.

*L'Année littéraire* reparut en l'an IX (1800) (6 vol. in-12) ; la publication fut définitivement abandonnée après le tome II de l'an X (1801).

¶Libro intitulado la reuelacion de sant pablo.

# SUPPLÉMENT.

## THÉOLOGIE.

### I. — Écriture sainte.

2527 (10 *a*). ❡ Libro intitulado la reue- || lacion de sant pablo. *S. l. n. d.* [*v.* 1520], in-4 goth. de 52 ff. non chiffr. de 35 lignes à la page, sign. *a-e* par 8, *f* par 12, mar. v., fil., dos orné, tr. dor. (*Thibaron.*)

 Le titre, dont nous donnons ci-contre un fac-similé, est orné d'un grand bois qui représente saint Paul conduit par un ange.
 Les deux lignes de l'intitulé sont imprimées en rouge.
 Le texte commence, au v° même du titre, par un long titre de départ. Le fac-similé des premières lignes fera connaître les caractères, en même temps que le début du texte :

❡ Comiença la reuelacion del bie
nauēturado sant Pablo : ēla q̄l se recuēta muchos milagros
q̄ nr̄o señor le d̄so mostrar y reuelar pa q̄ los diuulgasse alas
gētes q̄ eñl mūdo biuiā : porq̄ sepā los q̄ biē fiziere y biē sirues
rē a dios el galardō q̄ esperā auer. Y los q̄ el cōtrario las p̄nas
q̄ les estā aparejadas. E las marauillas son estas q̄ se siguen.

En aquel tiēpo que enla
ciudad d̄ roma imperaua Theodosio em
perador : auia ēla ciudad d̄ roma vn hōbre
muy hōrado y era senador. El q̄l auia nōs
bre Caeseo : y este era dado todo alos actos
sp̄uales : y d̄spēdia los sus dias eñl seruicio
d̄ dios : y ē caridad d̄ sus p̄ximos : y este hō
bre hōrado estādo vna noche ē su cama cōtēplādo ēlos altissi
mos y celestiales secretos : τ otrosi ēla bareza y flaq̄za d̄la hu
mana generaciō. El q̄l assi ocupado cō muy grā estudio enla

*La Revelacion de sant Pablo* est tirée d'un livre apocryphe bien connu, l'Apocalypse de saint Paul, dont on connaît un texte grec, publié par Tischendorf (*Apocalypses*, pp. 34-69), un texte syriaque, un texte copte, un texte arabe, etc. Au moyen-âge la légende, popularisée par plusieurs rédactions latines, a passé dans toutes les littératures de l'Europe ; c'est ainsi que M. Paul Meyer en a cité jusqu'à six rédactions en vers français (*Romania*, VI, 1877, pp. 11-16), et qu'on en connaît diverses rédactions en provençal, en italien, en anglais, en ancien slovène, en roumain (voy. Hasdeu, *Cărțile poporane ale Românilor în secolul XVI* ; Bucuresci, 1879, gr. in-8, pp. 405-432). Le texte espagnol, dont les bibliographes ne font aucune mention, est très développé ; nous n'avons pu découvrir à quel texte latin il se rattache.

Cet exemplaire provient de la bibliothèque de M. le BARON ACH. SEILLIÈRE (Cat. de 1890, n° 4).

## II. — LITURGIE.

2528 (16 a). MISSALE || Romanum, || Ex decreto Sacrosancti || Concilij Tridentini restitutum. || Pii V. Pont. Max. || iussu editum. || Cui accessit Kalendarium Gregorianum perpetuum. || *Parisiis,* || *Apud Iacobum Keruer, via Iacobœa, sub* || *signo Vnicornis.* || Cum priuilegio Pij V & Gregorij XIII. Pont. Max. || Et || Caroli ix. & Henrici iij. Francorum Regum Christianis. || M. D. LXXXIII [1583]. In-fol. de 38 ff. lim., 237 et 44 ff. chiffr. plus 1 f. bl. et 19 pp. pour les *Indices*, régl., mar. r., comp. de mos. de mar. vert et citr., riche dor. à petits fers, tr. dor. (*Rel. du XVI<sup>e</sup> siècle*.)

En tête du volume sont placés 4 ff. de vélin. Le 4<sup>e</sup> de ces ff. de garde porte au r°, en lettres d'or sur fond d'azur, l'inscription suivante : *Je, Guillaume Richardierre, ay faict l'enluminure du present missal par le commandement de mons<sup>r</sup> Des Alymes, ambassadeur de monseigneur le duc de Sçavoye en France, lequel j'ay achevé en cinq mois, aydé de deux compagnons, sans faire autre besoingne. Ledict seigneur m'a donné pour mes peines et sellon le marché faict, pour l'enluminure seulement, cent quarante escus d'or sol. La relieure a cousté quinze escus sol, le missal en blanc trois escus sol ; en tout monte : cent cinquante huict escus. Faict à Paris le premier auost* [sic] *1586.*

Au v° de ce même f. sont les armes de René de Lucinge, seigneur des Alymes, qui portait : écartelé : au 1<sup>er</sup> et 4<sup>e</sup> d'argent à 3 bandes de gueules ; au 2<sup>e</sup> et 3<sup>e</sup> fascés de sinople et d'argent, de six pièces.

Les 14 ff. qui suivent le titre contiennent : 1° une bulle du pape saint Pie V, relative à la publication du missel romain, bulle datée du 14 juillet 1570 ; 2° le texte du privilège accordé par le même pape à *Jacques Kerver* pour l'impression du missel romain en France (la date n'en est pas rapportée) ; — 3° le texte du privilège accordé au même *Kerver* par le pape Grégoire XIII pour l'impression des bréviaires et des missels romains (également sans date) ; — 4° un extrait des privilèges donnés à *Kerver* par le roi Charles IX, les 22 janvier 1568, 1<sup>er</sup> février 1567, 19 avril et 24 octobre 1572 ; — 5° un extrait du privilège donné à *Kerver* par le roi Henri III, le 9 novembre 1577 (les privilèges royaux visent à la fois le bréviaire romain, le missel, le diurnal et l'office de la Vierge) ; — 6° la bulle du pape Grégoire XIII relative à la réforme du calendrier ; — 7° le calendrier. — Le 16 f. lim. est blanc.

Les 22 autres ff. lim. contiennent les *Rubricae generales missalis*, le *Ritus servandus in celebratione missae*, etc.

MISSALE ROMANUM, PARISIIS, J. KERVER 1583, IN-FOL.
EXEMPLAIRE ENLUMINÉ ET RELIÉ EN 1586 À PARIS POUR M. DES AYMES
AMBASSADEUR DU DUC DE SAVOIE EN FRANCE

Nº 2528. MISSALE. ROMANUM. PARISIIS. J. KERVER. 1583. IN-FOLIO.
Exemplaire enluminé et relié en 1586 à Paris pour M. des Alymes.
Ambassadeur du duc de Savoie en France.

Les *Indices* qui terminent le volume sont précédés d'un titre ainsi conçu : Indices || Romani Missalis, || compendio quidquid || in eodem continetur, || dilucide ante oculos || ponentes. || *Parisiis,* || *Apud Viduam Iacobi Keruer, via Iacobœa, sub* || *signo Vnicornis.* || M. D. LXXXV [1585].

Le volume se termine par 4 ff. de garde en vélin, dont le premier porte, au r°, les armes mi-parties de M. DES ALYMES et de FRANÇOISE DE MONTROSAT, sa femme. Cette dernière portait : d'or, chargé en bande d'un écu écartelé : au 1er et 4e de gueules ; au 2e et 3e de vair.

René de Lucinge appartenait à l'une des plus illustres familles de la Savoie. Né vers 1551, il était fils de Charles de Lucinge et d'Anne de Liobard. En 1572, il accompagna Charles de Lorraine, comte de Mayenne, qui allait combattre les Turcs. Le 14 janvier 1582, il fut pourvu par le duc Charles-Emmanuel de la charge d'auditeur en ses armées. La même année, il fut envoyé en ambassade auprès du roi Henri III ; il s'acquitta de cette mission avec tant de distinction qu'il fut successivement nommé grand référendaire de Savoie, maître des requêtes, conseiller d'Etat, premier maître d'hôtel et ambassadeur. Il continua auprès de Henri IV les fonctions qu'il avait remplies auprès de Henri III, et fut notamment chargé, avec le comte d'Arcona, de négocier le traité de Lyon, par lequel le duc de Savoie cédait à la France la Bresse et divers autres territoires (7 janvier 1601). Charles-Emmanuel ayant désavoué ses mandataires, M. Des Alymes tomba en disgrâce. Moreri, qui lui a consacré un important article, n'indique pas la date de sa mort.

Sans nous arrêter à ce qu'a d'insolite une facture placée à la première page d'un livre de grand luxe, nous ferons remarquer la disproportion qui existe entre le prix de la reliure et celui de l'enluminure. La reliure est du genre de celles que l'on attribue aujourd'hui aux *Eve* ; peut-être est-elle effectivement d'un de ces artistes. Richardière, n'étant pas libraire, ne pouvait être relieur. Quelle que soit la richesse de la reliure, le prix de l'enluminure est près de neuf fois et demie plus élevé ! Si l'on songe que, de nos jours, un artiste en renom ne demanderait pas moins de 2,000 ou 3,000 francs pour exécuter une reliure analogue à celle qui recouvre notre Missel, on sera surpris de la dépense à laquelle pouvait entraîner la décoration d'un livre à la fin du XVIe siècle.

On se rendra compte, du reste, du travail fourni par *Richardière* et par ses deux compagnons si l'on songe que le Missel compte : 7 grandes miniatures tenant la page entière (fol. [38] v°, 10 v°, 117 v°, 127 v°, 143 v°, 151 v°, 232 v°), 252 petites histoires (non compris les figures des saints Pierre et Paul qui ornent le titre, ni la marque de *J. Kerver* au v° du dernier f.), 302 grandes initiales, 61 initiales moyennes et 232 petites lettres. Le titre est tiré en or à la presse.

Guillaume Richardière avait traité à forfait avec M. Des Alymes ; mais il avait un tarif fixe pour chaque miniature ou chaque lettre peinte, suivant la grandeur. Nous trouvons le détail de ce tarif dans une quittance donnée, l'année suivante, par l'artiste parisien, au vicaire du prieur de Saint-Martin des-Champs, qui l'avait également chargé de la décoration d'un missel. (Biblioth. nat., Collections de pièces originales, R 2476).

Nous ne possédons pas de détails biographiques sur Richardière ; tout ce que nous savons, c'est qu'il avait épousé en 1580 la fille de *Philippe Danfrie,* qui s'est fait connaître à la fois comme imprimeur, graveur et mathématicien. Voy. *Note sur l'enlumineur parisien Guillaume Richardière et sur son beau-père Philippe Danfrie,* par M. Émile Picot (Paris, 1889, in-8, extr. du *Bulletin de la Société de l'Histoire de Paris et de l'Ile-de-France,* mars-avril 1889). Nous ajouterons seulement que le nom de Richardière n'était pas encore oublié au milieu du XVIIe siècle. Il est cité avec éloge par l'abbé de Marolles (*Mémoires*, II, 1657, p. 258), en même temps que les noms de deux autres miniaturistes : Hans et Garnier.

Sur M. Des Alymes, voy. ci-dessus, n° 2219, art. 6, et ci-après, n° 2560.

Le présent volume, découvert en Italie par M. le comte d'Épinay, le sculpteur bien connu, a figuré dans une vente d'objets d'art faite à Paris au mois de juin 1887.

**2529** (16 *b*). BREVIARIUM secundum ordinem Cisterciencium. Ms. in-fol. sur vélin de 451 ff. à 2 col. (haut. 351 ; larg. 252 mm.), velours r., coins et fermoirs d'argent émaillé. (*Rel. de la fin du XVI° siècle*.)

Superbe manuscrit exécuté pour le roi d'ARAGON vers l'année 1400.

Le calendrier, qui occupe les fol. 2-13, est orné, à chaque mois, d'une miniature à mi-page qui représente l'Église et la Synagogue. Près de l'Église on voit, au mois de janvier, S. Paul, et, aux autres mois, les destinataires de ses épîtres (en février les Romains, en mars les Corinthiens, en avril les Galates, en mai les Éphésiens, en juin les Philippiens, en juillet les Colossiens, en août les Thessaloniciens, en sept. Timothée, en oct. Titus, en nov. Philémon, en déc. les Hébreux) ; devant la Synagogue est un personnage de l'Ancien Testament, rapproché d'un personnage du Nouveau (en janv. Jérémie et Pierre ; en févr. David et Jean ; en mars Isaïe et Jacques fils de Zébédée ; en avril Daniel et André ; en mai Osée et Philippe ; en juin Sophonias et Thomas ; en juill. Michée et Barthélemy ; en août Joël et Mathieu ; en sept. Agée et Jacques ; en oct. Ézéchiel et Simon ; en nov. Malachie et Thadée ; en déc. Zacharie et Mathias).

Les noms des mois sont écrits en catalan.

Dans la liste des saints on remarque : sainte Geneviève (3 janv.), saint Julien (29 janv.), sainte Apolline (8 févr.), saint Thomas d'Aquin (7 mars), saint Honorius, pape (17 mars), etc.

Nous reproduisons ci-contre la première moitié du mois de janvier (fol. 2 v°).

Le calendrier contient un curieux obituaire de la famille royale d'Aragon au XIII° et au XIV° siècle. Voici les mentions qu'on y relève (plusieurs de ces mentions ne concordent pas avec *L'Art de vérifier les dates*) :

5 janvier : *Anno Domini M.° CCC.° LXXX° VI°* [1387, n. s.], *in civitate Barchinone obiit dominus Petrus, rex Aragonum.*

25 janvier : « *Anno Domini M°. CCC° XXX° V°* [1336, n. s.], *obiit rex Alfonsius* [sic] *qui cepit Sardiniam, in civitate Barchinone, et est sepultus in domo minorum civitatis Ilerde.*

29 avril : « *Anno Domini M° CCC° XL° VII°* [1347] *obiit domina Maria regina, regina Aragonum, in civitate Valencie, et est sepulta in monasterio Po*[*puleti*]*.*

Marie, première femme de Pierre IV le Cérémonieux, était fille de Philippe d'Évreux, roi de Navarre.

19 mai : « *Anno a nativitate Domini M° CCC° XC° sexto* [1396], *in castro de Foxano, obiit dominus Johannes, rex Aragonum, et est sepultus in sede Barchinone. Fuit translatus in monasterio Populeti.* »

17 juin : « *Anno Domini M° CC° XC° primo* [1291] *illustrissimus dominus rex Alfonsus obiit, et sepultus est in ecclesia sancti Nicholay in domibus minorum Barchinone.* »

27 juillet : « *Anno Domini M° CC° LXX° VI°* [1276] *anniversarium domini fratris Jacobi, regis Aragonum, qui sepultus est in monasterio Populeti.* »

Jacques le Conquérant avait pris à la fin de sa vie l'habit de Citeaux.

12 septembre : « *Anno Domini M° CC° XIII°* [1213] *obiit dominus Petrus, rex Aragonum, apud Morelle, et sepultus est in monasterio de Xixena.* »

Le roi Pierre II fut tué à la bataille de Muret.

14 octobre : « *Anno Domini M° CCC° X°* [1310] *obiit domina Blancha, regina Aragonum, et sepulta est in monasterio Sanctarum Cruc*[*i*]*um.* »

Blanche, première femme du roi Jacques III, était fille de Charles, roi de Naples.

27 octobre : « *Anno Domini M° CCC° XXVII°* [1327] *obiit domina Teresa infantissa, uxor quondam illustrissimi domini regis Aragonum.* »

Thérèse d'Entença était la première femme d'Alphonse IV.

30 octobre : « *Anno Domini M° CCC° XL°* [1340] *obiit domina Alienor, regina Aragonum, in loco de Xerica ; sepulta est in monasterio Po[puleti].* »
Il s'agit d'Éléonore de Portugal, seconde femme de Pierre IV, qui mourut bien le 30 octobre à Xerica, mais en *1348*, et fut enterrée à Poblet.

2 novembre : « *Anno Domini M° CCC° XXVII°* [1327] *obiit dominus rex Jacobus in Barchinone, et sepultus est in monasterio Sanctarum Crucium.* »

11 novembre : « *Anno Domini M° CC° LXXXIII°* [1283] *obiit dominus rex Petrus, qui sepultus est in monasterio Sanctarum Crucium.* »

20 novembre : « *Anno Domini M° CCC° XLVII°* [1347] *obiit dominus infans Jacobus, comes Urgellensis, in civitate Barchinone.* »
Jacques, comte d'Urgel, était fils d'Alphonse IV et de Thérèse d'Entença.

Toutes ces mentions sont écrites en lettres bleues qui se détachent au milieu des lignes noires, rouges et dorées du calendrier.

Au fol. 444 *v°* on relève un autre détail important. L'office de saint Georges, dont les premières lignes sont accompagnées de deux belles miniatures et d'une bordure aux armes d'Aragon, est précédé de ces mots écrits en lettres d'or : *Incipit Officium beati Georgii martiris, militis strenuissimi, et qui est capud* [sic] *milicie regis Aragonum.* — L'écu d'or qui orne cette page n'est qu'à deux pals de gueules.

Le fac-similé de la première page du texte donnera une idée de la grosse écriture carrée employée pour le Bréviaire. L'ornementation du volume, qui paraît être l'œuvre d'artistes italiens, est extrêmement riche. On y relève d'abord 5 miniatures remplissant une page entière, savoir :

1. L'Histoire de David en quatre tableaux (fol. 17 *v°*). — 2. Le Triomphe du Christ (fol. 104 *v°*). — La Résurrection (fol. 218 *v°*). — 4. *L'Ascension* (fol. 233 *v°*). — L'Histoire de saint Étienne en deux tableaux (fol. 293 *v°*).

La première de ces grandes miniatures, dont nous donnons ci-contre la reproduction, est ornée des armes d'Aragon : d'or à quatre pals de gueules. Dans le bas est un médaillon entouré de la devise : *As afar fasses.*

D'après M. Morel-Fatio, il faut comprendre : *Fasses [lo que] as a far*, c'est-à-dire : Fais ce que tu as à faire. L'ellipse est un peu forte ; mais il est difficile de supposer autre chose.

Les armes royales accompagnent également la miniature du fol. 293 *v°*.

Les miniatures à mi-pages sont au nombre de 12 (non compris celles du calendrier), savoir : 2. La Nativité (fol. 134). — 2. L'Adoration des mages (fol. 145 *v°*). — 3. L'Entrée à Jérusalem (fol. 210 *v°*). — 4. Les Instruments de la Passion (fol. 215). — 5. La Pentecôte (fol. 240). — 6. Les Anges recueillant le sang du Christ (fol. 245). — 7. La Procession de la Fête-Dieu (fol. 248 *v°*). — 8. La Purification (fol. 312). — 9. L'Annonciation (fol. 326). — 10. La Mort de la Vierge (fol. 369). — 11. La Nativité de la Vierge (fol. 381 *v°*). — 12. Saint Georges (fol. 444 *v°*).

Les petites miniatures sont au nombre de 68, savoir : 1. Le roi David (fol. 18). — 2. David (fol. 25). — 3. David (fol. 30). — 4. Jésus refuge des pécheurs (fol. 36 *v°*). — 5. Dieu le Père, devant qui un roi, un cardinal, un évêque, etc. sont en prière (fol. 42). — 6. Un roi agenouillé près de son troupeau, devant le Christ (fol. 48). — 7. Un roi en prière devant Dieu (fol. 53 *v°*). — 8. Même sujet (fol. 59 *v°*). — 9. Dieu le Père supportant Jésus crucifié (fol. 66). — 10. Isaïe (fol. 105). — 11. Même sujet (fol. 105 *v°*). — 12. Dieu le Père et les anges (fol. 116). — 13. Un prophète (fol. 134 *v°*). — 14. La Circoncision (fol. 141 *v°*). — 15. Un berger (fol. 145). — 16. St Paul (fol. 152 *v°*). — 17. Même sujet (fol. 160). — 18. La Création d'Ève (fol. 168 *v°*). — 19. Noé construisant l'arche (fol. 175 *v°*). — 20. S. Léon, pape (fol. 180). — 21. Moïse et le buisson ardent (fol. 198 *v°*). — 22. Jérémie (fol. 204 *v°*). — 23. La Vierge agenouillée (fol. 219). — 24. S. Jean l'Évangéliste (fol. 225 *v°*). — 25. Un pèlerin de S. Jacques (fol. 229). — 26. Elchana (fol. 254 *v°*). — 27. Salomon (fol. 259). — 28. Job (fol. 261 *v°*). — 29. Thobie (fol. 263 *v°*). — 30. Arphaxat (fol. 265). — 31. Les Machabées (fol. 266). — 32. La Vision d'Ézéchiel (fol. 268). — 33. Dieu le Père (fol. 294). — 34. S. Fulgence (fol. 294). — 35. S. Jean l'Évangéliste (fol. 297 *v°*). — 36. Le Massacre des innocents (fol. 300 *v°*). —

37. Ste Agnès (fol. 304 v°). — 38. S. Vincent (fol. 306 v°). — 39. La Conversion de S. Paul (fol. 309 v°). — 40. La Vierge et l'Enfant (fol. 312). — 41. Ste Eulalie (fol. 317). — 42. S. Benoît (fol. 322). — 43. S. Marc (fol. 330). — 44. S. Philippe et S. Jacques (fol. 332). — 45. La Nativité de S. Jean-Baptiste (fol. 337 v°). — 46. Le Martyre de S. Pierre (fol. 341 v°). — 47. S. Paul (fol. 345). — 48. Ste Marguerite (fol. 351). — 49. Ste Madeleine (fol. 354 v°). — 50. Ste Christine (fol 357 v°). — 51. S. Jacques le Mineur (fol. 359 v°). — 52. S. Pierre aux liens (fol. 361 v°). — 53. S. Laurent (fol. 365). — 54. S. Bernard (fol. 374). — 55. La Décollation de S. Jean-Baptiste (fol. 378 v°). — 56. S. Mathieu (fol. 386 v°). — 57. S. Michel (fol. 390). — 58. S. Marc (fol. 393 v°). — 58. Les onze mille Vierges (fol. 395 v°). — 60. La Toussaint (fol. 399 v°). — 61. S. Martin (fol. 403). — 62. Ste Cécile (fol. 408). — 63. S. Clément (fol. 409 v°). — 64. S. André (fol. 411 v°). — 65. Ste Barbe (fol. 414 v°). — 66. Ste Lucie (fol. 415). — 67. S Thomas (fol. 415 v°). — 68. S. Georges (fol. 444 v°).

Les bordures, formées de rinceaux auxquels se mêlent des anges et des animaux, se rattachent presque toutes aux initiales ; on en compte environ 80. Celle du f. 18 et celle du f. 374 répètent les armes d'Aragon.

Les initiales en or et en couleur se comptent par centaines. On y remarque les mains d'au moins deux artistes différents. Un autre artiste a semé dans le volume un nombre infini d'initiales accompagnées de simples enluminures à la plume, rouges ou violettes, de la plus exquise délicatesse.

Notons encore que les ff. 1, 15, 16, 102, 103, 290, 291 et 292 sont restés blancs.

Le prince pour qui ce beau manuscrit a été exécuté ne peut être que MARTIN le Vieux, fils puîné de Pierre IV et d'Éléonore de Sicile. Martin, né à Girone en 1356, succéda sur le trône d'Aragon à son frère Jean I*er* (19 mai 1395) ; il devint, en 1409, roi de Sicile, et mourut à Barcelone le 31 mai 1410.

De la collection de feu M. le BARON CHARLES DE ROTHSCHILD, de Francfort-sur-Mein.

2530 (16 c). HORAE secundum usum romanae curiae. Ms. pet. in-4 sur vélin de 176 ff. (haut. : 188 ; larg. : 127 mm.), mar. v. foncé, fil. et comp. à froid, dos orné, tr. dor. et cis. (*Bauzonnet.*)

Joli manuscrit exécuté dans le nord de la France au XV° siècle.

Le calendrier, écrit en français, occupe les ff. 1 à 12. Le mois d'avril, qui manque, a été remplacé par 1 f. de vélin blanc. L'encadrement du calendrier mesure 140 à 150 mm. sur 100 à 105. Chaque mois est orné, outre la bordure, d'une belle initiale et de deux médaillons.

Les noms des saints principaux sont écrits en bleu. Voici la liste des saints qui ont été jugés dignes de cet honneur :

S. Vincent (22 janv.), S. Paul (25 janv.), S. Pierre (22 févr.), S. Mathias (24 févr.), S. Jacques, S. Cristofle (1er mai), Ste Croix (3 mai), S. Nicolas (9 mai), S. Barnabé (11 juin), S. Jehan Baptiste (24 juin), S. Eloy (25 juin), S. Pierre, S. Paul (29 juin), S. Martin (4 juill.), La Magdelaine (22 juill.), S. Jacques, S. Cristofle (25 juill.), S. Pierre (1er août), S. Estienne (3 août), S. Laurens (10 août), S. Berthelemy (24 août), S. Louys, roy (25 août), S. Jehan (29 août), S. Leu, S. Gile (1er sept.), Ste Croix (14 sept.), S. Mathieu (21 sept.), S. Michel (29 sept.), S. Denis (9 oct.), S. Luc (18 oct.), S. Symon, S. Jude (28 oct.), S. Martin (11 nov.), S. Clement (23 nov.), Ste Katherine (25 nov.), S. André (30 nov.), S. Eloy (1er déc.), S. Nicolas (6 déc.), S. Thomas (21 déc.), S. Estienne (26 déc.), S. Jehan (27 déc.), les Innocens (28 déc.), S. Thomas (29 déc.).

Parmi les autres saints nous citerons : Ste Babile (24 janv.), S. Avertin (4 févr.), S. Salmon (8 févr.), S. Donace (25 févr.), Ste Honorine (27 févr.), S. Potencien (8 mars), S. Boutoul (9 mars), S. Blanchart (11 mars), S. Lubin (13 mars), S. Innocent (14 mars), S. Edouard (16 mars), S. Patas (17 mars),

# THÉOLOGIE.

S. Offran (18 mars), S. Offradosse (15 mars), S. Agapit (20 mars), S. Théodore (23 mars), S. Tecle (24 mars), S. Riulle (30 mars), etc.

Le texte n'est accompagné que d'une bordure marginale ; il ne mesure guère que 88 mm. de hauteur. Les miniatures sont, au contraire, complètement encadrées ; elles ont à peu près les mêmes dimensions que le calendrier. Ces miniatures sont au nombre de 34, savoir :

1. Saint Jean (fol. 13). — 2. Saint Luc (fol. 15). — 3. Saint Mathieu (fol. 17). — 4. Saint Marc (fol. 19). — 5. La Flagellation (fol. 20 $v^o$). — 6. La Vierge et la Trinité (fol. 25). — 7. L'Annonciation (fol. 28). — 8. La Visitation (fol. 45). — 9. L'Annonce aux bergers (fol. 57 $v^o$). — 10. L'Adoration des mages (fol. 60). — 11. Le roi David (fol. 63). — 12. Les Funérailles (fol. 82). — 13. La Fuite en Égypte (fol. 110). — 14. Le Triomphe de la Vierge (fol. 115). — 15. La Pentecôte (fol. 128 $v^o$). — 16. Saint Michel (fol. 143). — 17. La Réunion des saints (fol. 144). — 18. Saint Christophe (fol. 145). — 19. Saint Sébastien (fol. 146 $v^o$). — 20. Saint Julien (fol. 147 $v^o$). — 21. Saint André (fol. 148 $v^o$). — 22. Saint Pierre (fol. 149 $v^o$). — 23. Saint Paul (fol. 150 $v^o$). — 24. Saint Hilaire (fol. 151 $v^o$). — 25. La Sainte Trinité (fol. 152 $v^o$). — 26. Saint Antoine (fol. 153 $v^o$). — 27. Saint Fiacre (fol. 154 $v^o$). — 28. Saint Nicolas (fol. 155 $v^o$). — 29. Sainte Barbe (fol. 156 $v^o$). — 30. Sainte Apolline (fol. 157 $v^o$). — 31. La Vierge et les Anges (fol. 158). — 32. La Vierge, l'enfant Jésus et un ange (fol. 165). — 33. Le Baptême de saint Jean (fol. 170). — 34. La Messe de la sainte Croix (fol. 173 $v^o$).

Il manque 1 f. entre les ff. 162 et 163.

La plupart des rubriques qui accompagnent le texte latin sont écrites en français.

De la collection de feu M. le BARON CHARLES DE ROTHSCHILD.

**2531** (16 *d*). HORAE secundum usum romanum. Ms. pet. in-8 sur vélin de 239 ff. (haut. 118 ; larg. 79 mm.). velours pourpre, tr. dor.

Joli manuscrit, exécuté en lettres bâtardes vers la fin du XV$^e$ siècle, probablement à Paris.

Le calendrier, écrit en français, occupe les fol. 1-12 ; il est orné de 24 petites miniatures.

Les pages de texte sont toutes ornées de bordures latérales en or et en couleurs. Le volume est décoré de 20 miniatures analogues à celles que M. Paul Durrieu attribue à *Jacques de Besançon* (voy. Durrieu, *Un grand Enlumineur parisien au XV$^e$ siècle : Jacques de Besançon et son œuvre* ; Paris, 1892, in-8), savoir :

1. Saint Jean (fol. 13). — 2. Saint Luc (fol. 16). — 3. Saint Mathieu (fol. 19). — 4. Saint Marc (fol. 22). — 5. La Vierge et l'enfant Jésus devant qui un chevalier est agenouillé (fol. 24). — 6. Le Christ et les instruments de la Passion (fol. 37). — 7. La Visitation (fol. 87). — 8. La Nativité (fol. 106). — 9. L'Annonce aux bergers (fol. 112 $v^o$). — 10. La Présentation au temple (fol. 122). — 11. La Fuite en Égypte (fol. 127 $v^o$). — 12. Le Couronnement de la Vierge (fol. 136 $v^o$). — 13. La Messe de saint Grégoire (fol. 155). — 14. Jésus au jardin des oliviers (fol. 183). — 15. Le Baiser de Judas (fol. 185). — 16. Jésus devant Pilate (fol. 186). — 17. Jésus portant sa croix (fol. 187). — 18. La Descente de croix (fol. 188). — 19. La Mise au tombeau (fol. 189). — 20. Les Funérailles (fol. 197).

Nous reproduisons ci-contre la 5$^e$ miniature.

Le volume se termine par les mémoires de saint Christophe, de saint Sébastien, de saint Jean-Baptiste, de saint Nicolas et de sainte Barbe, dont les rubriques sont en français.

Les ff. 55 et 56, 153 et 154, 195 et 196, 248 sont restés blancs.

Cinq des miniatures, les n$^{os}$ 1, 5, 6, 10 et 19, portent les armes du gentilhomme pour qui ces heures ont été exécutées : d'argent, à la fasce de sable, accompagnée de trois trèfles du même.

Les saints dont les noms sont écrits en lettres d'or sont : St$^e$ Geneviève

(3 janv.), S. Vincent (25 janv.), S. Marc (25 avril), S. Jacques, S. Philippe (1ᵉʳ mai), Sᵗᵉ Croix (3 mai), S. Jehan (6 mai), S. Barnabé (11 juin), S. Jehan Baptiste (24 juin), S. Pere, S. Pol (29 juin), La Magdelene (22 juill.), S. Jacques, S. Cristofle (25 juill.), Sᵗᵉ Anne (28 juill.), S. Pierre (1ᵉʳ août), S. Estienne (3 août), S. Laurens (10 août), S. Berthelemy (24 août), S. Jehan (29 août), S. Leu, S. Gille (1ᵉʳ sept.), S. Mathieu (21 sept.), S. Michel (29 sept.), S. Remy (1ᵉʳ oct.), S. Denis (9 oct.), S. Luc (18 oct.), S. Symon, S. Jude (28 oct.), S. Marcel (3 nov.), S. Martin (11 nov.), Sᵗᵉ Katherine (25 nov.), S. Nicolas (6 déc.), S. Thomas (21 déc.), S. Estienne (26 déc.), S. Jehan (27 déc.), les Innocens (28 déc.), S. Thomas (29 déc.).

Parmi les autres saints nous citerons : Sᵗᵉ Basille (24 janv.), S. Baudent (30 janv.), S. Avertin (4 févr.), Sᵗᵉ Elene (8 févr.), S. Verain (25 févr.), Sᵗᵉ Honorine (27 févr.), S. Potencien (8 mars), S. Boutoul (9 mars), S. Blanchart (11 mars), S. Macedome (13 mars), S. Innocent (14 mars), S. Oudart (16 mars), S. Patas (17 mars), S. Offran (18 mars). S. Affradoxe (19 mars), S. Agapit (20 mars), S. Theodore (23 mars), S. Pinguesme (24 mars) S. Riulle (29 mars), etc.

De la collection de feu M. le BARON CHARLES DE ROTHSCHILD.

2532 (16 e). HORAE secundum usum romanum. Ms. pet. in-8, sur vélin de 158 ff. (haut. : 128 ; larg. : 85 mm.), v. f., dos orné, tr. dor. (Rel. du XVIIIᵉ siècle.)

Manuscrit exécuté à la fin du XVᵉ siècle.

Dans son état actuel le volume commence par l'évangile selon saint Jean ; le calendrier a disparu.

Le texte est écrit en lettres de forme, mêlées d'écriture bâtarde, très nette, avec initiales peintes et rubriques ; il n'est entouré d'encadrements qu'au f. 20 v°. Les miniatures, qui mesurent environ 110 sur 70 mm. (sauf la 2ᵉ et la 3ᵉ), sont au nombre de 33, savoir :

1. Saint Jean (fol. 1 v°). — 2. Le saint Suaire (fol. 9). — 3. Armes du personnage pour qui les heures ont été exécutées. Ce personnage portait : d'azur à trois têtes de licorne d'argent : 2 et 1, avec la devise *Chiere priere* (fol. 9 v°). Ces armes appartiennent aux familles Chevrière de Paudy, Durantin, Gagnet (Lorraine), Huguet de Graffigny (Lorraine) et Sauvaige (Hainaut). — 4. La Nativité (fol. 32 v°). — 5. L'Annonce aux bergers (fol. 38 v°). — 6. Le Christ recevant la Vierge dans le paradis (fol. 49). — 7. La Vierge embrassant Joachim (fol. 54). — 8. Le Christ portant sa croix (fol. 58). — 9. La Pentecôte (fol. 61 v°). — 10. Le roi David (fol. 64). — 11. Job (fol. 82). — 12. La Messe de saint Grégoire (fol. 117). — 13. La Vierge et l'enfant Jésus (fol. 121 v°). — 14. Saint Sébastien (fol. 133 v°). — 15. Saint Claude (fol. 136 v°). — 16. Saint Étienne (fol. 137 v°). — 17. Saint Jean-Baptiste (fol. 138 v°). — 18. Saint Pierre (fol. 139). — 19. Saint Pierre et saint Paul (fol. 139 v°). — 20. Saint Fiacre, saint Mamer, etc. (fol. 140). — 21. Saint Avertin, saint Genoul, etc. (fol. 140 v°). — 22. Saint Cyr (fol. 141 v°). — 23. Saint Ferréol (fol. 142 v°). — 24. Saint Côme et saint Damien (fol. 143 v°). — 25. Saint Antoine et saint Silvain (fol. 144 v°). — 26. Saint Blaise (fol. 145 v°). — 27. La Toussaint (fol. 146 v°). — 28. Jésus s'avançant vers des soldats (fol. 147 v°). — 29. Dieu le Père sur son trône (fol. 148 v°). — 30. Sainte Anne (fol. 150). — 31. Sainte Apollinaire (fol. 151). — 32. Sainte Barbe (fol. 152). — 33. Sainte Catherine (fol. 153).

Le 9ᵉ f., qui contient les deux miniatures décrites ci-dessus, est une addition qui paraît avoir été faite vers la fin du XVIᵉ siècle.

La 14ᵉ miniature (S. Sébastien) est accompagnée des armes du propriétaire : écartelé : au 1ᵉʳ et 4ᵉ d'azur à trois têtes de licorne d'argent, comme ci-dessus, au 2ᵉ et 3ᵉ de sable, semé d'abeilles d'or. La bordure contient en gros caractères la devise : *Chiere priere*. Voy. la reproduction ci-contre. — Les bordures du fol. 141 v° et celle du fol. 150 sont semées de grosses fleurs de lys.

La plupart des rubriques sont écrites en français.

De la collection de feu M. le BARON CHARLES DE ROTHSCHILD.

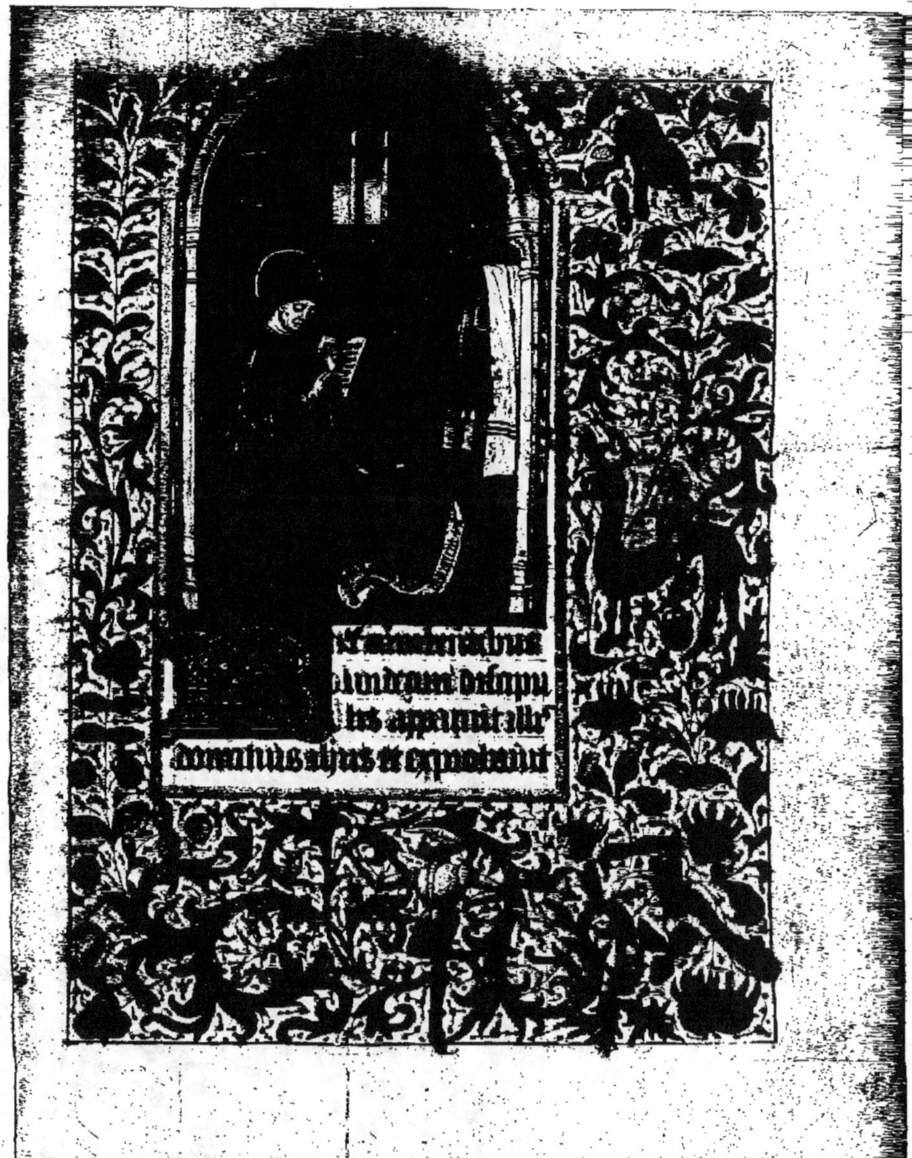

N° 2534. HORAE B.M.V. MS. DU XV<sup>e</sup> SIÈCLE. FOL. 19.

## THÉOLOGIE. 331

**2533 (22 a). HORAE CANONICAE.** Ms. in-4 sur vélin de 132 ff. et 6 ff. blancs (haut. 199; larg. 135 mm.), velours r., tr. dor. (*Anc. rel.*)

I. 5.24

Manuscrit italien du XV° siècle, de la plus belle exécution.

Le volume, dont les premiers ff. ont été arrachés, commence par une *Oracio de sancta Veronica*. Il est exécuté en grosses lettres semi-gothiques. La décoration de ces heures n'a pas été terminée ; plusieurs pages destinées à recevoir des miniatures sont restées blanches. Dans son état actuel, le manuscrit est orné de 29 bordures, de 25 petites miniatures et d'un grand nombre d'initiales.

Nous reproduisons la bordure et les miniatures qui ornent le fol. 29 v°.

De la collection de feu M. le BARON CHARLES DE ROTHSCHILD.

**2534 (24 a). HORAE Beatae Mariae Virginis.** Ms. in-4 sur vélin de 225 ff. et 1 f. blanc (haut. 227 ; larg. 165 mm.), v. f., dent., dos orné, tr. dor. (*Rel. du commencement du XVIII° siècle.*)

I.6,15

MF Couleurs

Beau manuscrit, exécuté à Paris au commencement du XV° siècle. Le texte, écrit en grosses lettres de forme, est orné de bordures, d'initiales en or et en couleurs, etc.

Les ff. 1-12 sont occupés par un calendrier français.

Les saints dont les noms sont écrits en lettres d'or sont : S. Mor, S. Bon (15 janv.), S. Vincent (22 janv.), S. Pol (25 janv.), S. Pere (22 févr.), S. Mathias (24 févr.), S. Gregoire (12 mars), S. George (23 avril), S. Marc (25 avril), S. Jacques, S. Cristofle (1$^{er}$ mai), S$^{te}$ Croys (3 mai), S. Jehan (6 mai), S. Nicholas (9 mai), S. Yves (19 mai), S. Barnabé (11 juin), S. Jehan Baptiste (24 juin), S. Eloy (25 juin), S. Pere, S. Pol (29 juin), Translacion S. Martin (4 juill.), La Magdalena (22 juill.), S. Jaques, S. Cristofle (25 juill.), S$^{te}$ Anne (28 juill.), S. Pierre (1$^{er}$ août), S. Estienne (3 août), S. Lorens (10 août), S. Berthelemi (24 août), S. Loys (25 août), S. Jehan (29 août), S. Leu, S. Gille (1$^{er}$ sept.), S$^{te}$ Croix (14 sept.), S. Mathieu (21 sept.), S. Michel (29 sept.), S. Denis (9 oct.), S. Luc (18 oct.), S. Symon, S. Jude (28 oct.), S. Martin (11 nov.), S. Climent (23 nov.), S$^{te}$ Katherine (25 nov.), S$^{te}$ Genevieve (26 nov.), S. Andrieu (30 nov.), S. Eloy (1$^{er}$ déc.), S. Nicholas (6 déc.), S. Thomas (21 déc.), S. Estienne (26 déc.), S. Jehan (27 déc.), Les Innocens (28 déc.), S. Thomas (29 déc.)

Parmi les autres saints nous citerons : S$^{te}$ Genevieve (3 janv.), S. Frambout (7 et 8 janv.), S. Valeri (29 janv.), S. Denis (8 févr.), S. Veram (25 févr.), S. Valeri (26 févr.), S$^{te}$ Perpetue (8 mars), S$^{te}$ Patrice (9 mars), S. Marcidonne ou Mecedonne (11 et 13 mars), S. Quiriace (16 mars), S. Gertrus (27 mars), S. Privé (18 mars), S. Offran (19 mars), S. Affradoce (22 mars), S. Agapit (24 mars), S. Ruille (30 mars), etc.

Outre les bordures, chaque mois est orné de 4 petites miniatures en forme de médaillons : un sujet correspondant à l'époque de l'année, le signe du zodiaque et deux saints.

Le volume contient 22 grandes miniatures, mesurant environ 180 sur 130 mm., savoir :

1. Saint Jean (fol. 13). — 2. Saint Luc (fol. 15). — 3. Saint Mathieu (fol. 17). — 4. Saint Marc (fol. 19). — 5. La Résurrection (fol. 20 v°). — 6. L'Annonciation (fol. 31). — 7. La Visitation (fol. 57). — 8. La Nativité (fol. 69). — 9. L'Annonce aux bergers (fol. 75). — 10. L'Adoration des mages (fol. 80). — 11. La Fuite en Égypte (fol. 84 v°). — 12. La Circoncision (fol. 89). — 13. Le roi David (fol. 102). — 14. Le Baiser de Judas (fol. 124). — 15. Pilate se lavant les mains (fol. 126). — 16. Jésus portant sa croix (fol. 127 v°). — 17. Jésus attaché à la croix (fol. 129). — 18. La Mort du Christ (fol. 130 v°). — 19. La Mise au tombeau (fol. 132 v°). — 20. Les Funérailles (fol. 140). — 21. La Vierge et l'enfant Jésus (fol. 190 v°). — 22. La Trinité (fol. 196 v°).

La miniature de saint Marc est ornée d'un écu aux armes de France, au-dessous duquel on voit un bassin, une aiguière et une serviette (voy. la reproduction ci-contre). — Le roi David porte une chappe dont la partie supérieure est en drap d'azur semé de fleurs de lys d'or. — La Mise au tombeau est entourée d'une bordure formée de couronnes royales. — La Trinité (fol. 196 $v^o$) est placée sous un dais aux couleurs de France.

Outre les grands sujets, les Heures sont ornées de 39 petites miniatures, plus celles du calendrier.

Les bordures renferment un grand nombre de petits sujets, dont quelques-uns ont un caractère satirique assez singulier, par exemple : un évêque à tête d'âne, porté par des singes (fol. 19), un roi à tête de lion (fol. 20 $v^o$), une truie qui file (fol. 23), etc.

Au fol. 190 $v^o$ commencent *Les Quinze Joyes Nostre Dame* : « Doulce dame de misericorde, mere de pitié, etc. », et au fol. 196 $v^o$ [*Les. V. Playes nostre seigneur Jhesucrist*] : « Doulx Dieu, doulx pere, sainte Trinité un Dieu, etc. »

Les Heures se terminent par les mémoires de la Trinité, du Saint-Esprit, de la Croix, de Nostre-Dame, de saint Jean-Baptiste, de saint Jean l'Évangéliste, de saint Michel, de saint Gabriel, de saint Pierre, de saint Jacques, de saint André, de saint Mathieu, de saint Mathias, de saint Simon, de saint Jude, de saint Philippe, de saint Christophe, de saint Sébastien, de saint Étienne, de saint Laurent, de saint Denis, de saint Nicolas, de saint Martin, de saint Hilaire, de saint Antoine, de sainte Madeleine, de sainte Catherine, de sainte Marguerite, de sainte Anne, de sainte Véronique et de sainte Avoye.

On lit au bas du f. 225 $r^o$ la date de 1320 ; mais cette date est une addition qui paraît remonter au XVI$^e$ siècle.

Ce volume, qui porte l'ex-libris du DUC THOMAS VARGAS MACCIUCCA, provient en dernier lieu de la collection de feu M. le BARON CHARLES DE ROTHSCHILD.

**2535 (24 $b$).** HORAE Beatae Mariae Virginis. Ms. in-4 sur vélin de 171 ff. (haut. 212 ; larg. 148 mm.), velours r., tr. dor. (*Rel. moderne.*)

Beau manuscrit exécuté au XV$^e$ siècle en lettres de forme, et orné à chaque page de larges bordures en or et en couleurs.

Le calendrier manque. Le volume commence par l'évangile selon saint Jean ; il est orné de 16 grandes miniatures, savoir :
1. Saint Jean (fol. 1). — 2. La Vierge et l'enfant Jésus (fol. 7 $v^o$). — 3. Adam et Ève (fol. 14 $v^o$). — 4. L'Annonciation (fol. 15). — 5. La Visitation (fol. 37). — 6. L'Annonce aux bergers (fol. 52 $v^o$). — 7. L'Adoration des mages (fol. 57). — 8. La Présentation au Temple (fol. 61). — 9. La Fuite en Égypte (fol. 65 $v^o$). — 10. Le Couronnement de la Vierge (fol. 72). — 11. La Résurrection des morts (fol. 77). — 12. Le Baiser de Judas (fol. 95). — 13. La Pentecôte (fol. 101 $v^o$). — 14. Les Funérailles (fol. 108 $v^o$). — 15. La Vierge, l'enfant Jésus et deux anges (fol. 150 $v^o$). — 16. Le Christ et les instruments de la Passion (fol. 155 $v^o$).

Sept de ces miniatures, les n$^{os}$ 2, 4, 12, 13, 14, 15 et 16 sont signées d'une croix ou d'un poignard.

Nous reproduisons ci-contre deux des grandes peintures : Adam et Ève, entourés d'une bordure où l'on voit les armes d'une dame pour qui ces Heures ont été faites, puis la scène des funérailles. Cette dernière scène, au bas de laquelle on remarquera le signe employé par l'artiste, a pour encadrement une curieuse danse macabre, dont les sujets se continuent dans les marges du fol. 109. M. H.-N. Humphreys a donné une description de ces sujets dans son ouvrage intitulé : *Holbein's Dance of Death* (London, 1868).

Les armes qui se voient au bas de la miniature d'Adam et d'Ève et qui sont répétées dans le tableau suivant (l'Annonciation), sont composées d'un écu mi-parti : au 1$^{er}$ de sable, au lion armé d'argent, chargé en chef d'un croissant dans le canton dextre ; au 2$^e$ de gueules, à deux lions, ou deux

# THÉOLOGIE.    333

léopards, adossés, d'or, au chef de gueules, au lion passant d'argent, chargé d'un soleil d'or dans le canton dextre.

La décoration du volume est complétée par 30 petites miniatures, dont les premières sont placées au milieu des bordures, et par un grand nombre d'initiales.

Au fol. 150 commencent Les .XV. Joies Nostre Dame, et, au fol. 155, Les .V. Playes nostre seigneur Jhesucrist.

Les heures se terminent par les mémoires de la sainte Trinité, de l'Assomption de la Vierge, de saint Michel archange, de l'Invention de la Croix, de la Paix, de saint Jean-Baptiste, de saint Jean l'Évangéliste, de saint Jacques le Majeur, de saint Christophe, de saint Denis, de saint Laurent, de saint Martin, de saint Nicolas, de saint Germain de Paris, de sainte Anne, de sainte Madeleine, de sainte Catherine, de sainte Marguerite et de sainte Geneviève.

De la collection de feu M. le BARON CHARLES DE ROTHSCHILD.

**2536 (24 c).** HORAE Beatae Mariae Virginis. Ms. in-4 sur vélin de 157 ff. et 1 f. blanc (haut. 191 ; larg. 130 mm.), mar. r., fil. à froid, doublé de mar. bl., dent. et semis de fleurs de lys, fermoir de vermeil. (*Rel. moderne.*)

Manuscrit exécuté dans le nord de la France vers la fin du XVe siècle. Il est écrit en grosses lettres de forme, et enrichi de rubriques et d'initiales. Les miniatures sont seules ornées de bordures.

Au v° du 1er f. ont été ajoutées au XVIe siècle les armes de MARIE D'AINVAL et de son mari, MICHEL CORNET, SEIGNEUR D'HUNVAL en Artois. Michel Cornet portait : d'azur, au chevron d'or, chargé en chef de deux étoiles de même, et, en pointe, d'un oliphant ; Marie d'Ainval portait : d'argent, au chef émanché de gueules, à la bande coticée d'azur, chargé d'une étoile dans le canton senestre.

La famille Cornet nous est connue par un livre de raison commencé en 1517 par Jehan Cornet, sieur d'Hunval et de Wardières (*Mémoires de la Société des antiquaires de Picardie*, IIIe sér., VIII (1885), p. 145).

Marie a joint à ses armes la devise : *Spes mea Deus*, et sa signature.

Le calendrier est écrit en français de Picardie. Les principales rubriques sont aussi en français.

Le calendrier n'est écrit qu'en deux couleurs : en rouge et en noir. Les saints dont les noms sont tracés en lettres rouges sont : S. Fremin (19 janv.), S. Vincent (22 janv.), Convertium S. Pol (25 janv.), S. Pierre (22 févr.), S. Mathias (24 févr.), S. Marc (25 avril), S. Jaque, S. Philippe (1er mai), Ste Crois (3 mai), S. Nicolay (9 mai), S. Honnouré (16 mai), S. Barnabé (11 juin), S. Jehan Baptiste (24 juin), S. Eloy (25 juin), S. Pierre, S. Pol (29 juin), S. Martin (4 juill.), le Magdalene (22 juill.), S. Jaque, S. Cristofle (25 juill.), S. Pierre (1er août), S. Laurens (10 août), S. Berthelemieu (24 août), S. Louys (25 août), S. Jehan de colace (30 août), S. Fremin, S. Leu (1er sept.), Ste Crois (14 sept.), S. Mahieu (21 sept.), S. Firmin (25 sept.), S. Michiel (29 sept.), S. Denis (9 oct.), S. Luc (18 oct.), S. Symon, S. Jude (28 oct.), S. Martin (11 nov.), S. Diment (23 nov.),

S. Andrieu (30 nov.), S. Eloy (1ᵉʳ déc.), S. Nicolay (6 déc.), S. Fuscien (11 déc.), S. Thomas, apostre (21 déc.), S. Estienne (26 déc.), S. Jehan (27 déc.), Les Innocens (28 déc.), S. Thomas, martyr (29 déc.).

On remarquera encore dans le calendrier les noms de S. Seurin (7 janv.), S. Ouffre (8 janv.), S. Fremin (13 janv.), S. Columbain (24 janv.), S. Valere (29 janv.), Sᵗᵉ Radegonde (30 janv.), Sᵗᵉ Ulphe (31 janv.), S. Liphart (4 févr.), S. Denis (8 févr.), Sᵗᵉ Apolline (9 févr.), S. Julien (10 févr.), S. Robert (13 févr.), S. Crathon (15 févr.), Sᵗᵉ Couronne (19 févr.), S. Martial (20 févr.), S. Gall (21 févr.), S. Victorin (25 févr.), S. Alexandre (26 févr.), Sᵗᵉ Honorine (27 févr.), S. Romain (28 févr.), etc.

Les miniatures sont au nombre de 12, savoir : 1. Le Christ en croix (fol. 20). — 2. La Pentecôte (fol. 28). — 3. L'Annonciation (fol. 34). — 4. La Nativité (fol. 45 v°). — 5. L'Annonce aux bergers (fol. 58). — 6. L'Adoration des mages (fol. 64). — 7. La Fuite en Égypte (fol. 68 v°). — 8. Le Massacre des Innocents (fol. 73). — 9. La Présentation au temple (fol. 78). — 10. La Mort de la Vierge (fol. 86). — 11. David et Goliath (fol. 92). — 12. L'Ensevelissement des morts pendant une bataille (fol. 111).

Nous reproduisons ci-joint la première de ces miniatures.

A la fin du volume il est fait mémoire de saint Nicolas, de saint Anthoine, de sainte Catherine, de sainte Barbe et de sainte Apolline.

De la collection de feu M. le BARON CHARLES DE ROTHSCHILD.

2537 (30 a). HORAE in lau || dem beatissimæ || virginis Mariæ, ad vsum || Romanum. || *Parisiis.* || *Apud Simonem Colinæum.* || 1543. In-4 de 176 ff. non chiffr., sign. *a-y* par 8, réglé, v. marbré, fil., dent., comp., dos orné, tr. dor. (*Reliure du XVIIᵉ siècle.*)

Le texte est imprimé en rouge et en noir ; chaque page est ornée d'un riche encadrement gravé sur bois. Le titre est entouré d'une bordure à cariatides. Au v° du titre est une table pascale de 1543 à 1568. Les ff. *aij-avij* sont occupés par le calendrier ; le f. *avii*j contient un *Hymnus de sancto Joanne Evangelista*, et une grande fig.

Les grandes figures qui décorent le volume sont au nombre de 14 ; toutes sont l'œuvre de *Geofroy Tory* ou de ses élèves ; plusieurs sont signées de la double croix de Lorraine.

Les bordures sont au nombre de 20 environ ; mais, les côtés étant indépendants les uns des autres, l'imprimeur a pu varier les combinaisons à son gré.

Plusieurs encadrements portent les dates de 1536, 1537 et 1539. Geofroy Tory était mort en 1533 ; mais sa veuve, *Perrette Le Hullin*, avait conservé une partie de ses ateliers, notamment l'atelier de gravure. Voy. Aug. Bernard, *Geofroy Tory*, 2ᵉ éd., pp. 59, 65.

Nous donnons ci-contre la reproduction d'une des pages du volume.

Le volume se termine par un sixain donnant en acrostiche le nom de SUSANE :

S i de Dieux veulx appaiser le couroux,
V elle, pecheur, et te mectz a genoulx,
S us eslevant ton cueur a son hault throsne ;
A lors peché n'y a qu'il ne pardonne.
N e doubte en rien, car en toute saison
E st escoutant du ciel ton oraison.

Ces vers, qui se retrouvent probablement ailleurs, pourraient bien avoir été composés par Susanne de Bourbon, fille de Pierre II, duc de Bourbon, et d'Anne de France. Cette malheureuse princesse, dont nous décrivons plus loin les *Enseignements* (n° 2559), avait épousé le trop célèbre connétable Charles de Bourbon, et elle était morte à Châtellerault le 28 avril 1521. Il est probable qu'elle avait écrit en vers, comme elle avait écrit en prose. Peut-être avons-nous ici un échantillon de ses poésies.

De la bibliothèque de M. H. DESTAILLEUR (Cat. de 1891, n° 654).

**D**Omine, ne in furore
tuo arguas me, ne=
que in ira tua corri=
pias me.
Miserere mei domi=
ne, quoniã infirmus
sum: sana mé domine, quoniam con=
turbata sunt ossa mea.
Et anima mea turbata est valde, sed
tu domine vsq;quo?
Conuertere domine, & eripe animam
meam: saluum me fac propter mise=
ricordiam tuam.
Quoniam non est in morte, qui me=
mor sit tui: in inferno autem, quis con
fitebitur tibi?
Laboraui in gemitu meo, lauabo per
singulas noctes lectũ meum, lachry=
mis meis stratum meum rigabo.
Turbatus est à furore oculus meus,

## IV. — Théologiens.

**2538** (40 a). La flevr des Commandemens ‖ de Dieu. Auec plusieurs exemples et auctoritez : extraictes tāt de sainctes escriptures ‖ que daultres docteurs et bons anciens peres. Lequel [sic] est moult vtile ҁ prouffitable a ‖ toutes gens ‖ ...... ❡ *On les vēd a Paris par Phelippe le Noir libraire ҁ relieur iure en luniuersite dudit ‖ paris, demourāt en la grāt rue sainct Iacques a lenseigne de la roze blanche couronnee.* — ❡ *Cy fine le liure intitule la fleur des commā ‖ demens de dieu auec plusieurs exemples ҁ ‖ auctoritez extraictes tant des escriptures ‖ sainctes que dautres docteurs ҁ bons an ‖ ciēs peres Lequel est moult vtile ҁ pro ‖ fitable a toutes gēs. Et a este nou ‖ uellement imprime a Paris par ‖ Anthoyne bonne Mere de ‖ mourant en la rue de ‖ saīt Iehan de beau ‖ uais Lequel fut a ‖ cheue lan mil ‖ cinq cens ‖ vingt ҁ ‖ cinq* [1525]. In-fol. goth. de 14 ff. lim. et 168 ff. chiffr., impr. à 2 col., mar. br., fil., dos orné, tr. dor. (*Duru*, 1856.)

Le titre, imprimé en rouge et en noir, contient *Les dix Commandemens de Dieu* et, en regard, *Les Commandemens de saincte Eglise*. Au-dessous de ces deux textes sont placés trois petits bois : le Baiser de Judas, l'Adoration des mages et la Fuite en Égypte.

Cette compilation, qui n'a encore fait l'objet d'aucune étude approfondie, se compose de deux parties. La première, purement dogmatique, est une explication très détaillée des commandements de Dieu ; la seconde (fol. lxxxv et suiv.) est un recueil d'exemples qui servent de commentaires à cette explication. Les exemples sont empruntés aux divers livres de la *Bible*, à la *Vie des Pères*, aux légendes des saints, aux *Dialogues de saint Grégoire*, au grand recueil de Jacques de Vitry, au *Liber apum* de Thomas de Cantimpré, au *Marial* que l'on attribue à Raymond de Pont-Authou (voy. Brunet, II, 1699) et surtout au *Promptuarium* et aux *Sermones* de J. Herolt, dit le Disciple, m. en 1418. Le compilateur, qui ne s'est pas fait connaître, dit que ces exemples « ont esté transmuées de latin en françoys, affin que les simples gens, qui point de latin ne congnoyssent, les puissent entendre » (fol. lxxxvᵃ).

*La Fleur des commandemens* fut imprimée dès la fin du XVᵉ siècle, à une époque sans doute assez rapprochée de celle où le livre avait reçu sa forme actuelle. Ainsi s'explique que nous n'en ayons pas rencontré de manuscrits.

Pour les diverses éditions de notre recueil et pour la traduction anglaise d'Andrew Chertsey, voy. Brunet, II, 1287.

Exemplaire de M. le Baron Achille Seillière, dont il porte les armes (Cat. de 1890, nº 40).

**2539** (41 a). Breve ‖ Confession ‖ de foy, dressee par ‖ autorité de nostre saint ‖ Pere, comme marque ‖ pour cognoistre ‖ le Catholique ‖ de l'Here- ‖ tique. ‖ Auec ‖ Le remede contre la poyson : ad- ‖ iousté par Antoine l'Huilier. ‖ Matthieu 15.

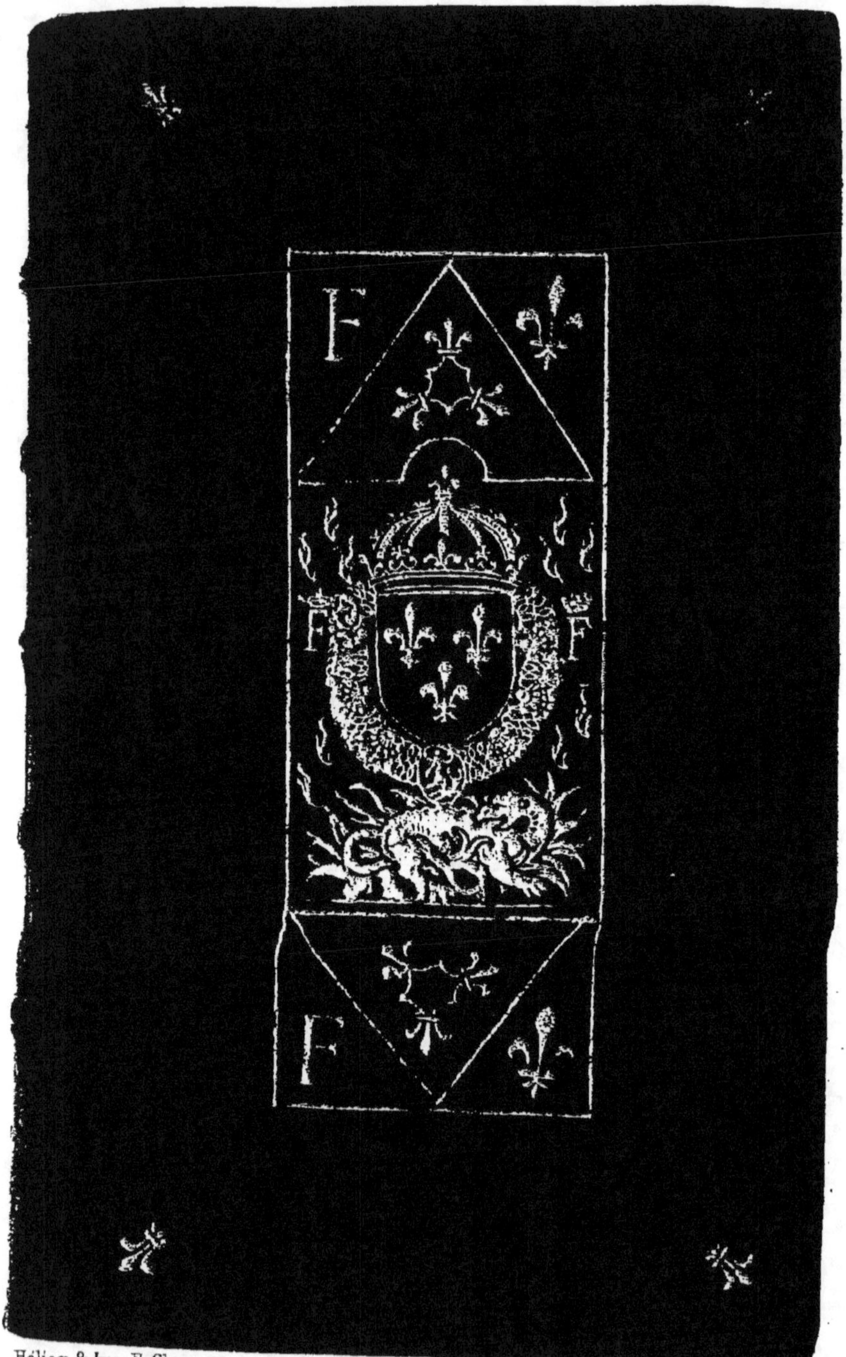


Héliog. & Imp. E. Charreyre.

N° 2574. J. J. PONTANI OPERA.

THÉOLOGIE.    337

|| En vain me seruent ceux qui m'honnorent || selon les commandemens & doctrines des || hommes. Et au mesme chapitre, Toute plan- || te que mon Pere celeste n'a point plantee se- || ra arrachee. || *A Paris,* || *Par Raulin Gautier*, || 1563. In-8 de 32 pp.

   La *Breve Confession* n'occupe que les pp. 3-6. Le *Remede* remplit les pp. 7-32. L'auteur, Antoine L'Huilier, devait être un parent de l'imprimeur parisien *Pierre L'Huilier*, qui publia l'apologie de la Saint-Barthélemy (voy. le n° 2173).

2540 (42 *a*). CATECHISME || du Diocese || de Meaux. || Par le commandement || de Monseigneur l'Illustrissime & Ré- || vérendissime Jacques Benigne || Bossuet, Evesque de Meaux, Con- || seiller du Roy en ses Conseils, cy-de- || vant Précepteur de Monseigneur le || Dauphin, premier Aumosnier de || Madame la Dauphine. || *A Paris,* || *Chez Sebastien Mabre-Cramoisy,* || *Imprimeur du Roy, ruë Saint Jacques,* || *aux Cicognes.* || M.DC.LXXXVII [1687]. || Avec Privilege de sa Majesté. Pet. in-12 de 9 ff., 246 pp. et 2 ff. — CATECHISME || des Festes || et autres solennitez || & observances de l'Eglise. || Par le commandement || de Monseigneur l'Illustrissime & Ré- || vérendissime Jacques Benigne || Bossuet Evesque de Meaux, Con- || seiller du Roy en ses Conseils, cy-de- || vant Précepteur de Monseigneur le || Dauphin, premier Aumosnier de || Madame la Dauphine. || *A Paris,* || *Chez Sebastien Mabre-Cramoisy,* || *Imprimeur du Roy.* || M D C. LXXXVII [1687]. || Avec Privilege de sa Majesté. Pet. in-12 de 5 ff. et 123 pp. — Ensemble 2 part. en un vol. pet. in-12, mar. r. jans., tr. dor. (*Thibaron et Joly.*)

   Éditions originales.
   *Catechisme du diocese.* — Le titre porte les armes de Bossuet : d'azur à trois roues d'or. — Les 7 ff. qui suivent contiennent un *Avertissement de monseigneur l'evesque de Meaux aux curez, vicaires, aux peres et aux meres,* etc., pièce datée du 6 octobre 1686, puis une note sur le classement des enfants auxquels le catéchisme est enseigné. — Les 2 derniers ff. sont occupés par le texte du privilège accordé pour douze ans à *S. Mabre-Cramoisy,* le 16 janvier 1687.
   *Catechisme des festes.* — Le titre porte les mêmes armes. — Les liminaires contiennent un *Avertissement de monseigneur l'evesque de Meaux aux curez et catechistes de son diocese,* daté, comme le précédent, du 6 octobre 1686.
   Le volume se termine par un *Extrait* du privilège du 16 janvier 1687, placé au v° du dernier f.

2541 (48 *a*). Harengue || Faicte au nom de || l'Vniuersité de Paris, || deuāt le Roy Charles sixiesme, & tout le con- || seil, contenant les remonstrances touchant || le gouuernement du

Roy, & || du Royaume. || Auec les protestations du Treschrestien Roy de France, || Charles VII. sur la determination du || Concile de Basle. || *A Paris,* || *Par Vincent Sertenas, tenant sa boutique au Palais, en* || *la gallerie par ou on va à la Chancellerie.* || 1561. || Auec priuilege du Roy. In-8 de 48 ff. chiffr.

> Au v° du titre est un extrait du privilège accordé pour six ans à *V. Sertenas* le 25 janvier 1560 (v. s.).
> Le discours de GERSON, dont nous avons précédemment décrit une édition de la fin du XV° siècle, se termine au f. 46 v°. Les deux derniers ff. du volume sont occupés par les *Protestations du treschrestien roy de France Charles VII. sur la determination du concile de Basle.*
> Le titre de cet exemplaire porte la signature de M. ANTHOINE GUENOT.

2542 (52 *a*). LA PETITE DYA || BLERIE. Aultrement apel- || lee Lesglise des mauuais / dōt lu || cifer est le Chef. Et les membres || sont les ioueurs inicques et Pe- || cheurs reprouuez. — [A la fin :] ❡ *Ce present traicte ont fait imprimer a Paris* || *deux venerables docteurs en theologie | Maistrè* || *thomas varnet cure de sainct nycolas des champs* || *Et maistre Noel beda | principal du college de mō* || *taigu. Imprime par Alain Loctrian et Denys Ia* || *not | demourāt en la rue neufue nostre dame a Len* || *seigne de lescu de France.* S. d. [*v.* 1525], pet. in-8 goth. de 48 ff. non chiffr. de 27 lignes à la page pleine, sign. A-F. — LA VIE de || sainct Ni || colas.·. — ❡ *Cy finist la vie de sainct Nicolas Imprimee a* || *Lyon par Barnabe chaussard.* || *X̄p̄o laus ⨲ gloria.* S. d. [*v.* 1520], pet. in-8 goth. de 8 ff. non chiffr. de 27 lignes à la page, sign. A. — Ens. 2 part. en un vol. pet. in-8, vél. bl. (*Rel. du XVI° siècle.*)

> *Petite Dyablerie.* — Le titre est orné d'une initiale à fond criblé, d'un bois, fort grossier, qui représente un « mauvais » et son chef Lucifer, et de quatre fragments de bordure.
> Les premières lignes de l'ouvrage nous apprennent que *La petite Dyablerie* est la traduction d'un traité qui fait partie du livre de saint Bernardin sur la religion chrétienne. Il s'agit du *Quadragesimale de christiana religione,* imprimé avant la fin du XV° siècle (Hain, n° 2834). Ce traité a été « translaté de latin en françoys, veu et visité à Paris par quatre venerables docteurs en la faculté de Paris, lesquelz ont adjousté et diminué cela qu'ilz veoyent servir a la matiere ».
> Le texte est orné de plusieurs initiales et de cinq figures sur bois. La cinquième de ces figures, placée au v° du dernier f., représente le triomphe du Christ.
> *Vie de sainct Nicolas.* — Le titre est orné d'une initiale à sujet, et d'un petit bois représentant saint Nicolas.
> Le texte commence, au v° même du titre, de la façon suivante : « Nicolas est dit de *Nycos,* qui est a dire « victoire », et *laos* « peuple », si que Nicolas est autant a dire comme « victoire de peuple »....
> Le v° du dernier f. est blanc.

De la bibliothèque de M. H. DESTAILLEUR (Cat. de 1891, n° 695).

Pour d'autres impressions de *Pierre Mareschal*, voy. t. I, n° 76, et t II, n° 2025.

2543 (55 *a*). L'ORIGINE, || des Masques, Mommerie, || Bernez et Reuennez es iours || gras de Caresmeprenāt, menez sur || l'asne a rebours & Chariuary. || Le Iugement || Des anciens Peres & Philosophes sur le subiect des || Masquarades, le tout extraict du liure || de la mommerie de || Claude Noirot Iuge en la mairie de Lengres. || *A Lengres,* || *Par Iehan Chauuetet imprimeur* || *& Libraire iuré,* 1609. Pet. in-8 de 4 ff. et 148 pp., mar. amar., fil., comp., dos orné, tr. dor. (*Trautz-Bauzonnet*.)

Le titre est orné d'un joli bois qui représente une troupe d'enfants jouant de divers instruments de musique.
Au v° du titre est une *Approbation* donnée à Noirot par N. Facenet, dont la signature est reproduite en fac-simile.
Les 3 ff. qui suivent le titre contiennent un avis d' « Euphrone au lecteur benevole », et un sommaire du premier chapitre.
A la p. 50 est un bois qui représente un charivari.
De la bibliothèque de M. le baron de LA ROCHE LACARELLE (Cat. de 1888, n° 412).

## JURISPRUDENCE.

### I. — DROIT DES GENS. — DROIT FRANÇAIS.

2544 (103 *a*). CORPS UNIVERSEL DIPLOMATIQUE du Droit des Gens ; Contenant un Recueil des Traitez d'Alliance, de Paix, de Treve, de Neutralité, de Commerce, d'Échange, de Protection & de Garantie, de toutes les Conventions, Transactions, Pactes, Concordats, & autres Contrats, qui ont été faits en Europe, depuis le Regne de l'Empereur Charlemagne jusques à présent ; Avec les Capitulations Imperiales et Royales ; les Sentences Arbitrales & Souveraines dans les Causes importantes ; les Déclarations de Guerre, les Contrats de Mariage des Grands Princes, leurs Testamens, Donations, Renonciations, & Protestations ; les Investitures des grands Fiefs ; les Erections des grandes Dignités, celles des grandes Compagnies de Commerce, & en général de tous les Titres, sous quelque nom qu'on les désigne, qui peuvent servir à fonder, établir, ou justifier les Droits et les Interets des

Princes et Etats de l'Europe; Le tout tiré en partie des Archives de la Tres-Auguste Maison d'Autriche, & en partie de celles de quelques autres Princes & Etats; comme aussi des Protocolles de quelques Grands Ministres; des Manuscrits de la Bibliothèque Royale de Berlin; des meilleures Collections, qui ont déja paru tant en Allemagne, qu'en France, en Angleterre, en Hollande, & ailleurs; sur tout des Actes de Rymer; & enfin les plus estimés, soit en Histoire, en Politique, ou en Droit; Par J. Du Mont, Baron de Carels-Croon, Ecuier, Conseiller, et Historiographe de Sa Majesté Imperiale et Catholique. *A Amsterdam, Chez P. Brunel, R. et G. Wetstein, Les Janssons-Waesberge, L'Honoré et Chatelain. A la Haye, Chez P. Husson et Charles Levier.* M DCC XXVI [1726-1731]. 8 tom. en 16 vol. in-fol. impr. à 2 col. — SUPPLEMENT au Corps universel diplomatique du Droit des Gens, Contenant l'Histoire des anciens Traitez, ou Recueil Historique & Chronologique des Traitez répandus dans les Auteurs Grecs & Latins, & autres Monumens de l'Antiquité, depuis les tems les plus reculez jusques à l'Empire de Charlemagne. Par Mr. Barbeyrac, Docteur en Droit, & Professeur en la même Faculté dans l'Université de Groningue; Pour servir d'Introduction au Corps Universel Diplomatique; Un Recueil des Traitez D'Alliance, de Paix, de Trève, de Neutralité, de Commerce & de Garantie, des Conventions, Pactes, Concordats, & autres Contrats &c. qui avoient échapé aux premieres recherches de Mr. du Mont; Continué jusqu'à présent par Mr. Rousset; Enrichi d'une Table générale des Matiéres contenues dans le Corps Diplomatique & dans le Supplément : Avec le Ceremonial Diplomatique des Cours de l'Europe, Ou Collection des Actes, Mémoires & Relations qui concernent les Dignitez, Titulatures, Honneurs & Prééminences; les Fonctions publiques des Souverains, leurs Sacres, Couronnemens, Mariages, Batêmes, Enterremens; les Ambassadeurs, leurs Immunitez & Franchises, leurs Démêlez &c. Recueilli en partie par Mr. Du Mont : Mis en ordre & considérablement augmenté par Mr. Rousset, Membre des Académies des Sciences de St. Petersbourg & de Berlin. *A Amsterdam, Chez les Janssons à Waesberge, Wetstein & Smith, & Z. Chatelain. A la Haye, Chez P. de Hondt, la Veuve de Ch. le Vier, & J. Neaulme, Libraires.* M. DCC. XXXIX [1739]. 5 tom. en 7 vol. in-fol., impr. à 2 col. — HISTOIRE des Traités de Paix, Et autres Négociations Du dix-septième Siécle, Depuis la Paix de Vervins Jusqu'à la Paix de Nimegue: Où l'on donne l'origine des prétentions anciennes & modernes de toutes les Puissances de l'Europe & une Analyse exacte de leurs Negotiations, tant publiques que particulieres. Ouvrage nécessaire aux Ministres publics & autres Negociateurs, & qui peut servir d'Introduction au Corps diplomatique ou Recueil des Traités de Paix, &c. [Par Jean-Yves de Saint-Prest.] *A Amsterdam. Chez J. F. Bernard. A la Haye. Chez les Freres Vaillant et Prevost.* M.DCCXXV [1725]. 2 vol. in-fol. — NEGOCIATIONS SECRETES touchant la Paix de Munster et d'Osnabrug; Ou Recueil general des Preliminaires, Instructions, Lettres, Mémoires &c. concernant ces Négociations, depuis leur commencement en 1642. jusqu'à leur conclusion en 1648. Avec les Depêches de Mr. de Vautorte, & autres Piéces au sujet du même Traité jusqu'en 1654. inclusivement. Le tout tiré des Manuscrits les plus authentiques. [Par Jean Le Clerc.] Ouvrage absolument nécessaire à tous ceux qui se pourvoiront du Corps diplomatique ou grand Recueil des Traitez de Paix, & d'autant plus utile aux Politiques & Négociateurs qu'il renferme le Fondement du Droit Public. *A la Haye, Chez Jean Neaulme.* MDCCXXV [1725-1726]. 4 vol. in-fol. impr. à 2 col.— Ensemble 19 tom. en 29 vol. in-fol., mar. r., fil., dos ornés, tr. dor. (*Anc. rel.*)

*Corps universel diplomatique. Tome I. Partie I* : Faux-titre, grand frontispice inventé et gravé par *B. Picard*; titre, imprimé en rouge et en noir, et orné d'un joli fleuron de *B. Picard*; xxxix pp. pour la *Preface*, un *Avertissement des libraires*, la *Preface de la premiere Edition*, l'*Explication de l'Estampe Qui étoit au Frontispice de la premiere Edition* (ce morceau est accompagné de plusieurs gravures de médailles, tirées en taille-douce dans le texte), une *Dissertation sur les diverses Cérémonies Qu'ont employé les différentes Nations dans les Traitez de Paix, etc.*, [par **AMELOT DE LA HOUSSAIE**]; 14 ff. pour le *Table chronologique*; 428 pp.

*Tome I. Partie II.* : 10 ff. et 348 pp.
*Tome II. Partie I.* : Titre ; lxxxiv pp. pour des *Observations historiques et politiques sur les traitez des Princes, par* Mr. **AMELOT DE LA HOUSSAIE**. *Mises au devant du Recueil de Frédéric Leonard, etc.* ; 8 ff. pour la *Table chronologique*; 366 pp.
*Tome II. Partie II.* : 7 ff. et 319 pp.
*Tome III. Partie I.* : 12 ff. et 609 pp.
*Tome III. Partie II.* : 8 ff. et 452 pp.
*Tome IV. Partie I.* : 7 ff. et 522 pp.
*Tome IV. Partie II.* : 7 ff. et 352 pp.
*Tome IV. Partie III.* : 3 ff. et 108 pp.
*Tome V. Partie I.*, 1728 : 20 ff. et 599 pp.— Le titre porte désormais *A Amsterdam, Chez P. Brunel, R. et J. Wetstein, et G. Smith, Henri Waesberge, et Z. Chatelain. A la Haye, Chez P. Husson et Charles Levier.*
*Tome V. Partie II.*, 1728 : 1 f. et 644 pp.

Tome VI. Partie I., 1728 : 16 ff. et 572 pp.
Tome VI. Parties II et III., 1728 : 1 f., 481 et 139 pp.
Tome VII. Partie I., 1731 : 8 ff. et 452 pp.
Tome VII. Partie II., 1731 : 10 ff. et 495 pp.
Tome VIII. Partie I., 1731 : 8 ff. et 556 pp.
Tome VIII. Partie II., 1731 : 4 ff. et 212 pp.

*Supplément.*

Tome premier. — *Histoire des anciens Traitez* : Faux-titre ; frontispice gravé (le même qu'au t. I du *Corps diplomatique)* ; titre imprimé en rouge et en noir, et orné d'un joli fleuron de *J. Punt* ; 1 f. pour un *Avertissement de l'Editeur du Supplément* ; nouveau titre ainsi conçu : *Histoire des anciens Traitez, ou Recueil Historique et Chronologique Des Traitez répandus dans les Auteurs Grecs & Latins, & autres Monumens de l'Antiquité, depuis les temps les plus reculez, jusques à l'Empereur Charlemagne. Par Mr. Barbeyrac, Docteur en Droit, & Professeur en la même Faculté dans l'Université de Groningue. Premiere Partie, Qui va jusqu'à la Naissance de Jesus-Christ.* A Amsterdam, etc. M.DCC.XXXIX (même fleuron qu'au premier titre) ; xij pp. pour une épître de Barbeyrac « A Son Altesse Serenissime monseigneur Guillaume-Charles-Henri-Friso, prince d'Orange et de Nassau, etc. », et la *Preface* ; 474 pp.— *Histoire des anciens Traitez... Seconde Partie, Qui contient tout le tems depuis Jesus-Christ, jusqu'à la mort de Charlemagne,* 1739 : 1 f. et 387 pp.

Tome second. — *Supplement... par Mr. Rousset : Tome I. Partie I.,* 1739 : Faux-titre ; titre, orné d'un fleuron de *Jan Schenk* ; 5 ff. et 187 pp.— *Tome I. Partie II.,* 1739 : 10 ff. et 504 pp.

Tome troisieme. — *Supplément... Tome II. Partie I.* 1739 : 8 ff. et 476 pp. — *Tome II. Partie II.,* 1739 : 7 ff., 605 pp. et 128 pp. de *Table.*

Tome quatrieme. — Le titre est ainsi conçu : *Le Ceremonial diplomatique des Cours de l'Europe, ou Collection des Actes, Memoires et Relations qui concernent les Dignitez, Titulatures, Honneurs & Prééminences ; les Fonctions publiques des Souverains, leurs Sacres, Couronnemens, Mariages, Batêmes, & Enterremens ; les Investitures des grands Fiefs ; les Entrées publiques, Audiences, Fonctions, Immunitez & Franchises des Ambassadeurs & autres Ministres publics ; leurs Disputes & Démêlez de Préséance ; Et en général tout ce qui a rapport au Cérémonial & à l'Etiquette. Recueilli en partie par Mr. Du Mont. Mis en ordre et considérablement augmenté Par Mr. Rousset, Membre des Académies des Sciences de St. Petersbourg & de Berlin.* Tome premier. A Amsterdam, Chez les Janssons à Waesberge, Wetstein, etc., M.DCC.XXXIX : Faux-titre ; titre, imprimé en rouge et en noir, et orné du fleuron de *J. Punt ;* 4 ff. pour un *Avertissement de l'Editeur ;* 781 pp.

Tome cinquieme. — *Le Ceremonial diplomatique,* etc. Tome second, 1739 : 2 ff. et 860 pp.

*Histoire des Traités de Paix.*

Tome premier : Titre, imprimé en rouge et en noir, et orné d'un beau fleuron de *B. Picard,* 1718 ; vj pp. pour la *Preface* ; 730 pp. et 11 ff. de *Table.*

Tome second (le titre porte un fleuron, non signé, qui représente le temple de Janus) : 1 f., 632 pp. et 12 ff. de *Table,* plus 1 f., 185 pp. et 1 f. pour l'*Histoire des Traités de Paix de Westphalie.*

*Negociations secretes.*

Tome premier, *Où l'on trouve les Memoires & Instructions sur les intérêts de la France & de ses Alliez, & les Préliminaires pour la Paix de Munster & d'Osnabrug depuis l'année 1642. jusqu'à 1645. inclusivement* : Titre, imprimé en rouge et en noir, et orné d'un grand fleuron de *D. Coster* (ce fleuron est répété sur les titres des trois autres volumes) ; 4 ff. de *Table ;* 10 ff. pour un *Avertissement* signé de JEAN LE CLERC, et daté d'Amsterdam, le 1ᵉʳ décembre 1724 ; lix pp. pour une *Preface historique* ; 489 pp.

# JURISPRUDENCE. 343

*Tome second, Où l'on trouve les Lettres, Mémoires & Instructions secretes de la Cour & des Plenipotentiaires de France pendant les Années 1644. & 1645* : 6 ff., 208 et 261 pp.

*Tome troisieme, Où l'on trouve les Lettres, Mémoires & Instructions Sécrétes de la Cour & des Plénipotentiaires de France pendant l'année 1646. & quantité de Piéces écrites par différens Ministres au sujet desdites Négociations en 1646. De plus les Négociations Sécrétes de Mr. de Vaulorte Ambassadeur Plénipotentiaire de Sa Majesté T. C. auprès de la Diéte de Ratisbonne depuis le 10. de Novembre 1645. jusqu'au 23. d'Avril 1654.* 1726 : 7 ff. et 685 pp.

*Tome quatrieme, Où l'on trouve la Négociation d'Osnabrug en 1647. par Mr. le Comte d'Avaux Médiateur entre l'Empereur, l'Empire, & le Roi de Suéde. Les Lettres, Mémoires & Négociations Secrétes des Plénipotentiaires de France envoyées à la Cour pendant l'année 1647. Différentes piéces au sujet desdites Négociations écrites en 1647. 1648. & 1649. Et un Extrait de divers Ecrits concernant la Rébellion des Portugais unis dans le Brezil avec la Hollande,* 1726 : 4 ff. et 618 pp.

Exemplaire en GRAND PAPIER, portant l'ex-libris de N. VANSITTART.

2545 (105 a). COVSTVMES de || la Cité & Ville de Rheims, villes || & villages regis selon icelles, || Redigées par escrit en presence des gens des trois || Estats, Par nous Christofle de Thou Presi- || dent, Barthelemy Faye, & Iacques Viole || Conseillers du Roy en sa Court de Parlement, || & Commissaires par luy ordonnés. || *A Rheims,* || *Chez la vefue Iean de Foigny, à l'enseigne du Lion,* || *près le College des bons Enfans.* || 1586. || Auec priuilege. In-4 de 56 ff. chiffr. et 2 ff. non chiflr.

Au titre, une marque représentant un lion près d'une pyramide, avec la devise : *Sequitur fortuna laborem* (cette marque differe par l'encadrement de celle que Silvestre reproduit sous le n° 810).

Le texte commence au 2e f., sans être précédé d'aucune pièce liminaire.

Il est dit à la fin que les présentes coutumes ont été présentées au parlement par les trois commissaires royaux nommés ci-dessus, le 2 juillet 1557. Les *Coustumes generales et particulieres du bailliage de Vermandois* avaient, en effet, paru pour la première fois en cette même année 1557, chez *Nicolas Bacquenois,* imprimeur, et *Gerard Collebert,* libraire, à Reims. Les *Coustumes de Rheims* sont un extrait de ce grand recueil. M. Brunet n'en fait aucune mention, et M. Jadart ne les a peut-être pas connues, puisqu'il dit en termes vagues que *J. de Foigny* est mort « de 1586 à 1587 ». L'imprimeur rémois avait épousé, vers 1557, Françoise Gaulme, belle-fille de Nicolas Bacquenois ; il eut pour seconde femme Catherine Jabot, restée veuve en 1586. Voy. Jadart, *Nicolas Bacquenois,* 1891, p. 16.

2546 (106 a). ORDONNANCES relatives au cours des monnaies. 1563-1572. 16 pièces en un vol. in-8.

Voici la description des pièces qui composent ce recueil :

1. ORDONNAN- || CE de la Court des || Monnoyee, sur le descry des grosses pieces || de billon, en forme de demies Iocondalles, || forgées soubz le nom & effigie du Roy de || Suéde, Auec inionction à toutes person- || nes de poiser au trebuschet toutes especes || d'or & d'argent. || *A Paris,* || *Pour Iean d'Allier* [sic] *Libraire, demourât sur le pont* || *Sainct Michel, à l'enseigne de la Rose blanche.* || 1563. || Auec Priuilege. In-8 de 4 ff.

## SUPPLÉMENT.

Au titre, les armes de France soutenues par deux figures.

L'ordonnance est datée du 27 août 1563. Elle est accompagnée d'un bois représentant les pièces décriées, et d'une mention de la publication faite à Paris, par Paris Chrestien, crieur juré, Charles Domyn et François Ballet, huissiers à la cour des monnaies, et Estienne de Brizac, commis au greffe.

2. ORDONNAN- || CE de la Court des || Monnoyes, sur le descry de certaines || especes de monnoyes, d'argent & bil- || lon, forgées soubz les coings & armes || du Duc de Sauoye. || *A Paris,* || *Pour Iean Dallier Libraire, demeurant sur le pont sainct* || *Michel, à l'enseigne de la Rose blanche.* || 1563. || Auec priuilege du Roy, & de sa || Court des Monnoyes. In-8 de 4 ff.

Au titre, les armes de France sans supports.

Ordonnance datée du 28 mars 1564 (n. s.), publiée à Paris, par Pierre Gaudin, sergent royal, assisté de Claude Malassiné, trompette, Estienne de Brizac, commis au greffe de la cour, Charles Domin et François Ballet, huissier, le mercredi 29 mars, avant Pâques.

3. ORDONNAN- || CE du Roy, et de || sa Court des Monnoyes, || sur le cours & mise des solz parisis || de nouuelle fabrication. || Auec le descry des monnoyes de billon e- || strangeres, au dessoubz de trois solz pie- || ce, & aualuation d'icelles, tant au marc || que à la piece, selon qu'il est contenu sur || le pourtraict d'vne chascune desdictes || pieces. || *A Paris,* || 🌹 *Pour Iehan Dallier Libraire demeuröt* || *sur le pont sainct Michel, à l'enseigne de la* || *Rose blanche.* 1566. || Auec Priuilege. In-8 de 4 ff. non chiffr.

Au titre, la rose de *Jean Dallier* (Silvestre, n° 308).

L'ordonnance est datée du 13 décembre 1564.

4. ORDONNAN- || CE du Roy sur le || descry des mōnoyes de billō estrāgeres || au dessoubz de trois solz piece, & aua- || luation d'icelles, selon qu'il est contenu || sur le pourtraict d'vne chascune desdi- || ctes pieces. || *A Paris,* || *Pour Iean Dallier libraire, demourant* || *sur le pont sainct Michel, à l'enseigne* || *de la rose blanche.* || 1566. || Auec Priuilege du Roy. In-8 de 16 ff. non chiffr.

Au titre, la rose de *Jean Dallier* (Silvestre, n° 113).

L'ordonnance est datée du 13 juillet 1566. Elle est accompagnée de la reproduction de 27 monnaies.

Au v° du 15° f. est un extrait du privilège général accordé pour dix ans à *J. Dallier* le 23 avril et le 30 juillet 1559, et le 27 mars 1560 (c'est-à-dire 1561).

Le dernier f. porte, au r°, les armes de France ; il est blanc au v°.

5. DESCRY des An- || gelotz, Ducats à || la Marionnette, Escus de Portu- || gal, Iocondalles d'Allemaigne, || Philippus d'argent, & escus || nouuellement forgez || à Cambray. || *A Paris,* || *Pour Iean Dallier libraire demourant sur le pont* || *sainct Michel, à l'enseigne de la rose blanche.* || Auec priuilege du Roy, & de sa Court des || Monnoyes. || 1566. In-8 de 8 ff. non chiffr.

Au titre, la rose de *J. Dallier* (Silvestre, n° 308).

L'ordonnance est datée du 5 octobre 1566. Elle est accompagnée de la reproduction de 23 monnaies.

A la fin est mentionnée la publication faite à Paris par Pasquier Rossignol, crieur juré et sergent royal, en présence de Michel Noizet [*sic*], trompette, Estienne de Brissac, commis au greffe de la cour, Estienne David et François Ballet, huissiers.

6. 🌹 DECRY des || Florins d'or et Dal- || les d'argent, demis Dal- || les, quars de Dalles, nouuellement || forgez és païs bas de Flandres. || Publié à Paris le Samedy || deuxiéme iour d'Aoust || M. D. LXVII. || *A Paris,* || *Pour Iean Dallier libraire, demourant sur le pont* || *sainct Michel, à l'enseigne de la Rose blanche.* || M.D. LXVII [1567]. || Auec Priuilege du Roy. In-8 de 4 ff. non chiffr.

Au titre, la rose de *J. Dallier* (Silvestre, n° 308).

L'ordonnance est datée du 18 juillet 1567. Elle est accompagnée de la reproduction de 4 monnaies.

A la fin est mentionnée la publication faite à Paris, le 2 août, par Pasquier Rossignol, crieur juré et sergent royal, en présence de Michel Noizet [*sic*],

## JURISPRUDENCE.  345

trompette, assisté d'Estienne de Brissac', commis au greffe de la cour, Bertrand Martin, François Ballet et Charles Jamet, huissiers.

Le v° du dernier f. est orné des armes de France.

7. DESCRY des nou- || ueaulx Escuz || forgez es païs || du Duc de Sauoye. || *A Paris,* || *Par Iean Dallier Libraire demeurant* || *sur le pont Sainct Michel. à l'en-* || *seigne de la Rose blanche.* || 1568. || Auec priuilege. In-8 de 7 ff. non chiffr. et 1 f. blanc.

Au titre, la rose de *J. Dallier* (Silvestre, n° 308).

L'ordonnance, accompagnée de la reproduction de deux monnaies, est datée du samedi 31 janvier 1568.

Publication faite à Paris, le même jour, par Pasquier Rossignol, en présence d'Estienne de Brizac, commis au greffe, François Ballet et Charles Jamet, huissiers.

Au v° du 6° f. est un extrait du privilège général accordé à *Jean Dallier.* La date n'en est pas rapportée.

Le 7° f. contient au r° l'écu de France ; le v° en est blanc.

8. ORDON- || NANCE du || Roy, sur le || faict de ses || Monnoyes. || *A Paris,* || *Par Iean Dallier Libraire, demeurant* || *sur le pont sainct Michel, à* || *la Rose blanche.* || 1568. || Auec Priuilege du Roy. In-8 de 8 ff. non chiffr.

Au titre, la rose de *J. Dallier* (Silvestre, n° 308).

Cette ordonnance, datée de Boulogne lès Paris le 11 août 1568, fixe la valeur des écus soleil à 52 sols tournois, celle des écus couronne à 51 sols, etc. Elle est suivie de la reproduction de 6 monnaies.

A la fin est mentionnée la publication faite à Paris par Pasquier Rossignol, accompagné de Michel Noiret, trompette, en présence d'Estienne de Brizac, commis au greffe de la cour, Liénard de La Borde, François Ballet et Charles Jamet, huissiers, le 28 août 1568.

Au v° du dernier f. est un extrait, non daté, du privilège général accordé à *Jean Dallier,* et un bois des armes de France soutenues par deux figures.

9. ORDONNANCE faicte de || *Par le Roy & Monseigneur Duc* || *d'Alençon, Sur la valeur & pris* || *des Escuz sol, Escuz à la Royne,* || *Pistolets, & toutes autres especes* || *des monnoyes.* || Publié à Paris, le Ieudy xxiiij. iour de No- || uembre, Mil cinq cens soixante neuf. || *A Paris,* || *Par Iean Dallier Libraire, sur le pont* || *sainct Michel, à la Rose blanche.* || 1569. || Auec Priuilege du Roy. In-8 de 4 ff. non chiffr.

Au titre, la rose de *J. Dallier* (Silvestre, n° 308).

L'ordonnance est datée du 23 novembre 1569. Elle est accompagnée de la reproduction de 7 monnaies.

A la fin est mentionnée la publication faite à Paris, le 24 novembre, par Pasquier Rossignol, accompagné de deux trompettes commis de Michel Noiret.

Au v° du dernier f. sont les armes de France, avec la devise : *Pietate et justitia.*

10. ORDONNANCE du || Roy, sur le pris || & valleurs des Escuz sol & || Pistoletz, pour lequel pris sa || Meiesté veult & entend a- || uoir cours. || Publiée à Paris le dixhuictiesme iour de Septem- || bre mil cinq cens soixante & dix. || *A Paris,* || *Pour Iean Dallier Libraire, demeurāt sur le Pont* || *S. Michel, à l'enseigne de la Rose blanche.* || 1570. || Auec priuilege du Roy. In-8 de 4 ff. non chiffr.

Au titre, la rose de *J. Dallier* (Silvestre, n° 308).

L'ordonnance, datée du 16 septembre 1570, est accompagnée de la reproduction de 8 monnaies. Publication faite à Paris par Pasquier Rossignol, en présence de Michel Noiret, assisté d'Estienne de Brizac, de François Ballet et de Charles Jamet.

Au bas du dernier f. est répété le bois des armes de France qui termine la pièce précédente.

11. EDICT || du Roy, sur || le pris des especes || d'or et d'argent || qu'il veut auoir cours en son || Royaume, païs, terres & sei- || gneuries de son obeïssan- || ce, par forme de tolle- || rance & prouision. || Par Priuilege Du Roy. || *A Paris,* || *Pour Iean Dallier Libraire, demeurāt sur le Pont* ||

S. Michel, à l'enseigne de la Rose blanche. || 1571. In-8 de 42 ff. non chiffr.
Au titre, la rose de J. Dallier (Silvestre, n° 308).
Cet édit, daté du 4 mai 1571, est accompagné de la reproduction de 133 monnaies.
A la fin est mentionnée la publication faite à Paris, le 5 mai, pour Pasquier Rossignol, crieur juré, accompagné de Michel Noiret, trompette juré, d'Estienne de Brizac, commis au greffe de la cour des monnaies, et de Charles Jamet, huissier.

12. EDICT du Roy || contenant reigle- || ment general sur le fait des mon- || noies, tant d'or que d'argent, que || sa Maiesté veut & entend auoir || cours és pais, terres, & seigneuries || de son obeissance. || Publié à Paris en sa court de Parlement, le Vendredy || vingt & troisiesme iour de May, 1572. || *A Paris,* || *Par Iean Dallier libraire demourant sur le pont* || *S. Michel, à l'enseigne de la rose blanche.* || 1572. || Auec priuilege. In-8 de 36 ff., dont les 16 premiers sont chiffrés.
Au titre, la rose de J. Dallier (Silvestre, n° 308).
L'édit est daté de Blois, le 16 octobre 1571. L'enregistrement au parlement est du 23 mai 1572.
A la suite est une déclaration donnée au château de Boulogne le 14 juin 1572, enregistrée le 26 juin.
Les monnaies reproduites sont au nombre de 65.
Au v° du f. Ij est mentionnée la publication faite à Paris par Pasquier Rossignol, accompagné de Michel Noiret, trompette juré, Estienne de Brizac, commis au greffe de la cour, Charles Domyn, Leonard de La Borde, Bertrand Martin et François Ballet, huissiers, le 2 juillet 1572.
Les deux ff. qui suivent contiennent un extrait des privilèges accordés à J. Dallier le 31 juillet et le 3 septembre 1570, le 6 mai et le 27 août 1571.
Au v° du dernier f. est un bois des armes royales avec la devise (le même que ci-dessus).

13. ENSVIVENT || les Pourtraits || Et Figures Des Pieces || qui se treuuent en ce Royaume || & sont descriées par la presente || ordonnance, auec le pris que les || maistres des monnoies & chan- || geurs en seront tenus donner au || peuple, tous dechetz de fonte, || salaire de change, & aultres frais || desduictz. || *A Paris,* || *Par Iean Dallier libraire demourant sur le pont* || *S. Michel, à l'enseigne de la rose blanche.* || 1572. || Auec priuilege du Roy. In-8 de 30 ff. non chiffr.
Au titre, la rose de J. Dallier (Silvestre, n° 308).
Les pièces reproduites sont au nombre de 77.
A la suite est mentionnée la publication faite à Paris le même jour et par les mêmes personnes que pour l'édit qui précède. Extrait des mêmes privilèges et même bois.

14. ꝰ LETTRES PATENTES du || Roy, contenant || permissiō à ses subiectz des pays de Chā || paigne, & Brye, Bourgongne, Lyonnois, || & Dauphiné de recepuoir les vns des || autres les pieces de billon estrāgeres, qui || ont cours esdicts pays, & ce iusques à || troys moys, & pour le pris declairé es- || dictes lettres. || *A Paris,* || *Par Iean Dallier libraire demourant sur le pont* || *S. Michel, à l'enseigne de la rose blanche.* || 1572. || Par priuilege du Roy. In-8 de 16 ff. non chiffr.
Au titre, la rose de J. Dallier (Silvestre, n° 308).
Les lettres-patentes sont datées de Blois, le 17 octobre 1571. L'enregistrement au parlement est du 12 juillet 1572. A la suite est un *Extraict des registres de la court des Monnoyes*, daté du 16 juillet 1572.
Les monnaies reproduites et accompagnées de leur évaluation sont au nombre de 31.
Le v° du 15° f. et le r° du 16° contiennent un extrait des privilèges accordés à J. Dallier (comme ci-dessus).

15. LETTRES patētes & || Declaration du Roy sur la prolon- || gation du cours & mise de l'Escu || Sol à cinquante quatre solz, & au- || tres especes ayans cours par l'ordō- || nance derniere à l'équipolent, & || Teston de France à douze solz & || six deniers tournois iusques au pre- || mier iour du mois de Ianuier pro- || chain. || *A Paris.* || *Par Iean Dallier Libraire demeurant sur*

## JURISPRUDENCE. 347

le pont || *S. Michel, à l'enseigne de la Rose blanche.* || M. D. LXXII [1572].
|| Auec Priuilege du Roy. In-8 de 8 ff. non chiffr.

Au titre, la rose de *J. Dallier* (Silvestre, n° 308).

Les lettres-patentes sont datées de Paris le 2 septembre 1572. L'enregistrement par la cour des monnaies est du 13 septembre.

Les deux derniers ff. contiennent : 1° la mention de la publication faite à Paris, le 13 septembre, par Pasquier Rossignol, crieur juré, accompagné de Michel Noiret, trompette juré, Estienne de Brizac, commis au greffe de la cour, Charles Domyn, Léonard de La Borde, François Ballet et Nicolas Poulain, huissiers (Nicolas Poulain doit être l'auteur du *Procez-verbal* dont il est parlé ci-dessus, n° 2187) ; 2° un extrait des privilèges accordés à J. *Dallier* (comme ci-dessus) ; 3° un bois des armes de France, avec la devise : *Pietate et justitia*.

16. LETTRES PATENTES du || Roy sur la prolon- || gation de lescu sol || à sinquāte [*sic*] quatre sols & testons à douze || sols six deniers tournois iusques au pre- || mier iour de Iuillet prochainnement || venant, || *A Paris,* || *Par Ieau Dallier, Libraire demeurant* || *sur le pont S. Michel à l'enseigne* || *de la Rose blanche.* || 1572. || Auec Priuilege du Roy. In-8 de 4 ff. non chiffr.

Au titre, la grande rose de *J. Dallier* (Silvestre, n° 113).

Les lettres sont datées de Paris, le 20 décembre 1572. L'enregistrement à la cour des monnaies est du 29 décembre.

---

### II. — LÉGISLATION DE LA LIBRAIRIE.

2547 (107 *a*). ☾ LE PRIVILEGE des libraires et mar- || chādz de liures, et cōme le roy Loys .xij. a declare leur priuilege : ꝗ pour mōstrer || a tous fermiers tant de coustumes que impositions ꝗ demaines forains || que aultres subsides quelzconques / comme ilz sont quictes ꝗ ex- || emptz de tous peages ꝗ tributz / comme il ensuit. S. *l. n. d.* [*Paris, v.* 1530 ?], in-fol. goth. de 1 f. impr. à 2 col., cart.

Ce f., qui terminait peut-être un volume, contient la célèbre ordonnance, en date de Blois, 9 avril 1513, par laquelle le roi Louis XII règle le nombre des « libraires, relieurs, illumineurs et escripvains » de l'université de Paris, nombre désormais fixé à vingt-quatre libraires, deux relieurs, deux illumineurs et deux écrivains, et déclare les livres exempts de tout impôt.
Cette pièce, dont on trouvera le texte au recueil des *Ordonnances des rois de France* (XXI, 511), est ici précédée d'un vidimus de Gabriel baron seigneur d'Alègre, Saint-Justz, Weillieau, Torzet, Saint-Dier et Pressol, conseiller, chambellan du roi, et garde de la prévôté de Paris, en date du jeudi 21 avril 1513.

2548 (108 *a*). LE CATALOGVE des li- || ures examinez, || & cēsurez par la Faculté de Theo- || logie de l'vniuersité de Paris, de- || puis l'an mil cinq cents quaran- || te & quatre, iusques à l'an pre- || sent, mil cinq cents cinquante || & vn, suyuāt l'edict du Roy, don- || né à Chasteau Briant audict an || mil cinq cents cinquante & vn. || Auec priuilege. || *On les vend à Paris par Iehan André, demourant* || *en la rue de la Calandre, à l'enseigne de la boulle.* || *Et en la grand'salle du Palais, au premier pillier.* [1551.] In-8 de 52 ff. non chiffr., sign. *a-n* par 4, mar. r., fil., tr. dor.

Les défenses de la Sorbonne sont datées du 6 octobre 1551. Le catalogue qui les accompagne désigne 215 ouvrages latins et 192 ouvrages français. Viennent ensuite des défenses générales portées contre les traductions protestantes des livres de la Bible et contre les ouvrages de Bernard Ochin.

Les ff. *nij-niij* contiennent le texte du privilège accordé pour six ans à *Jehan André* et *Jehan Dallier*, le 13 octobre 1551.

Le dernier f., blanc au r°, porte au v° les armes de France accompagnées des croissants de Diane de Poitiers et du monogramme du roi Henri II, avec le double D.

Voy. Fr. H. Reusch, *Die Indices librorum prohibitorum des sechszehnten Jahrhunderts* (Tübingen, 1886, in-8), 86-129.

IV.3.16

2549 (108*b*). ARREST de || la Court de Parle- || ment, Touchant le faict & estat des || Imprimeurs & Libraires, & contre || les liures contenantz doctrines nou- || uelles & heretiques. || Les admonitions decernées, tant par l'inquisiteur de la || Foy, que de l'Official de Paris, contre tous ceulx qui sou- || stiennent & cellent aucuns suspects de la nouuelle Reli- || gion, & qui ont liures censurez. || *A Paris,* || *Par Guillaume Nyuerd Imprimeur & Libraire, tenant* || *sa boutique au bout du pont aux Muniers, vers* || *le Chastellet, au bon Pasteur.* || M. D. LXII [1562]. || Auec Priuilege. In-8 de 16 ff. chiffr.

Au titre, un grand bois des armes de France, soutenues par deux anges. Ce bois porte les initiales de *Guillaume Nyverd*.

Au v° du titre est un extrait du privilège donné par la cour de parlement au même *Nyverd*, le 20 juin 1562.

L'arrêt du parlement, daté du 1ᵉʳ juillet 1542, vise spécialement l'*Institutio religionis Christiane, authore Alcuino*, et, en langage vulgaire, l'*Institution de la religion chrestienne composée par Jean Calvin*; mais il renouvelle en termes généraux les défenses précédemment portées contre les livres hérétiques. A la suite est une *Admonition* publiée par l'inquisiteur de la foi, à la requête de Guillaume Greysieu, promoteur dudit seigneur, le 8 juillet 1542; puis vient une *Admonition decernée par l'official de Paris* (la date n'en est pas rapportée).

IV.3.57

2550 (108*c*). LETTRES patētes || du Roy, pour la || surseance de l'exe- || cution de l'Edict du subside im- || posé sur le papier. || *A Paris,* || *Par Robert Estienne Imprimeur du Roy.* || M. D. LXV [1565]. || Auec Priuilege dudict Seigneur. In-8 de 5 ff. non chiffr. et 1 f. blanc.

Le titre porte la marque de *R. Estienne* (Silvestre, n° 958).

Au v° du titre est un rappel du privilège général octroyé à *Robert Estienne* pour l'impression des édits, ordonnances, mandements et lettres patentes, le 17 janvier 1563.

Les lettres patentes de Charles IX, datées d'Angoulême, le 14 août 1565, abolissent provisoirement le subside établi sur le papier par un édit donné à Arles au mois de novembre 1564. Le roi prenait évidemment cette décision sur les instances des bourgeois et des ouvriers d'Angoulême.

Le parlement de Paris enregistre les lettres le 20 novembre 1565.

Le 5ᵉ f. contient, au r°, un simple fleuron; il est blanc au v°.

## JURISPRUDENCE. 349

**2551 (108 d).** ARREST || de la Court || de Parlement por- || tant defenses à tous || Imprimeurs, Libraires, & Colpor- || teurs, d'Imprimer ne vendre liures || sans estre reueuz, & ausquels ne soit || inserée la permission, sur peine de la || hard : & à toutes personnes ne les || acheter, sur peine de cent || escuz d'amende. || *A Paris,* || *Pour Iean Dallier Libraire, sur le pont S. Michel,* || *à l'enseigne de la Rose blanche.* || M. D. LXVI [1566]. || Auec Priuilege. In-8 de 4 ff. non chiffr.

IV. 3. 58

    Au titre, la rose de *J. Dallier* (Silvestre, n° 308).
    Au v° du titre est un extrait du privilège donné par le parlement le jour de la publication de l'arrêt.
    Cet arrêt est daté du 18 février 1565 ; la publication en avait été faite à Paris le 4 mars.
    Au v° du 4° f. est un bois des armes de France.

**2552 (108 e).** ARREST de || la Court de Par- || lement contenant || defenses d'imprimer ne vendre cer- || tains liures defenduz : & outre d'im- || primer nuls autres liures, sans la per- || missiõ du Roy, ou de ladicte Court. || *A Paris,* || *Pour Iehan Dallier Libraire, demeurant* || *sur le pont S. Michel à l'enseigne de la Rose blanche.* || M. D. LXV [1565]. || Auec Permission. In-8 de 3 ff. non chiffr. et 1 f. blanc.

IV. 3. 59

    Au titre, les armes de France.
    L'arrêt, daté du 30 juin 1565 et publié le 4 juillet suivant, rappelle les défenses précédemment portées, et cite quelques livres particulièrement prohibés, à savoir : 1° *Remonstrances faictes au roy par la noblesse de la Religion reformée du pays et comté du Maine ; Advertissemens des courriers* [lis. *crimes*] *horribles commis par les seditieux catholiques romains au pays et comté du Maine, depuis le mois de juillet 1564 jusques en avril 1565 ; à monsieur le mareschal de Vieilleville* (voy. Biblioth. nat., Lb33, 151 et 151 A) ; — 2° *Epistre envoyée par un gentilhomme de Hainaut à un sien amy* (voy. ci-après, N° 2689, et Biblioth. nat., Lb33. 161) ; — 3° *Responce du prevost des marchands ;* — 4° *Responce par un quidam contre messieurs de Guise ;* — 5° *Sommaire des articles qui sont en controverse ;* — 6° *Le Livre des marchands,* [par Antoine Marcourt] ; — 7° *La Vie des papes ;* — 8° *Remonstrance à la royne mére,* [par Auguste Marlorat] ; — 9° *L'Alcoran des cordeliers,* [par Conrad Bade].

**2553 (108 f).** EDICT du || Roy sur la re- || formation de || l'Imprimerie. || *A Paris.* || *De l'Imprimerie de Federic Morel* || *Imprimeur ordinaire du Roy.* || M. D. LXXI [1571]. || Auec Priuilege dudit Seigneur. In-8 de 8 ff. non chiffr.

IV. 3. 44

    Au titre. la marque de *F. Morel* (Silvestre, n° 830).
    Au v° du titre est un rappel du privilège donné à *Morel*, pour l'impression des édits, ordonnances, mandements et lettres patentes, le 4 mars 1571.
    L'édit, daté de Gaillon au mois de mai 1571, enregistré au parlement le 4 septembre, et publié le 17 septembre suivant, est un document des plus curieux. Il organise d'abord la protection des apprentis, mais en ordonnant que les maîtres qui en auront plusieurs en prennent un parmi les enfants entretenus à l'hôpital de la Trinité, à Paris. Le roi règle ensuite le mode de payement des salaires, les délais exigés pour quitter un maître, etc. Il exige

350      SUPPLÉMENT.

que les maîtres qui « ne sont sçavants et suffisants pour corriger les livres qu'ils imprimeront » aient des correcteurs capables. Le travail commencera à cinq heures du matin, et pourra être abandonné à huit heures, « qui sont les heures accoustumées d'ancienneté ». Une commission composée de deux membres nommés par les maîtres imprimeurs, et de deux membres élus par les 24 libraires jurés de Paris, surveillera les livres hérétiques. Il en sera de même à Lyon. En dernier lieu, le roi fixe à 3 deniers tournois la feuille le prix des livres scolaires latins, et au double, le prix des livres grecs.

A la suite de l'édit est un arrêt du parlement, en date du 1$^{er}$ octobre 1571, qui ordonne la nomination, par les imprimeurs et libraires, d'un procureur syndic chargé d'en poursuivre l'exécution.

IV.3.45

2554 (108 g). LETTRES pa- ‖ tentes du Roy sur le ‖ Reglement de l'Im- ‖ primerie. ‖ *A Paris,* ‖ *Par Federic Morel* ‖ *Impri-* ‖ *meur ordinaire du Roy.* ‖ M. D. LXXXVI [1586]. ‖ Auec Priuilege dudict Seigneur. In-8 de 8 pp.

Au titre est une marque qui se rapproche des n$^{os}$ 569 et 570 de Silvestre.
Par ces lettres patentes, données à Saint-Germain en Laye, le 12 octobre 1586, Henri III règle les conditions imposées à ceux qui voudront fonder une imprimerie, et les déclarations que devront faire les imprimeurs relativement au nombre de leurs presses, aux sortes de leurs caractères, etc. Il défend d'imprimer un livre sans privilège. Il prescrit enfin la nomination de syndics des imprimeurs et libraires à Paris.

A la suite des lettres patentes est mentionnée la publication faite à Paris le 29 octobre 1586.

IV.3.42

2555 (108 h). LETTRES ‖ patentes du Roy, pour ‖ la confirmation des Priuile- ‖ ges octroyez par ses predecesseurs Roys, aux ‖ Recteurs, Docteurs, Maistres Suppots, Mar- ‖ chands Libraires, Imprimeurs, & Reliures de ‖ l'Vniuersité de Paris. ‖ Registrees en la Cour de Parlement, & enterinees par ‖ les Commissaires de la Chambre du Thresor. ‖ *A Paris,* ‖ *Par Federic Morel, Imprimeur* ‖ *ordinaire du Roy.* ‖ 1595. ‖ Auec Priuilege dudit seigneur. In-8 de 8 pp.

Au titre, la marque de *Fed. Morel* (Silvestre, n° 570).
Ces lettres, données à Paris le 20 février 1595, déchargent les imprimeurs, libraires et reliures du payement des subsides et impositions nouvellement établies à Paris, et leur accordent main-levée des saisies pratiquées contre eux.

L'enregistrement au parlement est daté du 26 juin 1595, et, le 1$^{er}$ juillet, les commissaires députés par le roi pour juger les différends mus de la perception des nouveaux impôts, déclarent avoir entériné les lettres royales.

## SCIENCES ET ARTS.

I. — SCIENCES PHILOSOPHIQUES.

IV.1.4

2556 (126 a). SENSVYT LE LIVRE ‖ Tulles des offices. Cest ‖ a dire des operacions hu ‖ maines : vertueuses et hõ ‖ nestes.

familiairemēt : cle || remēt : et selon la vraye sē || tēce et intenciō de lacteur || translate en francoys par || honnorable et prudent hō || me Dauid miffant : cōseil || lier et gouuerneur de la || ville de Dieppe : au quel || liure chascun hōme pour || ra prendre vrays enseignemens de bien et hōnestement viure || en societe humaine selon vertu moralle. moyennant la quelle || auecq̄s foy pourra paruenir en la gloire eternelle de paradis || qui est la fin et souuerain bien ou consiste felicite humaine. — *Cy finist le tresnoble et eloquent liure nomme* || *Tulle | des offices) Imprime a paris par Le pe* || *tit Laurēs Pour discrete personne Iehan petit* || *Libraire demourant en la rue sainct Iaques : a* || *lenseigne du lyon dargent.* S. d. [vers 1500], in-fol. goth. de 58 ff. non chiffr. de 42 lignes à la page pleine, sign. *a-i* par 6, *k* par 4, mar. br. jans., tr. dor. (*Chambolle-Duru.*)

Le titre est orné d'une grande et belle initiale formée de deux dauphins, et de la marque de *Jehan Petit* (Silvestre, n° 25).

Au v° du titre est un grand bois qui représente un clerc assis dans une chaire gothique devant un pupitre. Au-dessus de ce personnage, un ange déploie une banderole restée vide.

Au f. *eiiij* v° est un bois qui représente un évêque écrivant sur un pupitre. Dans un compartiment supérieur sont deux personnages : à gauche, un homme à longue barbe, coiffé d'un vaste chapeau ; à droite, un homme, coiffé d'un camail, tenant dans la main une aumônière. Le tout est complété par six fragments de bordure.

Le premier des bois que nous venons de décrire est répété au f. *gvj* v° ; le second, au r° du dernier f.

Le traducteur a fait précéder le traité de Cicéron d'une préface qui remplit un peu plus de cinq pages ; il l'a fait suivre d'une *Ballade* dont voici le premier vers et le refrain :

Le dieu des cieulx, par benigne clemence...
*Refr.* De bien vivre selon vertu moralle.

David Mifant, né vers 1450, a parfois été confondu avec son fils, Jacques Mifant, qui fit imprimer le *Tyrannique*, traduit de Xénophon. On ne sait lequel des deux est l'auteur de la *Comedie de fatalle Destinée*, dont Marot cite quelques vers dans son épître en prose à madame d'Alençon (éd. Jannet, I, 146 ; éd. Guiffrey, III, 57). Une fille de David fut la mère du poète Jean Doublet né à Dieppe vers 1528. Voy. *Les Elégies de Jean Doublet, Dieppois, reproduites d'après l'édition de 1559 par Prosper Blanchemain* (Rouen, 1869. pet. in-4, p. v).

L'édition du *Livre des offices* que nous venons de décrire est restée inconnue aux bibliographes. Elle est, sans nul doute, antérieure à l'édition donnée par *Michel Le Noir*, à *Paris*, en 1502, in-4 (Bibliothèque nationale). *Michel Le Noir* réimprima le livre en 1509 dans le même format in-4 (Biblioth. de l'Arsenal) ; mais ces réimpressions ne ressemblent en rien au beau volume dont Mifant avait probablement fait les frais.

De la bibliothèque de M. LE BARON ACHILLE SEILLIÈRE (Cat. de 1888, n° 123).

2557 (136 *a*). LE CHAPPELLET des Vertus || Et les vices contraires a y || celles. Aultrement nomme || Prudence. — ☾ *Finis.* ||

❡ *Cy finist la table de ce preset liure. Intitule le chap* || *pellet des vertus Et les vices côtraires a ycelles. Im* || *prime nouuellemēt a Paris p̄ Philippe le noir librai-* || *re ¢ lung des grãs relieurs iurez en Luniuersite de pa-* || *ris. Demourant en la grant rue sainct iacques. A len* || *seigne de la roze blanche couronnee.* S. d. [v. 1525], in-4 goth. de 20 ff. chiffr., mar. r. jans., tr. dor. (*Chambolle-Duru*, 1867.)

Au titre, un bois qui représente un homme présentant à une dame une sorte de monstrance sur laquelle se détache la figure du temps.

Le *Chappellet des Vertus* se confond avec *Le Livre de saigesse* extrait de la *Somme des vertus* de frère LAURENT. Il commence par la même introduction en vers :

    Ce fut d'apvril .xvii. jour,
   En ce temps prin que la rose entre en flour...

Cette introduction ne compte ici que 81 vers, le 60ᵉ ayant été omis :

    Car durement me fut saulvaige.

Les chapitres des deux rédactions se correspondent exactement, malgré les différences dans les rubriques et d'assez nombreuses variantes. Le compilateur du *Chappelet des vertus* a supprimé les notes marginales et a fait entrer dans le texte les renvois aux auteurs cités : « Salomon dit », « selon que dit Tullius », « selon que dit Platon », etc. Le dernier chapitre offre de notables différences. En voici le début dans les deux rédactions :

| Livre de saigesse. | Chappelet des vertus. |
|---|---|
| *Comme on se doibt gouverner, tant de la langue que du sens, a bien et saigement parler a toutes gens, et comme par parolles l'on est prisé ou desprisé.* | *De plusieurs vertus.* |
| Tu dois considerer en toy quant tu voudras parler par ordre et raison ; pour ce, avant que tu parles, considere six choses. C'est : saiche que tu veulx dire, a qui, et pourquoy, et comment, et quel temps et quelle raison. Et puis garde que tu ne sois si hastif de parler que ta voulenté ne consente a raison. Salomon dit que qui ne peult refraindre son esprit est semblable a une ville en laquelle il n'y a nulles murailles et est toute ouverte ; et dit que qui ne considerera les ditz il sentira mal.... | Quant tu vouldras parler ne dire aucune chose, tu doibz considerer en ton dire ordre de raison ; et pour ce, devant que tu dies rien , considere six choses principalement : que tu y as, qu'est ce que tu veulx dire et a qui et pourquoy, et comme et quel temps raison commande. Et puis garde que tu ne soyes si hastif de parler en telle manière que ta voulenté ne consente raison. Salomon dit que qui ne peult refraindre son esprit de parler est semblant a une ville ou il n'y a point de murailles et toute ouverte ; et dit que qui ne considere a ses ditz il sentira mal.... |

Tout le chapitre est ainsi remanié. Le *Chappelet des vertus* se termine par une addition empruntée aux *Ditz des philosophes* de Guillaume de Tignonville (voy. l'article suivant), addition à laquelle rien ne correspond dans le *Livre de saigesse* : « Sedechias fut philosophe le premier, par qui de la volunté de Dieu loy fut receue et sapience entendue, et dit icelluy Sedechias que chascune bonne creature doit en soy avoir seize vertus. La premiere est congnoistre Dieu et ses anges... »

M. Paul Meyer a récemment fait connaître les éléments qui sont entrés dans la *Somme* de frère Laurent (voy. *Bulletin de la Société des anciens Textes français*, 1892, pp. 68-85).

Le remaniement que nous signalons dans un livret fort répandu au XVᵉ siècle n'est pas le fait des imprimeurs. Cet abrégé se rencontre dans les manuscrits sous les deux titres. Nous avons indiqué déjà des manuscrits du *Livre de saigesse*. La Bibliothèque nationale en possède d'autres qui portent le titre de *Chappelet des vertus*, ou de *Rommant de prudence* (fr. 1892 et 1893). Le premier de ces manuscrits, qui appartient au XVIᵉ siècle, se termine par ces mots : « Tel tresor ne se peut amasser que

## SCIENCES ET ARTS. 353

ce ne soit pour despoiller son royaulme », c'est-à-dire qu'il donne la tirade de Sédéchias, et finit comme notre *Chappelet des vertus*, lequel ajoute simplement « et tout son pays ». Le second, qui est daté de 1487, se termine, au contraire, comme *Le Livre de saigesse* : « Car c'est la plus belle robe de quoy tu puisses estre vestu ». Notre texte imprimé développe cette phrase : « Et sera la plus belle robbe que tu pourras au monde vestir, et pour ceste cause disoyt le prophete David a nostre seigneur qu'il mist garde a sa bouche et porte a ses levres, affin qu'il ne dye chose qui soit desplaisante a Dieu, auquel nous prierons que ce que dit avons soit a sa gloire, a laquelle nous vueille conduire le Pere, le Filz et le Sainct Esperit. Amen. »

Le texte du ms. 1893 est conforme au texte des mss. 572 et 1746, et donne la rédaction primitive.

**Exemplaire aux armes de M. le BARON ACHILLE SEILLIÈRE** (Cat. de 1890, n° 53).

2558 (136 *b*). ❡ LA FOREST et des || cription des grans et sages Philosophes du || temps passe contenant doctrines ¢ senten- || ces merueilleuses / ¢ a toutes gens de bõ es- || perit de quelle qualite quilz soient / tant en || morale que naturelle philosophie tres vtil- || les et delectables. *Imprime nouuellemẽt.* || Cum priuilegio. || ❡ *On les vent a Paris deuãt lhostel dieu* || *a l'enseigne de la Corne de cerf.* — [Au v° du 133° f. :] ❡ *Cy fine la Forest des philosophes Nou-* || *uellement imprimee a Paris par Pierre le* || *ber demourãt au coing du paue pres la pla-* || *ce Maubert. Et fut acheuee dimprimer le* || *xx. iour Doctobre. Lan mil cinq cẽs .xxix* [1529]. In-8 goth. de 133 ff. chiffr. et 1 f. non chiffr., mar. bl., fil. à froid, dos et coins dor., tr. dor. (*Capé.*)

Le titre, imprimé en rouge et en noir, porte la marque de *Denis Janot* (Silvestre, n° 940).

Au v° du titre est un extrait d'un privilège de deux ans obtenu par l'imprimeur *Pierre Leber* le 2 octobre 1529.

Ce volume renferme, sous un autre titre, *Les Ditz des philosophes*, traduits de latin en français par GUILLAUME DE TIGNONVILLE, chambellan du roi Charles VI et prévôt de Paris, mort en 1414. *Les Ditz des philosophes* sont un des ouvrages du moyen-âge dont il existe le plus grand nombre de manuscrits (voy. notamment Biblioth. nat., fr. 572, daté de 1402, 1107, 1694, 1105, 1106, 19124, 12440, 24296, 24297, 1164, 19039, 19123). Les éditions en furent également multipliées dès les premiers temps de l'imprimerie (voy. Brunet, II, 765). Pour rajeunir le livre, les libraires en ont changé le titre et y ont fait quelques additions. En tête du présent volume est un *Prologue* qui commence ainsi : « Pour esmouvoir les beaux esperitz et couraiges des humains a vertueusement vivre et estudier... », puis viennent la *Table* et un chapitre intitulé *De sainct Denys* : « Denys Ariopagite fut converty en la foy de Jesuchrist du benoist Pol apostre.... » A la suite de ce chapitre on trouve (fol. ❡ vij) *Les sept principales Miseres des dampnez et Peines d'enfer* (en 8 vers) :

| O malheureux | Allez | Au feu d'enfer |
| Pour estouffer | Pesans | Ors, tenebreux... |

et *Les sept Doaires des sauvez et Joyes de paradis* (en 8 vers) :

| O bienheureux | Venez | En paradis |
| Corps tressoubtilz | Legiers | Clairs, lumineux... |

Chacun de ces huitains peut se tourner de huit manieres différentes.

Le texte de Tignonville, tel qu'il se lit d'ordinaire dans les manuscrits, ne commence qu'au f. chiffré 1 : « Sedechias fut philosophe, le premier par qui de la voulenté de Dieu loy fut receue... », et se termine au f. 133 v° par ces mots : « il respondit soy fier en celuy dont a autresfoys esté deceu. »

Le volume se termine par quatorze vers sur les sept vertus et les sept vices capitaux, précédés eux-mêmes d'un quatrain qui en explique l'usage:

Ces vers du long les sept vertus comprennent
Et au rebours les sept pechez contiennent.
Ces vers du long fay : tu seras sauvé ;
Le renvers fay, et tu seras damné.

| LE BON ANGE | | LE MAUVAIS ANGE |
|---|---|---|
| *Humilité* | Desprise toy, ne pompes aymer vueilles ; Prise chascun, ne mondain loz accueilles. | *Orgueil* |
| *Charité* | Ayme le bien, d'aultruy ne hay la gloire ; Le blasme tay, ne du mal fay memoire. | *Envye* |
| *Pacience* | Pourchasse paix ; jamais ne quiers vengeance Chasse rigueur, ne de yre eyes souvenance. | *Ire* |
| *Largesse* | Donne du tien, ne retien ta substance ; Ordonne bien, ne requiers grant chevance. | *Avarice* |
| *Diligence* | Proesse fay, ne dormir trop toy laisse ; Maistresse soyt Vertu, ne ensuy Paresse. | *Paresse* |
| *Abstinence* | Delices fuy, ne saouler toy desires ; Riches conviz hay ; ne soit le corps sire. | *Gloutonnie* |
| *Chasteté* | Continence maintien, ne fay laidure ; Conscience garde, ne ensuy luxure. | *Luxure* |

Au v° du dernier f. est un bois qui représente un roi tenant son sceptre et son bouclier.

Il suffit, pour trouver les sept péchés, de lire ces vers à rebours :

Vueilles aymer pompes, ne toy desprise ;
Accueilles loz mondain, ne chascun prise, etc.

De la bibliothèque de M. LE BARON ACHILLE SEILLIÈRE (Cat. de 1892, n° 132).

2559 (174 *a*). A LA REQVESTE de || treshaulte & puissan || te princesse ma dame || Susanne de Bourbon || femme de tresillustre || & puissant prince : || monseigneur Char- || les duc de Bourbon, || & Dauuergne & de || Chastellerault : Con- || nestable, Per, & Chā- || brier de France : & fil || le de treshaulte & || tresexcellente dame || madame Anne de || France, duchesse des- || dictes du chez : fille & || seur des roys Loys .xi. || & Charles .viij. || ☜ *On les vẽd a Lyon* || *chez le Prince, pres* || *nostre dame de Con-* || *fort.* — [A la fin :] ☜ *Imprime nouuellement* || *a Lyon chez le Prince. S. d. [vers* 1520], in-12 allongé de 60 ff. de 27 lignes à la page, sign. *A-E*, mar. r. jans., tr. dor. (*A. Motte.*)

Le titre est orné de quatre bordures formant encadrement.

L'ouvrage imprimé à la requête de Suzanne de Bourbon est un traité moral composé, pour elle, par sa mère ANNE DE BEAUJEU. On reconnaît dans ce livre l'esprit supérieur de la fille de Louis XI. M. Chazaud en a publié le texte d'après un ms. qui se trouve à Saint-Pétersbourg ; mais toutes ses recherches n'ont pu lui faire découvrir un exemplaire complet du volume imprimé pour la princesse elle-même. Il n'a eu entre les mains qu'un fragment appartenant à M. de La Garde, à Lyon, fragment qui provient d'une édition différente de la nôtre. Voy. *Enseignements d'Anne de France, duchesse de Bourbonnais et d'Auvergne, à sa fille Suzanne de Bourbon* (Moulins, 1878, gr. in-8)

Le petit volume que nous venons de décrire est imprimé dans le format allongé que l'on regarde communément comme ayant été inventé par *François Juste*. Bien qu'il soit imprimé en lettres rondes (sauf la première ligne du titre), il doit sortir des presses de *Claude Nourry, dit le Prince*. A première vue, on serait disposé à ne l'attribuer qu'à *Pierre de Saincte Lucie*, qui porta après *Nourry* le titre, ou le surnom, de *Prince* ; une marque, placée au v° du dernier f., confirmerait même cette attribution ; c'est une des marques à la devise *Spero* que Silvestre (n° 615) attribue à *Pierre de Saincte Lucie*. Il importe donc de remarquer que Suzanne de Bourbon, pour qui les enseignements avaient été composés et qui les fit imprimer, mourut le 28 avril 1521. En conséquence, les Enseignements ont dû être imprimés par Nourry, et ne sont pas postérieurs à 1521.

Nous avons reproduit ci-dessus (n° 2537) un acrostiche qui pourrait bien être l'œuvre de Suzanne de Bourbon.

2560 (179 a). DE || LA NAISSANCE, || duree, et cheute || des Estats, || Ou sont traittees plusieurs notables questions, || sur l'establissement des Empires, || & Monarchies. || A Treshaut, tres-puissant & tres-magnanime Prince, || Charles Emanuel, Duc de Sauoye : || Prince de Piemont, &c || Par René de Lusinge, Sieur des Alymes, || Conseiller d'Estat de son Altesse, & || son Ambassadeur ordinaire || en France. || *A Paris,* || *Chez Marc Orry, demeurant ruë Sainct* || *Iaques au Lion Rempant.* || M.D.LXXXVIII [1588]. || Auec Priuilege du Roy. In-8 de 8 ff. lim., 198 ff. chiffr. et 2 ff. blancs, vél. bl. (*Anc. rel.*)

Au titre, la marque de *M. Orry* (Silvestre, n° 831).
L'épître « A Son Altesse » occupe les ff. *âij-âv* ; puis viennent 2 ff. pour la *Table*, et 1 f. contenant les *Fautes qui* [sic] *faut corriger*, et un *Extraict du privilege*. — Le privilège, daté du 16 janvier 1588, est accordé à *Marc Orry* pour six ans.

Nous avons déjà parlé de René de Lucinge, sieur des Alymes, en décrivant un missel enluminé et relié pour lui en 1586 (voy. n° 2528).

Un office manuscrit de S. Germain d'Auxerre, également exécuté pour lui vers 1588, est porté au Catalogue de la librairie Techener (avril 1893, n° 6295).

Aux ouvrages de M. Des Alymes cités dans l'étude de M. Émile Picot nous ajouterons le suivant :

Le premier Loysir de René de Lusynge, Sieur des Alymes... contenant la traduction Françoise du Mespris du monde, de l'Italien du Docteur I. Botere, Piedmontois. *A Paris, Chez Thomas Perier*, 1586. In-8. (Cat. Destailleur, 1891, n° 693.)

M. Des Alymes est probablement aussi l'auteur d'une *Remonstrance* décrite ci-dessus (n° 2219, art. 6).

Exemplaire de M. JOSEPH NOUVELLET, à Saint-André de Corcy (Ain).

---

## II. — SCIENCES NATURELLES.

2561 (184 a). LIBRI DE RE RVSTICA || M. Catonis Lib. I. || M. Terentii Varronis Lib. III. || L. Iunii Moderati Colu- || mellæ Lib. XII. || Eiusdem de arboribus liber separatus ab alijs, quare autem id fa- || ctum fuerit : ostenditur in epistola ad lectorem. || Palladii Lib. XIIII. || De duobus dierum generibus : simulq ; de umbris, & horis, quæ apud || Palladium, in alia epistola ad lectorem. || Georgii Alexandrini enarrationes priscarum dictionum, quæ in his || libris Catonis: Varronis: Columellæ. || Hos libros Pontificis etiam Leonis decreto, || nequis alius usquam locorum impu || ne imprimat, cautum est. — [A la fin :] *Venetiis in œdibus* || *Aldi, et Andreæ* || *soceri mense Ma* || *io M. D.XIIII* [1514]. In-4 de 34 ff. lim. et 308 ff. chiffr., car. ital., vél. bl.

<small>Le titre est orné de l'ancre aldine.
Au v° du titre commence le texte du privilège général qu'Alde obtint du pape Léon X, le 28 novembre 1513. Ce privilège, qui se termine au f. \**ij* r°, et qui est contresigné de Pietro Bembo, garantit les droits d'Alde pendant quinze ans à partir de la publication de chacun des livres imprimés par lui.
Le v° du 2° f. contient une épître adressée au pape par le correcteur JUCUNDUS VERONENSIS, c'est-à-dire fra GIOVANNI GIOCONDO, le célèbre architecte qui travailla longtemps à Paris, et dont nous avons cité déjà une traduction latine de l'épître de Vespuce (t. II, n° 1948).
Les 6 ff. qui suivent sont occupés par un avis d'Alde au lecteur (fol. \**iij* r°); une longue préface du même, relative au comput des heures (fol. \**iij* v°-\**vj* r°), et une liste d'errata.
Au 9° f. est un nouveau titre, orné, comme le premier de l'ancre aldine. Le v° de ce f. contient l'épître de GIORGIO ALESSANDRINO « Pietro Priolo M. f., Veneto », qui se trouve déjà en tête de l'édition donnée par *N. Jenson*, à *Venise*, en 1472, in-fol.
Les 24 ff. suivants (*aaij-ccix*) sont consacrés aux annotations de Georgio Alessandrino et à la table. Entre ces deux morceaux est une longue épître de Giorgio « Bernardo Justiniano, equiti et senatori facundissimo ».
Le 34° f. est blanc.</small>

---

### III. — SCIENCES MATHÉMATIQUES.

2562 (203 *a*). LE GRANT KALËNDIER [*sic*] || et compost des ber- || giers compose par le bergier de la || grant montaigne Auquel sont ad || ioustez plusieurs nouuelles figures et tables les- || quelles sont bien vtilles a toutes gens ainsi que || vous pourres veoir cy apres en ce present liure. || *On les vẽt a paris en la rue Neufue nr̃e dame a lescu de France.* — ¶ *Cy finist le compost et Kalendier des bergiers tout* || *aultrement compose et corrige quil ne estoit par auant.* || *Auquel ont este adioustez plusieurs nouuelles augmẽ* || *tations. Composees par le bergier de la grant montai-* || *gne. Nouuellement Imprime a Paris par la veufue* || *feu Iehan trepperel et Iehan iehannot Imprimeur et* || *libraire iure en luniuersite de paris. Demourant en la* || *rue neufue nostre dame a lenseigne de lescu de France.* || *xviii.* S. d. [1516], in-4 goth. de 88 ff. non chiffr. de 40 lignes à la page pleine, impr. à 2 col., sign. *a* par 6, *b-d* par 4, *e* par 8, *f-h* par 4, *i* par 8, *k-m* par 4, *n* par 8, *o-q* par 4, *r* par 6, *s* par 4, mar. r., fil., tr. dor. (*Bauzonnet.*)

<small>Le titre est imprimé en rouge et en noir, ainsi que les deux premiers</small>

cahiers. Il est orné d'un bois qui représente trois bergers dans les champs, considérant les astres :

Au v° du titre commence le *Prologue de l'acteur qui par escript a mis ce kalendier*. A la suite (fol. *aij* ab) est un *Autre Prologue du bergier de la grant montaigne*, etc.

Le v° du dernier f. ne contient que la souscription et la répétition du bois du titre.

Le volume est orné d'un assez grand nombre de bois : figures astronomiques, bordures, scènes de l'enfer, etc.

*Le grant Kalendier et Compost des bergiers* est à la fois un almanach perpétuel et un recueil de pièces religieuses et morales. Les éditions, très nombreuses, que l'on en connaît offrent entre elles d'importantes variantes ; voici la liste des pièces contenues dans celle de la *veufve Jehan Trepperel* et *Jehan Jehannot*.

1° (fol. *aj* c) *Prologue* : « Ung bergier gardant les brebis aux champs, qui n'estoit clerc et si n'avoit aucune congnoissance des escriptures... »

2° (fol. *aij* a) *Autre Prologue* : « Le bergier peult aussi congnoistre par les douze moys de l'an... »

3° (fol. *aij* b) *Comment le cours de nature est figuré par les xij moys de l'an* : « Puis doncques qu'il a pleu a Dieu de creer l'homme... »

4° (fol. *aiij* c) *Comment on doit entendre ce present compost* : « Pour avoir vraye congnoissance comme les bergiers... »

Ce chapitre se termine par six dictons en vers latins mnémoniques, dont voici le premier, qui indique la lettre dominicale :

Filius Esto Dei, Celum Bonus Accipe Gratis.

5° (fol. *aiiij* c) *Pour sçavoir le kalendier sur la main, et les festes, et quel jour elles sont* :

Qui veult sçavoir le kalendier
Sur la main, comme le bergier...

6° (fol. *aiiij* d) *Pour trouver les quatre temps* :

Après Pen, Croix, Luce, Bran,
Quatre temps sans faillir pren.

7° *Nombre des jours de chascun moys* :

Avril, juing et aussi septembre
Ont trente jours, avec novembre...

8° *Les quatre Saisons de l'an et leur commencemens* [sic] :

Quatre saisons tu as en l'an :
La premiere, c'est le printemps...

9° (fol. *av*) Calendrier perpétuel. Chaque mois occupe une page. La liste des fêtes et des saints du mois est accompagnée de deux dictons latins, l'un en quatre vers léonins, l'autre en trois vers, et de deux quatrains français. Voici ces dictons pour le mois de janvier :

1. *Pocula Janus amat.*

In Jano claris calidisque cibis potiaris,
Atque decens potus post farcula sit tibi notus ;
Ledit enim medo tunc potatus, ut bene credo.
Balnea tute intres, et venam findere cures.

2. *Aquarius chault et humide, bon.*

Ungere crura cave cum luna videbit Aquosum ;
Insere tunc plantas, excelsas erige turres ;
Et si carpis iter, tunc tardius ad loca transis.

3. *Pour trouver les festes.*

En, jan, vier, que, les, roys, ve, nus, sont
Glau, me, dit, Fre, min, Mor, font
An, thoi, ne, Feb, Ag, Vin, cent, boit
Pol, doit, plus, qu'on, ne, luy, doit.

4. *De l'estat de l'homme humain.*

Les six premiers ans que vit l'homme au monde
Nous comparons a Janvier droictement,
Car en ce moys vertu ne force habonde
Nemplus que quant six ans a ung enfant.

10° (fol. *ci* r°) *Figure pour trouver la lettre dominicale et le bisexte ensemble a tousjours.*

11° *Figure pour trouver le nombre d'or qui court par chascune annee.*

On lit dans l'explication de ces deux figures : « ceste presente annee mil cinq cens et xvi ».

12° (fol. *ci* v°) *Table pour congnoistre en quel signe est la lune par chascun jour.*

13° (fol. *cij* r°) *Table pour trouver les festes mobiles par chascun an.*

14° (fol. *cij* v°) Table des éclipses.

Cette table, qui occupe deux pages et demie, donne la date et la figure de 40 éclipses de 1514 à 1553.

15° (fol. *ciij* c) *Balade (fragment de 12 vers)* :

Tost est perdu avoir mal conquesté.
*Refr.* Chascun de nous aura beaucoup a faire.

16° *Epilogus omnium supradictorum.* Sept petites pièces latines, dont la première commence ainsi :

Quevis antiqui potuerunt scribere libris
De curendo potum constanti mente rotundum...

17° (fol. *ciiij* c) « Au nom du Pere et du Filz et du Sainct Esperit. S'ensuit l'*Arbre des vices et Myroer des pecheurs*, a congnoistre plus tost ses pechez, lequel arbre est divisé en sept parties principalles selon les sept pechez mortelz... »

Cet ouvrage est un résumé, en forme de tableau du *Mireour du monde*, composition morale dont il existe deux réductions différentes. Voy. P. Meyer dans le *Bulletin de la Société des anciens Textes français*, 1892, p. 79. Un manuscrit, qui a figuré en 1879 à la vente Rouard (n° 105), contient un tableau plus ou moins analogue.

18° (fol. *eviiij* r°) *Exhortation pour le salut de l'ame, faicte par maniere de double balade* :

    Las, et pourquoy prens tu si grant plaisir...
 *Refr.* Homme deffait et a perdition.

Cette pièce se rencontre dans un grand nombre de recueils (voy. notamment Biblioth. nat., ms. fr. 147, fol, 4). Elle a été imprimée par M. Kervyn de Lettenhove parmi les poésies attribuées à George Chastellain (VIII, 300) et par MM. de Montaiglon et de Rothschild (*Recueil de Poësies françoises*, X, 153).

19° (fol. *eviiij* d) *Les Paines d'enfer comminatoyres des pechez pour pugnir les povres pecheurs, comme racompta le lazare après qu'il fut ressuscité...* : « Nostre saulveur et redempteur Jhesus, ung peu devant sa benoiste passion... »

Ce morceau est accompagné de huit figures sur bois à mi-page.

20° (fol. *gi* a) *La tierce Partie du Compost et Kalendrier* [sic] *des bergiers : Science salutaire et Jardin aux champs des vertus* : « Qui veult une terre faire porter fruitz en habondance... »

Ce morceau serait mieux intitulé : *Declaration de la Patenostre*.

21° (fol. *giij* b) *Autre Declaration de la Patenostre* : « Nostre pere tressouverain et merveilleux en creation, doux a aymer... »

Ce morceau est accompagné d'un bois.

22° (fol. *giij* d) *La Salutation que fit Gabriel a la vierge Marie.*
Ce morceau est accompagné de trois petits bois.

23° (fol, *giiij* d) *Le Credo.*
Ce morceau est accompagné de quatre bois représentant ensemble les douze apôtres.

24° (fol. *hi* r°) *Les .X. Commandemens de la Loy* :

    Ung seul Dieu tu adoreras
    Et aymeras parfaictement...

Les vers sont accompagnés de deux bois.

25° (fol. *hi* v°) *Les cinq Commandemens de nostre mere saincte Eglise* (imprimés à l'intérieur d'un bois) :

    Les dimenches messe orras....
    Et le karesme entierement.

A la même époque, *La Croix de par Dieu* (voy. t. I, n° 320) ajoute aux cinq commandements les deux suivants :

    Les excommuniez fuyras
    Et denoncez expressement ;
    Quant excommunié seras,
    Fais toy absoudre promptement.

La forme des *Commandemens de l'Église* qui a prévalu contient six articles. Après les mots :

    Quatre temps, vigiles jeusneras
    Et le karesme entierement,

on dit :

    Vendredi chair ne mangeras,
    Ni le samedi mesmement.

Cette dernière forme est celle que donne Bossuet dans son *Catechisme du diocese de Meaux*, 1687 (voy. le n° 2540).

26° (fol. *hij* a) Comparaison de l'âme avec un vaisseau (8 strophes de 8 vers) :

> O Dieu haultain du firmament,
> Mon vaissel souillé, plain d'ordure...

27° (fol. *hij* d) Pièce latine en vers rimés sur le même sujet :

> Nos sumus in hoc mundo sicut navis super mare.

28° (fol. *hiij* a) Exhortation sur la connaissance de soi-même : « En cheminant plus oultre ou champ de Vertus et en la voye de Salut pour venir a la tour de Sapience... »

29° (fol. *iij* b) *Chanson d'un bergier*...

> Je congnois que Dieu m'a formé...
> *Refr.* Et si n'amende point ma vie.

Voy. Montaiglon et Rothschild, *Recueil de Poësies françoises*, X, 362.

30° (fol. *iij* c) *Aultre Chançon d'une bergiere*... (ballade) :

> Je considere ma povre humanité...
> *Refr.* Pour me livrer sans fin de mort a mort.

31° (fol *iij* d) *Le Dict d'ung mort* (12 strophes de 9 vers) :

> Se mon regard ne vous vient a plaisir
> Par sa hideur qui est epouentable...

Ce poème est intitulé *Le Mirouer du Monde* dans un manuscrit de la Bibliothèque nationale (franç. 2206, fol. 200) ; il a été imprimé séparément sous ce titre : *Aye memoire de la mort* (Biblioth. nat., ancien Y 4423). Il se retrouve dans plusieurs éditions de *La Dance macabre*. Voy. t. I. n° 541, art. 9.

32° (fol. *iiij* d) *Les dix Commandemens du dyable* :

> Toy qui les miens commandemens
> Veulx du cueur garder et sçavoir...

33° (fol. *iiiij* a) *Aulcun[e]s Peines d'enfer, non pas toutes, pour ceulx qui gardent les commandemens dessusdictz* :

> En enfer sont tresgrans gemissemens,
> Grans desconfors et desolations....

34° (fol. *iiij* v°) *L'Arbre des vices* (avec une grande figure).

35° (fol. iv r°) *L'Arbre des vertus* (avec une grande figure). *La Signification de chascune vertu*... « Et premierement qu'est humilité mere des vertus et racine de l'arbre... »

36° (fol. *i vij* a) *La Nature des douze signes* (avec 3 figures) : « Aucuns bergiers dient que l'homme est ung petit monde... »

37° (fol. *kiij* a) *Division du temps et regime duquel bergiers usent selon que la saison et temps le requierent* : « Pour remedier aux maladies qu'on a, et soy garder de celles qu'on doubte advenir... »

38° (fol. *kiiij* d) *Astrologie [des bergiers]* : « Celum celi Domino... Celluy qui veult, comme bergiers qui gardent les brebis aux champs, sans sçavoir les lettres... »

Ce morceau est accompagné de cinq figures.

39° (fol. *nij* c) Les Propriétés des planètes :

> Mon filz, je te donne a entendre
> Ce que j'ay [veu] et puis comprendre...

Cette pièce, qui ne porte ici aucun titre, est précédée d'un bois que nous retrouvons sur le frontispice d'une édition de *La Doctrine du pere au filz* décrite, en 1888, au Catalogue La Roche Lacarelle (n° 164).

Les deux compositions n'ont d'ailleurs aucun rapport. Celle-ci est purement astronomique. Sept autres bois y sont joints.

40° (fol. *nvj* c) *Une Question et Response que bergiers font touchant la matiere des estoiles* : « L'ung bergier a l'autre dit : Je demande quantes estoilles sont soubz une des douze parties du zodiaque... »

41° (fol. *nvj* d) *Cy dessoubz est noté l'an que ce present Compost et*

*Kalendier a esté fait corriger par gens expers a ce* : « L'an mil cinq cens est l'an que ce present Kalendier a esté faict en impression et corrigé... »

42° *La Phizonomie des bergiers* : « Phizonomie de laquelle a esté devant parlé est une science que bergiers scevent... »
Un bois accompagne ce chapitre.

43° (fol. *oi* b) Dictons moraux :

    1. Qui du tout son cueur met en Dieu (4 vers)...
        Voy. t. I, n° 22, art. 1.
    2. Humble maintien, joyeulx et assuré (7 vers)...
        Voy. t. I, n° 500.
    3. Planté parler, peu dire voir (4 vers)...
    4. Six choses sont qu'au monde n'ont mestier (4 vers)...

44° (fol. *oi* c) Le Cadran de nuit des bergers : « Par la figure cy après peult on congnoistre les heures par nuyt... » A ce morceau sont joints six bois.

45° (fol. *oiij* v°) Épigramme latine :

    Quatuor his casibus sine dubio cadit adulter...

46° Inscription placée sur une pierre miraculeuse tombée « en la comté de Ferrare de la duché d'Autriche, près d'une ville nommée Ensechein », le 7 novembre 1492 (le comté de Ferrare est évidemment le comitat d'Eisenburg, en magyar Vasvár, en latin Castrum Ferreum) :

    Perlegat antiquis miracula facta sub annis
    Qui volet, et nostros comparet inde dies...
        (20 distiques.)

47° (fol. *oiiij* c) Comparaison des douze mois aux douze âges de l'homme :

    Il est vray que en .xii. saisons
    Se change douze fois ly homs....

Nous avons décrit dans notre t, I, n° 531, une édition ancienne, fortement remaniée, de ce poème. Nous avons en même temps indiqué des manuscrits qui contiennent une rédaction semblable à celle-ci.

En tête de la pièce *Le Kalendier* répète le bois du père et du fils dont nous avons parlé ci-dessus. Une autre figure grossière accompagne les derniers vers.

48° (fol. *pi* d) *Les Ditz des oyseaulx.*

    *L'Aigle.*
    De tous oyseaulx je suis le roy ;
    Voler je puis en si hault lieu...

Ces dits sont, au fond, les mêmes que ceux dont nous parlons au t. I, n° 552 ; mais les oiseaux y sont bien plus nombreux ; il n'y en a pas moins de 90 : l'Aigle, le Chahuan, la Caille, la Huppe, le Faulcon, le Butor, le Rossignol saulvage, le Rossignol privé, etc.
Pour d'autres dits analogues, voy. ci-après n° 2583.

49° (fol. *piiij* d) Le Lymasson :

    *La Femme a hardy couraige.*
    Vuyde(z) de ce lieu (tres)orde beste
    Qui des vignes les bourgeons mange[s]...

Cette pièce, très incorrecte et incomplète, est accompagnée d'une figure. On en trouvera le texte, d'après l'édition de *Guy Marchand*, 1500, dans le Catalogue Double, 1890, n° 95.

50° (fol. *qi* b) *Les Meditations de la passion nostre seigneur Jhesuchrist...* : « Il convient penser, devant que commencer matines, a la parolle que Jhesus disoit... »

51° (fol. *qi* d) Ballade :

    Homme mortel, creé de terre et fait,
    Du createur formé a la semblance...
  *Refr.* Ou au jour d'uy ; pourtant donne t'en garde.

Cette pièce a été imprimée par M. Kervyn de Lettenhove parmi les œuvres attribuées à George Chastellain (VIII, 303).

52° (fol. *qij* a) *Ballade* :

> Puis qu'ainsi est qu'il nous fault tous finir
> Et après fin compte a Dieu du tout rendre...
> *Refr.* Qui toujours dure et qui jamais ne cesse.

Cette ballade a été imprimée avec la précédente. On la retrouve dans un recueil ms. de la Bibliothèque nationale (fr. 147, fol. 5).

Cette dernière pièce est ornée d'un bois.

53° (fol. *qij* b) *Aucunes Oraisons et autres Prieres en forme de ballades et rondeaux*... Introduction en prose : « Peuple devot, tu doibs noter que pour acquerir aucun bien... »

54° (fol. *qiiij* b) *Dicté des trespassez, en forme de balade*..., précédé d'une figure :

> Venimeux es tu qui porte la corne,
> Tous escornans de [ton] escorné cor...
> *Refr.* Avecques toute cornardie escornée.

55° (fol. *qiiij* d) *Encores de ce* :

> Peuple mondain, qui par ce lieu passez,
> Les hydeux corps veez des trespassez...

56° *Rondel* :

> Tous et toutes mourir il nous convient...

57° (fol. *ri* a) *Du Jugement final* :

> Quant me souvient de ce que nous racompte
> Sainct Pol, qui dit qu'il nous faut rendre compte...

58° (fol. *ri* b) *Invective moralle figurée* :

> Plus aguetant qu'ung cauteleux regnard,
> Ou darderas lardant ton dardant dart...

59° (fol. *ri* v°) *Aulcunes Petitions et Demandes que font bergers entre eulx*..., accompagnées d'une grande figure :

> Ma doulce nourrice pucelle,
> Qui de vostre tendre mamelle...

Ce poème est la pièce de **Pierre de Nesson** qui nous a été conservée par un grand nombre de manuscrits : Biblioth. nat., fr. 1642, 1889, 3939 ; Biblioth. de l'Arsenal, B.-L. 104 ; Biblioth. du Vatican, *Reg.* 1362 ; recueil décrit au Cat. Baillieu, 5 décembre 1881, art. 564, etc. Une édition lyonnaise de la fin du XV° siècle est conservée dans la Bibliothèque du château de Chantilly (Cat. Cigongne, n° 543). Voy. encore Brunet, v° Nesson ; *La Dance aux aveugles*, etc., éd. Doux fils, p. 171 ; La Borderie, *L'Imprimerie en Bretagne au XV° siècle*, 1878, p. 29.— Antoine Vérard a donné dans ses grandes *Heures* le début du poème (voy. t. I, n° 22, art. 65).

60° (fol. *riij* c) *Balade* :

> Aymez les bons, donnez aux soffreteux...
> *Refr.* Aristote au grant roy Alexandre,

Cette pièce est d'**Eustache Deschamps** ; c'est une des ballades réunies sous le titre de *Doctrine des princes et des servans en court* (t. I, n° 561).

61° (fol. *riij* d) *Les Nativités des hommes et des femmes selon les douze signes* : « Pour congnoistre et sçavoir sur quelle planette on naist... » — *Prologue du translateur* (fol. *riiij* b) : « Moy considerant le cours des corps celestes et la puissance de Dieu omnipotent... »

62° (fol. *si* b) *Les dix Nations chrestiennes* : « Je pretendz en ce petit traictié parler de plusieurs nations chrestiennes... » Le bois du père et du fils, dont il a été question ci-dessus, se retrouve encore au fol. *si* c.

63° (fol *siij* ab) Deux morceaux extraits de *L'Eslite et Fleurs des vertus* : « Correction est inhiber et deffendre par le frain de raison aulcunes erreurs... » — « Force est avoir couraige ferme entre les adversitez... »

64° (fol. *ssij* v°-*ssiij* r°) le tableau des vertus (avec huit petits bois) et la tour de Sapience (avec un grand bois).

Au v° du dernier f. est la souscription et une répétition du bois qui décore le titre.

Exemplaire de M. YEMENIZ (Cat., 1867, n° 964) et de M. MARIGUES DE CHAMP-REPUS (Cat., 1893, n° 34).

2563 (203 *b*). LE GRAND CALENDRIER || & Compost des Ber- || gers composé par le || Berger de la grand Montaigne. Auquel sont adioustez plusieurs nou- || uelles Tables & Figures, dont vous trouuerez la declaration en la page || suiuante. || *A Paris,* || *Par Nicolas Bonfons, demeurant en la ruë neuue nostre* || *Dame, à l'Enseigne Sainct Nicolas. S. d.* [1589], in-4 de 108 ff. non chiffr., impr. à 2 col., sign. *A-Dd*, mar. r. jans., tr. dor. (*Trautz-Bauzonnet.*)

Le titre, imprimé en rouge et en noir, est orné du même bois que le titre de l'édition précédente. — Au v° du titre est la *Declaration des chapitres plus notables qui sont contenues* [sic] *en ce present livre.*

Le volume est orné d'un assez grand nombre de bois, empruntés pour la plupart à l'édition de 1516. Quant au texte, voici les différences que nous y avons relevées :

6° (fol. *av* d) *Pour trouver les quatre temps :*

Après Bran, Pen, Croix, Luce, quatre temps
As pour jeuner, sans faillir en nul temps.

8° bis (fol. *avj* a) *Pour trouver les festes mobiles :*

A toy qui latin ne cognois
Je te veux donner en françois...

8° ter (fol. *avj* c) *Les Jeusnes commandées de l'Eglise aux chrestiens :*

Tu dois jeusner les quatre temps ;
Retiens les comme je l'entens...

9° bis (fol. *ci* r°) Distiques latins, accompagnés d'une traduction française en prose :

Ut coelum signis praesurgens est duodenis
Sic hominis corpus assimilatur eis...

Les n°s 10 et 11 sont supprimés.

Le n° 13 est remplacé (fol. *cij* r°) par un *Almanach suivant la reformation du kalendrier gregorien,* etc., de 1589 à 1626.

Les n°s 14 et 16 sont remplacés par un petit traité *Du temps et de ses parties* : « Selon Aristote, le temps est la mesure des choses muables... (fol. *Cij* e) ». Le n° 15 est placé plus loin.

26° (fol. *Ii* c) Cette pièce est intitulée *Le Jardin des vertus.*

Le n° 33 suit immédiatement le n° 30, puis viennent les n°s 31 et 32.

33° bis (fol. *Liij* a) Vers sur le cheval de l'Apocalypse :

Sur le cheval hideux et pasle
La Mort suis fermement assise...

Le n° 37 est suivi de 7 distiques latins :

Nescio quo caeco mens lenta papavere dormit
Mensque creatorem nescit iniqua suum....

Le n° 41 est supprimé ; le n° 43 est reporté plus loin.

L'en-tête du n° 46 a seul été conservé (fol. *Siij* c) ; l'inscription a disparu.

Après le n° 46 est placé le n° 61 (fol. *Siiij* d), puis viennent le n° 43 et le n° 15. Le reste du volume diffère entièrement dans l'édition de 1589. Voici les morceaux que *Nicolas Bonfons* a introduits :

1° (fol. *Vi* b) *De l'utilité et profit de la cognoissance des choses requises à un berger*... « Nous lisons que Dieu le tout puissant fit et crea les peres de ce monde, des cieux et des elemens... »

Ce traité est la reproduction textuelle du *Vray Regime et Gouvernement des bergers et bergeres* de JEHAN DE BRIE, d'après l'édition de 1539. Le texte ne commence ici qu'au chapitre II et se continue jusqu'à la fin. Bonfons a cependant supprimé les mots : « Et priez Dieu pour le bon berger Jehan de Brie. »

Jehan avait composé son ouvrage en 1379. Il en existe plusieurs éditions anciennes : une de *Simon Vostre*, s. d., une de *la veufve feu Jehan Trepperel et Jehan Jehannot*, contemporaine de l'édition du *Grant Kalendier* décrite à l'article précédent, etc. Comme l'a remarqué M. Paul Meyer (*Romania*, VIII, 1879, p. 451), M. Paul Lacroix n'a pas eu la main heureuse en choisissant l'édition de 1539 pour réimprimer *Le Bon Berger* (Paris, Liseux, 1879, in-16). On voit que Nicolas Bonfons n'avait pas été mieux inspiré.

2° (fol. *Aa ij* c) *Revolutions des années selon les conjonctions des planettes en chascun des douze signes. Extraict d'Alcabitius nouvellement reduict en françois* : « Si vous desirez sçavoir, chacune année, quelles choses sont cheres et à bon marché... »

3° (fol. *Aa iiij* d) *Intelligence de sçavoir quelle planette regne par chacun jour et heure* : « Par la figure presente tu pourras cognoistre quelle planette regne... »

4° (fol. *Bb i* b) *La Declaration de l'estat de l'air* : « Pour ce que les choses faictes en l'air, qui causent changemens de temps... »

5° (fol. *Cc iiij* d) Dictons en vers :

1. Pren garde au jour de sainct Vincent... (4 v.)
2. Si le jour sainct Paul le convers... (12 v.)
3. Selon que nos vieillars ont dit... (8 v.)
4. Saigner au jour sainct Valentin... (16 v.)
5. Laissez passer la chandeleuse... (4 v.)
6. Quand à Pasque pluye sera... (2 v.)
7. Des glans sera votre porc despouillé... (2 v.)
8. Du jour (de) sainct Medard qu(i) est en juin... (6 v.)
9. Pour cognoistre combien vaudra... (6 v.)
10. Des noisilles alors peu nous aurons... (2 v.)
11. Mais environ la sainct Martin... (4 v.)
12. Quand en esté les nues vont... (6 v.)
13. Quand les poulets chantent sans cesse... (10 v.)
14. L'arbre coupé au deffaut de la lune... (4 v.)
15. Troupe d'oiseaux cherchans pasture... (4 v.)
16. Si neiger doit... (4 v.)
17. Oiseau qui au nid se retire... (6 v.)
18. Printemps humide avec esté... (2 v.)
19. Trouppe d'oiseaux laissans les bois... (4 v.)

6° (fol. *Dd i* v°) *Situation des vents, leurs natures et complexions* : « Par ce petit traicté et figure presente, vous pourrez cognoistre la situation des vents... »

7° (fol. *Dd iij* b) *Du mouvement journel que font les sept planettes...* : « La lune est située au premier ciel... »

8° (fol. *Dd iij* c) Présages divers : « J'ay observé plusieurs fois, estant porté en une petite naselle loin du rivage... »

Le volume se termine par une recette contre la grêle et une recette contre la foudre. Voici cette dernière : « Ensevelissez la peau de hippopotamus, c'est à dire d'un cheval de riviere dans la contrée, et la foudre n'y tombera point. »

Exemplaire de MM. HUZARD (Cat., 2° partie, 1842, n° 357) et YEMENIZ (Cat., 1867, n° 955).

## SCIENCES ET ARTS.

**2564** (204 a). ⁋ Sūmario De La Luna |Nouamēte Stāpato Al ||
Modo de Italia In la Inclita Citta de Barcelona. || Cōposto
Per Lo Excellētissimo Doctore De Le || Arte de Medicina
Maestro Bernardo De Cra- || nolachs. Et diligētemēte Cor-
recto. ⁋ Cū Gr̄a. — [A la fin :] ⁋ *Impresso in Venetia per
Georgio di Rusconi* || *Milanese. Anno Domini M. ccccc.
xiiij.* || *Die .xv. mensis Aprilis. Regnan-* || *te Inclito Prin-
cipe Leonar* || *do Lauredano Du* || *ce Venetiarū.* || *Laus
Deo.* In-8 de 23 ff. et 1 f. bl., vél. bl.

Voici la reproduction du titre :

366  SUPPLÉMENT.

Nous reproduisons également le joli bois placé au v° du titre :

Au v° du 23° f. est la marque de *Giorgio de' Rusconi* (voy. *Fac-simile de alcune imprese di stampatori italiani dei secoli XV e XVI*, 1838, pl. II).

Nous avons déjà parlé de Bernardo de Granollach, de Barcelone, et de ses calendriers (t. I, n° 204). Le petit volume que nous venons de décrire, et dont les bibliographes ne font aucune mention, contient une table des lunaisons et des fêtes mobiles pour les années 1511-1550. On trouve à la fin la longitude de 17 villes d'Italie prise sur le méridien de Barcelone.

2565 (214 a). Epistre dediee || au Tres-Hault et Tres- || Chrestien, Charles IX. Roy || de France. Par M. Anthoine Crespin Nostrada- || mus, Conseiller, Medecin & Astrologue ordi- || naire de sa maiesté. D'vn signe admirable d'vne || Comette aparue au Ciel. Ensemble l'interpre- || tation du tremblemēt de terre de Ferrare : & du || deluge de Holāde, Anuers, &

## SCIENCES ET ARTS.

de Lyon, que suy- || uront leurs effectz iusques en l'année 1584. ||

> Le neuf Empire en desolation, ||
> Sera changé du Pole aquilonnaire, ||
> De la Sicile viendra l'emotion ||
> Troubler l'emprise à Philip. tributaire. ||
> Le successeur vengera son beau-frere, ||
> Occuper regne soubz vmbre de vengeance. ||

*A Paris,* || *De l'imprimerie de Martin le Ieune.* || Auec Priuilege du Roy. || 1571. In-4 de 7 ff. non chiffr. et 1 f. blanc, réglé, vél. bl., fil., dos et mil. ornés, tr. dor. (*Rel. du temps.*)

Au titre, un bois qui représente l'astrologue ; nous en donnons la reproduction :

Michel de Nostre Dame, dit Nostradamus, était mort en 1565 ; un charlatan sorti on ne sait d'où, Anthoine Crespin, qui vivait à Paris, usurpa son nom, et parvint à se faire nommer ainsi astrologue du roi. L'*Epistre*, datée du 6 mars 1571, jour de l'entrée du roi à Paris, est écrite moitié en vers, moitié en prose. Elle se termine par un extrait du privilège accordé à *Martin Le Jeune* le 17 mars 1571. L'auteur est effectivement qualifié dans cet acte de « conseiller, medecin et astrologue ordinaire de sa majesté ».

Il est probable que les héritiers de Michel de Nostre Dame ne laissèrent pas usurper son nom, car le nouveau faiseur de pronostications dut, par la suite, se contenter du nom d'Archidamus, qu'il prend en tête de la pièce suivante : *Epistre au roy et aux autheurs de disputations sophistiques de ce siecle sur la declaration du presage et effaictz de la comette qui a esté commencée d'estre veue dans l'Europe X. de Novembre, à cinq heures du soir, 1577, assez veue et cogneue à tout le monde. Par M. Crespin Archidamus, astrologue de France...* Paris, Gilles de Saint-Gilles, 1577, in-8 de 4 ff., fig. au titre (*Bibliotheca Sunderlandiana*, n° 4782).

Notre exemplaire, qui porte sur les plats les fleurs de lis et la couronne royale, paraît avoir appartenu au roi CHARLES IX.

2566 (214 b). DISCOVRS || de la Comete || commencee a appa- || roir sur Paris le xi. iour de || Nouembre, mil cinq || cens septāte-sept, || à six heures || du soir. || Auec la declaration de ses presages & effets. || Par excellent Astrologue M. Françoys || Liberati, de Rome. || *A Lyon,* || *Par Benoist Rigaud.* || 1577. || Auec Permission. In-8 de 8 ff. non chiffr.

Au titre, un bois représentant la comète et la lune.
Le dernier f. contient, au r°, une figure astronomique ; le v° en est blanc.
Le *Discours* est adressé « A monsieur d'Habin, chevalier de l'ordre du roy, et ambassadeur pour Sa Majesté à Rome ».

---

## IV. — Beaux-arts.

### 2. — *Gravure.*

2567 (237*a*). L'Amovr de Cu- || pido et de Psi- || ché mere de Volupté, || prinse des cinq & sixiesme li- || ures de la Metamorphose de Lu || cius Apuleius Philosophe. Nou- || uellement historiée, & exposée || tant en vers Italiens, que Fran- || çois, || Auecq' Priuilege du Roy. || *A Paris,* || 1546 || *De l'Imprimerie de Ieanne de Marnef, vef-* || *ue de feu Denis Ianot, demourant en la* || *rue Neuue nostre Dame à l'enseigne saũt Iéan Baptiste.* — [A la fin :] *En* || *l'imprimerie* || *de Ieanne de Mar-* || *nef vefue de* || *feu Denis* || *Ianot.* Pet. in-8 de 48 ff. non chiffr., sign. A-F par 8, mar. br., fil., comp., dos orné, riche dorure à petits fers, tr. dor. (*Capé.*)

Le titre est entouré d'un joli encadrement dans lequel est répétée deux fois la devise de *Denis Janot*: *Nul ne s'y frote.*
Le f. *Aij* contient un extrait du privilège accordé pour six ans à *Jeanne de Marnef, vefve de feu Denis Janot*, le 15 septembre 1546.
Les ff. *Aiij-Av* sont occupés par une épître aux lecteurs (en vers), signée le P. A. [le Petit Angevin] et accompagnée de la devise : *Soing et secret.*
Au r° du f. *Avj* est un petit titre inscrit dans un joli cartouche : *Le Sommaire de l'amour de Cupido et de Psiche, mere de Volupté.*
La première figure est placée au v° de ce même f. Au-dessous est un huitain italien :

Narra Apuleo che, mentr' egli cangiato....

En regard est un huitain français :

Apuleus a descrit une fable....

Les figures sont au nombre de 32. Toutes sont placées de même au v° des feuillets et accompagnées du double texte.
Au v° du f. *Evj* on lit dans un cartouche : *Fin de l'Amour de Cupido et de Psiché.*
Au r° du f. *Evij* est un nouveau titre pour lequel l'imprimeur a fait servir l'encadrement déjà employé en tête du volume : *Le Plaint du* || *Passionnaire*

GILBERTVS COGNATVS NOZERENVS, D. ERAS-     DES. ERASMVS ROTERODAMVS, ANNO
mi amanuensis: anno ætatis suæ 26. Christiano uerò 1530.     ætatis suæ 70. Christi uerò 1530.

|| *infortune : a-* || *uecq' aucûs Epigram-* || *met de diuers pro-* || *pos d'Amour.* || *Le tout par le petit* || *Angeuin.* || *Soing & Secret.*

Au v° de ce titre est un onzain « A l'illustre et excellente dame, ma dame M. D. J. »

Au r° du f. *Eviij* est un avis « aux lecteurs françoys », où le petit Angevin dit entre autres choses : « Si d'avanture vous trouvez quelques termes absurdes en l'italien et de difficile comprehension, je veux bien vous avertir qu'ay voulu porter tant d'honneur à l'original taillé en cuyvre que n'en ay changé une seule sylabe, sinon es lieux ou le deffault estoit manifeste mesmes aux plus ignares ». Le poète-artiste fait observer que « la France jouist pour le jourd'huy de contrefaites plus gaillardes et braves que l'Italie ne fist oncques du principal ». Il ajoute que pour compléter un volume où les yeux ont plus de satisfaction que l'esprit, il a tiré de ses minutes quelques poésies de jeunesse. Ces poésies remplissent le reste du volume. Au v° du f. *Eviij* est une devise amoureuse inscrite au centre d'un joli cartouche. La souscription est placée de même dans un cadre.

Les figures de *L'Amour de Cupido et de Psiché* avaient été dessinées par un élève de l'école de Raphaël, dont les cartons furent d'abord reproduits par le maître « au Dé ». Nous avons ici une copie, très finement exécutée de ces figures. L'artiste à qui nous le devons n'est pas le Petit Bernard ; ce n'est pas non plus Jean Cousin, comme l'a soutenu M. Didot *(Catal. raisonné,* n° 639 ; *Étude sur Jean Cousin,* pp. 153-157) ; c'est JEAN MAUGIN, dit le Petit Angevin. Quoique Maugin fût poète (on a vu qu'il revendique la paternité des pièces qui terminent le volume), les huitains français ne sont pas de lui. Un manuscrit du Cabinet des livres de Chantilly contient 30 de ces huitains, et attribue les dix premiers à CLAUDE CHAPPUYS, les dix suivants à ANTOINE HEROET, dit LA MAISON NEUFVE, et les dix derniers à MELIN DE SAINT-GELAIS. Les deux huitains qui manquent dans le manuscrit sont les n°s XXI et XXII ; nous en ignorons l'auteur.

Un manuscrit de la Bibliothèque nationale (p. 842, fol. 146) contenait les mêmes vers et les mêmes noms ; mais la fin de ce volume a disparu.

Avant que parût le recueil de Jean Maugin, les dessins attribués à Michel Coxie avaient été librement copiés dans les célèbres verrières exécutées, par ordre du connétable Anne de Montmorency, pour le château d'Ecouen, de 1542 à 1544. Ces verrières, que l'on admire aujourd'hui au château de Chantilly, forment 44 panneaux ; elles reproduisent le texte des 32 huitains français.

Vers 1586, *Leonard Gaultier* grava de nouveau sur cuivre *L'Amour de Cupido et de Psiché* ; il eut soin de conserver les 32 huitains.

Exemplaire de M. H. DESTAILLEUR (Cat. de 1891, n° 1297).

**2568** (237 *a*). EFFIGIES || Des. Erasmi Roteroda- || mi literatorum principis, & Gilberti || Cognati Nozereni, eius amanuensis : || unà cum eorum Symbolis, & || Nozeretho Cognati || patria. || Accesserunt et do- || ctorum aliquot uirorum in D. Eras- || mi &. Gilberti Cognati laudem, || Carmina. || *Basileæ, per Ioan-* || *nem Oporinum.* — [A la fin :] *Basileæ, per Ioan-* || *nem Oporinum, Anno Salutis humanæ* M. || D. LIII [1553]. *Mense Augusto.* In-4 de 29 pp., mar. r., fil., comp., dos et mil. ornés, tr. dor. (*Lortic.*)

Ce petit volume contient les pièces suivantes :

1. *In Des. Erasmi Roterodami Batavi et Gilberti Cognati Burgundionis*

*laudem Hecatostichon* GASPARIS BRUSCHII, *poetae laureati et comitis palatini*, poème daté de Bâle, « in aedibus Oporinianis », le 22 juillet 1553.

2. Un distique de PHILIPPE MELANTHON [sic] *De Erasmo Roterodamo* (p. 6).

3. Sept distiques de NICOLAS BOURBON *Ad D. Erasmum Roterodamum*.

4. Quatre distiques de GIRARD NOVIOMAGUS [GELDENHAVER] *in D. Erasmi laudem* (p. 7).

5. Deux distiques de JOACHIM MYNSINGER, « Dentatus J. C. », *De Erasmo Roterodamo* (p. 7).

6. Portraits, finement gravés sur bois, de Gilbert Cousin et d'Érasme, tels qu'ils étaient en 1530 (nous donnons un fac-similé de cette curieuse planche, déjà reproduite, il y a quelques années, par feu M. le Dr. Sieber, de Bâle).

7. Portrait d'Erasme, tel qu'il était à la fin de sa vie (p. 10) :

8. Six épigrammes latines et une épigramme grecque de GILBERT COUSIN *in effigiem Des. Erasmi Roterodami* (pp. 10-11).

9. Huit distiques d'ALARD d'Amsterdam *in eamdem effigiem* (p. 11).

10. Deux distiques de THÉODORE DE BÈZE de Vézelay (p. 12).

11. Deux distiques de FRÉDÉRIC NAUSEA (c'est-à-dire ECKEL) *in aliam ejusdem Erasmi effigiem* (p. 12).

12. *Versus* THOMAE MORI *in tabulam duplicem in qua Erasmus ac Petrus Aegidius simul erant expressi per egregium artificem Quintinum*... (p. 12).

13. Figure sur bois représentant le dieu Terme, emblème d'Erasme (p. 14).

14. Trois distiques de F. ANDRÉ HYPERIUS (p. 14).

15. Epître d'ERASME à Alphonse Valdes, secrétaire de l'empereur, en date de Bâle, 1ᵉʳ août 1528 (p. 15).

16. Portrait de Gilbert Cousin en 1553, à l'âge de 46 ans (p. 18) :

17. Deux distiques de JEAN OPORINUS, c'est-à-dire HERBSTER (p. 18).

18. Distique de LAURENT PRIVÉ (p. 18).

19. Huit distiques d'ÉRASME sur le portrait de Gilbert Cousin (p. 19).

20. Seize distiques de LEVIN COTMANN, de Gand, sur le même sujet (p. 19).

21. Deux distiques de SIMON LEMNIUS sur le même sujet (p. 20).

22. Figure sur bois représentant l'emblème de Gilbert Cousin : une colombe et un serpent entourés de cette devise :
*Simplicitas prudens hic et prudentia simplex*
(p. 21).

23. Épigramme en vers scazons de THOMAS NAOGEORGUS, c'est-à-dire KIRCHMAIR, sur cet emblème (p. 21).

24. *L'Interpretation de vers latins declaratifz de l'embleme M. Gilbert Cousin* [sic], 24 vers signés de la devise : *Par bon vouloir* (p. 22).

20. *Allusion a la paincture symbolique de monsieur Cousin....*, huitain non signé (p. 23).

26. Deux vues de Nozeroy, patrie de Cousin, suivies d'un poème de LEVIN COTMANN, de Gand (pp. 24-25).

27. Ode de JEAN DE LA FAILLE [JO. FAILLIUS Mravillanus] à Gilbert Cousin (p. 28).

28. Deux épigrammes de JOSSE SABOUT [JODOCUS SABOUTUS], conseiller

de l'empereur, *in Gilberti Cognati Nozereni librum Flosculorum... et in omnia opera D. Erasmi.*

Des bibliothèques de M. A.-F. DIDOT (Cat. de 1879, n° 386) et de M. CHARLES COUSIN (Cat., 1890, n° 815).

2569 (241 *a*). SUITE D'ESTAMPES pour servir à l'histoire des Mœurs et du Costume des François dans le dix-huitième Siècle. Année 1774. *A Paris, De l'Imprimerie de J. Barbou, rue des Mathurins, vis-à-vis la grille.* M DCC LXXIV [1774]. Gr. in-fol. de 15 ff. de texte et 12 figg. — SECONDE SUITE D'ESTAMPES, pour servir à l'histoire des Modes et du Costume en France, Dans le dix-huitième Siècle. Année 1776. *A Paris, De l'Imprimerie de Prault, Imprimeur du Roy.* M. DCC. LXXVII [1777]. Avec Approbation et Privilége du Roi. Gr. in-fol. de 15 ff. de Texte et 12 figg. — TROISIEME SUITE D'ESTAMPES, pour servir à l'histoire des Modes et du Costume en France, Dans le dix-huitième Siècle. Année 1783. *A Paris, De l'Imprimerie de Prault, Imprimeur du Roi, Quai des Augustins.* M. DCC. LXXXIII [1783]. Avec Approbation et Privilege du Roi. Gr. in-fol. de 13 ff. de texte et 12 figg. — Ensemble 3 vol. gr. in-fol. demi-rel. dos et c. mar. v., non rognés.

*Suite d'estampes.* — Le titre porte une grande marque de *J. Barbou* qui représente deux cigognes se disputant un serpent au-dessous d'un arbre sur lequel on lit : *Et fructu et foliis.*

Les 2 premiers ff. de texte contiennent un *Discours préliminaire* qui se termine ainsi : « Ce premier Cahier contient 12 Estampes, qui présentent les Modes de 1773 et 1774. Quelques obstacles que nous avons éprouvés dans leur exécution en ont retardé la publication, et laissent quelque chose à désirer pour leur perfection. Nous espérons que la suite semblable qui sera gravée en 1775, réunira tous les suffrages, tant pour la correction du dessin, la beauté de la gravure, que pour l'exactitude et la précision. » L'éditeur ajoute que les souscriptions sont reçues chez *Buldet*, marchand d'estampes, rue de Gèvres, et que les souscripteurs auront seuls droit au texte explicatif et aux premières épreuves.

Les 12 estampes portent les signatures suivantes : *I. H. E.* [*Jean-Henri Eberts*] *inv., S. Freudeberg del.* — Les graveurs sont : *A. Romanet* (2), *Voyez l'aîné* (2), *Lingée* (2), *P. Maleuvre, C. L. Lingée, Ingouf junior* (2).

Les deux dernières pièces, gravées à l'eau-forte par *Duclos*, ont été terminées, l'une par *Ingouf junior*, l'autre par *Bosse*.

*Seconde Suite.* — Les 2 ff. qui suivent le titre contiennent un *Discours préliminaire*, l'*Approbation* et le *Privilege.* — Il est dit à la fin du *Discours* que ceux qui désirent souscrire doivent s'adresser à *M. Moreau le jeune*, cour du Palais, hôtel de la Trésorerie, ou à M. *Eberts*, l'éditeur, rue de La Feuillade, à Paris. — L'approbation, signée de *Cochin*, est datée du 15 mars 1777. — Le privilège, daté du 23 avril 1777, est accordé au sieur *Ebertz* [sic] pour six ans.

Les 12 figures, dessinées par *J.-M. Moreau*, ont été gravées par *P.-A. Martini* (3), *Ph. Triere, Helman* (3), *C. Baquoy, Carl Guttenberg, de Launay le jeune* et *Henri Guttenberg.*

L'une des figures (le n° 18) porte : *C. Baquoy inc. aqua f. Patas terminavit* [sic] 1777.

## SCIENCES ET ARTS. 373

*Troisième Suite.* — Il n'y a pas de *Discours préliminaire*. Les 12 figures, dessinées par *J.-M. Moreau le jeune*, ont été gravées par *L. Halbou*, *P.-A. Martini*, *A. Romanet*, *H. Guttenberg*, *Camligue*, *J. Dambrun*, *N. Thomas*, *J.-L. Delignon, Patas, Malbeste, Helman* et *Simonet*.

Les trois suites d'estampes que nous venons de décrire peuvent être considérées comme le plus bel ouvrage que le XVIII<sup>e</sup> siècle ait produit en ce genre. L'idée en fut conçue par *J. H. Eberts*, riche banquier suisse établi à Paris, qui était lié avec les principaux artistes du temps, et qui cultivait lui-même la peinture et la gravure. Ce fut *Eberts* qui dessina les douze planches gravées par *Freudeberg*. Peut-être est-il aussi le principal auteur du texte joint aux estampes. En tout cas, ce texte ne se confond nullement avec celui que Restif de La Bretonne composa quelques années plus tard. Le texte original de la *Troisième Suite* est resté longtemps inconnu, et la rareté des beaux exemplaires des trois recueils est telle que c'est seulement dans ces dernières années qu'il a été possible de fixer la date précise des premières éditions.

Les trois volumes qui composent notre exemplaire ont été reliés sur brochure; ils sont donc NON ROGNÉS. Les estampes de *Freudeberg* sont AVANT LES NUMÉROS; celles de *Moreau* portent les lettres A.P.D.R. [Avec privilège du roi].

Des ventes de M. ÉMILE MULLER (Cat., 1892, n° 64) et de M. le COMTE DE MOSBOURG (1893, n° 59).

2570 (262 a). CHAMP || FLEVRY. || Au quel est contenu Lart & Science || de la deue & vraye Proportiõ des Let || tres Attiques, quõ dit autremēt Let- || tres Antiques, & vulgairement Let- || tres Romaines proportionnees selon || le Corps & Visage humain. || *Ce Liure est Priuilegie pour Dix Ans || Par Le Roy nostre Sire. & est a ven- || dre a Paris sus Petit Pont a Lenseigne || du Pot Casse par Maistre Geofroy || Tory de Bourges, Libraire, & Au- || theur du dict Liure. Et par Giles Gour || mont aussi Libraire demourant en la || Rue sainct Iaques a Lenseigne des || Trois Coronnes.* | Priuilegie pour dix ans. — *Cy finist ce present Liure, auec Laddition de Treze diuerses facõs de Lettres, || Et la maniere de faire Chifres pour Bagues dor, ou autrement. Qui fut acheue || dimprimer Le mercredy .xxviij. Iour du Mois Dapuril, Lan Mil Cincq Cens.* || *XXIX* [1529]. *Pour Maistre Geofroy Tory de Bourges, Autheur dudict Liure, & || Libraire demorāt a Paris, qui le vent sus Petit Pont a Lenseigne du Pot Cas- || se. Et pour Giles Gourmont aussi Libraire demorant au dict Paris, qui le vent || pareillement en La Rue Sainct Iaques a Lenseigne des Trois Coronnes.* Gr. in-4 de 8 ff. lim. et 70 ff. chiffr., mar. r., dos et mil. ornés, tr. dor. (*Trautz-Bauzonnet.*)

II. 4. 8

Le titre, entouré d'un encadrement, est orné de la petite marque de *G. Tory*, avec la devise *Non plus* (Silvestre, n° 931). — Au v° du titre, on trouve la division du livre et un petit bois des armes de France. — Les 7 ff. qui suivent contiennent le texte du privilège général accordé à Tory, pour la publication de ses livres et heures, le **5** septembre 1526 (ce privilège garantit ses droits pendant dix ans après la date de l'impression de chaque livre) ; — une épître de Tory « a tous vrayz et devotz amateurs de bonnes lettres », épître datée de Paris, le 28 avril ; — la Table ; — un avis « aux lecteurs ».

Le *Champ fleury* est trop connu pour que nous ayons besoin d'en donner une longue description. Nul n'ignore que c'est un des plus beaux livres qui aient jamais été publiés. Le plaidoyer de Tory en faveur de la langue française, les éloges qu'il accorde à plusieurs de nos anciens poètes, tels que Chrestien de Troyes (fol. 3 v°) ; ceux qu'il décerne à des auteurs plus modernes ou à des contemporains, tels qu'Albert Dürer ( fol. *Aij* v° ), Jehan Grolier ( fol. 1 ), René Macé, Arnoul et Simon Greban, Pierre de Nesson, Alain Chartier, George Chastellain, Guillaume Cretin ( fol. 4 ), méritent autant d'attirer l'attention des philologues que les merveilleuses gravures dont le volume est orné, méritent l'admiration des artistes.

Voy. Aug. Bernard, *Geofroy Tory*, 2° éd., pp. 122-126.

# BELLES-LETTRES.

### I. — Linguistique.

2571 (320 *a*). ❧ Le tretté de la || Grammęre Francoę- || ze, fęt par Louis Meigręt || Lionoęs. || *A Paris,* || *Chés Chrestien Wechel, à la rue sainct* || *Iean de Beauuais, à l'enseigne* || *du Cheual volant.* || M. D. L. [1550]. In-4 de 144 ff. chiffr.— La Reponse de Louis || Meigręt a l'Apo- || lojie de Iáqes Pelletier. || *A Paris,* || *Chés Chrestien Wechel, en la rue sainct* || *Ian de Beauuais, à l'enseigne* || *du Cheual volant.* || M. D. L. [1550]. In-4 de 10 ff. chiffr. — ❧ Defenses de Louis || Meigręt touchant || son Orthographie Françoęze, contre lęs || çonsures ę calōnies de Glaumalis || du Vezelet, ę de sęs || adherans. || *A Paris,* || *Chés Chrestien Wechel, à la rue sainct* || *Iean de Beauuais, à l'enseigne* || *du Cheual vollant.* || M. D. L. [1550]. In-4 de 18 ff. non chiffr. — Le męntevr, ou l'in- || credule de Lucian tra- || duit de Gręc ęn Frāçoęs par Louis Meigręt Lio- || noęs, aueq vne ecritture qadrant à la pro- || laçion Françoęze : ę lęs rę- || zons. || *A Paris,* || *Chés Chrestian Wechel, à la rue sainct* || *Iaques, à l'escu de Basle.* M. D. || XLVIII [1548]. In-4 de 59 pp., car. ital.—Ensemble 4 part. en un vol. in-4, v. br., fil. dor., comp. à froid, tr. dor. (*Thouvenin.*)

*Grammęre.* — Le titre porte la marque de *C. Wechel* (Silvestre, n° 1178). Les ff. 2-5 contiennent un avis « Aŏ lécteurs », terminé par la devise *A vn seul Dieu honneur ę gloęre.*

Au v° du dernier f. est une marque à peu près semblable à celle du titre, mais plus grande.

Meigret développe longuement dans sa grammaire ses théories sur la langue et sur l'écriture, précédemment exposées dans son *Traité touchant le commun usage de l'escriture françoise* (Paris, 1542, in-4, et 1545, in-8). Les principales réformes qu'il s'efforce de faire adopter pour la représentation des sons français sont les suivantes :

a long, â = á *(bátir)* ;
ai, ei = ęy, ęi *(j'ęyme, j'ęi, ęinsi)* ;
au = ao *(aotre, haot, veao)* ;
e ouvert, ai = ę *(lęs, dęs, fęt)* ;
e ouvert long, ai long = ę́ *(rę́zon)* ;
en = ęn *(prezęnt)*.
en muet (dans les flexions verbales) = e *(ottet = ôtent)* ;
i long = í *(oublíer)* ;
o long = ó *(aosi tót)* ;
oi = oę *(roę, reçoęt)* ;
on = ó *(façó)* ;
c (devant e, i) = ç, s *(çe, çiel, sourse)* ;
ch = ꝑh *(ꝑhacun)* ;
g (devant e, i) = j *(jenitif)* ;
gu = g *(lange, gęrre, gęt)* ;
gn = ñ *(iñorançe, viñe, compañó)* ;
ll mouillés = l˜l *(mel˜leur, volal˜le)* ;
qu = q *(qelqe, qi)* ; parfois cu *(cūe = queue)* ;
s doux = z *(fantazie, diuizer, vzaje ou uzaje)* ;
t adouci devant i = ç *(ꝑompozįçion)*.

*Reponse.* — Le titre porte la même marque que le v° du dernier f. de la *Grammęre*. — L'ouvrage se termine par la devise : *A un seul Dieu honeur ę gloęre.* — Au v° du dernier f. est la petite marque de C. Wechel (Silvestre, n° 1178).

Au moment où paraissait la *Grammęre* de Meigret, Jacques Pelletier du Mans publia une *Apologie*, datée de Poitiers le 5 janvier 1549 (v. s.). Cette pièce, réimprimée en 1555, en tête du *Dialogue/ de/ l'ortografe/* (voy. le n° 322), contenait une approbation générale des doctrines de notre auteur, mêlée de quelques critiques de détails. Meigret, surpris de recevoir l'*Apologie* lorsque « a pein' ętoęt hors dę' pręsses de l'imprimerie » son traité de la grammaire, se hâte de répondre à Pelletier ; mais il se montre moins flatté de son adhésion, que mécontent de ses critiques.

*Defęnses.* — Le titre porte la petite marque de C. Wechel (Silvestre, n° 1178). — Le volume se termine par la devise : *A vn seul Dieu honeur ę gloęre.*

Meigret répond ici au factum de Guillaume Des Autelz intitulé : *Traité touchant l'ancien ortographe françois contre l'orthographe des meygretistes* (Lyon, 1548, in-8, et 1549, in-16). Des Autelz ne se tint pas pour battu et fit paraître peu de temps après la *Replique* décrite à l'article suivant.

*Le Męnteur.* — Le titre porte la grande marque de C. Wechel dont il est parlé ci-dessus ; le v° du dernier f. est orné de sa petite marque (Silvestre, n° 1178).

Meigret choisit l'opuscule de Lucien pour mettre en pratique ses théories orthographiques. A la fin est la devise : *A vn seul Dieu honeur ę gloęre.*

Ce recueil provient des ventes A.-F. DIDOT (Cat. de 1881, n° 114) et ACHILLE SEILLIÈRE (Cat. de 1890, n° 372). — Le titre de la première pièce porte en outre les signatures de GASP. FROMONT, 1606, et d'ANTHOINE MERCIER, même date.

2572 (320 *b*). REPLIQVE || de Guillaume || des Autelz, || aux furieuses defenses de || Louis Meigret. || ❦ || Auec la Suite du Repos de Lautheur. || *A Lyon,* || *Par Iean de Tournes,*

|| *et Guil. Gazeau.* || M.D.LI [1551]. In-8 de 127 pp., mar. r., fil. et mil. à froid, tr. dor. (*Capé.*)

Au titre, la marque de J. de Tournes (Silvestre, n° 188).

Les pp. 3-5 sont occupées par une épître « A monseigneur, monsieur de Saintantost, president au parlement de Rouen, épître datée « de Montcenys de Bourgongne, ce xx. d'aoust 1550 ».

La *Replique* remplit les pp. 7-74. Nous avons dit à l'article précédent comment Guillaume Des Autelz avait provoqué la colère de Meigret en publiant son *Traité touchant l'ancien orthographe françois*.

Le reste du volume est consacré à *La Suite du repos de plus grand travail*, complément du recueil publié en 1550 (voy. t. I, n° 654). Le poète y chante de nouveau « sa Sainte ». Les personnages dont il cite les noms dans cette seconde partie sont : Pierre Bouchage, « dit noble, son Pyladès par alliance » (p. 75) ; dame Catherine Bernard (p. 100) ; Marguerite Arnaude du Crest Arnault, « son medecin par alliance » (p. 100) ; Pontus de Tyard, « auteur des *Erreurs amoureuses*, son cousin » (p. 101) ; René Chandelier (p. 103). PONTUS DE TYARD répond à Des Autelz par un sonnet *(ibid.).*

---

### III. — POÉSIE.

#### 2. — *Poètes latins.*

2573 (408 *a*). Comte Siméon. HORACE. Traduction en vers. *Paris, Librairie des Bibliophiles, Rue Saint-Honoré*, 338. [*Des presses de D. Jouaust.*] M DCCC LXXIII [1873-1874]. 3 vol. in-8, mar. r., dos et mil. ornés, tr. dor. (*A. Motte.*)

*Tome premier. Odes et Epodes* : xxxij et 431 pp. — *Tome deuxième. Satires et Epitres*, 1874 : 2 ff., 470 pp. et 1 f. — *Tome Troisième. Notes et Commentaires*, 1874 : 3 ff., xiij pp., 1 f. et 459 pp.

Cette traduction, dédiée par le comte Henry Siméon à la mémoire de son grand-père Jérôme Siméon, est ornée de 4 grandes figures, 6 culs-de-lampe et 162 têtes de page, gravés à l'eau-forte par J.-A. *Chauvet.*

Le tome III ne parut qu'après la mort du comte Siméon, enlevé presque subitement le 21 avril 1874.

En tête du tome I est un envoi autographe du traducteur à l'un de ses cousins.

2574 (418 *a*). PONTANI OPERA. || Vrania, siue de Stellis libri quinq;. || Meteororum liber unus. || De Hortis hesperidum libri duo. || Lepidina siue postorales [*sic*] pompæ || septem. Item Meliseus. Mæon Acon. || Hendecasyllaborum libri duo. || Tumulorum liber unus. || Neniæ duodecim. || Epigrammata duodecim. || Quæ uero in toto opere habeantur in Indice, || qui in calce est, licet uidere. — [A la fin :] *Venetiis in œdibus Aldi Ro. mense augusto* M. D. V [1505]. In-8 de 242 ff. non chiffr., car. ital., v. f., fil. et comp. à froid, armes et ornements dor., tr. dor. (*Rel. du XVI<sup>e</sup> siècle.*)

Au titre, une petite ancre que Renouard ne reproduit pas.

Héliog & Imp E Charreyre.

N° 2574 J J PONTANI OPERA.

Au v° du titre est une épître d'Alde « Jo. Collaurio, Caesaris ab epistolis ».

Le volume se divise en deux parties, dont la première se compose de 192 ff., et se termine au f. *xviij* r° par un registre des 29 premiers cahiers et une souscription ainsi conçue : *Venetiis apud Ald. mense* || *Maio. M. D. V.* Cette partie contient :

1° *De Stellis Libri quinque*, « ad Lucium Franciscum filium » (fol. *aij-oiiij*);

2° *Meteororum Liber*, « ad Lucium Franciscum filium » (fol. *ov-si*);

3° *De Hortis Hesperidum, sive de cultu citriorum Libri duo*, « ad illustriss. principem Franciscum Gonsagam, marchionem Mantuae » (fol. *sij-uvij*);

4° *Lepidina, cujus Pompae septem. Collocutores Macron et Lepidina* (fol. *uviij-yvj* v°);

5° *Meliseus, a quo uxoris mors deploratur. Collocutores Ciceriscus et Faburnus, pastores* (fol. *yvj* v°-*zij*);

6° *Maeon. Syncerius et Zephyreus pastores queruntur*... *Sub ipsius autem Maeonis persona Pauli Artaldi medici mors deploratur* (fol. *ziij-ziiij* r°);

7° *Acon. Acon adulescens Napen a se amatam nymphis praefert naiadibus*... *Petasillus et Saliuncus collocutores* (fol. *ziiij* v°-*xviij* v°).

La seconde partie commence au f. *aa* par une épître d'Alde « Suardino Suardo Bergomati ». Elle contient les petites pièces énumérées sur le titre.

Au v° du dernier f. est une nouvelle ancre aldine (Renouard, n° 1).

Giovanni Pontano, dit Jovianus Pontanus, était né en Ombrie au mois de décembre 1426 ; il était mort depuis deux ans quand Alde donna au public un premier recueil de ses poésies. Poète, philosophe, homme politique, il passa presque toute sa vie à Naples, et fut un des hommes qui contribuèrent le plus à y répandre le goût des humanités. En 1495 il avait harangué le roi Charles VIII et lui avait remis les clefs de la ville de Naples. Après le départ des Français, il avait vécu dans la retraite, et Louis XII lui avait offert en vain de le replacer à la tête du gouvernement.

FRANÇOIS Ier s'était peut-être souvenu des services de Pontanus en mettant ce livre dans sa bibliothèque. La reliure de notre exemplaire porte, en effet, les armes et le chiffre du roi (voy. la reproduction ci-contre).

Sur le titre se lit la signature de JEAN-BAPT. MOREL, d'Amiens, avec la date de 1707.

Le volume provient en dernier lieu des bibliothèques de LORD GOSFORD (Cat., 1882, n° 145) et de M. le BARON FRANCHETTI (Cat., 1890, n° 264).

2575 (421 *a*). EPITAPHIA hono- || randi magistri nostri Pe || tri a Cornibus, doctoris theo- || logi ordinis minorum, de fide Christiana optimè || meriti, Latina, Graeca, atq3 Hebraea : edita a cōplu- || ribus orthodoxis & catholicis, ob specialem || qua afficiebantur ad eum reuerentiam, || quibus eius tumulum adornarunt || in ecclesia fratrum mino- || rum Parisien- || sium. || *Excudebat Adamus Saulnier* || *Parisiis*, || 1542. In-8 de 32 ff. non chiffr., sign. *a-e* par 4, *f* par 2, mar. r., fil., dos orné, tr. dor. (*Trautz-Bauzonnet.*)

Pierre de Corne, Cornu, ou de Cornibus, est resté célèbre entre tous les Sorbonistes de son temps, pour la rage avec laquelle il poursuivit les protestants. Il était né à Beaune vers 1480, et il mourut le 21 mai 1542. Rabelais ne lui a pas épargné ses traits satiriques.

Les épitaphes sont au nombre de 48. La première, qui a la forme d'une hymne latine, est signée des initiales F. S. F. ; la 27ᵉ est signée : F. P. G.; la 38ᵉ est signée : JOANNES PETRUS ; la 40ᵉ porte : F. J. M. ; la 42ᵉ : F. J. V.; la 43ᵉ : F. J. A. ; la 44ᵉ : F. Q., et la 46ᵉ : E. J. V. Les 6ᵉ, 12ᵉ et 42ᵉ pièces sont en grec. La 47ᵉ est une complainte française farcie de latin, dont voici un couplet :

> Fault il, helas, *o doctor optime,*
> Que vous perdons *hisce temporibus ?*
> Au grand besoing, *doctor egregie,*
> Vous nous laissez *plenos moeroribus.*
> Helas, helas, *pater a Cornibus,*
> Tant nous est dur *deflere funera !*
> Tant est amer *Parisiensibus*
> Estre privez *tua praesentia !*

Les vers hébraïques annoncés au titre ne se trouvent pas dans le volume.

Exemplaire de M. le MARQUIS DE MORANTE.

2576 (421 *b*). EPITHALAMION || illustrissimi Princi- || pis Caroli Lotharingiæ || Ducis, & D. Claudiæ Henrici Re- || gis Francorum Christianissi- || mi filiæ sereniss. || Ioanne Laurencæo Lotharingo authore. ||

> Ad nouum sponsum. ||
> Te noua sponsa, noui thalami, noua || gaudia, patrem ||
> Esse nouum faciant, sobolem Ioue || dante nouellam. ||

*Parisiis,* || *Ex typographia Oliuarij de Harsy ad Cornu* || *Cerui in Clauso Brunello.* || 1559. In-4 de 12 ff., caract. ital., cart., n. r.

Le poème, qui se termine au f. 9 r°, est suivi de diverses petites pièces du même auteur. L'une de ces pièces contient en acrostiche les mots : *Laurencæus Carolo duci suo salutem.*

Charles II, duc de Lorraine, né le 15 février 1543, n'avait pas encore quinze ans quand il épousa Claude de France, seconde fille de Henri II et de Catherine de Médicis (5 février 1558).

2577 (422 *a*). PVBLII FONTANAE || Academici || Vertumni || Ad Antonium || Martinengum || Sebinus, || In aduentum Henrici tertii Galliarum et || Poloniæ Regis inuictissimi. || *Brixiæ. Apud Iacobum Britannicum.* || M. D. LXXIIII [1574]. || Ex Licentia Superiorum. In-4 de 8 ff. non chiffr. de 27 lignes à la page pleine, sign. *A-B*, cart.

Le titre est orné d'une tête de page et de la marque de *G. Britannico,* marque semblable à celle de l'imprimeur lyonnais *Seb. Gryphius,* et accompagnée de la même devise : *Virtute duce, comite fortuna* (Silvestre, n° 870). Au v° du titre sont quatorze vers adressés à l'auteur par ANDREAS RABIRIUS, et trois distiques de HIEREMIAS FREDUS.

Publio Fontana, né à Palusco (diocèse de Brescia) en 1549, mourut curé de sa ville natale en 1609.

### 3. — *Poètes français.*

B. — Poètes français depuis les origines jusqu'à Villon.

**2578 (439 *a*).** La Fontaine des A- ‖ moureux *Nouuel-* ‖ *lemēt Imprimee a* ‖ *Paris.* v. c. ‖ ❡ *On les vend a Paris en la rue neufue* ‖ *nostre Dame a l'enseigne de* ‖ *lescu de France.* — ❡ *Cy fine la Fontaine des* ‖ *Amoureux Imprimee nouuellement a Paris* ‖ *par Alain Lotrian Demourant en la rue neufue* ‖ *Nostre Dame a lenseigne de lescu de France.* S. *d*. [*v*. 1530], in-4 goth. de 22 ff. non chiffr. de 40 lignes à la page pleine, impr. à 2 col., sign. *A-D* par 4, *E* par 6, mar. bl., fil., dos orné, tr. dor. (*Duru et Chambolle,* 1863.)

Iv.4.156

Au titre, un bois qui représente un château à gauche duquel se tient un personnage à longue robe, tandis qu'une femme occupe la droite. Les banderoles placées au-dessus de ces deux personnages sont restées vides.

Au v° du dernier f., un homme et une dame chevauchant dans une forêt.

*La Fontaine des amoureux* est un poème hermétique composé en 1413, à Montpellier, par Jehan de La Fontaine, de Valenciennes. Ce poème, qui nous a été conservé par plusieurs manuscrits et par d'assez nombreuses éditions, commence ainsi :

> Ce fut au temps du moys de may,
> Qu'on doit fuyr dueil et esmoy....

Dans les manuscrits, l'ouvrage se termine par 7 vers qui nous font connaître à la fois le nom et l'âge de l'auteur, ainsi que la date de la composition et l'indication du lieu où elle fut faite. Dans cette édition, la fin est écourtée ; le discours de dame Nature est brusquement interrompu après ces vers :

> Tu vois icy, bien ordonnée,
> La prison que je t'ay nommée ;
> Par foy je te baille en figure.
> Or t'en souviengne de Nature.

L'imprimeur a supprimé ici 58 vers ; il termine par les suivants :

> L'œuvre se fait par ce moyen
> Et si n'y fault nulle autre rien.
> Selon mon petit lentement [*lis.* sentement]
> Le trouve(ras) veritablement.

*La Fontaine des amoureux* a été réimprimée par les soins de M. Ach. Genty (Paris, Poulet-Malassis et de Broise, 1861, in-16).

Ce qui donne un prix particulier à l'édition que nous décrivons, ce sont les pièces diverses dont le poème est suivi, pièce dont nous donnons ici la liste :

[*Complaincte de Narcisus et d'Echo.*]
> Je ne sçay quel propos tenir,
> Ne comment mon fait maintenir....    (fol. Biij *b*).

*Rondeaux.*
1. Je le veulx bien, et si ne l'ose faire...    (fol. Eij *b*).

Cette pièce figure parmi les poésies attribuées à George Chastellain (éd. Kervyn de Lettenhove, VIII, 313).

2. Je l'ay voulu pour son plaisir parfaire...    (fol. Bij *b*).
3. Je l'ay asleu entre mille et cerchê...    (fol. Eij *c*).
4. Je l'aymeray ; la j'ay mis mon atente...    (fol. Eij *d*).
5. Je l'ayme tant qu'autre bien ne pourchasse...    (fol. Eij *d*).
6. De l'aimer bien j'en ay fait entreprise...    (fol. Biij *e*).

7. De rien aymer n'est pas faict saigement... (fol. Eiij a).
8. Mon amy seul pour qui je vous desplye... (fol. Eiij b).
9. Que je vous ayme vous ne voulez comprendre... (fol. Eiij b).

*Trois cens Rondeaulx singuliers et a tous propos*, n° 176.

10. Fors que t'aymer je n'ay autre lyesse... (fol. Eiij c).
11. De revenir n'as tu plus d'esperance... (fol. Eiij c).

*Trois cens cinquante Rondeaulx*, n° 178.

12. La ou tu peulx je n'ay ny corps ny vaine... (fol. Eiij d).

*Trois cens cinquante Rondeaulx*, n° 210.

13. [Cent] mille foys je te promectz ma foy... (fol. Eiij d).
14. Bonne amour n'a mesure ne compas... (fol. Eiiij a).
15. Du tout, amy, j'ay mon entendement... (fol. Eiiij a).

*Trois cens cinquante Rondeaulx*, n° 189.

16. De toy ou j'ay de tout point mon attente... (fol. Eiiij b).

*Trois cens cinquante Rondeaulx*, n° 191.

17. S'ainsi estoit que j'eusse congnoyssance... (fol. Eiiij b).

*Trois cens cinquante Rondeaulx*, n° 175.

### Ballades.

1. Noble chose est de vivre nettement...
*Refr.* Pour aussy vray que Dieu est moyne gris. (fol. Eiiij c).

2. Dieu mercy, vins sont admenez
Especiallement a Paris...
*Refr.* Tout le monde seroit sauvé. (fol. Eiiij d).

3. Esbatement ne puis trouver
S'en taverne ne suis assis...
*Refr.* Kahu kaha fait on finance.

Voy. Biblioth. nat., ms. fr. 2206, fol. 180.

4. Une haquenée a tout le doré frain...
*Refr.* Ainsi que dyent ceulx qui l'ont chevauchée... (fol. Ev a).

Montaiglon, *Recueil de Poésies françoises*, VIII, 335.

### Rondeaux.

1. Amy, c'est œuvre singuliere... (fol. Ev b).
2. Après chagrin et longue(s) atente... (fol. Ev c).

### Enseignements.

1. De chastier ma vie, c'est bien droyt et raison... (fol. Ev c).
2. Entre les choses de jeunesse... (fol. Ev. d).

### [*Quatrain.*]

Ainsi comme descend la fleur a la rosée... (fol. Ev d).

Voy. sur ce quatrain notre t. I, n° 471, art. 70 (p. 277).

### [*Huitain.*]

Mon volloir estoit de monter... (fol. Ev d).

### Balade.

En mes vieulx jours je ne sçay se (je) radote...
*Refr.* Si peu que c'est, au moins joyeusement. (fol. Ev d).

Exemplaire de M. L. TECHENER (vente de 1889, n° 77).

C. — Poètes français depuis Villon jusqu'à Marot.

2579 (466 a). LE BLASON de faulses amours. — *Ci fine le blason de faulses* || *amours Imprime a Paris p pier-* || *re Leuet. Lan Mil .cccc. lxxxix* [1489]. || *Le .xx. iour de Octobre.* In-4 goth. de 15 ff. non chiffr. et 1 f. blanc, sign. *a-b*, mar. r., fil., dos orné, tr. dor. (*Trautz-Bauzonnet.*)

Le titre porte la marque de *Pierre Levet*; nous en donnons la reproduction :

Le v° du titre est blanc.

Cette édition paraît être la seconde du célèbre poème de GUILLAUME ALEXIS. *Pierre Levet* l'avait imprimé une première fois à la date du 8 novembre 1486. Le titre de départ donne le nom de l'auteur : *Icy cōmence le blason de* || *faulses amours compile* || *par frere Guillaume ale* || *xis prieur de Bury* [sic pour *Bucy*]. Le texte commence ainsi :

> L'ESCUIER
> 
> Ung jour passoie
> Près la saulsoie...

Il se termine par l'acrostiche du poète :

> **G**ueres ne dure
> **V**aine verdure,
> **V**ieuses [*lis.* Joyeuses] flours.
> **L**'esté figure,
> **L**'yver procure
> **T**iltre de plours.
> **A** plaisirs courts
> **L**ongues doulours.
> **E**t ce voyant, je vueil conclure
> **C**e *Blason de faulses amours*,
> **J**ustement monstrent que leurs tours
> **S**ont telz qu'on n'en doit avoir cure.

Il y a une faute au 5e vers ; la seconde lettre devrait être un *e* : GVILLeT ALECIS. Pour corriger cette faute, il suffirait d'intervertir les 4e et 5e vers ; mais le sens serait moins satisfaisant. L'acrostiche n'est relevé ni dans la réimpression de Douxfils (1726), ni dans l'édition absolument fautive donnée par *J. Gay et fils* à *Genève* en 1867, in-16.

Pour le *Contreblason de faulces amours*, dont l'auteur paraît s'être appelé d'Estrées, voy. un article de M. Émile Picot (*Romania*, XIX, 1890, p. 112).

Exemplaire de LEDUC, de J. J. DE BURE (Cat. de 1853, n° 603) et de M. LE BARON DE LA ROCHE LACARELLE (Cat. de 1888, n° 149).

2580 (473 *a*). LE TEMPLE DE MARS. — ⁌ *Sy finist le temple de Mars im* || *prime a lyon. Lan. Mil .ccccc. ℣. ii* [1502]. *Le.* || *xviii iour de desembre.* In-4 goth. de 8 ff. non chiffr., sign. *a*.

Le titre est orné d'un curieux bois dont nous donnons ci-contre la reproduction.

Le même bois est répété au v° du titre. Le v° du dernier f. est blanc.

Les caractères sont ceux de *Martin Havard*, dont nous avons déjà décrit une édition des *Lunettes des princes* de Meschinot (t. I, n° 463), une édition anonyme du *Debat de la dame et de l'escuyer* de Henry Baude (t. I, n° 466) et une édition de *L'Abuzé en court* (t. I, n° 521). Nous décrivons ci-après deux autres impressions du même typographe (n°s 2590, 2627).

Comme nous l'avons déjà remarqué (t. I, n° 472), les éditions séparées du *Temple de Mars* donnent un texte assez différent de celui qui est contenu dans *Les Faictz et Dictz* de 1536. Le texte du recueil est en général plus correct. On en jugera par la première strophe du poème que nous reproduisons d'après *Les Faictz et Dictz* en y joignant les variantes de l'édition de J. Trepperel (A) et celles de l'édition de M. Havard (B) :

> Au temps de duiel, que Mavors le tyrant
> 2 Alloit tirant canons, flesches et dars
> Et mettoit tout a l'espée trenchant,
> 4 Courant, cherchant, cruculx feux allumant,

Cler sang semant dessoubz les estandars,
6 Par ses soudars plains de cautelle et d'ars
Je fus de dars percé, cotte et jaquette :
8 Au malheureux chet souvent la Luschette.

1 *A* Ou temps. — *A* Manors. *B.* Minos. — 2 *B* canons et flesches dars. — 4 *A* Courant, trassant. *B* Courant, trenchant. — *A* cueulx feux. *B* crueux feu. — 5 *A* par soubz les. *B* dessoubz ses. — 6 *A* Par les. — 7 *A* de dars arce. *B* de dars pertie. — 8 *A* chet tousjours. *B* chiet tousjours. — *A* la buquette.

Le temple de mars.

384    SUPPLÉMENT.

2581 (477 a). LE MESSAGIER damours. *S. l. n. d.* [*Lyon, Guillaume Le Roy*?, *v.* 1490], in-4 goth. de 13 ff. non chiffr. de 32 lignes à la page pleine et 1 f. bl. (?), mar. r., fil., dos orné, tr. dor. (*Bauzonnet.*)

Le titre est orné d'un bois que l'on croirait extrait de l'édition du *Champion des dames* attribuée aux presses de *Guillaume Le Roy* (cf. t. I, n<sup>os</sup> 446 et 578), bien qu'il ne s'y trouve pas :

Le messagier damours

Le même bois est répété au v° du titre.
Le texte est imprimé en petits caractères.

Voici les deux premiers vers :

Estant seullet, chantant au coing d'un bois,
En cheminant et faisant plusieurs tours....

Montaiglon et Rothschild, *Recueil de Poësies françoises*, XI, 1-33.

Nous avons dit à l'article 477 que l'acrostiche doit être rectifié, et que le véritable nom de l'auteur est JEHAN PIQUELIN.

De la bibliothèque de M. LE BARON DE LA ROCHE LACARELLE (Cat. de 1888, n° 166).

2582 (477 b). ŒUVRES POÉTIQUES d'Octavien de Sainct Gelays. Ms. in-4 sur vélin de 140 ff., haut. : 249 ; larg. : 162 mm., commencement du XVI° siècle, mar. r., fil., dos orné, tr. dor. (*Anc. rel.*)

Ce volume, élégamment écrit, est orné, au r° du 1ᵉʳ f., d'une miniature, à mi-page, représentant l'auteur assis dans une chaire gothique. Au bas de cette même page sont peintes les armes de RENÉE-CATHERINE DE FERRIÈRES, femme de FRANÇOIS II, SIRE DE PONS.

Voici la liste des pièces contenues dans le recueil. Les titres que nous donnons entre crochets sont empruntés à la table, écrite vers la fin du XVI° siècle, qui termine le volume. Nous y ajoutons autant que possible les dates.

1. [*La Prise et Complaincte d'Arras*, 1477.] (Fol. 1.)

Cette pièce, où la prose alterne avec les vers, commence ainsi :

« Ainsy que j'estoye a mon accoustumé office embesongné, employant mon sens et ma sollicitude a la congnoissance parfonde des choses passées.... »

> Octovien, que diz or, ou que faiz ?
> Pourquoy ne taiz ? De quoy sert ta facunde ?
> . . . . . . . . . . . . . . . . . . . . . . . . . . .
> A tant me tais pour mon dire abreger.

*La Chasse et le Depart d'amours*, éd. de 1509, in-fol., fol. Aij c-Aiiij a.

2. [*Complainte de la Justice et de la Paix sur les desordres de France après la mort du roy Louis xj*, v. 1483.] (Fol. 11.)

> Souvent pensant, et peu executant
> Ma voulenté au gré de son affaire....
> . . . . . . . . . . . . . . . . . . . . . . . . . . .
> Plus ne quiers los en maison terrienne
> A Dieu donoques ; la paix Octovienne !

*La Chasse et le Depart d'amours*, 1509, fol. Aiiij a-Bid.

3. [*Complainte sur la maladie d'Anne de Bretaigne.*] (Fol. 21.)

> Ataint au cueur de playe soucieuse
> Du poignant dart de Rigueur odieuse...
> . . . . . . . . . . . . . . . . . . . . . . . . . . .
> Mon cueur ne peult ; dont du grief et des tors
> J'en appelle, et tous vous y convye.

*La Chasse et le Depart d'amours*, 1509, fol. Bi d-Biij b.

4. [*Resjouissance sur la paix entre l'Espagne, la France, l'Allemagne et l'Angleterre*, 1493.] (Fol. 27.)

> Après qu'Burus, le vent oriental,
> Au gré des dieux et du congé fatal...
> . . . . . . . . . . . . . . . . . . . . . . . . . . .
> Tant que le monde avra durée et cours,
> Et seront crains de toutes aultres cours.

*Ibid.*, fol. Biij b-Biiij c.

5. [*Complainte sur la mort d'une passe route appelée Marguerite.*] (Fol. 31 v°.)

> La nuyt après que la clere bussine
> Mercurienne eust denoncé le signe...
> . . . . . . . . . . . . . . . . . . . . . . . . . . .
> Le regreet qui vous desherite,
> Disant : « C'est pour la Marguerite ».

Pièce mêlée de prose. On y trouve deux rondeaux, dont le second au moins ne doit pas être d'Oct. de Sainct Gelays, savoir :

> Tous nobles cueurs qui mes regrets voiez... (fol. 34.)

*Cent quarante cinq Rondeaux* n° 116. — La même pièce se retrouve ici plus loin, fol. 136 v°.

> Le cueur la suyt, et mon œil la regrete... (fol. 34 v°.)

Cette pièce se retrouve dans les *Poésies de maître Henri Baude*, éd. Quicherat, p. 40, et dans les *Cent quarante cinq Rondeaux*, n° 183.
*La Chasse et le Depart d'amours*, 1509, fol. Biiij c - Bvj a.

6. [*Poème sur les vertus cardinales et leurs vices opposez.*]
Réunion de ballades dont voici les premiers vers et les refrains :

    *a.* L'aucteur des faictz mirables et soubtilz... (fol. 37.)
*Refr.* Aymer honneur et ensuyvre prudence.

    *b.* Tant sont humains varieux et divers... (fol. 37 v°.)
*Refr.* Tous improveuz faillent a leur propoz.

    *c.* Prescience de pensée divine... (fol. 38 v°.)
*Refr.* Justice rend a chascun son loyer.

    *d.* Impunité de vice et saufconduit... (fol. 39 v°.)
*Refr.* Tirannie faict maintz cruelz edictz.

    *e.* Magnanime couraige moderer... (fol. 40 v°.)
*Refr.* Tout est en paix ce que le fort possede.

    *f.* Effeminez, lasches et amolis... (fol. 41 v°.)
*Refr.* Tost deperit pusillanimité.

    *g.* Transquillizés mouvemens engoissiz... (fol. 42 v°.)
*Refr.* Temperance obvie a tout danger.

    *h.* Immoderer le pouvoir de nature... (fol. 43 v°.)
*Refr.* Durer ne peult immoderation.

    *i.* Le los, le pris, le triumphe et l'honneur... (fol 44 v°.)
*Refr.* Magnificence [ou Munificence] faict tout homme valoir.

    *j.* L'impropere et descoy de l'humain... (fol. 45.)
*Refr.* Tenacité cueur virile effemine.

    *k.* Tiltre d'honneur et renom fleurissant... (fol. 46.)
*Refr.* Conscience est vertus moult collaudable.

    *l.* Abhominables, libidineux, infectz... (fol. 47.)
*Refr.* Lubricité tout destruict, tout efface.

    *m.* La deffence, le secours, le ranffort... (fol. 47 v°.)
*Refr.* Cil vainct Fortune qui possede Concorde.

    *n.* Tastez ruynes, forces, combustions... (fol. 48 v°.)
*Refr.* Sedicion destruict gens et pays.

    *o.* Pour meriter les cieux et vie heureuse... (fol. 49.)
*Refr.* Clemence a tous est heureuse et propice.

    *p.* Sort inhumain et rigoreux excès... (fol. 50.)
*Refr.* Severité veult tout mectre a l'espée.

    *q.* Estre docile, a raison soy soubzmectre... (fol. 52.)
*Refr.* Religion mect l'homme en droicte voye.

    *r.* Les penates et petits dieux privez... (fol. 52 v°.)
*Refr.* Ydolatrie l'ire de Dieu encoart.

    *s.* De terrienne et lymonneuse masse... (fol. 53 v°.)
*Refr.* Verité tend a tout obgect parfaire.

    *t.* Zizanies semées hault et bas... (fol. 54 v°.)
*Refr.* Prodicion frape sans deffier.

*La Chasse et le Depart d'amours*, 1509, fol. Bvj a - Ciiij d.

7. [*Complaincte sur la mort de Charles huictieme.*] (Fol. 55 v°.)

    En l'an que Mars eut ployé ses banieres
    Et despouillé ses cruentes manieres...

Cette pièce figure dans *Le Verger d'honneur*, éd. de *Philippe Le Noir*, in-fol. goth., fol. Kiij. Voy. t. I, n° 479.

8. [*Dialogue d'un courtisant et d'un païsant sur la miserable condition des courtisants.*] (Fol. 71.)

    En chevauchant par pays et destours
    Matin levé pour mieux gaigne[r] l'umbrage...

*La Chasse et le Depart d'amours*, 1509, fol. Cv a - Cvj d.

9. [*Resjouissance sur la delivrance de Louis d'Orleans*, 1490.] (Fol. 79.)

>> Ou ciercle d'or, de clarté reluisant,
>> Au point du jour, que Phebus rend lumyere...

10. [*Poëme panegyrisé au roy Charles huictieme*, 1493.] (Fol. 86.)

>> Après que j'eu, ou mirouer d'honneur,
>> Conceu voz faictz et voz œuvres visées...

11. [*Contre l'avarice des puissans qui emportent toutes les graces de la cour...*] (Fol. 96 v°.)

>> L'an que Phebus en son throsne adouré
>> Menoit son char et son curre doré...

12. [*Poëme sur la cour et l'inconstance de la fortune et la vanité des grandeurs.*] (Fol. 102.)

>> J'appelle dieux et toute leur puissance;
>> Sans ce ne peult humaine congnoissance...

Cette pièce se termine par une ballade dont voici le 1er vers :

>> De tous humains suis le plus hault assis...
>> *Refr.* Auctorité aveugle mainctes gens.

13. [*Poëme au commencement duquel il parle de la prise de Constantinople, et puis il s'estend sur son incapacité a escripre des grandes choses et par consequent des actions de Charles VIII.*] (Fol. 105 v°.)

>> Ung jour d'iver, en ce mois de decembre
>> Que le temps est pluvieux et divers...

14. [*Complainte sur la mort de Charles, duc* [lis. comte] *d'Angoulesme.*] (Fol. 109 v°.)

>> Ha, pleume et encre, a quoy ores musez ?
>> A quelz delices voz exploictz amusez...

15. [*Poëme dans lequel est introduit Charles VIII. racontant ses actions et sa mort*, 1498.] (Fol. 128.)

>> Le hault seigneur qui en tous ciecles regne,
>> Quant il luy plaist faire faillir au regne...

16. [*Epithalame sur le mariage de Charles VIII. et d'Anne de Bretaigne*, 1491.] Ballade. (Fol. 129 v°.)

>> Le jour après la nuyt tant tenebreuse,
>> Que Jupiter [a] planté gracieuse...
>> *Refr.* Pour longue vie et generecion.

17. [*L'Esjouissance sur la naissance du nouveau petit comte d'Angoulesme,* [plus tard François Ier], 1494.] Ballade. (Fol. 130 v°.)

>> Gisant envers pour une nuyt obscure,
>> Ou temps que Mars mectoit entente et cure...
>> *Refr.* Custode et garde du pais d'Angoulesme.

18. [*Poëme sur Jesus souffrant.*] Ballade. (Fol. 131 v°.)

>> Voyant souffrir en serville nature
>> Le plasmateur d'humaine creature...
>> *Refr.* Recongnois donc ton createur, o homme.

19. Rondeaux, au nombre de 22.

>> *a.* Plus n'ay d'actente ou bien que j'esperoye...

*Trois cent cinquante Rondeaux,* n° 153.

>> *b.* Loing de sa joye et près de sa rigueur...
>> *c.* Ouvrez, Romains, ouvrez vos basiliques... (fol. 133 v°.)

  *d.* Tous les plaisirs que la terre supporte... (fol. 134.)
  *e.* La perdrons nous sans jamais la revoir...
  *f.* Je la veux tant et ne la puis avoir... (fol. 134 v°.)
  *g.* Vous veoir souvent me seroit ung plaisir... (fol. 135.)
  *h.* Tristes regretz en peine languissante... (fol. 135 v°.)
  *i.* L'on n'en fait plus que par douzaines...
  *j.* A la caille je me tiens et m'arreste... (fol. 136.)
  *k.* Tous nobles cueurs qui mes regretz voiez... (fol. 136 v°.)

Voy. ci-dessus, art. 5, fol. 34 *v°.*

  *l.* Plus qu'autre roy puissant et magnanime...
  *m.* C'est a bon droit si chascun la regrette... (fol. 137.)
  *n.* *Flos roseus, decus vergineum...* (fol. 137 v°.)
   Rondeau latin.
  *o.* Après les jours de dure destinée...
  *p.* Mieulx me seroit ne l'avoir oncques veue... (fol. 138.)

*Cent quarante cinq Rondeaux,* n° 68.

  *q.* De tous les roys colloques en croniques... (fol. 138 v°.)
  *r.* Sans vostre aide ne puis mectre a effect... (fol. 139.)
  *s.* Tous deux ensemble, deux cueurs en ung lieu...
  *t.* Les plus grans regretz qu'on peult faire... (fol. 139 v°.)
  *u.* Ce faict ennuy, meslé de doubte et craincte... (fol. 140.)
  *v.* Puis qu'estes tant de grart valeur pourveue... (fol. 140 v°.)

  Octavien de Saint-Gelais jouit de son vivant d'une grande réputation comme poète ; aussi, après sa mort arrivée en 1502, certains libraires peu scrupuleux firent-ils paraître sous son nom des compilations auxquelles il n'avait eu presque aucune part. *Antoine Vérard,* qui l'avait rendu en partie responsable des bizarres compositions d'André de La Vigne, en désignant l'évêque d'Angoulême comme un des auteurs du *Vergier d'honneur* (voy. t. I, n° 479), mêla au recueil de ses œuvres la plupart des poésies de Charles d'Orléans dans le grand volume intitulé *La Chasse et le Depart d'amours* (Paris, 1509, in-fol.). Voy. un article de M. Piaget dans la *Romania,* XXI, 1892, pp. 581-596.

  Comme on le constate dans notre notice, le manuscrit contient bon nombre de pièces que Vérard n'a pas imprimées. On devra rapprocher ce volume d'un recueil, moins complet, de la Bibliothèque nationale (Nouv. Acq. franç., n° 1158).

  Ce volume provient de la bibliothèque du duc de HAMILTON (Cat. de 1889, n° 586). Le rédacteur du Catalogue dit à tort que les armes peintes au 1ᵉʳ f. sont les armes de Béthune.

  La dame pour qui le volume a été exécuté, RENÉE-CATHERINE DE FERRIÈRES, était femme de FRANÇOIS II, SIRE DE PONS. Elle fut la mère d'Antoine de Pons, qui épousa, en 1533, cette Anne de Parthenay L'Archevêque dont Marot a si fort vanté l'esprit et la science (éd. Guiffrey, II, 212 ; III, 313).

  Les armes de Ferrières sont de gueules à un écusson d'hermines en abîme, accompagné d'une orle de fers à cheval d'or. Les armes de Pons, qui sont ici réunies à celles de Ferrières, sont d'argent à la fasce bandée d'or et de gueules.

2583 (503 *a*). LES REGNARS TRAVERSANT || les perilleuses voye⁸ des || folles fiances du mõde || Composees par Sebastien brand / lequel composa la nef des folz || derrenierement Imprimee a Paris Et aultres plusieurs choses || composees Par autres facteurs. — ❡ *Cy finist le liure des renars tra-*||*uer-*|| *sant les voyes perilleuses des folles fiã*||*ces du*

*mōde ; imprime a paris pour an-* ‖ *thoine verard. S. d.*
[1504], in-fol. goth. de 138 ff. non chiffr. de 42 lignes à la
page, impr. à 2 col., sign. *a-g*, réglé, mar. r., fil., dent., dos
orné, tr. dor. (*Anc. rel.*)

Les trois premières lignes du titre sont imprimées en xylographie.

Au v° du titre sont 14 distiques de SEBASTIAN BRAND « de vulpe ». Comme le remarque Brunet (I, 1153), c'est la seule chose composée par Brand qu'il y ait dans tout le volume. *Les Regnars* sont, en effet, le premier ouvrage de JEHAN BOUCHET, qui dit au début :

> Jeune suys et n'ay pas des ans trente,
> Non vingt et huyt.

Il était né au commencement de 1476 ; on voit donc que le livre a dû être composé en 1503. Bouchet cite lui-même (fol. *nj b*) la date du 22 mars 1502, c'est-à-dire 1503, n. s.

La supercherie de Vérard, substituant au nom de Bouchet celui de Brand, montre de quelle popularité jouissait alors la satire de l'auteur alsacien ; mais elle porta un rude coup à l'ambition naissante du poète poitevin. Dans une épître écrite bien des années plus tard, Bouchet se plaint amèrement du procédé du libraire parisien et nous apprend qu'il le poursuivit en justice (*Epistres morales et familieres du Traverseur*, 1545, 2ᵉ partie, fol. 47, ép. XI). Il ne se borna pas à une action judiciaire. Pour bien constater ses droits d'auteur, il s'affubla d'un nom nouveau, et se fit appeler toute sa vie « le Traverseur des voyes perilleuses », ou simplement « le Traverseur ».

Comme plusieurs autres compositions du même auteur, *Les Regnars* sont écrits en vers et en prose. Il nous suffit de renvoyer à l'analyse que l'abbé Goujet en a donnée (*Bibliothèque françoise*, XI, 254). Par suite des suppressions pratiquées par Vérard dans la prose de l'auteur, l'ouvrage est assez court. Il n'occupe en réalité que les ff. signés *aij-fij*, c'est-à-dire 31 ff. en tout. Il se termine par une *Exhortacion ou par les premieres lettres des lignes trouverez le nom de l'acteur de ce present livre et le lieu de sa nativité*. Cet acrostiche, que le libraire a naïvement respecté, contient, en effet, les mots : JEHAN BOUCHET, NATIF DE POICTIERS.

Le reste du volume est occupé par les « choses d'un autre art », auxquelles le poète fait allusion dans son épître. Nous allons les faire connaître en détail :

1. *La Complaincte d'ung damné.*

Cette pièce ne porte aucun titre dans l'imprimé ; elle est accompagnée seulement d'un très beau bois représentant les peines de l'enfer. Le titre que nous lui donnons est emprunté à un manuscrit de la Bibliothèque nationale (franç. 2305, fol. 27). Voici les premiers vers :

> Gens endormiz en pechez tant infaitz,
> Souillez, puans, vilains et contrefaits...

*La Complaincte d'ung damné* paraît être l'œuvre d'un poète qui signait « Le Douloureux » ; tel est du moins le nom qui accompagne les deux premières pièces du recueil manuscrit qui nous l'a conservée.

2. *Balade de pertinacité* (éd. de Vérard, fol. *fv* b).

> Nous disons bien que Dieu nous a tous faitz...
> *Refr.* Mais gouverner ne nous voulons par luy.

Cette ballade se retrouve dans un manuscrit de la Bibliothèque nationale (fr. 2206, fol. 98) ; mais elle y a probablement été transcrite d'après un des ouvrages de Bouchet. En effet, celui-ci l'a reproduite dans ses *Opuscules* (voy. t. I, n° 508), fol. *Hij* b, et dans ses *Genealogies* (voy. t. I, n° 510), fol. 106 b.

3. Traité en prose et en vers sur la vanité des arts libéraux et des arts mécaniques (éd. de Vérard, fol. *fv* c).

### PROLOGUE

« En ung lict de infirmité pensant a par moy la variableté des choses violentes, la ou riens n'y a permanent.... »

### AUTRE PROLOGUE

Comme songeant et non en songe,
Estant en mon lict me trouvé...

Il n'est pas sûr que cette pièce soit de Bouchet, bien qu'elle soit assez dans sa manière : Il n'en a rien reproduit dans ses autres ouvrages, et il a cependant traité dans ses *Epistres morales* des sujets tout à fait analogues.

4. *Des vices et des vertus* (éd. de Vérard, fol. *i iij* c).

Réunion de ballades reliées entre elles par des additions en vers octosyllabiques :

*a.* Gens orgueilleux, qui estes tant pervers...
*Refr.* Car a la fin orgueil deçoit son maistre.

*b.* Esbahy suis de vous, gens inhumains...
*Refr.* Car de tous maulx avarice est la rix.

*c.* Peuple paré et farcy de paresse...
*Refr.* Du temps perdu il fauldra compte rendre.

*d.* De l'envieux vueil parler, qui s'applicque...
*Refr.* Mais telles gens doit on faire mourir.

*e.* Parler nous fault aussi du peché d'yre...
*Refr.* Dont vous fauldra plusieurs maulx endurer.

*f.* Gens excessifz, qui tant aymez vitaille...
*Refr.* Deux paradis vous ne pouez avoir.

*g.* Et que dirons de vous, luxurieux ?
*Refr.* Tel a beaulx yeulx qui souvent ne voit goute.

Ces sept ballades se retrouvent dans le ms. franç. 2306, fol. 20. Elles y sont placées dans l'ordre suivant : *a b g d e f c*.

Le manuscrit ne contient point les vers qui relient les ballades les unes aux autres.

5. *Des estatz du monde* (éd. de Vérard, fol. *kiij* d).

Ce poème est précédé de deux ballades, savoir :

*a.* Ou pensez vous, miserables mondains...
*Refr.* Quant de vos maulx vous fauldra rendre compte.

Dans le ms. fr. 2307, où nous rencontrons cette ballade (fol. 55), elle commence ainsi :

Ou sont vos yeulx, miserables mondains...

*b.* C'est grant pitié de ce monde fragille...
*Refr.* Paine, travail et molestacions.

Bouchet a reproduit cette dernière pièce dans ses *Opuscules*, fol. *liij* v°, et dans ses *Genealogies*, fol. 112 v°.

Le poème commence ainsi :

Les vices generallement
Avons aucun petit touché
Et monstré comparablement
Que soy fier totalement
Mieulx vaut en vertu qu'en peché...

Ces vers sont probablement de Bouchet, bien que nous n'en ayons pas la certitude ; ils sont suivis d'une ballade :

Je n'en dy plus ; mais, pour conclusion...
*Refr.* Espoir en Dieu et fiance totalle.

Jehan Bouchet a reproduit cette dernière pièce dans ses *Opuscules*, fol. *Hij* b, et dans ses *Genealogies*, fol. 106 v°.

6. [*La Complainte douloureuse de l'ame damnée*] (éd. de Vérard, fol. *mi* a).

> Helas, helas, et plus que helas !
> Se mille fois disoye helas,
> Ne me pourroye assez plaindre...

Cette complainte, qui semble appartenir au milieu du XV° siècle, nous a été conservée par divers manuscrits ( voy. notamment Biblioth. nat., franç. 1181, fol. 121, et franç. 1467, fol. 301 ; Biblioth. roy. de Bruxelles, 9300) ; il en existe un assez grand nombre d'éditions séparées (voy. Brunet, II, 198 ; Cat. Bancel, 1882, n° 260, et Cat. Rothschild, I, n° 539) ; enfin elle a été réimprimée par M. de Montaiglon (*Recueil de Poësies franç.*, VII, 91).

7. [*Petit Dialogue entre Dieu et le Diable*] (éd. de Vérard, fol. *mv* d).

> Dieu parle et dit :
> Je t'ay creé, (et) regeneré
> Et de mon sang t'ay rachapté...

On trouve ce dialogue dans les éditions du XV° siècle à la suite de *La Complainte douloureuse de l'ame dampnée* (voy. Montaiglon, VII, 116). L'éditeur de la *Complainte* y a joint une tirade qui se termine par l'acrostiche Rouge Belot. Cette tirade manque naturellement ici.

8. *Ballade des abuz du monde* (éd. de Vérard, fol. *mvj* a).

> Je m'esbahys comment souffre la terre...
> *Refr.* Des grans abuz que l'on fait en ce monde.

Cette ballade est encore une de celles que Bouchet a reproduite dans ses *Opuscules*, fol. *Hij* v°, et dans ses *Genealogies*, fol. 105 b.

9. (Fol. *mvj* d) [*Ung Enseignement moult piteux.*]

Cette pièce, qui compte plus de 5500 vers, est la reproduction pure et simple d'un ouvrage du XIV° siècle, que nous trouvons dans un manuscrit de la Bibliothèque nationale (franç. 1578). Le compilateur de 1503 n'y a fait que deux changements importants : il a changé au vers 19 la date de 1366 en 1502, et il a supprimé à la fin deux vers qui contenaient le nom de l'auteur, JEHAN DE REMIN. Il a d'ailleurs conservé avec soin, non seulement le texte français, mais toutes les citations latines qui accompagnent le poème. Ces citations forment, dans l'imprimé comme dans le manuscrit, une seconde colonne placée en regard des vers.

Voici le début du poème :

> Pour eschever impacience
> Qui monstre que homs n'a pas science,
> Car l'homme n'est pas dit scient
> Qui est trouvé impacient....

Voy., pour de plus amples détails, l'article publié par le rédacteur du présent Catalogue dans la *Romania*, XXII (1893), pp. 244-254.

Verard a joint au texte du volume un grand nombre de bois, dont la plupart ont été gravés spécialement pour le livre.

Cet exemplaire, qui paraît être en GRAND PAPIER, porte au titre et au v° du f. *cij* la signature de JEAN DE LENONCQURT, abbé d'Essommes, frère du cardinal, et célèbre ligueur (voy. Anselme, II, 59).

Le volume est orné de l'ex libris de GIRARDOT DE PRÉFOND (Cat., 1757, n° 722). Il a passé ensuite dans les collections de LOUIS-JEAN GAIGNAT (Cat., 1769, n° 1841), du BARON D'HEISS (Cat., 1785, n° 299), de MAC CARTHY (Cat. de 1815, n° 2857), de R. HEBER (Cat. IV, 1834, n° 611 ), de BECKFORD *(The Hamilton Palace Library,* 1882, n° 1122).

2584 (511 a). Le couronnement du || roy Francois premier de ce nom || voyage ⁊ conque- || ste de la duche de millan / victoire et repulsion des || exurpateurs dicelle auec plusie's singularitez des eglises / cou || uens / villes / chasteaulx et fortteresses [sic] dicelle duche Fais lan || mil cinq cēs et quinze / cueillies ⁊ rediges [sic] p̄ le moyne sās froc. || ☙ Cum priuilegio regis. || ☙ *Ilz se vendent chez Gilles couteau demourant en la* || *rue des petis champs pres sainct Iulien Ou au palais.* — ☙ *Cy finissent les couronnement du roy Francois / con* || *queste de la duche de millan / victoire ⁊ repulsiō des exurpa* || *teurs dicelle auec plusieurs singularitez des eglises / cou* || *uens / villes / chasteaulx ⁊ forteresses dicelle duche Cueil* || *lies et redigees par le moyne sans froc / lors portier ordi-* || *naire dud' seigneur En lan ⁊ regne cōtenu au principe ⁊ in* || *titulatiō de ce present traicte Et a este acheue de imprimer* || *le .xx*e*. iour de septembre Mil cinq cens et vingt* [1520] *Pour* || *Gilles couteau imprimeur demourāt a Paris en la rue* || *es* [sic] *petis champs pres la chappelle sainct Iulien.* In-4 goth. de 104 ff. de 29 lignes à la page, sign. *a* par 4, *b-n* par 8, *o* par 4, mar. bl., fil., comp., dos orné, tr. dor. (*Ducastin.*)

Le titre porte la marque de *Gilles Couteau* (Silvestre, n° 11).
Au v° du titre est le texte du privilège accordé pour quatre ans au « moyne sans froc », le 3 août 1519.

Pasquier Le Moyne, qui n'a signé cet ouvrage que de son surnom, venait de publier un autre poëme intitulé *L'Ardant Miroir de grace* (Paris, Gilles Couteau, 1519, in-8), en tête duquel il se nomme « le Riche de povreté ». Le *Couronnement* est écrit en prose et en vers. Ce qui lui donne un grand intérêt, c'est que l'auteur avait été lui-même témoin des événements qu'il décrit. Il avait passé les monts en 1515 et avait assisté à la bataille de Marignan. Il a dans son livre interverti l'ordre chronologique. Il décrit d'abord le sacre du roi (c'est de beaucoup la partie la moins curieuse du volume) :

Tout perturbé de sens et de propos,
Près de travail et loingtain de repos...

Le récit de la campagne d'Italie commence au f. cv v° de la manière suivante:

L'an mil cinq cens et quinze advint
Qu'au bon roy François il souvint...

D. — Poésies anonymes du XV<sup>e</sup> siècle et de la première moitié du XVI<sup>e</sup>.

2585 (531 a). Le conseil || des oiseaux. — *Explicit.* S. l. n. d. [*Paris, v.* 1500], in-4 goth. de 4 ff. dont la page contient

4 strophes, sign. *a*, mar. v., dos et mil. ornés, tr. dor.
(*Trautz-Bauzonnet.*)

L'édition n'a qu'un simple titre de départ. Voici le fac-simile de la 1ʳᵉ page :

## Le conseil des oiseaux

### Le roy

Messieurs trestous ie vous mãdᵉ
Et a chescuŋ conseil demande
Seigneurs vueilles moy cõseiller
Pour moŋ estat bieŋ gouuerner
Ma terre q̃ est asses grande

### Laigle gentil dist

En armes soyes bieŋ hardiz
Et courtois eŋ fais et eŋ dis
Du tieŋ donne liberalement
Soye iuste eŋ toŋ iugement
Ainsy auras honneur et pris

### Le Boustour vilaiŋ

Puis que tu as grãt seingnourie
Ne chaille q̃ brayc ne q̃ crie
Ne fais forse q̃ aye deffault
Premierement penser te fault
Que ta panse soit bieŋ garnie

### Le faucoŋ

a

*Le Conseil des oiseaux* ne doit pas être confondu avec *Les Dictz des oyseaulx* (t. I, n° 552). Ici les oiseaux au nombre de 24 (l'aigle, le voultour, le faucon, le corbeau, l'austour, le duc, la lanière, le ratier, l'esprivier, la corneille, le rossignol, le venterel, la lavette, l'espic, le papegay, le cocut, le coulon, la chouete, la toterelle, le passerat, le faisant, le pupe, le chardonnerel, l'agasse) sont réunis auprès du roi et lui donnent tour à tour un conseil conforme à leur caractère. Les uns le poussent au mal, les autres au bien. Les oiseaux sont placés dans un ordre qui a permis de faire alterner les bons et les mauvais conseils.

Pour d'autres *Ditz des oyseaulx*, voy. ci-dessus, n° 2562, art. 48.

Exemplaire de M. le BARON DE LA ROCHE LACARELLE (Cat. de 1888, n° 158).

2586 (543 *a*). LE DE- ‖ BAT de lōme ‖ mondain et du Religieux. — *Cy fine le debat de lōme* ‖ *mondain et du religieux.* S. l. n. d. [*Lyon, vers* 1500], in-4 goth. de 10 ff. non chiffr. de 30 lignes à la page pleine, sign. *a*, mar. bl., dos et mil. ornés, tr. dor. (*Trautz-Bauzonnet.*)

Le titre, dont nous donnons ci-contre la reproduction, porte la marque de *Pierre Mareschal* et *Bernabé Chaussard*.

Le v° du titre est blanc.

Cette pièce est le contre-pied du *Dyalogue du Mondain et du Celestin* (voy. t. I, n° 547); elle conclut en faveur du religieux, et, cette conclusion étant plus conforme aux idées du temps, on peut croire que le *Debat* est antérieur au *Dyalogue*.

Le poème, dont il existe plusieurs manuscrits et plusieurs éditions, commence ainsi :

L'OMME MONDAIN
Mon compaignon, que veulx tu faire
De te rendre religieux ?...

Montaiglon et Rothschild, *Recueil de Poësies françoises*, XIII, 193-218.

On peut rapprocher du *Debat* une composition du XVII° siècle intitulée : *Dialogue entre deux amis, dont l'un étoit séculier et l'autre s'étoit fait moine depuis peu* (*Recueil de pieces curieuses*; La Haye, Moetjens, 1694, pet. in-12, I, 355-371).

De la bibliothèque de M. le BARON DE LA ROCHE LACARELLE (Cat. de 1888, n° 161).

2587 (543 *b*). LE ‖ DEBAT des deux bons ‖ Seruiteurs. — ¶ *Cy finist le debat des deux bons seruiteurs.* S. l. n. d. [*Paris, vers* 1490], in-4 goth. de 12 ff. non chiffr. de 30 lignes à la page pleine, sign. *a-b* par 6, mar. r. jans., tr. dor. (*Thibaron et Joly.*)

Le titre est orné du grand L grotesque qui décore le titre du *Grand Testament de Villon* (t. I, n° 450). Cette initiale appartient à l'imprimeur parisien

Le debat de lôme mondain et du Religieux.

*Estienne Jehannot*; elle figure sur le titre d'une édition de *L'Oreloge de devocion* de Jehan Quentin, édition signée de ce typographe. (Cat. Lacarelle, 1888, n° 53).

Le texte commence ainsi :

Ung jour passé, n'a mie encor ung mois,
A ung matin, comme je chevauchoys...

2588 (543 c). Le debat du vieulx et du || ieune || Nouuellement faict. — ℂ *Explicit le debat du vieulx et* || *du ieune nouuellement faict*. S. l. n. d. [*Paris, v.* 1500], in-4 goth. de 6 ff. non chiffr. de 34 lignes à la page pleine, sign. *a*, mar. r. jans., tr. dor. (*Trautz-Bauzonnet*.)

Le titre est orné d'un bois dont voici la reproduction :

# Le debat du vieulx et du ieune
### Nouuellement faict

Le même bois se retrouve au v° du titre.

Le *Debat*, qu'il ne faut pas confondre avec la pièce composée sous le même titre par Blosseville, commence ainsi :

> Je suis le povre vieulx cassé
> D'amours, pour servir longuement...

Voy. Montaiglon, *Recueil de Poësies françoises*, VII, 211-224.

Exemplaire de M. le BARON DE LA ROCHE LACARELLE (Cat. de 1888, n° 162).

**2589** (544 a). La Deffence contre les Emulateurs ennemys et mesdisans de France || Consolation et bon zele des trois estatz. || ☙ Cum priuilegio. *S. l. n. d.* [Paris, 1523], in-4 goth. de 6 ff. dont la page la plus pleine a 29 lignes, mar. r., fil., coins et dos ornés, tr. dor. (*Lebrun.*)

Le titre est orné d'un bois qui représente une reine assise sur son trône, son sceptre à la main, ayant près d'elle ses grands officiers.

Au v° du titre est un bois gravé en 1510 pour *La Victoire du roy contre les Veniciens*, de Claude de Seyssel (nous en donnons la reproduction sous le n° 3653).

Le poème, qui répond à divers pamphlets satiriques composés vers 1522, paraît avoir été écrit au commencement de l'année 1523. Il commence ainsi :

FRANCE
France je suis qu'aulcuns dyent esperdue,
Presque perdue et pillée a oultrance...

A la fin est la devise : *Trop ne peu.*

Cette édition doit être antérieure à celle qu'ont réimprimée MM. de Montaiglon et de Rothschild (*Recueil de Poësies françoises*, XII, 238-271). La devise manque au petit livret qu'ils ont reproduit.

Exemplaire de M. G. Chartener (Cat., 1885, n° 253).

**2590** (548 a). Le discord des troys || cheualiers. || ☙ Le chevalier large. ☙ Le cheualier preux. || ☙ Le cheualier voiageur. — ☙ *Cy fine le discord* || *des troys cheualiers.* *S. l. n. d.* [Lyon, v. 1495], in-4 goth. de 20 ff. non chiffr. de 32 lignes à la page pleine, sign. *a-e.*

Le titre, dont la disposition est particulière, est reproduit ci-après.

Les bois et les caractères sont ceux de l'imprimeur lyonnais *Martin Havard.* Voy. les n°° 463, 466, 521, 2580, 2625.

Le bois du chevalier preux passa plus tard dans l'officine de *Jacques Moderne*; on le retrouve à la fin d'une édition de *La Complaincte du nouveau marie* (voy. t. I, n° 585).

Le v° du titre est blanc.

Le f. *a ij* contient une épître, en tête de laquelle on lit : « Ou temps de la perplexité du royaulme de France, a la contemplation et commandement de sire Jehan Narso, pour lors tresorier de par le roy en son pays de Languedoc, tant des guerres comme de toutes autres finances, fut fait et compilé ce petit livret.

« Puis qu'i te plaist, mon doulz seigneur », dit le poète « que peine et diligence ou temps de ma vieillesse soient en moy, laquelle chose est non usée en celuy aage, je guerpiray paresse, estrangeray negligence et humblement de mon pouoir accompliray le commandement que tu m'as fait.... Car tu m'as commandé que je te voulsisse des[cri]pre en honneste et aussi en brief langaige ung conte et ung estrif de troys chevaliers entendens de chevalerie en troys manieres. L'ung se disoit estre large et abandonné de tous ses biens ; l'autre, preux et hardy, bien bataillant ; et le tiers se disoit avoir visité plusieurs royaulmes et maintes regions estranges, et faites si grans ambaxaderies que par luy estoient entrevenues tresgrans et belles

## Le discord des trops cheualiers, ioignent.

**Le cheualier large.** **Le cheualier preup.**

aliances entre plusieurs princes crestiens.... Ce fut en ma jeunesse, et viel suis devenu ; memoire c'est de moy esloignée, et pesanteur et hebetation d'engin me tiennent compagnie ; non obstant laquelle chose, pour satisfaire a ma promesse, je escripray.... »

Le poème commence ainsi (fol. *aiij*) :

> Ung bien matin qu'oisillons s'esveilloient
> Et en chanter forment se delitoient,
> Delez ung bois, près d'une marechere,
> Troys chevaliers parlans a lye chere
> Trouvay, et puis les entendi....

Le chevalier preux, qui ne rêve que batailles, le chevalier voyageur, qui a fait le pèlerinage de Palestine et ne se plaît qu'aux expéditions lointaines et aux ambassades, enfin le chevalier large, qui aime à recevoir et à traiter ses amis, exposent successivement leurs mérites et revendiquent chacun le premier rang. Le poète, pris pour arbitre, se récuse et en appelle au jugement de la duchesse de Bourgogne. Celle-ci examine la cause et donne finalement raison au chevalier voyageur. Le poème se termine ainsi :

> Soiez tous bons amys feaulx,
> Sans a nul estre desloyaulx :
> Orde chose est et villenie
> Debat entre chevalerie.
> Je prie a Dieu, le roy des roys,
> Qu'il vous maintiegne trestous troys
> En joye et [en] prosperité,
> Affin, quant serez incité
> A departir l'ame du corps,
> Dieu soit de vous misericors.
>                 *Amen.*

Le texte est orné de six figures en bois, dont quatre ne sont que des répétitions de celles du titre.

Le v° du dernier f. est blanc.

Le poème que nous venons d'analyser rapidement soulève diverses questions que nous ne sommes pas en état de résoudre actuellement. Le nom du personnage à qui le livre est dédié, Jehan Narso, est vraisemblablement altéré. M. Spon, qui s'occupe de recherches historiques sur les finances du Languedoc au XV° siècle, nous dit ne connaître aucun personnage appelé Narso. D'autre part, la charge de trésorier des guerres en Languedoc fut supprimée en 1439, et le seul titulaire de cette charge qui ait porté le nom de Jehan « ou temps de la perplexité du royaulme de France » est Jehan Saume, qui, de 1425 à 1428, est qualifié « receveur general de toutes finances et tresorier des guerres au pays de Languedoc ». Voy. Devic et Vaissète, *Histoire générale de Languedoc*, nouv. éd., X, col. 2059, 2065, et Biblioth. nat., Cabinet des titres, vol. 2667, dossier 59314.

L'époque où Jehan Seaume remplissait les fonctions de trésorier de Languedoc conviendrait on ne peut mieux pour y placer le débat. Guillebert de Lannoy était revenu en 1423 de ses longs et aventureux voyages ; et c'est probablement à lui que le poète donne la palme sous le nom de « chevalier voyageur ». Dans ce cas, la duchesse de Bourgogne devrait être identifiée avec Bonne d'Artois, seconde femme de Philippe le Bon. Cette princesse, qui, au dire de Jehan Le Fèvre, seigneur de Saint-Remy *(Chroniques*, éd. Morand, II, 90), « n'estoit pas nommée Bonne sans cause, car de mieulx renommée de bonté n'avoit point au royaulme », s'était mariée en 1424 ; elle mourut l'année suivante. Ce ne fut qu'en 1429 que Philippe contracta une troisième union avec Isabelle de Portugal.

La scène du débat se plaçant vers 1425, mais le poème n'ayant été écrit que beaucoup plus tard, on peut admettre qu'il aura été composé vers 1450 ou 1460.

**2591** (563 *a*). Evvre nouuellemēt ‖ translatee de Italienne rime : en rime ‖ francoyse contenant laduenement du ‖ trescrestien Roy de france Loys .xij. de ‖ ce nom a Millan : ꝯ sa triumphante en ‖ tree audit millan auec grande cōpaignie de noblesse ‖ estant auec luy. Et de la dolente prinse de Riuolte ‖ sur les venitiens. Aussy cōment il a vaincu ꝯ rue ius ‖ larmee venitiēne : ꝯ prins prisonnier le seigneur Bar ‖ tholomy Dauigliano. Et cōment il fut mene a mil ‖ lan : et de la ioye desditz millānoys et autres : de ladi ‖ te victoire nouuellemēt audit trescrestien et illustre ‖ Roy donnee. — ⁋ *Ce present liure nouuellement comme dessus est* ‖ *dict trāslatz ditalien : en rime francoyse : a este soubz* ‖ *conge et licence Imprime à Lyon le .ix. iour de iuing* ‖ *Lan mil cincq cens et neuf* [1509]. In-4 goth. de 8 ff. non chiffr. de 31 lignes à la page pleine, impr. en lettres de forme, sign. *a*, mar. bl. jans., tr. dor. (*Trautz-Bauzonnet.*)

Le titre, reproduit d'autre part, est orné d'un bois qui représente un roi chevauchant à la tête de son armée.

On lit au v° du titre :

C'est l'Oraison des Lyonnoys
Ou des vers a six vingtz et troys.

Ouvrez vos yeulx, mere du Createur,
Donnez bon heur au peuple lyonnoys;
Royne des cieulx, monstrés vostre doulx cueur;
Au roy vainqueur secourés ceste foys :
Donnés honneur a Loys de Valoys
Par dessus tous, et le faictes victeur.
Au bon Seigneur faictes valoir Françoys;
Mandés secours par vostre grant doulceur.

L'intitulé même indique que ces vers sont un simple fragment. Au-dessous de l'oraison est placé un bois représentant une bataille.

Le poème proprement dit commence au f. *aij* ; il se compose d'un quatrain initial et de 58 huitains ; en voici le début :

Vive le hault roy Trescrestien,
De France portant la coronne,
Qui est venu en sa personne
Contre l'effort venitien.

C'est le roy Trescrestien et juste,
Ferme pilier de nostre foy,
En ce monde ung autre Auguste,
Clerement chascun l'aperçoy,
Qui est, a ferme pied et coy,
Venu avec sa baronnie
Venitiens reduire a soy
Et rabeisser leur seigneurie.

Il nous a été impossible de retrouver le poème italien sur lequel la pièce française a pu être traduite. Le rédacteur du catalogue Destailleur pense que le traducteur pourrait bien être Symphorien Champier.

Exemplaire de M. Benzon (Cat., 1875, n° 382), de M. le baron de La Roche Lacarelle, de M. Ruggieri (Cat. de 1885, n° 67) et de M. H. Destailleur (Cat. de 1890, n° 197).

**Œuvre nouuellemēt** translatee de Italienne rime: en rime francoyse contenant laduenement du trescrestien Roy de france Loys. xij. de ce nom a Millan: z la triumphante entree audit millan auec grande cōpaignie de noblesse estant auec luy. Et de la dolente prinse de Riuolte sur les venitiens. Aussy cōment il a vaincu z rue ius larmee venitiēne: z prins prisonnier le seigneur Bartholomy Dauigliano. Et cōment il fut mene a millan: et de la ioye desditz millānoys et autres: De ladite victoire nouuellemēt audit trescrestien et illustre Roy donnee.

**2592** (585 *a*). La reformatiõ || Des dames de Paris : faicte par les da- || mes de Lyon. — ❡ *Cy finist la reformation des dames* || *de Paris faicte par les Lyonnoyses.* S. l. n. d., pet. in-8 goth. de 4 ff. de 27 lignes à la page pleine, impr. en lettres de forme, sans sign. — Sensvyt la re- || plicqve faicte par les dames de || Paris : contre celles de Lyon. — ❡ *Finis.* S. l. n. d., pet. in-8 goth. dont la page la plus pleine a 20 lignes, sign. *a*. — Ensemble 2 part. en un vol. pet. in-8, mar. citr., dos et mil. ornés. (*Trautz-Bauzonnet*.)

*Reformation.* — Voici la reproduction du titre :

Le texte, imprimé en lettres de forme, commence, au v° même du titre, de la manière suivante :

    Dedans Lyon, ou femmes sont famées
    Et renommées par leur charivarys,
    Fut ordonné que celles de Paris
    Seroient du tout par elles reformées.

    Pour reformer voz estas tant divers,
    De maulx couvers, notez ce qui s'ensuit...

Dans une édition reproduite par Silvestre (*Poesies des XV*e *et XVI*e *siècles*, 1830-1832, in-8, n° 9), le quatrain initial est précédé de ces mots : *Quatrain* *du seigneur du Rouge et Noir aux lecteurs* ; mais ce personnage ne paraît avoir été que l'éditeur des ouvrages d'autrui (voy. *Romania*, XVI, 1887, p. 467).

Montaiglon, *Recueil de Poésies françoises*, VIII, 241-252.

*Replique.* — Le titre est orné d'un bois qui représente un homme remettant une lettre à une dame. — Le v° du titre est blanc.

Le texte, imprimé en lettres gothiques ordinaires, n'est précédé d'aucun titre de départ ; il commence ainsi :

<blockquote>Pour repliquer a ce que avez dit<br>
Par interdit, la responce notez...</blockquote>

Le v° du dernier f. est blanc.

Exemplaire non rogné et, en partie, non fendu, ayant appartenu à M. LE ROUX DE LINCY et à M. le BARON DE LA ROCHE LACARELLE (Cat. de 1888, n° 168).

### E. — Jehan et Clément Marot.

**2593** (616 *a*). MVSEVS, ancien || Poete grec, des amours de Leāder & Hero, || traduict en Rithme francoise, par Cle- || ment marot de Cahors en quercy, || valet de chambre du Roy. || * Auec deux epistres, traduictes d'Ouide, l'une de || Leander à Hero, & l'autre de Hero à Leander. || Auec priuilege. || * *On les vend a Paris en la grand salle du palais, au* || *premier pillier en la boutique de Charles* || *l'angelier, deuant la chappelle de* || *messieurs les Presidens.* || 1541. In-8 de 48 ff. non chiffr., impr. en grosses lettres rondes, sign. *a-f*, mar. r., fil., dos orné, tr. dor. (*Anc. rel.*)

Au titre, la marque de *Ch. L'Angelier* (Silvestre, n° 155).

Au v° du titre est le texte de la requête adressée au prévôt de Paris, ou à son lieutenant civil, par *Gilles Corrozet*, libraire, à l'effet d'obtenir un privilège pour la publication du « petit traicté de Museus ». La requête est suivie du visa donné par J. J. de Mesmes le 10 janvier 1540 (v. s.).

La préface mise par Marot, le 20 octobre 1541, en tête de l'édition donnée par *Gryphius* à Lyon nous apprend que le libraire parisien avait obtenu ce privilège en fraude des droits du poète. Cet « avare libraire de Paris », qui, guettant au passage la traduction de Marot, « la treuva et l'emporta tout ainsi qu'un loup affamé devore une brebis », a non seulement donné à l'édition « belle apparence de papier et de lettre » ; il y a joint diverses pièces à la louange de l'auteur. Le volume ouvre par une épître « Aux lecteurs », signée de la devise : *Ne pis, ne mieulx*, qui compte 108 vers et qui commence ainsi :

<blockquote>Par ce qu'on voyt, ô lecteurs amyables,<br>
Au temps present livres innumerables...</blockquote>

Comme nous l'avons dit (t. I, n° 617) la devise est celle de SAINCT ROMARD. Le même auteur a fait suivre le poème du huitain :

<blockquote>Quand Leander, l'amant audacieux...</blockquote>

puis il y a joint treize pièces de sa façon :

1° (fol. cv) *Epistre de Leander à Hero* :

<blockquote>*Envoy de l'Epistre.*<br>
Belle de Seste, en la lettre presente<br>
L'amant d'Abyde humble salut t'envoye...<br>
S'il en est ainsi que les dieux pitoyables<br>
Soyent en amours, et à moy favorables...</blockquote>

2° (fol. *d viij*) *Epistre responsive de Hero à Leandre* :

> Si vous voulez, Leandre, amy parfaict,
> Que je reçoive et me sente en effect...

3° (fol. *f iij*) *La sixiesme Elegie d'*OVIDE :

> Amy portier, qui d'une chaisne forte
> Es à grand tort lyé à ceste porte...

4°-13° (fol. *fv v°*) *Epigrammes traduictz de* MARCIAL :

1. Je puisse mourir, cher amy (16 v.)...
2. Si je vous nomme mon seigneur (8 v.)...
3. Lorsque Catin est toute seule (10 v.)...
4. Frere Thibault, ne fault jamais (8 v.)...
5. Amy, frere Thibault compose (8 v.)...
6. Tousjours frere Thibault me jure (8 v.)...
7. Quand je vous demande cela (8 v.)...
8. J'avoys longuement desiré (8 v.)...
9. Le principal de ma demande (10 v.)...
10. Chascun poursuit ton amour et ta grace (10 v.)...

La devise *Ne pis, ne mieulx* est répétée à la fin du premier huitain, de chacune des deux épîtres et de l'élégie, puis à la fin du volume.

Cet exemplaire porte sur le titre la signature d'ESTIENNE BALUZE ; il provient de la bibliothèque SUNDERLAND (Cat., n° 8739) et de la collection de M. H. DESTAILLEUR (Cat. de 1890, n° 1055). Ce qui lui donne un prix particulier, ce sont 4 ff. placés à la fin, sur lesquels une main du XVI° siècle a reproduit une épître de Marot à la reine Marguerite. Nous donnons en entier cette pièce restée inconnue, et qui est d'une réelle importance pour la biographie du poète :

*Cantique de Clement Marot, banny premierement de France, depuis chassé de Ferrare par le duc et retiré à Venise, a la royne de Navarre, de laquelle il avoit receu une epistre en ryme* [1536]

> Plaigne les mortz qui plaindre les vouldra !
> Tant que vivray mon cueur se resouldra
> A plaindre ceulx que douleur assauldra
>  En ceste vie.
>
> O fleur que j'ay la premiere servie,
> Ceulx que tu mys hors de peyne asservie,
> T'ont donné peyne, helas, non desservie,
>  Bien je le sçay,
>
> Et des ingratz tu en as faict l'essay.
> Mais, puis le temps que, banny, te laissay,
> Sans te laisser, a servir m'addressay
>  Une princesse
>
> Qui plus que toy d'avoir ennuy ne cesse.
> Ha ! Dieu du ciel, n'auray je une maistresse
> Avant mourir qui son œuil de destresse
>  Puisse exempter ?
>
> N'est pas ma muse aussi propre a chanter
> Un doulx repos qui la peult contenter
> Qu'un dur travail qui la vient tourmenter
>  Avec oultrance ?
>
> Ha ! Marguerite, escoute la souffrance v°
> Du noble cueur de Renée de France,
> Puis, comme seur, plus fort que d'esperance,
>  Console la.
>
> Tu sçais comment hors son pays alla,
> Et que parens et amys laissa la ;
> Mais tu ne sçais quel truchement el' a
>  En terre estrange.
>
> De cent couleurs en une heure elle change ;
> En ses repas poires d'angoysse mange,
> Et en son vin de larmes faict meslange,
>  Tout par ennuy.
>
> Ennuy receu du costé de celluy
> Qui estre deust sa joye et son appuy ;
> Ennuy plus grief que s'il venoit d'aultruy,
>  Et plus à craindre.
>
> Elle ne voit ceulx a qui se veult plaindre ;
> Son œuil voyant si loing ne peult attaindre,
> Et puis les mortz, pour ce bien luy estaindre,
>  Sont entre deux.
>
> Peu d'amys a quiconques est loing d'eulx.
> Le roy ton frere et toy et tes nepveulx
> Estes les sainctz ou elle faict ses vœulx
>  A chacune heure.
>
> De France n'a nul grant qui la sequeure, *fol. 2*
> Et des petits qui sont en sa demeure,
> Son mary veult, sans qu'ung seul y demeure,
>  Les debouter.
>
> Car rien qu'elle ayme il ne sauroit gouster ;
> C'est la gelline a qui on veult oster
> Tous ses poussins, et scorpions bouter
>  Dessoubz son selle ;
>
> C'est la perdrix qu'on veult en la tonnelle
> Laisser tumber. Mais que ne pense d'elle
> Le roy, de qui la bonté paternelle
>  Tant invoquons ?
>
> Vouldroit il bien a bailleurs de bourçons
> Bailler luy mesme a garder ses fiascons ?
> Francz et loyaulx autour d'elle vacquons :
>  C'est son decore.
>
> Mais ce fascheux, ingrat et pire encore,
> Vouldroit reduire en petite signore
> La Fleur de liz que tout le monde honore
>  D'affection.
>
> Helas ! s'il faict tant de profession
> D'honneur, de loz, de reputation,
> Pourquoy le train de nostre nation
>  Veult il deffaire ?
>
> Faulte d'amour l'ayguillonne a mesfaire, v°
> Qui luy engendre un desir de desplaire
> A celle la qui met a luy complaire
>  Merveilleux soing.

Paris menant par force Helaine au loing ;
Feit qu'elle n'eust de ce [*lis.* d'aulcun] con-
                [fort besoing ;
Son traictement estoit un vray tesmoing
    D'amytié claire.

Helas ! faut il qu'amytié se declaire
Plus tost au cueur d'un forceur adultere
Qu'en un mary ? Sais tu pourquoy austere
    Luy est ainsi ?

Il vouldroit bien a la dame sans si
Oster la force et le vouloir aussi
De secourir Françoys passans icy ;
    C'est leur refuge.

Bien je le sçay, et a bonne heure y fuz je.
Il vouldroit bien, si mon sens est bon juge,
Par quelque grand et dangereux deluge
    Plus luy ravir.

Il vouldroit bien jusqu'a l'asservir
Que d'un seul point ne peust au roy servir
Et luy a faict, pour de cella chevir,
    Mille vacarmes.

O roy François, elle porte tes armes, *fol.* 3
Voire, et a toy s'adressent telz alarmes
Dont le plus doux ne pourroit pas sans lar-
    Estre deduit !    [mes

Et ne peult l'autre a raison estre induit
Par cil honneur ou France l'a conduit,
Ni par enfans que tant beaux luy produit
    Par mainte année.

Ni la bonté de la noble Renée,
Ni la doulceur qu'avec[ques] elle est née,
Ni les vertus qui l'ont environnée
    N'y ont pouvoir.

J'auroys plus tost entrepris d'esmouvoir,
Comme Orpheus, en l'infernal manoir,
Charon le dur, voire Pluton le noir
    Et chien Cerbere.

O doncques, roy, son cousin, frere et pere,
Arreste court l'entreprise impropere ;
Et toy, sa seur, en qui tant elle espere,
    Metz y la main.

Un parentage autre que le germain
Y doit mouvoir ton cueur doulx et humain.
Si n'y pensez, mourra quelque demain,
    Seche et ternie ;

Et en mon cueur, si secours on luy nye,  *v°*
D'autre façon comment on la marrie,
Diray qu'elle est de la France bannye
    Autant que moy

Qui suis icy en angoisseux esmoy,
En attendant secours promis de toy
Par tes beaux vers que je me ramentoy
    Avecques gloire.

Et bien souvent a parmoy ne puis croire
Que ta main noble ayt eu de moy memoire,
Jusqu'a dangier m'estre consolatoire
    Par ses escritz

Qui en mon cueur a jamais sont inscripz.
Plus ne sont leuz ; leur doulceur de hault
Et zele ardent me les auront appris  [pris
    En peu d'espace.

Et aussi tost que desespoir menasse
Mon œil de plus ne veoir ta chere face,
Lors force m'est que de ta lettre face
    Mon escusson.

Si la prononce en forme de chanson,
Plustost en un, plutost en autro son,
Puis hault, puis bas, et de ceste façon
    Je me console.
                     *fol.* 4
Tant que mon cueur de grand' lyesse volle,
Rememorant ta royalle parole
Qui me permet de m'effacer du roole
    Des dechassez.

Or sont deja les plus grands feux passez.
Rien n'ay meffaict ; au roy doulceur abonde :
Tu es sa seur ; ces choses sont assez
Pour rappeller le plus pervers du monde.

---

Plaise au roy congé me donner
D'aller faire le tiers d'Ovide
Et quelques deniers ordonner
Pour l'escrire, couvrir, orner,
Après que l'auray mis en vuyde.
Ilz serviront aussi de guyde
Pour me mener la ou je veulx ;
Mais, au retour, comme je cuyde,
Je m'en reviendray bien sans eulx.

**2594** (620 *a*). RECUEIL de pièces sur la querelle de Marot et de Sagon. 1537. 19 part. en un vol. in-8, mar. r., fil., dos orné, doublé de mar. bleu, guirlande de feuillage à petits fers, tr. dor. (*Trautz-Bauzonnet.*)

Voici la description des pièces contenues dans ce recueil :

1. LE COVP DES-||SAY de Francoys de|| Sagon Secretaire de l'abbe de || sainct Eburoul. Contenant || la responce a deux || epistres de || Clement Marot retire a Ferrare. || L'une [*sic*] adressante au Roy treschrestien. || L'autre a deux damoyselles seurs. || Vela dequoy. || Auec Vne Responce a celuy qui a escript || que limprimeur de ce present liure || auoit beaucoup perdu a limpres-|| sion diceluy. || *Les semblables sont a vendre* || *a Paris a l'enseigne du pot* || *casse*. — [Au v° du 27ᵉ f. :] Vela de quoy. || Aliquid de nihil. || *Imprime de rechief le .xxiiii. Iour* || *de Septembre mil cinq cens* || *trente sept*. || Auec priuilege. In-8 de 28 ff. non chiffr., sign. *A-G* par 4.

On lit au v° du titre : Auec vne epistre faicte par iceluy Secre || taire aux trois princes & enfans de Fran-|| ce, Et deux chantz royeulx en la fin. || L'ung a la louenge diceluy roy treschre-|| stien. L'autre a la confusion de loppinion || peruerse d'aucuns modernes. Le tout ad-|| dresse par prologue au roy.

A la suite de cet intitulé est un dixain « Aux lecteurs du Coup d'essay ».

Le poème dans lequel Sagon dénonçait Marot comme hérétique parut pour la première fois, à ce qu'il semble, vers le milieu de l'année 1537. Il eut un immense retentissement, et divisa en deux camps tous les poètes d'alors. Daluce Locet, c'est-à-dire Claude Colet, avait dit, dans un des factums décrits plus loin, que l'imprimeur du *Coup d'essay* n'était pas rentré dans ses débours. C'est à ce reproche que répond la pièce qui occupe ici le dernier f. L'auteur constate que l'ouvrage est imprimé pour la troisième fois.

Quant à l'imprimeur, l'adresse portée sur le titre est celle de *Geofroy Tory*; mais celui-ci était mort en 1533, et sa veuve, *Perrette Le Hullin*, avait cédé l'imprimerie à *Olivier Mallard*. Voy. Bernard, *Geofroy Tory*, 2ᵉ éd., 1865, p. 59.

*Œuvres de Marot*, publiées par Lenglet du Fresnoy (voy. t. I, nº 616), VI, 1-51.

2. DEFFENSE de Sagon || Contre || Clement Marot. || ⌣✳ *On la vend au mont Sainct Hylaire, deuant* || *le College de Reims. S. d.* [1537], in-8 de 20 ff., sign. *A-E* par 4.

Le titre porte une marque représentant un palmier, chargé d'une lourde pierre, avec une légende explicative :

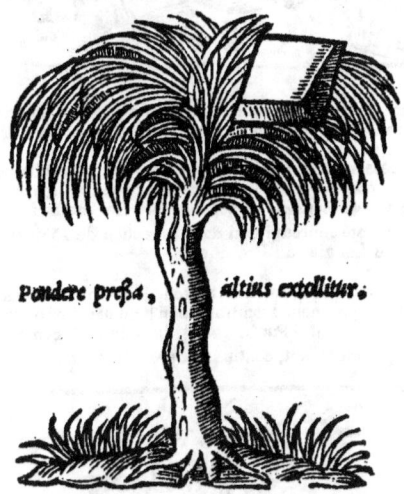

*Pondere preſſa, altius extollitur.*

Cet emblème se rapporte à Sagon qui se prétend fortifié par les ripostes de Marot; on ne doit pas y voir une marque de libraire.

Au vº du titre commence un long factum en prose latine qui occupe le reste du cahier *A* : *In Francisci Sagonii libellum Prolusio, ejus defensionem et hendecasyllaborum argumentique Jani cujusdam effrontis confutationem continens.*

Au rº du f. *Bi* est un second titre ainsi conçu : *Defense de Sagon* || *par luy adressee* || *A* || *Clement Marot,* || *Disciples dicelluy,* || *Appoincteurs,* || *Et aux* || *Iuges Prudens.*

Cette pièce commence ainsi, au vº du même f. :

*A Marot premier.*
Amy Clement, puis que nos advocatz
Sont differentz sans poser nostre cas...

A la suite sont deux dixains et un *Rondeau à Marot, qui a faict le Testament de Sagon, et le faict advouer a Calvy de Fonteyne.*

Au vº du f. *Ciiij* est un nouveau titre de départ, accompagné d'un curieux bois :

Cette seconde partie se termine (fol. *Diiij* vº) par un *Dixain aux disciples de Marot* et un *Dixain de trois disciples de Marot : Gloutelet, Bonaventure et Fonteynes*.

Les vers adressés *Aux appoincteurs* et *Aux juges* remplissent les ff. *Ei-Eij*. Le f. *Eiij* est occupé par une pièce grecque : Εἰς γραμματιστάς τινας μιξογλώσσους τοῦ ψευδομάρωνος δορυφόρους. Le dernier f. est blanc.

Cette pièce n'a été reproduite ni dans le recueil de 1539 (t. I, art. 621), ni dans l'édition de Lenglet du Fresnoy.

3. ELEGIE par Fran- || coys de Sagon, || se complaignant a luy mesmes d'aucuns || qui ne prennent bien lintention || de son Coup d'essay, dont il || frappa Marot. S. l. n. d. [*Paris*, 1537], in-8 de 8 ff. non chiffr., sign. F-G.

Cette pièce qui, on le voit, continue la précédente, porte un bois au titre :

L'*Elegie* commence ainsi :

Est ce point songe ou raport fantastique...

A la suite viennent deux rondeaux, puis *Le Dieu gard de Sagon a Marot de nouveau retourné en France* :

> Puis que Marot en son *Dieu gard* a mys
> Ses ennemys au reng de ses amys...;

un rondeau et trois dixains.

L'*Elegie* manque au recueil de 1539 et à l'édition de Lenglet du Fresnoy.

4. POVR LES DISCIPLES || de Marot. || Le page de Sagon || parle a eulx. S. l. n. d. [*Paris*, 1537], in-8 de 8 ff. non chiffr., sign. *H-I*.

Le titre porte un bois satirique dont voici la reproduction :

On lit au v° du titre, en gros caractères : Le page de Sagon || donne le vin aux disciples de Clement Marot, || Cest-ascauoir || a || Gloutelet, || Daluce locet, || Bonauenture, || Charles Fontay-|| ne.

La pièce commence ainsi :

> Mais quelle mouche a tant esmus
> Disciples du maistre camus...

Elle est signée de la devise *De bien en mieulx*, devise qui, vingt ans auparavant, était celle du poète Maximien.

Le v° du dernier f. est encore orné d'un bois singulier :

L'épître manque, comme les pièces précédentes, aux recueils de 1539 et de 1731.

Les trois articles, que nous venons de décrire sous les n°s 2, 3, 4, ne forment en réalité qu'un seul tome ; mais il est probable qu'ils pouvaient être vendus séparément.

5. LE VALET || de Marot contre || Sagon, || Cum Commento. || *On les vend a Paris en la Rue sainct Iacques || pres sainct Benoist, en la boutique de || Iehan Morin, pres les troys Couronnes dargent.* || 1537. In-8 de 8 ff. non chiffr., sign. *A-B*.

Le titre est orné d'un bois qui représente Sagon battu par le valet de Marot :

Au v° du titre sont deux distiques latins de CHRISTOPHE RICHER « in Saguntinum ».

L'épître composée par Marot sous le nom de son valet commence ainsi :

> Par mon ame. il est grant foyson,
> Grant année et grande saison...

On trouve à la suite : une épigramme latine en vers hendécasyllabiques, la traduction française de cette épigramme par CHARLES FONTAINES [*sic*] et un *Huictain envoyé a Marot par ung sien amy*.

Le v° du dernier f. est blanc.

6. ☞ LE RABAIS du || caquet de Fripelippes et de Marot dict || Rat pele adictione Auec le comment. || ⁋ Faict par Mathieu de boutigni pa- || ge de maistre Francoys de Sagon secr[*sic*] || taire de Labbe de sainct Eburoult. S. l. n. d. [*Paris*, 1537], in-8 de 20 ff. sign. *A-E*.

Le titre, imprimé en caractères gothiques, est orné d'un bois satirique que nous donnons ci-contre.

Au v° du titre sont deux huitains.

Nous avons déjà parlé de ce factum, de la devise *Vela que c'est* dont elle est signée, et des pièces de NICOLAS DENISOT, de FRANÇOIS DENISOT, de JEHAN HUGUIER et de FRANÇOIS ROUSSIN qui y sont jointes. Voy. t. I, n° 621, art. 8.

Le v° du 19° f. et le 20° f. sont blancs.

**7.** La gran- || de Genealogie de Frip- || pelippes, c̄oposee par vng ieune || Poete chāpestre. Auecques vne Epistre || adressant le tout à Fran || coys Sagon. || *On les vend au mont sainct Hylaire, pres le* || *college de Reims, au Phœnix. S. d.* [1537], in-8 de 4 ff., sign. *a-b.*

Le titre est orné d'un bois grossier qui représente des femmes se parlant. — Le v° du titre est blanc.

On trouve ici deux pièces, signées toutes deux des devises : *Tost et tard, Festina lente,* que l'on croit appartenir à Mathieu de Vauzelles :

> *a.* Lettre va t'en, et ne faicts long sejour,
> Te presenter devant l'autre Greban...
> Salut a toy, o gentil secretaire...

> *b.* L'an et le jour que l'on menoit les veaux...

Le v° du f. *b i* est blanc, ainsi que le v° du f. *b iiij.*

**8.** Les disciples || et amys de Marot con- || tre Sagon, la Hueterie, & leurs adherentz. || *On les vend a Paris, pres le college de Reims,* || *a lenseigne du Phœnix. S. d.* [1537], in-8 de 30 ff. non chiffr., sign. *a-g* par 4, *h* par 2.

Le titre est orné d'un bois qui représente un homme bien vêtu faisant l'aumône à un pauvre.

Ce factum contient les pièces de Janus Parrhasius, « poeta senogalliensis », de Nicole Glotelet, de Victry en Partoys, de Bonaventure [Des Periers], de Christophe Richer, de C. Fontaines [*sic*], de C[alvi] de La Fontaine et de divers anonymes, dont nous avons donné le détail au t. I, n° 621, art. 11.

**9.** Epistre || a Marot, a Sa- || gon, & a la || Hueterie. ||

*On le vend au mont Sainct* || *Hylaire, Deuant le Colle-* || *ge de Reims. S. d.* [1537], in-8 de 8 ff. non chiffr.

Cette pièce commence ainsi :

> Je m'asbahy qu'un tas de gens
> A l'entrepiquer diligens....

Le v° du dernier f. est blanc.

10. REMONSTRANCE || a sagon, a la hu || terie, & au Poe || te Campestre, || par maistre da || luce Locet, Pa- || manchoys. || ⌒—✱ *On la vend au mont sainct* || *Hylaire, Deuant le Colle-* || *ge de Reims. S. d.*[1537], in-8 de 8 ff. non chiffr., sign. *a-b*.

L'épître de CLAUDE COLET, Champenois, et ses complements sont suivis des vers de BENOIST SERHISEY, de Saumur, de FRANÇOIS FERRAND, de JACQUES DE MABRÉE, de D. L. (c'est-à-dire sans doute Daluce Locet, ou Claude Colet) et de FRANÇOYS GAUCHET, dont on trouvera le détail au t. I, n° 621, art. 9.

11. LA PROGNOSTICA- || TION des Prognostica- || tions, non seulement de ceste || presente annee M. D. XXXVII. || Mais aussi des aultres a venir, || voire de toutes celles qui || sont passees, || Composee par Maistre Sarcomo- || ros, natif de Tartarie, & Secretaire du tres- || illustre & trespuissant Roy de Cathai, serf de || Vertus. || *On les vend a Paris en la Rue sainct Iac-* || *ques, pres sainct Benoist, a lenseigne du* || *Croissant en la boutique de Iehã Morin.* || M. D. XXXVII [1537]. In-8 de 7 ff. non chiffr. et 1 f. bl.

Cette édition diffère de celle qui a été reproduite par M. de Montaiglon (*Recueil de Poësies franç.*, V, 224-233).

12. APPOLOGIE || faicte par le grant || abbe des Conards || Sur les Inuec- tiues Sagō, Marot, La Hu || terie, Pages, Valetz, Braquetz, &c. || *On la vend Deuant le College de Reims.* In-8 de 4 ff. non chiffr., sign. *a*.

Le titre est orné d'un bois dont voici la reproduction :

L'abbé des conards, dont nous avons déjà expliqué l'intervention dans la querelle de Marot et de Sagon (t. I, n° 622), signe de l'anagramme : *Gros cul doré*. Son épître est accompagné d'un dixain dû à l'un des dignitaires de la confrérie, « le cardinal Poly ».

13. RESPONCE a Lab- || be des Conars de || Rouen. || *On les vend en la rue sainct Iacques par* || *Iehan Morin.* || M.D.XXXVII [1537]. In-8 de 8 ff. non chiffr. et 1 f. blanc.

Le titre est orné d'un bois dont nous avons reproduit une copie (t. I, n° 628) :

## BELLES-LETTRES.

Nous avons précédemment décrit une réimpression rouennaise de la *Responce* (t. I, n° 622).

14. **Contre Sagon** || & les siens, Epi || stre nouuelle, || faicte par vng || amy de Cle || ment Ma— || rot. || *On la vend Deuant le College de Reims. S. d.* [1537], in-8 de 7 ff. non chiffr. et 1 f. blanc, sign. *A-B*.

Cette pièce est adressée par P. S. « a Sagon et a ses Sagonneaux ». Voy. t. I, n° 621, art. 13.

15. **Epistre** respon- || siue au rabais || de Sagon. || Ensemble vne || Aultre Epistre faicte par || deux amyz de Clement || Marot. || ⌣ ✳ *On les vent a Paris au mont* || *sainct Hilaire, deuant le College* || *de Reims. S. d.* [1537], in-8 de 4 ff. non chiffr., sign. *A*.

Cette pièce, qui n'a pas été reproduite dans le recueil de 1539, mais qui figure dans le volume de Lenglet du Fresnoy, commence ainsi :

Sagon, je n'eusse pas pensé
Que tu te feusses avancé....

16. **De Marot** || & Sagon les treues, || Donnez iusqua la fleur des febues. || Par l'auctorite de **Labbe des Conards.** *S. l. n. d.* [*Paris*, 1537], in-8 de 7 ff. non chiffr. et 1 f. blanc.

Au titre, un bois représentant « Le secretaire des Conardz » :

Cette pièce est suivie des épigrammes de Constantin Le Grant, « secrétaire de l'abbé cornu des Conardz, a Caen », de Carolus et de Montanus.

17. Epistre a || Marot par Fran- || cois de Sagon pour luy monstrer que || Frippelipes auoit faict sotte cõparaison || des quatre raisons dudit Sagon a quatre || Oysons. || Vela de quoy. — [Au v° du 15° f. :] Finis. || *Au Palais par Gilles Corrozet* || *& Iehan Andre.* 1537. In-8 de 15 ff. non chiffr. et 1 f. blanc.

Voici la reproduction du bois qui orne le titre :

L'épître est ainsi datée :

Faict a Vanes....
En ce partement de septembre.
J'ay bien voullu, avant partir,
De mon bon vouloir t'advertir
Et d'icelluy donner estrenes
Au fidele imprimeur de Renes.
*Vela de quoy.*

La pièce est donc de la fin de septembre 1537. On ne s'explique pas comment dans la réimpression de 1539 elle est datée de 1538.

A la suite de l'épître sont les petites pièces dont il est parlé au t. I, n° 621, art. 20.

18. Le Frotte- || groing du Sagouyn. || Auec scholies exposantz lartifice, &c. || *On le vend a Paris, en la rue S. Iacques* || *a lenseigne des trois Brochetz.* || 1537. In-8 de 4 ff. non chiffr.

Le titre est orné du bois satirique que nous avons reproduit à l'article 5 ci-dessus.

Cette satire, qui manque au recueil de 1539, commence ainsi :

Sus, avant, sus, villaine beste !
Je vous veulx faire un peu de feste...

A la fin sont trois quatrains de « maistre Ambrelino » et un *Dizain a ce propos.*

Au v° du dernier f. est la marque de *Benoist de Gourmont* (Silvestre, n° 838).

19. REPLICQVE par || les Amys de l'aucteur de la Remonstrance || faicte a Sagon, contre celuy qui ce [*sic*] dict || amy de L'imprimeur du coup || d'essay, || Ensemble responce a Nicolas denisot || qui blasma Marot en vers enra- || gez a la fin du Rabais. S. l. n. d. [1537], in-8 de 7 ff. non chiffr. et 1 f. blanc.

Cette pièce manque, comme la précédente, au recueil de 1539. Elle est signée de « maistre GRANDIS LIGULEI, en l'absence de maistre Daluce Locet », et commence ainsi :

> Qui est ce glorieux rhitmeur
> Qui, pour flatter ung imprimeur,
> S'en est si sottement venu
> Gecter son vilain bec cornu...

Elle est suivie d'un dixain, d'un triolet et d'un rondeau du même ; de six distiques latins intitulés : JOANNIS HERIS *in colacem qui scripsit adversus magistrum Dalucium Locetum Responsio*; d'une épigramme latine : *In eundem colacem et palponem typographi qui scripsit adversus M. D. Locetum* JA. MABRAECI *Epigramma*; de trois distiques latins anonymes ; de quatre autres distiques, « BENEDICTO FOUCHERETO authore », d'un dixain de FRANÇOYS GAUCHIER ; d'un rondeau « A Nicolas Denisot, qui blasma Marot en vers enragez, par maistre GRANDIS LIGULEI » ; d'un dixain et d'un triolet anonyme ; d'un huitain d'EDMOND DE NOUE, et de cinq distiques latins de BENOIST DE SERHISAY, de Saumur.

Ce recueil a fait partie des bibliothèques de M. SOLAR (Cat., n° 1169) et de M. LE COMTE DE FRESNE (Cat., 1899, n° 205).

F. — Contemporains et Successeurs de Marot jusqu'à Ronsard.

2595 (623 *a*). EPISTRE exhor || tatiue / touchant la perfection ⁊ || commodite des ars liberaulx mathe || matiques / Composee soubz le nõ || et tiltre de la tresantienne ⁊ no || ble princesse Dame philo- || sophie / Et puis nague || res presentee au || treschrestien || Roy de || Frã || ce. || ⁋ *Imprimee a Paris / par Pierre leber* || Auec conge ⁊ Priuilege pour vng an. || M. D. xxxi [1532, n. s.] || *Le . viii. de . Ianuier.*—[Au v° du dernier f. :] ⁋ *Hāc Epistolam / sub ipsa philosophia* || *dictabat Orontius F. Delph. li-* || *beralium mathematicarum* || *professor Regius.* || ⁋ *Lutetie Parisiorum.* || *Anno Christi.* || M. D. xxxii [1532]. || ⁋ Virescit vulnere virtus. In-8 goth. de 8 ff. non chiffr., dont chaque page contient trois neuvains, sign. *A-B*.

Le titre est orné d'une fleur de lys.
Le poème, qui compte 42 strophes de neuf vers, commence ainsi :

> Celuy qui feit les cielx en un moment
> Et ordonna leur cours et mouvement
> Subtilement, de sa parolle pure...

L'auteur est le célèbre mathématicien dauphinois Oronce Finé, qui venait d'être nommé professeur au collège royal. Finé faisait à ses heures des vers latins ou français. Nous citerons plus loin de lui une ballade insérée en 1517 dans une édition française du *Grant Voyage de Jherusalem* de Breydenbach (n° 2635).

Voy., sur Finé, Niceron, *Hommes illustres*, XXXVIII, 184-201, et Rochas, *Biographie du Dauphiné*, I, 384-393.

2596 (623 b). ❡ LES CONTROVERSSES des Se- ‖ xes Masculin / et Femenin. ‖ ❡ Auecq Priuilege du Roy. — [A la fin :]

❡ Dedans Tholose : imprime entierement ‖
Est il ce liure : sachez nouuellement ‖
Par Maistre Iacques : Colomies surnomme ‖
Maistre imprimeur : Libraire bien fame ‖
Lequel se tient : et demeure deuant ‖
Les Saturnines : Nonains deuot conuent ‖
Lan Mil . cinq cens trente et quatre a bon compte ‖
Du moys Ianuier. trentiesme sans mescompte.

In-fol. goth. de 24 ff. lim., 179 ff. chiffr. et 1 f. non chiffr., mar. r., fil. et entrelacs, dos orné, tr. dor. (*Duru*, 1845.)

Édition originale, beaucoup plus complète que la réimpression décrite sous le n° 624.

Le r° du 1er f. est occupé par un grand cadre gravé sur bois : au centre est un médaillon représentant un personnage, dont une main, sortie d'un nimbe, mesure la langue avec un compas. On lit autour de ce médaillon : *Optimum loqui ad mensuram*. Les deux premières lignes de l'intitulé sont inscrites au-dessus, à l'intérieur du cadre, et les mots : *Avec privilege du roy*, au-dessous.

Au v° du titre est un extrait, non daté, du privilège que l'imprimeur avait obtenu pour quatre ans.

Les 9 ff. suivants contiennent : une épître (en prose) de GRATIEN DU PONT « A treshumain et treshonoré seigneur, monsieur maistre Pierre Du Faur, maistre des requestes ordinaire du roy nostre sire, protecteur de vertu et vray zelateur de justice », personnage dont il se dit l'humble cousin ; — une épître (en prose) de GUILLAUME DE LA PERRIÈRE, Toulousain, « A Gratian Du Pont, escuyer, seigneur de Drusac, lieutenant laye en la seneschaulcée de Tolose, autheur du present livre » (cette épître est accompagnée de la devise : *Redime me a calumniis hominum*) ; — douze distiques latins de BERTRAND HELIE, de Pamiers (Appamiensis), professeur au collège de Foix ; — une épître (en prose) de BERNARD D'ESTOPINHAN; « conseiller et solliciteur du roy de Navarre a Tholose, a son treshonnoré seigneur, Gratien Du Pont, escuyer et seigneur de Drusac, etc. » ; — une longue pièce latine du même au même ; — une épître (en prose) d'ESTIENNE DE VIGNALZ, Toulousain, à Gratien Du Pont ; — un rondeau de FRANÇOYS CHEVALLIER, « natif de Bourdeaux, collegié du college de Foix a Tholose ».

Les 10 ff. signés ❡❡ *ij* - ❡❡❡ *iij* renferment la Table et une liste des auteurs par lesquels est confirmé le dire du poète. Cette liste ne contient pas moins de 158 auteurs latins. La liste des auteurs français, qui est assez courte, mérite d'être reproduite :

Bouchet, aulx *Epitaphes des roys* (voy. t. II n°s 2092 et 2093 ; t. I, n° 510).
Le *Champion des dames*, [par Martin Le Franc] (voy. t. I, n°s 446 et 447).
Le *Romant de la Rose*, [par Guillaume de Lorris et Jehan de Meun] (voy. t. I, n°s 435-438).
*Merlin.*
*Celestine* (la première traduction française avait paru en 1527).
*Chicheface* (voy. t. I, n° 595).
Les *Secretz et Loix de mariage*, [par Jehan Divry] (voy. t. I, n° 483).
Les *Abuz du monde*, [par Pierre Gringore].
Le *Debat de l'homme et de la femme*, [par frère Guillaume Alexis] (voy. t. I, n° 468).
Les *sept Sages de Romme*.
Les *quinze Joyes de mariage*, [par Antoine de La Salle] (voy. t. II, n° 1841).
La *Malice des femmes*, [extrait de la traduction de Matheolus].
Les *cent Nouvelles* du maistre Jehan Boccasse.

Matheolus, [traduit par Jehan Le Fèvre].
Alain Charretier (voy. t. I, n°⁸ 440-442).
*Trop Tost Marié* (voy. t. I, n° 554).

Les 4 derniers ff. lim. contiennent : une *Epistre aulx lecteurs* (en vers) ; l'*Errata* ; un rondeau de CLAUDE DE VESC à l'auteur, « contre les calumpniateurs de ce livre » ; une *Epistre de l'Autheur aulx dames* (en vers).

Toutes ces pièces manquent aux éditions de petit format, sauf le rondeau de Françoys Chevallier et les deux épîtres en vers.

Le cadre qui orne le titre est répété au r° du f. *ai*, où il renferme les 24 premiers vers de l'ouvrage.

Au v° de ce même f. est un grand bois qui représente le poète endormi à l'ombre d'un bois, non loin d'un vaste édifice. Un homme barbu, vêtu d'une longue robe, qui personnifie Bon Advis, lui présente du papier et une écritoire.

D'autres grands bois ornent le f. *vij* r°, le r° du f. signé ℂ *iij* qui devrait être coté xxvij, et le f. cxxix r°. De petits bois, au nombre de 16, sont placés aux ff. xxix-xxxi.

Le texte est accompagné dans un grand nombre d'endroits de notes imprimées en manchettes qui ont disparu des éditions de petit format.

Le v° du f. clxxix est blanc. Le dernier f., blanc au r°, contient, au v°, la marque de *J. Colomiès* (Silvestre, n° 117) et les huit vers de la souscription.

Exemplaire de M. le D<sup>r</sup> DESBARREAUX-BERNARD (Cat., 1879, n° 342).

2597 (624 *a*). LA DEPLORATION || sur le trespas de feu monseigneur le Daul- || phin de France. Auec lepitaphe dudit sei- || gneur et vng dizain a la louēge du Roy || Treschrestien pour sa constance cō || tre fortune et mort. Ensem || ble lepitaphe du Con || te Dampmar || tin. — *Finis. S. l. n. d.* [*Paris*, 1536], pet. in-8 goth. de 8 ff. non chiffr., sign. *A-B*, mar. r., fil., tr. dor.

Le titre est orné d'un bois qui représente une procession de femmes voilées et de moines portant des cierges à la main. — Le v° du titre est blanc.

La *Deploration*, qui compte 14 huitains, commence ainsi :

> Au beau verger et françoys territoire
> Divine grace a transmis des haulx cieulx
> Ung lys fleury, plain de triumphe et gloire....

A la suite est une *Epitaphe dudict seigneur* en 14 vers :

> Cy gist le noble fruict plain d'embasmée odeur... ;

puis le *Dizain a la louenge du roy Treschrestien pour sa constance contre fortune et mort :*

> Fortune et Mort, qui sus sceptre et couronne...

Cette dernière pièce est signée du nom et de la devise de l'auteur : BRANVILLE. *Esperant myeulx*. On peut voir, sur ce poète, La Croix du Maine, éd. Rigoley de Juvigny, I, 452 ; Du Verdier, II, 349 ; Brunet, III, 905, et Montaiglon, *Recueil de Poësies françoises*, II, 25. Jehan Le Blond, seigneur de Branville, était avocat au parlement de Normandie ; il prit part au concours des palinods de Rouen (voy. Biblioth. nat., ms. fr. 24408, fol. 70 v°).

La mort du dauphin François fait le sujet d'un petit poème de Michel d'Amboise, dit l'Esclave fortuné, dont nous donnons ici la description, parce qu'il sort probablement des mêmes presses :

৯৹ Deplo || ration de la mort || de Francoys de Val || loys Iadis Daulphin de France premier filz du Roy || Auecques deux Dizains || dudict Seigneur

|| par Lesclaue || fortune. S. l. n. d. [1536], pet. in-8 de 8 ff. de 25 lignes à la page, impr. en lettres rondes, sign. *A-B*.

Le titre est orné du même bois que le titre de la *Deploration* de Jehan Le Blond.

Le poème, précédé d'un dixain, compte 330 vers, dont voici les premiers :

> Las ! et quel dueil, quelle douleur extreme
> De perdre ainsi chose que chascun ayme...

Le second dixain est placé à la fin.

Biblioth. nat., Y (Lb.³⁰, 71 (1)*).

Jehan Bouchet a également déploré la fin prématurée du fils de François I<sup>er</sup>. Voy. *Genealogies, Effigies et Epitaphes des roys de France*, éd. de 1545, fol. 68.

*L'Epitaphe du noble et vaillant conte Dampmartin* est placée au v° du f. *Bij* ; elle compte 12 vers :

> [I]cy gist estendu au cercueil de proesse
> La fleur des chevaliers, armé de hardiesse...

Le r° du f. *Biij* contient une seconde épitaphe, en 16 vers, composée « par ung aultre autheur » :

> Mortelz vivans, des mors ne tenez compte,
> Regardez cy de Dampmartin le conte...

Le v° du même f. est occupé par une troisième épitaphe, en 16 vers, composée « par ung aultre autheur » :

> Quant tu sauras qui gist soubz ceste lame,
> Croy que lassus en est vivante l'ame...

Les trois épitaphes du comte de Dammartin ont été recueillies, en même temps qu'un *Rondeau de Peronne a son ami le mareschal*, une pièce sur *L'Entree des Bourguignons et Siege de Peronne*, et un *Triollet pour la Peronnelle*, par l'auteur inconnu de la *Cronique du roy Francoys, premier de ce nom*, publiée par Georges Guiffrey (Paris, 1860, in-8), pp. 170-172.

La seconde pièce se retrouve dans les papiers de Rasse des Nœux (Biblioth. nat., ms. fr. 22560, II, p. 27).

Philippe de Boulainvilliers, devenu en 1516 comte de Dammartin par son mariage avec Françoise d'Anjou, à qui sa parente Avoye de Chabannes avait fait don du comté de Dammartin, avait été tué à Péronne en 1536. Une chanson publiée par Le Roux de Lincy (*Chants historiques*, II, 110) contient un éloge naïf des exploits de ce vaillant capitaine.

Le dernier f. est rempli, r° et v°, par un même bois représentant un enterrement royal. Le dais, aux armes de France et de Bretagne, qui recouvre le corps, donne lieu de penser que cette figure avait été gravée pour une relation de l'enterrement d'Anne de Bretagne.

Une note manuscrite contemporaine, qui se lit sur le titre de notre exemplaire, raconte en ces termes la mort du dauphin François : « Monsieur le daulphin trepassa le x<sup>e</sup> (l'auteur de la note avait d'abord écrit le xv<sup>e</sup>, puis le xvj<sup>e</sup>) jour de aoust V<sup>c</sup> xxxvj, et fut anpoisonné à Vallenscé [*surcharge* : en la ville de Tournon], ou estoit le roy et toute son armée pour aller contre l'empereur et toute sa puissance. L'empereur advoit armée et quam en la ville de Zes en P[rouvence] et a cuidé advoir la ville de Marceille p... par le moyen des traitres de France qu'il......... ; mais le bon Dieu nous a.... » Les mots « de Zes » pour d'Aix indiquent assez que l'auteur de la note était provençal.

De la bibliothèque de M. H. Destailleur (Cat. de 1892, n° 1119).

2598 (640 *a*). Elegie de || feu Vatable, Le- || cteur en Hebreu, || pour le Roy en l'Vniuer- || sité de Paris. || Auecq' l'epi- taphe d'iceluy. || Par Medard Bardin, Chanoyne || d'Oyssery en Brie. || *A' Paris* || *En l'Imprimerie d'Estienne Groulleau* || *demourant en la rue Neuue nostre* || *Dame à l'enseigne saint* || *Ian Baptiste.* || 1547. In-8 de 4 ff., car. ital., demi-rel., dos et coins v. f., dos orné, tr. peigne. (*Trautz-Bauzonnet.*)

Au v° du titre est un douzain « A monseigneur, monseigneur l'esleu, maistre Hector de Nançay, secretaire du roy, greffier de Bourbonnoys et receveur du bas Auvergne ».

Le poème, qui compte 78 vers, commence ainsi :

Si, comme on lit, Dieu fit sa creature
Pour l'adorer et louer de droiture....

A la suite est une épitaphe en huit vers, accompagnée de la devise : *Por desviar.*

François Watebled, dit Vatable, originaire de Gamaches, mourut à Paris le 16 mars 1547, quinze jours avant le roi François I$^{er}$.

2599 (640 *b*). DECADES || de || la description, || forme, et vertu || naturelle des ani- || maulx, tant raison- || nables, que || Brutz. || *A Lyon,* || *Par Balthazar Arnoullet.* || M.D.XLIX [1549]. — [Au r° du dernier f. : [*Imprime,* || *par Balthazar* || *Arnoullet.* || 1549. In-8 de 32 ff. non chiffr., sign. *A-C* par 8, *D-E* par 4, mar. r., fil., comp., dos orné, tr. dor. (*Koehler.*)

Au titre, la marque de *B. Arnoullet* (Silvestre, n° 458).

Au v° du titre commence la *Preface,* qui se développe sur les 2 ff. suivants.

Le f. *Aiiij* est occupé par une épître de BARPTHOLEMY ANEAU « A noble, illustre et vertueux seigneur, Claude de Damas, baron de Digoyne, seigneur de Clecy, Chalard et Mareul ».

Le corps du volume renferme 50 figures, finement gravées sur bois et accompagnées chacune d'un texte en vers. La première figure représente l'emblème de Dieu, les sept suivantes nous montrent l'homme créé pour dominer sur les animaux, l'énigme du sphinx, l'homme appelé à se tenir debout, l'homme, la femme, l'androgyne et les enfants. Les autres figures représentent des animaux. Chaque figure est accompagnée d'un dixain rimant *ababbccdcd.* Par exception, il y a trois dixains à la seconde figure.

G. — Ronsard et les Poètes de la Pléiade.

2600 (698 *a*). DOVZE || FABLES || de Fleuues ou || Fontaines, auec || la description pour la Peinture, || & les Epigrammes. || Par P.D.T. || *A Paris,* || *Chez Iean Richer, ruë sainct Iean de Latran, à* || *l'enseigne de l'arbre Verdoiant.* || 1585. || Auec Priuilege du Roy. Pet. in-12 de 23 ff. chiffr. et 1 f. blanc, mar. bl., fil., dos orné, tr. dor. (*Trautz-Bauzonnet.*)

Au titre, un fleuron accompagné des initiales de *J. Richer.*

Les ff. 2-3 contiennent une épître de TABOUROT « A Pontus de Tyard, seigneur de Bissy, evesque de Chalon », épître datée de Paris, ce jour de

Toussaint 1585. Le célèbre avocat s'excuse d'avoir fait imprimer sans la permission de l'auteur « ce papier, que je pris », dit-il, « il y a environ deux mois en vostre estude à Bragny ». Pontus de Tyard avait composé ces vers trente ans auparavant pour le château d'Anet.

Les descriptions sont en prose ; elles sont accompagnées chacune d'une épigramme en forme de sonnet.

L'édition suivie par M. Marty-Laveaux dans sa réimpression des *Œuvres poétiques de Pontus de Tyard* (p. 249) est datée de 1586. Nous en avons décrit un exemplaire qui fait partie d'un recueil décrit sous le n° 1775.

Exemplaire de M. G. CHARTENER (Cat. 1885, n° 280).

H. — Les Contemporains des Poètes de la Pléiade
et leurs Successeurs jusqu'à Malherbe.

2601 (713 a). COLLOQVE || social de Paix, || Iustice, || Misericor- || de, & Verité, pour l'heureux ac- || cord de tres Augustes, & tres || magnanimes Roys, de || France & d'E- || spaigne. || Par Iean de la maison neufue, Berruyer. || *A Lyon* || *Par Iean Saugrain* || 1559. In-8 de 15 ff. chiffr. et 1 f. blanc.

Au titre, une marque représentant une chimère avec ces mots en exergue : *Ultro succurere votis* (Silvestre, n° 1239).

Le poème de Jean de La Maison Neufve sur la paix de Cateau-Cambrésis doit être rapproché de celui de Jacques Grevin sur le même sujet (n° 709).

2602 (713 b). COMPLAIN- || CTE de l'Vniuersi- || té de la mort du Roy || Henry. || Auec la consolation des escoliers, & || l'exortation du Roy Francois || regnant à present. || Par M. Barthelemy Coquillon. || *A Paris, chez la veufue N. Buffet, pres* || *le College de Reims.* S. d. [1559], in-8 de 4 ff. non chiffr. — DEPLORATION || sur la Mort et || Trespas de deffunct de || bonne memoire frere Iehan || de Ham, Religieulx de l'ordre des Mini- || mes. Qui en son viuant a tousiours re- || pulsez les faulces opinions, qu'a- || uoient les faulx Prophetes & || ministres de l'Antechrist, || contre les Sacremens de || l'Eglise, pensant la || ruiner. || *A Paris,* || *Par Claude Blihart, demourant en la* || *Rue de la Iufrie* [sic], *à l'Enseigne de* || *l'Escu de France.* || 1562. In-8 de 4 ff. non chiffr. — ESTRENNES || Chrestiennes || a tous les Estatz || de ce royaume treschrestiē, & generalemēt || de toute la Chrestienté : pour les inciter de || faict (mesmes ceux qui en ont le pouuoir || & moyen) à exercer & continuer charité || enuers tous pauures, necessiteux, & autre- || ment affligez : signamment en ceste aspre || & dure saison. || Par C. D. L. F. Parisien. || *A Paris,* || *Pour Vincent Sertenas Libraire, en la rue neuue Nostre* || *Dame, à l'enseigne S. Iehan l'Euan-*

*geliste. Et au palais,* || *en la gallerie par ou on va à la Chancellerie.* || 1561. || Auec Priuilege. In-8 de 4 ff. non chiffr., car. ital. — Ensemble 3 part. en un vol. in-8, mar. v., fil., dos orné, tr. dor. (*Bauzonnet*, 1839.)

*Complaincte*. — Le titre est orné d'un bois qui représente un roi couronné. Le même bois se voit sur le titre d'une autre pièce précédemment décrite (t. II, n° 2147).

Le poème commence ainsi :

> Ne pouvois tu, Adam, premier formé,
> Garder le bien du vray Dieu immortel...

Il se compose de 20 quatrains. A la suite vient la *Consolation des escolliers envers l'Universite, leur mere* (8 quatrains), puis 3 quatrains adressés par *Le roy à l'Université*.

Le v° du dernier f. ne contient que les trois fleurs de lys de France.

La *Complaincte* doit être rapprochée des *Regrets* de François Habert (t. I, n° 648).

*Deploration*. — Le titre de départ porte : *Composé par* CRISTOFLE DE BORDEAULX. La pièce commence ainsi :

> Plorez, chrestiens, jettez souspirs et larmes
> Pour cil qui pour la foy ne quicta onc les armes...

Au v° du 3e f. commence l'*Epitaphe de frere Jehan de Ham, religieux de l'ordre des minimes, qui trespassa à Paris, l'an de nostre salut 1562, le 16. de decembre:* En voici les premiers vers :

> La cruelle Attropos, qui tout le monde affine,
> Faict cy gesir le corps du notable minime...

Nous avons décrit (t. I, n° 781) un monologue dramatique remanié par Christophe de Bordeaux, *Le Varlet à louer à tout faire*. On trouvera la liste de ses autres ouvrages dans un article de la *Romania*, t. XVI (1887), p. 508.

*Estrenes*. — Les initiales portées sur le titre paraissent être celles de CALVI DE LA FONTAINE, Parisien.

Au v° du titre est un extrait du privilège accordé à *Vincent Sertenas* le 26 décembre 1561.

Le poème débute ainsi :

> Vous voyez, ô chrestiens, les maux et les miseres
> Qui tiennent accablés tant de pauvres, vos freres...

La première pièce provient des bibliothèques de MAC CARTHY (Cat., n° 2902) et de R. HEBER ; les deux autres faisaient partie d'un recueil qui appartenait à R. HEBER (3e partie, n° 1603). Le présent volume a été formé par M. le baron J. PICHON (Cat., n° 940).

2603 (714 *a*). REMONSTRAN- || CE pour || le Roy, || 🐚 || À tous ses subiects qui ont prins les || armes contre sa Maiesté. || Par I. De la Taille Escuyer. || *A Lyon,* || *Par Michel Ioue.* || M. D. LXVII [1567]. || Auec Permission. In-8 de 15 pp.

Les pp. 3-4 contiennent une épître « Au roy », épître dans laquelle Jean de La Taille fait allusion à sa tragédie de *Saül* et à une comédie dont le titre n'est pas indiqué.

La *Remonstrance*, écrite en vers alexandrins, se termine par la devise *In utrumque paratus*.

2604 (714 *b*). REMONSTRANCE || pour le Roy, a || tous ses subiects || qui ont prins || les Armes contre || sa Maiesté. || Par I. De la Taille Escuyer. || *A Paris,* || *De l'Imprimerie de Federic Morel, rue* || *S. Ian de Beauuais, au Franc Meurier.* || M. D. LXVIII [1568]. || Auec Priuilege. In-8 de 8 ff. chiffr., car. ital.

<small>Au titre, la marque de *F. Morel*, réduction de celle que Silvestre a donnée sous le n° 830.
Au v° du titre est un *Extraict* du privilège accordé pour six ans à *F. Morel*, le 19 octobre 1562.
Le second f. contient l'épître « Au roy ».
La *Remonstrance* parut pour la première fois en 1563, et l'on n'en compte pas moins de huit éditions séparées dont la dernière est de 1580. Voy. *Œuvres de Jean de La Taille, seigneur de Bondaroy, publiées par René de Maulde* (1879), II, 3.</small>

2605 (719 *a*). HYMNE de la || Marchandise : || consacree, tant à || tous illustres Senateurs, || et Magistrats : comme à tous || nobles Personnages, exerceants le gentil train || de Marchandise. || Par Guillaume de Poetou Bethunois, pour || leurs Estreines, & souhait de || bonne annee. || Plus : sa grande Liesse, en || plus grand Labeur. dedié aux tresnobles, & ver- || tueux Seigneurs Stephano Gentilli, & Ioanni Gri- || maldi, pour Estreines, qu'il leur souhaitte tresheu- || reuses. || *En Anuers,* || *Par Guillaume Silvius* [sic], *Imprimeur du Roy,* || *l'An* M. D. LXV [1565]. In-8 de 24 ff. chiffr., car. ital. — LA || GRANDE LIESSE || en plus grand Labeur, || de Guillaume de Poetou Bethu- || nois, dedié [*sic*] aux tresnobles et ver- || tueux Seigneurs Stephano Gen- || tilli, & Ioanni Gri- || maldi : Pour estreines qu'il leur || souhaite tresheureuses. || Auec la Table copieuse pour facilement trouuer || les Odes & Sonnets. || Plus : son Hymne de la Marchandise, consacree tant || à tous illustres Senateurs & Magistrats, com- || me à tous Nobles Personnages exerceants le gentil || train de Marchandise, pour leurs estreines & || souhait de bonne année. || *En Anuers,* || *Par Guillaume Silvius, Imprimeur du Roy,* || *l'An* M. D. LXV [1565]. In-8 de 80 ff. chiffr., car. ital. — Ensemble 2 part. en un vol. in-8, v. f., fil., dos orné, tr. dor.

<small>Le titre de chaque partie porte la marque de *G. Silvius* (Silvestre, n° 1259).
Au v° du titre de l'*Hymne* est un extrait du privilège accordé par le roi d'Espagne, pour quatre ans, à *Silvius*, le 1er décembre 1564.
La première pièce est un éloge des marchands des Pays-Bas ; elle contient, entre autres, les noms de divers négociants qui dirigeaient alors à Gand des maisons importantes : Lievin Crock, Joos van Deele, [Gauvin Penel, dit]</small>

Fariron, Jan Richart, Lievin Brakelman. *La grande Liesse* est encore beaucoup plus curieuse en raison des renseignements qu'on y trouve sur une foule de personnages appartenant aux Pays-Bas. Voici, par ordre alphabétique, la liste des noms que nous y avons relevés :

Aubigny (Le baron d'), fol. 22, 44 *b*.
Baudelet (Michiel), 45 *b*.
Bernouc (Jacques), cousin de l'auteur, « devant les prisons d'Anvers », 36 *b*.
Brakelman (Michiel), 29.
Cardovino (Mario), « gentilhomme napolitain », 20.
Coppin (Guillaume), 58.
Delle (Les enfans de Joos van), « marchant gantois », 36.
Delio (Guillaume), [de Lille], 46 *b*.
Delio (Hubert), [de Lille] : son épitaphe, 46 *b*.
Des Planques (Pierre), 57 *b*.
Du Bois (Jan), 59 *b*.
Du Bosquiel (Gerard), [de Lille], 46 *b*.
Du Bosquiel (Pierre), 50 *b*.
Du Hot (Pierre), « maistre des enfans de la chappelle de ma dame la duchesse de Parme, etc., regente des Pays Bas », 25, 45.
Du Pon (Jan), « marchant lillois », 57.
Du Taillis (Guillaume), 56.
Gentilli (Stephano), de Gênes, 2.
Grimaldi (Antonio), consul de la nation gênoise pour l'année, 19 *b*.
Grimaldi (Joanni), de Gênes, 2.
Hazebart (Gilles), lieutenant des maîtres des postes de la ville d'Anvers, 53.
Hersin (Simon), 28 *b*.
Holehain (Le sieur d'), « capitaine dans Philippes-ville », 21 *b*.
Kellen (Artus), 45 *b*

La Crois (Alart de), 54 *b*.
La Croix (Pierre de), « compere de l'aucteur », 57 *b*.
La Haye (Jacques et Jan de), enfans de Guillaume de La Haye, 59.
Le Pé (Jacques et Jehan), frères, 52.
Le Petit (François), 55.
L'Escluse (Charles de), 42.
L'Escluse (Feu Guillaume de), père du précédent, 42 *b*.
Le Vasseur (Jan), [de Lille], 46 *b*.
L'Heritier (François), 56 *b*.
Marie (La demoiselle), 60, 61.
Marin (Alexandre), 58 *b*.
Marquis (Pierre) et D$^{lle}$ Faustine, sa femme, 7 *b*.
Moron (Joan Jacobo), [poète], 5 *b*
Palme (Philippe), 56 *b*.
Penel (Gauvin), dit Fariron, [de Gand], 28 *b*.
Poetou (Gerard) et Jenne Warrive, sa femme, père et mère de l'auteur, 53 *b*, 54.
Puschinger (Hieronimus), 41.
Raparilie (Les enfans de Lion), 46.
Ripet (Claude), 52 *b*.
Senechal (Pierre), 53 *b*.
Silvius (Guillaume), imprimeur du roi, 24 *b*.
Warlencourt (Guillaume de), 55 *b*.
Warlencourt (Pierre de), 55 *b*.
Warrive (Jenne), mère de l'auteur, 54.
Y (M$^{lle}$ J.), 65.

L'épitaphe que le poète a consacrée à son père nous apprend que Gerard de Poetou était né à La Beuvrière ; qu'il avait servi dans les armées impériales et combattu à Pavie ; qu'il avait épousé une femme de Béthune et s'était fixé dans cette ville pour y faire le commerce ; qu'il avait fait fortune, et qu'il était mort à soixante ans.

Cet exemplaire provient de la bibliothèque de M. LE BARON DARD (Cat., 1892, n° 1018).

2606 (721 *a*). CHANT || TRIVMPHAL de || la victoire obtenue || par les Chrestiens || contre les Turcz deuant la || ville de Malte. || Plus, || La couronne de Victoire, baillée par l'Immortalité || aux Cheualiers de Malte. || *A Paris*, || *Pour Gilles Cor-*

rozet Libraire, en sa boutique au || Palais, pres la chambre des Consultations. || M. D. LXV [1565]. In-8 de 3 ff. non chiffr. et 1 f. blanc, sign. A. — LA || COVRONNE DE || VICTOIRE, baillee || par l'Immortalite || aux Cheualiers || de Malte. || Par P. Tam. || A Paris, || Pour Gilles Corrozet Libraire, en sa boutique en || la grand salle du Palais. || M. D. LXV [1565]. In-8 de 3 ff. non chiffr. et 1 f. blanc, sign. B. — Ensemble 2 part. en un vol. in-8.

<small>Chant triumphal. — Le titre porte la marque de G. Corrozet (Silvestre, n° 145). — Au v° du titre est un quatrain de J. MOYSSON. — Le titre de départ donne, en abrégé, le nom de l'auteur : P. TAM[ISIER].
Couronne. — Le titre porte une seconde marque de G. Corrozet (Silvestre, n° 785).
Les deux poèmes sont écrits en vers alexandrins.</small>

2607 (724 a). CHANT || FVNEBRE sur || la mort et trespas || de Treshault et Illustre || seigneur Messire Sebastien de Luxem-||bourg, Conte de Martigues : Gouuer-|| neur, & lieutenant pour sa Maiesté au || païs & duché de Bretaigne, Cheualier de || l'ordre, & Capitaine de cinquante hom-|| mes d'armes. || A Paris, || Par Iean Hulpeau Libraire, demeurant à || la Croix de fer deuant le Col- || lege de la Marche. || 1569. || Auec Priuilege. In-8 de 15 ff. non chiffr. et 1 f. blanc, sign. A-D par 4, car. ital.

<small>Le Chant funebre compte 509 vers alexandrins (il y a au 5° f. trois vers de suite terminés par la même rime) ; il est suivi (fol. Civ, v°) d'un Vœu aux cendres et memoire de treshault seigneur Sebastien de Luxembourg, conte de Martigues ; d'un sonnet de LAURENS DE BOURG, et d'un sonnet de JAC. BALLONFEAU, Xaintongeois. L'intitulé de cette dernière pièce nous apprend que l'auteur du Chant funebre est FRANÇOIS DE BELLEFOREST : Sonnet en forme de dialogue sur la mort de monsieur de Martigues deplorée par le seigneur de Belleforest.</small>

2608 (733 a). DELVGE || Des Huguenotz || Auec leur Tum- || beau, & les noms des Chefs || & principaux punys à Paris || le xxiiij. iour d'Aoust, || & autres iours || ensuyuans, || 1572. || Par Iacq. Copp. de Vellay. || A Paris, || Par Iean Dallier Libraire, demourāt sur le pōt || S. Michel, à l'enseigne de la Rose blanche. || M. D. LXXII [1572]. || Auec Priuilege. In-8 de 7 ff. non chiffr., mar. r. jans., tr. dor. (R. Petit.)

<small>Au titre, la rose de Jean Dallier.
La pièce principale se compose de 192 vers octosyllabiques ; en voici le début :
        L'an mil cinq cens soixante douze,
        Le vingt deuxiesme jour d'aoust...
Le Tumbeau compte 78 vers, dont voici les premiers :
        O changement estrange, o heureuse journée,
        O songe, non pas songe, ains verité donnée...</small>

L'auteur s'appelait JACQUES COPPIER.

Au v° du 7° f. est un extrait du privilège donné pour trois mois à *Jean Dallier*, le 8 octobre 1572.

Exemplaire de M. H. BORDIER.

I. — Poésies anonymes de la seconde moitié du XVI° siècle.

2609 (780 *a*). TRAICTÉ || du deces de || Nicolas Verius, en || son viuant lieute- || nant general au bail- || liage de Prouins : Et de l'insolence || faicte à son corps, par les habi- || tans d'icelle ville, à l'incita- || tion & induction de || deux venerables || Docteurs y || denom- || mez. || En vers françois. Par I. Alphutic, de Merando- || nie en tomnois. || Matthieu 7. a. 1.

> Ne iuge point, à fin qu'on ne te iuge : ||
> Car, comme dit Iesus-Christ le vray Iuge, ||
> Du Iugement que tu auras donné : ||
> Asseurément tu seras condemné. ||

S. *l. n. d.* [*v.* 1561]. In-8 de 8 ff. non chiffr.

Au v° du titre est un sonnet « Au Lecteur benevole », signé : JEHAN LE DOUXTON, et accompagné de la devise : *Petit à petit*.

Au 2° f. est une ode « Au peuple de Rosay », par POL CHAIRTERRE, dont la devise est : *Un et seul.*

Le poème sur la mort de Nicolas Verjus occupe les ff. *Aiij - Bij* ; il est suivi d'un *Echo, c'est à dire Repercussion ou Reson, à la complaincte des pauvres fidelles cy devant persecutez pour la parole de Dieu.*

Nous avons décrit (t. I, n° 778) un poème inconnu jusqu'ici de J. Alphutic. En voici un second dont les bibliographes ne font non plus aucune mention. Nous n'avons pas réussi à découvrir le véritable nom de l'auteur qui s'est caché sous cet anagramme compliqué. Il est probable que les noms des deux amis qui le recommandent au public, Jehan Le Douxton et Pol Chairterre, sont également supposés.

Nicolas Verjus appartenait à ce petit groupe de protestants dont le curé Claude Haton parle avec grands détails dans ses *Mémoires*. Le bailli de Provins de 1557 à 1572, Jean Alleaume, était huguenot au fond du cœur, bien qu'il se dît catholique (voy. *La France protestante*, nouv. éd., I, 117) ; Verjus était plus résolu puisque, à ses derniers moments, il refusa l'assistance du curé de Saint-Pierre. Il est singulier que Claude Haton ne nous parle pas de lui.

Le corps de l'hérétique fut sorti de son cercueil et jeté à la voirie ; sa maison fut démolie et les matériaux furent portés

> ..... en l'eau soubs le pont au Poisson,
> Devant l'hostel d'un appellé *Trumeau.*

Ce Trumeau était l'imprimeur, dont la famille s'était divisée en plusieurs branches. Une branche s'était établie à Reims, tandis qu'une autre s'était fixée à Troyes. Voy. Henri Stein, *Recherches sur les débuts de l'imprimerie à Provins* (extr. de la *Biblioth. de l'École des chartes*), 1889, p. 13.

2610 (802 *a*). DESTINÉE || d'Echo ou || Chant nuptial sur || le Mariage du Roy. || Dedié à sa Maiesté. || Auec XII. inscriptions sur les || portraictz de quelques || grands Seigneurs. || Nul bien sans peine dure. || *A Paris,* || *Chez Guillaume*

Binet, *Ruë des* || *Amandiers à l'Image S. Nicolas.* || MDC [1600]. || Auec permission. In-8 de 12 pp.

L'*Echo* est suivi d'un dialogue entre les Trois Grâces, le Poète, Hymen et Calliope, des *Inscriptions* et d'un *Sonnet*.
A la fin est répétée la devise : *Nul bien sans peine dure*.

K. — Poètes français depuis Malherbe jusqu'à nos jours.

2611 (833 *a*). ŒUVRES DIVERSES de Pierre Corneille. *A Paris, Chez Gissey, ruë de la Vieille Bouclerie, à l'Arbre de Jessé. Bordelet, ruë S. Jacques, vis-à-vis le College des Jesuites, à S. Ignace.* M.DCC.XXXVIII [1738]. Avec Approbation & Privilege du Roi. — [Au bas de la p. 461 : *De l'Imprimerie de Gissey.*] In-12 de xxxiv pp., 1 f., 461 pp. et 3 ff.

Recueil publié par l'abbé FRANÇOIS GRANET, qui y a réuni 96 pièces de Corneille : les vers traduits du P. de La Rue et de Santeul, les épîtres au roi, l'épître « *A monseigneur, sur son mariage* », l'*Excuse à Ariste*, les madrigaux composés pour *La Guirlande de Julie*, etc., etc.
La préface de l'abbé Granet est suivie de la *Défense du grand Corneille*, par le P. TOURNEMINE, jésuite.
Le carton qui suit la p. xxxiv contient le *Sonnet sur la mort de Louis XIII*, l'*Epitaphe de Louis XIII* (sonnet) et le *Placet au roi sur le retardement du payement de sa pension*.
Le privilège, dont le texte est rapporté à la fin du volume, est accordé pour six ans au sieur ..., le 13 décembre 1737.
*Bibliographie Cornélienne*, n° 174.

2612 (839 *a*). POËME DU QUINQUINA, et autres Ouvrages en vers de M. de la Fontaine. *A Paris, Chez Denis Thierry, ruë S. Jacques, devant la ruë du Plâtre à l'enseigne de la ville de Paris. Et Claude Barbin, sur le second Perron de la sainte Chapelle au Palais.* M. DC. LXXXII [1682]. Avec Privilege du Roy. In-12 de 2 ff., 242 pp. et 1 f. blanc.

Outre le poème du *Quinquinna*, ce recueil contient *La Matrone d'Ephese, Belphegor, Galatee*, et *Daphne*, opéra.
Le privilège, dont un extrait occupe le 2ᵉ f. lim., est accordé pour six ans au sieur de La Fontaine, le 2 novembre 1681. Le poète déclare céder ses droits à *Denys Thierry* et à *Claude Barbin*. L'achevé d'imprimer est du 24 janvier 1682.

2613 (854 *a*). VAIR VERT ou les Voyages du Perroquet de la Visitation de Nevers. Poeme heroi-comique. *A la Haye, Chez Guillaume Niegard.* M.DCC.XXXIV [1734]. In-12 de 48 pp., mar. v., fil., mil., coins et dos ornés, tr. dor. (*A. Motte.*)

Édition originale du célèbre poème de GRESSET.
Les pp. 3-4 contiennent un *Avertissement du Libraire*, qui commence ainsi : « Voici un ouvrage de M. G***, fameux par la traduction des

Eglogues de Virgile, et par d'autres petites piéces qui sont dans le même recueil, mis au jour cette année... »

*Vair vert* est suivi du *Caresme in-promptu* (pp. 33-40) et du *Lutrin vivant, à monsieur l'abbé de Segonzac* (pp. 41-48).

2614 (904 *a*). L'Eloge || du Roy || sur ses || Conquestes. || Ode. || *A Paris*. Avec Permission. — [A la fin :] M. de la Graveette [*sic*]. *S. d.* [1672]. In-4 de 15 pp., car. ital. — Les Triomphes || du Roy || ou la Suite de ses || Conquestes. || Ode. || Par le Sieur M. de Lagravete. || Avec Permission. *S. l. n. d.* [*Paris*, 1673], in-4 de 16 pp., car. ital. — Les || Victoires || du Roy || Ode. || Par le Sieur M. de la Gravete. || Avec Permission. *S. l. n. d.* [*Paris*, 1674], in-4 de 1 f. et 14 pp., car. ital.

Ces trois pièces de l'auteur des gazettes rimées se font suite. Il dit luimême dans la seconde strophe de la troisième ode :

Voicy la troisième campagne
Que je tâche d'écrire en vers,
Et qui par vos exploits divers
Doit estre fatale à l'Espagne.

2615 (928 *a*). La Marquise de Salusses, ou la Patience de Griselidis. Nouvelle. *A Paris, De l'Imprimerie de Jean Baptiste Coignard, Imprimeur du Roy, & de l'Académie Françoise, ruë S. Jacques, à la Bible d'or.* M. DC. LXXXXI [1691]. Avec Privilege de Sa Majesté. In-12 de 1 f. pour le titre, 58 pp. et 1 f. blanc.

Édition originale du conte de Charles Perrault.
Les pp. 1-2 contiennent une épître (en vers) « A mademoiselle ** ».
Le conte est suivi (pp. 51-58) d'une épître (en prose) « A monsieur ** en lui envoyant la Marquise de Salusses ».
Le volume ne renferme pas d'extrait du privilège.

---

### 4. — *Chansons.*

2616 (990 *a*). Novveav || Recveil || de plusieurs || Chansons, honnestes & || recreatiues, tirées pour || la pluspart nouuellemēt || de diuers Poëtes Fran- || çois : & autres depuy || gueres imprimées. || *A Paris,* || *Par Nicolas Bonfons,* || 1597. In-12 de 1 f. pour le titre, 278 pp. inexactement chiffr. et 4 ff. de *Table*.

La pagination est régulière jusqu'à la p. 87, mais ce n° est répété deux fois, et les chiffres se suivent alors jusqu'à 277.
Le volume contient 159 pièces, dont aucune n'est accompagnée du nom de l'auteur. Une seule porte : par J. M. :

Un temps fut que je voulus, p. 52.

Cette pièce figure déjà, sous le nom de Jacques Moysson, dans le *Recueil de plusieurs chansons* (Lyon, Ambroise Du Rosne, 1567, in-16), fol. 5 v°.

Voici une liste de quelques pièces dont nous avons pu retrouver les auteurs :

**PIERRE DE RONSARD.**
Demandes-tu, chere Marie, p. 209 (éd. Blanchemain, I, 209).
Douce maistresse, touche, 74 (Blanch., I, 225).
Las ! je n'eusse jamais pensé, 206 (Blanch., I, 81).
Ma maistresse est toute angelette, 227 (Blanch., I, 163).
5. Quand ce beau printemps je voy, 30 (Blanch., I, 220).
Quand j'estois libre, 98 (Blanch., I, 214).
Qui veut sçavoir Amour et sa nature, 230 (Blanch., I, 216).

**CLAUDE DE PONTOUX.**
Benist soit l'œil noir de ma dame, p. 1 (*Œuvres*, 1579, p. 178).

**PHILIPPE DES PORTES.**
Amour, grand vainqueur des vainqueurs, 234 (éd. Michiels, p. 107).
Blessé d'une playe inhumaine, 133 (Michiels, 149).
Celuy que le ciel tout puissant, 85 (Michiels, 98).
Ceux qui peignent Amour sans yeux, 45 (Michiels, 21).
5. Doncques ce tyran sans mercy, 238 (Michiels, 381).
Doulce liberté desirée, 237 (Michiels, 127).
En quel desert, en quel bois plus sauvage, 177 (Michiels, 69).
Fay que je vive, ô ma seule deesse, 111 (Michiels, 410).
Helas ! que me faut il faire, 271 (Michiels, 57).
10. Je ne veux jamais plus penser, 80 (Michiels, 78).
Las ! que nous sommes miserables, 132 (Michiels, 416).
La terre, n'a guerre glacée, 82 (Michiels, 84).
Le mal qui me rend miserable, 131 (Michiels, 172).
O nuict, jalouse nuict, 37 (Michiels, 378).
15. Quel feu par les vents animé, 190 (Michiels, 134).
Que vous m'allez tourmentant, 236 (Michiels, 109).
Rozette, pour un peu d'absence, 240 (Michiels, 450).
Sçavez vous ce que je desire, 47 (Michiels, 171).
Un doux trait de vos yeux, 166 (Michiels, 77).

**GILLES DURANT DE LA BERGERIE.**
J'ay couru tous ces bocages, 267 (éd. de 1594, fol. 30 v°).

## IV. — POËSIE DRAMATIQUE.

### 3. — *Théâtre français.*

2617 (1073 a). LE MISTERE DE LA CŌCEPTIŌ || Natiuite Mariage Et annōciation de la benoi || ste vierge marie Auec la natiuite de Iesucrist || et son enfance contenāt plusieurs belles matie- || res Dont les noms sont en la table de ce present || liure. *Imprime nouuellement a paris.* — ¶ *Cy finist le mistere de la conceptiō Natiuite* || *Mariage Et annonciation de la benoiste vierge marie Auec la natiuite* || *de Iesucrist, et son enfance Contenant plusieurs belles matieres Im-* || *prime nouuellement a Paris | par la veufue feu Iehā trepperel ç Iehā* || *iehannot imprimeur et libraire iure en luniuersite de paris Demourant* || *en la rue neufue nostre dame A lenseigne de lescu de France. S. d.* [*v.* 1525], in-4 goth. de 94 ff. impr. à 2 col. (le dernier coté cxciii), mar. v., fil., comp., dos orné, tr. dor. (*Duru*, 1850.)

Le titre est orné d'un bois à compartiments qui représente des scènes de la vie de sainte Anne et de saint Joachim. Dans un blanc réservé au milieu on lit : *Rorate, celi, desuper et nubes.*

Au v° du titre est un bois, fort grossier, de l'Annonciation aux bergers.

Au titre de départ est un bois représentant Dieu le Père, bois répété au-dessous de la souscription.

Au v° du dernier f., l'Annonciation et les mots : xix. c. [19 cahiers].

Le *Mistere de la Conception* est composé de deux parties. La première, qui s'étend jusque vers le milieu du f. xxxviij, a été spécialement rimée pour l'ouvrage, ou tout au moins empruntée à un auteur qui nous est inconnu ; la seconde est un simple remaniement de la première journée de la *Passion* d'Arnoul Greban. Le *Mistere de la Conception* débute par un court procès de paradis, suivi de l'histoire de saint Joachim et de sainte Anne, de la naissance de la Vierge, etc. Le compilateur résume brièvement l'interminable débat entre Dieu, Justice et Miséricorde par lequel s'ouvre la première journée de Greban, puis il se raccorde avec ce dernier texte au vers 2816 (fol. xxxviij c).

Une foule de détails prouvent que ce n'est pas Greban qui a pillé notre mystère, mais lui au contraire qui a été copié. Le compilateur termine par le *Prologue final* qui se lit à la fin de la première journée de la Passion ; il supprime seulement les cinq derniers vers.

Nous avons déjà mis en parallèle. (t. II, n° 1073) un passage de chacun des deux textes ; nous aurions dû dire alors que les 14 ff. cités comme provenant d'un mystère de la *Conception* appartiennent en réalité à la *Passion* de Greban.

Exemplaire de M. le Baron de La Roche Lacarelle (Cat. de 1888, n° 285), sorti comme double de la bibliothèque de S. A. R. Mgr. le Duc d'Aumale.

2618 (1073 b). Sensvyt le mistere || de la passiõ nostre || seigñr Ihesucrist || auec les adiciõs faictes p̄ treseloquēt et sciētifiq̄ || docteur maistre iehan michel Leq̄l mistere fut || ioue a angiers moult triumphantement et der || nierement a Paris. xlviii. — [Au v° du dernier f. :] *A lhõneur de Dieu ҫ de la* || *glorieuse vierge marie Et a ledifficatiõ de tous* || *bõs cresliens ҫ crestiennes a este imprime ce pre-* || *sent liure nomme la passion de nostre sauueur ҫ* || *redempteur iesucrist par personnages. Nouuel* || *lemēt imprimee a Paris Par la veufue feu iehã* || *trepperel et Iehan iehannot īprimeur ҫ libraire* || *iure en luniuersite de paris. demou- rāt en la rue* || *neufue nr̃e dame a lenseigne de Lescu de Frãce. S. d. [v. 1525],* in-4 goth. de 263 ff. chiffr. et 1 f. non chiffr., mar. br. jans., doublé de mar. r., riche dor. à petits fers, tr. dor. (*Duru,* 1860.)

IV, 4. 65

Le titre, imprimé en rouge et en noir, est orné d'une grande initiale sur fond criblé, et d'un bois à compartiments représentant diverses scènes de la Passion. Dans un blanc réservé au centre de ce bois on lit : *Passio domini nostri Jesu Christi*, et sur les côtés : *O vos omnes qui transitis per viam, attendite et videte, etc.*

Au v° du titre est un bois, assez grossier, divisé en compartiments. Dans la partie supérieure, on voit la Trinité entourée des quatre évangélistes. Au-dessous sont les docteurs de l'Église.

Au titre de départ est la Prédication de saint Jean, accompagnée de deux fragments de bordure.

Au v° du dernier f., le Triomphe du Christ.

Le grand mystère cyclique de la *Passion*, composé par ARNOUL GREBAN vers 1450, ne compte pas moins de 34500 vers. On peut le lire et l'étudier facilement aujourd'hui, grâce à l'excellente édition qu'en ont donnée MM. G. Paris et G. Raynaud (Paris, Vieweg, 1878, gr. in-8). Malgré ses vastes proportions, cet ouvrage ne parut pas encore assez développé à certains amateurs de mystères. Un médecin angevin, JEHAN MICHEL, le remania et le fit jouer sous sa forme nouvelle à Angers, vers la fin d'août 1486. Ce remaniement fut aussitôt imprimé et popularisé par nombre d'éditions et de représentations. Voy. *Jean Michel de Pierrevive, premier médecin de Charles VIII, roi de France, et le Mystère de la Passion*; par M. Achille Chéreau (Paris, Techener, 1864, in-8, extr. du *Bulletin du bibliophile*).

Exemplaire de M. le BARON DE LA ROCHE LACARELLE (Cat. de 1888, n° 286).

2619 (1073 c). SENSVIT LA RESVRRE || CTION de nostre Sei || gneur iesuchrist par personnaiges || Cõment il apparut a ses apostres || et a plusieurs autres / ¢ cõmēt il mõta es cieulx le || iour de son assenciõ *Nouuellemēt imprīe a paris.* || ¢ *On les vend a Paris en la rue neufue nostre dame* || *A lenseigne de lescu de france* — ¢ *Cy finist le mistere* || *de la Resurrection de nostre seigneur ihesucrist par personna-* || *ges Nouuellement imprime a Paris par la veufue feu Iehã* || *trepperel demourant en la rue neufue nosire Dame a lensei-* || *gne de lescu de France*. S. d. [v. 1520], in-4 goth. de 51 ff. chiffr. impr. à 2 col. et 1 f. de *Table*, mar. r., mil., coins et dos ornés, tr. dor. (*Duru*, 1858).

Le titre est orné d'une grande initiale sur fond criblé et d'un bois de la Résurrection.

Au v° du dernier f. est un grand bois représentant le Triomphe du Christ. et le chiffre X qui indique le nombre des cahiers.

Ce mystère reproduit presque en entier la quatrième journée de la *Passion* d'ARNOUL GREBAN. Le 1er vers correspond au v° 27631 de l'édition de MM. G. Paris et G. Raynaud :

ASCANIUS, *premier chevallier du sepulchre, commence*
Chevaliers, seigneurs et amys,
Vous sçavez qu'on nous a commis...

Quelques coupures ont été pratiquées çà et là ; les noms des diables ont été en partie changés ; mais, en somme, peu de vers ont été modifiés. La représentation se termine au v° 34087 de Greban, auquel l'auteur de notre remaniement a donné une rime nouvelle :

Le voyons en bienneuré regne
Qui jamais ne terminera
Mais sans fin a jamais sera.
Amen.

Exemplaire de M. le BARON DE LA ROCHE LACARELLE (Cat. de 1888, n° 287).

2620 (1080 a). LE LAS damour diuine — *Cy fine le liure du las damours* || *diuine Imprime a paris Par Felix* || *balligault*. S. d. [v. 1490], in-4 goth. de 26 ff. de 30 lignes à la page pleine, sign. *a-b* par 8, *c* par 6, *d* par 4, mar. r. jans., doublé de mar. ol., comp. de fil., tr. dor. (*Bauzonnet*.)

Le titre porte la marque de *Balligault* (Silvestre, n° 72).
Le v° du titre est blanc, ainsi que le dernier f.

Le *Las d'amour divine* est une moralité mystique dont les personnages sont : Charité, Jhesucrist, L'Ame, Justice, Verité, Bonne Inspiration, Les Filles de Syon et Les Pecheurs. Cette pièce a été réimprimée, en 1833, par les soins de MM. Veinant et Giraud d'après une édition de *Rouen, Richard Auzoult* pour *Thomas L'Aisné*; mais personne n'a comparé le texte de l'édition normande avec le texte de la nôtre. Or, notre volume, qui, sans nul doute, a été imprimé le premier, donne une rédaction entièrement différente de celle qu'a suivie R. *Auzoult*. Elle ne contient pas encore le prologue, qui est une addition postérieure, et commence ainsi (nous plaçons en regard le texte rouennais) :

| Édition de *F. Baltigault*. | Édition de *R. Auzoult*. |
|---|---|
| [Charité.] | Charité. |
| Jhesus, divine sapience | Jesus, divine sapience |
| Et second en la Trinité, | Et second en la Trinité, |
| Je vous diray ce que je pense ; | Qui congnoissés tout ce qu'on pense, |
| Si me respondez verité : | Je vous prie, diotes verité : |
| N'estes vous pas fort excité | Est il pas de necessité |
| D'aler visiter vostre espouse ? | De veoir vostre espouse loalle ? |
| Amours, que l'en dit Charité, | Amours, que l'en dit Charité, |
| Ne veult jamais qu'on se repouse. | Vous esmeult d'amours cordialle. |
| Qui veult de ses amours joyr, | Qui veult de ses amours jouyr, |
| Il se fault monstrer a sa dame | Il se fault monstrer a sa dame, |
| Et la fault faire resjoyr | Souventes foys la resjouir |
| Et le plonger dedans la flame | En la gettant dedens la flame |
| Du feu d'Amours, qui la bonne ame | Du feu d'Amours, car la bonne ame |
| Embrase comme bien aymée | Embrasée d'Amours, bien amée, |
| Et d'ung penser joyeux l'enflame, | Par ung penser ardant s'enflame, |
| Tant qu'elle chiet toute pasmée. | Tant qu'elle chet toute pasmée. |
| Adoncques son cueur est reduit | De bon vouloir son cueur reduit |
| Du tout en tout a vous servir ; | Du tout en tout a vous servir; |
| Demandez vous plus beau deduit | Demandez vous plus beau deduit |
| Que, pour vostre amour desservir, | Que, pour vostre amour desservir, |
| Ung franc cueur se veult asservir | Ung franc cueur se veult asservir |
| Et de soy vous fait sacrifice, | Et de soy vous fait sacrifice ? |
| Et puis le fait Amours ravir | Amours le fait sacrifice [??] |
| En laissant le monde et tout vice ? | En lessant le monde et tout vice. |
| Plus n'y a d'excusation | Plus n'y a d'excusation |
| Que vous ne preignez ceste cure, | Que vous ne prenez d'elle cure |
| Car c'est grant delectation. | Par amour et dilection, |
| Vous voyez que dame Nature, | Car vous voyez dame Nature : |
| Après que le temps de froidure | Après que le temps de froidure |
| Est passé et vient le prin temps, | Est passé et le prin temps vient, |
| Elle eschauffe la terre dure | El eschauffe la terre dure |
| Et fait flourir, comme j'entends. | Qui fleurist comme il apartient. |

2621 (1089 *a*). Comedie || et Resiouyssance de Paris, || sus les Mariages du Roy Catholique d'Espagne, || & du Prince de Piedmont : aux Princesses de || France : Mes-dames Elizabet & Margue- || rite, fille & sœur du Roy Treschre- || stien Henry ij. de ce nom. || Contenant les particularites des Cité, || Ville & Vniuersité de Paris. || Auec || troys Epithalames. || Le premier, à Hymen. || Le second, à la Nuict. || Le troisiesme, a Venus. || Par Iacques du Boys, de Peronne. || *A Paris*, || *De l'Imprimerie d'Oliuier de Harsy au clos Bru-* || *neau à l'enseigne de la corne de Cerf*, || Auec Priuilege. || 1559. In-4 de 22 ff. chiffr., car. ital.

Le 2ᵉ f. contient une *Odelette* « à tres-illustre et magnanime, le duc de Momorancy, per et conestable de France ».

La *Comedie* occupe les ff. 3-17 rᵒ. Les personnages en sont : Paris, La Cité, La Ville, L'Université. A la suite sont les trois *Epithalames*, puis la liste des *Faultes en l'impression*.

## V. — ROMANS.

### 1. — *Romans grecs.*

**2622** (1483 *a*). ΛΟΓΓΟΥ ‖ Ηοιμενικῶν, ‖ τῶν κατὰ Δάφνιν καὶ Χλόην ‖ Βιϐλία τέτταρα. ‖ Longi Pastoralium, de Daphnide & Chloë ‖ Libri quatuor. ‖ Ex Bibliotheca Aloisij Alamannij. ‖ *Florentiæ, Apud Philippum Iunctam.* ‖ M D II C [1598]. ‖ Superiorum permissu. In-4 de 4 ff. lim., 97 pp. et 1 f., vél. bl.

> Au titre la marque des *Giunti*, signée en bas de l'initiale F.
> Les 3 ff. qui suivent le titre contiennent une épître de **RAFFAELE COLOMBANI** « Clarissimo viro Baccio Valorio, J. C., equiti ac senat. florentino », épître datée de Florence le 1er août 1598.
> Le texte grec du célèbre roman de Longus paraît ici pour la première fois ; la traduction française d'Amyot avait été imprimée dès l'année 1559.

### 2. — *Romans français.*

#### A. — Romans de chevalerie.

**2623** (1486 *a*). L'Istoire du noble Sampson, duc d'Orleans, et de la noble Pharamonde, fille du puissant duc Charles de Bretaigne, sa femme, en brief ; comment il conquesta le royaulme de Cecille et comment ilz furent piteusement trahiz, et la vengnance. Ms. pet. in-4 sur pap. de 80 ff., haut. : 198 ; larg.: 140 mm. (commencement du XVIe siècle); relié en bas. verte, lacs et ferrets. (*Rel. du temps.*)

> Ce petit roman met en scène Samson, fils de cet Hernaïs ou Arneïs d'Orléans qui figure dans *Le Couronnement de Louis* ; Pharamonde, fille de Charles de Bretagne ; Floriane, sœur de Charlemagne ; Mile d'Engle, comte de Blois ; Barador Dei, vicomte de Cologne, etc. En voici le début : « Nous lisons es cronicques de France a Saint Denis lez la noble et eximie cité de Paris, que, regnant le puissant et noble roy Charlemaine le grant, roy de France, et avant que il estoit esleu en empereur, regna en la noble duchié d'Orleans ung puissant, noble et feal prince appelé Hernaïs... »
> Le présent volume a été découvert dans le Perche par M. J.-M. Richard, ancien archiviste du Pas-de-Calais.

**2624** (1488 *a*). ⁋ Tresplaisante et Re- ‖ creative Hystoire ‖ du Trespreulx et vaillant Cheuallier ‖ Perceual le galloys Iadis cheuallier ‖ de la Table ronde. Leq̄l acheua ‖ les aduē- tures du saīct Gra ‖ al. Auec aulchuns faictz ‖ belliqueulx du noble ‖ cheuallier Gauuaī ‖ Et aultres Che ‖ ualliers estās ‖ au temps ‖ du noble ‖ Roy ‖ Artus / non au parauant Imprime. ‖ ⁋ Auec priuilege. ‖ ⁋ *On les vend au Pallais a Paris*‖ *En la bou-* ‖ *tique de Iehan lōgis. Iehan sainct*

# BELLES-LETTRES.

*deuis | et Gal || liot du pre | Marchans libraires demourant au- || dict lieu.* — ❡ *Fin du Romant et Hystoire du preulx || et vaillant Cheuallier Perceual le Gal- || loys | Iadis Cheuallier de la Table rōde. || Lequel acheua les aduentures du Sainct || Graal. Auec auchuns faitz belliqueulx || du noble cheuallier Gauuain. Et aultres || Cheualliers estans au tēps du noble Roy || Arthus. Le tout nouuellement Imprime || a Paris | pour hōnestes personnes Iehan || sainct denys. et Iehan longis | marchans || Libraires demourans audict lieu. Et fut || acheue de Imprimer le premier iour de Se || ptembre. Lan mil cinq cens trente* [1530]. In-fol. goth. de 8 ff. lim. et 220 ff. chiffr., impr. à 2 col., mar. r., fil., dos orné, doublé de mar. r., riche dent. à petits fers, tr. dor. (*Thibaron et Joly.*)

Le titre, imprimé en rouge et en noir, est orné d'un encadrement qui porte les initiales et les griffons du libraire *Bernard Aubri* (cf. Silvestre, n° 788).

Au v° du titre est un extrait du privilège accordé pour six ans à *Jehan Longis* et à *Vincent Sertenas*, par le bailly de Paris, Jehan de La Barre, le 20 mars 1529 (v. s.).

Les ff. *aa ii-aa iiij* contiennent la *Table* et un grand bois représentant un chevalier revêtu d'une armure de parade et monté sur un cheval richement caparaçonné.

Les 4 ff. qui suivent forment un cahier signé *AA* ; ils contiennent l'*Elucidation de l'hystoire du Graal* et une répétition du grand bois décrit ci-dessus.

Au f. 1 est un bois qui représente le poète, vêtu d'une longue robe et assis dans une chaire gothique, devant un pupitre.

L'*Elucidation de l'hystoire du Graal* est la traduction en prose d'une introduction versifiée que nous a conservée le manuscrit de Mons.

L'auteur de l'avertissement, qui occupe le premier f., ne prononce pas le nom de CHRESTIEN DE TROYES, nom qui n'était pourtant pas oublié au XVIᵉ siècle, puisque Geofroy Tory le cite dans le *Champ fleury* (voy. ci-dessus, n° 2570) ; il dit seulement que le roman primitif avait été composé à la requête de Philippe, comte de Flandre (m. en 1191) ; « que le chroniqueur dudict Pheleppes et luy trespasserent de ce siecle avant l'achevement et accomplissement du livre », et que Jeanne, comtesse de Flandre (m. en 1243) le fit terminer par « ung sien familier orateur nommé MENNESSIER ». Les vers de Mennessier et de « son predecesseur » ayant vieilli, l'auteur déclare les avoir mis en prose française, « pour satisfaire aux desirs, plaisirs et voulontez des princes, seigneurs et aultres suyvans la maternelle langue de France ».

On ignore le nom de l'auteur de la version en prose. Quant à l'œuvre de Chrestien de Troyes et de ses continuateurs, et à la place qu'elle occupe dans l'épopée bretonne, voy. Kr. Nyrop, *Den oldfranske Heltedigtning* (Kjøbenhavn, 1883, in-8), pp. 247-249, et G. Paris, *La Littérature française au moyen-âge*, 2ᵉ éd., 1890, pp. 97-101.

2625 (1496 *a*). LE LIVRE *de clamades filz du roy despai- || gne ᷓ de la belle cleremonde fille du roy || cornuant.* — ❡ *Cy finist lhystoire du noble clamades et de la || belle cleremonde. Imprime alion par maistre || Didier thomas Lan Mil. ccccc. ᷓ deux* [1502]. || *Le troiziesme iour de May.*

In-4 goth. de 24 ff. non chiffr. de 30 lignes à la page, sign. *a-f*.

Voici la reproduction du titre :

Le texte commence ainsi, au vº même du titre : « En Espaigne avoit une damoiselle, laquelle print, hors du royaulme, a mary le filz du roy de Sar-

BELLES-LETTRES.        435

daigne, et fut appellée ycelle damoiselle royne d'Espaigne, et eut nom Doctive, et le roy eut nom Marchaditas... »

Le roman de *Cleomades* a été composé dans le dernier quart du XIII° siècle par ADENET LE ROI, qui en emprunta le sujet aux légendes byzantines. La rédaction en prose est, d'après Du Verdier (III, 199), l'œuvre de PHILIPPE CAMUS, dont nous avons déjà cité l'*Olivier de Castille* (t. II, n° 1491) et qui est peut-être aussi l'auteur de *Pierre de Provence* (t. II, n° 1497).

Le poème original d'Adenet le Roi a été publié par M. van Hasselt (Bruxelles, 1866, 2 vol. in-8).

2626 (1503 a). [LE LIVRE DE BAUDOUIN, comte de Flandre.] — [*Fol. ai*[a] :] Cy commence le liure || de baudoyn conte de flan || dres Et de ferrant filz au || roy de portingal qui apres || fut conte de flandres || [E]N lan || mil cent || quatre || vingtz || auoit en || flandres vng conte nōme || phelippes... — [*Fol. nv*[cd] :] *Cy finist ce present li* || *ure ītitule le liure baudo* || *yn conte de flandres Et* || *de ferrāt filz au roy de por* || *tingal qui apres fut cōte* || *de flandres Contenāt aul* || *cunnes croniques du roy* || *phelippe de france ę de ses* || *quatre filz Et aussy du* || *roy saint loys et de sō filz* || *iehan tristan quilz firent* || *encontre les sarrasins Im* || *presse a lion sur le rosne ę* || *fini le douzeiesme iour du moys de nouembre lā cou* || *rant mil iiii cens lxxviii* [1478]. — [*Fol. nvj*[a] :] Cy commēce la table || de ce present liure Intitu || le baudoin... [*Fol. nix*[d] :] Cy finist la table de ce || present liure dist baudoyn. In-fol. goth. de 95 ff. non chiffr., impr. à 2 col. de 27 et 28 lignes, sign. *a-l* par 8 (il n'y a pas de sign. *k*), *m* par 6, *n* par 9, mar. r., fil., dos orné, doublé de mar. bl., riche dent. à petits fers, tr. dor. (*Trautz-Bauzonnet.*)

Première édition de *Baudouin* ; elle est imprimée avec les gros caractères carrés de *Barthelemy Buyer* dont M. O. Thierry-Poux a donné un spécimen dans *Les premiers Monuments de l'imprimerie en France au XV*° *siècle*, pl. XIX, n° 3.

Le *Livre de Baudouin*, qui est la mise en prose d'un poème aujourd'hui perdu (voy. Arth. Dinaux, *Les Trouvères de la Flandre et du Tournaisis*, 1839, pp. 108-128 ; — *Les Trouvères brabançons, hainuyers, liégeois et namurois*, 1863, pp. 73-75) met en scène le comte de Flandre Baudouin IX, qui devint en 1204 empereur de Constantinople, et fut massacré par ordre du roi des Bulgares en 1206. D'après l'auteur du roman, le comte de Flandre aurait d'abord vécu pendant douze ans avec un diable. Délivré par un ermite, il aurait pris la croix sur l'ordre du pape ; il serait devenu empereur de Constantinople, mais il aurait été fait prisonnier par les infidèles et serait resté entre leurs mains pendant vingt-cinq ans. A son retour en Flandre, Jeanne, sa fille, épouse de Ferrand de Portugal, l'aurait fait mettre à mort.

Une réimpression de *Baudouin* a été donnée en 1836 par MM. C. P. Serrure et A. Voisin, sur l'édition de Chambéry, 1485.

2627 (1507 a). LA CŌQVESTE || du chasteau || damours conq̄ || stee par lumilite du beau doulx. — [Au r° du 15° f. :] ☾ *Cy fine la conqueste du chasteau* || *damours conquestee par la grant*

|| *humilite du beau doulx*. S. l. n. d. [*Lyon, v.* 1500], in-4 goth. de 16 ff. non chiffr. de 31 lignes à la page, sign. *a-b* par 6, *c* par 4.

Le titre, imprimé en rouge et en noir, est orné d'un bois déjà reproduit ci-dessus (n° 2590) :

Le v° du titre est blanc.

# BELLES-LETTRES. 437

Le 15ᵉ f. (*ciij*) contient six lignes de texte, la souscription et la marque de *Martin Havard*, imprimeur à Lyon :

Au v° de ce même f. est un bois du Christ en croix, entouré de quatre bordures.

Le dernier f. contient, au r°, un grand bois du Bon Pasteur ; il est blanc au v°.

Le roman de *Beaudous* ne rappelle que par le titre le poème de Robert de Blois (voy. *Robert de Blois' sämmtliche Werke, herausgegeben von Jacob Ulrich. I. Beaudous* ; Berlin, 1889, in-8). C'est une composition morale dont la brièveté est le principal mérite. Le texte commence ainsi : « Au temps jadis fut ung gentil homme simple et de bonne vie, lequel estoit povre et avoit grant peine a gaigner sa vie... » L'auteur déclare à la fin que par le château d'amour il entend « le royaulme du paradis, lequel royaulme a esté conquis plus par humilité que par autre chose ».

Pour d'autres impressions de *Martin Havard*, voy. les nᵒˢ 463, 466, 521, 2580 et 2590.

### B. — Romans de divers genres.

**2628** (1529 *a*). Histoire || comiqve || de Francion. || En laquelle sont || descouuertes les plus subtiles finesses & || trompeuses inuentions, tant des || hommes que des femmes, de || toutes sortes de conditions || & d'aages. || Non moins profitable pour s'en gar- || der, que plaisante à la lecture. || *A Paris,* || *Chez Pierre Billaine, ruë* || *sainct Iacques, à la bonne Foy.* || M. D. C. XXIII [1623]. || Auec Priuilege du Roy. In-8 de 8 ff. et 886 pp.

Édition originale du célèbre roman de Charles Sorel.

Les 6 ff. qui suivent le titre contiennent une préface ou avertissement commençant ainsi : « Je n'ay point trouvé de remede plus aisé ni plus salutaire à l'ennuy qui m'affligeoit il y a quelque temps que de m'amuser à descrire une histoire qui tient davantage du folastre que du serieux, de maniere qu'une melancolique cause a produit un facetieux effet... » Le 8ᵉ f. est blanc.

A la p. 886 est un extrait du privilège accordé pour six ans à *P. Billaine*, le 5 août 1622.

L'*Histoire comique* est divisée en sept livres qui correspondent aux huit premiers livres des éditions postérieures (le livre VI ayant été plus tard divisé en deux parties). On voit, en étudiant cette première impression, que le texte de Sorel a subi de profonds remaniements : suppressions, additions, rajeunissements du style, etc. Un des passages les plus remarquables, la description de la comédie grotesque dans laquelle Francion remplit un rôle (pp. 380-392) a été impitoyablement massacré (voy. édition Colombey, pp. 139-142).

Sur la première édition que nous venons de décrire et sur *Francion*, voy. l'excellente étude de M. Émile Roy : *La Vie et les Œuvres de Charles Sorel, sieur de Souvigny* (Paris, Hachette, 1891, in-8).

2629 (1529 *b*). L'Histoire || comique de || Francion. || Ou les tromperies, les || subtilitez, les mauuaises || humeurs, les sottises, & tous les autres || vices de quelques personnes de ce siecle || sont naïfuement representez. || Derniere Edition. || *A Paris,* || *Chez Louys Boulanger, ruë S.* || *Iacques à sainct Louïs.* || M.DC.XXXVI [1636]. In-8 de 12 ff. lim., 874 et 218 pp., plus 3 ff. bl.

Collation des ff. lim. : Titre ; 2 ff. pour une épitre « Aux grands » ; 9 ff. pour la *Preface* et un *Advis au lecteur*.

L'édition, dont le texte diffère très notablement de celui de 1623, est divisée en 12 livres. Les onze premiers livres occupent les pp. 1-874 ; le douzième remplit les 218 dernières pages. Le livre VI a été coupé en deux parties, ainsi que nous l'avons indiqué ci-dessus, en sorte que le livre VIII de 1636 correspond au livre VII de 1623.

Exemplaire de M. le Dʳ GALY (Cat., 1889, n° 594).

E. — Contes et Nouvelles.

2630 (1700 *a*). Novveavx || Recits, ou Com- || ptes mora- || lisez, || Ioinct à chacun le sens || moral : || ★ || Par || Du Roc sort Manne. || *A Anuers,* || *Par Theodore Kauffman.* || 1575. In-16 de 374 pp. et 3 ff. de *Table*.

Ce recueil, imprimé d'abord par *Nicolas Bonfons* (Paris, 1573, in-16), contient vingt-trois contes. Le dernier se termine par une petite farce à quatre personnages : deux hommes, la femme et le mari. Voici le début de cette pièce :

Le premier homme.
J'ay grand desir et volonté d'entendre,
Comme celui qui commence d'apprendre,
Si c'est en turc ou bien langue hebraïcque...

Nous n'avons pu découvrir le nom caché sous l'anagramme *Du roc sort manne*.

F. — Histoires extraordinaires.

2631 (1724 *a*). Discovrs || veritable || d'vn iuif errant, le- || quel maintient auec parolles proba- || bles auoir esté present a voir crucifier || Iesus-Christ, & est demeuré en vie || iusques à present. || Auec plusieurs beaux discours de diuerses personnes || sur ce mesme subiect. || *A Bordeaux, || Iouxte la coppie Imprimée || en Allemagne* 1609. In-8 de 16 pp., mar r. jans., tr. dor. (*Trautz-Bauzonnet.*)

Au titre, un bois du Christ en croix.

Le *Discours* est suivi (pp. 14-16) d'une *Complainte en forme et maniere de chanson..., sur le chant de* : Dames d'honneur, etc.

Le bruit courant çà et là par la France
Depuis six mois qu'on avoit esperance...

Nous avons déjà dit quelques mots de la légende du Juif errant en décrivant la relation attribuée à frère Dominique Auberton (t. II, n° 1940). Cette légende ne se répandit en Europe sous sa forme actuelle qu'au commencement du XVII$^e$ siècle. Aux divers ouvrages qui contribuèrent alors à la propager nous ajouterons le suivant :

*La Rencontre faicte ces jours passez du Juif errant par monsieur le Prince, ensemble les Discours tenus entr'eux* (Paris, Anth. Du Brueil, 1615, in-8).

## IX. — POLYGRAPHES.

2632 (1920 *a*). RECUEIL de Pieces curieuses et nouvelles, Tant en Prose qu'en Vers. *A la Haye, Chez Adrian Moetjens, Marchand Libraire ; près la Cour à la Librairie Françoise.* M. DC. CXIV [*sic pour M. DC. XCIV* : 1694-1696]. 5 vol. pet. in-12, v. f., dos orné, tr. r. (*Anc. rel.*)

*Tome I.*, 1694 : 4 ff., 698 pp. et 5 ff. de *Table.* Ce volume est divisé en six parties ; mais les tables et les titres sont compris dans la pagination, sauf pour la première partie. — *Tome II.*, 1694 : 706 pp. et 4 ff. — *Tome III.*, 1695 : 662 pp. et 5 ff. — *Tome IV.*, 1695 : 705 pp. et 3 ff. — *Tome V.*, 1696 : 708 pp. et 4 ff. — Les tomes II-V sont également divisés en six parties chacun.

Tous les titres portent la marque d'*A. Moetjens*, avec la devise : *Amat libraria curam.* Ceux qui sont en tête de chaque volume sont imprimés en rouge et en noir.

Le recueil de *Moetjens* est très important pour l'histoire littéraire de la fin du XVII$^e$ siècle. Non seulement diverses pièces y ont été reproduites au moment où elles venaient d'être imprimées à Paris ; mais un grand nombre d'autres y sont publiées pour la première fois. Il nous suffira de citer les contes et divers autres ouvrages de CHARLES PERRAULT, savoir : *Poëme de la creation du monde* (I, 1-28), *La Chasse* (I, 29-49), *Peau d'asne* (I, 50-79), *Dialogue d'Hector et d'Andromaque* (I, 80-92), *Les Souhaits ridicules* (I, 93-101), *Griselidis* (I, 235-283), *L'Apologie des femmes* (I, 399-442), *Le Triomphe de sainte Genevieve* (II, 196-212), *Idille à Mr. de La Quintinie* (II, 479-493), *Le Genie, epitre à Mr. de Fontenelle* (II, 534-543), *Petit Chaperon rouge* (V, 363-367), *La Barbe bleue* (V, 376-386), *Le Maitre Chat, ou le Chat botté* (V, 390-398), *Les Fées* (V, 405-409), *Cendrillon* (V, 417-429), *Riquet à la houppe* (V, 431-450), *Le Petit Poucet* (V, 451-469).

Sans rechercher les auteurs des pièces qui ne portent aucune signature, nous donnons ici la liste des auteurs dont les noms accompagnent leurs ouvrages :

BELLOCQ (PIERRE), I, 530 (cf. notre t. I, n° 948, art. 2) ; II, 119, 292. Cf. IV, 60.

BERNARD (CATHERINE), III, 63, 251.

BOILEAU (NICOLAS) DESPRÉAUX, I, 296 ; IV, 335, 418 ; V, 197, 481, 490. Cf. I, 443, 505, 530, 563, 564, 591 ; II, 452, 646, 675, 691 ; III, 54 ; IV, 334, 405, 411, 453, 510, 554.

BOYER (CLAUDE), I, 115, 124 ; III, 339, 451, 461, 469, 474, 478.

BRUNEL, procureur du roi au siège présidial et bailliage de Rouen, V, 77.

BUSSY (ROGER DE RABUTIN, COMTE DE), II, 520.

CAZE, V, 221, 224, 230, 231. Cf. V, 227, 229, 232.

CHAPELLE (CLAUDE EMMANUEL LUILLIER, dit), IV, 620.

CHARPENTIER (FR.), I, 648.

CHAULIEU (L'abbé GUILLAUME ANFRIE DE), III, 249. Cf. IV, 25.

CHÉRON (ÉLISABETH-SOPHIE), IV, 603.

COULANGES (PHILIPPE-EMMANUEL, MARQUIS DE), V, 680.

DANCHET (ANTOINE), II, 215.

DES HOULIÈRES (ANTOINETTE DU LIGIER DE LA GARDE, DAME), I, 182, 568, 571, 574, 576, 578, 688 ; II, 105, 359 ; IV, 682 ; V, 205, 209, 214, 217, 219. Cf. III, 498 ; IV, 276.

DES HOULIÈRES (ANTOINETTE-CLAUDE-THÉRÈSE), II, 315 ; V, 224, 227, 229, 231, 232, 233, 234, 342. Cf. III, 498 ; V, 224, 230, 236, 267.

DEVIN, I, 102 ; II, 142, 300, 305 ; III, 5, 10, 443.

DIÉREVILLE, III, 190 ; V, 110.

DU BUISSON, Chansons à boire, I, 227.

DU TROUSSET (JEAN-BAPTISTE-HENRI) DE VALINCOUR, II, 526, 531.

FAYDIT DE SAINT-BONNET (L'abbé PIERRE-VALENTIN), I, 137, 140.

FOURCROY (L'ABBÉ DE), V, 60, 262.

FOURNIER DE VILLECERF, I, 614.

GACON (FRANÇOIS), I, 591.

GIVRY, tué en 1617, II, 432.

GUDIN, V, 259.

GUITRANDI, II, 338.

HENRY (PIERRE), II, 646.

JACQUELOT (L'ABBÉ), III, 310.

LA BARRE (DE), Air à boire, I, 345.

LA FERRIÈRE (DE), I, 222.

LA FÉVRERIE, IV, 60.

LA FONTAINE (JEAN DE), Le Contract, conte, I, 10 ; — Lettre à M$^{me}$ la Duchesse de Bouillon, II, 559 ; — Le Rossignol, La Fauvette et le Moineau, III, 308. Cf. II, 230.

LA MIGUE (J.), III, 588, 543.

LA NEUVILLE, III, 115.

LA RUE (Le P. CHARLES DE), IV, 159.

LA TRONCHE, V, 21.

L'ÉGLANTIER, V, 260.

LE NOBLE (EUSTACHE), IV, 428.

MAGNIN, V, 526.

MENESTRIER (Le P. CLAUDE-FRANÇOIS), III, 168, 629 ; IV, 105.

MURAT (HENRIETTE-JULIE DE CASTELNAU, COMTESSE DE), III, 61.

NADAL (L'abbé AUGUSTIN), II, 560.

NEVERS (PHILIPPE-JULIEN MAZARINI MANCINI, DUC DE), II, 382, 420, 428 ; V, 570.

PAVILLON (ESTIENNE), II, 108, 239, 544 ; V, 505, 524.

PERRAULT (CHARLES), I, 1, 29, 50, 80, 93, 235, 399 ; II, 196, 479, 534 ; V, 363, 376, 390, 417, 437, 451. Cf. I, 898 ; II, 17, 57.

PRADON, I, 505. Cf. III, 446.

QUINAULT (PHILIPPE), III, 627.

RACINE (JEAN), Cantique à la louange de la charité, II, 635 ; Stances, II, 639, 640 ; Plaintes d'un chrétien, II, 641 ; Sur le bonheur des justes, II, 643.

REGNARD (JEAN-FRANÇOIS), Satyre contre les maris, II, 599, (voy. notre t. I, n° 949). Cf. III, 54.

REGNIER DES MARETS (L'abbé FRANÇOIS-SÉRAPHIN), I, 627 ; V, 507.

ROBINET (CHARLES), V, 298, 399, 470, 546.

SAINT-ÉVREMONT (CHARLES-MARGUERITE DE SAINT-DENYS DE), IV, 25, 29 ; V, 386, 517, 520, 626.

SAINT-GILLES, mousquetaire, I, 564; III, 494.

SANLECQUE (LOUIS DE), I, 497. Cf. I, 475.

SENECÉ (ANTOINE BAUDERON DE), II, 244, 289; III, 12.

SERENCOURT (DE), de Montdidier, III, 657.

TOUREIL, II, 5.

TURGOT DE SAINT CLER (DOMINIQUE-BARNABÉ), IV, 685.

VETRON, V, 649.

Il serait également intéressant de dresser une liste des personnages cités. Nous ne relèverons que les suivants : Arnaud (Antoine), II, 390, 395; III, 200; Benserade (Isaac de), III, 490; Campistron (Jean Gilbert de), III, 494; Cornuel (Anne Bigot, dame), I, 691; Fontenelle (Bernard de), II, 534; Rancé (Armand-Jean Le Bouthillier de), abbé de La Trappe, I, 679; Régnier (Mathurin), II, 428; Visé (Jean Donneau de), IV, 588.

# HISTOIRE.

## I. — GÉOGRAPHIE ET VOYAGES.

### 5. — *Voyages en Asie.*

2633 (1938 *a*). [LE LIVRE APPELÉ MANDEVILLE.] — [Fol. 2, signé *ai*ª :] Ce liure est appelle || mandeuille Et fut fait et || compose par mous' [*sic*] iehā || de mandeuille cheualier || natif de angleterre de la || ville de sainct alein Et || parle de la terre de pro || missiou [*sic*] cest assauoir De || iherusalem [*sic*] ¢ de pluseurs || aultres isles de mer ¢ les || diuerses et estranges cho || ses qui sont esdictes isles || [C]omme il fust || ainsi que la terre de oult' || mer cest assa || uoir la terre saincte la t̄ || re de promissiõ.....— [Fol. *piiij*ᵈ :] *Cy finist ce tresplay* || *sant liure nõme Mande* || *uille parlãt moult antē* [sic] || *tiquement du pays ¢ īre* || *doultre mer Imprime a* || *lyõ sur le rosne Lan Mil* || *CCCClxxx* [1481, n. s.] *le viii iour de* || *freuier* [sic] *a la requeste de* || *Maistre Bartholomieu* || *Buyer bourgoys du dit* || *lyon*. In-fol. goth. de 106 ff., impr. à 2 col. de 30 lignes, mar. r. jans., tr. dor. (*Thibaron et Joly.*)

Cette édition se compose bien de 106 ff. Le 1ᵉʳ f., qui doit être blanc, manque à l'exemplaire; les signatures commencent au 2ᵉ f. par *ai*. Le 1ᵉʳ cahier a ainsi 7 ou 8 ff., suivant que l'on compte ou que l'on ne compte pas le f. blanc. Les 11 cahiers qui suivent *b-k, m, n*, ont 8 ff.; le cahier *o* en a 6 et le cahier *p*, 4. Il n'y a pas de sign. *l*, ou plutôt l'imprimeur a fondu en une seule les signatures *k l* (le 4ᵉ f. du cahier porte en effet *KLiiij*). On remarquera que *Baudouin*, imprimé en 1478 sur les mêmes presses (voy. ci-dessus, n° 2626), n'a pas de sign. *k*.

On le voit, la description donnée par M. Brunet (III, 1358) doit être rectifiée. Le présent exemplaire est en effet celui du duc de La Vallière, auquel Van Praet, dans la note citée au *Manuel du libraire*, avait compté 113 ff., parce qu'il réduisait le cahier *a* à 7 ff. et n'avait pas constaté l'absence d'un cahier *l*. Quant à Hain (n° 10641), il n'a pas vu le volume et le mentionne sans le décrire.

L'exemplaire, d'ailleurs incomplet, de la Bibliothèque nationale, présente avec celui-ci de nombreuses différences, qui donnent lieu de penser que le volume a été, sinon réimprimé, du moins profondément remanié. M. Brunet a déjà relevé les variantes du titre ; on en relève d'autres presque à chaque page. Voici celles que nous avons trouvées dans une seule colonne fol. *gvijb* :

| Exempl. de la Biblioth. nat. : | Exempl. de La Vallière : |
|---|---|
| Babiloine | Babiloyne |
| pluseurs autres lieux | plusieurs aultres lieux |
| Neāt moins ie | Neaumoins ie |
| vous veul parler | vo' vuel parler |
| dautres pays | dautres païs |
| de diuerses choses | de bien diuerses chouses |

Sous la même date de 1480 il existe une édition du *Livre de Mandeville* achevée d'imprimer (probablement à Lyon) le 4ᵉ jour d'avril. Comme, en 1480, Pâques tombait le 2 avril, M. Brunet (III, 1357) en a conclu que l'édition dont nous parlons appartenait bien à l'année 1480 et qu'elle était, par conséquent, antérieure à la nôtre, qui n'est en réalité que du 8 février 1481 (n. s.). Rien n'est moins sûr que ce raisonnement. Si l'on songe qu'en 1481 la fête de Pâques tombait le 22 avril, on verra que les dates du 2 au 21 avril 1480 (v. s.) peuvent correspondre aussi bien à l'année 1481 qu'à l'année 1480. Or, il n'y a nulle apparence que l'impression du *Livre de Mandeville* ait été terminée le mardi de Pâques, jour férié ; aussi n'est-il pas douteux à nos yeux que le volume soit du mois d'avril 1481.

Les Voyages de Mandeville ont fait l'objet, dans ces dernières années, de plusieurs publications importantes. Il nous suffira de rappeler l'étude de M. Albert Bovenschen dans la *Zeitschrift der Gesellschafft für Erdkunde zu Berlin* (XXIII, 1888, pp. 177-306) et surtout le grand volume de M. F. Warner (*The Buke of John Maundeville, being the Travels of Sir John Mandeville, Knight, 1322-1356 ; a hitherto unpublished English Version... edited together withe the French Text*, etc. Printed for the Roxburghe Club. Westminster, Nichols and Sons, 1889, gr. in-4).

L'opinion qui prévaut aujourd'hui, c'est que les voyages de Mandeville sont, au moins en grande partie, purement imaginaires, et qu'ils sont l'œuvre d'un compilateur géographe, probablement JEHAN A LA BARBE, ou DE BOURGOGNE. Voy. *Jean de Mandeville, par Henri Cordier*. Extrait du T'oung-Pao. Leide, E. J. Brill, 1891, in-8.

Exemplaire du DUC DE LA VALLIÈRE (Cat. de De Bure, t. III, n° 4515), de BENJAMIN HEYWOOD BRIGHT (Cat., 1845, n° 3614), de R.-S. TURNER (Cat. de 1878, n° 611) et de M. le BARON DE LA ROCHE LACARELLE (Cat. de 1888, n° 459).

**2634 (1938 *b*).** ITINERARIO di Sancto Brascha alla santissima città di Gerusalemme.] — [Fol. *a*1 :] ❧ Ad Magnificum Dominum Antonium Landrianum || Ducalem Thesaurarium generalem : Sanctus Brascha, || Salutem. || [I]Nspirato de la pueritia p̄ īsino a questa hora || dal omnipotente ⁊ Summo Dio : non stricto || da altro obligo de andare personalmente a ui || sitare la sanctissima Cita de Ierusalem... — [Fol. *h*3 :] Insigni uiro Sancto brasche : ducali cancellario. S. D. P. ||

Ambrosius archintus Mediolanensis.‖ Quamq̃ʒ superiore anno non mediocri angebar dolore ‖ ob difficilem quam aggressurus eras ‚puinciā uisende ‖ terre sancte… — [Fol. *h*3 v°, au-dessous de 10 lignes de texte :] *Leonardus pachel ϛ Vldericus sinczenceller : Theutonici* ‖ *hortatu Ambrosiȷ̈ archinti hoc opusculum in lucem attule* ‖ *runt anno a natali christiano*. 1481. *quinto kl'as martias*. In-4 goth. de 56 ff. non chiffr. de 32 lignes à la page pleine, sign. *a-f* par 8, *g* par 10, *h* par 6, cuir de Russie, dent. à froid, fil. et coins dorés, dos orné, tr. dor.

L'édition, imprimée en lettres de forme, n'a que le titre de départ reproduit ci-dessus. — Au v° du f. *g*10 est un plan du Saint-Sépulcre. — Les ff. *h*1 et *h*2 contiennent une prière en vers composée par le voyageur au pied du Calvaire, le 29 juillet 1480, et un sonnet composé sur le tombeau de la Vierge. — Le f. *h*4 est blanc. — Les 2 derniers ff., dont les bibliographes ne font aucune mention, contiennent la liste des villes et des châteaux situés sur le Pô, de Pavie à Venise, la liste des rivières qui se jettent dans le fleuve, les noms des bras et des ports qu'il forme à son embouchure.

Le voyage de Sancto Brascha offre cet intérêt d'avoir été rédigé avec la plus grande sincérité et d'avoir été imprimé sans que le voyageur eût pu le remanier. Sancto, parti de Milan le samedi 29 avril 1480, se rendit en Palestine en même temps que le pèlerin français anonyme dont nous avons décrit la relation (t. II, n° 1939) ; il était de retour vers la fin de la même année. Ambrosio Archinto reconnut la valeur de cet ouvrage écrit « tumultuario, ut aiunt, strepitu et inter remigantium clamores in trireme », et ce fut lui qui engagea son ami à le publier. M. Ch. Schefer en a donné une analyse détaillée dans son introduction au *Voyage de la saincte cité de Hierusalem* (Paris, E. Leroux, 1882, gr. in-8).

Hain (n° 3762) cite ce volume sans l'avoir eu sous les yeux.

Exemplaire de George Hibbert (Cat., 1829, n° 1421), du duc de Hamilton (Cat. Beckford, 1882, n° 1188) et de M. le baron de La Roche Lacarelle (Cat. de 1888, n° 455).

2635 (1939 *a*). Le grant voyage de Ihervsalem diuise ‖ en deux parties / En la premiere est trai- ‖ cte des peregrinations de la saincte cite ‖ de Iherusalē : Du mont saincte Kathe- ‖ rine de synay : et aultres lieux sainctz / a- ‖ uec les a / b / c / des lettres grecques / cal- ‖ dees / hebraicques / et arabicques / auec aulcũs langai- ‖ ges des turcz / translatees en francoys. ‖ ☾ En la seconde partie est traicte des croisees et entre- ‖ prinses / faictes par les Roys et princes crestiens / pour ‖ la recouurance de la terre saincte / et augmentacion de ‖ la foy. Cōme Charles martel / Pepin / Charlemaigne / ‖ le roy sainct Loys / Godeffroy de bouliõ / ϛ aultres qui ‖ ont conqueste la cite de Iherusalem. ‖ ☾ Des guerres des turcz / et tartarins : la prinse de Cõ ‖ stantinoble / du siege de Rhodes / la prinse de Grenade ‖ Auecques lhystoire de Sophie / Les guerres et batail ‖ les entre le grant Turc / et le grāt Souldan / faictes de- || puis nagueres. Le chemin et voyage de Rome / A- || uec les stations des eglises ou sont les grans pardons || Et plusienrs [sic] aultres choses singulieres. || ℭ *Imprime a Paris pour Francoys regnault / librai-* || *re demourant en la grant rue sainct Iacques a lymai* || *ge sainct Claude.* || ℭ Cum priuilegio. — [Fol. cxcij v°:] ℭ *Cy finist le grãt voyage de Iherusalẽ auec* || *plusieurs aultres choses singulieres Impri* || *me a Paris / par Nicolas hygman ĩprimeur /* || *pour Francoys regnault libraire iure en luni* || *uersite de Paris le douziesme iour de octobre* || *Lan mil cinq cens et dixsept* [1517]. ∴ ∴ — [Fol. cxcvij v°:] ℭ *Cy finist le grant voyage de Iherusalem auec plu-* || *sieurs aultres choses singulieres / touchant des guer-* || *res et croisees que ont faict les princes Crestiens pour* || *la recouurance de la terre saincte. Et aussi le chemin de* || *Romme / auec toutes les eglises ᵹ stacions de ladicte ci* || *te. Imprime a Paris pour Francoys regnault : le dou-* || *ziesme iour de octobre Lan mil cinq cens et dixsept.* Gr. in-4 goth., mar. r. jans., tr. dor. (*Thibaron et Joly.*)

Le titre est imprimé en rouge et en noir. — Au v° du titre est le texte de la requête adressée par *Françoys Regnault*, libraire juré, au prévôt de Paris, et le privilège à lui accordé par ce magistrat, pour deux ans, le 4 septembre 1517. Les 3 autres ff. lim. contiennent la *Table*.

Comme l'indique le titre, le volume est divisé en trois parties. La première se compose de 90 ff., chiffr. iij–xiij, ix, xiiij–lxxv, lxxv (pour la 2ᵉ fois)–xc. Elle contient la relation du voyage de BERNARD DE BREYDENBACH, traduite en français par frère NICOLE LE HUEN, « professeur en saincte theologie, religieux a la Mere de Dieu, nostre dame, des carmes du convent du Ponteau de mer, et de la feu roine Charlote (que Dieu absolve) confesseur et devot chapellain ». En tête est l'épître adressée par frère Nicole « A treshaulte, trescrestienne et tresdoubtée princesse, la roine de France, Marguerite ». Cette princesse, qualifiée reine, était Marguerite d'Autriche qui, à l'âge de deux ans, avait été fiancée, par le traité d'Arras, au dauphin, devenu plus tard Charles VIII. Marguerite était élevée en France ; et l'on voit par cet exemple qu'elle était déjà considérée comme la reine. Elle ne retourna en Flandre, auprès de Maximilien son père, qu'au moment où Charles VIII annonça ses fiançailles avec Anne de Bretagne.

Frère Nicole Le Huen dit qu'il a été encouragé à dédier son œuvre à Marguerite « par noble dame, madame de Segré, Marguerite de Corandon ». Mᵐᵉ de Segré dirigeait l'éducation de la jeune princesse.

Après le 66ᵉ f. (coté lxvij) est un grand plan de Jérusalem gravé sur bois en deux segments et plié.

Au v° du 90ᵉ f., au-dessous de 13 lignes de texte, est la figure du Saint-Sépulcre.

La seconde partie se compose de 16 ff. non chiffr., sign. *pp*, *ppp*, dont le premier porte un titre et la marque de *Françoys Regnault* (Silvestre, n° 42). Le libraire a inséré dans ces ff. une histoire fabuleuse des guerres de Charles Martel, de Pépin et de Charlemagne en Espagne : « Pepin le bref, lequel tint la seigneurie et gouvernement du palays royal de France l'espace de xxvij ans et demy, fut pere Charles Martel... « Cet ouvrage n'est en grande partie qu'un abrégé de la chronique de Turpin.

A la suite de ces 16 ff., lesquels sont ornés de 9 figg. en bois, y compris une répétition du Saint-Sépulcre, est une grande figure, gravée, comme le plan, en deux segments, et représentant le pape, les princes chrétiens, les armées chrétiennes et celles des Turcs. Le centre de ce bois est occupé par une ballade imprimée en caractères mobiles :

O chrestiens, tant jeunes comme vieulx...<br>
Refr. Suyvre la croix pour avoir paradis.

La ballade contient l'acrostiche suivant : ORONTIUS FINÉ, PHYSICUS. C'est assurément l'un des premiers ouvrages du célèbre mathématicien dont nous avons décrit ci-dessus un petit poème (voy. le n° 2595). L'année précédente, c'est-à-dire en 1516, on trouve deux épigrammes de Finé en tête des *Quaestiones* de Jean de Bassolis.

La 3° partie se compose de 107 ff. chiffr. xcj–cxcvij (il y a quelques irrégularités dans les chiffres) et de 1 f. blanc. On y trouve les pièces suivantes :

1° *Exortation et Plainte lamentable de l'estat et mal gouvernement que on voit en l'Eglise...* : « Le fol labeur me donne paine superflue et parolle vaine de réciter... »

2° (fol. coté xciiij v°) *Compendieuse Lamentacion sur les rois et princes crestiens pour la deffensse de nostre foy catholique...* « Entendés, roys et princes, entendés, je vous prie... » Le libraire reproduit ici intégralement *Les Passages de oultre mer* de SEBASTIEN MAMEROT, continués, comme dans l'édition décrite dans notre t. II, n° 1508, jusqu'à l'année 1512. *Françoys Regnault* a fait servir pour les deux ouvrages les mêmes alphabets orientaux, au nombre de six, et la même figure du Saint-Sépulcre.

3° (fol. clxxiiij v°) *L'Histoire moderne du prince Syac Ysmaïl, surnommé Sophy Arduelin, roy de Perse et de Mede et de plusieurs aultres provinces* : « Ensuivant l'ordre du traictié precedent, nous diviserons cestuy cy en troys petites parties... »

*Françoys Regnault* donne ici une simple traduction d'un traité publié en 1508, à Venise, par un médecin vénitien établi à Alep, GIOVANNI ROTTA : *La Vita del Sophi, re di Persia et de Media, et de molti altri regni et paesi*. Ce traité, plusieurs fois imprimé en italien (voy. Brunet, IV, 1410) et dont il existe une traduction allemande (British Museum, coll. Grenville; Biblioth. du Musée nat. hongrois), avait déjà paru en français. Dès l'année 1511, Jehan Le Maire avait joint *La vraye Hystoire et non fabuleuse du prince Syach Ismaïl, dit Sophy*, à son *Traictié intitulé de la différence des scismes et des conciles* (voy. t. II, n° 2007). Sans en avoir l'air, cette relation était devenue une arme contre le pape. S'écartant sans doute du texte de Rotta (nous n'avons pas eu sous les yeux l'édition italienne, et n'avons pu la comparer aux éditions françaises), Jehan Le Maire dit en terminant : « Sophy cherche et tache par tous les moyens d'accorder les princes chrestiens pour detruire les infideles, et le grant evesque de nostre loy n'y veult entendre : Dieu vueille pourvoir a tout ! »

*Françoys Regnault* a supprimé le prologue de Jehan Le Maire (*Œuvres*, publiées par J. Stecher, III, 199-200) ; il a de plus légèrement modifié la dernière phrase de la relation : « Ledit Sophy cherche et tache par tous moyens d'accorder les princes chrestiens pour destruire les infideles, si le pape y vouloit entendre. »

M. Charles Schefer a réimprimé *l'Histoire moderne* d'après la présente édition à la suite de l'*Estat de la Perse en 1660, par le P. Raphaël du Mans* (Paris, E. Leroux, 1890, gr. in-8), pp. 259-276. On en pourra facilement rapprocher le texte même de Jehan Le Maire (*Œuvres*, III, 200-219).

4° (fol. clxxxj v°) *Ung petit Traicté touchant les isles et terres neuves que le roy de Portugal a trouvez, et aulcunes boutées en sa subjection*.

Ce traité est traduit du recueil de Montalboddo Fracanzano intitulé *Paesi nuovamente ritrovati*, etc. (voy. t. II, n°s 1950 et 1951), où il forme le sixième livre. Le texte italien avait été traduit en latin en 1508 et en français en 1515 (voy. Harrisse, *Bibliotheca americana vetustissima*, n°s 58, 83, 84, 86).

L'ordre des pièces est ici interverti. On trouve d'abord l'histoire de Joseph : *Comment Hose, Indian, monta sus caravelles et vint en Portugal,* etc. (*Paesi,* chap. cxxix-cxlijp, puis viennent les lettres de DOMENICO CRITICO, de PIETRO PASQUALIGO, de FRANCESCO DE LA SAITA et des marchands espagnols (*Paesi,* ch. cxxv-cxxviij).

5° (fol. cxc v°) *Du roy Françoys.* Résumé des événements de l'année 1515 en France.

6° (fol. cxcj) *La Coppie de certaines lettres que on a envoyez a nostre sainct pere le pape Leon, dixiesme de ce nom, translatées d'ytalien en françoys...*

Ces lettres exposent divers avantages obtenus par les chrétiens sur les Turcs en 1516.

7° (fol. cxciij) *Le Chemin de Romme avec toutes les eglises,* etc.

*Françoys Regnault* a fait réimprimer ici le petit livret que nous avons décrit dans notre t. II, sous le n° 1929. Le seul changement qu'il y ait fait, ç'a été de transporter à la fin la table, placée en tête dans l'original.

Exemplaire de M. le BARON DE LA ROCHE LACARELLE (Cat. de 1888, n° 456).

**2636 (1939 b).** DISCOVRS || du || Voyage || d'outre mer || au Sainct Sepulcre || de Ierusalem, et autres || lieux de la terre Saincte. || Auec plusieurs traictez, dont le Catalogue || est en la page 265. || Par Anthoine Regnault bourgeois de Paris. || *Imprimé a Lyon aux depens de l'Autheur.* || 1573. || Auec priuillege du Roy. || *On les vend a Paris aux Fauxbourgs sainct Iaques* || *a lenseigne de la Croix de Hierusalem.* In-4, mar. r., fil., dos orné, tr. dor. (*Thibaron.*)

Cet ouvrage a été imprimé en deux fois. La première partie se compose de 4 ff. lim., 265 pp., 6 ff. de *Table* et 1 f. blanc, plus une carte pliée après la p. 104 et deux autres grandes planches. La seconde partie compte 26 ff. cotés 264-289. On lit à la fin : *Fin des presentes ordonnances, Imprimées à Paris, par Ni-*|| *colas du Chemin, pour Anthoine Regnault, demourant* || *aux faulx-bourgs sainct Iaques, a l'enseigne* || *de la croix de Ierusalem.* || 1573.

Le titre est orné d'une marque formée des emblèmes de Charles IX (la couronne, les colonnes, avec la devise *Pietate et justitia,* etc.), et d'une croix de Jérusalem (Voy. Silvestre, n° 475).

Au v° du titre est un extrait du privilège accordé pour six ans à Anthoine Regnault, le 19 mars 1572.

Les 3 ff. qui suivent contiennent : une épître « A reverend pere en Dieu, messire Guillaume Ruzé, docteur en theologie, evesque de Angers, abbé de L'Esterp, confesseur et aumonier ordinaire du roy », et un *Chant blasonnant les armoiries des chevaliers et voyageurs de Jerusalem* :

Le plus grand roy de tous les roys, qui est...
*Refr.* En reverant le signe de la croix.

La première partie est ornée des bois gravés par *J. Moni* pour la *Bible* (Lyon, Guill. Roville, 1565, gr. in-8) et pour le *Nouveau Testament* (ibid., 1570, gr. in-8). On peut consulter sur ces figures A.-F. Didot, *Essai typographique et bibliographique sur l'hist. de la gravure sur bois,* 1863, col. 243-263.

Anthoine Regnault fit le voyage de Palestine en 1548 et 1549. Il appartenait vraisemblablement à la grande famille des libraires parisiens de ce nom. On vient de voir qu'il avait fait imprimer une moitié de son livre à Lyon et l'autre moitié à Paris. Lui-même en vendait les exemplaires.

On a joint au présent volume 42 pp. mss. qui contiennent : *La Devotion des Predestinez, ou les Stations de la Passion de Jesus Christ crucifié ; par le Reverand Pere Adrien Parvilliers, de la Compagnie de Jesus, Missionnaire Apostolique de la Terre Sainte.* A Rouen. 1675.

L'ouvrage commence au v° du dernier f. imprimé par une pièce en dix vers « Pour le jour de la Passion de Nostre Seigneur Jesus Christ crucifié ».

Il est dit à la p. 3 que « l'autheur estoit en Jerusalem en l'an 1654 ».

Le volume du P. Parvilliers a été souvent réimprimé et sous des titres différents. Voy. Cat. L'Escalopier, n°s 5337-5339.

On lit à la fin de la copie : *J'ay commencez a escrire le present livre le vendredy deuxiesme de juin et achevez le jeudy jour de saint Pierre et saint Paul, l'an 1702.* Par SIMON DE JOUVANCY LE PERE, *maistre menuisier de Paris*.

Exemplaire de M. le BARON DE LA ROCHE LACARELLE (Cat. de 1888, n° 457).

2637 (1939 c). LE || GRAND TREMBLEMENT || & espouuētable ruine qui est || aduenue en Ierusalem, & par || toute la prouince d'icelle. A- || uec la ruine de quatre Citez || & de tout le païs circōuoisin. || Auec les tres grāds et merueillables vens faitz || en la Cité de Famagouste, lesquelz ont esté a- || uec grand dommage et ruine. || *A Paris,* || *Pour Christofle Royer, tenāt sa boutique* || *pres le College de Boncourt.* S. d. [vers 1561], in-8 de 13 pp.

Au titre un bois représentant un géant armé d'un glaive, qui foule aux pieds les signes du zodiaque ; c'est, croyons-nous, un emblème du temps.

Nous n'avons trouvé dans aucun historien mention des désastres énumérés dans cette lettre et ils nous paraissent simplement imaginaires. Le cataclysme qui se serait produit à Jérusalem le 24 janvier (l'année n'est pas indiquée) est raconté en termes vagues et peu dignes de foi. Les prodiges dont parle l'auteur de la relation étaient sans doute un épouvantail destiné à convertir les pêcheurs et à les persuader de la nécessité de la pénitence.

2638 (1941 a). NOVVELLES DIN || die et de la terre neufue / auecq la description || comment le Roy ¢ la Royne de Tanor se sont || baptisez et faict Chrestiens auecq plus || de trois cens mille ames. || Item la vie / meurs / et coustumes de la na || tion dudict pais / Mis en lumiere par M. An || dria Mattheo, au plaisir du Cardinal di || Trani son Seigneur. || Auecq vne lettre a la Royne de Portugal / || escripte par Leuesque de Goa / et vne lettre || que le Roy de Tanor a escript audict || Euesque son Prelat. || *Imprime en Anuers a la Rue de Chambre* || *au Salmon / par Iehan Laet.* || Anno. M.D.IL [1549]. || Auecq Grace et Priuilege. In-8 goth. de 12 ff. non chiffr., impr. en lettres de forme, sign. *A-C*.

Le titre porte les armes de Charles-Quint, avec la devise : *Plus oltre.*

Le volume contient :

1° (fol. *Aij*). *Copie de diverses lettres escriptes de Goa en Indie, et premierement une lettre du colliege de Goa en Indie, par ung chrestien, a ses freres du college de Coimbra en Portugal.* Il est question dans cette pièce des missions du P. Antonio Gomes, du P. Françoys Savier (plus tard canonisé), du P. Francisco Gonzales, du P. Jean Da Veira, mort martyr, du P. Emanuel de Morales, du P. Alfonso di Crasto, du P. Antonio Criminale, mort martyr, du P. Gasparro, du P. Nicolò Lancilloto, du P. Cypriano et du P. Paul. L'auteur de la lettre dit que lui-même prêche à Cochin, « qui est la plus grosse ville de celluy quartier, excepté Goa ».

2. (fol. *Bi v°*). *Nouvelles de maistre Gaspar, de l'isle de Ormuz, arrivées a Goa au X. d'octobre anno* 1549.

3° (fol. *Biij*). *Aultres Advis des païs d'Inde*.

4. (fol. *Biij v°*). *Du roy de Tanor*.

5. (*ibid.*). *Narration du roy de Tanor et de son voyage*.

6. (fol. *Ci*). *La Lettre de l'evesque de Goa* [dom João d'Albuquerque] *a la royne de Portugal touchant les choses d'Inde*.

7. (fol. *Ciij*). *La Lettre du roy de Tanor a l'evesque*. A la sollicitation de Cosmeanes, « facteur ou agent du roy de Portugal », du capitaine de Calle et du P. João Soarez, le roi exprime le désir de se faire chrétien. L'évêque de Porto Allegre, P. de Lens, ajoute que le baptême a eu lieu le 23 octobre 1549.

Ces lettres ont dû paraître d'abord en italien et probablement aussi en portugais ; mais nous avouons n'en pas connaître les éditions originales. Il est probable, bien que nous n'ayons pas été à même de le vérifier, qu'elles se retrouvent dans le recueil suivant : *Copia de las cartas que los padres y hermanos de la Compañia de Jesus que andan en el Japon escrivieron a los de la misma Compañia de la India y Europa, desde el ano de M. D. XLVIII que começaron, hasta el passado de LXIII ; trasladadas de Portogues en Castellano*. En Coimbra, por Juan de Barrera y Juan Alvarez, 1565, in-4 (Cat. Salvá, II, n° 3300).

Le cardinal de Trani, à qui est dédié notre petit volume, était Giandomenico Cuppi, doyen du Sacré Collège, mort le 19 décembre 1558.

Exemplaire d'Audenet, dont l'écusson orne les plats de la reliure.

## II. — Histoire.

### 1. — *Histoire universelle*.

2639 (1999 *a*). Le premier volvme || de la mer des histoires. || Auquel et le second ensuyuāt || Est contenu tant du vieil testament que du nouueau toutes les || Hystoires / Actes et Faictz dignes de memoire / puis la || creation du Monde iusques en lan Mil cinq || cens. xxxvi. selon la cotte et datte des ans / || Ainsi quil est briefuement narre es || Prohesmes du present || volume. ♣ ♣ || ♣. || ❧ Auec priuilege. || ❡ *On les vend a Paris au* || *premier pillier en la grande salle du Palais pour Galliot du* || *pre Libraire iure de Luniuersite*. || ❡ Mil. D. xxxvi [1536]. — ❧ *Fin du premier volume de la fleur et mer des hystoires Acheue de imprimer en la* || *noble vniuersite de Paris le moys Dauril Lan mil cinq cens. xxxvi. apres pasques*. In-fol. goth. de 12 ff. lim.,

# HISTOIRE.

231 ff. chiffr. et 1 f. blanc. — LE SECOND VOLVME || de la mer des histoires. || Contenant le Nouueau testament / autres hystoires et || faictz dignes de memoire aduenus puis la Na- || tiuite de nostre seigneur Iesuchrist ius- || ques en Lan Mil Cinq cens || Trente et six. || ♠.♠ || .♣. || 🕮 Auec priuilege. || ☙ *On les vend a Paris en la* || *grand salle du Palais en la boutique de Galiot du pre Libraire* || *iure de Luniuersite.* || ☙ *Mil. D.* xxxvi [1536]. — 🕮 *Fin du second et dernier volume de la fleur et mer des histoires / acheue de impri-* || *mer en la ville de Paris par Nicolas couteau imprimeur Le huytiesme iour du moys* || *de May lan mil cinq cens trente et six.* In-fol. goth. de 4 ff. lim. et 184 ff. chiffr. — Ens. 2 tom. en un vol. in-fol., vél. bl. (*reliure originale*) dans un étui.

*Premier volume*. — Le titre est imprimé en rouge et en noir. — Au v° du titre est rapportée la requête adressée par *Galliot Du Pré* au bailli de Paris, et la mention du privilège à lui accordé pour cinq ans, le 30 avril 1536.

Le 2° f., orné d'un grand et beau bois, contient un avis aux lecteurs où le libraire s'exprime ainsi : « J'ay faict de nouveau reimprimer ceste dicte hystoire qui fut en l'an mil. cccc. lxxv. faicte premierement latine sous l'empire de Federic troisiesme du nom, et regnant sur les François Loys unziesme, par ung docteur en saincte theologie nommé BROCHART, homme de grande experience et sçavoir, et qui avoit circuy et environné la Terre Saincte, et intitula ladicte hystoire en latin *Rudimentum noviciorum* ; laquelle depuis, pour sa magnificence et singularité fut traduicte de latin en françois, regnant en France Charles huytiesme, par ung natif du pays de Beauvoysin. Et pour decorer une chose si riche, ay faict rafreschir et ampliffier les chapitres d'aucunes substances qui y estoient defaillantes, noter les choses dignes de memoire au marge, accorder les aages et temps, cocter les dactes selon les vrayes computations, verifier et revoir la table et indice a la verité, et enfin additionner et augmenter oultre les precedentes impressions les evenemens merveilleux et grandes fortunes du regne du treschrestien roy de France, Françoys premier de ce nom, jusques a present, mil cinq cens.xxxvj., le tout en beaulx caracteres et impression correcte, reveue et corrigée diligemment par gens de grans lettres et congnoissance... »

Comme l'a fait remarquer M. Brunet (I, 1270), Galliot Du Pré commet ici une erreur. Le *Rudimentum noviciorum* n'est pas l'œuvre de Brocard. Cette compilation, imprimée à Lübeck en 1475, contient un abrégé de l'histoire universelle qui s'arrête à l'année 1473. Le rédacteur y a fait entrer la relation du voyage en Terre Sainte exécuté vers 1283 par le dominicain saxon BURCHARDT. Ce dernier est resté étranger à tout le reste de l'ouvrage.

Quant à la traduction française, Barbier (III, 269) dit que, d'après une note inscrite au commencement du XVI° siècle sur un exemplaire ayant appartenu à Saint-Denis de Reims, elle serait due à VINCENT COMIN, le libraire qui fit imprimer *La Mer des histoires* par *Pierre Le Rouge* en 1488, et, qui, en 1491, confia aux presses du même typographe le livre d'heures que nous avons décrit dans notre t. I (n° 25).

Exemplaire de M. le BARON ACHILLE SEILLIÈRE (Cat. de 1890, n° 987).

## 2. — *Histoire des religions.*

### B. — Histoire du christianisme.
#### a. — *Histoire générale de l'Église.*

**2640** (2007 *a*). F. A. F. Poete Regij libellvs ‖ de obitu Iulij Pontificis Maximi. Anno do- ‖ mini. M. D. XIII. — *Finis. S. l. n. d.* [*v.* 1513], pet. in-8 goth. de 16 ff. non chiffr. de 34 lignes à la page, sign. *a-d* par 4, réglé, mar. r. jans. (*Hardy-Mennil.*)

Le texte commence au v° du titre. — Le v° du dernier f. est blanc.
L'édition est imprimée en petites lettres de forme.
Ce pamphlet a la forme d'un dialogue dont les interlocuteurs sont : Julius, Genius et Petrus. La pièce commence ainsi :

Julius II. P. M. Quid hoc rei est ? Non aperiuntur fores. Opinor : aut mutatam, aut certe turbatam seram. — Genius. Quinpotius vide ne tu non attuleris clavem quam oportet, neque enim eadem aperitur hoc ostium qua arca nummaria, atque adeo cur non utra[m]que attulisti, nam ista quidem potentie clavis est, non scientie... »

A l'histoire de Léon X se rapportent deux volumes décrits plus loin : *Oratio habita Bononie coram Leone . X., pontifice maximo... a clarissimo et illustri viro Antonio Prato*, 1516 (n° 2657) et *Concordata inter sanctissimum dominum nostrum papam Leonem decimum et christianissimum dominum nostrum regem*, 1517 (n° 2658). Sur la ligue formée à l'instigation du Saint-Siège, contre les Turcs, voy. les n°⁵ 2728 et 2729.

A l'histoire de Paul III se rattachent les *Nouvelles de Rome*, de l'année 1536, dont nous décrivons ci-après un exemplaire (n° 2720).

**2641** (2007 *b*). Copie des lettres mis- ‖ siues enuoyées de ‖ Rome, traictans de l'election de Pape Marcel se- ‖ cond, auec la pompe funebre de Pape Iules der- ‖ nier decedé. ‖ Auec Priuilege. ‖ *A Paris* ‖ *Pour Guillaume Guillard, demeurant en la rüe sainct* ‖ *Iaques, à l'enseigne saincte Barbe.* ‖ *Et pour Annet Briere Imprimeur, demeurant en la* ‖ *rue des Porées, à l'enseigne sainct Sebastian.* ‖ 1555. In-8 de 6 ff.

Au titre, les armes pontificales.
Le dernier f. contient le texte de la permission donnée à *Brière*, par le prévôt de Paris, le 8 mai 1555.
Marcel II ne régna que vingt-un jours. Élu le 10 avril, il mourut le 30 du même mois. Ses successeurs furent Paul VI (1553-1559), Pie IV (1559-1565), Pie V (1566-1572) et Grégoire XIII (1572-1585).
A l'histoire de Grégoire XIII se rapporte l'*Oraison* de Marc-Antoine de Muret (1573), dont il est parlé plus loin (n° 2693).

**2642** (2007 *c*). La ‖ novvelle ‖ Election de nostre ‖ Sainct Pere le Pape, appellé ‖ Gregoire 15. de ce Nom. ‖ Et les Ceremonies qui se sont faictes ‖ à Rome sur ce sujet. ‖ *A Paris,* ‖ *Chez Nicolas Alexandre,* ‖ *ruë de la Calandre,* 1621. ‖ Auec Permission. In-8 de 14 pp. et 1 f. blanc.

## HISTOIRE. 451

Au titre, les armes du nouveau pape. Grégoire XV Ludovisi, de Bologne, fut élu le 9 février 1621, quinze jours après la mort de Paul V. Ses principaux concurrents étaient le cardinal Bellarmin, jésuite, et le cardinal Galamini, général des dominicains.

**2643** (2007 *d*). Les || Differents || arriuez à Rome, || Entre les Ambassadeurs de France || & d'Espagne à la Nouuelle Eslection du Pape. || Ensemble ce qui s'est passé au Conclaue || des Cardinaux sur ce subiect. || Suiuant la coppie enuoyee de Rome. || *A Paris,* || *Chez Pierre Rocollet, en la* || *gallerie des Prisonniers.* || M. DC. XXI [1621]. || Auec Permission. In-8 de 15 pp.

Récit de la lutte sourde à laquelle se livrèrent le marquis de Cœuvres, ambassadeur de France, et son collègue d'Espagne lors de l'élection qui suivit la mort du pape Paul V. Le cardinal Campora, candidat des Espagnols, l'emportait lorsque le cardinal des Ursins, partisan de la France, réussit à faire triompher le cardinal Ludovisi. Ce dernier prit le nom de Grégoire XV.

La p. 15 contient le texte de la permission accordée à P. Rocolet le 15 mars 1621.

**2644** (2007 *e*). Relation || veritable de || la mort et trespas || de nostre Sainct Pere || le Pape Gregoire XV. ses dernieres || paroles, & tout ce qui s'est passé à || Rome sur ce subjet. || *A Paris,* || *Chez Pierre Rocollet, ruë de la* || *vieille Drapperie.* || M. DC. XXIII [1623]. In-8 de 14 pp. et 1 f.

Au titre, les armes du pape.
Le dernier f. contient le texte de la permission donnée à P. Rocolet le 21 juillet 1623.
Grégoire XV mourut le 7 juillet 1623.

**2645** (2007 *f*). La Novvelle || Election || de nostre || Sainct Pere || le Pape, Vrbin VIII. || Ensemble ce qui s'est passé à Rome || sur ce sujet. || *A Paris,* || *Chez Nicolas Alexandre ruë,* [sic] *de la Harpe, au* || *coing de la ruë des Mathurins.* || M. DC. XXIII [1623]. In-8 de 14 pp. et 1 f. blanc.

Au titre, les armes du pape Grégoire XV Ludovisi.
Urbain VIII Barberini, de Florence, fut élu le 6 août 1623.

**2646** (2007 *g*). Relation || veritable || de ce qui s'est || passé au || Conclaue || de Rome en l'elec- || tion de nostre Sainct || Pere le Pape Vrbin VIII. || à present seant. || Ensemble les voix données aux Car- || dinaux de leurs differens. || *A Paris,* || *Chez Nicolas Alexandre* || *ruë de la Harpe, au coing de* || *la ruë des Mathurins.* || M. DC. XXIII [1623]. In-8 de 15 pp.

Curieux tableau des groupes formés par les cardinaux au conclave.

#### b. — *Histoire des ordres religieux.*

**2647** (2019 *a*). Les || Ceremonies || obseruees par les || Cheualiers de Malte, || à l'eslection du nouueau || grand Maistre. || Ensemble le trespas du dernier grand || Maistre, et l'ordre obserué || à ses funerailles. || Enuoyees en France, par vn Cheualier present à || l'Eslection, à vn autre Cheualier son amy, || du mesme Ordre. || *Iouxte la coppie imprimee à Toulouze.* || *A Paris,* || *Chez Nicolas Alexandre, ruë de la Harpe* || *au coing de la ruë des Mathurins.* || M. DC. XXIII [1623]. In-8 de 15 pp.

Antoine de Paulo, prieur de Saint-Gilles, de la langue de Provence, fut élu grand maître le 10 mars 1623, trois jours après la mort de don Luis de Mendez.

#### d. — *Histoire des sectes chretiennes.*

**2648** (2033 *a*). La || Victoire || des || Catholiques || contre || Ceux de la Religion Pretenduë || Reformée és Grisons. || Où par le secours d'Espagne & d'I-|| talie a [sic] este [sic] presque conquis sur || eux tout le pays des Grisons. || *A Paris,* || *Iouxte l'exemplaire enuoyé de Milan* || *ce mois d'Aoust Et traduit en Fran-* || *çois par M. C. M. S.* || M. DC. XX [1620]. || Auec Permission. In-8 de 14 pp.

Rodolphe Planta, seigneur catholique, ayant été obligé de fuir loin des Grisons, et son château ayant été démoli par les réformés, a réussi à grouper autour de lui une bande de partisans; il a obtenu quelques secours des Milanais, et s'est emparé de la Valteline. Il se dirige avec 1.500 hommes du côté de l'Engadine.

**2649** (2057 *a*). Arrest ç ordōnăce || de la Court de Parlemēt / Sur || liniunction a tous Officiers || Royaux ç autres / de fai-|| re profession de leur || Foy et religion || Catholique. *S. l. n. d.* [*Paris*, 1562], in-8 goth. de 10 ff. non chiffr.

Au titre, les armes de France.
L'arrêt du parlement, daté du 15 juillet 1562, remet en vigueur l'édit de François I<sup>er</sup> du 23 juillet 1543 relatif à l'exercice de la religion catholique. Cet édit, dont nous avons ici le texte, contient les articles de foi arrêtés par les doyen et faculté de théologie en l'université de Paris. Le parlement y ajoute la formule de la profession de foi.

**2650** (2064 *a*). Recit || veritable || de la cruauté || et tyrannie faicte || en Angleterre, à l'endroit du || Pere Edmond Arosmith de la || Compagnie de Iesus. || *A Paris,* || *Chez la vefue Abraham Saugrain,* || *à la petite Porte du Palais.* || M. DC. XXIX [1629]. || Auec Permission. In-8 de 16 pp.

Le titre porte la marque des Jésuites, avec la devise : *Laudabile nomen Domini.*
Le P. Arrowsmith, arrêté dans la province de Lancastre, fut pendu le 18 août 1629.

## 5. — *Histoire de France.*

#### A. — Introduction. — Histoire générale de France.

**2651** (2091 *a*). Les croniqves des roys de frāce ǁ abregees ҁ imprimees nouuelle- ǁ ment. — ☙ *Cy finissent les croniques de frāce abre-* ǁ *gees Imprimees nouuellement a lyon* ǁ *sur le rosne le .xx. iour de decem-* ǁ *bre mil cinq cens ҁ vng* [1501] *par* ǁ *Claude nourry*. In-4 goth. de 72 ff. non chiffr. de 30 lignes à la page pleine, sign. *a-m* par 6, v. f. (*Anc. rel.*)

I, 5, 30

<small>Le titre est orné d'un grand L initial et d'un bois qui représente un roi assis sur un trône, entouré de sa cour.
Au v° du titre sont les armes de France accompagnées du collier de saint Michel, du Porc-épic et de deux lys. Au-dessus de l'écu est un quatrain fort incorrect :</small>

<small>L'escu d'asur a trois fleurs de lis d'or...</small>

<small>Le dernier f. porte, au r°, le bois des armes de France ; le v° en est blanc.
*Les Croniques*, mises à jour jusqu'en 1501, commencent ainsi : « Comme dit le Philosophe au premier livre de sa *Methafisique*, tous hommes naturellement desirent sçavoir... »
Exemplaire aux armes de Jean Du Bouchet, conseiller et maître d'hôtel ordinaire du roi, mort vers 1685 (voy. Guigard, *Nouvel Armorial du bibliophile*, II, p. 187). Il provient de la vente Sunderland (Cat., 1882, n° 4837).</small>

#### B. — Histoire de France par époques.

##### *a.* — Depuis le XI<sup>e</sup> siècle jusqu'à la fin du règne de Charles VIII.

**2652** (2102 *a*). Avreliae ǁ Vrbis memora- ǁ bilis ab Anglis Obsi- ǁ dio, anno 1428. et ǁ Ioannæ viraginis Lotha- ǁ ringæ res gestæ, ǁ Authore Io. Lodoïco Micquello, iuuentutis ǁ Aureliæ moderatore. ǁ Ad Carolum Cardinalem ǁ Lotharingum. ǁ *Aureliæ,* ǁ *Apud Petrum Treperel.* 1560. ǁ Cum Priuilegio Regis. In-8 de 112 pp., mar. r. jans., tr. dor. (*Duru et Chambolle*, 1862.)

Y. 2, 43

<small>Au titre, une marque représentant un écu échiqueté, chargé en chef d'une rose et de deux étoiles. Autour de l'écu est une guirlande de feuillage sur laquelle s'enroule une banderole avec cette devise : *In silentio fortitudo*. (voy. Silvestre, n° 756). — Au v° du titre est l'épître de Gentien Hervet que nous avons déjà reproduite. — Les pp. 3-6 contiennent l'épître au cardinal de Lorraine. (Voy. t. II, n° 2103).
Exemplaire de M. A.-F. Didot, acquis en 1892 à la vente Soleil (n° 239).</small>

**2653** (2104 *a*). Descriptio appa ǁ ratus bellici regis Frācie Karoli intrātis italie Ciuitates ǁ Florentiā ac deinde Romam dū exercitū duceret cōtra ǁ regē Neapolitanū pro recupando regno Sicilie. et cō- ǁ tra Thurcos infestissimos christianitatis inimicos. *S. l. n. d.* [1495], in-4 goth. de 12 ff. non chiffr. de 36 lignes à la page pleine, sign. *a-b* par 6, mar. n., fil. à froid, comp. dorés, semis d'aigles et de doubles G couronnés,

Y. 4, 124

dos orné, gardes de vélin, tr. dor. (*Trautz-Bauzonnet.*)

Voici la reproduction du titre :

**Descriptio appa**ratus bellici regis Fracie Karoli intratis italie Ciuitates Florentiae, deinde Romam vn exercitu duceret cotra rege Neapolitanu pro recuperando regno Sicilie, et cotra Turcos infestissimos christianitatis inimicos

Le même bois est répété au v° du dernier f.

Le volume contient les pièces suivantes :

1° (fol. ai v°) *Descriptio apparatus bellici regis Francie Karoli intrantis Italie civitates Florentiam ac dein Romam pro recuperando regno Sicilie sive Neapolitano.*

Ce morceau, où l'on trouve une énumération détaillée de toutes les troupes qui composaient l'armée de Charles VIII, avec les noms de leurs chefs, est la pièce la plus importante du recueil. Il ne paraît pas avoir été publié en français. Le rédacteur dit à la fin qu'il a reçu ses renseignements d'un voyageur qui « venit ex Francia per Lugdunum et illic omnia se vidisse publice affirmabat ». Il en a eu la confirmation par un ami, qu'il appelle Mauricius Lugdunensis.

2° (fol. aij v°) *Copia litterarum regis Francie publicatarum Florentie et fere in omnibus civitatibus Italie, dum exercitum duceret contra regem Neapolitanum et infestissimos Turcos* (22 nov. 1494).

Cette lettre a été imprimée séparément dans le même texte latin, s. l., in-4 de 4 ff., lettres rondes (Biblioth. nat., Lb$^{28}$.21. Rés.). M. de La Pilorgerie (*Campagne et Bulletin de la grande armée d'Italie commandée par Charles VIII*, 1866, pp. 101-108) en a donné une traduction française partielle. Dans l'édition séparée elle est contresignée d'ANTOINE DE LA TOUR (Antonius de Ture).

3° (fol. aiij v°) *Accessus et Introitus serenissimi regis Francorum in urbem Romam, scriptus domino duci de Borbonio* (mercredi 31 décembre 1494).

Le texte français a été imprimé sous ce titre : *L'Entrée du roy nostre sire a Romme.* s. l., in-4 goth. de 4 ff. (Biblioth. nat., Lb$^{28}$.1. Rés.)

4° (fol. aiiij) *Littere misse per regem duci de Borbonio* (Rome 12 janvier 1495).

Le texte original français de cette lettre fut imprimé par les soins du duc de Bourbon, et l'on en trouve un exemplaire dans le célèbre recueil que possède la Bibliothèque de Nantes (La Pilorgerie, pp. 144-150). Ce texte français contient au début deux paragraphes qui n'ont pas été reproduits dans la traduction latine, laquelle est d'ailleurs très libre. Celle-ci commence de la manière suivante :

| | |
|---|---|
| Frater mi, examinatis per ordinem singulis negociis nostris et visis favoribus, subsidiis et auxiliis per pontificem adverse nostre parti prestitis, nec non in maximum detrimentum, etiam prejudicium meum peractis, consultum mihi videtur et utile quatenus transitum liberum meum regressum et commeatum meis et mihi faventibus assecurari faciam : intellige paucis quod sentiam. | Mon frere, veu la grant declaration que nostre dit sainct pere a faicte jusque cy de porter et favoriser mon adversaire en gens, places, argent et autres aides et practiques, qu'il a menées et conduittes secretement a mon desavantaige et prejudice, je suis conseillé surtout envers luy asseurer mon passage et mon cas ; car, si je ne le faisoye, vous entendez assez l'inconvenient et mal qui m'en pourroit advenir. |

5° (fol. av) *Alie Littere.*

Cette lettre n'est qu'un post-scriptum ajouté à la précédente. A la fin est la signature du roi et le contre-seing de ROBERTET.

Le texte français a été publié par La Pilorgerie (loc. cit., p. 147).

6° *Copie litterarum missarum per ducem Borbonium consulatui et communitati civitatis Parisiensis.*

Cette dépêche, qui accompagnait la lettre du roi, est datée de Moulins, le 23 janvier 1495 et porte le contre-seing de PIERRE ROBERTET. On le voit, dix ou onze jours avaient suffi pour faire parvenir la missive royale de Rome à Moulins. Pour le texte français, voy. La Pilorgerie, p. 149.

7° *Qualiter rege ingresso urbem Romam nonnulli cardinales fautores pontificis venerunt ad regem....*

Pour le texte français, voy. La Pilorgerie, p. 147.

8° (fol. av v°) *Copia concordie et pacis inter pontificem et regem Karolum, Francie delphinum, cum copiis litterarum missarum domino duci de Borbonio.*

Ce traité est daté du 15 janvier 1495 et porte le contre-seing de ROBERTET.

Le texte français a été publié sous le titre suivant : *L'Appointement de Romme, avec les lettres du roy envoiées a monsieur de Bourbon,* s. l., in-4 goth. de 6 ff. (Biblioth. nat., Lb$^{28}$.1. Rés.). La pièce réimprimée par

M. de La Pilorgerie d'après l'exemplaire de Nantes (*Le Double des lectres du roy nostre sire envoiees a monsieur de Bourbon depuis son entree a Romme, faisans mencion de l'apoinctement faict entre nostre sainct pere le pape et luy*, etc.) ne contient qu'une analyse du traité.

9° (fol. *biij v°*) *Missa celebrata per pontificem in presentia regis Francie, vicesimaprima mensis januarii, scripta duci de Borbonio*....

Le texte français a été imprimé sous ce titre : *La Messe pontificalle*, s. l., in-4 goth. de 2 ff. (Biblioth. nat., Dép. des mss., Coll. Fontanieu, t. CXLIX ; La Pilorgerie, pp. 155-158). Dans cet original, la relation a la forme d'une lettre signée : LOYS DE LUXEMBOURG, [COMTE DE LIGNY]. La première ligne et la souscription de la lettre ont disparu de la traduction latine.

10° (fol. *bv v°*) *Accessus regis Francorum in Neapolim* (20 février 1495). Traduction abrégée de *La Prinse de Naples* (La Pilorgerie, pp. 192-194).

11° *Pronosticum ad annum futurum, scilicet M. cccc. xcvj*.... « Ego Albumasar, omnium astrologorum minimus, astrorum revolutiones diligentissime prospiciens.... Finit Pronosticum domini Al gebunckt dat dar is. »

Cette pièce, vraisemblablement composée en Allemagne, n'a pas de rapports avec *La Vision de Jehan Michel* (La Pilorgerie, pp. 431-433), ou *La Prophecie, Vision et Revelacion divine revelée par treshumble prophete Jehan Michel de la prosperité et victoire dn trescrestien roy de France, Charles VIII.* (Biblioth. nat., Lb28.23), pronostication qui avait paru en France en même temps que les premières relations des victoires de Charles VIII.

Comme on l'a vu, notre volume reproduit in extenso ou en abrégé divers documents qui venaient de paraître en français. L'impression aura sans doute été faite à Nuremberg ; nous n'avons pu, cependant, identifier les caractères avec ceux d'un typographe connu.

La *Descriptio apparatus bellici regis Francie* a été imprimée d'après un manuscrit, par dom Martenne et dom Durand à la fin du t. II de leur *Voyage littéraire*, 1724, in-4 (voy. Lelong, *Biblioth. historique*, II, n° 17360).

Le présent exemplaire de l'édition originale a été découvert en Italie par M. le MARQUIS DE GANAY. Il a figuré à la vente de sa bibliothèque (Cat., n° 231) et a fait partie, en dernier lieu, de la collection de M. le COMTE DE MOSBOURG (Cat., n° 283).

*b. — Louis XII.*

2654 (2107 *a*). ❡ Auec priuilege de trois ans. || ❡ LA LEGENDE DES VENITIENS. || ou autrement leur cronicque abregee. Par la || quelle est demōstre : le tresiuste fundemēt de la || guerre contre eulx. || ❡ La plaincte du desire. || Cestadire la deploratiō du trespas de feu || monseigneur le cōte de Ligny. || ❡ Les regretz de la dame infortūee. *S. l. n. d.* [*Lyon*, 1509], pet. in-8 goth. de 56 ff. non chiffr. de 28 lignes à la page. impr. en petites lettres de forme, sign. *A-G.*, mar. amar., fil., dos orné, tr. dor. (*Bauzonnet.*)

Le v° du titre et le 2° f. contiennent le texte du privilège accordé pour trois ans à JEHAN LE MAIRE de Belges, par le roi Louis XII, le 30 juillet 1509. Le privilège est daté de Lyon, où était alors Jehan Le Maire. Celui-ci « a fait imprimer ceste sienne œuvre par maistre JEHAN DE VINGLE, imprimeur de Lyon », est-il dit à la suite du privilège.

Au f. *Aiij* et au f. *Aiiij r°* est une épître « A reverend pere en Dieu, noble et digne prelat et mon treshonoré seigneur, monseigneur Loys de Gorrevod, evesque de Maurienne en Savoie, abbé d'Ambournay, etc. » En tête de cette pièce Jehan Le Maire s'intitule « indiciaire et historiographe de treshault et tresexcellent prince, l'archiduc Charles d'Austriche, prince des Espaignes, etc., et de tresclere princesse madame Marguerite Auguste, sa tante, duchesse douagiere de Savoie, contesse palatine de Bourgoigne, etc. »

A la fin de l'épître on lit : *Lilium cum Aquila sociabitur et Leo perdet vires.*

Au f. *Dv* v° et au f. *Dvj* est une *Balade double* qui commence ainsi :
> Or est Priam bien vengé d'Anthenor...

et dont le second refrain est :
> Cent ans accreu, tout se paie en une heure.

On trouve à la suite :

1° (fol. *Dvij*) Une épître « A messire Claude Thomassin, chevalier, seigneur de Dommartin, conseillier du roy et son conservateur des foires de Lyon », épître datée de Lyon, le 12 août 1509, et accompagnée de la devise *De peu assez.*

2° (fol. *Eij* v°) *La Plainte du desiré, c'est a dire la Deploration du trespas de feu monseigneur Loys de Luxembourg, prince d'Altemore, duc d'Andre et de Venouze, conte de Ligny, etc., composée par Jehan Le Maire de Belges, secretaire dudit feu seigneur, l'an mil cinq cens et trois:*
> Ung triste jour passé que le clerc filz de Latone et frere de la belle Dyane...
> Triste spectacle, umbrageuse apparence...

3° (fol. *Giij* v°) *Les Regretz de la dame infortunée sur le trespas de son treschier frere unicque :*
> Soit le jour noir, la lumiere umbrageuse...

Nous avons décrit déjà (t. II, n° 2008) une édition de *La Legende des Venitiens* jointe aux autres ouvrages de Jehan Le Maire.

M. Stecher a reproduit cette pièce, ainsi que *La Plainte du desiré* et *Les Regrets de la dame infortunée*, dans les *Œuvres de Jean Lemaire de Belges*, t. III (Louvain, 1885, in-8°) ; mais il n'a donné, ni l'épître à Loys de Gorrevod, ni l'épître à Claude Thomassin.

2655 (2111 a). LA VICTOIRE du roy || Contre les veniciens || Cum p̃uillegio regis. — [Au v° du f. *Ai* :] ¶ Lexcellence ⁊ la felicite de la victoire q̃ eut le trescrestien || roy de frãce loys .xii°. de ce nom dit pere du peuple cõtre les || veniciẽs au lieu apelle agnadel preˢ la ville de carauaˢ en la || cõtree de giradade au pays de lõbardie Lan de grace mil cĩq || cẽs ⁊ neuf le .xiiii. iour de may Cõposee p̃ messire claude de || seissel docteur en tous droictz / esleu de marseille / cõseiller || ⁊ maistre des requestes de lhostel dudit seigñr.—[Au v° du f. *Hv* :] ¶ *Cy fine ce presẽt liure intitule la victoire du roy de fran* || *ce contre les veniciens. Et a este acheue dimprimer le .xii°.* || *iour de may mil cinq cẽs ⁊ dix. Pour anthoine verard librai* || *re demourant a paris deuant la rue neufue nostre dame a* || *lenseigne sainct iehan leuangeliste. Ou au palais au pre-* || *mier pillier deuãt la chappelle ou len chãte la messe de mes* || *seigneurs les presidens. Et a le roy nostre sire donne audit* || *verard lectres de priuilege ⁊ terme de trois ans pour vendre* || *et distribuer ses dictz liures affin de soy rembourser de ses* || *fraiz et mises. Et deffend ledit seigneur a tous impri-* || *meurs libraires et autres de ce royaulme de non imprimer* || *ledit liure iusques apres trois ans inclus et acõpliz depuis la date dessus escripte / sur paine de confiscation desdictz* || *liures.* In-4 goth. de 47 ff. non chiffr. et 1 f. bl., sign. *A-H* par 6, mar. br., fil. à froid, dent. dor., dos et coins ornés, tr. dor. (*Capé.*)

Le titre, imprimé en xylographie, est accompagné d'un bois des armes de France, soutenues par deux anges, et d'un bois des armes de l'auteur. Claude de Seyssel portait : gironné d'or et d'azur, de huit pièces. Son écu est ici supporté par deux griffons. Les émaux n'en sont naturellement pas indiqués. Au v° du titre est un bois qui représente l'auteur écrivant à un pupitre. Ce bois est suivi du titre de départ reproduit ci-dessus. Les ff. *Aij Bij* contiennent *Le Prologue de l'acteur pour respondre aux detracteurs*. Au r° du f. *Biiij* est un grand bois spécialement gravé pour le livre, qui représente la bataille d'Agnadel :

## HISTOIRE.

*c. — François I<sup>er</sup>*

**2656** (2117 *a*). 🙵 Des faictz & ge- || stes du Roy Francoys premier || de ce nom. || Comment le treschrestien Roy de || France François premier de ce nom fut sacré Roy || a Reims, & feist son entrée en la uille de Paris || & autres lieux. Et comment ledict Roy par- || tit de France pour aller dela les montz || contre les Suisses qui detenoient la || duché de Milan. *S. l. n. d.* [*Paris*, 1544], in-8 de 60 ff. chiffr.

Au titre un portrait du roi en forme de médaillon.

Au v° du 6° f. est un bois qui représente la bataille engagée entre les Suisses et les Français.

L'auteur de cette chronique s'est servi de l'ouvrage d'Estienne Dolet (voy. t. II, n°<sup>s</sup> 2115-2117) dont il a copié, en les abrégeant, quelques pages au début de son ouvrage ; mais, à partir de la bataille de Marignan, la rédaction est entièrement différente. Le texte commence ainsi : « Parce que le feu roy Loys, douziesme de ce nom, mourut sans hoir masle de son mariage, monsieur Françoys, duc de Valoys et d'Engoulesme, qui estoit le plus proche en ligne collateralle et masculine, capable de succeder a la couronne, fut sacré roy de France... »

**2657** (2124 *a*). Oratio habita Bonōie || corā Leone .X. Pont. || max. ī frequēti Cardina || liū Concilio : ipso Rege || Christianissimo presen || te : a clarissimo ⁊ illustri || viro Antonio Prato || magno Gallie Cancel || lario Tertio Idus De || cēbris. M. D. XVI. *S. l. n. d.* [*Bologne ?*, 1516], in-4 de 4 ff. non chiffr. de 28 lignes à la page, sign. *A*.

Le titre, imprimé en grosses lettres de forme, est entouré d'un encadrement. Le texte du discours est imprimé en lettres rondes.

Le discours d'Antoine Du Prat contient une apologie du concordat qu'il venait de négocier.

**2658** (2124 *b*). Concordata || inter sanctissimū Dn̄m nostrum || Papam Leonem decimū : ⁊ Chri || stianissimū Dn̄m nostrū Regem || Franciscum huius nominis primum. Lecta / publi || cata / et registrata in suprema Parlamenti curia : || vigesima secunda mēsis Martij. Anno dn̄i Mil || lesimo quingentesimo decimo septimo. Quibus || fuere addita que sequuntur. || ⁋ Primo declaratio ⁊ designatio primi mensis || post publicationē in quo beneficia vacantia sunt || debita ⁊ affecta graduatis simpliciter. Ex cuius || mensis declaratione : ordo ⁊ computatio sequen- || tium mensium fiet. || ⁋ Secūdo litere quibus dn̄s noster rex cōstitui- || tur ₚtector ac defensor huiusmodi concordati. || ⁋ Tertio prorogatio ad consentiendum concor || dato per prelatos. || Cum priuilegio. — [A la fin :] ☙ *Imprimé a Paris par Frācoys Regnault : li- || braire ꝯ Imprimeur, demourant en la rue sainct || Iaques/ a lenseigne de Lelephant.* S. d. [1518], gr. in-8 goth. de 36 ff. chiffr., impr. en grosses lettres de forme.

En tête du titre sont placées les armes du pape Léon X et celles du roi François Ier, accompagnées de ce distique :

Hec duo perlucent cunctis insignia sceptris
Et sancte fidei clara trophea gerunt.

Au v⁰ du titre commence une épître « Ad illustrissimum dominum, dominum utriusque Gallie cancellarium ». Cette épître, qui n'est pas signée, se développe sur le r⁰ du 2ᵉ f. — Le chancelier de France, Antoine Du Prat avait été le négociateur du concordat (voy. l'article précédent).

Au v⁰ du 2ᵉ f. est la table des rubriques.

Un répertoire alphabétique occupe le v⁰ du 29ᵉ f. et les 7 ff. suivants.

Le concordat négocié par François Ier avec Léon X mit fin aux querelles depuis longtemps pendantes entre la France et le Saint-Siège au sujet de la Pragmatique Sanction. La bulle pontificale, datée du 18 août 1516, fut promulguée à Rome le 19 décembre suivant, et sanctionnée par le roi à Paris, le 13 mai 1517. Elle est accompagnée ici de quatre actes additionnels, le premier daté de Rome, le 1ᵉʳ juillet 1517, sanctionné par le roi à Amboise le 12 avril 1518 ; le second et le troisième datés de Rome, le 15 juin 1518, sanctionnés par le roi à Baugé, le 25 octobre 1518 ; le quatrième daté de Rome le 26 juin 1518, sanctionné par le roi en même temps que les deux précédents. A la suite de ces divers actes est mentionné l'enregistrement fait par le parlement de Toulouse le 22 novembre 1518. L'enregistrement au Parlement de Paris avait eu lieu, comme l'indique le titre, le 22 mars 1518 (n. s.) Cet enregistrement avait soulevé d'abord l'opposition la plus vive. Le recteur de l'université de Paris avait été jusqu'à faire défense aux imprimeurs jurés de ladite université de publier le texte du concordat. François Ier, par lettres datées d'Amboise le 12 avril 1518, avait dû commettre deux commissaires spéciaux pour faire faire cette publication. Voy. à la Bibliothèque nationale les éditions portées sous les cotes Ld⁷. 19, et Rés. p. Z. 167. 4⁰.

Ce volume est une des rares impressions connues de *Françoys Regnault*. Ce grand libraire avait presque toujours recours aux presses de ses confrères.

2659 (2124 c). LE LIVRE ꝯ FOREST de messire || Bernardin Rince Millanoys : Docteur en medecine || Contenant ꝯ explicant briefuement Lap || pareil : Les Ieux : ꝯ le festin || de la Bastille. || *On les vend au cloz Bruneau || a lenseigne des deux Boulles* || ☙ Cum priuilegio || amplissimo. — Au r⁰ du 10ᵉ f., au-dessous de 12 lignes de texte :] ☙ *Imprime a Paris en la maison de || Iehan Gourmont. Lan mil cinq || cens ꝯ dixhuict.* — [Au v⁰ de ce même f. :] ☙ *Cauetur ne quis impune attentet hunc li- || brum imprimere : vt amplissimo patet pri- || uilegio a regia maiestate nobis condonato.* || M. D. xviii [1518]. In-4 goth. de 10 ff. non chiffr. de 28 lignes à la page, sign. *A* par 4, *B* par 6, mar. r. jans., doublé de mar. olive, fil. et comp. à petits fers, tr. dor. (*Cuzin.*)

> Le titre est orné de trois blasons placés horizontalement : au centre, les armes du roi ; à gauche, celles du dauphin ; à droite, celles de la princesse Marie d'Angleterre.
>
> Au v° du titre est un bois des armes de France, bois répété au v° du 10° f. (voy. la reproduction de ce bois à l'article 2662).
>
> Au r° du 10° f., au-dessous de la souscription, se voit un bois qui représente un personnage issant d'un rinceau.
>
> Le volume est précédé d'une épître « A tresillustre et de tous le plus scientifique, Antoine Du Prat, chancellier des deux Gaulles et fauteur des bons », épître datée de Paris le 23 décembre 1518. Il contient la relation d'une fête offerte la veille par François I$^{er}$, dans la cour de la Bastille, aux ambassadeurs du roi Henri VIII. L'alliance des deux rois devait être cimentée par les fiançailles du dauphin de France, alors âgé de dix mois, avec Marie d'Angleterre, âgée d'un peu moins de trois ans.
>
> Le milanais Bernardin Rince écrit en français d'une manière assez incorrecte. Il semble en effet qu'il ait rédigé lui-même le texte français en même temps que le texte latin auquel il fait allusion dans son épître. Cette relation, dont il existe une réimpression rouennaise de *Jehan Richard*, a été reproduite par M. Alf. Bonnardot, Parisien, dans le recueil déjà cité : *Les Rues et Eglises de Paris en 1500, une Fête à la Bastille en 1508* (sic), etc., 1876, in-8. Le texte latin (*Sylva Bernardi Rincii, physici mediolanensis, adparatum, ludos, convivium breviter dilucideque explicans*) fut également imprimé en la maison de *Jehan Gourmont*, le 10 des calendes de janvier (23 décembre 1508) ; nous n'en connaissons pas de reproductions modernes.

Exemplaire de M. le COMTE O. DE BÉHAGUE (Cat., 1880, n° 1643).

**2660** (2124 *d*). Ora- || tio Oratorū Fran || cisci Regis Gallorum Prin || cipibus Electoribus || Francofordiam ē || confluentia || missa || Die. XVIII. Mens. Iunij || Anno. M.D.XIX. || — [A la fin :] *Augustæ Vindelicorū in Sigismundi Grim* || *Medici & Marci Wirsung officina ex* || *cusoria, Anno virginei partus* || M.D.XIX. *Die vero .xxviij* || *Mensis Iunij*. In-4 de 6 ff. non chiffr., lettres rondes.

> Le titre, imprimé en rouge, est entouré d'un joli encadrement, tiré en noir.
>
> Les ambassadeurs que François I$^{er}$ avait chargés de soutenir officiellement ses prétentions à l'empire étaient : Jehan d'Albret, sire d'Orval, comte de Dreux, Guillaume Gouffier, seigneur de Bonnivet, amiral de France, et Charles Guillart, président au parlement de Paris. Le manifeste dont nous avons ici le texte fut le dernier appel qu'ils adressèrent aux électeurs. Déjà la partie était perdue pour François I$^{er}$. Le 26 juin 1519, le roi de France prescrivit à ses agents de soutenir la candidature d'un prince allemand qui barrât le chemin au roi d'Espagne. Il était trop tard. Le 28 juin, le jour même où les imprimeurs d'Augsbourg publiaient le présent volume, Charles-Quint était élevé à l'Empire. On lit à la fin de l'édition les trois distiques suivants qui font bien connaître l'état des esprits en Allemagne à ce moment :
>
>> Cum sis Franciscus, Gallus, rex gallice, quum sis,
>>   Imperium poscis qua ratione tibi ?
>> Franciscus nemo est hoc Caesar nomine factus,
>>   Nec Gallus me quis sospite Caesar erit.
>> Caesar Germanus mihi rex et Carolus esto ;
>>   Quare, Francisce et Galle repulse, vale.
>
> Le v° du dernier f. est blanc.

**2661 (2124 e).** WERBVNG der potschafften der ‖ durchleüchtigsten König / könig Ka- ‖ rolus von Hyspanien / vnd könig ‖ Franciscus von Franckreich ‖ an die Chürfürsten zů ‖ Franckfurt jm̄ mo- ‖ nat Iunij / jm̄ ‖ xviiij. ꝛc. be- ‖ schehen. *S. l. n. d.* [1519], in-4 goth. de 6 ff. non chiffr., sign. *A*.

<blockquote>
Nous avons ici le manifeste des commissaires et plénipotentiaires du roi d'Espagne (le chambellan Paul d'Armerstorff et Nicolas Ziegler), daté de Höchst, le 14 juin 1519, et le manifeste des ambassadeurs français. Cette dernière pièce est datée ici, non pas du 18, mais du 9 juin. Le texte allemand est un simple résumé du texte latin dont nous avons parlé à l'article précédent.

Weller (*Die deutsche Literatur im ersten Viertel des sechzehnten Jarhrhunderts*, p. 156) décrit huit éditions de cette pièce. Notre exemplaire correspond au nº 1293.
</blockquote>

**2662 (2125 *f*).** LA DESCRIPTION et ordre du camp ‖ et festins et ioustes. — ℭ *Finis. S. l. n. d.* [1520], in-4 goth. de 4 ff. non chiffr. de 50 lignes à la page, sign. *a*, mar. r. jans., tr. dor. (*Chambolle-Duru.*)

<blockquote>
Au titre, reproduit ci-contre, un bois des armes de France soutenues par deux anges, et les lettres C et P, qui sont les initiales de l'imprimeur.

Ces initiales sont celles de *Prigent Calvarin*, à *Paris*. Le bois des armes de France, dont nous donnons ici la reproduction, se retrouve au vº du titre et au vº du 10ᵉ f. du *Livre et Forest* de Bernardin Rince, pièce imprimée « en la maison de *Jehan Gourmont* », c'est-à-dire, selon toute vraisemblance, par le successeur de Gourmont ; or, quelques années plus tard nous rencontrons le nom de *Prigent Calvarin* avec l'indication d'une adresse qui correspond avec celle de Gourmont : « e regione collegii Coquereti, sub signo duarum cipparum », 1524 (Panzer, *Annales*, VIII, 90), « in clauso Brunello, ad insigne geminarum cipparum », 1527 (Panzer, VIII, 107), etc.

Comme les mêmes initiales C. P. et le même bois des armes de France se voient sur le titre de l'*Oraison en la louenge de la paix faicte entre le treschrestien roy de France et tresvictorieux roy d'Angleterre, par le traictié de mariage du daulphin de France et Marie, fille aisnée d'Angleterre, composée et pronuncée par messire Richart Peace a Londres*, etc. ([1518], in-4 goth.), pièce décrite au Catal. Lignerolles, il faut faire remonter l'exercice de *Calvarin* au moins jusqu'en 1518. Nous le suivons jusqu'en 1552.

La relation est datée du « camp près Ardre, ce lundy, xi. de juing » ; elle commence ainsi : « Pour aulcunement satisfaire a ce dont me donnastes charge a mon partement, de vous faire sçavoir des nouvelles, j'ay prins peine et sollicitude de rediger par escript, le plus près de la verité que j'ay peu, ce que j'ay sceu veoir et sçavoir par aultre, ce qui a esté faict, etc. » Ainsi l'auteur avait assisté à l'entrevue des deux monarques, et c'est de visu qu'il décrit le camp du drap d'or. Une relation plus détaillée imprimée par *Jehan l'Escaille* sous ce titre : *L'Ordonnance et Ordre du tournoy, joustes et combat a pied et a cheval, etc.* (Paris, 1520, in-4º goth. de 27 ff. et 1 f. blanc) est au contraire une simple compilation. L'auteur, qui signe : Le Serviteur, dit (fol. *bii* rº) : « J'ay redigé en brief epithome ce que j'ay peu entendre des plus veridiques tesmoings qui y ont esté presens. » Ainsi le Serviteur n'appartenait pas à la suite de François Iᵉʳ, et son récit ne doit pas être confondu avec le nôtre. Nous avons vu dans la précieuse bibliothèque de feu M. le comte de Lignerolles un poème du Serviteur qui se rattache au projet d'alliance du dauphin François, alors âgé de quelques mois, avec Marie d'Angleterre, fille de Henri VIII : *L'Epistre de ma dame la daulphine de France, fille du roy d'Angleterre, a la reyne notre souveraine dame* (s. l. n. d. [1519], in-4 goth. de 4 ff. à 2 col.).
</blockquote>

## La description et ordre du camp et festins et ioustes.

464　　　　　　　SUPPLÉMENT.

IV.3.249

2663 (2124 g). LE MESSAIGE du || heraut dāgleterre fait au tres || crhestien [sic] Roy de France.— ❡ *Finis. S. l. n. d.* [1522], pet. in-8 goth. de 4 ff. non chiffr., dont la page la plus pleine a 20 lignes, mar. r. jans., tr. dor. (*Chambolle-Duru.*)

Le titre est orné d'un bois ; en voici la reproduction :

Au v° du titre sont deux personnages : un paysan couvert de haillons et un roi assis sur une sorte de trône.

Nous donnons ci-après un second fac-similé qui fera connaître le début du texte et les caractères employés par l'imprimeur.

Au v° du dernier f., un roi assis sur un trône, son sceptre à la main.

Le message du roi d'Angleterre est la déclaration de guerre remise à François I<sup>er</sup>, à Lyon, par le héraut Clarence, le 29 mai 1522. A la suite est la réponse du roi : « Ce ouy, le roy, ainsi qu'il scet bien et peult faire sans delaiez ne attendre conseil, respond tresaigement, et d'auctorité royalle soy justifiant.... » Ces paroles rappellent l'appréciation de Louise de Savoie dans son journal : « Mon fils luy respondit froidement et si a point que tous presens estoient joyeulx et neantmoins esbahis de sa clere eloquence. » Voy. Petitot, *Coll. complète des mém. rel. à l'hist. de France,* XVI, 406.

E .xxix. iour de may le
treschrestie̅ Roy de fra̅
ce estāt en son triumphe
royal a lyon a ouy par-
ler le herault dangleter
re luy a declare son mai
stre le roy dangleterre luy mandez quil
se garde de luy, et quil est son ennemy
mortel a feu et a sang Et q̄ cest au moy
en quil luy auoit promis et iure au tra
cte dardre ne faire poit la guerre a lem
pereur ce quil a faict et auecques ce a ī
cite monsieur de sedam mis aux chāps
et Baille gens et argent.

⸿ Dauātaige quil ne se debuoit aider
a seruir de ge̅s estrangiers en ses affai
res et que de ce a faict le contraire.

⸿ Item plus quil ne permetteroit au-

**2664 (2127 a).** ANZAYGENDT NEWYEYTTVNG / wie es aygendtlich mitt || der schlacht vor Pauia / vnd als man erstlich vor Lo || dy ausz gegenn den feyndenn zogenn ist / er- || gange̅ Am freytag den vier vn̄ zwaintzig || sten tag Februarij. daran gefallen ist || sant Mathias des hailigen zwelff || bottē tag Anno M. D. xxv : *S. l. n. d.* [1525], in-4 goth. de 7 ff. non chiffr. et 1 f. blanc.

Au titre, un bois représentant une bataille. — Le v° du titre est blanc.

L'impression est exécutée en gros caractères.

Au v° du dernier f. sont neuf lignes de texte et un bois représentant un chevalier revêtu d'une armure de parade et monté sur un cheval richement caparaçonné.

Voici le début de la relation qu'il faut rapprocher des extraits donnés au n° 2127 :

« Ertslich alls wir den 24. Tag Januarij zů Lody, mit allem Hauffen auff Morian und von dannen geen Tampian verruckt, und daselbs zů Ryng umb, auff das Nechst unser Geläger geschlagen, haben wir den ersten Scharmützel zů Rosz und Fusz daselbst in Ort des Thiergarten, mit dem Frantzosen angenommen. Allda etlich zů Fusz erlegt worden.

» Item mitler weyl Prucken geschlagen, Spinodi gemacht und am dritten Tag Februarij sey wir zů Tampian mit dem Hör neben dem Thiergarten under des Frantzosen Läger, gegen Pavia auf ain welsche Meyl geruckt, daselbst im freyem Feldt wider das Läger geschlagen, da seind die Feynndt zwischen unser und der Stat gelegen...

*Fol. Aiiij v°*... Wir haben auch den Feinden genummen xxxij. Stuck Bichsen und der Schweitzer so gefangen und wyder ledig gelassen, sein bey vierhalb Tausent. Es seyn auch sunst vil Lantzknecht gefangen, unn der Langenmantel ist erstochen worden. JÖRG VON FRONSPERG. An die furstlich Durchleuchtigkait von Osterreych, etc.

Den hernachvolgenden Zedel hat Herr CASPAR WINTZERER, Ritter, etc. der F. D. von Oesterreich zů geschriben.

Item der Schweitzer Hauptleut sein xxviij gewesen, die andern sein all erstochen...

La liste des morts est semblable à celle de l'édition que nous avons désignée par *a*.

Weller, *Die deutsche Literatur im ersten Viertel des sechzehnten Jahrhunderts*, n° 3603.

2665 (2130 *a*). LE TRAICTE de || la paix perpetuelle du roy tres- || chrestiẽ nostre souuerain seignr̄ || et madame sa mere / regente en || France en son absence. Auec || treshault ç trespuissant prince Henry huytiesme de || ce nom / par la grace de dieu roy Dangleterre / leurs || hoirs et successeurs. publie a Lyon le .xxij. de septẽ- || bre. Lan Mil .ccccc. xxv. || ☙ Auec Priuilege. *S. l. n. d.* [*Lyon*, 1525], in-4 goth. de 4 ff. non chiffr. de 27 lignes à la page pleine, sign. *a*.

Le titre est orné d'une grande initiale qui contient la marque de *Claude Nourry*, imprimeur à Lyon (Silvestre, n° 1230), et d'un bois des armes de France.

Le v° du titre est blanc.

Le dernier f. contient, au r°, un grand bois des armes de France ; le v° en est blanc.

Le texte est un résumé publié « de par ma dame, regente en France », du traité signé à Lyon, le 9 juin 1525, entre les plénipotentiaires de France : Jehan de Brinon, chevalier, seigneur de Villaines et d'Auteuil, premier président du parlement de Rouen, chancelier d'Alençon, président des conseils de la régente, M^me Louise de Savoie, et Jehan Joachim de Passan, seigneur de Vaux, maître d'hôtel ordinaire de ladite dame, et les plénipotentiaires anglais : William [Warham], archevêque de Cantorbéry, légat du Saint-Siège, Thomas, duc de Norfolk, trésorier d'Angleterre, Henry, marquis d'Exeter, Charles, comte de Wigorn, seigneur de Herbert et de Souver, chambellan du roi, Nicolas [West], évêque d'Ely, et Sir Thomas More, chevalier, sous-trésorier d'Angleterre.

L'ordonnance de la régente relative à la publication de la paix est datée de Coindrieu, le 17 septembre 1525, et contresignée de Robertet.

On trouvera le texte complet du traité dans le *Corps universel diplomatique* de Du Mont, IV, I, 436-441.

2666 (2130 *b*). THOMAE PHILOLOGI de liberatione || Francisci Francorum Regis || Christianissimi ad || Guidomagnum ||

Rangonum. — *Finis.* || ❡ *Impressum Mutinæ p. D. Antoniũ Bergollũ. Anno Dñi* || M.D.XXV [1525]. *Die .XIIII. Octobris.* In-4 de 4 ff. non chiffr.

<small>Au v° du titre est une épître « Ad illustrissimum Guidomagnum Rangonum, sacrae romanae Ecclesiae gubernatorem generalem, Thomae Philologi Janoti Ravennatis de Rangonibus... »

L'auteur s'efforce de faire voir dans le corps de son ouvrage combien l'Italie, l'Espagne et toute l'Église sont tenues au roi de France, et combien il importe que le prince fait prisonnier à Pavie recouvre promptement la liberté. L'intérêt même de l'empereur doit lui conseiller de traiter le roi avec humanité.</small>

2667 (2130 c). ❧ APOLOGIA || ❧ Madriciae ❧ || Conuen- || tionis, inter cri- || stianissimum Francorum Regem, & || Carolum electum Imperatorem, || Dissuasoria. || ❡ *Vęnundatur Parhisijs, a Gallioto Pratensi sub* || *primo pilari Aulę Regię locum ha-* || *bente.* M. D. XXVI [1526]. || Cum Priuilegio Regis amplissimo. — [A la fin :] ❡ *Excudebat Petrus Vidouæus, Typis,* || *ac caracteribus suis, Mense* || *Augusto.* In-4 de 8 ff. non chiffr., sign. A-B.

<small>Au v° du titre est le texte original français du privilège accordé pour un an à *Galliot Du Pré,* le 31 juillet 1526.

Au v° du dernier f. est la marque de *Pierre Vidoué* (Silvestre, n° 823).

Ce factum, qui contient un désaveu énergique du traité de Madrid, parut en même temps en latin et en français. Nous parlons à l'article suivant des versions françaises.</small>

2668 (2130 d). ❡ RESPONCE du || puissant / et Tresinuict Empereur/ || Charles le. V. Roy despaigne .ɐc. sur || les lettres du Roy de france / aux prin- || ces electeurs. Et aussi sur lappologie / || ou contradiction du mesme Roy / alen- || contre le Tractat faict entre luy et Lẽ || pereur a Madrile en Espaigne. || ❡ Itẽ plusieurs aultres choses dignes || de lire : des quelz les Tiltres daultre co || ste de ce feuillet voyre pouez. || Cũ priuilegio. — [Au r° du f. Miij :] ❡ *Imprime en la ville Danuers par moy Guil* || *laume Vorsterman / demourant a la Licorne dor :* || *hors la porte de Chambre. Lan.* M. D. xxvii [1527]. In-8 goth. de 92 ff. non chiffr., sign. A-L par 8, M par 4, mar. r. jans., tr. dor. (*Duru*, 1851.)

<small>Le titre est encadré de bordures représentant Dieu le Père, les évangélistes, les cinq plaies, etc.

Au v° du titre est la table des pièces contenues dans le recueil. Ces pièces sont :

1° Une lettre de Charles-Quint aux électeurs de l'empire, en date de Grenade le 29 novembre 1526 (fol. Aij).</small>

2° *L'Appollogie ou Contradiction de la part du roy de France sur les conventions et compactz faictes entre luy et Charles, empereur de Romme, a la ville de Madrille* (fol. *Aviij*).

Cette pièce, dont nous avons décrit à l'article précédent l'édition latine originale, se confond avec l'*Apologie contre le traité de Madrit d'entre le treschrestien roy de France et Charles esleu empereur* (Paris, Galliot Du Pré [1526], in-4 goth.); mais, au lieu de reproduire le texte français primitif, le compilateur a lui-même retraduit une version étrangère. Voici le début des deux rédactions (nous avons sous les yeux l'exemplaire de l'édition de *G. Du Pré* conservé dans le Cabinet des livres de Chantilly) :

| GALLIOT DU PRÉ. | VORSTERMAN. |
|---|---|
| S'il y a aucuns qui par adventure mectent en doubte la foy du Trescrestien roy parce qu'il n'a observé le traicté par luy fait avec l'esleu empereur, je leur prye qu'ils n'en conçoyvent aucune chose en leur esprit, ou proferent leur jugement, premier qu'en congnoistre la verité et l'ordre du fait.... | Si par aventure aulcuns il en y a qui la foy du Trescrestien roy en doubte mettre veullent pour ce qu'il n'a point tenu ne accomply la convention laquelle avecques l'empereur esleu avoit faict, je les prye qu'ilz ne pensent riens en leur courraige ne en jugent devant qu'ils ayent la verité et la chose geste bien entenduz.... |

3. *La Response imperialle sur l'Appologie franschoyse* (fol. *Bvij*).

4. *Les Chapittres de la lige ou confederation... faicte par le pape de Romme Clement le VII., le roy Franchois, les Venetiens, le duc Francisque Sforce et les Florentins contre le grand empereur Charles* (fol. *Hiij* v°).

5. *Epistre du roy Franschois, roy de France, aux princes electeurs...*, datée de « Balgenciaque », c'est-à-dire Beaugency, le 6 octobre 1526 (fol. *Ki*).

6. *Responce de la tressacrée majesté imperialle sur ce que par les ambassadeurs du pape Clement le VII., du roy Franchois, etc., a esté proposé...*, rédigée par le secrétaire JEHAN ALEMAING, SEIGNEUR DE BOUCLANE (fol. *K iv* v°).

7. *Epistre du tresgrand et puissant empereur Charles au sacré college des cardinaulx...*, en date de Grenade le 6 octobre 1526 (fol. *Liij* v°).

8. *Instrument publicque des actes de Romme quant au pape Clement le VII...*, rédigé à Rome par ALPHONCE DE CUEVAS, « clerc de la diocese de Burges, notaire publicque de la auctorité apostolicque, etc. », le 12 décembre 1526.

Le volume se termine par une longue liste d'errata.

Exemplaire de M. C. COPPINGER.

2669 (2132 *a*). EN CESTE MANIERE A este || deffijes Lēpereur/ De par le herault du Roy de Franche / et pareille || mēt de par le herault du Roy dengleterre. Ec [*sic*] comment Lempere- || ur Leurs a Rendu Responce. — [Au r° du dernier f. :] ¶ *Imprime en la bonne ville Danuers tenant le chā* || *bre porte au fouant par moy Henry Pee-* || *ters de Middelboerch.* In-4 goth. de 10 ff. non chiffr., sign. A-C.

Voici la reproduction du titre :

## En ceste maniere Aelte deffyes Wpereur, De par le herault du Roy de Franche, et pareillemēt de par le herault du Roy dengleterre. Et comment Lempereur leurs a Rendu Refponce.

Le v° du dernier f. porte les armes et la devise de l'empereur, et les armes d'Espagne.

Le texte français ne se confond nullement avec celui que *Vorsterman* a suivi dans son édition. Il commence ainsi : « C'est assavoir que le jour sainct Vinchent, en l'an de grace mil .cccc. xxvij., estant pour l'heure l'empereur en la ville de Bourges en Espaignes, vint et ariva en sa court, du matin environ .ix. heures, ung herault venant du roy de Franche, lequel estoit appellés de son nom Guienna, et aussi pareillement ung herault estant du roaulme d'Engleterre, lequel herault s'appelloit Clarence... ». *Vorsterman* a d'ailleurs donné une édition flamande du défi porté à Charles-Quint qui reproduit fidèlement l'impression de *Henry Peeters* de Middelbourg : *In deser manieren zoe hebben die herraulten vanden coninck van Vranckerijcke eñ vanden coninck van Inghelant den keyser ghedeffteert*, etc. (Anvers, 1528, in-4 goth.).

On pourra rapprocher ce texte des autres rédactions dont le début a été reproduit par MM. de Montaiglon et de Rothschild *(Recueil de Poësies françoises*, X, 321).

Le présent exemplaire, le seul connu, est non rogné ; il provient de la collection VERGAUWEN (Cat., 1884, II, n° 410), et c'est celui que M. F. vander Haeghen a décrit dans la *Bibliotheca belgica*.

2670 (2134 *b*). ⁋ LA DEF- || FENSE du roy treschrestien || contre lesleu en em- || pereur delayant || le combat dē || tre eulx. || ❦ — [A la fin :] ⁋ *Imprime a Paris pour Galliot du pre* || *Libraire iure de luniuersite. S. d.* [1528], in-4 goth. de 8 ff. non chiffr. de 29 lignes à la page, sign. *A-B*, mar. r., fil., dos et coins ornés, tr. dor.

Le titre est orné d'une bordure qui contient les armes de France et quatre autres écussons. — Au v° du titre on lit : « Il est prohibé et deffendu de par le roy de imprimer jusques a ung an en autre lieu le present traicté ».

L'édition doit sortir des presses de *Pierre Vidoué*.

A la suite du défi porté à Charles-Quint par le héraut Guyenne, et de la réponse faite par son secrétaire Jehan L'Allemant, l'empereur rédigea un cartel qu'il voulut à son tour envoyer à François I$^{er}$. Après avoir réfuté en termes violents les accusations portées contre lui par le roi de France, Charles-Quint déclarait accepter le combat qui devait avoir lieu sur les bords de la Bidassoa (Weiss, *Papiers d'état du cardinal de Granvelle*, I, 405-408). Le cartel impérial et une déclaration longuement motivée furent remis au héraut Bourgogne qui, après plusieurs mois de démarches et de délais, arriva à Paris le 9 septembre 1528. Le lendemain, François I$^{er}$ le reçut dans la grande salle du palais, au devant de la table de marbre, en présence de tous les dignitaires du royaume. « Baille moy la patente du camp, dit-il à Bourgogne, « et je te donneray congé de dire après tout ce que tu vouldras de la part de ton maistre ». Le héraut déclara qu'il devait d'abord faire une autre communication, et rien ne put le décider à borner son message à la remise du cartel. Le roi refusa de céder et leva la séance. L'incident mit fin au projet de rencontre conçu par les deux monarques.

L'auteur de notre relation est GILBERT BAYARD, SEIGNEUR DE NEUFVILLE, bailly de Montpensier et vicomte de Mortain, conseiller, notaire et secrétaire d'état de la chambre du roi, qui l'a signée à la fin.

Il existe de *La Deffense* une traduction latine intitulée : *Christianissimi Francorum regis adversus imperatorem electum, prorogati duelli autorem, Defensio.* — [A la fin :] Excudebat P. Vidovaeus impensis Galliotti a Prato. S. d., in-4 de 8 ff. (Cat. Ruggieri, 1873, n° 232.)

Une autre relation fut publiée par le héraut Bourgogne qui y joignit le texte de la réponse impériale. Voici le titre de ce factum dont MM. Leclerc et Cornuau nous ont communiqué un exemplaire incomplet :

RESPONCE de la || Tressacree Maieste Imperiale tousiours auguste || Charles cincquiesme par la diuine clemence / roy || des Allemaignes / des Espaignes / des deux Sicil- || les / de Ierusalem. ҫc. sur le cartel du deffiement || ( combat du roy de France presente par le || roy Darmes Guyenne a la Maieste Im- || periale. Enuoyee par Bourgoingne || roy Darmes de la dicte Ma. Im || periale le .xxiiii. iour de || Iuing en Lan mil || cincqcens et || xxviii. || Auec grace ҫ Priuilege de la || tressacree Ma. Impe. — [A la fin :] *Imprime Lan mil cincq cens* || *vingt ҫ neuf le . xxvii.* || *Dauril. S. l.* [*Anvers*], pet. in-8 goth. de 30 ff. non chiffr. de 30 lignes à la page, sign. a-c par 8, d par 6.

Notre exemplaire de la *Deffense* porte l'ex-libris de M. COPPINGER.

2671 (2135 *a*). LE RECOEVL du triumphe || Solēpnel faict et celebre En la tresnoble || Cite de Cambray pour la paix ɋ y a este faicte et cō || clute en la dite Cite. Auec la venue des Dames ҫ du || Roy ҫ leurs departemēs : Auec lordre ɋ se fist a aller || a la messe de la paix Entre les Dames et seigneurs || Auec les nōs de pluseurs princes : ҫ princesses : || Date Cambray suis chief pour la paix conclure || Date Ecce nonis augusti pax facta fuit Cameraci. *S. l. n. d.* [1529], in-4 goth. de 4 ff. non chiffr. de 34 lignes à la page, sans sign., mar. r., fil., dos orné, tr. dor. (*Bauzonnet-Trautz.*)

Le titre est orné d'un grand écu aux armes de Cambrai.

Voici le début de cette relation qui ne doit pas être confondue avec celle de Jehan Thibault :

« L'an mil chincq cens et xxix, le v$^e$ de julliet, vindrent en la heureuse cité et ducé de Cambray pluseurs dames et damoises et pluseurs notables personnaiges pour faire la paix... »

L'impression paraît avoir été exécutée à Anvers.

Exemplaire de M. C. COPPINGER.

Pour suivre l'ordre chronologique, on devrait placer ici une pièce décrite ci-dessus (n° 2410) : *L'Entrée du pape, du roy, de la royne, du daulphin, de la duchesse d'Urbin, et du mariage de ladicte dame avecques monseigneur le duc d'Orleans, faicte en la noble et antiquissime cité de Marseille le xij. jour du moys d'octobre l'an M. cccc. xxxiij.*

2672 (2138 *a*). EXEMPLARIA || literarum quibus & || Christianissimus Gallia- || rum Rex Frāciscus, ab aduersariorum male- || dictis defenditur : & controuersiarū causæ, ex || quibus bella hodie inter ipsum & Carolum || quintū Imperatorem emerserunt, explicātur : || vnde ab vtro potius stet ius æquúumque, le- || ctor prudens perfacilē deprehendet. Quarum || catalogum, sequens pagella indicabit. || *Parisiis.* || *Ex officina Rob. Stephani.* || M.D.XXXVII [1537]. || Cū priuilegio Regis. — [Au bas de la p. 213 :] *Excudebat Rob. Stephanus* || *Parisiis, ann. M.D.XXXVII* [1537]. ||

*Calend. septem.* In-4 de 213 pp., 1 f. et 1 tableau plié, mar. br., fil., tr. dor. (*Trautz-Bauzonnet.*)

Au titre, la marque de R. *Estienne* (Silvestre, n° 818).

Ce volume est la contre-partie du *Recueil* publié par ordre de Charles-Quint (n° 2138).

Les pièces, dont l'énumération occupe le v° du titre, sont au nombre de 18, savoir :

1. *Epistola christianissimi regis ad quosdam Germaniae principes atque alios ordines Schmalcaldiae congregatos* (datée de La Fère [Farra], le 28 mai 1537).

2 (p. 9). *Apologetica Epistola de sententia christianissimi regis ad ordines sacri romani Imperii scripta* (ex castris ad Contaeum, Belgicae vicum, die vii. maii 1537).

3 (p. 72). *Apologetica cujusdam famae regiae studiosi Epistola.*

4 (p. 118). *Responsio christianissimi regis ad orationem qua Caesar in eum Romae apud summum pontificem invectus est.*

5 (p. 136). *Literae christianissimi Galliarum regis ad ordines sacri romani Imperii.*

Lettres de créance données à Guillaume Du Bellay Langeay, en date de Lyon, le 30 mai 1536.

6 (p. 137). *Literae christianissimi regis et serenissimorum ejus liberorum ad Imperii ordines* (Lyon, 1er juin 1536).

7 (p. 139). *Legati eorundem Literae ad electores Imperii, quibus ad disceptandam de Mediolano controversiam indici conventum postulat.*

Cette dépêche de GUILLAUME DU BELLAY est datée de juillet 1536.

8 (p. 147). *Christianissimi regis in eandem sententiam ad electores ipsos Epistola* (décembre 1536).

9 (p. 153). *Expostulatoria regis Epistola de violato tabulario, ad Moguntinum cardinalem, qua item indici conventum efflagitat.*

La date de cette lettre n'est pas rapportée.

10 (p. 167). *Ad universos Imperii ordines eadem de re deque pacis conditionibus per Solimannum regi oblatis Epistola* (Paris, 28 janvier 1537, n. s.).

11 (p. 175). *Christianissimi Galliarum regis ad principes et alios Imperii ordines Vormaciae conventum habentes Epistola, qua senatum de Mediolanensi controversia sibi dari postulat...* (Meudon, 31 juillet 1537).

12 (p. 183). *Christianissimi regis ad Imperii ordines Epistola, calumnias in eum disseminatarum refutatoria* (Paris, 1er février 1535, n. s.).

13 (p. 195). *Ad Imperii ordines de indicendi communis Christianorum omnium concilii ratione, christianissimi regis Epistola* (De la forêt de Saint-Germain en Laye [ex Laiano saltu], 25 février 1535, n. s.).

14 (p. 198). *Christianissimi regis Literae de ratione constituendae inter christianos omnes ecclesiasticae concordiae, ad Imperii ordines Eslingae conventum habentes* (Gynville en Champagne, 10 septembre 1535).

15 (p. 201). *Legati regis Oratio ad eos Imperii ordines habita qui conventum Schmalcaldiae habuerunt mense decembri anno 1535.*

16. *Tabula ex qua judicari possit ad quos Burgundiae et Mediolani ducatus et Amedei Sabaudiae ducis hereditas pertineat.*

Le volume se termine par le texte du privilège donné pour six ans à *Robert Estienne* le 7 août 1537.

Exemplaire de M. le COMTE ROGER, dont le chiffre décore le dos et les plats de la reliure (Cat., **1884**, n° 560).

**2673** (2138 *b*). Novvelle deffen || ce pour les Francoys : A lencontre de la || nouuelle entreprinse des ennemys. || ⁋ Comprenant la maniere deuiter tous || poisons / auecq les remedes a lencontre diceulx / dedie au gentil homme qui a faict || responce au secretaire Alemand son amy || sur le different de Lempereur ⁋ du roy tres- || chrestien Francoys premier de ce nom. || ☞ Si quid mortiferum biberint, non nocebit || eis, Marci vltimo. || Auec Priuilege || du Roy. || ☞ *On les vend a Paris en la rue neufue nostre Dame* || *a lenseigne de sainct Iehan baptiste pres saincte* || *Geneuiefue des Ardens, par Denys Ianot*. S. *d.* [1537], in-8 goth. de 52 ff. non chiffr., sign. *A-F* par 8, *G* par 4, vél. bl. (*Bauzonnet.*)

> Le titre est imprimé, moitié en caractères gothiques, et moitié en lettres rondes.
> Les ff. *Aij* et *Aiij* contiennent le texte du privilège accordé pour quatre ans à Bertrand de La Luce, docteur en médecine, le 4 août 1537.
> Le privilège est suivi d'une épître « Au predict gentilhomme », c'est-à-dire à l'auteur anonyme qui venait de faire paraître le *Double d'une lettre escripte par ung serviteur du roy Treschrestien a ung secretaire alemant son amy, etc.*, 1536, et de 18 distiques latins « Philiatri cujusdam ». Ce poète dit en propres termes que le serviteur du roi auteur de la lettre en question est Guillaume Du Bellay, seigneur de Langey :
>
> > Hic sibi magnanimus non defuit ille Guielmus
> > Bellaius, musis natus et eloquio.
> > Impia veridicis depangit crimina chartis ;
> > Mox eadem trutina diluit ipse gravi.
>
> La fin prématurée du dauphin François, mort à Tournon au mois d'août 1536, avait été attribuée à un empoisonnement (voy. ci-dessus, n° 2597) ; aussi Bertrand de La Luce prétend-il faire connaître ici tous les moyens propres à combattre les poisons. Son factum est donc une réponse aux agents de Charles-Quint, tout comme celui de Guillaume Du Bellay, bien que dans un ordre d'idées différent.
> A la fin est une épître à Jehan Le Breton, secrétaire du roi, seigneur de Villandry, qui avait contresigné les lettres de privilège données à l'auteur.

**2674** (2138 *c*). L'Abovche || ment de nostre || sainct pere le Pape, Lempereur || & le Roy, faicte [*sic*] a Nice, || auec les Articles de || la trefue. || Auec priuiliege [*sic*] pour troys moys || de par monsieur le Chancellier. || M. D. XXXVIII [1538]. || *On les vend a Lyon chez Francoys* || *Iuste, pres nostre dame de Confort*. In-8 de 16 ff. non chiffr., mar. r. jans., tr. dor. (*Chambolle-Duru.*)

> Au v° du titre, deux distiques latins anonymes *De induciis regis Galliarum et Caesaris*, et une pièce latine de Jehan Lygée [Lygaeus] *Ad Gallos et Germanos de pace et bello*.
> La relation, en prose, de l'entrevue du pape, de l'empereur et du roi, occupe les ff. *Aij–Bi*. Ce morceau seul a été reproduit par MM. Cimber et Danjou dans leurs *Archives curieuses* (1ʳᵉ série, III, 23-26).

Les *Articles* de la trêve accordée entre Anne de Montmorency, connétable et grand maître de France, d'une part, et Juan de Fernando Manrique, marquis de Santiago, Delantado de Carrella, seigneur de Villa de Sabyote, et Nicolas Perrenot, chevalier, seigneur de Granvelle, d'autre part, le 18 juin 1538, remplissent les ff. *Bij–Ciiij* r°.

Ces deux pièces sont suivies de trois petits poèmes, savoir :

1° (fol. *Ciiij* v°) un dixain de JEHAN DE CONCHES, de Valence, « Aux lecteurs » ;

2° (fol. *Di–Dij* r°) une épître signée de la devise de CLEMENT MAROT (*La Mort n'y mord*) et intitulée : *La Chrestienté parlant à Charles empereur et à Françoys, roy de France, le premier de juing* 1538 :

    Aproche toy, Charles, tant loing tu soys,
    Du magnanime et prudent roy Françoys...

Marot, éd. Jannet, II, 105.

3° (fol. *Dij* v°–*Diiij* r°) un poème signé de la devise de PIERRE GRINGORE (*Raison par tout*) et intitulé : *Le Mariage de Roger et Trefve, enfans de Bon Temps, avec la reunion desdictz Paix et Bon Temps* :

    L'altitonant Dieu des dieux, roy des roys,
    Princes voyant en triumphans arroys...

                  (13 strophes de 9 vers).

Ce morceau est imprimé en petites lettres gothiques.

Il existe de L'*Abouchement* une édition publiée « à Paris, en la boutique de *Arnould et Charles les Angeliers freres* » (Biblioth. nat. ; Biblioth. de M. Ad. Gaiffe) ; mais il est probable que l'édition lyonnaise est la première.

2675 (2139 *a*). ☜ TRIVMPHES || Dhonneur / faitz par le cōmandement || du Roy / a Lempereur en la ville || de Poictiers / ou il passa ve- || nant Despaigne en Fran- || ce / le neufuiesme iour || de Decēbre / Lan || Mil cinq cēs || xxxix. || ☾ Auec Priuilege. || ☾ *On les vend a Paris en la grand* || *salle du Palais au second pillier* / || *par Iehan du pre Libraire.* || *Mil. D. xxxix* [1539]. In-8 goth. de 12 ff. non chiffr., sign. *A-C* par 4, mar. r. jans., tr. dor. (*Chambolle-Duru*.)

Au v° du titre est un extrait du privilège accordé pour un an à *Jehan Du Pré* le 29 décembre 1539.

Au-dessous de cet extrait est un avis de l'auteur de la relation « Au lecteur de bon vouloir ».

Cette pièce a été réimprimée dans les *Mémoires de Martin et Guillaume Du Bellai–Langei*, éd. de 1758, VI, 339-367.

2676 (2141 *a*). DOVBLE et copie || de monsieur de Longueual a mon- || seigneur Dorleans. || ☾ *On les vēd a Paris par Hierosme de Gourmond libraire iure de Luniuersite*. S. d. [1542], pet. in-8 goth. de 4 ff. non chiffr. de 25 lignes à la page, sign. *a*, mar. r. jans., tr. dor. (*Chambolle-Duru*.)

Au titre, la marque de l'imprimeur.

M. de Longueval opérait en Flandre tandis que le jeune duc d'Orléans, à qui François I<sup>er</sup> avait imprudemment confié le commandement de l'armée du

HISTOIRE. 475

Nord, s'emparait des places du Luxembourg. La lettre, où Longueval raconte la prise du château d'Estocard et parle d'un avantage remporté sur le prince d'Orange, est écrite « aux faulxbourgs d'Anvers ». Une main du temps y a ajouté la date : *Du mardi xxij<sup>e</sup> jour du mois d'aoust V<sup>c</sup> xlij*. La même main a écrit à la fin la mention suivante : « Ban et ariere ban a esté crié en ceste ville de Paris a celle fin que toutes gens de guerre, tant de cheval que de pié, eussent a estre prest[z] ce mois d'octobre es païs du Languedoch et Picardie, sur peyne... »

2677 (2141 *b*). 🙘 Dovble || De la publication d'une [*sic*] lettre du discord || du Roy nostre Sire & de l'Empe- || reur Roy des Hespaignes. || Auec vne Epistre enuoyée des Enfers par || Anthoine de Leue aux Espaignols mutins. || *A Lyon,* || *Chez feu Iehan de Cambray.* || 1542. In-8 de 4 ff. non chiffr., sign. A, mar. r. jans., tr. dor. (*Chambolle-Duru.*)

Iv. 3. 190

Au titre, l'écu de France soutenu par deux anges. — Le texte commence au v° même du titre.

La lettre du roi, datée de Ligny, le 10 juillet 1542, est adressée au comte de Buzançay et de Charny, amiral de France, aux vice-amiraux et à leurs lieutenants. François I<sup>er</sup> y expose en détail ses griefs contre Charles-Quint.

Le dernier f. contient l'*Epistre de Anthoine de Leve*. Cette pièce, composée de 60 vers décasyllabiques, est précédée d'un envoi en 6 vers, ainsi conçu :

> Aux Espaignolz mutins, imitateurs [*lis.* incitateurs]
> De foy mentie et de paix les fracteurs,
> Et a leur roy, qui se dict empereur,
> Du bien publicq pervers dissipateurs,
> Anthoine de Leve, à vous, ses amateurs,
> Envoye salut avec perte et horreur.

L'épître commence ainsi :

> En ses abysmes, dans les creux umbrageux
> Ou suis present par mes faicts oultrageux,
> J'ay entendu crier treshaultement
> La trompette, et cry publicquement...

2678 (2141 *c*). Translation de l'Epi- || stre du Roy Treschrestien Francois premier de ce || nom, a nostre sainct Pere Paul troisiesme, par la- || quelle est respondu aux calomnies contenues en || deux lettres enuoyees au dict sainct Pere, par || Charles cinquiesme Empereur, l'une du XXV. || iour d'Aoust, l'autre du XVIII. Octobre, M. D. || XLII. || *A Paris.* || *En l'imprimerie de Robert Estienne, imprimeur* || *du Roy.* || M. D. XLIII [1543]. || Auec Priuilege du Roy. In-8 de 40 ff. non chiffr., sign. *A-E.*

Iv. 3. 166

Au titre, la marque de *R. Estienne* (Silvestre, n° 163).

L'épître du roi est datée de Fontainebleau, le 10 mars 1542 (1543, n. s.). Elle avait paru en latin dans le recueil intitulé : *Pauli tertii, pontificis max., ad Carolum V., imperatorem, Epistola hortatoria ad pacem. Ipsius Caroli, tum ad alias ejusdem concilii convocatorias, Responsio. Francisci, christianiss. Francorum regis, adversus ipsius Caroli calumnias Epistola apologetica ad Paulum III., pont. max., scripta*. Lutetiae, ap. Rob. Stephanum, 1543, in-8.

Tous les bibliographes attribuent la rédaction de l'épître du roi au cardinal

476  SUPPLÉMENT.

JEHAN DU BELLAY. Il est probable que le prélat n'écrivit que le texte latin. La traduction française est peut-être de Simon Brunel, comme la traduction de la *Defense pour le roy Treschrestien*, 1544. Voy. le n° 2681.

2679 (2141 *d*). EPISTRE du roy || de France Enuoyee aux ele- || cteurs de Lempire assemblez || a Nurenberg. Translatee de || Latin en Francoys. Lan mil || cinq centz Quarantetroys. — *Finis.* || ☞ *Imprime nouuellement par Iehan* || *Lhomme. Le quinziesme iour de Iuing. Lan de nostre seigneur | Iesuchrist. mil* || *cinq centz Quarante ç troys* [1543]. Pet. in-8 goth. de 8 ff. non chiffr., de 26 lignes à la page, sign. *A-B*, mar. bl. jans., tr. dor. (*Trautz-Bauzonnet.*)

Le titre est orné des armes de France.
Le v° du titre et le r° du 2° f. sont occupés par une épître de PIERRE TOLLET « A la ✠, varlet de chambre ordinaire chez le roy nostre sire », épître datée de Lyon le 22 mars 1543.
L'épître de François I<sup>er</sup>, dont la date n'est pas rapportée, commence ainsi : « J'ay tousjours creu et tenu pour vray, treshaultz princes, estre hors et alienè de la dignité d'ung empereur et roy entre soy par escriptz occultement ou publiquement se vexer et pugner... » Le roi s'efforce ensuite de justifier son alliance avec les Turcs.
L'épître dut paraître d'abord à *Lyon*, où Pierre Tollet était médecin. Il en existe une édition de *Bourges*, in-4 goth. de 4 ff. (Biblioth. nat., Lb³⁰.91. Rés.) et une édition s. l.; in-8 goth. de 8 ff. (Biblioth. de feu M. le comte de Lignerolles). Le nom du traducteur a disparu de cette dernière réimpression.
Exemplaire de M. E. QUENTIN-BAUCHART (*Mes Livres*, 1881, n° 202) et de M. le BARON DE LA ROCHE LACARELLE.

2680 (2141 *e*). LA DEFFAICTE et || destrousse du conte Guillaume de- || uant Luxembourg / faicte par les || Francois / iouxte la teneur des let- || tres cy apres declarees. Auec la || chanson nouuelle. || *Imprime a Lyon : chez le Prince. S. d.* [1544], pet. in-8 goth. de 4 ff. non chiffr. de 21 lignes à la page pleine, sign. *A*, mar. r. jans., tr. dor. (*Chambolle-Duru.*)

Au titre, reproduit ci-contre, sont les armes de France.
La pièce contient, sous forme de lettre, la relation d'un échec infligé, le 24 décembre 1543, au comte Guillaume de Fürstenberg, qui, pour complaire à l'empereur, avait assailli Arlon et le mont Saint-Jean dans le pays de Luxembourg. Jehan Bouchet nous apprend dans ses *Annales d'Aquitaine* (éd. de 1634, p. 539) que l'armée française, forte de 600 hommes d'armes et 15,000 hommes de pied, était alors commandée par Giani Caraccioli, prince de Melphe, et par les seigneurs de Brissac et de Dampierre.
La relation est suivie d'une chanson en 5 couplets de 8 vers qui commence ainsi :

Ou es tu, conte de Nansot,
Et toy aussi, conte Guillaume ?
Chascun de vous s'est monstré sot
A vostre honte et grand diffame...

On remarque dans cette chanson l'alternance régulière des rimes masculines et féminines.

**La deffaicte et** deſtrouſſe du conte Guillaume deuant Luxembourg, faicte par les francois, toute la teneur des lettres cy apres declarees. Auec la chanson nouuelle.

Imprime a Lyon: chez le Prince.

2681 (2141 *f*). Defense pour le Roy || de France Treschrestien, a lencontre des in- || iures & detractions de Iaques Omphalius, fai- || cte nagueres en Latin par vng Seruiteur du || Roy, & maintenant traduicte en Francois par || Simon Brunel. || *A Paris,* || *De l'imprimerie de Robert Estienne Impri-* || *meur du Roy.* || M.D.XLIIII [1544]. || Auec priuilege du Roy. In-4 de 24 ff. non chiffr., sign. *aa-ff.* — Adversvs Iacobi Om- || phalii maledicta, pro Rege Francorum Christia- || nissimo defensio. *S. l. n. d.*, in-4 de 19 ff. non chiffr. et

478          SUPPLÉMENT.

1 f. blanc. — Ensemble 2 part. en un vol. in-4, mar. amar. jans., tr. dor. (*Chambolle-Duru*.)

Le titre de la partie française porte la marque de *Robert Estienne* (Silvestre, n° 163).

La Croix du Maine (éd. de 1772, I, 450) attribue l'original latin de la *Defense* au cardinal JEHAN DU BELLAY. Cet original est signé de la devise *Ou la, ou non*, que nous retrouvons à l'article suivant.

Jacques Omphalius, jurisconsulte et humaniste, était né à Andernach; il professait le droit à Cologne, où il mourut en 1570. Les ouvrages d'Omphalius sont assez nombreux, et plusieurs avaient été imprimés à Paris (voy. Gessner, *Epitome*, 1555, fol. 84 °; Jöcher, *Allg. Gelehrten Lexicon*, v° Omphalius; *Répertoire des ouvrages pédagogiques*, p. 483), en sorte que son nom devait être connu en France.

Du Bellay dit avoir rencontré le jurisconsulte allemand en partant de Cologne, le 11 septembre précédent, et il rapporte la discussion qu'il a eue avec lui au sujet des affaires du duché de Clèves. Voy. sur cette question la pièce décrite à l'article 2722.

Pour en revenir à Omphalius, son vrai nom devait être Buckel, ou Puckel; mais ses descendants s'appellèrent von Omphal, témoin Johann Friedrich von Omphal, auteur du traité intitulé : *Bedenken wie bey währenden teutschen Krieg das greuliche Verderben sovieler Landen, Stätte und Flecken abzuwenden*... (Cöllen, 1639, in-4).

Exemplaire de M. le baron ACH. SEILLIÈRE (Cat. de 1890, n° 1054).

2682 (2141 *g*). RESPONSE a vne epi- ‖ stre enuoyee de Spire par vng Secretaire A- ‖ lemād a vng Seruiteur du Roy treschrestien. ‖ Aultre epistre des choses faictes puis quatre ‖ ans en lEurope. ‖ *A Paris*, ‖ *De limprimerie de Robert Estienne Impri-* ‖ *meur du Roy.* ‖ M.D.XLIIII [1544]. ‖ Auec priuilege du Roy. In-4 de 21 ff. non chiffr. et 1 f. blanc, sign. *A-d* par 4, *e* par 6.

Au titre, la marque de *R. Estienne* (Silvestre, n° 163).

Le f. *Aij* contient une épître « A tresillustre, treshault et trespuissant prince, monseigneur le daulphin ».

La *Response*, datée du mois de mai 1544, doit être l'œuvre de JEAN DU BELLAY. L'auteur dit dans son épître au dauphin qu'il en a fait lui-même la traduction.

A la fin de la dédicace et de la *Responce* est la devise : *Ou la, ou non*.

On lit sur le titre cette note manuscrite : *Sum* JOANNIS CRON. *Emptus Byturigis A° Domini M D xliiij, mense Junio, die ix.*

*d.* — *Henri II.*

2683 (2145 *a*). LETTRES du Roy escri- ‖ ptes aux Princes ‖ & estats du Sainct Em- ‖ pire. ‖ Traduittes de Latin en François. ‖ *A Paris*, ‖ *Chez Charles Estienne Imprimeur du Roy.* ‖ M.D.LIII [1553]. ‖ Par priuilege dudict Seigneur. In-4 de 8 ff. non chiffr., sign. *A-B.*

Au titre, la marque de *Ch. Estienne* (Silvestre, n° 959).

Au v° du titre est un extrait du privilège accordé pour six ans à *Ch. Estienne*, le 27 février 1552 (v. s.).

La lettre du roi est datée de Paris le 26 février 1552 (1553 n. s.). La version parisienne commence ainsi : « Combien que de jour en aultres soyons amplement informez des termes que l'empereur tient et fait publier en vos cartiers par ses ministres, tant pour nous cuider faire deschoir, par tel artifice, d'estime et reputation envers vous... »

2684 (2154 *b*). LETTRE || du Roy Tres-Chrestian || aux souue- || rains || Estats du || S. Empire. || 🙋 || Traducte par || B. Aneau. || 🙋 || *A Lyon,* || *Par Philibert* || *Rollet.* || 1553. || Auec Priuilege. In-4 de 11 ff. non chiffr. et 1 f. blanc, sign. *A-C*, réglé, mar. r., fil. à froid, tr. dor. (*Bauzonnet*.)

IV. 4. 19

Au v° du titre est le texte du privilège accordé pour six mois à *Philibert Rollet*, le 8 avril 1553. Ce privilège fait défense à tous autres imprimeurs et libraires de Lyon d'imprimer, vendre ou distribuer d'autres exemplaires que ceux que ledit Rollet aura publiés.

A la suite de cette pièce est un quatrain ainsi conçu :

AUX SEIGNEURS GAZAIGNES.

A' vous, extraictz de double nation,
De France nez et natifz d'Italie,
Presentée est ceste translation
En double langue, en un sens qui s'allie.

La version de Barthelemy Aneau commence ainsi : « Combien que, par les parolles et lettres de plusieurs, journellement soyons advertiz par quel subtilz moyens Charles empereur se avance contre nostre nom et bonne estimation... »

Exemplaire de M. COSTE (Cat.. 1854, n° 1553), de M. SOLAR (Cat., 1860, n° 2682) et de M. RENARD, de Lyon (Cat., 1881, n° 1253).

2685 (2145 *c*). LE VOYAGE du Roy au || pays bas de l'Empe- || reur en L'an M. || D. LIIII, || Brefuement recité par lettres missiues que B. de || Salignac gentilhomme François escripuoit du || camp du Roy a Monseigneur le Cardinal de || Ferrare. || *A Paris.* || *Chez Charles Estienne, Imprimeur du Roy,* || M. D. LIIII [1554]. || Auec priuilege du Roy. In-4 de 30 ff. non chiffr., sign. *A-F* par 4, *G* par 6.

I. 5. 22

Au titre, la marque de *Ch. Estienne* (Silvestre, n° 958).

Au v° du titre est un extrait du privilège accordé au même *Ch. Estienne*, le 8 novembre 1554 (la durée n'en est pas indiquée).

Le f. *Aij* contient une épître « A la royne », datée de Paris, le 20 octobre 1554, et signée : B. de Salignac.

La relation est datée, à la fin, d'Abbeville le 19 septembre 1554, et signée également de B. de Salignac.

2686 (2147 *a*). COPIE || Des certains arti- || cles de la Paix / ¢ des Mariages traictez || entre les treshaulx ¢ trespuissant [*sic*] Roys || Philippe par la grace de Dieu / Roy || Catholique des Espagnes, ¢c. Et || Henry second de ce nom / aussi || par la grace de Dieu / Roy || Treschrestien de || France. || Et aussy le Cry Publie a Bruxelle / || le viij. iour Dauril. m. d.lix. ||

IV. 4. 118

480   SUPPLÉMENT.

❡ *Imprime a Anuers par Iean Loy* || *Imprimeur iure.* *M. d. lix* [1559]. In-4 goth. de 4 ff. non chiffr., impr. en grosses lettres de forme, sign. *A.*

Le titre porte l'aigle impériale. — Au v° du titre sont deux bois : un écu à la bande pignonnée, accompagné d'une croix abbatiale, et un tigre ou loup cervier.

Les articles sont le résumé du traité de Cateau-Cambrésis. A ce même traité se rapportent deux poèmes précédemment décrits, l'un de Jacques Grévin (t. I, n° 709), l'autre de Jean de La Maison Neufve (t. III, n° 2600).

*f. — Charles IX.*

2687 (2151 *a*). MANDEMENT || du Roy nostre || Sire à Monsieur le Sene- || schal de Lyon, ou à || son Lieute- || nant. || *A Lyon,* || *Par Benoist Rigaud*, auec Permission. In-8 de 4 ff.

Au titre, un portrait de Charles IX, finement gravé sur bois et accompagné de ces mots : *Charles 9. 61. Roy.*
Par un mandement, daté de Saint-Germain-en-Laye, le 28 juillet 1561, le roi envoie au sénéchal de Lyon le texte des lettres-patentes, en date du 25 juillet précédent, par lesquelles permission et sûreté sont garanties à ceux qui se rendront en l'assemblée des prélats.
La publication des lettres royales est dite avoir été faite à Lyon, par Jean Bruyères, crieur public, le 4 août.

2688 (2158 *a*). COPIE || des Lettres || que Monseigneur le || Reuerendissime Cardinal de Lor- || raine, a enuoyé à Madame || de Guyse sa bel- || le seur, || Sur le trespas de feu son frere François de || Lorraine, Lieutenant general pour || le Roy, & grand maistre || de France. || ❦ || Ensemble quelques petis œuures moraux, || sur le temps present. || *A Lyon,* || *Par Benoist Rigaud,* || 1563. In-8 de 4 ff.

Le cardinal Charles de Lorraine était au concile de Trente lorsqu'il apprit la mort de son frère François de Guise, tué par Poltrot de Méré (18 février 1563).
C'est de Trente que le cardinal écrit à sa belle-sœur, en date du 15 mars. Sa lettre est suivie d'une pièce en 24 vers alexandrins et de deux sonnets signés M. N. M. C.

2689 (2159 *a*). LETTRES du Roy || nostre Sire, sur || le faict des armes : publiees en la || ville de Lyon, le vingt quatriesme || iour de Iuin M.D.LXIII. par || le commandement de monsei- || gneur le Mareschal de Vieille- || ville. || *A Lyon,* || *Par Benoist Rigaud.* || 1563. || Auec Permission. In-8 de 7 ff.

Le titre est orné d'un bois, très finement gravé, qui représente Charles IX à cheval. — Le 7° f., blanc au r°, porte au v° les armes royales.
Le roi, par ses lettres, datées de Vincennes, le 17 juin 1563, enjoint à tous ses sujets de poser les armes avant le 1er juillet. Elles sont suivies ici d'une mention de la publication faite à Lyon par Antoine de Vaux, clerc et commis de maître Jean Bruyères, crieur public.

HISTOIRE. 481

2690 (2161 *a*). LETTRES du Roy || nostre Sire, sur || la deffence à toutes gens, tant à || pied qu'à cheval de ne porter ba || stons à feu, suyuant ses Ordon- || nances. || *A Lyon*, || *Par Pierre Merant, en la rue sainct Iean.* || 1564. || Auec Priuilege. In-8 de 4 ff.

IV. 3. 62

 Au titre, un bois qui représente le roi, debout, son sceptre à la main, entre deux C couronnés.
 Les lettres royales, datées de Saint-Maur des Fossés, le 28 janvier 1563 (1564, n. s.) sont dites avoir été publiées à Lyon, par Antoine de Vaux, clerc et commis de Jean Bruyères, crieur public, le 19 février.

2691. LETTRE d'vn || seigneur du pais de Hay || nault enuoyee à vn sien || voisin & amy suyuant la || Cour d'Espaigne. || *En Anuers, par Guillau-* || *me Richman. S. d.* [1565], in-8 de 27 pp. et 2 ff. blancs.

IV. 6. 97

 Ce factum, daté de Paris, le 2 avril 1564 avant Pâques (c'est-à-dire 1565), est l'œuvre du cardinal CHARLES DE LORRAINE. Le prélat, qui revenait du concile de Trente, s'était permis, au mépris des édits, de se présenter aux portes de Paris avec une escorte ; mais François de Montmorency, gouverneur de la ville, avait dispersé l'escorte et tué même quelques hommes au cardinal. Le prétendu « seigneur du païs de Haynault » commente longuement cet incident et trouve le moyen d'en faire retomber la responsabilité sur l'amiral de Coligny.
 La rubrique d'*Anvers* paraît être purement imaginaire.
 On a vu ci-dessus (n° 2552) que la *Lettre* avait été condamnée par un arrêt du parlement de Paris en date du 30 juin 1565.

2692. RESPONSE a || l'Epistre de Char- || les de Vaudemont, || Cardinal de Lorraine, iadis Prince || imaginaire des Royaumes de Ieru- || salem, & de Naples, Duc, & Conte || par fantasie d'Aniou, & de Prouence, || & maintenant simple gentilhomme || de Hainault. || M. D. LXV [1565]. *S. l.*, in-8 de 83 ff. non chiffr. et 1 f. blanc.

I. 7. 9

 Réponse à la pièce précédente.
 L'auteur de notre pamphlet serait, selon les uns, l'amiral de Coligny ; selon les autres, Louis Regnier, sieur de La Planche (Voy. Barbier, IV, 283). La première attribution ne peut guère se soutenir ; la seconde paraîtra vraisemblable si l'on remarque les dernières phrases de la *Response* : « Vous advertissant pour la fin que vous pouvez employer les labeurs de vostre historien Vetus (Jean Le Viel avait traduit en latin le panégyrique composé par Lancelot de Carle : *Lanciloti Carlei, regiensis episcopi, de Francisci Lotharingi Guisii ducis postremis dictis et factis, ad regem Epistola, ex gallico sermone in latinum conversa per Joannem Veterem ;* Parisiis, apud Gulielmum Julianum, 1563, in-8) en autre matiere qu'en la description de la vie de defunct Françoys le tyran, votre frere ; car j'espere que vous verrez en brief son histoire escripte à la verité et sans aucune passion ; qui vous sera, à mon advis, une œuvre fort aggreable. » On peut voir dans ces mots une allusion au pamphlet généralement attribué à Regnier de La Planche : *La Legende de Charles, cardinal de Lorraine, et de ses freres, de la maison de Guise, descriste en trois livres par François de L'Isle* (1576 et 1579, in-8).
 Pour d'autres pièces relatives à l'entrée du cardinal de Lorraine à Paris, et à sa querelle avec Montmorency et Coligny, voy. Brunet, II, 1165.

2693 (2176 a). ORAISON || prononcee || deuant le Pape || Gregoire XIII. || 🙵 || Par M. Antoine de Muret, I. C. || touchant l'heureux & admirable || succés de Charles IX. tres-Chre- || stiē Roy de France, en la punition || des chefs des Heretiques rebelles. || *A Paris*, || *Chez Iean Ruelle*, *ruë S. Iacques,* || *à l'enseigne S. Ierosme.* || M.D.LXXIII [1573]. In-8 de 8 ff. non chiffr., sign. *A-B*, titre encadré.

 Cette apologie de la Saint-Barthélemy donne une triste idée du caractère de M.-A. de Muret. L'orateur catholique annonce au pape que le roi lui envoie en ambassade extraordinaire Nicolas de Rambouillet, capitaine des gardes, et frère du cardinal Charles de Rambouillet, pour lui confirmer les détails que le sieur de Maltas, baron de Ferrals, a déjà donnés au Saint-Père sur le massacre.
 Le discours de Muret est accompagné d'une réponse d'ANTOINE BUCCA-PADULI, jurisconsulte, secrétaire du pape Grégoire XIII.
 La pièce est datée du 28 décembre 1572.

2694 (2182 a). LE || TVMVLTE || de Bassigni, appaisé || & esteinct par l'auctorité, conseil, || & vigilance de Monseigneur le || Cardinal de Lorraine. || Ensemble la reprise du || chasteau de Choiseul par l'armee du Roy, || en ce mois de May, mil cinq cens || soixante & treze. || Par I. Lebon Hetropolitain, medecin de || monseigneur le Cardinal de Guyse. || *A Lyon*, || *Par Benoist Rigaud.* || M. D. LXXIII [1573]. || Auec Permission. In-8 de 15 ff. non chiffr. et 1 f. blanc, mar. r., fil., tr. dor. (*Duru*, 1851.)

 Au titre, les armes de France, soutenues par la Justice et la Vérité.
 Les 8 ff. qui complètent le cahier *A* renferment une *Preface de l'autheur.*
 On lit au v° du 15° f. ce distique sur Choiseul :

  Caseolum insidiis captum gens Bassa recepit ;
  Haec ultra Rhenum vincere sola potest.
  *Caetera in Lesbon Hetropolitani belli sacri Historia.*

 La relation de Jean Le Bon a été réimprimée par Cimber et Danjou, *Archives curieuses*, I<sup>re</sup> série, VIII, 85-94, et par Carnandet, *Trésor des pièces rares et curieuses de la Champagne*, 8° livr. (1868).

 Voy. *Notice sur Jean Le Bon, médecin du cardinal de Guise,* [par A. Benoît, conseiller à la cour de Paris] (Paris, Martin, 1879, in-8).

   *g. — Henri III.*

2695 (2192 a). RESOLVTION || claire et || facile sur la || question tant de fois faite || de la prise des armes || par les infe- || rieurs : || ★ || Ou il est monstre || par bonnes raisons, tirées de tout droit || Diuin & humain : Qu'il est permis & li- || cite aux Princes, seigneurs & peuple infe- || rieur, de s'armer, pour s'opposer & resister || à la cruauté & felonnie du Prince supe- || rieur, voire mesme necessaire, pour le deb-

## HISTOIRE.

|| uoir duquel on est tenu au pays & Repu- || blique. || *A Basle,* || *Par les heritiers de Iehan Oporin,* || 1575. Pet. in-8 de 103 pp.

Au vº du titre est un sonnet intitulé *Parœnetique à la noblesse*, etc. Cette pièce est signée de la devise Στέφανος οὐκ αἰσχρὸς πόλει καλῶς ὀλέσθαι. On lit ensuite une sentence latine, puis les initiales O.D.L.N. [ODET DE LA NOUE], accompagnées de la devise Σὺν νόῳ τυποιητέον.
La *Resolution* se termine par un dixain et la devise : Στέφανος, etc.
Une réimpression publiée sous la rubrique de *Reims*, par *Jean Monchar*, 1577, in-16, ne contient ni le sonnet, ni les passages en grec.

2696 (2193 *a*). LETTRES || du Roy nostre Sire, pour la Conuocation & assemblée || generalle des Estats de toutes les Pro- || uinces de ce Royaume, en la ville de || Bloys, au quinziesme de Nouembre || prochain. || *A la Rochelle.* || *Par Iean Portau.* || 1576. Très pet. in-8 de 4 ff.

Le titre porte l'écu de France.
Les lettres royales sont datées de Paris, le 6 août 1576. Elles sont suivies d'une ordonnance de JEAN PIERRES, écuyer, SIEUR DE LA JARNE, conseiller du roi, lieutenant général, juge magistrat présidial, civil et criminel, en la ville et gouvernement de La Rochelle, qui en prescrit la publication, à la date du 28 août 1576.
On ne connaît de *Jean Portau* aucune impression antérieure à 1576. Il imprima, au commencement de cette année, les *Articles de la trefve arrestée à Champigny le 22. jour de novembre* 1575, in-8 (Biblioth. nat., Lb34.127 ; Musée Condé à Chantilly) ; l'*Edict du roy sur la pacification des troubles*, in-8 (Chantilly), et les *Lettres* décrites ci-dessus. En 1577, il réimprima l'*Edict* (Chantilly). En 1579, il pulia les *Articles generaux pour l'establissement de la paix et execution du dernier edict de pacification*, in-8 (Chantilly). En 1588, *Jean Portau* fit paraître le *Conseil divin touchant la maladie divine*, d'Olivier Poupart, et la *Copie d'une lettre missive envoyee aux gouverneurs de La Rochelle par les capitaines des galleres de France, sur la victoire qu'ils ont obtenue contre les mores et sauvages faisant le voyage de l'isle de Floride et du Bresil*, pièce réimprimée par Cimber et Danjou (*Archives cur.*, 1re sér., IX, 327-339).
Sur le titre d'un factum imprimé en 1587, l'*Advertissement fait au roy de la part du roy de Navarre*, etc. (voy. ci-dessus, nº 2242, art. 5), le nom de *Portau* est écrit *Portost*.

2697 (2193 *b*). REMONSTRANCE || aux Estats || pour la || Paix. || *Au Souget.* || *Par Iean Torgue.* || 1576. In-8 de 1 f. et 62 pp.

Cette pièce est un plaidoyer remarquable en faveur de la tolérance religieuse. L'auteur s'attache à démontrer que les catholiques et les protestants peuvent vivre en paix sur le sol français comme dans certaines parties de l'Allemagne, de même que les catholiques et les orientaux vivent en paix dans les états du roi de Pologne.
Le lieu d'impression porté sur le titre soulève un problème qui n'a pas encore été résolu. *Le Souget* est peut-être Sougé, canton de Savigny, arrondissement de Vendôme (Loir-et-Cher). On s'expliquerait qu'une imprimerie eût fonctionné dans cette localité qui n'est pas très éloignée de Blois, au moment de la convocation des États. Cependant le nom de *Jean Torgue* est inconnu d'ailleurs, et il n'est pas impossible qu'il soit simplement imaginaire.

2698 (2193 a). Rervm || in Aruernia || gestarum, præcipue || in Amberti, & Yssoduri vrbium ob- || sidionibus anno 1577. || Luctuosa narratio. || Recenter instituta, et || in lucem edita, per. Lodoicum || Villebois. || *Neoburgi,* || *Per Toussanum du Pré.* || M. D. LXXVII [1577]. In-8 de 58 pp., cart.

Le présent récit, œuvre d'un protestant, nous fournit les détails les plus minutieux sur la campagne d'Auvergne, sur le siège d'Ambert et sur celui d'Issoire.

Ces événements donnèrent naissance à diverses chansons qui eurent alors grande vogue. Le capitaine Le Merle, en particulier, dont Villebois parle longuement, est le héros des deux chansons suivantes :

*Chanson nouvelle, comme Le Merle s'est rendu au roy et à monsieur son frere, et luy rend les villes et chasteaux qu'il tenoit, et promet tenir l'Auvergne en paix ; sur le chant de* : La Rochelle, etc. :

Ce grand Dieu tout puissant<br>A donné congnoissance...

*Le Rosier des chansons nouvelles* (Lyon, 1580, in-16), fol. 7 v°; — *La Fleur des Chansons nouvelles* (Lyon, B. Rigaud, 1586, in-16), n° 7; — Le Roux de Lincy, *Chants historiques,* II, 349-352.

*Chanson contre Le Merle, d'Yssoire, grand voleur de tout le pays d'Auvergne ; sur la complainte du* Soldat de Poitiers :

Dieu tout puissant, qui sur la terre<br>Conduit les bons et les divers...

*Troisiesme Livre du Recueil des chansons, auquel sont pour la pluspart comprises les chansons des guerres* (Paris, Cl. de Montre-œil, 1579, in-16), fol. 2.

Le Merle fut tué deux ans plus tard. Voy. *La Mort miraculeuse du Merle miserablement accablé soubz un rocher qui tomba sur luy de nuict en voulant surprendre une ville d'Auvergne par escalade. Avec tout le discours de l'assault qu'il donna à ladite ville... Le tout pris sur une copie de la lettre envoyée au roy par le seigneur de Sainct-Heran, gouverneur d'Auvergne... A Paris, par Sylvain Sylves, sur la coppie imprimée à Clermont par Jean Durand,* 1579, in-8 de 12 ff. (Biblioth. de M. le baron Pichon, exempl. de la collection Sunderland, n° 5062).

A la fin de sa narration, Villebois met ses lecteurs en garde contre les relations « ineptes » qui venaient de paraître à Lyon , chez *Claude de La Pomme* et chez *Michel Jove* et *Jean Pillehote*. Ces relations ne sont mentionnées ni dans la *Bibliothèque historique* du P. Lelong, ni dans le *Catalogue de la Bibliothèque nationale*. Nous n'avons même jamais rencontré le nom de *Claude de La Pomme.*

Quant à *Toussaint Du Pré,* qui auroit exercé à *Neufchâtel*, il n'est connu que par le présent opuscule.

2699 (2193 b). Remonstrance || des Catholiques || des Prouinces de Guyenne & Lan- || guedoc, à tres-illustre & tres-puissāt || Prince François de Valois, Filz & || Frere de Roy, Duc d'Anjou, d'Alen- || çon, Perche, &c. Sur son voyage es- || dictes Prouinces. || *Imprimé à Thurin par Pierre Salinier.* || 1581. In-8 de 30 pp. et 1 f. blanc, car. ital.

Ce factum, plein de réminiscences de l'antiquité, est au fond un violent réquisitoire contre la liberté religieuse.

HISTOIRE. 485

2700 (2224 a). L'Ordre || des Estats gene- || raux tenus à Bloys, l'an mil || cinq cens quatre vingts et huict, || sous le Tres-Chrestien Roy de France & de || Pologne, Henry III. du nom. || Auec la description de la salle, ou lesdits Estats ont esté tenus, & || de l'Ordre & Seãce du Roy, des Royaumes, Princes, Cardi- || naux seigneurs, deputez, & autres qui y ont assisté : Ensemble || les Harangues du Roy, de messieurs le Garde des Seaux, Ar- || cheuesque de Bourges, Barõ de Senecey, & Preuost des Mar- || chans de la ville de Paris, tant en la premiere que seconde || Seance, le tout au vray & selon qu'elles ont esté prononcees, || & les Harangues & Responces faites par les deputez gene- || raux des trois Ordres, en la troisiesme Seance : auec tous les || noms, surnoms, & qualitez de tous les deputez particuliers || des trois Estats de toutes les Prouinces de France. || *A Bloys,* || *Pour Iamet Mettayer Imprimeur du Roy* || *& P. l'Huillier, Libraire Iuré.* || M. D. LXXXIX [1589]. || Auec Priuilege du Roy. In-4 de 34 ff. chiffr.

<small>Les députés dont nous avons ici la liste étaient, pour l'église, au nombre de 134 ; pour la noblesse, de 104 ; pour le tiers état, de 191, « sans ceux qui sont arrivez depuis la premiere et seconde seance ».

Les États avaient été convoqués pour le 15 septembre 1588 ; mais la premiere séance n'eut lieu que le 16 octobre.</small>

2701 (2225 a). Particvlaritez || notables con- || cernantes l'Assassinat & mas- || sacre de Monseigneur le || Duc de Guyse, & Mon- || seigneur le Cardinal || son Frere. || *A Chalons.* || *Pour Pierre du Boys.* || M. D. LXXXIX [1589]. Pet. in-8 de 51 pp., mar. r., fil., dos orné, tr. dor. (*Anc. rel.*)

<small>L'auteur, qui prétend avoir été au service de Henri III, à Blois, se répand en invectives contre « ce prothotype de perfidie et cruauté ».

Exemplaire de Le Tellier de Courtenvaux, de M. le comte de Chabrol et de M. H. Destailleur (Cat. de 1892, n° 1729).</small>

2702 (2225 b). Advis || de ceulx || qui ont esté à || Bloys au tēps du massacre adue- || nu es personnes des defunctz les || Seigneurs le Duc de Guyse, & le || Cardinal son Frere, le Vendredy || auantveille de Noel, 1588. || M. D. LXXXIX [1589]. *S. l.*, in-8 de 12 ff. — Les || Regrets et || Lamentations faic- || tes par Madame de Guyse, sur le || trespas de feu Monsieur de || Guyse son espoux. || M.D.LXXXIX [1589]. *S. l.*, in-8 de 8 pp. — Ens. 2 pièces en un vol. in-8, mar. r. jans., tr. dor. (*Thibaron et Echaubard.*)

<small>Ces deux pièces, imprimées avec les mêmes caractères, sont probablement</small>

du même auteur. Ce sont deux violents factums dirigés contre le roi par un partisan des Lorrains. On trouve à la fin de l'*Advis* deux quatrains, un sonnet, une pensée empruntée à Aristote, et un *Dict notable de Ciceron*. Les *Regrets* se terminent par un sonnet donnant en acrostiche les mots : HENRY DE LORRAINe.

De la bibliothèque de M. CH. COUSIN (Cat., n° 733).

2703 (2225 c). COPPIE des || Lettres enuoyees au || Pape par monsieur || de Mayenne. || Prises par vn Gentilhomme de la suitte de || Monsieur de Chastillon. || Contenant aussi les moyens comment ledit paquet || fut descouuert. || *A Nimes,* || *Par Rémond* [sic] *Langé.* || 1589. In-8 de 4 ff. non chiffr.

La lettre de Mayenne était, dit-on, portée au pape par un chanoine de Lyon, qui, malgré son déguisement, fut reconnu en chemin, à Lauriol, par un gentilhomme protestant. Dans cette pièce, qui ne présente aucun caractère d'authenticité et dont la date même n'est pas rapportée, Mayenne trace un tableau très sombre de la situation des ligueurs.

*h. — Henri IV.*

2704 (2233 a). CHRONOLOGIE NOVENAIRE, || contenant || l'histoire || de la Guerre, sous || le regne du tres-Chrestien || Roy de France & de Nauarre, || Henry IIII. || Et les choses plus memorables aduenuës par tout || le monde, depuis le commencement de son || regne, l'an 1589. iusques à la Paix faicte à Veruins || en Iuin 1598. entre sa Majesté tres-Chrestienne, || & le Roy Catholique des Espagnes, Philippes || II. || Par Mᵉ Pierre Victor Cayet, || Docteur en la sacrée Faculté de Theologie, || & Chronologue de France. || *A Paris,* || *Par Iean Richer, ruë S. Iean de Latran à l'Arbre* || *verdoyant. Et en sa boutique au Palais, sur le Perron* || *Royal, vis à vis de la gallerie des prisonniers.* || M. D. CVIII [1608]. || Auec Priuilege du Roy. 3 vol. in-8, v. f., fil., tr. r. (*Anc. rel.*)

[*Premiere Partie*] : Titre; frontispice gravé par *L. Gaultier* et représentant Henri IV à cheval ; 13 ff. pour une épître « Au roy », datée du collège de Navarre le 8 décembre 1607, un *Avant-Propos* et l'*Extraict du privilege* ; 4 ff. pour le *Sommaire* ; ensemble 19 ff. lim. et 404 ff. chiffr.

*Seconde Partie* : Titre, orné de la marque de *J. Richer* (Silvestre, n° 250); 1 f. pour une épître « A monseigneur, monsieur le daufin », épître datée du 8 décembre 1607 ; 4 ff. pour le *Sommaire* ; ensemble 6 ff. lim., 141 ff., chiffr. 405-545, pour le Livre III ; 8 ff. pour le *Sommaire de ce qui est contenu au quatriesme livre*, et 292 ff. chiffr.

*Troisiesme Partie* : Titre, 1 f. pour une épître « A monseigneur, monsieur d'Orleans », épître datée, comme les précédentes, du 8 décembre 1607 ; 2 ff. pour le *Sommaire* ; 237 ff. chiffrés 293-729 ; 1 f. blanc.

Le privilège, daté du 30 avril 1605, est un privilège général accordé à Pierre-Victor Cayet, « docteur en theologie et lecteur de sa Majesté ez langues orientales », et protégeant pour dix ans chacun des ouvrages composés ou à composer par lui. Par contrat passé le 21 novembre 1607, Cayet déclare en avoir fait cession, en ce qui concerne la *Chronologie novenaire*, à *Jean Richer*, « imprimeur et libraire en l'université de Paris ». L'achevé d'imprimer est du 17 décembre 1607.

Les biographes de Cayet, surtout Bayle, Weiss et les frères Haag, ont jugé en termes sévères les tergiversations religieuses de ce personnage ; mais nul n'a contesté le mérite de la *Chronologie*. Cayet ne commença ce travail qu'après sa conversion au catholicisme (9 novembre 1595), et prit pour point de départ le traité de Vervins (2 mai 1598). Il publia son premier travail en 1605 et le succès de la *Chronologie septenaire* l'engagea à revenir en arrière et à publier un second ouvrage comprenant les événements accomplis de 1589 à 1598. Ce fut la *Chronologie novenaire*. Cette histoire a été réimprimée dans la *Suite de la Collection universelle des mémoires particuliers relatifs à l'histoire de France* (1806-1807), t. LV-LX; dans la *Collection* de M. Petitot (t. XXXVIII-XLIII) ; dans le *Choix de chroniques* de M. Buchon (t. XV-XVI), et dans la *Nouvelle Collection* de MM. Michaud et Poujoulat (t. XII).

2705 (2233 *b*). CHRONOLOGIE SEPTENAIRE || de || l'histoire || de la Paix entre || les Roys de France || et d'Espagne. || Contenant les choses plus memorables adue- || nuës en France, Espagne, Allemagne, Italie, An- || gleterre, Escosse, Flandres, Hongrie, Pologne, || Suece, Transsiluanie, & autres endroits de l'Eu- || rope : auec le succez de plusieurs nauigations || faictes aux Indes orientales, Occidentales & || Septentrionales, depuis le commencement de || l'an 1598. iusques à la fin de l'an 1604. || Diuisee en sept liures. || Derniere Edition. || *A Paris,* || *Par Iean Richer, ruë S. Iean de Latran à l'Arbre* || *verdoyant: Et en sa boutique au Palais, sur le Perron* || *Royal, vis à vis de la gallerie des Prisonniers.* || M. D. CIX [1609]. || Auec Priuilege du Roy. In-8 de 4 ff. lim. et 506 ff. chiffr., v. f., fil., tr. r. (*Anc. rel.*)

Le titre porte la marque de *Jean Richer* (Silvestre, n° 250). — Le f. qui suit le titre est occupé par une épître « Au roy », en date du 24 février 1605. Les 2 autres ff. lim. contiennent une seconde épître « A haut et puissant seigneur, messire Roger de Bellegarde, grand escuyer de France, conseiller du roy en ses conseils d'Estat et privé, premier gentilhomme de la chambre, etc. » Cette seconde pièce est datée du même jour.

Les *Sommaires* qui précèdent chaque livre sont compris dans la pagination.

Au v° du dernier f. est un *Extraict du privilege*. Ce privilège est celui du 30 avril 1605 dont il a été parlé à l'article précédent. La cession faite à J. *Richer* relativement à la *Chronologie septenaire* est du même jour que les lettres royales, c'est-à-dire du 30 avril 1605.

La *Chronologie septenaire* fut le premier essai de Cayet dans ce genre ; elle parut en 1605 et fut réimprimée en 1607 et en 1609. Elle a été reproduite dans la *Suite de la Collection universelle des mémoires particuliers relatifs à l'histoire de France* (1806-1807), t. LXIX-LXXII, et dans le *Choix de chroniques* de M. Buchon, t. XVI.

2706 (2249 *a*). DISCOVRS de || tout ce qui s'est || passé à la prise de || la ville & bastille de Paris. || Ensemble la reduction de la ville de || Rouen. Et du chasteau du Bois de Vie- || Saine [*sic*], en l'obeissance du Roy. || *A Angers,* || *Chez Anthoine Hernault Imprimeur* || *ordinaire du Roy.* || M. D. XCIIII [1594]. In-8 de 8 ff. non chiffr.

2707 (2254 *a*). Harangve d'action de || graces pour la Paix, || Prononcee en la ville de Veruin, || le dernier iour de May, 1598, par- || deuant le Tres-illustre & Tres- || reuerend Cardinal de Florence, || Legat de nostre S. Pere en France, || Par M. Marc Lescarbot || Licentier es Droicts. || Auec Poëmes sur la Paix, du mesme Autheur. || *A Paris,* || *Chez Federic Morel, Imprimeur* || *ordinaire du Roy.* || M. D. XCVIII [1598]. || Auec Priuilege de sa Majesté. In-8 de 37 pp.

Au titre, une petite marque de *F. Morel*, analogue à celle que Silvestre a reproduite sous le n° 569.

La *Harangue*, qui paraît être le premier ouvrage du voyageur Lescarbot (voy., sur ce personnage, notre t. II, nos 1964 et 1965), occupe les pp. 3-22. Les poésies qui la suivent sont des *Stanses, en forme de chant royal, sur le bien-heureux retour de la paix en France*, « A messieurs de Beliévre et de Sillery », p. 25 ; une ode « A monsieur de Believre », pp. 25-28 ; 6 sonnets, pp. 28-32, et une épître « A madame de Coucy », *Sur la treve par elle traitee pour sa ville de Vervin, avec La Capelle en Tierache, et les villes du pais-bas, en l'an 1592.*

2708 (2254 *c*). Le Mercvre || François : || ou, || La Suitte de || l'histoire || de la Paix. || Commençant l'an M. DC. V. pour suitte du || Septenaire du D. Cayer, & finissant || au Sacre du Tres-Chrestien Roy || de France & de Nauarre || Louys XIII. || *A Paris,* || *Par Iean Richer, ruë S. Iean de Latran, à l'Arbre* || *verdoyant, & en sa boutique au Palais sur le Perron* || *Royal, vis à vis de la Gallerie des prisonniers.* || M. DC. XIX [1619-1643]. || Auec Priuilege du Roy. 25 tom. en 50 vol. in-8, v. éc., fil., dos ornés, tr. dor. (*Anc. rel.*)

[Tome I.], 1619 : Titre, 19 ff. pour les *Sommaires*, 544 ff. chiffr. — Ce volume avait paru pour la première fois en 1611 ; il avait été réimprimé plusieurs fois en 1612, puis en 1613, sans parler d'une contrefaçon exécutée par *J. Chouet*, à *Genève*, sous la rubrique de *Paris*, contrefaçon qui est sévèrement dénoncée en tête de *La Continuation*.

[Tome II.], 1613 : Titre ; 3 ff. pour un avis du *Libraire au Lecteur* et un *Extraict du Privilege* ; 20 ff. pour les *Sommaires* ; 44 et 504 ff. chiffr.— Le titre porte : *La* || *Continuation* || *du* || *Mercure* || *Francois,* || *ou* || *Suitte de l'histoire* || *de l'Auguste Regence de* || *la Royne Marie de Medicis,* || *sous son fils le Tres-Chrestien Roy de* || *France & de Nauarre,* || *Loys XIII.* || A Paris, || Chez Estienne Richer, au || Palais, sur le Perron Royal.

*Troisiesme Tome du Mercure François, Divisé en deux Liures...* 1617 : Titre ; 28 ff. pour les *Sommaires* ; 605 et 458 pp.; 1 f. pour le *Privilege*.— Le privilège, daté du 10 juin 1616, est accordé pour dix ans à *Estienne Richer.*

*Quatriesme Tome...*, 1617 : Titre ; 1 f. pour un avis « Au Lecteur » ; 22 ff. pour les *Sommaires* ; 447, 424 et 224 pp.

# HISTOIRE.

*Cinquiesme Tome...*, 1619 : Titre ; 1 f. pour le *Privilege* ; 22 ff. pour les *Sommaires* ; 886, 304 et 246 pp. — Le privilège, daté du 9 août 1619, est accordé à *Estienne Richer* pour dix ans.

*Sixiesme Tome...*, 1621 : Titre ; 1 f. pour le *Privilege* ; 28 ff. pour les *Sommaires* ; 388, 472 et 64 pp. — L'extrait du privilège est le même qu'au t. V, sauf que la date n'en est pas rapportée.

*Septiesme Tome...*, 1623 : Frontispice daté de 1622 ; 1 f. pour l'indication du contenu et le *Privilege* ; 22 ff. pour les *Sommaires* et un avis de « L'Imprimeur au Lecteur » ; 942 pp., plus 6 plans de villes aux pp. 529, 641, 721, 795, 828, 929. — Le privilège, daté du 19 février 1622, est accordé à *Estienne Richer* pour dix ans.

*Huictiesme Tome... Seconde Édition* : A Paris, Chez Jean & Estienne Richer, 1624 : Frontispice gravé, daté de 1623 ; titre ; 1 f. pour un avis « Au Lecteur » ; 30 ff. pour les *Sommaires* ; 904 pp. ; plus des plans de villes aux pp. 280, 561, 849, 851. — D'autres plans sont tirés dans le texte aux pp. 281, 305.

*Neufviesme Tome...*, 1624 : Frontispice gravé par *J. Picart* ; titre ; 1 f. pour l'indication du contenu ; 28 ff. pour les *Sommaires* ; 1 f. blanc ; 736, 16, 80 et 44 pp., plus 1 plan de *La Rochelle*, gravé par *J. P[icart]*, p. 448, un *Plan du conclave*, p. 600, et 1 plan de bataille, p. 656.

*Dixiesme Tome*, 1625 : 4 ff. lim. pour le titre, le *Privilege* et un *Advis au Lecteur* ; 32 ff. de *Table* ; 879 et 191 pp. — Le privilège, daté du 18 mars 1625, est accordé pour dix ans à *Estienne Richer*. Jean n'y est pas nommé, et cependant le titre porte toujours : *Chez Jean et Estienne Richer*.

*Unziesme Tome*, 1626 : 2 ff. pour le titre et le *Privilege* ; 26 ff. de *Table* ; 1181 et 148 pp., plus 1 tableau généalogique à la p. 1174.

*XII. Tome*, 1626-1627 : Frontispice, gravé par *J. Picart*, aux noms de Jean et Estienne Richer ; 32 ff. pour la *Table* et le *Privilege* ; 986 pp., plus 12 ff. entre les pp. [760] et 761 ; 8 ff. contenant le *Traicté pour la paix de la Valteline* ; 56 pp. — Le privilège, daté du 17 avril 1627, est accordé à *Estienne Richer* pour neuf ans.

*Treziesme Tome*, 1629 : Frontispice, gravé par *J. Picart*, au seul nom d'*Estienne Richer* ; 26 ff. de *Table* ; 912 pp.; clx pp. contenant la pièce suivante : Discours || au Roy || Sur la naissance, || ancien estat, progrez & accroissement || de la ville de la Rochelle. || Pour monstrer || Que ladite ville est naturellement submise à la || Souueraineté du Royaume ; Que la propriété || d'icelle, & tous droits qui en dependent, apar-|| tiennent aux Rois à titre legitime : Et que les || prerogatiues & priuileges accordez aux habi-|| tans, sont concessions gratuites & bienfaits. || Pour en outre conuaincre de mensonge || Le Manifeste publié sous le nom de la Rochelle, en ce || qu'il suppose le Roy Louys XI. auoir par serment || confirmé lesdits Priuileges, & à genoux || deuant le Maire de la Rochelle. || *A Paris,* || *Chez Estienne Richer, ruë S. Iean de Latran à l'Ar-*|| *bre Verdoyant : Et en sa boutique au Palais* || *sur le Perron Royal.* || M.DC.XXIX [1629]. || Auec Priuilege du Roy. — Le *Discours* est annoncé par une réclame placée au bas de la p. 912. Il contient un extrait du privilège accordé pour six ans à *Estienne Richer*, le 31 octobre 1628. L'auteur est l'historien AUGUSTE GALLAND.

*Quatorziesme Tome*, [1630] : Frontispice gravé par *J. Picart* ; 20 ff. pour la *Table* et le *Privilege* ; 424 et 768 pp. — Le privilège, daté du 5 février 1629, est accordé à *Estienne Richer* pour six ans.

*Quinziesme Tome*, 1631 : Titre, orné de la marque d'*Estienne Richer* (Silvestre, nº 250) ; 1 f. pour le *Privilege* (donné à *Est. Richer* pour dix ans, le 28 novembre 1629) ; 20 ff. pour la *Table* ; 172 pp.; 788 pp., plus 1 carte et 2 ff. placés après la p. 128, 1 carte à la p. 468 et 1 carte à la p. 731.

*Seiziesme Tome*, 1632 : Titre, orné de la marque d'*Estienne Richer* ; 1 f. paginé 789 et contenant un avis « Au Lecteur » ; 308 pp., cotées 790 [*lis.* 789]-1096; 885 pp., plus 1 carte, gravée par *Michel van Lochom* et *Moncornet*, à la p. 490, et un plan de Casal, à la p. 788; 17 ff. pour la *Table* et 1 f. pour le *Privilege.* — Le privilège, daté du 21 mars 1632, est accordé à *Est. Richer* pour dix ans.

*Dix-septiesme Tome*, 1633 : Titre, orné de la marque d'*Est. Richer* ; 1 f. pour le *Privilege* (accordé pour six ans à *Est. Richer* au mois de mars 1633); 15 ff. pour la *Table*; 817 pp., plus 1 plan de bataille après la p. 664 ; 214 pp. et 1 f. blanc.

*Dix-huictiesme Tome*, 1633 : Titre, orné de la marque d'*Est. Richer* ; 19 ff. pour la *Table* et le *Privilege* ; 992 pp. — Le privilège est le même qu'au t. XVII.

*Dix-neufiesme Tome*, 1636 : Titre, orné de la marque d'*Est. Richer* ; 1 f. pour un avis « Au Lecteur » ; 16 ff. pour la *Table* ; 1040 pp.

*Vingtiesme Tome*, 1637 : Titre, orné de la marque d'*Est. Richer* ; 1 f. pour le *Privilege* ; 11 ff. pour la *Table*, et 1 f. blanc ; 1088 pp. — Le privilège, daté du 30 décembre 1636, est accordé à *Est. Richer* pour dix ans.

*Vint-uniesme Tome*, 1639 : Titre (avec cette rubrique : *A Paris,* || *Chez Oliuier de Varennes, ruë* || *S. Iacques, au Vase d'Or.* || *M. DC. XXXIX* [1639]. || Auec Priuilege du Roy.) ; 19 ff. pour la *Table* et le *Privilege* ; 534 pp. ; 24 ff. pour une *Table alphabetique.* — Le titre porte la marque d'*O. de Varennes* (cette marque est la même que celle de *Barthelemy Honorat*, reproduite par Silvestre sous le n° 754 ; mais la devise italienne a été remplacée par la devise française : *Petit à petit*). — Le privilège, daté du 8 octobre 1638, est accordé pour dix ans à *Pierre Billaine*, qui déclare y associer *Olivier de Varennes.*

*Vingt-deuxiesme Tome*, 1646 : Titre, orné de la marque d'*O. de Varennes* ; 3 ff. pour une épître « A monseigneur, monseigneur Boutilier, conseiller du roy en ses conseils, commandeur et grand thresorier de ses ordres, et surintendant des finances », épître signée : RENAUDOT ; 7 ff. pour la *Table* ; 596 pp. et 15 ff. pour la *Table* [*alphabetique*].

*Vingt-troisiesme Tome*, 1646 : Titre, orné de la marque d'*O. de Varennes* ; 24 ff. pour le *Sommaire* ; 818 pp. et 6 ff. pour la *Table alphabetique.*

*Vingt-quatriesme Tome*, 1647 : Titre, orné de la marque d'*O. de Varennes* ; 1 f. pour un avis « Au Lecteur » ; 1105 pp. ; 7 ff. pour le *Sommaire par ordre alphabetique.*

*Tome vingt-cinquiesme.* — Ce volume se compose de deux parties publiées sous un nouveau titre :

Tome premier || de || l'Histoire || de nostre temps || Sous le Regne du Tres-Chrestien Roy de || France & de Nauarre, Louys XIV. es || années 1643. & 1644. || Ou || Tome vingt-cinquiesme || du Mercure || François, || es mesmes années || 1643. & 1644. || *A Paris,* || *Chez Iean Henault, au Palais, en la Salle* || *Dauphine, à l'Ange Gardien.* || M. DC. XLVIII [1648]. || Auec Priuilege du Roy. In-8 de 8 ff. pour le titre et un avis de « L'Imprimeur au Lecteur » ; 280 pp.

Tome second || de || l'Histoire || de nostre temps.... || Ou || Tome vingt-cinquiesme || du Mercure François, || es mesmes annees || 1643. & 1644. || *A Paris,* || *Chez Iean Henault...* 1648. In-8 de 1 f. pour le titre et 507 pp.

*Le Mercure françois*, qui est une mine de renseignements pour l'histoire de l'Europe à la fin du règne de Henri IV et pendant toute la durée du règne de Louis XIII, fut, dit-on, rédigé par le libraire JEAN II RICHER et par son frère ESTIENNE RICHER. Après la mort des deux Richer, la publication fut continuée par un auteur inconnu, puis par THÉOPHRASTE RENAUDOT (1646) ; mais celui-ci, absorbé par la rédaction de la *Gazette*, ne tarda pas à laisser tomber *Le Mercure.*

Exemplaire aux armes de M^me DE POMPADOUR (Cat., n° 2774).

C. — Histoire des provinces de France.

2709 (2330 a). LES MIRACLES de || nostre Dame de Lyesse / ⁊ cõme elle fut trouuee || ⁊ nommee / comme pourrez voir cy apres. ||

<blockquote>
⁋ Bons pelerins qui auez deuotion / ||
Et voulez viure sans douleur ⁊ tristesse / ||
Lisez ce liure par bonne affection / ||
Vous verrez comme fut trouuee Lyesse / ||
Dont la feste est le huictiesme de septembre / ||
Et ce iour la si est la dedicasse : ||
Tresgrands pardons / ainsi que me remembre ||
Donnez y sont de tresgrande efficace. ||
</blockquote>

*A Paris / pour la vefue Iean Bõfons / rue neu- || ue nostre Dame / a lenseigne sainct Nicolas. S. d.* [v. 1560], in-8 goth. de 23 ff. non chiffr. et 1 f. blanc, mar. br., fil. à froid, tr. dor. (*Koehler*.)

Les vers inscrits sur le titre donnent en acrostiche le nom de BELUDET. Ce personnage est probablement le même qu'Estienne Beludet qui acheva, le 17 janvier 1454, la copie de divers traités de médecine (Biblioth. nat., ms. franç. 19994) et qui, en particulier, transcrivit *Les Secrès des dames deffendus a reveler* dont MM. les docteurs Colson et Cazin ont donné une édition (Paris, Rouveyre, 1880, in-8).

Au-dessous du huitain de Beludet est un bois qui représente la Vierge et l'Enfant Jésus.

Au v° du titre commence une pièce en 39 vers, dont voici les deux permiers :

<blockquote>
O nobles cueurs, venez de toutes pars ;
Approchez vous ; ne soyez point couards...
</blockquote>

A la suite de cette pièce (fol. *Aij*) est un rondeau

<blockquote>
Dame de Lyesse, lyesse
Donne a tous les pelerins...
</blockquote>

La relation, écrite en prose, commence, au f. *Aij* v°, de la façon suivante : « En l'an de grace mil cent et dix ans, après le trespassement du noble duc de Lorraine, oncle du chevaleureux et victorieux, et l'un des neuf preux, Godefroy de Billon... »

Cette relation, qui remonte au XV° siècle, se termine par un paragraphe tout moderne : « Le sixiesme jour de juillet l'an mil cinq cens cinquante quatre, fut faict un grand miracle en la ville et cité de Laon... »

A la suite du texte en prose est un quatrain qui invite à lire l'oraison finale. Cette oraison est une ballade qui commence ainsi :

<blockquote>
Je te salue, princesse inestimable,
Mere de Dieu, royne du Ciel notable...
</blockquote>

et dont le refrain est :

<blockquote>
A tes servans perdurable lyesse.
</blockquote>

Le 24° f. devait être blanc ; il manque à l'exemplaire.

D. — Mélanges historiques. — Histoire des institutions.

2710 (2655 a). LA GRANT MONARCHIE de France cõ || posee par missire Claude de Seyssel lors eues- || que de Marseille et a present Archeuesque de || Thurin adressant au roy trescrestien Francoys premier || de ce nom. || ☞ Cum priuilegio Regis. — ☞ *Cy finist la Monarchie de france Imprimee a || Paris pour Regnault chauldiere libraire demou- || rant en la rue sainct Iasques a lenseigne de lhomme || sauuaige. Et fut acheue de Imprimer le .xxi. iour || de Iuillet lan Mil cinq cens dixneuf. Auec le pre- || uilege du Roy nostre sire / comme il appert au pre- || mier feuillet de ce present liure.* In-4 goth. de 8 ff. lim. et 68 ff. chiffr., mar. n., riche dorure avec semis de F et de fleurs de lys, gardes de vélin, tr. dor. (*Marius Michel.*)

<small>Au titre est un grand bois des armes de France accompagnées de deux F couronnés.

Au v° du titre est le texte du privilège accordé par le roi, pour trois ans, à *Regnault Chauldière*, le 3 mai 1519.

Les 7 autres ff. lim. contiennent le *Prologue*, la *Table* et un grand bois qui représente le roi entouré de son conseil.

Voy. sur l'ouvrage de Claude de Seyssel, Lelong, *Bibliothèque historique*, t. II, n° 27183, et la note rectificative insérée dans l'*Avertissement* du t. III.</small>

---

### 7. — *Histoire des Pays-Bas.*

2711 (2374 a). ☞ COPIE du mandament ⸿ || articles lequelles [sic] ont este || publie [sic] en la Ville de Malinnes : en lan || de noster [sic] Seigneur. M. CCCCC. et xxix. || le .xvi. iour de April. — [A la fin :] ☞ *On les treuue a vendre au || Missael dor.* S. l. [Anvers], in-4 goth. de 4 ff. non chiffr., mar. v., dent., dos orné, tr. dor. (*Rel. anglaise.*)

<small>Le titre est orné d'un bois qui représente l'empereur assis sur son trône au milieu de ses conseillers.

Au v° du titre sont des lettres-patentes de Charles-Quint, « Veu et considerez certainement », y est-il dit, « que en tamps passés nous est venu en congnoissance que noz bourgois et manans de nostre ville de Malline et seignourie d'icelle ont esté opressez par ceulx du capitel, comme de curez, capellains, clercz et egliseurs, et sont encore journellement par aulcuns maulvais impos, lesquelz ils appellent droitz de l'Eglise, etc. » ; pour ces motifs, l'empereur fait publier à nouveau une bulle du pape Callixte III, de l'année 1416, destinée à mettre fin aux abus des officiers spirituels, et ordonne à ses représentants de la faire respecter.

L'enseigne est celle de l'imprimeur *Adrien Van Berghen*, qui demeurait dans la rue de la Chambre(Camerstrate) à Anvers. Cf. Ferd. vander Haeghen, *Bibliotheca belgica*, art. *Ontsegghe*.

Au v°ᵈᵘ dernier f. sont les armes impériales, avec la devise *Plus oultre*, et les armes personnelles de Charles-Quint.

Exemplaire d'AUDENET, dont la marque décore les plats de la reliure.</small>

2712 (2388 a). COPIE de || certaine || Lettre close || escripte par son Ex<sup>ce.</sup> || Aux Preuost, Doyen, Chapistre, Pre- || latz, & autres Ecclesiasticques : Pre- || uost, Iurez, Escheuins, Borgeois, Corpz || & Communauté de la Cité de Cambray. || Les exhortant de se recõcilier & remettre || soubz la protection de sa Ma<sup>te.</sup> suiuant les || sermens qu'ilz ont à icelle. || *A Mons en Haynault,* || *Chez Rutgher Velpius, Imprimeur Iuré,* || D. M. LXXX [*sic* pour 1580]. || *Sur le Nouueau Marché.* In-8 de 8 ff. non chiffr.

 Cette lettre, signée d'Alexandre, prince de Parme, est datée de Mons le 25 août 1580.

 *Rutger Velpius*, précédemment établi à Louvain, introduisit l'imprimerie à Mons en 1580 ; M. Rousselle (*Bibliographie montoise*, 1858, p. 132) cite la présente *Lettre* comme le troisième ouvrage sorti des presses de ce typographe.

## 8. — *Histoire d'Allemagne.*

2713 (2409 a). MODVS eligendi || Creandi incoronandi Imperatorẽ cũ || forma iurametĩ necnõ tituli omnium || Regũ Patriarcharũ & Car. — *Finis.*|| *Basileæ apud Pamphilum Gengenbach. Anno.* M. D. XIX [1519]. In-4 de 4 ff. non chiffr., sign. A, mar. br., fil. et comp. à froid, dos orné, tr. dor. (*Masson et Debonnelle*.)

 Le titre est orné de six jolis bois : au milieu le pape et l'empereur ; à gauche, dans une grande bordure, Virgile dans la corbeille ; en haut, Dalila coupant les cheveux à Samson ; en bas, Aristote chevauché par une femme ; à droite, dans une grande bordure, un roi, probablement David, recevant des ordres d'une femme. Les bordures latérales portent, l'une la marque de *Gengenbach*, l'autre, les armes de Bâle. Ces bois, au moins Virgile à la corbeille, Aristote chevauché, David et Bethsabé, se retrouvent en 1528 sur le titre d'une édition d'un ouvrage de Heinrich Löritz imprimé à Bâle par Johann Schmidt (*Henrici Glareani, poetae laureati. de geographia Liber unus, ab ipso authore jam recognitus* ; Basileae, Joannes Faber Emmeus Juliacensis, 1528, in-4). La marque de *Gengenbach* a cependant été grattée. Joh. Schmidt emporta ces bois à Fribourg-en-Brigau, où il s'établit en 1529 ; il en employa une partie, en 1530, sur le titre d'une pièce d'Erasme : *Die Epitel* [sic] *D. Erasmi von Rotterdam, wider etlich die sich fälschlich berümen evangelisch sein.* Cf. *Pamphilus Gengenbach, herausgegeben von Karl Gödeke* (Hannover, 1856, in-8), xlij, xxvij, 503.

 Au v<sup>o</sup> du dernier f. est un bois qui représente le grand-prêtre Samuel, l'empereur et un porte-glaive.

 Exemplaire de M. E.-F.-D. RUGGIERI (Cat., 1873, Supplément). La marque de cet amateur orne les plats de la reliure.

2714 (2409 b). SENSVYT LORDONNANCE des Royaul || mes. Duchez. Marqsatz. Prĩcipaultez. || Contez ҫc. apptenãs a la Ma. Im- || periale Charles / tousiours Auguste. Roy catholiq̃

|| Despaigne. — *Telos.* || ⋆ *Laus* ⋆ *Deo.* ⋆ *S. l. n. d.* [*Genève*, 1519], in-4 goth. de 12 ff., impr. en lettres de forme.

Le titre est orné d'un beau portrait de Charles-Quint :

En examinant cette pièce avec notre ami, M. Alfred Cartier, nous avons reconnu qu'elle sort des presses de *Wygand Köln*, à *Genève*. Non seulement les caractères sont bien au nombre de ceux que *Wygand* a employés ; mais les bois qui encadrent le titre ornent d'autres volumes imprimés par lui. Le bois qui forme la partie supérieure du cadre et les deux bordures latérales se retrouvent, en 1525, sur le titre de l'opuscule suivant : *Le Siege de Pavie, ensemble les Assaulx, Sailliez, etc.*, composé en *latin par egrege personne, Françoys Tegins* [sic], *tresexpert phisicien luy estant a Pavie, et depuis translaté en françoys por Morillon au plus près du latin* (in-4 goth. de 28 ff.) Le bois placé au bas du cadre (le tireur d'arc) se retrouve au v° du dernier f. du *Siege de Pavie*.

*Wygand Köln* a employé, en 1526, les mêmes bordures latérales et le chien (ou le loup) sur le titre d'une relation de la bataille de Mohács intitulée : *S'ensuyvent les Faitz du chien insaciable du sang chrestien qui se nomme l'empereur de Turquie, etc.* (in-4 goth. de 4 ff.)

*Köln*, dont M. Théophile Dufour ne connaît aucune production antérieure à 1522, devait donc exercer dès l'année 1519.

Les impressions que nous venons de citer pourront être facilement étudiées dans la reproduction que M. Alfred Cartier doit en donner prochainement, et dans un appendice au travail du même érudit inséré dans les *Mémoires de la Société d'histoire et d'archéologie de Genève*, sous ce titre : *Arrêts du Conseil de Genève sur le fait de l'imprimerie et de la librairie, de 1541 à 1550* (année 1893).

Le portrait de Charles-Quint est évidemment l'œuvre d'un artiste allemand ; nous ne l'avons encore rencontré dans aucun autre volume.

*L'Ordonnance*, publiée au moment de l'élection de Charles-Quint à l'empire, est une pièce des plus importantes. Non seulement tous les états du jeune prince y sont énumérés, mais on y trouve la liste des grands d'Espagne, classés par royaume ; des détails sur la croisade organisée par le roi d'Espagne contre les Turcs en 1518 ; la liste de tous les évêchés de ses états, enfin la liste des ordres et commanderies de Castille. Le morceau le plus important est la description des possessions espagnoles en Amérique (fol. *aij-aiij* v°). Voici un extrait de ce morceau qui paraît avoir échappé à tous les bibliographes américains :

« Les ysles des Indes, desquelles je nommeray quatre principales, assavoir : L'isle de Jamayca, de laquelle vient grand habondance de couton ; elle contient deux cens lieues de tour. La .II. est l'isle saint Jehan ; elle contient deux cens lieues de tour, et y a evesché. La .III. est l'isle de Couba ; elle contient .III. cens lieues de long, et .II. cens de large. En ceste isle y a evesché. La .IIII. est l'ysle Espaignole ; elle contient .III. cens lieues de longueur et .II. cens lieu[e]s de largeur. En ceste isle a deux eveschez, l'une nommé Sainct Dominique, et l'aultre la Bega. Ces .III. [lis. IIII] ysles dessus mentionnees sont tresfertilles et habondantes en cappres, olives, pomes d'oranges et toute maniere de fruictz, et consequamment la terre apte a porter blez et vins ; et, que plus est, sont si treshabondantes en mines d'or qu'il est impossible aux humains d'en avoir la fin, et s'i treuvent souventesfois le [lis. de] gros grains et lingotz d'or de la valeur de .II. ou .III. mille ducatz ; et par effect, quant tous les Espaignolz et ceulx qui viendront après eulx y laboureroient a jamais, si est il a croyre que tousjours, tant que le monde sera, il n'y aura point defaulte d'or esdictes Yndes, car en toutes les montaignes et estans sont mynes d'or ; desquelles mynes sont faictz tous les ducatz que l'on forge es Espaignes.

» A cent lieues la ronde de l'ysle Espaignole a .XL. et sept isles petites, de cent lieues d'entour de plus et de moingz, en la mesme perfection de bonté de terroir que les aultres ; et sont lesdictes .XLVII. isles nommés les isles de loz Brayes.

» Plus avant, tyrant envers Septentrion, a une isle nommée la Trinité, grande de troys cens lieues d'entour, de la mesme qualité dessusdicte ; en laquelle a despuis estée erigée une evesché. Et en celle contrée sont estées tant descouvertes des isles que, comment dient ceulx qui les ont veues, le nombre passe quatre cens ysles. Et pour ce qu'elles sont quasi innumerables, pour le grant nombre qu'elles sont, le capitaine qui les descouvra (v°) les appella toutes par ensemble les Unze Mil Vierges, et le nom leur est ainsi demouré.

» Quatre vingtz lieues de l'ysle de Couva, a esté decouverte depuis ung peu l'isle de Yocatan. Ceste ysle est habitée de gens plus civilz et polixiez que nulle des aultres, car hommes et femmes sont affeublés de manthes de quelque maniere de draptz faictz de couthons de plusieurs coleurs. Ilz ont des arcz et fleschez, lesquelles ne sont point ferrées ; mais le bois est si dur que une flesche faict une fausse demy pied oultre une porte de bois aussi dur que chasne.... »

2715 (2409 c). ❡ ORAISON de Charles || Empereur Tresauguste/ aux Espagnolz / a || cause de son partement. || ❡ *Imprime en Anuers par moy martin Lempe- || reur pour Guillaume Vorsterman.* || ❡ Cum gratia ҫ priuilegio. S. d. [1529], in-4 goth. de 4 ff. de 31 lignes à la page pleine, sign. *A*.

Nous donnons ci-contre la reproduction du titre.

Ce fut après le traité de Cambrai (5 août 1529) que Charles-Quint voulut passer en Italie. Le discours adressé par lui aux Espagnols commence ainsi :

Je congnoy, o vous homes espagnolz, combien vous estes solliciteux et quom grief vous est a tolerer ma progression ès Itales, tellement qu'il semble que, non seulement ayez crainte de vostre tutelle et salvation, mais aussy de la mienne, et doubtez, comme j'entendz, ce que plus coustumierement advient, assçavoir que, subit que de vous serey esloigné, guerres et dissentions ne s'esllevent....

Le catalogue de la Bibliothèque de Zürich mentionne une traduction allemande de cette pièce : *Ain ernstliche Red, so Röm. Kays. Maj. zu den Hispaniern gethon hat von seinem Akschied ausz Hispanien.* S. l. n. d., in-4.

Exemplaire de M. VERGAUWEN (Cat., 1884, II, n° 411).

2716 (2409 d). PRIMA E SECON || DA CORONATIONE di Car || lo Quinto sacratissi- || mo Imperatore Re || de Romani, || Fatta in Bologna. || ✠ — [A la fin :] *Stampata in Bologna per Giouäbattista di || Phaelli Bolognese, nel Anno del || Signore.* M.D.XXX [1530]. || *del Mēse di || Martio.* In-4 de 7 ff. non chiffr. et 1 f. blanc.

Le titre est orné d'un bel encadrement à cariatides.

La relation commence ainsi : « Carlo, re catholico di Spagna e di Aragona etc., quinto re de' Romani eletto et Cesare sempre felice et augusto, da la divina providentia mandato in terra per diffensione dila christiana fede e distruggimento di tutte l'altre sette di Christo nimiche, ne lo anno passato 1529 determino di passare in Italia a incoronarsi... »

2717 (2410 a). LA COVRONNATION de Lempe || reur Charles cinquiesme de ce nom faicte a Boloingne la grasse || le Mardy vingtdeuxiesme de Feburier. Lan de grace. || Mil cinq cens ҫ trente. || ❀ Cum gratia et priuilegio. — [A la fin :] *Imprime en Anuers par moy Guilliaume Vor- || sterman.* An. M. D. xxx [1530]. In-4 goth. de 8 ff. non chiffr., sign. *A-B*, mar. v., dent., dos orné, tr. dor. (*Rel. anglaise.*)

# Oraison de Charles

Empereur Tresauguste/aux Espagnotz/a
cause de son partement.

Imprime en Anuers par moy martin Lempereur pour Guillaume Vorsterman.

Cum gratia & priuilegio.

N° 2715.

Au titre, un bois qui représente le pape et l'empereur entourés de hauts dignitaires ecclésiastiques et laïcs :

# La couronnation de Lempe
pereur Charles cinquiesne de ce nom faicte a Boloingne la grasse le Mardy vingtdeuxiesme de febvrier. Lan de grace. Mil cinq cens & trente.

## Cum gratia et priuilegio

Au v° du titre est un bois, que nous avons déjà reproduit (t. II, p. 582).

Au v° du 7ᵉ f. est un bois à quatre personnages : le pape, un cardinal, l'empereur et son chancelier ; puis, au-dessous, les armes impériales.

Le dernier f. contient, au r°, un bois qui représente des cavaliers prenant congé d'un groupe de personnages (voy. ci-dessus, n° 2715), et, au v°, la souscription et la marque de *Vorsterman* (voy. t. II, p. 584).

La relation commence ainsi : « Le mardy vingt-deuxiesme du mois de fevrier l'an mil cinq cens et trente, prins a la nativité nostre Seigneur... » Elle ne se confond nullement avec la relation décrite sous le n° 2410, comme nous avions eu le tort de le supposer.

Exemplaire d'AUDENET, dont la marque orne les plats du volume, et de VERGAUWEN (Cat., 1884, II, n° 418).

2718 (2411 a). ☛ SENSVIT LA COPPIE des let- ‖ tres enuoiees par Limperialle Maieste / a mõ ‖ seigneur de Linkerke / ambassadeur en ‖ France / Touchant la prinse de la ‖ Goullette et la defaicte de le- ‖ xercite de Barberousse / ‖ et prinse de Thu ‖ nes. ‖ ☞ *Imprime a Anuers par Guillaume Vostreman* [sic] ‖ *et Nicolas de Graue.* ‖ Auec Grace et Priuillege. *S. d.* [1535], in-4 goth. de 14 ff.

Nous donnons ci-après la reproduction du titre.
Au v° du titre est un groupe de cavaliers.

La relation commence ainsi : « La Prinse de La Goulette, contenue es lettres de l'empereur a son ambassadeur, monseigneur de Linkercke, dattées au camp de Sa Majesté, le mercredi quatorziesme de juillet mil cinq cens trente cinq, par lesquelles est declairé ce qu'est succedé tant en ce voiage comme au royaulme d'Affricque, et comme l'Imperialle Majesté instamment estoit après pour faire les tranchez, bastillions et aultres apprestes, affin de donner la batterie contre La Goulette, et icelle assaillir, laquelle estoit fortifiée de gens et artillerie fort puissamment... »

On lit à la fin : « L'empereur s'est conduict et gouverné si bien en ceste bataille et si bien conduict les gens avec si bonne et grande discretion et bon ordre, qu'il leur a donné le [sic] meilleur estime de luy du monde, et se faict autant aymer qu'il est possible, de maniere que, a mon advis, il passe le meilleur capitaine que l'on sçauroit trouver ».

2719 (2412 a). WARHAFFTIGE NEWE ZEITVNG ‖ des Kayserlichen Sigs / zů ‖ Galetta vnd Thunis geschehen / ‖ M. D. XXXV [1535]. — [A la fin :] *Gott sey lob inn ewigkayt. S. l. n. d.*, in-4 goth. de 8 ff., dont le dernier est blanc.

Le titre est orné d'une carte (voir ci-après) qu'il est intéressant de rapprocher de celle que nous avons reproduite sous le n° 2411.

Le v° du titre est blanc.

Le f. *Aij* contient une première lettre, écrite par un capitaine de l'armée impériale, dont le nom n'est pas rapporté, lettre qui commence ainsi :

« Galletta ist solcher Gestalt erobert worden, wie dann ein kayserischer Hauptman auss Thunis dem Hertzog von Ferrar zůgeschribenn hat.

» Als die Rhömisch Kay. May. etc. unser allergnädigister Herr, sich mit Belegerung des festen Schlosz und Stettlin Galetta zů erobern angenommen, hat sein Kay. May. alle jre Kriegshaupt[l]eüt gefordert und von jnen jren Ratsschlage vernommen, das Galetta mit dem Sturmm zů gewynnen sey... »

**Sensuit la coppie des lettres** envoiees par l'imperialle Maieste, a mõseigneur de Linkerke, ambassadeur en France, Touchant la prinse de la Goullette et la defaicte de lespercite de Barberousse, et prinse de Thunes.

Imprime a Anvers par Guillaume Vosterman et Nicolas de Graue.

Auec Grace et priuillege.

N° 2718.

# Warhafftige Newe zeitung
## des Kayserlichen Sigs/zu
### Galetta vnd Thunis geschehen/

M. D. XXXV.

Nº 2719.

Au f. *Aiij* commence une seconde lettre dont voici le début :

« *Copey eines Brieffes, so der hochgeborn Fürst vnd Herr, Herr Don Fernando de Gonzaga, Hertzog zū Arriano, etc. des Hertzogen zū Mantua Brūder, seinem Brūder zūgeschriben. Datum Tunis den xxiij. Julij des tausent fünffhundert vnd fünf vnn dreissigsten Jar.*

» *Ich hab Euch ausz der Goletta den neuntzehenden disz Monats geschriben was vorhanden was, und wie die Kay. May. sich entschlossen het jren Zug mit dem Heer auf die Statt Thunis fürzūnemen. Nun wiszt wie den nachvolgenden Tag, nemlich den zwayntzigsten zū Morgen frü, nach notturftiger Fürsehung der Profant für das Heer, ist gedacht Heer gegen der Statt anzogen inn nachvolgender Ordnung. — Am ersten ist der Vorzug under dem Befelch des Marggraffen von Guasto gezogen...* »

Nous avons dit dans notre note sur le n° 2412 que cette lettre a été réimprimée par Voigt, et qu'il en existe une traduction française manuscrite.

2720 (2412 *b*). ❡ Novvelles de Rome || touchant Lempereur. || ❡ *Imprime en Anuers au Naueau par moy Michiel* || *de Hoochstraten. Lan* M. D. XXXVI [1536]. In-4 goth. de 4 ff. non chiffr. de 41 lignes à la page, sign. A, mar. r., fil., dos orné, tr. dor. (*Thompson*).

Le titre, ci-contre, est orné d'un bois des armes impériales soutenues par des anges. Le texte commence ainsi, au v° même du titre :

Copie.

*Chy commence la Declaration ou Edict du tresnoble et bien renommé empereur, Charles chincqviesme de ce nom.*

Pour vous plus a plain donner a cognoistre ce qui est advenu a Rome depuis les dernieres lettres par vous receutes, sy vous plaira sçavoir comment l'Imperialle Majesté, la veille de Pasques, est allé a la chapelle joingnant le pape, asseant dessoubz ung chiel et une chaiere couvert de drap d'argent, vestu d'ung sayon de velours et chappe espaignolle par dessus ; puis après, le service divin estant achevé, est l'Imperialle Majesté allé avec le pape jusques a la salle devant la chapelle, et, illecques, prenant congié de l'ung l'aultre, est l'Imp. Ma. allé vers sa chambre et, illec soy communiant, est en oultre allé visiter les sept eglises...

La relation se poursuit jusqu'au moment du départ de Charles-Quint de Rome.

Le v° du dernier f. est blanc.

2721 (2412 *c*). Trattato del' intrar in || Milano, di Carlo. V. C. Sempre Aug. || con le proprie Figure de li Archi, & per || ordine, li Nobili Vassalli & Prencipi || & Signori Cesarei, fabricato & || Comp sto [*sic*] per L'Albicante, || & con Priuilegio di || sua Maesta || stampato. || Per virtù s'ascende al Cielo || Oue si posa, & iui s'è contento. — [A la fin :]

Nullum bonum irremuneratum. ||
Nullum malum impunitum. ||

*Mediolani* || *Apud Andream Caluum.* || M. D. XXXXI [1541]. In-4 de 28 ff. non chiffr., car. ital.

Le titre est orné des armes de Charles-Quint.

Au v° du titre est une épître, en prose, de l'Albicante « Alla illustrissima et eccelentissima signora, unico ornamento di bellezza et virtù, donna Giovanna Aragona di Colonna ».

La relation, écrite en octaves, commence ainsi :

Chi mi darà il sapere a l'intelletto
Et l'ardir et la voce a le parole...

Le volume est orné de quatre bois représentant les arcs de triomphe élevés par les Milanais et accompagnés des inscriptions qui les surmontaient.

N° 2720.

2722 (2412 d). La vraye/ pvre/ simple narra- || tion .ꝗ recit du faict de question / entre Charles .V. || Empereur/ ꝗ Guiliame Duc de Cleues/ sans aucune || prestiction [sic] ou desguisement. auec vng Recueil des vendi || tiõ cession/ cõfirmation de la cess. inuestitures/ infeudaci || ons transport des Duche de Geldre ꝗ Conte de Zut- || phen / faictz tant par Gerad Duc de Iulies legitime successeur || des dictz pays ꝗ par ses enfans Adolphe ꝗ Guiliame plusi || eurs fois confermez / que par Arnol Degmund a || Charles Duc de Bourgoingne : desploiez || aux Estatz de Lempire a Ratispone / || par Charles Empereur .V. || Ensemble linfeudati- || on de Max. Da. || Marie/ Philip- || pes Roy de || Castil- || le. || Dont vng chascun pourra congnoistre liniustice ꝗ tort || du Duc de Cleues, au contraire, combien est le droict bon || & iuste de Lemp. Charl. V. Traduict de Latin || en Francois. || 1541. || *En Anuers* || *Du Consentement de Martin merare* || *preuilege.*—[A la fin :] *Imprime et traduict de Latin en Francois / par* || *le Typographe/ non sans la permission* || *de Martin merare priuilege.* || M. Ant. des Gois. || Cum priuilegio. In-4 goth. de 13 ff. non chiffr. et 1 f. blanc, sign. A-B par 4, C par 6, mar. r., fil., dos orné, tr. dor. (*Rel. anglaise.*)

Il y a au milieu du titre trois lignes en lettres rondes, celles qui précèdent la date.

Au vº du titre est un avis du « Typographe au lecteur candide ».

Le factum, dont nous avons ici une traduction partielle, avait d'abord paru à Nuremberg, puis il avait été réimprimé à Anvers sous le titre suivant : *Assertio juris imperat. Caroli V. in Geldriae ducatu et Zutphaniae comitatu, edita in comitiis Ratisbonensibus A°.* 1541, *et Confutatio oppugnationum Guilielmi Cliviae Ducis, Franckfordiae exhibitarum A°.* 1539. Antverpiae, Excudebat Martinus Meranus. — [A la fin :] ... ad exemplar Joannis Petrei Nurenbergae impressorum. In-8 de 61 ff. (Cat. van Hulthem, nº 26165 ; Tiele, *Bibliotheek van nederlandsche Pamfletten*, nº 18).

L'*Assertio* est ordinairement attribuée à Viglius van Zuichem ; mais M. Tiele fait observer que Hoynck van Papendrecht combat cette attribution dans ses notes sur la vie de Viglius.

L'imprimeur privilégié, dont le nom a été défiguré dans la pièce française, n'est autre que *Martin Nuyts*, ou *Nutius*, dit *Meranus* ou *Vermeere*.

Quant au traducteur français, il est fort peu connu. *Antoine Des Gois*, ou *Goinus*, établi libraire à Anvers, semble, suivant la remarque de M. F. vander Haeghen, avoir succédé à la veuve de *Martin De Keysere* (voy. *Bibliotheca belgica*, art. Bible en français, 1541) ; il publia en 1537 un *Breviarium romanae curiae*, in-8 (Cat. Huth, I, p. 214), et donna en 1539 les *Commentaria Viti Amerbach in Ciceronis tres libros de officiis*, in-8 (Biblioth. d'Amiens, Sc. et Arts, 489). En 1541 *Des Gois* est devenu imprimeur et son activité est plus grande. Outre notre factum, nous pouvons citer de lui : *Le Livre des Psaulmes de David, traduictes* [sic] *selon la pure verité hebraïque, ensuyvant principalement l'interpretation pour Felix privilegiee*, pet. in-8 goth. (Cat. Noilly, 1886, nº 2) ; — *Psalmes de David translatez de plusieurs autheurs et principalement de Clement Marot ; veu recongneu et corrigé par nostre M. F. Pierre Alexandre, concionateur ordinaire de la royne de*

*Hongrie*, pet. in-8 (Douen, *Clément Marot et le Psautier*, II, 506, n° 7) ; — *Catalogus doctorum, tam catholicorum quam protestantium Wormatiae praesentium*, in-8 (*Bibliotheca belgica*) ; — *Consilium Pauli III., pontificis romani, datum imperatori in Belgis per cardinalem Farnesium... pro Lutheranis*, in-8 (Cat. Vergauwen, II, n° 430). Des Gois se qualifie ici de « Morensis », sans doute pour Morinus, ce qui donne lieu de penser qu'il était du Boulonnais. A l'année 1541, ou peut-être à l'année 1542 (si l'imprimeur faisait commencer l'année à Pâques) appartient une édition de la *Bible* de Jacques Le Fèvre d'Étaples, dont le titre porte le nom de *Martin L'Empereur* et la date de 1534, tandis que la souscription, au nom de *Des Gois*, est datée du 12 janvier 1541. Voy. F. vander Haeghen, *Bibliotheca belgica*.

En 1543, Pierre Campson, dit Philicinus, dédie son poème *De Clade Hannoniae et Binchio obsesso* à un personnage appelé Antonius Goinus, qui doit être Des Gois (*Bibliotheca belgica*, v° Philicinus).

Des Gois semble alors être venu s'établir à Paris. Il y traduisit divers livres d'astrologie que La Croix du Maine (I, 40) cite sans en donner le titre. Un de ces livres est probablement le suivant, qui n'est signé que des initiales A.D.G. : *Proposition astrologique et Prognostication naturelle de... Joan. Indagine..., traduicte nouvellement en françois*. Paris, Nicolas Buffet, 1545, in-8 (Brunet, III, 434).

Exemplaire de M. VERGAUWEN (Cat., 1884, II, n° 428).

2723 (2412 e). CAROLI .V. Imperatoris || Expeditio in Africam ad || Argieram ; Per Nicolaum Villagagno- || nem Equitem Rhodium Gallum. || Ad D. G. Bellaium Langæum Subalpinarum gentium || Proregem , & primi ordinis Equitem apud || Christianissimum Francorum Regem. || *Parisiis* || *Apud Lodoicum Tiletanum*, || *ex aduerso Collegii Remensis.* || 1542.— [A la fin :] *Parisiis* || *Excudebat Io. Lodoi-* || *cus Tiletanus.* || M. D. XLII. In-4 de 12 ff. non chiffr., car. ital.

Le titre porte la marque de *Jehan Loys* (Silvestre, n° 130).

Au v° du titre est une épître de Villegagnon à Guillaume Du Bellay. Le chevalier dit que ses blessures l'ont forcé de s'arrêter à Rome ; mais que, grâce aux bons soins de François de Guiche, il espère être bientôt rétabli et pouvoir se rendre à Turin.

Villegagnon avait pris part comme volontaire à l'expédition d'Alger, dont il raconte les détails en témoin oculaire. Sa relation, dont nous avons ici la première édition, fut aussitôt réimprimée à Anvers, *ex officina Joannis Steelsii, anno a Christo nato 1542, mense aprili*. Voy. F. vander Haeghen, *Bibliotheca belgica*, v° Villegagnon.

2724 (2416 a). DE OBITV Caroli || Quinti Imperatoris, || Ioannis Veteris Oratio, || Ad D. Ioannem de Perera sereniss. || Lusitaniæ Regis Legatum || sapientissimum. || *Parisiis*, || *Apud Federicum Morellum, in vico Bellouaco*, || *ad vrbanam Morum.* || 1559. || Cum Priuilegio Regis. In-4 de 15 ff. chiffr. et 1 f. non chiffr., non rogné.

Au titre, la marque de *Fed. Morel* (Silvestre, n° 830).

Au v° du titre est une épître de Jean Le Viel [Vetus] à dom João Pereyra.

Le Viel, qui fut plus tard un des apologistes de François de Guise (voy. ci-dessus, n° 2690), s'était fait sans doute une spécialité des panégyriques dédiés aux grands personnages. Son discours est suivi d'un *Caroli imperatoris Tumulus* (en huit distiques), de trois distiques à la reine Marie d'Angleterre, belle-fille de Charles-Quint, et de deux distiques à la reine de France Éléonore, sœur de l'empereur.

Au v° du dernier f. est un extrait du privilège accordé pour six ans à *Fed. Morel*, le 10 avril 1559.

## 10. — *Histoire d'Espagne et de Portugal.*

2725 (2436 a). Brief || Discovrs || ou Relation || Touchant l'arriuement en Espaigne de la Serenissime || Royne Marguerite d'Austrice. || Auecq le solempnel recueil que luy fut faict par sa Ma- || iesté Catholique en la ville de Valĕce ; Et les nopces || celebrez en la grande Eglise de ladicte Ville. || *A Bruxelles*, || *Chez Rutger Velpius A l'Aigle d'or, pres de la Court.* || *Iouxte la Copie imprimée à Milan, au Palais Royal, par Pandolfo Malatesta*, || *Imprimeur Iuré*. 1599. In-4 de 6 ff. non chiffr.

Au titre, la marque de *R. Velpius*, qui représente l'aigle impériale avec cette devise : *Protege nos sub umbra alarum*.

## 11. — *Histoire d'Italie.*

2726 (2445 a). Commĕtarii || Galeacii Capelle || de rebus gestis pro restitutione || Francisci .II. Mediolanensium Du || cis, nuper ab ipso auctore re- || cogniti, & antea impressis || emendatiores. || ⋆ *Parisiis*. || ⋆ 1538. ⋆ In-16 de 156 ff. chiffr., vél. bl. (*Anc. rel.*)

Au titre, la marque de *Denis Janot*, avec la devise *Patere, aut abstine*. Cette marque, qui ne contient aucun monogramme, est reproduite par Silvestre (n° 460) comme appartenant à *Estienne Groulleau* ; mais, en 1538, elle ne pouvait appartenir qu'à *Janot.*
Au v° du titre est un petit bois représentant l'auteur à sa table de travail.
Les ff. 2 et 3 contiennent une épître de Galeazzo Capella « ad illustrissimum Franciscum II., Mediolanensium ducem ».
On lit à la fin du volume ces mots : *Finis coronat opus.*

## 12. — *Histoire des Turcs.*

2727 (2457 a). La translacion de la bulle || de la croysade de latin en || francoys. — *Finis. S. l. n. d.* [*Lyon?*, 1516], in-4 goth. de 8 ff. non chiffr. de 39 lignes à la page, impr. en lettres de forme, sign. *A-B*.

Le titre est orné d'un bois mystique, qui est peut-être une marque :

Ce bois rappelle deux marques employées par *Estienne Gueynard*, à Lyon.
La bulle par laquelle le pape Léon X ordonnait la croisade contre les Turcs est datée du 1ᵉʳ juin 1516.

2728 (2459 a). ❡ Les Chapitres ou articles || de la tressaincte confederation faicte entre nr̄e sainct || pere le Pape/ La Maieste Imperialle / et les || Venetiens || Contre les Turcqz. || ❡ *Par Guillame Vorsterman en la Licorne dor*. || ❡ Cum Gratia et Priuilegio. — [Au r° du 4ᵉ f. :] ❡ *Ilz se vendent en Anuers par Guillame Vorster-* || *man a lenseigne de la Licorne dor*. || Auec Grace et Priuilege. In-4 goth. de 4 ff. non chiffr., mar. v., dent., tr. dor. (*Rel. anglaise*.)

> Le titre, dont nous donnons ci-contre la reproduction, est orné du même bois que le titre de *La Couronnation* (n° 2717) ; cependant la planche, déjà fatiguée, a été retouchée. Le fond a été aplani et les tailles en ont disparu.
>
> Le volume contient la traduction du traité signé à Rome le 8 février 1538, traité dont nous avons décrit une édition latine (dans notre description de cette édition, n° 2459, il faut rectifier la date qui a été altérée, et lire 1538 au lieu de 1533). *Vorsterman* avait commencé par réimprimer le texte latin ; il donna ensuite deux éditions de la traduction française et une édition flamande. Toutes ces éditions sont ornées du même bois sur le titre. Voy. F. vander Haeghen, *Bibliotheca belgica*, v° *Chapitres* et v° *Capittelen*.
>
> Au v° du dernier f. est une marque de *Vorsterman* reproduite dans la *Bibliotheca belgica*.
>
> Exemplaire de M. AUDENET, dont la marque décore les plats de la reliure, et de M. VERGAUWEN (Cat., 1884, II, n° 425).

2729 (2459 b). CHRISTLICHE bündtnusz || Vn̄ Kriegszrüstūg Kayser Carls || vnnser aller Herrn Babst Pau- || li / Der Herrschafft zū Vene- || dig / vnd jhrer mituerwan- || ten / wider den Türcken || zū Rom beschlossen den 8. Fe- || bruarij / Anno. || 1538. S. *l.*, in-4 goth. de 4 ff., sign. *A*.

> Le titre porte l'Aigle impériale supportée par deux griffons.
> Le v° du titre est blanc, ainsi que le v° du dernier f.
> Le volume contient une traduction allemande du traité dont il est parlé à l'article précédent.
> Cette édition ne se confond avec aucune des trois éditions décrites par Kertbeny (*Ungarn betreffende deutsche Erstlings-Drucke*, 1880, n°ˢ 521-523).

2730 (2459 a). ❡ ORDONNANCE || faicte par tous les Princes et Estatz || de Lempire / touchant la guerre || par eulx entreprise contre le || Turcq / pour le recouure- || ment de Hongrie. || ☞ *Imprime par Iehan lhomme. Iouxte* || *la forme et exemple imprimee a Paris*. || ⁂ Par priuilege ⸫ || M. D. xLii [1542]. Pet. in-8 goth. de 4 ff. de 26 lignes à la page, sans sign., mar. bl. jans., tr. dor. (*Trautz-Bauzonnet*.)

> Le titre est orné de l'Aigle impériale.
>
> L'*Ordonnance* commence, au v° même du titre, de la façon suivante :
>
> Veu qu'il est necessaire de faire la guerre au Turc et le dechasser de Bude et de Pests, il fault pour le moins mettre sus huict mille hommes a cheval armes et qua-

# Les Chapitres ou articles
de la tressaincte confederation faicte entre nrē sainct pere le Pape, la Maieste Imperialle, et les Veneticns, contre les Turcqz.

Par Guillame Vorsterman en la licorne dor.
Cum Gratia et Priuilegio.

rante mille hommes de pied, dont la quarte partie aura hacquebutes bonnes et longues....

Suit tout le détail des impositions extraordinaires votées par la diète de Spire. Le texte allemand de ces résolutions avait été publié par Conrad, évêque de Wurzbourg. Le traducteur français a supprimé l'introduction du prélat. Cf. Kertbeny, *Ungarn betreffende deutsche Erstlings-Drucke*, n° 572.

Exemplaire de M. le BARON DE LA ROCHE LACARELLE et de M. E. QUENTIN-BAUCHART (*Mes Livres*, 1881, n° 219).

2731 (2459 *b*). LETTRE ‖ enuoyee de Constantinoble, a ‖ la tresillustre Seigneurie de Ve- ‖ nise : & a plusieurs autres ‖ Seigneurs & Princes ‖ Chrestiens, ‖ Contenant les merueilleuses choses qu'endommage ‖ totallement le grand Turq & sa secte Ma- ‖ hometique dont il est fort esbahy. ‖ Ensemble le nombre de gens qui s'elieue [*sic*] ‖ & font grand appareil de guerre con- ‖ tre luy, tant par mer que ‖ par terre. ‖ *A Lyon.* ‖ *Par Benoist Rigaud,* ‖ 1561. In-8 de 15 pp.

Au titre, une couronne de laurier, dans l'intérieur de laquelle on lit la devise : *Omnia cum tempore*.
Au v° du titre deux sonnets, singulièrement intitulés : *Rondeau aux Chrestiens* et *Rondeau aux Hebrieux*.

La lettre, adressée « A moult illustre et vertueux seigneur colonel, le seigneur Malateste, d'Arrimini, tresdigne gouverneur de la magnificque cité de Bresse », et datée du 1er mars 1561, est signée : MARC BRAGADIN.
On trouve à la suite une *Description du premier exercice* [*sic*] *des Hebrieux*.

2732 (2459 *c*). COPPIE ‖ d'vnes Let- ‖ tres de deffiance enuoyees à ‖ Maximilian, par la gra- ‖ ce de Dieu Empereur des Ro- ‖ mains, tousiours Auguste par Solyman le ‖ grant Turc, translaté d'Allemant en ‖ Françoys, le 16. Decēbre 1564 ‖ ⬥⬥⬥ ‖ 1565. *S. l.*, in-4 de 5 pp. et 1 f., car. ital.

La lettre de Soliman, dont Kertbeny ne cite aucune édition allemande, est datée du mois de décembre 1564 ; elle occupe les pp. 8-4. A la page 5 est un manifeste « envoyé par la Majesté Imperialle par toutes les Allemaignes ».
Le dernier f. contient un sonnet « Au Lecteur » :

Ha ! quel malheur seroit si ceste grand' Vienne-
Estoit par ce grand Turc, de Dieu et des humains
Ennemy capital, par efforts inhumains,
Mise à feu et à sang, la voulant faire sienne.....

2733 (2461 *a*). ADVIS de ‖ la glorieuse vi- ‖ ctoire obtenue par ‖ l'armée Chrestiēne cōtre l'armée ‖ Turquesque au golphe de Lepan- ‖ tho le septiesme iour d'Octobre, ‖ 1571. ‖ *A Paris,* ‖ *Pour Iehan Dallier Libraire, demourāt* ‖ *sur le pont S. Michel à la Rose blanche.* ‖ 1571. ‖ Auec Priuilege. In-8 de 16 ff. non chiffr.

Au titre, la rose de *Jean Dallier* (Silvestre, n° 308).
Le volume contient une lettre adressée de Venise, à un gentilhomme

français, le 19 octobre 1571, et une lettre du roi Charles IX, en date de Vaujour, le 31 octobre, ordonnant à l'évêque de Paris de faire célébrer des actions de grâces à Dieu de ce qu'il lui a plu donner la victoire aux chrétiens.

Au 15° f. est un extrait de la permission accordée à *Jean Dallier* par la cour de parlement (la date n'en est pas indiquée).

Au v° du dernier f. sont les armes de Charles IX, avec la devise : *Pietate et justitia.*

2734 (2462 a). Briefve || Histoire de || la guerre de Perse, || faite l'an mil cinq cens septante huit & || autres suyuãs, entre Amurath, troi- || sieme de ce nom, Empereur des Turcs, || & Mahumet Hodabende Roy De || Perse. || Auec la description des ieux & magnifiques specta- || cles representez à Constantinople en la solenni- || té de la circoncision du fils d'Amurath, l'an mil || cinq cens huitante deux, es mois de May & de || Iuin. || Le tout traduit nouuellement de Latin en François. || Pseau .lxxix. v. vi. || Espan ta fureur, ô Dieu, sur les gens qui ne te conoissent point, || & sur les Royaumes qui n'inuoquent point ton Nom. || M. D. LXXXIII [1583]. *S. l.*, in-8 de 82 pp. et 1 f. blanc.

Les pp. 3-6 contiennent un avis du translateur « aux lecteurs ».

A la p. 7 est un *Advertissement* où il est dit que « l'histoire sommaire de la guerre entre Amurath et Mahumet Hodabende a esté escrite en latin par Henri Porsius jurisconsulte aleman » et que George Lebelski, Polonais, a publié la description des choses aduenues à Constantinople lors de la circoncision du fils d'Amurath. Ce sont ces deux auteurs qui ont été traduits en français. Voy. *Henrici Porsii Persici belli Historia, gesti inter Muratem III. Turcarum, et Mehemetem Hodebende Persarum regem* (Francofurti, A. Wechelius, 1583, in-8) et *Kr. Dzierzekii Descriptio ludorum et spectaculorum quae sunt Constantinopoli peracta A. D. 1582, edita per Georgium Lebelski* (s. l. n. d. [Thorunii, 1583], in-4.)

---

### IV. — Biographie.

2735 (2503 a). Les || Vies des Hommes || Illustres Grecs & Romains, || Comparees l'vne auec l'au- || tre par Plutarque || de Chæronee, || Translatees de Grec en François. || *A Paris,* || *De l'Imprimerie de Michel de Vascosan.* || M. D. LVIIII [1559]. || Auec Priuilege du Roy. In-fol. de 8 ff. lim., 734 ff. chiffr. et 26 ff. non chiffr., réglé.

Édition originale de la traduction d'Amyot. Nous en avons décrit précédemment une réimpression de 1567 (t. II, n° 1899).

Les ff. *aij-aiij* r° contiennent une épître de Jacques Amyot, abbé de Bellozane, « Au trespuissant et treschrestien roy de France, Henry, deuxieme de ce nom », épître datée de Fontainebleau, au mois de février 1559. A la suite (fol. *aiij* v° – *aviij*) est un avis « Aux Lecteurs », un sonnet traduit d'Agathius Scholasticus, *Sur l'image de Plutarque*, et le *Catalogue des*

hommes illustres grecs et romains comparez l'un avec l'autre par P[...]
de Charonæe.

Les 25 ff. qui terminent le volume contiennent la *Table alphabet[...]
Fautes et Corrections* et le *Privilège*. — Le privilège, daté de [...]
11 février 1559, est le privilège général accordé à *Vascosan* pour [...]
« Sçavoir faisons, dit le roi Henri II, que nous bien advertis de[...]
labeurs, peine et travaux que nostre bien amé *Michel de Vascosan*, i[...]
et libraire juré en nostre université de Paris, a prins depuis vingt [...]
à imprimer continuellement en toutes langues et disciplines tous les [...]
livres et les plus utiles dont il a peu avoir la cognoissance, et que [...]
son pouoir il a tousjours aidé à fournir et peupler nostre royaume de[...]
bons livres qui ont esté imprimés et s'impriment tous les jours par [...]
autres païs et nations estranges ; advertis aussi de la grande dilige[...]
et despens qu'il fait à recouvrer plusieurs bons et anciens livres, [...]
faire traduire de langue en autre, et les illustrer de pourtraits et [...]
quand besoin le requiert, et aussi qu'il fait ordinairement conferer [...]
sieurs et divers exemplaires, tant escrits à la main que imprimez [...]
hommes doctes de nostredit royaume, tous les livres lesquels il preten[...]
en impression et lumiere, le tout a l'honneur de Dieu, augmentati[...]
foy chrestienne, et au grand profit de nous et de tout le bien publ[...]
ces causes, etc. »

A la fin est un achevé d'imprimer du mois de mai 1559.

Ce volume est l'exemplaire même qu'Amyot employa pour l[...]
données par lui à son royal élève. On y relève trois corrections de [...]
savoir :

Fol. 41 B : « que les Lacedemoniens les fouettassent s'ilz y [...]
aulcune faulte » ; corrigez : « que les Lacedemoniens fussent bien
(escorchez à coups de fouet) s'ils commettoient aucune faulte ».

Fol. 54 I : « comme fut celuy qui premierement fonda Marseille [...]
rigez : « comme fut Protus qui fonda Marseille ».

Fol. 224 I : « avec trois cents des meilleurs combattans... » ; c[...]
« avec trois cents mille... ».

La signature du roi CHARLES IX se lit au bas des ff. 101, 106, [...]
bas du f. 612 v° on lit de la main du jeune roi : « CHARLES IXe,
FRANCE, S[r] DE GONNESSE », et, en regard, au bas du f. 618 : C. MA[...]
DE FRANCE, DUC D'ORLEANS » (Charles IX avait d'abord porté ce [...]
titre), puis les deux vers suivants :

   Prince sacré, l'amour de la terre et des cieux [sic],
   Que la natur [sic] a doué de ses plus gratieux...

Ce volume a fait partie, au commencement de ce siècle, de la bibli[...]
SIR WALTER SCOTT, qui le légua à son traducteur, AUGUSTE-JEAN-[...]
DEFAUCOMPRET. Il a figuré, en dernier lieu, à la vente de M. [...]
ACHILLE SEILLIÈRE (Cat. de 1893, n° 434).

FIN DU TOME TROISIÈME.

## AVIS.

Nous avions espéré que le *Catalogue des livres composant la bibliothèque de feu M. le baron James de Rothschild* n'excéderait pas trois volumes, en y comprenant les *Tables*. La bibliothèque ayant reçu, dans ces dernières années, d'assez nombreux accroissements, notre travail a dépassé les limites que nous lui avions assignées au début, et nous nous voyons forcé de réserver pour un IV<sup>e</sup> volume les *Additions et Corrections*, ainsi que les *Tables*, très étendues, qui termineront l'ouvrage.

ÉMILE PICOT.

Paris, le 10 Juillet 1893.

# TABLE DES DIVISIONS.

II. — Histoire.
    5. — *Histoire de France.*
        B. — Histoire de France par époques.
            *d.* — *Henri II* .................................. 2142
            *e.* — *François II* ............................... 2149
            *f.* — *Charles IX* ............................... 2150
            *g.* — *Henri III* ................................. 2167
            *h.* — *Henri IV* ................................. 2234
            *i.* — *Louis XIII* ............................... 2262
            *j.* — *Louis XIV* ................................ 2282
            *k.* — *Louis XV* ................................. 2293
            *l.* — *Louis XVI* ................................ 2296
            *m.* — *La Révolution française et les gouvernements qui l'ont suivie jusqu'à nos jours* ........... 2297
        C. — Histoire des provinces de France.
            *a.* — *Histoire de Paris.*
                1. — Description de Paris ................ 2302
                2. — Histoire générale de Paris ........... 2313
                3. — Histoire ecclésiastique .............. 2316
                4. — Histoire par époques ................ 2318
                5. — Annuaires parisiens .................. 2320
                6. — Histoire des mœurs .................. 2323
            *b.* — *Histoire de l'Ile de France, de la Picardie, de la Brie et du Gâtinois* ................ 2326
            *c.* — *Histoire de la Flandre et de l'Artois* ....... 2334
            *d.* — *Histoire de la Lorraine* ................... 2335
            *e.* — *Histoire de la Normandie, de la Bretagne, de l'Anjou et de la Touraine* ............. 2337
            *f.* — *Histoire de l'Aquitaine (Poitou, Berry, Saintonge, Limousin, etc.)* ................ 2342
            *g.* — *Histoire du Languedoc et de la Provence* ... 2347
            *h.* — *Histoire du Lyonnais, de la Bourgogne, de la Franche-Comté et de la Savoie* ......... 2351
        D. — Mélanges historiques. — Histoire des institutions ...... 2356
        E. — Histoire militaire ........................................ 2359

## TABLE DES DIVISIONS.

  6. — *Histoire d'Angleterre et d'Écosse* .................... 2365
  7. — *Histoire des Pays-Bas* ........................... 2375
  8. — *Histoire d'Allemagne* ........................... 2408
  9. — *Histoire de Suède, de Pologne, de Russie et de Moldavie.* 2421
  10. — *Histoire d'Espagne et de Portugal* .................. 2430
  11. — *Histoire d'Italie* ............................. 2445
  12. — *Histoire des Turcs* ........................... 2458
  13. — *Histoire du Maroc* ........................... 2483
  14. — *Histoire de Siam* ............................ 2485
III. — Paralipomènes historiques.
  1. — *Histoire de la noblesse et de la chevalerie* ........... 2486
  2. — *Blason* .................................. 2491
  3. — *Archéologie* .............................. 2498
IV. — Biographie ..................................... 2502
V. — Bibliographie ................................... 2515
VI. — Histoire littéraire ................................ 2521
VII. — Encyclopédies et Journaux ......................... 2523

# SUPPLÉMENT.

## THÉOLOGIE.

I. — Écriture sainte ................................... 2527
II. — Liturgie ....................................... 2528
IV. — Théologiens .................................... 2538

## JURISPRUDENCE.

I. — Droit des gens. — Droit Français .................... 2544
II. — Législation de la librairie .......................... 2547

## SCIENCES ET ARTS.

| | | |
|---|---|---|
| I. | — Sciences philosophiques............................. | 2556 |
| II. | — Sciences naturelles................................ | 2561 |
| III. | — Sciences mathématiques............................ | 2562 |
| IV. | — Beaux-Arts. | |
| | 2. — *Gravure* ........................................ | 2567 |

## BELLES-LETTRES.

| | | |
|---|---|---|
| I. | — Linguistique....................................... | 2571 |
| III. | — Poésie. | |
| | 2. — *Poètes latins* ................................... | 2573 |
| | 3. — *Poètes français*. | |
| |     B. — Poètes français depuis les origines jusqu'à Villon...... | 2578 |
| |     C. — Poètes français depuis Villon jusqu'à Marot........... | 2579 |
| |     D. — Poésies anonymes du XVe siècle et de la première moitié du XVIe................................... | 2588 |
| |     E. — Jehan et Clément Marot........................... | 2593 |
| |     F. — Contemporains et Successeurs de Marot jusqu'à Ronsard | 2595 |
| |     G. — Ronsard et les Poètes de la Pléiade.................. | 2600 |
| |     H. — Les Contemporains des Poètes de la Pléiade et leurs Successeurs jusqu'à Malherbe........................ | 2601 |
| |     I. — Poésies anonymes de la seconde moitié du XVIe siècle.. | 2609 |
| |     K. — Poètes français depuis Malherbe jusqu'à nos jours..... | 2611 |
| | 4. — *Chansons* ........................................ | 2616 |
| IV. | — Poésie dramatique. | |
| | 3. — *Théâtre français* ................................. | 2617 |
| V. | — Romans. | |
| | 1. — *Romans grecs* ................................... | 2622 |
| | 2. — *Romans français*. | |
| |     A. — Romans de chevalerie............................. | 2623 |
| |     B. — Romans de divers genres.......................... | 2628 |
| |     E. — Contes et Nouvelles.............................. | 2630 |
| |     F. — Histoires extraordinaires .......................... | 2631 |
| IX. | — Polygraphes. | |
| | 2. — *Collections d'ouvrages de divers auteurs* ........... | 2632 |

# TABLE DES DIVISIONS.

## HISTOIRE.

- I. — Géographie et Voyages.
    - 5. — *Voyages en Asie* .................................. 2633
- II. — Histoire.
    - 1. — *Histoire universelle* .......................... 2639
    - 2. — *Histoire des religions.*
        - B. — Histoire du christianisme.
            - a. — Histoire générale de l'Église .................. 2640
            - b. — Histoire des ordres religieux .................. 2647
            - d. — Histoire des sectes chrétiennes ................ 2648
    - 5. — *Histoire de France.*
        - A. — Introduction. — Histoire générale de France ......... 2651
        - B. — Histoire de France par époques.
            - a. — Depuis le XI⁰ siècle jusqu'à la fin du règne de Charles VIII ............................ 2652
            - b. — Louis XII ........................................ 2654
            - c. — François I⁰⁰ .................................... 2656
            - d. — Henri II ........................................ 2683
            - f. — Charles IX ...................................... 2687
            - g. — Henri III ....................................... 2695
            - h. — Henri IV ........................................ 2704
        - C. — Histoire des provinces de France ..................... 2709
        - D. — Mélanges historiques. — Histoire des institutions .... 2710
    - 7. — *Histoire des Pays-Bas* .......................... 2711
    - 8. — *Histoire d'Allemagne* ........................... 2713
    - 10. — *Histoire d'Espagne et de Portugal* ............. 2725
    - 11. — *Histoire d'Italie* ............................. 2726
    - 12. — *Histoire des Turcs* ............................ 2727
- IV. — Biographie ........................................... 2735

# LISTE

DES

## PLANCHES TIRÉES HORS-TEXTE.

| | | |
|---|---|---|
| 1. | Reliure des *Mémoires de la roine Marguerite* (1628)......... | n° 2237 |
| 2. | Reliure exécutée pour Grolier sur un exemplaire de *Valerius Probus* (1525)..................................... | 2498 |
| 3. | Titre de *La Revelacion de sant Pablo* ..................... | 2527 |
| 4. | Reliure à compartiments de mosaïque, aux armes de René de Lucinge, seigneur des Alymes, exécutée sur un *Missale Romanum* (1583)................................... | 2528 |
| 5. | Inscription de Guillaume Richardière, enlumineur du précédent missel (1586) ..................................... | 2528 |
| 6-7. | Bréviaire du roi Martin d'Aragon, fol. 2 v° et 17 v°.......... | 2529 |
| 8. | Horae sec. usum romanum, fol. 28...................... | 2530 |
| 9. | Horae, fol. 24, n° 2531. — Horae, fol. 133 v°............. | 2532 |
| 10. | Horae, ms. italien du XV° siècle, fol. 29 v°................ | 2533 |
| 11. | Horae B. M. V., ms. du XV° siècle, fol. 19. ............... | 2534 |
| 12-13. | Horae B. M. V., ms. du XV° siècle, fol. 14 v° et 108 v°...... | 2535 |
| 14. | Horae B. M. V., ms. du XV° siècle, fol. 20 ............... | 2536 |
| 15. | Portraits de Gilbert Cousin et d'Érasme (1553)............. | 2568 |
| 16. | Reliure aux armes du roi François I<sup>er</sup>, exécutée sur un exemplaire de *Pontani Opera* (1505) ....................... | 2574 |

LILLE. — IMPRIMERIE L. DANEL.

www.ingramcontent.com/pod-product-compliance
Lightning Source LLC
Chambersburg PA
CBHW051352230426
43669CB00011B/1617